21 世纪法学系列教材

民法学教程

A Course in Civil Law

第四版

主　编　李少伟

副主编　赵林青　赵俊劳

撰稿人　李少伟　赵林青　张　翔
以撰写章节先后为序　赵俊劳　杨汝轩　程丽玥
袁　震　叶名怡　李　勇
郝　佳

法律出版社
始创于1954年

www.lawpress.com.cn
好书,同好老师和好学生分享

出 版 说 明

法律出版社作为中国历史悠久、品牌积淀深厚的法律专业出版社，素来重视法学教育图书之出版。

原“21 世纪法学规划教材”系列作为本社法学教育出版的重心，延续至今已有十余年。该系列一直以打造新世纪新经典教材为己任，遍揽名家新秀，因其卓越品质而颇受瞩目并广受肯定。当前，根据法学教育发展变化的客观需要，本社将原有教材系列调整重组，形成新编“21 世纪法学系列教材”，以便更好地为法学师生服务。

中国的法学教育正面临深刻变革，未来的法学教育势必以培养高素质法律人才为目标，以知识教育与应用教育相结合、职业教育与素质教育相结合、精英教育与大众教育相结合为导向，法学教育图书的编写与出版也将由此进入变革与创新的时代。

为顺应未来法学教育的改革方向和发展趋势，本社将应时而动，为不同学科、不同层次、不同阶段、不同需求的法学师生量身打造法学教材及教学辅助用书。在教材方面，将推出课堂教学系列、实训课程系列、通识课程系列、简明本系列、双语教学系列等；在教学辅助用书方面，将推出案例教程系列、法规教程系列、练习与测验系列、法学讲座系列、专业培训系列等。或革新，或全新，以厚基础、宽口径、多元化、开放性为基调，力求从品种、内容和形式上呈现崭新风采，为法学师生提供更好教本与读本，同享规划教材之盛。

“好书，同好老师和好学生分享。”本社在法学教育图书出版上必将继往开来，以精益求精的专业态度，打造全新“21 世纪法学系列教材”，传播法学知识，传承法学理念，辅拂法律教育事业，积累法律教育财富，服务万千法学师生和明日法治英才。

法律出版社

出版说明

[illegible]

作者简介

李少伟

教授、法学博士、博士研究生导师，西北政法大学民商法学院民法学省级教学团队带头人，校私法文化与法典化研究所所长。兼任陕西省法学会民法学研究会副会长、仲裁员和律师等职。主要研究方向为私法文化、民商法基础理论、债与合同法理论。撰写出版《法律文化与法制现代化》《法律文化导论》《交易风险的成因、防范及救济》《私法文化：价值诉求与制度构造》《现代文化与现代私法》《现代民法文化与中国民法法典化》六部专著，主编《私法文化与人本价值》等论文集三部，主编《合同法》和《民法学教程》两部教材，在《法律科学》《法学杂志》《政法论丛》等学术期刊发表学术论文四十余篇。主持并完成包括国家社科基金项目在内的科研项目多项。先后获得陕西省政府教学成果一等奖、二等奖各一项和科研成果优秀奖一项，获得"陕西高等学校教学名师奖"和"陕西省优秀中青年法学家"荣誉称号。

赵林青

教授、法律硕士、硕士研究生导师，西北政法大学民商法学院民法学教研室主任。兼任陕西省法学会民法学研究会常务理事、陕西省职业警官学院兼职教授、西安市中级人民法院专家咨询委员会委员、西安市雁塔区法院专家咨询委员会委员、渭南市仲裁委仲裁员、陕西法智律师事务所兼职律师。主要研究方向为民法学、知识产权法学。出版专著《民法总论法理研究》《债因制度法理研究》《知识产权的利用与保护及法律规制》三部，分别在《法学杂志》《法律适用》《人大复印资料民商法学》《西北大学学报》等专业期刊发表专业论文四十余篇，主编和参编《民法学》《民法学教程》《民事案例评析》等多部教材。

赵俊劳

副教授、法学硕士、硕士研究生导师，西北政法大学私法文化与法典化研究所副所长。兼任陕西省法学会民法学研究会理事、西安市中级人民法院专家咨询委员会委员。主要研究方向为民法基础理论、物权与债权制度。主编或参编《民法学》《物权法》《民法学教程》等教材，发表论文二十余篇。

张 翔

教授、法学博士、博士研究生导师，西北政法大学民商法学院院长。兼任中国法学会民法学研究会常务理事、陕西省法学会民法学研究会副会长、西安市法学会学术委员会副主任。主要研究方向为民事主体理论、物权理论。著有《自然人格的法律构造》，在《法学研究》《法律科学》《法商研究》等杂志发表论文十余篇。

叶名怡

上海财经大学教授、博士生导师、法学博士。工作外语为英语、法语和德语。主要研究方向为民商法、信托法。分别在《法学研究》《中国法学》《中外法学》等刊物发表专业论文十余篇，参编教材五部。主持翻译或参与翻译英文专著四部，翻译德文专业论文两部(篇)。主持国家社科基金两项，省部级课题多项。

袁 震

教授、法学博士、应用经济学博士后。西北政法大学物权与土地制度研究所所长，陕西省民法学研究会不动产法研究委员会主任。法国巴黎一大、英国谢菲尔德大学访问学者。2018 年入选陕西省普通高校青年杰出人才。主要研究方向为农村土地产权制度、民法学。出版独著专著四部，发表论文三十余篇。主持国家社科基金项目两项，省部级项目十余项。获陕西省哲学社会科学优秀成果奖、北京市优秀博士论文奖等奖项。

杨汝轩

法学博士、讲师，西北政法大学商事治理法律机制研究所研究员。主要研究方向为民商法学、公司法学。参编《民法学》《商法学》《公司法》等多部教材，撰写学术论文十余篇。

李 勇

法学硕士、讲师，西安石油大学法学系主任。兼任陕西省律师协会知识产权专业委员会副主任、西安仲裁委员会仲裁调解人等。主要研究方向为公司法、合同法、继承法。曾在《理论导刊》《西安石油大学学报》等刊物发表论文数篇。

程丽玥

法学硕士、讲师。兼任陕西省科技史学会理事,中国人民银行陕西省分行金融消费纠纷调解中心调解员。主要研究方向为金融法、人身权法。曾公开发表论文十余篇,参加过相关教材的编写。

郝　佳

法学博士、副教授、硕士研究生导师。兼任中国婚姻家庭法学研究会理事。主要研究方向为民法、婚姻法、妇女人权。

编写说明

2020年5月28日第十三届全国人民代表大会第三次会议通过了《中华人民共和国民法典》(以下简称《民法典》),这为我们在使用十多年的成熟民法学教材基础上编写《民法学教程》提供了契机,也提出了总体要求和基本遵循。

本教材的编写,在保持原教材既有框架和理论体系的基础上,按照教材要反映和切合法律规定的总体要求,力求做到全面、准确反映《民法典》的新规定,内容上与《民法典》保持协调一致,不出现缺漏和矛盾。

本教材注重学理阐述全面准确、行文风格简洁明快、篇幅安排适度合理以及贴近法律和实务。在形式上,除了采用一些可视化元素和在每章之后附有重点问题梳理、案例与分析之外,还制作了与本教材相配套的教学课件,以方便教材使用者的教学和学习。

本教程的编写参考了有关学者的论述和教材,已在注释和参考文献中列出,在此向有关学者深表谢忱。

本书的疏漏、错误之处在所难免,欢迎专家、同行和读者指正。

本书是集体合作的成果,由李少伟担任主编,赵林青、赵俊劳担任副主编。初稿完成后,由主编、副主编统稿和定稿。

各章节的撰写分工如下(以撰写章节先后为序):

李少伟　第一章、第七章;
赵林青　第二章、第十八章;
张　翔　第三章、第十四章、第十五章、第十七章;
赵俊劳　第四章、第五章、第六章、第十三章、第十六章;
杨汝轩　第八章、第九章;
程丽玥　第十章、第十一章、第十二章;
袁　震　第十九章、第二十章第一节至第六节、第十一节至第十四节、第十六节至第十七节;
叶名怡　第二十章第七节至第十节、第十五节、第十八节、第二十一章、第二十二章;
李　勇　第二十三章、第二十四章、第二十五章、第二十六章;
郝　佳　第二十七章、第二十八章、第二十九章、第三十章、第三十一章、第三十二章。

编　者

2020年6月

缩 略 语

◆ 主要法律法规及缩略语

《中华人民共和国民法典》	《民法典》
原《中华人民共和国民法总则》	原《民法总则》
原《中华人民共和国民法通则》	原《民法通则》
《中华人民共和国民事诉讼法》	《民事诉讼法》
原《中华人民共和国合同法》	原《合同法》
原《中华人民共和国物权法》	原《物权法》
原《中华人民共和国担保法》	原《担保法》
原《中华人民共和国侵权责任法》	原《侵权责任法》
《中华人民共和国合伙企业法》	《合伙企业法》
《中华人民共和国公司法》	《公司法》
《中华人民共和国个人独资企业法》	《个人独资企业法》
《中华人民共和国消费者权益保护法》	《消费者权益保护法》
《中华人民共和国产品质量法》	《产品质量法》
《中华人民共和国道路交通安全法》	《道路交通安全法》
《中华人民共和国城市房地产管理法》	《城市房地产管理法》
《中华人民共和国土地管理法》	《土地管理法》
《中华人民共和国农村土地承包法》	《农村土地承包法》
《中华人民共和国企业破产法》	《企业破产法》
原《中华人民共和国继承法》	原《继承法》
原《中华人民共和国婚姻法》	原《婚姻法》
原《中华人民共和国收养法》	原《收养法》

◆ 主要司法解释及缩略语

最高人民法院《关于贯彻执行〈中华人民共和国民法通则〉若干问题的意见(试行)》	《民法通则意见》
最高人民法院《关于适用〈中华人民共和国物权法〉若干问题的解释(一)》	《物权法解释(一)》
最高人民法院《关于民事诉讼证据的若干规定》	《民事诉讼证据规定》
最高人民法院《关于审理人身损害赔偿案件适用法律若干问题的解释》	《人身损害赔偿解释》

最高人民法院《关于确定民事侵权精神损害赔偿责任若干问题的解释》	《精神损害赔偿解释》
最高人民法院《关于审理名誉权案件若干问题的解释》	《名誉权解释》
最高人民法院《关于审理民事案件适用诉讼时效制度若干问题的规定》	《诉讼时效规定》
最高人民法院《关于适用〈中华人民共和国担保法〉若干问题的解释》	《担保法解释》
最高人民法院《关于适用〈中华人民共和国合同法〉若干问题的解释(一)》	《合同法解释(一)》
最高人民法院《关于适用〈中华人民共和国合同法〉若干问题的解释(二)》	《合同法解释(二)》
最高人民法院《关于适用〈中华人民共和国合同法〉若干问题的解释(三)》	《合同法解释(三)》
最高人民法院《关于适用〈中华人民共和国合同法〉若干问题的解释(四)》	《合同法解释(四)》
最高人民法院《关于审理买卖合同纠纷案件适用法律问题的解释》	《买卖合同解释》
最高人民法院《关于审理融资租赁合同纠纷案件适用法律问题的解释》	《融资租赁合同解释》
最高人民法院《关于审理商品房买卖合同纠纷案件适用法律若干问题的解释》	《商品房买卖合同解释》
最高人民法院《关于审理城镇房屋租赁合同纠纷案件具体应用法律若干问题的解释》	《城镇房屋租赁合同解释》
最高人民法院《关于审理技术合同纠纷案件适用法律若干问题的解释》	《技术合同解释》
最高人民法院《关于审理建设工程施工合同纠纷适用法律问题的解释》	《建设工程施工合同解释》
最高人民法院《关于审理建筑物区分所有权纠纷案件具体应用法律若干问题的解释》	《区分所有权解释》
最高人民法院《关于适用〈中华人民共和国婚姻法〉若干问题的解释(一)》	《婚姻法解释(一)》
最高人民法院《关于适用〈中华人民共和国婚姻法〉若干问题的解释(二)》	《婚姻法解释(二)》
最高人民法院《关于适用〈中华人民共和国婚姻法〉若干问题的解释(三)》	《婚姻法解释(三)》
最高人民法院《关于贯彻执行〈中华人民共和国继承法〉若干问题的意见》	《继承法意见》
最高人民法院《关于人民法院审理离婚案件处理子女抚养问题的若干具体意见》	《子女抚养意见》

目　录

第一编　民法总论

第二编　人　身　权

第三编　物　　权

第五编 继 承 权

第六编 婚 姻 家 庭

第一编　民 法 总 论

第一章　民法的概念和适用

第一节　民法的概念

一、“民法”的语源

中国古代没有私法意义上的民法，中国古代汉字“民法”不具有表述私法的内涵，这是不争的历史事实。我国古代典籍《尚书·孔传》中有如下记载：“咎单，臣名，主土地之官，作《明居民法》一编，亡。”但是，这里的“民法”一词，并非近现代意义上“民法”一词的语源。我国古代没有“民法”的概念形成的现实土壤，也没有公法与私法划分的历史传统。在中国漫长的封建社会中，由于自给自足的自然经济占据主导地位，政府长期推行重农抑商的经济政策，商品生产和商品交换的范围始终狭窄，封建专制主义的传统绵延千年，民法得以生存与成长的经济土壤与政治土壤始终未能形成。中国特殊的重视德治与礼制的法律文化传统使很多本应由民法调整的社会关系被划入礼制调整的范围，中国“诸法合体，以刑为主”的法律传统，又使民法的调整方法湮没在刑罚制裁对户、婚、钱债等的调整之中，民法的概念难以获得独立存在的法律技术手段。直到清末修律之时，民法这一概念才最终由日本传入中国，“民法”这一语汇为典型的舶来品。正如梅仲协先生所言：“民法一词，典籍无所本，清季变法，抄自东瀛。”〔1〕

在欧洲法律文化中，“民法”一词源于罗马法中的市民法（jus civile）。在罗马法中曾存在市民法（jus civile）与万民法（jus gentium）的区分。市民法是调整罗马公民之间关系的法律规范，而万民法是调整罗马人与外国人之间关系的法律规范。罗马法虽然在体例上为诸法合体，但公法与私法划分的思想与观念在学理与实践中均明确存在。罗马法法学家乌尔比安（Ulpianus）认为，公法为有关罗马国家稳定的法，它造福于公共利益，见之于宗教事务、宗教机构和国家管理机构之中；私法涉及个人福利，造福于私人。〔2〕 罗马法吸收了公私法划分的观念，并且强化了私

〔1〕 梅仲协：《民法要义》，中国政法大学出版社 1998 年版，第 378～382 页。

〔2〕 ［意］彼德罗·彭梵得：《罗马法教科书》，黄风译，中国政法大学出版社 1992 年版，第 9 页。

法的发展,最终以私法的发达而著称于世。罗马法的这一特点使市民法最终成为罗马私法的同义语,也成为"民法"这一词汇的源头。此后,欧陆各国分别采取不同的方式继受了罗马私法以及市民法的这一语汇。法语将之称为 Driot Civil,英语将之称为 Civil Law,德语将之称为 Buergerliches Recht,荷兰语将之称为 Burgerlyk Regt。1863 年,日本学者津田真道将荷兰语的 Burgerlyk Regt 翻译为汉字"民法",并被 1890 年制定的《日本帝国民法》所采用。日本学者将"市民法"翻译为民法可谓用心良苦,这一翻译"充分考虑到了东方幅员辽阔的乡村社会与欧洲以城市为中心的城邦社会的差别,以及由此而决定的对'市民'的不同理解"。〔3〕 在古罗马与古代欧洲,城邦林立的社会结构中市民即是一国国民的统称,而在以乡村社会为基础的东方社会,市民是一个难以包括乡村农民的狭隘概念。只有"民"的概念才能真正涵盖乡土农民与城市市民,体现民法民本主义的人文情怀。

清朝末年清政府命沈家本等负责修律,聘请日本学者松冈义正、志田钾太郎起草民法,正式从日本引进"民法"这一术语。但是受到"律"的法律传统影响,立法者自创了"民律"这一用语,清政府 1911 年制定未及颁行的民法草案被定名为《大清民律草案》。民国初年制定的民法草案最初被称为《中华民国民律草案》,直到南京国民政府成立后重新制定公布《中华民国民法·总则》,才正式在立法上采用了"民法"这一术语。因此,我国部门法意义上的"民法"词汇,近源可以追溯至日本,远源则可追溯至罗马市民法,是继受罗马法私法文化传统、变革我国法律文化传统的最终产物。

二、民法的概念

在法治社会与市场经济的条件下,正常的人际社会可以被区分为两个不同的社会空间:一个是平等的个人、团体之间相互往来的空间;另一个是因为公权力管理社会的人与团体,从而产生的不平等主体之间建立法律联系的空间。在平等主体交往的社会空间里,人与人之间都具有平等的地位,谁也不能强迫谁,人与人之间需要基于平等自愿原则建立法律联系。这个巨大而且具有基础性的、以平等和自愿为特征的社会空间就是法学上所称的"民间社会"或者"民法社会"。在民间社会以外,存在的因公权力管理社会而形成的具有权力服从性特征的社会空间,即立法机关、政府、法院、检察院与社会中的人和团体相互往来的空间,也就是法学生所称的"公共空间"或者"公权社会"。〔4〕 在人类社会被区分为"民间社会"(民法社会)与"公共社会"(公权社会)现实背景下,民法就成为人们在"民间社会"生活的基本社会规范。因此,一般而言,现行的"民法就是一个政治共同体中现行有效

---

〔3〕 江平主编:《民法学》,中国政法大学出版社 2000 年版,第 2 页。
〔4〕 孙宪忠主编:《民法总论》,社会科学文献出版社 2004 年版,第 9 页。

的全部法律规范中的一个部分”,[5]即以特定方法调整“民间社会”社会关系的法律规范。

自1986年《民法通则》颁布后,我国学者一般根据该法第2条的规定将民法表述为:“民法是调整平等主体的公民之间、法人之间、公民和法人相互之间的财产关系和人身关系的法律规范的总称。”1999年《合同法》颁布后,学者一般根据该法第2条的规定,将民法的定义表述为:“民法是调整平等主体的自然人、法人、其他组织之间的财产关系和人身关系的法律规范。”[6]2017年3月15日,《民法总则》正式颁布,该法第2条对民法的调整对象作出了定义性规定:“民法调整平等主体的自然人、法人和非法人组织之间的人身关系和财产关系。”2020年5月28日第十三届全国人民代表大会第三次会议通过的《民法典》第2条沿用了此规定。据此规定,可以将民法的概念表述为:民法是调整平等主体的自然人、法人和非法人组织之间的人身关系和财产关系的法律规范的总称。

对于上述关于民法概念的表述,应注意把握以下几点:第一,民法调整的社会关系是平等主体之间的社会关系,这些社会关系与公共权力无关,涉及政府管理社会而形成的财政关系、税收关系等,均不属于民法的调整范围。第二,民法调整的社会关系包括财产关系和人身关系两大类。人身关系是自然人基于彼此的人格和身份关系而形成的相互关系,是人格关系与身份关系的合称。财产关系是人与人之间基于财产而形成的相互关系。[7] 第三,民法是一系列法律规范的总称。民法调整的社会关系不但范围宽广而且深刻涉及每一个个人和团体,是对“人”“物”“权利”进行一系列规定所形成的法律规范体系。

三、民法概念的区分

“民法”一词有多种含义,应注意加以区分。

(一)形式民法与实质民法

形式民法即形式意义上的民法,是指按照一定的体系编纂,并以法典方式命名的民法典,如《法国民法典》《德国民法典》。民法典是按照一定的体例与结构系统地把涉及民事关系的各项规范和基本制度加以有机编纂从而形成的规范性文件。系统而全面地编纂民事法律规范,制定以“民法”命名的法典,贯彻民法的形式理性,是欧洲大陆各国在资产阶级革命成功后在法制改革上取得的一项伟大成果,也是大陆法系区别于英美法系的重要标志。

实质民法即实质意义上的民法,是指所有以确立主体地位平等为基本方法,调

---

[5] [德]迪特尔·施瓦布:《民法导论》,郑冲译,法律出版社2006年版,第3页。

[6] 魏振瀛:《民法学》,北京大学出版社、高等教育出版社1999年版,第1页。

[7] 张俊浩:《民法学原理》,中国政法大学出版社2000年版,第10、12页。

整民事关系的法律规范的总称。实质民法既可以表现为民法典以及各种民事单行法律、法规,也可以表现为判例法、习惯法。在人类法律发展史上,先有实质意义上的民法,后有形式意义上的民法。一个现代国家可能没有形式民法,但不能没有实质民法。英美法系各国由于没有进行大规模的民法编纂活动,普遍没有形式民法,但是却有着丰富的以单行法律、判例、习惯或学说等为表现形式的实质民法。

实质民法揭示的是民法在本质意义上的外延是什么,而形式民法是指民法完善而特定的表现形式。区别实质民法与形式民法,有助于认识民法的渊源、民法部门的内容和体系。我国以前未制定民法典,不存在形式民法,但存在大量实质意义上的民法。2020 年 5 月,随着我国《民法典》的颁布,我国已经具有了形式民法。

(二)广义民法与狭义民法

广义民法,是指所有调整私人之间财产关系、人身关系的法律规范,即指全体私法而言。狭义民法,是指调整一定范围的私人关系的法律规范,仅指私法中的一部分。民法广义与狭义之分因受到一国的民事立法政策和民商立法体例的影响而有显著不同。在典型的民商合一体例的国家中,其民法是广义的私法。如《瑞士民法典》导编规定了法律适用、法律关系的内容等;第一编人法,包括自然人和法人两章;第二编亲属法,包括婚姻法、亲属、监护三章;第三编继承法,包括继承人、继承两章;第四编物权法;作为法典第五编的《瑞士债务法典》,共分为五个部分,第一部分总则,包括各种债的发生、债的效力、债的消灭、特别的债关系、债权的移转与债务承担等;第二部分各种契约;第三部分公司与合作社,包括无限公司、两合公司、股份公司、股份两合公司、有限责任公司、合作社;第四部分商业登记、商号与商业账簿;第五部分有价证券。在采取民商分立体例的国家中,民法一般是狭义的,是指除商法以外的私法。此外,由于各国的立法政策不同,其狭义民法与广义民法的范围也会有所不同。例如,大多数国家的民法中都包括了亲属关系和财产继承关系,甚至有些国家包括知识产权关系,但是有些国家将婚姻家庭法等作为独立的法律部门,另行制定单行法。

一般而言,采民商合一体例的国家,其民法是广义的民法,即全部的私法;采民商分立体例的国家,其民法是狭义的,是指除商法以外的私法。

(三)普通民法与特别民法

普通民法与特别民法是以民法规范表现形式不同与适用范围的差异而进行的划分。所谓普通民法,通常是指民法典,即经过编纂,以民法典的形式集中表现出来的民法规范。民法典统领所有的私法规范,是整个私法的普通法。相对于民法典而言,所有的民事单行法及其他规范都属于特别民法,即所有没有收入民法典,散见于单行法律、法规等中的民法规范都属于特别民法。

区分普通民法与特别民法对民法规范的适用具有重大意义,如果普通法与特别法对同一事项均有规定，应优先适用特别民法的规定，即特别法的适用优先于普通法。对此，王伯琦先生指出，“盖以民法为普通法，所有私法上之关系，均以民法之规定为基本原则。例如，公司法、票据法、海商法、保险法及其他有关个人间法律关系之法律，均对民法处于特别法之地位。除各该法律有特别规定外，仍应适用民法”。〔8〕在我国没有制定颁布民法典的很长时间内，在我国民事法律体系中，《民法通则》一直发挥着普通民法的作用。随着《民法典》的制定颁布，《民法典》已取代《民法通则》，成为我国真正意义上的普通民法。

第二节 民法的调整对象和调整方法

一、民法的调整对象

（一）民法调整对象概说

法律部门得以区分的首要依据在于各个法律部门的调整对象不同。法律部门划分的实质根据是社会关系性质的划分，不同性质的社会关系由不同的法律部门调整。民法的调整对象问题所要回答的是民法对哪种性质的社会关系进行调整的问题。在法治社会与市场经济的条件下，正常的人际社会被区分为“民间社会”与“公权社会”之后，民法所调整对象必然是“民间社会”中的人际社会关系。何为“民间社会”？对此，梁慧星先生指出，“民法是调整民事生活关系，或者说民法是调整民事生活关系的基本法。此所谓‘民事生活’相当于马克思在其著作中讲的‘市民社会’。民事生活可分为两个领域，一个是经济生活，另一个是家庭生活。如果讲关系，一个是经济生活关系，另一个是家庭生活关系”。〔9〕基于此，日本学者山本敬三指出，“民法规定的对象，是财产关系和家族关系”。〔10〕一般而言，在经济生活中人与人之间会形成一定的财产关系，而在家庭生活中人与人之间会形成一定的人身关系，因此，民法的调整对象可以被简单地归纳为“民间社会”中的财产关系与人身关系。

1986年《民法通则》颁布以前，受苏联否认民法私法性学说的影响，民法所调整的社会关系被称为“一定范围的财产关系与人身关系”，〔11〕至于该类社会关系

---

〔8〕 王伯琦编著：《民法总则》，“国立”编译馆1977年修订版，第2页。

〔9〕 徐国栋：《中国民法典起草思路论战》，中国政法大学出版社2001年版，第8页。

〔10〕 ［日］山本敬三：《民法讲义Ⅰ总则》，解亘译，北京大学出版社2004年版，第8页。

〔11〕 佟柔先生在其主编的《民法原理》中指出，“民法调整一定范围的财产关系与人身关系”。佟柔主编：《民法原理》，法律出版社1983年版，第11页。

的根本特性是什么则未予揭示。1986年《民法通则》颁布后,通说一般根据《民法通则》第2条的规定将民法调整对象表述为:"民法调整平等主体的公民(自然人)之间、法人之间、公民和法人相互之间的财产关系和人身关系";1999年《合同法》颁布后,通说则又根据《合同法》第2条的规定将民法的调整范围表述为:"民法调整平等主体的自然人之间、法人之间、其他组织之间及其它们相互之间的财产关系和人身关系。"随着我国《民法典》的正式颁布,该法第2条对民法的调整对象作出了定义性规定:"民法调整平等主体的自然人、法人和非法人组织之间的人身关系和财产关系。"

无论是上述通说的表述,还是《民法典》的定义性规定,其核心特点是以主体的平等性作为支点来说明民法所调整社会关系的特性。主体的平等性虽是"民间社会"中主体地位的一个本质特性,但是它仍不足以揭示民法所调整的"民间社会"人际关系的本质特性——私人性。基于民法所调整的社会关系的私人性质,我们同意如下对民法调整对象的表述:"民法的调整对象是私人之间(包括私人团体之间)及其他团体基于私人地位发生的以主体利益或独立自我利益为内容的社会关系,包括人身关系和财产关系。这种社会关系的本质属性在于它要实现主体的私人利益或独立自我利益。包括自然人或私人团体的私利为内容的社会关系,也包括公共团体为实现其职能作用基于私人地位而发生的以其独立自我利益为内容的社会关系。"[12]

(二)民法调整的人身关系

人身关系,是指基于民事主体的人格和身份发生的社会关系,包括人格关系和身份关系。人格是作为人所必不可少的利益要素,包括生命、身体、健康、肖像、姓名、名誉、隐私等利益要素。其中生命、身体、健康、肖像为物质性人格要素;姓名、名誉、隐私为精神性人格要素。身份则是人在家庭或团体等社会生活中所处的地位或所拥有的名分,如互为夫妻身份与父母与子女间的身份。人身关系是主体之间以人格要素和身份要素为客体而发生的以人身利益为内容而形成的相互关系,包括人格关系和身份关系。人格关系是以各种人格利益为内容而形成的相互关系,如这种人格权的拥有与保护关系;身份关系则是以主体的身份利益为内容而发生的相互关系,如亲属关系、团体成员关系等。人身关系是基于主体的人身而发生的利益关系,具有与主体的人身不可分离性。

民法所调整的人身关系具有以下特点。

1. 主体地位的平等性。民事主体在民事关系中天然地处于一种独立、平等的地位。民法调整的人身关系的平等性不受国家权力的干预,即使主体之间在民事

〔12〕 韩松编著:《民法总论》,法律出版社2006年版,第8页。

人身关系之外已有行政隶属关系,他们在民事人身关系中也仍处于平等的地位。主体地位平等的民事关系中的人身关系受民法的调整,亦即民法调整的人身关系是以主体之间的地位平等为前提而确立的。非平等主体之间的人身关系不属于民法的调整范围。因公权力机关依法限制某个自然人的人身自由或者剥夺其人格利益的社会关系,因行政职务的任免而发生的身份关系,属于非平等主体之间的关系,不属于民法调整的范围。

2. 以实现主体的私人利益为目的。实现民事主体的私人利益是民法对民事主体之间的人身关系进行调整的根本目的。民法调整与保护民事主体在社会生活中形成的各种人身关系的目的在于实现其人身利益,并为其财产利益的实现创造条件。

3. 民法调整的人身关系与财产关系具有紧密的联系。民法所调整的人身关系虽然并不直接体现为财产利益,不具有直接的财产内容,但并不意味着人身关系与财产关系没有任何联系;相反,许多人身关系与财产关系具有密切的关联。民法调整的部分人身关系,往往是特定的民事财产关系的依据和前提。如著作人身关系、继承人身关系,不仅与取得稿酬、取得遗产的财产关系密切联系,而且是这些民事财产关系发生、存在的前提和依据。民法调整的其他人身关系虽与财产关系没有内在的联系,但也与财产关系有着一定联系。民事主体的人格尊严、名誉、荣誉、姓名、肖像、商号等人身关系要素会对民事主体参与的经济活动及其财产关系产生客观的影响。一旦民事主体的人身权利遭受侵害,就可能引起主体的财产损害,或者引起侵权损害的民事财产关系。

(三)民法调整的财产关系

财产关系是以财产为客体,具有一定经济内容的社会关系,是人们因物质财富和无形财富的归属和流转,在生产、分配、交换和消费过程中发生的经济关系。民法所调整的财产关系是在经济生活中形成的民事主体之间以财产利益为目的的社会关系。

财产关系呈现为不同性质,具有多样性,并非均由民法调整,民法只调整平等的民事主体之间的财产关系。民法所调整的财产关系可根据其运作的不同形态区分为财产归属关系与财产流转关系。财产归属关系又称为财产支配关系或静态的财产关系,是指因占用、使用、收益、处分财产而发生的财产关系;财产流转关系,即动态财产关系,是指因移转财产而发生的财产关系。

民法所调整的财产关系通常具有如下特征。

1. 主体地位的平等性。民事主体作为私的主体,决定了其相互间法律地位的平等性,民事主体在财产关系中的地位自然也是平等的。民法所调整的财产关系大多发生在商品生产、交换与消费的过程中,商品天生平等的特性通过经济规律映射到法律中使商品经济关系的主体必然地呈现为平等的主体。即使是国家公共团体,为追求其团体自我利益而参与民事财产关系时,其与其他民事主体也处于平等地位。

2. 多基于主体的自由意志而发生。主体地位的平等性决定了主体意志的自由。民事主体为了追求自己的利益,往往依其自由意志与其他主体发生财产关系,所以民事财产关系多因主体的意思自治或自愿而发生。民事主体不能通过将自己的意志强加于他人的方式形成相互间的财产关系,而必须基于平等自愿的方式形成相互间的财产关系。国家机关等公共团体只要不是在履行公法所赋予的管理社会的公权力,其就处在与民事主体平等的地位,也必须通过平等自愿的方式与民事主体发生财产关系。

3. 以实现主体私的利益为目的。民法所调整的财产关系中所包含的财产利益,是主体所追求的私人、私人团体的财产利益。也就是说,民事主体正是为了实现自己的利益,而与其他主体发生财产关系。

4. 多是等价有偿的财产关系。由于民事财产关系的标的物一般具有使用价值和交换价值,具有经济利益方面的内容,因此民法所调整的财产关系总是直接或间接地受到价值规律的作用或影响。在商品经济、市场经济条件下,民事财产关系大都是有偿进行的,获得有关财产利益时总要支付相应的对价,即等价有偿。当然也有一些财产关系(如赠与、无息借款等)是无偿进行的,但在民事财产关系中并不占据主导地位。

二、民法的调整方法

民法调整的对象是平等的民事主体(私人之间)之间的人身关系和财产关系。民法的调整对象,亦即其所调整的社会关系的特殊性质决定了民法必须采取与之相适应的调整方法,民法的调整方法需要在民法确立了调整对象的基础上回答民法如何对这类社会关系进行调整。民法所调整的社会关系的私人属性决定了民法必须采取确立主体地位平等和尊重主体意志自由的基本调整方法,在此基础上通过法律关系模式对民事主体的人身关系和财产关系进行全面调整,并通过承担法律责任的方式救济受到侵害的民事权利,使其相互关系恢复到民事法律关系的完好状态。具体而言,民法的调整方法有以下四个特点。〔13〕

1. 在民事主体地位方面,确认和维护主体的平等地位。确立和维护主体的平等地位是民法在法律主体方面的首要调整方法。确认主体的平等地位,是指民法宣告民事主体在民事活动中的人格一律平等,自然人生而平等,法人自其设立时起一律平等,自然人与法人之间一律平等。孟德斯鸠的名言“在民法慈爱的目光下,

---

〔13〕 韩松编著:《民法总论》,法律出版社2006年版,第12～15页。

每一个人都是平等而独立的世界”,言简意赅地说明了民法所采用的确立和维护主体平等地位的调整方法。民法通过确立主体间的平等地位为当事人意思自治建立了前提,为排除不平等因素(特别是身份依附关系)介入当事人法律关系的形成创造了条件。民事主体在权利的享有上,义务、责任的承担上都是平等的,民事主体之间任何一方(即使是国家作为民事主体的一方)都不得限制对方的权利,也不得恃强凌弱,强迫对方。

2. 在法律事实方面,充分尊重主体的意志自由。民法以当事人意思自治为民事关系发生、变更和消灭的基本法律事实。民法所调整的社会关系是否发生,其内容如何,如何消灭,应主要由民事主体依其自由意志确定。在民事法律事实的确定上,民法着重规定了以当事人的自由意思表示为核心特征的民事法律行为,并将其作为引起民事法律关系产生、变更与消灭的最主要法律事实。尊重当事人的意志自由,允许当事人通过法律行为的方式建立起符合其意愿的民事法律关系,允许当事人通过自主、自愿的方式确定民事法律关系的内容并对其加以确认,从而保证当事人可以像蝴蝶一样自愿选择自己的生活方式,决定自己的权利义务关系。尊重主体的意志自由可以使当事人在适法的情况下自行或者与他人协商设立、变更和终止民事法律关系,以达到适应自主生活需要的目的。民法的法律规范大都是任意性规范,意味着只有在当事人对其相互间的权利义务约定不明确或者没有约定,进而影响民事社会生活的正常秩序时,民法规范才以相关规定的方式对当事人的意思进行补充,以公平处理当事人之间的权利义务关系。

3. 在民事法律关系的内容方面,以保障主体的民事权利为本位。民事法律关系的内容包括民事权利和民事义务。权利的实现与义务的履行是存在于民事法律关系中的一对基本矛盾,义务人义务的履行才能使权利人权利得以实现,权利实现则意味着权利人利益目的的实现。在民事权利与民事义务的这一对矛盾中,民事权利始终是主导方面,民法所保障的重心为民事主体的民事权利,民事义务的产生与承担都是以保障民事权利的实现为最终目的,义务是实现权利的工具或手段。民法调整民事社会关系的过程就是不断肯定民事主体的正当利益,并且使之权利化、法律化,严格地加以保护的过程。民法实际上为民事主体实际取得权利、实现权利提供了法律准则,最终建立起了一个以权利为中心的规范体系。由于权利是标志着人的意志自由空间的范畴,所以马克思指出:“民法是人民自由的圣经。”

4. 在民事责任方面,主要以具有补偿性和可协商性的民事责任救济民事权利。民法以民事法律关系模式为基础对民事社会生活关系进行调整。如果权利主体正确行使权利,义务主体全面而恰当地履行了义务,则民事关系就会按照规范意义上的民事法律关系所设定的模式运转。如果义务人不履行或者不恰当履行自己的义务,甚至侵害他人的权利,权利人滥用权利,则他们的行为就越出了民事法律关系的正常轨道,民法规范就需要以民事责任来规制其“越轨”行为,救济受到侵害的民事权利,使民事社会生活关系重新恢复到正常运作的轨道。民法的这一调整方法主要是以补偿性的财产责任恢复被侵害的民事权利。民法所调整的社会关系的“私人性”决定了民事责任具有私法性质。在民事责任关系中,不履行自己的义务或侵犯他人合法权利的当事人应当补偿受害人因此而遭受的利益损失,使受害人的权利恢复到未受损害的状态,因此民事责任是一种补偿性的责任。民事责任旨在救济权利人受侵害的权利的特性决定了民事责任一般不具有惩罚性,不同于具有惩罚性的行政与刑事责任。民事所调整的社会关系的“私人性”决定了法律允许当事人预定责任的承担方式或者通过自愿协商方式确定责任的承担。

第三节　民法的性质

一、民法的性质

民法的性质是对民法的基本属性的说明,也是民法区别于其他法律部门的特性。关于民法的性质问题,学说上由于认识的角度相异,而有不尽相同的表述,但一致的认识是:民法是市民社会的法,民法是私法,民法是权利法,民法是实体法。

(一)民法是市民社会的法

如前所述,民法者乃市民法之简称,市民法则是市民社会的法。所谓市民社会,是指直接从社会生活、生产和交往的活动中发展起来的社会层面。黑格尔是第一个真正将市民社会作为与政治社会相对应的概念使用,进而与国家作出区分的思想家。[14] 黑格尔在其著作《法哲学原理》一书中指出:“市民社会是处在家庭和国家之间的差别阶段。”[15]在市民社会中,每个人都以自身为目的。黑格尔所说的市民,就是合理地追求自己利益的“经济人”,市民社会也可称为“经济人社会”。马克思、恩格斯在继承黑格尔的相关思想后指出,“市民社会包括各个个人……的一切物质交往……整个商业生活和工业生活,因此它超出了国家和民族的范围”“在一切时代都构成国家的基础以及任何其他的观念的上层建筑的基础”“是全部历史的真正发源地和舞台”。[16]

从以上论述可以看出,市民社会是与政治社会(政治国家)相对应的概念,市民社会是政治国家的基础;市民社会以私人利益为目的,政治国家以公共利益为目

〔14〕 邓正来:《市民社会与国家》,载《中国社会季刊》1993 年第 3 期。

〔15〕 [德]黑格尔:《法哲学原理》,范扬等译,商务印书馆 1995 年版,第 197 页。

〔16〕 [德]马克思、恩格斯:《德意志意识形态》,载《马克思恩格斯选集》(中文版)(第 1 卷),人民出版社 1972 年版,第 41 页。

的；前者是特殊的私人利益关系的总和，后者是普遍的公共利益关系的总和。人作为社会的成员，既是市民社会的成员，又是政治社会（政治国家）的成员。市民社会关系，是人为了追求其私人利益，基于个人意志而发生的社会关系；政治社会（政治国家）关系，则是为了实现公共利益，基于国家意志而发生的社会关系。就近现代社会而言，市民社会就是商品经济或市场经济社会。民法就是对市民社会关系进行调整的法律规范体系，民法是商品经济、市场经济的基本法。

（二）民法是私法

就法律部门而言，私法包括民法和商法，公法一般是指行政法、刑法、诉讼法等。将法律划分为公法和私法，可以追溯到古罗马时代。最早提出这种划分的是古罗马法学家乌尔比安，他在《学说汇纂》中指出："它们（指法律）有的造福于公共利益，有的造福于私人。"[17] 有关罗马国家的法为公法，有关私人的法为私法；公法涉及罗马帝国的稳定，私法涉及个人的利益。这一划分在查士丁尼皇帝在位期间编纂的闻名于世的《国法大全》中得到了充分体现，《国法大全》又被称为《民法大全》，被当作罗马私法的同义语，其中的私法规定非常发达。对于公私法划分的标准，后世学者尽管有诸如利益说、主体说、法律关系说、生活关系说等不同学说，但在公法关系中所表现的是主体地位不平等的权力——服从关系，体现的是国家利益；在私法关系中则表现为主体间的平等——自主关系，体现的是私人利益，这一点应当是明确的。民法作为对平等的民事主体之间主要基于自由意志而形成的社会关系进行调整的法律部门，作为维护私人利益的法律，其性质天然地为私法。

公法与私法的划分，不仅有其法律结构形式上的意义，也有其内在精神的体现，私域独立、私权神圣、私法自治是其蕴含和倡导的基本精神。私域是整个社会的基础，私域由私法调整，私法优位于公法，公法之设在于保障私法上私权的实现；私权（人民权利、个人权利、民事权利）不可侵犯，非有重大正当理由不得限制和剥夺；私法关系（民事生活、经济关系）中的权利义务内容及其形式由当事人自由决定，国家原则上不得干涉。这些基本精神，实质上表明了国家和人民、权力和权利、政治和经济的关系及其地位、作用，也正是商品经济、市场经济条件下应具备的观念前提和法制内涵。

（三）民法是权利法

民法以确认和保障民事主体（私人）的民事权利（私权）为其目的和任务，亦即民法以权利或私权为本位。基于人本主义的理念，民法为了实现对人的尊严和利益的维护，将人的人身利益和财产利益法律化为人身权利和财产权利，并通过对权利的保护，最终实现对人的利益维护的目的。

---

〔17〕［意］彼德罗·彭梵得：《罗马法教科书》，黄风译，中国政法大学出版社1992年版，第9页。

民法的制度体系就是以权利为中心构建起来的。民法规定了权利主体,权利的种类和内容,权利的取得、行使和保护方式等。民法正是通过其制度的构建及其施行,达到对人的权利的确认和保护的目的。因此,民法是权利法。

(四)民法是实体法

以法律规定的内容之不同为标准,可以将法律划分为实体法和程序法,这是法律的基本分类之一。实体法是确认和规定权利和义务以及职权和职责为主要内容的法律;程序法是规定以保证权利和职权得以实现或行使,义务和职责得以履行的有关程序为主要内容的法律。"实体法与程序法的区别,是以法律的实质及其施行手续为标准。规定当事人之间权利义务或具体事项的法律是实体法,规定实体法如何运用和如何实行的程序手续的法律为程序法。"[18] 民法以规定民事主体的权利义务为主要内容,自然属于实体法。民法不规定权利义务不能实现时为寻求国家救济可以采取的民事诉讼程序规则,这些规则由民事诉讼法等程序法规定。当然民法中也存在一些为辅助民事权利义务实现所必需的程序性的规定,这些程序性的规定丝毫不影响民法作为实体法的属性。

二、民法与相邻法律部门的关系

民法为私法,与行政法、刑法、诉讼法等公法的区别是明确的。在私法法域内,同为私法的民法与商法有何联系和区别?在私法法域外,作为同样调整社会经济关系的法律部门,民法与经济法又有何不同?这些是本节所要讨论的问题。

(一)民法与商法

商法,又称商事法,是对商事关系进行调整的法律规范的总称。从各国商法对商事关系的调整范围来看,商事关系包括商事主体关系和商事行为关系。前者指围绕商事主体(商人,如公司)的创制、变更、消灭所形成的社会关系,后者指围绕商事主体以营利为目的的营业活动所形成的社会关系。就我国目前的立法形态而言,公司法、合伙企业法、个人独资企业法、破产法、保险法、证券法、票据法、海商法等皆属于商法。关于民法和商法的关系问题,从立法体制来看,一直存在民商合一和民商分立两种立法体制。在民商合一体制下,有民法典无商法典,商法是以民事特别法的形式表现出来的,民法就是私法的同义语;在民商分立体制下,既有民法典又有商法典,私法包括民法和商法。"我国民事法律制度建设一直秉持'民商合一'的传统,把许多商事法律规范纳入民法之中。"[19]

从总体来看,民法和商法既有联系又有区别。

---

〔18〕 梁慧星:《民法总论》,法律出版社1996年版,第31页。

〔19〕 摘自《关于〈中华人民共和国民法典(草案)〉的说明》。

1. 两者的联系

(1)民法和商法同为私法。民法和商法所调整的社会关系的性质都是平等主体的私人之间的人身关系和财产关系,都是对主体的私的利益的确认和维护,因此就法域性质而言,两者均为私法。

(2)民法和商法是普通法和特别法的关系。商事关系是特殊的民事关系,商事主体是特殊的民事主体,商事行为是特殊的民事行为。之所以特殊,在于商事关系具有营利的性质,商事主体是以营利为目的而创设的营业性主体,商事行为是以营利为目的的营业行为,其与一般民事关系、民事主体、民事行为的不同就在于营利性。如果说民法是对广泛的民事关系的一般调整,商法则是对具有营利性质的特殊的民事关系,即商事关系的特殊调整,因此民法和商法是普通法和特别法的关系。

2. 两者的区别

(1)从调整的关系来看,商事关系不同于民事关系。民法和商法调整的社会关系在大类上具有相同的性质,但还是存在区别。民法所调整的财产关系,既有有偿的也有无偿的,而商法调整的财产关系则都是有偿的;民事主体既有创制的主体(如法人),也有非创制的主体(如自然人),而商事主体皆为创制的主体;民事关系的内容为民事权利和民事义务,商事关系的内容则为商事权利和商事义务,两者的不同在于是否具有营利性。

(2)从归责原则来看,民事责任和商事责任的归责原则不同。民法上的归责原则以过错责任原则为主,过错推定和无过错责任原则只是在特殊情况下得以适用;而在商法上,则以无过错责任原则为主,在很多情况下承认无过错也应承担责任。商事责任归责原则的特点,是由商事关系的营利性及其相应的风险性所决定的。

(3)从地域特性来看,民法更具有民族性,商法更具有国际性。民法往往受到一个国家的政治经济体制和民族文化传统的限制和影响,如物权制度、家事制度;而商法则具有较强的国际性,这是由商事交往的国际性所决定的。在市场经济一体化、全球化的背景之下,商事交往必然更多地打破国家、地域的限制,国际的商事规则必将进一步趋同化,商法的国际性特征会愈益明显。

(4)从规范的稳定性来看,民法规范相对稳定,而商法规范具有易变性的特点,制定和改变较为迅速。这是商事交易的内容和形式随着社会经济发展的需要而发展、变化的特点所决定的。

民法和商法这种既有联系又有区别的关系,尤其是其相互间普通法和特别法的关系,决定了在法律的适用上应遵守以下规则:

第一,民法的一般适用和补充适用。即民法规范、制度可以一般适用于对有关商事关系的法律调整,如民法中的法律行为制度、物权制度等;对于有关商事事项,商法没有规定的,只能适用民法,即民法发挥着补充适用的作用。

第二,商法的适用优先于民法。依照特别法优于普通法的原则,凡涉及商事关系的法律调整,商法有规定的,应当首先适用商法的规定;商法没有规定的,适用民法的规定。

(二)民法与经济法

在现代法律体系中,经济法作为一个法律部门,不仅出现较晚,而且至今尚处于待完全成熟的阶段。在西方国家,经济法的产生与民法的发展有密切关系。民法作为私法,自近代以来贯彻私法自治原则,在资本主义自由竞争阶段,国家对民事关系、对社会经济生活很少干预,甚至有"干预最少的政府是最好的政府"的说法。在这一时期,社会经济关系的法律调整是通过民法实现的。随着资本主义发展到垄断阶段,垄断严重破坏自由竞争,为了稳定社会经济秩序,国家开始加强对经济生活的干预。学界一般认为现代意义的经济法是市场经济从自由竞争阶段进入垄断阶段以后才产生的。19世纪末20世纪初美国、德国等制定的有关市场竞争行为的法律是最早的一批经济法,如美国在1890年制定的《谢尔曼反托拉斯法》等。随着垄断的发展,经济危机的周期性爆发,国际经济竞争的加剧,经济运行的不协调性加强,爆发了第一次世界大战,各参战国家为了战争的需要,加强了对经济生活的干预,制定了许多规制私人经济活动的法规,这些法规当时被称为"战时统制法",如德国1919年的《煤炭经济法》。第二次世界大战结束以后,资本主义国家废除了以战争为目的的经济统治法,但同时又制定了一系列国家干预经济的法律,对经济生活进一步实行干预,由此导致了经济法的进一步发展。随着目的在于调整市民社会不协调或不平衡的经济关系,使之达到协调平衡状态的经济关系的法律规范的出现与增多,经济法的法律规范体系也在日益完善与成熟。

由于我国曾长期实行计划经济体制,经济法曾被认为是国家组织国民经济管理和企业经济活动的法律手段,民法的调整范围与调整作用受到极大的限制。随着我国社会主义国家经济体制的改革,市场经济体制得以建立,民法调整市场经济法律关系的基础性地位才得以确立,而经济法则被认为是调整国家对市场经济干预的法律手段,是调整国家干预经济关系的法律部门。现在学者一般认为,经济法的调整对象为调控关系与规制关系,即宏观调控关系和市场规制关系,合称为"调制关系"。[20] 也有学者认为,经济法就是经济行政法、经济公法。

民法与经济法虽然密切关联且都调整市场经济关系,但是两者还是存在显著的区别。

---

〔20〕 张守文主编:《经济法》,科学出版社2008年版,第9页。

1. 法域性质不同。民法为私法,经济法为公法。

2. 调整对象不同。民法和经济法都调整一定社会的市场经济关系,但二者分别调整市场经济关系的不同部分。民法调整平等主体之间的经济关系与市场经济主体之间的基础性经济关系;经济法调整市场主体个体间的经济关系与市场经济整体秩序之间的协调性经济关系与国家进行宏观调控而产生的各种经济关系,如作为平等的私人主体的两个企业之间的垄断性联合关系对公平竞争的经济秩序的影响关系,私人企业经济活动与国家产业政策、区域经济政策、可持续发展政策的协调关系。

3. 调整方法不同。由于民法的调整是对经济关系基础层面的调整,因此,民法采取确认主体地位平等和实行主体意思自治等调整方法,在法律规范上主要表现为任意性规范。由于经济法的调整为在基础层面上进行的第二次调整,经济法采取国家干预的方法进行调整,如运用经济政策、产业政策和财税、金融、计划等调控措施对私人经济关系进行调控和规制等,在法律规范上主要表现为强制性规范。

4. 法律本位不同。民法以个人权利为本位,民法对经济生活的调整目的在于保障私人与私团体之利益的实现。经济法以社会公共利益为本位,经济法调整市民社会中的不协调或不平衡的经济关系的目的在于使之重新回到社会经济协调平衡的轨道,在于实现市场经济的整体秩序与社会的宏观利益。[21]

第四节 民法的渊源

一、民法渊源的含义

法律渊源是指法律的表现形式,民法的渊源就是指民法的具体表现形式。

在民法渊源问题上存在一元体制和多元体制两种主张。民法渊源一元体制,是指仅确认制定法为民法的唯一渊源,不承认民法其他渊源的体制。民法渊源的多元体制,是指确认制定法为民法的主要渊源的同时,还包括习惯、判例、法理等。在民法渊源问题上,从近代到现代,大陆法系国家呈现由一元体制向多元体制转化的趋势。1804 年制定的《法国民法典》第 5 条规定:法庭审理的案件不得以一般规则的处理方式进行判决,排除了适用制定法之外的渊源的可能。由于立法者认识的局限性、制定法的相对稳定性以及社会生活的复杂性,决定了制定法的漏洞和局限性,为克服制定法的局限性和不足,立法者逐渐采用法律渊源的多元体制。比

---

〔21〕 韩松主编:《民法学》,中国政法大学出版社 2004 年版,第 18 ~20 页。

《法国民法典》晚 104 年的《瑞士民法典》第 1 条规定:(1)凡本法在文字上或解释上有相应规定的任何法律问题,一律适用本法;(2)如本法无相应规定时,法官应根据惯例,如无惯例时,依据自己作为立法人所提出的规则裁判;(3)在前款条件下,法官应依据经过实践确定的原理和惯例。此条规定了瑞士民法典的多元的法律渊源体制。总体来看,在大陆法系国家,民法的渊源主要表现为制定法,判例法、习惯法和法理也愈益受到重视;英美法系的民法渊源主要是判例法。

二、我国民法的渊源

我国民事规范的各种具体形式,主要表现为国家机关在其职权范围内制定的各种有关民事的规范性文件。依据制定机关的不同和法律规范效力的差异,民法渊源具体表现形式有下列各种。

(一)制定法

1. 宪法中的民事规范。宪法是由全国人民代表大会制定的国家根本法,具有最高法律效力。我国宪法中有关民事方面的规定,如关于我国社会主义经济制度、对各种所有制的保护和社会主义经济生活的原则以及公民的基本权利和义务等规定,对我国民法有着重要的指导意义。宪法所确立的各项原则,是我国民事立法的主要依据。同时,对于具体的民事纠纷的处理,在缺乏具体的民法规范时,也可以依据宪法的有关规定的精神处理。

2. 民事法律以及其他法律中的民法规范。民事法律,是指全国人民代表大会及其常务委员会制定的民事规范性文件,它是我国民法的主要渊源。民事立法文件主要为基本民事法律和单行民事法律。在大陆法系国家,民法存在的基本形式是民法典,这是大陆法系国家自查士丁尼《民法大全》开始的形式理性传统的结果。在我国,《民法典》属于基本民事法律。单行民事法律是指调整某一方面民事法律关系的民事法律,如《专利法》《商标法》《著作权法》等。在我国民商合一立法体制之下,《公司法》《证券法》《票据法》《企业破产法》《保险法》等也属于民事单行法。

我国《民法典》第 11 条规定:“其他法律对民事关系有特别规定的,依照其规定。”其他法律中的民法规范,是指由全国人民代表大会或者其常务委员会制定的民事基本法或单行法以外的其他法律中的民法规范。例如,《野生动物保护法》中关于野生动物资源属于国家所有的规定。

3. 国务院制定的条例、决定和决议等行政法规中的民事规范。国务院作为我国最高行政机关根据全国人民代表大会或全国人大常务委员会制定的宪法和法律,或根据全国人大常委会的授权制定的行政法规,发布的决定或命令,其中有关民事部分,是我国民法的具体表现形式。如国务院公布的《企业法人登记管理条例》《关于技术转让的暂行规定》《物业管理条例》《道路交通事故处理办法》《医疗事故处理条例》等行政法规中的民事规定。

4. 国务院所属各部、委制定的行政规章中的民事规范。国务院所属各部、委依据法律或国务院的法规、决定或命令，在其职权范围内可以发布命令、指示或规章，以便结合本部门的具体情况，更有效地贯彻执行国家的法律或国务院的法规，其中有关民事方面的规范也是我国民法的具体表现形式。如国家工商行政管理局公布的《企业法人登记管理条例施行细则》、中国专利局公布的《专利法施行细则》、交通部发布的《公路货物质运输合同实施细则》等。这类规章为数极多，其中亦包括不少民事规范。但行政规章不具有全社会一体遵循的效力，仅在本部门范围内具有效力。

5. 地方性法规和规章中的民事规范。根据我国《立法法》的规定，省、自治区、直辖市人民代表大会及其常务委员会有权制定地方性法规，省、自治区、直辖市和较大的市的人民政府有权制定地方性规章，这些地方性法规和规章中的民事规范，也是民法的表现形式。但这些规范只在本行政区域内有效。

（二）对民法规范的解释性文件

法律、行政法规、地方性法规、规章等制定者对其制定的有关规范性文件中的民事法律规范在其权限内所作的解释，虽然其并非民法规范，但对执行有关民法规范具有法律上的约束力，可以视为我国民法的渊源之一。根据我国《宪法》第67条的规定，全国人民代表大会常务委员会有权解释法律，因此，其对法律的解释为有权解释，具有法律渊源的效力。最高人民法院对于法院审判工作中具体应用法律、法令的问题所进行的解释，以及对案件处理的意见等具有指导性的指示，对各级法院处理民事案件具有约束力，可以视为民法的渊源之一。如原来的《物权法解释（一）》就是根据原《物权法》的有关规定和审判实践经验，对具体案件的审理及适用原《物权法》提出的具有指导性的意见或解释。我国《民法典》颁布并实施之后，最高人民法院将在对原来的司法解释进行清理、修改的基础上，就民事审判工作中具体适用《民法典》作出新的司法解释。

（三）国家认可的民事习惯

习惯是在社会全体或某一社会领域以约定俗成的方式形成的行为规范。习惯是民法的最初形式，最初的制定法只是习惯的记载。制定法不可能穷尽对民事生活的一切事项的规定，人们为了满足生活需要仍然会在相互交往中形成新的习惯，因而，习惯不仅对制定法发挥着补充和完善的作用，而且是制定法进步的动力。[22]在理论上，经国家认可的习惯，具有民法渊源的意义。外国民法中常规定，无法律

---

〔22〕 参见彭万林主编：《民法学》（修订3版），中国政法大学出版社2002年版，第32～33页。

规定时,依习惯。也就是说,习惯经国家认可时,才可以成为民法的渊源。对此,我国《民法典》第10条也作出了明确规定:"处理民事纠纷,应当依照法律;法律没有规定的,可以适用习惯,但是不得违背公序良俗。"也就是说,在法律没有规定时,在不违背公序良俗的前提下,可以适用民事习惯处理民事关系。

(四)法理和判例

法理,是指法律的原理或一致接受的学说,也称关于法律的自然道理。法理作为民法渊源在罗马法上早已有之,作为罗马法重要组成部分的《学说汇纂》,就是罗马法学家的著述。《瑞士民法典》第1条第2款规定:"如果本法无相应规定时,法官应该依据惯例;如无惯例时,依据自己作为立法者所提出的规则裁判。"《意大利民法典》第3条也规定:"法律未规定者,应类推其他规定以为适用,其他规定亦无者,应适用由法律精神所得之原则。"我国法律未将法理作为民法的渊源。[23]"但有权解释的机关在对民事法律进行解释时,及法官裁判案件遇法律无明文规定时,又往往以法理作为解释和裁判的依据。这样,法理通过解释或裁判获得了法律拘束力。解释或裁判引为根据的法理,因而成为我国民法之法源。"[24]我国现行法律虽未明确将法理作为民法的渊源,但事实上法理在民事法律实践中起到了重要的作用。

在英美法系国家,判例是法律的主要渊源。判例作为英美法系国家法律的主要渊源,是由"遵循先例"的原则决定的。在大陆法系国家,传统上以制定法为法律的主要渊源,不承认判例法的地位。我国现行法律也没有明文规定判例是民法的渊源。"但由于民事立法很不完善,给判例法的发展留下了很大的余地。最高人民法院发表的批复、解答和判例中所形成的许多判例规则,无疑是我国民法之一部。"[25]

可见,判例在我国司法实践中的确发挥了作用,但判例是否因此就是我国民法的渊源,也就是说,是否承认判例的法律渊源地位,则既是一个需要进行理论探讨的问题,更是一个需要法律明确规定的问题。

第五节 民法的适用范围

民法的适用范围是指民法的效力范围,即民法规范在何时、何地、对何人何事

---

〔23〕 参见韩松主编:《民法学》,中国政法大学出版社2004年版,第26页。

〔24〕 梁慧星:《民法总论》,法律出版社1996年版,第23页。

〔25〕 梁慧星:《民法总论》,法律出版社1996年版,第22~23页。

发生法律效力。正确掌握民法的适用范围,才能准确适用民法规范,妥善调整民事关系。

一、民法在时间上的适用范围

民法在时间上的适用范围,就是民事法律规范在时间上所具有的法律效力。具体指民法规范从生效到失效的时间段,在这个时间段内,民法持续地保持其法律效力。

(一)民法生效与失效的时间

民法一般从实施之日起生效,至废止之日失效。民事法律、法规实施的时间,就是民事法律、法规生效的时间。某一具体的民事法律文件于何时开始实施,可以由该法律、法规本身加以规定,也可以由制定和颁布该民事法律文件的机关用决议或命令的方式予以规定。法律、法规有从公布之日起实施的,但绝大多数民事法律、法规对其实施的时间均有规定,如《民法典》第1260条规定:“本法自2021年1月1日起施行……”一些重要的民事法律、法规公布之后,应有一定的宣传、学习以及业务准备的时间,然后再开始施行,以有利于遵守执行。例如,原《物权法》于2007年3月16日由第十届全国人民代表大会第五次会议审议通过并公布,于2007年10月1日起施行。

通常情况下,法律规范的失效一般都在由法律明文宣布的废止之日失效。如果有的民事法律规范文件自身规定了施行期限,则自期限届满之日当然失效。新的法律往往会规定旧法的废止日期,如《民法典》第1260条规定:“本法自2021年1月1日起施行。《中华人民共和国婚姻法》、《中华人民共和国继承法》、《中华人民共和国民法通则》、《中华人民共和国收养法》、《中华人民共和国担保法》、《中华人民共和国合同法》、《中华人民共和国物权法》、《中华人民共和国侵权责任法》、《中华人民共和国民法总则》同时废止。”如果没有这样的明文规定,依一般原理则新法生效之日起,就同一事项应以新法优于旧法的原则,适用新法,旧法将被视为失效。

(二)民法的溯及既往效力问题

法律的溯及既往是指新的法律实施以后,对其生效以前的社会关系是否适用,若适用即具有溯及力,若不适用则无溯及力。一般的原则是新法没有溯及既往效力。民法也是一样,对其生效以前的民事社会关系并不具有适用效力。但是在法律有明文规定的某些特殊情况下,民事法律规范也可以具有溯及力。比如,为了达到促进市场交易的目的,《合同法解释(一)》第3条规定:“人民法院确认合同效力时,对合同法实施以前成立的合同,适用当时的法律合同无效而适用合同法有效的,则适用合同法。”这实际上是在对合同效力的认定上,新法有溯及力的规定。

二、民法在空间上的适用范围

民法在空间上的适用范围,是指民法规范在地域上具有的法律效力。一般的原则是:民事法律规范的空间效力范围及于制定该民事法律规范性文件的机关权力所管辖的地域范围。制定规范的机关不同,规范所及的效力范围也就不同。民事法律、法规因颁布机关的不同,其在空间上的效力亦有差别。凡属于全国人民代表大会及其常务委员会、国务院或国务院所属的各部、委等中央国家机关颁布实施的民事法律、法规,除有特别规定的以外,适用于我国的一切领域。凡属地方人民代表大会或地方人民政府制定的规范性文件只适用于该行政区域,即在本行政区域内发生效力。

我国《民法典》第 12 条规定:“中华人民共和国领域内的民事活动,适用中华人民共和国法律。法律另有规定的,依照其规定。”我国的领域内是指我国国家主权所及的领土、领空、领海以及根据国际法、国际惯例应当视为我国领域的驻外使馆、我国航行或停泊于境外的船舶、飞机等。但是,我国的民法不适用于台湾地区、香港特别行政区和澳门特别行政区。法律特别规定其适用于某些地区或不适用于某些地区时,其适用范围便不能及于全国,如《城市房地产管理法》只适用于我国的城市地区,而不适用于农村。

三、民法对人的适用范围

民法对人的适用范围,是指民法对哪些人具有法律约束力,即民法的对人效力。这里所指的人包括自然人、法人及其与民事主体有关的组织。我国民法对人的适用范围的确定系同时采用了属人主义和属地主义两项标准。所谓属人主义标准,即以当事人国籍确定法律的适用,凡具有一国国籍的人不问其在何处,均适用该国法律;所谓属地主义标准,凡居住于该国或在该领域内发生的民事主体的民事行为均适用该国法律。

我国《民法典》第 12 条规定:“中华人民共和国领域内的民事活动,适用中华人民共和国法律。法律另有规定的,依照其规定。”可见依属人主义,凡具有我国国籍的自然人、法人和其他组织原则上应适用我国民法。依属地主义,凡在我国领域内从事民事活动的自然人、法人和其他组织,无论是否具有我国国籍,均应适用我国民法。

除上述原则规定之外,还有三个例外:(1)根据我国缔结或参加的国际条约、双边协定的规定或者经我国认可的国际惯例,享有司法豁免权的外国人(如来访的国家元首、政府首脑和他们的随从人员,外国使节和他们的家属)不适用我国民法。(2)我国民法中规定的某些专门由中国自然人、法人或其他组织享有的权利能力,对外国自然人、法人和其他组织不适用。(3)居留在外国的我国公民,原则上应适用住在国民法，但是依照我国缔结或参加的国际条约、双边协定以及经我国认可的国际惯例，应当适用我国民法的，仍然适用我国民法。

重点问题梳理

1. 民法是调整平等主体的自然人、法人和非法人组织之间的人身关系和财产关系的法律规范的总称。

2. 民法的调整对象是指哪种性质的社会关系由民法进行调整。民法的调整对象是平等主体的自然人、法人和非法人组织之间的人身关系和财产关系。

3. 民法的调整方法有以下四个特点：在民事主体地位方面，确认和维护主体的平等地位；在法律事实方面，充分尊重主体的意志自由；在民事法律关系的内容方面，以保障主体的民事权利为本位；在民事责任方面，主要以具有补偿性和可协商性的民事责任救济民事权利。

4. 民法的性质是对民法的基本属性的说明，也是民法区别于其他法律部门的特性。对民法的性质，比较一致的认识是：民法是市民社会的法、民法是私法、民法是权利法、民法是实体法。

5. 民法的渊源就是指民法的具体表现形式。我国民法的渊源包括：(1)制定法：包括宪法中的民事规范，民事法律以及其他法律中的民法规范，国务院制定的条例、决定和决议等行政法规中的民事规范，国务院所属各部、委制定的行政规章中的民事规范，地方性法规和规章中的民事规范；(2)对民法规范的解释性文件；(3)国家认可的民事习惯；(4)法理和判例。

6. 民法的适用范围是指民法的效力范围，即民法规范在何时、何地、对何人何事发生法律效力。

案例与分析

甲之妻丙喜欢打扮，她闻知甲之好友乙欲前往法国巴黎游玩，遂告诉甲，"你让乙从巴黎给我捎一些香水"，甲遂去找乙并托乙为丙购买法国香水，乙痛快地答应了。结果乙在巴黎玩得忘乎所以，忘记给丙购买香水。乙回国后在街上碰上丙，告知其实情，丙回家遂与甲大吵大闹，甲一气之下委托律师以违约起诉乙，让乙赔偿其损失。

问题：甲能否起诉乙？为什么？

分析：甲能否起诉乙关键看甲与乙之间是否存在民事法律关系，或者更进一步是否构成民法上的委托关系。如果是的话，那么乙作为受任人，会因处理委任事务有过失并给委托人造成的损害，对委任人负损害赔偿责任；如果否的话，甲不能以乙忘记为其购买香水而起诉乙。其实,乙虽然答应甲为其购买香水,但他们之间并未存在民事法律关系,即乙并没有与甲订立委托合同并受其约束的意思,因此,无意与甲设定法律上的权利义务关系。乙与甲之间仅为一种基于情谊行为引发的“好意施惠关系”,这种行为通常用道德来规范,而不能用民法来调整。

第二章 民法基本原则

第一节 民法基本原则概述

一、民法基本原则的概念

民法基本原则,是指效力贯穿整个民事法律制度的根本规则,是民事立法、民事司法和民事活动的基本准则,[1]是制定、解释、执行和研究民法的出发点。民法的基本原则贯穿于整个民法制度和民法规范之中,从根本上体现了民法所调整的商品经济关系和其他社会关系的本质要求,是民法精神实质之所在。

二、民法基本原则的特征

1. 民法基本原则集中体现了民法的基本价值。民法是以市民社会关系为调整对象的,具有私法、权利法、市民法的性质,与此相对应,民法基本原则就应反映市民社会的价值准则。从我国民法所确认的基本原则来看,无论是平等原则、意思自治原则、公平原则,还是诚实信用原则、公序良俗原则,无不体现出市民社会的价值要求。以平等原则、意思自治原则为例,就充分反映了市民社会中普通社会成员要求平等、自由的价值理念。

2. 民法基本原则是效力贯穿整个民事法律制度的根本规则。民法的原则有基本原则和具体原则之分。民法体系庞大、内容丰富,民事法律制度实际上是由众多的民法具体制度组合而成的。一般认为,民事法律制度有民事主体制度、民事法律行为制度、代理制度、时效制度、人身权制度、物权制度、债权制度、知识产权制度、婚姻家庭继承制度等。这些具体民事法律制度因其本身的特点各有其自身的原则,如物权制度有物权法定原则、一物一权原则、公示公信原则,婚姻制度有一夫一妻原则、夫妻平等原则。这些原则由于只适用于特定的民事法律制度中,对其他民事法律制度并无指导作用,故它们不构成民法的基本原则。只有那些效力贯穿于整个民事法律制度的原则,才能成为民法的基本原则,如诚实信用原则就对所有民

---

〔1〕 参见魏振瀛:《民法》,北京大学出版社、高等教育出版社2000年版,第20页。

事法律制度具有指导作用,故其能作为民法的基本原则。

3. 民法基本原则是指导民事立法、民事司法和民事活动的基本准则。从动态来看,民事法律制度包括民事立法、民事司法、民事活动等诸环节,每一环节对于民事法律制度的完善都是不可或缺的。由于民法基本原则集中反映了民法的基本价值,故无论是立法机关进行民事立法、司法机关进行民事司法,还是民事主体进行民事活动,都应遵循民法的基本原则。事实上,也只有那些对整个民事法律制度诸环节具有指导意义的民法规则,才能成为民法的基本原则。

三、民法基本原则的功能

民法基本原则的功能,是指民法基本原则在整个民事法律制度中的作用。一般认为,民法基本原则具有以下几个方面的功能。

1. 立法准则的功能。民法基本原则的立法准则功能,是指民法基本原则在民事立法中的指导作用和约束力。民事立法必须在一定的原则指导下进行,没有一定的原则指导,民事立法就难以准确体现立法的宗旨,也难以达到立法的目的。民法基本原则在民事立法的过程中,具有重要的指导意义,如平等原则、意思自治原则、公平原则、诚实信用原则、公序良俗原则等基本原则的确立,就对我国的民事立法起着指导作用。这种作用无论是在制定民事基本法上,还是在制定民事单行法或民事特别法上都有所体现。具体而言,在民法的基本原则确立后,所有的民事立法都应在这些原则的指导下进行,具体的民法规范也要受其约束而不能与其相抵触。

2. 行为准则功能。民法基本原则与民法各项具体规定之间是一般与个别的关系,基本原则抽象,具体规定则具体确切。所以,在民事活动中,民事主体首先应当以民法的具体规定为其行为准则。但民法的基本原则是具体规定的来源和根据,因此,民事主体在遵守具体规定时,同时也在遵守基本原则。而当具体规范缺乏、不清晰或自相矛盾时,民事主体的活动应直接以民法的基本原则为行为准则。民事主体的行为,违反民法基本原则的,应无效。[2]

3. 审判准则的功能。民法基本原则对于民事审判工作具有指导性作用,它不仅是法官解释民法法律规范的基本依据,而且是补充法律漏洞的基础,尤其是在现行法律缺乏相应的具体规定时,法官解释民事法律规范应以基本原则作为法律解释准则,确保民法秩序价值的统一性和贯彻性,否则法律的客观目的不能达到。[3]法院在对法律条文进行解释时,如有两种相反的含义,应采用其中符合民法基本原

〔2〕 梁慧星:《民法总论》(第2版),法律出版社2001年版,第47页。

〔3〕 龙卫球:《民法总论》,中国法制出版社2001年版。

则的含义。无论采用何种解释方法,其解释结果均不能违反民法基本原则。[4]

4. 弥补民事法律规范缺陷的功能。弥补民事法律规范缺陷的功能,是指民法基本原则在民事法律规范存在缺陷的情形下,可起到弥补其缺陷的作用。事实上,民法基本原则在立法上的确定,正是克服成文法局限性的产物。由于立法者不可避免地存在认识上的局限,立法时不可能穷尽一切可能出现的社会现象,同时由于受法律本身稳定性的限制,不能朝令夕改,因此,现行民事法律规范往往不能完全适应社会发展的实际需要,有些民事法律规范甚至成为阻碍社会经济发展的桎梏。在此种情形下,民事主体就可以直接依据民法基本原则进行民事活动,人民法院也可直接适用民法基本原则处理有关案件。从这个意义上理解,民法基本原则实质上就是原则性民法规范,是具体民法规范的补充。

第二节　民法的基本原则

一、平等原则

所谓平等原则,也称为法律地位平等原则。具体指民事主体享有独立、平等的法律人格,其中平等以独立为前提,独立以平等为归宿。也就是说,在保护权利主体人格完整性的同时,对他们加以平等对待。[5] 在具体的民事法律关系中,表现为主体之间互不隶属,各自独立地表达自己的意志,其合法权益平等地受到法律的保护。平等原则是市场经济的本质特征和内在要求在民法上的具体的体现,是民法最基础、最根本的一项原则。我国《民法典》第4条明文规定:民事主体在民事活动中的法律地位一律平等。

平等原则的具体内容如下。

1. 自然人的民事权利能力一律平等。自然人包括我国公民、外国人和无国籍人,他们在权利能力上平等,[6]而无论其在民族、性别、年龄、宗教信仰等方面是否存在差异。除法律有特别规定外,任何组织和个人都不得限制和剥夺自然人的民事权利能力。

2. 不同民事主体参与民事关系,要适用同一法律,具有平等的地位。即使是国家作为民事主体从事民事活动,也必须受民法规范的约束,与其他民事主体的地位

---

〔4〕 梁慧星:《民法总论》(第2版),法律出版社2001年版,第48页。

〔5〕 [德]哈贝马斯:《在事实与规范之间》,董世骏译,三联书店2003年版,第514页。

〔6〕 徐国栋:《民法基本原则的解释——成文法局限性之克服》,中国政法大学出版社1992年版,第62页。

保持平等。举例来说,一个国家机关在管理社会、管理市场的时候,它和被管理的企业、个体工商户之间,当然是不平等的。国家管理机关有管理权,有行政权,是管理者;企业、个体工商户是被管理者。双方是不平等的关系,这种关系民法不调整,由行政法调整。但是,如果这个国家机关是为了采购办公用具,建一个办公大楼,或者建职工宿舍,在这样的关系当中,这个国家机关就改变了身份,它不是以国家机关的身份出现,而是以法人的身份出现,进入了民法调整的领域,这时的国家机关和个体工商户、企业的法律地位是完全平等的,它不再有行政权力,买东西也要按价付款。

3. 民事主体产生、变更或消灭民事法律关系时必须平等协商,任何一方当事人都不能将自己的意志强加给另一方当事人。因为民事主体地位是平等的,各自独立,这种民事关系一般是主体在自愿基础上确立的。在具体的民事法律关系尤其是合同关系中,任何合同主体参与合同法律关系,他们在合同中的法律地位都是完全平等的。主体之间应当平等地主张权利与承担义务,一方主体不能主张高于对方的特权,特别是具有隶属关系的上下及单位,在合同关系中也是平等的主体。此突出强调民法反映社会主义市场经济的本质要求。

4. 民事权利平等地受法律保护,任何人因他人的行为使自己的权利遭受损害,都有权要求他人承担责任。这种法律后果是由国家法律规定并以强制力保证执行的。要求他人承担责任的目的,就是对已经造成的权利损害和财产损失给予恢复和补救。负有责任的一方,应当自觉承担责任,否则对方可以请求人民法院采取措施,强制责任方承担责任。法律规定的承担民事责任的方式主要有 10 种,即停止侵害;排除妨碍;消除危险;返还财产;恢复原状;修理、重作、更换;赔偿损失;支付违约金;消除影响、恢复名誉;赔礼道歉。

二、意思自治原则

我国《民法典》第 5 条规定:民事主体从事民事活动,应当遵循自愿原则,按照自己的意思设立、变更、终止民事法律关系。意思自治原则,指民事主体可以在法律允许的范围内,自由地创设其权利义务,任何机关、组织或个人均不得非法干涉。意思自治原则在合同制度中的表现即合同自由原则,其赋予合同当事人以订立合同的自由、决定合同内容的自由以及选择合同形式及合同相对方的自由。其排除了他人对当事人自由意志的不法干预,也排除了不当行使的国家权力对民事权利的侵犯,集中反映了民法之私法的性质。

意思自治原则的内涵主要包括以下几个方面。

1. 赋予民事主体在法定范围内的广泛自由。当事人有从事或不从事某种民事活动的自由;当事人有选择其行为的内容和相对人的自由;当事人有选择其行为方式的自由;当事人有选择权利救济方式的自由。

2. 允许当事人通过法律行为调整他们之间的关系。这就是民法中的任意性调整方法，即它不确定具体的行为准则来要求各个民事主体照此行事，只是划定了一个界限和范围，允许民事主体在此范围内自主行为，同时法律承认当事人之间通过自主协商达成的合意具有优于任意性法律规范的效力。由此，民事法律行为制度作为观念的抽象，统辖了合同、婚姻、遗嘱和收养等具体的设权行为规则，形成了民法中不同于刑法、行政法等法定主义体系的独特的法律调整制度。

3. 确立了国家机关干预民事主体的行为自由的合理界限。依意思自治原则，法无明文禁止即自由，只要民事主体的行为不违反法律、行政法规的强制性规定和公序良俗，国家即不得干涉。由此，意思自治原则划定了民事主体与国家的权限。

此原则是市场经济客观要求的法律表现，它反映和保护了市场主体人格的独立、财产和责任的独立，是对民事关系（尤其是合同关系）一般法律准则的高度概括。我国民法确立这一原则，有利于清除计划经济体制下形成的“权力本位”“官本位”的法律观念，有利于弘扬尊重民事主体合法权利之风，促进我国具有充分开放度和自由度的市场经济体制的建立和完善。

三、公平原则

公平原则，是指民事主体应依据社会公认的公平观念从事民事活动，以维持当事人之间的利益均衡。公平原则在民法上主要是针对当事人间的合同关系提出的要求，是当事人缔结合同关系，尤其是确定合同内容时，所应遵循的指导性原则。作为自愿原则的有益补充，我国《民法典》第6条规定，民事主体从事民事活动，应当遵循公平原则，合理确定各方的权利和义务。公平原则在市场交易中，为诚实信用原则和显失公平规则树立了判断的基准。但公平原则不能简单等同于等价有偿原则，因为在民法上就一方给付与对方的对待给付之间是否公平，是否具有等值性，其判断依据采主观等值原则，即当事人主观上愿以此给付换取对待给付，即为公平合理，至于客观上是否等值，在所不问。由此不难看出公平原则的具体运用，必须以自愿原则的具体运用作为基础和前提，如果当事人之间利益关系的不均衡，系自主自愿的产物，就不能称为有违公平原则。

公平原则具体体现在以下方面。

1. 民事主体在订立合同时，或者进行其他活动时，所享有的权利和义务应该具有对应性，不得显失公平。

2. 民事主体在承担民事责任时，如果是适用过错责任的场合，那么就应该按照他的过错程度承担相应的民事责任，如果是无过错责任，那么就依据法律的规定，由行为人对损失结果承担责任。

3. 法院在处理民事案件时，法律有明确规定的，应该适用明确规定的条款，但是在没有明确规定或者无规定，而且当事人也无约定的情况下，就应该依照公平原则作出裁判。

四、诚实信用原则

诚实信用原则,是指民事主体在民事活动中,必须遵守的实事求是,讲究信誉,恪守诺言,兼顾他人和社会利益的原则,也叫诚信原则。我国《民法典》第7条规定:民事主体从事民事活动,应当遵循诚信原则,秉持诚实,恪守承诺。

诚信原则起源于古罗马的一项司法原则,在审理民事纠纷时要考虑当事人的主观心理和社会所要求的公平正义。后来逐渐扩展适用于整个民事法律行为。它要求民事法律关系的当事人以诚实、善意的态度行使权利和履行义务,保障法律关系的当事人都能得到自己应得的利益,不得损人利己。当发生特殊情况,使当事人之间的利益关系失去平衡时,法官可依诚信原则,行使公平裁量权,调整双方的利益。这种要求意味着承认了司法活动的创造性与能动性,[7]反映出诚信原则在贯彻民法的正义、公平的精神时,随时间、空间的变化而具有的不确定性,以及超越法律条文规范的抽象性。

在民法上,诚实信用原则是指民事主体进行民事活动必须意图诚实、善意、行使权利不侵害他人与社会的利益,履行义务信守承诺和法律规定,最终达到所有获取民事利益的活动,不仅应使当事人之间的利益得到平衡,而且也必须使当事人与社会之间的利益得到平衡的基本原则。诚实信用原则是市场伦理道德准则在民法上的反映,具有法律调节和道德调节的双重功能,被奉为"帝王条款"。

诚实信用具有的法律功能体现为如下几个方面。

1. 确立行为规则的功能。在合同法领域,合同的订立、履行、变更、解除的各个阶段,甚至在合同关系终止以后,当事人都应当严格依据诚信原则行使权利和履行义务。在物权法领域,诚实信用原则是物权行使的基本原则。在侵权法领域,诚信原则是确定行为人是否对他人负有义务的依据。现代侵权法确立的"无害他人"的普遍义务转变为在特定情况下要行为人应"适当地爱他人",以维护人与人之间的和平友爱。《人身损害赔偿解释》第6条规定:"从事住宿、餐饮、娱乐等经营活动或者其他社会活动的自然人、法人、其他组织,未尽合理限度范围内的安全保障义务致使他人遭受人身损害,赔偿权利人请求其承担相应赔偿责任的,人民法院应予支持。"安全保障义务主要源于如下几个方面:一是源于法律的规定(如有关交通安全的法律规定的义务);二是源于合同约定;三是源于先前的行为。[8] 但从根本上说,安全保障义务的终极来源还是民法上的"帝王条款"——诚实信用原则。

2. 填补法律和合同漏洞的功能。在法律适用中如存在法律漏洞,则法官可以

---

〔7〕 彭万林:《民法学》,中国政法大学出版社1994年版,第39页。

〔8〕 王利明:《对银河宾馆案的几点意见》,载《判解研究》2004年第4辑(总第10期)。

运用诚信原则对法律的漏洞作出填补。如果当事人对合同条款没有约定或约定不明确,法官也可以依据诚信原则来填补这些合同漏洞。

3. 衡平的功能。诚信原则要求平衡当事人之间以及当事人与社会之间的各种利益冲突和矛盾。例如,出卖人交货,在量上有轻微的不足,或者有轻微的瑕疵,但没有导致对方明显的损害,可以让出卖人承担交付违约金的责任,但不应当导致合同解除,否则对出卖人不公平。

4. 解释的功能。在法律与合同缺乏规定或规定不明确时,法官可依据诚信原则解释法律和合同。我国《民法典》第466条即规定诚信原则是合同解释的基本原则之一。

五、公序良俗原则

公序良俗原则,是指一切民事活动均应当遵守公共秩序及善良风俗,否则该行为将受否定性评价。公序良俗是公共秩序和善良风俗的合称。公共秩序就是指为国家社会之存在及其发展所必需的一般秩序;[9]善良风俗是指为国家社会之存在及其发展所必要之一般道德,是特定社会所尊重的起码的伦理要求。[10] 我国《民法典》第8条规定:民事主体从事民事活动,不得违反法律,不得违背公序良俗。《民法典》第10条规定:处理民事纠纷,应当依照法律;法律没有规定的,可以适用习惯,但是不得违背公序良俗。

公序良俗原则的具体内容:第一,民事活动应当尊重社会公共利益和社会公德。社会公共利益,是社会成员的共同利益;社会公德是社会公认的道德规范。我国的社会主义经济制度和政治制度、社会主义市场经济秩序、社会生活秩序、符合社会主义精神文明建设要求的优良民风和习惯,都属于社会公共利益,民事主体在民事活动中均应尊重,不得违反。第二,民事主体不得滥用权利。民事主体行使权利不得损害国家利益、社会利益和他人利益,不得违反法律的强行性或禁止性规定。虽然此原则随着时代的进步而变迁,但其界定可以掌握以下几个标准:(1)违反伦理要求,指违反父母子女等亲属间的人情道义。(2)违反正义观,指为违法目的而实施民事行为,如委托杀人、销赃的行为。(3)剥夺或极端限制人身自由,如卖身葬父的协议、人口买卖合同。(4)侥幸行为,如赌博行为、博彩行为等(国家许可的除外)。(5)违反现代社会制度或妨害国家公共团体的政治作用,如倒卖黄金、外汇的行为等。

公序良俗原则的作用在于限制私法自治原则。公序良俗原则具有填补法律漏洞的功效,包含了法官自由裁量的因素,具有极大的灵活性,在确保国家一般利益、

---

〔9〕 史尚宽:《民法总论》,中国政法大学出版社2000年版,第334页。

〔10〕 史尚宽:《民法总论》,中国政法大学出版社2000年版,第335页。

社会道德秩序,以及协调各种利益冲突、维护社会正义等方面发挥着极为重要的机能。

六、节约资源、保护生态环境原则

我国《民法典》第9条规定:民事主体从事民事活动,应当有利于节约资源、保护生态环境。资源,是人类赖以生存的基础和前提,过度使用和浪费资源,会给人类的生存环境造成极大的损害和污染。环境,是指围绕着人群的空间,以及直接或间接影响人类生存和发展的各种自然因素的总体,包括大气、水、海洋、土地、矿藏、森林、草原、野生生物、自然遗址、人文遗址、自然保护区、风景名胜区等。环境污染,是指由于生产、科研、生活以及其他活动而向人类生存的环境排放有害物以及废水、废气、废渣、粉尘、垃圾放射性物质、有毒物质等有害物以及噪声、振动、恶气等其他有害因素。这些污染源进入大气、海洋、水体、土壤、动物、植物等人类环境,使人的生命、健康、财产遭受损害以及正常的生活、工作和学习受到影响和侵害。资源和环境问题是自有人类以来就存在的,并随着社会生产力的发展而发展变化的问题,尤其是现代大工业的发展,资源的过度利用和环境污染问题日益严重,所以,节约资源,保护生态环境是各个国家面临的重要问题。我国对这个问题极为重视,故在我国的民法总则当中作为一项基本原则予以确立。

重点问题梳理

1. 民法基本原则,是指效力贯穿整个民事法律制度的根本规则,是民事立法、民事司法和民事活动的基本准则,是制定、解释、执行和研究民法的出发点。

2. 民法基本原则的特征是它集中体现了民法的基本价值,是效力贯穿整个民事法律制度的根本规则,是指导民事立法、民事司法和民事活动的基本准则。

3. 民法基本原则的功能体现为:立法准则功能、行为准则功能、审判准则功能和弥补民事法律规范缺陷的功能。

4. 民法基本原则的具体内容如下。

(1)平等原则,这是市场经济的本质特征和内在要求在民法上的具体体现,是民法最基础、最根本的一项原则。

(2)意思自治原则,是指民事主体可以在法律允许的范围内,自由地创设其权利义务,任何机关、组织和个人均不得非法干涉。此原则是市场经济客观要求的法律表现,它反映和保护了市场主体人格的独立、财产和责任的独立,是对民事关系一般法律准则的高度概括。

(3)公平原则,是指民事主体应依据社会公认的公平观念从事民事活动,以维持当事人之间的利益均衡。

(4)诚实信用原则,也称诚信原则,是指民事主体在民事活动中,必须遵守实事求是,讲究信誉,恪守诺言,兼顾他人和社会利益的原则,该原则是市场伦理道德准则在民法上的反映。

(5)公序良俗原则,是指一切民事活动均应当遵守公共秩序及善良风俗,否则该行为将受否定性评价,公序良俗原则的作用在于限制私法自治,它在协调各种利益冲突、维护社会正义等方面发挥着极为重要的功能。

(6)节约资源、保护生态环境原则,是指对人类赖以生存的基础资源和环境必须进行重视和采取切实有效的保护措施,这是人类生存的基础,也是国家得以发展的重要保障。

案例与分析

四川省泸州市某公司职工黄永彬和蒋伦芳1963年结婚,但是妻子蒋伦芳一直没有生育,后来只得抱养了一个儿子。由此给家庭笼罩上了一层阴影。1994年,黄永彬认识了张学英,并且在与张学英认识后的第二年同居。蒋伦芳发现这一事实以后,进行劝告但是无效。1996年年底,黄永彬和张学英租房公开同居,以“夫妻”名义生活,依靠黄永彬的工资(退休金)及奖金生活,并曾经共同经营。

2001年2月,黄永彬到医院检查,确认自己已经是晚期肝癌。在黄永彬即将离开人世的这段日子里,张学英面对旁人的嘲讽,以妻子的身份守候在黄永彬的病床边。黄永彬在2001年4月18日立下遗嘱:“我决定,将依法所得的住房补贴金、公积金、抚恤金和卖泸州市江阳区一套住房售价的一半(4万元),以及手机一部遗留给我的朋友张学英一人所有。我去世后骨灰盒由张学英负责安葬。”4月20日黄永彬的这份遗嘱在泸州市纳溪区公证处得到公证。4月22日,黄永彬去世,张学英根据遗嘱向蒋伦芳索要财产和骨灰盒,但遭到蒋伦芳的拒绝。张学英遂向纳溪区人民法院起诉,请求依据继承法的有关规定,判令被告蒋伦芳按遗嘱履行,同时对遗产申请诉前保全。

问题:本案如何处理?

分析:本案的关键在于法律的适用和解释问题。毫无疑问,本案是一起遗嘱遗赠纠纷,应该适用继承法。公证已经证明了遗嘱是立遗嘱人的真实意思表示,形式合法;从现行继承法的条文中,确实看不到禁止“第三者”即“有配偶者与他人同居”行为的人接受遗赠的内容和规则。《民法典》第1133条第3款规定,“自然人可以立遗嘱将个人财产赠与国家、集体或者法定继承人以外的组织、个人”,确认了遗赠的合法性。第1141条“遗嘱应当为缺乏劳动能力又没有生活来源的继承人保留必要的遗产份额”,明确规定了遗嘱遗赠限制的范围,也就是说,只有在剥夺了缺乏劳动能力又没有生活来源的继承人遗产份额的情况下,遗赠才可以受到限制(无效或部分无效)。由此,很多法学家解释说,立法者的原意是最大限度地尊重当事人(立遗嘱人)的意思自治,在符合其他形式要件的前提下,遗嘱的内容即使是违反道德乃至违法,只要不涉及上述必须排除的情况,就应认其为合法有效。这种严格依据法条文义的解释对法官来说也是一种风险最小的选择,在一般情况下,法官都会以“特别法优于普通法”的原则作出这种选择。但如果按照现行继承法的规定,支持了原告张学英的诉讼主张,那么也就是肯定了“包二奶”的行为,以及他们对合法婚姻家庭的侵害,并承认了他们可以从这种违法行为中获益。这种结果不仅违背婚姻法的原则和规定,而且与公序良俗背道而驰。

本案的判决结果是纳溪区人民法院针对原告张学英的诉求全部驳回。

本案判决是法官在法律出现明显的漏洞时,运用其自由裁量权,适用民法原则,依据公序良俗和法律的整体精神,解释法律、适用法律的结果。通过这一判决,合理地协调了社会公德、法律原则与具体法律规则的关系。判决并未超越法官的权限,符合法律推理和解释的基本原则和逻辑;在解决纠纷的同时维护了法律的统一性和合理性,并取得了良好的社会效果。尽管对于本案的处理可能存在其他合理选择,然而,本案判决不失为一种通过法官的论理解释填补法律漏洞的积极努力。

第三章　民事法律关系

第一节　民事法律关系概述

一、民事法律关系的概念

民事法律关系，是民法规定的人与人之间的关系，具体来说，是指民事社会关系通过民事法律规范调整而在民事主体之间形成的以民事权利和民事义务为核心内容的社会关系。

人生活在社会中，人们之间必然会发生各种社会关系。调整社会关系的法律不同，由此形成的法律关系的性质也就不同，由民法所调整的社会关系就是民事法律关系，相应地，由刑法所调整的社会关系是刑事法律关系，而由行政法所调整的社会关系则是行政法律关系。

民事法律关系和民法联系密切。民法是民事法律关系形成的前提，民事法律关系是民法所调整的结果，是由民法派生出来的现象。具体而言，民法确认了民事主体的权利和义务，但这种权利和义务是抽象的，只具有可能性，并不表明主体已经享有了某种权利或应承担某种义务，而在民事法律关系中，主体的权利义务是具体的，并具有现实性。

二、民事法律关系的特征

民事法律关系不同于其他法律关系，它具有以下特征。

1. 民事法律关系是平等的主体之间的关系。民法是调整平等主体之间的人身关系和财产关系的，这种社会关系的主体是私主体，这种私主体的法律地位是平等的，他们相互独立、互不隶属，同时这种平等性还表现为他们在民事活动中权利义务的对等性。

2. 民事法律关系是民事法律规范所调整的社会关系。民事法律关系调整范围包括平等主体之间的财产关系和人身关系，这是依据民事法律规范调整形成的。

3. 民事法律关系的形成主要是当事人意思自治的结果。民法调整私人之间的社会关系，因而它也贯彻民法意思自治的基本原则。大量的民事法律关系都是在平等的当事人之间自主、自愿的基础上形成的,民事法律关系的发生、变更、消灭,民事法律关系的内容即民事权利和民事义务的确定,都主要取决于当事人的意思自治。

4. 民事法律关系是随着特定的民事法律事实的发生而产生的。所谓民事法律事实,是指能够引起民事法律关系发生、变更、消灭的客观事实。它包括两大类:一是行为;二是不以人的意志为要件的事件。

5. 民事法律关系是以民事权利和民事义务为内容的社会关系。在民事法律关系中,民事权利与民事义务既是相互对立的,又是相互依存的,一方享有的权利正是另一方承担的义务。没有民事权利义务,就没有民事法律关系。民法调整社会关系、民事法律关系、法律事实的关系如图 3－1 所示。

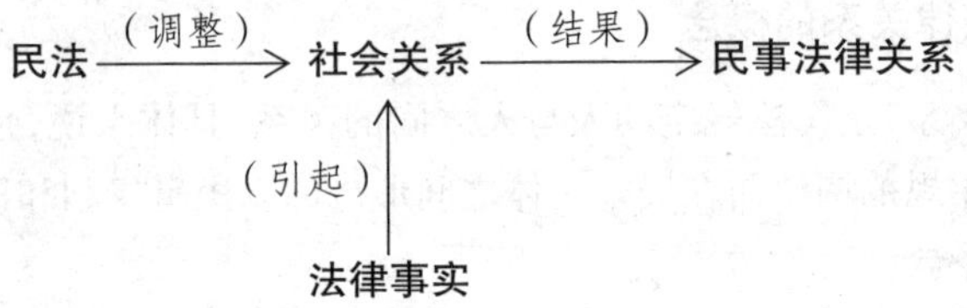

图 3－1　民法调整社会关系、民事法律关系、法律事实的关系

三、民事法律关系的分类

了解民事法律关系的分类对于把握各种具体民事法律关系的内涵和特点,厘清当事人之间的相互关系有重要意义。进而为正确运用法律奠定良好的基础。民事法律关系按不同的标准可作如下分类。

(一)人身法律关系和财产法律关系

根据民法调整的对象不同,民事法律关系可分为人身法律关系和财产法律关系,这是民事法律关系最基本的分类。

人身法律关系,是指民事主体之间因人格和身份而形成的民事法律关系。如因人的姓名、名称、荣誉、名誉而发生的关系,因发明、发现以及创作出科学、文学、艺术作品而发生的、具有身份性质的关系等,都属于人身法律关系。这类关系不具有直接的物质利益内容,这是它与财产法律关系的基本区别。

财产法律关系是与财产有关的民事法律关系,具体而言,它是民事主体之间因财产的归属和流转而形成的,具有直接物质利益内容的民事法律关系,如财产所有权关系、租赁关系、借贷关系、买卖关系等都属于财产法律关系。除此之外,人身法律关系和财产法律关系还有如下区别。

1. 两类关系中的权利性质不同。在财产法律关系中,权利人所享有的权利是财产权利,财产权一般不具有专属性,通常权利人依其意志可以转让;而在人身法律关系中,权利人所享有的权利是人格权或身份权,这些权利一般与权利主体的人身密不可分,权利人一般不能将其转让给他人。

需要说明的是,人身法律关系和财产法律关系的区分并不是绝对的。比如,著作权、继承权就兼具身份权和财产权的双重性质。而且随着现代经济的发展,许多传统意义上的人身权并不是绝对不可转让,如名称权已经具有了很高的财产价值,是可以被有限度地转让、处分的。

2. 对这两类关系的保护方法不同。在财产法律关系受到破坏时,对加害人主要适用财产性质的责任,如要求加害人返还原物、赔偿损失、支付违约金等;而在人身法律关系受到破坏时,对加害人则主要适用非财产性质的责任,如要求加害人赔礼道歉、消除影响、恢复名誉等。当然,在人身法律关系受到破坏时,如果给权利人造成了物质利益损害,也可对加害人适用财产性质的责任,这主要是损害赔偿。但这种责任形式并不是保护人身法律关系的主要方法。

(二)绝对法律关系和相对法律关系

根据民事法律关系的义务主体的范围不同,民事法律关系可分为绝对法律关系和相对法律关系。

绝对法律关系,是指与权利人相对应的义务人是权利人以外的一切不特定人的民事法律关系。在这类法律关系中,权利人行使和实现其权利并不需要义务人的协助,其所承担的义务一般是不实施某种行为。相对法律关系,是指与权利人相对应的义务人具体、特定的民事法律关系。在这类法律关系中,权利人实现其权利必须有具体的义务人协助,并且义务人只是特定的一人或数人,其所承担的义务一般是实施某种积极的行为。

区分绝对法律关系和相对法律关系的意义在于,有利于确定民事法律关系的义务人的范围及义务人的义务性质,从而更好地适用民事法律规范。

(三)物权关系和债权关系

根据权利人权利的实现方式,财产法律关系可分为物权关系和债权关系,这也是上述绝对法律关系和相对法律关系在财产法律关系中的具体体现。

物权关系,是指权利人可以直接支配物,而不需要义务人实施某种积极行为予以配合的民事法律关系。在物权关系中,义务人为权利人之外的一切不特定人,其义务一般为不得实施阻碍物权人行使其权利的行为,因此,物权是一种绝对法律关系。所有权关系、担保物权、用益物权以及其他物权的关系都是物权关系。债权关系,是指权利人的权利必须由义务人实施一定的行为,才能行使和实现的民事法律关系。在债权关系中,义务人可以为一人也可以为数人,但总是特定的,其义务人的一定行为通常是积极的行为,所以,债权关系属于相对法律关系。

将财产法律关系具体区分为物权法和债权关系,有助于明确物权和债权的不同特点。也正因如此,民法中建立了物权法和债权法这两大财产法律制度。

另外,根据民事法律关系内容的复杂程度,民事法律关系分为单一民事法律关系和复合法律关系;根据法律关系形成和实现的不同特点,分为权利性民事法律关系和保护性民事法律关系等。

四、民事法律关系理论的意义

(一)对民事法律规范内容构成的意义

一部民法典说到底就是一部规范民事法律关系的法典。民法典的编纂,始终会以民事法律关系为线索。翻阅当今世界各国的民法典,我们不难发现,其基本结构都是沿着物权、债权、人身权、亲属权、继承权等民事法律关系展开的,尽管顺序和具体内容不一定相同。为了体系化地规定民事法律关系,避免不必要的重复,在德国民法典制定中,潘德克顿学派运用民事法律关系理论把关于各种民事法律关系的共通性制度,如民事法律关系的主体、客体、内容以及权利行使、时效等,提炼为“总则”,而置于法典的开头,其实就是把民事法律关系基本的问题抽象出来,作概括的规定。所以,总则的全部内容归纳起来讲的都是民事法律关系的三要素:主体、客体和内容。民法分则围绕各个种类民事权利分别规定了债权、物权、亲属权、继承权等各种具体民事法律关系,将民事法律关系具体化、类型化。

(二)对民法发挥调整作用的意义

通过对民事法律关系的塑造、践行和保护来实现民法对市民社会关系的调整,这是民法调整的第一步,是由具体到抽象的过程,也是在对市民社会的生活关系加以价值评价的基础上,将那些民法认为值得保护的生活关系,提炼为各种法律上的权利义务模型,如物权模型、债权模型、知识产权模型、继承权模型、人身权模型等,而没有将恋爱等生活关系纳入民法的保护范围,这是人类理性活动的结果。将平等主体间的财产关系和人身关系抽象为法律概念,再由法律概念整合成法律规范,并将实际的具体的社会关系上升为规范层面上的民事法律关系,形成一系列具有逻辑结构的法权模型体系,最后由国家立法机关制定为法律,以指引民事主体的各种具体民事活动。民法调整的第二步,表现为由抽象到具体的过程。在规范层面的民事法律关系的指引下,民事主体通过法律事实,为自己设定权利和义务,将法律上表述的权利义务关系模型演绎为现实社会中的生活关系,即缔结事实层面上的民事法律关系,如果该事实层面上的民事法律关系与规范层面的民事法律关系完全吻合,则民法调整的任务基本完成。如果该事实层面上的民事法律关系与规范层面的民事法律关系不相吻合,则民法调整进入第三步,即通过法律所固有的国家强制力矫正事实层面上的民事法律关系的不当内容,使其恢复到法律设定的权利义务状态。

（三）民事法律关系的方法论意义

研究民法或在实践中处理民事纠纷，应该首先从民事法律关系入手。市民社会都是民事法律关系交织的社会，各种各样的抽象的民事法律关系是一个整体，每一个具体的民事法律有产生、变更、消灭的过程，如一个自然人从出生到死亡，一个企业从登记成立到注销都难免会引发这样或那样民事法律关系的变动。因此法院法官在办理一个民事案件，或者律师在代理一个民事案件，或者法学专家在研究一个民事案件的时候，第一步最重要的工作就是定性，即确定这个案件究竟是一个什么性质的民事法律关系。因为只有把民事法律关系的性质确定下来后，才能够把握问题的实质，进而才能够准确适用法律，解决问题。

第二节　民事法律关系的要素

民事法律关系的要素，是指民事法律关系的构成要件。作为一种人与人之间的关系，民事法律关系需要具备主体要素；同时，作为一种具有权利和义务内容的关系，民事法律关系需要具备内容要素；另外，又作为一种权利人通过义务人的义务履行行为获得民法上利益的关系，权利与义务共同指向的目标即为法律关系的目的所在，因此民事法律关系还需要客体要素。综上所述，民事法律关系的要素，包括主体、客体和内容三个方面。掌握、厘清民事法律关系的要素，是我们分析法律关系、正确适用法律制度的理论前提。

一、民事法律关系的主体

民事法律关系主体，又称民事权利义务的主体，或简称民事主体，是指参加民事法律关系，享有民事权利和承担民事义务的人。民事法律关系是人与人之间的关系，因此必须有作为法律关系主体的人参加，才能在主体之间建立法律关系。主体是构成民事法律关系不可缺少的一个要素。

民法承认的民事法律关系的主体主要是自然人和法人。自然人是因出生而获得生命的人类个体，是与法人相对应的概念；法人是法律拟制的“人”，是具有民事权利能力和民事行为能力，依法独立享有民事权利和承担民事义务的组织。国家在特定情况下也可以成为民事法律关系的主体。国家也可直接参与民事活动，但基于民事主体的平等性，国家出现在民事活动中时，其身份只是公法人。另外，在一些特定的民事法律关系中，其主体也可以是不具有法人资格的其他社会组织。

二、民事法律关系的客体

民事法律关系的客体,是指民事法律关系主体享有的权利和承担的义务共同指向的对象。如果没有民事权利和民事义务指向的对象,即如果没有客体,民事法律关系就无法落实,无法存在。在我国,民事法律关系的客体一般分为如下几类。

1.物。物是能满足人的需要,能够被人支配或控制的物质实体或自然力。民法上的物虽具有物理属性,但与物理学意义上的物不同,要求有可支配性、存在性和效用性。物是物权法律关系的客体,如所有权、担保物权等。物在民法中具有重要意义,大多数民事法律关系与物有密切联系,有的虽以行为为客体,但仍以物为利益体现,如交付物的买卖合同。

2.行为。作为客体的行为特指能满足债权人利益的行为,通常也称给付。行为主要是债这一民事法律关系的客体,因为债权是请求权,债权人只能就自己的利益请求债务人为给付,如交付物、完成工作,而不能对债务人的物或其他财产直接加以支配。

3.智力成果。智力成果是人脑力劳动创造的精神财富,智力成果是知识产权的客体,包括科技、文学、艺术作品、发明、实用新型、外观设计以及商标等。知识产权保护的不是智力成果的载体,而是载体上的信息,载体本身属物权保护对象。

4.人身利益。人身利益,是指民事主体依法享有的,与其自身利益不可分离也不可转让的没有直接财产内容的利益。人身利益包括人格利益和身份利益,是人身法律关系的客体。

三、民事法律关系的内容

民事法律关系的内容是民事法律关系主体所享有的民事权利和所承担的民事义务。民事权利,是指法律保护的民事主体为一定行为(作为与不作为)或请求他人为一定行为以获得某种利益的可能性。民事义务,是指民事主体为了使权利人实现其权利或不影响其实现权利所承担的法律约束。民事法律关系的内容具有以下两个特征:(1)对等性。在民事法律关系中,权利和义务是互相对应、互相依存、互相联系的。不可能只有权利而没有义务;也不可能只有义务而没有权利。权利的内容通过相应的义务来表现,义务的内容由相应的权利来限定。(2)具体性。存在于民法规范中的权利义务是抽象的、具有普遍意义的,存在于民事法律关系中的权利义务则是具体的,是抽象的权利义务在具体民事生活中的体现。因而在不同的民事法律关系中,当事人享受的权利和承担的义务亦有不同。

第三节　物

一、物的概述

（一）物的概念

物是指处于人身之外的，能够满足人们的社会需要，并能够为人力所支配或者控制的物质存在。在民法上，物处于法律关系的客体地位，并且是法律关系最为常见的客体，在民事法律关系中占有重要的地位。

（二）物的特征

1. 须存在于人身之外。根据民事法律关系主体与客体的严格区分，民法上的物仅限于人身之外的物，而不能是人或者人的身体。人在法律关系中，具有独立和平等的法律人格，处于主体地位，任何人都不能成为他人权利的客体。同样，人的身体作为人的组成部分，也属于主体的范畴。因此，法律关系的客体只能是人身以外的自然界中的其他物质存在。需要注意的是，对于人身来讲，其不能成为民法上的物是从人身体的整体性出发的；换言之，当人体的组成部分与人体相脱离，则其可以成为物。例如，自然人对其血液或者器官的捐献，可以成为具有特殊意义的物而成为特定民事法律关系的客体。对于尸体来讲，当人死亡后，其主体资格消灭，可以成为物，如自然人对其亲属尸体的悼念和保护。值得注意的是，上述与人体有关的物与社会的伦理道德密切相关，在法律规制上与一般的物是有区别的，即需要受到公序良俗原则的约束。

2. 须能够满足人的需要。民法上的物须具有有用性，能够满足人们一定的社会需要；反之，如果一个存在于人身之外的物质不能满足人们的社会需要，它在法律上则没有意义，就不能成为民法上的物。无论是能够满足人物质生活需要的物，如粮食、水，还是能够满足人文化或者精神文化的物，如书籍、电影 DVD，只要是对人具有有用性，能够满足人们的一定的社会需求，都是民法上的物。

3. 须能够为人力所支配或控制。在民法上，物对于人的意义，在于人通过支配、控制物，满足社会需要。由此出发，只有能够为人力所控制或者支配的物，才能满足人的需要，才能成为民事法律关系的客体。随着生产力的不断发展，科技的不断进步，人们认识、改造世界的能力不断增强，所以民法上物的范围也在不断地扩大。

4. 民法上的物一般为有体物。所谓有体物，是指具有实体，并能为人视觉、触觉所察知的物。在民法中，绝大多数的物为有体物，如动产、不动产。需要注意的是,随着物的范围的不断扩展,一些无体物,如水、电、气、暖等,也可以为人所支配、控制,成为民法上的物。

(三)物的法律意义

物在民法中具有特别重要的意义,占有举足轻重的地位。作为民事法律关系的客体,物在确定民事法律的效力、性质、发生争议时的纠纷管辖以及法律适用等方面都具有重要的意义。

1. 基于物的支配与流转所形成的人与人之间的关系,是社会财产关系的重要组成部分。由于物是人生存与发展的基本物质基础,所以围绕着物的静态支配和动态流转所形成的人与人之间的关系,便构成了社会财产关系中最为重要的组成部分。相应地,以调整社会关系为使命的法律,便不能不对基于物的支配与流转所形成的社会关系加以规制。只有明确物的归属、顺畅物的流转,社会财产关系才能趋于和谐,社会关系也才能趋于稳定。

2. 物的性质可决定法律关系的效力和性质。一方面,物会影响法律关系的效力,如限制流通物只能依法在法律规定的流转范围内进行流转和依法利用,如果民事主体一旦违反国家法律、法规对物的限制,其法律行为就无效,相关的行为人还要受到法律的追究;另一方面,物能够决定某些法律关系的性质,例如,不可消耗物可发生借用或租赁法律关系,而可消耗物发生的是借贷法律关系。

3. 物的不同特性也往往决定和影响具体民事法律关系的诉讼管辖和法律适用。例如,动产所有权一般为交付占有转移,而不动产所有权的转移则必须经登记;不动产纠纷由不动产所在地的法院管辖,而动产则根据具体的民事法律关系规定了相对灵活的管辖。

二、物的分类

(一)不动产与动产

以物能否移动和移动后是否会损害物的价值为标准划分,物可以划分为动产与不动产。

动产,是指能够移动并且不会因移动损害其价值的物。动产是社会生活中最为常见的物,如桌椅、书籍、电脑等,均为动产。不动产,是指不能移动或者移动会损害其价值的物。较之于动产,不动产的价值较大,因而是社会生活中最为重要的物。不动产主要包括土地及建筑物、构筑物、林木等土地上的定着物。

区分动产与不动产具有如下法律意义。

1. 所有权的限制不同。动产原则上任何人都可成为其所有权人;而不动产中的土地、河流、森林、矿藏等,只能为国家或集体所有,任何自然人及集体组织以外的法人,都不能成为这些不动产的所有权人。

2. 物权变动的公示方法不同。动产物权的变动，通常以交付为公示；而不动产物权的变动，则以登记为公示，不登记不发生物权变动的效力。

3. 设立的他物权类型不同。民法中的用益物权只能在不动产上设立，动产不能设立用益物权。例如，土地承包经营权、地役权等，只能在不动产上设定；居住权只能在房屋上设定。在担保物权中，不动产上可以设定抵押权，而不能设定质权和留置权；而动产可设定质权和留置权。

4. 相邻关系的主体不同，不动产发生相邻关系。因为不动产不能移动，所以相邻的占有人之间如果因为不动产的利用而产生冲突与矛盾时，就需要法律上的相邻关系制度来加以协调。而动产因为能移动，所以不发生特定人之间的相邻关系。

5. 租赁权的性质不同。法律给予不动产租赁权以物权的保护效力，赋予不动产承租人在出租人出卖租赁物时的“优先购买权”；而动产的租赁权就无相关的规定。

6. 地域管辖不同。因不动产发生的争议，适用专属管辖。《民事诉讼法》第 33 条第 1 项规定，“因不动产纠纷提起的诉讼，由不动产所在地人民法院管辖”；而因动产引起的民事诉讼，则依普通管辖确定管辖法院，如被告住所地、合同履行地等。

（二）定着物与附着物

对于依附于不动产之上的动产与其他不动产而言，以其依附的程度为标准，物可以划分为定着物与附着物。

定着物，是指固定于土地之上的且不能够移动的有独立实用价值的物。例如，房屋、树木、下水管道等。定着物虽然与土地相联结，但并不是土地的组成部分，所以属于独立之物。附着物，是指依附于不动产且分离后不能发挥效用的物，如空调、浮雕、挂橱等。附着物虽能独立存在，但却需依附不动产才能使用或发挥效用。

区分定着物与附着物的法律意义在于法律的适用不同。财产所有权依标的物的类型可以划分为不动产所有权与动产所有权，并采用不同的权利变动原则。对于定着物而言，定着物因固定于土地，所以适用不动产法律，定着物所有权为不动产所有权；对于附着物而言，则要根据其与不动产的联结程度和法律规定，分别确定为动产或不动产。例如，窗式空调、挂橱等可作为动产，而电梯、墙上浮雕就可适用不动产法律。

（三）流通物、限制流通物与禁止流通物

根据法律对于物的流通范围是否限制为标准，物可以划分流通物、限制流通物与禁止流通物。

流通物或称融通物，是指法律允许在民事主体之间自由让与的物。在民法上，绝大多数的物是流通物。限制流通物，是指法律对其流通的范围有所限制的物。例如，军用武器、弹药、黄金、文物等。禁止流通物亦称不流通物，是指法律禁止其

自由流转的物。例如,专属于国家所有的矿藏、水流等财产,以及黄色淫秽物品、走私物品等法律禁止流通的物品。

区分流通物、限制流通物与禁止流通物的法律意义在于,流通物因为能够自由流通,没有法律限制,所以能成为任何民事主体之间的民事法律关系的客体;对于限制流通物来说,民事主体只能在法律规定的范围内对其加以流转和依法利用。例如,《文物保护法》对文物买卖的限制,《外汇管理条例》对外汇经营和交易的限制,就属于对物流通的限制性规定。否则,一旦限制流通物的流转逾越了法律规定的范围,其交易行为将归于无效。对于禁止流通物而言,由于其为法律绝对不允许流通之物。违反法律规定对禁止流通物加以流转的行为,其交易无效。

(四)种类物与特定物

以物是否有独有的特征或是否被他物所替代为标准,物可以划分为种类物与特定物。

种类物,是指以品种、规格、质量或度量衡确认的同一类具有共同特征而可以相互替代的物,如同一标号的水泥、同一规格、等级的绿豆等。种类物在交易时,具有可替代性,故也称可替代物。特定物,是指独具特征或被特定化并且无从替代的物。特定物进而可分为两类:一是固有的特定物,即该物本身即具有独一无二的特性,如齐白石的画作、老舍的手稿等;二是特定化的种类物,即该物原本是种类物,但是经过某种特定化的行为,转变为特定物。物的交付、标记、挑选等行为,均可成为种类物的特定化的方法。

区分种类物与特定物具有如下法律意义。

1. 民事法律关系的适用性不同。在民事法律关系中,有的只能以特定物为客体,如租赁、借用合同等,而有的只能以种类物为客体,如消费借贷、货币借贷等。在租赁合同和借用合同期限届满时,承租人和借用人必须归还原物——特定物;然而相反,在消费借贷或货币借贷合同期限届满时,借贷人只要归还同种数量的物或同值的货币即可,因为所借之物或钱已被处分掉了,不可能也不需要返还原物或原币,况且原物、原币与返还的物、货币是具有共性、可替代的物——种类物。

2. 所有权移转的时间不同。特定物的转让,所有权移转的时间,既可以物的交付为标准,也可以依约定或法定,以交付以外的方式确定所有权移转的时间;而种类物的转让,因为其在交付之前尚未特定化,所以只能以物的交付为所有权移转的时间。

3. 标的物灭失时的法律效果不同。当特定物作为债履行的标的物时,如果该物在交付对方当事人前灭失的,那么债务人就可以免除相应的交付义务;而如果以种类物作为债履行的标的物时,债务人不能以交付前物已灭失作为免除交付的抗辩理由,其仍需要以同样品质、数量的种类物交付。

（五）可分物与不可分物

以物能否被分割为标准，物可以划分为可分物与不可分物。

可分物，是指依据其性质，可以分割并且不因分割而损害其价值或性能的物，如一袋大米可分为若干份，并不改变效用与性质；不可分物，是指依物的性质，不可分割或者分割后会改变其性能或价值的物，如一头牛、一架钢琴等。

区分可分物与不可分物具有如下法律意义。

1. 共有物的分割方法不同。共有人在分割共同财产时，对可分物，则可在原共有人之间进行实物分割，各得其所；对于不可分物，只能根据情况采取作价补偿或者变价分割的方法分配共有利益，而不能作实物分割。

2. 确认多数人之债的性质。对于多数人之债，须确认其是属于连带之债还是按份之债。当标的物为数人共有时，标的物上产生的利益或负担自然也由共有人分享或分担。在标的物属可分物时，产生的利益或负担除法律有相反规定外，可作为按份债权或按份债务；在标的物属不可分物时，因产生的利益或负担属不可分债权或不可分债务，故在共有人之间发生连带债权或连带债务的关系。例如，大楼的下水管因堵塞而需疏通的时候，由于下水管是不可分物，属各层房屋所有权人共有，所以，对管道的疏通费用各层房主负连带责任。

（六）消耗物与非消耗物

以物能否重复使用为标准，物可以划分为消耗物与非消耗物。

消耗物，是指因一次性有效使用就灭失或改变其原有形态和性质的物。因一次性有效使用就灭失的物，如饼干因食用而消灭，货币因使用而丧失所有权；因一次性使用而改变其原有形态和性质的情形，如原材料经加工变为产品，一次性针筒、杯、碗等。非消耗物，是指可反复使用，通过使用逐渐磨损其效用的物，如车辆、电器、机器、房屋等。

区分消耗物与非消耗物具有如下法律意义。

1. 占有与所有的关系不同。对于消耗物而言，由其性质决定，物的使用与物的处分是同一个过程，即有权占有、使用消耗物的人，就是有权处分该物的人。由于物的处分权往往归属于物的所有权人，因此，消耗物的占有人即为其所有权人。对于非消耗物而言，物的使用过程与物的处分过程是分立的，有权占有、使用非消耗物的人未必有权对其加以处分。因此，非消耗物的占有人未必是物的所有权人。

2. 涉及的民事法律关系的类型不同。消耗物只能成为转移标的物所有权合同的标的物，而非消耗物则可以成为转移标的使用权合同的标的物。例如，同样是借用他人之物，所借之物为消耗物时，合同的性质就是消费借贷，借贷物交付时所有权移转，借贷人只要返还种类物就可以；反之，所借之物为不可消耗物时，合同的性质就是借用合同或租赁合同,租借交付时仅移转使用权,租借人须返还原物。在借用和借贷关系的区分中,前者标的物为非消耗物,后者的标的物为消耗物。

(七)单一物、合成物与集合物

以物的构成个数为标准,物可以划分为单一物、合成物与集合物。

单一物,是指形态上自成物体的一个物,如灯泡、床垫等。合成物,是指数个单一物经过结合而形成的物,如电脑、汽车。集合物,是指由多数的单一物或者合成物集合而成的物,其中各个物仍保持其独立性的物的总体,如图书馆里的全部书籍、浮动抵押时抵押人的全部动产。

区分单一物、合成物和集合物的法律意义在于,单一物和合成物作为一个物而成立所有权,而集合物一般不以其整体作为权利客体,而只就构成其的各个单一物和结合物作为权利的客体。只有在一些特殊情况下,如破产企业财产的清算时,或者浮动抵押时,可将破产企业或者抵押企业的全部财产看作一个整体财产。

(八)主物与从物

以两个独立存在的物在法律效力中的主从关系为标准,物可以划分为主物与从物。

主物,是指在必须相互配合才能够发挥效用的两个以上的物中起主要作用的物。从物,是指在必须相互配合才能够发挥效用的两个以上的物中,处于从属地位,起辅助主物发挥作用的物。例如,电脑和鼠标,电脑为主物,鼠标为从物;电视机与遥控器,电视机为主物,遥控器则为从物。需要注意的是,只有属于同一个所有人的两个独立存在的、须相互结合才能发挥效用的物,才构成主物与从物的关系。如果是不同所有人的物,不产生主物与从物的关系。

区分主物与从物的法律意义在于,在法律或者合同没有相反约定时,从物的所有权随主物的所有权一并转移。

(九)原物与孳息

以产生收益的物与所生收益之间的关系为标准,物可以划分为原物与孳息。

原物,是指根据自然属性或者法律的规定,能够产生收益的物。孳息,是指原物所产生的收益。根据产生的原因不同,孳息又可以分为自然孳息与法定孳息。自然孳息,是指基于自然属性由原物产生的收益,如果树结的果实、母鸡下的蛋;法定孳息,是指基于法律关系所产生的收益,如租金、利益等。

区分原物和孳息具有如下法律意义。

1. 确定孳息所有权的归属。除法律有特别规定或当事人有约定外,孳息归原物的所有权人所有,原物的所有权转让时,孳息的收取权一并移转。例如,我国《民法典》第630条规定:“标的物在交付之前产生的孳息,归出卖人所有;交付之后产生的孳息,归买受人所有……”

2. 确定赔偿范围。当原物的所有权受到侵害,而造成孳息的收取不能时,侵害人不仅应赔偿原物的损失,还应依法律规定,赔偿孳息物的损失。

第四节 民事权利与民事义务

一、民事权利

(一)民事权利的概念

民事权利,是指民事法律规范赋予民事主体的利益以及以其意志自由满足其利益的法律手段。民事权利是法律关系的内容要素的组成部分,是民法调整社会关系的重要手段。民法在调整社会关系的过程中,首先界定法律关系当事人的权利和义务,其次通过权利的行使、义务的履行,使社会关系和谐、有序地发展。在《民法典》总则编中,专门设立了"民事权利"一章,对民事权利进行了系统的规定。根据《民法典》第 109 ~ 127 条的规定,我国民法上的民事权利包括:人身自由权、人格尊严权、生命权、身体权、健康权、姓名权、名称权、肖像权、名誉权、荣誉权、隐私权、婚姻自主权、个人信息权、婚姻与家庭关系中的身份权、物权、债权、知识产权、继承权、股权和其他投资性权利、依法对数据及网络虚拟财产享有的权利等。

(二)民事权利的分类

1. 财产权和人身权

以民事权利客体所体现的利益为标准,民事权利可分为人身权和财产权。

财产权,是指以财产利益为内容的权利,如物权、债权等。人身权,是指以人身利益为内容的权利,包括人格权与身份权。

区分财产权和人身权的意义在于,首先,专属性不同。财产权原则上不具有专属性,可由主体转让、抛弃,也可继承。而人身权则具有专属性,与特定主体的人身不可分离,不能转让或者继承。其次,法律救济的方式不同。侵害人身权造成损害时,侵害人既可能承担财产损害赔偿责任,也可能承担精神损害赔偿责任。《民法典》第 1183 条第 1 款规定:"侵害自然人人身权益造成严重精神损害的,被侵权人有权请求精神损害赔偿。"比较而言,侵害财产权利造成损害时,原则上,侵权人只需承担财产损害赔偿的责任,而无须承担精神损害赔偿责任。但是,根据《民法典》第 1183 条第 2 款的规定,因故意或者重大过失侵害自然人具有人身意义的特定物造成严重精神损害的,被侵权人有权请求精神损害赔偿。

2. 支配权、请求权、形成权和抗辩权

根据权利的作用,民事权利可分为支配权、请求权、形成权和抗辩权。

(1)支配权

支配权,是指直接支配客体,享受一定的利益,并排斥他人干涉的权利,如物权、知识产权、人格权等权利,均属于支配权。

支配权具有如下特征:首先,支配权的实现,不需要他人的协助、配合。支配权作为一种直接支配于权利客体的权利,意味着权利人可以直接对权利客体进行支配,从而获得支配利益,实现权利目的。其次,支配权具有对世性。在支配权法律关系中,支配权的权利主体是特定的,义务主体则是不特定的,即支配权人之外的所有的人,均为支配权人的义务人,他们所承担的义务,为不得妨碍支配权人行使其权利的消极义务。由此可见,支配权是一种可以向任何他人主张的权利。因此,支配权又称为对世权。最后,支配权具有排他性。正是由于支配权的义务人所承担的义务,为不得妨碍支配权人行使其权利的消极义务,所以倘若有人违反此消极义务,妨碍支配权人对客体的支配,支配权人即有权对此妨碍予以排斥。

(2)请求权

请求权,是指请求他人为一定行为或不为一定行为的权利,如要求他人交付货物、返还原物、赔偿损失的权利,均属于请求权。

请求权具有如下特征:首先,请求权的实现,需要他人的协助、配合。请求权作为一种请求他人为一定行为或不为一定行为的权利,意味着他人履行了相应的行为,请求权的目的才能够实现。因此,请求权人不能仅凭自己的请求而直接取得作为该权利内容的利益,必须通过借助义务人对其请求的响应间接取得。其次,请求权具有对人性。在请求权法律关系中,请求权的权利主体是特定的,其义务主体也是特定的。请求权人只能向特定的义务人实施请求,特定义务人以外的他人则不对请求权人承担义务。因此,请求权又称为对人权。

请求权的成立,要求权利人具有对义务人提出请求的法律依据,即请求权基础。根据请求权基础的不同,请求权可以分为两类:一是支配权请求权;二是债权请求权。所谓支配权请求权,是指以支配权为基础而成立的请求权,如物权请求权、人格权请求权等;所谓债权请求权,是指以债权为基础而成立的请求权。如买受人请求出卖人交付货物的请求权,受害人请求侵权人赔偿的请求权。

(3)抗辩权

抗辩权,是指阻却他人请求权的权利。抗辩权是与请求权相对立的权利类型,是针对有效的请求权而言的。抗辩权的功能在于对抗或延缓请求权的行使,但他人的请求权并不因此而消灭。抗辩权是一种针对请求权的权利,只有一方当事人行使请求权,另一方当事人才可能对此进行抗辩。

抗辩权根据其效力强弱的不同,可分为永久性抗辩权和延缓性抗辩权。永久性抗辩权,是指抗辩权的行使可以永久地阻却他人请求权的效力,其在诉讼上的效果,可使原告的诉讼请求得到驳回的裁判,如时效完成的抗辩权。延缓性抗辩权,是指抗辩权的行使可以暂时地阻却他人请求权的效力,一旦抗辩事由消除,抗辩权即告消灭。例如,同时履行抗辩权,一方当事人在对方未为对待给付前,可行使抗辩权暂时拒绝对方的请求。一旦对方已为对待给付并提出请求给付时,则一方无同时履行抗辩权,对方的请求立即发生效力。

(4)形成权

形成权,是指当事人一方仅凭自己单方的意思表示,即可使法律关系发生变动的权利。例如,撤销权、解除权、选择权、抵销权等,均属于形成权。

形成权具有如下特征:首先,形成权的行使表现为单方行为。形成权的本质为一种单方决定权,即可以以权利人的单方意志,决定特定法律关系的命运。因此,形成权的行使,不需要其他当事人的同意。其次,形成权的行使方法,具有多样性。一方面,如果法律对某种形成权的行使方法有特别要求,如《民法典》第148条规定:“一方以欺诈手段,使对方在违背真实意思的情况下实施的民事法律行为,受欺诈方有权请求人民法院或者仲裁机构予以撤销。”此时,应当按照法律要求的方式行使形成权。另一方面,如果法律对某种形成权的行使方法没有作出特别要求,则以单方通知的方式行使形成权。此时,行使形成权的单方通知一经到达对方即为生效。最后,形成权的行使,需要受到除斥期间的限制。作为一种单方决定权,形成权的存在,意味着特定法律关系面临变动的可能。倘若允许形成权的行使不受时间的限制,将不利于法律关系的稳定。因此,形成权的行使,需要受时间的限制。这个限制形成权行使的时间,即为除斥期间。形成权人超越除斥期间不行使形成权,则形成权消灭。

3. 绝对权和相对权

根据义务主体是否特定以及其效力范围,民事权利可分为绝对权和相对权。绝对权和相对权的区分,本质上是对支配权与请求权分类的另一个角度的比较观察。

绝对权,是指无须通过义务人实施一定的协助、配合行为,即可以实现权利目的,并能对不特定人主张的权利。相对权,是指必须通过义务人实施一定的协助、配合行为才能实现权利目的,权利人只能对特定的义务人主张的权利。

区分绝对权与相对权的意义在于:首先,义务人的范围不同。绝对权的义务人是除权利人之外的任何不特定的人。相对权的义务人是与权利人对应的特定的人。其次,权利义务是否对应不同。绝对权法律关系中,权利人享有一定的权利,但并没有相对应的义务;反之,义务人对权利人承担一定的义务,但并不因此而享有权利。相对法律关系中,权利人享有权利的同时往往负担相应的义务,而义务人在负担相应义务的同时也往往享有相应的权利。再次,权利是否具有排他性不同。绝对权具有排他性,在其遭受侵害时,权利人可针对任何第三人提出主张和提起诉讼。相对权是只能针对特定人产生效力的权利。最后,是否具有公开性不同。绝对权大多是公开的,而相对权都是一种不公开的权利,它仅在特定当事人之间具有抵抗力。

4. 主权利和从权利

根据若干民事权利之间的主从关系,民事权利可分为主权利和从权利。

在相互联系的若干项民事权利中,不依赖于其他权利就可以独立存在的权利,为主权利;不能独立存在而从属于主权利的权利,为从权利。例如,一个债权受到担保物权的担保,该债权为主权利,为其担保的担保物权即为从权利。由此可见,主权利和从权利是一种相对的法律概念,只有在具有主从权利的法律关系中,才存在这种划分。要确定主、从权利,必须根据某些具体的法律关系来确定。

区分主权利与从权利的意义在于:首先,主权利与从权利之间的关系,是目的与手段的关系。从权利是为主权利服务的,从权利设立的目的,在于主权利的实现。其次,正是基于这种主、从权利之间的目的与手段的关系,主权利构成了从权利的基础和前提。从权利必须依附于主权利而存在,所以主权利成立和生效,从权利才有可能产生和生效;主权利转让,从权利也应当依法转让。最后,根据主、从权利的区分,相应地区分主权利法律关系和从权利法律关系,有助于确立不同的法律关系中的义务主体及其内容。

5. 专属权和非专属权

根据权利有无移转性,民事权利可分为专属权和非专属权。

专属权,是指专属于特定的权利人、只有特定的权利人才能享有的权利,例如,人身权即属于专属权;非专属权,是指与权利人的特定性无关,任何人均可享有的权利。

区分专属权与非专属权的法律意义在于,专属权与特定的权利人具有密切联系,只有该特定的主体享有、行使该项权利,该权利才有意义。一旦权利与特定的主体相分离,该权利也便丧失了存在的价值。因此,专属权不可转让、继承,也不可由他人代为行使;相比较而言,由于非专属权并无这种与主体的密切联系,因此可以转让、继承,并可以由他人代为行使。

6. 既得权和期待权

根据权利成立要件是否全部实现,民事权利可分为既得权和期待权。

既得权,是指成立要件已全部实现的权利;期待权,是指成立要件尚未全部实现、将来有实现可能的权利。如附生效条件和附期限合同中,在条件尚未成就和期限尚未到来之前债权人所享有的是一种期待权。

7. 原权和救济权

根据相互间是否具有派生关系,民事权利可分为原权和救济权。

原权是基础权利,是权利性民事法律关系中的权利,如人格权、物权、合同债权、继承权和知识产权等;救济权是由原权派生的,为在原权受到侵害或有受侵害的现实危险而发生的权利，是保护性法律关系中的权利，如侵权之债请求权、违约之债请求权和缔约过失之债请求权等。

（三）民事权利的行使

民事权利的行使，是指权利人通过行使权利的行为，获得权利上的民事利益，实现权利目的的过程。民事权利作为一种受到法律保护的民事利益，使权利人取得权利上的利益，就是民事权利的目的所在。但是，权利人要获得权利上的利益，必须通过民事权利的行使方能实现。例如，支配权人必须实施支配权利客体的行为，才能取得支配利益；请求权人必须实施请求行为，才能够实现权利；形成权人也只有通过行使形成权的行为，才能发生相关法律关系产生、变更或者消灭的后果。由此可见，仅仅享有权利，而不行使权利，权利人是不能当然取得权利上的民事利益的。

从权利内在的自由属性来讲，权利人行使权利，是权利人的一种自由。换言之，权利可以行使，也可以不行使。正因如此，《民法典》第 130 条规定："民事主体按照自己的意愿依法行使民事权利，不受干涉。"但是，从法律对于社会关系的调整功能来看，权利人行使权利，不仅意味着权利目的的实现，同时也意味着法律的社会关系调整功能的实现。因此，激励权利人积极地行使权利，是法律的一贯原则。从这一原则出发，法律虽然不会强制权利人行使权利，但是却往往会对有权利不行使的权利人，规定相关的消极后果。例如，债权请求权不行使，会引起诉讼时效届满，进而债权人丧失向法院强制债务人履行债务的权利效力；又如，形成权不行使，则会引起除斥期间届满，形成权会因此消灭。在传统大陆法系国家，民法中还有取得时效的制度。据此，所有权人不行使其返还原物的物权请求权，取得时效届满后，无权占有人将会取得所有权，相应地，原所有权将会随之消灭。

权利的行使，要求权利人行使权利的行为，必须在权利的制度框架内进行，即根据不同权利的性质与效力，采取不同的权利行使方法。例如，物权的行使，根据物权的支配权性质，权利人可以直接支配权利的客体，即权利行使的效力及于物上。相比较而言，请求权作为一种对人的权利，请求权的行使限于对义务人提出请求，权利行使的效力不能及于义务人身后之物。由此可见，民事权利的类型不同，其行使的方式也各自不同。

权利的行使，同时还要受到诚实信用原则与权利不得滥用原则的限制。诚实信用原则与权利不得滥用原则对于权利行使的限制，表现在权利人行使权利，不得以加害他人的恶意心态为之，否则即构成权利的滥用。在我国民法中，明确禁止权利行使过程中的权利滥用。《民法典》第 132 条规定："民事主体不得滥用民事权利损害国家利益、社会公共利益或者他人合法权益。"

(四)民事权利的保护

民事权利的保护,是指法律为避免民事权利遭受侵害所规定的保障性措施,或者为已经遭受侵害的民事权利所规定的救济性措施。我国民法上的民事权利的保护,包括民事权利的保障和民事权利的救济两个方面的内容。

1. 民事权利的保障

我国民法上的民事权利的保障,是通过民事立法的形式,对"民事权利免受他人侵害"的明确规定。在这里,民事权利的保障性规定,其立法的目的,不仅在于使民事权利免受其他民事主体的侵害,而且更在于使民事权利免受国家机关的侵害。例如,《民法典》第117条规定:"为了公共利益的需要,依照法律规定的权限和程序征收、征用不动产或者动产的,应当给予公平、合理的补偿。"这一规定的立法宗旨,就在于使民事主体的不动产或者动产物权,免受国家征收、征用行为的侵害。

2. 民事权利的救济

在民事权利受到侵害时或有侵害的危险时,用民法方式防止、减少、补救权利人所受到的损害,恢复其利益。在民法上,民事权利的救济方式有二,即私力救济和公力救济。

(1)民事权利的私力救济

民事权利的私力救济,是指权利主体自行采取法律允许的保护措施保护自己的民事权利不受侵犯。其方法有两种:

第一,自卫行为。自卫行为,指民事权利受到侵害或有受到侵害的现实危险时,权利人以法律许可的方式和措施,并在法律允许的限度内防止损害的发生或扩大。自卫行为有正当防卫和紧急避险两种。所谓正当防卫,即为了使本人或他人的财产或人身免遭正在进行的不法侵害,在必要限度内对侵权行为人采取防卫行为。《民法典》第181条规定:"因正当防卫造成损害的,不承担民事责任。正当防卫超过必要的限度,造成不应有的损害的,正当防卫人应当承担适当的民事责任。"所谓紧急避险,即为了本人或他人的人身或财产免受正在进行的侵害,不得已采取的牺牲他人较小权益保全自己更大利益的行为。《民法典》第182条规定:"因紧急避险造成损害的,由引起险情发生的人承担民事责任。危险由自然原因引起的,紧急避险人不承担民事责任,可以给予适当补偿。紧急避险采取措施不当或者超过必要的限度,造成不应有的损害的,紧急避险人应当承担适当的民事责任。"

第二,自助行为。自助行为,指民事主体为了保护自己的权利,在情况紧急来不及请求公力救济的条件下,采取适当手段对侵权行为人的人身自由予以约束或对与侵权有关的他人财产予以扣押或损毁,并事后及时请求国家有关机关处理的保护方法。

(2)民事权利的公力救济

民事权利的公力救济，指民事权利受到侵害时，权利人请求国家机关依照法定程序给予保护。根据当事人受侵害的不同情况，向人民法院请求保护的诉讼请求有三类，由此也形成了关于民事权利诉讼保护的三种方式：

第一，确认之诉，即请求人民法院对有争议的民事权利是否存在和有效作出确认的诉讼请求。

第二，给付之诉，即请求人民法院依法判令对方履行给付行为，以实现自己权利的诉讼请求。

第三，形成之诉，即请求人民法院通过判决变更既有的民事权利义务关系或者形成某种新的民事权利义务的诉讼请求。

二、民事义务

(一)民事义务的概念

民事义务是民事主体依照法律的规定或当事人的约定，应为一定的行为或者不为一定的行为的法律约束。民事义务是与民事权利相对的一个概念。民事义务的履行，相对于民事权利而言，就是权利的实现。例如，债权人权利的实现须有对应的债务人履行债务，这一关系中债权人的债权与债务人的债务即为对应的关系。需要注意的是，在民事权利与民事义务这一组对应的概念中，民事权利是法律的目的所在，民事义务则仅仅是实现权利的手段。因此，民法上之所以使人承担义务，目的是使相应的权利得以实现。这就意味着，如果权利人放弃自己的权利，那么义务的存在、履行也就没有了必要。

(二)民事义务的分类

1. 法定义务与约定义务

根据义务发生的依据，民事义务可分为法定义务与约定义务。

法定义务，是直接依据法律规定产生的义务，如不得侵犯他人财产及子女、父母间的抚养赡养等义务；约定义务，是指当事人自行约定的义务，如合同债务人的义务。

区分法定义务与约定义务的意义在于，法定义务具有强制性，当事人不能通过约定或者其他方式自行变更或者免除；约定义务则可以通过当事人的意愿变更或者免除。

2. 积极义务与消极义务

根据义务的内容，民事义务可以分为积极义务与消极义务。

积极义务，又称作为义务，是指以义务人须为一定行为(作为)为内容的义务，如债务人向债权人给付金钱等债务的义务;消极义务,也称不作为义务,是指以义务人须不为一定行为(不作为)为内容的义务,如不干涉所有人自由行使权利的义务。

区分积极义务与消极义务的意义在于,消极义务具有人身专属性,不可转让,否则义务的承担即丧失意义;积极义务则有可能不具有人身专属性,经权利人同意,具有转让的可能。

3. 基本义务与附随义务

根据义务之间的关系,民事义务可以分为基本义务与附随义务。

基本义务,是根据合同约定或者法律规定所产生的固有的、基础的合同义务,如在买卖合同中交付标的物的义务;附随义务,是基于诚实信用原则所产生目的在于促进基本义务的实现以求得当事人双方的利益平衡。如根据合同的性质、目的和交易习惯所应当承担的照顾、通知、协助等义务。

区分基本义务与附随义务的意义在于,违反基本义务的法律责任形式是多样的,包括继续履行、支付违约金、赔偿损失、更换、降价、重作等,而违反附随义务的法律责任,则仅包括损害赔偿。另外,同为损害赔偿责任,违反基本义务的损害赔偿,性质为期待利益的赔偿,赔偿范围包括权利人的可得利益,而违反附随义务的损害赔偿,性质则为信赖利益的赔偿,赔偿的目的旨在恢复原状,其范围并不包括可得利益。

三、民事责任

(一)民事责任的概念

民事责任,是指民事主体违反了法律规定或当事人约定的民事义务所应承担的法律后果。作为一种民事救济手段,民事责任旨在使受害人被侵犯的各项民事权益得以恢复。通常来说,民事责任是一种财产责任。但是,在一些特殊情况下,民法中也会存在非财产责任。由此出发,《民法典》第179条罗列了11种民事责任的形式,包括停止侵害;排除妨碍;消除危险;返还财产;恢复原状;修理、重作、更换;继续履行;赔偿损失;支付违约金;消除影响、恢复名誉;赔礼道歉。

(二)民事责任的特征

1. 民事责任是民法上的责任,即私法责任。法律责任可以分为刑事责任、行政责任、民事责任等类型。其中,刑事责任、行政责任在性质上属于公法上的责任,即责任人是在向国家承担责任;民事责任则与此不同。作为一种私法上的责任,责任人并非向国家承担责任,而是向与责任人地位平等的其他民事主体承担责任。

2. 民事责任的产生,以民事义务的违反为基本前提。在民法上,只要义务人违反自己的民事义务,由此所产生的法律后果,均为民事责任。换言之,民事责任可能导向法律的强制,但是却并不以法律的强制为必要条件。例如,某甲损害了某乙的财产,由此所引起的某甲应当向某乙进行赔偿的后果,就是民事责任。在此前提下,如果某甲不主动赔偿,引起诉讼与强制执行,此时某甲是在承担责任;某甲主动赔偿,未引起诉讼与强制执行,此时某甲依然是在承担责任。

3. 民事责任以恢复权利人的利益为宗旨。民事责任作为一种私法上的责任,其以救济、恢复受损人的私法上的利益,即民事利益为目的。如前所述,义务的履行相对于权利而言,就是权利的实现,即权利人因义务的履行而获得权利上的利益;反之,义务的违反相对于权利而言,就是权利的目的不能实现,即权利人的应得的利益受到妨碍或损害。此时,责令违反义务的人承担责任,目的自然是恢复权利人应得的利益状态,校正越轨的法律关系。

4. 民事责任的承担适用意思自治的原则。作为一种私法上的责任,民事责任的承担者与追究者均为民事主体,不仅其相互间的法律地位平等,而且其相互间的利益也仅仅是民事利益,无涉公益。因此,在民事责任的追究与承担的过程中,可以适用意思自治的原则,允许当事人之间就责任的承担进行协商、妥协。

(三)民事责任的分类

1. 合同责任、侵权责任与其他责任

根据责任发生根据,民事责任可以分为合同责任、侵权责任与其他责任。

合同责任,是指因违反合同约定的义务,或违反合同法上规定的义务而产生的责任;侵权责任,是指因侵犯他人的财产权益与人身权益而产生的责任;其他责任是指合同责任与侵权责任之外的其他民事责任,如因不当得利、无因管理等产生的责任。

区分这几种责任的意义在于,合同责任的产生是以合同法为依据,侵权民事责任是以侵权法为依据,其他民事责任则是以民法中的相关规定为依据,不同的法律对权利的性质、责任产生的原因、责任的构成要件、责任的承担方式有不同的特点和要求。只有对此作出区分,才能正确适用法律,追究责任,从而保护双方当事人的利益。

2. 财产责任与非财产责任

根据民事责任是否具有财产内容,民事责任可以分为财产责任与非财产责任。

财产责任,是指以财产为给付内容从而使受害人得到财产上补偿的民事责任,如支付金钱、返还原物等责任;非财产责任,是指以非财产为给付内容,使受损害的非财产权利得到恢复的民事责任,如消除影响、赔礼道歉等。

区分财产责任和非财产责任的意义在于责任的承担。财产责任以责任人的实际财产状况为基础,受其财产状况的限制;而非财产责任并不以责任人的实际财产状况为基础,不受责任财产状况的限制。

3.无限责任与有限责任

根据承担民事责任的财产范围,民事责任可以分为无限责任与有限责任。

无限责任,是指责任人以自己的全部财产承担的责任,如合伙人对合伙债务承担的责任,投资人对个人独资企业债务的责任等;有限责任,是指债务人以一定范围内或一定数额的财产承担的民事责任,如有限责任公司股东的有限责任、物的担保、以特定物价值为限的有限责任等。

区分无限责任与有限责任的意义在于,通常情况下,民事责任为无限责任,即承担责任的财产范围不受限制,但在法律有特殊规定的情况下,有些民事责任为有限责任,这样的立法目的在于避免义务人的责任过重。

4.单独责任与共同责任

依据民事责任的承担者是一人还是多人,民事责任可以分为单独责任与共同责任。

单独责任,是指只有一个责任人独立承担的民事责任,如合同履行中违约方对非违约方承担的违约责任,侵权中加害方对受害方承担的责任;共同责任,是指两个或两个以上的责任人共同承担的民事责任,如共同侵权人承担的共同民事责任,包括责任人按份额承担的按份责任和责任人不按份额承担的连带责任。

区分单独责任与共同责任的意义在于,单独责任中,最终责任的确立上无须考虑与其他人的关系,可以直接确立责任人的责任。共同责任的责任分配关系复杂。首先,对于按份共同责任而言,根据《民法典》第177条的规定:“二人以上依法承担按份责任,能够确定责任大小的,各自承担相应的责任;难以确定责任大小的,平均承担责任。”由此可见,按份共同责任的承担,除了需要确定外部的责任数额外,还必须确定共同责任人各自应当承担的责任份额。其次,对于连带共同责任而言,《民法典》第178条规定:“二人以上依法承担连带责任的,权利人有权请求部分或者全部连带责任人承担责任。连带责任人的责任份额根据各自责任大小确定;难以确定责任大小的,平均承担责任。实际承担责任超过自己责任份额的连带责任人,有权向其他连带责任人追偿。”由此可见,连带共同责任的承担,尽管受害人有权向连带责任人之一请求承担民事责任的全部,但是由于某一承担责任超过自己份额的加害人有权向其他责任人追偿,故而也需要界定各个加害人之间的内部责任比例。

5.单方责任与双方责任

根据承担责任者是否仅为一方当事人,民事责任可以分为单方责任与双方责任。

单方责任,是指民事法律关系的一方当事人向对方承担的民事责任;双方责任,是指民事法律关系的当事人双方对损害后果均有过错,各自依其过错程度承担民事责任。

区分单方责任与双方责任的意义在于:单方责任仅由一方当事人向对方承担责任;而双方责任是双方都有过错,在责任的分配上应当以各自过错大小分配责任。

6. 过错责任与无过错责任

根据民事责任的归责原则,民事责任可以分为过错责任与无过错责任。

过错责任,是指行为人违反民事义务并致他人损害时,应以过错作为责任的要件和确定责任范围的依据的责任,无过错即不承担责任,我国一般侵权行为责任即采过错责任的归责原则;无过错责任,是指行为人只要给他人造成损失,不问其主观上是否有过错都应承担的责任,只有在法定的免责事由存在时可以获免责,一般认为,我国合同法上的违约责任与侵权法上的特别侵权责任的归责原则就是无过错责任原则。

区分过错责任与无过错责任的意义在于,根据过错责任承担民事责任时,致害人对损害的发生具有过错,这是责任构成的基本要件;倘若致害人没有过错,即不会承担责任。根据无过错责任承担民事责任时,则致害人对损害的发生是否具有过错,法律在所不问。此时,致害人只能通过证明存在法定的免责或减责事由,来免除或减轻责任。换言之,在无过错责任情况下,致害人通过证明自己没有过错,是不能达到免责或减责的目的的。

第五节 民事法律事实

一、民事法律事实的概念和意义

民事法律事实,是法律规定的、能够引起民事法律关系产生、变更和消灭的客观情况。例如,人的死亡能引起具体的继承法律关系的产生;侵权行为,能够引起具体的损害赔偿法律关系的产生;诉讼时效期间的经过可以引起当事人胜诉权的消灭等。这里的人的死亡、侵权行为、诉讼时效期间的经过都是引起民事法律关系产生、变更、消灭的客观情况,称为民事法律事实。当然一个事实能否成为民事法律事实,要经过民事法律规范的价值评价,即符合民事法律规范规定的事实才是民事法律事实。民事法律关系是因民事法律规范的调整而在主体之间形成的权利义务关系,但民事法律规范本身并不能在主体之间直接产生民事法律关系,也不能变更或消灭某一法律关系。民事法律关系的产生、变更和消灭需要具备三个基本的条件:民事法律规范、民事主体和民事法律事实。其中,民事法律规范和民事主体是民事法律关系产生的抽象条件,而法律事实则是民事法律关系产生的具体条件。

在一定的法律事实发生后,民事法律关系会发生相应的变动,具体来讲会产生如下法律后果。

1. 民事法律关系的产生。民事法律关系的产生,就是民事主体取得权利或承担义务的状态。例如,签订了买卖合同,买方有请求卖方交付出卖物的权利和支付价款的义务,卖方有请求买方支付价款的权利和向买方交付出卖物的义务。正是由于一定的法律事实的发生,才使民事法律所规定的抽象权利义务,转化为当事人实际享有的权利和承担的义务。

2. 民事法律关系的变更。民事法律关系的变更,就是已存在的民事法律关系的要素变化的状态,包括民事法律关系的主体变更、内容变更和客体变更。例如,由于法人的合并和分立,导致债的关系中的主体发生变更,而买卖关系标的物数量、交付时间、交付方式等的变更视为民事法律关系内容的变更。民事法律关系的变更实际上形成了新的民事法律关系,因此,民事法律关系的变更也可以看作民事法律关系的相对消灭。

3. 民事法律关系的消灭。民事法律关系的消灭,就是消灭民事主体之间的权利义务关系,也称为民事法律关系的绝对消灭。民事法律关系的消灭有两种情形,一是民事法律关系的绝对消灭,是指一定法律事实的出现导致某一法律关系的消灭,并且在当事人之间不会因此而产生其他民事法律关系。例如,所有物被消费,所有权关系因此而消灭。二是一定法律事实的出现导致某一法律关系的消灭,同时在当事人之间因此而产生其他民事法律关系。例如,所有物被他人损坏,所有权关系消灭,同时原所有权人和侵害人之间产生债的关系。

民事法律关系的产生、变更和消灭,有时只需要一个法律事实为根据,有时需要以两个或两个以上的法律事实的相互结合为根据。例如,遗嘱继承法律关系,就需要立遗嘱的行为和遗嘱人死亡这两个法律事实才能够产生。这种引起民事法律关系的产生、变更或消灭的两个以上的法律事实的总和,叫作民事法律关系的事实构成。此时,只有在事实构成具备的情况下,才能引起民事法律关系的产生、变更和消灭。

二、民事法律事实的分类

根据客观事实是否与主体的意志有关,民事法律事实可以分为事件和行为两大类。

(一)事件

事件又称为自然事实,是指与主体的意志无关,能够引起民事法律后果的客观现象。例如,人的死亡、物的灭失,都属于事件,它们一旦发生就能够引起婚姻关系、所有权关系的消灭等。

事件法律事实的种类主要有以下两种。

1. 自然事件，是指与人的意志完全无关，因自然力的原因而发生的事件。包括自然灾害、人的出生和死亡、一定时间的经过、天然孳息的形成等。

2. 人为事件，是指由人的行为引起的事件。事件本身与人的意志无关，本身不包含人的意志属性，当然事件的原因与人的行为是有关系的。主要包括：(1)战争、罢工、动乱等；(2)人为事故，如纵火、交通事故等；(3)人为原因导致的死亡；(4)人的失踪。

(二)行为

行为是当事人意思自治的结果，是人有意识的活动。行为可以分为表示行为和非表示行为。非表示行为指的是事实行为；而表示行为包括民事法律行为和准民事法律行为。

1. 事实行为，指的是行为人实施的一定行为，一旦符合了法律规定的构成要件，无论行为人主观上是否有产生、变更、消灭某一民事法律关系的意思，都会因为法律的规定，从而引起一定的民事法律后果产生的行为。事实行为包括合法的和不合法的行为。拾得遗失物、漂流物属于合法的事实行为；而违约行为、侵害他人的人身和财产的行为则属于不合法的事实行为，这些行为一旦发生，就会引起法律的否定评价，行为人应依法承担相应的民事责任，并在行为人和受害人或其他人之间形成民事责任关系。

2. 法律行为，民事法律行为是民事主体基于意思表示，旨在发生、变更或终止民事权利和民事义务的行为。其特征是当事人有意识地要建立或变更、消灭民事法律关系，并要通过一定的行为将内心的意思表达出来，它是合法行为，是表示行为的一种，但表示行为还包括不合法的表示行为，即无效的和可撤销的民事行为。

3. 准民事法律行为，是指行为人实施的有助于确定民事法律关系相关因素的意思通知、观念通知、感情表示的行为。

(1)意思通知，是指以一定的意思或态度为表示内容的行为。意思通知包含以达成某项法律效果为目的的效果意思，并将之予以表现。意思通知依行为内容之不同，又可分为两类，第一类统称催告，如债务履行之催告、做出追认之催告、选择权行使之催告、解约之催告、申报债权之催告、支付租金之催告等。意思通知之第二类统称拒绝，如要约之拒绝、受领清偿之拒绝、义务履行之拒绝等。

(2)观念通知，是指表示人对一定事实的观念或认识的通知。如承诺迟到通知、债权让与通知、瑕疵通知。

(3)感情表示，是指以一定的感情为表示内容的行为，也即所谓“情之表示”。民法上涉及人之感情的领域，当以亲属继承法为典型，其原因不外乎亲属继承法身份属性强烈。如多数国家或地区的民法均有关于继承人遗弃被继承人或虐待被继承人情节严重而丧失继承权的规定,但若被继承人对继承人的这两类行为表示宽恕的,则继承人不丧失继承权。在此,对被继承人的宽恕属于感情表示行为。民事法律事实的体系如图3-2所示。

- **民事法律事实**
  - 事件
    - 自然事件
    - 人为事件
  - 行为
    - 事实行为
    - 法律行为
    - 准法律行为
      - 意思通知
      - 观念通知
      - 感情通知

图3-2　民事法律事实的体系

三、民事法律事实构成

民事法律事实构成,是指导致一个法律关系的产生、变更或消灭的两个或者两个以上的民事法律事实。在通常情况下,民事法律关系的产生、变更或消灭,只需要一个法律事实即可完成,如一个建造房屋的行为,即可产生房屋所有权法律关系。但是,在有些特殊情况下,要引起一个民事法律关系的产生、变更或消灭,却需要两个或者两个以上的法律事实连续发生作用。例如,债务人要将自己对债权人的债务转让给第三人,就需要债务人与第三人订立债务承担合同以及债权人同意两个民事法律事实;又如,甲的侄子乙要通过遗赠取得甲的遗产,则需要甲订立遗嘱和甲死亡两个事实。这些均属于民事法律事实构成。

重点问题梳理

1. 民事法律关系,是指通过民事法律规范调整民事社会关系而在民事主体之间形成的以民事权利和民事义务为核心内容的社会关系。

2. 民事法律关系的主体主要是自然人和法人。在一些特定的民事法律关系中,其主体也可以是不具有法人资格的其他社会组织。

3. 物,是指处于人身之外的,能够满足人们的社会需要,并能够为人力所支配或者控制的物质存在。

4. 民事权利,是指民事法律规范赋予民事主体的利益以及以其意志自由满足其利益的法律手段。

5. 支配权,是指直接支配客体,享受一定的利益,并排斥他人干涉的权利。

6. 请求权,是指请求他人为一定行为或不为一定行为的权利。

7. 抗辩权,是指阻却他人请求权的权利。抗辩权是与请求权相对立的权利类型，是针对有效的请求权而言的。

8. 形成权，是指当事人一方仅凭自己单方的意思表示，即可使法律关系发生变动的权利。

9. 民事权利的救济，是指民事权利受到侵害时或有侵害的危险时，用民法方式防止、减少、补救权利人所受到的损害，恢复其利益。民事权利的救济方式有二，即私力救济与公力救济。

10. 民事责任，是指民事主体违反了法律规定或当事人约定的民事义务所应承担的法律后果。作为一种民事救济手段，民事责任旨在使受害人被侵犯的各项民事权益得以恢复。

11. 民事法律事实，是法律规定的、能够引起民事法律关系产生、变更和消灭的客观情况。

12. 行为作为民事法律事实的组成部分，是当事人意思自治的结果，是人有意识的活动。行为可以分为表示行为和非表示行为。非表示行为指的是事实行为，而表示行为包括民事法律行为和准民事法律行为。

案例与分析

甲家政服务公司与乙服装公司订立一份合同，约定由甲公司提供布料，乙公司为甲公司加工一批工作服。完工后，由乙公司送货上门。乙公司完成加工任务后，委托丙运输公司为其送货。两辆送货的卡车在送货途中遭受雷击，其中一辆卡车幸免逃脱，另一辆起火燃烧，车毁人亡。事后，甲家政服务公司要求乙服装公司补齐其定做的全部工作服，并承担迟延交货的责任；乙服装公司则主张甲家政服务公司应依照合同约定支付全部加工费，服装损失则应由丙运输公司承担；丙运输公司则要求乙服装公司支付全部运费，并分担部分汽车的损失责任。各方争执不下，纷纷向法院提起诉讼。

问题：试分析该案当事人之间存在几种民事法律关系？

分析：本案当事人间存在的民事法律关系有：(1)甲家政服务公司与乙服装公司间的加工承揽关系；(2)甲家政服务公司对用于加工布料的所有权关系；(3)甲家政服务公司对工作服享有的所有权关系；(4)乙服装公司与丙运输公司间的运输合同关系；(5)丙运输公司对运输汽车的所有权关系；(6)甲家政服务公司与乙服装公司间对加工服装灭失损失的分担关系。

第四章　自　然　人

第一节　自然人的民事权利能力

一、自然人的概念

所谓自然人,是指基于自然规律而出生的人。具体是指被称为人、并具有自然生命体的存在。[1] 自然人概念只强调人的生命存在体这一自然属性。与自然人概念不同,公民是指具有一个国家国籍的自然人。公民的概念强调了人的国籍上的归属。

在我国原《民法通则》中,自然人的概念与公民的概念不加区分,如原《民法通则》第二章的标题是"公民"、该法第 8 条规定"本法关于公民的规定,适用于在中华人民共和国领域内的外国人、无国籍人,法律另有规定的除外",这标志着我国原《民法通则》中使用的公民概念与自然人概念相互通用。但自然人概念与公民概念上的相似性并不排除二者在内涵、性质、外延等方面存在的差异。从传统法学理论来说,二者的区别主要表现在以下几个方面:

首先,自然人概念与公民概念的内涵不同,自然人概念只强调人的生命存在体这一自然属性,而公民概念则侧重于强调人的社会属性或者国籍属性。

其次,自然人概念与公民概念在性质上不同,自然人概念在传统法律上属于私法中的概念,如从各国民商法的规定来看,各国均以自然人概念表达个人的存在;而"公民"一词仅为公法上的用语。[2]

最后,自然人概念与公民概念的外延不同,公民仅指具有一国国籍的自然人,我国公民是指具有中华人民共和国国籍的自然人,而自然人概念除了具有一国国籍的自然人之外,还包括外国人和无国籍人。

为了实现民法用语的精确性,我国《民法典》第一编第二章的标题已由"公民"改为"自然人"。

---

〔1〕 王利明、郭明瑞等:《民法新论》(上),中国政法大学出版社 1995 年版,第 144 页。

〔2〕 王利明:《民法总则研究》,中国人民大学出版社 2003 年版,第 331 页。

二、自然人民事权利能力的概念

(一)自然人民事权利能力的概念

自然人的民事权利能力,又称自然人的法律人格,是指自然人成为民事主体、享受民事权利、承担民事义务的资格。[3] 自然人的民事权利能力是自然人成为民事主体并参与民事法律关系、享受民事权利和承担民事义务的前提和基础,是自然人成为民事主体的条件和标志。

作为民法上的用语,"权利能力"一词最早由近代民法提出。其目的在于对古代不平等的民事主体制度的陈旧内容进行改造,以赋予其新的、体现人人平等时代精神的内涵,实现古老人格概念内容的更新。

在罗马法和中世纪的封建法上,立法者由于受时代的限制,将人在家庭、社会中的身份、地位,作为自然人成为民法主体的依据,由于作为民事主体依据的身份的不平等性,必然决定了人的法律地位的不平等,进而造成了不同主体间的权利义务关系范围大小的差异,因此,古代民法上关于法律人格的内容,是对人的不平等的社会身份的简单的确认,建立在这种人格之上的法律必然是体现等级特权的身份法。

近代民法,为了贯彻人人平等的人本主义价值观念,在私法规范上赋予每个人民事主体资格,就有必要对以身份、地位为依据的古老法律人格概念及技术结构,进行改造或更新,首先尝试实现这种转变的是受自然法思想影响的《奥地利民法典》。[4] 但是,要在民法中贯彻人人平等、消除等级差别的价值,就必须突破自罗马法以来所确立的、以等级身份为内容的人格技术结构的框架,这涉及赋予每个人法律主体资格,并将现实中的人与法律上的人等同的依据,而这个依据,就是源自每个人本质的,并由法律确认的人人具有的普遍的权利能力。[5] 因此,民事权利能力是自然人平等的法律地位以及人格尊严的前提和依据。

自然人民事权利能力的概念包含如下含义:

第一,自然人的民事权利能力是一种资格。这里所谓的"资格",一般具有三层意思,首先是指取得某种身份、地位或者担当某种角色所应当具备的前提条件;其次是指符合一定条件后所取得的身份或地位;最后引申指依据特定的身份对法律规定的客观权利的享有。在权利能力的概念界定中,"资格"一词通常指取得某

---

〔3〕 [德]卡尔·拉伦茨:《德国民法通论》(上册),王晓晔等译,法律出版社 2004 年版,第 119、120 页;[德]迪特尔·梅迪库斯:《德国民法总论》,邵建东译,法律出版社 2000 年版,第 781 页;[德]迪特尔·施瓦布:《民法导论》,郑冲译,法律出版社 2006 年版,第 88 页。

〔4〕 梁慧星:《民法总论》(第 2 版),法律出版社 2001 年版,第 71 页。

〔5〕 [德]罗尔夫·克尼佩尔:《法律与历史——论〈德国民法典〉的形成与变迁》,朱岩译,法律出版社 2003 年版,第 59 ~ 60 页。

种地位的条件,而作为这种资格内容的,不是自然人本身的体力、智力或者经济、政治上的能力,而是自然人作为一个人普遍具有的法律能力。

第二,自然人的民事权利能力是指自然人成为民事主体的资格。民事权利能力作为一种资格或条件,并非自然人实施某种活动的积极资格,而是自然人能够成为权利主体的消极资格,〔6〕鉴于民法理论上又将权利主体称为"民法上的人",所以,权利能力是指自然人能够成为"民法上的人"的资格,通常将其简称为民法上的"人格"。

第三,自然人的民事权利能力是法律确认的自然人成为民事主体的资格。在近现代民法上,自然人的权利能力虽然以自然人本身固有的,并与动物、物品相区别的理性与伦理的自主能力为依据,但民法上规定的权利能力毕竟与个人特殊的能力不同,作为法律上的能力,权利能力是立法者在对人的普遍固有的理性与伦理自主能力确认的基础上,以制定法的方式规定,因此,权利能力作为自然人成为民事主体的资格或条件,是法律规定的资格。〔7〕

(二)自然人的民事权利能力与民事权利的区别

民事权利能力与民事权利是两个既有联系又有区别的法律概念。一般而言,二者的区别主要在于:

第一,二者的含义不同。民事权利能力是指自然人成为民事主体并享受民事权利、承担民事义务的资格,仅是自然人成为民事主体的前提条件;而民事权利则是民事主体依法享有某种权益的法律形式,是法律保护的民事主体实现特定利益的意思支配范围。在民事权利中,传统民法按照是否为主体所具体享有为标准,将民事权利划分为客观权利(法律)与主观权利,〔8〕客观权利是指法律规定的、尚未为民事主体具体享有的权利;主观权利则是指民事主体已经具体享有的权利。客观权利,虽然尚未被权利主体所享有,但其仍然属于民事权利。在现实生活中,尤其不能将作为主体资格的权利能力与客观权利相混同。

第二,二者开始和终止的时间不同。自然人的民事权利能力从自然人出生时开始,到自然人死亡时终止;而民事权利的存续不以自然人的出生和死亡为前提。

第三,二者包含的内容不同。民事权利能力不仅包括自然人成为权利主体、享受民事权利的能力,也包括自然人成为义务主体承担民事义务的能力;而民事权利与民事义务是相对对立的概念,民事权利概念中并不包含民事义务。

第四,二者所体现的法律强制要求不同。民事权利能力不仅是自然人成为民事主体的前提条件,也是自然人终生保持民事主体地位的根本保障,是与自然人人

〔6〕[德]迪特尔·梅迪库斯:《德国民法总论》,邵建东译,法律出版社2000年版,第781页。

〔7〕[德]卡尔·拉伦茨:《德国民法通论》(上册),王晓晔等译,法律出版社2004年版,第121页。

〔8〕[德]迪特尔·施瓦布:《民法导论》,郑冲译,法律出版社2006年版,第133页。

身须臾不可分离的本质要素。[9] 所以,法律规定,民事主体的权利能力既不能放弃,也不能任意转让和剥夺;而民事权利,除法律另有规定者外,民事主体可以任意转让和放弃。

三、自然人民事权利能力的特点

在近现代民法上,自然人的民事权利能力主要具有以下特点。

1. 普遍性。普遍性与特殊性相对应,是指民事权利能力作为民事主体资格,并非特殊的个人或者特殊的群体所具有的特殊资格,而是所有的自然人普遍具有的资格。按照现代法治理念,无论一个人的现实状况或者意愿如何,承认每个人都具有权利能力,是避免历史上奴隶制悲剧重演的一个不可动摇的戒律。[10] 因此,普遍性作为对过往历史教训的总结,是权利能力制度价值——人人为权利主体——的必然要求。

2. 平等性。在现代民法上,不仅要求权利能力的普遍性,而且还要求每个人具有的权利能力在质和量上具有等值性。按照我国《民法典》第 14 条规定:"自然人的民事权利能力一律平等。"这说明,凡我国公民,不分民族、性别、年龄、职业,也无论其政治地位、宗教信仰、财产状况和健康与否等情况,一律都具有同等的民事权利能力,是平等的民事主体,有平等参与民事法律关系的机会。可以说,平等性既是自然人民事权利能力的根本特征,也是自然人在法律上实现人人地位平等的根本保证。

3. 与人身的不可分离性。在近现代民法上,不仅要求每个人具有的权利能力在质和量上具有等值性,而且要求每个人具有的权利能力在时间上伴随其终生。因为民事权利能力既是自然人成为权利主体的前提条件,也是自然人保有权利主体法律地位的依据,是自然人在整个生存期间以权利主体的地位参与民事活动、享受权利、承担民事义务须臾不可分离的本质要素。相反,如果立法允许权利能力与人身相分离,许可权利能力任由个人抛弃或转让,就会导致出现完全民事权利能力人、限制民事权利能力人和无民事权利能力人(作为权利客体的人)的不平等的结果。因此,为了保证人人为平等的权利主体的价值观念得以全面贯彻,为了防止不平等社会乃至奴隶制的重演,近现代民法规定,民事主体的权利能力既不能与主体相分离,也不能任意转让、放弃和剥夺。[11]

---

〔9〕 施启扬:《民法总则》,中国法制出版社 2010 年版,第 64 页。

〔10〕 [德]罗尔夫·克尼佩尔:《法律与历史——论〈德国民法典〉的形成与变迁》,朱岩译,法律出版社 2003 年版,第 58 页。

〔11〕 张俊浩主编:《民法学原理》,中国政法大学出版社 2000 年版,第 95 页。

四、自然人民事权利能力的开始

自然人民事权利能力的开始,是指自然人民事权利能力的起点。

(一)自然人民事权利能力开始的时间

自然人的民事权利能力从何时开始?在近现代民法上,由于自然人的民事权利能力是自然人成为民事主体的根本依据或标志,其与自然人的人身须臾不可分离,因而近现代以来各国民事立法,均把出生作为自然人民事权利能力开始的时间。按照我国《民法典》第13条的规定:"自然人从出生时起到死亡时止,具有民事权利能力,依法享有民事权利,承担民事义务。"这表明,我国《民法典》也把出生作为自然人民事权利能力的起点。承认自然人从出生时起即具有民事权利能力,这对保证自然人的生存、发展和尊严,具有极其重要的法律意义。

出生,是自然人民事权利能力开始的重要法律事实,但对于何为出生,学界有各种不同的学说,如发声说、断带说、独立呼吸说、出生完成说等。通说认为,出生包括"出"和"生"两个要件,"出"是指婴儿完全与母体脱离的事实;"生"是指婴儿出生后为具有生命的生命体事实。"出生"则是指婴儿完全脱离母体而为有独立生命的人。[12]

(二)自然人出生时间的证明

按照我国《民法典》第15条的规定,自然人的出生时间,以出生证明记载的时间为准;没有出生证明的,以户籍登记或者其他有效身份登记记载的时间为准。有其他证据足以推翻以上记载时间的,以该证据证明的时间为准。

(三)关于胎儿的民事权利能力问题

按照民法理论和立法,自然人自出生时起到死亡时止具有民事权利能力,胎儿尚未出生,当然不具有民事权利能力。但是,胎儿终将要出生,为了保护未来的民事主体和胎儿的利益,各国民法上对于胎儿的法律地位作出了不同的规定,大体来说,有三种立法例:[13]

一是总括保护的立法模式。即总括承认胎儿自受孕时具有民事权利能力,对胎儿的民事权利给予全面保护。如《瑞士民法典》规定:胎儿只要出生时尚生存,出生前就具有民事权利能力。

二是个别保护的立法模式。即原则上不承认胎儿具有民事权利能力,但在某些关系到胎儿利益的事项上承认胎儿具有民事权利能力。如在德国民法上,原则上坚持自然人的民事权利能力起于出生终于死亡的立法,不承认胎儿具有民事权

---

〔12〕 郑玉波:《民法总则》,中国政法大学出版社2003年版,第101页。

〔13〕 姚辉主编:《民法教学参考书》(上),中国人民大学出版社2005年版,第92页。

利能力,但在赠与、遗赠、继承和侵权损害赔偿等关涉胎儿利益的事项上,承认胎儿具有民事权利能力。

三是绝对立法模式。即不承认胎儿具有民事权利能力,仅在个别事项上对胎儿的利益予以特殊保护。

笔者认为,关于胎儿民事权利能力的上述立法,总括保护的立法模式和绝对立法模式在胎儿民事权利能力立法上过于极端,个别保护模式既坚持自然人权利能力起于出生的一般原则,又兼顾对胎儿利益的特殊保护,应当承认,这种立法不失为一种妥当的立法模式。鉴于此,我国《民法典》第16条规定,"涉及遗产继承、接受赠与等胎儿利益保护的,胎儿视为具有民事权利能力。但是,胎儿娩出时为死体的,其民事权利能力自始不存在"。这表明,在涉及胎儿民事权利能力的立法上,我国《民法典》采取的是个别保护的立法模式。即原则上坚持自然人的民事权利能力起于出生,不承认胎儿具有民事权利能力,但在涉及遗产继承、接受赠与、侵权损害赔偿等胎儿利益保护的事项上,推定胎儿具有民事权利能力。

五、自然人民事权利能力的终止

自然人民事权利能力的终止,是指自然人民事权利能力的消灭。

(一)自然人民事权利能力终止的时间

从大陆法系各国的民法规定来看,各国均把死亡作为自然人民事权利能力终止的事实,我国民法规定也不例外。按照《民法典》第13条的规定,自然人死亡,是法律规定的自然人民事权利能力终止的法定事由。自然人一旦死亡,便失去了从事民事活动、参加民事法律关系的可能性与必要性,法律上就不必再保留其民事权利能力,其所具有的民事权利能力也相应终止,因此,死亡是自然人民事权利能力终止的法律事实。自然人死亡的方式包括自然死亡和宣告死亡两种。

自然死亡,又称生理死亡或绝对死亡,是指自然人生命的自然终结。但在死亡标准的认定上,民法理论界存在不同的学说,如呼吸停止说、脉搏停止跳动说等,现代医学上又提出了脑死亡说。有观点认为,以脑死亡为死亡标准,有利于进行器官移植、节约医药资源。笔者认为,死亡标准的认定应当慎重,自然人是否死亡,应以医学上的认定为标准。

宣告死亡,是指经利害关系人申请,人民法院对下落不明满一定期间的人,依法宣告其为死亡的制度。按照法律规定,宣告死亡发生推定失踪人死亡的法律后果。有关宣告死亡的内容参见本章第三节的论述。

(二)自然人死亡时间的证明

按照我国《民法典》第15条的规定,自然人的死亡时间,以死亡证明记载的时间为准;没有死亡证明的,以户籍登记或者其他有效身份登记记载的时间为准。有其他证据足以推翻以上记载时间的,以该证据证明的时间为准。

(三)数人在同一事故中死亡时间的推定

死亡是自然人民事权利能力的终止时间,但数人在同一事故中死亡时,具体确定每个人的死亡时间,对于明确相互之间的继承等法律关系具有重要意义。按照《民法典》第1121条的规定:相互有继承关系的数人在同一事件中死亡,难以确定死亡时间的,推定没有其他继承人的人先死亡,都有其他继承人的,辈分不同的,推定长辈先死亡;辈分相同的,推定同时死亡,相互不发生继承。

第二节 自然人的民事行为能力

一、自然人的民事行为能力的概念

自然人的民事行为能力,是指自然人通过自己的行为取得民事权利、设定民事义务的资格。自然人的民事行为能力是自然人参加民事活动取得民事权利、设定民事义务的前提条件。

自然人的民事行为能力概念有广义和狭义之分。狭义的民事行为能力,又称法律行为能力,是指行为人通过独立实施民事法律行为取得民事权利、设定民事义务的能力;广义的民事行为能力,除了包括法律行为能力之外,还包括行为人对自己的不法行为承担民事责任的责任能力。我国民法中规定的民事行为能力是否为广义的民事行为能力,学者中有不同的观点。但按照我国民法的规定,完全民事行为能力人必须对自己的不法行为负责,而限制民事行为能力人、无民事行为能力人对其加害行为一般不承担民事责任,如按照我国《民法典》第1188条第1款之规定,作为无民事行为能力人、限制民事行为能力人的被监护人造成他人损害的,由监护人承担民事责任,与被监护人有无行为能力无关。这说明,我国《民法典》中所规定的行为能力仅限于狭义的行为能力概念,民事责任能力并不包括在内。

自然人的民事行为能力包含如下三层含义:

第一,自然人的民事行为能力是一种资格或条件。

第二,自然人的民事行为能力是自然人有效实施法律行为并通过法律行为取得权利、设定义务的资格或条件。与自然人的民事权利能力不同,民事权利能力是自然人成为权利主体的消极资格,而民事行为能力则是自然人实施法律行为的积极资格。

第三,自然人的民事行为能力是法律以自然人的意思能力为依据而依法规定的资格。所谓意思能力,是指行为人对自己行为的性质及其后果的识别、判断和预见的精神能力。行为能力与意思能力是一对相辅相成的概念,二者既有联系又有区别。二者的联系是,在通常情形下,意思能力是行为能力的前提,只有具有意思能力的人才具有民事行为能力;民事行为能力是意思能力在法律上的确认或体现。二者的区别是,意思能力是个人识别能力客观存在的事实,而行为能力是在意思能力基础上法律作出的一般规定。在现实生活中,法律规定的行为能力与行为人客观存在的意思能力之间存在一定的差异,具体表现为,有意思能力者未必有行为能力,如智力超常的4岁神童,虽然具有意思能力,但依法不具有行为能力。相反,有行为能力者,其意思能力未必达到相应的程度,如高龄的老人,虽然识别、判断能力迟缓,但依法仍然为完全民事行为能力人。

二、自然人的民事行为能力的根据及分类

自然人的民事行为能力以意思能力为根据,而自然人的意思能力,是自然人对自己行为的性质及其后果的识别、判断和预见能力。在现实生活中,自然人的意思能力因人而异,具体表现为不同的人在不同的场合具有不同的意思能力。自然人意思能力的现实差异给具体识别意思能力、制定统一的行为能力制度带来了困难,但是,立法者认识到,在通常情况下,人的意思能力往往与其年龄或精神健康状况有关,具体表现为,同一年龄段的人的识别能力大致相当,于是立法者按照自然人的年龄的不同并参照人的精神健康状况,将自然人的行为能力划分为不同的阶段,并针对不同的阶段作出整齐划一的立法,即阶段主义的立法。[14] 阶段主义的立法主要有三种立法例:一是二阶段制模式,即把自然人的行为能力只区分成年与未成年两个阶段,如《法国民法典》关于自然人行为能力的规定。二是三阶段制模式,即将自然人的民事行为能力区分为完全民事行为能力、限制民事行为能力和无民事行为能力三级。如《德国民法典》关于自然人民事行为能力的规定。三是四阶段制模式,将自然人的行为能力划分为婴儿、少年、未成年人和成年人四个阶段,如古罗马法上关于自然人行为能力的规定。我国《民法典》关于自然人民事行为能力的规定采取的是第二种立法模式。

按照我国《民法典》总则编的规定,自然人的民事行为能力分为完全民事行为能力、限制民事行为能力和无民事行为能力三种类型。

(一)完全民事行为能力

完全民事行为能力,是指自然人完全通过自己的行为取得民事权利、承担民事义务的资格。按照我国《民法典》第17、18条之规定,18周岁以上的自然人为成年

〔14〕 周枏:《罗马法原论》(上册),商务印书馆1996年版,第121～122页;李宜琛:《民法总则》,正中书局1977年版,第70页;郑曾甲:《日本民法概论》,法律出版社1995年版,第20页。

人。成年人为完全民事行为能力人,可以独立实施民事法律行为。16 周岁以上的未成年人,以自己的劳动收入为主要生活来源的,视为完全民事行为能力人。按照上述法律规定,完全民事行为能力人包括如下两类:

1. 18 周岁以上的成年人。成年人具有完全民事行为能力,是世界各国立法的通例。人既已成年,说明心理智力发育已经成熟,能够审慎处理自己的事务,有能力对事物作出准确判断,因而,在民法上赋予成年人完全民事行为能力,是我国现实要求在法律上的体现。

2. 16 周岁以上以自己的劳动收入为主要生活来源的未成年人。在实践中,某些 16 周岁以上的未成年人已经具有完全的意思能力,能够独立地处理个人事务,法律应当赋予其完全民事行为能力以满足现实的需要。从大陆法系各国的规定来看,各国法上对于未成年人都有例外的特别规定,如"宣告成年制""婚姻成年制"等制度,视具备一定条件的未成年人为成年人。我国《民法典》第 18 条第 2 款规定:"十六周岁以上的未成年人,以自己的劳动收入为主要生活来源的,视为完全民事行为能力人。"按照《民法通则意见》之解释,16 周岁以上的未成年人,能够以自己的劳动收入,并能维持当地群众一般生活水平的,可以认定为以自己的劳动收入为主要生活来源的完全民事行为能力人。据此,16 周岁以上的未成年人,只要具备如下两个条件:一是参加劳动,二是以自己的劳动收入为主要生活来源的,即依法可以认定其为完全民事行为能力人。

(二)限制民事行为能力

限制民事行为能力,是指自然人部分通过自己的行为取得权利、设定义务的资格。按照《民法典》第 19、22 条的规定,限制民事行为能力人包括 8 周岁以上的未成年人和不能完全辨认自己行为的成年人(包括不能完全辨认自己行为的间歇性精神病人、痴呆者或者精神耗弱以致不能完全处理自己事务的老年人)两类。

1. 8 周岁以上的未成年人。8 周岁以上的未成年人,其智力已经有了一定程度的发育,但对于复杂的民事活动缺乏独立的判断,为了保护他们的利益,《民法典》第 19 条规定:"八周岁以上的未成年人为限制民事行为能力人,实施民事法律行为由其法定代理人代理或者经其法定代理人同意、追认;但是,可以独立实施纯获利益的民事法律行为或者与其年龄、智力相适应的民事法律行为。"8 周岁以上的未成年人可以独立实施的民事法律行为是否与其年龄、智力状况相适应,应当"从行为与本人生活相关联的程度、本人的智力能否理解其行为,并预见相应的行为后果以及行为标的数额等方面认定"。

2. 不能完全辨认自己行为的成年人。不能完全辨认自己行为的成年人由于精神上有障碍,一般不具有正常的意思能力。间歇性精神病人、痴呆者或者精神耗弱者在发病时虽然缺乏独立的判断能力,但在正常时对自己的行为则能够辨认。因此,《民法典》第22条规定:“不能完全辨认自己行为的成年人为限制民事行为能力人,实施民事法律行为由其法定代理人代理或者经其法定代理人同意、追认;但是,可以独立实施纯获利益的民事法律行为或者与其智力、精神健康状况相适应的民事法律行为。”不能完全辨认自己行为的成年人可以独立实施的民事法律行为,是否与其智力、精神健康状况相适应,应当“从行为与本人生活相关联的程度、本人的精神健康状态能否理解其行为,并预见相应的行为后果,以及行为标的数额等方面认定”。

(三)无民事行为能力

无民事行为能力,是指不具有以自己的行为取得民事权利、承担民事义务的能力。《民法典》第20条规定:“不满八周岁的未成年人为无民事行为能力人,由其法定代理人代理实施民事法律行为。”第21条第1、2款规定:“不能辨认自己行为的成年人为无民事行为能力人,由其法定代理人代理实施民事法律行为。”“八周岁以上的未成年人不能辨认自己行为的,适用前款规定。”因此,无民事行为能力人包括不满8周岁的未成年人、不能辨认自己行为的成年人(包括不能辨认自己行为的完全失常的精神病人、痴呆者、植物人或者精神耗弱以致不能处理自己事务的老年人)和不能辨认自己行为的8周岁以上的未成年人三类。

1. 不满8周岁的未成年人。不满8周岁的未成年人,由于智力尚未发育成熟,缺乏独立的判断与社会经验,不能审慎处理自己的事务,为了保护不满8周岁的未成年人的利益,法律规定,不满8周岁的未成年人不能亲自实施民事法律行为,其民事法律行为由他的法定代理人代为实施。

2. 不能辨认自己行为的成年人。按照我国《民法典》第21条第1款之规定,不能辨认自己行为的成年人为无民事行为能力人。因其不能辨认自己行为及其后果,为了保护他们的利益,法律规定,不能辨认自己行为的成年人为无民事行为能力人,由其法定代理人代理实施民事法律行为。

3. 不能辨认自己行为的8周岁以上的未成年人。8周岁以上的未成年人本来属于限制民事行为能力人,但由于其不能辨认自己的行为及其后果,《民法典》第21条第2款规定,不能辨认自己行为的8周岁以上的未成年人为无民事行为能力人。

原则上,法律规定,无民事行为能力人,其民事法律行为由法定代理人代理。但在例外情形下,对于无民事行为能力人实施的单纯获得利益的行为,法律承认其行为有效。如按照《民法通则意见》之规定:“无民事行为能力人、限制民事行为能力人接受奖励、赠与、报酬,他人不得以行为人为无民事行为能力人、限制民事行为能力人为由,主张以上行为无效。”因为这些行为是无民事行为能力人、限制民事行为能力人单纯获得利益、不承担义务的行为,承认上述行为的有效与法律保护限制民事行为能力人、无民事行为能力人合法权益的立法宗旨是一致的。

三、不能或者不能完全辨认自己行为的成年人之民事行为能力的认定

(一)不能或者不能完全辨认自己行为的成年人之民事行为能力认定的意义

不能或者不能完全辨认自己行为的成年人之民事行为能力的认定,是指经利害关系人或者有关组织申请,人民法院依法认定不能辨认或者不能完全辨认自己行为的成年人为无民事行为能力人或者限制民事行为能力人的制度。我国《民法典》第24条第1款规定:“不能辨认或者不能完全辨认自己行为的成年人,其利害关系人或者有关组织,可以向人民法院申请认定该成年人为无民事行为能力人或者限制民事行为能力人。”

在传统民法上,成年人由于智力已经发育成熟,在通常情形下,具有完全民事行为能力,但心神丧失、精神耗弱或者浪费人(这里的浪费人是指挥霍无度,有酗酒、赌博等不良嗜好使自己或家人陷入贫困境地的人)因其精神健康上的原因或者不良嗜好,虽然达到成年年龄但不具有相应的意思能力,因此,近现代民法专门规定了“禁治产”宣告制度与“准禁治产”宣告制度。通过诉讼程序宣告心神丧失的人为禁治产人,即无民事行为能力人;精神耗弱或者浪费人为准禁治产人即限制民事行为能力人,如《法国民法典》第489~512条的规定、《德国民法典》第6、104条的规定。但法国民法于1968年、德国民法于1990年分别废除了“禁治产”宣告制度与“准禁治产”宣告制度,[15] 而代之以个案审查标准。[16] 法国民法与德国民法废除“禁治产”宣告制度与“准禁治产”宣告制度的原因在于,旧有制度的最大弊端是在法律价值上,忽视了自由价值高于一切的原则,僵化地规定,受“禁治产”宣告和“准禁治产”宣告的人的一切民事行为能力被剥夺或受限制,过分限制本人自我决定的机会,忽略本人剩余行为能力的存在,实际上是对个人自由地位的剥夺。[17] 而且,成年人之精神健康状况,或者成年人是否具有辨认或者完全辨认自己行为的识别预见能力,是一个事实判断问题。因此,对他们行为能力的有无,不能经过法院宣告,而是取决于对他们精神健康状况在个案中的具体认定。鉴于此,在我国《民法典》制定之际,立法者在充分借鉴现代民法关于成年人行为能力认定制度改革的基础上,根据我国的现实,对不能辨认或者不能完全辨认自己行为的成年人之民事行为能力的认定作出了全面的规定。

(二)不能或不能完全辨认自己行为的成年人之行为能力认定的要件

不能或者不能完全辨认自己行为的成年人,是否为无民事行为能力人或者限

---

〔15〕 [德]迪特尔·施瓦布:《德国家庭法》,王葆莳译,法律出版社2010年版,第459~468页。

〔16〕 黄立:《民法总则》,中国政法大学出版社2002年版,第85页。

〔17〕 龙卫球:《民法总论》,中国法制出版社2001年版,第263~264页。

制民事行为能力人,不能由当事人或者利害关系人自己决定,只能由人民法院依法定条件和诉讼程序作出认定。按照《民法典》第24条之规定,对成年人民事行为能力的认定必须具备以下三个条件:第一,必须被认定的人为不能或不能完全辨认自己行为的人。在我国民法上,浪费人依法不能作为被认定的对象。第二,必须经利害关系人或者有关组织申请;这里所说的有关组织,按照《民法典》第24条第3款之规定,具体包括居民委员会、村民委员会、学校、医疗机构、妇女联合会、残疾人联合会、依法设立的老年人组织、民政部门等。第三,必须由人民法院经特别程序作出认定。人民法院认定时,依照《民法通则意见》第7条之规定,对于当事人是否不能辨认或者不能完全辨认自己的行为,应当根据司法精神病学鉴定或者参照医院的诊断、鉴定确定。在不具备诊断、鉴定条件的情况下,也可以参照群众公认的当事人的精神状态决定,但应以利害关系人没有异议为限。法院经审理后认定当事人为不能辨认自己行为的,应判决认定其为无民事行为能力人;认定当事人为不能完全辨认自己行为的精神病人时,应判决认定其为限制民事行为能力人。

(三)对成年人民事行为能力认定的撤销

按照《民法典》第24条第2款之规定:"被人民法院认定为无民事行为能力人或者限制民事行为能力人的,经本人、利害关系人或者有关组织申请,人民法院可以根据其智力、精神健康恢复的状况,认定该成年人恢复为限制民事行为能力人或者完全民事行为能力人。"

第三节 宣告失踪和宣告死亡

宣告失踪或者宣告死亡,是指依照法定的条件与程序确认自然人下落不明的事实并推定自然人失踪或者死亡的法律制度。按照传统民法规定,自然人的民事权利能力起于出生、终于死亡。但在现实生活中,经常发生自然人离开自己住所地下落不明、生死难定的情形。如果这种状况持续下去,就会导致下落不明者与他人之间的人身关系与财产关系处于不确定状态。例如,已婚的自然人长期下落不明,其配偶孤独生活而无法再婚;下落不明者的工资、社会保险金、退休金以及死亡保险金是否停发或者开始发放则无法决定;其债权债务也处于无人追偿和无法清偿的状态。为了消除上述因自然人下落不明而引起的、与他人人身关系与财产关系的不确定状态,维护当事人合法权益和社会正常秩序,就有必要规定宣告失踪或者宣告死亡制度。从大陆法系各国的民事立法来看,各国民法在关于失踪人制度的立法上,要么采取单一的宣告失踪(推定死亡)制度,要么采取单一的宣告死亡制度,而将失踪人的财产代管,或者作为宣告失踪(推定死亡)的前置程序,或者将其并入婚姻家庭法之中。前者如法国、瑞士与日本民法的规定,后者如德国与我国台湾地区"民法"的规定。我国作为大陆法系国家之一,于1986年实施的《民法通则》中,对宣告失踪与宣告死亡一并作出了规定。2020年颁布的《民法典》之第一编第二章第三节,在《民法通则》《民法总则》的基础上,对宣告失踪与宣告死亡作出了进一步确认。按照原《民法通则意见》第29条以及我国的学理解释,宣告失踪与宣告死亡是两个相互并列的制度,"宣告失踪不是法院宣告死亡的必然阶段、不是必经程序";[18]换言之,在现实生活中,是否适用宣告失踪抑或宣告死亡,完全由当事人任意选择。

一、宣告失踪

(一)宣告失踪的概念

宣告失踪,是指人民法院经利害关系人申请,按照法定的条件和程序对下落不明持续满一定期间的人,依法宣告其为失踪的制度。《民法典》第40条规定:"自然人下落不明满二年的,利害关系人可以向人民法院申请宣告该自然人为失踪人。"按照《民法典》的上述规定,通过宣告下落不明的人为失踪人,为其设立财产代管人,由代管人管理失踪人的财产,以保护失踪人与相对人的财产权益,维护社会经济秩序。[19]

(二)宣告失踪的条件和程序

按照《民法典》第40条之规定,宣告失踪必须具备下列条件和程序。

1.必须有自然人下落不明的事实存在。自然人下落不明的事实存在,是宣告失踪的前提,如果不存在自然人下落不明的事实,则不能宣告他人失踪。所谓下落不明,按照原《民法通则意见》之规定,是指自然人离开最后居住地后没有音讯的状况。对于在我国台湾地区或者在国外,无法正常通讯联系的状况,则不能认定其为下落不明的事实。

2.必须自然人下落不明的事实持续达到法定期间。按照民法理论,仅有自然人下落不明的事实存在,仍不得申请宣告他人失踪,还必须自然人下落不明的事实持续达到法定期间,这里所谓的"持续",是指连续而不中断。所谓"法定期间",即我国《民法典》第40条明文规定的、宣告自然人失踪的2年期间。法定期间届满,利害关系人才可申请法院宣告他人为失踪人。关于自然人下落不明之法定期间的起算,按照《民法典》第41条的规定,"自然人下落不明的时间从其失去音讯之日

〔18〕 最高人民法院《民法通则》培训班编:《民法通则讲座》,北京市文化局出版处1986年版,第98页。
〔19〕 张俊浩主编:《民法学原理》,中国政法大学出版社2000年版,第101页。

起计算。战争期间下落不明的,下落不明的时间自战争结束之日或者有关机关确定的下落不明之日起计算”。因意外事故下落不明期间的计算,按照《民法通则意见》的规定,从意外事故发生之日起计算。

3. 必须经利害关系人申请。利害关系人申请是引起宣告失踪程序的必要条件之一,没有利害关系人的申请,法院不得擅自宣告他人失踪。所谓利害关系人,是指下落不明者的近亲属和其他与下落不明者有民事财产权利义务关系的人。按照《民法通则意见》第 24 条之规定,申请宣告失踪的利害关系人,包括被申请宣告失踪人的配偶、父母、子女、兄弟姐妹、祖父母、外祖父母、孙子女、外孙子女以及其他与被申请人有民事权利义务关系的人。不是下落不明者的近亲属,并且与下落不明者没有财产权利义务关系的人,不得申请宣告他人失踪。

4. 必须由人民法院依法定程序作出宣告。人民法院受理宣告失踪的申请后,应当发出寻找失踪人的公告,公告期间为半年。公告期间届满,人民法院依法作出宣告其为失踪人的判决。

(三)宣告失踪的法律后果

1. 为失踪人设立财产代管人。宣告失踪一经确定,法院应当依法为失踪人设立财产代管人。《民法典》第 42 条规定:“失踪人的财产由其配偶、成年子女、父母或者其他愿意担任财产代管人的人代管。代管有争议,没有前款规定的人,或者前款规定的人无代管能力的,由人民法院指定的人代管。”换言之,在人民法院作出宣告失踪的判决后,失踪人的财产应当依法由失踪人的法定财产代管人代管,如果失踪人没有法定财产代管人或法定财产代管人无代管能力时,法院应当为失踪人指定财产代管人,失踪人的财产依法由指定的财产代管人代管。无民事行为能力人、限制民事行为能力人失踪的,其监护人为财产代管人。

2. 财产代管人对失踪人财产的代管。失踪人的财产代管人应当依法忠实地履行代管职责。按照《民法典》第 43 条之规定,“财产代管人应当妥善管理失踪人的财产,维护其财产权益。失踪人所欠税款、债务和应付的其他费用,由财产代管人从失踪人的财产中支付。财产代管人因故意或者重大过失造成失踪人财产损失的,应当承担赔偿责任”。详言之,财产代管人应当妥善管理失踪人的财产。对于失踪人所欠税款、债务和应付的其他费用,应当由财产代管人从失踪人的财产中支付,财产代管人拒绝支付时,权利人依法有权以代管人为被告提起诉讼。这里所谓的“应付的其他费用”,按照《民法通则意见》第 31 条之规定,是指失踪人应当支付的包括赡养费、扶养费、抚育费和因代管财产所需的管理费等必要费用。失踪人的财产代管人不履行代管职责,故意或者重大过失侵犯失踪人财产权益的,依法应当承担赔偿责任。

3. 财产代管人的变更。按照《民法典》第 44 条之规定,财产代管人不履行代管职责、侵害失踪人财产权益或者丧失代管能力的,失踪人的利害关系人可以向人民法院申请变更财产代管人。财产代管人有正当理由的,也可以向人民法院申请变更财产代管人。也就是说,在失踪人财产代管期间,出现了法律规定的情形,为保护失踪人财产权益,失踪人的利害关系人可以向人民法院申请变更财产代管人。"人民法院变更财产代管人的,变更后的财产代管人有权要求原财产代管人及时移交有关财产并报告财产代管情况。"

(四)失踪宣告的撤销

宣告失踪仅为法律的推定,如有相反证据则可推翻。《民法典》第45条规定:"失踪人重新出现,经本人或者利害关系人申请,人民法院应当撤销失踪宣告。失踪人重新出现,有权要求财产代管人及时移交有关财产并报告财产代管情况。"人民法院撤销失踪宣告后,财产代管关系终止。代管人应停止代管行为,按照失踪人的要求,将代管的财产及时交给被宣告失踪的人并报告代管情况。

二、宣告死亡

(一)宣告死亡的概念

宣告死亡,指人民法院经利害关系人申请,按照法定的条件和程序对下落不明持续满一定期间的人,依法宣告其为死亡的制度。自然人长期下落不明虽可宣告其失踪、为其设立财产代管人。但由于我国民法上规定的宣告失踪制度,无法最终消除因自然人下落不明而导致的亲属上和财产上的法律关系的不确定性。为了使因自然人下落不明而导致的不确定的人身关系与财产关系确定下来,我国民法在宣告失踪制度之外,专门规定了宣告死亡制度,以宣告生死不明的失踪人死亡,从而结束失踪人以原住所为中心的法律关系,稳定社会秩序。

(二)宣告死亡的条件和程序

按照《民法典》第46条的规定,宣告死亡应当具备下列条件和程序。

1. 必须有自然人下落不明的事实存在。自然人下落不明的事实存在,是宣告死亡的前提,如果不存在自然人下落不明的事实,则不能宣告他人死亡。所谓下落不明,是指自然人离开最后居住地后没有音讯的状况。对于在我国台湾地区或者在国外,无法正常通讯联系的则不为下落不明。

2. 必须自然人下落不明的事实持续达到法定的期间。这里所谓的"持续",是指连续而不中断。所谓"法定期间",即我国《民法典》第46条明文规定的、宣告自然人死亡的期间。依照《民法典》第46条之规定,"自然人有下列情形之一的,利害关系人可以向人民法院申请宣告该自然人死亡:(一)下落不明满四年;(二)因意外事件,下落不明满二年"。但"因意外事件下落不明,经有关机关证明该自然人不可能生存的,申请宣告死亡不受二年时间的限制"。关于宣告死亡法定期间的起算,应当按照《民法典》第41条的规定,自然人下落不明的时间从其失去音讯之日起计算。战争期间下落不明的,下落不明的时间自战争结束之日或者有关机关确定的下落不明之日起计算。因意外事故下落不明的期间,按照《民法通则意见》的规定,从意外事故发生之日起计算。

3. 必须经利害关系人申请。宣告死亡必须先由利害关系人提出申请,所谓利害关系人,是指下落不明者的近亲属和其他与下落不明者有民事财产权利义务关系的人。按照《民法通则意见》第25条之规定,申请宣告死亡的利害关系人,包括被申请宣告死亡之人的配偶、父母、子女、兄弟姐妹、祖父母、外祖父母、孙子女、外孙子女以及其他与被申请人有民事权利义务关系的人。不是下落不明者的近亲属,并且与下落不明者没有财产权利义务关系的人,不得申请宣告他人死亡。

申请宣告死亡,不受利害关系人先后顺序的限制。自然人下落不明,符合申请宣告死亡的条件,利害关系人可以不经申请宣告失踪而直接申请宣告死亡。利害关系人只申请宣告失踪的,应当宣告失踪;但按照《民法典》第47条的规定,对同一自然人,有的利害关系人申请宣告死亡,有的利害关系人申请宣告失踪,符合法律规定的宣告死亡条件的,人民法院应当宣告死亡。

4. 必须由人民法院宣告。人民法院受理宣告死亡的案件后,应当发出寻找失踪人的公告。公告期间为一年。公告期间届满,失踪人仍未出现的,人民法院可以依法作出宣告死亡的判决。《民法典》第48条规定:"被宣告死亡的人,人民法院宣告死亡的判决作出之日视为其死亡的日期;因意外事件下落不明宣告死亡的,意外事件发生之日视为其死亡的日期。"被宣告死亡和自然死亡的时间不一致的,被宣告死亡所引起的法律后果仍然有效,但自然死亡前实施的民事法律行为与被宣告死亡所引起的法律后果相抵触的,则以其实施的民事法律行为为准。

(三)宣告死亡的法律后果

宣告死亡发生与自然死亡相同的法律后果。在人民法院依法作出宣告死亡的判决之后,"被宣告死亡的人的婚姻关系,自死亡宣告之日起消除";财产开始继承;但按照《民法典》第49条之规定,自然人被宣告死亡但并未死亡的,不影响该自然人在被宣告死亡期间实施的民事法律行为的效力。

(四)死亡宣告的撤销

宣告死亡为推定死亡,有相反证据则可以推翻。按照《民法典》第50条规定:"被宣告死亡的人重新出现,经本人或者利害关系人申请,人民法院应当撤销死亡宣告。"

宣告死亡的判决一经撤销,依照《民法典》的相关规定产生以下法律后果。

1. 被撤销死亡宣告的人与配偶的婚姻关系。按照《民法典》第51条的规定,被宣告死亡的人,在死亡宣告被撤销后,其"婚姻关系自撤销死亡宣告之日起自行恢复。但是其配偶再婚或者向婚姻登记机关书面声明不愿意恢复的除外”。

2. 被撤销死亡宣告的人与子女的收养关系。按照《民法典》第52条的规定,被宣告死亡的人在被宣告死亡期间,其子女被他人依法收养的,在死亡宣告被撤销后,不得以未经本人同意为由主张收养关系无效。

3. 被撤销死亡宣告的人与其财产关系。被撤销死亡宣告的人有权依法请求返还财产。按照《民法典》第53条的规定,被撤销死亡宣告的人有权请求依照本法继承编取得其财产的民事主体返还财产;无法返还的,应当给予适当补偿。利害关系人隐瞒真实情况,致使他人被宣告死亡取得其财产的,除应当返还财产外,还应当对由此造成的损失承担赔偿责任。

第四节 监 护

一、监护的概念与目的

(一)监护的概念

监护,是指对无民事行为能力人和限制民事行为能力人的人身、财产及其他合法权益进行保护的制度。[20] 其中,对无民事行为能力人和限制民事行为能力人依法进行保护的人称为监护人,受监护人保护的无民事行为能力人和限制民事行为能力人称为被监护人。

“监护”一词具有广、狭二义,狭义的监护是指亲权人以外的事务替代性的监护和保佐制度,广义的监护是指包括亲权制度以及仅具有照顾、协助性质的保佐制度。[21] 从我国民法关于监护的规定来看,我国民法中的监护,不仅包括传统民法上的亲权制度,而且也包括监护制度在内,据此,我国民法上的监护应当属于广义监护。

(二)监护制度的目的

监护制度的目的在于直接保护被监护人的人身、财产和其他合法权益,进而维护社会秩序。

按照民事行为能力制度,完全民事行为能力人依法可以通过自己的独立行为,为自己取得民事权利设定民事义务,但是,对于无民事行为能力人、限制民事行为

〔20〕 江平主编:《民法学》,中国政法大学出版社2000年版,第111页;郭明瑞等:《民商法原理(一)民商法总论人身权法》,中国人民大学出版社1999年版,第141页。

〔21〕 龙卫球:《民法总论》,中国法制出版社2002年版,第276页。

能力人,由于其无民事行为能力或者民事行为能力受到限制,不能进行或者不能完全独立地进行民事活动,无法主动地以自己的行为为自己取得权利设定义务,这样对于其民事权利的具体享有或实现即成为问题。为了保护无民事行为能力人和限制民事行为能力人的合法权益、约束其实施不法行为、维护社会经济秩序,传统民法专门规定了旨在对无民事行为能力人、限制民事行为能力人予以保护和监督的监护制度。

二、监护的设立

监护的设立,是指为无民事行为能力人和限制民事行为能力人确定监护人的活动。从传统民法的规定来看,各国民法关于监护的设立主要有五种方式:一是法定监护,即根据法律规定直接产生的监护;二是遗嘱监护,即由作为未成年人监护人的父母在其设立的遗嘱中,为未成年人指定监护人的监护;三是协议监护,是指依法具有监护资格的人之间通过协议设立的监护;四是协商监护,是指具有完全民事行为能力的成年人与有关个人与组织之间通过预先协商的方式为自己确立监护人的监护;五是指定监护,即依法由有关单位或法院的指定而产生的监护。从我国《民法典》的规定来看,我国《民法典》总则编第二章第二节规定的监护设立方式,不仅包括法定监护与指定监护,而且也包括遗嘱监护、协议监护与协商监护在内。另外,按照《民法典》第 36 条第 2 款第 2 项、《民法通则意见》第 22 条的规定,监护人可以将监护职责部分或者全部委托给他人。

(一)未成年人监护的设立

1. 未成年人法定监护的设立

所谓法定监护,是指根据法律的规定直接产生的监护。按照《民法典》第 27 条的规定,父母作为未成年人的亲权人,是未成年子女的当然监护人。未成年人的父母已经死亡或者没有监护能力的,由下列有监护能力的人按顺序担任监护人:(1)祖父母,外祖父母;(2)兄、姐;(3)其他愿意担任监护人的个人或者组织,但须经未成年人住所地的居民委员会、村民委员会或者民政部门同意;(4)没有上述监护人的,按照《民法典》第 32 条的规定,监护人应当由民政部门担任,也可以由具备履行监护职责条件的被监护人住所地的居民委员会、村民委员会担任。

2. 未成年人遗嘱监护的设立

遗嘱监护,即担任监护人的未成年人之父母,通过设立遗嘱的方式,为未成年人指定监护人的监护。按照《民法典》第 29 条的规定,被监护人的父母担任监护人时,被监护人的父母可以通过遗嘱的方式,为被监护人指定监护人。

3. 未成年人协议监护的设立

协议监护,是指依法具有监护资格的人之间,通过协议的方式为被监护人确定监护人的监护。按照《民法典》第 30 条的规定,依法具有监护资格的人之间可以协议确定监护人。协议确定监护人应当尊重被监护人的真实意愿。

4. 未成年人指定监护的设立

指定监护,即依法由有关单位或法院的指定而产生的监护。按照《民法典》第 31 条的规定,对监护人的确定有争议的,由被监护人住所地的居民委员会、村民委员会或者民政部门指定监护人,有关当事人对指定不服的,可以向人民法院申请指定监护人;有关当事人也可以直接向人民法院申请指定监护人。

居民委员会、村民委员会、民政部门或者人民法院应当尊重被监护人的真实意愿,按照最有利于被监护人的原则,在依法具有监护资格的人中指定监护人。

居民委员会、村民委员会、民政部门或者人民法院按照法律规定指定监护人前,被监护人的人身权利、财产权利以及其他合法权益处于无人保护状态的,由被监护人住所地的居民委员会、村民委员会、法律规定的有关组织或者民政部门担任"临时监护人"。

监护人被指定后,不得擅自变更;擅自变更的,不免除被指定的监护人的责任。

(二)成年人监护的设立

1. 成年人法定监护的设立

按照《民法典》第 28 条的规定,无民事行为能力或者限制民事行为能力的成年人,由下列有监护能力的人按顺序担任监护人:(1)配偶;(2)父母、子女;(3)其他近亲属;(4)其他愿意担任监护人的个人或者组织,但须经被监护人住所地的居民委员会、村民委员会或者民政部门同意;(5)没有前述监护人的,按照《民法典》第 32 条的规定,应当由民政部门担任监护人,也可以由具备履行监护职责条件的被监护人住所地的居民委员会、村民委员会担任。

2. 成年人遗嘱监护的设立

在现实生活中,被监护人的父母既可以通过遗嘱的方式,为未成年人指定监护人,也可以通过设立遗嘱的方式为成年的被监护人设立监护人。按照《民法典》第 29 条之规定,被监护人的父母担任监护人时,被监护人的父母可以通过遗嘱的方式,为成年的被监护人指定监护人。

3. 成年人协议监护的设立

按照《民法典》第 30 条之规定,在同一监护顺序有多个监护人时,多个依法具有监护资格的人之间,可以通过协议的方式为被监护人确定监护人。在通过协议确定监护人时,应当依法尊重被监护人的真实意愿。

4. 成年人协商监护的设立

按照《民法典》第 33 条之规定,具有完全民事行为能力的成年人,可以与其近亲属、其他愿意担任监护人的个人或者组织事先协商,以书面形式确定自己的监护人。协商确定的监护人在该成年人丧失或者部分丧失民事行为能力时,履行监护职责。

5. 成年人指定监护的设立

按照《民法典》第 31 条的规定,对监护人的确定有争议的,由被监护人住所地的居民委员会、村民委员会或者民政部门指定监护人,有关当事人对指定不服的,可以向人民法院申请指定监护人;有关当事人也可以直接向人民法院申请指定监护人。

居民委员会、村民委员会、民政部门或者人民法院应当尊重被监护人的真实意愿,按照最有利于被监护人的原则,在依法具有监护资格的人中指定监护人。

居民委员会、村民委员会、民政部门或者人民法院按照法律规定指定监护人前,被监护人的人身权利、财产权利以及其他合法权益处于无人保护状态的,由被监护人住所地的居民委员会、村民委员会、法律规定的有关组织或者民政部门担任"临时监护人"。

监护人被指定后,不得擅自变更;擅自变更的,不免除被指定的监护人的责任。

三、监护人的职责

监护是监护人对被监护人的监督与保护。监护人的职责构成了监护法律关系的基本内容。我国民法关于监护人职责的范围,既包括对被监护人人身、财产和生活等方面的监督照顾,也包括对被监护人法律事务方面的必要代理协助。《民法典》第 34 条规定:"监护人的职责是代理被监护人实施民事法律行为,保护被监护人的人身权利、财产权利以及其他合法权益等。监护人依法履行监护职责产生的权利,受法律保护。监护人不履行监护职责或者侵害被监护人合法权益的,应当承担法律责任。"按照上述规定,监护人的职责,主要包括以下内容。

1. 保护被监护人的身体、照顾被监护人的生活、对被监护人进行教育和抚养。由于被监护人缺乏相应的行为能力与自我保护能力,监护人首要职责是保护被监护人的人身安全,照顾被监护人的生活,维护被监护人的人身权益,防止和避免被监护人受到不法侵害和自然伤害;与此同时,监护人应当负责教育被监护人,特别是对未成年人;监护人应当管理、约束被监护人的行为,以免其对他人造成损害。

2. 管理被监护人的财产。鉴于被监护人缺乏相应的意思能力,导致被监护人无法有效地保护、管理或者处理自己的财产。为了保护被监护人的财产权益,法律专门设置了旨在保护被监护人权益之监护制度,使监护人作为被监护人的法定代理人,以保护、照管被监护人的财产。所以,按照《民法典》第 35 条的规定,监护人应当按照最有利于被监护人的原则履行监护职责,以善良管理人的方式妥善管理和保护被监护人的财产,维护被监护人的合法财产权益。监护人不仅应当和有权排除他人对被监护人财产的侵害,而且,除了维护被监护人的利益外,不得处分被监护人的财产。监护人侵害被监护人财产的,应当承担民事责任。

3.代理被监护人进行民事活动。《民法典》第23条规定:“无民事行为能力人、限制民事行为能力人的监护人是其法定代理人。”作为法定代理人,监护人应当依法代理被监护人实施法律行为、进行必要的民事活动,通过代理被监护人进行民事活动对被监护人的意思进行有效的补充。按照我国《民法典》第35条的规定,未成年的监护人履行监护职责,在作出与被监护人利益有关的决定时,应当根据被监护人的年龄与智力状况,尊重被监护人的真实意愿。成年人的监护人履行监护职责,应当最大限度地尊重被监护人的真实意愿,保障并协助被监护人实施与其智力、精神健康状况相适应的民事法律行为。对被监护人有能力独立处理的事务,监护人不得干涉。

四、监护的变更和终止

(一)监护的变更

监护的变更,是指在监护过程中,监护人丧失监护能力、监护人不认真履行监护职责或者侵害被监护人合法权益时,由其他有监护资格的人或者单位依法定条件和程序请求人民法院撤销原监护人、更换他人为监护人的行为。按照《民法典》第36~38条的规定,监护人有下列情形之一的,人民法院根据有关个人或者组织的申请,撤销其监护人资格,安排必要的临时监护措施,并按照最有利于被监护人的原则依法指定监护人:(1)实施严重损害被监护人身心健康行为的;(2)怠于履行监护职责,或者无法履行监护职责并且拒绝将监护职责部分或者全部委托给他人,导致被监护人处于危困状态的;(3)实施严重侵害被监护人合法权益的其他行为的。这里所谓的“有关个人和组织”,按照法律的规定,具体包括:其他依法具有监护资格的人,居民委员会、村民委员会、学校、医疗机构、妇女联合会、残疾人联合会、未成年人保护组织、依法设立的老年人组织、民政部门等。前述规定的个人和民政部门以外的组织未及时向人民法院申请撤销监护人资格的,民政部门应当向人民法院申请。

按照《民法典》第37条的规定,依法负担被监护人抚养费、赡养费、扶养费的父母、子女、配偶等,被人民法院撤销监护人资格后,应当继续履行负担的义务。

被监护人的父母或者子女被人民法院撤销监护人资格后,除对被监护人实施故意犯罪的外,确有悔改表现的,经其申请,人民法院可以在尊重被监护人真实意愿的前提下,视情况恢复其监护人资格,人民法院指定的监护人与被监护人的监护关系同时终止。

(二)监护的终止

监护的终止,即监护关系的消灭。按照《民法典》第39条的规定,有下列情形之一的，监护关系终止：(1)被监护人取得或者恢复完全民事行为能力，如作为被监护人的未成年人成年或者精神病人痊愈；(2)监护人丧失监护能力；(3)被监护人或者监护人死亡；(4)人民法院认定监护关系终止的其他情形。具体包括监护人辞却监护或者被依法撤销监护资格；委托监护因委托关系消灭而终止等情形。[22] 监护关系终止后，被监护人仍然需要监护的，应当依法另行确定监护人。

第五节　自然人的住所

一、住所的含义

自然人的住所，是指自然人生活和活动的主要基地和中心场所。伴随经济社会的发展、人们的活动范围日益扩大，因此有必要选择一个生活和活动主要地点作为住所，根据我国有关户籍管理以及诉讼管辖的规定，自然人从事民事活动原则上以其户籍所在地为中心场所，因此，《民法典》第25条规定："自然人以户籍登记或者其他有效身份登记记载的居所为住所；经常居所与住所不一致的，经常居所视为住所。"通常情况下，自然人的住所与经常居所是相同的，但是，在特殊情况下自然人的住所与经常居所不同。自然人的经常居所，又称经常居住地，是指一个人经常居住的地方。按照《民法通则意见》第9条的规定，经常居住地，是指自然人离开住所地最后连续居住一年以上的地方，但住医院治病的除外。

二、住所的确定及种类

大陆法系各国由于观念的不同，关于确定住所的标准也存在差异，大致而言主要有两种不同的标准，一是以当事人久住的意思结合居住的事实作为确定住所的标准。如瑞士民法与我国台湾地区"民法"即采取此种标准。二是以当事人久住的事实作为确定住所的标准。如德国民法、日本民法即采取该种标准。我国民法在住所的确定上，是以自然人户籍所在地的居住地的事实或者经常居住地的事实作为确定住所的标准或者依据。

在传统民法上，按照确定住所根据的不同，又将住所划分为意定住所和法定住所。意定住所，是指其住所的确定系基于本人的意思；法定住所，是指不问本人之意思如何，由法律直接规定的住所。[23] 按照我国《民法典》及其相关规定，我国民法规定的住所为法定住所，以自然人户籍登记或者其他有效身份登记记载的居所

[22] 梁慧星：《民法总论》，法律出版社1996年版，第98页。
[23] 史尚宽：《民法总论》，中国政法大学出版社2000年版，第132页。

为依据,因为在我国目前户籍登记制度下,户籍所在地通常就是自然人居所,但是,经常居所与住所不一致的,按照法律规定,经常居所视为住所。自然人由其户籍所在地迁出后迁入另一地之前,无经常居所的,仍以其原户籍所在地为住所。

三、住所的法律意义

住所的法律意义,是指住所在法律上的作用。住所的法律意义主要有以下五个方面:第一,确定民事主体的状态。如认定某一自然人是否失踪,应以其是否离开住所地长期无消息为准;继承开始的地点一般为被继承人的最后住所地。第二,确定债务的履行地。如债务履行地点约定不明确的,给付货币的,应在接受货币一方的住所地履行。第三,确定案件的管辖。如依《民事诉讼法》规定,一般情况下,原告应到被告住所地法院起诉。第四,确定法律文书的送达和某些特定行为的实施地。如无另外规定时,法律文书应送达被送达人的住所地的居所;除另有规定外,结婚登记须在当事人的住所地办理。第五,确定涉外民事关系的准据法。如原《民法通则》第146条第1款规定:"侵权行为的损害赔偿,适用侵权行为地法律。当事人双方国籍相同或者在同一国家有住所的,也可以适用当事人本国法律或者住所地法律。"

第六节　自然人的特殊形式

按照近现代以来各国民商法的规定,任何自然人既有进行民事活动的权利和自由,也同样具有依法从事工商业经营活动的权利和自由,依法从事工商业经营活动的自然人,即为自然人的特殊形式。

近现代以来,由于各国在民商立法上奉行的立法模式的差异,导致各国立法关于从事工商业经营活动的自然人地位的规定也大为不同。在民商分立的国家,由于在民法典之外另行制定商法典,所以,以从事工商业经营活动为职业的自然人,在商法典上,处于个体商人或商自然人的地位。在民商合一的国家,由于在民法典之外不再另行制定商法典,有关商事的一般规则都被纳入民法典之中,因而,从事工商业经营活动的自然人,只能被看作自然人的特殊形式。

在我国,由于在民商立法上,奉行的是民商合一的立法模式,所以,从事工商业经营活动的自然人,是自然人的特殊形式,例如,我国《民法典》即把个体工商户、农村承包经营户作为自然人的特殊形式列在总则编第二章"自然人"之下的第四节,以示个体工商户、农村承包经营户既属于自然人,又有自身的特殊性。按照《民法典》第二章第四节及其相关的法律规定,自然人的特殊形式包括个体工商户、农村承包经营户。

一、个体工商户

(一)个体工商户的概念

《民法典》第54条规定:“自然人从事工商业经营,经依法登记,为个体工商户。个体工商户可以起字号。”个体工商户,作为从事工商业经营活动的自然人,其在商法中的地位为个体商人。

(二)个体工商户的法律特征

从个体工商户的概念中可以看出,个体工商户具有以下法律特征。

1. 个体工商户的经营主体必须是自然人或者家庭中的其他成员。个体工商户是以自然人个人或者家庭其他成员为主体而经营的,不以自然人或者家庭其他成员为主体从事工商业经营活动的,不是个体工商户。个体工商户个人经营的,是典型的个体商人,个体工商户属于家庭其他成员共同经营的,则被视为家庭成员之间的家庭合伙。家庭合伙,属于合伙的内容,应在合伙中论述。

2. 个体工商户必须从事工商业经营活动。个体工商户作为个体商人,必须以从事工商业经营活动为职业,这是个体工商户作为自然人特殊形式的本质要求,自然人不以从事工商业经营活动为职业,无法成为个体工商户;并且自然人从事的工商业经营活动只能是法律允许个体工商户经营的事项,个体工商户只有依法进行生产经营活动,其合法的权利和利益才能受法律的保护。

3. 个体工商户须经依法登记。个体工商户从事工商业经营活动的,应当经依法登记,领取营业执照,从领取营业执照时起依法取得营业资格,才能以工商登记户的名义进行经营。不经依法登记,不能成立个体工商户。个体工商户转让、合并、停业、歇业时,都应依法办理相关的登记手续。

4. 个体工商户以户的名义进行民事活动,享受民事权利和承担民事义务。个体工商户自登记之日起就取得独立营业的资格,可以以工商登记户的名义进行商事活动,个体工商户可以起字号,对自己的字号与名称享有名称权,对自己的商标享有商标权,以自己的财产自主经营,参与民事法律关系。

5. 个体工商户的户主对个体工商户的经营中所欠的债务承担清偿责任。个体工商户的营业财产与其个人财产并非严格区分,所以,个体工商户对于其经营中所欠的债务,并不以其投入到经营中的财产为限承担清偿责任,而是要以其个人全部的财产对自己的债务承担清偿责任。《民法典》第56条规定:个体工商户的债务,个人经营的,以个人财产承担;家庭经营的,以家庭财产承担;无法区分的,以家庭财产承担。按照《民法通则意见》的解释,以自然人个人名义申请登记的个体工商户,用家庭共有财产投资,或者收益的主要部分供家庭成员享用的,其债务应以家庭共有财产清偿。在夫妻关系存续期间,一方从事个体经营的,其收入为夫妻共有财产,债务亦应以夫妻共有财产清偿。个体工商户的债务,如以其家庭共有财产承担责任时,应当保留家庭成员的生活必需品和必要的生产工具。

二、农村承包经营户

(一)农村承包经营户的概念

《民法典》第55条规定:"农村集体经济组织的成员,依法取得农村土地承包经营权,从事家庭承包经营的,为农村承包经营户。"农村承包经营户,在商法中的地位属于小商人的范畴。

(二)农村承包经营户的法律特征

农村承包经营户具有以下法律特征。

1. 农村承包经营户一般为农村集体经济组织的成员。农村承包经营户,可以个人经营,也可以家庭经营,但其是以"户"的名义。农村承包经营是农村集体经济的一种经营形式,因而,承包经营户一般为农村集体组织的成员。

2. 农村承包经营户按照依法取得农村土地承包经营权从事商品经营。农村承包经营户以土地承包经营权为前提,农村承包经营户须依照土地承包经营权的权限范围独立进行经营,以自己的名义进行民事活动。农村承包经营户须从事商品经营,仅生产自己需要的农副产品的,不为农村承包经营户。

3. 农村承包经营户应在法律允许的范围内从事生产经营。农村承包经营户虽不需进行工商登记,但只能在法律和政策允许的范围内依法经营,承包经营户对其承包经营的自然资源和其他资产应合理使用,妥善管理,不得擅自改变其用途。

4. 农村承包经营户的经营者对承包经营期间的债务负清偿责任。按照《民法典》的规定,农村承包经营户的债务,以从事农村土地承包经营的农户财产承担;事实上由农户部分成员经营的,以该部分成员的财产承担。个人承包的农村承包经营户,用家庭共有财产投资,或者收益的主要部分供家庭成员享用的,其债务应以家庭共有财产清偿。在夫妻关系存续期间,一方从事承包经营的,其收入为夫妻共有财产,债务亦应以夫妻共有财产清偿。农村承包经营户的债务,如以其家庭共有财产承担责任时,应当保留家庭成员的生活必需品和必要的生产工具(《民法通则意见》第42、43条的规定)。

重点问题梳理

1. 自然人的民事权利能力,是指自然人享受民事权利、承担民事义务的资格。自然人的民事权利能力起于出生,终于死亡。在涉及遗产继承、接受赠与等胎儿利益保护的,胎儿视为具有民事权利能力,但胎儿出生时为死体的除外。

2. 自然人的民事行为能力，是指自然人以自己的行为取得民事权利、设定民事义务的资格。我国民法按照年龄、智力和精神健康状况的不同，将自然人的民事行为能力划分为三种类型，即完全民事行为能力、限制民事行为能力与无民事行为能力。完全民事行为能力人，依法可以独立实施民事法律行为；限制民事行为能力人的民事法律行为，由其法定代理人代理或者经其法定代理人同意、追认，但限制民事行为能力人可独立实施纯获利益的行为或与其年龄智力相适应的民事法律行为。无民事行为能力人，由其法定代理人实施民事法律行为。

3. 宣告失踪，是指自然人下落不明满2年、利害关系人依法向人民法院申请宣告其为失踪的制度。宣告失踪后，失踪人的财产由其法定财产代管人或者指定财产代管人代管。

4. 宣告死亡，是指自然人下落不明满4年、利害关系人依法向人民法院申请宣告其为死亡的制度。宣告死亡发生与自然死亡相同的法律后果。在法院依法作出宣告死亡的判决后，被宣告死亡的人的婚姻关系消灭、财产开始继承，但自然人在宣告死亡期间实施的民事法律行为仍然有效。宣告死亡的判决一经撤销，被撤销死亡宣告的人的婚姻关系自行恢复，但是其配偶再婚或者向婚姻登记机关书面声明不愿恢复的除外；被撤销死亡宣告的人与子女的收养关系，不得以未经本人同意为由主张收养关系无效；被撤销死亡宣告的人有权依法请求返还财产。

5. 监护，是指对无民事行为能力人、限制民事行为能力人监督与保护的制度。监护设立的方式有：法定监护、指定监护、遗嘱监护、协议监护与预先的协商监护；监护人的职责有：保护被监护人的人身权利；管理被监护人的财产与合法权益；代理被监护人实施民事法律行为。在具备法定的事由时，监护关系依法消灭。

6. 自然人以户籍登记或者其他有效身份登记记载的居所为住所；经常居所与住所不一致的，经常居所视为住所。

7. 自然人从事工商业经营，经依法登记，为个体工商户。农村集体经济组织的成员，依法取得农村土地承包经营权，从事家庭承包经营的，为农村承包经营户。个体工商户、农村承包经营户的债务，个人经营的，以个人财产承担；家庭经营的，以家庭财产承担；无法区分的，以家庭财产承担。

案例与分析

1994年2月2日，21岁的林某与邻居家11岁的小孩夏某到街上玩，正遇见福利奖券摸奖活动，林某摸了几张都未中，便叫夏某去摸，但夏某没有带钱，林某当即递给夏某2元钱，夏某说回家还他，林某说不用。结果，夏某摸得价值10,000元的一等奖。此时，林某声称夏某是小孩，不知道摸奖的意义，此奖是他出钱请夏某摸的，应归他本人所有，他愿意给夏某1000元劳务费。夏某的父母不同意，最后诉至法院。

问题:(1)林某交给夏某2元钱的行为是委托行为还是赠与行为?为什么?

(2)夏某摸奖的行为是否独立有效?为什么?

分析:(1)林某交给夏某2元钱的行为属于赠与行为。因为按照法律规定,林某在此之前不仅没有明确表示请夏某替他摸奖,而且当夏某说回家还钱时林某说不用,显然,林某的意思是赠与夏某2元钱。况且,该赠与合同已经履行,标的物所有权已自交付时发生转移,也就是说,夏某实际上等于用自己的钱摸奖。

(2)夏某摸奖的行为独立有效。因为在本案中,夏某完全能够理解摸奖行为的意义并预见到行为的后果是可能中奖,而且摸奖对摸奖主体并无限制,夏某具备摸奖的主体资格,其与奖票出售人间的合同行为依法独立、有效。

第五章　法　　人

第一节　法人概述

一、法人的概念和特征

法人是与自然人相对应的另一类民事主体，是人格化的社会组织。《民法典》第57条规定："法人是具有民事权利能力和民事行为能力，依法独立享有民事权利和承担民事义务的组织。"民法典的这一规定，不仅说明了法人是一种社会组织，而且也进一步揭示了法人是人格化的社会组织的本质内涵。

从法人定义中可以看出，法人具有以下法律特征。

1. 法人是一种社会组织。作为社会组织，法人既可以是人的集合体，也可以是财产的集合体，但无论是人的集合体还是财产的集合体，法人必须具有作为组织体标志的名称、组织结构和场所。法人与自然人的根本区别在于法人是社会组织，不是基于自然规律出生的有生命的人。法人的社会组织的特征，是法人区别于自然人的重要标志。

2. 法人是具有民事权利能力和民事行为能力的社会组织。法人是社会组织，但并不是任何社会组织都是法人。只有依法具有民事权利能力和民事行为能力的社会组织，才能成为法人。在现实生活中，不具备民事权利能力和民事行为能力的社会组织，虽然是社会组织，但不是法人。所以，是否符合法人成立的条件、是否依法具有民事权利能力和民事行为能力，是社会组织成为法人的前提，也是法人区别于非法人组织的重要标志。

3. 法人是依法独立享受民事权利、承担民事义务和责任的社会组织。法人作为自然人之外的另一类民事主体，可以依法以自己独立的名义和独立的财产对外进行民事活动，享受民事权利、承担民事义务和责任。所以，法人的独立名义、独立财产，是法律赋予法人人格的根本前提，也是法人依法独立享受民事权利、承担民事义务和责任的客观依据。除法人外，其他非法人组织如合伙也可以依法进行民事活动，但法人与其他非法人组织有着根本的不同，区别在于法人是具有独立意思和利益的社会组织，而其他组织的意思与利益，虽然具有相对独立性，但在根本上，该意思与利益最终仍然被归之于作为组织成员的自然人。所以,法人区别于其他组织的最重要的标志即法人的独立性。法人的独立性主要体现在以下三个方面。

(1)法人意志的独立性。法人意志的独立性具体表现为:法人的意志与法人设立人或成员的意志相分离,不会因设立人、成员的死亡、退出或破产而影响其存续;法人的意志与其工作人员个人的意志相分离,法人的意志完全独立,不因工作人员的变动而受影响;法人的意志无须依赖其他组织的意志而能独立存在。凡需依赖其他组织而存在的,如企业法人中的车间,学校中的系、所,不能成为法人。法人意志的独立性,使之能以自己的名义独立享受民事权利和承担民事义务。

(2)法人财产的独立性。财产上的独立性,是指法人作为民事主体对依法属于自己的财产享有独立的支配权。法人财产上的独立性具体表现为:法人的财产与其设立人或股东的财产相分离;法人的财产与法人内部工作人员的财产相分离;法人的财产与其他法人、组织或自然人的财产相分离;法人财产的独立性是法人进行民事活动的物质前提和基本保障。

(3)法人责任的独立性。责任上的独立性,是指法人以自己的全部财产对自己在民事活动中发生的债务承担清偿责任,法人的设立人或出资人、工作人员或其他组织对法人的债务不负清偿责任。由此相对应,法人对其设立人、出资人、工作人员或其他组织的债务也不承担清偿责任。法人的上述独立性,不仅是法律赋予其法律人格(民事权利能力)的前提和依据,也是法人与非法人组织的根本区别。

二、法人的历史沿革和本质

(一)法人的历史沿革

法人制度的历史最早可以追溯到罗马法时代。早在罗马共和至帝国时期,法律已承认市政府、寺院和慈善机构可以独立拥有财产。尽管如此,但罗马法上始终没有提出法人的概念。[1] 法人这一概念是中世纪注释法学派在注释罗马法文献的基础上,作为与自然人相对称的概念提出来的。在欧洲中世纪,教皇英诺森将教民捐献的、由教会托管的财产宣布为法人,由此,标志着财团法人的诞生。[2] 社团法人的形成则经由个人独资企业、家族合伙、普通合伙、中世纪康曼达合伙(有限合伙)的长期发展直至1600年的东印度公司的成立,并与当时城市中形成的法人团体观念相结合而最终完成。1804年的《法国民法典》,作为近现代民法的开端,由于奉行个人主义和自由主义,担心封建势力利用法人制度死灰复燃,并未对法人制度作出规定,1898年制定的《德国民法典》,首次在民法典"人"的章目中,分别规定了自然人和法人,并对法人的概念和制度作了详细的规定。受其影响,各国的

---

〔1〕 林嘉主编:《外国民商法》,中国人民大学出版社2000年版,第37页。

〔2〕 张俊浩主编:《民法学原理》,中国政法大学出版社2000年版,第162页。

民事立法中均先后规定了法人制度。

新中国成立后,我国大陆虽然在一些规范性文件中,一直使用法人概念,但并未在法律中明确规定法人制度,真正从法律上确认法人制度的是我国的《民法通则》、《民法总则》和《民法典》。我国《民法典》总则编第三章专门对法人制度作出了详尽的规定。[3]

(二)法人的本质

法人的本质即法人的实质,亦即关于社会团体何以取得法人资格或者制定法何以赋予社会团体法人资格的依据问题,在18、19世纪,西方民法学者对这一问题给予了极大的关注,并形成如下三种不同的学说。

1. 法人拟制说。该说以个人主义的立法思想为基础,主张作为民事主体的,仅以具有理性和意志自主能力的自然人为限,团体作为观念上的存在,既没有生命,又没有理性与意志能力,不能成为民事主体。团体之所以是民事主体,完全是立法者在制定法上类比自然人所为的拟制,所以,法人者,与自然人迥然不同,是制定法上拟制之人。拟制说是英美法系法人制度的通说。

2. 法人否认说。该说不承认法人人格的存在。法人否认说又具体分为:(1)目的财产说。该说认为,法人并不具有独立的人格,仅是基于特定目的而存在的"目的财产"的集合,如财团法人或基金会法人。就法人实质而言,即属于为特定目的而存在的目的财产。(2)受益人说。该说认为,法人仅仅为形式上的权利义务的归属者,实际上,法人的权利义务最终应当归属于享有法人财产权益的人,因此,法人仅是受益人的工具,而受益人才是目的;如有限公司法人,只是股东实现特定利益的工具,股东才是有限公司的终极目的。(3)管理人说。该说认为,法人的人格实为管理财产的管理人,只有管理财产的管理人,才是客观存在的真正主体。如股份有限公司的团体人格并不存在,只有作为管理人的董事或经理人才是真正的主体。

3. 法人实在说。实在说认为,法人并非制定法拟制的人,而是一个客观现实的实体存在。该说又分为:(1)有机体说。有机体说认为,自然人为自然有机体,有个人意志,法人为社会有机体,有团体的意志,法律赋予这种具有团体意志的社会有机体独立的法律人格,使之成为权利义务主体。(2)组织体说。该说认为,法人并非社会有机体,而是区别于其成员的个体意志和利益的组织体。这种具有独立意志或利益的组织体,被法律赋予法律人格使其成为自然人之外的另一类民事主体。组织体说为大陆法系法人制度的通说。

实际上法人的存在源于商品经济发展的现实。伴随经济社会的发展,出现了

---

[3] 参见郭明瑞主编:《民法学》,北京大学出版社2001年版,第59~60页。

人的联合和财产的联合,这种联合体有不同于个人的完全独立的目的和利益,为了实现这种正当的目的和利益,法律必须赋予其主体资格。尤其是在现代社会条件下,法人制度在经济、政治、文化、社会等方面更是发挥着不可替代的作用,可以说,法人已经成为当代经济、社会发展的最重要的主体。[4]

三、法人的分类

传统民法从不同的角度按照不同的标准,对法人作出分类,分类的目的是便于我们了解各类法人的性质、正确地适用法律。

(一)传统大陆法系民法关于法人的分类

1. 公法人与私法人

以设立法人根据的不同为标准,将法人分为公法人和私法人。公法人是指依据公法设立的法人,如依照宪法、行政法设立的各级国家机关法人、地方自治团体法人等。私法人是指依据私法(民商法)设立的法人。[5] 如依照民法设立的企业法人、事业单位法人或社会团体法人;依照公司法设立的公司法人等。

2. 社团法人与财团法人

根据法人成立的基础的不同,可将法人分为社团法人与财团法人。社团法人,是指以成员的集合为基础而成立的法人,其以一定的成员的集合为基础、以成员的共同设立行为为成立条件,如公司法人;应当注意的是,传统民法上的社团法人与我国民法通则中规定的社会团体法人有着本质的区别,在理论上不能将二者加以混同。财团法人,是指以一定的目的财产的集合为基础而成立的法人,其以捐助的一定财产为基础,以单方的捐助行为为成立条件,如基金会法人。

3. 营利法人、公益法人与中间法人

根据社团法人设立目的的不同,可将社团法人分为营利法人、公益法人与中间法人。[6] 营利法人,是指以营利和向成员分配盈余为目的的法人,其设立的目的是为其成员谋取经济上的利益,如公司法人;公益法人,是指以从事公益事业为目的、不向成员分配盈余的法人,如学校、医院等事业单位法人;既不以营利为目的,又不以从事公益事业为目的的法人,属于中间法人,如校友会、同乡会以及各种学会等。

4. 本国法人与外国法人

根据法人的国籍的不同,可将法人分为本国法人和外国法人。本国法人,是指根据本国法设立的具有本国国籍的法人;外国法人,是指本国法人以外的法人。凡

---

〔4〕 郭明瑞等:《民商法原理(一)民商法总论人身权法》,中国人民大学出版社 1999 年版,第 170 页。

〔5〕 [德]卡尔·拉伦茨:《德国民法通论》(上册),王晓晔等译,法律出版社 2004 年版,第 179 页。

〔6〕 尹田:《民事主体理论与立法研究》,法律出版社 2003 年版,第 197 页。

依据我国法在我国境内设立的法人,均为我国的法人。外国法人可以在我国设立分支机构。

(二)我国民法对法人的分类

我国《民法典》以法人设立的目的、性质以及是否以营利为目的为标准,将法人分为营利法人、非营利法人与特别法人。[7]

1. 营利法人

所谓营利法人,按照我国《民法典》第76条的规定,是指以取得利润并分配给股东等出资人为目的成立的法人。在我国,营利法人具体包括有限责任公司、股份有限公司和其他以营利为目的的企业法人等。

按照《民法典》第77、78条的规定,营利法人经依法登记成立。依法设立的营利法人,由登记机关发给营利法人营业执照,营业执照签发的日期,为营利法人成立的日期。

营利法人应当依法制定法人章程、设立营利法人的权力机构(股东大会)、执行机构(董事会、执行董事或章程规定的主要负责人)与监事会或监事等监督机构(《民法典》第79~82条)。

营利法人成立后,营利法人的出资人不得滥用出资人权利损害法人或者其他出资人的利益,滥用出资人权利给法人或者其他出资人造成损失的,应当依法承担民事责任;营利法人的出资人不得滥用法人独立地位和出资人有限责任损害法人的债权人利益,滥用法人独立地位和出资人有限责任,逃避债务,严重损害法人的债权人利益的,应当对法人债务承担连带责任。营利法人的控股出资人、实际控制人、董事、监事、高级管理人员不得利用其关联关系损害法人的利益。利用关联关系给法人造成损失的,应当承担赔偿责任(《民法典》第83、84条)。

营利法人的权力机构、执行机构作出决议的会议召集程序、表决方式不得违反法律、法规与章程的规定,如果违反法律法规、法人章程,或者决议内容违反法人章程的,营利法人的出资人可以请求人民法院撤销该决议,但是营利法人依据该决议与善意相对人形成的民事法律关系不受影响(《民法典》第85条)。

2. 非营利法人

所谓非营利法人,按照我国《民法典》第87条的规定,是指为公益目的或者其他非营利目的而成立的、不向出资人、设立人或者会员分配所取得利润的法人。按照我国《民法典》的相关规定,非营利法人具体包括事业单位法人、社会团体法人、捐助法人(具体包括基金会、社会服务机构、依法设立的宗教活动场所等法人)。

事业单位法人,是指以从事非营利性的社会各项公益事业为目的的法人。如

---

〔7〕 尹田:《民事主体理论与立法研究》,法律出版社2003年版,第172页。

学校、研究所、医院等以公益为目的的教育、科研、文化、体育和卫生组织。事业单位法人不以营利为目的,其从事的事业虽也可以取得一定的收益,但其收益主要用于公益事业的发展,不得作为利润分配,出资者可以依法取得合理的工资收入。

社会团体法人,是指由自然人自愿组成的为实现会员共同意愿的,按照章程缴纳会费并开展活动的具有法人资格的非营利性组织,如中国法学会、消费者保护协会、中国房地产协会等。按照我国法律规定,设立社会团体法人应当依法制定法人章程、设立权力机构、执行机构和法定代表人。

捐助法人(包括基金会、社会服务机构、宗教活动场所等法人),是指以公益为目的、以捐助财产的集合为基础而成立的法人。其以捐助的一定财产为基础,以单方的捐助行为为成立条件,以实现特定的公益为目的。如诺贝尔奖基金会、茅盾文学奖基金会、宋庆龄基金会、中国红十字会、宗教场所与具有法人资格的民间慈善组织。按照《民法典》第93条的规定,设立捐助法人应当依法制定法人章程、设立决策、执行机构和法定代表人。第94条规定,在捐助法人成立后,捐助人有权向捐助法人查询捐助财产的使用、管理情况,并提出意见和建议,捐助法人应当及时、如实答复。捐助法人的决策机构、执行机构或者法定代表人作出决定的程序违反法律、行政法规、法人章程,或者决定内容违反法人章程的,捐助人等利害关系人或者主管机关可以请求人民法院撤销该决定,但是捐助法人依据该决定与善意相对人形成的民事法律关系不受影响。

为公益目的成立的非营利法人终止时,按照《民法典》第95条的规定,非营利法人不得向出资人、设立人或者会员分配剩余财产。剩余财产应当按照法人章程的规定或者权力机构的决议用于公益目的;无法按照法人章程的规定或者权力机构的决议处理的,由主管机关主持转给宗旨相同或者相近的法人,并向社会公告。

3. 特别法人

所谓特别法人,是指我国民法特别规定的法人。按照《民法典》第96条的规定,特别法人包括机关法人、农村集体经济组织法人、城镇农村的合作经济组织法人和基层群众性自治组织法人(具体指居民委员会、村民委员会)。

机关法人是指依照法律和行政命令组建的、以其财政预算经费为独立财产的、从事国家管理活动的具有法人资格的各级国家机关。按照近现代法治观念,国家机关作为行政法主体,只有在从事民事活动时才为民法上的法人。机关法人在进行民事活动时,应当依法严格限制在公益目的或者完成管理职能的目的范围内,即仅以为完成公共管理职能所必要者为限,而不能擅自超越目的范围从事其他的民事活动。按照我国国家机关的性质,机关法人可以划分为国家权力机关法人、行政机关法人、司法机关法人、军事机关法人与国家监督机关法人。《民法典》第98条规定,机关法人被撤销的,法人终止,其民事权利和义务由继任的机关法人享有和承担;没有继任的机关法人的,由作出撤销决定的机关法人享有和承担。

按照我国民法典的规定，农村集体经济组织、城镇农村的合作经济组织，依照法律、行政法规的特别规定，取得特别法人的资格。按照《民法典》第101条的规定，居民委员会、村民委员会具有基层群众性自治组织法人资格，可以从事为履行职能所需要的民事活动。未设立村集体经济组织的，村民委员会可以依法代行村集体经济组织的职能。

第二节　法人的设立

一、法人设立的含义

法人的设立，是指社会组织依法定的条件和程序取得法人资格的活动。

法人是社会组织，但社会组织并非法人，社会组织欲成为法人，必须依照法定的条件和程序建立符合法人人格要求的社会组织体，唯此，才能取得法人资格。法人的设立就是依照法定条件或程序，对法人组织体的创设或筹建。法人设立包括两个方面：一是法人设立条件的具备；二是法人成立程序的完成。

法人的成立不同于法人设立。法人的设立是法人成立前的准备阶段，是法人成立的前提和必经程序。法人的成立，是法人设立的结果。在完成设立行为后，法人才能最终成立，并从成立时起成为独立的民事主体。据此，法人的成立是指已经设立的社会组织取得法人资格的活动，如公司法人的登记行为。

二、法人设立的原则

从法人制度的历史发展来看，不同时期、不同国家的立法对待法人的设立，先后采取了如下的立法原则，这些立法原则充分体现了不同国家的立法在不同的历史时期对待法人的态度，经历了一个由禁止到部分限制再到全面承认的过程。

1. 特许设立原则。特许设立原则，又称特许设立主义，是指法人须经国家立法或元首的特别许可才能成立的原则。如早期东印度公司必须经英女王颁发的特许状的许可才能成立。这种原则对于法人的设立采取了严格限制的态度。在现代各国民法上，只对特别的法人才采取该原则。按照我国法律的规定，对于机关法人的设立，原则上采取特许设立方式，其设立须以法律的直接规定为依据。

2. 许可设立原则。许可设立原则，又称许可设立主义、行政许可设立主义，是指法人须经行政机关的许可才能成立的原则。在我国，事业单位和社会团体法人的设立一般采取该原则，即其设立须经行政机关的审查许可。

3. 自由设立原则。自由设立原则，又称放任设立主义，是指对法人的设立，国家不作任何干预,任由当事人自由设立的原则。现代各国法上多不采用此原则。

4. 准则设立原则。准则设立原则,又称准则设立主义,是指法律预先规定法人设立的条件与程序,符合条件的社会组织,无须经行政机关许可,直接通过登记取得法人资格的原则。我国对于营利法人的设立多采用此原则。

5. 强制设立原则。强制设立原则,又称强制设立主义,指国家对法人的设立采取强制设立的政策。强制设立主义只适用于特殊行业、特殊领域的法人。例如,按照我国法律的规定,营利法人应当设立工会的,必须设立工会。

三、法人设立的一般条件

法人设立的条件,是指社会组织成为法人依法必须具备的条件。并非任何组织都是法人,社会组织要成为法人,依法必须具备一定的条件,这些条件是衡量一个社会组织在意思与利益方面是否具有独立性、法律是否赋予其民事主体资格——民事权利能力——的前提与基础。社会组织在依法具备设立条件的情况下,说明该社会组织已经在意思与利益方面具有区别于自然人的独立性,法律才有赋予其法律人格的必要。按照《民法典》第58、60条的规定,法人的设立,一般应当具备以下条件,法律、行政法规对法人成立的条件与程序另有具体规定的,依照其规定。

1. 依法成立。所谓依法成立,是指法人必须依照法律的规定成立。依法成立包括两个方面:一是组织的合法性,即打算成为法人的社会组织必须是合法的社会组织,其设立的目的、宗旨等不得违反法律的强制性规定或公序良俗。二是法人设立程序的合法性,即法人的成立必须严格依照法律规定的程序进行。

2. 有自己的名称、组织机构和住所。社会组织成为法人必须有自己的名称、组织机构和住所。名称是用来代表一个法人的符号,是一法人区别于其他法人或者出资人个人的标志。法人只有在自己的名义下,才能独立进行民事活动,并以自己的名义享受权利和负担义务。所以,法人的名称是社会组织成为法人应当具备的必要条件之一。法人的名称应当符合法律关于法人名称的规定,不得使用法律禁止使用的名称。

社会组织成为法人,除了应当具备法人名称外,还必须具有自己的组织机构。法人的组织机构,是指根据法律或者法人章程的规定,形成法人意志并执行法人意志的机构或者个人。例如,按照我国《民法典》的规定,营利法人的成立,除了制定营利法人的章程外,还要设立营利法人的意思机关、执行机关和监督机关。非营利法人(社会团体法人)的成立,除了制定非营利法人的章程外,也要设立会员大会、理事会等法人的权力机关、决策执行机关与监督机关。事业单位法人、基金会法人的成立,除了制定法人章程外,还要设立理事会等法人的决策机关或者执行机关等,特别法人的成立,除了制定特别法人的章程以外,其组织机构,应当按照法律法规的特别规定设立。法人只有具有自己的组织机构,才能保证形成法人的意志并执行该意志,保证法人作为一个独立民事主体的民事活动得以实现。

法人的住所,是法人进行业务活动的固定地点或依托。没有特定场所,法人无法进行活动,法人的目的或宗旨则无法实现。法人的场所与法人的住所不同,通常情况下,法人的场所可能有多个,而法人的住所只能有一个。在法人具有多个场所的情况下,依《民法典》第 63 条的规定,法人应当以其主要办事机构所在地为住所。依法需要办理法人登记的,应当将主要办事机构所在地登记为住所。

3. 有符合法律规定的财产或者经费。有符合法律规定的财产或者经费,是社会组织取得法人资格、独立进行民事活动的物质基础,也是法人独立承担民事责任的财产保障。这里的财产,是指营利法人依法应当具备的财产;这里的经费,主要是指营利法人以外的法人应当具备的目的范围内的财产。由于法人的性质、宗旨、方式的不同,其所应具备的财产或者经费也存在差异。但法人必须依法具有与其目的活动相适应的财产或经费。

四、法人设立的程序与后果

具备法人条件的社会组织,还须履行法定程序,才能取得法人资格。

(一)法人设立的程序

社会组织在符合法人设立条件外,还须完成法人设立的程序,依法才可以取得法人资格。法人的设立程序既是法人成立的形式要件,也是有关主管机关对法人的设立进行审查、监督或公示的重要环节。从我国民法的规定来看,法人设立的目的或者宗旨不同,其设立程序也各不相同。按照《民法典》的规定,对于特别法人的设立程序,有独立经费的机关和承担行政职能的法定机构从成立之日起,具有机关法人资格,可以从事为履行职能所需要的民事活动。农村集体经济组织、城镇农村的合作经济组织、基层群众性自治组织,依照法律、行政法规的特别规定取得法人资格。对于非营利法人的设立程序,具备法人条件的事业单位、社会团体,经依法登记成立,取得事业单位、社会团体法人资格;依法不需要办理法人登记的,从成立之日起,具有事业单位、社会团体法人资格。具备法人条件的基金会、社会服务机构等,经依法登记成立,取得捐助法人资格。依法设立的宗教活动场所,具备法人条件的,可以申请法人登记,取得捐助法人资格。法律、行政法规对宗教活动场所有规定的,依照其规定。对于营利法人的设立程序,按照我国法律的规定,营利法人经依法登记成立。依法设立的营利法人,由登记机关发给营利法人营业执照,营业执照签发日期为营利法人的成立日期。

(二)设立行为的法律后果

按照传统民法规定,法人的设立行为,又称法人的创设行为或法人的筹建行为,是指设立人以设立法人为目的而实施的法律行为。在法人设立活动中,设立人按照法律规定或发起人协议实施的设立行为可能产生两种结果:一是法人成立;二是法人没有成立。无论法人是否成立,发起人在设立法人活动中为设立法人所产生的债权债务由谁承担,成为法人制度中的重要问题。为此,我国《民法典》第75条规定:"设立人为设立法人从事的民事活动,其法律后果由法人承受;法人未成立的,其法律后果由设立人承受,设立人为二人以上的,享有连带债权,承担连带债务。设立人为设立法人以自己的名义从事民事活动产生的民事责任,第三人有权选择请求法人或者设立人承担。"

第三节 法人的能力

一、法人的民事权利能力

(一)法人民事权利能力的概念

法人的民事权利能力,又称法人的人格,是指法律赋予的、社会组织成为法人并能以自己的名义独立享受民事权利和承担民事义务的资格。

法人作为制定法上创制的民事主体,其民事权利能力并非与生俱来,而是由法律依据法定条件和程序赋予,因此,法人的民事权利能力是社会组织成为法人的前提,是社会组织作为民事主体独立参与民事法律关系、享受民事权利和承担民事义务的基础。社会组织只有在依法具有民事权利能力时,才能最终成为民事法律关系的主体。《民法典》第59条规定:"法人的民事权利能力和民事行为能力,从法人成立时产生,到法人终止时消灭。"

(二)法人民事权利能力的特征

较之自然人的民事权利能力,法人的民事权利能力具有以下法律特征。

1. 民事权利能力开始与终止的时间不同。按照传统民法的规定,自然人的民事权利能力始于出生,终于死亡。而法人的民事权利能力则是始于法人成立,终于法人消灭。法人依法被撤销、解散时,除了法律对机关法人有特别规定者外,其他法人必须依法进行清算,在清算期间,法人仍然具有清算法人的权利能力,直到清算完毕依法办理注销登记时,法人的权利能力才最终消灭。

2. 法人的民事权利能力受法人属性的限制。法人与自然人不同,二者在性质上存在极大的差异,自然人基于自然生理属性所具有的权利主体地位或者权利能力,法人不能具有,由此导致基于自然人自然属性所形成的身体权、生命健康权、继承权等民事权利,法人不能享有。因此,凡专属于自然人享有的民事权利的内容,法人不能享有。法人的民事权利能力受法人属性的限制。

3. 法人的民事权利能力相互之间具有差异性。与自然人的民事权利能力一律平等相比,法人的民事权利能力的大小、范围则各不相同。这是因为:法人的民事权利能力范围的大小,受其目的范围的限制。各类法人的设立目的不同,决定了其民事权利能力的大小范围也不尽相同。立法者之所以通过法律创制不同法人的人格、赋予法人不同的民事权利能力,正是因为要通过对法人的有效控制,保证法人在其目的范围内进行活动,以维护正常的市场经济秩序和社会秩序。从传统民法公私法区分的角度来看,公法人即机关法人以国家的财政拨款为必要经费,以从事社会管理或提供公共服务为目的,在法治社会中,为了确保公法人或者机关法人公正、廉洁、合法地进行活动,必须依法严格地将公法人或者机关法人的行为控制在目的范围内,任何公法人或者机关法人不能从事以营利为目的的民事活动。而作为私法人的企业法人依其性质则可从事营利性活动。但值得注意的是,法人民事权利能力存在差异的事实,并不影响不同法人民事法律地位的平等性。

二、法人的民事行为能力

(一)法人民事行为能力的概念

法人的民事行为能力,是指法律赋予的、法人以自己的独立行为取得民事权利和设定民事义务的能力。

法人的民事行为能力以法人的意思能力为基础。在民法理论中,关于法人有无意思能力,不同的立法基于对法人本质的不同认识,形成了截然相反的两种观点。拟制说认为,法人作为法律拟制的主体,没有意思能力和行为能力,其行为往往通过代理人进行;实在说主张,法人是社会实在体,有意思能力和行为能力,法人的机关作为法人的组成部分,是形成法人意思并对外代表法人进行民事活动的机构。我国民法坚持法人本质实在说的观念,主张法人具有意思能力和行为能力,如《民法典》第57条关于法人概念的规定中,即表明法人是具有意思能力和行为能力的社会组织。

(二)法人民事行为能力的特征

与自然人的民事行为能力相比,法人的民事行为能力具有以下特征。

1. 法人的民事行为能力与其民事权利能力同时产生同时终止。法人民事行为能力与其民事权利能力在存续时间上是一致的,都是始于法人的成立,终于法人的消灭。因为法人一经成立,即须以自己的名义独立进行民事活动,如果法人在成立时不具有民事行为能力,法律赋予其民事权力能力的目的则无法实现。传统民法基于法人活动的现实,确认法人从成立时起即具有民事行为能力。而自然人的民事权利能力起于出生终于死亡;其行为能力则须依法达到一定年龄且无精神健康障碍才能具有,因此,自然人的民事行为能力与民事权利能力在存续时间上是不一致的。

2. 法人的民事行为能力受其目的范围的限制。按照通说观点,法人的民事行为能力与其民事权利能力在存续时间和范围上具有一致性。[8] 法人的民事权利能力受自然属性、法律规定或目的范围等方面的限制,决定了法人的民事行为能力同样受法人的目的范围或者经营范围的限制,因此,法人只能在法律许可的目的和经营范围内进行民事活动。法人的民事行为能力受目的范围的限制,是维护社会正常秩序的需要。当然,随着社会经济的发展和对效率的要求,现代各国关于营利法人目的范围限制的立法有所松动,如《民法典》第505条规定:“当事人超越经营范围订立的合同的效力,应当按照本法第一编第六章第三节和本编的有关规定确定,不得仅以超越经营范围确认合同无效。”《合同法解释(一)》第10条规定:“当事人超越经营范围订立合同,人民法院不因此认定合同无效。但违反国家限制经营、特许经营以及法律、行政法规禁止经营规定的除外。”应当说明的是,《民法典》与原合同法司法解释的上述例外规定,仅仅针对营利法人。对于非营利法人和特别法人来说,其民事行为能力原则上仍然要受目的范围的限制,以确保非营利法人与特别法人之公益目的得以实现。与法人民事行为能力不同,自然人的民事行为能力则仅受其年龄和智力状况的限制。法人的民事行为能力受其目的范围限制的特征,是法人民事行为能力与自然人民事行为能力的重要区别之一。

3. 法人的民事行为能力由法人机关代表法人实现。按照传统民法理论,民事行为能力以意思能力为根据。由于法人是社会组织,没有意思能力,所以,法人的意思能力必须依一定的形式,借助自然人的意思能力来实现。按照法人实在说的观点,法人的行为能力由作为法人机关的自然人集体或个人代表法人来实现,因此,作为法人机关的自然人在其权限范围内以法人名义代表法人实施的行为,即为法人的行为。法人机关代表法人实施民事行为的权限由法律或章程规定,但法人章程对法人代表人权限的限制一般不能对抗第三人。《民法典》第61条第3款规定,“法人章程或者法人权力机构对法定代表人代表权的限制,不得对抗善意第三人”。第504条规定:“法人的法定代表人或者非法人组织的负责人超越权限订立的合同,除相对人知道或者应当知道其超越权限的外,该代表行为有效,订立的合同对法人或者非法人组织发生效力。”与法人不同,自然人的民事行为一般由自己亲自行使或者由自然人的代理人行使。

三、法人的民事责任能力

(一)法人民事责任能力的概念

法人的民事责任能力,是指法人作为一个独立的民事主体,以其全部财产对自己所欠的一般债务和侵权损害赔偿之债承担清偿责任的责任能力。法人的民事责

---

[8] 江平主编:《民法学》,中国政法大学出版社2000年版,第145页。

任能力，是法人民事行为能力的特殊形式。

与法人的民事行为能力相同，在法人有无民事责任能力问题上，法人拟制说认为，法人是制定法拟制的存在，法人没有民事责任能力，其侵权责任只能由代理人承担。而法人实在说则承认法人有民事责任能力。从我国《民法典》第57、60、62条的规定来看，我国民法在关于法人有无民事责任能力问题上，坚持法人实在说的观点，并将能够独立承担民事责任作为法人应当具备的重要特征之一。

（二）法人民事责任能力的特征

法人的民事责任能力具有如下特点：第一，法人民事责任能力作为广义的民事行为能力，与法人的民事行为能力、民事权利能力同时产生、同时消灭；第二，法人民事责任能力是法人对自己行为及其后果承担民事责任的责任能力，对于不属于法人的行为及其后果，法人不承担民事责任；第三，法人的行为通常通过法人的法定代表人的职务行为体现出来，所以，法人的法定代表人的职务行为就是法人的行为，对这些行为及其后果，法人依法应当承担民事责任。《民法典》第62条规定，法定代表人因执行职务造成他人损害的，由法人承担民事责任。法人承担民事责任后，依照法律或者法人章程的规定，可以向有过错的法定代表人追偿。

第四节　法人的机关

一、法人机关的含义及特征

（一）法人机关的概念

法人机关，是指根据法律或者法人章程的规定，能够以法人的名义对内管理法人事务，对外代表法人进行民事活动的集体或者个人。法人的机关是形成法人意思并执行法人意思的核心机构，是法人组织的有机构成部分。

（二）法人机关的特征

1. 法人机关是根据法律或者法人章程的规定设立的。法人机关的设立和权限由法律或者章程规定，法人机关代表法人进行民事活动时不需要另行授权。

2. 法人机关对内管理法人的各项事务，对外代表法人进行民事活动。法人必须有自己的机关，以形成法人的意志、执行法人的意志或者监督法人意志的实现。这里所谓的对内管理法人事务，是指在法人内部，有关法人的具体事务，包括法人意志、决策的形成、法人意志的执行或监督整个环节的事务，都由法人机关代表法人依法管理，没有法人机关，也就无法形成和实现法人的意志。法人内部的事务，只有在法人机关的管理下，法人的各个部分才能得以协调运行，法人的宗旨和目的才能得到实现。所谓对外代表法人,是指法人的对外活动,依法由法人的机关作为代表,对外代表法人进行意思表示或接受意思表示,以实现法人的目的。

3. 法人机关既可以是单一的个人,也可以是由个人组成的集体。由单个个人形成的法人机关称为独任机关,在我国民商法上,作为法人独任机关的是法人的法定代表人,如公司的董事长、执行董事或者章程特别规定的经理等;由集体组成的法人机关称为合议制机关或者集体机关,在我国民商法上,由个人集体组成的法人机关如公司法人的股东大会、董事会和监事会等。

4. 法人机关是法人组织的有机构成部分。法人机关不是独立于法人组织之外的存在,而是法人的有机组成部分,是使法人成为社会组织的必要机构,所以,法人的机关不能与法人相分离。

二、法人机关的种类或构成

传统民法上,由于法人类型的不同,决定了法人的机关也有所不同。一般来说,营利法人、社会团体法人的机关是由法人的权力机关、执行机关、代表机关和监督机关构成。这是实践中对法人进行民主管理、科学管理的要求在民法上的体现。

(一)法人的权力机关

法人的权力机关,又称法人的意思机关,是指由法人的成员或者出资人组成的、形成法人意思并对法人重大事务作出决定的机关,如股份有限公司、有限责任公司的股东大会、社会团体法人的会员大会或会员代表大会、农村集体经济组织法人的村民大会等。按照我国法律的规定,权力机关是股份有限公司法人、有限责任公司法人、社会团体法人和农村集体经济组织等法人的必设机关。按照《民法典》第 80 条、第 91 条第 2 款的规定,营利法人应当设权力机构。权力机构行使修改法人章程,选举或者更换执行机构、监督机构成员,以及法人章程规定的其他职权。社会团体法人应当设会员大会或者会员代表大会等权力机构。

(二)法人的执行机关

法人的执行机关,也称法人的决策与管理机关,是指执行法人权力机关决定的机关,是法人意志的执行或实现机关。法人的执行机关有权执行法人章程所规定的以及法人权力机关所决定的事项。如股份有限公司法人、有限责任公司法人的董事会或执行董事、非营利法人(事业单位、社会团体、基金会和社会服务机构等)的理事会等,依法为法人的执行机关。法人的执行机关,是法人必设的常设机构。按照《民法典》第 81 条第 1、2 款的规定,营利法人应当设执行机构。执行机构行使召集权力机构会议,决定(实施)法人的经营计划和投资方案,决定法人内部管理机构的设置,以及法人章程规定的其他职权。

（三）法人的代表机关

法人的代表机关，又称法人的法定代表人，按照《民法典》第61条的规定，法定代表人，是指依照法律或法人章程的规定，代表法人从事民事活动的负责人。作为法人机关之一，首先，法定代表人依照法律或者法人章程的规定产生；按照《民法典》第81、89、91、93条的规定，营利法人执行机构为董事会或者执行董事的，董事长、执行董事或者经理按照法人章程的规定担任法定代表人；未设董事会或者执行董事的，法人章程规定的主要负责人为其法定代表人。社会团体、基金会法人的理事长或者会长等负责人，按照法人章程的规定担任社会团体、基金会法人的法定代表人。事业单位法人、特别法人的法定代表人依照法律、行政法规或法人章程的规定产生。其次，法定代表人是对外代表法人从事民事活动的负责人；按照《民法典》第61、62条的规定，法定代表人以法人名义从事的民事活动，其法律后果由法人承受。法人章程或者法人权力机构对法定代表人代表权的限制，不得对抗善意相对人。法定代表人因执行职务造成他人损害的，由法人承担民事责任。法人承担民事责任后依照法律或者法人章程的规定，可以向有过错的法定代表人追偿。最后，法定代表人是代表法人进行业务活动的自然人。法人的法定代表人只能由自然人担当，社会组织不能作为法人的法定代表人。

（四）法人的监督机关

法人的监督机关，是指对法人的执行机关以及辅助业务执行机关的行为进行监督的机关。如股份有限公司、有限责任公司法人或者基金会法人的监事会或监事等，依法为法人的监督机构。按照《民法典》第82、93条的规定，营利法人可以设立监事会等监督机构。捐助法人应当设立监事会等监督机构。营利法人设监事会或者监事等监督机构的，监督机构依法行使检查法人财务，监督执行机构成员、高级管理人员执行法人职务的行为，以及法人章程规定的其他职权。

三、法人机关与法人的关系

（一）法人机关与法人关系的两种学说

在传统民法理论上，基于对法人本质认识的不同，在关于法人机关与法人关系的问题上形成了两种不同的学说，即代理说与代表说。代理说以法人拟制说为根据，认为法人本身没有意思能力或行为能力，其民事活动只能由具有意思能力的自然人代理，因此，法人机关实际上是法人的代理机关，法人的法定代表人不过是法人的法定代理人，法人法定代表人以法人名义进行民事活动时，应适用关于代理的规定。代理说是英美法系的通说。代表说以法人实在说为根据，认为法人机关是法人的有机组成部分，与法人具有同一法律人格，法人机关在其权限范围内所为的一切行为均为法人本身的行为。代表说为大陆法系民法的通说。

(二)法人机关对法人事务的代表与代理的区别

在关于法人机关与法人的关系问题上,法人机关对法人事务的代表与代理有着根本的不同,其区别主要表现在如下几个方面:

第一,二者产生的根据不同。按照我国民法和公司法的规定,法人机关、法定代表人的代表权根据法律规定或者法人章程的规定产生;而代理人的代理权除了法定代理、指定代理的代理权产生于法律规定或有关机关的指定外,委托代理的代理权则根据被代理人的授权行为产生。

第二,二者体现的关系不同。法人机关、法定代表人与被代表的法人之间具有同一法律人格,法人的代表机关作为法人整体的组成部分,二者体现的是部分与整体的关系;而在代理中,代理人与被代理人之间是两个独立的人格。

第三,二者表达的意思不同。法人机关、法定代表人在代表权限范围内的意思即为法人的意思;而在代理中,代理人与被代理人都有各自独立的意思,代理人在代理权限范围内所为的意思表示是代理人自己独立的意思表示,不是被代理人的意思。

第四,二者所实施的行为不同。在代表关系中,法人机关、法定代表人实施的行为即为法人的行为;而代理人在代理权限范围内实施的行为是代理人的代理行为,而非被代理人的行为。

第五,二者在超越权限后的效力不同。我国《民法典》第 504 条规定:“法人的法定代表人或者非法人组织的负责人超越权限订立的合同,除相对人知道或者应当知道其超越权限的外,该代表行为有效,订立的合同对法人或者非法人组织发生效力。”而越权的代理行为,按照《民法典》第 171、503 条的规定,为效力未定的行为,未经被代理人追认,对被代理人不发生法律效力。

第五节 法人的变更与终止

一、法人的变更

(一)法人变更的概念

法人变更,是指法人在存续期间和活动过程中,因各种原因所发生的组织体的合并、分立以及组织形式、经营范围、注册资本以及名称、住所等其他重大事项的变动。法人的变更,不仅直接影响法人权利的行使和义务的履行,而且也涉及出资人、债权人以及公共秩序和公共利益的保护,因此,《民法典》第 64 ~ 66 条明确规定,法人存续期间登记事项发生变化的,应当依法向登记机关申请变更登记。登记机关应当依法及时公示法人登记的有关信息。如果法人在存续期间重大事项发生了变更,应当登记而不登记,导致法人的实际情况与登记的事项不一致的,法人不得以实际变化了的情况对抗善意相对人。

(二)法人组织体的变更

法人组织体的变更具体包括法人的分立与合并两种情形。

1. 法人的分立

法人的分立,是指由一个法人分为两个以上法人的情形。法人的分立包括新设分立和派生分立两种情况。新设分立,是指将原法人解散而成立几个新法人的事实,如甲公司分为乙公司和丙公司,甲公司的资格消灭。派生分立,是指原法人主体资格继续存在的情况下,只是将其中的一部分分离出来成立新法人的情形,如从甲公司中分出乙公司。按照《民法典》第 67 条第 2 款的规定,法人分立的,其权利和义务由分立后的法人享有连带债权,承担连带债务,但是债权人和债务人另有约定的除外。

2. 法人的合并

法人的合并,是指两个或者两个以上的法人合并为一个法人的事实。法人的合并分为吸收合并和新设合并两种情况。吸收合并,又称兼并,是指两个法人合并,其中一个法人吸收另外一个法人,被吸收的法人主体资格消灭,吸收法人的主体资格继续存在的合并形式。如甲公司和乙公司合并,甲公司吸收乙公司,甲公司的主体资格继续保留,乙公司因被甲公司吸收而导致其主体资格消灭。新设合并,是指两个以上法人合并成为一个新法人,合并前的各法人主体资格消灭,只存在合并后新法人的合并形式。如甲公司与乙公司合并成立丙公司,甲公司与乙公司的主体资格消灭,只存在丙公司主体资格的合并形式。按照《民法典》第 67 条第 1 款的规定,法人合并的,其权利和义务由合并后的法人享有和承担。

(三)组织形式的变更

组织形式的变更是指法人法律组织属性的改变。如企业法人依照公司法规定的条件和程序改制为公司法人、有限责任公司依法变更为股份有限公司等。组织形式变更,依法须经审批的,经审批后才可变更。法人组织形式的变更实际上是在原法人的基础上创设新法人,因此,法人组织形式的变更需要办理法人登记,变更后的法人承受原法人的权利义务。

(四)其他重要事项的变更

其他重要事项的变更,是指法人的宗旨、经营范围、注册资本、名称、住所,法定代表人等重大事项的变化。

凡法人重要事项变更的,应当在规定期间内办理变更登记。《民法典》第 64 条规定:“法人存续期间登记事项发生变化的,应当依法向登记机关申请变更登记。”原则上,法人的变更程序应当按照原来设立的程序进行。

二、法人的终止

(一)法人终止的概念

法人的终止,是指出现法定事由、依法完成清算、注销登记,进而使法人的民事主体资格归于消灭的事实。[9]

(二)法人终止的原因

根据《民法典》第68条的规定,有下列原因之一并依法完成清算、注销登记的,法人终止。

1. 法人解散。按照《民法典》第69条的规定,有下列情形之一的,法人解散:(1)法人章程规定的存续期间届满或者法人章程规定的其他解散事由出现;(2)因法人权力机构的决议而解散;(3)因法人合并或者分立需要解散;(4)法人依法被吊销营业执照、登记证书,被责令关闭或者被撤销;(5)法律规定的其他情形。

2. 法人被宣告破产。当法人出现《破产法》规定的资不抵债、不能清偿到期债务等事由时,经法人的法定代表人或其债权人等提出申请,由人民法院受理后,依法宣告该法人破产。

3. 法律规定的其他原因。除上述原因外,企业法人也可由于其他原因而终止,如因设立法人的目的达到、任务完成而解散。

法人终止,法律、行政法规规定须经有关机关批准的,依照其规定。

(三)法人的清算

按照我国民法典的规定,法人出现上述终止原因的,除法律另有特别规定者外,依法应当进行清算。

1. 法人清算的含义

法人的清算,是指在出现法人终止事由时,由清算人依据职权了结法人事务、清理法人财产并清偿法人债务的活动。原则上,法人的清算是法人终止的必备程序。按照我国民法的相关规定,法人终止,原则上应当依法进行清算,停止清算范围外的活动。但是,按照《民法典》第98条规定,“机关法人被撤销的,法人终止,其民事权利和义务由继任的机关法人享有和承担;没有继任的机关法人的,由作出撤销决定的机关法人享有和承担”。

2. 清算义务人和清算组的组成

清算义务人,是指依法负有组成清算组并履行清算义务的人。清算组,又称为清算人,是指依法成立的、对具备终止原因之法人进行清算活动的组织或个人。按

---

〔9〕 王利明:《民法总则研究》,中国人民大学出版社2003年版,第416页。

照《民法典》第70条的规定,法人解散的,除合并或者分立的情形外,清算义务人应当及时组成清算组进行清算。法人的董事、理事等执行机构或者决策机构的成员为清算义务人。法律、行政法规另有规定的,依照其规定。清算义务人未及时履行清算义务,造成损害的,应当承担民事责任;主管机关或者利害关系人可以申请人民法院指定有关人员组成清算组进行清算。

3. 清算组的职权与清算程序

按照《民法典》第71条的规定,法人的清算程序和清算组之职权,依照有关法律的规定;没有规定的,参照适用公司法的有关规定。按照我国《公司法》第184条的规定,清算组的职责包括如下内容:

(1)清理财产、分别编制资产负债表和财产清单。清算组应当依法清理清算法人的财产,并编制资产负债表和财产清单。按照《公司法》规定,清算组在清算过程中,发现公司法人的财产不足以清偿债务的,应当依法向人民法院申请宣告破产。在人民法院宣告破产后,应当按照《破产法》的规定进行清算。

(2)通知、公告债权人。

(3)处理与清算有关的公司未了结的业务。如未履行的合同,应当终止履行。按照《民法典》第72条第1款的规定,清算期间法人仍然存续,但清算法人不得从事与清算无关的活动。

(4)清缴所欠税款以及清算过程中产生的税款。

(5)清理债权债务;收取债权。清算组以清算法人的名义向清算法人的债务人主张债权并清偿债务。关于清偿债务的顺序,依照《公司法》的规定,应按照如下顺序清偿:首先,除了依法将担保财产别除出去之外,剩余的财产,应优先从清算财产中拨付清算费用;其次,应清偿所欠的职工的工资和保险金等费用;再次,应清偿所欠缴的国家税款;最后,清偿终止法人所欠的债务。鉴于破产企业法人所欠的债务为破产债务,破产债务的清偿,应依《破产法》的规定按比例清偿。因解散原因终止的法人所欠的债务,属于一般债务,且因该终止法人的资产往往大于债务,则应按债权到期的先后顺序清偿。

(6)处理法人清偿债务后的剩余财产。法人在清偿债务后,如有剩余财产时,按照《民法典》第72条第2款的规定,应当根据法人章程的规定或者法人权力机构的决议处理。法律另有规定的,依照其规定。按照《公司法》的规定,公司在清偿债务后,如有剩余财产时,应将剩余财产依法按照持股比例分配给出资人。为公益目的成立的非营利法人终止时,按照《民法典》第95条的规定,非营利法人不得向出资人、设立人或者会员分配剩余财产。剩余财产应当按照法人章程的规定或者权力机构的决议用于公益目的;无法按照法人章程的规定或者权力机构的决议处理的,由主管机关主持转给宗旨相同或者相近的法人,并向社会公告。

(7)代表公司法人参与民事诉讼活动。清算组织于清算结束后,营利法人应当按照《公司法》的规定,向有关部门或人员报告清算情况,并向登记机关办理注销登记并公告。营利法人的法人人格自办理注销登记时即告消灭。法人被宣告破产的,依法进行破产清算并完成法人注销登记时,法人终止。非营利法人、特别法人,按照《民法典》的规定,在清算结束并完成法人注销登记时,法人终止;依法不需要办理法人登记的,清算结束时,法人终止。机关法人被撤销的,从宣布撤销时机关法人终止。

第六节 法人的分支机构

一、法人分支机构的含义

《民法典》第74条规定,法人可以依法设立分支机构。所谓法人的分支机构,是指在法人总部之外设立的、能以自己的名义对外执行法人事务,但不能独立承担民事责任的职能机构。如有限责任公司的分公司、保险公司的分公司、各商业银行的分行、支行和代办处、邮电总局或铁路总局的分局、所和段以及其他法人的分局、分所、分店或分校等。

二、法人分支机构的特点

法人分支机构具有以下特点。

1. 法人分支机构是为了扩大法人的营业活动范围、实现法人的职能,而由法人在总部之外设立的派出机构。法人的分支机构不同于在法人之外由法人依法出资设立的、具有法人资格的子公司。作为法人总部派出的职能机构,法人的分支机构从属于法人,是法人的一个组成部分,受法人的统一支配和管理,在法人授权的范围内进行活动,以扩大法人的经营活动范围。

2. 法人的分支机构能以自己的名义对外执行法人的事务。法人的分支机构与子公司相比,虽然不具有独立的法人资格,但是,与法人总部内部的职能部门相比,法人的分支机构毕竟与之有明显的不同,主要表现在:法人分支机构有相对于法人总部存在的名称、管理机构和营业场所;有法人总部拨付的可供支配的财产;按照法律法规的规定,依法办理了工商登记领取营业执照,在法人总部授权的经营范围内完成法人的事务、依法进行民事活动。

3. 法人的分支机构不能独立承担民事责任。法人的分支机构虽有一定的独立性但不具备法人的条件,如法人分支机构的名称前,必须冠以所属法人的名称;分支机构的管理人员应当接受法人总部的统一管理,法人分支机构的财产源于总部的拨付并应当服从总部的管理和监督，因此，法人分支机构在意思和财产上的从属性，决定了法人分支机构的经营行为及其法律后果应当归属于其所属的法人。按照《民法典》第74条第2款的规定，分支机构以自己的名义从事民事活动所产生的民事责任由法人承担；也可以先以该分支机构管理的财产承担，不足以承担的，由法人承担。由此可见，法人分支机构对外所产生的民事责任最终仍然由其所属的法人以其全部财产承担。

三、法人分支机构的法律地位

关于法人分支机构的地位，我国民事立法并未承认其具有独立的民事主体资格，但是法律承认法人的分支机构在法人总部授权的范围内，具有一定的诉讼能力和从事经营活动的能力，但这并不意味着法人的分支机构就已经成为法人组织之外的“其他组织”。从实质来看，法人的分支机构是法人组织不可分割的组成部分，是法人组织为了扩展其业务活动而外设的职能部门。法人的分支机构与法人的人格是同一的。在法律上承认法人分支机构的经营能力与诉讼地位，对于拓展法人的业务活动、方便当事人进行诉讼，降低诉讼成本，具有重要的现实意义。

重点问题梳理

1. 法人，是指具有民事权利能力和民事行为能力，依法独立享有民事权利和承担民事义务的组织。在我国民法上，法人包括营利法人、非营利法人与特别法人三种。

2. 法人设立的一般实质条件包括：依法设立；具有自己的名称、组织机构与场所；具备必要的财产与经费。

3. 法人设立的目的或者宗旨不同，其设立程序也各不相同。

4. 法人的民事权利能力，是指法人享有民事权利、承担民事义务的资格。法人的民事行为能力，是指法人依自己的行为取得民事权利、承担民事义务的资格。法人的民事权利能力和民事行为能力，从法人成立时产生，到法人终止时消灭，并受其性质、目的范围与法律的限制。

5. 法人机关，是指根据法律或者法人章程的规定，能够以法人的名义对内管理法人事务，对外代表法人进行民事活动的集体或者个人。法人的机关是形成法人意思并执行法人意思的核心机构。一般来说，法人的机关由法人的权力机关、执行机关和监督机关三部分构成。

6. 法人变更，是指法人在存续期间和活动过程中，由于各种原因所发生的组织体的合并、分立以及组织形式、经营范围、注册资本以及名称、住所等其他重大事项的变动。法人存续期间登记事项发生变化的，应当依法向登记机关申请变更登记。如果法人在存续期间重大事项发生了变更应当登记而不登记,导致法人的实际情况与登记的事项不一致的,法人不得以实际变化了的情况对抗善意相对人。

7. 法人的终止,是指法人的民事主体资格不复存在,其民事权利能力和民事行为能力归于消灭的事实。法人终止的原因包括:法人解散;法人被宣告破产;法律规定的其他原因。法人终止的,清算义务人应当及时组成清算组进行清算。法人的清算程序和清算组之职权,依照有关法律的规定;在清算结束并完成法人注销登记时,法人终止;依法不需要办理法人登记的,清算结束时,法人终止。

8. 所谓法人的分支机构,是指在法人总部之外设立的、能以自己的名义对外执行法人事务,但不能独立承担民事责任的职能机构。分支机构以自己的名义从事民事活动所产生的民事责任由法人承担;也可以先以该分支机构管理的财产承担,不足以承担的,由法人承担。

案例与分析

甲公司董事长张某与乙汽车制造厂订立了一份汽车买卖合同,价格50万元。乙厂如约运汽车至甲公司所在地时,甲公司其他董事及股东考虑到公司章程的规定,因公司规模较小,每名董事对外所签订合同,如标的额超过20万元的,应经董事会讨论决定,而张某擅自订立购车合同乃属违反公司章程的行为,以此为由主张合同无效,并拒绝收货拒付货款。乙厂对甲公司章程规定并不知晓。

问题:张某所定合同,其效力如何?

分析:张某所签订合同有效。依照《民法典》第504条的规定,法定代表人超越权限与第三人进行民事行为除非第三人明知该法定代表人超越权限,否则该行为有效。乙厂对甲公司章程规定并不知晓,故张某所签订合同为有效合同。

第六章　非法人组织

第一节　非法人组织概述

一、非法人组织的概念和特征

（一）非法人组织的概念

所谓非法人组织，又称非法人社团或无权利能力社团，[1] 按照《民法典》第102条第1款的规定，是指自然人、法人之外的、不具有法人资格，但能够依法以自己的名义从事民事活动的社会组织。在传统民法上，最典型的非法人组织为设立中的法人、建筑物区分所有权中的业主团体等。按照我国《民法典》第102条第2款的规定，在我国民法上，非法人组织具体包括个人独资企业、合伙企业、不具有法人资格的专业服务机构等。

（二）非法人组织的法律特征

非法人组织具有以下法律特征。

1. 非法人组织为社会组织或社会团体。非法人组织是一种社会组织或社会团体。作为一种组织或社团，非法人组织与法人相同，都是以团体成员的集合为基础，具有自己的名称、组织机构和场所，有自己的意思机构和执行机构，也就是说，非法人组织在作为社会团体这一点上与法人并无不同，如建筑物区分所有权中的业主团体，就是以全体区分所有人的集合为基础而产生，业主团体有自己的名称、会所、有自己的权力机关（业主大会）和执行机关（业主委员会）。所以，组织性或社团性，是非法人组织的首要特征，也是非法人组织与不以社团为前提的自然人以及自然人特殊形式的个体商人（包括个体工商户、农村承包经营户）的根本区别。

2. 非法人组织不具备法人资格。非法人组织虽然也是一个组织或社团，但由于非法人组织或者不具备法人成立的形式要件，如设立中的法人；或者非法人社团已经具备了法人成立的全部条件，但立法者基于特殊政策的考量，不赋予非法人组织法人的资格或地位，如建筑物区分所有权中的业主团体。所以，不具备法人资格

---

〔1〕［德］迪特尔·梅迪库斯：《德国民法总论》，邵建东译，法律出版社2000年版，第852页。

或法律地位,是非法人组织与法人的重要的区别。

3. 非法人组织能够依法以自己的名义进行目的范围内的民事活动或诉讼活动。非法人组织不具备法人资格,原则上不能以自己的名义独立进行民事活动、享受民事权利和承担民事义务。但是,为了保证法人设立行为的顺利完成或者切实保护业主的利益,立法上允许非法人组织以预先核准的或者核准登记的名称在其目的范围内,从事一些与其目的范围相关的活动或诉讼活动。但不能因为如此而主张将非法人组织与法人等同,否则,民法上的法人制度及其功能就会形同虚设。

二、非法人组织的法律地位

关于非法人组织是否为民事主体,在民法学说和各国立法上有不同的观点。第一种观点认为,非法人组织不是民事主体,仅是诉讼主体。因为民事主体的类型,要么是自然人,要么是制定法拟制的法人,除此之外,不可能再有民事主体的存在。第二种观点认为,非法人组织是特殊形式的民事主体(设立中的法人),如尚未出生的胎儿,是特殊情形下的特殊主体。第三种观点则认为,非法人组织具有一定的民事权利能力和民事行为能力,也具有民事诉讼能力,是既不同于自然人也不同于法人的另一类民事主体,有的称其为第三类民事主体。[2] 我国《民法典》和《合伙企业法》等法律中明确规定"非法人组织"能以自己的名义进行民事活动,从而确认了非法人组织为民事主体的法律地位,但在财产的归属和责任的承担上,并不承认非法人组织具有完全的独立性。应当说明的是,能否成为民事主体(权利、义务主体),关键在于,其对权利是否能够独立享有和对义务或责任是否能够独立承担,如果从根本上既无法独立享受权利,又无法独立承担义务或责任,即使将其称为主体,也是没有现实意义的。因此,笔者赞成第二种观点:非法人组织属于特殊情形下的特殊主体。

三、非法人组织的一般规则

按照《民法典》第 103 ~ 107 条的规定,设立非法人组织应当依法办理登记。法律、行政法规规定须经有关机关批准的,依照其规定。非法人组织设立后,非法人组织可以确定一人或者数人代表该组织从事民事活动。非法人组织所欠的债务,应当依法先以非法人组织的财产进行清偿,非法人组织的财产不足以清偿债务的,其出资人或者设立人承担无限责任。法律另有规定的,依照其规定。具有下列情形之一的,非法人组织解散:(1)章程规定的存续期间届满或者章程规定的其他解散事由出现;(2)出资人或者设立人决定解散;(3)法律规定的其他情形。非法

---

〔2〕 龙卫球:《民法总论》,中国法制出版社 2002 年版,第 458 页;郭明瑞:《民法学》,北京大学出版社 2001 年版,第 77 页。

人组织解散的,应当依法进行清算。非法人组织在清算时清算义务人和清算组的组成、清算组的职责与清算程序,应当适用法律法规的规定,法律法规没有规定时,应当适用法律关于法人清算的一般规定。

第二节　个人独资企业

一、个人独资企业的概念

所谓个人独资企业,依《个人独资企业法》第2条的规定,是指依法设立的、由一个自然人投资,财产为投资人个人所有,投资人以其个人财产对企业债务承担无限责任的经营实体。

二、个人独资企业的法律特征

个人独资企业具有以下法律特征。

1. 个人独资企业由自然人一人投资,财产为投资人个人所有。个人独资企业是由自然人一人投资设立的,投资人对本企业的财产依法享有所有权,其有关权利可以依法进行转让或继承,任何单位和个人不得违反法律、行政法规的规定,以任何方式强制个人独资企业提供财力、物力、人力。

2. 个人独资企业有一定的经营规模并须经核准登记。个人独资企业须具备一定的规模,其设立须有合法的名称,有投资人申报的出资,有固定的生产经营场所、必要的生产经营条件和必要的从业人员。个人独资企业应当依法设置会计账簿,进行会计核算。个人独资企业的设立须向所在地的登记机关提交设立申请书,经登记机关核准登记才能依法成立。个人独资企业在存续期间登记事项发生变更的,应依法向登记机关办理变更登记;个人独资企业解散的,应于清算结束后,办理注销登记。

3. 个人独资企业的事务由出资人自行管理或者由其委托、聘任的人按照授权进行管理。个人独资企业于登记机关予以登记、发给营业执照之日起成立。个人独资企业成立后,个人独资企业的事务由出资人自行管理或者由其委托、聘任的其他具有民事行为能力的人按照授权进行管理。个人独资企业可以依法申请贷款、取得土地使用权,并享有法律、行政法规规定的其他权利。投资人对受托人或者被聘用的人员职权的限制,不得对抗善意第三人。

4. 个人独资企业的债务由出资人依法承担无限偿还责任。个人独资企业不具备独立承担民事责任的能力,投资人以其个人财产对企业债务承担无限责任;个人独资企业财产不足以清偿债务的,投资人应以其个人的其他财产予以清偿。个人独资企业解散后,原投资人对个人独资企业存续期间的债务仍应承担偿还责任,但债权人在5年内未向债务人提出偿债请求的,该责任消灭。

三、个人独资企业的法律地位

关于个人独资企业的法律地位,学界有争议。主要观点有二:一种观点认为,个人独资企业是规模较大(雇工8人以上)的个体工商户,在性质上属于个体商人或商个人。因为个人独资企业本身没有独立的意思、独立的财产和独立的委任,其不过是业主的化身而已。另一种观点认为,个人独资企业有自己的名称、组织机构和场所,有相对独立的财产并能以自己的名义进行民事活动,所以,在性质上属于非法人团体。我国《民法典》第102条虽然将个体工商户的性质明确界定为非法人团体,但这不影响在理论上进一步探讨个人独资企业法律地位的可能性。

第三节　合　　伙

一、合伙的概念和分类

(一)合伙的概念和特征

1. 合伙的概念

所谓合伙,是指两个以上的民事主体为了共同的目的,按照共同协议、共同出资、共同经营、共享收益、共担风险并对合伙的债务由合伙人承担无限连带责任或者有限责任的联合体。

在传统民法上,合伙的概念具有双重含义:一是指合伙合同;二是指合伙企业。所谓合伙合同,按照《民法典》第967条的规定,是指二个以上的合伙人为了共同的事业目的,订立的共享收益、共担风险的协议;所谓合伙企业,是指自然人、法人和其他组织依照《合伙企业法》在中国境内设立的、普通合伙人对合伙的债务承担无限连带责任或者法定的特别责任、有限合伙人承担有限责任的经营实体。《合伙企业法》第2条规定:“本法所称合伙企业,是指自然人、法人和其他组织依照本法在中国境内设立的普通合伙企业和有限合伙企业。普通合伙企业由普通合伙人组成,合伙人对合伙企业债务承担无限连带责任。本法对普通合伙人承担责任的形式有特别规定的,从其规定。有限合伙企业由普通合伙人和有限合伙人组成,普通合伙人对合伙企业债务承担无限连带责任,有限合伙人以其认缴的出资额为限对合伙企业债务承担责任。”

因此,合伙的概念包括广义和狭义。广义的合伙包括合伙合同和合伙企业。而狭义的合伙则专指合伙企业。

2. 合伙的法律特征

根据我国《民法典》《合伙企业法》有关合伙的规定,合伙具有以下法律特征。

(1)合伙是由两个以上的民事主体组成的联合体。合伙应由两个以上的民事主体,为实现共同的目的,基于相互信任而结合起来,一个人不能成立合伙组织,如果合伙只有一人时,这时的情形不能称为合伙,所以,合伙企业法规定,合伙企业不具备法定人数满30天,亦即合伙企业只有一个合伙人满一定期限时,合伙企业解散。

(2)合伙是合伙人按照共同协议组成的联合体。合伙人成立合伙的共同协议称为合伙合同。合伙合同是合伙成立的基础,没有合伙合同也就不能成立合伙,合伙协议应当包括合伙的目的、合伙人的出资、合伙的盈余分配和亏损分担、合伙事务的执行、入伙、退伙及合伙终止等事项,并应采取书面形式。

(3)合伙是合伙人以合伙名义独立从事经营活动的联合体。合伙是合伙人为了共同的经济目的成立,合伙具有自己的名称和字号,能以自己的名义进行民事活动,在财产、利益和责任等方面都有相对独立于合伙人个人的特点,正因为这一点,有观点将其看作自然人和法人之外的第三类民事主体。

(4)合伙是合伙人共同出资并原则上共同经营的联合体。合伙是由合伙人共同出资成立的联合体。合伙人的出资是合伙进行经营活动的物质基础。合伙人的出资数额和方式由合伙协议约定,可以是实物、资金,也可以是技术等。合伙的事务通常由合伙人共同经营。按照《民法典》《合伙企业法》的规定,个人合伙的经营活动,由合伙人共同决定,合伙人有执行和监督的权利。普通合伙企业的合伙人对执行合伙事务享有同等的权利。但是,按照《合伙企业法》第67、68条的规定,有限合伙企业的事务,由普通合伙人执行,有限合伙人不执行合伙事务,也不得对外代表有限合伙企业。法律之所以这样规定,完全是由有限合伙企业本身的特点所决定的,有限合伙人不执行合伙企业的事务,只是合伙人共同经营合伙事务的例外。

(5)合伙是合伙人共享收益、共担风险并对合伙债务承担无限连带责任或者有限责任的联合体。合伙是合伙人为了共同的经济目的和基于相互信任组成的,合伙的收益由合伙人共享,合伙的经营风险由合伙人共担。由于合伙的财产归合伙人共有,合伙的财产没有与合伙人个人的财产完全分开,所以,普通合伙企业的合伙人对合伙的债务负无限连带责任。但是,《合伙企业法》规定,普通合伙人对合伙企业的债务承担无限连带责任,有限合伙人以其认缴的出资额为限对合伙企业的债务承担责任。特殊的普通合伙企业中,一个或数个合伙人在执业活动中,因故意或重大过失造成合伙企业债务的,应当承担无限连带责任,其他合伙人以其在合伙企业中的财产份额为限承担责任。这是法律关于合伙人对合伙企业债务清偿责任的例外规定,通常情况下,合伙人对合伙债务负无限连带责任,合伙人对合伙企业债务的无限连带责任,是合伙与法人的重要区别之一。

(二)合伙的分类

按照《民法典》《合伙企业法》的规定,我国法律上的合伙类型主要有以下几种。

1. 合同型合伙与企业型合伙

以合伙的目的和形态的不同为标准,可将合伙分为合同型合伙和企业型合伙。[3] 合同型合伙,又称合伙合同,按照我国《民法典》第967条的规定,是指“两个以上的合伙人为了共同的事业目的,订立的共享收益、共担风险的协议”。

企业型合伙,又称合伙企业,在民商分立的国家称为商事合伙,是指以营利为目的并依法采取企业组织方式的合伙。按照我国《合伙企业法》的规定,企业型合伙是指自然人、法人和其他组织依照合伙企业法在我国境内设立的普通合伙企业和有限合伙企业。企业型合伙的成立必须严格符合合伙企业法规定的条件。

2. 普通合伙与有限合伙

在企业型合伙中,以合伙人对合伙企业债务清偿责任的不同为标准,可将企业型合伙分为普通合伙企业与有限合伙企业。按照我国《合伙企业法》的规定,普通合伙企业是指由普通合伙人组成,合伙人对合伙企业的债务承担无限连带责任的合伙。有限合伙企业是指由普通合伙人和有限合伙人组成,普通合伙人对合伙企业的债务承担无限连带责任,有限合伙人以其认缴的出资额为限对合伙企业的债务承担责任的合伙。有限合伙的特点在于:普通合伙人执行合伙事务,对外代表合伙组织,并对合伙债务承担无限责任。有限合伙人不执行合伙事务,不对外代表合伙组织,只按出资比例分享利润和分担亏损,并仅以其出资额为限对合伙债务承担有限清偿责任。

3. 一般的普通合伙与特殊的普通合伙

以法律对合伙人的责任是否有特别规定为标准,可将普通合伙企业分为一般的普通合伙企业和特殊的普通合伙企业。一般的普通合伙企业,是指适用合伙企业法关于普通合伙一般规定的合伙企业;特殊的普通合伙企业,是指以专业知识和专门技能为客户提供有偿服务为目的、合伙人按照法律的特别规定对合伙企业的债务承担责任的普通合伙企业。特殊的普通合伙企业的特殊性在于:合伙人在符合法律特别规定的条件下,依法对合伙企业的债务承担有限责任。

4. 个人合伙与法人合伙

以合伙人的自然属性的不同为标准,可将合伙分为个人合伙与法人合伙。个

---

[3] 李建华主编:《民法总论》,科学出版社2007年版,第111页。

人合伙,是指自然人之间的合伙,即合伙人为自然人的合伙。法人合伙,是指由法人为合伙人的合伙,这是法人之间联营的一种方式。法人合伙一般受到法律的严格限制,按照我国《合伙企业法》《公司法》等法律的规定,国有独资公司、国有企业、上市公司以及公益性的事业单位、社会团体不得成为普通合伙企业的合伙人。在我国,由于禁止党政机关经商,所以,党政机关或者机关法人也不得成为合伙事业的合伙人。

二、合伙的成立

(一)合伙的成立条件

合伙类型不同,成立条件也各不相同。对于合伙合同,只要合伙人之间就合伙事项协商一致,合伙协议即告成立。而对于合伙企业的设立,则要严格依照《合伙企业法》的规定,在符合合伙企业法规定的设立条件和程序时,合伙企业才能成立。《合伙企业法》第14条规定:"设立合伙企业,应当具备下列条件:(一)有二个以上合伙人。合伙人为自然人的,应当具有完全民事行为能力;(二)有书面合伙协议;(三)有合伙人认缴或者实际缴付的出资;(四)有合伙企业的名称和生产经营场所;(五)法律、行政法规规定的其他条件。"根据上述法律规定,在我国,合伙企业的成立必须满足如下条件。

1.合伙人必须为两个以上民事主体。合伙是两个以上的民事主体为了共同的目的,按照共同协议所结成的利益共同体。所以,合伙人必须为二人以上,只有一个民事主体时,合伙共同体无法成立。按照我国法律的规定,合伙人可以是自然人,也可以是法人和其他组织。两个以上自然人组成的合伙,称为个人合伙。在个人组成的普通合伙企业中,作为自然人的合伙人应当具有完全民事行为能力,无民事行为能力或者限制民事行为能力的自然人不能成为普通合伙企业的合伙人。这是由普通合伙企业合伙事业的性质及其复杂性所决定的。所以,我国合伙企业法将具有完全民事行为能力作为自然人成为普通合伙企业合伙人的前提条件。但是,结合《合伙企业法》第48、79条的规定,作为有限合伙人的自然人不受该条件的限制。

2.合伙必须有书面合伙协议。书面合伙协议,是指全体合伙人约定共同出资、合伙经营、共享收益、共担风险的协议。合伙协议是合伙成立的依据。无论是合同型合伙还是企业型合伙,都是依据合伙协议成立的。合伙协议是合伙成立的必要条件;合伙协议是明确合伙人相互之间权利义务关系以及合伙人享有权利和承担责任的法律基础;合伙协议是合伙活动的依据,合伙企业的运作,如合伙企业事务的执行,合伙人的入伙、退伙、合伙企业的解散、清算等都由合伙协议约定,所以,合伙协议对于合伙的成立,具有十分重要的意义。

根据《民法典》和《合伙企业法》第18条的规定,普通合伙企业的合伙协议应当载明下列事项:合伙企业的名称和主要经营场所的地点;合伙的目的和合伙的经营范围;合伙人的姓名或者名称、住所;合伙人的出资方式、数额和缴付期限;利润分配和亏损分担方式;合伙事务的执行;入伙与退伙;争议解决办法;合伙企业的解散与清算;违约责任。对于有限合伙企业而言,其书面合伙协议除具备普通合伙企业的合伙协议应当载明的事项外,还须具备《合伙企业法》第 63 条规定的特别事项,有限合伙协议才能成立。

合伙协议应当以书面形式订立。《合伙企业法》第 4 条明确规定合伙协议应当以书面形式订立。书面合伙协议,经全体合伙人签名、盖章后生效。

3. 有合伙人认缴或者实际交付的出资。合伙的财产是合伙共同目的得以实现的物质基础。合伙人要实现合伙的共同目的,就必须履行出资义务,合伙人出资是合伙财产的重要来源。依据《合伙企业法》的规定,合伙人的出资形式既可以是货币、实物,也可以是知识产权、土地使用权或者其他财产权利。对货币以外的出资需要评估作价的,可以由全体合伙人协商确定,也可以由全体合伙人委托法定评估机构评估。非货币出资评估作价的方法有两种:一是由全体合伙人自行评估,协商定价;二是由全体合伙人委托法定评估机构进行评估。在自行评估的情况下,可以聘请中介机构或者专家提供评估意见,但评估意见只是参考依据,最后应由全体合伙人认可。在委托评估的情况下,评估机构作出的评估结论为最后的评估结果。

经全体合伙人协商一致,合伙人也可以用劳务出资,其评估办法由合伙人协商确定,以劳务出资的应在合伙协议中明确约定。但是,按照《合伙企业法》第 64 条的规定,有限合伙人不得以劳务出资。

合伙人应当按照合伙协议约定的出资方式、数额和缴付出资的期限,履行出资义务。以非货币财产出资的,依照法律、行政法规的规定,需要办理财产转移手续的,应当依法办理。合伙人应当严格履行出资的义务,否则,依法应当向其他合伙人承担违约责任或者发生被除名的法律后果。对于有限合伙企业的合伙人,应当按照合伙协议的约定按期足额缴纳出资;未按期足额缴纳出资的,应当依法履行补缴义务,并对其他合伙人承担违约责任。

4. 有合伙企业的名称和生产经营场所。企业名称是一企业区别于其他企业的标志。合伙企业有自己的名称才能把自身与其他企业区别开来,才能以合伙企业的名义对外进行民事活动并表明出资人对外的民事责任。因此,《合伙企业法》第 15、62 条规定,合伙企业名称中应当标明“普通合伙”字样。有限合伙企业名称中应当标明“有限合伙”字样。一个合伙企业必须至少有一个经营场所,经营场所是合伙企业从事生产经营活动的物质基础和客观条件之一。合伙企业有多个经营场所时,应当以主要办事机构所在地为住所。

5. 法律、行政法规规定的其他条件。

(二)合伙设立的程序

按照《合伙企业法》的规定,申请设立合伙企业,应当向企业登记机关提交登记申请书、合伙协议书、合伙人身份证明等文件。合伙企业的经营范围中有属于法律、行政法规规定在登记前须经批准的项目的,该项经营业务应当依法经过批准,并在登记时提交批准文件。有限合伙企业登记事项中,应当载明有限合伙人的姓名或者名称及认缴的出资数额。

申请人提交的登记申请材料齐全、符合法定形式,企业登记机关能够当场登记的,应予当场登记,发给营业执照。企业登记机关应当自受理申请之日起 20 日内,作出是否登记的决定。予以登记的,发给营业执照;不予登记的,应当给予书面答复,并说明理由。

合伙企业的营业执照签发日期,为合伙企业成立日期。合伙企业领取营业执照前,合伙人不得以合伙企业名义从事合伙业务。

三、合伙的财产

合伙财产,是指由全体合伙人共有的、用于合伙共同目的的出资、由合伙经营取得的收益和其他财产。[4]

关于合伙财产,《民法典》第 969 条第 1 款规定:“合伙人的出资、因合伙事务依法取得的收益和其他财产,属于合伙财产。”《民法通则意见》第 54 条规定,合伙财产是指合伙人投入的财产和合伙期间经营积累的财产。《合伙企业法》第 20 条规定:“合伙人的出资、以合伙企业名义取得的收益和依法取得的其他财产,均为合伙企业的财产。”第 21 条第 1 款规定:“合伙人在合伙企业清算前,不得请求分割合伙企业的财产;但是,本法另有规定的除外。”可见,合伙财产包含以下内容。

1. 合伙财产的范围,具体由三部分构成:一是合伙人投入合伙的财产,即出资财产。合伙协议成立后,各个合伙人按照协议约定的出资方式、出资数额和期限对认缴资金的缴纳,这些由合伙人出资所形成的财产,构成合伙企业的原始财产。二是合伙经营积累的财产。合伙成立后,合伙企业依法进行生产经营活动所取得的利润而形成的财产,属于合伙期间经营积累的财产。三是合伙企业依法取得的其他财产。也就是说,合伙成立后,合伙企业依法取得的属于合伙人出资财产和合伙经营积累的财产以外的财产,具体指以合伙名义依据法律、行政法规规定的法律事实取得的财产,如对合伙财产所产生的孳息的收取、因添附所依法获得的财产以及合伙受赠所依法获得的财产等。上述三类财产依法构成合伙企业的财产。

---

〔4〕 李建华主编:《民法总论》,科学出版社 2007 年版,第 118 页。

2. 合伙财产的性质,按照《民法典》《合伙企业法》的规定,合伙财产“均为合伙或者合伙企业的财产”。对此,如果将合伙财产理解为合伙企业以其名义独立所有的财产,就会将合伙企业的性质与法人企业的性质相等同,混淆了合伙与法人的区别。所以,应当将《民法典》第969条、《合伙企业法》第20条关于合伙企业财产性质的规定理解为:合伙企业的财产应当归全体合伙人(合伙)共同所有。合伙人出资以后,便丧失了对其作为出资部分财产的单一所有权,该财产转归全体合伙人共同所有或支配,合伙人不能在合伙企业存续期间对其出资的财产主张独占排他的占有、使用或处分。对合伙企业的增值部分,合伙人也只能依照其财产分配比例分享利润,亦不能随意处分。这样,就使合伙企业的财产具有了区别于合伙人个人财产的相对独立性。

3. 合伙财产在合伙存续期间用于合伙事业,包括合伙企业的经营和对外债务的承担。依照《民法典》《合伙企业法》的规定,合伙人在合伙企业清算前,不得请求分割合伙企业的财产。

四、合伙事务的执行

合伙事务的执行,是指对合伙企业的生产经营活动以及与合伙目的有关的事务的处理活动,具体包括对内管理合伙事务和对外代表合伙进行民事交易活动。

《民法典》第970条第1、2款规定:“合伙人就合伙事务作出决定的,除合伙合同另有约定外,应当经其他合伙人一致同意。合伙事务由全体合伙人共同执行。按照合伙合同的约定或者全体合伙人的决定,可以委托一个或者数个合伙人执行合伙事务,其他合伙人不再执行合伙事务。但是有权监督执行情况。”《合伙企业法》第26条规定:“合伙人对执行合伙事务享有同等的权利。按照合伙协议的约定或者经全体合伙人决定,可以委托一个或者数个合伙人对外代表合伙企业,执行合伙事务。作为合伙人的法人、其他组织执行合伙事务的,由其委派的代表执行。”第27条规定:“依照本法第二十六条第二款规定委托一个或者数个合伙人执行合伙事务的,其他合伙人不再执行合伙事务。不执行合伙事务的合伙人有权监督执行事务合伙人执行合伙事务的情况。”根据《合伙企业法》第67、68条的规定,有限合伙企业由普通合伙人执行合伙事务。有限合伙人不执行合伙事务,不得对外代表有限合伙企业。

五、合伙的利润分配和债务的承担

(一)合伙利润分配及亏损的分担

合伙的利润即合伙人在经营活动中依法取得的纯收益。合伙的利润是以合伙人的共有财产为前提条件并通过合伙人的经营活动而取得,所以合伙的利润应当依法归全体合伙人。依据《民法典》第 972 条、《合伙企业法》第 33 条的规定，合伙的利润分配和亏损分担，应当按照下列原则处理。

1. 合伙的利润分配、亏损分担按照合伙协议的约定办理。换言之，合伙协议对合伙的利润分配和亏损分担有明确约定的，由合伙人依照合伙协议的约定分配利润和分担亏损；但是，普通合伙的合伙协议不得约定将全部利润分配给部分合伙人或者由部分合伙人承担全部亏损，否则，该约定无效。对于有限合伙，《合伙企业法》第 69 条规定："有限合伙企业不得将全部利润分配给部分合伙人；但是，合伙协议另有约定的除外。"

2. 合伙协议未约定或者约定不明确的，由合伙人协商决定。具体而言，在合伙协议没有约定利润分配和亏损分担或者虽然有约定但约定不明确时，由全体合伙人协商决定，然后由全体合伙人按照协商确定的比例分配利润和分担亏损。

3. 合伙人协商不成时，由合伙人按照实缴出资比例分配利润、分担亏损。

4. 无法确定出资比例的，由合伙人平均分配利润或平均分担亏损。

（二）合伙债务的承担

合伙的债务是合伙存续期间对外发生的一切债务。《民法典》第 973 条规定："合伙人对合伙债务承担连带责任，清偿合伙债务超过自己应当承担份额的合伙人，有权向其他合伙人追偿。"《合伙企业法》第 38 条规定："合伙企业对其债务，应先以其全部财产进行清偿。"第 39 条规定："合伙企业不能清偿到期债务的，合伙人承担无限连带责任。"第 40 条规定："合伙人由于承担无限连带责任，清偿数额超过本法第三十三条第一款规定的其亏损分担比例的，有权向其他合伙人追偿。"据此，合伙企业的合伙人应当按照以下原则承担合伙债务。

1. 普通合伙人对合伙的债务对外承担无限连带责任。所谓无限责任，是指合伙人应以其个人的全部财产承担合伙债务，不以其出资额为限。所谓连带责任，是指每个合伙人都负有清偿全部合伙债务的义务，而不能以其应承担的份额为限；合伙的债权人有权要求任何一个合伙人就全部合伙债务负清偿责任，合伙人应当清偿合伙的全部责任，而不得拒绝。

2. 合伙人对合伙债务对内承担按份责任，清偿合伙债务超过自己应清偿份额的，应当就超过部分向其他合伙人追偿。

3. 特殊普通合伙的合伙人原则上对合伙企业的债务承担无限连带责任，但在法律特别规定的情形下，合伙人对合伙的债务承担有限责任。

4. 有限合伙的有限合伙人以其认缴的出资额为限对合伙的债务承担有限责任。

六、入伙与退伙

(一)入伙

1. 入伙的含义

入伙,是指在合伙存续期间新的合伙人加入合伙并取得合伙人资格的行为。合伙是以合伙人之间的人身信任为基础的共同关系,因此,新合伙人的入伙是合伙的重大事项,必须符合法律规定的条件和程序。

2. 入伙的条件和程序

《民法通则意见》第51条规定:“在合伙经营过程中增加合伙人,书面协议有约定的,按照协议处理;书面未约定的,须经全体合伙人同意;未经全体合伙人同意的,应当认定入伙无效。”《合伙企业法》第43条规定,“新合伙人入伙,除合伙协议另有约定外,应当经全体合伙人一致同意,并依法订立书面入伙协议。订立入伙协议时,原合伙人应当向新合伙人如实告知原合伙企业的经营情况和财务状况”。根据上述法律的规定,入伙的条件如下。

(1)经全体合伙人一致同意。因为合伙是建立在相互信任的基础上的合作关系,第三人入伙时,应当经全体合伙人一致同意,如果合伙人中有一人不同意,就不能发生入伙的效力。

(2)入伙人与原合伙人订立书面入伙协议。

(3)订立入伙协议时,原合伙人应当向新入伙人如实告知原合伙企业的经营情况和财务状况。

3. 入伙的后果

入伙会产生以下后果。

(1)书面入伙协议订立后,新合伙人即取得合伙人的资格。依照《合伙企业法》第44条第1款的规定,入伙的新合伙人与原合伙人享有同等权利,承担同等义务,入伙协议另有约定的,应当从其约定。

(2)依照《合伙企业法》第44条第2款的规定,新合伙人对入伙前合伙企业的债务承担无限连带责任。

(3)依据《合伙企业法》第77条的规定,新入伙的有限合伙人对入伙前有限合伙企业的债务,以其认缴的出资额为限承担责任。

(二)退伙

1. 退伙的含义

退伙,是指在合伙存续期间合伙人退出合伙组织,进而消灭其合伙人资格的行为。

2. 退伙的种类

根据退伙的原因不同,退伙有以下几种。

(1)自愿退伙。又称声明退伙,是指合伙人在合伙存续期间,依据合伙协议约定的或者法律规定的允许退伙的事由,自愿申请退出合伙的行为。合伙人自愿退伙有两种情况:一种情况是《合伙企业法》第45条规定的合伙协议约定的合伙企业经营期限情形下的退伙,包括:合伙协议约定的退伙事由出现;经全体合伙人同意退伙;发生合伙人难以继续参加合伙企业的事由;其他合伙人严重违反合伙协议约定的义务。在这些事由出现时,合伙人可以申请退伙。另一种情况是《合伙企业法》第46条规定的合伙协议未约定合伙企业的经营期限的,合伙人在不给合伙企业事务执行造成不利影响的情况下,可以退伙,但应当提前30日通知其他合伙人。合伙人只有在有上述正当理由并遵守有关规定的情况下才可以退伙,否则合伙人违反上述规定擅自退伙,依照《合伙企业法》第47条的规定,应当赔偿由此给合伙企业造成的损失。

(2)法定退伙。又称当然退伙,是指基于法律直接规定的退伙事由发生的退伙。《合伙企业法》第48条规定:"合伙人有下列情形之一的,当然退伙:(一)作为合伙人的自然人死亡或者被依法宣告死亡;(二)个人丧失偿债能力;(三)作为合伙人的法人或者其他组织被依法吊销营业执照、责令关闭、撤销,或者被宣告破产;(四)法律规定或者合伙协议约定合伙人必须具有相关资格而丧失该资格;(五)合伙人在合伙企业中的全部财产份额被人民法院强制执行。合伙人被依法认定为无民事行为能力人或者限制民事行为能力人的,经其他合伙人一致同意,可以依法转为有限合伙人,普通合伙企业依法转为有限合伙企业。其他合伙人未能一致同意的,该无民事行为能力或者限制民事行为能力的合伙人退伙。退伙事由实际发生之日为退伙生效日。"但依《合伙企业法》第79条的规定,作为有限合伙人的自然人在有限合伙企业存续期间丧失民事行为能力的,其他合伙人不得因此要求其退伙。

(3)强制退伙。也称除名退伙,是指合伙人不履行约定的或法定的义务或有其他不当行为,经其他合伙人一致同意,决议将其从合伙组织中除名的退伙形式。根据《合伙企业法》第49条的规定,合伙人有下列情形之一的,经其他合伙人一致同意,可以决议将其除名:未履行出资义务;因故意或重大过失给合伙企业造成损失;执行合伙企业事务时有不正当行为;合伙协议约定的其他事由。对合伙人的除名决议应当书面通知被除名人,被除名人自接到除名通知之日起,除名生效,被除名人退伙。被除名人对除名决议有异议的,可以自接到除名通知之日起30日内,向人民法院起诉。

3. 退伙的法律后果

(1)退伙人丧失合伙人资格。

(2)依法进行结算、退还退伙人的财产份额。依据《合伙企业法》第51条的规定,退伙人退伙,其他合伙人应当与该退伙人按照退伙时的合伙企业财产状况进行结算,退还退伙人的财产份额。退伙人对给合伙企业造成的损失负有赔偿责任的,相应扣减其应当赔偿的数额。退伙时有未了结的合伙企业事务的,待该事务了结后进行结算。第52条规定,退伙人在合伙企业中财产份额的退还办法,由合伙协议约定或者由全体合伙人决定,可以退换货币,也可以退还实物。

(3)依法分担合伙企业的亏损。依据《合伙企业法》第54条的规定,合伙人退伙时,合伙企业财产少于合伙企业债务的,退伙人应当依照《合伙企业法》第33条第1款的规定分担亏损。具体而言,退伙人应当依照合伙协议约定的比例分担亏损;合伙协议未约定比例或者约定不明确的,由各合伙人协商决定;协商不成的,由合伙人按照实缴出资比例分担;无法确定出资比例的由合伙人平均分担亏损。

(4)对基于其退伙前的原因发生的合伙企业债务承担责任。依据《合伙企业法》第53、81条的规定,退伙人对基于其退伙前的原因发生的合伙企业债务,承担无限连带责任。有限合伙人退伙后,对基于其退伙前的原因发生的有限合伙企业债务,以其退伙时从有限合伙企业中取回的财产承担责任。

七、合伙的解散与清算

(一)合伙解散的含义及原因

合伙的解散,也称散伙,是指基于法律规定的事由或合伙人约定的事由出现,合伙企业终止、合伙人之间权利义务关系消灭的法律事实。

依据《合伙企业法》第85条的规定,合伙企业有下列情形之一时,应当解散:(1)合伙期限届满,合伙人决定不再经营;(2)合伙协议约定的解散事由出现;(3)全体合伙人决定解散;(4)合伙人已不具备法定人数满30天;(5)合伙协议约定的合伙目的已经实现或者无法实现;(6)合伙企业被依法吊销营业执照、责令关闭或者被撤销;(7)法律、行政法规规定的合伙企业解散的其他原因。

(二)合伙企业的清算

清算是指清算人对合伙企业业务的了结和对合伙企业财产、债务的清理。依据《合伙企业法》第86、88条的规定,合伙企业解散,应当由清算人进行清算。清算期间,合伙企业存续,但不得开展与清算无关的经营活动。

清算人的确定。按照《合伙企业法》规定,合伙企业解散,清算人由全体合伙人承担。不能以全体合伙人承担清算人的,经全体合伙人过半数同意可以自合伙企业解散事由出现后15日内指定一个或数个合伙人,或者委托第三人担任清算人。如果自解散事由发生之日起15日内未确定清算人的,合伙人或其他利害关系人可以申请人民法院指定清算人。

清算人的职责。按照《合伙企业法》第87条规定,清算人在清算期间执行下列事务:清理合伙企业财产,分别编制资产负债表和财产清单;处理与清算有关的合伙企业未了结事务;清缴所欠税款;清理债权、债务;处理合伙企业清偿债务后的剩余财产;代表合伙企业参加诉讼或者仲裁活动。

合伙债务的清偿顺序。依据《合伙企业法》第89条的规定,合伙企业财产在支付清算费用和职工工资、社会保险费用、法定补偿金以及缴纳所欠税款、清偿债务后的剩余财产,依据《合伙企业法》第33条第1款的规定进行分配,即依合伙协议约定的比例分配;约定分配比例或约定不明的,由合伙人协商决定;协商不成的,由合伙人按照实缴出资比例分配;无法确定出资比例的,在合伙人之间平均分配。

如果合伙企业财产不足清偿其债务的,各普通合伙人承担无限连带责任。

(三)注销合伙企业

清算结束,清算人应当编制清算报告,经全体合伙人签名、盖章后,在15日内向企业登记机关报送清算报告,申请办理合伙企业注销登记。

(四)原合伙企业债务由原合伙人承担

依据《合伙企业法》第91条的规定,合伙企业注销后,原普通合伙人对合伙企业存续期间的债务,仍应承担无限连带责任。

重点问题梳理

1.非法人组织,又称非法人社团或无权利能力社团,是指自然人、法人之外的、不具有法人资格,但能够依法以自己的名义从事民事活动的社会组织。在我国民法上,非法人组织具体包括个人独资企业、合伙企业、不具有法人资格的专业服务机构等。

2.设立非法人组织应当依法办理登记。非法人组织设立后,非法人组织可以确定一人或者数人代表该组织从事民事活动。非法人组织所欠的债务,非法人组织的财产不足以清偿债务的,其出资人或者设立人承担无限责任。法律另有规定的,依照其规定。

3.个人独资企业,是指依法设立的、由一个自然人投资,财产为投资人个人所有,投资人以其个人财产对企业债务承担无限责任的经营实体。个人独资企业设立须有合法的名称,有投资人申报的出资,有固定的生产经营场所、必要的生产经营条件和必要的从业人员。个人独资企业应当依法设置会计账簿,依法经登记机关核准登记成立。个人独资企业的事务由出资人自行管理或者由其委托、聘任的人按照授权进行管理。投资人对受托人或者被聘用的人员职权的限制,不得对抗善意第三人。个人独资企业的债务由出资人依法承担无限偿还责任。

4.合伙是指两个以上的合伙人为了共同的事业目的,按照协议、共同出资、共同经营、共享收益、共担风险并对合伙的债务由合伙人承担无限连带责任或者有限责任的联合体。合伙包括合同型合伙与企业型合伙、普通合伙与有限合伙、一般的普通合伙与特殊的普通合伙。合伙企业的财产应当归全体合伙人共同所有。合伙的经营活动,由合伙人共同决定,合伙人有执行和监督的权利,合伙人可以推举负责人。合伙负责人和其他人员的经营活动,由全体合伙人承担民事责任。

5. 普通合伙人对合伙的债务承担无限连带责任,清偿合伙债务超过自己应当承担份额的,应当就超过部分向其他合伙人追偿。特殊的普通合伙的合伙人原则上对合伙的债务承担无限连带责任,但在法律特别规定的情形下,合伙人对合伙的债务承担有限责任。有限合伙的有限合伙人以其认缴的出资额为限对合伙的债务承担有限责任。

6. 入伙,是指在合伙存续期间新的合伙人加入合伙并取得合伙人资格的行为。新合伙人对入伙前合伙企业的债务承担无限连带责任。退伙,是指在合伙存续期间合伙人退出合伙组织,进而消灭其合伙人资格的行为。退伙人对基于其退伙前的原因发生的合伙企业债务,承担无限连带责任。

案例与分析

甲有生产一次性纸杯的技术,乙、丙想使用此技术办厂。三方协议,所得利益为甲四成,乙、丙各三成,但甲不参与经营管理。甲同意乙、丙使用该技术到1995年3月,甲分得5万元。后因乙、丙管理不善,导致亏损,负债3万元。乙、丙找甲要求其承担部分亏损,甲不同意,认为他只是转让技术,而未参与合伙,不应负担损失。乙、丙为此诉至法院。

问题:(1) 甲是合伙人吗? 为什么?

(2)3 万元的债务应如何偿还? 为什么?

分析:(1) 甲是合伙人。依《民法通则意见》第46条规定:"公民按照协议提供资金或者实物,并约定参与合伙盈余分配,但不参与合伙经营、劳动的,或者提供技术性劳务而不提供资金、实物,但约定参与盈余分配的,视为合伙人。"本案中,甲虽未直接参加合伙的经营管理,但甲提供了技术,并且按比例分红,分得5万元,这就是实际上的利润。依法,甲应视为合伙人。

(2) 由合伙人共同承担连带偿还责任。《民法通则意见》第47条规定:"全体合伙人对合伙经营的亏损额,对外应当负连带责任,对内则应按照协议约定的债务承担比例或者出资比例分担;协议未规定债务承担比例或者出资比例的,可以按照约定的或者实际的盈余分配比例承担……"本案中,即由甲、乙、丙三人负连带偿还3万元债务的责任。

第七章　民事法律行为

第一节　民事法律行为概述

一、民事法律行为的概念

(一)传统民法中的法律行为概念

在传统民法中,“法律行为”一词为德国民法学者所创立,1900年《德国民法典》对法律行为制度作了系统规定,后为大陆法系各国民法学和民事立法所继受。依《德国民法典》立法理由书的解释,所谓法律行为,是指“私人的、旨在引起某种法律效果的意思表示。此种效果之所以得依法产生,皆因行为人希冀其发生。法律行为的本质,旨在引起法律效果之意思的实现,在于法律制度以承认该意思方式而于法律世界中实现行为人欲然的法律判断”。[1] 德国当代法学家拉伦茨认为,“法律行为是一种目的旨在形成某种法律后果的意思表示行为”。[2] 大陆法系各国民法学承继《德国民法典》中关于法律行为规定的内容,阐述法律行为的概念。我国台湾地区的“民法”,对法律行为也采《德国民法典》的规定。我国民国时期的学者以及我国台湾地区民法学者对法律行为概念的理解也同于上述解释。例如,胡长清先生认为:“法律行为者,以私人欲发生私法上效果之意思表示为要素,有此表示,故发生法律上效果之法律事实也。”[3] 梅仲协先生表述道:“法律行为者(德 Rechtsgeschaefte;法 actes juridiques;英 juristic acts),私人之意思表示,依法之规定,可以达到所希望之法律效果也。”[4] 史尚宽表述为:“法律行为者(Rechtsgeschaefte;actes juridique;juristic acts),以意思表示为要素,法律因意思之表示,而使发生法律上效力之私法上法律要件也。”[5] 我国台湾地区学者郑玉波表述为:“法

---

〔1〕 转引自[德]迪特尔·梅迪库斯:《德国民法总论》,邵建东译,法律出版社2000年版,第142～143页。

〔2〕 转引自龙卫球:《民法总论》,中国法制出版社2002年版,第424页。

〔3〕 胡长清:《中国民法总论》,中国政法大学出版社1997年版,第184页。

〔4〕 梅仲协:《民法要义》,中国政法大学出版社1998年版,第88页。

〔5〕 史尚宽:《民法总论》,中国政法大学出版社2000年版,第296页。

律行为者,乃欲发生私法上效果之意思表示为要素之一种法律事实也。”[6]黄立的表述为:“法律行为 Reechtsgeschaeft,主要是指一个人为了产生一定的法律效果所作的意思表示。”[7]

上述对法律行为概念含义的表述虽措辞用语不完全相同,但都强调法律行为作为法律事实的一种,皆以意思表示为要素,且其目的在于追求某种法律效果或私法效果。可以看出,在传统民法上,所谓法律行为的本质特征在于以当事人的意思表示为要素而发生法律效果的行为法律事实。还要看到的是,法律行为理论及其制度从产生时起,就具有特定的含义和价值意蕴,是民法上的专有范畴,切不可与民法上的行为或具有民法意义的行为相混淆。

(二)我国法律对民事法律行为的定义

我国法律规定了法律行为,但与传统民法不同,称为民事法律行为。1986 年《民法通则》第 54 条对民事法律行为的概念定义为:“民事法律行为是公民或者法人设立、变更、终止民事权利和民事义务的合法行为。”《民法通则》对民事法律行为的定义区别于传统民法上关于法律行为的定义,其特点在于强调民事法律行为的合法性,忽略了法律行为的本质在于以当事人的意思表示为特征。

传统民法中的法律行为概念,是作为一切因意思表示而发生法律效果或私法效果的行为的统称,只要是以实现一定私法效果为目的的意思表示行为就是法律行为,其本质在于强调以当事人意思表示可以发生私法上的效果,即私法效果的发生是当事人意思表示所追求的。至于当事人通过意思表示所追求的法律效果能否必然地、确定地发生,是否合法,则是另一法律价值判断问题,不是对法律行为事实的判断问题。法律行为概念的界定着眼于法律行为的事实判断,而不是价值判断。法律行为概念作为一事实判断强调以当事人意思表示为要素,以当事人意思表示的内容追求发生相应的法律效果的行为。当事人意思表示的内容符合法律的价值判断的就可以确定地发生意思表示内容所追求的法律效果,而成为有效法律行为;不符合价值判断的则依法律规定呈现为无效、可撤销、效力未定等不同的效力状态。

我国原《民法通则》在制定过程中误解了传统民法中法律行为的概念,认为既然法律行为是以当事人的意思表示为要素而发生法律效果的行为,应当然是合法行为,无效法律行为的概念就存在逻辑矛盾。在这里就将传统民法上法律行为的本质在于以当事人意思表示为要素预期或追求发生法律效果误解为必然地、确定地发生法律效果,从而认为只要是法律行为就一定是合法行为,合法行为哪来的无

---

[6] 转引自张俊浩主编:《民法学原理》,中国政法大学出版社 1997 年版,第 204 页。
[7] 黄立:《民法总则》,中国政法大学出版社 2002 年版,第 191 页。

效法律行为？这样为了避免概念上的逻辑矛盾就创造出了“民事行为”这一概念。因而，原《民法通则》关于民事法律行为的这一定义被有关学者认为有重大缺陷而受到批评。[8]

在经过多年的理论探讨，并达成共识的基础上，2017 年颁布的《民法总则》第 133 条对民事法律行为作出了定义性规定：“民事法律行为是民事主体通过意思表示设立、变更、终止民事法律关系的行为。”2020 年 5 月 28 日第十三届全国人民代表大会第三次会议通过的《民法典》第 133 条对民事法律行为的定义性规定与原《民法总则》完全相同。这个定义，回归了传统法律行为的本来品质，体现了法律行为的本质特征。本书下文若无特别说明，所言法律行为即为我国民法规定的民事法律行为，两者为同义。

（三）法律行为制度的价值

从以上对法律行为概念的分析中可以看出，法律行为作为主要的民事法律事实，其以意思表示为基本要素，通过意思表示以追求私法效果为目的。也就是说，在市民社会生活中，民事主体为了实现某种利益，需要与其他主体之间形成一定的权利义务关系，进而通过义务的履行、权利的实现，最终实现其利益目的。民事主体希望与其他主体之间形成权利义务关系，即产生法律效果或私法效果，构成了其“意思”，并将其意思向有关主体“表示”出来，这就是“意思表示”。民事主体正是通过意思表示而追求私法效果，即权利义务关系，并进而实现其利益目的的。进一步讲，民事主体是通过其自由意志的表达，追求乃至实现自己的利益目的的。因此，从中我们可以看出，法律行为及其制度中蕴含一个重要的价值，即“私法自治”。

“所谓私法自治（privatautonomie），是指‘各个主体根据其意思自治形成法律关系的原则’，具体地说，是指在私法范围内，法律给予个体极为广泛的机会，以法律划定一个宽阔的任意范围，允许其依自己的自由意愿，去塑造与他人之间的相互法律关系。”[9]民法所倡导的市民社会或私法领域的个人意志自由、意思自治、私法自治，正是民事主体通过实施法律行为实现的，依法律行为，民事主体可以自主地决定相互间的权利义务关系；在法律上，私法自治是通过推行法律行为制度来实现的，法律行为制度不仅在制度层面上使私法自治价值得以确立，而且通过一系列极具逻辑性和技术性的规范，为私法自治是否合理提供了考量、识别的标准，并给予相应的法律调整。也正因如此，德国法学家迪特尔·梅迪库斯精辟地讲道：“简言之，意思表示是法律行为的工具，而法律行为又是私法自治的工具。”[10]

---

〔8〕 张俊浩主编：《民法学原理》，中国政法大学出版社 1997 年版，第 206 页。

〔9〕 龙卫球：《民法总论》，中国法制出版社 2002 年版，第 427 页。

〔10〕 ［德］迪特尔·梅迪库斯：《德国民法总论》，邵建东译，法律出版社 2000 年版，第 143 页。

由于法律行为体现了私法自治这一重要价值,"是私法的一个核心概念,也是民法总则最为重要的调整对象",[11] 因此继《德国民法典》创立法律行为制度之后,该制度在各国民事立法中备受重视。随着我国民法理论研究的深入,对法律行为及其制度的认识也取得了实质性的进步,并首先在我国 1999 年制定的《合同法》中得到了体现。2017 年 3 月颁布的《民法总则》及至 2020 年 5 月颁布的《民法典》总则编对民事法律行为的规定,以及所建构的民事法律行为制度体系,无疑是我国民事立法的一大进步。

二、民事法律行为的特征

通过对民事法律行为的含义及其价值的分析,首先需要明确的是,法律行为属于民事法律事实的一种,是法律事实中的行为事实。在此基础上,可以概括出法律行为具有以下两个特征。

1. 法律行为是表意行为。所谓表意行为,是以当事人的意思表示为要素的行为。"意思表示以外的事实,虽亦得为法律行为之要件,然不得有不以意思表示为要素之法律行为。"[12] 也就是说,法律行为必以意思表示为要素或构成要件。所谓意思表示,是行为人把意欲发生一定法律效果的意思,通过一定方式向他人表示出来的行为。意思是当事人意欲发生、变更、终止民事权利义务的内在愿望或内在意志;表示是将该意思通过一定的方式表达于外部让相对人或社会知晓的活动。意思是表示的基础和内容,意思只有表达于外部让相对人或社会知晓才具有法律意义。法律行为以当事人的意思表示为必要构成要件,没有意思表示,便不是法律行为。以意思表示为构成要素,是法律行为最本质的特征。这一特征使法律行为区别于非以意思表示为构成要件的非表意行为法律事实。

2. 法律行为旨在发生私法效果。法律行为以行为人的意思表示为特征,其意思表示的内容是欲发生民事权利义务关系或者说民事法律关系的法律效果,即私法效果。这里的私法效果或民事法律效果,指私权之变动,包括民事权利和民事义务关系的设立、变更和终止。在民事生活中,当事人从自己的利益需要出发,依意思自治原则,通过意思表示追求与其他主体发生民事权利义务关系,即私法效果;如果这种权利义务关系能够按照当事人的预期发生,则通过义务的履行、权利的实现,最终实现当事人的利益目的。所以,当事人为了实现某种利益目的,就必须与他人发生权利义务关系,而这种权利义务关系即私法效果的发生,是通过实施法律行为实现的。在这里,当事人实施法律行为所产生的私法效果是当事人预期的,预期的私法效果的产生正是当事人实施法律行为的目的所在。这一特征便使法律行

---

〔11〕 [德]迪特尔·梅迪库斯:《德国民法总论》,邵建东译,法律出版社 2000 年版,第 138 页。

〔12〕 参见史尚宽:《民法总论》,中国政法大学出版社 2000 年版,第 307 页。

为区别于民事法律事实中的其他行为事实。比如事实行为,不仅不以意思表示为构成要件,其法律后果的产生来自法律的直接规定,而非行为人的意思所追求的。

三、法律行为与准法律行为和事实行为的区别

(一)法律行为与准法律行为

“准法律行为 Rechtshandlung in engeren Sinn,就是用意思的表达,告知他人事项。”[13]法律行为与准法律行为的相同之处在于都包含当事人的内在心理状态或意识的表示行为,不同的是法律行为所表示的是行为人欲发生法律效果的内在意思,法律效果的发生是因意思表示的内容符合法律规定直接发生的,即该法律效果是当事人所预期的;而准法律行为的行为人所表示的是意思通知、事实通知、感情表示等,由此发生的民事法律后果是由法律的规定而当然发生的,并非当事人意思表示的内容所预期的。当事人实施该行为,进行的表示行为并不以追求这一法律效果为直接目的,表示行为一旦作出,依据法律的规定就会引起相关的民事法律后果,即使当事人对这一后果有所意识而实施表示行为,但这一法律后果也并不是以其表示的内容发生。比如,债务人承认债务并通知给债权人,即可依法发生时效中断的法律效果。但这一效果并非债务人承认债务的意思内容,也并非债务人追求的法律效果。又如,受要约人对要约拒绝,即依法发生要约失效的效果。要约失效的效果是依法律规定发生的,并非要约人意思所追求的效果。

(二)法律行为与事实行为

事实行为,是指行为人主观上并无产生民事法律关系的意思,也无须表达内在意思,只要事实上发生行为即可以依照法律的规定引起民事法律关系后果的行为。“事实行为 Realakte:此种行为系表达事实,并无表示之意思,然仍能产生法律效果,如艺术品之创作,产生著作权上的效果;拾得遗失物,也产生一定之效果。”[14]另外,发现埋藏物、先占、加工、著作、无因管理等也是事实行为。事实行为与法律行为明显不同,它不以意思表示为必要,当事人实施行为的目的并不是要发生相应的民事法律关系后果;法律行为强调意思具备的表示要素才能构成,而事实行为强调在客观上、事实上行为具备法律规定的条件就成立事实行为,并以法律的规定直接发生法律后果,而不是以行为人意思表示内容发生法律效果。因此,民法关于意思表示以及法律行为的规定不适用于事实行为。例如,法律行为的实施要求行为人必须具备相应的行为能力才能有效,而事实行为则不要求行为人具有行为能力。“事实行为与行为人之行为能力无涉,因此一位心神丧失的诗人所写的诗篇,照样

---

〔13〕 黄立:《民法总则》,中国政法大学出版社 2002 年版,第 192 页。
〔14〕 黄立:《民法总则》,中国政法大学出版社 2002 年版,第 194 页。

享有著作权。未成年的歌星所灌制的唱片也受法律保护。"[15]法律行为可由他人代理进行,而事实行为一般不可代理。

第二节 民事法律行为的分类

民事法律行为可以从不同角度,依不同标准划分为若干种类。民法对不同种类的法律行为的成立、生效等有不同要求。因此,认识法律行为的分类,有助于了解各种类型的法律行为的法律意义,掌握不同类型的法律行为在成立、生效上的不同特点。

一、单方法律行为、双方法律行为和多方法律行为

此种分类,是以法律行为的成立需要几个方面的意思表示为标准。

1. 单方法律行为。又称单方行为,是指只需一项意思表示就可以成立的法律行为。其特点是只要一方当事人作出意思表示,而无须他方当事人意思表示的同意,法律行为就可以成立。例如,委托授权行为、遗嘱行为、放弃继承权行为、追认无权代理行为、免除债务行为等都属于单方法律行为。

2. 双方法律行为。又称双方行为,是指双方当事人意思表示一致即合致,才可以成立的法律行为。其特点是必须由双方当事人作出意思表示,而且双方的意思表示还须一致或者相对应,才能成立。契约(我国称合同)行为就是典型的双方行为,它需要一方当事人的要约意思表示和对方当事人的承诺意思表示一致才能成立。

3. 多方法律行为。又称共同行为或协定行为,指两个以上当事人共同意思表示一致才能成立的法律行为。其特点是多个当事人的目的是共同的,意思表示的方向是一致的。例如,两个以上的当事人订立合伙合同的行为,即为多方法律行为。

这一分类的意义在于,不同的法律行为的成立对当事人意思表示的要求不同,单方法律行为仅需一方当事人的一项意思表示即可成立;双方法律行为需要双方当事人意思表达一致或相对应才可以成立,当事人意思表示的目的是不同的;多方法律行为需要多方当事人意思表示一致才可以成立,当事人意思表示的目的是相同的。法律行为的这一分类及其意义体现在我国《民法典》第134条,该条规定:"民事法律行为可以基于双方或者多方的意思表示一致成立,也可以基于单方的

---

[15] 黄立:《民法总则》,中国政法大学出版社2002年版,第194~195页。

意思表示成立。"

二、财产法律行为和身份法律行为

此种分类,以法律行为效果内容的性质是财产性的抑或身份性的为标准。

1. 财产法律行为。简称财产行为,指发生财产关系变动效果的法律行为。其特点是,法律行为的目的是发生财产上的效果,如债权法律行为、物权法律行为。

2. 身份法律行为。简称身份行为,指发生身份关系变动效果的法律行为。其特点是,法律行为的目的是发生身份上的效果。包括亲属行为和继承行为,前者如结婚行为、收养行为、非婚生子女认领行为、离婚行为等,后者如遗嘱行为、继承权的接受和抛弃行为、遗赠扶养协议等。

这一分类的意义在于明确不同法律行为的法律效果不同,即对于当事人不同利益目的的满足,财产行为在于实现当事人的财产利益,因而适用民法之财产法;身份行为则在于实现当事人的身份利益,以使其取得或丧失一定的身份,因而适用民法之身份法规范。

三、诺成法律行为与实践法律行为

此种分类,以法律行为的成立除意思表示之外是否需要物的实际交付为标准。

1. 诺成法律行为。又称不要物行为,指当事人意思表示一致就可以成立的法律行为。其特点是,只要双方当事人意思表示一致,法律行为就能成立。例如,买卖、租赁合同等就属于诺成法律行为。

2. 实践法律行为。又称要物行为,指除当事人意思表示一致以外,还须交付一定的标的物,才可以成立的双方法律行为。其特点是,不仅要求双方当事人意思表示一致,而且还须有物的交付,法律行为才能够成立。例如,借用合同、小件物品寄存保管合同等就属于实践法律行为。

这一分类的意义在于确定法律行为是否成立。诺成法律行为仅需当事人意思表示一致即可成立;实践法律行为的成立除意思表示一致外还需物的交付才能成立。除依法律规定、交易习惯确定应为实践法律行为外,均为诺成法律行为。

四、有偿法律行为与无偿法律行为

此种分类,以法律行为有无对价为标准。

1. 有偿法律行为。亦称有偿行为,指一方当事人从对方当事人处取得某种利益,需向对方当事人支付相应对价,即互为对待给付的法律行为。其特点是当事人双方互为对待给付。例如,买卖、互易、租赁、承揽、运输合同以及有息的消费借贷合同等。民法所调整的商品交易关系的有偿性,决定了大多数法律行为是有偿行为。

2. 无偿法律行为。亦称无偿行为，指一方当事人从对方当事人处取得利益，无须对方给付相应对价的法律行为。其特点是当事人一方为给付，他方无须为对待给付。例如，赠与、使用借贷、无偿保管合同等。

这一分类的意义在于确定法律行为的性质以及当事人具体的权利义务和责任状况。依据法律规定，有些法律行为只能是有偿的，如买卖、租赁、互易；有些法律行为只能是无偿的，如赠与、借用；有的法律行为则根据当事人的意思选择可以是有偿的也可以是无偿的，如委托、保管。两种行为所引起的法律关系中，当事人责任的大小是有区别的，一般来说，无偿行为所引起的法律关系中义务人的责任要比有偿行为引起的法律关系中义务人的责任为轻。如《民法典》第 662 条规定："赠与的财产有瑕疵的，赠与人不承担责任……"但对买卖合同，出卖人却要对标的物的品质负瑕疵担保责任。

五、要式法律行为与不要式法律行为

此种分类，以法律行为的成立或生效是否须具备法定形式或者约定形式为标准。

1. 要式法律行为。简称要式行为，指依照法律、行政法规的规定或当事人的约定，必须采取一定形式才能成立或生效的法律行为。其特点是，法律行为的意思表示需依特定方式表示，或者在意思表示之外需履行一定的程序。法律或行政法规要求必须采取一定形式才能成立或生效的法律行为为法定要式行为。比如，我国《民法典》第 736 条第 2 款规定："融资租赁合同应当采用书面形式。"第 789 条规定"建设工程合同应当采用书面形式"等。典型的法定要式行为为婚姻、遗嘱、票据行为等。如我国《民法典》第 1138 条规定："遗嘱人在危急情况下，可以立口头遗嘱。口头遗嘱应当有两个以上见证人在场见证。危急情况消除后，遗嘱人能够以书面或者录音录像形式立遗嘱的，所立的口头遗嘱无效。"而代书遗嘱须有两个无利害关系人在场见证，由一个人代书，并有在场见证人在代书遗嘱上签字。又如，转移不动产所有权的法律行为必须经过登记才能发生效力，也为法定要式行为。按照当事人的约定必须采取一定形式才能成立的法律行为为约定要式行为，例如，当事人特别约定合同须经过公证后才成立。

2. 不要式法律行为。简称不要式行为，指法律或行政法规不要求采用特定形式，依当事人自由选择的形式就可以成立或有效的法律行为。其特点是，法律行为的意思表示形式由当事人自由选择。在古代法中，大多数契约行为都需要遵循特定的形式。近现代民法为了贯彻当事人意思自治原则，在法律行为的形式上充分尊重当事人的选择，以不要式行为为原则，以要式行为为例外。

这一分类的意义在于，"不要式行为，得自由为之；而要式行为，非依法定方式者，原则上应为无效”。[16] 对于法律或行政法规规定采用特定形式的法律行为，当事人应采用规定的形式，否则法律行为不成立或无效。因此，《民法典》第135条规定：“民事法律行为可以采用书面形式、口头形式或者其他形式；法律、行政法规规定或者当事人约定采用特定形式的，应当采用特定形式。”

六、主法律行为和从法律行为

此种分类，以相互关联的法律行为之间的主从关系为标准。

1. 主法律行为。也称主行为，指相互关联的法律行为中能够独立存在的法律行为。其特点是，法律行为无须其他法律行为的支撑即可独立存在。

2. 从法律行为。也称从行为，指相互关联的法律行为中从属于其他法律行为而存在的法律行为。其特点是，从法律行为不能独立存在，而必须以主法律行为的存在为前提才能存在。例如，当事人订立的借款合同为主法律行为，为了担保合同债务的履行，又订立了抵押合同，就是从法律行为。借款合同可以独立存在，但抵押合同必须依从于借款合同。又如，夫妻财产契约以婚姻契约的存在为前提，其为婚姻契约法律行为的从法律行为。

这一分类的意义在于，明确从法律行为因其具有从属性，通常情况下从法律行为的成立以主法律行为的成立为前提，主法律行为无效或消灭的，从法律行为亦无效或消灭。

七、独立法律行为与辅助法律行为

此种分类，以彼此关联的法律行为之间是否具有独立的实质内容为标准。

1. 独立法律行为。也称独立行为，指相互关联的法律行为中具有独立的实质内容，但需要相关行为辅助才能生效的法律行为。其特点是，行为本身具有独立的实质内容，但不能生效，需要以其他行为的辅助作为其生效要件。如限制行为能力人实施的超出其行为能力范围的法律行为，行为本身具有独立性和实质内容，但须经其法定代理人为追认的意思表示行为相辅助才能生效。

2. 辅助法律行为。也称辅助行为、补助行为，指相互关联的法律行为中不具有独立的实质内容，但却辅助独立行为生效的法律行为。其特点是，行为虽无实质内容，但却是独立行为的生效要件。如上例中的法定代理人的追认行为就是辅助法律行为。辅助行为中有辅助自己行为的，如选择债务之选择；有辅助他人行为的，如同意、许可等。

这一分类的意义在于明确辅助法律行为是辅助独立法律行为效力的条件，其本身并无实质内容；待辅助的独立法律行为本身虽有实质内容，但在辅助法律行为

---

〔16〕 梁慧星：《民法总论》，法律出版社1996年版，第158页。

补足其效力之前不能生效。

八、有因法律行为和无因法律行为

此种分类,以财产法律行为是否以给付原因为要件作为标准。在这里,原因即法律行为的目的。“所谓给付原因,即效果意思中该给付旨在达成的典型交易目的。以买卖为例,出卖人给付标的物于对方当事人,其旨在达成的典型交易目的即收取该物的价金。”〔17〕

1. 有因法律行为。也称有因行为、要因行为,指以财产给付为标的的法律行为的成立和有效须以原因的存在或无瑕疵为要件的法律行为。其特点是,“原因欠缺,导致法律行为不能成立;原因瑕疵,导致法律行为无效”。〔18〕例如,买卖法律行为的成立和有效须以买方取得标的物所有权和卖方取得价款为原因,因而相互为对待给付,如果无买方支付价款之原因,则无买卖法律行为的成立。

2. 无因法律行为。也称无因行为、不要因行为,指以财产给付或处分为标的的法律行为的成立和有效不以原因行为的存在或无瑕疵为要件的法律行为。其特点是,原因欠缺、无效并不影响法律行为的成立和效力。票据行为就是典型的无因行为。例如,甲向乙购物,签发一张本票给乙,代现金之交付。后来甲乙之间的买卖关系因某种原因无效,这时,该票据行为并不因此失效,而是仍然有效。在这里,作为票据行为的原因的买卖关系的成立与否、有效与否,并不影响票据行为的效力。票据行为的无因性有利于保障交易安全和促进票据流通。另外,《德国民法典》规定的物权行为也是无因行为,认为物权行为的效力不受作为其原因行为的债权行为效力的影响,其目的仍是维护交易安全。

这一分类的意义在于明确法律行为的原因对不同法律行为效力的影响。对于有因行为,如果原因不存在、无效,其行为也不成立或无效。对于无因行为,原因不存在、无效,其行为并不因此而无效,仅发生不当得利返还的问题。需要明确的是,由于财产给付都是有原因的,因此财产法律行为一般为有因行为,但是出于交易安全的考虑,立法也承认无因行为。

九、财产处分法律行为和财产负担法律行为

此种分类,是以财产法律行为的效果是直接发生财产权变动还是为当事人设定财产负担为标准。

1. 财产处分法律行为。又称处分行为,指能够直接发生财产权变动效果的法律行为。其特点是,行为的效果是直接引起财产权利的产生、变更或消灭。处分行

---

〔17〕 张俊浩主编:《民法学原理》,中国政法大学出版社 1997 年版,第 229 页。

〔18〕 龙卫球:《民法总论》,中国法制出版社 2002 年版,第 439 页。

为又分为物权行为和准物权行为。物权行为，是指直接引起物权变动效果的法律行为，如抛弃所有权、移转标的物的所有权的行为、设定质权等行为；准物权行为，是指直接引起物权外其他财产权利变动效果的法律行为，如放弃债权、转让债权、著作财产权让与行为等。

2. 财产负担法律行为。又称负担行为，指发生债务负担效果的法律行为。其特点是行为一经成立，在有关当事人之间会发生请求权关系或给付义务。负担行为的典型为债权法律行为，如买卖合同、租赁合同等。债权行为一经成立即为一方当事人设定债权，对方当事人负担债务，债权人借助于债务人的履行债务的行为，才能实现其财产利益。

处分行为和负担行为可以是非并存关系，也可以是并存关系。在非并存关系中，表现为仅有处分行为而无负担行为（如抛弃所有权）和仅有负担行为而无处分行为（如雇佣合同）；在并存关系中，负担行为是处分行为的原因行为，处分行为是负担行为的履行行为或结果行为，如买卖合同为负担行为，履行该买卖合同的行为则为处分行为。

这一分类的意义在于负担行为与处分行为的法律效果不同，负担行为仅对一方当事人产生义务负担，权利人只能请求负担义务的人履行义务以实现其利益，尚不能直接实现其利益。而处分行为的物权行为则直接使物权发生得丧变动，使权利人直接取得物权，实现其利益。因而，在行为效力方面有不同的法律规定：处分行为只能对特定物处分，而且行为人须有处分权，而负担行为则不以标的物属特定物为限，也不以行为人有处分权为必要。同时处分行为须经过公示始生效力，而负担行为无须公示。[19]

十、生前法律行为和死因法律行为

此种分类，以法律行为的效力发生于行为人生前抑或死后为标准。

1. 生前法律行为。又称生前行为、生存行为，指在行为人生前就发生法律效力的法律行为。其特点是，法律行为效力的发生不以行为人死亡为要件。法律行为除个别者外，多属生前行为。

2. 死因法律行为。又称死因行为、死后行为，指于行为人死亡后始发生法律效力的法律行为。其特点是，法律行为效力的发生以行为人死亡为要件，如遗嘱法律行为。

这一分类的意义在于，死因行为只有在行为人死亡后才能发生效力，因此，法律对其规定较为严格，以免行为人死亡后利害关系人发生争执。例如，继承法对遗嘱的形式就有严格的规定。

---

〔19〕 王泽鉴：《民法总则》（增订版），中国政法大学出版社 2001 年版，第 264 页。

十一、完全民事法律行为与非完全民事法律行为

根据民事法律行为是否完全发生当事人所预期的效果,可以将民事法律行为分为完全民事法律行为与非完全民事法律行为。完全民事法律行为是有效的法律行为。非完全民事法律行为是不能完全发生当事人预期的效果的法律行为,通常包括三种:(1)无效法律行为,是完全不能发生效力的法律行为,如违反强制或禁止规定的法律行为;(2)可撤销的法律行为,即可因撤销权人的撤销行为而归于无效的法律行为,如错误的意思表示;(3)效力未定的法律行为,即发生效力与否尚属未定的法律行为,如限制行为能力人订立的契约。[20]

第三节　民事法律行为的成立

一、民事法律行为成立的概念

法律行为的成立,也称法律行为的产生,是指法律行为满足必备要件或构成要素而在法律上产生或存在的状态。

理解法律行为成立的概念应注意以下几点。

1. 认识法律行为成立,其首要目的在于判断法律行为是否存在,而要判断法律行为是否存在的依据就是法律行为必备构成要素的满足。这里的判断是事实判断而不是价值判断,即判断法律行为在事实上是否产生或存在。法律行为的价值判断涉及法律行为的效力问题,是本章第四节阐述的内容。

2. 法律行为成立旨在于当事人间形成一定的法律关系,使民事权利义务得以产生、变更或消灭。因为,按照私法自治原则,当事人可以通过其意愿,创设他们所预期的权利义务关系。法律行为就是私法自治的体现,当事人实施法律行为的目的就是创设、变更或消灭一定的民事权利义务关系,正如卡尔·拉伦茨所说:“我们说法律行为的目的是引起法律后果。这一表述的意思是:法律行为之所以产生法律后果,不仅是法律制度为法律行为规定了这样的后果,首要的原因还是在于从事法律行为的人正是想通过这种法律行为而引起这种法律后果。当然,法律制度承认法律行为的后果是一项必不可少的条件。可见,在通常情况下,法律行为是一种有目的的行为,即以最后引起某种法律后果为目的的行为。”[21]

---

〔20〕 胡长清:《中国民法总论》,中国政法大学出版社1997年版,第192~193页。

〔21〕 [德]卡尔·拉伦茨:《德国民法通论》,王晓晔等译,法律出版社2004年版,第426页。

二、民事法律行为的成立要件

法律行为的成立要件，是指法律行为成立所必不可少的事实要素，也称法律行为的构成要素。法律行为因具备成立要件而成立；反之，法律行为不成立。

（一）法律行为的一般成立要件

所谓法律行为的一般成立要件，是指一般法律行为的共通成立要件。一般成立要件同时也是法律行为得以产生的最起码的条件，日本学者几代通对此指出："法律行为所需最小限度之外形或形式之要件，为成立要件。当事人之存在及组成法律行为之意思表示之存在，一般可自外形上觉知，此为法律行为之一般成立要件。"[22] 关于成立要件的要素，主要有两种观点：一是认为法律行为成立要件包括当事人、标的、意思表示三个要素；二是认为成立要件只有一个要素，就是意思表示。后者认为，当事人和标的是意思表示的应有之义，意思表示要件即已包括了当事人和标的在内，没有必要将当事人和标的作为单独的要素。[23] 两者观点的实质含义其实是相同的。按照通说，法律行为成立要件包括当事人、标的、意思表示三个要素。

1. 当事人。所谓当事人，是指作出法律行为的人。这是法律行为的主体要素。因为，法律行为作为表意行为，需要有作出意思表示的主体。

2. 标的。所谓标的，是指意思表示的内容。也就是当事人意思表示效果意思指向的目的，是当事人实施法律行为所欲发生的事项。这是法律行为的客体要素。

3. 意思表示。所谓意思表示，是指为了实现当事人所追求的法律效果所为的意思表达。即行为人将自己所追求的法律效果的内心意愿（意思）通过一定的方式表达出来，为他人所知晓。这是法律行为的本质要素。

（二）法律行为的特别成立要件

所谓法律行为的特别成立要件，是指有些法律行为的成立除具备一般成立要件外，尚须具备特有的成立要件才能成立的要件。如要式行为，具备法定的或约定的形式时法律行为才能成立；要物行为，须有物的交付法律行为才能成立。

三、意思表示

（一）意思表示的概念

所谓意思表示，是指表意人将所追求的某种私法效果的内心意思，以一定方式

---

〔22〕 转引自谢在全：《物权行为之方式与成立要件》，载杨与龄主编：《民法总则争议问题研究》，五南图书出版股份有限公司 1998 年版，第 213 页。

〔23〕 张俊浩：《民法学原理》，中国政法大学出版社 2000 年版，第 249 ~ 250 页；彭万林主编：《民法学》（修订版），中国政法大学出版社 1999 年版，第 147 页。

表示于外部的行为。简要地说,就是旨在达到某种特定私法效果的意思的表达。需要注意的是,意思表示的目的是追求一定的私法效果,即民事权利义务关系的变动,因此意思表示系私人的行为,但即便是私人的行为,其目的是发生一定的公法效果时,则非此所谓"意思表示"。[24]

(二)意思表示的构成要素

凡表示必以意思作为前提,同时,意思如果不能以某种形式表达于外部,不为外界所了解,也就不具有任何法律意义。因此,意思表示由内心意思和表示行为两个要素构成。"意思表示上的意思,指效果意思。表意者内心意欲发生法律上效果的意思,为内心的效果意思。即所谓真意。但此内心的效果意思,难以为他人所知。因此,法律上所谓效果意思,是指表示上的效果意思。所谓表示上的效果意思,指从书面形式或口头形式的表示行为所推断的效果意思。"[25] 所谓表示行为,则是指表意人将其内心意思通过一定方式表示于外部,以使相对人或社会其他人可以获知其意思的行为,也就是表意人将其意思外部化的行为。

(三)意思表示的形式

根据意思表示的方式不同,可以分为明示形式和默示形式两种。《民法典》第140条第1款规定:"行为人可以明示或者默示作出意思表示。"其中,明示是意思表示最经常、典型的形式,默示则是一种例外的形式。

1. 明示形式

所谓明示形式,是指用明确可知的方法直接表达意思的形式,包括口头形式和书面形式。

(1)口头形式

口头形式,指以口头语言来进行意思表示的形式。它主要表现为当面交谈或电话进行交谈等形式。这种形式直接明了,简便迅速,但当发生争议时,不易保存证据。所以,口头形式多用于金额不大或即时清结的法律行为。

(2)书面形式

书面形式,指行为人通过文字形式进行意思表示而成立的法律行为。书面合同、书信、电报、书面遗嘱、证明文件等都可作为法律行为的书面形式。这种形式的特点是明确肯定,可作查证根据,因此,凡较重要或不能即时清结的法律行为,大多采书面形式。根据我国《民法典》的规定,保证合同、质押合同均应采用书面形式。除上述一般书面形式外,法律还规定了特殊书面形式,所谓特殊书面形式,是指行为人除用文字符号书面表明其意思外,还必须依照规定履行其他法定手续,法律行

---

〔24〕 王泽鉴:《民法总则》(增订版),中国政法大学出版社2001年版,第335页。
〔25〕 梁慧星:《民法总论》,法律出版社1996年版,第163页。

为才成立的书面形式。其他法定手续包括审核登记、鉴证、公证等形式。

2. 默示形式

所谓默示形式，是指以非明示的、间接的、需要推理方能确定其意思表示的形式。这种形式又分为推定形式和沉默形式两种。

(1)推定形式

推定形式，指通过行为人有目的和有意义的积极作为，可以确定其意思表示的形式。比如，出租人于租赁期满后继续收受承租人交付的租金，可以推知当事人间愿意延续租赁合同的意思表示。

(2)沉默形式

沉默形式，指通过行为人的单纯不作为而依法律规定或当事人约定确定其意思表示的形式。既无语言表示又无行为表示的消极行为，即单纯的不作为，为沉默。需要明确的是，单纯的沉默没有法律意义，只有在法律有明文规定或当事人有特别约定的情况下，才为意思表示的形式。《民法典》第 140 条第 2 款规定："沉默只有在有法律规定、当事人约定或者符合当事人之间的交易习惯时，才可以视为意思表示。"关于法定沉默形式，如《民法典》第 1124 条规定："继承开始后，继承人放弃继承的，应当在遗产处理前，以书面形式作出放弃继承的表示；没有表示的，视为接受继承。受遗赠人应当在知道受遗赠后六十日内，作出接受或者放弃受遗赠的表示；到期没有表示的，视为放弃受遗赠。"再如，某甲送订货单给乙，事先约定一个月内若不作答，即视为订货，乙届时的不作为即属约定沉默形式。

(四)意思表示的生效和撤回

1. 意思表示的生效

行为人作出的意思表示，通常会产生相应的法律效力。意思表示的效力，是指意思表示对于表意人与相对人的法律拘束力，涉及意思表示的生效时间、对表意人与相对人的效力等问题。意思表示一旦生效，意味着该意思表示对于相关当事人发生了法律拘束力。

《民法典》第 137 条规定："以对话方式作出的意思表示，相对人知道其内容时生效。以非对话方式作出的意思表示，到达相对人时生效。以非对话方式作出的采用数据电文形式的意思表示，相对人指定特定系统接收数据电文的，该数据电文进入该特定系统时生效；未指定特定系统的，相对人知道或者应当知道该数据电文进入其系统时生效。当事人对采用数据电文形式的意思表示的生效时间另有约定的，按照其约定。"

依此规定，对于以对话方式作出的意思表示，比如通过当面交谈、打电话或在线即时通讯等方式作出的意思表示，采取了解主义，即在相对人了解或知道意思表示的内容时生效。

对于以非对话方式作出的意思表示,采取到达主义,即意思表示到达相对人时生效。这里的到达,是指意思表示已进入相对人的支配范围,处于相对人可以了解的状态。[26] 采用数据电文形式的意思表示,为非对话方式的一种形式,相对人指定特定系统接收数据电文的,该数据电文进入该特定系统时生效;未指定特定系统的,相对人知道或者应当知道该数据电文进入其系统时生效。比如,相对人指定了邮箱地址的,数据电文发送到该邮箱时就生效;如果相对人未指定特定邮箱地址,数据电文发送到相对人的任何一个邮箱时就生效。如果当事人对采用数据电文形式的意思表示的生效时间另有约定的,从其约定。

另外,《民法典》第138、139条分别对两种特殊的意思表示的生效时间作了规定,即"无相对人的意思表示,表示完成时生效。法律另有规定的,依照其规定","以公告方式作出的意思表示,公告发布时生效"。依此规定,对于无相对人的意思表示,比如设立遗嘱,因无相对人的存在,无须意思表示到达相对人;以公告方式作出的意思表示,比如相对人为不确定的多数人时,以电视公告、报纸公告等作出的意思表示。对于这两种意思表示的情形,采取发信主义,即表意人作出的意思表示只要处于表意人控制范围之外时便发生法律效力,而不问相对人是否收到。对于表意人来说,只要完成表意行为,意思表示就生效。

2. 意思表示的撤回

意思表示一旦生效,表意人即受该意思表示的拘束,不得随意撤回、撤销或对意思表示加以限制、变更或者扩张。但根据《民法典》第141条的规定,"行为人可以撤回意思表示。撤回意思表示的通知应当在意思表示到达相对人前或者与意思表示同时到达相对人"。也就是说,表意人要撤回意思表示,必须满足法律规定的条件。比如,在订立合同时,承诺到达要约人时即发生法律效力,合同成立。承诺人若要撤回承诺,使合同不成立,撤回承诺的通知就应当在承诺通知到达以前或者与承诺通知同时到达要约人。

(五)意思表示的解释

意思表示的解释,是指按照法律规定的原则和方法,对表意人的意思表示的正确含义的阐述,亦即确定意思表示的意义和内容。

要正确解释意思表示的含义、内容,就必须采取恰当的方法对意思表示进行解释。意思表示的解释方法主要包括以下几个。

1. 文义解释。就是通过对意思表示所使用的语言文字的含义的解释,以探求当事人的真实意思。

2. 体系解释。就是把意思表示看作一个整体,意思表示的各个条款、内容看作

---

[26] 王泽鉴:《民法总则》(增订版),中国政法大学出版社2001年版,第345页。

构成整体的部分，从各个条款、内容的相互关联、与整体的联系上来把握、解释意思表示的真实含义，特别是对当事人有争议的用语的含义。

3. 目的解释。就是按照当事人作出意思表示的目的对意思表示进行解释，尤其是在意思表示所使用的语言文字、内容条款可以作出两种解释时，应采取最适合于意思表示目的的解释。

4. 习惯解释。就是意思表示所使用的语言文字、词句的含义存在疑义时，应当参照当事人的习惯进行解释。这里的习惯包括语言习惯、行为习惯、交易习惯等。

5. 诚信解释。就是对意思表示进行解释时，应遵循诚实信用原则。如果解释结论违背诚实信用原则，那么该解释不应被采纳。

《民法典》第 142 条第 1 款规定："有相对人的意思表示的解释，应当按照所使用的词句，结合相关条款、行为的性质和目的、习惯以及诚信原则，确定意思表示的含义。"依此规定，对有相对人的意思表示的解释，采取以文义解释方法为主，结合体系解释、目的解释、习惯解释、诚信解释的方法进行解释。

《民法典》第 142 条第 2 款规定："无相对人的意思表示的解释，不能完全拘泥于所使用的词句，而应当结合相关条款、行为的性质和目的、习惯以及诚信原则，确定行为人的真实意思。"依此规定，对无相对人的意思表示的解释，主要采取体系解释、目的解释、习惯解释、诚信解释的方法进行解释。

第四节　民事法律行为的效力

一、概述

（一）民事法律行为效力的意义

法律行为的效力，是指意思表示为法律秩序所承认而赋予的对表意人的约束力。法律行为的效力状态是对成立后的法律行为进行价值评判的结果，按照法律对其不同的态度，可以区分为有效、无效、效力未定、可撤销四种情况。法律正是通过效力形态制度来实现个人自由与个人自由的限制，以及社会利益的平衡与社会秩序的稳定。关于法律行为成立与效力的宏观对比，有学者指出："从现代私法自治的理念切入，可以很粗略地说，法律行为成立要件的规定大概都是属于自治最核心的部分，而另外一组有关行为效力的规范，则是代表法律秩序基于公共利益考量,对自治结果所划出来的底线。”[27]

法律行为成立与法律行为效力之间具有紧密的联系:一方面,法律行为成立是法律行为效力的逻辑前提。一项法律行为只有成立后,才谈得上进一步衡量其是否有效或者无效的问题,法律行为如果没有成立则不可能存在有效与否的问题。另一方面,法律行为成立又以法律行为的生效为目的,即法律行为效力是法律行为成立的归宿。当事人进行法律行为的目的是期望依其意思发生法律上的效果,使其自愿发生的权利义务关系得到法律上的保护,具有法律上的强制力。

与此同时,我们还应看到,法律行为的成立与法律行为的效力之间存在很大的区别。

1. 法律行为的成立是事实判断问题,而法律行为的效力是价值判断问题。成立与效力是两个逻辑层面的问题。事实问题是“有”与“无”的问题,即法律行为存在与否的问题;价值问题是“好”与“坏”的问题,即法律对于既存的法律行为的评判问题,也就是行为人从事的某一法律行为是否符合法律的价值取向问题。成立的法律行为如果获得法律的肯定性评价,就成为有效的法律行为;如果获得法律的否定性评价,就成为无效的法律行为。对法律行为进行价值评价的标准,在法律技术上则是法律行为的有效要件。

2. 法律行为的成立只有一种状态,即具备法律行为的成立要件,法律行为则成立;而法律行为的效力则因为法律的判断不同可以细分为有效、无效、可变更可撤销和效力未定等状态。

3. 法律行为的成立与发生效力在时间上并非完全一致。一般而言,法律行为一旦成立,就产生有效或者无效的效果,在效力未定和可撤销时,经过权利人的追认或者撤销等行为,法律行为溯及地有效或者无效。但在附条件和附期限的法律行为等场合,法律行为成立与生效显然在时间上并不一致。

(二)民事法律行为的效力类别

一般而言,法律行为在具备成立要件而成立的同时又具备有效要件,即成为有效的法律行为。但成立的法律行为并不当然具备法律行为的有效要件,这就使法律行为成立后在效力状态上发生分化。成立后的法律行为会产生以下四种效力状态:一是法律行为成立并有效;二是法律行为成立但无效;三是法律行为成立但其效力可因撤销权人行使撤销权而归于消灭;四是法律行为成立但其效力未定,可因追认权人之追认等行为而使之有效。

上述四种效果是以法律行为对相对人以及社会的危害性为标准进行分类的:

---

[27] 苏永钦:《援物权行为的独立性与相关问题》,载苏永钦主编:《民法物权争议问题研究》,五南图书出版股份有限公司1999年版,第32页。

首先,按照私法自治原则,法律行为的行为人如果具备相应的行为能力,意思表示真实,标的合法、妥当、确定、可能,便可发生行为人预期的法律效果,成为有效的法律行为。

其次,对涉及私人权益,而与公序良俗、交易安全无关的有瑕疵法律行为,原则上法律承认其有效,但若相对人认为行为效果对其不公平,则可行使撤销权,使该行为溯及地归于无效。这类效力由当事人自己决定的法律行为称为可撤销的法律行为。

再次,对于违反私益而且仅属程序上的瑕疵行为,如无权代理、无权处分及限制行为能力人所为法律行为,在效力上使其处于不确定状态,即既非无效也非有效,而这种不确定状态须仰赖权利人行使追认权或拒绝权始得确定,这类法律行为称为效力未定的法律行为。

最后,针对违反法律、行政法规的强制性规定以及违背公序良俗的行为,由于其严重影响社会公共秩序、基本道德伦理以及交易环境,因此,这类行为非但不能得到法律的保护,反而在法律上将其归于无效法律行为,并不得使其转为有效。[28]

二、有效民事法律行为

(一)概念

有效法律行为,是指因符合法律规定而获得能够引起民事法律关系设立、变更或终止的法律效力的法律行为。法律行为只有有效,才能得到法律的认可和保护,对当事人具有拘束力,也才能实现当事人预期的法律后果。可见,有效法律行为的最大特点是当事人的意思获得了正当性,受到了法律的强制保护。从私法自治的层面上讲,就是法律行为的行为人的自治行为是合理的自治行为,法律基于对私法自治原则的遵从,应当承认其法律效力。

一般而言,法律行为成立后即为有效并同时生效。有些法律行为成立并有效,但效力的发生却因所附条件或期限所阻,待条件成就或限制届至时才可发生效力。因此,区分法律行为有效与生效的原因在于:有些特殊法律行为虽具备有效要件,但并不意味着法律行为就生效。

(二)法律行为的有效要件

法律行为的有效要件,是指法律规定的法律行为发生行为人意思表示内容所欲求的民事法律后果所应具备的条件。

任何法律行为要成为有效的法律行为,就应当具备法律行为的有效要件。

---

〔28〕 王泽鉴:《民法总则》(增订版),中国政法大学出版社2001年版,第483页;史尚宽:《民法总论》,中国政法大学出版社2000年版,第574~575页。

《民法典》第143条规定:“具备下列条件的民事法律行为有效:(一)行为人具有相应的民事行为能力;(二)意思表示真实;(三)不违反法律、行政法规的强制性规定,不违背公序良俗。”在学理上,法律行为的有效要件是按照法律行为的构成要素,即主体(行为人、当事人)意思表示和标的来确定的,它要求行为人具有相应的民事行为能力,意思表示真实,标的合法、妥当、确定、可能。

1. 行为人须具有相应的行为能力。这是法律行为有效的主体要件。法律行为有效,其主体必须符合法律的要求,即主体要适格。这就要求行为人必须具有与其所实施的法律行为相适应的行为能力。行为能力是民事主体能够以自己的独立行为取得民事权利和承担民事义务的能力或资格,其实质是行为人能够理解其行为性质、预见其行为后果之利害的意思能力。没有行为能力,意味着行为人不具有与其实施的法律行为相适应的意思能力,也就不能以自己的行为取得民事权利并承担民事义务。因此,行为人具有相应的行为能力是法律行为有效的首要条件。

所谓“相应的”民事行为能力,是指行为人的民事行为能力同其所为的法律行为要相适应。就自然人而言,无民事行为能力人不能独立进行民事活动,只能实施接受奖励、赠与等纯获利益的法律行为;限制民事行为能力人只能进行与其年龄、智力相适应的法律行为,其他行为要经其法定代理人同意或由法定代理人代理实施。无论是无民事行为能力人还是限制民事行为能力人,凡是从事依法不能独立实施的行为,都不能产生预期的法律效果,不具有法律效力。就完全民事行为能力人而言,可以独立实施自然人可以实施的任何法律行为。法人实施的法律行为,也必须具备相应的民事行为能力。法人只能在其核准登记的经营范围或业务范围内活动,也就是说,法人也只有在其民事权利能力的范围之内,才具有相应的民事行为能力,法人在其行为能力范围内所实施的法律行为应看作具有相应的行为能力。但对于营利法人而言,依照《民法典》第505条的规定,其修订立的合同,不得仅以超越经营范围确认合同无效。也就是说,营利法人实施的合同法律行为,不能仅以超越其行为能力范围而认定无效。

2. 意思表示真实。这是法律行为有效的意思表示要件。所谓意思表示真实,就是意思表示无瑕疵,是指行为人表现于外部的意思与其内心意思或真实意愿是一致的。

法律行为的基本要义在于表意人可依其意思表示而发生一定私法上的效果。[29] 意思表示真实而无瑕疵是法律行为发生效力的必备要件,这样才能实现表意人依私法自治原则创设私法关系的目的。在通常情况下,行为人的意思表示与其内心的真实意愿是一致的。如果表意人表示于外部的意思与其内心的真实意志不一致,这就意味着意思表示存在瑕疵。当意思表示具有瑕疵时,势必会影响法律

---

〔29〕 王泽鉴:《民法学说与判例研究》(第3册),中国政法大学出版1998年版,第53页。

行为的效力的实现，导致法律行为成为无效或者可撤销的状态。

意思表示不真实，总是由于一定的原因造成的。这种原因可能是主观的，也可能是客观的。就主观原因而言，依我国《民法典》的规定，就是重大误解，也称为意思表示的不一致，不一致的原因在于表意人主观上的错误；就客观原因而言，依我国《民法典》的规定，则是指因欺诈、胁迫而为的意思表示，也称为意思表示的不自由，表意人由于受到来自外部客观因素的制约，使其在非自愿的情境下作出与其真实意愿不相一致的意思表示。如果可能导致表意人作出不真实意思表示的主客观原因均不存在，就应认定其意思表示是真实的。

3. 标的合法、妥当、确定、可能。这是法律行为有效的标的或内容要件。法律行为有效，其标的必须符合法律的要求。法律行为的标的是当事人意思表示效果意思指向的目的，是当事人实施法律行为所欲发生的事项。法律行为的成立以有标的为要件，法律行为的有效则以标的合法、妥当、确定、可能为要件。[30] 我国《民法典》第143条第3项规定的"不违反法律、行政法规的强制性规定，不违背公序良俗"，实际上是对标的合法、妥当的规定。但《民法典》未规定标的确定和可能。由于标的不确定、不可能时，当事人无法实现其实施法律行为所要达到的预期目的，所以就学理而言，标的应当确定和可能。

(1)标的合法。是指法律行为的标的不得违反法律、行政法规强制性规定。我国《民法典》第153条第1款规定："违反法律、行政法规的强制性规定的民事法律行为无效。但是，该强制性规定不导致该民事法律行为无效的除外。"依此规定，标的不合法，可能导致民事法律行为无效。

(2)标的妥当。是指法律行为的标的不得违背公共秩序或善良风俗，即公序良俗。对此，《民法典》第143条第2款已作出明确规定，即"不违背公序良俗"。

(3)标的确定。是指法律行为的标的在法律行为成立时就是确定的或嗣后可得确定。法律行为的标的如果不确定，自然无法发生法律效力。

(4)标的可能。是指法律行为的标的须具有可能性。法律行为标的必须可能实现，如果将不可能实现的事项作为法律行为的标的，即为理论上的标的不能。标的不能在学理上可区分为事实不能与法律不能、客观不能与主观不能、自始不能与嗣后不能、永久不能与一时不能、全部不能与一部不能，通常所谓导致法律行为无效的标的不能一般是指事实不能、客观不能、自始不能、永久不能、全部不能。[31]

(三)法律行为的生效条件

如前所述，法律行为的有效和生效是有区别的，生效是指法律行为效力的实际

---

〔30〕 龙卫球：《民法总论》，中国法制出版社2002年版，第466页。
〔31〕 梁慧星：《民法总论》，法律出版社1996年版，第161～162页。

发生。一般情况下,法律行为因具备有效要件而为有效法律行为,并同时生效。有些特殊的法律行为,虽符合有效要件,是有效的法律行为,但其效力并不实际发生,只有其生效条件具备时才生效。法律行为的生效条件,包括法律规定的生效条件和当事人约定的生效条件两种。前者如死因法律行为成立后虽符合有效要件,但并不生效,法律行为要生效,还必须以行为人死亡为条件,遗嘱行为就属此;后者如附条件和附期限的法律行为,在当事人约定的条件成就或期限届至时法律行为才生效。

《民法典》第136条规定的“民事法律行为自成立时生效,但是法律另有规定或者当事人另有约定的除外”,是指在一般情况下,已成立的法律行为,如果同时具备法律行为的有效要件,即发生法律效力;但在特殊情况下,如果存在法律另有规定或者当事人另有约定的情形,则并不生效,而要待法律规定或当事人约定的条件具备时,才能生效。

三、可撤销的民事法律行为

(一)概念和特征

可撤销的民事法律行为,又称相对无效的法律行为,是指通过撤销权人对意思表示不真实法律行为进行撤销,使其效力溯及既往地消灭的法律行为。

可撤销法律行为具有如下特征。

1. 可撤销的法律行为是意思表示不真实的法律行为。就法律行为有效要件而言,它要求当事人的意思表示真实。然而,由于某种原因的存在,可能导致法律行为当事人的意思表示不真实。法律基于意思自治原则的要求,将意思表示不真实的法律行为规定为可撤销法律行为,赋予意思表示不真实的当事人以撤销权,通过撤销权的行使使法律行为归于无效,不发生当事人基于意思表示不真实所产生的法律效果。如果法律不赋予意思表示不真实的当事人以撤销权,其不真实的意思表示就失去了救济的可能,当事人的私人利益就会受到损害,因此从根本上讲,可撤销的法律行为的确定标准是侵害私人利益。也就是说,仅涉及侵害私人利益而不涉及社会利益的法律行为,为可撤销的法律行为。

2. 可撤销法律行为在未被撤销前,应为有效。撤销权人在未行使撤销权撤销法律行为前,法律行为是有效的,并不因为法律行为存在可撤销的原因就认为其无效。但当撤销权人行使撤销权撤销了法律行为后,该法律行为归于无效,产生与无效法律行为相同的法律后果。

3. 是否使可撤销的法律行为的效力归于消灭,取决于撤销权人的意思。撤销权人可以从自己的利益判断出发,行使撤销权,使法律行为归于无效;可以不行使撤销权,使法律行为继续有效。撤销权人以外的人不得主张撤销法律行为。

(二)可撤销的法律行为的种类

原《民法通则》第59条第1款规定:“下列民事行为,一方有权请求人民法院或者仲裁机关予以变更或者撤销:(一)行为人对行为内容有重大误解的;(二)显失公平的。”

相比之下,原《合同法》对原《民法通则》关于可变更、撤销法律行为的范围作了扩张。除了按照第54条第1款,将“因重大误解订立的”和“在订立合同时显失公平的”合同规定为可变更、可撤销合同外,第54条第2款又规定:“一方以欺诈、胁迫的手段或者乘人之危,使对方在违背真实意思的情况下订立的合同,受损害方有权请求人民法院或者仲裁机构变更或者撤销。”

《民法典》总则编关于可撤销的法律行为的种类在延续上述规定的基础上,又作了较大幅度的修正,作出了新的规定。按照《民法典》的规定,可撤销的法律行为有以下几种类型。

1. 因受欺诈而为的法律行为

所谓因受欺诈而为的法律行为,是指行为人故意编造虚假情况或者隐瞒真实情况,使表意人陷入错误判断而作出意思表示的行为。例如,甲用18K金戒指冒充千足金戒指卖于乙,乙在不知情况下,表示愿意购买。

《民法典》第148条规定:“一方以欺诈手段,使对方在违背真实意思的情况下实施的民事法律行为,受欺诈方有权请求人民法院或者仲裁机构予以撤销。”构成欺诈必须具备以下条件:第一,欺诈人必须有欺诈的故意。包括欺诈人使受欺诈人陷入错误的故意和欺诈人使受欺诈人依其错误判断而为意思表示的故意。第二,欺诈人在客观上有欺诈行为,即欺诈人有将其欺诈故意表现于外部的行为。在实践中常常表现为捏造虚假事实、隐瞒真实情况。第三,受欺诈人因受欺诈而陷于错误认识,并基于错误认识而作出不真实的意思表示。第四,欺诈行为与表意人陷入错误而作出意思表示之间具有因果关系,即表意人作出的不真实意思表示是欺诈行为的结果。

同时,《民法典》第149条还规定了因受第三人欺诈而为的法律行为为可撤销法律行为:“第三人实施欺诈行为,使一方在违背真实意思的情况下实施的民事法律行为,对方知道或者应当知道该欺诈行为的,受欺诈方有权请求人民法院或者仲裁机构予以撤销。”这是我国法律对因受第三人欺诈而为的法律行为的效力的首次规定。此种欺诈行为与上述欺诈行为的不同之处在于,欺诈行为不是发生在当事人之间,而是当事人之外的第三人对一方当事人的欺诈,该当事人因受到欺诈而陷于错误认识,进而基于错误认识而实施违背其真实意思的法律行为。但是一方当事人受到第三人欺诈而为法律行为,并不意味着就构成可撤销法律行为,法律规定的条件是另一方当事人,亦即受欺诈当事人的对方当事人知道或者应当知道第三人的欺诈行为时,才构成可撤销法律行为,受欺诈一方当事人因此取得撤销权。比如,办理人身保险需要体检,而医院(第三人)提供了虚假的体检报告,体检人知道该报告为虚假报告,此时受到欺诈的一方当事人,即保险公司依法取得撤销权。

2. 因受胁迫而为的法律行为

胁迫包括威胁和强迫。威胁是指行为人以将来的不法损害相恐吓,使对方陷于恐惧;强迫是指行为人以现时的身体强制,使对方处于无法反抗的境地。受到胁迫的人因受他人的威胁和强迫而作出意思表示的行为为因受胁迫而为的法律行为。例如,甲威胁乙说如果乙不嫁给他,他就要杀掉乙的父母,乙迫不得已表示愿意嫁给甲。

《民法典》第 150 条规定:"一方或者第三人以胁迫手段,使对方在违背真实意思的情况下实施的民事法律行为,受胁迫方有权请求人民法院或者仲裁机构予以撤销。"

构成胁迫必须具备以下条件:第一,须有胁迫行为之存在;第二,须胁迫人有胁迫的故意;第三,须因胁迫使表意人陷入恐惧;第四,须表意人因恐惧而迎合胁迫人的意志而为意思表示。

按照《民法典》第 150 条的规定,实施胁迫行为的行为人,除了当事人之外,还包括第三人。这也是我国法律对胁迫人范围的首次扩大规定。如果当事人一方或者第三人向对方当事人实施了胁迫行为,受胁迫人在违背真实意思的情况下实施了民事法律行为,受胁迫人因此取得撤销权,有权请求人民法院或者仲裁机构予以撤销。

3. 因重大误解而为的法律行为

重大误解的法律行为,是指行为人对行为内容的认识错误,并基于这种错误的认识而为的法律行为。如误以借贷为赠与,出卖人误将某一标的物当作另一物出卖。一般来讲,行为人因为对行为的性质、对方当事人、标的物的品种、质量、规格和数量等的错误认识,使行为的后果与自己的意思相悖,并造成较大损失的,可以认定为重大误解。

《民法典》第 147 条规定:"基于重大误解实施的民事法律行为,行为人有权请求人民法院或者仲裁机构予以撤销。"

《民法典》规定的"重大误解"的内涵包括大陆法系中的错误和误解的两个方面。错误是针对表意人而言的,指表意人因误认或不知导致其意思与表示偶然不一致;而误解是针对表意人的相对人而言,指相对人在受领表意人所为意思表示时产生的错误认识。[32]

意思表示的错误包括:对法律行为性质的认识错误,如误把赠与当作借贷;对

---

〔32〕 梁慧星:《民法总论》,法律出版社 1996 年版,第 169 页。

当事人认识的错误，如误把某甲当作某乙而赠与财物；对标的物的认识错误，包括对标的物的品质、质量、规格、数量等的认识错误。

重大误解的构成要件：第一，须有意思表示的成立；第二，须内心效果意思与表示不一致，即表意人对行为内容理解和表示行为有错误；第三，须表意人不知其内心的效果意思与表示不一致；第四，误解须为“重大”，如行为人因对行为的性质、对方当事人、标的物的品种、质量、规格和数量等的错误认识，致使行为的后果与自己的意思相悖，并造成较大损失的，可以认定为重大误解；第五，误解是由表意人自己的原因所致。

4. 显失公平的法律行为

显失公平的法律行为，是指一方利用对方处于危困状态、缺乏判断能力等情形，而与对方当事人实施的对对方当事人明显不利的法律行为。显失公平的法律行为往往造成双方当事人的权利、义务的极不对等，经济利益不平衡，违反了公平的原则。比如，经营者利用消费者缺乏相关专业知识，不理解合同条款的用语含义等与消费者进行交易，造成双方的利益失衡等。为维护利益受损当事人利益，实现利益平衡，体现公平原则，保证交易过程和交易结果的公正性，法律规定显失公平的法律行为为可撤销法律行为。

《民法典》第151条规定：“一方利用对方处于危困状态、缺乏判断能力等情形，致使民事法律行为成立时显失公平的，受损害方有权请求人民法院或者仲裁机构予以撤销。”

显失公平必定是某种原因造成的结果，诸如欺诈、胁迫等，这些原因均可导致法律行为显失公平。考察法律行为是否显失公平，不仅要看结果是否显失公平，而且要考察造成法律行为显失公平的原因。因此在欺诈、胁迫的情况下，也可以造成法律行为结果显失公平，如果只考察结果，则不能使这类法律行为与显失公平的法律行为区分开来。对于因受欺诈、胁迫等而实施的法律行为，即使结果显失公平，仍应归入到欺诈、胁迫的法律行为中去。而显失公平的法律行为则是指上述情况之外的，由于一方利用自己的优势，对方处于危困状态、缺乏判断能力等而造成的利益结果的显失公平。《民法典》规定的显失公平是将原《民法通则》和原《合同法》规定的乘人之危和显失公平进行合并的结果。

显失公平的构成要件：第一，一方有利用对方处于危困状态、缺乏判断能力的故意；第二，对方即表意人在客观上处于危困境地，有急迫需要，或缺乏判断能力；第三，造成双方利益关系的严重失衡，背离公平原则。

（三）撤销权的行使和消灭

1. 撤销权的概念

撤销权，是指以撤销权人单方意思表示消灭法律行为的效力的民事权利。由于撤销权人仅凭单方的意思就可以使相关的民事法律关系发生变动,因此,撤销权在性质上属于形成权。

享有撤销权的人,在因受欺诈、胁迫而成立的法律行为中,为受欺诈人、受胁迫人;在存在重大误解和显失公平的法律行为中,为误解人和受到重大不利的人。

2. 撤销权的行使及其法律后果

撤销权的行使,即享有撤销权的行为人或当事人可以请求人民法院或者仲裁机构予以撤销。即撤销权的行使应当采取请求撤销之诉或仲裁申请的方式为之。如果撤销权人不采取向法院起诉或向仲裁机构申请的方式为之,而直接向对方当事人以意思表示为之,则不发生撤销权行使的效力。

撤销权行使的后果为法律行为效力的消灭。可撤销的法律行为一旦被撤销即发生溯及力,使法律行为自成立时不发生效力。《民法典》(总则编)第155条规定:"无效的或者被撤销的民事法律行为自始没有法律约束力。"

3. 撤销权的消灭

《民法典》第152条规定:"有下列情形之一的,撤销权消灭:(一)当事人自知道或者应当知道撤销事由之日起一年内、重大误解的当事人自知道或者应当知道撤销事由之日起九十日内没有行使撤销权;(二)当事人受胁迫,自胁迫行为终止之日起一年内没有行使撤销权;(三)当事人知道撤销事由后明确表示或者以自己的行为表明放弃撤销权。当事人自民事法律行为发生之日起五年内没有行使撤销权的,撤销权消灭。"

根据上述规定以及法理,撤销权因以下原因而消灭。

(1)撤销权的实现。撤销权行使后,法律行为归于无效,撤销权目的实现,因此当然消灭。

(2)除斥期间的经过。撤销权系形成权之一种,此权利一经行使,则可使已生效法律行为溯及地失其效力,因为如果使其永久存在,则对于社会秩序影响甚大,所以法律特别规定除斥期间,限于该期间内行使,期间经过则使之消灭。《民法典》第152条按照不同的情形规定规定了不同的除斥期间,即一般情况下,当事人行使撤销权的除斥期间为1年,自知道或者应当知道撤销事由之日起计算;重大误解的当事人行使撤销权的除斥期间为90日,自知道或者应当知道撤销事由之日起计算;当事人受胁迫的,行使撤销权的除斥期间为1年,自胁迫行为终止之日起计算;当事人自民事法律行为发生之日起5年内没有行使撤销权的,撤销权消灭。

(3)撤销权的放弃。撤销权人表示放弃撤销权,便使撤销权归于消灭。《民法典》第152条规定,当事人知道撤销事由后明确表示或者以自己的行为表明放弃撤销权的,撤销权消灭。撤销权人放弃撤销权的意思表示形式,法律规定了两种:一是撤销权人知道撤销事由后以明示的方式放弃撤销权,这种放弃撤销权的意思表示应向相对人为之;二是撤销权人以自己的行为放弃撤销权,此所谓"以自己的行为”应理解为作为的默示,即推定形式。

四、效力未定的民事法律行为

(一)概念

效力未定的民事法律行为,也称效力待定的法律行为,是指已成立的法律行为,因不符合有关法律行为的有效要件,其效力是否发生尚未确定,而有待于他人行为辅助后才能确定其效力的法律行为。

效力未定的法律行为的效力处于一种悬而未决的不确定状态,其既可能因享有形成权的第三人的承认而转变为有效法律行为,也可能因享有形成权的第三人的拒绝追认转变为无效法律行为。

效力未定的法律行为与无效法律行为和可撤销法律行为是有区别的。对于无效法律行为而言,其不发生效力,自始已经确定,并不因其他行为而使之再生效力;而效力未定的法律行为,是否发生效力尚未确定,而要待享有形成权人为相关行为后方可确定。对于可撤销的法律行为而言,在其未被撤销以前,应被认定为有效,只是由于撤销权人行使撤销权撤销该法律行为而使之最终归于无效;而效力未定的法律行为,其效力发生与否尚处于悬而未定状态,须待承认权人的意思表示来确定其是否产生效力。

(二)效力未定的法律行为的类型

《民法典》第145条第1款规定:“限制民事行为能力人实施的纯获利益的民事法律行为或者与其年龄、智力、精神健康状况相适应的民事法律行为有效;实施的其他民事法律行为经法定代理人同意或者追认后有效。”

除了限制民事行为能力人实施的民事法律行为为效力未定之外,该法在法律行为部分未规定其他类型的效力未定法律行为,但在代理部分的第171条第1款规定:“行为人没有代理权、超越代理权或者代理权终止后,仍然实施代理行为,未经被代理人追认的,对被代理人不发生效力。”这两类行为分别是由于有关当事人缺乏行为能力、缺乏代理资格造成的,如果给有关当事人赋予承认权,使之能够以其利益判断作出承认而使法律行为有效,或者拒绝而使行为无效,往往是有利于权利人的利益,有利于促进交易的。在合同领域,这一点表现得尤为突出。

按照《民法典》的上述规定以及法理,效力未定的法律行为可以归纳为以下三类。

1. 限制民事行为能力人实施的欠缺相应行为能力的法律行为

依照《民法典》第19、22条的规定,限制民事行为能力人,可以独立实施纯获利益的民事法律行为或者与其年龄、智力及精神健康状况相适应的民事法律行为,实施其他民事法律行为由其法定代理人代理,或者经其法定代理人同意、追认。如果限制民事行为能力人实施与其年龄、智力及其精神健康状况相适应的法律行为,或者实施法律行为事先取得了其法定代理人的同意,都是有效的法律行为。但如果未取得其法定代理人同意,限制行为能力人所实施的超越其行为能力范围的法律行为,就是效力未定的法律行为。在此情形下,限制行为能力人的法定代理人享有承认权(也称追认权),法定代理人若追认则法律行为有效;若不追认,则为无效。

同时,与《民法典》第19、22条的规定相一致,第145条明确规定,限制民事行为能力人实施的纯获利益的民事法律行为或者与其年龄、智力、精神健康状况相适应的民事法律行为,无须经法定代理人同意或者追认。也就是说,实施这些行为并未超越限制行为能力人的行为能力范围,是有效的。

2. 无权代理行为

依照《民法典》第171条的规定,无权代理人实施的代理行为是否发生效力,取决于被代理人的追认,倘若被代理人追认,则等于事后补充授予代理人以代理权,该代理行为有效;倘若被代理人不予追认,则该代理行为归于无效。法律之所以赋予被代理人以追认权是为了保护其利益,是因为无权代理人的代理行为并不一定对被代理人不利,应允许被代理人从其利益需要出发,以其自由意志作出判断,如果该代理行为对其有利,则予以追认,否则便不予追认。

3. 未经债权人同意的债务移转行为

债务移转行为是指债务人与第三人约定,将债务人对债权人承担的债务移转给第三人承担的行为。《民法典》第551条第1款规定:"债务人将债务的全部或者部分转移给第三人的,应当经债权人同意。"未经债权人同意的债务移转行为则属于效力未定的法律行为,债权人如果追认则有效,拒绝追认则无效。

(三)效力未定法律行为中的追认权、催告权和撤销权

《民法典》第145条第2款规定:"相对人可以催告法定代理人自收到通知之日起三十日内予以追认。法定代理人未作表示的,视为拒绝追认。民事法律行为被追认前,善意相对人有撤销的权利。撤销应当以通知的方式作出。"第171条第2款规定:"相对人可以催告被代理人自收到通知之日起三十日内予以追认。被代理人未作表示的,视为拒绝追认。行为人实施的行为被追认前,善意相对人有撤销的权利。撤销应当以通知的方式作出。"

在效力未定的法律行为中,法律赋予限制民事行为能力人的法定代理人、无权代理中的被代理人、无权处分行为中的权利人、债务移转行为中的债权人以追认(承认)权,赋予相对人以催告权和撤销权。通过这些权利的行使,以使效力未定的法律行为的效力状态得以确定,达到尊重有关权利人的意志,维护其利益的目的。

1. 追认权

这里的追认权是指使效力未定的法律行为发生效力的权利。有关权利人如果行使追认权予以追认,则效力未定的法律行为有效;如果拒绝追认,则为无效。追认权在性质上为形成权,追认行为在性质上属于辅助行为。追认或者拒绝追认应向效力未定的法律行为的相对人为之。

2. 催告权和撤销权

这里的催告权是指效力未定的法律行为的相对人享有的催促追认权人作出追认或不追认的意思表示的权利。《民法典》第145、171条都规定,相对人可以催告追认权人自收到通知之日起30日内予以追认,追认权人未作表示的,视为拒绝追认。依照此规定,相对人行使催告权应给追认权人以合理期限,在此期限内追认权人追认的,法律行为有效;拒绝追认的,法律行为无效;既不追认,也不拒绝追认,即未作表示的,视为拒绝追认,法律行为无效,此即意思表示的法定沉默形式。

这里的撤销权是指在追认权人对效力未定的法律行为未予追认之前,相对人撤销其在成立法律行为时已作出的意思表示的权利。撤销权为形成权,相对人可以单方意思表示使效力未定的法律行为归于无效。撤销权的行使要件是:(1)撤销权的发生须在追认权人未予追认前,追认权一旦行使,效力未定的法律行为已发生效力,相对人不得行使撤销权。(2)撤销的意思必须以通知这种明示的方式作出。(3)相对人须为善意。所谓善意,是指对造成效力未定法律行为的事由的不知,即相对人在实施法律行为时不知对方行为人是限制行为能力人、无权代理人、无处分权人,不知债务移转未经债权人同意等。

五、无效民事法律行为

(一)概念和特征

1. 概念

无效民事法律行为,是指法律行为欠缺法律行为的有效要件,根本不能产生当事人意思表示欲求的民事法律效果,在法律上确定、当然、完全不发生法律效力的法律行为。无效法律行为是相对于有效法律行为而言的,它是指法律行为虽然已经成立,但因欠缺法律行为的有效要件,因而被确认无效。至于欠缺何种要件时法律行为被确认为无效,这是由法律明文规定的。就学理上而言,一般认为无效法律行为的确定标准是涉及违反社会利益或损害公益的行为。[33]

2. 无效法律行为的特征

(1)无效法律行为欠缺法律行为的根本性有效要件。例如,行为人不具备民事行为能力、违反了法律、行政法规的强制性规定或者违背公序良俗等,涉及法律

〔33〕 龙卫球:《民法总论》,中国法制出版社2002年版,第516~517页。

行为有效要件中的主体要件、标的的合法、妥当要件。这类法律行为法律对其进行否定的价值评判,使之不发生法律效力,从而令当事人所预期的法律效果不能产生。

(2)无效法律行为具有不得履行性。因为该类法律行为不产生效力,因而无效法律行为的当事人不得履行该法律行为。对于无效法律行为,没有履行的,不得履行;正在履行的,应当停止履行;已经履行的,应当通过返还财产、赔偿损失等方式使当事人的财产恢复到无效法律行为成立时的状态。

(3)无效法律行为是确定的、绝对的、自始的无效。确定的无效是指无效法律行为的无效状态是不可改变的,不会因为其他事由的发生而变为有效;绝对无效是指无效法律行为无须任何主张就是无效的,就像史尚宽先生所言:“法律行为之无效为绝对的,即不独对于当事人,对于一切之人及为一切之人,皆为无效,故得由任何人对任何人主张。”〔34〕自始无效是指无效法律行为从成立时起就没有法律效力,《民法典》第155条规定:“无效的或者被撤销的民事法律行为自始没有法律约束力。”

(二)无效法律行为的类型

《民法典》第144条规定:“无民事行为能力人实施的民事法律行为无效。”第146条规定:“行为人与相对人以虚假的意思表示实施的民事法律行为无效。”第153条规定:“违反法律、行政法规的强制性规定的民事法律行为无效,但是该强制性规定不导致该民事法律行为无效的除外。违背公序良俗的民事法律行为无效。”第154条规定:“行为人与相对人恶意串通,损害他人合法权益的民事法律行为无效。”除了这些直接规定为无效的情形外,还存在依其他相关条文可能被确定为无效的情形,比如限制行为能力人实施了其依法不能独立实施的法律行为,而未征得法定代理人的追认。根据上述规定,结合法理,无效法律行为可以划分为以下几类。

1.不具有相应行为能力的主体所实施的法律行为

这种类型是欠缺法律行为有效要件中的行为人要有相应的行为能力要件。

(1)无民事行为能力人实施的法律行为。无民事行为能力人只能由其法定代理人代理实施法律行为,不能独立实施法律行为,否则,其实施的法律行为在法律上是无效的。

(2)被拒绝追认的限制行为能力人实施的依法不能独立实施的法律行为。

(3)法人超越行为能力范围所实施的法律行为。法人违反特殊行为能力原则,超越其经营范围和业务范围所从事的法律行为,应视为无民事行为能力人所实

---

〔34〕 史尚宽:《民法总论》,中国政法大学出版社2000年版,第516页。

施的民事法律行为，应为无效。但《民法典》第505条规定："当事人超越经营范围订立的合同的效力，应当依照本法第一编第六章第三节和本编的有关规定确定，不得仅以超越经营范围确认合同无效。"就是说，对于营利性法人而言，不能仅以超越经营范围，即行为能力范围而确认合同无效。这样规定的目的是促进交易。

2. 违反法律、行政法规的强制性规定或者违背公序良俗的民事法律行为

这种类型是欠缺法律行为有效要件中的标的合法、妥当要件。

(1)违反法律、行政法规的强制性规定的民事法律行为。法律是指全国人民代表大会及其常务委员会颁布的规范性文件，行政法规是指国务院颁布的规范性文件。法律规范有强制性规范与任意性规范之分。对于涉及国家利益、社会秩序、市场交易安全和直接关系第三人利益的事项，法律、行政法规设强制性规定，以排斥当事人的自由意志；而对涉及当事人自己利益的事项，则设任意性规定，允许当事人以自由意志协商确定。

《民法典》第153条明确规定，只有违反法律、行政法规的强制性规定的民事法律行为才是无效的，但是同时又规定该强制性规定不导致该民事法律行为无效的除外。也就是说，即使违反强制性规定，并不必然导致法律行为无效，如果该强制性规定不属于导致法律行为无效的强制性规定，则不能确认法律行为无效。这里需要注意的是，在法律的强制性规定中，有效力性规定和管理性规定的区分，只有违反效力性强制规定，才能导致法律行为无效。所谓效力性规定，是指法律及行政法规明确规定违反了这些禁止性规定将导致法律行为无效或不成立的规定，或者是法律及行政法规虽然没有明确规定违反这些禁止性规定后将导致法律行为无效或不成立，但是违反了这些禁止性规定后如果使法律行为继续有效将损害国家利益和社会公共利益的规定。所谓管理性规定，是指法律及行政法规没有明确规定违反此类规定将导致法律行为无效或不成立，而且违反此类规范后如果使法律行为继续有效也并不损害国家或者社会公共利益，只损害当事人利益的规定。比如，有些行政管理规定，为行政管理需要而设，并没有涉及民事主体利益的意图，违反这些行政管理的强制性规定，可由行政机关依法处理，法院并不因此确认法律行为无效。因此，只有违反法律、行政法规的效力性强制规定的法律行为，才能确认为无效。

(2)违背公序良俗的民事法律行为。公序良俗是一个抽象的概念，它包括我国社会生活的政治基础、社会秩序、道德准则和风俗习惯等内容。对于违背公序良俗的行为，法律一般作禁止性规定，但法律规定不可能穷尽一切违背公序良俗的行为，因此作出总括性规定，依此规定，凡属违背公序良俗的法律行为皆为无效。

3. 通谋虚伪行为

通谋虚伪行为，也称通谋虚伪表示、虚假意思表示、虚假行为，指表意人与相对

人通谋而为虚伪的意思表示。[35]

这里的"通谋",就是串通,指行为人与相对人有意思联络,相互故意串通一起而为一定的意思表示。所谓"虚伪"指为非真意之表示,就是所表示的并非其真实意思,是虚假的意思表示。就相对人而言,不仅知道表意人非真意,而且还表示同意,与表意人串通,共同为非真意的意思表示(虚假行为)。比如,订立假合同,行为人为了赖其债权人的账,而与相对人相互串通,签订了一个借款合同,来证明自己已经负债了;为了欺骗债权人,而与相对人串通,将自己的房屋卖给相对人。在这里,行为人与相对人相互故意串通所作出的意思表示并非与其真实意思一致。《民法典》第146条规定的"行为人与相对人以虚假的意思表示实施的民事法律行为无效",就指该种情形。

《民法典》第146条第2款规定:"以虚假的意思表示隐藏的民事法律行为的效力,依照有关法律规定处理。"虚假行为往往掩盖真实行为,被掩盖的行为就是隐藏的民事法律行为(隐藏行为),其是否有效,应依照有关法律规定。也就是说,行为人将其真意隐藏在虚假的意思表示中,隐藏真意的虚假意思表示无效,被隐藏的真实意思表示的效力,则应依据关于该意思表示的规定来具体判断。比如,行为人本欲将自己的一辆汽车赠与相对人,为了避免亲戚嫉妒等人情困扰,双方遂假意签订了一份买卖合同。在这里,买卖合同属于双方虚假行为,无效;赠与合同就是被隐藏的法律行为,该行为是否有效,应适用法律关于赠与合同的规定。该赠与合同不因曾经被隐藏而当然无效,依照合同法规定,赠与合同无效力瑕疵,应为有效。

4. 恶意串通,损害他人合法权益的法律行为

恶意串通,又称作恶意通谋行为,是指当事人,即行为人与相对人为谋取不正当利益而合谋实施的违法行为。当事人恶意串通实施的法律行为,往往会给他人的合法权益造成损害,因而为法律所禁止。比如,甲公司产品由于质量低劣销路不好,就向乙公司的采购人员行贿,相互串通订立合同,损害乙公司利益;代理人与第三人相互串通订立合同,损害被代理人利益;串通招投标行为等。《民法典》第154条规定:"行为人与相对人恶意串通,损害他人合法权益的民事法律行为无效。"

恶意串通具有以下特征:

其一,当事人出于恶意,即当事人明知其串通行为会给他人的合法权益造成损害而故意为之。其本质在于通过损害他人利益为自己谋取非法利益。所谓恶意串通,是指当事人双方都有恶意,如果一方当事人不应知其行为后果,则不构成恶意。

其二,当事人有相互串通行为,即当事人共同实施或者相互配合实施了该非法行为。

其三,当事人的目的是谋取不法利益。当事人互相串通实施非法行为,其共同

---

〔35〕 王泽鉴:《民法总论》(增订版),中国政法大学出版社2001年版,第359页。

目的是通过损害他人的合法权益而为其谋取非法利益。

5. 标的不确定和不可能的法律行为

按照民法学理，标的不确定和不可能的法律行为也应属无效。这种类型是欠缺法律行为有效要件中的标的确定和可能要件。

法律行为的标的不确定、不可能，行为人实施法律行为的目的无法实现，因此不具有法律效力。依学理上的解释，通常情况下，导致法律行为无效的标的不能是指事实不能、客观不能、自始不能、永久不能、全部不能。[36]

六、民事法律行为无效的法律后果

法律行为无效、被撤销的法律行为以及被拒绝追认的效力未定的法律行为最终都为无效，且自行为开始之时即为无效，不能产生行为人实施该法律行为所预期的民事法律后果，即"行为人所为的意思表示内容在法律上不受承认，不受保护和不得实现"。[37] 但这绝不是说上述行为不产生任何法律后果。依照《民法典》第157 条的规定，法律行为被确认为无效后会产生以下法律后果："民事法律行为无效、被撤销或者确定不发生效力后，行为人因该行为取得的财产，应当予以返还；不能返还或者没有必要返还的，应当折价补偿。有过错的一方应当赔偿对方由此所受到的损失；各方都有过错的，应当各自承担相应的责任。法律另有规定的，依照其规定。"

1. 返还财产。被确定为无效的法律行为由于不具有法律行为的效力，双方因该行为取得的财产没有法律根据，故应当返还对方。因此返还财产也就成为已作履行的无效法律行为首要的民事法律后果。

返还财产的形式分为双方返还和单方返还，采取何种形式取决于当事人是否已为财产给付。如果双方当事人都已为财产给付，则双方当事人同时负有返还义务，此谓双方返还；如果只有一方当事人已为财产给付，则只有受领给付财产的一方当事人负有返还义务，此所谓单方返还。

2. 折价补偿。返还财产应以能够返还为条件，如果财产在法律上或事实上不能返还，则应折价补偿。所谓法律上的不能返还，是指财产已经转让给善意第三人，善意第三人依善意取得制度已取得该项财产的所有权；所谓事实上不能返还，是指因标的物的灭失、变形、毁损等所造成的不能返还。在此情况下，应由受领一方当事人向另一方当事人予以补偿。折价补偿还发生在没有必要返还的情形下，是否有必要返还，由当事人协商确定。

3. 赔偿损失。《民法典》第 157 条规定："……有过错的一方应当赔偿对方由

---

〔36〕 梁慧星：《民法总论》，法律出版社 1996 年版，第 161 ~ 162 页。

〔37〕 王利明等：《民法新论》，中国政法大学出版社 1988 年版，第 46 页。

此所受到的损失;各方都有过错的,应当各自承担相应的责任……”依此规定,法律行为被确认无效或者被撤销后,如果由于一方或者双方的过错给对方造成损失的,应当予以赔偿。此种赔偿责任的成立应具备以下条件:第一,有损害事实存在;第二,赔偿义务人具有过错,即具有故意或过失;第三,过错行为与遭受损失之间有因果关系。[38] 如果合同双方当事人都有过错,应当各自向对方承担相应的赔偿责任,可适用过错相抵原则予以赔偿。

4. 其他后果。依照《民法典》第157条“法律另有规定的,依照其规定”的规定,有些法律行为被确认无效后,如果按照其他法律的规定还会发生其他法律后果的,应当依照其规定。此时,当事人往往不仅要承担补偿性的民事责任,还有可能承担惩罚性的责任,比如欺诈消费者的责任、保险欺诈的责任等。

另外,《民法典》第156条规定:“民事法律行为部分无效,不影响其他部分效力的,其他部分仍然有效。”比如,民间借贷合同所约定的利率超过银行同类贷款利率的四倍,超过部分无效,未超过部分仍然有效,即四倍以内的利息约定是有效的。

第五节 附条件和附期限的民事法律行为

一、概述

民事主体在实施法律行为时,有时并不希望其立即发生预期的法律后果,而是要等到一定事实发生或一定期限届至时,才让其发生法律效果;同样,有时也不希望其效力永存,而要等到一定事实发生或一定期限届至时,终止其法律效果。附条件和附期限的法律行为的意义,在于限制法律行为中所确定的民事权利和民事义务发生法律效力或终止法律效力的时间,使法律行为的效果能够按照当事人的意愿有计划地进行,充分满足民事法律关系当事人的多种需要。

法律行为的附条件和附期限也称法律行为的附款,“依据私法自治原则,法律行为乃依当事人意思成立并发生当事人所欲发生的效果。因此,当事人对法律行为效果之发生或消灭,加以限制,自无不可。此即法律行为之附款。法律行为之附款,指当事人对于法律行为效果之发生或消灭,所加的限制”。[39]

---

〔38〕 王利明、崔建远:《合同法新论·总则》,中国政法大学出版社1996年版,第311~313页。

〔39〕 梁慧星:《民法总论》,法律出版社1996年版,第172页。

二、附条件的民事法律行为

(一)概念

附条件的法律行为,是指当事人在法律行为中选定一定的条件,并且把该条件的成就与不成就作为确定法律行为效力发生或终止根据的法律行为。《民法典》(总则编)第158条规定:"民事法律行为可以附条件,但是根据其性质不得附条件的除外。附生效条件的民事法律行为,自条件成就时生效。附解除条件的民事法律行为,自条件成就时失效。"

(二)条件的特点

附条件法律行为中的条件,是当事人选定的某种特定事实。这种事实,具有以下特点。

1. 应是将来发生的事实。即在行为成立时尚未发生的事实,已经发生的事实,不能作为所附条件。

2. 应是不确定的事实。如果能够肯定将来必定会发生或者不会发生的事实,不能作为所附条件。

3. 应是当事人选定的事实。条件作为民事法律行为的附款是当事人意思表示内容之一,其目的在于限制民事法律行为之效力。所附条件应是当事人选定的,法律规定或者民事法律行为的性质决定的事实,不能作为所附条件。

4. 应是合法的事实。违法或者有损社会公共利益及他人利益的事实不能作为所附条件。

(三)条件的种类

1. 延缓条件和解除条件

这是根据某一条件事实的发生对法律行为效力的影响不同所作的划分,也是最基本的分类。

(1)延缓条件

所谓延缓条件,又称停止条件、生效条件,是指在所附条件成就时法律行为效力始得发生的条件。即法律行为成立后,当事人不欲使它立即生效,所附条件成就后法律行为才开始生效。延缓条件有延缓或停止法律行为生效的作用,因而称为延缓条件或停止条件。如甲与乙签订一份购买乙的某种配套设备的买卖合同,同时约定,如甲能购买到某种机器设备,买卖合同就生效。在这里,"甲能购买到某种机器设备"就是延缓条件。延缓条件未成就时,法律行为不生效力。

(2)解除条件

所谓解除条件,又称终止条件、失效条件,是指法律行为在所附的条件成就时失去法律效力的条件。解除条件是针对已经生效的法律行为设定的条件,待条件成就时该项法律行为的效力即告终止,使当事人原来的权利或义务即行解除,故又称终止条件、解除条件。例如,某甲有两间闲房,留给准备从外地调回的儿子居住。某乙向某甲要求租赁,某甲和某乙签订租赁合同,该合同所附的条件是:如果甲的儿子从外地调回,租赁合同即告终止,这种条件即为解除条件。再如,甲公司向乙公司购买仪器设备,约定仪器若未通过验收,则解除合同。解除条件不成就,法律行为则不失效。

2.积极条件和消极条件

以作为所附条件的事实的发生还是不发生为标准,可以把法律行为所附条件分为积极条件和消极条件。

(1)积极条件

把某种事实的发生作为条件成就的,叫作积极条件,又称肯定条件。也就是说,一定事实的发生为条件成就,不发生则为条件不成就。例如,甲对乙说,"明天下雨,则借你一把伞","明天下雨"就是积极条件。上例"儿子从外地调回"也是积极条件。

(2)消极条件

把某种事实的不发生作为条件成就的,叫作消极条件,又称否定条件。否定条件与肯定条件相反,它以一定事实的不发生为条件。比如,甲公司向乙公司出售原料并签订买卖合同,甲方考虑到原料生产受自然条件影响较大的特点,在合同中附有如近期不发生意外事故合同才能生效的条款。这里的"近期不发生意外事故"就是消极条件。

积极条件和消极条件,既可以作为延缓条件使用,也可以作为解除条件使用。结果,便组合为下列四种条件:积极的延缓条件、积极的解除条件、消极的延缓条件和消极的解除条件(见表7-1)。

表7-1 条件种类对法律行为效力的影响

附条件种类		成就	不成就	参照案例
延缓条件	积极条件	法律行为生效	法律行为不生效	"买到机器设备"
	消极条件	法律行为生效	法律行为不生效	"近期不发生意外"
解除案件	积极条件	法律行为失效	法律行为不失效	"儿子从外地调回"
	消极条件	法律行为失效	法律行为不失效	"仪器未通过验收"

(四)不得附条件的法律行为

在私法自治条件下,法律行为可以附加条件是一种原则,但原则必有例外,基于个人私益或社会公益的考虑,对法律有特别要求的法律行为,当事人不得通过附条件加以改变,这些行为称为不得附条件的法律行为。[40] 因此,《民法典》第158条规定:“民事法律行为可以附条件,但是根据其性质不得附条件的除外……”

1. 依行为性质不得附条件的法律行为

某些法律行为其性质决定必须及时地、确定地发生效力,不允许处于效力不确定状态,因此不得附条件。例如,票据行为的主要功能为加速流通,因此不得附条件,否则票据行为无效。又如,撤销权、承认权、解除权及选择权等形成权的行使系单方行为,其设定目的在于使不确定的法律关系变为确定,因此,在这些行为上附加条件,则会使本来就不确定的法律关系愈加不确定,违背该类法律行为设定的初衷,因此,这些法律行为不得附条件。

2. 所附条件违背公序良俗的法律行为

这主要是指身份关系上的行为或与身份密切相关的行为。例如,结婚、离婚、收养、收养关系之解除、继承之承认与抛弃、对非婚生子女的承认与否认等。此类法律行为,一经附条件即构成违背公序良俗原则,因此法律不允许附条件。

(五)条件的成就与不成就及其拟制

1. 条件的成就与不成就

法律行为条件的成就,是指作为法律行为条件的事实发生与不发生,即当事人意思表示选定的事实状态的最终实现。积极条件以条件事实的发生为成就;消极条件以条件事实的不发生为成就。对于附延缓条件的法律行为,条件的成就将使该法律行为发生效力;对于附解除条件的法律行为,条件的成就将使该法律行为的效力归于消灭。

2. 条件成就与不成就的拟制

法律行为所附之条件是否成就,涉及法律行为当事人的利益。因此,对于法律行为条件的成就问题,当事人应当听任其自然发展,而不应为了自己的利益而恶意地促成所附条件的成就或者恶意阻止所附条件的成就,否则相关当事人的利益就会受到严重损害。为了防止当事人恶意促成或者阻止条件的成就,法律规定了条件成就之拟制和条件不成就之拟制制度。《民法典》第159条规定:“附条件的民事法律行为,当事人为自己的利益不正当地阻止条件成就的,视为条件已成就;不正当地促成条件成就的,视为条件不成就。”所谓条件成就之拟制,是指因条件成就而可能受有不利益的当事人,如果以不当行为恶意阻止条件成就的,视为条件已成就,其目的是制裁不正当行为,保护因条件成就而获得利益的当事人。所谓条件不成就之拟制,是指因条件成就而获得利益的当事人,如果以不正当行为,恶意促

---

〔40〕 参见龙卫球:《民法总论》,中国法制出版社2002年版,第535页;席书旗:《法律行为效力问题研究》,山东大学2006年硕士学位论文。

成条件成就,则视为条件不成就,其目的仍是制裁不正当行为,保护对方当事人的利益。

三、附期限的民事法律行为

(一)概念

附期限的法律行为,是指当事人在法律行为中选定了一定的期限,并且把该期限的到来作为确定法律行为效力发生或终止根据的法律行为。《民法典》第160条规定:"民事法律行为可以附期限,但是按照其性质不得附期限的除外。附生效期限的民事法律行为,自期限届至时生效。附终止期限的民事法律行为,自期限届满时失效。"比如,甲与乙签订租赁合同,约定合同一个月后生效,这里的"一个月"则为该租赁合同所附期限。该合同自签订之日起成立,但合同一个月后才能生效,甲与乙之间的权利义务关系方能产生。

期限是法律行为当事人选定的将来确定到来的事实。期限作为民事法律行为的附款,其功能也在于对法律行为效力的限制,以使法律行为能够按照当事人的预定有计划地进行。

期限同条件一样,都是当事人在民事法律行为中选定的。但条件的成就或者不成就是当事人不能预知的,而期限却是当事人所能预见的,其区分的根本标准在于:期限是将来确定发生的事实,具有必然性;而条件则是将来发生与否并不确定的事实,具有或然性。在实践中,对期限的确定可采用历法上的期日、期间,如某年某月某日或某年某月某日到某年某月某日;也可以以某种将来肯定会到来的事实发生的日期作为期限,如"下次下雨""本次航行终了之时"等。

(二)期限的种类

1. 始期与终期

根据所附期限对法律行为效力的影响不同,分为始期和终期。

始期,也称延缓期限,是当事人选定的以其到来决定法律行为发生效力的期限。始期的到来称为"届至"。在始期届至前,法律行为虽已成立,但并不发生效力,其效力处于停止状态,只有在所附期限届至时,法律行为才产生效力。对此,《民法典》第160条规定:"……附生效期限的民事法律行为,自期限届至时生效……"

终期,也称解除期限,是当事人选定的以其到来决定法律行为效力终止的期限。终期的到来称为"届满"。在终期届满之前,法律行为已发生效力,而待所附期限届满时,法律行为之效力归于消灭。故《民法典》第160条规定:"……附终止期限的民事法律行为,自期限届满时失效。"

2. 确定期限与不确定期限

以法律行为所附期限到来的具体时间是否确定为标准，可分为确定期限与不确定期限。

确定期限，是指具体明确的期限。比如，当事人约定，合同在6个月后生效或1年后终止效力，这里的期限为确定期限。

不确定期限，是指尚不能确定的期限。比如，当事人约定，合同自某人病愈之时生效或航程结束时终止效力的，则为不确定期限。虽然不确定期限的具体时间难以确定，但亦为将来必然到来的期限。

（三）法律对期限的限制

法律不允许对法律行为附加不能期限。如"一千年后赠你一台彩电"中的期限，即为不能期限。期限违法的，法律视为法律行为未附期限。

还有不许附期限的法律行为。法律行为以附期限为原则，以不许附期限为例外。如结婚、收养、认领子女等身份行为和意思表示的撤销、承认等债权行为等，均不允许附加期限。因此，《民法典》（总则编）第160条规定："民事法律行为可以附期限，但是按照其性质不得附期限的除外……"

重点问题梳理

1. 民事法律行为，是指民事主体通过意思表示设立、变更、终止民事权利义务关系的行为。民事法律行为是私法自治的工具。民事法律行为是表意行为，旨在发生私法效果。

2. 民事法律行为的成立需要具备当事人、标的、意思表示要件。意思表示，是指表意人将所追求的某种私法效果的内心意思，以一定方式表示于外部的行为。意思表示可以采取明示形式和默示形式，明示形式包括口头形式和书面形式，默示形式包括推定形式和沉默形式。

3. 有效民事法律行为，是指因符合法律规定而获得能够引起民事法律关系设立、变更或终止的法律效力的法律行为。《民法典》第143条规定的民事法律行为的有效要件包括：行为人具有相应的民事行为能力；意思表示真实；不违反法律、行政法规的强制性规定，不违背公序良俗。

4. 可撤销的民事法律行为，是指通过撤销权人对意思表示不真实法律行为进行撤销，使其效力溯及既往地消灭的法律行为。《民法典》规定的可撤销的民事法律行为包括：因受欺诈而为的法律行为、因受胁迫而为的法律行为、因重大误解而为的法律行为、显失公平的法律行为。

5. 效力未定的民事法律行为，也称效力待定的法律行为，是指已成立的法律行为，因不符合有关法律行为的有效要件，其效力是否发生尚未确定，而有待于他人行为补助后才能确定其效力的法律行为。效力未定的法律行为包括:限制民事行为能力人实施的欠缺相应行为能力的法律行为,无权代理行为,无权处分行为,未经债权人同意的债务移转行为。

6. 无效民事法律行为,是指法律行为欠缺法律行为的有效要件,根本不能产生当事人意思表示欲求的民事法律效果,在法律上确定、当然、完全不发生法律效力的法律行为。无效法律行为包括:不具有相应行为能力的主体所实施的法律行为;违反法律、行政法规的强制性规定或者违背公序良俗的民事法律行为;通谋虚伪行为;恶意串通,损害他人合法权益的法律行为;标的不确定和不可能的法律行为。

7. 民事法律行为无效、被撤销或者确定不发生效力后,行为人因该行为取得的财产,应当予以返还;不能返还或者没有必要返还的,应当折价补偿。有过错的一方应当赔偿对方由此所受到的损失;各方都有过错的,应当各自承担相应的责任。法律另有规定的,依照其规定。

8. 附条件的民事法律行为,是指当事人在法律行为中选定一定的条件,并且把该条件的成就与不成就作为确定法律行为效力发生或终止根据的法律行为。附生效条件的民事法律行为,自条件成就时生效。附解除条件的民事法律行为,自条件成就时失效。

9. 附期限的民事法律行为,是指当事人在法律行为中选定了一定的期限,并且把该期限的到来作为确定法律行为效力发生或终止根据的法律行为。附生效期限的民事法律行为,自期限届至时生效。附终止期限的民事法律行为,自期限届满时失效。

案例与分析

差一星期便满18周岁的未成年人甲赊账向乙购买手提电脑一部,当日甲父丙闻悉,极为不悦,要求甲将电脑退还乙,甲未照办。丙无奈亲自写信向乙表示:其已于甲购电脑当日要甲转达退还该电脑的意思。

问题:(1)甲乙间所缔结的买卖合同是否因丙要甲将该电脑退还乙而失其效力?

(2)丙亲自写信向乙所为上述表示会产生什么样法律上的后果?

(3)甲和丙间如一直有不同的意思,应以谁的意思为准?

(4)在本案的法律关系中,乙有何种权利?

分析:(1)第一,甲与乙缔结买卖合同时,尚未成年,故为限制行为能力人。因此,甲未得其法定代理人丙允许而订定的合同,效力未定。第二,效力未定的法律行为,若经有追认权人(法定代理人)追认,则确定有效;若经有追认权人(法定代理人)的拒绝追认,则确定不生效力。今丙要求甲将该电脑还与乙,该种表示本可认为是拒绝承认而使该买卖合同确定不生效力，然而问题在于：追认权人的拒绝承认是否可向未成年人为之即可，或主要应向其相对人为之。就保护相对人而言，若其拒绝承认仅对于限制行为能力人为之即失效，则相对人可能遭受不测之损害，故应认为其拒绝承认应对于相对人为之，方生法律之上效果。

(2)丙亲自写信给乙，表明其拒绝承认的意思，应使甲的意思表示确定不生效力。合同无效后，因该合同取得的财产，应当予以返还。

(3)丙为甲的法定代理人，若甲丙之意思不一致时，原则上应以丙之意思为主，方能贯彻保护限制行为能力人的立法意旨。

(4)乙作为相对人有催告权和撤销权。如果相对人催告追认权人，追认权人应在30日内予以追认，追认权人未作表示的，视为拒绝追认。追认权人对效力未定的法律行为未予追认之前，相对人具有撤销其在成立法律行为时已作出的意思表示的权利。这里需要注意的是，乙的两种权利均建立在其须为善意的基础上。

第八章　代　　理

第一节　代 理 概 述

一、代理的概念与特征

（一）代理的概念

代理，是指代理人在代理权限范围内，以本人名义向相对人为意思表示或者由相对人受领意思表示，而法律效果直接归属于被代理人的法律行为。在代理法律关系中，本人称为被代理人，相对人称为第三人。从事法律行为时，既可以由个人自己实施，也可以使用代理人，其法律效果均归属于本人。非法律行为，不适用代理。

代理有狭义和广义之分，狭义上的代理指直接代理，上述代理的概念即为狭义的代理；广义的代理除了直接代理外，还包括间接代理，即代理人以自己的名义为本人而为法律行为，行为的效果先对代理人发生，而后移转于本人的代理。大陆法系民法中的代理指狭义上的代理，间接代理则称为行纪。英美法系中的代理则属于广义上的代理，既包括直接代理，也包括间接代理。我国《民法典》第161条规定："民事主体可以通过代理人实施民事法律行为。依照法律规定、当事人约定或者民事法律行为的性质，应当由本人亲自实施的民事法律行为，不得代理。"第162条规定："代理人在代理权限内，以被代理人名义实施的民事法律行为，对被代理人发生效力。"上述两条对于代理的规定显然限于直接代理，但在《民法典》合同编委托合同中，间接代理则得到了承认。[1]

（二）代理的特征

依上述概念，代理具有以下特征。

1. 代理涉及三方法律主体。首先是本人，即被代理人；其次是代理人，以本人名义实施法律行为；最后是相对人，即第三人，代理人向其实施意思表示或者自其受领意思表示。代理法律关系的构成依赖于本人、代理人及相对人三方的共同存

---

〔1〕 参见《民法典》第925、926条。

在，缺少任何一方都无法构成代理。代理法律关系的基本结构如图 8－1 所示。

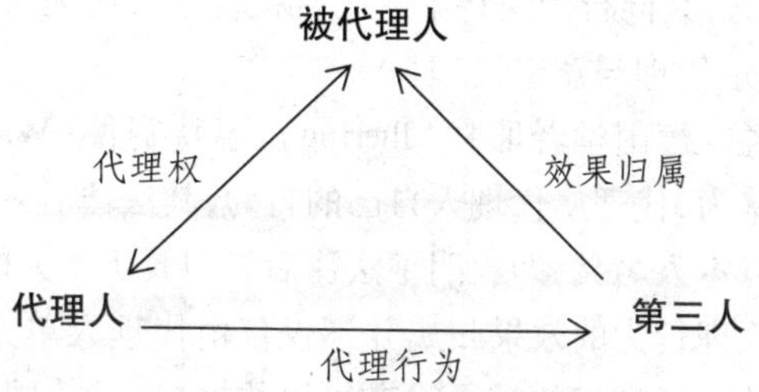

图 8－1　代理法律关系的基本结构

2. 代理人为法律行为时，须以本人名义实施。以本人名义实施法律行为，就意味着法律行为的效果将归属于本人，同时也是代理行为的法律效果归属于本人的前提条件。这就是代理的“显名主义”。当然，如果代理人的行为没有以代理人名义实施，但根据其他情形相对人明知或者可得而知代理人是为本人实施法律行为时，其行为的法律效果与以本人名义实施的行为相同。《民法典》第 162 条就明确要求代理人应当以本人名义实施法律行为。

3. 代理行为应当在代理权的范围内实施。代理权的存在是代理人行为的法律效果归属于本人的基础，不享有代理权则无从取得代理人资格。代理人超出代理权范围的行为，实际上没有体现本人的意志或违反了法律的规定，等同于代理人不享有代理权，从而构成无权代理。

4. 代理行为的法律效果直接对本人发生。代理人为代理行为时，一方面依代理权进行；另一方面以本人的名义实施，完全体现了为本人的意思，只是该意思的表示通过代理人实现而已，因此代理行为的效果应当也只能对本人发生。这一特征也是代理制度基本功能的体现，即一方面扩张完全行为能力人的私法自治的范围；另一方面弥补无行为能力人或者限制行为能力人能力的不足。

二、代理的性质

代理的行为人是代理人，但其法律后果由本人承担。依意思自治原则，法律行为的效力对行为人发生，但在代理，行为人与效力的归属并不一致。为了对此作出解释，关于代理的性质德国学者提出了以下学说。

1. 本人行为说。本说为德国学者萨维尼（Savigny）、赫尔曼（Hellman）等倡导，认为代理行为基于本人的授权而进行，而且代理人所表示的意思，是本人的意思。因此，代理中真正的行为人不是代理人，而是本人。本人行为说忽略了代理中代理人独立意思的存在，视代理人为本人的手足，混淆了代理与传达的区别。

2. 共同行为说。本说又称折中说，主要为德国学者米特斯（Mitteis）倡导，认为代理是本人与代理人的意思表示构成的共同行为，其中，本人的授权行为实施了部分意思表示,代理人的代理行为实施了其余部分的意思表示,两者共同完成了代理行为。[2] 有学者认为,共同行为说将本人的授权行为与代理人的代理行为混为一谈,而且无法解释法定代理与意定代理。[3]

3. 代理人行为说。德国学者耶林(Jhering)、温特赛德(Windscheid)等主张代理人行为说。本说认为,代理属代理人自己的行为,其法律后果归属于本人只是因为代理人行为之际以本人名义,即表明了法律后果归属于本人的意思,而不是因为代理是本人行为。代理行为的效果归属并不仅仅由代理人单方意思决定,而是同时结合了本人的支持即代理权的授予或者法律的授权。《德国民法典》第166条、《日本民法典》第101条、我国台湾地区"民法"第105条的规定均体现了代理人行为说的观点。[4]

4. 统一要件说。本观点由德国学者穆伦·弗莱茵费尔斯(Mullen Freinfers)于1955年提出,后受到著名学者弗卢梅(W. Flume)、柯英(Coing)等的支持。该说认为,代理由授权行为与代理行为共同构成,代理行为因欠缺为自己取得法律效果的意思而不能构成法律行为。因此,只有同授权行为相结合才能构成法律行为。

上述四种关于代理性质的学说中,本人行为说、共同行为说和统一要件说对于解释代理行为各自有其合理之处,但也存在不当之处,如都不能解释法定代理。代理人行为说相对而言解释意定代理与法定代理都较为圆满,并通过"代理权"理论成为德国、日本和我国台湾地区的通说。《民法典》第162条规定:"代理人在代理权限内,以被代理人名义实施的民事法律行为,对被代理人发生效力。"从该条文表述分析,我国采纳了代理人行为说。

三、代理的要件

代理是代理人在代理权限范围内,以本人名义发出或者接受意思表示,而法律后果直接归属于本人的法律行为。因此,代理首先应当具备法律行为的一般要件。除此之外,代理还应具备特别的要件。

1. 须以本人名义。代理与一般法律行为相区分的重要一点在于代理人为代理行为时,须以本人名义进行,也就是表明代理的意思,从而将行为的法律后果归属

---

〔2〕 张俊浩主编:《民法学原理》(上册)(增订3版),中国政法大学出版社2000年版,第312页。

〔3〕 梁慧星:《民法总论》,法律出版社1996年版,第223页。

〔4〕 《德国民法典》第166条第1款规定:"如果意思表示在法律效力因意思欠缺、明知或者可知其情事而受影响时,应根据代理人而不是被代理人的情况决定。"《日本民法典》第101条第1款规定:意思表示的效力,如果会因为意思的不存在、诈欺或胁迫以及就某事的已知或不知存在过失而应该受到影响时,其事实的有无,应就代理人的情况予以确定。我国台湾地区"民法"第105条规定:"代理人之意思表示,因其意思欠缺、被诈欺、被胁迫,或明知其事情或可得而知其事情,致其效力受影响时,其事实之有无,应就代理人决之。"

于本人。这就是代理成立的“显名”要件。如果代理人在行为之际没有以本人名义进行,相对人也无从得知其为代理人,则代理行为的法律后果应由代理人承受。“显名主义”是大陆法系代理制度的要求,而英美法系代理法则采广义代理概念,不要求代理人在行为时以本人名义,因此是否以本人名义不影响代理的成立。

显名的意义在于使相对人知悉其行为是为本人而为,即本人是代理行为法律后果的承受者。至于具体的表示方式,并不要求必须代理人以明示的方式,如果根据其他情形相对人能够判断其是以本人名义作出即可。也就是说,在隐名的情形下,相对人能够知悉被代理人的,法律在此也承认该行为为代理行为,法律后果归属于本人即被代理人。《民法典》第162条明确规定了代理人以“被代理人名义实施的民事法律行为,对被代理人发生效力”。本条规定了严格的“显名”原则,但《民法典》第925条则承认了隐名代理。该条规定:“受托人以自己的名义,在委托人的授权范围内与第三人订立的合同,第三人在订立合同时知道受托人与委托人之间的代理关系的,该合同直接约束委托人和第三人;但是,有确切证据证明该合同只约束受托人和第三人的除外。”

“以他人名义”需要与类似的现象进行区分。

一是以虚假的姓名从事行为。行为人以虚假的姓名从事法律行为,并没有表明是为他人从事行为,其结果只是使自己处于匿名状态,行为的法律后果当然由行为人自己承担。

二是冒用他人姓名从事行为。冒用他人姓名从事行为与以虚假的姓名从事行为不同,其目的在于使该人承受冒用人行为的法律后果。代理人在行为之际以本人名义意在表明自己并非本人,而冒用人则意在使相对人认为自己就是被冒用人,从而不同于代理。对于冒用他人姓名行为的法律后果,通常认为应类推适用代理的规定。如果被冒用人同意,则冒用人行为的法律后果归属于被冒用人;如果没有取得被冒用人的同意,则适用无权代理的规定,即被冒用人可以通过追认,取得该行为的法律后果归属于自己。〔5〕

2. 代理人应当具有代理权。代理权的存在是代理人实施有效的代理行为的前提条件,也是代理的第一要件。代理权是代理人能够以本人的名义为意思表示或者由相对人受领意思表示,而法律效果直接归属于本人的法律资格。只有具有代理权的代理人才有资格以本人名义实施代理行为,不具有代理权而仅仅以本人名义实施的行为并非有效的代理。

具有代理权包含两个方面的含义。一方面,代理人应当取得本人的授权或者法律的授权,也就是代理人首先应当取得代理权;另一方面,代理人的行为应当在

---

〔5〕 [德]迪特尔·梅迪库斯:《德国民法总论》(第2版),邵建东译,法律出版社2001年版,第693~694页。

代理权限范围内。法定代理的代理人由法律授权代理权,通常为概括代理权;意定代理则由本人授权代理权,该代理权通常有具体的范围,代理人不得超出该范围实施代理行为,如果超出则构成无权代理。《民法典》明确规定代理人应当在代理权限范围内实施代理行为。《民法典》第162条规定:"代理人在代理权限内,以被代理人名义实施的民事法律行为,对人理人发生效力。"第163条第2款规定:"委托代理人按照被代理人的委托行使代理权。法定代理人依照法律的规定行使代理权。"

关于代理权的具体内容将在下节进行详述。

3. 须为可代理行为。并非所有的行为均可代理,可代理行为限于法律行为。事实行为不适用代理,如侵权行为,违法行为当然也不适用代理。《民法典》第162条规定,"代理人在代理权限内,以被代理人名义实施的民事法律行为",则非法律行为显然不适用代理。

法律行为中,只有财产行为适用代理,包括负担行为与处分行为。身份行为具有专属性,因此也不适用代理,如结婚、收养、遗嘱等身份行为。《民法典》第161条第2款规定,"依照法律规定、当事人约定或者民事法律行为的性质,应当由本人亲自实施的民事法律行为,不得代理"。

4. 代理人至少应当具备限制行为能力。意定代理人至少应当为限制行为能力人。一方面,代理人在代理权限范围内所为的代理行为,其法律效果归属于被代理人,不会影响代理人的利益,因此无须为了保护限制行为能力人而限制其担任代理人;另一方面,如果被代理人选任限制行为能力人为代理人,则意味着被代理人自愿承担因此而可能带来的不利后果,从而无须为了保护被代理人而禁止其选择限制行为能力人为代理人。然而,由于作为代理人要发出或者接受意思表示,因此其应当具备一定的意思能力。从而,无行为能力人当然不能充任代理人。

基于上述原因,限制行为能力人可以为意定代理人,但为了保护未成年人、精神病成年人等被代理人的利益,法定代理则要求代理人具备完全的行为能力。从《民法典》第23条〔6〕的规定可推断出,法定代理人须为完全行为能力人。

四、代理的种类

根据不同的标准,代理大体上可以分为以下几类。

(一)法定代理与意定代理

依据代理权产生的根据不同,代理可以分为法定代理与意定代理。

法定代理,是指代理人的代理权并非基于本人的授权,而是基于法律的直接规

---

〔6〕《民法典》第23条规定:"无民事行为能力人、限制民事行为能力人的监护人是其法定代理人。"

定或者人民法院及其他组织的指定而取得的代理。《民法典》第 23 条规定的监护人作为无民事行为能力人、限制民事行为能力人代理人,就是直接根据法律规定而取得。

意定代理,是指通过本人授予代理人以代理权而发生的代理。《民法典》第 163 条中规定的委托代理就属于意定代理。此外,《民法典》第 170 条规定的职务代理,也属于意定代理。〔7〕

原《民法通则》第 64 条还规定了指定代理。根据原《民法通则》第 16、17 条的规定,指定代理是在具有法定代理资格之人之间出现争议,由未成年人的父母或精神病人所在单位或住所地的居民委员会、村民委员会指定监护人,对指定不服提起诉讼的,由人民法院指定。《民法典》第 31 条第 1 款作出了类似的规定。〔8〕 因此,作为指定监护人的代理权来自法定,所指定的只是由谁具体担任。从而,指定代理实为法定代理,不宜单独作为代理的独立类型,《民法典》相应取消了指定代理。

(二)单独代理与共同代理

依据代理权属于一人还是多人,代理可以分为单独代理与共同代理。

单独代理是代理权属于一人的代理,即只有一个代理人。无论是法定代理还是意定代理,都可以是单独代理。

共同代理是代理权属于两人或者两人以上的代理,即在同一代理法律关系中,存在两个或者两个以上的代理人。如父母对于子女的法定代理就属于共同代理。在共同代理关系中,多个代理人应当共同行使代理权。《民法典》第 166 条规定:“数人为同一代理事项的代理人的,应当共同行使代理权,但是当事人另有约定的除外。”

(三)显名代理与隐名代理

依据代理人行为时是否以本人名义,代理可分为显名代理与隐名代理。

显名代理,是指代理人直接以本人名义为法律行为,行为的效果直接对本人发生的代理。

隐名代理,是指代理人以自己的名义为了本人的利益为法律行为,但相对人明知或者可得而知被代理人,代理人行为的效果直接对本人发生的代理。隐名代理不同于间接代理。从严格的意义上讲,间接代理并非真正的代理。间接代理中,代

〔7〕《民法典》第 170 条规定:“执行法人或者非法人组织工作任务的人员,就其职权范围内的事项,以法人或者非法人组织的名义实施民事法律行为,对法人或者非法人组织发生效力。法人或者非法人组织对执行其工作任务的人员职权范围的限制,不得对抗善意相对人。”

〔8〕《民法典》第 31 条第 1 款规定:“对监护人的确定有争议的,由被监护人住所地的居民委员会、村民委员会或者民政部门指定监护人,有关当事人对指定不服的,可以向人民法院申请指定监护人;有关当事人也可以直接向人民法院申请指定监护人。”

理人行为的效果先由自己承受,然后通过一定的方式转移给本人,第三人与本人之间并不存在直接的关系。

(四)一般代理与特别代理

依代理人之代理权范围的不同,代理可分为一般代理与特别代理。

一般代理又称概括代理,是指代理人的权限范围没有特别限定的代理。特别代理,是指代理人的权限范围有特定限制的代理。二者区别的意义在于特别代理的代理人如果超出特定的权限范围,则构成无权代理,行为的效果由代理人自己承受。通常,如果对代理人的代理权限没有作出明确限制,则为一般代理。

(五)本代理与复代理

依代理人是由本人选任还是由代理人选任,代理可以分为本代理与复代理。

本代理是指代理人由本人选任的代理。复代理又称再代理,是代理人在其代理权限范围内,为本人选任代理人的代理。复代理权的授予是通过主代理人以此为目的的行为而授予复代理人据此代理被代理人的权限的一种授权活动。[9] 复代理人也是本人的代理人,其行为的法律后果由被代理人承担。《民法典》第169条规定,"代理人需要转委托第三人代理的,应当取得被代理人的同意或者追认。转委托代理经被代理人同意或者追认的,被代理人可以就代理事务直接指示转委托的第三人,代理人仅就第三人的选任以及对第三人的指示承担责任。转委托代理未经被代理人同意或者追认的,代理人应当对转委托的第三人的行为承担责任;但是,在紧急情况下代理人为了维护被代理人的利益需要转委托第三人代理的除外"。依本条规定,意定代理人通常不享有复任权,即不得将本人授予的代理权授予他人,但特别情形下则例外。对于法定代理,由于被代理人没有同意的能力,为了维护被代理人的利益,法定代理人应当享有复任权。

(六)有权代理与无权代理

依代理人有无代理权,代理分为有权代理与无权代理。

有权代理是指代理人享有代理权的代理;无权代理则是代理人无代理权而为代理行为的代理。有权代理人的行为直接对本人发生效力,无权代理区分表见代理与狭义无权代理而效力有所不同。

(七)积极代理与消极代理

依代理人行为的内容是发出还是受领意思表示,代理分为积极代理与消极代理。

---

〔9〕［德］卡尔·拉伦茨:《德国民法通论》(下册),王晓晔、邵建东等译,法律出版社2003年版,第858页。

积极代理是代理人在代理权限范围内向第三人发出意思表示的代理,消极代理则是代理人自第三人受领意思表示的代理。在积极代理中,代理人行为的内容包括意思表示内容的决定和表示行为;在消极代理中,无须代理人主动的意思,只需代理人消极受领第三人的意思表示即可。

五、代理与相关概念的区别

(一)代理与传达

传达,是指传达人将本人的意思表示传递给另一方当事人的行为。从表面上看,代理与传达都可以由代理人或传达人发出或者受领意思表示,都是第三人行为的后果由本人承担,但二者是不同的。

第一,二者的法律地位不同。代理人在进行法律行为时,是处于被代理人地位的。传达人则不同,其不处于被代理人的地位,而只是替本人传送意思表示。

第二,对于行为能力的要求不同。代理行为属于法律行为,需要代理人自主形成意思,因此要求代理人具备相应的行为能力。如代本人签订买卖合同,代理人应当具备完全的行为能力。传达则不然,传达仅仅是将本人的意思代为表示而已,无须传达人自主形成意思,因此不要求传达人具备行为能力。因此,未成年人也可以作为传达人,向第三人传达本人的意思。

第三,意思瑕疵的判断不同。正因为传达人传递的是本人的意思,因此被传达的意思有无瑕疵,应当就本人判断;而代理人的意思表示系代理人在代理权限范围内自主形成,因此有无瑕疵应就代理人判断。

此外,代理的范围仅限于法律行为中的财产行为,而传达则不限于法律行为。

(二)代理与代表

代表是自然人的行为被认为是其所代表的法人组织行为的制度,该自然人称为代表人。代表人以法人名义向第三人作出或者自第三人受领意思表示,法律后果归属于法人,似与代理相同。但与代理相比,二者存在以下区别:

第一,主体地位不同。代理人是独立主体,其行为属于代理人的个人行为,只是依据归属规范(代理法)将行为的法律效果归于被代理人。代表人则不具有独立地位,而是作为法人的机关存在,属于法人的不可或缺的一部分,其以法人名义实施的行为即法人的行为,无须通过归属规范将其行为的效力归于法人。

第二,行为的归属不同。代理中,代理行为是代理人的行为,只是行为的法律后果归属于本人。代表则不同,代表人的行为直接被认为是其所代表的法人的行为,法人行为的法律后果只能归属于法人。

第三,行为的范围不同。代理人的行为限于法律行为,事实行为无从代理。代表行为则不限于法律行为,侵权行为、犯罪行为亦可是代表行为。

(三)代理与行纪

行纪是行纪人以自己名义为委托人的利益从事活动,委托人支付报酬的法律制度。虽然行纪行为的法律后果最终会归于委托人,但与代理比较,二者存在以下区别:

第一,行为时的名义不同。行纪人为行纪行为时,是以自己的名义进行的,而代理人是以本人的名义为代理行为的。

第二,法律后果归属不同。行纪的法律后果先归属于行纪人,然后依据行纪合同转移给委托人,而代理行为的法律后果则直接归属于本人。

六、代理的历史沿革

古罗马简单商品经济条件下,交易活动较为简单,规模也非常有限。另外,只有家长具有权利能力,家属及奴隶的活动被认为只不过是家长延伸的手足。此外,罗马法律对法律行为的形式要件要求较为严格,当事人的行为只能在自己与他人之间建立法律关系,从而排斥了代理。因此,早期罗马法中无代理制度。随着社会关系的逐渐复杂,人们活动的范围也日益扩大,代理制度存在的必要性逐渐凸显,罗马法后期承认了类似代理的制度。而且,罗马法上与契约制度同样古老的委任制度,其中蕴含代理法律关系。无论怎样,赋予代理人以受托人身份的倾向在古法典中就已经出现了,而且一般委托可能是通过代理人来实现。[10] 但真正的代理制度直到中世纪也未能建立。进入资本主义时期后,商品交换日益频繁,企业组织规模不断扩大,法国、德国等国家的商业活动中广泛存在这代理关系,承认代理制度成为大势所趋。

法典化时代到来之后,1804 年《法国民法典》在委任契约中规定了代理关系,该法典第 1984 条规定,“委任或委任书为一方授权他方以委任人的名义处理其事物的行为”;第 1988 条规定,“委任人对于受任人依授予的权限所缔结的契约,负履行的义务。委任人对于受任人权限外的行为,仅在其明示或默示追认时,始负责任”。由此,代理的三方关系得以确立。该法典第 1997 条还对无权代理和越权代理作了规定。但是,法国民法典未将基于委任契约产生的代理责任与一般契约责任截然区分,与后来的德国民法典相比仍然不够精细。德国法学家耶林首先提出,代理关系中委任与代理的并存纯属偶然,受任人既可能无代理权,代理人也可能未受委任。1866 年,德国法学家拉班德发表《代理权授予及其基础关系之区别》一文认为,代理权与委任契约是相互独立的法律概念,委任契约仅规定了受任人的义务与能力,代理权却是代理人与第三人发生法律关系时能够拘束被代理人的权利。

---

〔10〕 [意]彼德罗·彭梵得:《罗马法教科书》,黄风译,中国政法大学出版社 1996 年版,第 382 页。

1900 年《德国民法典》采纳了拉班德的理论,对委任与代理进行了区分,专节对代理进行了规定,委任则作为债之一类规定在了债编。自此以后,大陆法系民法形成了体系化的代理制度。

七、代理的制度价值

代理制度在民法中的价值主要体现在以下两个方面。

1. 扩张了民事主体的活动范围。民事主体依意思自治参与民事活动,除了应具备相应的行为能力能够自主形成意思外,还要求能够作出有效的表示。在简单商品经济条件下,民事活动较为简单,当事人有充分的时间和精力亲自参加民事活动。但在复杂的经济环境下,个人或者团体亲自参加商业活动,无论是时间、精力,还是知识,都难以满足其实际需要。从而,通过代理制度,增强了民事主体参加民事活动的能力,扩大了民事主体活动的时间和空间范围。

2. 弥补了民事主体能力的不足。民事主体参加民事活动的基本条件是具备相应的行为能力,一般的成年人通常具备完全行为能力,其参与民事活动不存在障碍。但对于无行为能力和限制行为能力的未成年人、精神病人而言,其参加民事活动受到了极大的限制或者根本无法自己参加民事活动。为了弥补此类民事主体行为能力的不足,实现其参加民事活动的目的,通过他人代替其参与民事活动而法律后果由其承受的制度就成为民法中必不可少的制度。代理制度的另一方面价值正在于此,通过法定代理制度使行为能力欠缺者参加民事活动,使该类民事主体的权益得以实现。

第二节 代 理 权

一、代理权的概念和性质

(一)代理权的概念

代理权,是指代理人能够以本人的名义为意思表示或者由相对人受领意思表示,而法律效果直接归属于本人的法律资格。

(二)代理权的性质

对于代理权的性质,主要有权利说、权限说与资格说或能力说三种观点。

1. 权利说。该说认为,代理权是代理人享有的一项民事权利。对于该项权利的认识,又存在不同。有的学者认为是形成权,有的学者认为是一种财产管理权,还有的学者认为是与监护权类似的人身权利。我国多数学者不赞同权利说。通常认为,权利是与利益相联系的,或者说是以利益为要素的,而代理权对于代理人而言并不包含任何利益。代理行为的法律后果直接归属于本人,即使委托代理人通过代理获取报酬,也不是通过代理权取得的,而无偿的委托代理人则并不能获取任何利益,因此代理权不能认为是一项权利。

2. 权限说。此说认为,代理权是名为权利,实为权限,因为代理权只是代理人据以实施代理行为的法律资格,而且要求代理人据之实施代理行为时需为本人计算,且法律效果归属于本人。[11] 对于权限说,有学者认为其混淆了代理权与代理权限,代理权限只是说明了量的规定性,即代理人可以在何种程度上代表本人进行民事活动,或者说其以本人名义为意思表示或接受意思表示具有多大的独立性。[12] 因此,代理权限并非代理权的性质。

3. 资格说或能力说。本说认为,代理权是代理人以本人名义实施法律行为的资格或者能力。该种资格或者能力类似于行为能力,但又不同于行为能力。行为能力是民事主体自己的行为直接对自己发生效力,而代理权则是代理人的行为直接对本人发生效力的能力。而且,此种资格或者能力并非所有人享有,而是经本人授权或者依据法律规定方能享有。[13] 资格说为我国的通说。

二、代理权的发生根据

因法定代理与意定代理的不同,代理权的发生根据可以分为以下两大类。

(一)法定代理权的发生根据

1. 因法律的规定而发生。为了弥补行为能力欠缺的自然人的不足,法律直接规定具备一定地位的自然人或者组织为其法定代理人。《民法典》第 23 条规定:"无民事行为能力人、限制民事行为能力人的监护人是其法定代理人。"第 32 条规定:"没有依法具有监护资格的人的,监护人由民政部门担任,也可以由具备履行监护职责条件的被监护人住所地的居民委员会、村民委员会担任。"

2. 依有权机关或者组织的指定或选定而发生。虽然指定代理是因他人的意思而发生,但就代理权本身而言,其发生与本人的意思并无关系,而是法律基于代理人处于一定的地位而授予其以代理权,因此仍然属于法定代理。《民法典》第 31 条第 1 款规定:"对监护人的确定有争议的,由被监护人住所地的居民委员会、村民委员会或者民政部门指定监护人,有关当事人对指定不服的,可以向人民法院申请指定监护人;有关当事人也可以直接向人民法院申请指定监护人。"第 42 条规定:"失踪人的财产由其配偶、成年子女、父母或者其他愿意担任财产代管人的人代

---

〔11〕 参见张俊浩主编:《民法学原理》(上)(修订 3 版),中国政法大学出版社 2000 年版,第 318 页。

〔12〕 参见佟柔主编:《中国民法学・民法总则》,中国人民公安大学出版社 1990 年版,第 278 页。

〔13〕 参见胡长清:《中国民法总论》,中国政法大学出版社 1997 年版,第 303 页。

管。代管有争议,没有前款规定的人,或者前款规定的人无代管能力的,由人民法院指定的人代管。”

(二)意定代理权的发生根据

意定代理权因本人授予代理权的意思表示而发生,也即因本人的授权行为而发生。

1. 授权行为的性质

关于授权行为的性质,主要存在三种学说。

(1)委任契约说。该说认为代理权是由于委任契约而发生,因此不存在代理权授予的行为。委任与代理未作区分的国家,如法国多采委任契约说。

(2)无名契约说。本说认为,虽然代理权不是基于委任契约而发生,但却是本人与代理人之间的一种契约,由于法律上并没有规定该种契约,因此为无名契约。日本一些学者如我妻荣支持该学说。

(3)单方行为说。此说认为,授权行为属于单方意思表示,无论代理人同意与否,均发生授权的效力,从而属于单方行为。自从《德国民法典》采纳拉德班的学说,〔14〕区别委任与代理开始,瑞士、日本、民国民法典都采纳了该种立法体例,认为委任须有契约,而代理权并没有赋予代理人义务,只不过是授予代理人以代理资格而已,因此无须代理人的同意,仅依本人的意思即可成立。单方行为说为民法学界关于授权行为性质的通说。

《民法典》第165条规定,委托代理授权采用书面形式的,授权委托书应当载明代理人的姓名或者名称、代理事项、权限和期限,并由被代理人签名或者盖章。该条规定中关于本人的授权并没有要求代理人的同意,显然也采纳了授权行为为单方行为的观点。

2. 授权行为与基础法律关系的关系

授权行为是单方法律行为,其存在独立于委任、雇佣等基础法律关系,具有独立性。在授权行为与基础法律关系之间,通常认为存在三种关系:授权行为不伴随基础法律关系、授权行为伴随基础法律关系、存在基础法律关系却没有授权行为。其中,授权行为伴随基础法律关系为常态,如在委任合同成立的同时授予代理权。仅有授权行为或者仅有基础法律关系则为非常态,仅在少数特别情形下存在。

在授权行为伴随基础法律关系的情形下,如果基础法律关系不成立、无效、撤

---

〔14〕 拉德班于1866年发表的一篇文章中从法学理论的角度指出了代理权与它所赖以成立的法律关系间的差别。根据这种观点,委托代理权的授予需要区别于设立这种内部关系的行为的专门的行为,即授权行为。内部关系本身并不会产生代理权,委托代理权的授权行为是通过代理权授予人的单方面的法律行为进行的。参见[德]卡尔·拉伦茨:《德国民法通论》(下册),王晓晔等译,法律出版社2004年版,第855~856页。

销或者终止时,授权行为的效力如何,涉及授权行为的无因还是有因问题。无因说认为,基础法律关系的消灭并不影响授权行为的效力;有因说认为,基础法律关系消灭则授权行为应随之消灭。关于授权行为的有因还是无因问题,我国法律中没有明确规定,学说与国外立法也不尽一致。本书认为,为了维护被代理人的利益,在不涉及第三人利益的情形下,应采有因说,即在基础法律关系不成立、无效、撤销或者终止时,代理人之代理权应随之消灭;如果涉及第三人利益,因第三人无从判断存在于本人与代理人之间的基础法律关系是否消灭,因此应采无因说,即授权行为的效力不受基础法律关系的影响,但第三人如为恶意则并不适用。

3. 授权行为的方式

授权行为的方式是指作为被代理人的本人如何表达其授权的意思。授权行为是有相对人的单方法律行为,依据相对人的不同,可以分为内部授权与外部授权两种方式。我国台湾地区"民法"第167条、《德国民法典》第167条均规定了此两种方式。[15]

内部授权是指本人直接向代理人授予代理权;外部授权是指本人不直接向代理人进行授权,而是向与代理人进行法律行为的第三人表明授权于代理人的代理权授予方式。如果已经对代理人授权,也就是已经进行了内部授权,之后告知相关第三人,则并非外部授权,而仅是授权通知。无论是内部授权还是外部授权,授权行为都是有相对人的单方法律行为,无须代理人或者第三人同意,即可发生授权的效力。

对于授权行为具体以书面还是口头形式作出,法律通常没有强制性规定,特殊情形下例外。《民法典》第165条仅规定了书面授权时授权委托书应具备的内容,但并没有排除口头的授权形式。如果法律规定授权应采用书面形式的,应当采用书面形式。如《民事诉讼法》第59条第1、2款规定,"委托他人代为诉讼,必须向人民法院提交由委托人签名或者盖章的授权委托书。授权委托书必须记明委托事项和权限。诉讼代理人代为承认、放弃、变更诉讼请求,进行和解,提起反诉或者上诉,必须有委托人的特别授权"。依照本条规定,民事诉讼代理的授权必须以书面的形式作出。

三、代理权的范围

代理人应当在代理权范围之内实施代理行为,方为有效代理。但代理权具体范围的判断,法定代理与意定则存在不同。

---

〔15〕 我国台湾地区"民法"第167条规定:"代理权系以法律行为授与者,其授与应向代理人或向代理人对之为代理行为之第三人,以意思表示为之。"《德国民法典》第167条第1款规定:"意定代理权的授予,以向被授权人或者代理应对之发生的第三人的表示进行。"

(一)法定代理权的范围

法定代理意在弥补被代理的未成年人、精神病成年人行为能力的不足,依据法律的规定,与被代理人有特定关系的自然人或组织为其法定代理人。

《民法典》第23条规定,无民事行为能力人、限制民事行为能力人的监护人是其法定代理人。对于法定代理权的范围,法律并没有作出明确规定。《民法典》第34条第1款概括规定监护人的职责是“代理被监护人实施民事法律行为,保护被监护人的人身权利、财产权利以及其他合法权益等”。《民法通则意见》第10条则对监护人的职责作出了较为具体的规定,包括:保护被监护人的身体健康,照顾被监护人的生活,管理和保护被监护人的财产,代理被监护人进行民事活动,对被监护人进行管理和教育,在被监护人合法权益受到侵害或者与人发生争议时,代理其进行诉讼。无论如何,上述规定都较为概括,在具体确定法定代理权的范围时应依照有利于被代理人的原则进行解释,以决定具体事项中法定代理人是否享有代理权。

(二)意定代理权的范围

意定代理权是代理人通过本人的代理权授予行为而取得的,其范围应依据授权行为确定。被代理人是为了一定的目的而授权给代理人,其授权可分为三类:特定代理权、种类代理权及概括代理权。[16] 特定代理权和种类代理权较为具体,代理人只须依明确的代理权实施代理行为即可。至于概括代理权,由于本人没有对代理权的范围予以明确,甚至授权不明,此时就需要对该授权予以解释,以确定代理权的范围。

《民法典》第165条规定,授权委托书应当载明代理人的姓名或者名称、代理事项、权限和期限,并由委托人签名或盖章。对于授权不明,《民法典》没有规定。授权不明时如何确定意定代理权的范围,通说认为应依据基础法律关系及其他有关情形,按照诚实信用原则同时根据交易惯例加以认定。[17]

本人授权不明,依照授权行为解释也无法确定代理权的范围时,日本民法作出了明确规定。《日本民法典》第103条规定:“未定权限的代理人,只有为下列行为的权限:(1)保存行为;(2)在不改变代理标的物或权利性质的范围内,以利用或改良为目的的行为。”我国台湾地区学者多对本条进行了阐释。保存行为,是指为维持代理标的财产的现状,也就是为防止其毁损灭失所必要的行为,如物的修缮、权利的登记、时效的中断等,都属于保存行为;利用行为,是指以代理标的财产为收益

---

〔16〕《民法典》第920条规定:委托人可以特别委托受托人处理一项或者数项事务,也可以概括委托受托人处理一切事务。

〔17〕参见王泽鉴:《民法总则》(增订版),中国政法大学出版社2001年版,第466页;张俊浩主编:《民法学原理》(上册)(修订3版),中国政法大学出版社2000年版,第322页。

源泉的有偿行为,如存款、不动产的出租等;改良行为,是指为增加代理标的财产经济价值的行为,如房屋的装修、使无利息无担保债权附利息或设担保等。但利用或改良行为应在不变更代理标的物或权利性质的范围内进行,超过此范围则为处分行为,代理人应有特别授权或法律另有规定方可进行。[18]

四、代理权的限制

代理权的限制,是指依照法律的规定或者授权人的意思,对代理权所加的限制。法律对代理权的限制,通常包括对自己代理的限制、双方代理的限制、滥用代理权的限制等。此外,本人在授权时,也可对代理权作出限制。

(一)自己代理的限制

自己代理是代理人以被代理人名义与自己为相对人从事法律行为。行为的一方当事人是被代理人,由代理人代理;另一方当事人则为代理人自己,为自己从事行为。在自己代理中,除了代理人之外,并不存在其他人作为表意人和意思表示受领人,代理人同时是第三人。例如,乙是甲的代理人,受甲的委托卖出一辆汽车,而乙自己买入该辆汽车。限制自己代理的理由在于,合同是双方法律行为,各方都会追求利益最大化,而在自己代理情形下,代理本人与自己从事交易的代理人极可能为了自己的利益而损害本人的利益。因此,自己代理通常为各国和地区法律所禁止。《德国民法典》第181条规定,代理人不得以被代理人名义和以自己的名义跟自己实施法律行为,《日本民法典》第108条及我国台湾地区"民法"第106条都有类似规定。对自己代理,原《民法通则》没有明确限制,《民法典》第168条第1款则明确规定,"代理人不得以被代理人的名义与自己实施民事法律行为,但是被代理人同意或者追认的除外"。

原则上自己代理为无权代理,但在例外情形下法律也承认自己代理的效力:(1)本人许可。如果代理人得到许可,则代理人可以以被代理人名义与自己实施法律行为。《民法典》第168条第1款但书部分确认了本人许可的前提下允许自己代理。(2)法律行为专为履行债务。履行债务并非利益交换,因此即使作为被代理人的代理人与自己从事债务履行行为,也不会损害被代理人的利益,因此法律例外予以允许。上述两种例外情形在《德国民法典》、《日本民法典》、我国台湾地区"民法"中都有明确规定。除了上述两种情形外,德国司法判例又加上了第三种例外情况:如果法律行为仅只为被代理人带来法律上的利益,自我代理即为允许并且有效。[19]

---

〔18〕 史尚宽:《民法总论》,中国政法大学出版社2000年版,第533页。

〔19〕 [德]迪特尔·施瓦布:《民法导论》,郑冲译,法律出版社2006年版,第549页。

(二)双方代理的限制

双方代理是代理人同时担任被代理人和第三人的代理人为法律行为。行为的一方当事人是被代理人,其由代理人代理,另一方当事人第三人,其也由同一代理人代理。与自己代理类似,双方代理中只有代理人是表意人或者意思表示受领人,法律行为是在代理人的大脑中进行的:行为双方当事人只是在理念上,即在代理人的大脑中相互接触。[20] 例如,甲授权乙代为购买一辆汽车,同时丙委托乙代为出售一辆汽车,乙以甲丙双方的名义订立了该辆汽车的买卖合同。限制双方代理的理由在于,代理要求代理人在行为人时为被代理人的利益计算而进行代理行为,双方代理显然难以同时实现两个被代理人利益的最大化,从而可能损害一方被代理人的利益。各国和地区民法对双方代理作出了与自己代理类似的限制,如《德国民法典》第 181 条、《日本民法典》第 108 条及我国台湾地区"民法"第 106 条的规定。《民法典》明确限制双方代理。《民法典》第 168 条第 2 款规定,"代理人不得以被代理人的名义与自己同时代理的其他人实施民事法律行为,但是被代理的双方同意或者追认的除外"。

通说认为双方代理原则上属于无权代理,但法律也规定了例外情形。同自己代理的例外情形相同,在双方被代理人许可、代理行为专为履行债务及仅为被代理人带来利益时,双方代理为有效代理。《民法典》第 168 条第 2 款但书部分也确认在被代理人的双方同意或追认的条件下,允许双方代理。

(三)滥用代理权的限制

代理人应为被代理人的利益计算而实施代理行为,如果代理人凭借代理权损害被代理人的利益,则构成代理权的滥用。禁止代理人滥用代理权,实质上是法律对代理权行使的限制。

代理人为自己或第三人的利益而滥用代理权,如果相对人知道或者可得而知代理人滥用代理权,被代理人可以主张该行为无效。如果相对人不知道也无从得知代理人系滥用代理权,为了保护善意第三人,代理行为应为有效。如果代理人与第三人恶意串通,损害被代理人的利益,该行为应归于无效,而且第三人应承担连带责任。《民法典》第 171 条对滥用代理权作出了较为全面的规定:"行为人没有代理权、超越代理权或者代理权终止后,仍然实施代理行为,未经被代理人追认的,对被代理人不发生效力。相对人可以催告被代理人自收到通知之日起三十日内予以追认。被代理人未作表示的,视为拒绝追认。行为人实施的行为被追认前,善意相对人有撤销的权利。撤销应当以通知的方式作出。行为人实施的行为未被追认

---

[20]　[德]迪特尔·梅迪库斯:《德国民法总论》(第 2 版),邵建东译,法律出版社 2001 年版,第 723 页。

的,善意相对人有权请求行为人履行债务或者就其受到的损害请求行为人赔偿。但是,赔偿的范围不得超过被代理人追认时相对人所能获得的利益。相对人知道或者应当知道行为人无权代理的,相对人和行为人按照各自的过错承担责任。”

五、代理权的消灭

(一)意定代理权消灭的原因

根据我国《民法典》第173条的规定,意定代理权消灭有以下原因。

1. 代理期间届满。本人授予代理权时可以附期限,该期限届满时,代理权归于消灭。

2. 代理事务完成。如果代理人受托处理事务,在该事务完成之后,代理权就丧失了存在的必要,从而应归于消灭。

3. 代理权被撤回。本人授予代理人以代理权之后,可以随时撤回。与代理权授予行为相似,撤回代理权由本人的单方意思表示即可实现,通过向代理人或者与进行代理行为的第三人作出意思表示而进行。《民法典》第173条将代理权被撤回称为被代理人取消委托,是委托代理终止的原因之一。

4. 代理人放弃代理权。被代理人通过单方授权行为授予代理人以代理权,代理人也可通过向授权人即本人作出放弃代理权的单方意思表示,从而使代理权消灭。其理由在于,任何人都不得被强迫享有他不愿去享有的权利或者法律权能。但是,基于代理人与被代理人之间的内部关系,如果代理人违反该内部关系放弃代理权给被代理人造成损害的,应当承担相应的法律责任。《民法典》第173条规定,代理人辞去委托将导致代理终止。《民法典》第933条也明确规定:“委托人或者受托人可以随时解除委托合同。因解除合同给对方造成损失的,除不可归责于该当事人的事由以外,无偿委托合同的解除方应当赔偿因解除时间不当造成的直接损失,有偿委托合同的解除方应当赔偿对方的直接损失和合同履行后可以获得的利益。”

5. 代理人死亡或者丧失行为能力。代理人死亡,代理权失去其担当者,代理权当然归于消灭。代理人丧失行为能力,无法继续从事代理行为,代理权不得不归于消灭。

6. 被代理人死亡。被代理人死亡后,代理权通常也归于消灭,例外情形下不消灭。《民法典》第174条第1款规定:被代理人死亡后,有下列情形之一的,委托代理人实施的代理行为有效:(1)代理人不知道并且不应当知道被代理人死亡;(2)被代理人的继承人予以承认;(3)授权中明确代理权在代理事务完成时终止;(4)被代理人死亡前已经实施,为了被代理人的继承人的利益继续代理。

7. 作为被代理人或者代理人的法人、非法人终止。法人或非法人组织终止,则丧失了作为民事主体的资格,因而无法充当被代理人或者代理人。例外情形下,作为被代理人的法人、非法人组织终止的，参照适用上述《民法典》第174条第1款的规定。

（二）法定代理权消灭的原因

根据我国《民法典》第175条的规定，法定代理权消灭有以下原因。

1. 被代理人取得或者恢复完全民事行为能力。代理制度一方面的价值在于弥补民事主体能力的不足。当该不足得以自然弥补，如未成年人成年、精神病被治愈而取得完全行为能力，能够独立实施法律行为，从而无须法定代理人继续代理，法定代理权失去了存在的必要性。需要指出的是，如果被代理人仅恢复部分行为能力，其仍然为限制行为能力人，则监护人为其法定代理人，法定代理权并未消灭。

2. 被代理人死亡。当作为被代理人的未成年人、精神病成年人死亡，作为法定代理人的监护人丧失了监护对象，其法定代理权同时消灭。与意定代理中本人死亡相似，在代理人不知道被代理人死亡、被代理人的继承人均予承认的、为了被代理人的继承人的利益继续完成等情形下，法定代理权并不消灭。

3. 代理人死亡或者丧失民事行为能力。代理人死亡，其与被代理人之间的监护关系消灭；代理人丧失民事行为能力，则无法履行监护职责，因此法定代理权自然消灭。

4. 监护人资格丧失。法定代理存在的基础关系是代理人与被代理人之间的监护关系，代理人因为具有监护人身份，才取得法定代理权。当监护人丧失监护资格时，法定代理权自然归于消灭，例如，人民法院变更监护指定，原监护人丧失监护资格；收养关系解除，收养人丧失监护人资格等。

第三节　无权代理

一、无权代理概述

（一）概念

无权代理，是指行为人无代理权而以本人名义实施的代理行为。代理人以本人名义实施法律行为时，效力归于本人的前提是代理人有代理权，而且代理行为在代理权范围之内，否则，其代理即为无权代理。

（二）类型

作为代理一种类型的无权代理，从法律后果来看，可分为发生本人责任的无权代理和不发生本人责任的无权代理。发生本人责任的无权代理，民法中称为表见代理，本人须对相对人负授权人责任；不发生本人责任的无权代理，民法中称为狭义无权代理,本人对无权代理人的行为不负任何责任,只有本人追认,才对本人发生效力。狭义无权代理并非不发生任何效力,如果本人不予追认,则无权代理人应当承担损害赔偿责任。

对于无权代理,《民法典》第 171 条第 1 款规定,“行为人没有代理权、超越代理权或者代理权终止后,仍然实施代理行为,未经被代理人追认的,对被代理人不发生效力”;第 3 款规定,“行为人实施的行为未被追认的,善意相对人有权请求行为人履行债务或者就其受到的损害请求行为人赔偿。但是,赔偿的范围不得超过被代理人追认时相对人所能获得的利益”;第 4 款规定,“相对人知道或者应当知道行为人无权代理的,相对人和行为人按照各自的过错承担责任”。

本节仅就狭义无权代理进行分析,下节探讨表见代理制度。

二、无权代理的要件

无权代理虽然不能发生有权代理的效力,但也是代理的一种,因此除了应当具备法律行为的一般要件外,还应当符合特别的要件。

1. 代理人以本人名义实施法律行为。以本人名义实施法律行为,意在表明其为代理人,其行为为代理行为。如果行为人并没有以本人名义,而是以自己的名义实施法律行为,则为一般的法律行为,而非代理行为,其行为的法律后果当然归属于行为人自己。

2. 代理人无代理权。行为人无代理权而以本人名义实施的代理为无权代理,如果行为人有代理权则无从构成无权代理。无代理权的情形主要包括:(1)行为人从未获得本人授权;(2)授权行为无效的代理;(3)超越代理权范围的代理;(4)代理权消灭后的代理。

3. 不存在相对人认为行为人有代理权的事由。如果存在相对人认为行为人有代理权的事由,则相对人为善意而构成表见代理,而非狭义无权代理。

符合上述三个要件的法律行为构成狭义无权代理,其性质属于效力未定的法律行为,如果本人追认,则无权代理的法律后果归属于本人;如果本人拒绝追认,则由行为人即无权代理人对第三人承担责任。

三、无权代理的法律效果

无权代理中存在三方当事人,依照法律的规定,对三者分别发生不同的法律效力。

(一)本人的追认权

《民法典》第 171 条第 1 款规定,“行为人没有代理权、超越代理权或者代理权终止后,仍然实施代理行为,未经被代理人追认的,对被代理人不发生效力”。因此,对于无权代理行为,本人可以通过追认而使该行为的法律后果归属于自己。追认与否,由本人自主决定。如果追认有悖于公序良俗或者诚实信用原则时,则不得追认,而有时本人对于无权代理人负有追认的义务,本人应当追认,否则无权代理人有权请求强制执行。[21]

追认权属于形成权,仅依本人的单方意思即可生效。本人的追认既可以向相对人实施,也可以向无权代理人实施。如果相对人已经催告,则应当向相对人实施追认表示。[22]《民法典》第171条第2款规定,"相对人可以催告被代理人自收到通知之日起三十日内予以追认。被代理人未作表示的,视为拒绝追认"。《民法典》第503条则规定:"无权代理人以被代理人的名义订立合同,被代理人已经开始履行合同义务或者接受相对人履行的,视为对合同的追认。"

本人追认之后,代理行为对于本人发生效力,即无权代理人行为的法律后果归属于本人,且溯及代理行为发生时效力。

(二)相对人的催告权、撤回权

1. 催告权

催告权也是形成权的一种,是相对人催告本人是否承认无权代理人行为为目的的意思通知。在本人追认前,相对人可以向本人发出催告通知,由本人在一定期限内作出是否追认的表示,逾期未予追认的,视为拒绝追认。《民法典》第171条第2款对相对人的催告权作出了规定,大陆法系各国和地区民法典都对相对人的催告权作出了相似的规定。

相对人的催告,既可直接向本人通知,也可向无权代理人通知,催告期间自通知到达本人时开始计算。在催告期间内,本人未作出追认表示的,视为拒绝。至于未作出追认的原因,则在所不问。

2. 撤回权

相对人在作出催告后,本人追认前,相对人可以撤回其催告。撤回权也属于形成权,仅依相对人的意思表示即可发生撤回的效力。《民法典》第171条第2款规定,行为人实施的行为被追认前,善意相对人有撤销的权利。撤销应当以通知的方式作出。撤回既可向本人,也可向无权代理人实施。《德国民法典》第178条、《日本民法典》第115条、我国台湾地区"民法"第171条还特别规定,如果相对人在无权代理人为法律行为时,明知其无代理权,则在催告后不得撤回。

---

[21] 史尚宽:《债法总论》,中国政法大学出版社2000年版,第53页。

[22] 《德国民法典》第177条第2款规定:"合同另一方当事人要求代理人作出追认的意思表示时,追认的意思表示只能向合同另一方当事人作出;在提出要求之前对代理人所表示的追认或者拒绝追认,均为无效。"

(三)无权代理人的法律责任

1. 无权代理人与相对人之间

如果本人追认,则代理行为对本人发生效力,代理人与相对人之间不发生关系;如果无权代理未获本人的追认,则无权代理行为确定地不对本人发生效力,无权代理人应当对善意相对人承担民事责任。如果相对人恶意,也就是说,相对人知道或者应当知道行为人无代理权而实施代理行为的,无权代理人不对相对人承担责任。关于责任的性质,通说认为既不是契约责任,也不是侵权责任,而是法律规定的特别责任,各国关于无权代理人责任的立法也表明了其属于法律特别规定的性质。

对于无权代理人向相对人承担的责任,《民法典》第171条第3款规定,行为人实施的行为未被追认的,善意相对人有权请求行为人履行债务或者就其受到的损害请求行为人赔偿,但是赔偿的范围不得超过被代理人追认时相对人所能获得的利益。上述条款的规定与德国、日本民法的规定相似。《法国民法典》《瑞士债法典》及我国台湾地区"民法典"则规定无权代理人承担损害赔偿责任。我国学者多支持德国、日本的学说,认为无权代理人对相对人的责任包括履行与损害赔偿,如果相对人选择请求履行而无权代理人没有履行能力时,则转为损害赔偿。这样更有利于对善意相对人的保护。

2. 无权代理人与本人之间

未获本人追认的无权代理,如果对本人造成损害,无权代理人应当对本人承担损害赔偿责任,其性质属于侵权行为之债。对此,《民法典》第171条第4款规定,相对人知道或者应当知道行为人无权代理的,相对人和行为人按照各自的过错承担责任。

无权代理一方面可能对本人造成损害,但另一方面也可能给本人带来了实际利益,而自己却为此支出了一定的费用。由此可能在无权代理人与本人之间形成了无因管理关系,无权代理人可以依据法律规定,请求本人承担无因管理之债。

第四节　表 见 代 理

一、表见代理概述

表见代理,是指代理人无代理权,但由于本人的原因造成相对人相信其有代理权,而使本人对相对人负授权人责任的代理。

代理人无代理权而实施了代理行为,因此本质上表见代理属于无权代理,但一方面由于被代理人的行为造成了代理权存在的外观;另一方面为了保护交易安全,保护相对人合理的信赖利益,法律特别规定了表见代理而排除无权代理的适用,使本人对相对人负授权人责任,以保护善意相对人。表见代理属于广义无权代理的一类。与大陆法系相比,英美代理法中代理人的代理权包括实有权限和表见权限。虽然本人只向代理人授予了实有权限,但本人的行为使善意第三人有正当理由相信与其交易的代理人具有相应的代理权限,代理人因此取得表见权限,其在表见权限范围内的代理行为属于有权代理。

根据我国与其他国家和地区的立法,表见代理包括三种类型:[23] (1)由本人授权表示而产生的表见代理;(2)因超越代理权而产生的表见代理;(3)因代理权消灭而产生的表见代理。

二、由本人授权表示而产生的表见代理

(一)概念

本人授权表示而产生的表见代理,是指本人以自己的行为表示授予他人代理权而实际上未授权,或知道他人以其名义实施行为而不作反对表示,使相对人相信行为人有代理权的代理。

《民法典》第172条规定:"行为人没有代理权、超越代理权或者代理权终止后,仍然实施代理行为,相对人有理由相信行为人有代理权的,代理行为有效。"我国台湾地区"民法"第169条则对此类型的表见代理作出了全面规定:"由自己之行为表示以代理权授与他人,或知他人表示为其代理人而不为反对之表示者,对于第三人应负授权人之责任。"

(二)构成要件

由本人授权表示而产生的表见代理的构成要件包括以下三个。

1. 行为人虽无代理权,却以本人名义实施法律行为。无代理权人行为的存在是构成代理的前提,只有行为人以本人名义实施行为后,才能判断是构成代理,表见代理或者无权代理。

2. 本人表示授予他人代理权或者明知他人以其名义实施行为而不作反对表示。本人的授权表示或者容忍行为,都使相对人相信事实上没有代理权而以本人

---

〔23〕 值得注意的是,德国学者的民法著作中区别容忍代理权与表见代理权,认为虽然二者都产生被代理人对自己的违反义务行为的责任,但二者并不可相提并论:容忍代理中,被代理人对代理人的代理行为有意容忍,而表见代理中,被代理人纯粹是因为疏忽大意。[德]迪特尔·梅迪库斯:《德国民法总论》(第2版),邵建东译,法律出版社2001年版,第732~733页;[德]卡尔·拉伦茨:《德国民法通论》(下册),王晓晔、邵建东等译,法律出版社2004年版,第892~893页;[德]迪特尔·施瓦布:《民法导论》,郑冲译,法律出版社2006年版,第545~546页。

名义实施行为的人有代理权。例如,行为人持有公司印章,或者持已盖章的空白合同与相对人实施交易,相对人有理由认为行为人获得了该公司的授权,因而该公司具有可归责性。授权表示既可向特定第三人进行,如特别通知,也可向不特定第三人进行,如公告。如果授权向特定第三人进行,则行为人对该第三人得行使代理权;如果授权向不特定第三人进行,则行为人对任何第三人均可行使代理权。[24]

3. 相对人善意且无过失。相对人相信行为人有代理权,其行为在代理权限范围内,而且相对人以善良管理人的注意也无从得知行为人没有代理权。如果相对人明知行为人无代理权,或者稍加注意即可发现行为人无代理权,则不值得保护,从而不成立表见代理。

(三)效力

由本人授权表示而形成的表见代理,根据《民法典》的规定,行为人或者取得容忍代理权,或者取得表见代理权,其行为为有效代理。表见代理人实施的行为的法律后果归属于本人,即本人享有该行为带来的利益,承担该行为带来的损失,相对人不能主张无效代理而撤回其法律行为。在本人与表见代理人之间,如果因表见代理人的行为对本人造成损害,则产生内部责任问题。

三、因超越代理权而产生的表见代理

(一)概念

因超越代理权而产生的表见代理,是指代理人超出代理权的范围实施代理行为,相对人有正当理由认为该行为在代理权范围内的代理。《民法典》第 172 条对此类表见代理进行了明确规定:行为人超越代理权实施代理行为,相对人有理由相信行为人有代理权的,代理行为有效。

(二)要件

1. 代理人具有代理权。代理人具有代理权是构成超越代理权型表见代理的前提,不具有代理权而以本人名义与相对人实施法律行为则可能构成无权代理,或者授权表示型表见代理。

2. 代理人超越代理权的范围以本人名义实施法律行为。代理人在代理权的范围内以本人名义实施法律行为,其行为构成有权代理,法律后果归属于本人。如果超越代理权的范围与相对人发生法律行为,原则上构成无权代理,如果相对人善意且无过失相信其行为在代理权的范围内,则构成本类型的表见代理。

---

[24] 《德国民法典》第 171 条第 1 款规定:“如果以特别通知或者公告通知第三人,已授权某人为其全权代表时,该全权代表根据通告在前一种情况下对接受特别通知的第三人,在后一种情况下对任何第三人,均可行使其代理权。”

超越代理权通常包括两种情形:(1)代理权本身有限制。本人在授予代理权的同时,明确加以限制,而相对人并不知晓。如公司在任命经理的同时,对其代理权限进行了限制,经理超越该限制与相对人发生交易。(2)代理权范围限缩。本人对代理人授予代理权之后,缩小了代理权的范围,相对人不知该代理人的代理权限被缩小,仍在原代理权范围内与代理人实施法律行为。

3. 相对人善意且无过失。相对人不知代理人的权限范围受到限制,或者不知代理人的代理权限被限缩,而且也无从得知,才能构成善意且无过失。如果相对人明知代理人的行为超出了代理权的范围而仍然与其进行交易,则代理人的行为构成无权代理,而非表见代理。

(三)效力

代理人超越代理权的范围实施代理行为,如果相对人善意且无过失即有正当理由相信代理人的行为在其权限范围内,则代理人的代理行为有效,在本人与相对人之间形成直接的法律关系,即本人承受代理行为的法律后果。在本人与代理人之间,如果因代理人超越代理权的行为给本人造成损害,则本人有权向代理人进行追偿。如果本人有过失,则依据过失的性质和程度相应减少代理人的责任。

四、因代理权消灭而产生的表见代理

(一)概念

因代理权消灭而产生的表见代理,是指代理人在代理权因本人的撤回或者其他原因消灭后,由于本人的原因造成代理权仍然存续的外观,而与相对人实施法律行为产生的代理。《民法典》第172条规定,行为人代理权终止后仍然实施代理行为,相对人有理由相信行为人有代理权的,代理行为有效。

(二)要件

1. 代理人曾有代理权。代理人曾有代理权是相对人相信其代理权仍然存在的前提,如果代理权从来没有存在过,相对人则无理由相信从未存在过的代理权继续存在。

2. 代理人以本人名义实施代理行为。存在代理行为,是表见代理的共同构成要件。如果不存在代理行为,也就无须判断其为有权代理、无权代理还是表见代理。

3. 代理人为代理行为时代理权已经消灭。代理人在行为时其代理权已被本人撤回或者因其他原因而消灭,才可能存在代理权继续存在的外观。如果代理权未消灭,则代理人的行为为有权代理。

4. 因本人的原因造成代理权仍然存续的外观。本人在其撤回代理权或者代理权消灭后没有及时通知相对人,或者没有以原来授权的方式进行撤回的表示,从而造成了代理权仍然存在的外观。也就是说,本人对于代理权仍然存在的外观具有可归责性。

具体情形主要有:(1)代理权消灭后,本人没有收回未附期限的授权书或者其他可以被认为是授权的文件;(2)本人以直接向特定第三人为授权表示的,撤回代理权或者代理权消灭后没有直接通知第三人;(3)本人以公告方式向不特定第三人为授权表示的,撤回代理权或者代理权消灭后没有以相同的方式进行公告。上述三种情形,《德国民法典》作出了明确的规定,[25]我国法律中则没有予以明确规定。

5. 相对人善意且无过失。只有在相对人正当地信赖代理人仍然具有代理资格,也即相对人不知且无从得知代理人的代理权已经消灭,代理人以本人名义实施的行为才能被认定为此类型的表见代理。否则,相对人即为恶意,从而无从构成表见代理。

(三)效力

由于本人的原因造成代理权消灭后仍然存续的外观的,代理人的代理行为有效,其行为的法律后果归属于本人,本人不得以代理权已消灭对抗善意相对人,即本人不得主张代理人行为为无权代理。

重点问题梳理

1. 代理,是指代理人在代理权限范围内,以本人名义向相对人为意思表示或者由相对人受领意思表示,而法律效果直接归属于被代理人的法律行为。

2. 代理权,是指代理人能够以本人的名义为意思表示或者由相对人受领意思表示,而法律效果直接归属于本人的法律资格。

3. 法定代理,是指代理人的代理权并非基于本人的授权,而是基于法律的直接规定或者人民法院及其他组织的指定而取得的代理。

4. 意定代理,是指通过本人授予代理人以代理权而发生的代理。

5. 代表是自然人的行为被认为是其所代表的法人组织行为的制度,该自然人称为代表人。

6. 自己代理是代理人以被代理人名义与自己为相对人从事法律行为。

7. 双方代理是代理人同时担任被代理人和第三人的代理人为法律行为。

---

[25]　《德国民法典》第172条第2款规定:"代理权存续到授权书被返还给授权人或者被宣告无效时为止。"第170条规定:"意定代理权是以向第三人作出的表示授予的,意定代理权即对第三人保持有效,直到授权人将意定代理权的消灭通知第三人之时。"第171条第2款规定:"代理权存续到通知被以发出通知的同样的方式撤回之时。"

8. 无权代理,是指行为人无代理权而以本人名义实施的代理行为。

9. 表见代理,是指代理人无代理权,但由于本人的原因造成相对人相信其有代理权,而使本人对相对人负授权人责任的代理。

案例与分析

甲是时代广场两间商铺的所有人,由于长期居住在外地,自2014年1月1日起委托授权好友乙代为办理商铺的出租及收取租金等事项。后由于乙没有及时交付代为收取的租金,甲遂终止了对乙的委托,并另行委托丙代为办理上述事项。2016年9月,经甲乙协商,乙应支付甲代收的租金12万元,押金1万元。2016年11月,乙与两间商铺的租户续签租赁合同,并预收2017年全年租金共计4万元。甲知悉乙的上述行为后,立即通知租户甲已经终止对乙的授权,乙无权代其签订租赁合同及收取租金,因此主张租赁合同无效,并起诉要求乙支付租金、押金共计13万元,乙则主张向甲支付租金、押金共计17万元,但甲应向其支付10%的代理报酬。

问题:该案应当如何处理?

分析:对于乙的行为应当分委托关系终止前与终止后两个阶段进行分析。委托关系终止前,乙代为出租商铺并代收租金和押金的行为属于有效代理,其行为效果归属于甲,因此乙应当将该部分款项支付给甲。委托关系终止后,乙代为出租商铺的行为则构成表见代理,因租户并不知晓甲已经收回对乙的授权,而甲也没有及时通知租户。从而,乙与租户续签的租约有效,乙代收的租金也应支付给甲。乙要求甲应向其支付代理费用的要求由于事先没有约定,而民事代理原则上为无偿,因此甲无须向乙支付代理报酬。

第九章　时效与期日、期间

第一节　时 效 概 述

一、时效的概念

时效,是指一定事实状态持续经过一定期间而产生一定法律后果的制度。从时效的概念来看,时效制度包含以下三层含义:

第一,一定事实状态的存在。所谓一定的事实状态,包括权利的行使或者不行使,如无权占有人对物的占有,债权人未向债务人请求履行等。一定事实状态的存在,是时效制度适用的前提。

第二,事实状态持续经过一定的期间。仅一定事实状态的存在并不足以导致时效制度的适用,该事实状态还需持续满法定期间。无须时间的经过为要件的制度,则不能称为时效,如动产的善意取得即无须时间的经过。

第三,一定事实状态持续经过一定的期间,则发生一定的法律后果。发生一定的法律效果,即权利的取得或者丧失。时效制度的基本精神,在于尊重既成事实状态。一定事实状态较长时间的持续,则该状态所昭示的法律意义应受到尊重,即占有人被推定为占有权人,请求权怠于行使被推定为抛弃其权利等。[1]

二、时效的类型

依据时效发生的法律效果的不同,可分为消灭时效与取得时效。

消灭时效,又称为诉讼时效,是指不行使权利的事实状态持续经过法定期间,权利人丧失请求法院依诉讼程序强制义务人履行义务的制度。取得时效是指占有他人的动产或不动产,行使一定的权利持续达到一定期间,从而依法取得该项权利的法律制度。《民法典》仅对诉讼时效作出了规定,而没有规定取得时效。

消灭时效与取得时效的相同之处包括:(1)两者都是以一定事实状态的存在为前提。消灭时效以请求权人不行使请求权的事实状态为前提,而取得时效以占

---

〔1〕 张俊浩主编:《民法学原理》(上册)(修订3版),中国政法大学出版社2000年版,第340页。

有他人财产的事实状态为前提。(2)事实状态应当持续经过一定的期间。无论是消灭时效还是取得时效,法律均规定一定的事实状态持续经过一定的期间方可适用,当事人不能任意变更。(3)事实状态持续期间届满,均发生一定的法律后果。无论消灭时效期间届满,还是取得时效期间届满,都发生权利的变更。

消灭时效与取得时效的不同之处包括:(1)适用对象不同。消灭时效适用于债权,而取得时效适用于物权。(2)构成要件不同。消灭时效要求请求权不行使达到法定期间,而取得时效要求公开、和平、持续占有他人财产达到法定期间。(3)法律后果不同。消灭时效届满,请求权人丧失请求法院依据诉讼程序强制义务人履行的权利;取得时效届满,占有他人财产行使一定权利的人取得该权利。

三、时效的制度功能

消灭时效使权利人丧失请求法院依据诉讼程序强制义务人履行的权利,取得时效则使原物权人丧失其物权,两者都在一定程度上牺牲了权利人的利益,而长期不履行义务者反而可以获得利益,因此时效制度的存在应当具有合理的依据。总体来说,时效制度正是由于具有以下几个方面的功能,其存在才具有了正当性。

1. 促使权利人及时行使权利。消灭时效的法律后果是债权人丧失了胜诉权,从而给债权人以压力,促使其及时主张债权,避免利益受到减损;取得时效的适用,则可能使原权利人丧失其权利,进而督促权利人行使其权利。否则,如果权利人长期怠于行使权利,也即"权利上之睡眠者",法律就认为其权利不再值得保护。

2. 稳定法律秩序。一定的事实状态的长期存在,无论是请求权的不行使还是财产的占有,都可能在此事实状态基础上形成新的法律关系,而且第三人也信赖此种事实状态。如果允许长期怠于行使其权利的人多年之后主张权利,不仅可能推翻该长期存在的事实状态,而且将一并推翻基于此事实状态而形成的各种法律关系,第三人的信赖利益也必然受到损害,进而造成法律秩序的混乱。时效的适用,使长期存在的事实状态受到尊重,避免了此种混乱的发生,从而维护了法律秩序的稳定。

3. 避免举证困难,便利诉讼。事实状态长期存在后,权利归属的证据难免毁损灭失,或者虽然存在但难以完整收集,对双方当事人而言都可能存在举证困难的问题。因此,法律允许在时效期满后,义务人可以时效抗辩对抗权利人的请求,而不需要通过实体的抗辩。时效制度同时也使法院得到保护,使法院无须承受过重的诉讼程序的负担。

四、时效的历史沿革及立法体例

(一)历史沿革

取得时效与消灭时效都渊源于罗马法,且先产生取得时效制度,而后有消灭时效制度。《十二表法》中规定了最古老的取得时效制度,其第 6 表第 3 条中规定:"凡占有土地(包括房屋)2 年,其他物品 1 年,即因时效取得所有权。"[2]此后,随着罗马社会经济、生活条件的变化,取得时效的内容也随之发生了相应的变更,其功能也从最初的鼓励财产的充分利用演变为弥补交易形式的缺陷,最后成为权利人证明所有权的一种便利手段。消灭时效在罗马法中经历了三个阶段,从早期的诉讼无时间限制到裁判官法时代出现无限期诉讼与时效诉讼之分,再到帝国时代建立了较为完整的诉讼时效制度。裁判官法上的诉讼,其出诉期间为 1 年,债权人超过 1 年不起诉则丧失起诉的权利,同时也丧失实体权利。狄奥多西时代,法律规定一切诉讼都要按期限提起,即使是永久诉讼,也必须在 30 年内起诉,特殊情况延长至 40 年。[3]

进入中世纪,教会法取代罗马法占据统治地位,"不论实际立法如何变动,凡是一切权利,纵使经过长期的忽视,在实际上是不可毁灭"[4]的认识,使时效制度在中世纪丧失了生存的可能,但中世纪的注释法学派的贡献则在于将取得时效与消灭时效概括为统一的时效制度。随着罗马法的复兴和资产阶级革命的胜利,以罗马法为蓝本的大陆法系各国的立法,如《法国民法典》《德国民法典》《日本民法典》《民国民法典》中均规定了包括取得时效与消灭时效在内的时效制度。

(二)立法体例

大陆法系各国民法关于时效的立法体例主要有两种。

1. 统一制立法体例

以法国、日本为代表的国家民法典专章规定了时效制度。例如,在《法国民法典》第三编取得财产的各种方法中,第二十章时效,对取得时效与消灭时效不加区分地在第 2219 条作出了定义:时效,为依法律规定的条件,经过一定的期间,而取得财产的所有权或免除义务的方法。但在其后的规定中,则进一步区分消灭时效期间与取得时效期间。《日本民法典》则在第一编第七章统一规定了时效,但与法国民法典不同的是分两节对取得时效与消灭时效进行规定。

2. 分别制立法体例

以德国为代表的国家沿袭罗马法,分别在民法典的总则编规定了消灭时效,在物权编规定了取得时效。例如,《德国民法典》第一编总则第五章规定了消灭时效,第三编物权第三章所有权中规定了取得时效。我国民国时期制定的民法典仿《德国民法典》,在第一编总则第六章规定了消灭时效,第三编物权第二章所有权中规定了取得时效。此外,《意大利民法典》《俄罗斯民法典》均采用了此种立法

---

〔2〕 [意]彼德罗·彭梵得:《罗马法教科书》,黄风译,中国政法大学出版社 1992 年版,第 214 页。

〔3〕 葛承书:《民法时效——从实证的角度出发》,法律出版社 2007 年版,第 3 ~6 页。

〔4〕 [英]梅因:《古代法》,沈景一译,商务印书馆 1959 年版,第 162 页。

体例。

我国《民法典》第九章专章规定了诉讼时效(消灭时效),但受苏联的影响而没有规定取得时效。虽然民法学界多数学者认为取得时效与消灭时效是并行不悖的两种时效,具有不同的制度价值和功能,两者缺一不可,但我国2019年正式颁布的《民法典》中仍然没有规定取得时效。

第二节　诉讼时效

一、诉讼时效的概念

诉讼时效,是指权利人不行使其请求权持续经过法定期间,即丧失请求人民法院依法保护其权利的制度。

作为时效的一种,诉讼时效在传统大陆法系国家的民法中称为消灭时效,我国民法通则沿袭苏联的民法,采诉讼时效概念,其后制定的法律、法规中都加以沿用。从上述概念分析,诉讼时效的特征主要包括两个方面:

第一,债权人不行使请求权满法定期间是诉讼时效适用的前提条件。时效的适用以一定的事实状态持续经过一定期间为前提,在诉讼时效中,则体现为债权人不行使请求权持续满法定期间。债权人虽然不行使其请求权,但未超过法定期间的,并不能导致诉讼时效的适用。

第二,诉讼时效期间届满,权利人丧失请求法院保护其权利。诉讼时效的法律后果是权利人丧失胜诉权,即债权人在诉讼时效期满后向法院提起诉讼的,法院将依法判决其败诉。关于诉讼时效的效力,存在不同的认识,下文将进行较为深入的分析。

二、诉讼时效的客体

诉讼时效的客体,指诉讼时效适用的权利。《民法典》第188条规定"向人民法院请求保护民事权利的诉讼时效期间为三年",但没有指明民事权利的范围,而各国和地区的立法也存在差异,因此引起了学说的争论。

(一)立法例

关于诉讼时效的客体,各国和地区的立法主要有三种。

1. 德国为代表的请求权模式。《德国民法典》第194条第1款规定,"要求他人作为或者不作为的请求权,因时效而消灭"。我国台湾地区"民法"仿德国民法,也作出了类似规定。[5]

2. 瑞士为代表的债权模式。《瑞士债法典》第127条规定:“在联邦法律无特别规定时,一切债权因10年而罹于时效。”

3. 日本为代表的债权及其他非所有权财产权。《日本民法典》第167条规定:“债权因十年间不行使而消灭。债权或所有权以外的财产权,因二十年间不行使而消灭。”此外,还有规定诉权为客体的国家,如法国、俄罗斯及英美法国家。

(二)我国的规定

《民法典》中没有指明诉讼时效的客体,但《民法典》第189、190、191、194、196条等有关诉讼时效的多个条文直接或间接提到了请求权,可以确认我国诉讼时效适用的客体为请求权。对于请求权的范围,《民法典》第196条则明确规定:下列请求权不适用诉讼时效的规定:(1)请求停止侵害、排除妨碍、消除危险;(2)不动产物权和登记的动产物权的权利人请求返还财产;(3)请求支付抚养费、赡养费或者扶养费;(4)依法不适用诉讼时效的其他请求权。

原《民法通则》关于诉讼时效的规定存在诸多不足,为了满足审判实务的需要,最高人民法院于2008年8月21日发布了《诉讼时效规定》,对诉讼时效的客体、诉讼时效的援用、诉讼时效的计算等问题作出了较为全面的规定。该规定第1条规定:当事人可以对债权请求权提出诉讼时效抗辩,但对下列债权请求权提出诉讼时效抗辩的,人民法院不予支持:(1)支付存款本金及利息请求权;(2)兑付国债、金融债券以及向不特定对象发行的企业债券本息请求权;(3)基于投资关系产生的缴付出资请求权;(4)其他依法不适用诉讼时效规定的债权请求权。

该条明确规定诉讼时效适用的对象为除特定债权请求权以外的债权请求权,以下民事权利不适用诉讼时效。

1. 支配权

支配权是权利人对于客体直接支配处分的权利,如物权、人身权。支配权无须义务人的作为,仅凭权利人的单方意志即可实现,其怠于行使也不会影响他人的利益,因而无须适用诉讼时效。另外,物权请求权作为物权的权能之一,多数学者认为也不应适用诉讼时效。

2. 形成权

形成权是依权利人单方的意思即可使法律关系发生、变更、消灭的权利,如撤销权、解除权、抵销权等。形成权的行使只需权利人单方意思即可,无须他人作为,但形成权的行使对相对人的利益直接产生影响,从而不能允许形成权无限期地存续。法律为形成权设置了存续的期间——除斥期间,但并不适用诉讼时效。《民

---

[5] 我国台湾地区“民法”第125条规定:请求权,因15年间不行使而消灭。

法典》第199条明确规定："法律规定或者当事人约定的撤销权、解除权等权利的存续期间，除法律另有规定外，自权利人知道或者应当知道权利产生之日起计算，不适用有关诉讼时效中止、中断和延长的规定。存续期间届满，撤销权、解除权等权利消灭。"

3. 抗辩权

抗辩权是能够阻止请求权的权利，如同时履行抗辩权、先诉抗辩权等。抗辩权是对抗性权利，附随于请求权而存在，只有他人主张其权利时，抗辩权才能行使，否则抗辩权不发生或者不受影响，因此无须以诉讼时效来促使抗辩权的行使。但如果抗辩权是基于请求权而发生的，则请求权的诉讼时效届满，抗辩权也应随之消灭。

此外，相邻关系由于从属于不动产，且在存续期间可能随时发生新的内容，因此基于相邻关系产生的请求权也不适用诉讼时效。

三、诉讼时效的效力

（一）立法例

诉讼时效的效力是指诉讼时效届满后发生的法律后果。大陆法系各国立法关于诉讼时效的效力主要有以下三种。

1. 实体权利消灭。以日本、瑞士为代表，规定诉讼时效届满，实体权利归于消灭。例如，《日本民法典》第167条、《瑞士债法典》第127条的规定（条文内容见诉讼时效客体部分）。

2. 诉权消灭。以法国为代表，规定诉讼时效届满后诉权消灭，但实体权利仍然存在。例如，《法国民法典》第2262条规定："一切物权或者债权的诉权，均经30年的时效而消灭。"

3. 抗辩权发生。以德国为代表，规定诉讼时效期间届满后，义务人取得拒绝履行的抗辩权，即时效抗辩权。《德国民法典》第214条规定："消灭时效完成后，义务人有权拒绝给付。"

（二）我国诉讼时效的效力

在最高人民法院发布诉讼时效司法解释之前，民法学界多数学者认为，根据原《民法通则》及相关法律、法规的规定，我国诉讼时效的效力是胜诉权消灭。[6]

原《民法通则》第135条规定，"向人民法院请求保护民事权利的诉讼时效期间为二年，法律另有规定的除外"；第138条规定，"超过诉讼时效期间，当事人自

---

〔6〕　佟柔主编：《中国民法学·民法总则》，中国人民公安大学出版社1990年版，第347页；梁慧星：《民法总论》，法律出版社1996年版，第240页；魏振瀛主编：《民法》（第3版），北京大学出版社、高等教育出版社2007年版，第193页；韩松编著：《民法总论》，法律出版社2006年版，第292页。

愿履行的,不受诉讼时效限制”。依据上述两个条文,之前民法学界通说认为在我国诉讼时效期间届满后,权利人仍然可以提起诉讼,即程序意义上的诉权仍然存在。

最高人民法院 2008 年发布的《诉讼时效规定》第 1 条规定,“当事人可以对债权请求权提出诉讼时效抗辩”,第 3 条规定:“当事人未提出诉讼时效抗辩,人民法院不应对诉讼时效问题进行释明及主动适用诉讼时效的规定进行裁判。”从上述两条的规定来看,诉讼时效期限完成后,义务人取得抗辩权,而且法院不应主动适用诉讼时效。显然,该解释对于诉讼时效的效力采取了抗辩权发生主义。事实上,早在该解释发布前,已有部分学者主张认为胜诉权消灭的理解是值得商榷的,根据原《民法通则》和我国的司法实践,我国诉讼时效完成的效果应为义务人取得抗辩权。[7]

现《民法典》第 192 条规定,“诉讼时效期间届满的,义务人可以提出不履行义务的抗辩。诉讼时效期间届满后,义务人同意履行的,不得以诉讼时效期间届满为由抗辩;义务人已自愿履行的,不得请求返还”。第 193 条规定,“人民法院不得主动适用诉讼时效的规定”。显然,《民法典》的上述两条规定实际上确认了诉讼时效的效力为抗辩权的发生。这样规定,既符合诉讼时效的制度功能,同时在一定程度上有利于对权利人的保护。诉讼时效届满后,义务人可以援引诉讼时效对抗权利人的主张,从而有权拒绝履行给付,但法院不应主动适用诉讼时效的规定。当然,义务人也可以放弃诉讼时效抗辩,债权人仍可以接受义务人的履行。即使义务人援引诉讼时效抗辩,债权人的实体权利并不消灭,只是转为自然之债。在诉讼时效完成后所为的给付,义务人不得要求返还。

此外,德国、日本、意大利等国家的民法典,以及我国台湾地区的“民法”中还规定,诉讼时效完成后的债权在某些情形下仍然可以适用于抵销。例如,《德国民法典》第 215 条规定,“在最早可抵销或者拒绝给付的时刻,请求权尚未完成消灭时效的,消灭时效的完成,不排除抵销和对留置权的主张”;《日本民法典》第 508 条规定,“因时效消灭的债权,在其消灭以前适于抵销时,其债权人可以适用抵销”;我国台湾地区“民法”第 337 条规定,“债之请求权虽经时效而消灭,如在时效未完成前,其债权已适于抵销者,亦得为抵销”。我国法律、法规对于已罹诉讼时效的债权可否用以抵销没有明确规定,但解释上应可参照适用上述国家和地区的规定。

---

〔7〕 江平主编:《民法学》,中国政法大学出版社 2007 年版,第 252 页;龙卫球:《民法总论》,中国法制出版社 2001 年版,第 708 ~ 709 页。

四、诉讼时效期间

（一）诉讼时效期间的性质

诉讼时效期间，是权利人向法院提起诉讼请求保护其权利的法定期间。诉讼时效立法涉及社会公共利益，因此有关诉讼时效规范应当属于强制性规范，不允许当事人变更诉讼时效期间或者加以排除。从而，诉讼时效期间具有法定性。

《民法典》第 197 条规定："诉讼时效的期间、计算方法以及中止、中断的事由由法律规定，当事人约定无效。当事人对诉讼时效利益的预先放弃无效。"显然，该条确认了诉讼时效期间的强制性，当事人不得延长、缩短诉讼时效期间，更不得放弃诉讼时效利益。本条规定与我国台湾地区"民法"第 147 条的规定完全一致："时效期间，不得以法律行为加长或减短之。并不得预先抛弃时效之利益。"瑞士、意大利、俄罗斯等国的民法典也作出了类似的规定。[8]

虽然诉讼时效的立法总体上是为了保护公共利益，但一些情形下可能只涉及当事人之间的利益，其缩短或者延长并不会影响公共利益，因此个别国家的立法允许当事人改变诉讼时效期间。例如，《德国民法典》第 202 条规定："在故意而引起的责任的情况下，不得预先以法律行为减轻消灭时效。不得超出自法定的消灭时效开始进行之日起三十年的消灭时效期间以外，以法律行为加重消灭时效。"这就意味着，在非故意的情况下，当事人可以以法律行为减轻诉讼时效，也即缩短诉讼时效。当事人也可以加长诉讼时效，但应当在 30 年之内。

（二）诉讼时效期间的种类

依据诉讼时效期间的长短和适用范围，可分为普通诉讼时效和特别诉讼时效。

1. 普通诉讼时效期间

普通诉讼时效期间，又称为一般诉讼时效期间，是一般民事法律关系适用的诉讼时效期间，具有普遍适用性。凡是法律没有规定特别诉讼时效期间的，均适用普通诉讼时效期间。我国《民法典》规定了普通诉讼时效期间，其第 188 条第 1 款规定："向人民法院请求保护民事权利的诉讼时效期间为三年。法律另有规定的，依照其规定。"

虽然《民法典》将普通诉讼时效从原《民法通则》规定的两年延长为三年，与《德国民法典》的规定一致，但比较而言，我国规定的普通诉讼时效期间较短。《日本民法典》第 167 条则规定因债权所生的普通诉讼时效为 10 年，因债权或所有权

---

〔8〕《瑞士债法典》第 129 条规定："时效期间不得由当事人协议变更。"《意大利民法典》第 2936 条规定："任何一个旨在改变消灭时效法律规定的约定，均无效。"第 2937 条第 2 款规定："仅在消灭时效届满的情况下，可以放弃消灭时效。"《俄罗斯联邦民法典》第 198 条规定："诉讼时效期限及其计算办法不得由双方当事人协议变更。"

以外的财产权而生的普通诉讼时效期间为20年;《瑞士债法典》第127条规定普通诉讼时效期间为10年;《意大利民法典》第2946条规定普通诉讼时效为10年;我国台湾地区"民法"第125条则规定普通诉讼时效期间为15年。较短的普通诉讼时效期间一方面可能导致权利人的债权丧失了受保护的机会;另一方面也可能导致本可通过其他途径正常解决的纠纷,权利人为了避免错过诉讼时效而匆忙起诉。

2. 特别诉讼时效期间

特别诉讼时效期间,是指仅适用于特殊的民事法律关系的诉讼时效期间。特别诉讼时效期间不具有普遍适用性,只有当法律有特别规定时才能适用。特别诉讼时效期间既可能较普通诉讼时效期间为短,也可能更长。依据《民法典》及其他法律的规定,我国的特别诉讼时效期间有以下几种。

(1)短期诉讼时效期间

短期诉讼时效期间,是指期间短于3年的诉讼时效。原《民法通则》第136条规定了短期诉讼时效,但《民法典》颁布后该条将不再适用。[9] 我国其他法律中也有一些适用短期诉讼时效期间的规定,例如,《海商法》第260条规定,"有关海上拖航合同的请求权,时效期间为一年";第263条规定,"有关共同海损分摊的请求权,时效期间为一年"。

(2)长期诉讼时效期间

《民法典》规定普通诉讼时效期间为3年,超过3年而又短于20年最长诉讼时效期间,为长期诉讼时效期间。

《民法典》第574条第2款规定,"债权人领取提存物的权利,自提存之日起五年内不行使而消灭";第594条规定,"因国际货物买卖合同和技术进出口合同争议提起诉讼或者申请仲裁的时效期间为四年"。此外,还有一些法律规定了长期诉讼时效期间,如《保险法》第26条第2款规定,"人寿保险的被保险人或者受益人向保险人请求给付保险金的诉讼时效期间为五年"。此外,与原《民法通则》规定的2年普通诉讼时效期间相比,《海商法》第265条规定"有关船舶发生油污损害的请求权,时效期间为三年"、《环境保护法》第65条规定"提起环境损害赔偿诉讼的时效期间为三年",都属于长期诉讼时效期间。现《民法典》规定普通诉讼时效期间为3年,上述法律中3年诉讼时效期间的性质则相应地变为普通诉讼时效期间。

---

[9] 原《民法通则》第136条规定:"下列的诉讼时效期间为一年:(一)身体受到伤害要求赔偿的;(二)出售质量不合格的商品未声明的;(三)延付或者拒付租金的;(四)寄存财物被丢失或者损毁的。"

(3)最长诉讼时效期间

最长诉讼时效期间,是指为期20年的诉讼时效期间。《民法典》第188条第2款规定:"诉讼时效期间自权利人知道或者应当知道权利受到损害以及义务人之日起计算。法律另有规定的,依照其规定。但是,自权利受到损害之日起超过二十年的,人民法院不予保护,有特殊情况的,人民法院可以根据权利人的申请决定延长。"

对于该20年期间的性质,学者间存在不同的认识。除了认为是最长诉讼时效期间外,还有人认为是除斥期间,也有人认为是民事权利的最长保护期限。除斥期间的适用对象是形成权,诉讼时效的适用对象则为债权请求权,且除斥期间远较诉讼时效为短,因此20年期间显然并非除斥期间。至于认为该20年是民事权利的最长保护期限,也不尽合理。民事权利的保护原则上不受期限的限制,而且该20年是从权利受到侵害时起算的,该期限显然应为诉讼时效期间。

五、诉讼时效期间的起算

诉讼时效期间的起算,即诉讼时效期间的开始计算。

(一)各国诉讼时效期间起算的形式

对于诉讼时效期间的起算,从比较法上看,主要有以下两种形式。

1. 从知道或者应当知道权利受到侵害时起算。此种方法为主观标准,多数大陆法系国家的民法中都采纳此种起算方法。例如,《德国民法典》第199条规定,"普通消灭时效期间自有下列情形之年的年末起算:1. 请求权在该年以内产生的,并且2. 债权人在该年以内知道或者在无重大过失的情况下应当知道使请求权成立的情况和债务人的";《瑞士债法典》第601条规定,"损害赔偿请求权或者一般赔偿金请求权,应当在受害人知道受损害的情况和责任人之日起1年内行使";《日本民法典》第724条规定,"因侵权行为而产生的损害赔偿请求权,自受害人或者其法定代理人知道其损害及加害人时起3年间不行使时,因时效而消灭"。

2. 从权利可行使时起算。此种起算方法属于客观标准。诉讼时效制度的目的之一即在于督促权利人及时行使权利,因此许多国家规定诉讼时效期间自权利可行使时起算。例如,《日本民法典》第166条规定,"消灭时效,自权利可以行使时进行";《意大利民法典》第2935条规定,"消灭时效自权利可以主张之日起开始";我国台湾地区"民法"第128条规定,"消灭时效,自请求权可行使时起算"。

虽然诉讼时效期间的起算存在上述两种形式,但各国通常并没有单纯采用一种起算方法,而是区分违约责任的请求权和侵权责任的请求权,针对不同的请求权适用不同的起算标准,如德国、日本及我国台湾地区等。

(二)我国诉讼时效期间的起算

《民法典》第188条第2款规定,"诉讼时效期间自权利人知道或者应当知道权利受到损害以及义务人之日起计算。法律另有规定的,依照其规定”。因此,我国诉讼时效期间自权利人知道或者应当知道权利受到侵害时起算。所谓知道或者应当知道权利受到侵害,既包括知道权利受到侵害的事实,也包括知道侵害人是谁。因为只有不仅知道权利受到侵害的事实,而且知道侵害人为何人,才能提起诉讼。否则,如果不知道侵害人,则因没有明确的被告而无法起诉。应当知道则为法律上的推定,只要客观上存在权利人知道的可能,无论其是否确实知道权利受到侵害,法律上都推定权利人知道权利受到侵害而开始计算诉讼时效期间。

原《民法通则》关于诉讼时效期间的起算的规定较为概括,导致司法实践中对于各种请求权的诉讼时效期间具体如何起算存在争议,学者间也存在不同看法。为此,最高人民法院《诉讼时效规定》进一步对诉讼时效期间的起算作出了较为具体的规定。

1.《诉讼时效规定》第5条规定:“当事人约定同一债务分期履行的,诉讼时效期间从最后一期履行期限届满之日起计算。”

2.《诉讼时效规定》第6条规定:“未约定履行期限的合同,依照合同法第六十一条、第六十二条的规定,可以确定履行期限的,诉讼时效期间从履行期限届满之日起计算;不能确定履行期限的,诉讼时效期间从债权人要求债务人履行义务的宽限期届满之日起计算,但债务人在债权人第一次向其主张权利之时明确表示不履行义务的,诉讼时效期间从债务人明确表示不履行义务之日起计算。”

3.《诉讼时效规定》第7条第3款规定:“合同被撤销,返还财产、赔偿损失请求权的诉讼时效期间从合同被撤销之日起计算。”

4.《诉讼时效规定》第8条规定:“返还不当得利请求权的诉讼时效期间,从当事人一方知道或者应当知道不当得利事实及对方当事人之日起计算。”

5.《诉讼时效规定》第9条规定:“管理人因无因管理行为产生的给付必要管理费用、赔偿损失请求权的诉讼时效期间,从无因管理行为结束并且管理人知道或者应当知道本人之日起计算。本人因不当无因管理行为产生的赔偿损失请求权的诉讼时效期间,从其知道或者应当知道管理人及损害事实之日起计算。”

除了上述法律及司法解释的规定外,如果其他法律对诉讼时效期间的起算另有规定的,应优先适用该规定。例如,《海商法》第十三章专门对时效作出了细致的规定,对于各类请求权的诉讼时效期间的起算也作出了明确的规定。该法第257条第1款规定:“就海上货物运输向承运人要求赔偿的请求权,时效期间为一年,自承运人交付或者应当交付货物之日起计算;在时效期间内或者时效期间届满后,被认定为负有责任的人向第三人提起追偿请求的,时效期间为九十日,自追偿请求人解决原赔偿请求之日起或者收到受理对其本人提起诉讼的法院的起诉状副本之日起计算。”第258条规定,“就海上旅客运输向承运人要求赔偿的请求权,时效期间为二年,分别依照下列规定计算:(一)有关旅客人身伤害的请求权,自旅客离船或者应当离船之日起计算；（二）有关旅客死亡的请求权，发生在运送期间的，自旅客应当离船之日起计算；因运送期间内的伤害而导致旅客离船后死亡的，自旅客死亡之日起计算，但是此期限自离船之日起不得超过三年；（三）有关行李灭失或者损坏的请求权，自旅客离船或者应当离船之日起计算”。

此外，依据民法原理，附条件或者期限的债权请求权，自条件成就或者期限届至时开始起算；请求他人不作为的债权，自违反义务行为时起算。

《民法典》关于诉讼时效的起算，一方面吸收了《诉讼时效规定》的部分内容；另一方面出于保护权利人的目的，就个别请求权诉讼时效的起算作出了特别规定。第189条规定，当事人约定同一债务分期履行的，诉讼时效期间自最后一期履行期限届满之日起计算；第190条规定，无民事行为能力人或者限制民事行为能力人对其法定代理人的请求权的诉讼时效期间，自该法定代理终止之日起计算；第191条规定，未成年人遭受性侵害的损害赔偿请求权的诉讼时效期间，自受害人年满18周岁之日起计算。

六、诉讼时效期间的中断、中止与延长

诉讼时效期间起算后进行期间，由于特定事由的发生，对时效的进行形成障碍，影响了时效期间的顺利进行。通常包括三种情形：期间的中断、中止，或者延长。

（一）诉讼时效期间的中断

1. 概念

诉讼时效期间的中断，是指在诉讼时效期间进行的过程中，因法定事由的发生，使已经经过的期间归于无效，重新开始计算的制度。诉讼时效制度的目的在于督促权利人及时行使权利，使不及时行使权利者承受不利的法律后果。但是，如果权利人并未怠于而是积极行使其权利，即存在与诉讼时效基础相反的事实，则诉讼时效就不应继续进行而应中断。

2. 中断的事由

《民法典》第195条规定：“有下列情形之一的，诉讼时效中断，从中断、有关程序终结时起，诉讼时效期间重新计算：（一）权利人向义务人提出履行请求；（二）义务人同意履行义务；（三）权利人提起诉讼或者申请仲裁；（四）与提起诉讼或者申请仲裁具有同等效力的其他情形。”根据本条规定，诉讼时效中断的事由包括三种：权利人提出请求、义务人同意履行义务、提起诉讼或申请仲裁。

（1）权利人提出请求。请求，是指权利人于诉讼之外，直接行使权利的行为。通常情形下，只有在权利人提出请求而没有得到满足时，才会选择提起诉讼。权利人提出请求，改变了权利不行使的状态，因而使诉讼时效期间中断。

原《民法通则》第140条和《民法典》第195条只是概括规定诉讼时效因权利人向义务人提出请求而中断,《诉讼时效规定》则专门就如何认定当事人提出请求进行了具体化。该规定第10条规定:"具有下列情形之一的,应当认定为民法通则第一百四十条规定的'当事人一方提出要求',产生诉讼时效中断的效力:(一)当事人一方直接向对方当事人送交主张权利文书,对方当事人在文书上签字、盖章或者虽未签字、盖章但能够以其他方式证明该文书到达对方当事人的;(二)当事人一方以发送信件或者数据电文方式主张权利,信件或者数据电文到达或者应当到达对方当事人的;(三)当事人一方为金融机构,依照法律规定或者当事人约定从对方当事人账户中扣收欠款本息的;(四)当事人一方下落不明,对方当事人在国家级或者下落不明的当事人一方住所地的省级有影响的媒体上刊登具有主张权利内容的公告的,但法律和司法解释另有特别规定的,适用其规定。前款第(一)项情形中,对方当事人为法人或者其他组织的,签收人可以是其法定代表人、主要负责人、负责收发信件的部门或者被授权主体;对方当事人为自然人的,签收人可以是自然人本人、同住的具有完全行为能力的亲属或者被授权主体。"

《诉讼时效规定》第15条规定:"权利人向公安机关、人民检察院、人民法院报案或者控告,请求保护其民事权利的,诉讼时效从其报案或者控告之日起中断。"

(2)义务人同意履行。义务人同意履行,是指义务人以书面或者口头方式向权利人表示愿意履行债务。该表示一方面承认了债务的存在,另一方面表明了同意履行的意愿,从而应为诉讼时效期间中断的事由之一。《民法典》第195条规定义务人同意履行义务是诉讼时效期间中断的事由,但与其他国家的规定存在区别。其他国家的民法典通常规定义务人承认为诉讼时效期间中断的事由,即只要义务人向权利人承认其权利的存在,就发生诉讼时效期间中断的效力。

《诉讼时效规定》第16条对义务人同意履行作出了补充,该条规定,"义务人作出分期履行、部分履行、提供担保、请求延期履行、制定清偿债务计划等承诺或者行为的,应当认定为民法通则第一百四十条规定的当事人一方'同意履行义务'"。第19条对债权转让与债务承担时诉讼时效期间的中断作出了规定:"债权转让的,应当认定诉讼时效从债权转让通知到达债务人之日起中断。债务承担情形下,构成原债务人对债务承认的,应当认定诉讼时效从债务承担意思表示到达债权人之日起中断。"

(3)提起诉讼或申请仲裁。依法提起诉讼或申请仲裁是积极行使权利的表现,在各国民法上都构成诉讼时效中断的事由。《诉讼时效规定》专门就提起诉讼如何认定作出了具体规定,其第12条规定,"当事人一方向人民法院提交起诉状或者口头起诉的,诉讼时效从提交起诉状或者口头起诉之日起中断"。此外,该规定第13条规定,"下列事项之一,人民法院应当认定与提起诉讼具有同等诉讼时效中断的效力:(一)申请仲裁;(二)申请支付令;(三)申请破产、申报破产债权;(四)为主张权利而申请宣告义务人失踪或死亡；（五）申请诉前财产保全、诉前临时禁令等诉前措施；（六）申请强制执行；（七）申请追加当事人或者被通知参加诉讼；（八）在诉讼中主张抵销；（九）其他与提起诉讼具有同等诉讼时效中断效力的事项”。第14条规定，“权利人向人民调解委员会以及其他依法有权解决相关民事纠纷的国家机关、事业单位、社会团体等社会组织提出保护相应民事权利的请求，诉讼时效从提出请求之日起中断”。此外，该规定第18条还规定：“债权人提起代位权诉讼的，应当认定对债权人的债权和债务人的债权均发生诉讼时效中断的效力。”

上述就提起诉讼的认定、与提起诉讼具有同等效力事项的规定完善了我国诉讼时效期间中断制度，也解决了司法实践中对于认定提起诉讼及类似行为效力的疑惑，具有较强的可操作性。

如果当事人提起诉讼后，又撤回起诉，或者法院不予受理，或者起诉被驳回，是否仍然发生时效中断的效力，学者间存在疑问，我国立法中也没有一致的规定。多数国家规定当事人撤回起诉或者撤回其他权利行使的申请，不具有时效中断的效力，我国《海商法》作出了类似的规定，第267条第1款规定：“时效因请求人提起诉讼、提交仲裁或者被请求人同意履行义务而中断。但是，请求人撤回起诉、撤回仲裁或者起诉被裁定驳回的，时效不中断。”

3. 中断的效力

大陆法系各国对于诉讼时效中断效果的规定基本相同，我国有关法律、法规的规定也是如此，即诉讼时效期间中断后，已经经过的期间归于无效，诉讼时效期间重新计算。《诉讼时效规定》第17条还规定，对于连带债权债务人而言，诉讼时效期间对其中一名连带债权人或者连带债务人的中断效力及于其他连带债权人或者连带债务人。[10]

（二）诉讼时效期间的中止

1. 概念

诉讼时效期间中止，是指在诉讼时效期间进行的过程中，由于发生了阻碍请求权行使的法定事由，而暂时停止计算诉讼时效期间，待中止事由消失后，时效期间继续计算的制度。依原《民法通则》的规定，诉讼时效期间中止只能发生在诉讼时效期间的最后6个月内。

诉讼时效制度的目的在于督促权利人及时行使权利，惩罚怠于行使的权利人，使其承担不利的法律后果。如果权利的不行使不是因为权利人的原因，而是由于

---

〔10〕《诉讼时效规定》第17条规定：“对于连带债权人中的一人发生诉讼时效中断效力的事由，应当认定对其他连带债权人也发生诉讼时效中断的效力。对于连带债务人中的一人发生诉讼时效中断效力的事由，应当认定对其他连带债务人也发生诉讼时效中断的效力。”

客观原因不能行使权利,则诉讼时效期间就不应继续计算,否则就违背了诉讼时效制度的价值,诉讼时效期间中止制度就体现了这样的制度思想。

2. 中止的事由

根据《民法典》第 194 条的规定,诉讼时效中止的事由包括:(1)不可抗力;(2)无民事行为能力人或者限制民事行为能力人没有法定代理人,或者法定代理人死亡、丧失民事行为能力、丧失代理权;(3)继承开始后未确定继承人或者遗产管理人;(4)权利人被义务人或者其他人控制;(5)其他导致权利人不能行使请求权的障碍。

3. 中止的效力

诉讼时效期间因法定事由发生而中止后,诉讼时效停止进行,该停止期间不计入诉讼时效期间的最后 6 个月之中,自中止时效的原因消除之日起满 6 个月,诉讼时效期间届满。

4. 中止与中断的区别

第一,发生的原因不同。诉讼时效期间中止是由于客观原因权利人无法行使其权利,而中断的发生原因有多种,既有权利人提起诉讼,也有权利人请求或者义务人同意履行。

第二,发生的期间不同。中止发生在诉讼时效进行中的最后 6 个月,而中断则可能发生在诉讼时效进行中的任何时间。

第三,法律效果不同。中止只是导致诉讼时效期间暂时停止计算,待中止的事由消失后诉讼时效期间连续计算,而中断则使已经经过的诉讼时效期间归于无效,重新计算诉讼时效期间。

(三)诉讼时效期间的延长

诉讼时效期间的延长,是指权利人由于正当的理由未能在法定的诉讼时效期间内行使请求权,在期间届满后权利人提起诉讼,由法院依法对诉讼时效期间予以延展。

大陆法系国家多数没有规定诉讼时效期间延长制度,我国则仿效苏联的立法在原《民法通则》中规定了诉讼时效期间延长制度,《民法典》沿袭了该制度。《民法典》第 188 条第 2 款规定:“诉讼时效期间自权利人知道或者应当知道权利受到损害以及义务人之日起计算。法律另有规定的,依照其规定。但是,自权利受到损害之日起超过二十年的,人民法院不予保护,有特殊情况的,人民法院可以根据权利人的申请决定延长。”依上述规定,延长诉讼时效期间的事由为有“特殊情况”,但是该条并未明确何为“特殊情况”。对此问题,可以参考《民法通则意见》第 169 条,该条规定:“权利人由于客观的障碍在法定诉讼时效期间不能行使请求权的,属于民法通则第一百三十七条规定的‘特殊情况’。”

与诉讼时效期间的中断、中止比较,延长是在诉讼时效期间届满后发生的,事由只能是有“特殊情况”,且是否属于特殊情况而延长只能由法院予以认定。在法院决定延长后,诉讼时效期间视为未届满,因此义务人以诉讼时效期间届满为由对抗权利人的请求将不能得到支持。

第三节 除斥期间

一、除斥期间的概念与特征

除斥期间,又称预定期间,是指法律规定的或者当事人约定的形成权的存续期间。期间届满后,形成权即归于消灭。除斥期间的作用在于解决形成权行使的不确定性,及时确定当事人之间的权利义务关系。各国民法中通常没有对除斥期间的一般规定,只是针对个别的形成权分别作出具体的规定。《民法典》第199条规定:"法律规定或者当事人约定的撤销权、解除权等权利的存续期间,除法律另有规定外,自权利人知道或者应当知道权利产生之日起计算,不适用有关诉讼时效中止、中断和延长的规定。存续期间届满,撤销权、解除权等权利消灭。"

除斥期间有以下特征。

1. 除斥期间适用对象限于形成权。如撤销权、解除权、追认权、异议权、选择权、同意权等。

2. 除斥期间既可以由法定规定,也可以由当事人约定。多数形成权的除斥期间是由法律规定的,如《民法典》第171条规定,行为人没有代理权、超越代理权或者代理权终止后,仍然实施代理行为,相对人可以催告被代理人自收到通知之日起30日内予以追认;《民法典》第541条规定,享有撤销权的当事人自知道或者应当知道撤销事由之日起一年内没有行使撤销权,则撤销权消灭。此外,法律还规定当事人可以约定某些形成权的除斥期间,如依《民法典》第564条的规定,合同当事人可以约定解除权的行使期限,期限届满当事人不行使的,解除权消灭。

3. 除斥期间为不变期间,不发生中断、中止或者延长。除斥期间的目的在于及时确定当事人之间的权利义务关系,因此不适用中断、中止及延长的规定。

4. 除斥期间届满后,形成权归于消灭。该效果的发生,是法律的直接规定,无须当事人主张。

《民法典》第199条的规定全面反映了除斥期间上述四个方面特征。

二、除斥期间的期限与起算

关于除斥期间,法律并没有规定统一的期限,而是针对不同的具体权利规定了不同的期限,其起算也是分别作出了不同的规定。

《民法典》中关于形成权除斥期间的规定主要有以下条文:

第152条规定:“有下列情形之一的,撤销权消灭:(一)当事人自知道或者应当知道撤销事由之日起一年内、重大误解的当事人自知道或者应当知道撤销事由之日起九十日内没有行使撤销权;(二)当事人受胁迫,自胁迫行为终止之日起一年内没有行使撤销权;(三)当事人知道撤销事由后明确表示或者以自己的行为表明放弃撤销权。当事人自民事法律行为发生之日起五年内没有行使撤销权的,撤销权消灭。”

第171条第2款规定:“相对人可以催告被代理人自收到通知之日起三十日内予以追认。被代理人未作表示的,视为拒绝追认。行为人实施的行为被追认前,善意相对人有撤销的权利。撤销应当以通知的方式作出。”

第199条规定:“法律规定或者当事人约定的撤销权、解除权等权利的存续期间,除法律另有规定外,自权利人知道或者应当知道权利产生之日起计算,不适用有关诉讼时效中止、中断和延长的规定。存续期间届满,撤销权、解除权等权利消灭。”

第541条规定:“撤销权自债权人知道或者应当知道撤销事由之日起一年内行使。自债务人的行为发生之日起五年内没有行使撤销权的,该撤销权消灭。”

第574条第2款规定:“债权人领取提存物的权利,自提存之日起五年内不行使而消灭,提存物扣除提存费用后归国家所有……”

第621条第2款规定:“当事人没有约定检验期限的,买受人应当在发现或者应当发现标的物的数量或者质量不符合约定的合理期间内通知出卖人。买受人在合理期限内未通知或者自收到标的物之日起二年内未通知出卖人的,视为标的物的数量或者质量符合约定;但是,对标的物有质量保证期的,适用质量保证期,不适用该二年的规定。”

第1052条规定:“因胁迫结婚的,受胁迫的一方可以向人民法院请求撤销婚姻。请求撤销婚姻的,应当自胁迫行为终止之日起一年内提出。被非法限制人身自由的当事人请求撤销婚姻的,应当自恢复人身自由之日起一年内提出。”

三、除斥期间与诉讼时效的区别

除斥期间与诉讼时效两种制度都是经过一定期间发生一定的法律后果,但两者在诸多方面存在区别:

第一,适用的对象不同。除斥期间适用于形成权,而诉讼时效适用于债权请求权。

第二,期间可否中断、中止或延长不同。除斥期间为不变期间,不发生中断、中止或者延长,而诉讼时效期间适用中断、中止及延长的规定。

第三,要件不同。除斥期间以期限经过为要件,而诉讼时效以权利人不行使权利及期间经过两者为要件。

第四,可否抛弃不同。除斥期间经过,形成权即告消灭,无利益可抛弃,诉讼时效期间届满后，义务人可以抛弃时效利益，即放弃时效抗辩。

第五，法律效果不同。除斥期间经过，形成权归于消灭，而诉讼时效期间届满，权利人的债权请求权并不消灭，但权利人丧失胜诉权。

第四节　期日与期间

一、期日、期间的概念与类型

（一）期日、期间的概念

期日，是指不可分的特定的时间点。所谓不可分，包括性质上不可分与视为不可分。例如，2008 年 10 月 1 日 10 点即为一时间点，性质上不可再分，而 2008 年 10 月 1 日虽然包括一整天时间，但如果定为期日时，则视为不可分。期日表现为某一时间点，且为静态的点。

期间，是指从一时点到另一时点之间所经过的时间段。开始的时点称为起点，结束的时点称为终点。例如，从某年某月某日至某年某月某日，期间的时间段为期间。期间表现为时间的区间，为动态的时间段。

（二）期日、期间的类型

1. 法定期日、期间

法定期日、期间是由法律直接规定的期日和期间。例如，自然人的成年、诉讼时效期间、法定的除斥期间等。

2. 约定期日、期间

约定的期日、期间是由当事人自主选择决定的期日与期间。例如，合同履行交付货物的期日或者期间、债务的清偿期日等。

3. 指定期日、期间

指定期日、期间，是由人民法院或者仲裁机构确定的期日和期间。例如，判决书确定的义务人偿还债务的履行期限、仲裁裁决书确定的支付违约金的期限等。

二、期日、期间的功能

时间在民法上具有重要的意义，民事法律关系的产生、变更和消灭均发生在一定的时间，权利义务的取得、变更或者丧失也有其时间。时间在民法中表现为期日和期间，期日与期间在民法上的功能主要表现在以下三个方面。

1. 决定民事主体的法律地位。民事主体资格的取得与丧失，都与期日密切相关。自然人出生之日取得权利能力，法人成立之日取得权利能力和行为能力，同时取得民事主体资格。自然人死亡之日、法人注销登记之日丧失权利能力与行为能力,同时丧失民事主体资格。

2. 决定权利义务的得丧变更。民事权利的取得、变更、丧失都有时间的限制。如物权、债权的取得、丧失的时间,形成权在法定或者约定的期间内存在,期间届满则消灭。同样,义务的承担与解除也受时间限制,例如,父母在子女未成年时有抚养义务,债务人在时效期间内的给付义务等。

3. 决定某些法律事实。民法上自然人的成年、宣告失踪、宣告死亡等法律事实都由时间决定。《民法典》第 17 条规定,“十八周岁以上的自然人为成年人。不满十八周岁的自然人为未成年人”。第 40 条规定,“自然人下落不明满二年的,利害关系人可以向人民法院申请宣告该自然人为失踪人”。

三、期日、期间的确定与计算

(一)期日的确定

依据期日的类型,期日的确定分别根据法律的规定、当事人的约定和法院或者仲裁机构的指定确定。例如,合同当事人约定交货日期为 2009 年 10 月 15 日,则该日期即为履行的期日。

我国法律中没有独立的关于期日的规定,只是在《民法典》中规定了与期间有关的期日:

1. 第 201 条规定了期间开始期日的确定:“按照年、月、日计算期间的,开始的当日不计入,自下一日开始计算。按照小时计算期间的,自法律规定或者当事人约定的时间开始计算。”

2. 第 202 条和第 203 条第 2 款规定了期间终止期日的确定。第 202 条规定,“按照年、月计算期间的,到期月的对应日为期间的最后一日;没有对应日的,月末日为期间的最后一日”;第 203 条第 2 款规定,“期间的最后一日的截止时间为二十四时;有业务时间的,停止业务活动的时间为截止时间”。

3. 第 203 条第 1 款规定了期间终止期日的顺延:“期间的最后一日是法定休假日的,以法定休假日结束的次日为期间的最后一日。”

关于不确定期日如月初、月中或月终的确定,《民法典》没有明确规定,《德国民法典》第 192 条则作出了如下规定:“月初指月的第一日,月中是指月的第十五日,月末是指月的最后一日。”

(二)期间的确定与计算

1. 期间的确定

(1)始期的确定

依据《民法典》第 201 条的规定,始期依照如下方法确定:

第一,以小时计算期间的,从法律规定或当事人约定的时间开始计算。

第二,以年、月、日计算期间的,开始的当天不计入期间,从第二日开始计算。

依照《民法典》第13条的规定,自然人年龄的计算从出生之时开始。此外,《民法典》第204条规定:"期间的计算方法依照本法的规定,但是法律另有规定或者当事人另有约定的除外。"因此,当事人可以对期间的起算进行约定。如果当事人有约定,期间的起算则依照约定。

(2)终期的确定

第一,年、月、日计算期间的,以期间的最后一日为终期日。根据《民法典》第203条第2款的规定,终期时间为终期日的24时,如果有业务时间的,为停止业务活动的时间。

第二,终期的最后一日是法定休假日的,以法定休假日结束的次日为期间的最后一日。

2. 期间的计算方法

(1)自然计算法

自然计算法,是指以经过的实际时间为依据计算期间。一日为24小时,一月为30日,一年为365日,无论大小月与平闰年。以小时、分钟、秒为期间计算单位的,通常采用自然计算法;以不连续的月或年为期间计算单位的,通常也依自然计算法。例如,劳动合同中约定"全年旷工超过一个月则公司有权解除合同",就属于非连续计算。

(2)历法计算法

历法计算法,是指期间的计算依据历法的年、月、日进行。依历法,月分大小月,大月为31日,小月为30日;年分平闰年,平年为365日,闰年为366日。通常以月或者年为单位计算期间时,除非当事人有特别约定,否则依据历法计算期间。《民法典》第200条规定:"民法所称的期间按照公历年、月、日、小时计算。"

重点问题梳理

1. 时效,是指一定事实状态持续经过一定期间而产生一定法律后果的制度。

2. 诉讼时效,是指权利人不行使其请求权持续经过法定期间,即丧失请求人民法院依法保护其权利的制度。

3. 取得时效,是指占有他人的动产或不动产,行使一定的权利持续达到一定期间,从而依法取得该项权利的法律制度。

4. 普通诉讼时效期间又称为一般诉讼时效期间,是一般民事法律关系适用的诉讼时效期间,具有普遍适用性。

5. 诉讼时效期间的中断,是指在诉讼时效期间进行的过程中,因法定事由的发生,使已经经过的期间归于无效,重新开始计算的制度。

6. 诉讼时效期间中止,是指在诉讼时效期间进行的过程中,由于发生了阻碍请求权行使的法定事由,而暂时停止计算诉讼时效期间,待中止事由消失后,时效期间继续计算的制度。

7. 诉讼时效期间的延长,是指权利人由于正当的理由未能在法定的诉讼时效期间内行使请求权,在期间届满后权利人提起诉讼,由法院依法对诉讼时效期间予以延展。

8. 除斥期间,是指法律规定的或者当事人约定的形成权的存续期间。

案例与分析

2015年6月1日,甲公司与乙公司签订了一份委托协议,约定甲公司在华北区代理销售乙公司的产品,销售收入的20%为代理费用。同时约定,甲公司向乙公司缴纳30万元保证金,委托关系结束时乙公司返还给甲公司。随后,甲公司积极展开市场拓展活动,截至2016年12月30日,经双方对账确认,甲公司销售乙公司产品共计300万元,但只返还给乙公司货款150万元。后乙公司多次要求甲公司返还剩余货款,但甲公司一直未予理睬,乙公司也停止向甲公司供应产品。乙公司遂于2020年5月15日向人民法院提起诉讼,要求甲公司返还剩余货款,甲公司则以诉讼时效已届满为由,拒绝返还。在审理过程中,乙公司向法院提供了一份证据,表明其曾于2019年8月10日向甲公司发送过一份传真,要求甲公司尽快返还货款。

问题:乙公司的起诉是否已超过诉讼时效期间?

分析:《民法典》第188条规定,向人民法院请求保护民事权利的诉讼时效期间为3年,法律另有规定的除外。本案涉及的债权请求权,法律没有另外规定诉讼时效期间,因此应适用3年期间。判断请求是否超过诉讼时效期间,首先需要确定请求权的成立时间,其次确定已经经过的期间。如果权利人在法律规定的期间内提起了诉讼,则没有超过时效期间;如果在期间届满之后提起诉讼,且不存在中断、中止和符合延长条件的情形,则为超过诉讼时效期间,义务人有权拒绝履行。

本案中,乙公司的债权成立于2016年12月30日,其向法院起诉日期为2020年5月15日,期间共计3年5个半月,初步判断已经超过了诉讼时效期间。但乙公司提供的证据表明,其于2019年8月10日向甲公司发送传真要求返还货款,因此构成了诉讼时效的中断,从发送传真的次日起,即2019年8月11日起,诉讼时效重新计算。因此,乙公司的起诉并没有超过诉讼时效期间。

第二编　人　身　权

第十章　人身权概述

第一节　人身权的概念与特征

一、人身权的概念

人身权,是指民事主体在民事关系中以人格和身份为基础而依法享有的,以人格利益和身份利益为内容而无直接财产内容的民事权利。人身权是与财产权相对应的民事权利,它是一个复合性概念,是多种权利形态的集合体。我国《民法典》第四编设专编对人身权作出了较全面的规定,此外,总则及侵权、违约责任中对人身权也有涉及。

现代文明社会不存在不具有人身权的人,一个人可能没有财产,但却不可能没有生命权、健康权、身体权等人身权,否则民事主体就失去了存在的基础。该权利是民事主体享有其他财产性权利的前提,是现代文明社会人们赖以生存和发展的必要条件,也是实现人的价值的需要,人身权法律制度给民事主体确立了生存和发展的基本法律环境。

人身权不同于人权,在国内法上,"人权"一词大致相当于宪法规定的"公民的基本权利",而在国际法律文件中,"人权"包括的范围则较广泛,不仅包括政治性权利,也包括民事权利;民法中的人身权比"人权"概念的范围要小得多,它仅指那些与权利主体的人身不可分的民事权利,是人权的一个组成部分。即人身权属于民事权利,而民事权利属于广泛意义上的人权。

二、人身权的特征

人身权具有以下特征:

1. 人身权的专属性。人身权与民事主体的主体资格密不可分,只能由特定的民事主体享有,不得放弃、转让或者继承,《民法典》第 992 条对此也作出了规定。人之所以成为民事主体,是因为他享有人身权利,丧失了某些人身权利,其民事主体资格可能就不复存在。此外,人身权一般不得以买卖、赠与等方式让渡给他人,但少数人身权例外,如姓名权、名称权、肖像权等,它们在脱离权利主体后仍有一定的法律意义或经济意义,因而可让与他人享有。因而《民法典》第993条规定:“民事主体可以将自己的姓名、名称、肖像等许可他人使用,但是依照法律规定或者根据其性质不得许可的除外。”

2. 人身权的法定性。表现在:一方面,民事主体所享有的人身权利的种类及内容由法律明文规定或经法律认可,即由法律确认的权利才属于人身权;另一方面,在人身权中除了对具体人格权作出明确规定外,我国《民法典》还对一般人格权作出了规定,一些法律条文也体现了一般人格权的精神。由于一般人格权的内容具有概括性与不确定性,因而可由立法或司法机关根据社会生活的具体情况赋予它具体内容。

3. 人身权的固有性。即人身权与权利主体存在的同期性。绝大多数人身权与主体的民事权利能力一样,始于其出生或成立,终于其死亡或消亡,如自然人的健康权,从自然人出生之日起即终身享有。但也有少数人身权,如婚姻自主权,需要权利主体在具备一定条件后才能享有。

4. 人身权的非财产性。即人身权不具有直接财产内容。人身权的客体人格利益和身份利益不能够直接用金钱来衡量其价值,不直接体现财产利益。如自然人的生命利益、健康利益等,都是不能直接用货币价格来衡量的。这一点与物权具有显著差异。

值得注意的是,人身权不具备直接财产性,并非意味着其完全与财产利益无关或完全不包含财产利益,有的人身权基于其人身利益可派生出财产利益,如肖像权、名称权;有的则内在地包含一定的财产利益,如配偶权、亲权。但人身利益仍直接决定了人身权的性质,在确定权利性质中占主导性地位。

此外,人身权的非财产性也并非意味着其与财产权毫不相关,其一,某些财产权的取得以人身权的行使为前提,如肖像权的许可他人使用即可为权利人带来财产利益;其二,某些财产权的取得以民事主体享有特定的人身权为基础,如基于配偶权即可继承取得一定的财产利益;其三,人身权受到侵害,其救济方式常常具有财产性,由于现代文明社会排斥“以牙还牙,以眼还眼”的救济方式,金钱赔偿成为人身权受到侵害时的重要损害赔偿方法。[1]

第二节　人身权法律制度的历史发展

一、罗马法时代的人身权法律制度

人身权与财产权相比发展较为缓慢。罗马法时代,出现了身份权制度和“人

〔1〕 郭明瑞:《民法》(第2版),高等教育出版社2007年版,第155~156页。

格”的概念。公元2世纪，罗马五大法学家之一的盖尤斯(Gaius)在其所著的《法学阶梯》一书中，把罗马法分为人法、物法和诉讼法三个部分。人法部分规定了自然人在婚姻、亲属等关系方面的家父权等身份利益，也规定了具有独立人格的团体的权利能力和行为能力，其中家父权成为罗马法中最重要的身份权。作为维护城邦社会生活规则的罗马法在确认并保护私有财产权的同时，也承认个人享有生命、健康人格利益，侵害生命、健康的损害赔偿制度有所发展。但此时并未形成现代意义上的人身权概念及完整的人身权法律保护制度，统治者构筑身份权制度是为了实现其对亲属等的人身支配，维护自身的统治地位；而这一时代人格的确立，旨在维护奴隶社会的等级尊严，人格的取得完全取决于人的身份、地位，而且其内容还包括一些政治权利，人格本身也可以转移。

二、大陆法系国家的人身权法律制度

随着资本主义的兴起与发展，资产阶级在反对封建特权的过程中提出了人权的观点，许多国家制定了人权保护方面的法律文件，为人身权制度的发展起到了极大的推动作用。但1804年《法国民法典》作为一部最早、最完备的资产阶级社会的成文法律却未对人格权作出明确规定。为了弥补这种缺憾，法官在后来的判例中确立了保护人格权的规则，认定了人格权的抚慰金赔偿制度。

1896年《德国民法典》建立了现代意义上的人身权法律制度，对生命、健康、自由、身体、姓名权益作出了较为完备的规定。第二次世界大战后，随着社会的发展，德国通过判例进而将名誉权、隐私权、肖像权等精神性人格权纳入人格权制度中，使人身权体系和制度更加完备。

1907年《瑞士民法典》设人格法专节对人身权法律制度作出了较为完善的规定，其中不但规定了具体人格权，而且确立了一般人格权的概念。这部法典的颁行，标志着现代人身权法律制度获得了进一步的发展，制度、体系更加完善。

三、英美法系国家的人身权法律制度

英美法系国家首先以判例法的形式确立了许多人身权法律制度。如1902年纽约州法院审理的“罗伯森诉罗切斯特折叠箱公司案”成为关于隐私权的首个判例。此外，英美法系国家也颁布了很多成文法来明确对人身权的保护，一些判例进而进入制定法。

总体来看，资本主义国家人身权法律制度的发展趋势是：对身份权的保护逐渐减弱，对人格权的保护不断加强。

四、社会主义国家的人身权法律制度

1923年施行的第一部以生产资料社会主义公有制为基础的《苏俄民法典》调

整人身权的内容很少,仅规定了侵害生命、健康的财产赔偿。1964 年,《苏俄民法典》中有关人身权的内容有所扩张,在总则部分增加了保护名誉和尊严的条款。1969 年颁布的《捷克斯洛伐克社会主义共和国民法典》以及 1977 年修订的《匈牙利民法典》都对人身权中的具体人格权,如生命、健康、姓名、肖像、名誉、尊严等作出了较为具体的保护,其中,修订后的《匈牙利民法典》还首先在社会主义国家中确立了人格权侵害的精神损害赔偿制度。

五、中国的人身权法律制度

(一)中国古代人身权法律制度

中国古代人身权法律制度完全有别于以确认、维护人格平等为立法精神的市民社会的人身权法律制度。由于中国古代长期处于奴隶制、封建制时代,有关人身权的立法带有浓厚的奴隶制、封建制特征:第一,确认、维护人格的不平等,奴隶主、封建地主阶层享有人格特权;第二,以确认、维护王权、族权、父权、夫权为内容设定完备的身份权法律制度;第三,以对生命权、健康权等物质性人格权的保护为主,很少涉及对精神性人格权的保护;第四,对人身权的保护以刑罚为主。

(二)中国近现代人身权法律制度

1907 年清政府授命以沈家本为首的法学家编制《大清民律草案》,这成为中国近代人身权立法的开端。1909 年完稿的《大清民律草案》中设有人格权一节,规定了保护人格权的一般原则,并对自由权和姓名权作出了明确规定。在亲属编中规定了带有封建特色的家长权、夫权、亲权等身份权。《大清法律草案》在债权编中规定了对侵犯身体权、自由权、名誉权的非财产赔偿。后由于清政府的覆灭,该草案未颁布实施,但为民国时期的人身权立法提供了借鉴。

1930 年南京国民政府编纂完成《中华民国民法》,该法在对人身权的权利设定与保护方式上具有了现代性。人格权方面规定了自由权、人格权受侵害的一般救济方法,并规定了身体权、健康权、名誉权等受损的救济手段,还承认了贞操权、肖像权、信用权、商号权等较新的具体人格权;身份权方面,规定了配偶权、亲权和监护权等较为民主的内容,但对家长权的规定带有专制性。总体来看,这基本上是一部以确认、维护人格平等的市民社会的人身权法律。新中国成立后,废止了该法在大陆的施行,仅在我国台湾地区继续施行。

(三)中国当代人身权法律制度

新中国成立后对于人身权较为系统、全面的立法保护始于 1986 年颁布实施的《民法通则》。我国原《民法通则》在第五章民事权利中设专节(第四节)对人身权作出了较为全面的规定,该法从正反两方面强调对人身权的保护,一方面赋予民事主体人身权;另一方面禁止侵权行为。原《民法通则》在“民事责任”一章中制定了保护人身权的条文,规定了形式多样的民事责任类型,如停止侵害、消除影响、赔偿损失等,使民事主体的人身权能够得到全面、有效的救济与保护。《民法通则》成为我国人身权法律制度全面确立的标志。2017年通过的《民法总则》在第五章对人身权作出了较全面的规定,并且弥补了原《民法通则》的不足,明确提出了隐私权的概念。此外,最高人民法院为在司法实践中为贯彻落实原《民法通则》中关于人身权法律保护的规定,出台了《民法通则意见》《名誉权解释》《精神损害赔偿解释》《人身损害赔偿解释》等司法解释,使人身权法律制度富于适用性。

2020年5月28日通过,2021年1月1日起实施的《民法典》第四编在吸收、借鉴、完善之前一系列相关法律规范的基础上对人身权制度作出了更加全面、详尽、科学的规范。与现代社会的发展相适应,规定了一些新型的人身权利,如个人信息权。这部法律是我国最集中、最完整地规定与保护人身权制度的法律规范,也是世界上唯一一部将人格权独立成编的《民法典》,足见我国对人身权的重视,这也成为我国《民法典》的亮点。

第三节 人身权法律关系

人身权法律关系是民法调整人身关系而在当事人之间形成的以权利义务为内容的民事法律关系。根据《民法典》第989条的规定,这种关系是因人身权的享有和保护而产生的民事关系。与其他法律关系相同,人身权法律关系也包括主体、客体、内容三个要素。

一、人身权法律关系的主体

人身权法律关系的主体即人身权法律关系的参加者,是指法律规定享有人格利益或身份利益,并承担相应义务的民事主体。人身权的主体资格与主体的法律人格密不可分,法律人格存在与否成为人身权存在与否的前提与标志。因而凡是具有民事权利能力的主体,均为人身权法律关系的主体,享有人身权。

人身权法律关系的主体,既包括自然人,也包括法人和非法人组织。由于自然人与法人和非法人组织的本质的不同,它们所享有的人身权也不尽相同。自然人是最主要的人身权法律关系主体,绝大多数人身权,如生命权、健康权、肖像权、隐私权等都由自然人享有,还有一部分人身权,如名称权、名誉权、荣誉权则由法人与非法人组织享有。其中,仅名称权是法人和非法人组织专有的权利,名誉权和荣誉权则是由自然人与法人和非法人组织共同享有。总体来看,法人和非法人组织享有的人身权数量远远少于自然人。

二、人身权法律关系的客体

人身权法律关系的客体,是指人身权法律关系中权利、义务共同指向的对象,即民事主体享有的人身利益。人身利益具有无形性,主要体现为一种精神上的利益,不具有直接的财产内容。

人身利益包括人格利益与身份利益。人格利益是民事主体生存和发展所必须具备的基本权益,包括生命利益、健康利益、身体利益、名誉利益等。身份利益是民事主体与特定或不特定的人产生某种特定的社会关系,针对该特定或不特定的人享有一定的地位和资格,并因该种地位和资格而产生的受法律保护的、与自身密不分的利益,包括配偶身份利益、父母子女身份利益、智慧成果创造者身份利益等。

三、人身权法律关系的内容

人身权法律关系的内容,是指人身权法律关系中,权利主体所享有的权利及义务主体所负担的义务。从性质上看,这些权利属于绝对权,权利主体可自由行使法律规定范围内的权利,一般不需义务人的协助;而义务主体则负有不得妨碍、侵犯权利主体的权利及不作为义务。

人身权一般包括以下几个方面的权利。

(一)控制权

民事主体可以按照自己的意思对自己的人身利益加以控制。如自然人可按照自己的意思控制自己的隐私利益,采取必要的保密措施,不让他人知悉,以实现自己精神生活的安宁。

(二)利用权

民事主体可以按照自己的意志对自己的人身权益加以利用,满足自身的需求。如对自己所写的文章决定是否发表、以本名还是笔名或匿名发表,用自己的身体从事不违反法律与公序良俗的行为艺术等。这种利用具有排他性,即人身权主体在按照自己的意志支配、利用自己的人身利益时,具有排除他人干涉的权利。

(三)有限处分权

对人身权的处分分为事实上的处分和有限制的转让两种。一方面,人身权主体可以从事实上自主处分自己的人身利益,如《民法典》第 1006 条规定:“完全民事行为能力人有权依法自主决定无偿捐献其人体细胞、人体组织、人体器官、遗体……”但这类处分的行使要受到国家法律和社会公共利益的严格限制,如在我国,只能到国家规定的血液采集点无偿捐献血液。

另一方面,一部分人身权益还能实施一定的法律上的处分,进行权益的部分转让。但首先,这种转让不具有普遍性,并非所有的人身利益都可转让,如自由、生命、名誉等人身利益，基于权利的自身性质则不可转让；其次，并非所有可进行转让的权利都能进行彻底转让，如法人的名称权可进行完全转让，但肖像权可转让的则只能是其中的使用权。

（四）收益权

一部分人身利益可以成为权利主体获得收益的途径。如自然人可以通过处分肖像的使用权获得使用者支付的对价，公司法人可以凭据自己的商誉从银行获得信用贷款。

重点问题梳理

1. 人身权，是指民事主体在民事关系中以人格和身份为基础而依法享有的，以人格利益和身份利益为内容而无直接财产内容的民事权利。人身权具有专属性、法定性、固有性及非财产性的特征。

2. 人身权法律关系是民法调整民事人身关系而在当事人之间形成的以权利义务为内容的民事法律关系。

3. 人身权法律关系的主体即人身权法律关系的参加者，是指法律规定享有人格利益或身份利益，并承担相应义务的民事主体。

4. 人身权法律关系的客体，是指人身权法律关系中权利、义务共同指向的对象，即民事主体享有的人身利益。包括人格利益与身份利益。

5. 人身权法律关系的内容，是指人身权法律关系中，权利主体所享有的权利及义务主体所负担的义务。包括控制权、利用权、有限处分权、收益权四方面的权利。

案例与分析

某银行向甲所在单位发送紧急通知——催账单，内容是："甲：您所持有的银行信用卡，截至上月透支欠款已经超过五万元人民币，且数额较大，经多次提醒、催收，您均以各种理由进行推脱，仍未还款，依据我国《刑法》第一百九十六条之规定，您的行为已涉嫌信用卡诈骗。如您在本月之前仍不能一次性还清全部欠款，我单位将把您的立案材料移交至市公安局经济犯罪侦查部门立案处理，依法追究刑事责任。"甲否认其在该银行办理过信用卡，但催账单在甲的单位领导与同事、客户、朋友中引起不良反应。经过查证，属于银行工作人员疏忽误发催账单。甲向法院起诉，要求该银行为自己消除不良影响，公开赔礼道歉，并赔偿精神损失。

问题：本案应当如何处理？

分析：银行在催收账款过程中，由于工作人员疏忽而误发催账单，未尽到足够的维护公民名誉利益的注意义务,发送以恶意透支、涉嫌诈骗、追究刑事责任为内容的催收通知,在一定范围内导致甲的社会评价降低,人身利益受损,存在主观过错,构成对甲人身权益的侵害。因此,法院应判决:银行公开道歉,消除不良影响,并进行适当的精神损害赔偿。

第十一章　人　格　权

第一节　人格权概述

一、人格权的概念与特征

(一)人格权的概念

人格是法律规定的人成为权利、义务主体的基本资格。具备独立的民事主体资格,就具有完备的民事人格。

人格权,是指民事主体平等享有的,以人格利益为客体的基本权利。通常说的人格受到侵害,实际是指人格权的客体即人格利益受到侵害。《民法典》第990条规定:"人格权是民事主体享有的生命权、身体权、健康权、姓名权、名称权、肖像权、名誉权、荣誉权、隐私权等权利。除前款规定的人格权外,自然人享有基于人身自由、人格尊严产生的其他人格权益。"人格权是民事主体享有其他民事权利的基础,主体丧失了人格权,可能导致其他权利无法享有,甚至导致民事主体资格的丧失。

(二)人格权的特征

现代意义上的人格权除了具备人身权的基本特征外,还具备自身的一些特点。

1. 人格权是民事主体应具备的最基本的权利。人格权与民事主体资格相互统一、相互对应,凡民事主体,必然具备人格权,自然人或法人及非法人组织也只有具备了人格权,才能够成为民事主体。如在罗马法中,奴隶虽与自由民一样基于分娩出生,但由于奴隶未被法律赋予人格权,也就无民事主体资格,不能享有民事主体应具备的最基本权利。

2. 人格权是民事主体的固有权利。人格权随着民事主体资格的产生而产生,自然人随着出生而成为民事主体,享有人格权;法人及非法人组织随着成立而成为民事主体,享有人格权。人格权一般与民事主体的存续共始终。

3. 民事主体的人格权具有平等性。在现代,人格权是民事主体应当具备的基本权利,民事主体具有主体地位的平等性,从而决定了他们所享有的人格权的平等性。凡是民事主体,人格权一律平等,不因性别、年龄、民族、种族、贫富差距、宗教信仰、政治派别、意识形态等不同而享有不同的人格权。

4. 人格权的一般原则为:不得放弃、转让或继承。对此,《民法典》在第 992 条作出了明确的规定,该原则也使人格权与财产权相区别。

5. 人格权以种类不断扩充的人格利益为客体。人格利益是民事主体生存和发展所需具备的基本利益,缺乏了人格利益,主体的其他权益就缺少了承载。人格利益可以进一步划分为具体人格利益和一般人格利益,具体人格利益是法律列举的某一特定人格利益,如生命利益、健康利益、身体利益等;一般人格利益是具体、特定的利益之外的抽象的人格利益。随着社会、经济、科学技术的不断发展,民事主体生存和发展所需具备的基本利益也在相应地扩展,需要不断增加人格利益的种类,使其呈现开放性。一般来讲,一般人格权会首先随着社会的需要而增加其所涵盖的人格利益,待时机成熟时,再以具体人格权的方式将某一人格利益规定出来,使具体人格权的种类增加,如我国《民法典》即顺应社会的发展增加了个人信息权这一具体人格权。

二、人格权的分类

(一)具体人格权与一般人格权

以人格权所体现和保护的人格利益的确定方式为标准,可分为具体人格权与一般人格权。

具体人格权以具体人格利益为客体。与不同的具体人格利益相对应,具体人格权又分为生命权、健康权、身体权、姓名权、名称权、肖像权、名誉权、荣誉权等,它们由法律以列举的方式加以规定。

一般人格权以一般人格利益为客体。其内容具有抽象性、概括性与开放性,包括人格平等、人格独立、人格自由、人格尊严。

(二)物质性人格权与精神性人格权

以权利客体的特点为标准,可将人格权分为物质性人格权与精神性人格权。

物质性人格权,是指主要体现人的物质存在与物质需要的人格权。主要包括身体权、健康权、生命权。这类权利是精神性人格权以及其他民事权利存在的基础,是人格权中最基本的权利。

精神性人格权,是指主要体现民事主体的精神需求和社会属性的人格权。主要包括隐私权、个人信息权、名誉权、荣誉权、名称权、姓名权、肖像权、贞操权、婚姻自主权等。对精神性人格权的保护,是一个国家文明的标志,是国家法律完善的体现。

除上述两种分类外,还可依权利主体的不同,将人格权分为自然人的人格权与法人、非法人组织的人格权。《民法典》第 110 条规定:"自然人享有生命权、身体权、健康权、姓名权、肖像权、名誉权、荣誉权、隐私权、婚姻自主权等权利。法人、非法人组织享有名称权、名誉权和荣誉权。”

三、人格权的保护

《民法典》对侵犯人格权的法律责任作出了明确的规定，规定人格权受到侵害，受害人可以请求行为人承担民事责任。责任类型包括停止侵害、排除妨碍、消除影响、恢复名誉、赔礼道歉、赔偿损失等，而且如果权利人提出的是停止侵害、排除妨碍、消除影响、恢复名誉、赔礼道歉请求权，不受诉讼时效的限制。但消除影响、恢复名誉、赔礼道歉等责任应与侵权行为的具体方式和造成的影响范围相当。此外，侵害自然人人身权益造成严重的精神损害的，被侵权人还有权请求精神损害赔偿；因为故意或重大过失侵害自然人具有人身意义的特定物造成严重精神损害的，被侵权人也有权请求精神损害赔偿。

当行为人正在实施或即将实施侵害权利人人格权的行为，不及时制止其行为将给权利人造成难以弥补的损失，则权利人有权向人民法院申请责令停止有关行为的诉前禁令，以防止损害的扩大。该措施在《民法典》出台前其实已经使用过，北京市高级人民法院曾经在“钱钟书书信案”中，通过诉前禁令的方式，既保护了著作权，也保护了当事人的隐私权。

在具体认定行为人承担侵害人格权的民事责任时，应当考虑行为人和受害人的职业、影响范围、过错程度，以及行为的目的、方式、后果等因素，但认定侵害生命权、身体权和健康权的民事责任时，不受这些因素的影响。如果行为人是因违约行为损害了他人的人格权，并造成了对方严重的精神损害的，受损害方可以同时要求其承担违约责任和请求精神损害赔偿。

此外，《民法典》第 994 条还对人格权益的延伸保护作出了规定，即规定了对死者人格利益保护的规则：“死者的姓名、肖像、名誉、荣誉、隐私、遗体等受到侵害的，其配偶、子女、父母有权依法请求行为人承担民事责任；死者没有配偶、子女且父母已经死亡的，其他近亲属有权依法请求行为人承担民事责任。”

第二节　具体人格权

一、生命权

（一）生命权的概念与特征

人身权法上的生命是针对自然人而言的，指自然人具有的利用外界物质，形成自己的身体,适应环境的活动能力。它是自然人最根本的人格利益。

生命权,是指法律赋予自然人所享有的保持生命安全与生命尊严的权利。该项权利是自然人享有的最根本的人格权,它是自然人从事一切活动的前提,其他所有的权利都要以该项权利的享有为基础。我国《民法典》第1002条规定:"自然人享有生命权。自然人的生命安全和生命尊严受法律保护。任何组织或者个人不得侵害他人的生命权。"

生命权的特征表现在如下几个方面。

1. 生命权的主体只能是自然人。由于法人及非法人组织是被依法拟制产生的,无生理生命,因而无必要、也无法享有生命权。

2. 生命权的客体是自然人的生命安全与生命尊严,即生命利益。生命安全与生命尊严是生命权两个不同的层面,生理生命的自然存在状态要求法律赋予自然人具有维持自己生命安全、存在的权利,只有生理生命的自然存在状态得以延续,其他权利才有存在的基础与依托;在生命得以延续的基础上,生命安全还包括使自然人内心免于惶恐与不安,获得内心对保持生理生命持续存在的确信与安定感。生命尊严,是指在生命得以延续的基础上,使自然人在生、死及活着三个方面受到尊重、善待与礼遇,不受他人的侮辱与侵害。其中,生命尊严是生命权更高层面的要求。

3. 生命权以维护人的生命安全与生命尊严为内容。对生命权的维护主要在生命受到威胁或得不到尊重时体现出来,因此维护生命权主要体现为排除他人对生命的威胁、贬损或侵害,以保持生命的延续与内心的被尊重感。

4. 生命权是其他一切权利的依托与基础。一切权利的存在与行使都要以保持生理生命安全与生命尊严为前提条件,因此,生命权是自然人的最高权利。

(二)生命权的内容

生命权的内容,即生命权的权能,具体包括以下几个方面。

1. 生命安全维护权

生命权是自然人享有的最重要、最根本的权利,为此,自然人可以采用积极的方式维护自己的生命安全,一方面,在遭受他人侵害或面对非人为危险时实施正当防卫或紧急避险,即便防卫行为或避险行为造成了他人的损失或侵害,由于生命权是至高无上的,也可以免除或减轻其应承担的责任;另一方面,被侵权人或其近亲属也可请求司法机关追究侵权人的法律责任,维护权利人的合法权益。任何一个民事主体也负有不侵害他人生命安全的义务,否则即要承担相应的法律责任,甚至包括严厉的刑事制裁。

此外,自然人虽然没有现实地丧失生命,但若生命持续受到他人言行的威胁与恐吓,人的内心会产生对生理生命的自然存在状态的惶恐与担忧。这种惶恐与担忧只要是一个理性人在类似条件下可以合理相信或产生的，造成生命权人惶恐的人即构成了对生命权的侵犯。

2. 生命尊严维护权

我国《宪法》规定："中华人民共和国公民的人格尊严不受侵犯。"《民法典》对"生命尊严"的保护实际上是对《宪法》这一规定的具体贯彻。

这一权能的设定在于保证自然人高质量、有尊严地活着。如人体器官买卖这种违反公共利益、公序良俗的行为即是侵犯生命尊严的行为，一旦允许这种行为，甚至可能会导致绑架他人割取器官等一系列违反犯罪行为的增多。

在"生命尊严"中，"死的尊严"受到的关注度最高，这主要涉及安乐死问题。值得注意的是，《民法典》规定"生命尊严"并非意味着认同安乐死，原因在于，该行为容易被滥用，而且其各种弊端不易控制和彻底消除，从而引发道德、法律问题。尽管《民法典》并未认可安乐死制度，但应该说，对"生命尊严"的明确规定为未来的制度设计提出了讨论的方向。目前在我国，对于极度痛苦、没有救治可能的绝症患者实施缓和医疗即体现了对生命尊严的尊重。缓和医疗并非像安乐死那样去积极加速病人的死亡，但也不是无益地延缓死亡，而是尽量通过减轻这类无法避免走向死亡的病人的痛苦的方法，让他们尽可能地舒适且有尊严地死去。

3. 生命利益支配权

生命利益支配权，是指自然人有意识地自主决定、实施有关自己生理生命安全与安宁的行为的权利，即生命权人支配自己生命的权利。首先，生命利益支配权是指自主地决定是否将自己的生命置于危险状态之中的权利，如决定是否同意医生为自己实施关乎生命安全的手术等。在现实社会生活中，这种处分行为的存在有时甚至是人生存和发展所必要的，如一些自然人的职业本身就带有危险性，像消防员，其对职业的选择就意味着决定使自己的生命安全受到威胁，将自己的生命置于危险中。其次，生命利益支配权也包括自己实施放弃自己生命的行为，即结束自己生命的权利。当代各国法律并不禁止自然人终结自己的生命，即认可自然人具有自行结束自己的生命、放弃自己的生命权的自杀的权利。尽管各国法律承认了生命权人自行结束生命的权利，但对于授权他人实施以结束自己的生命为目的的行为，如安乐死，则受到了包括我国在内的许多国家的限制，从而基于社会公共利益和公序良俗等多种考量使生命利益支配权受到了一定的限制与约束。

二、健康权

（一）健康权的概念与特征

健康权，是指自然人享有的维护身体的生理与心理机能正常运行和功能完善发挥的权利。现代人的健康不仅包括生理健康还包括心理健康。在日益发达的现代社会生活中,自然人的心理健康越来越得到法律的重视,保持良好的心理状态已成为有效地维护与享有健康权的重要内容。我国《民法典》第 1004 条规定:“自然人享有健康权。自然人的身心健康受法律保护。任何组织或者个人不得侵害他人的健康权。”

健康权的主要特征如下。

1. 健康权的主体只能是自然人。健康是自然人所特有的生理机能与心理状态的良好持续,法人与非法人组织被依法拟制产生而无生理机能与心理状态,自然无健康权。

2. 健康权的内容主要包括两个方面:一是自然人生理机能的正常运行与功能的完善发挥;二是自然人心理机能的正常运行与功能的完善发挥。健康的生理机能是自然人从事社会活动的物质基础,健康的心理则影响生理机能的健康,二者共同影响人们的生活质量。健康权强调身体机能的正常运行与功能的完善发挥,不以人体的完整性为客体,否则即为身体权。若侵权行为侵害人的身体完整进而影响身心机能的正常运行与功能的完善发挥,则构成侵害健康权;若仅侵害到身体的完整性,则应按侵犯身体权对待。

(二)健康权的内容

1. 身体健康维护权

良好、健康的生理机能是自然人从事社会活动的基础,自然人有权采取措施维护自己的生理机能的良好运转,如加强体育锻炼等。同时当生理健康出现异常时,有及时获得医疗救助以恢复健康状态的权利。权利主体之外的所有人都负有不侵犯他人生理健康的义务,否则要承担相应的法律责任。

此外,《民法典》对于一些新型的涉及人体健康的行为也专门作出了规范,第 1009 条规定:“从事与人体基因、人体胚胎等有关的医学和科研活动,应当遵守法律、行政法规和国家有关规定,不得危害人体健康,不得违背伦理道德,不得损害公共利益。”

2. 心理健康维护权

心理健康,是指自然人的心理活动处于正常状态下,即认知正常,情感协调,意志健全,个性完整和适应良好,能够充分发挥自身的最大潜能,以适应生活、学习、工作和社会环境发展与变化的良好协调状态。心理健康与身体健康同样重要,在某些情况下心理健康会影响人的生理健康。现代社会中,随着人们在学业、工作、经济上压力的增大而心理承受能力的有限,心理健康常常受到损害。对于有主观过错的侵害他人心理健康的行为同样是对健康权的侵犯,应承担相应法律责任。对于侵犯他人心理健康已达到威胁他人生命安全与生命尊严的程度,就构成了对生命权的侵犯。

3. 健康利益支配权

自然人在不损害他人及社会公共利益的基础上有自由支配自己的健康利益的权利，如有权在生理机能与心理状态出现问题时决定是否治疗、何时治疗、中医治疗还是西医治疗；有权从事赛车、拳击等可能危及身体健康的体育活动。参加新药、新疗法等的临床试验也属支配自己的健康利益，《民法典》第1008条规定，为研制新药、医疗器械或者发展新的预防和治疗方法，需要进行临床试验的，应当经受试的自然人书面同意，即自然人自愿支配自己的健康利益，甚至是生命利益，且该行为还需依法经相关主管部门批准并经伦理委员会审查同意，还需向受试者或其监护人告知试验目的、用途和可能产生的风险等详细情况，使受试者在充分知情的情况下自主决定是否参与受试，支配自己的生命利益与健康利益。

对健康利益的支配不仅是一个单纯的法律问题，还涉及道德、伦理、医学等诸多方面，尽管自然人享有支配健康利益的自由，但自然人的健康不仅关系个人的发展，同时也关系社会的进步，因而每一个自然人都应当爱惜自己的身体健康，达到个人与社会的共同进步与发展。

此外，法律对健康利益支配权也作出了一定的限制，对于一些特殊的故意恶化自己健康状况的行为，如吸毒，不认为是支配自己的健康利益，反而是违反犯罪行为，而施行强制戒毒。

三、身体权

（一）身体权的概念与特征

法律意义上的身体是指自然人生理组织的整体，既包括自然长成的部分，也包括基于移植而成为被移植人身体的不可分离的组成部分，如移植的器官。假牙、假肢等能否成为身体的组成部分关键看非专业人员能否自由拆卸，若能，则不属于身体之组成部分，若不能，则属于身体之组成部分。身体的组成部分如头发、血液等，若基于权利人的意愿而与主体相分离，则成为动产，该动产的权利主体为身体权人，权利人可基于自由意志将其予以转让，由他人取得。

身体权，是指法律赋予自然人保持自己身体的完整性、身体不受侵扰并享有支配自己身体或身体的组成部分的人格权。身体属物质性人格权，它不同于健康权，两者所保护利益的侧重点有所不同，身体权重在维护自然人身体的完整性，而健康权重在维护自然人生理机能与心理机能的正常运行与功能的完善发挥。如非法剪掉他人的头发、胡须这类行为不会导致人身体机能的非正常运转，但却是破坏他人身体完整性的行为，构成侵犯身体权。《民法典》第1003条对健康权作出了明确规定："自然人享有身体权。自然人的身体完整和行动自由受法律保护。任何组织或者个人不得侵害他人的身体权。"

此外，我国《民法典》第994条还对死者的遗体作出了保护规定，即对自然人的身体作出了延伸保护。根据规定,死者的遗体受到侵害的,其配偶、子女、父母有权依法请求行为人承担民事责任;死者没有配偶、子女且父母已经死亡的,其他近亲属有权依法请求行为人承担民事责任。

身体权的法律特征如下。

1. 身体权的主体只能是自然人,由于法人及非法人组织不存在自然人这样基于出生而拥有的身体,因而只能由自然人享有该权利。

2. 身体权以自然人的身体利益为客体。身体是自然人生命权、健康权的载体,自然人要拥有生命、健康,必须享有身体利益。

3. 身体权的内容既包括保持身体的完整性、身体不受侵扰,也包括对身体或其组成部分的支配。

(二)身体权的内容

1. 保持身体完整权

这是身体权最重要的内容。人的身体由许多部分组成,既包括自然长成的,也包括人工移植的,它们共同构成一个完整的统一体。任何一个自然人都享有按照自己的意志正常生活的权利,有权维护自己身体的完整性,保证自己的身体不受侵扰。《民法典》对于侵扰他人身体的性骚扰行为作出了明确的规定,第1010条规定:"违背他人意愿,以言语、文字、图像、肢体行为等方式对他人实施性骚扰的,受害人有权依法请求行为人承担民事责任。"同时,为了防止和制止利用职权、从属关系等对处于弱势的自然人实施性骚扰行为,机关、企业、学校等单位应当采取合理的预防、受理投诉、调查处置等措施,以减少和避免职场、学校等场所的性骚扰行为。

对于侵害自然人身体任何部分的行为,都可能破坏身体的完整性,权利人有权请求司法机关予以保护。同时自然人也都负有不侵害他人身体完整性、不对他人身体进行不法侵扰的义务。

2. 身体支配权

自然人对自己的身体或身体的组成部分,如肢体、器官等,享有自主支配的权利。这种支配表现在:第一,行动自由。这是支配自己身体的突出表现,即自然人有权按照自己的意志决定自己的身体进行何种行动。据此,以非法拘禁等方式剥夺、限制他人的行动自由,或非法搜查他人身体的,受害人可追究其民事责任。当然,行动自由也要受到社会公共利益的限制,如不得以行动自由为由擅闯军事禁区。第二,以法定方式处分自己在世或死后身体的一部或全部,如人体细胞、人体组织、人体器官、遗体捐献。《民法典》第1006条规定:"完全民事行为能力人有权依法自主决定无偿捐献其人体细胞、人体组织、人体器官、遗体。任何组织或者个人不得强迫、欺骗、利诱其捐献。"同意捐献必须采用书面形式,也可以订立遗嘱。此外,根据《民法典》,只要自然人生前未表示不同意捐献,其配偶、成年子女、父母可以共同以书面形式决定捐献。需要注意的是,我国对人体器官、遗体实行的是无偿捐献,任何买卖人体细胞、人体组织、人体器官、遗体的行为都是违法、无效的。第三,对身体几乎不会造成影响的支配行为,如剪发、允许自己所爱的人拥抱自己的身体等。第四,身体支配权还包括自伤身体的行为,如纹身刺青等。

无论以何种方式支配自己的身体,绝大多数情况下都应由自然人本人进行,不得违背本人意志,从事强取身体的组成部分等行为,否则即为违法,须承担法律责任。例外是自然人死亡后,其配偶、成年子女、父母可共同决定捐献其器官、遗体等,但也需自然人生前没有表示过不同意捐献,以充分体现对本人意志的尊重。

享有身体权与享有生命权、健康权一样,也应当遵循公序良俗,如日常着装时不要过分裸露自己的身体等。

(三)生命权、健康权与身体权之间的关系

身体权与生命权、健康权有很多类似的地方,容易混淆,现将三者的区别加以分析。

1. 客体不同。生命权的客体是生命利益,即生命安全与生命尊严;健康权的客体是健康利益,即生理机能与心理机能的正常运行与功能的完善发挥;身体权的客体是身体利益,即保持身体的完整性及支配自己的身体。

2. 被侵权时后果的严重程度不同。这三种具体人格权被侵犯时,通常情况下,其后果的严重程度从高到低依次为生命权、健康权、身体权。

3. 责任性质及责任轻重不同。与被侵权后果的严重程度相对应,在责任性质方面,侵犯他人生命权,通常首先要承担刑事责任,同时要承担民事责任;侵犯他人健康权时,一般构成轻伤以上的也要承担相应的刑事责任,同时承担民事责任;而侵犯他人身体权时,一般仅需承担民事责任,只有在侵犯他人身体权情节特别恶劣时,如长期多次猥亵他人身体或猥亵未成年人,要承担相应的刑事责任。在责任轻重方面,侵犯生命权与健康权的刑事责任比较严厉,情节特别恶劣时可处以死刑、无期徒刑,侵犯生命权需承担的刑事责任一般要重于侵犯健康权的刑事责任,侵犯他人身体权情节特别恶劣时承担的刑事责任相对较轻;侵犯这三种人格权的民事责任的轻重从高到低一般依次为侵犯生命权、侵犯健康权、侵犯身体权。

4. 侵权行为竞合时,定性及责任的承担遵循从重吸收原则。如果一个侵权行为同时侵犯了生命权、健康权、身体权中两种或两种以上的权利,那么最严重的后果就吸收了其他较轻的后果,以最严重的后果确定行为的性质,并确定应承担的损害赔偿责任。如一个行为既侵犯了健康权,又侵犯了身体权,一般来说,健康权就吸收了身体权,该行为就被定性为侵犯健康权。

对于生命权、身体权、健康权三项权利,我国《民法典》第1005条还规定了权利受到侵害或处于危难时的法定救助义务:“自然人的生命权、身体权、健康权受

到侵害或者处于其他危难情形的,负有法定救助义务的组织或者个人应当及时施救。"

四、姓名权

(一)姓名权的概念与特征

姓名是自然人用于与其他自然人相区别的标记性符号。在社会生活中,人们出于各种不同的需要,除登记使用在户口簿及身份证上的正式姓名外,还常常使用笔名、艺名、译名、网名、姓名简称等。姓名权中的姓名,是指在一定地域范围或领域内能够明确无误地指向特定自然人的称谓,[1]一般主要指正式姓名,其他称谓若具有一定社会知名度,被他人使用足以造成公众混淆,也应受到保护。姓名权,是指自然人依法享有按照自己的意志决定、使用、变更或许可他人使用自己的姓名,同时排除他人干涉、盗用和假冒的权利。《民法典》第1012条规定:"自然人享有姓名权,有权依法决定、使用、变更或者许可他人使用自己的姓名,但是不得违背公序良俗。"

姓名权的特征如下。

1. 姓名权的主体只能是自然人。

2. 姓名权不仅由权利主体终生享有,而且对姓名的保护还延续到姓名权主体去世后,即对姓名权的保护具有延伸性。此时,其配偶、子女、父母有权依法请求侵权行为人承担民事责任;死者没有配偶、子女且父母已经死亡的,其他近亲属有权依法请求行为人承担民事责任。同时,针对英雄烈士等对国家、社会作出的重大贡献,《民法典》第185条专门规定:"侵害英雄烈士等的姓名……损害社会公共利益的,应当承担民事责任。"

3. 姓名权的客体是姓名利益。姓名利益最主要的体现为一种人格利益,姓名在一定范围内与特定的自然人一一对应,此时,姓名即代表着该自然人,从而产生与姓名对应的评价;姓名利益还蕴含着一定的财产利益,如有偿的许可他人使用自己的姓名作为字号即可为姓名权人带来一定的经济利益。

4. 姓名权的保护范围较广,不仅保护正式姓名,而且具有一定社会知名度、被他人使用足以造成公众混淆的笔名、艺名、网名、译名、姓名简称等也同样受到姓名权的保护。

(二)姓名权的内容

1. 姓名决定权

即自然人自己决定自己姓名的权利,它是权利人意思自治的体现。在实际生

---

[1] 郭明瑞:《民法》(第2版),高等教育出版社2007年版,第174页。

活中,自然人的姓名在出生时就由其法定监护人予以确定并用于申报户口,即姓名决定权由法定监护人依法代为行使了。自然人在具备完全民事行为能力后,既可以以认可的方式继续沿用法定监护人依法代为起用的姓名,也可以通过依法行使姓名决定权而放弃原有的父母代为起用的姓名,实现自己决定自己姓名的意愿。根据《民法典》的规定,民事主体决定自己的正式姓名,应当依法向有关机关办理登记手续。同时自然人还可以为自己选择笔名、艺名、网名、姓名简称等正式姓名以外的其他名字。

自然人行使姓名决定权还常常受到特有的历史文化传统及稳固持久的习俗的影响。中国人的家族观念比较强,因而子女常常要随父姓,在“名”上享有相对较大的自主决定权。从法律的角度看,无论是姓还是名,自然人都可以自主决定,既可以随父姓,也可以随母姓,在具备法定情形时还可以选择使用父母姓氏外的其他姓氏。我国《民法典》第 1015 条对此作出了规定:“自然人应当随父姓或者母姓,但是有下列情形之一的,可以在父姓和母姓之外选取姓氏:(一)选取其他直系长辈血亲的姓氏;(二)因由法定扶养人以外的人扶养而选取扶养人的姓氏;(三)有不违背公序良俗的其他正当理由。少数民族自然人的姓氏可以遵从本民族的文化传统和风俗习惯。”

2. 姓名使用权

即自然人自主地在各种场合标示、签署、声称或容许他人称呼自己姓名的权利。姓名的使用应当充分尊重当事人的意思自治,自然人可以按照自己的意志决定是否使用姓名,如何使用自己的姓名。在具体使用过程中,既可以使用正式姓名,也可以使用笔名、艺名、网名、译名、姓名简称等,根据《民法典》的规定,这些正式姓名以外的称呼如果具有一定社会知名度,且被他人使用足以造成公众混淆,则参照姓名权保护的有关规定。但在一些国家规定的特定场合,使用姓名则应当遵守法律的规定,如开立个人存款账户时,必须使用正式姓名。

姓名使用权为专有权,现实生活中大量存在的重名现象称为姓名的平行,只要主观无恶意,重名人都可以使用该姓名。

3. 姓名变更权

即自然人放弃原使用的姓名而启用新的姓名的权利。该权利实质上是自然人姓名决定权的必然延伸。姓名变更权的行使并非任意进行,对正式姓名的变更必须符合相关规定,到户籍管理机关办理必要的变更手续。《民法典》第 1016 条规定,民事主体变更自己的姓名,除法律另有规定外,应当依法向有关机关办理登记手续,变更姓名前实施的民事法律行为对其依然具有法律约束力。

4. 许可使用权

即按照自己的意志允许他人使用自己姓名的权利,如允许他人将自己的姓名用作商标、字号等。如未经许可擅自使用,则构成侵犯姓名权。但为公共利益实施新闻报道、舆论监督等行为,可以在未经许可的情况下合理使用民事主体的姓名。许可使用可以有偿,也可以无偿。根据《民法典》第1023条的规定,对姓名的许可使用,参照适用肖像许可使用的有关规定。在许可使用合同解释规则方面,当事人对姓名许可使用条款理解不一致时,应当作出有利于姓名权人的解释。在姓名许可使用合同解除权方面,当事人对许可使用期限没有约定或者约定不明确的,一方当事人在合理期限之前通知对方,可以随时解除许可使用合同,即双方均有解除权。当事人对许可使用期限有明确约定,肖像权人若有正当理由,且在合理期限之前通知对方,可以解除合同。但若因解除合同造成对方损失,除不可归责于肖像权人的事由外,应当赔偿损失,即该情形下姓名权人享有单方解除权。

尽管自然人有权决定、使用、变更或者许可他人使用自己的姓名,但是不得违背公序良俗。

五、名称权

(一)名称权的概念与特征

名称是法人、非法人组织在社会生活、经营活动或合伙事业中用于区别于其他法人或非法人组织的标志性的称谓。这种称谓包括全称与简称,全称通常在正式场合使用,从前到后依次包括法人或非法人组织所在地行政区划名称、字号或商号、行业或经营特点、组织形式的名称;简称通常是指在非正式场合使用的法人或非法人组织的字号、商号或其名称中一个最具区别性、标志性的组成部分。名称权,是指法人、非法人组织依法享有按照自己的意志决定、使用、依照规定变更、转让或许可他人使用自己的名称,同时排除他人干涉、盗用和假冒的权利。名称权是具有财产利益的人格权,驰名商标、老字号等具有较高的经济价值,能够为权利人带来较大的经济利益。

我国《民法典》第1013条规定:"法人、非法人组织享有名称权,有权依法决定、使用、变更、转让或者许可他人使用自己的名称。"

名称权的主要特征如下。

1. 名称权的主体是法人和非法人组织。其中,非法人组织包括个人独资企业、合伙企业、不具有法人资格的专业服务机构等。

2. 名称权的客体是名称利益。该利益主要体现为人格利益,名称专属于特定的法人或非法人组织,与其一一对应;同时,该利益还包含一定的财产利益,名称权主体可通过将企业的名称转让、许可使用等方式使自己获得利益。

3. 名称权不仅保护正式的全称,对于法人及非法人组织标志性的简称也加以保护。

（二）名称权的内容

1. 名称设定权

名称设定权，是指法人或非法人组织有权自主决定自己的名称，并依照规定的程序，向法定机关登记注册的权利。对名称的自主决定应遵守法律的相关规定，我国《企业名称登记管理规定》第9条规定，企业名称不得含有下列内容和文字：第一，有损于国家、社会公共利益的；第二，可能对公众造成欺骗或误解的；第三，外国国家（地区）名称、国际组织名称；第四，政党名称、党政军机关名称、群众组织名称、社会团体名称及部队番号；第五，汉语拼音字母（外文名称中使用的除外）、数字；第六，其他法律、行政法规规定禁止的。

2. 名称使用权

名称使用权，是指法人或非法人组织在社会生活、经营活动或合伙事业等各种场合中签署或使用其名称的权利。法人或非法人组织有权自主使用其名称，并且在一定范围内享有专有使用权。名称依法取得后，在其有效区域内，他人不得使用该名称，但企业等工商组织可基于意思自治授权他人使用其名称。

3. 名称变更权

名称变更权，是指法人或非法人组织依法定程序放弃原使用的名称而启用新的名称的权利。法人或非法人组织的活动具有一定的社会影响，不同于自然人的个体活动，因而该权利的行使必须符合相关规定。我国《企业名称登记管理规定》第22条规定，企业名称经核准登记注册后，无特殊原因在1年内不得申请变更。这样规定是为了维护交易安全，防止企业名称变动过快给交易对方带来交易风险。同时我国《企业法人登记管理条例》第17条还规定，企业法人改变名称，应当申请办理变更登记，并履行必要的法定手续。我国《民法典》第1016条对名称的变更也作出了规定，民事主体变更自己的名称，除法律另有规定外，应当依法向有关机关办理登记手续。民事主体变更名称前实施的民事法律行为对其变更后仍具有法律约束力。

4. 名称转让权

名称转让权，是指法人或非法人组织依法定程序放弃原使用的名称而将该名称转让给其他法人或非法人组织所有的权利。该权利只能由私法上的主体所享有，公法人主体不享有这种权利。法人或非法人组织名称的转让在转让与受让双方达成书面协议后，仍然要经过原登记主管机关或其他相关部门的核准，办理转让登记手续，才能够发生法律认可的转让效力，达到转让名称的法律效果。根据我国《企业名称登记管理规定》第23条的规定，企业名称随企业或者企业的一部分一并转让。因此，在我国，企业法人的名称不能单独转让，必须伴随企业经营的一部分实体一并进行转让。同时企业名称只能转让给一户企业，转让完成后即便是转让方亦不得再继续使用已转让的企业名称。名称转让是对名称进行处分的方式之一。

5. 许可使用权

名称是法人或非法人组织的专有权利,经过处分能够为权利人带来经济利益,是一种具有财产利益的人格权。根据意思自治和鼓励交易原则,在双方主体协商一致的情况下,可以通过许可的形式授权他人使用名称权人的名称。若未经名称权人同意擅自使用,则构成侵权。许可使用一般为有偿,在双方协商一致的情况下,也可以无偿使用。对名称的许可使用,同样参照适用肖像许可使用的有关规定。名称权的许可使用是对名称进行处分的又一方式。

六、肖像权

(一)肖像权的概念与特征

我国《民法典》第1018条第2款规定,"肖像是通过影像、雕塑、绘画等方式在一定载体上所反映的特定自然人可以被识别的外部形象",它与人的精神利益和一定的物质利益密切相关。肖像权,是指自然人对自己的肖像所体现的精神利益和物质利益所享有的排他性权利,自然人可对自己的肖像加以制作、使用、公开、处分等。我国《民法典》第1018条第1款规定:"自然人享有肖像权,有权依法制作、使用、公开或者许可他人使用自己的肖像。"

肖像权的特征如下。

1. 肖像权的主体仅限于自然人。肖像权也是自然人专有的权利,法人或非法人组织不能成为肖像权的主体。

2. 肖像权不仅由权利主体终生享有,而且对肖像的保护还延续到肖像权主体去世后。《民法典》第994条对此也作出了明确的规定:"死者的……肖像……受到侵害的,其配偶、子女、父母有权依法请求行为人承担民事责任;死者没有配偶、子女且父母已经死亡的,其他近亲属有权依法请求行为人承担民事责任。"即国家保护逝者的肖像利益,但保护该利益的诉权转由其近亲属行使。同时,针对英雄烈士等对国家的杰出贡献,《民法典》第185条还专门作出规定:"侵害英雄烈士等的……肖像……损害社会公共利益的,应当承担民事责任。"

3. 肖像权的客体是肖像利益,它主要体现为精神利益,同时也包括一定的物质利益。肖像权主要表现为一种精神利益,法律保护肖像权,亦主要是保护精神利益。肖像是对一个人外在形象的视觉再现,任何一副肖像都与自然人的尊严、品格等密切相关,非法毁损、玷污他人肖像,相当于毁损、玷污他人的社会形象。肖像权中还包含着一定的物质利益,自然人可通过自己肖像的制作、使用、公开或许可他人使用而获取经济利益。肖像权的物质利益在商业广告中体现得非常明显,商家之所以喜欢选择具有一定知名度的人的肖像做商业广告,是因为该肖像能使社会公众与肖像权人的个人魅力、个人品格等联系起来,因而更能吸引大众的眼球,从而增加商家所售商品或服务的商业价值,为其带来经济利益。

(二)肖像权的内容

1. 肖像制作权

根据我国现有法律的规定,肖像权人有权自己制作自己的肖像,同时也有权授权他人制作其肖像。一般来说,未经肖像权人同意,不得制作肖像权人的肖像。但对于特定主体(如新闻媒体)未经授权制作自然人肖像的行为,只要不恶意丑化、玷污等,我国法律不加以禁止。

2. 肖像使用权

首先,权利人有权决定自己是否使用自己的肖像,包括用于营利目的,任何人不得干涉。未经肖像权人同意使用肖像权人肖像的行为一般属于侵权。

其次,他人在具备法定的"合理使用"的情形时,不需经肖像权人的同意,也可使用权利人的肖像,不构成侵权。根据《民法典》第1020条的规定,下列行为构成肖像权的合理使用:

第一,为个人学习、艺术欣赏、课堂教学或者科学研究,在必要范围内使用肖像权人已经公开的肖像;第二,为实施新闻报道,不可避免地制作、使用、公开肖像权人的肖像;第三,为依法履行职责,国家机关在必要范围内制作、使用、公开肖像权人的肖像;第四,为展示特定公共环境,不可避免地制作、使用、公开肖像权人的肖像;第五,为维护公共利益或者肖像权人合法权益,制作、使用、公开肖像权人的肖像的其他行为。以上合理使用行为均非以营利为目的。

3. 肖像公开权

即肖像权人根据自己的意思将自己的肖像公之于众的权利,如用作展览等。未经权利人同意擅自公开,构成侵犯肖像权。

4. 许可使用权

经过肖像权人的同意,他人可以以发表、复制、发行、出租、展览等方式使用肖像权人的肖像。许可使用一般为有偿,也可无偿。根据《民法典》,当事人对肖像许可使用协议的许可使用条款理解不一致时,应当作出有利于肖像权人的解释。

就肖像许可使用合同解除权而言,当事人对肖像许可使用期限没有约定或者约定不明确的,任何一方当事人在合理期限之前通知对方,可以随时解除肖像许可使用合同,即双方均有解除权。当事人对肖像许可使用期限有明确约定,肖像权人若有正当理由,且在合理期限之前通知对方,可以解除合同。但若因解除合同造成对方损失,除不可归责于肖像权人的事由外,应当赔偿损失,即这种情况下肖像权人享有合同解除权,但不能免除其损失赔偿责任。

5. 肖像利益维护权

这是肖像权消极权能的体现。维护肖像权所体现出的精神利益,表现在权利人对于自己的肖像,有权禁止他人丑化、污损,或者利用信息技术手段伪造等方式侵害他人的肖像权。据此,网络上的恶搞换脸、PS即构成侵害肖像权。对于毁损、玷污、丑化他人肖像的行为,行为人要承担相应的法律责任。维护肖像所体现出的物质利益,表现在权利人对于自己的肖像,有权禁止他人擅自使用,他人擅自使用自然人肖像的行为,需要承担相应的法律责任。

七、名誉权

(一)名誉权的概念与特征

名誉是民事主体享有的综合性的社会评价,这种社会评价基于自然人或法人的品德、声望、才能、信用等获得。名誉权,是指法律规定的自然人、法人和非法人组织享有的维护自己的社会评价,保护自己的名誉不被他人以侮辱、诽谤等方式加以贬损的权利。名誉权专属于特定的民事主体享有,不能转让、继承、抛弃。

我国《民法典》第1024条规定:“民事主体享有名誉权。任何组织或者个人不得以侮辱、诽谤等方式侵害他人的名誉权。”

名誉权的特征表现在以下几个方面。

1. 名誉权的主体为所有民事主体,既包括自然人,也包括法人和非法人组织。

2. 名誉权的客体是名誉利益。名誉是民事主体就其品德、声望、才能、信用等所获得的综合性的社会评价,因为这种评价体现出的权益是名誉利益。民法保护名誉利益的目的在于使民事主体获得的评价与其根据实际情况应得到的评价相符。

名誉利益主要体现为精神利益,同时与财产利益密切相关。名誉是对民事主体的综合评价,这种评价与民事主体形成一对一的关系,主要是一种体现主体品格、信誉等的精神利益,好的名誉可以给民事主体带来幸福、快乐的内心感受与精神享受。同时,名誉权还体现着一定的财产利益,侵犯名誉权的行为破坏了他人良好的社会评价,并进而影响他人可能因良好评价而获得的财产利益。在市场经济条件下,良好的声誉如同无形的资产,会给民事主体带来诸多的机会与利益,如获得更多的信用贷款、赊购的机会等;而名誉权被侵害,则会使名誉权主体失去涨工资的机会、丧失获得贷款与投资的机会等,影响其财产利益。

3. 名誉权与肖像权一样具有延伸性,对名誉的保护延续到自然人去世后。《民法典》第994条规定:“死者的……名誉……受到侵害的,其配偶、子女、父母有权依法请求行为人承担民事责任,死者没有配偶、子女且父母已经死亡的,其他近亲属有权依法请求行为人承担民事责任。”由于被侵权人已经过世,其利益已无法实现自我保护,可转由死者的近亲属行使诉权,维护其名誉。即死者过世后,名誉利益本身仍由死者享有,但维护名誉利益的诉权由死者的近亲属行使。同时,《民法典》第185条对英雄烈士等名誉权保护的延伸性还作出了专门规定:“侵害英雄烈士等的……名誉……损害社会公共利益的,应当承担民事责任。”

(二)名誉权的内容

1. 名誉维护权

民事主体维护自己的名誉利益包括自我维护与请求救济两个方面,一方面,民事主体可以通过自我的积极努力,如诚实守信、乐于助人、爱岗敬业等不断提高自己的人格信誉度、人格美誉度,获得正面、良好、积极的社会评价;同时对于他人侵害自己名誉的行为,有权直接请求侵权人停止侵害。例如,《民法典》对于信用这种名誉利益在第1029条明确规定:“民事主体……发现信用评价不当的,有权提出异议并请求采取更正、删除等必要措施。信用评价人应当及时核查,经核查属实的,应当及时采取必要措施。”另一方面,对于侵犯自己名誉权的行为,民事主体还可请求司法救济,通过司法救济途径使自己受到破坏的名誉得到恢复。侵犯名誉权的行为一般主要承担民事责任;侵犯名誉权情节恶劣的,民事主体可提起刑事自诉,追究侵权行为人的刑事责任。

值得注意的是,由于文学、艺术作品常常具有虚构性,因此对于其侵害名誉权往往不易认定。基于此,《民法典》第1027条规定:“行为人发表的文学、艺术作品以真人真事或者特定人为描述对象,含有侮辱、诽谤内容,侵害他人名誉权的,受害人有权依法请求该行为人承担民事责任。”即根据其真实描写,足以让社会公众明确地指向某个人,则可构成侵权。但如果作品并非以特定人为描述对象,仅其中的情节与该特定人的情况相似,不能据此指向某个特定的人,则不需承担民事责任。

名誉权的维护也需受到一定的限制,《民法典》第1025条规定:“行为人为公共利益实施新闻报道、舆论监督等行为,影响他人名誉的,不承担民事责任……”即真实、合理的新闻报道、舆论监督即使造成了自然人社会评价的降低,也不需承担民事责任。但当新闻报道、舆论监督具有以下三种情形时,则构成侵犯名誉权:第一,捏造、歪曲事实;第二,对他人提供的严重失实内容未尽到合理核实义务,而是否尽到合理核实义务,要综合考虑内容来源的可信度、对明显可能引发争议的内容是否进行了必要的调查、内容的时限性、内容与公序良俗的关联性、受害人名誉受贬损的可能性、核实能力和核实成本;第三,使用侮辱性言辞等贬损他人名誉。这三种情形下,权利主体才可追究新闻报道、舆论监督者的责任。特别是当民事主体有证据证明媒体报道内容失实,侵害其名誉权的,有权立即请求该媒体采取更正或删除等必要的补救措施,以防止损害的进一步扩大。

2. 名誉利益支配权

名誉利益是精神利益与财产利益的综合体,民事主体可以通过对自己良好的名誉的利用广泛参与各种社会活动,以实现自己的社会价值,获得内心的幸福感。同时还可利用自己的名誉获得低息的银行商业住房贷款、更好的就业机会等财产利益。

八、荣誉权

(一)荣誉权的概念与特征

荣誉,是指自然人、法人及非法人组织基于其在社会生活中的各种善行义举而享有并获得的由具备一定资格的国家机关或社会组织授予的良好评价,同时保护自己的良好评价不被他人非法剥夺及以侮辱、诽谤等方式加以贬损。如学生基于优异的学习成绩、良好的品行、健康的体魄而获得“三好学生”的荣誉。荣誉与名誉不同,区别如表11－1 所示。

表 11－1　荣誉与名誉的区别

项目	荣誉	名誉
性质	积极评价	中性评价
是否可撤销	授予的,可撤销	不可撤销,只会改变
评价范围	评价领域具有特定性	评价范围具有整体性,综合评价
是否存在有形表现	一般具有有形表现,如证书	具有无形性,是人的内心评价

荣誉权,是指民事主体维护、利用所获荣誉,享有因荣誉所生利益,并排除他人非法侵害的权利。《民法典》第 1031 条规定:“民事主体享有荣誉权。任何组织或者个人不得非法剥夺他人的荣誉称号,不得诋毁、贬损他人的荣誉。”

荣誉权的特点如下。

1. 荣誉权的主体包括所有的民事主体,自然人、法人或其他组织,都有权获得积极、良好的社会评价,但有权以精神损害赔偿提起诉讼并获得救济的只能是自然人。

2. 荣誉权所保护的法益是一种积极、良好、正面的社会评价。它不同于名誉,名誉是自然人日常言行的客观评述与反映,既可以是积极的,也可以是消极的;而荣誉是自然人、法人等在社会生活中基于各种善行义举而获得的褒扬的、积极的、荣耀的社会评价。

3. 荣誉权常常具有一定的物质载体,如荣誉证书、奖杯、奖品等,这一点也区别于名誉权。

4. 对荣誉权的法律保护具有延伸性,即对荣誉的保护延续到自然人死亡后,但诉权转由其近亲属行使。《民法典》第994条规定:“死者的……荣誉……受到侵害的,其配偶、子女、父母有权依法请求行为人承担民事责任;死者没有配偶、子女且父母已经死亡的,其他近亲属有权依法请求行为人承担民事责任。”此外,由于英雄烈士对国家、社会的杰出奉献,《民法典》第185条还对已逝的英雄烈士等的荣誉权保护作出了专门规定:“侵害英雄烈士等的……荣誉,损害社会公共利益的,应当承担民事责任。”

(二)荣誉权的内容

1. 荣誉获得权

荣誉获得权包括两个方面:其一,荣誉本身的获得权,自然人、法人等基于其在社会生活中的各种善行义举有权获得有关国家机关、社会组织良好的评价,并获得这些良好评价的证明,如荣誉称号、证书等。民事主体获得的良好评价、荣誉称号等可以是国内有关国家机关、社会组织授予的,如获得国内电影金鸡奖最佳男演员称号,也可以是国际社会有关机构、社会组织授予的,如获得美国电影奥斯卡奖最佳导演称号、联合国儿童基金会形象大使称号。其二,获得因荣誉而产生的各种利益的权利。民事主体在获得荣誉的同时可能会获得一定的物质奖励,如奖金、实物;此外,荣誉也能够为权利人带来间接的财产利益,如因为荣誉称号而获得工资的提高、产品销售数量的增加等。

2. 荣誉保持权

荣誉保持权,是指荣誉权人有权维护自己的荣誉归自身享有,并排除他人侵害的权利。一方面,荣誉权人获得的荣誉非经法定程序不得被任意取消或剥夺;另一方面,荣誉权人之外的人负有尊重他人所获荣誉,不侵害他人荣誉权的义务,对于侵害荣誉权的行为,荣誉权人可采取救济措施,既可寻求公力救济,请求国家公权力机关维护自身的权利,也可在法定范围内采取一定的私力救济。对此,《民法典》第1031条第2款规定:“获得的荣誉称号应当记载而没有记载的,民事主体可以请求记载;获得的荣誉称号记载错误的,民事主体可以请求更正。”

3. 荣誉利用权

荣誉权人可以对自己所获得的荣誉在不违反法律规定和公序良俗的情况下加以自由利用,以获得优越于他人的合法利益。如在企业产品广告中表明产品获得的荣誉称号,以获得竞争优势;在求职简历中写明自己获得的荣誉称号,以获得更好、更多的就业机会。可见,荣誉权是一种能够为权利人带来财产利益的人格权。

九、隐私权

(一)隐私权的概念与特征

隐私是自然人的私人生活安宁和不愿为他人知晓、干涉、侵入的私密空间、私密活动、私密信息。隐私权,是指自然人享有的获得私人生活安宁及对与社会公共利益无关的私密空间、私密活动、私密信息加以控制、利用,并对这些事项加以有效维护,排除他人刺探、侵扰、泄露、公开的权利。

隐私权作为法律制度被正式确立下来是在近现代,是一项较为年轻的人格权。随着社会的不断进步,个人生活空间作为隐私的一个组成部分,需要予以尊重的要求越来越强烈,使得隐私的范围不断扩大,除了传统隐私权中的身体隐私外,个人生活安宁、私密空间、私密活动、私密信息也被纳入隐私的范畴。

我国《民法典》第 1032 条第 1 款对隐私权作出了明确的规定:“自然人享有隐私权。任何组织或者个人不得以刺探、侵扰、泄露、公开等方式侵害他人的隐私权。”

隐私权的特征如下。

1. 隐私权的主体只能是自然人。法人和非法人组织也有属于自己不愿为社会所知悉的秘密,这叫作商业秘密,其保护方法、保护范围等与隐私权均不相同,由专门的法律制度加以调整。

2. 隐私权的客体具有私秘性,主要包括安宁的私人生活及私密空间、私密活动、私密信息四个方面。对于侵害这四个方面的行为,《民法典》在第 1033 条作出了列举规定。侵害私人生活安宁的行为是指以“电话、短信、即时通讯工具、电子邮件、传单等方式侵扰他人的私人生活安宁”,这一规定将骚扰电话、骚扰短信、骚扰邮件、骚扰信件等纳入了侵害隐私权的范围,以保证自然人的私人生活不受他人的侵扰;侵害私密空间是指“进入、拍摄、窥视他人的住宅、宾馆房间等私密空间”,如偷拍明星的私人住宅;侵害私密活动是指“拍摄、窥视、窃听、公开他人的私密活动”,如偷拍他人的性行为;侵害私密信息包括“拍摄、窥视他人身体的私密部位”及“处理他人的私密信息”,如将他人的三围、收入状况、疾病状况在网络上公之于众。除此之外,不排除以其他方式侵害他人隐私权的可能性,只要具备相应的要件,都可构成侵权。

3. 隐私权的保护范围受社会公共利益的限制。法律保护的隐私权为与社会公共利益无关的事项,当隐私权与社会公共利益相冲突时,应当遵循社会公共利益优先的原则。如为了社会公众的安全,公安机关对自然人所居住的房间进行搜查,此时私密空间即受到了社会公共利益的限制,搜查行为不属侵犯隐私权。当然,国家机关、承担行政职能的法定机构及其工作人员对于履行职责过程中知悉的自然人的隐私,也承担着保密的义务,不得泄露或向他人非法提供,如不得将自然人的收入状况、身体状况等向他人泄露,否则即构成侵权。

4. 对隐私的保护延伸到自然人死亡后。《民法典》规定,死者的隐私受到侵害的,他的配偶、子女、父母可请求行为人承担责任,没有这三类近亲属时其他近亲属也可请求行为人承担责任。

在社会生活中,患者的隐私权近年来越来越受到人们的重视。《民法典》第

1226条对此专门作出了规定，医疗机构及其医务人员应当对患者的隐私保密，泄露患者的隐私，或者未经患者同意公开其病历资料的，应当承担侵权责任。由于侵犯患者隐私权是一种严重的侵权行为，可能对患者的学习、生活、工作造成各种潜在的影响，因此无论是否给其造成了损害，都应当承担侵权责任。

公众人物的隐私权较为特殊。这些人处于社会大众的目光之下，既受到公众的关注，也受到公众的监督。由于其身份的特殊性，对这些人的隐私权保护标准要比一般自然人低，其保护范围也小于普通民众，如许多歌星、影星的身高、体重等一般就不属于隐私权的保护范畴。但这并非意味着公众人物不拥有隐私权，如何合理区分公众人物的公众事项与需要运用隐私权加以保护的个人事项成为隐私权中值得探讨的理论问题。

（二）隐私权的内容

1. 隐私维护权

自然人对于个人隐私有权采取合法的方式与措施加以保护与保密，不为他人刺探、侵扰、泄露、公开，以维护自己的人格尊严，实现内心的安宁与生活的私密性。对于他人侵犯个人隐私的行为，如发送骚扰信息、偷看自己的日记等，自然人有权采取合法的救济措施维护自身的合法权益，包括寻求司法救济。

2. 隐私利用权

自然人利用自己的隐私，如以自己的私生活为内容写自传等，可以实现自己精神或物质上的需要。当然，这种利用要受到一定的限制，即不得违背法律及公序良俗。如不得将自己的性生活场景制作成影像资料并以此获利，否则不但违背公序良俗，还违反《治安管理处罚法》，情节严重的甚至要承担刑事责任。

3. 隐私支配权

所谓"支配"，是指自然人可以对自己的隐私加以处置，包括公开自己的部分隐私，准许他人对自己的隐私事项进行了解、察看，允许他人利用自己的隐私等。支配的方式由隐私权人自行决定，但同样不得损害社会公共利益。

《民法典》出台之前，由于原《民法通则》未明确提出隐私权的概念，因此，对隐私权受侵害的救济，长期以来按照侵害名誉权处理。《民法典》对隐私权作出了较为详尽的规定，使其有了明确的法律依据。

十、个人信息权

（一）个人信息权的概念与特征

个人信息权是我国《民法典》新增加的一项具体人格权，它是针对网络时代个人信息易受到侵害的现状而规定的一项新型人格权。根据《民法典》第1034条第2款的规定："个人信息是以电子或者其他方式记录的能够单独或者与其他信息结合识别特定自然人的各种信息,包括自然人的姓名、出生日期、身份证件号码、生物识别信息、住址、电话号码、电子邮箱、健康信息、行踪信息等。”个人信息权,是指个人信息本人依法对其个人信息所享有的支配、控制并排除他人侵害的权利。对于个人信息权的法律属性一直以来都有争议,有人认为应将其归入隐私权,有人根据黑格尔的财产权理论将其归入财产权,随着《民法典》的出台,个人信息权的独立性加以明确。

个人信息权的特征如下。

1. 个人信息权的主体是自然人,是自然人的专属权利。

2. 个人信息权的客体是信息利益,该利益以个人信息为内容。首先,个人信息的内容十分广泛,包括自然人的姓名、出生日期、身份证件号码、生物识别信息、住址、电话号码、电子邮箱、健康信息、行踪信息等众多方面。其次,个人信息具有可识别性,它们能够单独或者与其他信息结合识别特定的自然人。如身份证件号码即可单独识别一个特定的自然人;而姓名、出生日期由于可重复,则需要结合其他信息识别出特定的自然人。最后,个人信息具有非公开性,一类是私密信息,这类信息适用隐私权的规定受到保护;另一类是由其本人及特定人或群体知悉的非私密信息,这类信息受到个人信息权的保护。

3. 法律对个人信息的保护受社会公共利益的限制。例如,当国家机关为行政目的收集个人信息时,自然人不得以维护个人信息为由拒绝提供。但根据《民法典》的规定,国家机关、承担行政职能的法定机构及其工作人员对于履行职责过程中知悉的自然人的个人信息,医疗机构及其医务人员对于患者的个人信息等,均应当予以保密,不得泄露或者向他人非法提供,否则即应当承担侵权责任。

(二)个人信息权的内容

个人信息权的内容包括信息决定权、信息查询权、信息修改权、信息安全权和信息报酬请求权。

1. 信息决定权

信息决定权是指权利人支配与控制自己的个人信息,并自行决定是否被收集、使用、公开、加工、传输等以及以何种目的、方式及范围收集、使用、公开、加工、传输等的权利。该项权能充分体现了个人信息权的绝对权与支配权属性。

2. 信息查询权

即自然人可以依法向信息处理者查阅或者复制其个人信息,以了解个人信息被收集、处理与利用的具体情况,如信息是否完整、正确等。信息处理者一般不得拒绝,除非涉及社会公共利益。

3. 信息修改权

即自然人要求信息处理主体对于本人的不正确、不全面、不及时的个人信息提出异议,并请求及时采取更正、补充、删除等必要措施的权利。更正针对错误信息;补充针对遗漏或新发生的个人信息;删除则是指当法定或约定事由出现时,本人请求信息处理者及时删除个人信息的权利。

4. 信息安全权

即信息处理者对其知悉的个人信息应当予以保密,不得泄露;未经权利人同意,不得向他人非法提供,除非该信息已经经过加工无法识别到特定自然人。此外,信息处理者应当采取技术措施和其他必要措施,确保其收集、储存的个人信息的安全,防止信息泄露、篡改、丢失,一旦发生此类情况,应立即采取补救措置,并按规定告知权利人及向相关主管部门汇报。

5. 信息报酬请求权

即自然人因其个人信息被商业性使用而向信息处理主体请求支付报酬的权利。该商业性利用必须经过权利人的同意,否则即为侵权。个人信息权就权利属性而言是一项人身权,但其如同肖像权一样,含有一定的财产内容。信息本身含有一定的利益性,可以许可他人使用,此时个人信息权主体即可请求获得相应的物质利益。当然,基于双方的约定,该使用也可无偿。

(三)个人信息的处理

处理个人信息的基本原则是:合法、正当、必要,且不得过度处理。在该原则之下,处理个人信息时具体还要符合以下条件:(1)征得该自然人或者监护人同意,但是法律、行政法规规定无须征得同意的除外;(2)公开处理信息的规则;(3)明示处理信息的目的、方式和范围;(4)不得违反法律、行政法规的规定和双方的约定。

信息处理者处理个人信息的免责事项为:(1)在权利人或者其监护人的同意范围内合理实施的行为;(2)合理处理权利人自行公开的或者其他已经合法公开的信息,除非权利人明确拒绝该处理行为或处理该信息侵害到其重大利益,此时信息处理者如依然处理,则不可免责。

十一、贞操权

(一)贞操权的概念与特征

贞操是指男女性纯洁的品质。此处所指的性,并非仅指性交行为,还包括其他可能涉及性利益的性活动。贞操权,是指自然人依法享有的按照自己的意志支配自己的性利益,维护性的纯洁性的权利。贞操权的主体不限于女性,包括男女老幼,所有自然人一律享有。性活动是自然人民事私生活的重要内容,道德与传统使这种行为受到公序良俗的限制与约束,基于自然人对性利益要求加以确认、保护的基本需求,民法对其予以调整。

我国《民法典》没有对贞操权作出明文规定,但在1010条对性骚扰作出了规定:“违背他人意愿,以言语、文字、图像、肢体行为等方式对他人实施性骚扰的,受害人有权依法请求行为人承担民事责任。”第1024条第2款规定:“……禁止有配偶者与他人同居。”这些规定其实都是在维护自然人的贞操权。同时,依据《民法典》全面维护自然人人格权的立法精神以及我国《刑法》对强奸的禁止与处罚,贞操权作为一种独立的人格权应受到民法的保护,并应纳入精神损害赔偿的范围。

贞操权的特征如下。

1.贞操权的主体为自然人。封建社会强调女子的贞操,随着人权观念的发展,现代人格权中的贞操权不论男女老少,均平等享有。

2.贞操权的客体是自然人的贞操利益。贞操以性为内容,但并非所有有关性的利益都是贞操权的客体,单纯侵害性器官而不涉及性纯洁的行为,构成侵害身体权、健康权甚至生命权,而不是侵害贞操权。

(二)贞操权的内容

1.贞操支配权

自然人有按照自己的意志自由支配自己的性利益的权利。对于他人提出的性行为或性活动,权利人有权加以拒绝,以保持自己的贞操。经权利人同意的性行为、性活动,不构成侵害贞操权;违背自然人的意志与其发生的性行为、性活动,构成对贞操权的侵犯。自然人对贞操支配权的行使要受到相关法律与公序良俗的限制,首先,权利人支配性利益应当达到一定的年龄和心智条件,即成为心智正常的完全民事行为能力人;其次,自然人不能借支配性利益之名从事聚众淫乱、卖淫嫖娼等违反国家法律与公序良俗的活动;最后,已婚男女有忠诚的义务,不得借口支配性利益从事婚外性行为。

2.贞操救济权

对贞操权的救济包括公力救济与私力救济两个方面,公力救济是借助国家公权力实施的救济,如通过刑事诉讼与民事诉讼追究侵权人的刑事与民事责任,弥补贞操权受到的侵害。由于贞操权受侵害后具有不可逆性,因而私力救济成为维护贞操权的重要方式,允许当事人在贞操权受到侵犯时,通过行使自卫权,维护自己的权益。为了充分保护当事人的贞操权,法律甚至规定,对于正在进行的强奸行为,被侵权人可以行使无限防卫权,防卫行为即便导致侵权人死亡也不需承担刑事责任,足见国家对自然人贞操权的保护力度之大,对于该权利私力救济的重视。值得注意的是,性骚扰从本质上说应当是一种侵犯贞操权的行为,但由于我国《民法典》并未明确规定贞操权,因而在《民法典》中将其作为侵害身体权加以救济。

十二、婚姻自主权

(一)婚姻自主权的概念与特征

婚姻自主权同其他人格权一样,与主体不可分离,是现代社会中自然人应具备的基本权利。具体而言,是指公民依法享有的按照自己的意志,自主自愿地结婚或离婚,不受他人非法干涉的权利。婚姻自主应建立在双方真实合意的基础上,否则就可能导致婚姻效力的瑕疵。非法干涉他人婚姻自主权的,应当承担停止侵害、赔礼道歉、赔偿损失等侵权责任。该项权利是公民的宪法权利之一,也是民法意思自治原则的重要体现。

我国《民法典》对婚姻自主权作出了明确规定,在第 110 条规定:“自然人享有……婚姻自主权等权利。”第 1041 条第 2 款规定:“实行婚姻自由……的婚姻制度。”第 1042 条规定:“禁止包办、买卖婚姻和其他干涉婚姻自由的行为……”第 1046 条规定:“结婚应当男女双方完全自愿,禁止任何一方对另一方加以强迫,禁止任何组织或者个人加以干涉。”上述规定表明,所有干涉婚姻自主的行为,无论其形式如何,也不论干涉者与当事人的关系如何,都属侵权行为,当事人有权请求法律保护,并要求侵权人承担停止侵害、赔礼道歉、赔偿损失等侵权责任。

婚姻自主权的特征如下。

1. 婚姻自主权的主体为符合法定条件的自然人。该项权利只能由自然人享有,同时还要受到法定条件的约束,如欲行使结婚自主权,首先,必须达到一定的年龄要求,我国法律对结婚年龄的要求是:男不得早于 22 周岁,女不得早于 20 周岁;其次,出于伦理及优生的考虑,直系血亲和三代以内旁系血亲禁止结婚,不得行使该项权利。在离婚自主权方面,自然人也需符合一定的法定条件,如女方在怀孕期间、分娩后一年内或终止妊娠 6 个月内,男方不属于能够提出离婚的人。

2. 婚姻自主权的内容包括结婚自由与离婚自由两个方面,任何人不得以任何借口干涉他人结婚或离婚。

(二)婚姻自主权的内容

1. 结婚自主权

结婚自主权是自然人自主决定自己缔结婚姻,禁止任何一方对他方加以强制、胁迫或者任何第三者加以干涉的权利。即在法律许可的范围内,结婚与否、与谁结婚、结婚的地点、方式等均由男女双方自主决定。

结婚自主权的主体是所有符合婚姻法规定条件、不属于禁止结婚范畴的未婚、离婚或丧偶的男女。不仅指首次结婚的自主权,还包括复婚与再婚的自主权,但违反法律禁止性规定的重婚不包括在结婚自主权内。

结婚自主权的主要内容是指结婚必须由男女双方自主决定,体现双方的真实意志,禁止他人非法干涉。该权能主要体现在两个方面:第一,结婚双方主体中的一方不得强制、胁迫另一方与之缔结婚姻关系;第二,任何第三人,包括与当事人具有血缘、重大利益关系的父母、子女、工作单位等都不得干预他人缔结合法婚姻。凡是违法干涉者均要承担相应的法律后果。

2. 离婚自主权

离婚自主权,是指夫妻双方依法自主解除夫妻关系而不受对方或其他任何人非法干涉的权利。法律赋予自然人离婚自主权是为了使那些感情确已破裂、婚姻无法维系的夫妻,能够通过法定途径解除婚姻关系,使他们重新获得选择其他配偶的权利。赋予自然人离婚自主权,不仅是保障自然人基本民事权利的需要,同时也使全社会的婚姻家庭关系得到改善,有利于社会的和谐。

离婚自主权的行使是有条件、受到一定限制的,首先,公民在行使该项权利时必须对婚姻另一方、子女承担一定的责任,如支付抚养费等;其次,在无合意离婚的情况下,尽管一方没有离婚的主观愿望,但基于夫妻双方感情确已破裂的事实,法官仍有可能判决离婚。这些限制是为了实现法律所倡导的公平理念,从而保障社会的稳定。

第三节　一般人格权

一、一般人格权的概念与特征

(一)一般人格权的概念

一般人格权,是指民事主体所享有的维护人格平等、人格独立、人格自由、人格尊严等抽象的人格利益的民事权利。

一般人格权与具体人格权相比,是一种抽象、概括的人格权,它不同于具体人格权,每一个具体人格权都保护一种具体的人格利益。《民法典》第990条第2款规定:"……自然人享有基于人身自由、人格尊严产生的其他人格利益。"这其实是对一般人格权作出了规定。

(二)一般人格权的特征

1. 主体广泛。与许多具体人格权相比,一般人格权的主体不仅限于自然人(如生命权、健康权仅由自然人享有),或仅限于法人或非法人组织(如名称权仅由法人或非法人组织享有),由于一般人格权涉及的是人的根本性权利和本质属性,因而无论是自然人还是法人或非法人组织,都平等地享有一般人格权。

2. 权利客体抽象。每一项具体人格权都与一个具体的人格利益相对应,如生命权的客体是自然人的生命利益,名誉权的客体是民事主体的名誉利益。而在一般人格权中,所保护的人格利益不再是一个具体的、特定的人格利益,其所保护的人格利益具有高度概括性、抽象性,只要是民事主体应当享有的根本性人格权益,都可归入为一般人格权所保护之列。此外,一般人格权还是具体人格权的渊源和基础,所有的具体人格利益,都可抽象、概括到一般人格利益中,如贞操权、隐私权即是人格尊严的体现。

3. 权利内容开放不确定。一般人格权是民事主体应当享有的根本性人格利益,其内容并不仅限于具体人格权,凡具体人格权未进行明确规范的人格利益,一般人格权都加以保护。随着社会的发展与进步,人格权的内容呈现不断发展与扩大的趋势,具体人格权无法全面满足人格权保护的需要,这就需要一般人格权对具体人格权之外的人格利益加以保护,使民事主体可以通过主张一般人格权使受到的侵害得到救济。因而,一般人格权具体包括哪些人格利益,无法事先确定,其权利内容具有开放性,会随着社会的不断进步向全面保护人格的方向发展。实践中,一般由立法或司法机关通过有权解释等方式赋予一般人格权新的内容。

4. 所保护的人格利益具有根本性。一般人格权所保护的人格平等、人格独立、人格自由和人格尊严是一个独立的民事主体应当具备的根本权益,失去了这些权益,人就失去了成为民事主体的资格,不能成为一个独立的民事主体,无法享有其他民事权利。奴隶社会中的奴隶不具备人格独立与人格平等,也无法享有人格自由与人格尊严,所以,他们不具备民事主体资格,民事主体应当享有的健康权、身体权等具体权益他们也就根本无法享有。

二、一般人格权的意义

与具体人格权相比,一般人格权具有根本性、概括性与抽象性等特性,这些特性决定了确立一般人格权具有以下意义与作用。

1. 产生具体人格权。人格平等、人格独立、人格自由和人格尊严是一个独立的民事主体应当具备的根本性权益,民事主体应当享有的健康权、身体权、隐私权等具体人格权都是在此基础上就人格权益的某一特定方面给予保护而发展起来的。每一具体人格权都是从保护人格平等、人格独立、人格自由和人格尊严这些最根本的要求出发,在人类历史的特定发展阶段,顺应民事主体对人格权益的某一特定方面给予特别保护的要求而从一般人格权中独立出去的。随着社会的发展和人权观念的加强,具体人格权还将从一般人格权中不断独立出来。

2. 解释具体人格权。一般人格权是对人格权的根本性特征的总结,所有的人格权都应当体现人格平等、人格独立、人格自由和人格尊严的特性,已经得到法律确认的具体人格权也不例外。当某一具体人格权的含义不够明确时,就可以借助一般人格权所体现的人格权的基本特性,对其作出解释,明确其内涵。包括有权机关对具体人格权进行的立法、司法解释,都不应脱离一般人格权的基本精神。

3. 补充具体人格权。具体人格权与某项具体的人格利益是一一对应的关系,法律所具有的不周延性与一定的滞后性,决定了法律所列举的具体人格权无法囊括随着社会生活的发展而出现的新的人格权益。一般人格权的特性弥补了这种不足,它如同兜底条款,即便该新的人格利益还未达到正式创设具体人格权的程度,也可以借助一般人格权的概括性规定来对民事主体的新人格利益加以保护。这对于全面维护民事主体的人格利益、推动人权保护具有重要的价值和意义。

三、一般人格权的内容

一般人格权的内容具有高度的概括性与抽象性,一般总结为四个方面:人格平等、人格独立、人格自由以及人格尊严。

1. 人格平等。人格平等是指民事主体不分年龄、性别、民族、种族、贫富、宗教信仰、政治派别等,在法律地位上一律平等,平等地享有民事权利、平等地履行民事义务、平等地承担民事责任。人格平等要求民事主体之间无高低贵贱之分,都是独立、平等的民事主体。

2. 人格独立。人格独立,是指民事主体在人格上互不依附,能够独立地作出意思表示,实施民事法律行为,承担行为后果。民事主体可以根据自己的意思和需要自主、排他地支配自己的人格,任何人对他人的意思、行为无权加以干涉,否则就要承担不利的法律后果。对于限制民事行为能力人和无民事行为能力人,由于其年龄、心智的特殊性,不能独立作出意思表示、实施民事法律行为,法律规定由其监护人实行代理,目的仍是实现其人格,从行为后果上看由被代理人承担。

3. 人格自由。人格自由是民法中意思自治原则的体现,它是指民事主体具有按照自己的意志作出意思表示、实施民事法律行为而不受妨碍、欺诈与胁迫的权利。它体现了民事主体在法律规定的范围内人格不受约束和控制的状态,如自然人有权支配自己的身体,进行器官捐献、纹身等,但同时不能超过法定的范围,从事法律禁止支配的行为,如不能利用自己的身体从事卖淫活动。人格自由是民事主体享有其他许多民事权利的基础。人格自由受到限制和干涉时,其他许多自由与权利都无法行使,如无法订立合同、无法行使婚姻自主权等。因此,法律对人格自由极为重视。

一个独立的民事主体,其人格自由包括意志自由和行为自由两个方面。意志自由是指自然人自主决定自己的意思,并不受他人欺诈、胁迫的权利;行为自由是指自然人按照自己的意志与利益作为或不作为,人身和行动不受他人非法约束、控制、妨碍的权利。

4. 人格尊严。人格尊严,是指民事主体应当受到其他主体与社会应有的基本尊重、善待与必要的礼遇,应当被当作独立的民事主体平等地对待,不受他人的侮辱、诽谤、诬陷、污蔑等。人格尊严强调受到他人的尊重，是他人对一个民事主体应具备的最起码的态度和评价，即对民事主体做人资格的基本尊重。任何人，无论品行、能力、生活状态、社会地位等如何，均应受到基本的尊重。

上述四个方面的内容相互联系，密不可分，层层深入，相互促进。人格平等是人格独立的前提，人格独立是人格平等的必然的结果、体现与保障，人格独立与人格平等必然要求人格自由，人格平等、独立、自由又必然造就人格尊严。实践中，当一般人格权受到侵害时，主要运用精神损害赔偿制度进行救济。

重点问题梳理

1. 人格权，是指民事主体平等享有的，以人格利益为客体的基本权利。它是民事主体享有其他民事权利的基础。

2. 生命权，是指法律赋予自然人所享有的保持生命安全与生命尊严的权利。该项权利是自然人享有的最根本的人格权，包括生命安全维护权、生命尊严维护权、生命利益支配权三方面内容。

3. 健康权，是指自然人享有的维护身体的生理与心理机能正常运行和功能完善发挥的权利。包括身体健康维护权、心理健康维护权、健康利益支配权三方面内容。

4. 身体权，是指法律赋予自然人保持自己身体的完整性、身体不受侵扰并享有支配自己身体或身体的组成部分的人格权。包括保持身体完整权、身体支配权两方面内容。

5. 姓名权，是指自然人依法享有按照自己的意志决定、使用、变更或许可他人使用自己的姓名，同时排除他人干涉、盗用和假冒的权利。对姓名的保护延续到权利主体去世后。包括姓名决定权、使用权、变更权、许可使用权四方面内容。

6. 名称权，是指法人或非法人组织依法享有按照自己的意志决定、使用、变更、转让或许可他人使用自己的名称，同时排除他人干涉、盗用和假冒的权利。名称权是具有财产利益的人格权。包括名称设定权、使用权、变更权、转让权、许可使用权四方面内容。

7. 肖像权，是指自然人对自己的肖像所体现的精神利益和物质利益所享有的排他性权利，自然人可对自己的肖像加以制作、使用、公开、处分等。对肖像的保护延续到肖像权主体去世后。其客体肖像利益主要体现为精神利益，同时也包括一定的物质利益。内容包括肖像制作权、使用权、公开权、许可使用权、肖像利益维护权五方面内容。

8. 名誉权，是指法律规定的自然人、法人和非法人组织享有的维护自己的社会评价，保护自己的名誉不被他人以侮辱、诽谤等方式加以贬损的权利。该权利保护具有延伸性,对名誉的保护延续到自然人去世后。权利客体名誉利益主要体现为精神利益,同时与财产利益密切相关。包括名誉维护权、名誉利益支配权两方面内容。

9. 荣誉权,是指民事主体维护、利用所获荣誉,享有因荣誉所生利益,并排除他人非法侵害的权利。对名誉的保护延续到自然人死亡后。包括荣誉获得权、荣誉保持权、荣誉利用权三方面内容。

10. 隐私权,是指自然人享有的获得私人生活安宁及对与社会公共利益无关的私密空间、私密活动、私密信息加以控制、利用,并对这些事项加以有效维护,排除他人刺探、侵扰、泄露、公开的权利。隐私权的保护范围受社会公共利益的限制,对隐私的保护延续到自然人死亡后。包括隐私维护权、隐私利用权、隐私支配权三方面内容。

11. 个人信息权,是指个人信息本人依法对其个人信息所享有的支配、控制并排除他人侵害的权利。处理个人信息的原则是合法、正当、必要。包括信息决定权、查询权、修改权、安全权、信息报酬请求权五方面内容。

12. 贞操权,是指自然人依法享有的按照自己的意志支配自己的性利益,维护性的纯洁性的权利。所有自然人均平等享有该权利。包括贞操支配权、贞操救济权两方面内容。

13. 婚姻自主权,是指公民依法享有的按照自己的意志,自主自愿地结婚或离婚,不受他人非法干涉的权利。包括结婚自主权与离婚自主权两方面内容。

14. 一般人格权,是指民事主体所享有的维护人格平等、人格独立、人格自由、人格尊严等抽象的人格利益的民事权利。其权利主体广泛、权利客体抽象、权利内容开放不确定、所保护的人格利益具有根本性。

案例与分析

1. 鲁迅之子周海婴诉称:被告A公司于1996年8、9月未经其同意制售圆形和方形鲁迅肖像金卡礼座,并于同年开始销售,其单价为935元。金卡正面除中间有鲁迅肖像外,其右侧有“绍兴近代贤人图”字样和落款为鲁迅的对联:“横眉冷对千夫指,俯首甘为孺子牛”,肖像左侧写着:“绍兴市××珠宝行承制”和“9999纯金”字样。金卡背面是鲁迅的生平简介:“鲁迅(1881—1936),原名周树人,号豫才,绍兴人。中国现代文学的奠基人,伟大的文学家、思想家、革命家。”周海婴认为,被告未经其同意,以制作“近代贤人”为名,以获取利润为目的,制售鲁迅肖像金卡礼座,显然侵犯了鲁迅的肖像权。周海婴向绍兴市中级人民法院提起诉讼,请求被告停止侵权、向原告赔礼道歉并赔偿相应的损失,以保护其合法权益。

问题:本案应当如何处理?

分析：依据最高人民法院当时的答复：公民死亡后，其肖像权应依法受到保护。任何污损、丑化或擅自以营利为目的使用死者肖像构成侵权的，死者的近亲属有权向人民法院提起诉讼。对此，现行《民法典》也有相应的规定："死者的……肖像……受到侵害的，其配偶、子女、父母有权依法请求行为人承担民事责任……"鲁迅之子周海婴的起诉符合《民事诉讼法》第108条规定的条件，绍兴市中级人民法院应当受理，并判决被告A公司停止侵权、赔礼道歉并赔偿相应的损失。

2. 已故曲艺演员吉文贞，艺名荷花女，15岁起在天津登台演出，1944年19岁时病故，有一定的声望。魏某于1985年着手创作以吉文贞为原型，表现旧社会艺人苦难生活的小说。在创作期间，魏某先后三次找到吉文贞之母陈秀琴，并写信给吉文贞之弟了解有关吉文贞的生平以及从艺情况，但写小说一事一直未告知吉文贞的家人。魏某在小说《荷花女》完稿后于1987年4月18日至6月12日连载于某晚报，共11万字。小说刊登后不久，陈秀琴及其亲属即以小说内容有损吉文贞名誉为由，先后两次到某晚报社要求停载，被报社拒绝。魏某所著《荷花女》一书使用了吉文贞的真实姓名和艺名，称吉文贞之母陈秀琴为陈氏。书中描写吉文贞从17岁到19岁病逝前的两年间，先后同许某某等3人恋爱，并3次接受对方聘礼，其中于某某已婚，吉文贞却愿意做其妾；还描写吉文贞先后到当时天津帮会头头、大恶霸袁某某和刘某某家唱堂会并被袁、刘侮辱；并在最后影射吉文贞系患性病打错针致死。同时，小说还描写了陈秀琴同意女儿作于某某的妾并接受于家的聘礼。经查证，上述内容确属魏某虚构。吉文贞之母陈秀琴在《荷花女》发表后，精神受到强烈刺激，就医支付医药费等共计404.58元。陈秀琴以小说作者魏某和某晚报社为被告，向法院提起诉讼。

问题：(1) 本案中被告侵犯了何种人身权？

(2) 已故曲艺演员吉文贞的该项权益是否应予以保护？

(3) 案件应如何处理？

分析：(1) 本案中被告使用了吉文贞的真实姓名及足以使他人确认陈秀琴身份的称谓，虚构了许多有损吉文贞和陈秀琴名誉的情节，侵犯了原告陈秀琴及其已故女儿吉文贞的名誉权。对此，现行《民法典》也有相应的规定："行为人发表的文学、艺术作品以真人真事或者特定人为描述对象，含有侮辱、诽谤内容，侵害他人名誉权的，受害人有权依法请求该行为人承担民事责任。"

(2) 死者吉文贞的名誉权应当予以保护。根据最高人民法院《关于审理名誉权案件若干问题的解答》第5条规定："死者名誉受到损害的，其近亲属有权向人民法院起诉。近亲属包括：配偶、父母、子女、兄弟姐妹、祖父母、外祖父母、孙子女、外孙子女。"因此，包括吉文贞的母亲在内的近亲属有权通过诉讼的方式保护死者吉文贞的名誉。对此，现行《民法典》第994条也有相应的规定："死者的……名誉……受到侵害的，其配偶、子女、父母有权依法请求行为人承担民事责任……"

(3)案件最终判决,由魏某和刊登该小说的某报社在原连载该小说的版面公开道歉,同时刊登由陈秀琴所写介绍吉文贞生平真实情况的来信;被告赔偿相应的损失;原小说不得再以任何形式付印、出版发行,小说修改后,出版发行必须征询吉文贞有关亲属的意见。即停止侵害、赔礼道歉、赔偿损失。

3. 甲、乙、丙同为某厂技术科职工,2000 年,他们三人组成了该厂技术科研小组。2001 年 5 月,全国总工会举办企业职工科技知识竞赛,规定个人与集体均可报名。三人经商量,以技术科研小组的名义报名参加了此项竞赛,试卷的答题主要由甲、丙负责。不久,初赛成绩揭晓,技术科研小组成绩优异,获得复赛资格。2001 年 8 月,乙代表小组参加复赛,小组获得优秀奖。但是竞赛组委会在填写获奖荣誉证书时,却仅填写了乙的个人姓名,奖品也由乙领回并由他一人占有。甲和丙认为,荣誉应归小组所有,而不应归乙一人,乙和竞赛组委会的行为侵犯了他们的荣誉权。在与乙协商无果后,二人将乙和组委会诉至法院。

问题:本案应当如何处理?

分析:甲、乙、丙三人以技术科研小组的名义报名参加了此项竞赛,自始至终乙只是代表小组,以小组的名义参赛,而不是以乙的个人名义参赛,荣誉应由小组享有。竞赛组委会将获奖者填写为乙个人是错误的,构成侵权行为,应加以纠正。乙一人独占荣誉与奖品,同样是侵权行为,侵犯了甲、丙的荣誉权。因此,法院应判决:由竞赛组委会重新填写荣誉证书,乙交出独占的奖品,由甲、乙、丙共同享有荣誉及奖品。对此,现行《民法典》第 1031 条第 1 款也有相应的规定:“民事主体享有荣誉权。任何组织或者个人不得非法剥夺他人的荣誉称号……”

第十二章　身　份　权

第一节　身份权概述

一、身份权的概念

身份是民事主体与特定或不特定的人产生某种特定的社会关系，以针对该特定或不特定的人享有一定的地位和资格，以及因该种地位和资格产生的受法律保护的、与自身密不可分的利益。例如，某一自然人与特定的人登记结婚而与其产生婚姻关系，并针对对方享有配偶的地位和资格，同时基于配偶地位和资格获得相互抚养、相互继承、要求对方忠实等利益。

身份权，是指民事主体基于与他人之间特定的社会关系而享有特定的地位与资格，以及因该种地位与资格而享有身份利益的民事权利。身份利益的获得具有后天性，它是民事主体在社会生活中通过自己的行为、品格、智慧等，基于一定的地位和资格而取得的利益。在人类发展的历史上，身份与身份权曾经是不平等、特权的象征，但现代人格权法中的身份权已经完全脱离了不平等，它与民事主体特定的社会关系相关，任何人处于这种社会关系中，都享有平等的身份权。

根据《民法典》第1001条的规定，对自然人因婚姻家庭关系等产生的身份权利的保护，适用第一编“通则”及第五编“婚姻家庭”和其他法律的相关规定；没有规定的，可以根据其性质参照适用第四编人格权保护的相关规定。

二、身份权的特征

1. 身份权的主体不仅包括自然人，还包括法人及非法人组织。一部分身份权，如配偶权、亲权等只能由自然人享有，但还有一些身份权，如专利的署名权，则既可以由自然人享有，也可以由法人或其他组织享有。

2. 身份权以在一定社会关系中享有特定的地位或资格为前提。身份是一种地位或资格，身份权就是因这种地位或资格而享有的权利，或者表现为对身份利益的维护，或者表现为对身份利益的利用等。例如，因某一自然人分娩而产生父母子女法律关系，相关人获得父母子女的地位和资格，从而使民事主体获得相互抚养、相互继承的利益。

3. 身份权的客体是身份利益。这是一种基于特定地位与资格而产生的利益，如配偶间相互抚养、扶助的权利与义务，亲权人对未成年子女的惩戒权、财产管理权等都是这种身份利益的体现。

4. 身份权不直接体现财产内容。身份权与财产利益没有直接联系，但存在一定的间接联系。这种间接联系表现为：一方面，一定地位或资格的获得能够为当事人带来间接的财产利益，如对专利的署名权使其他主体若要使用该专利必须征得署名权人的许可，进而收取许可使用费，为权利人带来财产利益；另一方面，身份权受到侵犯时的救济方式可以是财产性的损害赔偿。

第二节　身份权的具体类型

根据身份权调整对象的不同，可以划分为亲属法上的身份权与非亲属法上的身份权，前者主要包括亲权、配偶权、亲属权；后者主要包括知识产权法上的身份权（如署名权、发表权等）等。

一、配偶权

（一）配偶权的概念与特征

配偶是合法婚姻中男女一方相对于另一方的身份，是一种亲属关系。合法婚姻中，夫或妻互为配偶。这一关系是血亲和姻亲关系得以产生的基础。配偶权，是指基于合法婚姻关系而使夫与妻相互享有配偶身份利益的身份权。配偶权从其产生至今，经历了从夫对妻的单方面不平等权利到夫妻相互享有权利的发展历程，现行法律中的配偶权充分体现了男女平等的宪法要求及民法中平等的基本原则。我国《民法典》第112条规定："自然人因婚姻家庭关系等产生的人身权利受法律保护。"《民法典》第五编"婚姻家庭"编中对夫妻姓名决定权、住所决定权、贞操忠实义务等的规定都是配偶权的具体体现。

配偶权的特征如下。

1. 配偶权的主体是夫妻双方。夫或妻一方与对方互相享有配偶权，双方地位平等。

2. 配偶权的客体是配偶利益，即夫妻双方在合法婚姻存续期间基于配偶关系而产生的身份利益。这种利益主要体现为基于合法婚姻而产生的独占性的精神上的利益，主要包括夫妻间姓名、住所、同居、贞操、日常事务等方面的利益。法律另行作出明文规定的夫妻间的财产权利，如继承权等，不包括在配偶权内。

3. 配偶权的内容具有双重性，即权利义务不可分割性。[1] 配偶双方均既是权利主体，又是义务主体，双方需要相互配合才能实现权利内容。

4. 配偶权是绝对权与相对权的统一。在配偶之间，夫妻双方互相拥有权利、义务，体现出配偶权相对权的特性；而对外，夫妻之外的任何人又都负有不得侵害配偶权的不作为义务，配偶权又体现出绝对权的特性。例如，一方面，夫妻双方相互享有贞操忠实的权利和义务，体现了配偶权的相对性；另一方面，任何第三人亦都负有不与他人姘居、发生性关系等破坏贞操忠实权的义务，体现了配偶权的绝对性。

（二）配偶权的内容

1. 夫妻姓名权

我国《民法典》第1056条规定："夫妻双方都有各自使用自己姓名的权利。"现代婚姻关系实行男女平等，婚后夫妻双方均仍有权自主决定自己的姓名，如女性自主决定冠夫姓还是仍使用婚前姓名。

2. 住所决定权

我国《民法典》第1050条规定："登记结婚后，按照男女双方约定，女方可以成为男方家庭的成员，男方可以成为女方家庭的成员。"夫妻双方有协商一致，决定婚后常住处所的权利。在决定住所时，男女双方权利平等，应友好协商确定。

3. 同居权

同居权，是指男女双方基于配偶身份共同生活，相互照顾，并从事性行为的权利。同居权要求夫妻双方共同料理家事，相互扶养、扶助，同时在对方遭遇危难时予以救助。同居既是夫妻双方的权利，又是双方的义务。同居权从另一方面讲即为同居义务，即男女双方基于配偶身份共同生活，相互照顾，并从事性行为的义务。它是夫妻双方的法定义务，任何一方没有正当理由不得拒绝履行。夫或妻只有在特定的情形下才可以暂时中止履行同居义务，主要包括：(1)夫或妻因公事或私事需要在较长时间内离家而无法履行同居义务；(2)一方由于被限制人身自由而无法履行同居义务；(3)一方因生理原因无法履行同居义务。当然，如果夫妻双方协商一致，也可在尊重双方意思自治的基础上不履行该义务。

4. 贞操忠实权

贞操忠实权，是指要求配偶对方严守贞操，不为婚外性行为，专一性生活的权利。这同样也是配偶一方对对方所负的义务。婚外性行为会严重损害婚姻关系，妨害家庭与社会的和谐稳定。《民法典》第1042条第2款规定："……禁止有配偶者与他人同居。"违背贞操忠实义务与他人同居导致离婚的，无过错方有权请求损害赔偿。

---

[1] 郭明瑞：《民法》（第2版），高等教育出版社2007年版，第193页。

5. 日常事务代理权

日常事务代理权,是指配偶一方在与第三人就实施日常事务为一定法律行为时,享有代理配偶对方行使权利的权利。[2] 由于配偶一方常常是为了家庭利益从事代理行为,因而配偶双方常需对行为后果承担连带责任。此项权利主要用于处理日常生活事项,若涉及的是家庭重要财产的处置,则除非有配偶对方的明确授权,一般不能由配偶一方加以代理。此外,若事项具有人身专属性,只能由当事人本人亲自完成,也不能由配偶代理。

6. 相互扶养、扶助权

扶养权是指配偶双方相互供养的权利,扶助权是指配偶双方在生活各个方面相互协作的权利。《民法典》第1059条第1款规定:"夫妻有相互扶养的义务。"这一权利由夫妻双方平等享有,双方均为权利人,又均为对方的义务人。如一方不履行扶养义务,需要扶养的一方有权要求对方给付抚养费。

二、亲权

(一)亲权的概念与特征

亲权,是指未成年人的父母基于与未成年人之间的父母子女身份关系而对未成年子女享有的对其人身和财产进行管教和保护的身份权。设立该权利的目的是有效地保护未成年人的利益。我国《民法典》第1068条对亲权制度作出了规定:"父母有教育、保护未成年子女的权利和义务。未成年子女造成他人损害的,父母应当依法承担民事责任。"

亲权的特征表现在以下几个方面。

1. 亲权的主体是父母。亲权基于父母身份而产生,父母身份可因生育、收养、婚姻而取得,因而即便是非婚生子,其父母同样享有亲权。在社会生活中,由于父母子女关系的类型、父母行使权利的能力和障碍等多种因素的影响,导致实际具体行使亲权者有时是父母双方,有时是父或母一方。该权利具有严格的专属性,为父母专有,不得转让、继承、抛弃。

2. 亲权的行使对象是未成年子女。在我国,未成年人为不满18周岁的自然人,父母出于照料、保护未成年人的需要,对其享有亲权,有权对未成年子女进行必要的照护和管理。年满18周岁但由于精神、智力状况异常导致不能完全享有民事权利能力的成年人,对其进行照护者享有的是监护权,而非亲权。

3. 亲权是权利义务的综合体。亲权首先是父母的权利,如对未成年子女可行使惩戒的权利、享有进行财产管理的权利等。亲权同时也是基于父母身份而产生的一种必须履行的义务,如果不履行或不全面履行,则要承担相应的法律责任,如

---

[2] 郭明瑞:《民法》(第2版),高等教育出版社2007年版,第193页。

必须对未成年人进行抚养,促进其健康成长;必须对其财产进行妥善的管理,实现未成年子女财产的保值增值等。

(二)亲权的内容

亲权的内容包括对未成年子女的身上照护权和财产照护权两大类。

1. 身上照护权

身上照护权,是指父母管教和保护未成年子女的权利和义务。包括以下内容。

(1)居所、住所决定权。未成年子女须与父母双方或一方共同居住,以便于教养、保护。该权利由未成年子女的父母共同行使,协商确定。

(2)惩戒权。父母在适当的范围内可对未成年子女进行必要的惩戒,以教育其健康成长。但惩戒的范围、方式应当合法、适当,不得损害未成年子女的身心健康。

(3)子女交还请求权。当未成年子女被他人非法拐卖、劫持、诱骗等离开父母的照料、保护范围时,父母有权要求侵权人交还子女。

(4)子女身份行为与身上事项的同意与代理权。未成年子女作为无民事行为能力人或限制民事行为能力人,无法独立行使身份行为或身上事项,应由其父母在维护未成年人利益的原则下加以代理或同意。如代理未成年子女参与诉讼、同意其从事某种职业、决定许可他人使用未成年子女的肖像等。

(5)抚养义务。抚养主要是指提供必要的物质生活条件,如生活费、教育费、医疗费等。该义务是父母的天职,不得以任何借口予以推脱。

(6)赔偿义务。由于未成年人不具备独立承担民事责任的能力,因而父母对于未成年子女给他人造成的损害,需承担损害赔偿责任。

2. 财产照护权

财产照护权,是指父母为了维护未成年子女的利益而对其财产进行保护、管理的权利和义务。包括以下内容。

(1)财产行为代理权。该项权利属法定代理权,设立目的在于维护未成年人的财产利益,如代理未成年子女与他人签订书籍出版合同等。对于有损未成年子女利益而为的财产代理行为无效,如放弃继承、不接受财产的赠与等即属无效。

(2)财产管理权。管理对象为未成年子女的财产,管理目的为促进财产保值增值。在管理要求和程度上,各国的立法规定不尽相同,瑞士、法国等国民法规定应以善良管理人之注意而为管理,德国、日本等国民法规定应以与管理自己财产同样之注意而为管理,我国法律对管理的程度无明文规定。[3]

(3)处分权。为维护未成年子女利益的需要,父母可适当处分未成年子女的财产。但侵害未成年子女利益的处分行为无效。

---

〔3〕 江平:《民法学》,中国政法大学出版社 2000 年版,第 307 页。

三、亲属权

(一)亲属权的概念与特征

亲属,是指因为婚姻和血缘而产生的自然人之间的特定身份,也指具有此种身份的人。我国《民法典》第1045条第1、2款规定:“亲属包括配偶、血亲和姻亲。配偶、父母、子女、兄弟姐妹、祖父母、外祖父母、孙子女、外孙子女为近亲属。”三类近亲属中,血亲、姻亲都以配偶为基础产生的。

亲属权有广义和狭义之分,广义的亲属权指所有因亲属关系而产生的身份权,包括夫妻之间的配偶权和父母子女之间的亲权;狭义的亲属权指除配偶权和亲权以外因其他亲属关系而产生的身份权,身份权法意义上的亲属权指的是狭义的亲属权。现代法律中的亲属权不同于传统法律中的家长权,家长权是以人格不平等为基础而设置的权利,家长享有家庭中的几乎全部权利,而其他家庭成员则除了家长去世后的继承权外,几乎不享有权利;现代法律确认自然人人格平等,各个家庭成员间相互享有权利,履行义务,体现了亲属间的平等性。

亲属权的特征表现在以下方面。

1. 亲属权的客体是亲属关系中特定的亲属身份利益。该身份利益为除配偶权中的配偶利益及父母对未成年子女的身份利益之外的其他亲属身份利益,如兄弟姐妹之间的身份利益,祖父母、外祖父母与孙子女、外孙子女之间的身份利益等。

2. 亲属权是绝对权与相对权的统一。亲属权中权利人的亲属身份是相对于其他亲属而获得的,其亲属身份利益也相对于特定的亲属而享有,因而是一种相对权。但亲属之外的其他人负有不侵害亲属身份利益的义务,否则即要承担法律责任,因而亲属权又具有绝对权的特点。

(二)亲属权的内容

总结我国《民法典》的相关规定,亲属权主要具有如下几方面的内容。

1. 请求扶养权

该权利是关涉近亲属生存的重要权利,从广义上讲,扶养包括抚养、赡养和狭义的扶养三种。抚养义务主要由未成年人的亲权人即父母履行,当父母已经死亡或无力抚养时,则有负担能力的祖父母、外祖父母对孙子女、外孙子女有抚养的义务,孙子女、外孙子女有请求祖父母、外祖父母抚养的权利;成年子女对父母有赡养的义务,有负担能力的孙子女、外孙子女对子女已死亡的祖父母、外祖父母也有赡养的义务,祖父母、外祖父母有请求孙子女、外孙子女赡养的权利;当父母已经死亡或无力抚养时,有负担能力的成年兄、姐对未成年的弟、妹有扶养的义务,弟、妹对兄、姐有请求扶养的权利。

2. 监护权

监护权一般主要由亲权的主体即父母对未成年子女行使,但根据我国《民法典》第27条第2款的规定:“未成年人的父母已经死亡或者没有监护能力的,由下列有监护能力的人按顺序担任监护人:(一)祖父母、外祖父母;(二)兄、姐;(三)其他愿意担任监护人的个人或者组织,但是须经未成年人住所地的居民委员会、村民委员会或者民政部门同意。”可见,其他亲属在特定情形下也可担任监护人,行使对未成年人的监护权。

3. 帮助、体谅的义务

当亲属发生困难时,其他亲属应该给予物质、劳务等方面的帮助,同时给予精神上的谅解、关心和安慰。

四、知识产权中的身份权

知识产权中的身份权,是指知识产权人基于对特定无形财产的权利人身份而享有的身份权。这种身份权针对著作、专利、商标而获得。

知识产权中的身份权的内容因知识产权类型的不同而有所差别,在著作权中,身份权主要表现为发表权、署名权、修改权、保护作品完整权;在专利权中,身份权主要表现为专利权人在专利文件中写明自己是发明人或设计人的权利;在商标权中,身份权主要表现为商标权人在商标的使用中有标明自己姓名或名称的权利;在发现权和其他科技成果权中,身份权主要表现为权利人领取荣誉证书、标明权利人身份的权利。可见,表明自己的权利人身份是知识产权中身份权的重要体现。

重点问题梳理

1. 身份权,是指民事主体基于与他人之间特定的社会关系而享有特定的地位与资格,以及因该种地位与资格而享有身份利益的民事权利。它不直接体现财产内容。

2. 配偶权,是指基于合法婚姻关系而使得夫与妻相互享有配偶身份利益的身份权。其内容包括夫妻姓名权、住所决定权、贞操忠实权、日常事务代理权、相互扶养扶助权。

3. 亲权,是指未成年人的父母基于与未成年人之间的父母子女身份关系而对未成年子女享有的对其人身和财产进行管教和保护的身份权。其内容包括对未成年子女的身上照护权和财产照护权两大类。

4. 身份权法上的亲属权,指除配偶权和亲权以外因其他亲属关系而产生的身份权。其内容包括请求扶养权、监护权、帮助、体谅的义务。

5. 知识产权中的身份权,是指知识产权人基于对特定无形财产的权利人身份而享有的身份权。

案例与分析

周某与妻子王某2015年年初结婚后于2016年6月15日生有一子周甲。2017年3月,王某与邻居发生纠纷,从邻居口中传出王某与同事张某有私情,周甲与周某没有血缘关系的说法。2017年4月18日,在周某的坚持下,周某与王某带着周甲及被怀疑为周甲的生物学父亲的张某共同至某司法鉴定所进行亲子鉴定。鉴定结果是周甲与周某无血缘关系,与张某有血缘关系。张某独自前往司法鉴定所拿到鉴定文书后为掩盖真相,私刻司法鉴定所印章,篡改鉴定内容,欲继续蒙骗周某。最终事情败露,被周某发现,周某、将王某、张某告上法庭。

问题:(1)本案中王某的行为侵犯了周某的何种权益?

(2)案件应如何处理?

分析:(1)本案中,王某的行为侵害了周某的配偶权。配偶权的内容之一为贞操忠实权,即要求配偶对方严守贞操,不为婚外性行为,专一性生活的权利,这也是配偶一方对对方所负的义务。王某与张某的婚外性行为严重损害了周某的该项权利。

(2)法院应判决由两被告对原告周某返还其为周甲所支出的抚养费,进行合理的精神损害赔偿,并承担周某因亲子鉴定而发生的鉴定费、交通费、误工费等各项损失。

第三编　物　　权

第十三章 物权总论

第一节 物权与物权法

一、物权的概念和特征

(一)物权的概念

物权,是指物权人直接支配特定物、享受利益,并排除他人干涉的财产权利。[1] 我国《民法典》总则编第114条第2款规定,"物权是权利人依法对特定的物享有直接支配和排他的权利,包括所有权、用益物权和担保物权"。

自德国民法提出物权概念并建立系统的物权制度以来,"物权"一词已经成为大陆法系各国民法上的重要概念,但是,关于物权概念的定义,学者之间并未完全达成共识,有学者认为,物权是指权利人直接支配物或享受利益的权利;[2]有认为物权为可以排除世人干涉的权利;[3]也有试图将前二者加以折中而为定义者,主张物权是指物权人依法直接支配特定物、享受利益,并排除他人干涉的财产权利。[4] 折中说为学界的通说。从我国《民法典》关于物权概念的定义来看,尽管我国《民法典》关于物权的定义中,没有包含"享受物的利益"的内容,但是,该内容已被权利人直接支配特定物的内容所包含,所以,我国《民法典》关于物权概念的界定,实际上采取了通说的观点。物权的概念表明,物权的本质内涵有二:支配性和排他性,据此,物权就是指物权人对特定物的支配性与排他性相结合的财产权。

(二)物权的特征

物权的特征是物权本质的体现,同时也是物权区别于相关权利特别是债权的标志。物权的特征主要体现在以下几个方面。

---

〔1〕 梁慧星、陈华彬:《物权法》(第4版),法律出版社2007年版,第6页。

〔2〕 梅仲协:《民法要义》,中国政法大学出版社1998年版,第511页。

〔3〕 孙宪忠:《德国当代物权法》,法律出版社1997年版,第20页;王利明:《物权法论》,中国政法大学出版社1998年版,第6页。

〔4〕 史尚宽:《物权法论》,中国政法大学出版社2000年版,第7页;张俊浩主编:《民法学原理》,中国政法大学出版社1997年版,第333页。

1. 物权是物权人对物的直接支配权。物权作为权利人直接支配物的权利,法律赋予权利人对于特定物以直接支配力。这里所谓的“支配”,是指物权人按照自己的意愿对标的物加以控制和处分,这种控制和处分不限于法律行为,凡是可以对物实施的一切行为都包含在内,如房屋所有权人,在法律规定的范围内,可以按照自己的意志对自己所有的房屋进行占有、使用、收益和处分,也可以依自己的意愿任意处置、抛弃属于自己的动产。这里所谓的“直接”,是指物权人对物的支配,不需要借助他人的履行行为或征得他人的同意,仅凭自己的意志就可以直接实现。物权人直接支配标的物是物权的一个重要特征,也是物权与债权的一个重要区别。从物权与债权的区别看,物权是支配权,而债权是请求权,物权人可以按照自己的意愿就其标的物直接行使支配的权利,而不需借助他人的履行行为或征得他人的同意。而债权人债权的实现必须借助于债务人的履行行为,如在动产买卖合同中,虽然合同已经成立并生效,但在债务人交付标的物之前,债权人只能请求对方交付标的物,而不能对标的物直接进行支配,只有在债务人交付标的物之后,债权人对标的物的支配才能最终得以实现。

2. 物权是物权人直接支配特定物的权利。物权作为权利人直接支配物的权利,自然以物为客体。传统民法为了保证物权人对物的支配得以实现,要求作为物权客体的物必须具备如下条件:首先,作为物权客体的物必须是特定物。特定物,是指具有单独的特征或者按照当事人的意思特定化或具体化了的物。债权的客体既可以是特定物,也可以是种类物,而物权的客体只能是特定物,种类物、抽象物或一般的物不能作为物权的客体。〔5〕因为物权是对物的支配权,其客体如不具体特定,权利人将无法支配,从现实生活来看,作为物权客体的物都是具体特定的物。其次,作为物权客体的物必须是独立物。所谓独立物,是指在法律上具有独立意义的物,即能够个别的、单独存在的物。如房屋、电视机和划定四至界限并经登记的地块。不独立或者作为其他物的构成部分的物不能作为物权的客体,否则,物权人无法独立支配。最后,作为物权客体的物原则上为有体物。所谓有体物,又称有形物,是指占有一定的空间并能为人的感觉所感知的物,或者虽然不能为人的感觉所感知但能为人力所支配的物,如光、热、电和能源等。物权的客体应为有体物,看不见、摸不着的东西或者思想、观念的东西无法支配。物权的客体一般为有体物,但这并不排除某些无体物即财产权利作为物权客体的可能性,如我国物权法规定的权利质权。《民法典》第115条规定:“物,包括不动产和动产。法律规定权利作为物权客体的,依照其规定。”

3. 物权是物权人直接享受物的利益的权利。物权是权利人支配物的权利,但

〔5〕 孙宪忠:《德国当代物权法》,法律出版社1997年版,第6页;尹田:《物权法理论评析与思考》,中国人民大学出版社2004年版,第76页。

权利人并非为了支配而支配,权利人支配物的最终目的在于:通过对物的支配而享受物的利益。在物权的体系中,由于各种具体物权的内容和目的不同,其权利人所享受的利益也不同。具体而言,所有权人所享受的利益是对标的物的全部利益,即物的归属利益、使用价值利益和交换价值的利益;所有权人有权自己拥有的标的物享受物的归属或者支配的利益,也可以依《民法典》物权编的规定,将物的使用价值让与他人,自己取得相应的对价;可以将其物的交换价值让与他人,以获取信用。用益物权人可以享受标的物的利益有二:一是直接支配标的物的利益;二是将标的物交给他人利用,由自己取得对价的利益。担保物权人享受物的利益是,在债务人不履行债务时,享有优先于普通债权人或顺位在后的担保物权人优先受偿其债权的担保物的交换价值。

4. 物权是物权人排除他人非法干涉的权利。物权的权利人在对物加以直接支配时,有权排除他人的干涉。排除他人的干涉,具体来说,是指在物权存续期间,除物权人有权依法对物直接进行支配外,不特定的任何人都依法负有不得妨害和干涉的义务,否则即构成非法妨害行为,物权人有权予以排除或请求国家给予保护。正因为物权的排他性的性质,传统民法将物权称为对世权或绝对权,而将债权称为对人权或相对权。物权的排他性不仅揭示了物权的本质,而且也是物权区别于债权的重要标志。如果说,直接支配性揭示了人控制物的事实上的关系,那么,排他性则揭示了物权本身所具有的、围绕人对物的支配而发生的人与人之间的社会关系,因为任何物权都是社会中的物权,都是相对于他人而言的,只有对物的支配性,没有排他性,这种支配性充其量只是人对物的事实上的占有,[6]只有将支配性与排他性二者结合起来,才能准确地把握物权的实质。

二、物权法的概念、特征与基本原则

(一)物权法的概念

物权法,作为民法财产法的组成部分,按照我国《民法典》第205条的规定,是指调整因物的归属和利用而产生的民事关系的法律规范的总称。物权法的概念有广义与狭义之分,广义的物权法,又称财产法,是指调整因物的归属和利用而产生的一切财产法律关系的法律规范的总称,亦即关于人对于财产支配关系的全部法律规范。民法上的财产概念所涵盖的范围十分广泛,除有体物或有形财产(动产和不动产)外,还包括知识产权、债权、商业名称、商业秘密等无体财产或无形财产,物权法并没有将其全部纳入,而是原则上仅以有体物(动产与不动产)为客体,将基于有体物而发生的物权关系作为物权法的调整范围,例外的也对某些特殊的、以权利为客体的物权关系,如权利质权、建设用地使用权抵押权作出调整。对于无

---

[6] 梁慧星、陈华彬:《物权法》(第4版),法律出版社2007年版,第5页。

形财产则分别由知识产权法、债权法、商事特别法等法律作出规制。这说明,狭义的物权法,就是指有形财产法,具体是指调整因对有形财产的归属和利用而发生的民事关系的法律规范的总称。在我国颁布实施的《民法典》物权编中,就是指狭义的物权法。如《民法典》第 115 条规定:"物包括不动产和动产。法律规定权利作为物权客体的,依照其规定。"

(二)物权法的特征

物权法与作为财产交换和流转为内容的债权法相比,具有如下特征。

1. 强制性。物权法区别于债权法的首要特征,在于物权法规定的强制性,即物权法的规范大都属于强制性规定。[7] 这与债权法大多属于任意性规范不同,基于物权的排他性、公示性,物权法实行物权法定原则,有关物权的种类、内容,由法律作出强制性规定,不允许当事人任意创设。与之不同,债权法,尤其是合同法实行合同自愿原则,合同的种类、内容、形式等由当事人自由约定。物权法的强制性特点,是物权法与债权法的首要区别。

2. 民族性。物权法区别于债权法的第二个特点是物权法的固有法性或民族性,即世界各国的物权法因国家、民族、历史传统的差异而往往互不相同,这与各国的债权法往往大同小异正好形成对照。物权法由于受一个国家民族的经济、政治、文化历史传统的影响,往往带有一个国家、民族的浓厚的传统文化色彩。与之相比,伴随国际经济贸易的交往和一体化,作为财产交易规则的债权法,更多地体现了不同国家间的共性。[8]

3. 公共性。物权法区别于债权法的另一个特点是物权法的公共性。在现代民法中,作为物权法所调整的不动产,尤其是土地,是稀缺的不可再生的自然资源,对其的归属和利用,不仅涉及个人利益,而且也涉及国家的利益和社会公共利益,因此,在现代物权立法中,为了保护公共利益,对物权的利用给予一定的限制,体现了现代物权法的公共性。与之不同,债权法仅仅关注当事人双方的个人利益,即债权法具有私人性。公共性是物权法区别于债权法的另一个标志。

(三)物权法的基本原则

物权法的基本原则,是指贯穿于物权法始终并对物权法起统帅作用的根本性准则。物权法的基本原则包括物权法的社会政治原则与物权法的体系结构原则。物权法的社会政治原则,是指构成物权法社会政治基本价值基石的根本性准则。按照传统民法结合我国《民法典》第 206、207 条,《民法典》第 117 条的规定,物权法的社会政治原则包括国家基本经济制度原则、物权受法律平等保护原则以及物

〔7〕 郑玉波:《民法物权》,台北,三民书局 1955 年版,第 5 页。
〔8〕 梁慧星、陈华彬:《物权法》(第 4 版),法律出版社 2007 年版,第 25 页。

权的行使应当遵守法律与社会公德原则。

物权法的体系结构原则,是指作为物权法体系结构大厦基石的根本性准则,具体包括物权绝对原则、物权客体特定原则、物权种类法定原则、物权变动的公示公信原则以及分离原则。可以说,整个物权法体系大厦都是以物权法的体系结构原则为基石展开的,所以,物权法的体系结构原则在物权法中,具有举足轻重的重要意义。按照我国《民法典》第116、208条的规定,我国物权法规定的体系结构原则包括物权种类法定原则、物权变动的公示原则。鉴于物权法的社会政治原则已在我国宪法中作出了规定,这里着重介绍作为物权法体系结构原则内容的物权种类法定原则与物权变动的公示原则。

1. 物权法定原则

(1)物权法定原则的概念

物权法定原则,又称物权限定原则或物权法定主义,是指物权的种类、内容由法律明文作出规定,禁止当事人任意创设的原则。[9] 物权法定原则所说的"法",指全国人民代表大会及其常务委员会制定的基本法律,具体指《民法典》物权编以及与物权编相关的基本法律,行政法规、地方性法规不包括在内。

自罗马法以来,关于物权的创设,分别存在放任与限制两种不同的立法,放任的立法,是指物权的种类、内容任由当事人自由创设、法律不予限制的立法,采取这种立法的,仅为1794年的《普鲁士一般邦法》。限制的立法,是指物权的种类、内容只能由法律明文作出规定,禁止当事人任意创设的立法。现代各国物权法的立法,大都采用物权限制的立法。[10] 我国《民法典》物权编的立法也是如此,例如,我国《民法典》总则编第116条规定:"物权的种类和内容,由法律规定。"因此,当事人只能依照《民法典》以及其他法律的相关规定设定物权,不得自行确定与法律规定不一致的物权的种类和内容。

(2)物权法定原则的理由和意义

物权法之所以采取物权法定原则,其理由主要有如下几个方面:[11] 一是维护社会公益、保护人们的行为自由。与债权不同,物权是对世权,有极强的效力,可以对抗一般人,如允许当事人任意创设物权,就会增加不特定的人的义务和负担,进而限制了人们的自由,有害于社会公益。二是构建简明的物权体系,维护社会经济秩序。物权与社会经济具有密切的关系,如允许当事人任意创设物权,就会导致对所有权设置种种限制和负担,形成一种繁复混乱的财产秩序,势必影响对物的利

〔9〕 谢在全:《民法物权论》(上),中国政法大学出版社1999年版,第42页。

〔10〕 王泽鉴:《民法物权(1)通则·所有权》,中国政法大学出版社2001年版,第44页。

〔11〕 [德]曼弗雷德·沃尔夫:《物权法》,吴越、李大雪译,法律出版社2002年版,第14~15页;[德]鲍尔·施蒂尔纳:《德国物权法》(上册),张双根译,法律出版社2004年版,第7页。

用,所以,以法律明确规定物权的种类和内容,建立简明的物权类型化体系,有助于巩固社会基本经济制度、维护社会经济秩序。三是保护交易的安全与便捷。物权具有对世的效力,其权利的状况及变动应当力求透明,只有将物权的种类和内容法定化或固定化,一般的交易大众才能对物权的归属及权状一目了然,免除了买受人调查收集物权信息之苦。只有通过物权法定原则使物权类型化、法定化,财产秩序才能透明,交易的安全和效率才有保障。

物权法定原则具有现实意义:首先,物权法定原则对于明确区分物权与债权提供了依据。〔12〕 在我国大陆地区,由于长期没有物权法,致使人们在财产权利中,对哪些权利是物权、哪些权利是债权,缺乏一个明确的区分。物权法对物权法定原则的确认,并依据该原则对物权种类的规定,为法官、法律工作者和公众明确区分物权与债权,提供了依据。例如,在实践中,对某一种财产权利的性质,其到底是物权还是债权,如果没有物权法定原则,则需要按照物权与债权的性质或内容进行烦琐的判断,有了物权法定原则以后,按照该原则,凡是物权法明确规定某种财产权利为物权的,则其依法属于物权;相反,物权法没有规定该财产权利为物权的,则该财产权利按照债权处理。这样,物权法定原则客观上为明确区分物权与债权提供了依据。其次,物权法定原则为明确不动产物权登记公示的范围奠定了基础。按照物权法理论,物权是对世权,涉及不特定的世人的利益,因此,物权的享有和变动,必须向世人公开。而债权,作为相对特定的人之间的权利,与世人的利益无关,故无须向世人公开。所以,凡是物权法规定的物权及其变动,除法律另有规定者外,均需公示;而债权,即使是不动产租赁,也依法不需要依登记的方式对外公开。

(3)物权法定原则的内容

根据物权法定原则的概念可以看出,物权法定原则具有如下内容。

第一,物权种类法定。物权种类法定,又称物权的类型强制,是指物权的种类,除由法律明文规定者外,禁止当事人任意创设。近现代大陆法系各国民法,对于物权的具体类型都予以明文规定,如所有权、用益物权、担保物权的规定,除法定的物权种类外,当事人不得任意创设法律所不认可的新类型的物权,如我国《民法典》物权编没有规定不动产质权,也没有将不动产租赁权、优先权或者优先购买权规定为物权。所以,当事人不得创设不动产质权,也不能将不动产租赁权、优先权或者优先购买权约定为物权,否则,该约定无效。

第二,物权内容法定。物权内容法定,又称物权类型固定,是指物权的内容由法律明文作出规定,不允许当事人创设与法定内容不同的物权。近现代大陆法系各国的物权立法,不仅对哪些财产权为物权作出了强制性的类型规定,而且对每一

〔12〕 [德]沃尔夫冈·维甘德:《物权类型法定原则》,迟颖译,载张双根、田士永、王洪亮主编:《中德私法研究》(第2卷),北京大学出版社2007年版,第91页。

种类型的物权的具体内容也作出了强制性的规定，其目的在于防止当事人变相地创设物权的新类型。例如，在实务中，当事人约定转移标的物占有的抵押权或者不转移标的物占有的质权，表面上看，当事人没有创设物权的新类型，但实质上变相地创设了新的物权。所以，物权内容法定是物权种类法定的逻辑延伸。

2. 物权变动的公示原则

(1)公示原则的含义

公示原则，是指根据法律行为引起的物权变动，必须以法定的方式对外公开显示的原则。《民法典》第208条规定："不动产物权的设立、变更、转让和消灭，应当依照法律规定登记。动产物权的设立和转让，应当依照法律规定交付。"公示原则作为物权法体系结构原则之一，在物权法上占据十分重要的地位。

(2)公示原则的理由

物权制度之所以奉行公示原则，原因有两个方面：其一，有利于保护物权人对物权的享有，维护社会静态的财产占有秩序。物权为对世权，具有绝对性与排他性，其义务主体是权利人之外的社会公众。因此，物权的享有和变动，只有向社会公众公开、透明，才能使社会公众知道物权变动的事实、知道谁拥有物权、应当向谁负担不作为的义务、发生侵害后应当向谁承担侵权责任，这样，就杜绝了他人对财产的随意抢夺，保护了物权人的物权，客观上维护了静态的财产秩序。其二，有利于提高交易的效率、保护交易的安全。根据物权公示原则，物权的变动，物权人必须以法定的、可以从外部识别的方法，将物权的权状及变动对外公开显示，只有这样，第三人才可以从外部认识物权的存在及现状，进而使物权法律关系得以透明，不仅免除了买受人调查物权权状的费用和麻烦，降低了交易成本，提高了交易效率，而且也防止了在物权交易过程中的欺诈行为，保护了交易的安全。可见，公示原则不仅有利于维护静态的财产秩序，同时也有利于保护第三人的利益，以免第三人因受让有权利瑕疵的财产而受损失。

(3)物权变动的公示方法

按照我国《民法典》的规定，物权的公示方法，因不动产物权或动产物权的不同而有所区别。不动产物权以登记为公示方法，一般动产物权以占有或交付为公示方法，特殊动产物权（如以交通工具为标的物的物权或动产抵押权）则以登记为公示方法。[13]

(4)物权变动公示的效力

物权变动公示的效力，即公示力，亦即物权变动公示所依法发生的法律后果。关于物权公示的效力，各国立法由于认识的不同，从而形成三种不同的立法体例。第一种立法体例为公示对抗要件主义的立法。这种立法规定，当事人之间的合同

〔13〕梁慧星、陈华彬：《物权法》（第4版），法律出版社2007年版，第90页。

或者法律行为是引起物权变动的唯一根据和要件,物权变动的公示只是对抗第三人的要件。没有公示不能对抗第三人。第二种立法体例为公示生效要件主义的立法。这种立法规定,物权的变动,除当事人之间存有变动物权的法律行为或意思表示之外,还必须当事人履行公示手续,公示不仅是物权变动的生效要件,而且也是物权变动的公示方法,或者是物权法律行为的成立或生效要件,仅有意思表示而没有进行公示,依法不发生物权变动的效力。第三种立法体例为折中主义的立法。这种立法实际上是上述两种立法例的折中,但往往有所偏重,或者以生效要件主义为原则、以对抗主义为例外;或者以对抗主义为原则、以生效要件主义为例外。

我国《民法典》所采取的立法体例是,以公示生效要件主义为原则、以公示对抗要件主义为例外的折中主义立法。

第二节　物权的种类与分类

物权是支配和排他相结合的财产权利,是关于各类物权的一般性概念,然而,物权在具体形态上表现为哪些种类和分类?近现代大陆法系各国民法从不同的角度按照不同的标准,对物权进行分类,分类的目的,在于准确地了解不同物权的性质与内容。

一、物权的种类

物权的种类,是指在物权法立法上,依据物权法定原则所规定的物权类型。按照我国《民法典》的规定,我国物权的种类包括如下内容:(1)所有权。具体包括:国家所有权、集体所有权、私人所有权以及其他主体的所有权(如宗教团体所有权、慈善团体所有权、法人所有权和业主的建筑物区分所有权等)。(2)用益物权。具体包括:土地承包经营权、建设用地使用权、宅基地使用权、居住权、地役权。(3)担保物权。具体包括:抵押权、质权和留置权。(4)类物权(占有)。

除此之外,按照《民法典》第328、329条的规定,物权法以外的、与物权法相关的其他法律如《矿产资源法》《水资源法》《森林法》《草原法》等法律所规定的海域使用权、探矿权、采矿权、取水权等准物权,也是我国民法典规定的物权类型。

二、物权的分类

物权的分类,是指在学理上对物权所作的类型划分。在物权法理论上,依据不同的标准,可以对物权作不同的分类,其分类主要有以下几种。

1. 所有权与他物权

按照物的归属和支配范围的不同,可将物权划分为所有权与他物权。

所有权,又称自物权或完全物权,是指所有人对自己的物进行全面支配的物权。所谓自物权,是指所有人对自己的物所享有的权利。所谓完全物权,是指所有人对所有物所享有的全面支配的权利。这种全面支配,从利益上来看,不仅包括对物的归属利益的支配,而且也包括对物的使用价值的利益和交换价值的利益,亦即物的全部利益的支配。从支配的权能或表现形式来看,所有人对所有物的支配囊括了对物的占有、使用、收益和处分的全部权能。因此,所有权首先是一种自物权,恰好是这种自物权,决定了所有人在不违反法律规定的条件下,对自己的物的支配表现为一种全面的支配。

他物权,又称限制物权或定限物权,是指非所有人依法对他人的物所享有的在一定限度内为一定范围支配的权利。他物权一般是在他人之物上设定,因此,他物权的性质,决定了他物权人对标的物的支配是不完全或者是受限制的,或者表现为对标的物的使用价值的支配,或者表现为对标的物的交换价值的支配,正因为他物权人在一定范围内对标的物予以支配的特点,传统民法又把他物权称为限制物权。他物权本身所具有的支配特点,是他物权与所有权的重要区别。当然,限制物权中的"限制"一词,在现代民法上,具有双重含义,除了表明限制物权人对物的支配受限制外,还包含限制物权作为所有权的负担,在其存续期间,对所有权的效力具有限制作用。

二者区别主要在于:第一,这两类物权的归属和支配范围不同。所有权为自物权或全面支配权,限制物权仅为他物权和一定限度内的支配权。第二,限制物权作为所有权的负担,对所有权有限制作用,其效力优先于所有权。例如,国家作为土地所有权人在国有土地上为有关单位或个人设定了建设用地使用权后,在建设用地使用权存续期间,土地所有人的所有权受到限制。

2. 用益物权与担保物权

在他物权中,按照权利人对他人物的支配内容的不同,可将他物权划分为用益物权与担保物权。

用益物权,是指对他人的物以使用、收益为内容的物权。由于用益物权表现为对他人的物的使用价值的利用,所以,用益物权又称使用价值物权。在我国《民法典》物权编中,土地承包经营权、建设用地使用权、宅基地使用权、居住权和地役权被规定为用益物权。

担保物权,是指以他人物的交换价值担保债权实现为内容的物权。因担保物权是对担保物交换价值的支配,并通过对标的物的变价才能实现的权利,所以,担保物权属于价值权,为价值物权。在我国《民法典》中,抵押权、质权、留置权被规定为担保物权。[14]

二者的区别在于:第一,二者的目的不同。设立用益物权的目的在于取得物的使用价值,而设立担保物权的目的在于取得物的交换价值。第二,二者的客体不同。用益物权的客体原则上为不动产,通常情况下,在动产上没有必要设定用益物权。因为动产的价值较小且国家一般对其流通不加限制,需要使用动产的人往往通过购买,取得该动产的所有权而加以利用,没有必要在他人动产上设立一个期限很长的用益物权。以动产为客体的用益物权,只是生产力不发达条件下西方国家时代的产物。而担保物权的标的物可为动产,也可为不动产,还可以是权利。第三,二者是否为独立权利要求不同,用益物权,除地役权外,均为主物权,而担保物权则表现为从物权。

3. 不动产物权、动产物权与权利物权

按照物权客体的不同,可将物权分为不动产物权、动产物权与权利物权。

不动产物权,是指以不动产为客体的物权。如不动产所有权、建设用地使用权、土地承包经营权、地役权、宅基地使用权、居住权、不动产抵押权等,都属于不动产物权。

动产物权,是指以动产为客体的物权。凡动产上存在的物权,如动产所有权、动产抵押权、动产质权、留置权等都为动产物权。

权利物权,是指以权利为客体的物权。如以建设用地使用权为客体的抵押权、权利质权等。

不动产物权与动产物权的区别主要在于,二者的变动要件、公示方式和法律的限制不同。动产物权原则上以占有为公示方式,不动产物权以登记为公示方式;权利物权一般采取登记或者其他的特殊公示方式。较之于动产物权和权利物权,法律对不动产物权有较多的限制。

4. 主物权与从物权

按照物权能否独立存在,可将物权区分为主物权与从物权。

主物权又称独立物权,是指不以其他权利的存在为前提而能够独立存在的物权。如所有权、建设用地使用权、土地承包经营权、宅基地使用权等都为主物权。

从物权,是指以其他权利的存在为前提而不能独立存在的权利。在物权法体系中,用益物权中的地役权为从物权,其以需役地的存在为前提;作为担保物权具体类型的抵押权、质权和留置权均为从物权,其以所担保的主债权的存在为存在前提。

主物权与从物权的区别在于,主物权可以独立存在并转让,而从物权只能依主权利的存在而存在,并随主权利的转让、消灭而转让、消灭。

---

〔14〕 郭明瑞主编:《民法学》,北京大学出版社2001年版,第176页。

5. 有期限的物权和无期限的物权

以物权的存续是否有期限的限制为标准,可将物权分为有期限的物权和无期限的物权。

有期限的物权,是指仅能在一定期限内存续的物权。以约定方式设定的限制物权,除当事人另有约定或者法律另有规定外,一般为有期物权。

无期限的物权,是指物权的存续没有期限限制的物权。所有权为永久存续的权利,属于无期限的物权。

有期限的物权与无期限的物权的区别主要在于,有期限的物权因其存续期间届满而消灭,而无期限的物权除了抛弃、标的物灭失或其他法定原因外永存不灭。

6. 普通物权与特别物权

按照物权所依据的法律规范的不同,可将物权分为普通物权与特别物权。

普通物权是指由《民法典》物权编所规定的物权。

特别物权,又称准物权,是指由特别法规定的物权。例如,《矿产资源法》中规定的采矿权及探矿权、《渔业法》中规定的渔业权(包括水产养殖权和捕捞权)、《野生动物保护法》中规定的狩猎权、《海域法》中规定的海域使用权等,都属于特别物权。

普通物权与特别物权的区别在于,二者取得的程序、国家干预的程度以及法律适用顺序不同。与普通物权相比,特别物权依特别法规定的特许程序而取得;特别物权的行使通常受较强的行政干预;特别物权往往优先适用特别法的规定,只有在特别法没有规定时才准用物权法的规定。

7. 本权与占有

以对物的支配有无物权的实质内容为标准,可将对物的支配分为本权与占有。占有,是指支配物的事实。与占有相对应,本权则是指支配物的权利,如所有权、用益物权、担保物权以及租赁权等。

二者的区别在于:二者性质不同;对二者适用的法律规则不同;二者的保护方法不同。

第三节　物权的效力

一、物权的效力概述

物权的效力,是指法律赋予物权的强制性作用力。[15] 物权的效力是物权的支

〔15〕 张俊浩主编:《民法学原理》,中国政法大学出版社1997年版,第360页。

配性与排他性相互作用的结果和外在的表现形式。

物权的效力又可分为一般效力和特殊效力。物权的一般效力是指各种物权所共同具有的效力,而物权的特殊效力则是每种具体物权所特有的效力。关于物权的特殊效力,通常在具体的物权中加以论述。在物权总论中所规定的物权效力,是指物权的一般效力。

在近现代民法上,由于物权法没有明确规定物权具有哪些效力,因此,关于物权一般效力的内容,在理论界形成了不同的认识,[16]概言之,主要有如下观点:即二效力说、三效力说、四效力说等不同的主张。通说认为,物权的一般效力包括排他效力、优先效力、追及效力和物权请求权效力。

二、物权的排他效力

(一)物权排他效力的含义

物权的排他效力,是指在同一物上,不能同时并存两个或两个以上性质不相容的物权的效力,亦即在同一物上,已存在的物权具有排斥在该物之上再行成立的、与其性质不相容的物权的效力。

物权的排他效力与物权的排他性是两个不同的概念。物权的排他性是物权的本质特性,而物权的排他效力是物权排他性的具体表现,二者处于不同的位阶;不仅物权的排他效力是物权排他性的表现,而且物权的优先效力、追及效力和物权请求权效力,同样也是物权排他性的表现,上述四效力共同全面地表现物权的排他性。如果将物权排他效力与物权的排他性直接等同,就会导致逻辑上的混乱。

(二)物权排他效力的内容

物权排他效力的具体内容如下。

1. 一物之上不能同时并存两个或两个以上所有权,或者所有人在自己的所有物上不能再行设立所有权。物权效力的这个规则,又被称为“一物一权原则”,这是自罗马法以来所形成的一个定律。在“一物一权原则”中,所谓“权”,具体指所有权,所谓“物”具体指特定、独立和有体物。因此,一物一权原则的具体内容又可表述为:在一个特定物上,只能存在一个所有权,反过来讲,一个所有权的客体,只能是一个特定、独立和有体的物,故而,一物一权原则又称物权客体特定原则。近现代民法之所以奉行一物一权原则,正如罗马法法谚所言:“所有权及于物的全部,不能同属二人。”质言之,所有权是对物的全面支配的权利,其效力及于物的全部,如果在一物之上存在两个以上所有权,势必发生冲突。因此,只要一物之上已有一个所有权存在,就没有其他所有权存在的可能。实践中,共同所有、区分所有

---

〔16〕　梁慧星、陈华彬:《物权法》(第4版),法律出版社2007年版,第55页。

与企业财产的所谓“双重所有权”与一物一权原则并不矛盾，不能以前述现象简单否定一物一权原则存在的普遍必然性。

2. 所有人在同一所有物上不能同时为他人分别设定两个或两个以上以独占为内容的用益物权，但地役权除外。以对物的使用价值的独占和利用为内容的用益物权，如建设用地使用权、承包经营权、宅基地使用权、居住权，由于其本身具有排他的独占性，因此，这些物权虽然可与所有权并存于一物之上，也可以与不以独占为内容的抵押权并存，但所有人在同一所有物上不能同时为他人分别设定两个以上以独占为内容的用益物权。例如，所有人在其所有的一幅土地上已经为甲设定了一个建设用地使用权或者一个承包经营权，则不能在同一块土地上同时再为乙设定建设用地使用权或者承包经营权。但是，地役权作为从物权，不具有排他的独占性，故所有权人可以在同一所有物上，为他人分别设立两个以上地役权，如汲水地役权，此即所谓的“重复地役权”，“重复地役权”现象，是物权排他效力的一个例外。

3. 所有人在同一所有物上不能同时为他人设定两个以上以占有为内容的担保物权，但抵押权除外。以占有为内容的担保物权包括质权和留置权，由于它们具有排他的独占性，所以，所有人在同一所有物上，不能同时为他人分别设定两个以上质权，否则就会发生冲突。但是，抵押权是从物权，不具有独占性，因此，所有权人可以在同一所有物（在我国法律上为房屋所有权）上为他人设立两个以上抵押权，此即所谓的“重复抵押权”。重复抵押权，是物权排他效力的例外。

（三）物权排他效力的例外

按照物权的排他效力，同一物上不能同时并存两个以上性质不相容的物权，但是，如果两个物权性质相容，那么，在同一物上则可以同时并存，这就是物权排他效力的例外。物权排他效力的例外包括如下内容。

1. 从所有权的角度来看，所有权人在同一所有物上可以为他人设定作为物上负担的用益物权与担保物权（抵押权），亦即在同一物之上，所有权与用益物权、抵押权可以同时并存。所有权作为完全物权，所有权人有权在所有物上设定物上负担即他物权，在所有权的物上负担存续期间，所有权由于受到负担的限制成为观念上的权利，作为观念上的归属权，所有权与作为其负担的用益物权和担保物权在性质上可以相容，所以，二者可以在同一物上同时并存。例如，所有权人在其所有的同一块土地上，可以先为他人设定用益物权，与此同时，也可以在同一块土地所有权上再行为他人设立抵押权，或者，所有权人在其所有的同一块土地上，可以先为他人设定担保物权（抵押权），与此同时，也可以在同一块土地所有权上再行为他人设立用益物权。但是，在我国大陆，由于实行土地公有制，土地所有权仅仅是一个观念上的权利，其不能进入交易市场、不能流通和抵押，所以，按照我国《民法典》的规定,土地所有权人,只能在其所有的土地上为他人设立用益物权,而不能设定抵押权。

2. 从用益物权的角度来看,用益物权人在用益物权存续期间,可以在用益物权的客体上同时为他人设定数个地役权或抵押权。亦即用益物权可以与数个地役权、抵押权在同一物上并存,但役权(包括地役权以及作为人役权之一的居住权)除外。用益物权由于是独立物权,以独占为内容,所以,在同一所有物上,相同内容的用益物权一般无法同时并存。但是,用益物权人在用益物权存续期间,可以依法在用益物权的客体上,为他人设立数个抵押权或者地役权,在抵押权、地役权存续期间,用益物权与作为其物上负担的抵押权、地役权可以在同一物上并存。如我国大陆民法上规定的建设用地使用权的抵押权的设定、建设用地使用权和土地承包经营权之上地役权的设定。这是因为在我国物权法上,由于土地所有权只是一个观念上的权利,替代发挥土地所有权功能的是土地使用权,因此我国《民法典》规定,建设用地使用权可以抵押、建设用地使用权和土地承包经营权之上可以设定地役权。上述情形说明,用益物权与其物上负担在同一物上可以并存。但是,役权是一个从权利,不以独占为前提,所以,地役权人、居住权人不得以地役权、居住权作为客体,为他人设定与其地役权、居住权内容相同或不同的物上负担。

3. 从担保物权的角度来看,质权人在质权存续期间,有权以原质物再向他人出质,以设立转质权,亦即在同一物上,可以同时并存两个以占有为内容的担保物权(质权);换言之,在以占有为内容的担保物权之上,可以设定与其类型相同的物上负担且担保物权与其类型相同的物上负担在同一物上可以并存,但抵押权除外。原则上,无论是否以占有为内容,担保物权作为一种从权利,不具有独立性,担保物权人均不得在其担保物上再行为他人设立他物权,但是,近现代民法,基于发挥物的效用的考虑,允许以占有为内容的担保物权人,在其占有的、作为担保物权的客体之上,再行为他人设定与其担保物权同内容的物上负担,在这种情况之下,以占有为内容的担保物权与其物上负担可以在同一物上并存,如"转质权"的设定。但是,抵押权作为从权利,不以占有为前提,按照近现代民法的规定,抵押权人在抵押权之上,不得再行为他人设定抵押权或其他物上负担。

三、物权的优先效力

(一)物权优先效力的含义

物权的优先效力又称物权的优先权,是指一物之上同时存在数个物权,或者一物同时作为物权和债权的标的时,其中,在先的物权优先于在后的物权、物权优先于债权的效力。关于物权优先效力的范围,学者中有不同观点。通说认为,物权的优先效力表现在两个方面:一是物权相互间的效力;二是物权优先于债权的效力。

（二）物权优先效力的内容

1. 物权相互间的优先效力

（1）物权相互间优先效力的含义

物权相互间的优先效力，是指在同一物上同时存在两个或两个以上物权时，先成立的物权具有优先于后成立物权的效力。物权相互之间的优先效力，实际上是针对物权排他效力的例外而言的，因为按照物权的排他效力，一物之上只能存在一个所有权或一个物权，在这种情形下，根本谈不上物权相互间的所谓优先问题。

（2）物权相互间优先效力的内容

物权相互之间优先效力的内容主要表现在如下几个方面：其一，在先的物权优先享受其权利，即先成立的物权优先于后成立的物权而得到实现。例如，在同一物上成立多个登记的抵押权或地役权时，先成立的抵押权或地役权优先于后成立的抵押权或地役权实现其权利。其二，在先的物权压倒后成立的物权，即后成立的物权如果危及先成立的物权时，后成立的物权将因先成立的物权的实行而被排斥或消灭。

（3）物权相互间优先效力的例外

以物权的成立时间先后确定物权的优先效力只是一般原则，这一原则也存在例外。这种例外主要有两种情形：其一，限制物权优先于所有权。限制物权作为所有权的负担，在一定范围内对所有权有限制作用，因此，在同一物上，同时并存一个所有权和几个限制物权时，所有权的存在虽然时间在先，但限制物权具有优先于所有权的效力。将这个规则按照逻辑予以扩展，就会顺理成章地得出一个结论：基础物权之上的物上负担优先于基础物权。其二，法定物权优先于意定物权。〔17〕例如，按照《民法典》第456条的规定，同一动产上已设立抵押权或者质权，该动产又被留置的，留置权人优先受偿。由此可见，留置权（法定物权）优先于登记的抵押权、质权（意定物权）。

2. 物权优先债权的效力

（1）物权优先债权效力的含义

物权优先债权的效力，是指在一物同时作为债权与物权的标的时，无论物权成立在先还是在后，物权均具有优先于债权的效力。物权优先债权的效力，是由物权是直接支配权、债权为请求权的权利性质决定的。

（2）物权优先债权效力的内容

从物权所优先的债权的类型观察，物权优先债权的效力，具有如下内容：其一，物权优先于普通债权，如在一物二卖时，如果后买的一方已经取得标的物的所有权

---

〔17〕　谢在全：《民法物权论》（上），中国政法大学出版社1999年版，第36页。

时,则先买的一方不能要求后买的一方向自己返还原物,而只能向出卖人请求赔偿,因为后买的一方已经是物权人,先买的一方是债权人,按照物权优先于债权的效力,后买一方取得的标的物所有权优先于先买一方的普通债权;其二,物权优先于破产债权,如在债务人破产时,在债务人财产上设定担保物权的权利人,对作为担保物权客体的财产,享有别除权,有权就该财产的变价,优先于其他破产债权人受偿;其三,物权优先于强制执行的债权,在担保物权的客体作为其他普通债权强制执行的标的时,担保物权人有权优先于强制执行债权的债权人受偿。

(3)物权优先债权的例外

物权优先债权的效力也存在例外。其例外主要表现为:一是买卖不破租赁规则。我国《民法典》第725条规定:“租赁物在承租人按照租赁合同占有期间发生所有权变动的,不影响租赁合同的效力。”按照上述法律规定,在租赁关系中,出租人将租赁物出卖给受让人时,受让人虽取得租赁物的所有权,但不能以该所有权对抗占有租赁物的承租人之租赁权。换言之,承租人的租赁权虽为债权,但具有优先于受让人的所有权的效力。此即所谓的“买卖不破租赁规则”。二是具有优先效力的特殊债权优先于物权。如按照《海商法》的规定,船员工资请求权(船舶优先权)优先于船舶留置权或船舶抵押权。

四、物权的追及效力

(一)物权追及效力的含义

物权的追及效力又称物权的追及权,是指物权的客体无论辗转落入何人之手,物权人都有权追及该物并行使权利的效力。物权的优先效力,是自罗马法以来所形成的物权的效力,如罗马法法谚指出:“发现我物,我可追及。”关于物权的追及效力是否为物权的一项独立效力,学界众说纷纭,笔者认为,物权的追及效力与物权的其他效力一同构成了物权的一般效力。物权的追及效力,与物权的优先效力、返还原物请求权效力在前提条件、内容以及目的等方面具有明显的不同,不能将之混为一谈,进而以其中之一取代物权的追及效力。

(二)物权追及效力的内容

物权的追及效力由物权的支配性和排他性所决定。由于物权具有追及效力,因此,在标的物被移转时,物权的权利人虽然不能向第三人请求返还对原物的占有,但却有权直接基于物权的追及效力追及该物而行使权利,从而可以充分保障物权人的权利得以实现。例如,在抵押权存续期间,抵押人将抵押物的所有权转让给第三人,在抵押权实现时,抵押权人基于其登记的抵押权,可以追及至抵押物而行使权利,而无论所有人与第三人之间的转让行为是否有效。再如,在登记公示的地役权存续期间,供役地的承包经营权人将供役地的承包经营权转让给第三人时,地役权人有权基于其登记的地役权,追及该土地并行使地役权。

物权追及效力的前提是:物权的标的物辗转落入他人之手、被他人占有,这里的占有,既可能是合法占有,也可能是非法占有,这与物权优先效力的前提是一物之上必须合法存在数个物权不同,也与返还原物请求权的前提必须是物权的客体被他人无权占有不同。

物权追及效力的内容和目的是:物权人追及该物的所在,并行使物权的权利,而非请求他人返还对物的占有。而物权的优先效力的内容和目的,是确定一物之上存在的数个物权之间效力的先后顺序;返还原物请求权效力的内容和目的,则是向不法占有人请求返还对物的占有。

物权追及效力适用的对象或物权类型是:不以独占为内容的物权,如抵押权,由于抵押权不具有占有权能,所以,物权的标的物无论被他人合法占有还是非法占有,抵押权人均无权要求占有人向自己返还对该物的占有,而只能依法追及该物行使抵押权的权利。

(三)物权追及效力的例外

在近现代民法立法上,为了保护交易安全,维护社会经济秩序,对物权的追及效力给予一定的限制。对物权追及效力的限制包括如下情形:一是在意思主义物权变动立法模式下,没有登记公示的动产抵押权、地役权依法没有追及效力。当动产抵押权或者地役权没有登记公示,在动产抵押权、地役权的客体辗转落入第三人之手时,由于动产抵押权、地役权没有公示、依法不能对抗第三人,所以,没有登记的动产抵押权、地役权人依法不能向第三人追及该物并行使物权。二是抵押权、地役权对于在同一物上先行登记设立的物权,不具有追及效力。三是动产所有权依法被第三人善意取得且第三人在受让该动产时不知动产抵押权存在时,动产抵押权的追及效力被中断,善意第三人可依《民法典》第 311 条的规定取得没有抵押权负担的动产所有权。

五、物权请求权效力

(一)物权请求权的含义

物权请求权,是指物权人的物权在受到不法妨害或不法妨害的可能时,物权人为了恢复其对物的圆满的支配状态为目的,而向不法妨害人发出的请求权。

物权作为权利人直接支配标的物的权利,为支配权,但是,仅有对物的直接支配性没有排他性,权利人的权利根本无法得到实现,因此,为保障权利人对标的物的支配,以排除他人的非法干涉或妨害,确保物权人对物的圆满支配状态,法律赋予物权人物权请求权的效力。可见,物权请求权效力是以物权的存在为基础,以物权受到非法妨害为前提,以排除对物权的妨害为手段,以恢复物权人对物的圆满的支配状态为目的的请求权,是物权支配性与排他性的具体体现。

(二)物权请求权的内容

从传统民法的规定来看,物权请求权一般包括返还原物请求权、排除妨害请求权和预防妨害请求权三项内容。返还原物请求权,是指物权人的物被他人非法占有时,权利人基于物权人的地位,依法请求不法占有人返还原物的权利;排除妨害请求权,是指物权人的物权受到他人不法妨害时,权利人基于物权人的地位,依法向不法妨害人发出的请求排除妨害的权利;预防妨害请求权,又称消除危险请求权,是指物权人的物权在有受到妨害的可能时,权利人基于物权人的地位,依法请求防止妨害发生的权利。我国《民法典》在第一分编第三章物权的保护中,通过两个条文,即《民法典》第235、236条对返还原物请求权、恢复原状请求权、消除危险请求权作了明确的规定,这说明在我国《民法典》中已经建立了完整的物权请求权制度。

关于物权请求权的内容,将在物权的保护中予以论述,这里不再赘述。

第四节　物权的变动及其根据

一、物权变动概述

(一)物权变动的概念

物权变动,又称"物权的设立、变更、转让和消灭",是指物权法律关系的发生、变更和终止。就权利主体方面而言,物权的变动是指物权人权利的取得、变更和丧失。因此,物权的变动包括物权的发生、变更与消灭三种形态。

(二)物权变动的形态

1. 物权的发生

物权的发生是指物权与特定主体的结合。从物权主体方面看,物权的发生实际上是特定主体对特定物权的取得。物权的取得包括原始取得与继受取得两种。

物权的原始取得,是指权利人不以他人的物权及意思为前提,而是直接依据法律的规定取得物权的取得方式。在现实生活中,通过原始取得方式取得物权的情形是,根据生产、孳息、没收、征收、先占等事实行为对特定物权的取得。由于原始取得不以前手的权利为依据,而是直接根据法律的规定取得物权,因此,原始取得人一经依法取得该物的所有权,该物上原有的一切负担均因原始取得而归于消灭。

物权的继受取得,又称物权的传来取得,是指物权人以他人的物权及意思为前提而取得物权的取得方式。继受取得又可分为创设的继受取得与移转的继受取得。创设的继受取得，是指在所有物上为他人创设用益物权与担保物权的方式。例如，土地管理部门代表国家在国家所有的土地上为有关单位或个人设定建设用地使用权，有关单位或个人即因建设用地使用权的创设而取得该他物权。由于创设的继受取得，实际上是在他人所有物上设定的他物权，因此，只有限制物权（用益物权、担保物权）可以通过创设的继受取得而取得，所有权不能通过创设而取得。〔18〕 移转的继受取得，是指就他人的物权依原状移转而取得的方式。例如，通过买卖、赠与、互易而取得某物的所有权即属于移转的继受取得。

2. 物权的变更

物权的变更有广义与狭义之分。广义的物权变更包括物权的主体、内容和客体的变更，而狭义的物权变更，仅指物权内容与客体的变更。由于物权主体的变更，实际上是关于物权的取得与丧失，所以，在物权法上，一般所谓的变更，仅指狭义的物权变更，即物权客体与内容的变更。物权的客体变更，是指物权的标的物在数量上的增加或减少。例如，物权的标的物因添附而增加或抵押权的客体因部分损毁而减少，均为物权客体的变更；物权内容的变更，是指物权权利内容的扩张或缩减、期限的延长或缩短。例如，土地使用权期限的延长，抵押权顺序的变更等，都为物权内容的变更。〔19〕

3. 物权的消灭

物权的消灭，是指因物权与主体相分离而导致主体对物权的丧失。物权的消灭分为绝对消灭与相对消灭。物权的绝对消灭，是指不仅原权利人的物权消灭，并且其他人也不能取得该物权。例如，物权标的物的灭失，不仅原物权人的权利消灭，而且其他人也不能再取得该物权。物权的相对消灭是指物权虽与原权利主体分离，但又与新的主体结合。物权的相对消灭，从原权利人来说，为物权的消灭；从权利取得人来说，为物权的取得。《民法典》所称的物权消灭，通常指物权的绝对消灭。

二、物权变动的根据

就法律关系的角度而言，物权的变动，即物权法律关系的变动。按照传统民法理论，任何法律关系包括物权法律关系的变动都必须以一定的法律事实为根据，能够引起物权法律关系变动的法律事实就是物权变动的原因。从传统民法的规定来看，引起物权法律关系变动的原因多种多样，可以是法律行为，包括单方的法律行为与双方的法律行为，前者如物权的抛弃、遗赠等，后者如买卖、赠与、互易、地役权、抵押权等他物权的设定与变更行为等；也可以是法律行为以外的其他法律事

〔18〕 梁慧星、陈华彬：《物权法》（第4版），法律出版社2007年版，第66页。

〔19〕 郭明瑞主编：《民法学》，北京大学出版社2001年版，第188页。

实,包括事件与事实行为等,前者如添附,后者如生产、征收等。在市场经济条件下,民事法律行为(交易行为)是引起物权变动的最重要、最普遍的根据。基于法律行为(交易行为)引起的物权变动及其交易安全的保护,是市场经济条件下物权法调整的重点内容和规范的重心。我国《民法典》物权编第二章第一节、第二节分别对基于法律行为(交易行为)引起的不动产物权变动和动产物权变动的一般规则作出了确认,第三节对基于法律行为以外的其他事实,如法院、仲裁机构的法律文书、政府的征收决定、继承、受遗赠或合法建造等事实行为引起的物权变动的规则作出了特别性规定。

(一)引起物权变动效果的法律行为

大陆法系各国,由于历史传统、法律观念的不同,在关于物权变动的立法上存在差异。但其共同点是,都承认在依法律行为引起的物权变动中,法律行为是不可缺少的、至关重要的要素,这对于确保将物权的变动牢固地建立在当事人的自由意愿之上,为财产权的自由转让和市场经济的正常运行提供了坚实的法律依据。

但是,对于引起物权变动的法律行为的具体含义是什么,不同立法模式下则存在不同的规定。意思主义条件下(包括债权形式主义模式),由于把物权的变动,视为债权合同履行的当然效果,因而,意思主义立法模式将债权法律行为与物权法律行为不加区分、一体把握,不承认在债权法律行为(买卖合同等负担行为)之外,另行存在一个不同于债权行为的物权行为(处分行为),这种将债权行为与物权行为统一把握的立法,学界称为同一原则的立法。同一原则下引起物权变动的法律行为,是指债权行为与物权行为不加区分、统一把握的财产法律行为。

物权形式主义条件下,由于在体系结构上,存在绝对权与相对权、物权与债权的区分,所以,在法律行为统一概念之下,将法律行为按其效果意思、有效要件和法律后果的不同,又细分为物权行为(处分行为)与债权行为(负担行为)。按照物权形式主义的立法,债权行为(负担行为)只能在当事人之间发生债权债务关系的后果,而不能发生物权变动的后果。欲在当事人之间发生物权变动的法律效果,当事人必须在债权行为之外,另外成立一个以登记、交付为成立生效要件、以直接发生物权变动效果的物权意思表示为必备要素的物权法律行为(处分行为)。这种立法,学界称为分离原则或者区分原则。分离原则下引起物权变动的法律行为,专指物权法律行为。

通说认为,我国的物权立法,由于在立法上奉行的是以债权形式主义为原则、以意思主义为例外的立法模式,所以,在我国物权法上,作为物权变动根据之一的法律行为,是同一原则下的、一体把握的法律行为。易言之,我国现行物权立法,不承认在债权法律行为之外另行存在一个物权法律行为(处分行为)。

鉴于财产法律行为,在合同法、债法和法律行为制度中已有论述。这里不再赘述。

（二）引起物权变动效果的其他法律事实

能够引起物权变动后果的其他法律事实包括事件与事实行为，前者如添附、孳息，后者如生产、建造、先占、遗失物拾得等。按照《民法典》物权编第 229～231 条的规定，因人民法院、仲裁委员会的法律文书或人民政府的征收决定，继承、合法建造、拆除房屋等事实行为引起物权变动的，自具备《民法典》物权编规定的法定条件时发生物权变动效果。但在处分该物权时，依法需要办理登记的，未经登记，不发生物权效力。这里所谓的法律文书，按照《物权法解释（一）》第 7 条的规定，人民法院、仲裁委员会在分割共有不动产或者动产等案件中作出并依法生效的改变原有物权关系的判决书、裁决书、调解书，以及人民法院在执行程序中作出的拍卖成交裁定书、以物抵债裁定书，应当认定为《民法典》第 229 条所称的导致物权设立、变更、转让或者消失的人民法院、仲裁委员会的法律文书。

第五节 物权变动的公示

根据法律行为（交易）引起的物权变动，往往涉及物权交易的安全，为了防止欺诈保护交易的秩序，现代物权法要求，根据法律行为引起的物权变动，应当依法公示，否则，不发生物权变动或者对抗的效力。按照我国物权法的规定，物权的公示方法，因不动产物权或动产物权的不同而有所区别。不动产物权、特殊动产物权的变动以登记为公示方法；一般动产物权的变动以占有或交付为公示方法。本节按照我国《民法典》物权编的规定，结合传统物权法理论，对根据法律行为引起的物权变动的公示方法与公示效力进行介绍。

一、不动产物权变动的公示：登记

（一）不动产物权变动登记的含义

不动产物权变动登记，是指不动产登记机关经权利人的申请、依法定的条件和程序将不动产物权变动的事实记载于不动产登记簿册的行为。[20] 依我国法律规定，不动产物权的变动，原则上以登记为生效要件。例如，建设用地使用权的出让和转让，城市房地产的转让，居住权、不动产抵押权的设定，未办理登记手续的，不发生物权变动的效力。

---

〔20〕 孙宪忠：《中国物权法原理》，法律出版社 2004 年版，第 202 页。

(二)不动产物权变动登记的类型

在传统物权法上,按照不同的标准,将不动产物权变动登记划分为不同的类型,通过对物权变动登记的类型化,便于我们掌握不同登记的特点。

1. 实体权利的登记与程序权利的登记

实体权利的登记,是指对当事人所享有的实体物权的登记。程序权利的登记,又称顺位登记,是指对不动产物权在登记簿上所占据的依时间先后确定的顺序上的位置的登记。

2. 不动产所有权的登记与他项权利的登记

不动产所有权的登记,是指对不动产所有权所作的登记。他项权利的登记,是指对不动产所有权以外的其他不动产物权的登记。

3. 不动产物权的总登记与变动登记

不动产物权的总登记,又称初始登记或静态登记,是指对不动产物权在清查的基础上进行的全面登记。变动登记,又称动态登记,是指不动产物权因变动所作的登记。

4. 异议登记与更正登记

异议登记,按照《民法典》第220条的规定,是指将利害关系人对登记簿所记载的事项的真实性提出的异议所为的登记。[21] 不动产登记簿作为不动产物权归属与内容的根据,在不动产登记簿上记载的物权只是法律为稳定社会经济秩序所作的权利的正确推定,而非绝对肯定。在这种权利的正确性推定的含义中,必然包含登记簿记载的物权与真实物权存在不一致的可能性。真实的物权是权利人真正享有的物权,法律不但要予以承认和保护,而且在登记簿记载的物权与真实物权存在不一致时,应当许可真正物权人依据真正的权利状态对登记簿记载的错误事项进行更正。但是,更正登记必须有法律依据,在登记簿上记载的权利人不同意书面登记而导致的确权诉讼中,考虑到法院审理期限较长、举证有待时日,尤其是在法院确权诉讼审理期间,登记簿记载的权利人将不动产物权转让给善意第三人,有可能使在确权诉讼中胜诉的利害关系人依胜诉判决更正登记的目的落空,为保护可能胜诉的利害关系人的利益,法律有必要建立异议登记制度,作为对可能胜诉的利害关系人更正登记的一种临时性的保护措施。

更正登记,按照《民法典》第220条的规定,是指权利人、利害关系人认为不动产登记簿记载的事项有错误,按照法定的条件和程序向不动产登记机关申请予以更正的登记。按照《民法典》第216条的规定,不动产登记簿是不动产物权归属和内容的根据。不动产登记簿在不动产物权变动中所处的特殊地位,决定了不动产

---

〔21〕 孙宪忠:《中国物权法总论》,法律出版社2003年版,第239页。

登记簿一经记载则不能随意改动,若要更改则必须具备法定的条件和依据。更正登记应当具备的法定条件是:不动产物权变动的事项已经依法在不动产登记簿上进行了登记;权利人、利害关系人认为不动产登记簿记载的事项存有错误;权利人、利害关系人依照法定的条件和程序向登记机关提出更正登记的申请;申请人在申请更正登记时具备法定的依据。按照《民法典》第220条的规定,登记机关自行进行的更正登记或者登记簿记载的权利人申请的更正登记,经登记机关审查,有证据证明登记确有错误的,登记机关应当予以更正;由权利人以外的利害关系人提出更正登记时,由登记机关对不动产登记簿记载的权利人书面同意更正的材料予以审查,依法作出是否予以更正的决定。但是,如果不动产登记簿记载的权利人不同意更正登记时,登记机构往往对当事人之间的争议无法作实质判断,而是要求当事人提请法院解决纠纷,作出确权判决。在确权判决时,按照《物权法解释(一)》第2条的规定,当事人有证据证明不动产登记簿的记载与真实权利状态不符,应当认定其为该不动产物权的真实权利人,对其提出的享有物权的请求,应予支持。在人民法院依法作出生效判决后,登记机构再以法院生效的确权判决为依据做出更正登记。

更正登记与异议登记同样是保护真正权利人以及真正权利状态的法律措施。异议登记是在利害关系人与登记簿上记载的权利人于确权诉讼时或者确权诉讼之前作出的一种临时性保护措施,旨在阻止依法院生效之确权判决更正登记之前因第三人善意取得不动产物权致使真正权利人得不到有效保护的弊端,而更正登记是对现有登记的依法更改。所以,异议登记与利害关系人认为不动产登记簿记载的事项有错误的更正登记往往相互配合,通常情形,一般是先有利害关系人的异议登记,然后再由利害关系人依法定的条件与程序申请更正登记。

5. 本登记与预告登记

本登记,是指直接使当事人所期待的不动产物权变动发生效力的登记。预告登记,又称预登记、暂先登记或假登记,按照《民法典》第221条的规定,是指当事人订立买卖房屋或者其他不动产物权的协议,为保障将来实现物权,按照约定向登记机关所为的登记。简言之,预告登记即法律为保护一项旨在将来发生不动产物权变动的请求权而进行的登记。预告登记制度为德国民法所创立。在分期付款买卖或者附延缓条件、附始期的不动产物权买卖中,于买卖合同缔结后,因履行期尚未届满,或者当事人约定的条件未成就、期限未届满,买受人不可能在不动产登记簿中被登记为该物权的权利人,此时买受人除其债法上请求权之外,并无排斥第三人的权利。这种情况对买受人不利是显而易见的。为保全买受人将来确定地取得某项不动产物权,我国《民法典》物权编第221条规定,当事人按照约定可以将该请求权在不动产登记簿上进行预告登记。由于预告登记是将物权法的规则施加于债权法,给予属于债权法的请求权以排他的物权效力,故预告登记的性质属于物权法向债法的扩张。[22] 在物权法上,预告登记具有从属性、临时性和优先性等特点。所谓预告登记的从属性,是指预告登记的效力较之于买卖合同的效力具有从属性,即预告登记的效力以合同债权的有效存在为前提,当事人之间的债权消灭时,预告登记也依法随之消灭;按照我国《民法典》第221条第2款的规定,预告登记后,债权消灭或者自能够进行不动产登记之日起90日内未申请登记的,预告登记失效。这里所谓的"债权消灭",按照《物权法解释(一)》第5条的规定,买卖不动产物权的协议被认定无效、被撤销、被解除或者预告登记的权利人放弃债权的,应当认定为原《物权法》第20条第2款即《民法典》第221条第2款所称的"债权消灭"。所谓预告登记的临时性,是指相对于本登记而言,预告登记具有临时性。按照《民法典》第221条第2款的规定,预告登记后自能够进行不动产登记(本登记)之日起90日内未申请登记的,预告登记失效;所谓预告登记的优先性,是指经过预告登记的债权请求权较之于一般债权请求权具有优先性。按照我国《民法典》并结合传统民法物权法的规定,当事人订立买卖房屋或者其他不动产物权的协议,按照约定向登记机关办理了预告登记后,即依法发生保全效力。所谓预告登记的保全效力,是指预告登记后,未经预告登记的权利人同意,处分该不动产的,不发生物权效力。换言之,在我国物权法上,预告登记的保全效力是通过限制出卖人在预告登记后对不动产物权的处分而实现;按照《物权法解释(一)》第4条的规定,未经预告登记的权利人同意,转移不动产所有权,或者设定建设用地使用权、地役权、抵押权等其他物权的,应当按照《民法典》物权编的相关规定,认定其不发生物权效力。

(三)不动产物权变动登记的程序和效力

按照我国《民法典》的规定并结合我国的实际,不动产物权变动登记的程序主要包括申请和受理、审查、登记并颁发权属证书等环节。

根据我国物权法的规定,不动产物权变动登记的效力,表现为如下三个方面的内容:第一,登记的生效效力。如我国《民法典》第209条即把物权变动的登记作为物权变动的一般生效要件,不登记,不发生物权变动的效力。第二,登记的对抗效力。即把不动产物权的登记作为物权变动的对抗要件,不登记不影响物权变动的效力,只是不能对抗善意第三人。如我国《民法典》第225、335、341、374、403条把交通运输工具的变动登记、农村土地承包经营权登记、农村土地经营权流转登记、地役权登记以及动产抵押登记规定为对抗第三人的要件。第三,登记的处分效力。即把不动产物权登记作为物权人处分该物的处分要件。如我国《民法典》第232条即把因法律文书、征收、继承、建造等非因法律行为引起的物权变动的登记规定为物权人对该物的处分要件。

---

〔22〕 孙宪忠:《中国物权法原理》,法律出版社2004年版,第215页。

二、动产物权变动的公示:占有或交付

占有是指控制物的事实。交付,是指占有的现实转移。动产物权变动的公示方法,自古以来即为占有或交付。近代以来,虽然登记制度兴起,但由于动产的种类、交易形态的丰富性、复杂性,以及动产物权的价值在很大程度上取决于其流通性的特点,决定了动产物权变动的公示方法需要简便易行,因此,近现代民法规定,除了价值较大的动产外,一般动产物权的变动,仍以交付为公示方法,并把占有或交付作为一般动产物权变动的生效要件。如我国《民法典》第224条明确规定,"动产物权的设立和转让,自交付时发生效力,但是法律另有规定的除外"。对于特殊动产物权变动、动产抵押权、其他动产担保物权的设立,物权法明确将登记作为其公示方法,但登记仅仅是特殊动产物权变动的对抗要件而非生效要件。如《民法典》第225条规定,船舶、航空器和机动车等物权的设立、变更、转让和消灭,未经登记,不得对抗善意第三人。这样,《民法典》第225条规定的"不登记,不得对抗善意第三人"之规范含义如何理解,则成为疑问。

交付分为现实交付和观念交付。现实交付是指对动产占有的现实移转。观念交付是指动产占有在观念上的移转。近现代民法为了照顾特殊情形下交易的便捷、降低交易成本、节省交易时间和费用,法律许可在特殊情形下,以观念交付代替现实交付。观念交付主要包括以下三种情形:

一是简易交付。所谓简易交付,是指在交易标的物预先为买受人占有时,以双方当事人移转标的物所有权的合意代替该动产的现实交付。我国《民法典》第226条规定:"动产物权设立和转让前,权利人已经依法占有该动产的,物权自法律行为生效时发生效力。"例如,在现实生活中,甲将自己所有的电动自行车出借给乙并交付于乙占有,其后甲、乙约定,甲将该电动自行车卖与乙,按照物权法规定,乙不需要将该自行车返还给甲,再由甲交付给乙,自双方当事人买卖合同生效之日起,该电动自行车的所有权即移转于乙。

二是指示交付。所谓指示交付,是指在动产由第三人占有时,出让人将对于第三人的返还原物请求权转让给受让人,以代替现实的交付。我国《民法典》第227条规定:"动产物权设立和转让前,第三人依法占有该动产的,负有交付义务的人可以通过转让请求第三人返还原物的权利代替交付。"例如,甲将出借给乙的一辆摩托车卖给丙,依照通常的情形,甲应从乙处取回该摩托车再将其交付给丙。但是按照物权法的规定,甲只需将其对乙的摩托车返还请求权转移给丙,即可代替现实的交付。

三是占有改定。所谓占有改定,是指在动产转让时,出卖人与买受人另外约定,由出卖人继续占有标的物,进而使买受人由直接占有转为间接占有的方式。我国《民法典》第228条规定:"动产物权转让时,双方又约定由出让人继续占有该动

产的,物权自该约定生效时发生效力。”例如,甲将自己的摩托车卖给乙,本应立即交付,但是双方又约定,甲需要再使用一周才交给乙,按照物权法的规定,该摩托车所有权自双方约定生效时起即移转于乙。在此情形下,当事人即是以占有改定的方式代替摩托车的现实交付。

第六节　物权的保护

物权是物权人直接支配特定物、享受利益并排除他人干涉的财产权利。物权作为权利人生存和发展的必要的物质条件,是民法对人的生存和发展的正当利益在法律上的确认。作为一种法律上的权利,当物权的归属发生争议或者物权受到不法侵害时,法律自然应当对权利人的物权给予保护。所以,我国《民法典》物权编第一分编第三章以7个条文对物权的民法保护作了详尽的规定。

一、物权保护的概念和特征

(一)物权保护的概念

所谓物权的保护,是指当物权的归属发生争议或者物权受到非法侵害时,为了保护物权人对物的归属和支配,而由民法所规定的一系列救济方式、方法的总和。物权作为权利主体的一种基本权利,对之的保护属于整个法律的共同任务,而民法作为专门调整物权关系的普通法,更是将对物权的保护作为首要的职责,并通过不同层次的救济方法和手段,对权利人的物权给予了全面的保护。

(二)物权保护的特征

物权保护的概念以及民法对物权保护的方法表明,民法对物权的保护具有如下几个特征。

1. 物权的民法保护以物权的归属发生争议或者物权受到不法侵害为前提。民法对物权的保护或者救济,必须以权利人的物权归属发生了争议或者权利人的物权受到不法侵害为前提条件,权利人的物权发生争议或者受到侵害,为民法保护物权提供了契机和可能,此可谓是“有侵害才有保护或救济”,在物权归属没有发生争议或者物权没有受到不法侵害时,即使是国家,也应当对权利人物权的归属和利用给予充分的尊重,负有不作为的义务,没有合法正当的依据,不得进行任何形式的非法干预。

2. 物权的民法保护以恢复权利人对物的圆满支配或者对权利人的充分补偿为目的。当权利人的物权归属发生争议或者权利人的物权受到不法侵害时,权利人依法享有的对物的圆满支配状态将受到破坏,为了恢复权利人对物的圆满支配状态或者对权利人的损失给予合理补偿,民法为当事人提供了一系列救济措施和保护方法,其目的在于通过对受损害的物权给予救济,以保护物权人的合法利益。

3. 物权的民法保护主要是以物权本身所具有的消极效力为基础而形成的保护方法。物权是权利人对特定物的支配性和排他性相结合的财产权利,支配性是物权的积极效力,而排他性在通常情况下隐而不显,只在权利人的物权受到侵害时才表现出来,所以,物权的排他性被称为物权的消极效力,由于物权的消极效力是基于物权本身的性质而产生的物权的最直接的保护方法,因此,物权的民法保护自然应当将基于物权的排他性所产生的救济方法置于物权保护方法的首要位置。应当说明的是,物权的保护方法是基于物权本身固有的排他性及其消极效力产生的,而非物权公示的结果。所以,物权的保护方法,不仅在公示的物权受到不法妨害时可以适用,而且对于不以公示为生效要件的物权、在受到不法妨害时仍然可以适用。据此,依照《物权法解释(一)》第 8 条的规定,基于法律行为以外之事实取得的物权,在尚未完成动产的交付或者不动产登记前,物权人根据原《物权法》第 34 条至第 37 条(《民法典》物权编)规定的保护方法,请求保护其物权的,人民法院应予支持。

4. 物权的民法保护是对物权人利益的全面保护。对物权人物权的保护,是整个民法的重要任务,所以,民法对物权的保护,并不仅限于物权法上的保护,还包括物权的债权法保护和侵权行为法上的保护。当物权人的物权受到不法侵害,在能够恢复物权人对物的圆满支配状态时,首先应当采取物权请求权的保护方法;当物权人的物权受到不法侵害而导致物权全部或部分灭失时,此时,由于物权的消灭导致物权请求权不复存在,所以,受害人只能依债权的保护方法请求损害赔偿;当加害人不履行损害赔偿义务时,受害人只能依侵权行为法的规定,诉请法院强制履行。可见,民法对物权的保护,是为当事人设计不同层次的救济方法,其目的在于对当事人的利益给予全面的保护。

二、物权保护的具体方法

按照我国《民法典》物权编第一分编第三章的规定,物权的保护方法有请求确认物权的方法、物权请求权的保护方法、债权请求权的保护方法和追究其他法律责任的方法。解决争议的方式有和解、调解、仲裁和诉讼等途径。

(一)确认物权的保护方法

确认物权的方法,是指因物权的归属和内容发生争议时,当事人以利害关系人的地位依法诉请人民法院或者仲裁机构确认物权的归属和内容,以消除当事人之间争议的方法。确认物权的方法,不以物权的存在为前提,因此,该方法不属于物权请求权的方法。《民法典》第 234 条规定:“因物权的归属、内容发生争议的,利害关系人可以请求确认权利。”

(二)物权请求权的保护方法

物权请求权,是指物权受到非法侵害时,物权人为了恢复对物的圆满支配状态而向不法侵害人发出的请求权。物权请求权是以物权的存在为前提的并伴随于物权始终的一种请求权。按照传统民法理论并结合我国《民法典》的规定,物权请求权包括:返还原物请求权;排除妨害请求权和消除危险请求权。

1. 返还原物请求权

返还原物请求权,又称所有物返还请求权,是指物权人的物被他人非法占有时,物权人基于物权人的地位依法请求无权占有人返还原物的权利。《民法典》第 235 条规定:“无权占有不动产或者动产的,权利人可以请求返还原物。”

2. 排除妨害请求权

排除妨害请求权,又称妨害排除请求权,是指物权人在其物权的圆满状态受到占有以外的方法妨害时,而向妨害人发出的请求排除妨害的权利。我国《民法典》第 236 条规定:“妨害物权或者可能妨害物权的,权利人可以请求排除妨害或者消除危险。”

3. 消除危险请求权

消除危险请求权,又称妨害防止请求权,是指物权人的物权有受到他人妨害的可能时,物权人请求他人采取措施,防止妨害行为发生的权利。我国《民法典》第 236 条对物权人的消除危险请求权作了规定。

(三)债权请求权的保护方法

债权请求权,是指债权人依照债的规定请求债务人为一定行为或不为一定行为的权利。当物权人的物权受到不法侵害而导致物权全部或者部分消灭时,由于物权消灭,基于物权而派生的物权请求权也不复存在,此时,权利人只能以债权请求权的方法获得保护。所以,债权请求权的保护方法,是物权请求权保护方法的有效补充,是对物权的第二层次的保护方法。按照传统民法的规定,债权请求权包括:恢复原状请求权和损害赔偿请求权。

1. 恢复原状请求权

恢复原状请求权,是指物权人的物权受到他人不法侵害导致客体全部或部分毁损、灭失时,权利人基于债权人的地位依法请求加害人恢复物原来完好状态的权利。恢复原状请求权的前提是物权的客体因侵权而导致全部或部分毁损,此时物权因客体的毁损而消灭,物权请求权也不复存在,所以,恢复原状请求权是一种债权请求权。《民法典》第 237 条规定:“造成不动产或者动产毁损的,权利人可以请求修理、重作、更换或者恢复原状。”

2. 损害赔偿请求权

损害赔偿请求权,是指物权人的物权受到不法侵害并导致客体毁损灭失时,权利人基于债权人的地位请求加害人赔偿损失的权利。损害赔偿请求权符合民法债权的所有条件,所以,损害赔偿请求权属于债权请求权。只有加害人不履行损害赔偿义务时,损害赔偿请求权才依法转化为具有强制效力的侵权责任。《民法典》第238条规定:"侵害物权,造成权利人损害的,权利人可以请求损害赔偿,也可以请求承担其他民事责任。"可见,物权法的规定,也是将侵权损害赔偿之债与侵权责任明确区分。

(四)其他法律对物权的保护方法

保护物权是各个法律部门的共同任务,除民法对物权进行专门的保护之外,行政法、刑法在保护当事人的物权方面,也同样发挥着极为重要的作用。《民法典》规定:侵害物权,除承担民事责任外,违反行政管理规定的,依法承担行政责任;构成犯罪的,依法追究刑事责任。

重点问题梳理

1. 物权,是指权利人依法对特定的物享有直接支配和排他的权利。物权包括所有权、用益物权和担保物权。

2. 物权法,是指调整因物的归属和利用而产生的民事关系的法律规范的总称。物权法具有法定性、民族性和强制性的特点。物权法的体系结构原则,包括物权种类的法定原则与物权变动的公示原则。物权种类法定原则,是指物权的种类内容,必须由法律明文作出规定,禁止当事人任意创设的原则。物权变动的公示原则,是指物权的变动,必须依法定的方式对外公开显示的原则。

3. 物权的种类,是指按照物权法定原则由物权法所规定的物权类型。物权的分类是指在学理上,按照一定的标准对物权所作的类型划分。

4. 物权的效力,是指物权依法所具有的法律强制力。物权的效力是物权的支配性与排他性相互作用的产物。物权的一般效力包括:物权的排他效力、物权的优先效力、物权的追及效力和物权请求权效力。

5. 物权的变动,是指物权的设立、变更、转让和消灭的事实状态。物权变动作为财产权变动或者财产权法律关系的变动,必须有一定根据。引起物权变动的根据,包括合同等民事法律行为以及法律行为以外的其他法律事实。

6. 引起物权变动的法律行为,由于法律传统与文化的不同,各国的立法也不尽一致。在我国物权法上,通说认为,我国物权法不承认物权法律行为,我国物权法上的法律行为是指债权法律行为。

7. 根据合同等法律行为(交易行为)引起的物权变动,为了保护交易安全,法律规定必须公示。不动产物权变动的公示方法为登记;登记的程序为申请、审查、登记记载与颁发权属证书。登记的效力原则上为不动产物权变动的生效效力;例外地为不动产物权变动的对抗效力与处分效力。动产物权变动的公示方法原则上为占有或交付,交付的效力为动产物权变动的生效效力。

8. 物权的保护,是指当物权的归属发生争议或者物权受到非法侵害时,为了保护物权人对物的归属和支配,由民法所规定的一系列救济方式、方法的总和。物权的保护方法,可以分为确认物权的保护方法;物权请求权的保护方法;债权请求权的保护方法以及公法的保护方法。物权的保护方法包括返还原物请求权、排除妨害请求权与消除危险请求权的保护方法。债权请求权的保护方法包括恢复原状请求权与损害赔偿请求权的保护方法。

案例与分析

某甲于1993年以10万元的价格买下了本市光明小区的一套住房,后因房价上涨,某甲想把这套住房卖掉,自己搬到郊区去住。1995年年初,某甲同某乙在看过该房后,签订了房屋买卖合同,约定由某乙以12万元的价格购买某甲的住房。但由于某乙手头暂时没有足够的资金,双方没有马上办理房屋过户登记手续。1995年5月,某丙找到某甲,提出愿意以15万元的价格买下某甲的住房,某甲为钱所动,当即与某丙签订了另一份房屋买卖合同,在某丙交付了15万元现金之后,双方到有关登记部门办理了房屋过户登记手续。后来,某乙筹集到足够的资金时,发现了这一情况,遂向法院起诉,要求确认某甲与某丙之间的买卖合同无效。

问题:(1)某乙与某丙之间,谁取得标的物房屋的所有权?为什么?

(2)对未取得房屋所有权的一方应当如何依法救济?为什么?

分析:(1)某丙取得房屋的所有权。本案中,根据我国《民法典》第209、215条的规定,房屋所有权的设立、变更和转让,必须办理登记手续。尽管某甲和某乙之间订立了房屋买卖合同,但由于未办理登记手续,只在当事人之间发生效力,仍属于债权;而某甲和某乙在书面合同的基础上进行了实际履行,并办理了房屋登记过户手续,应认定某丙取得了房屋所有权。

(2)某乙的救济可以通过对某甲提出违约损害赔偿的要求来实现,其请求权基础是某乙与某甲之间已有的合同,而某甲的出卖行为使合同无法得到履行,已构成违约。所以,某甲应对因其违约而给某乙造成的损失承担违约责任。

第十四章　所　有　权

第一节　所有权概述

一、所有权的概念

所有权,是指民事主体依法可将物归属于自己,并对其加以全面支配的权利。在民法上,所有权是一种民事权利。围绕着所有权所构建的法律制度,为所有权制度。基于所有权而产生的,以特定的权利人的所有权与不特定的义务人的消极义务为内容的法律关系,为所有权法律关系。

二、所有权的特征

1. 所有权是自物权。所有权使某物归属于所有权人具备了法律上的依据,进而这种依据又使所有权成为一种在归属于自己之物上实施支配的权利。

2. 所有权是完全物权。所有权的完全物权性,是针对所有权的支配范围而言的。由于所有权是支配自己之物的权利,所以,一方面,所有权在性质上既可以支配所有物的价值,又可以支配所有物的使用价值;另一方面,非通过法律的强制规定或者所有权人真实的意愿,所有权人对于所有物的支配,不受任何人意志的限制。

3. 所有权是原始物权。所有权是其他物权以及债权产生的基础。所有权使所有权人对所有物的自由支配具有了天然的、原始的正当性,这种正当性使非所有权人对于所有物的支配成为可能。另外,由于所有权确定着物之归属,其构成财产的终极价值基础,所以一切社会财产交易活动均最终以所有权为发端,也最终以所有权为归宿,其整个过程,不过是所有权的实现过程。

4. 所有权具有无期限性。所有权是不附带期间的物权,其不因期限的届满而归于消灭。需要注意的是,所有权的无期限性,并不意味着所有权就是可以永久存在的权利。所有权既是一项法律关系中的内容,其自应基于特定的法律事实而产生、变更和消灭。只是引起所有权消灭的法律事实,不得包括消灭时效或者其他期间的届满。

三、所有权与所有制

所有制是生产关系的组成部分,是指全社会范围内生产资料在宏观上由谁支配的经济关系,属于经济基础的范畴。所有权则属于上层建筑的范畴,是在微观上特定的财产归属于谁的法律确认。根据马克思主义原理,经济基础决定上层建筑,而上层建筑又对经济基础具有反作用。在所有制性质决定所有权形式的问题上,应该明确所有权绝不是所有制机械的、简单的直观反映,而必须是以一种灵活、多变的所有权形式以适应所有制的客观规律性要求。也只有符合所有制要求的所有权制度构建,才会对所有制发挥促进、推动的反作用。

四、所有权的意义

1. 所有权是人生存与发展的物质基础的法律保障。人的生存与发展必须以对生产、生活资料的利用、消费为条件。物质资源的支配必须有赖于法律上对于人将物据为己有、为我所用的事实的确认与保护,这种确认与保护的法律方法,就是所有权制度。因此,所有权是人生存与发展的物质基础的法律保障。

2. 所有权是有序的社会财产关系的法律保障。社会静态财产关系是有序还是混乱,在很大程度上取决于整个社会成员各自的财产界限是清晰还是含糊。界限清晰,则人各守本分,互不侵犯;界限含糊,则势必争端不断,争夺纷起。因此,如果说"定分"乃是"息争"的重要前提的话,那么"使天下物各归其主"的所有权制度无疑是对这个前提最有力的确认。就此以观,所有权是实现有序的社会静态财产关系的法律保障。

3. 所有权是商品经济的活力源泉和法律保障。商品经济的参加者从事商品生产,进行商品交换的原始驱动力,在于通过商品生产和交换,获取个人的财产利益。这是商品经济的活力源泉。在所有权制度之下,商品交换成为必要和可能,商品经济活动的目的即个人利益因而得以实现。

五、所有权的社会化

自20世纪中叶以来,随着西方国家经济社会中资本的集中和垄断的形成,所有权绝对原则逐渐成为集中与垄断的法律保护伞而与社会公共利益发生冲突。这个背景之下,西方国家出现了大量的旨在限制所有权的学说和立法,即"所有权的社会化运动"。所有权的社会化运动通过禁止权利滥用、诚实信用以及公序良俗等民法原则,在所有权的集体范围、所有权的行使方式及所有权的行使中所有人与他人的关系等方面,对所有权的完全支配性施加约束,这就是现代民法中所谓的"所有权的社会化"。

所有权的社会化运动的本质,是对居于民事财产权利制度的核心地位的所有权在变迁的社会经济结构下进行必要限制而使其与社会公共利益相协调,这是一种在承认所有权的不可侵犯性和个人利益的正当性的前提下对所有权的外部限制。因此,个人利益与社会利益的本与末的关系在现代民法中并没有发生改变,不得将所有权的社会化运动理解为所有权业已构成社会公共利益的对立物,更不得以社会公共利益为借口肆意实施对所有权的侵害。

第二节　所有权的权能

一、概述

(一)所有权权能的概念

所谓所有权的权能,是所有权人为实现所有权上的物之支配利益,依法可得对所有物进行支配的方式。作为自物权,依所有权可得对物进行的支配,是全面和广泛的。其支配的方式,在法律上则可以归纳为占有、使用、收益和处分这四个方面。

(二)所有权的权能与所有权的关系

所有权在法律上意味着以下两个方面的正当性:首先是物归属于我;其次是我可得支配。后一个方面是具体实施方式,即是所有权的权能。因此,所有权的权能是所有权人基于所有权而可得对所有物实施占有、使用、收益及处分的法律上的正当性。

所有权首先意味着物之归属,其次才意味着物之支配,因而以物之支配的具体化为内容的所有权的权能,不可能等同于所有权。当所有权人因将权能移转于他人,而无法对物进行支配时,其所有权依然存在。因此,不可简单地将其理解成所有权是若干所有权权能的机械叠加。所有权的权能与所有权的关系如图 14－1 所示。

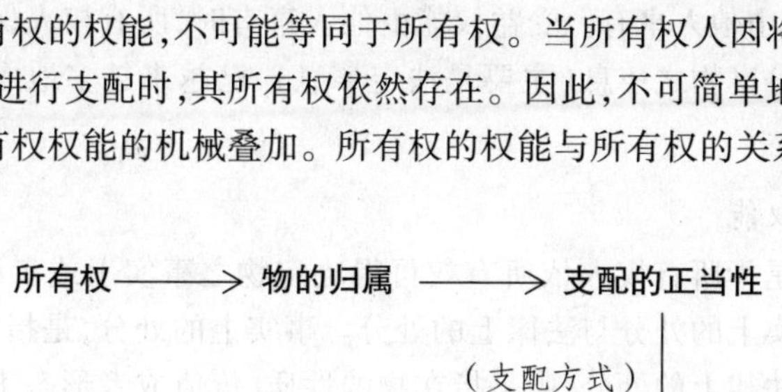

图 14－1　所有权的权能与所有权的关系

(三)所有权权能的弹力性

虽然所有权的权能意味着所有人依所有权对物可为的正当支配,但是,这并不能否认非所有人对物所为的支配。非所有权人对他人所有物的支配,即对权能的正当享有,称为“所有权与权能的分离”。

引起所有权与所有权权能分离的原因,在于因约定的或法定的事实在所有权人与非所有人之间形成的特定的法律关系。这可视为将所有权权能自所有权上牵引而出的“法律上之力”。一俟该法律关系消灭,“法律上之力”消失,所有权的权能会立刻、自动回归于所有权之上,所有人重获对物支配的法律正当性。上述所有权权能的可得分离与自动回归的特性,被形象化为“所有权权能的弹力性”。

二、所有权的权能

(一)占有权能

占有权能,是指所有权人依所有权可得对物进行管领、控制。依权能的可分离性,占有权能既可由所有人享有,也可由非所有人享有。基于前者所形成的占有事实,即为所有人占有;基于后者则为非所有人占有。

(二)使用权能

使用权能,是指所有权人依所有权可得依物之属性对物加以利用。所谓“依物之属性对物加以利用”,是指物之使用的事实结果是以物的存续为前提的物的使用价值的正常发挥,而不导致物在性质、价值、形态上的变化,否则,将构成“事实处分”。依权能的可分离性,使用权能也可以由非所有权人享有,成为非所有人使用他人之物的法律依据。

(三)收益权能

收益权能,是指所有权人依所有权可得获取物之孳息。依权能的可分离性,受益权能同样可以由他人享有。受益权能由他人享有时,所有权人保留部分受益权能,进而与他人分享物之孳息(主要是法定孳息),已越来越多地成为社会经济生活之常态。

(四)处分权能

处分权能,是指所有权人依所有权可得决定物之事实上或者法律上的命运。处分,可分为事实上的处分与法律上的处分。事实上的处分,是指改变物的性质、价值或者形态;法律上的处分,则是指在物的性质、价值或者形态不发生改变的前提下,改变物的权利状况。

由于处分权能以决定物的事实上或法律上的最终命运为内容,所以传统民法认为这项权能系所有权的核心,只能由所有权人享有,而不得转归他人。然而,随着社会经济的发展,当所有权人拥有的财产数量超出其自身生产、生活的需要时,物之收益的重要意义,则凸显出来。在这种背景下,非所有人对所有人之物的法律上的处分,业已成为所有人实现收益权能的必要条件。在我国的国家所有权实现问题上,国家早已将实现国有资产的保值、增值树为核心目标。既然国家所有权的实现问题就是国家收益权能实现问题,那么收益权能的实现机制及其运作方式,便应成为一个需认真思考的关键课题。

第三节　所有权的取得

一、所有权的取得方式

所有权的取得方式,分为原始取得与继受取得两种类型。

原始取得,是指不以物上原所有权人的意思而取得所有权。原始取得的本质是所有权的取得人直接基于法律的规定而取得所有权。

继受取得,是指以物上原所有权之存在以及原所有人之意思为前提而取得所有权。继受取得中所有人的意思,是通过法律行为来表现的,如买卖、互易、赠与、遗嘱及其推定(遗嘱继承和法定继承)等。

二、所有权的原始取得

(一)善意取得

1. 善意取得的概念

所谓善意取得,是指无权处分人将他人之物的所有权处分予第三人时,在该第三人系属善意的情况下,可取得该物之所有权。例如,甲有一幅名画,交乙保管,乙却将该画出卖予丙。此时,丙如是善意,则可取得该画的所有权。

2. 善意取得的要件

善意取得制度,是一项基于法律的直接规定,而使善意的第三人取得所有权的制度,因此,善意取得的条件,必须由法律确定。

(1)无权处分。向第三人处分标的物的处分人,没有处分权,这是善意取得的根本前提。倘若处分人享有处分权,其行为系属有权处分,则第三人自可基于其有权处分的行为,直接取得所有权,而无须根据善意取得制度实现权利之取得。处分人不享有处分权的情形主要包括以下两种情况:一是处分人非为所处分之物的所有权人;二是所有权人的处分权能受到限制。

(2)无权处分人占有动产标的物或者是不动产物上登记的所有人。善意取得制度,既然旨在保护善意第三人,那么该第三人善意的基础,就是对于物权公示方式的信赖。第三人之善意,含义是其不知处分人系无权处分,而相信其有处分权;而要使第三人相信处分人享有处分权,起码的前提条件,就是处分人必须是其所处分的动产的占有者或者不动产的登记者。

(3)无权处分人与第三人之间的合同不存在其他的效力瑕疵。无权处分人既然是通过处分行为,将标的物处分予第三人的,那么在其与第三人之间,就必然存在关于处分标的物的合同。对于这一合同,其除了处分人没有处分权这一点不符合合同的生效要件之外,该合同必须具备合同的其他生效要件。因此,对于第三人而言,其对于标的物的善意取得,以完全的正常交易为基础。

(4)第三人为善意。第三人为善意,是指第三人在受让标的物所有权的时候,其不知道,也不应当知道处分人不享有该标的物的所有权。第三人的善意,是善意取得的核心要件,善意取得制度的本质,就是以第三人的善意,来弥补处分人处分权的缺陷。认定第三人是否属于"善意",应当从无权处分人的公示外观、第三人主观上对于无权处分是否知道或者应当知道等方面来综合加以把握。具体来讲考虑以下因素:

第一,原则上,第三人的善意条件有二:首先,第三人不知道也不应当知道向自己处分物权的人,为无权处分;其次,基于处分人占有动产、登记不动产的外观,第三人可以相信处分人享有处分权。

第二,第三人的善意证明,采取"善意推定原则",即真实权利人主张受让人不构成善意的,应当承担举证证明责任。

第三,从时间维度上看,"善意"的准据时间,以第三人在取得时保有善意为准。

(5)第三人以合理的价格有偿取得。在第三人无偿或显著低价取得的情况下,法律不保护第三人的利益,其利益也不会受损害或仅有很小的损害;而倘若法律不保护所有权人,其利益则要遭受较大的损害。因此,法律不值得为其牺牲所有权人的利益。

(6)处分人向第三人实施动产交付或者不动产登记。在善意取得的法定条件中,如果说善意是第三人取得的前提,那么第三人获得动产之交付或者不动产之登记,就意味着其取得的实现。倘若第三人尚未占有动产标的物或者成为不动产标的物的登记人,其纵为善意,此时也不能取得标的物的所有权。

3. 遗失物的善意取得条件

遗失物作为一种占有脱离物,非基于所有权人的意思而脱离所有权人的占有。由于所有权人对于遗失物占有的丧失,并非基于其自身的意思;同时,第三人对于该物的受让,又是基于善意。因此,第三人对于占有脱离物的善意取得,其适用之要件,与一般善意取得相比较,受到了一定的限制。遗失物的善意取得条件包括:(1)必须符合善意取得的一般条件;(2)在法定期间内,所有权人或其他权利人没有行使回复请求权。在遗失物被第三人善意占有的情况下,我国《民法典》允许所有权人或其他权利人在"自知道或者应当知道受让人之日起二年内向受让人请求返还原物”。这意味着在2年恢复请求权行使期间内,善意受让人对于该占有脱离物的取得,尚存在因恢复请求权的行使而被剥夺的可能。因此,须待此期间届满,恢复请求权归于消灭,第三人对于该占有脱离物的善意取得最终稳固。

需要注意的是,在民法理论上,货币和不记名有价证券,其纵为遗失物,也不能由权利人主张恢复请求。因为,货币与有价证券,在民法上乃是一种最为一般的种类物。在第三人业已形成占有的情况下,该货币或有价证券事实上已不可能再通过回复请求权予以返还。

4. 善意取得的法律效力

(1)原所有权人与受让人之间的关系。我国《民法典》第313条规定:“善意受让人取得动产后,该动产上的原有权利消灭。但是,善意受让人在受让时知道或者应当知道该权利的除外。”据此:其一,善意取得后,标的物上的原所有权归于消灭。基于一物一权原则,当受让人取得所有权的时候,物上原所有权将随之消灭。其二,善意取得后,标的物上的其他权利,原则上归于消灭。善意取得是由法律所规定的所有权的一种特殊取得方式,属于原始取得。因此,善意取得人不会延续标的物上的权利负担。在此原则之外,在受让人善意受让标的物的时候,其在误信无权处分人享有处分权的同时,却存在知道或应当知道物上其他权利人之存在的可能。此时,该其他权利不消灭。

(2)原所有权人与无权处分人之间的关系。因无权处分人的处分行为,致使第三人善意取得时,原所有权人所受之损失,只能向无权处分人请求弥补。那么,原所有权人可得基于何种权利,提出该项请求呢?其通常包括违约损害赔偿请求权、侵权损害赔偿请求权以及不当得利返还请求权三种情况。换言之,在第三人善意取得的情况下,原所有权人与第三人之间的关系,可能发生上述权利部分或者全部的竞合。此时,原所有权人可得从其中选择确定其中一项权利加以行使,以弥补所受之损失。

(3)无权处分人与第三人之间的关系。无权处分人与第三人之间,是标的物的让与关系。因此第三人与无权处分人之间的权利义务关系,应完全按照他们之间交易的法律关系来确定,善意取得制度并不能使之具有特殊性。

(二)拾得遗失物

1. 遗失物的概念

所谓遗失物,是指并未由任何人占有,但是又不构成无主物的动产标的物。遗失物是丧失占有之物,占有人丧失对于遗失物的占有,非基于占有人的意思。在遗失物被拾得之前,遗失物是无人占有之物。另外,在物权法理论中,遗失物只能是动产。

2. 拾得遗失物的法律效力

(1)拾得人的义务。具体如下:其一,通知、返还与交送义务。我国《民法典》第314条规定:"拾得遗失物,应当返还权利人。拾得人应当及时通知权利人领取,或者送交公安等有关部门。"据此,拾得人在拾得遗失物之后,有义务及时通知失主领取遗失物。在失主未前来领取遗失物的情况下,或者在拾得人不愿进行通知的情况下,拾得人应当将遗失物送交有关机关,如公安部门,由有关机关负责遗失物的招领事宜。其二,善良管理人之注意义务。拾得人在拾得遗失物之后,应负善良管理人的注意义务。这一义务主要体现在两个方面:一是妥善保管义务,即拾得人对于该物,应当妥善保管。因故意或重大过失导致标的物毁损灭失的,拾得人要承担损害赔偿责任。二是谨慎审查义务,即失主前来认领时,拾得人应负返还义务。在该返还义务的履行中,拾得人应当对认领人的认领资格予以审查。

(2)拾得人的权利。具体如下:其一,费用偿还请求权。拾得人对于占有、保管遗失物以及通知失主所支出的费用,有权要求失主予以偿还。在拾得人依法将遗失物交送有关机关,该机关再将遗失物返还予失主的情况下,拾得人仍然有权请求偿还支出的费用。其二,失主发出悬赏广告时的报酬请求权。我国《民法典》第317条第2款规定:"权利人悬赏寻找遗失物的,领取遗失物时应当按照承诺履行义务。"据此,只有在失主发出悬赏广告的情况下,拾得人方才享有报酬请求权;在没有悬赏广告的情况下,拾得人不得向失主请求支付报酬。

(3)有关机关的权利与义务。这里的"有关机关",是指依法负有接受拾得人遗失物之交送,寻找失主并返还遗失物职责的机关,如公安机关等。有关部门在接受移交之后,其即依法享有并承担相应的权利与义务。其一,妥善保管义务。与拾得人的妥善保管义务相同,占有遗失物的有关机关在失主认领之前,也负有对该物的妥善保管义务。其二,及时通知、公告义务。我国《物权法》第315条规定,有关部门在接受拾得人送交的遗失物后,如果知道遗失物的所有权人、遗失人等权利人的,应当及时通知其领取遗失物;不知道遗失物的所有权人、遗失人等权利人的,应当及时发出招领公告。其三,遗失物返还义务。失主向有关机关认领遗失物的,有关机关应予返还。在返还遗失物的时候,认领人应证明自己是遗失物的所有权人或其他权利人,有关机关应当进行合理的审查,即尽到善良管理人的注意义务。其四,费用偿还请求权。有关机关保管遗失物、就遗失物变价所支出的费用,在失主认领时,有权要求失主予以偿还。

3. 无人认领的遗失物的处理

所谓无人认领的遗失物,是指在有关机关发出招领公告后仍无人认领的遗失物。对于无人认领的遗失物,《民法典》第318条规定:"遗失物自发布招领公告之日起一年内无人认领的,归国家所有。"

（三）发现埋藏物

1. 埋藏物概述

所谓埋藏物，是指无人占有的、因隐藏于他物之中而不易被发现，且所有权人不明之物。与遗失物相比较，埋藏物具有如下特征：(1) 埋藏物是隐藏于他物之中的物。在这里，隐藏埋藏物的他物，称为包藏物，其并不以土地或不动产为限，动产也可以成为包藏物。(2) 埋藏物是动产。由埋藏物的这一特征所决定，埋藏物应当仅限于动产，即只有动产有可能隐藏于他物之中，而成为埋藏物；不动产体积庞大，不具有成为埋藏物的可能。(3) 埋藏物是所有权人不明之物。首先，埋藏物不是无主物，而是他人享所有权之物。其次，埋藏物是所有权人不明之物。即从物之存在状态及其属性出发，只能够得到其存在所有权人的结论，但是却不能确定谁是该物的所有权人。

2. 发现埋藏物的法律效力

发现埋藏物的法律效力，即因埋藏物之发现，发现人依法所享有的权利和义务。我国《民法典》第 319 条规定："拾得漂流物、发现埋藏物或者隐藏物的，参照适用拾得遗失物的有关规定。法律另有规定的，依照其规定。"据此，发现埋藏物的法律效力包括以下几个方面。

(1) 发现人的权利和义务。其一，通知、返还与交送义务。发现人在发现埋藏物之后，应当及时发出该埋藏物的招领通知，寻找埋藏物的所有人或者其继承人。在通知做出后，如果埋藏物的所有人或其继承人前来认领该物，则发现人负有返还义务。如果无人认领，则发现人应当将埋藏物送交公安等有关机关。需要注意的是，在埋藏物系属文物的情况下，由于文物的所有权属于国家，因此发现人只有送交义务，而无通知与返还义务。其二，善良管理人的注意义务。在发现人占有埋藏物期间，发现人应当妥善保管该埋藏物。因故意或重大过失导致埋藏物毁损灭失的，发现人要向埋藏物的所有人或其继承人进行赔偿。在埋藏物的所有人或其继承人认领时，发现人应当对其认领资格予以审查，即应负谨慎审查义务。其三，费用偿还请求权。发现人对于发现、保管埋藏物以及通知其所有人或继承人所支出的费用，有权要求认领人予以偿还。

(2) 有关机关的权利和义务。在发现人将埋藏物送交有关机关后，比照拾得遗失物的制度，有关机关享有和承担的权利与义务，包括妥善保管义务与谨慎审查义务、及时公告义务、返还义务与费用偿还请求权。

3. 无人认领的埋藏物的归属

如前所述，无人认领的埋藏物，应当比照适用《民法典》关于无人认领的遗失物的规定，即无人认领的埋藏物，应当归国家所有。

（四）取得孳息

1. 孳息概述

所谓孳息,是指由他物产生的新物。相应地,产生孳息的他物,即为原物。原物与孳息,是产生与被产生的关系。孳息由原物产生,其产生的方式有两种:一是因自然原因而产生;二是因法律关系所产生。在法律上,因自然原因所生的孳息,称为天然孳息;因法律关系所生的孳息,称为法定孳息。原物与孳息也是相互独立的两个物,即孳息并不是原物的组成部分,而是独立于原物的物。这就意味着,只有当由原物所生的新物与该原物分离之后,其才能成为孳息;反之,如果尚未与原物相分离,其只能是原物的组成部分,而不能成为一个独立的物,即不能成为孳息。

2. 孳息的取得

我国《民法典》第321条规定:"天然孳息,由所有权人取得;既有所有权人又有用益物权人的,由用益物权人取得。当事人另有约定的,按照其约定。法定孳息,当事人有约定的,按照约定取得;没有约定或者约定不明确的,按照交易习惯取得。"据此,孳息的取得规则如下:(1)天然孳息的取得。原则上,天然孳息由原物的所有人取得。在此原则之下,存在两个例外。一是在天然孳息产生后,既有所有权人又有用益物权人的,由用益物权人取得。这一例外是针对我国土地的国家所有权和集体所有权而言的。二是"当事人另有约定"的情况。此为所有权支配性的体现,是权利人意思自治的领域,法律予以尊重。(2)法定孳息的取得。法定孳息的取得方式,应依照相应的法律关系的权利与义务的内容来确定。

（五）添附取得

所谓添附取得,是指不同所有人的物被结合、混合在一起成为一个新物,或利用他人之物加工成新物,一方取得该新物即意味着获取他方之物或劳动之取得。根据《民法典》第322条之规定,添附有附合、混合和加工三种情形。

1. 附合

所谓附合,是指不同所有人的物因物理上之力结合在一起,若分离将毁损该物或花费过大的事实状态。附合而成的新物的所有权归属,当事人有事先约定或于事后达成一致的,从其约定。当事人之间无约定的,依法律规定,区分不同附合之类型以断。

(1)不动产之间的附合。这是指不同所有人的土地与建筑物、竹木之附合。倘若建筑物、竹木所有人享有在他人土地上从事建筑及种植的用益物权,则其可单独保有地上之物的所有权,即虽发生附合事实,但不涉及取得问题。倘若其并不享有上述用益物权或用益物权消灭,则地上建筑物、竹木归属于土地所有人。

(2)不动产与动产的附合。这是指不同所有人的不动产与动产发生附合,后者成为前者之组成部分。这种情况下,附合之动产由不动产所有人取得。

(3)动产之间的附合。在这种情况下,附合之动产有主、从关系之分,或价值大、小之分的,附合之物由主物或价值较大之物的所有权人取得。倘若无上述关系,则不同的动产所有人在附合之新物上形成共有。

2. 混合

所谓混合,是指不同所有人之物混杂在一起,而不能区分识别,或虽可区分识别,但花费过大之状态。混合既可以发生于不同种类物之间,也可发生于相同种类物之间。混合发生后,混合物的归属可依双方协商确定。无法协商一致的,原物价值较大的一方取得所有权。

3. 加工

所谓加工,是指将他人之物加工成新物。加工者与物质资料所有人分属两人,是加工区别于生产的关键。当事人之间就加工物的归属有约定的,从其约定。无约定的,除非劳动之价值高于原材料的价值,加工物应归属材料所有人。

(六)先占

所谓先占取得,是指对于无主动产,占有人得依占有事实,取得所有权。先占取得的物,以无主动产为限,如抛弃物、野生物等。不动产上有所有权登记制度,不适用先占取得。遗失物、埋藏物并非无主物,也不适用先占取得。

(七)生产

生产,是指物质资料与人的劳动相结合以获取新物的过程。在生产过程中,物质资料与劳动并不发生分离,即物质资料的所有人就是从事生产的劳动者。否则,若在他人所有的物质资料上进行劳动,则属后文论述的添附之加工的问题。通过生产所得之新物,因凝聚了人的劳动,其价值、性质均与生产前的物质资料截然不同。其归属于生产者所有,理所当然。

(八)国家的所有权强制取得

国家的所有权强制取得,是指国家基于公共权力,不经所有权人的同意,而取得他人的所有权,如依法从事税收、罚款、没收、征用及国有化活动,也可引起国家所有权之产生。国家强制取得他人的所有权,必须以公共利益的需要为前提。

(九)取得时效

所谓取得时效,又称占有时效,是指因占有他人之物达法定期间,即可取得占有物上的所有权或其他物权。取得时效制度有利于促使财产的占有与归属趋于一致,发挥财产的社会经济效益。同时可以促使所有权人积极行使权利,并有利于社会财产秩序的稳定。时效取得是西方大陆法系民法中的一项制度,我国《民法典》并未做出规定。

三、所有权的继受取得

所有权的继受取得,是指基于前手所有权人的意思而使后手取得标的物的所有权的所有权取得方式。继受取得的原因有二:一是原所有权人与继受取得人就所有权的让渡和取得的意思表示达成一致,即合同,如买卖、互易、赠与以及其他取得所有权的合意;二是原所有人单方作出的移转所有权于他人的意思表示,即由遗嘱引起的遗嘱继承和遗赠。至于法定继承,其继承人范围及顺序,系法律对于被继承人意思的推定,也属于继受取得。所有权继受取得的问题,就是所有权物权变动的问题。此问题已如前述,兹不复赘。

第四节 国家、集体和私人所有权

一、国家所有权

(一)国家所有权概述

国家所有权,是指国家作为民事主体对全民所有的财产所享有的占有、使用、收益和处分的权利。"国家所有"与"全民所有"不同:在经济基础和上层建筑两者的关系中,"全民所有"的概念属于经济基础的范畴,"国家所有"的概念,则是属于上层建筑的范畴。国家所有权具有如下特征。

1. 国家所有权的主体具有唯一性。所谓国家所有权的唯一性,是指只有国家才是全民财产的所有者。《民法典》第 246 条规定:"法律规定属于国家所有的财产,属于国家所有即全民所有。国有财产由国务院代表国家行使所有权。法律另有规定的,依照其规定。"因此,国家机关是国家所有权的行使者,而非权利人。

2. 国家所有权的客体具有法定性。在我国,哪些财产由国家所有,需要法律来作出界定。根据《民法典》第 247 条以下的规定,以下财产属于国家所有:(1)矿藏、水流、海域;(2)无居民海岛;(3)城市的土地及法律规定属于国家所有的农村和城市郊区的土地;(4)森林、山岭、草原、荒地、滩涂等自然资源,但是法律规定属于集体所有的除外;(5)法律规定属于国家所有的野生动植物资源;(6)无线电频谱资源;(7)法律规定属于国家所有的文物;(8)国防资产;(9)铁路、公路、电力设施、电信设施和油气管道等基础设施,依照法律规定为国家所有的,属于国家所有。

3. 国家所有权是一项民事权利。国家所有权作为一项物权,具有民事权利的特征。因此,国家及其代表者在行使国家所有权的时候,应当遵守民法的规则,在平等的基础上,与他人进行交往和交易。在市场经济领域,必须坚持政企分离的原则，国家主权者的身份与强制性不得进入市场，不得超越市场法则，为国有经济主体寻求额外的经济利益。

（二）国家所有权的保护

国家所有权受到法律的保护。《民法典》第 258 条规定：“国家所有的财产受法律保护，禁止任何组织或者个人侵占、哄抢、私分、截留、破坏。”与此同时，为强化国家所有权代表者的义务和责任，保障国有财产的保值增值，《民法典》第 259 条规定：“履行国有财产管理、监督职责的机构及其工作人员，应当依法加强对国有财产的管理、监督，促进国有财产保值增值，防止国有财产损失；滥用职权，玩忽职守，造成国有财产损失的，应当依法承担法律责任。违反国有财产管理规定，在企业改制、合并分立、关联交易等过程中，低价转让、合谋私分、擅自担保或者以其他方式造成国有财产损失的，应当依法承担法律责任。”

二、集体所有权

（一）集体所有权概述

集体所有权，是指劳动群众集体对其所有的财产享有的占有、使用、收益和处分的权利。与国家所有权相同，集体所有权也是社会主义公有制在法律上的重要实现手段。集体所有权具有如下特征。

1. 集体所有权的主体具有多元性。集体所有权的主体，是集体经济组织，包括区域性集体组织、城镇集体企业联合经济组织、合作社组织以及社会团体等。

2. 集体所有权的客体具有法定性。根据《民法典》第 260 条的规定，集体所有的财产包括：(1)法律规定属于集体所有的土地和森林、山岭、草原、荒地、滩涂；(2)集体所有的建筑物、生产设施、农田水利设施；(3)集体所有的教育、科学、文化、卫生、体育等设施；(4)集体所有的其他不动产和动产。

3. 集体所有权具有民事性。集体所有权同样是一项民事权利。因此，法律对于国家所有权、集体所有权与个人所有权实施平等保护。《民法典》第 265 条第 1 款规定：“集体所有的财产受法律保护，禁止任何组织或者个人侵占、哄抢、私分、破坏。”

（二）集体所有权的行使

作为集体所有权的经济基础，集体所有制来自集体成员的个人财产，这一事实赋予了集体所有权的行使方式以民主化的色彩。换言之，集体所有权的行使，必须体现集体成员的意志，反映集体成员的利益。根据《民法典》第 261 条以下的规定，集体所有权的行使规则如下。

1. 下列事项应当依照法定程序经本集体成员决定：(1)土地承包方案以及将土地发包给本集体以外的单位或者个人承包；(2)个别土地承包经营权人之间承

包地的调整;(3)土地补偿费等费用的使用、分配办法;(4)集体出资的企业的所有权变动等事项;(5)法律规定的其他事项。

2. 对于集体所有的土地和森林、山岭、草原、荒地、滩涂等,依照下列规定行使所有权:(1)属于村农民集体所有的,由村集体经济组织或者村民委员会依法代表集体行使所有权;(2)分别属于村内两个以上农民集体所有的,由村内各该集体经济组织或者村民小组代表集体行使所有权;(3)属于乡镇农民集体所有的,由乡镇集体经济组织代表集体行使所有权。

3. 城镇集体所有的不动产和动产,依照法律、行政法规的规定由本集体享有占有、使用、收益和处分的权利。

4. 集体经济组织或者村民委员会、村民小组应当依照法律、行政法规以及章程、村规民约向本集体成员公布集体财产的状况。集体成员有权查阅、复制相关资料。

5. 集体经济组织、村民委员会或者其负责人作出的决定侵害集体成员合法权益的,受侵害的集体成员可以请求人民法院予以撤销。

三、私人所有权

私人所有权,是指自然人、法人对于其所有之财产享有的占有、使用、收益和处分的权利。我国《民法典》不仅认可了私人所有权的存在,而且给予其与国家所有权、集体所有权相同的尊重和保护。私人所有权具有如下特征。

1. 私人所有权的主体,具有广泛性。自然人以及具有权利能力的法人,均可成为所有权的主体。

2. 私人所有权的客体,既包括生活资料,也包括生产资料。我国《民法典》第266条规定:“私人对其合法的收入、房屋、生活用品、生产工具、原材料等不动产和动产享有所有权。”

3. 私人所有权的取得方式,具有多样性。我国所奉行的社会主义公有制,要求社会财富的分配方式,采取按劳分配的原则。与此同时,劳动所得之外的继承所得、经营所得以及投资所得,也可成为私人所有权合法的取得方式。

第五节　业主的建筑物区分所有权

一、业主的建筑物区分所有权概述

业主的建筑物区分所有权,是指业主对建筑物内的住宅、经营性用房等专有部分享有所有权,对专有部分以外的共有部分享有共有和共同管理的权利。业主的建筑物区分所有权具有如下特征。

1. 业主的建筑物区分所有权的主体具有复合性。业主的建筑物区分所有权的主体,是针对共同拥有同一幢建筑物的两个或者两个以上的业主而言的。因为只有在这种情况下,方才存在区分所有权的问题。

2. 业主的建筑物区分所有权的权利内容具有复合性。在我国《民法典》中,业主的建筑物区分所有权,包括业主对于建筑物专有部分所享有的单独所有权、对建筑物专有部分以外的共有部分享有的共有权,以及对业主社区的共同事务所享有的共同管理权这三个方面的内容。

3. 业主的建筑物区分所有权是一项以“专有部分的所有权”为核心的权利。业主对于建筑物的区分所有,是以享有专有部分的单独所有权为基本目的,业主对于建筑物区分所有权的得失变更,以对于专有所有权的得失变更为原因的。此外,业主的专有所有权,是其享有和行使共有权、管理权的基础。

4. 业主的建筑物区分所有权具有不可分割性。建筑物区分所有权是一个权利的集合体,其以专有所有权为核心,三种权利内容紧密结合成为一个整体,不可分割、分离。这就意味着,作为所有权人的业主,不可能保留区分所有权之一项内容,而将其他权利内容、分割转让、抵押、继承或抛弃。

二、业主专有权

(一)业主专有权概述

业主专有权,又称专有所有权,是指建筑物区分所有权人对于专属于其支配的建筑物部分所享有的排他性归属和支配的权利。如前所述,由于建筑物区分所有权的三个方面的权利内容,系以专有所有权为主导的,所以专有部分的所有权在区分所有权的构成中,居于核心地位。

专有部分的所有权,在性质上与一般的所有权相同,即专有部分的所有权人可得对其建筑物的专有部分实施独立、排他的占有、使用、收益和处分的权利。在民法理论中,专有部分所有权的客体,即所谓的“专有部分”,被界定为一种由地板、天花板和墙体组成的专有空间。相应地,专有部分的所有权,也就被定性为“空间所有权”。

(二)业主专有权的内容

《民法典》第272条规定:“业主对其建筑物专有部分享有占有、使用、收益和处分的权利……”据此,专有所有权在性质上,与一般的所有权无异,因而在内容上,也包括一般所有权的全部支配权能。与此同时,基于建筑物物理构造上的属性,专有权人对于其专有之部分的支配,极易对其他业主产生影响。因此,相邻关系的规则对于专有权人支配行为的限制,在此表现得非常突出。这种表现,主要在于以下几个方面。

1. 不得实施损害建筑物安全的支配行为。倘若专有权人实施有损建筑物安全的支配行为,则其他业主可请求相关的专有权人消除危险、恢复原状乃至赔偿损失。

2. 不得实施损害其他业主正当利益的支配行为。例如,不按照作息时间装修房屋、彻夜喧哗、污染环境等行为,尽管未对建筑物的安全构成危害,但是其损害了其他业主的正当权益。

3. 不得擅自将住宅改变为经营用房。《民法典》第279条规定:“业主不得违反法律、法规以及管理规约,将住宅改变为经营性用房。业主将住宅改变为经营性用房的,除遵守法律、法规以及管理规约外,应当经有利害关系的业主一致同意。”由此规定出发,专有权人要将其专有部分改变为经营性用房,应当具备两个条件:首先,要遵守法律、法规以及管理规约的规定。其次,在符合相关法律、法规以及管理规约的规定的情况下,专有权人要变更房屋用途,还需要征得所有利害关系的业主的一致同意。

三、业主共有权

(一)业主共有权概述

在建筑物区分所有权制度中,所谓业主共有权,是指业主在建筑物专有部分之外的共同部分,小区的公共场所、公共设施,以及建筑物或物业小区所占用土地的使用权,依法所共同享有的支配权利。业主的共有权具有如下特征。

1. 共有权的主体和客体,均具有广泛性。共有权的主体,不仅包括一幢建筑物的全体业主,还包括整个小区的全体业主;相应地,共有权的客体,则除包括专有部分之外的、依法应由全体业主共有的建筑物乃至整个物业小区的所有部分之外,还包括建筑物以及小区所占用土地的使用权。换言之,不仅一幢建筑物内部的共有部分,以及该幢建筑物所占用土地的使用权,可以成为共有权的客体,而且在由多幢建筑物所组成的小区中,该小区的公共场所和公共设施,以及该小区所占用土地的使用权,也可以依法成为共有权的客体。

2. 共有权具有附从性。从业主的专有所有权与共有权两项权利的关系来看,专有所有权是业主区分所有权的核心目的所在,而业主对于建筑物以及小区共有部分的共有权的享有,则不过是为了其专有所有权能够充分、有效地实现。因此,基于专有权与共有权的“目的”与“手段”的关系,共有权是依附于专有权之上的,因而具有附从性。

(二)业主共有权的内容

1. 对于共有部分的共同使用。基于业主的共有权,业主可得自由出入、使用其共有权所指向的建筑物以及物业小区的任何共有部分,如使用建筑物内的电梯,穿行建筑物内的走廊,在小区的绿地散步,利用小区的健身设施锻炼身体等。

2. 对于共同部分的收益权。建筑物以及小区的共有部分,既为各个业主共有,那么该共有部分所获得的收益,如建筑物外墙、楼顶的广告收益、小区公共设施出租收益等,自应为业主所共有。《民法典》第283条规定:"建筑物及其附属设施的费用分摊、收益分配等事项,有约定的,按照约定;没有约定或者约定不明确的,按照业主专有部分面积所占比例确定。"

3. 物权请求权。根据共有的一般原理,当他人侵害共有物,或者有造成共有物损害之虞时,共有人均得主张物权请求权。在此基础上,因业主团体为全体业主的代表人,故《民法典》授予业主团体以主张业主对共同部分物权请求权的资格。《民法典》第286条第2、3款规定:"业主大会或者业主委员会,对任意弃置垃圾、排放污染物或者噪声、违反规定饲养动物、违章搭建、侵占通道、拒付物业费等损害他人合法权益的行为,有权依照法律、法规以及管理规约,请求行为人停止侵害、排除妨碍、消除危险、恢复原状、赔偿损失。业主或者其他行为人拒不履行相关义务的,有关当事人可以向有关行政主管部门报告或者投诉,有关行政主管部门应当依法处理。"

4. 基于共有权所产生的义务。(1)业主作为建筑物或小区共有部分的共有权人,其在享有权利的同时,也需要承担共有部分上的相应义务。因此,《民法典》第273条第1款规定:"业主对建筑物专有部分以外的共有部分,享有权利,承担义务;不得以放弃权利为由不履行义务。"(2)根据《民法典》第286条之规定,对于物业服务企业或者其他管理人执行政府依法实施的应急处置措施和其他管理措施,业主应承担依法予以配合的义务。

此外,业主共有权在内容上,不包括《民法典》第306条所规定的共有人的优先购买权。换言之,在业主的共有权伴随其专有权转让与第三人时,并未受让该专有权的其他业主,自然不得享有依附于该专有权之上的共有权,因而自无对此共有权的优先购买权可言。

(三)业主共有权的客体范围

如前所述,业主共有权的客体具有广泛性,其涵盖了建筑物、小区的共有部分以及相关的土地使用权等方面。根据《民法典》的规定以及相关民法理论,业主共有权的客体范围,具体包括以下内容。

1. 建筑物的共同部分,属于业主共有。建筑物的共同部分,是指除了建筑物内部的专有部分之外的,可由该建筑物各个业主共同支配的部分。我国《民法典》并未明确列举建筑物的哪些部分应当是共有部分,仅在第273条规定了"业主对建筑物专有部分以外的共有部分,享有权利,承担义务",就此以观,对于建筑物的共有部分的确定,应当采取排除法,一幢建筑物,除专有部分之外的部分,包括门庭、电梯、楼梯、走廊、外墙、楼顶等部分,一概视为共有部分,由该建筑物的业主享有共有权。

2. 小区建筑区划内,非属于城镇公共道路的道路,属于业主共有。《民法典》第274条规定:"建筑区划内的道路,属于业主共有,但是属于城镇公共道路的除外……"在这里,所谓"建筑区划内的道路",是指根据物业小区的规划所修建的小区内的通行道路。根据《民法典》第274条的规定,并没有附带"当事人另有约定的除外"的任意性规范,因而属于强制性规定,其不得通过特别约定的方式予以排除。需要注意的是,根据我国实行的土地公有制度,土地所有权只能由国家或者集体享有,因此该条"属于城镇公共道路的除外"的但书规定,原因在于"城镇公共道路"应当属于公有财产,归国家所有,不可能成为业主区分所有权的客体。

3. 建筑区划内的其他公共场所、公用设施和物业服务用房,属于业主共有。《民法典》第274条规定:"……建筑区划内的其他公共场所、公用设施和物业服务用房,属于业主共有。"在这里,所谓"建筑区划内的其他公共场所、公用设施",是指供小区全体业主共同使用的场所和场所中的设施,如小区广场、走廊、假山、喷泉等,即属于公共场所,而会客厅、会议室、业主会所、球场、游泳池、健身器材等,则属于公共设施。至于所谓"物业服务用房",是指小区的物业管理公司为了实施其物业管理活动而使用的房屋,如物业办公室所占小区内的房屋、门卫值班室、物业管理用品保管室等。《民法典》第274条"建筑区划内的其他公共场所、公用设施和物业服务用房,属于业主共有"的规定,亦属于强制性规定,不得通过另行约定的方式予以排除。

4. 建筑区划内的绿地,原则上属于业主共有。《民法典》第274条规定:"……建筑区划内的绿地,属于业主共有,但是属于城镇公共绿地或者明示属于个人的除外。"据此,小区内按照建筑规划所种植、铺设的花园、草坪等,原则上属于小区内的共有部分,属于全体业主共有。在此基础上,所谓"明示属于个人的除外",是指在开发商与特定业主之间关于特定范围的绿地由特定业主成立排他性支配的书面约定,如商品房买卖合同中约定,购买一楼的业主可以获赠窗外的小花园。由于这种售房方式为我国房地产业界广泛采用,因而这种做法也就得到了《民法典》的认许。

5. 关于小区车位、车库的归属与利用。根据《民法典》第275、276条的规定,小区车位、车库的归属与利用,应当遵循以下规则。

(1)小区内规划用于停放汽车的车位、车库的权利归属,按照当事人的约定确定。所谓"规划用于停放汽车的车位、车库",是指根据小区建筑规划,专门设计、建造的用来停放汽车的相关的车位、车库。例如,地下停车场及其车位、地上架空层停车场及其车位等。对于这些车位、车库,按照《民法典》第275条的规定,其并不属于业主共有,而是应当由当事人通过出售、附赠或者出租等方式约定。

(2)小区内规划用于停放汽车的车位、车库,应当首先满足业主的需要。尽管《民法典》并未规定"小区内规划用于停放汽车的车位、车库属于业主共有",但是考虑到这些车位、车库毕竟具有业主专有部分的配套设施的作用,对于业主充分实现其专有部分的所有权,具有重要意义,因而《民法典》第276条要求建筑区划内,规划用于停放汽车的车位、车库应当首先满足业主的需要。需要注意的是,"首先满足业主的需要"之规定,是对建设单位设置的义务,而非对业主设置的义务。因此,业主将自己已经购买的车位对外转让,并不受《民法典》第267条的约束。

(3)占用业主共有的道路或者其他场地用于停放汽车的车位,根据《民法典》第275条之规定,属于业主共有。原先的道路或其他公共场所,依法本属于业主共有,因而占用这些道路或公共场所的车位,自然也应属于业主共有。因此,这些车位的支配,由业主协商确定,开发商或物业管理公司无权收取价金。在这些车位出租予业主之外的第三人时,所得的收益也应用于业主的共同利益,而不得由开发商或者物业公司据为己有。

四、业主成员权

(一)业主成员权概述

业主成员权,是指业主作为建筑物或者小区这一居住社区的成员,所享有的对于该社区共同事务的管理权。在一幢建筑物或一个小区之中,会自然形成或大或小的居住社区,进而会产生社区的共同事务。于是,作为社区成员的业主,有权对这些社区共同事务进行管理,就是顺理成章的事情。业主的成员权具有如下几个方面的特征。

1.业主的成员权,是基于其专有权而派生出来的权利,因而具有附从性。与业主的共有权相同,业主成员权的附从性,也表现为成员权的产生、变更与消灭,取决于专有权的产生与消灭。

2.业主的成员权,是一种自治权,体现了私法自治的民法原则。业主的成员权,在性质上属于私权,其本质在于"业主的共同事务,由业主共同管理",因而体现了民法私法自治的理念。

3.业主的成员权,具有人法性。一幢建筑物或者一个物业小区所形成的社区本身,即具有团体的特性,因此业主成员权的产生与行使方式,是按照团体法的规则来加以构建的。

(二)业主成员权的内容

《民法典》第278条第1款规定:"下列事项由业主共同决定:(一)制定和修改业主大会议事规则;(二)制定和修改管理规约;(三)选举业主委员会或者更换业

主委员会成员;(四)选聘和解聘物业服务企业或者其他管理人;(五)使用建筑物及其附属设施的维修资金;(六)筹集建筑物及其附属设施的维修资金;(七)改建、重建建筑物及其附属设施;(八)改变共有部分的用途或者利用共有部分从事经营活动;(九)有关共有和共同管理权利的其他重大事项。"据此,业主作为物业社区的成员,其可得享有的权利主要包括以下方面。

1. 业主大会的会员权。在小区成立业主大会的情况下,业主基于其社区成员权,可当然成为业主大会的会员,享有业主大会的成员权。

2. 表决权。表决权是业主基于其成员权,在社区共同事务的决定中发表自己意见的权利。这是业主成员权以及业主大会会员权的当然结果。业主的表决权在其成员权中,居于基础性地位,它的范围非常广泛,可以涵盖社区共同事务的全部。

3. 建筑物及其附属设施的管理规约的制定和修改权、业主大会议事规则的制定和修改权。业主基于其社区成员权,有权对社区的共同事务进行管理,其核心内容即为就社区的使用、管理等实体性问题,共同制定或修改社区的管理规约。同样,业主基于其社区成员权,当然构成业主大会这一社团团体的成员,因而有权制定和修改业主大会的议事规则,包括业主大会的召集方法、表决方式等程序性问题。

4. 物业服务企业或者其他管理人的选聘和解聘权。业主既然有权管理社区的共同事务,就自然可得将这种共同事务的管理,交予物业服务企业或者其他管理人来完成。因此,物业服务企业或者其他管理人的选聘和解聘权,事实上是业主对于社区共同事务管理权的延伸。

5. 建筑物及其附属设施的维修资金的筹集和使用权、建筑物及其附属设施的改建、重建权。维修资金,是指用于业主共有权客体部分的建筑物或其他设施修缮之用的资金,而对于业主专有权客体部分的维修,是特定业主的个人事务,而不得动用维修资金。维修资金由全体业主缴纳,因而由全体业主共同决定其使用的方法。建筑物及其附属设施的改建、重建,其情况则与维修资金的筹集与使用相当。

根据《民法典》第 278 条的规定,业主对上述共同决定事项的表决,适用如下三个比例的要求:

第一,表决人数比例。业主共同决定事项,应当由专有部分面积占比 2/3 以上的业主且人数占比 2/3 以上的业主参与表决。

第二,特别表决事项的通过比例。特别表决事项包括三项内容:(1)筹集建筑物及其附属设施的维修资金;(2)改建、重建建筑物及其附属设施;(3)改变共有部分的用途或者利用共有部分从事经营活动。上述事项的通过,应当经参与表决专有部分面积3/4 以上的业主且参与表决人数 3/4 以上的业主同意。

第三,一般表决事项的通过比例。决定前述特别表决事项之外的其他事项,应当经参与表决专有部分面积过半数的业主且参与表决人数过半数的业主同意。

(三)业主团体

1.业主大会

所谓业主大会,是指由社区全体业主组成的,管理和决定本社区共同事务的业主自治性团体。由此概念出发,业主大会的特征在于以下两个方面:(1)业主大会是业主的自治性组织。业主大会是社区全体业主为了更为有效地管理和决定本社区的共同事务,而设立的自我管理的团体组织。(2)业主大会是一种组织体。业主大会建立在业主大会的设立行为的基础之上,具有自己的议事规则,甚至组织章程,能够配备自己的执行机构,并且按照确定的组织程序从事活动。因此,业主大会是一种客观存在的组织。

2.业主委员会

业主委员会,是业主大会的常设机构和执行机构,是基于业主的选举和业主大会授权,执行业主大会决议的机构。业主委员会具有如下特征:(1)业主委员会是业主大会的执行机构。作为一个执行机构,在业主大会作出相关决议之后,业主委员会对该决议,负有执行之责;在业主大会闭会期间,业主对于社区的日常管理活动,也是由业主委员会实施。(2)业主委员会的职权范围,具有很大程度的任意性。我国《民法典》第278条较为详尽地列举规定了"由业主共同决定的事项的范围",即业主大会的职权范围,但是对于业主委员会的职权范围,《民法典》却没有作出规定。因此,业主委员会的职权范围,在《民法典》上呈现鲜明的任意性特征。

3.业主团体的自治性及其决议的效力

《民法典》第280条规定:"业主大会或者业主委员会的决定,对业主具有法律约束力。业主大会或者业主委员会作出的决定侵害业主合法权益的,受侵害的业主可以请求人民法院予以撤销。"由此可见,《民法典》对于业主大会与业主委员会决议的效力,是通过团体法的模式来构建的。(1)业主大会或者业主委员会的决定,对全体业主均具有约束力。在大多数情况下,会存在对所通过的业主大会决议,持反对意见的业主。然而,业主大会既然是一个业主的自治性团体,那么其作出的决议,就应当对全体业主,也包括持反对意见的业主,具有约束力。对于业主委员会来说,作为业主大会的常设机关,其所作出的决议,也应当对全体业主具有约束力。(2)业主大会或者业主委员会作出的决定侵害业主合法权益的,受侵害的业主可以请求人民法院予以撤销。《民法典》在赋予了业主团体决议对于全体业主的约束力的同时,也就必须赋予个体业主请求法院撤销侵害其个人利益的业主团体决议的权利。这是保障业主合法权益、避免多数人对少数人正当权利实施侵害之必须。

(四)业主管理权的实现方式

《民法典》第284条规定:"业主可以自行管理建筑物及其附属设施,也可以委托物业服务企业或者其他管理人管理。对建设单位聘请的物业服务企业或者其他管理人,业主有权依法更换。”据此,业主基于其成员权对物业社区进行管理,可以通过自行管理与委托管理人管理两种方式。

1. 自行管理。所谓自行管理,是指业主不聘用物业服务企业或其他管理人,而自行对小区的清洁、保安、通信等共同事务进行管理。对于规模较小、业主人数较少的社区,或者业主不愿意聘用物业管理人的小区,业主可以自行管理小区的共同事务。业主对于社区共同事务的自行管理,是其区分所有权支配权能的直接表现。

2. 委托管理人管理。既然业主基于其区分所有权,有权管理社区的共同事务,那么其当然也可以将这种对小区物业的管理,交予管理人来实施。在业主委托管理人管理小区事务的情况下,业主享有如下两个方面的权利:(1)选任和解聘权。一般而言,物业管理人是基于业主的委托,而享有社区的管理权的。因此其与业主之间,存在物业管理合同关系。业主作为这种合同的当事人一方,自然有权选择、聘任对方当事人,使之成为本小区的物业管理人,并有权解聘之。《民法典》在“典型合同”类型中,专门设置了“物业服务合同”,对物业服务合同的解聘作了详尽的规定。(2)监督权。业主既有权将社区物业的管理权交与物业管理人,自然有权对物业管理人的管理行为实施监督;对于物业管理人而言,其物业管理权的取得,是基于业主的委托,那么其管理活动的实施,也自然要置于业主的监督之下。业主监督权的范围,可以覆盖管理人管理活动的全部。

第六节　相　邻　关　系

一、相邻关系概述

所谓相邻关系,是指依据法律的规定,两个或两个以上不动产相互毗邻的所有权人或使用权人,在行使自己的不动产权利时,因相互给予便利、受到限制而发生的权利义务关系。在权利人的不动产相互毗邻的时候,一方支配其不动产往往会产生对另一方的影响。为了使各个不动产权利人均能够顺利地支配其财产,法律必然要求权利人之间彼此给予方便、受到限制。相邻关系具有如下特征。

1. 相邻关系以不同的权利人有权支配的不动产空间位置上的相互毗邻为前提。只有在不动产相互毗邻的情况下,一方对于不动产的支配,才有可能对另一方支配其不动产,产生影响,进而才会产生彼此之间因不动产支配而需要给予对方便利或者接受对方限制的问题。

2. 相互毗邻的不动产,为不同的权利人所享有。相邻关系作为一种法律关系,其必然以不同的人为主体。一个人享有支配权利的两个或者两个以上的不动产，纵然其彼此之间存在相互毗邻的关系，也不可能构成相邻关系。

3. 相邻关系是一种法定的法律关系。相邻关系的构成条件、权利与义务的内容，均是由法律直接规定的，这即是相邻关系的法定性。因此，相邻不动产支配过程当中，当事人应当获得的便利与应当受到的限制，均不以当事人的协商、同意作为条件。

4. 相邻关系的内容，即相邻权与相邻义务。相邻权是指在不动产的支配过程中，一方可得在适当范围内扩张至对方的不动产之上；相邻义务则是指对方所承担的，容忍相邻权人扩张的义务。由此可见，相邻关系中的权利和义务为当事人互享和互负的权利和义务。

相邻关系的结构见图14－2。

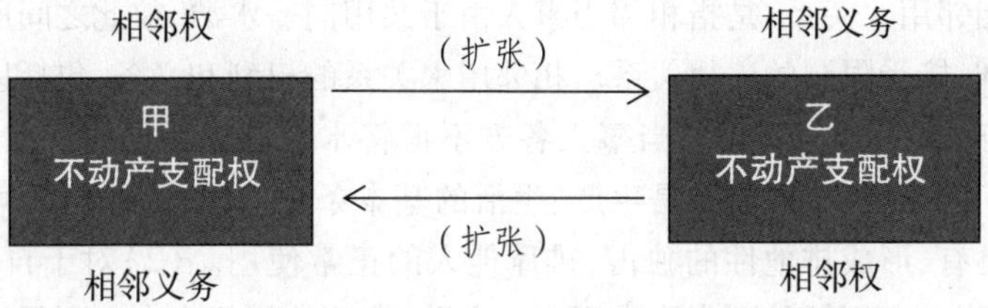

图14－2　相邻关系的结构

二、处理相邻关系的原则

我国《民法典》第288条规定："不动产的相邻权利人应当按照有利生产、方便生活、团结互助、公平合理的原则，正确处理相邻关系。"据此，相邻关系之处理的法律原则，包括以下几个方面的内容。

1. 有利生产、方便生活原则。这是法律设置相邻关系的立法目的所在。相邻关系的立法目的，是满足相邻不动产权利人对其不动产的基本支配需要，从而保证不动产权利人基本的生产、生活条件。据此，在相邻关系的处理中，不动产权利人的权利是否应当扩张或者受到限制，以及扩张和限制的程度，均应当本着这一立法目的，来妥善确定。

2. 团结互助原则。"团结互助"的含义是，在相邻关系的处理过程中，相邻当事人应当本着与人为善的心态，来解决因相邻关系而产生的纠纷，而不得以恶意刁难的心态来解决这一问题。

3. 公平合理原则。这一原则是法律对于相邻关系处理结果上的要求。这意味着相邻关系的处理结果，应当兼顾相邻当事人各方的利益，寻找到各方利益最佳的平衡点。

此外，我国《民法典》第289条规定："法律、法规对处理相邻关系有规定的，依照其规定;法律、法规没有规定的,可以按照当地习惯。”这一规定,在法定的相邻关系处理模式之外,将当地习惯纳入相邻关系之处理的考虑范围,从而在法律未作出规定的情况下,准予适用当地习惯,遵从当地社会习俗公认的准则。

三、相邻关系的内容

(一)相邻用水、排水关系

《民法典》第290条规定:“不动产权利人应当为相邻权利人用水、排水提供必要的便利。对自然流水的利用,应当在不动产的相邻权利人之间合理分配。对自然流水的排放,应当尊重自然流向。”据此,包括相邻用水、排水关系两个方面的内容。

1. 相邻用水关系

所谓相邻用水关系,是指相邻当事人由于共用同一水源,彼此之间所形成的应当给予便利、接受限制的法律关系。相邻用水关系的权利和义务,包括以下几个方面:(1)对于自然水资源,相邻当事人各方不得将水资源据为己有。在我国,自然水资源属于国家所有,同时又是生产、生活的基本条件。因此,任何人均不得将水资源据为己有,形成排他性的独占,排斥他人的正常使用。(2)对于自然水流,按照由近及远、由高到低的顺序取水用水。上游、高地的相邻当事人不得擅自改变水流的自然流向,同时必须考虑下游、低地相邻方对于用水的需要。

2. 相邻排水关系

所谓相邻排水关系,是指因相邻当事人一方不动产所排放的自然水流,或者生产、生活废水,需要经过相邻他方土地,由此而形成的以排水权利与排水义务为内容的相邻关系。相邻排水关系的权利与义务的内容,包括如下几个方面:(1)自然水流的排放。对于自然水流的排放,高地的相邻当事人享有自然排水权,相应地,低地的相邻当事人则负有承水义务。低地的不动产权利人不得阻止这种由高地而来、经过自己土地的自然水流的排放。(2)人工水流的排放。人工水流,是指非因自然原因所产生的水流,或者虽因自然原因产生,但是被人为地约束着流向的水流。对于人工水流,原则上,相邻当事人并没有当然地向邻地排放的权利。因此,如果相邻一方因蓄水、排水或引水的设施崩溃、阻塞,导致相邻对方土地遭受损害,或者有遭受损害之虞时,相邻对方有权要求排除妨碍、赔偿损失、消除危险。另外,相邻一方也不得设置屋檐或其他设施,使雨水直接倾注于相邻他方的建筑物或者土地。

(二)相邻土地利用关系

1. 相邻土地通行关系

相邻土地通行关系,是指为支配自己不动产之需要,而必须通过邻人土地,由此所形成相邻当事人之间应提供便利、接受限制的法律关系。《民法典》第291条规定:“不动产权利人对相邻权利人因通行等必须利用其土地的,应当提供必要的便利。”据此,相邻通行关系的构成要件,包括以下几个方面:(1)通行于邻人土地,必须是为了支配自己不动产的基本需要。这一要件,是相邻通行关系的目的所在;反之,为了其他目的,如观光、旅游、探险,而需通过于他人土地,纵然具有不动产相互毗邻的事实存在,相邻一方也不享有通行之权。(2)没有其他道路可供利用。即相邻一方的不动产,在地理位置上与外界隔绝,没有其他通道与外界连接,如不经过相邻他方的土地,则无法达到通行的目的。这一要件,赋予了相邻通行权以必要性。

2. 相邻施工、管线铺设关系

相邻施工、管线铺设关系,是指相邻一方出于建筑物修建或者各种管线铺设的需要,而利用邻人不动产,由此所形成的给予便利、接受限制的关系。对此,《民法典》第292条规定:“不动产权利人因建造、修缮建筑物以及铺设电线、电缆、水管、暖气和燃气管线等必须利用相邻土地、建筑物的,该土地、建筑物的权利人应当提供必要的便利。”相邻施工、管线铺设关系的构成要件是:(1)须为建筑施工、管线铺设之活动的需要;(2)如果不利用他人的土地或者建筑物,该建筑施工、管线铺设工程将无法进行。在具备上述要件情况下,相邻一方依法享有相邻权,无须征得相邻对方的同意,即可使用其不动产。但是,在使用的方法上,必须采取对对方影响最小的方式,且对对方采取必要的保护性措施。如果因此给对方造成损害,应当承担损害赔偿责任。

(三)相邻通风、采光关系

所谓相邻通风、采光关系,是指相互毗邻的不动产之间因通风、采光的需要而依法产生的给予便利、接受限制的关系。《民法典》第293条规定:“建造建筑物,不得违反国家有关工程建设标准,不得妨碍相邻建筑物的通风、采光和日照。”据此,相邻通风、采光和日照关系,具有如下方面的内容。

1. 相邻建筑物的通风、采光,必须予以保障。通风与采光,是权利人支配其建筑物的基本要求。日照与空气、水一样,为一般人生存所不可或缺,如有缺乏,个人之健康或生存势必将受到威胁甚或遭到破坏,因此日照权为基本人权之一种。

2. 为了保障邻人建筑物的通风、采光,相邻他方建筑物的修造,必须遵守国家有关的工程建设标准,如关于建筑物高度和楼间距方面的规定。在存在国家有关建设工程标准的情况下,应当将此标准作为是否违反相邻关系的构成要件;而在没有国家有关的建设工程标准时,相邻一方是否侵害对方的通风、采光权,则应当按照一般社会观念来确定。

3. 相邻通风、采光关系的救济方式,可以分为“事先救济”与“事后救济”两种方式。事先救济,是指在相邻一方在对方筹划修建建筑物时,或者在建筑物修建之初,有权以对方所修建的建筑物,将会损害自己的通风、采光为由,请求其变更修建方案,或者停止修建活动;事后救济,则是指相邻一方在对方业已修建完成的建筑物影响自己的通风、采光的时候,有权请求对方采取相关的补救措施,或者给予金钱补偿的方式,救济自己的权利。

(四)相邻防免关系

所谓相邻防免关系,是指相邻的权利人之间,因排除妨害、消除危险等请求权所产生的相邻关系。我国《物权法》上的相邻防免关系,包括相邻环境保护关系和相邻土地挖掘、施工安全关系两种类型。

1. 相邻环境保护关系

《民法典》第294条规定:"不动产权利人不得违反国家规定弃置固体废物,排放大气污染物、水污染物、土壤污染物、噪声、光辐射、电磁辐射等有害物质。"据此,相邻环境保护关系,包含以下内容:(1)相邻一方不得弃置固体废物,排放大气污染物、水污染物、噪声、光、电磁波辐射等有害物质,给相邻他方造成损害。(2)在相邻环境保护关系中,相邻一方违反相邻环境义务,给他方造成妨害、损失的,受到妨害、损失的相邻他方,有权请求停止侵害、排除妨害、赔偿损失。

2. 相邻土地挖掘、施工安全关系

《民法典》第295条规定:"不动产权利人挖掘土地、建造建筑物、铺设管线以及安装设备等,不得危及相邻不动产的安全。"据此,不动产权利人在自己的土地上从事挖掘、建造建筑物、铺设管线以及安装设备等施工活动,不得危及邻人不动产的安全。

第七节 共 有

一、共有概述

共有,是指两个或两个以上民事主体,公共享有一个物上的一个所有权(见图14-3)。《民法典》第297条规定:"不动产或者动产可以由两个以上组织、个人共有……"在共有关系中,共有的主体,称为共有人;共有的客体,称为共有物;共有的内容,即各个共有人在共有物上所共同享有的所有权,称为共有权。共有关系,具有如下特征。

一个物——一个所有权——共有人分享 { 甲 / 乙 / 丙 }

图 14－3 共有的结构

1. 共有关系的主体具有复合性。共有关系是由两个或两个以上民事主体共同享有所有权的关系。在民法上，一个物的所有权，可以由一个民事主体单独享有，也可以由两个或两个以上的民事主体共同享有。在前一种情况下，构成单独所有；在后一种情况下，则形成共有。

2. 共有关系的客体，即共有物，具有单一性。共有关系是各个共有人就同一共有物享有共有权的关系，而不是若干民事主体分别就不同的物各自享有单独所有权的关系。因此，共有不同于分别的单独所有。

3. 共有关系可以划分为内部关系和外部关系两个层面。内部关系，即各个共有人之间的关系，外部关系，则为各个共有人与他人之间的关系。

4. 共有权是所有权的联合。共有的本质在于所有权的分割，因此各个共有人的共有权结合起来，就构成一个完整的所有权。从这个意义上讲，共有是一种所有权的联合。需要说明的是，在社会生活中，存在所有权以外的财产权利，如用益物权、知识产权乃至债权等，由若干个主体共同享有的现象。这种现象，被称为“准共有”，其在相关法律制度的特别规定之外，准用共有的法律制度、规则。对此，我国《民法典》第 310 条规定：“两个以上组织、个人共同享有用益物权、担保物权的，参照适用本章（共有）的有关规定。”

二、共有与相关概念的区别

对于共有之概念、特征的把握，应当注意“共有”这一概念与相关观念之间的区别。

1. 共有，不同于业主的建筑物区分所有。在建筑物区分所有权所包括的三个方面的内容中，业主对于共同部分的“共有权”，与这里的“共有”具有相同的性质。但是与此同时，区分所有权中所包含的另外两个部分的内容，及业主对于专有部分的所有权，以及业主的成员权，却无法用共有制度来加以概括。

2. 共有也不同于公有。“公有”是国家所有制与集体所有制经济制度的总称，其在民法上的表现形式，就是国家所有权与集体所有权。对于国家所有权与集体所有权而言，其所有权主体，具有单一性，而不是像共有那样，有两个或者两个以上的主体，分享所有权。

三、按份共有

(一)按份共有概述

按份共有,又称分别共有,是指两个或两个以上的民事主体,对同一个特定物按照确定的份额,享有所有权的共有形式。按份共有具有如下几个方面的特征。

1. 按份共有的各个共有人,是按照共有份额享有所有权。按份共有中的共有份额,又称应有份。在按份共有中的共有份额,直接构成了按份共有人享有所有权、承担共有物上的义务和责任的基础。

2. 在按份共有中,事实上存在双重的财产权利。就共有物的所有权而言,其属于共有人的共同财产;就共有份额而言,其则是由各个共有人单独享有,因而系属于共有人的独有财产。基于此,在按份共有关系中,共有人对共有物的支配,要受到共有人共同意志的制约;而对于共有份额的支配,则只需由享有该共有份额的共有人单方意志决定即可。

(二)共有份额

就按份共有而言,确定、显在的共有份额的存在,是按份共有最大的特征。共有份额不仅构成共有人行使共有权,承担共有物上的义务和责任的基础,而且其本身也具有财产的意义,可由共有人加以支配。因此,共有份额在按份共有法律制度中,居于至关重要的地位。

1. 共有份额比例的确定

我国《民法典》第 309 条规定:“按份共有人对共有的不动产或者动产享有的份额,没有约定或者约定不明确的,按照出资额确定;不能确定出资额的,视为等额享有。”据此,共有份额比例的确定,依照如下规则来进行:(1)通过法律行为来创设按份共有的,当事人对于共有份额有约定,按照当事人的约定确定共有份额。民法既允许当事人通过法律行为创设按份共有,那么民法允许其通过法律行为确定共有份额,自属当然。(2)在当事人没有约定共有份额或者约定不明的情况下,法律须对当事人的意思进行拟制,即对共有份额作出规定。在此,法律拟制当事人的意思的规则是,基于有偿法律行为形成共有的,按照当事人的出资比例,确定共有份额;不能确定出资额的,视为共有人享有均等份额。

2. 共有份额的处分与共有人的优先购买权

在按份共有中,共有份额为各个共有人独立拥有。因此在共有人处分其共有份额时,原则上无须征得其他共有人的同意。在此基础上,根据合同自由原则,按份共有人之间可以通过合同约定的方式,对共有人的共有份额处分自由予以限制。在民法上,按份共有人对于共有份额的处分,可以采取转让、设定担保、设定用益物权以及抛弃等多种形式。

我国《民法典》第306条第1款规定:“按份共有人转让其享有的共有的不动产或者动产份额的,应当将转让条件及时通知其他共有人。其他共有人应当在合理期限内行使优先购买权。”据此,按份共有人优先购买权的行使条件,有以下几个方面的要求。

(1)共有人“对外转让”其共有份额。反之,按份共有人对内转让其共有份额,或是通过继承、遗赠导致共有份额的权属发生变动,均不构成“对外转让”,其他按份共有人不能享有优先购买权。

(2)转让共有份额的共有人,应当将转让的事实,告知其他共有人。此种告知的意义,在于催告,即征询其他共有人是否行使优先购买权。

(3)其他按份共有人行使优先购买权,应在合理期间内。超过了合理期间,优先购买权归于消灭。

(4)同等条件下的优先购买权。优先购买权的行使,其必须以“同等条件”作为前提。如何判断“同等条件”这一要求,应当从两个方面来考察:一方面,同等条件主要是指价格条件;另一方面,其他条件也应当适当考虑,即不应当有对出卖人明显不利的因素。

(5)两个或两个以上按份共有人均主张优先购买权的,能够协商一致的,从其约定;否则,各个按份共有人依照各自份额比例,行使优先购买权。

四、共同共有

(一)共同共有概述

所谓共同共有,是指各个共有人形成共同关系,并基于共同关系之目的,而共同享有共有动产、不动产的所有权。《民法典》第299条规定,“共同共有人对共有的不动产或者动产共同享有所有权”。共同共有具有如下法律特征。

1. 共同共有以共同关系的存在为前提。共同共有关系,是建立在共有人之间的共同关系基础之上的共有关系,这种共同关系包括婚姻关系、其他家庭关系以及继承关系等。因此,共同共有以共同关系为存在的基础,并服务于共同关系的目的。

2. 与按份共有不同,在共同关系存续期间,共同共有人原则上不得要求分割共有物,以终止共同共有关系。在共同共有中,由于共同共有关系是为共同关系之服务为目的,所以在共同关系存续的情况下,共同关系的目的依然存在,此时共同共有关系就必须维持。

3. 共同共有的客体,具有多元性和动态性。与按份共有相比较,按份共有物通常是就一个特定之物而言的,即按份共有人所共有之物,必须是某一个或者几个能够特定的物。而在共同共有中,共有人所共有之物,则往往是一定范围的财产的总和。

4. 共同共有的份额,具有潜在性。在共同共有中,共有人享有共有权利的法律基础,并不是在共有财产上所占据的份额,而是在于共同关系参加者的身份。因此,在共同共有关系中,共有份额隐而不显——只有在共同共有关系终止之时,该共有份额才会凸显出来,进而作为共有人分割共有物的依据。

(二)共同共有与按份共有的确定

共同共有与按份共有具有截然不同的法律定位,因此,确定某一共有形式究属按份共有或共同共有,对于确定当事人所享有、承担的权利、义务内容,具有重要意义。根据我国《民法典》第308条"共有人对共有的不动产或者动产没有约定为按份共有或者共同共有,或者约定不明确的,除共有人具有家庭关系等外,视为按份共有"的规定,共有形式的确定规则,分为以下两个方面。

1. 尊重当事人的约定。既然物权法允许当事人可以依照自己的意思表示,创设共有关系,那么法律自无必要禁止当事人进而依其意思表示确认共有的形式。鉴于此,如果当事人对于其共有的形式有明确约定的,法律从其约定。

2. 在当事人就共有的形式未为约定或者约定不明的情况下,法律原则上推定其共有形式为按份共有。但是,如果在当事人之间存在"共同关系",法律则推定其为共同共有。换言之,《民法典》第308条"除共有人具有家庭关系等外,视为按份共有"之规定中的"家庭关系等"这一用语,应当理解为"共同关系"。

(三)共同共有的法定类型

1. 夫妻共同共有。夫妻共同共有,是在作为共同关系的婚姻关系基础上,夫妻双方对于共同财产的共有形式。夫妻共同共有,是由法律确定的。我国《民法典》第1062条规定,夫妻在婚姻关系存续期间所得的财产,归夫妻共同所有。《民法典》的这一规定,奠定了夫妻共有具有共同共有性质的法律基础。

2. 家庭成员共同共有。家庭成员对于家庭财产的共同共有,以家庭成员之间的亲属身份关系为基础。家庭成员共同共有的财产,应当是指在家庭成员共同从事民事活动的过程中,所取得的财产。例如,如家庭成员共同出资,开办个体工商户,在经营中所取得的财产。

3. 继承人的共同共有。继承人的共同共有,是以应当继承的遗产为共有关系的客体,并以共同继承关系为基础的共同共有。根据《民法典》第230条"因继承取得物权的,自继承开始时发生效力"的规定,在被继承人死亡后,遗产即归继承人所有。当继承人有两个或者两个以上的时候,在被继承人死亡之后,遗产分割之前这一时期,该遗产即为各个继承人共有。进而,由于这种共有关系,建立在共同继承的基础之上,各个继承人之间,具有身份上的联系,因此这种共有,为共同共有。

五、共有物的支配与管理

共有权意味着每一个共有人基于共有权，均得支配共有物的全部；共有权同时又意味着各个共有人对于共有物的共同支配，因此每一个共有人对物的支配，又要受到其他共有人共有权的制约。我国《民法典》第298条规定："按份共有人对共有的不动产或者动产按照其份额享有所有权"，第299条规定："共同共有人对共有的不动产或者动产共同享有所有权。"据此，共有人有权支配共有财产，并对所共有的财产进行管理。

（一）共有物的支配

1. 共有物的使用、收益

共有人对于共有物的使用、收益，是共有人的支配方式之一，是共有权支配权能的组成部分。共有人在共有物的使用和收益中的关系协调，按照如下规则来进行：(1)共有人之间可以通过协商，确定共有物的使用和收益的方式。(2)在没有达成协议的情况下，如果该特定的使用方式不会对其他共有人造成妨害，则该使用方式可以视为并未超越使用者共有份额的范围。使用者无须征得其他共有人的意见，即可使用共有物；反之，则必须征求受到妨碍的共有人的同意后，方能对共有物加以使用。(3)对于共有物所得到的收益，共有人之间存在事先商定的分配比例的，按照约定分配；事先没有协商并且协商不成的，在按份共有中，直接按照共有份额的比例来分配；在共同共有中，则共有人对于共有物的收益继续保持其共同共有关系。

2. 共有物的处分

共有物的处分，包括"事实上的处分"和"法律上的处分"两种。前者是指改变共有物的形态，或者终止物的存在；后者则是指改变共有物上的权利状况。关于共有物的处分规则，《民法典》视按份共有与共同共有而有所不同。在按份共有的情况下，由于共有物的处分，事关所有共有人的利益，因此我国《民法典》第301条规定："处分共有的不动产或者动产以及对共有的不动产或者动产作重大修缮、变更性质或者用途的，应当经占份额三分之二以上的按份共有人或者全体共同共有人同意，但是共有人之间另有约定的除外。"在共同共有情况下，根据我国《民法典》第301条的规定，在共同共有人没有特别约定的情况下，对于共有物的处分，应当征得全体共有人的一致同意。

（二）共有物的管理

《民法典》第300条规定："共有人按照约定管理共有的不动产或者动产；没有约定或者约定不明确的，各共有人都有管理的权利和义务。"在此基础上，对于共有物的共同管理，应当如何安排共有物的具体管理方法，则应当视管理行为的不同形式而定。根据物权法的理论,共有物的管理行为,包括共有物的“保存行为”与“改良行为”两种形式。

1. 共有物的保存行为

共有物的保存行为,是指以防止共有物之灭失、毁损或其权利丧失、受到限制为目的,而采取措施,维持共有物现有之事实状态或权利状态的行为。在理论上,共有人实施保全行为,无须征得其他共有人的同意。尽管《民法典》并未对保全行为作出规定,但是从保全行为的性质着眼,对此行为的规范亦应作相同的解释。

2. 共有物的改良行为

共有物的改良行为,是指在不改变共有物性质、形态的前提下,增加共有物的使用效用或者交换价值的行为。共有物改良行为的实施,原则上应当在共有人彼此协商、约定的基础上进行,而不得由某一共有人单独实施。《民法典》第 301 条规定,“处分共有的不动产或者动产以及对共有的不动产或者动产作重大修缮的……应当经占份额三分之二以上的按份共有人或者全体共同共有人同意,但共有人之间另有约定的除外”。该条中所称的“重大修缮”,可作扩大解释,使之包括改良行为。

(三)共有物费用的负担

所谓共有物的费用,是指在共有物的支配过程中所产生的费用,如共有物的维修费用、保险费用、物业费用、水电气暖费用以及公法上的费税等。对于共有物费用的负担,《民法典》第 302 条明确规定:“共有人对共有物的管理费用以及其他负担,有约定的,按照其约定;没有约定或者约定不明确的,按份共有人按照其份额负担,共同共有人共同负担。”

六、共有人对第三人的权利与义务

共有人在共有物的支配过程中,还会与第三人产生外部的权利义务关系。在外部关系中,共有人作为一个整体,各个共有人的共有权结合起来,对外即构成一项完整的所有权。因此,其与第三人之间的权利、义务关系,物权法原则上是按照所有权法律关系来构建的;与此同时,共有毕竟不同于单独所有,主体的多元性与权利的分割性,又决定了其具有不同于单独所有的特性。

(一)共有人对第三人的权利

既然共有人的共有权,对外结合为一项完整的所有权,那么共有人之外的不特定第三人则为这种所有权的义务人,其承担者不得侵害、妨碍共有人共有权的消极义务。这种所有权法律关系,构成了共有人与第三人关系的基础。在此基础上,倘若有第三人违反其消极义务,即侵害了共有人的共有权,那么在各个共有人与该第三人之间,则会产生一定的请求权法律关系,包括物权请求权关系和侵权损害赔偿请求权关系。

1. 共有人对第三人的物权请求权

我国《民法典》第 235 条以下,规定了返还原物(第 235 条)、排除妨害与消除危险(第 236 条)以及恢复原状(第 237 条)四种物权请求权的类型。但是在按份共有的对外关系中,这些请求权如何主张,我国《民法典》并未明确。从理论上讲,共有权具有所有权性质,故而在第三人侵害共有权,但尚未造成共有物的毁损灭失的情况下,上述四项物权请求权共有人均可主张。

2. 共有人对第三人的侵权损害赔偿请求权

在第三人侵害共有物,致共有人损害时,共有人有权请求致害的第三人以金钱方式,赔偿其遭受的损失。《民法典》第 307 条规定:"因共有的不动产或者动产产生的债权债务,在对外关系上,共有人享有连带债权、承担连带债务,但是法律另有规定或者第三人知道共有人不具有连带债权债务关系的除外。"

(二)共有人对第三人的义务

所谓共有人对第三人的义务,是指因共有物所产生的共有人对第三人的债务,包括共有人对第三人所承担的共有物管理的费用的支付义务,以及共有物致人损害时共有人所承担的损害赔偿责任。根据《民法典》第 307 条的规定,共有的不动产或动产产生的债务,在对外关系上,共有人呈连带关系,但法律另有规定或者第三人知道共有人不具有连带关系的除外。

七、共有物的分割

共有物的分割,即共有人按照一定的方式,变原先的共有为各自的单独所有。共有物分割的结果,即为共有关系的终止。我国《民法典》第 303 条规定:"共有人约定不得分割共有的不动产或者动产,以维持共有关系的,应当按照约定,但是共有人有重大理由需要分割的,可以请求分割;没有约定或者约定不明确的,按份共有人可以随时请求分割,共同共有人在共有的基础丧失或者有重大理由需要分割时可以请求分割。因分割造成其他共有人损害的,应当给予赔偿。"

(一)分割共有物的条件

由于共有物的分割,意味着共有关系的终止,因此在何种情况下,共有人可以要求分割共有物,法律的规定根据按份共有与共同共有的不同而有所不同。

1. 按份共有物的分割条件

在按份共有情况下,按份共有的共有人彼此间的关系,是一种纯粹的财产关系,而没有身份关系的色彩。因此,在按份共有中,共有人原则上可以随时请求分割共有物,终止共有关系。与此同时,在按份共有人可得随时主张分割共有物这一原则之下,存在若干限制。(1)按份共有人之间的另行约定。根据《物权法》第 303

条“共有人约定不得分割共有的不动产或者动产,以维持共有关系的,应当按照约定”的规定,按份共有人之间存在的不得分割共有物的约定,对任何一个共有人均有约束力。需要注意的是,《物权法》第303条对于这种不得分割共有物之另行约定的约束力,规定了例外情况,即“共有人有重大理由需要分割的,可以请求分割”。(2)共有物的性质不适于分割。所谓共有物的性质不适于分割,是指基于各方共有人的利益需要,共有状态必须加以维持的情况。由于按份共有人分割共有物的制度,旨在强化共有人物之支配,发挥财产之效用。

2. 共同共有物的分割条件

共同共有以共同关系为基础,共同共有物是实现共同关系目的的物质基础。因此,在共同关系存续期间,原则上共同共有人不得主张共有物的分割。相应地,在共同关系终止时,共同共有已经丧失了其得以存在的基础,因此必将随着共同关系的终止而终止,共同共有物的分割,也就成为共同共有关系终止后的当然结果。

(二)共有物的分割方式

共有物之分割,有两种方式:一是协议分割;二是裁判分割。前者是指共有人根据彼此间达成的分割协议,确定共有物的分割方法;后者则是在共有人没有或无法达成分割协议的情况下,由法院确定共有物的分割方式。我国《民法典》第304条第1款规定:“共有人可以协商确定分割方式。达不成协议,共有的不动产或者动产可以分割且不会因分割减损价值的,应当对实物予以分割;难以分割或者因分割会减损价值的,应当对折价或者拍卖、变卖取得的价款予以分割。”该条前段是针对协议分割而言的;该条后段则是针对裁判分割中法院应裁定的分割方式所作的规定。

(三)共有物分割的效力

1. 分割效力发生之时间

共有物分割的效力,就是共有关系终止,各个共有人取得单独的所有权。那么,共有人自何时起,可享有单独的所有权呢?对此,应当区分协议分割与裁判分割两种情况。(1)在协议分割的情况下,共有人单独所有权的取得,不能仅凭该分割协议本身的达成,而需要该协议的履行,即动产交付或者不动产登记。因此,对于共有物的“协议分割完成”的时间,是动产的交付时间或者不动产的登记时间。(2)在裁判分割共有物的情况下,由于共有人要求分割共有物的权利为一种形成权,故而将共有物的裁判分割诉讼,视为形成之诉。形成之诉,以通过司法裁判变更既有之法律关系为诉讼目的,所以一旦判决生效,当事人的共有关系,即变更为单独所有关系。因此,根据《民法典》第229条的规定:“因人民法院、仲裁机构的法律文书或者人民政府的征收决定等,导致物权设立、变更、转让或者消灭的,自法律文书或者征收决定等生效时发生效力。”即裁判分割的生效时间,也应以法院裁判分割的判决生效的时间为准。

2. 共有人之间的相互担保义务

共有人相互之间的担保义务，是指基于共有物之分割而获得共有物之一部的共有人，如其所分得的部分存在瑕疵，则有权要求其他共有人分担损失。我国《民法典》第304条第2款规定："共有人分割所得的不动产或者动产有瑕疵的，其他共有人应当分担损失。"

在这里，物之瑕疵包括权利瑕疵和品质瑕疵两种。前者是指共有人所得之物，出现了第三人权利之主张，导致共有人取得的单独所有权归于消灭；后者则是指共有人分得之物在分割之前已经具有质量瑕疵，导致其所得财产的价值低于其共有份额的价值。在出现上述权利或者品质上的瑕疵时，共有人一方有权根据《民法典》第304条的规定，请求其他共有人应当分担损失。

重点问题梳理

1. 所有权，是指民事主体依法可将物归属于自己，并对其加以全面支配的权利。所有权的权能，是所有权人为实现所有权上的物之支配利益，依法可得对所有物进行支配的方式。

2. 善意取得，是指无权处分人将他人之物的所有权处分予第三人时，在该第三人系属善意的情况下，可取得该物之所有权。

3. 孳息，是指由他物产生的新物。孳息产生的方式有两种：一是因自然原因而产生；二是因法律关系所产生。前者为天然孳息，后者为法定孳息。

4. 添附，是指不同所有人的物被结合、混合在一起成为一个新物，或利用他人之物加工成新物，一方取得该新物即意味着获取他方之物或劳动之取得。添附有附合、混合和加工三种情形。

5. 先占，是指对于无主动产，占有人得依占有事实，取得所有权。

6. 业主的建筑物区分所有权，是指业主对建筑物内的住宅、经营性用房等专有部分享有所有权，对专有部分以外的共有部分享有共有和共同管理的权利。包括业主对于建筑物专有部分所享有的单独所有权、对建筑物专有部分以外的共有部分享有的共有权以及对业主社区的共同事务所享有的共同管理权这三个方面的内容。

7. 相邻关系，是指依据法律的规定，两个或两个以上不动产相互毗邻的所有权人或使用权人，在行使自己的不动产权利时，因相互给予便利、受到限制而发生的权利义务关系。

8. 共有，是指两个或两个以上民事主体，公共享有一个物上的一个所有权。在我国民法上，共有分为按份共有和共同共有两种类型。

案例与分析

甲、乙于2004年结婚。婚后,二人各自出资50%,共同作为买受人与世纪花园小区开发商订立买卖合同,购买该小区18座1808号房屋一套。但是,在办理房屋所有权登记手续时,由于登记机关的疏忽,仅仅将甲登记为所有权人,而遗漏了乙的名字。房产证下发后,由甲保管,乙对此事并不知情。2006年,甲、乙感情出现不和,时常争吵,甲遂萌生离婚之意。趁乙出差之际,甲与丙订立了房屋买卖合同,将该房屋出卖与丙,并与丙办理了房屋登记手续。乙得知此事后,遂向法院提起诉讼,主张该买卖合同无效,要求丙返还房屋。

问题:本案应当如何处理?

分析:首先,甲、乙共同出资购买的房屋于婚姻期间取得,属于甲乙共同共有。甲擅自向丙出卖房屋的行为,性质为无权处分。其次,房屋登记上仅有甲的名字,第三人丙可以信赖房屋为甲单独所有,丙可以善意取得该房屋的所有权。因此,乙不能要求丙返还房屋,而只能要求甲赔偿损失。

第十五章　用 益 物 权

第一节　用益物权概述

一、用益物权的概念

所谓用益物权，是指是非所有人对他人之物所享有的占有、使用、收益的排他性权利。其旨在更好地发挥物的实用价值而在所有人之所有物上设定的定限物权，是用益物权人可以占有、使用他人之物并从中受益的他物权。《民法典》第323条规定："用益物权人对他人所有的不动产或者动产，依法享有占有、使用和收益的权利。"

用益物权首先是一种物权，因此它具有物权的本质特性，即其具有排他效力、优先效力、追及效力、物权请求权的效力，是一种公开的权利。其次其作为一种他物权，因而其具有他物权的共性即受限性、派生性和不完全性。

二、用益物权的特征

用益物权作为物权的一种形态，具有对世性、支配性、特定性、排他性、绝对性和公示性等物权的一般法律特征。用益物权和其他物权形态相比，又具有以下基本法律特征。

1. 用益物权是一种他物权。它是指对他人所有的物使用、收益的权利，因而其存在必须以他人对该物所有权的存在为前提。

2. 用益物权大多为独立物权。除了地役权以外，用益物权的权利人对权利的享有不以享有其他财产权为前提，即该权利是独立存在，依当事人之间设立用益物权的行为或法律的直接规定而发生，因而为独立物权。

3. 用益物权是限制物权。限制物权也称为定限物权。用益物权的限制性是指在权利内容上与所有权相比受到法律和合同的限制。用益物权一旦产生，就成为独立的权利，权利人依法行使用益物权可以排除任何人的非法干涉，包括来自物的所有人对用益物权的侵害。然而，由于用益物权不具备对他人之物的处分权，又受到所有权人对其内容范围的限制，使用益物权对物的支配力不如所有权，即其仅限于对物某一方面或几方面的支配、使用、收益的权利,权利人只具有所有权的部分权能,或仅在一定范围内具有全部权能。

4. 用益物权是对他人之物的使用价值加以支配的权利。对他人之物的利用是用益物权之客体的特点之一。物具有价值和使用价值的双重属性。物的使用价值是指根据物的自然属性、法定用途或约定方式对物进行实际上的使用所带来的对物的使用人所具有的价值。物权为支配权,权利人所支配的,既可能是物的使用价值,也可能是物的交换价值。但用益物权作为一种特定范围的支配权,其支配的对象是物的使用价值,因此不涉及以用益物的价值清偿债务问题,也不涉及用益物灭失后以其他物代替的问题。用益物权的这一特征与保障债权实现的担保物权有着显著的区别。

三、用益物权的法律意义

1. 完善物权法形式结构的功能。用益物权的一个重要功能在于它作为物权体系的一个有机构成,完备了物权的形式结构。[1] 从民法传统上来看,我国民法属于大陆法系,其民法思维也是大陆法系的。这一特点决定了我国物权法体系的结构不能不考虑大陆法系的理论体系。因此,在现有条件下,我们还没有充分的理由置大陆法系的理论于不顾,完全抛弃已经为广大群众接受的概念在立法成本上是不划算的。当然,我们不能完全照搬大陆法系的理论,必须对不适合我国国情的理论加以改造。物权法是强化物权观念,使人们明确物权的范围和内容的重要手段。如果物权法不采用用益物权的概念,而仅代之以占有权,就容易导致人们仅知道占有而忽视权利的现象,这与物权法的初衷是相违的。在这一点上,土地承包经营权就是一个很好的例子。由于土地承包经营权是通过承包合同取得的,因此实践中很多人将这种权利看成债权,从而使其得不到物权的保护。

2. 合理配置资源的功能。用益物权配置资源的功能,也就是解决资源的所有与利用之间矛盾的功能。从法经济学角度分析,用益物权配置资源的功能取决于资源的稀缺性。资源的稀缺性导致了其不能满足任何主体的所有需求,这就很自然地产生了资源的所有与利用之间的矛盾。如果不加以妥善的解决,必将限制社会经济的发展。庞德指出:"我们对社会资源的保护,这是文明社会的要求或愿望,在这样一个社会中,文明人类生存的自然环境和满足人类需要的手段,在这样的社会中不应被浪费,而应该以对人类目的最经济和最广泛的应用相一致的方式来使用或享受它们。"[2]

在这些情况下,用益物权就成为解决土地、房屋的所有与利用矛盾的有效手

---

〔1〕 梁慧星主编:《中国物权法研究》(下册),法律出版社1998年版,第585~588页。

〔2〕 [美]罗斯科·庞德:《普通法的精神》,唐前宏等译,法律出版社2001年版,第148页。

段。无论是在私有制国家还是在公有制国家,用益物权都是非所有权人利用他人土地、房屋的重要制度之一。例如,在德国、意大利、日本等大陆法系国家,法律通过设定地上权解决非所有权人利用他人土地建造建筑物的问题,通过永佃权制度解决非所有权人利用他人土地耕种的问题。在我国,现行法中所规定的土地承包经营权、土地使用权、宅基地使用权等多种权利,也为非所有权人利用他人的不动产创造了法律条件。

3. 用益物权是实现社会主义公有制的法律构架。我国实行社会主义公有制经济制度,其在法律上的基本表现为生产资料的国家所有或集体所有。由于大量的物质资料集中于国家或者集体,其自行行使所有权,以实现公有财产的保值增值的尝试,结果必然是忽略非公有的民事主体生产生活的需求,抑制生产力的发展,这早已被新中国成立以来长期奉行的计划经济模式所证明。与此同时,随着市场经济体制的建立,众多的公有制主体对于国家所有或集体所有的生产资料产生了日益强烈的用益需求。如何仍在维持国家和集体所有的前提下,满足生产资料在日常生产生活中的需求,实现社会资源的市场配置机制,发挥公有财产的最大化效益,这些问题均需围绕着用益物权制度展开。由此可见,在我国改革开放的进程和市场经济建设的过程中,用益物权制度具有特殊的重要意义。换言之,在中国,用益物权问题就是社会主义公有制的法律实现问题。

第二节 土地承包经营权

一、土地承包经营权概述

土地承包经营权,是指土地承包经营权人依法对集体所有或国家所有由集体使用的农用土地占有、使用和收益的权利。《民法典》第331条规定:“土地承包经营权人依法对其承包经营的耕地、林地、草地等享有占有、使用和收益的权利,有权从事种植业、林业、畜牧业等农业生产。”土地承包经营权具有以下法律特征。

1. 土地承包经营权的权利主体是一切农业经营者。土地承包经营权的目的在于从事农业生产活动,因此,土地承包经营权的主体只能是从事农业生产的农业经营者。但是,在具体的土地承包经营关系中,土地承包经营权的主体一般仅限于土地所属的集体经济组织的内部成员,除此之外的农业经营者不能成为该土地的承包经营权人。换言之,在土地承包经营权关系中,发包方是土地所属的特定集体组织,承包方则是该集体经济组织的内部成员,双方之间存在一定的身份关系,这也决定了承包经营权的主体具有强烈的地域性。但是,随着农业经济的发展,为了提高不宜采取家庭承包方式的“四荒”地(荒山、荒沟、荒丘、荒滩)的利用效益,土地承包经营权的主体不再限于集体经济组织的成员,而是扩大至集体经济组织以外的农业经营者。这种承包方式在《农村土地承包法》中被称为“其他方式的承包”。不过,依据《农村土地承包法》第51条的规定,对于这种“其他方式的承包”本集体经济组织成员有权优先承包。

2. 土地承包经营权以集体经济组织所有或者国家所有由集体经济组织长期使用的农用土地为客体。土地承包经营权是存在于土地上的权利,建筑物上不得成立该项权利。土地是指农村集体经济组织所有或者国家所有由集体经济组织使用的土地,在城市国有土地上不得设立土地承包经营权。具体而言,土地承包经营权的客体限于耕地、草地、林地、滩涂、水面和其他适于农用目的的土地。

3. 土地承包经营权是以在他人土地上为农业性质的耕作、养殖或畜牧的用益物权。土地承包经营权的目的具有特殊性,即“农业目的”,具体指在集体所有或国家所有由集体使用的土地上进行耕作、养殖或畜牧等农业生产。土地承包经营权为一种物权,其内容是对他人土地进行直接的占有、使用和收益,所以土地承包经营权是用益物权。土地承包经营权表现为自主利用土地的支配权,承包方基于合同实际占有、控制、使用土地,可以排除他人干涉、侵害、侵占行为,行使物上请求权,这种对抗包括对抗发包人即土地所有人。

二、土地承包经营权的效力

(一)土地承包经营权人的权利

1. 承包地的占有权。承包方取得土地经营权的目的,在于在承包的土地上从事农业生产活动,而从事这些农业生产活动,必须以占有承包地为前提。因此,土地承包经营权人当然享有占有承包地的权利。

2. 承包地的使用权。土地承包经营权人占有承包土地的目的在于使用承包地,如在耕地上耕种、在草原上放牧等。

3. 承包地的收益权。在土地承包经营权中,无论权利人对承包地的使用是以土地的产出物自用为目的的消费性使用,还是以土地的产出物出售以获得经济利益或者为取得土地的法定孳息为目的的经营性使用,土地承包经营权人都有权获取使用土地所获得的利益,这是土地承包经营权作为一种用益物权的必然要求,也是我国实行土地经营承包的目的之所在。

4. 权利处分权。在土地承包经营权中,土地承包经营权人所能处分的只能是土地承包经营权本身,而不能是承包地。土地承包经营权人对其权利的处分主要包括以下两种情形:一是土地承包经营权人有权采取法律允许的方式流转土地承包经营权。例如,在家庭承包经营权中,权利人可以采取出租、互换、转让等方式流转土地承包经营权;在“四荒”(荒山、荒沟、荒丘、荒滩)承包经营权中,权利人可以采取转让、出租、入股、抵押等方式流转土地承包经营权。二是土地承包经营权人有权抛弃土地承包经营权。《农村土地承包法》第30条规定:"承包期内,承包方可以自愿将承包地交回发包方。承包方自愿交回承包地的,可以获得合理补偿,但是应当提前半年以书面形式通知发包方。承包方在承包期内交回承包地的,在承包期内不得再要求承包土地。"

5.承包地被征收、占用时的补偿请求权。承包地被征收、占用时的补偿请求权,是指承包地因被国家征收或被集体经济组织占用时,土地承包经营权人获得补偿的权利。根据原《物权法》《土地管理法》《农村土地承包法》等法律的相关规定,在承包地被征收、占用时,应当给予土地承包经营权人合理、充分的补偿。

(二)土地承包经营权人的义务

1.维护承包地的农业用途。维护承包地的农业用途,不得将承包地用于非农业建设,这是土地承包经营权人的最基本义务之一,是国家耕地保护制度的重要措施。

2.维持土地生产力的义务。土地承包经营权人以耕作、养殖或畜牧为目的使用土地时,负有保持土地生产力的义务。违反该义务,并经土地所有人阻止或通知改善无效时,土地所有人得终止土地承包经营权。

3.不得抛荒承包地的义务。在我国土地资源相对紧缺的情况下,强调土地承包经营权人不得抛荒承包地的义务,即不得置承包地于不顾,任其荒芜,具有重要现实意义。

三、土地承包经营权的取得、流转与消灭

(一)土地承包经营权的取得

土地承包经营权的取得,是指某一主体在农村土地上取得土地承包经营权。农村土地,原则上采取农村集体经济组织内部的家庭承包方式,但对于那些不宜采取家庭承包方式的"四荒"(荒山、荒沟、荒丘、荒滩)土地,采取招标、拍卖、公开协商等方式承包。显然,在不同的承包方式下,土地承包经营权的设定大不相同,以下分述之。

1.土地承包经营权的家庭承包经营方式设定。所谓家庭承包经营方式设定土地承包经营权,是指本集体经济组织成员以户为单位与集体经济组织之间通过合同设定土地承包经营权。土地承包经营权设定的当事人,一方为农业集体经济组织,另一方为从事农业活动的农业经营者;客体为集体经济组织所有或国家所有由集体经济组织长期使用的土地;内容为当事人双方的权利义务。在现今农村,订立土地承包合同是最主要的取得土地承包经营权的方式。我国《民法典》第333条规定:"土地承包经营权自土地承包经营权合同生效时设立。"

土地承包经营权合同一旦生效,即对当事人双方产生约束力。对此,《农村土

地承包法》第25条规定:“承包合同生效后,发包方不得因承办人或者负责人的变动而变更或者解除,也不得因集体经济组织的分立或者合并而变更或者解除。”这有利于土地承包经营权的稳定,有利于维护承包方的利益。

2.通过招标、拍卖、公开协商等方式取得土地承包经营权。《民法典》第342条规定了此种土地承包经营权的取得方式。以招标、拍卖、公开协商等方式设立土地承包经营权有如下三个特点:

第一,以该种方式设定土地承包经营权,其客体受到法律的严格限制,仅限于不宜采取家庭承包方式的“四荒”土地,即荒山、荒沟、荒丘和荒滩。

第二,由这种方式取得土地承包经营权的承包人并不仅限于集体经济组织内的成员,而是扩大至集体经济组织之外的自然人、法人或其他组织。

第三,采取这种途径设定土地承包经营权,对于本集体经济组织成员在承包费、承包期限等主要内容相同的条件下主张优先承包权的,应予支持,而且发包方将土地发包给本集体经济组织以外的单位或者个人,应当经法律规定的民主议定程序通过。[3]

(二)土地承包经营权的流转

土地承包经营权的流转,是指已经获得土地承包经营权的承包人,在法定范围内,将其土地承包经营权再次处分。

根据《民法典》的规定,土地承包经营权的流转方式主要包括以下几种。

1.土地承包经营权的互换、转让

《民法典》第334条规定:“土地承包经营权人依照法律规定,有权将土地承包经营权互换、转让……”互换,是指不同土地承包经营权人,互换承包地,并取得对方承包地上的土地承包经营权。转让,是指土地承包经营权人将其承包权转让给第三人,使第三人获得该承包地上的土地承包经营权。根据《民法典》第335条“土地承包经营权互换、转让的,当事人可以向登记机构申请登记;未经登记,不得对抗善意第三人”之规定,土地承包经营权的互换、转让,其物权变动,采取公示对抗主义的物权的模式。

2.流转土地经营权

流转土地经营权,是指土地承包经营权人,在保留“土地承包权”的前提下,通过合同,将“土地经营权”流转予他人行使。土地经营权人有权自主开展农业生产经营并取得收益。土地经营权流转,是我国“三权分置”土地政策在民法中的体现。《民法典》第341条规定:“流转期限为五年以上的土地经营权,自流转合同生效时设立。当事人可以向登记机构申请土地经营权登记;未经登记,不得对抗善意

〔3〕 参见最高人民法院《关于审理涉及农村土地承包纠纷案件适用法律问题的解释》第19条。

第三人。”据此可知，土地经营权具有双重法律性质：

(1)流转期限为5年以下的土地经营权，性质为债权，不存在登记制度。

(2)流转期限为5年以上的土地经营权，性质为物权，采用公示对抗主义的物权变动模式。

3. 承包经营权抵押

根据《民法典》第342条之规定，通过招标、拍卖、公开协商等方式取得的土地承包经营权，且办理土地承包经营权登记的，可以抵押。土地承包经营权抵押，采用公示成立主义的物权变动模式。

需要注意的是，上述土地承包经营权的流转，应受如下两方面的限制：第一，流转的期限不得超过承包期的剩余期限；第二，未经依法批准，不得将承包地用于非农建设。

(三)土地承包经营权的消灭

土地承包经营权的消灭，是指因某种法定事由发生，权利人丧失土地承包经营权，发包人收回承包地。土地承包经营权的消灭包括消灭原因和消灭后果。就消灭原因而言，土地承包经营权为物权的一种，物权的一般消灭原因，如标的物灭失、约定存续期间届满等对土地承包经营权均可适用。

1. 土地承包经营权消灭的原因

(1)承包期限届满。土地承包经营权是有期物权，只能在法律规定的期限内存续。因此，土地承包经营权期限届满，土地承包经营权应归于消灭。

(2)承包人自愿交回承包地。承包人自愿交回承包地实际上是对土地承包经营权的抛弃，也是土地承包经营权的处分权能的表现形式。就合同法角度而言，承包地的交回就是土地承包经营权人解除合同。

(3)承包地被征收、占用。国家出于公共利益的需要，征收承包地的，土地承包经营权归于消灭；因乡(镇)村公共设施、公益事业建设的需要而占用承包地的，土地承包经营权亦归于消灭。

(4)承包地灭失。在土地承包经营权存续期间，承包地因自然灾害而毁损灭失的，如耕地完全沙漠化、承包地全部成为水面，土地承包经营权归于消灭。

2. 法律后果

土地承包经营权一旦消灭，即产生以下法律后果：(1)取回出产物和农用构筑物。土地承包经营权消灭时，土地上的出产物、农用构筑物，均为土地承包经营权人花费劳力或资金所设置或所得，故自当由其取回。(2)补偿请求权。土地承包经营权的补偿请求权包括两个方面：一是投入补偿请求权，即承包方对其在承包地上投入而提高土地生产能力的，有权获得相应的补偿；二是承包地被征收、占用时的补偿请求权。

第三节　建设用地使用权

一、建设用地使用权概述

(一)建设用地使用权的概念

建设用地使用权是在他人土地上建造建筑物、构筑物及其附属设施的权利。《物权法》第344条规定了在国家所有的土地上的建设用地使用权,而《民法典》第361条规定:"集体所有的土地作为建设用地的,应当依照土地管理的法律规定办理。"这里规定的就是集体所有土地上的建设用地使用权,其原因在于,从《土地管理法》的规定来看,农民集体所有的土地依法用于非农业建设的,可以依法取得建设用地使用权。但这属于建设用地的例外。

(二)建设用地使用权的法律特征

1. 建设用地使用权的主体具有广泛性。关于建设用地使用权的主体范围,《民法典》并未规定,但是《土地管理法》第10条规定:"国有土地和农民集体所有的土地,可以依法确定给单位或者个人使用……"可见,建设用地使用权的主体具有相当的广泛性。

2. 建设用地使用权的客体为土地,及于土地的地表、地下及地上的空间。建设用地使用权虽然为一种不动产物权,但此处所称不动产,仅指土地而言,在建筑物上不得设定建设用地使用权。我国采用土地所有权公有制,土地只能为国家和集体所有,要在其上建造并保有建筑物,只能在国家或集体所有的土地上为之。根据我国现行法律的相关规定,建设用地原则上是国家所有的土地;但为兴办乡镇企业或者乡(镇)村公共设施和公益事业而设定建设用地使用权时,或者村民建设住宅使用本集体经济组织土地作为宅基地的,其客体则可以为集体所有的土地。

3. 建设用地使用权的内容为在国家所有或集体所有的土地上建造、保有建筑物、构筑物及其附属设施的权利。

二、建设用地使用权的效力

(一)建设用地使用权人的权利

1. 对土地的使用权。建设用地使用权人在合同所约定的范围内,有使用他人土地的权利,土地所有人负有不得妨碍建设用地使用权人使用其土地的消极义务。对土地的使用权是指建设用地使用权人对建设用地本身的占有、使用和收益的权利。当然,土地使用权主要还是表现为建设用地使用权人利用土地从事建造建筑物、构筑物及其附属设施的行为。

2. 建筑物、构筑物及其附属设施的取得权。建筑物、构筑物及其附属设施的取得权，是指建设用地使用权人对其建造的建筑物、构筑物及其附属设施依法取得所有权的权利。建筑物、构筑物及其附属设施的取得权，是建设用地使用权设立的最终目的。一定范围的土地所有权与地面建筑物所有权相互独立，从而使取得建筑物、构筑物及其附属设施的所有权具有了正当的法理基础。

3. 权利处分权。权利处分权，是指建设用地使用权人对其所拥有的建设用地使用权本身加以处分的权利。权利处分权是建设用地使用权本身之独立财产属性的体现。通过处分建设用地使用权，权利人可以取得相应的对价，建设用地使用权的交换价值得以实现。建设用地使用权人享有权利处分权，同时也是我国土地二级市场形成的根本前提。

建设用地使用权与建筑物所有权可以发生分离，但两者毕竟在物理上具有不可分性，在权利处分时，应实行一体处分原则。我国《民法典》坚持了一体处分原则，在建设用地使用权移转或建筑物、构筑物及其附属设施发生权利移转时，既"房随地走"又"地随房走"。一方面，建设用地使用权处分时，附着于该土地上的建筑物、构筑物及其附属设施一并处分；另一方面，建筑物、构筑物及其附属设施处分时，其占用范围内的建设用地使用权一并处分。

（二）建设用地使用权人的义务

1. 支付地租的义务。在建设用地使用权关系中，地租虽然不是建设用地使用权成立的要件，但支付地租的义务一般都是存在的。地租可以定期支付或一次性支付，当事人未约定地租数额的，一般应依当地的习惯、周围类似土地的地租数额和考虑其他有关情况确定。

2. 合理使用土地的义务。建设用地使用权人应当按照法律规定或合同的约定，依土地的用途、合理开发、利用、经营土地，土地使用人未依此而使用土地时，出让方有权予以纠正，必要时可以收回建设用地使用权。

3. 返还土地的义务。建设用地使用权依照法律规定或合同的约定，或者因其他原因而消灭时，建设用地使用权人应当将土地交还给土地所有人。

三、建设用地使用权的取得、转让和消灭

（一）建设用地使用权的取得

建设用地使用权的取得亦即建设用地使用权的发生，是指建设用地使用权人基于一定的法律事实而取得国有土地的建设用地使用权。我国《民法典》第347条第1款规定："设立建设用地使用权，可以采取出让或者划拨等方式。工业、商业、旅游、娱乐和商品住宅等经营性用地以及同一土地有两个以上意向用地者的，

应当采取招标、拍卖等公开竞价的方式出让。”据此可知,我国建设用地使用权的取得包括两种方式:一是通过出让的方式取得;二是通过划拨的方式取得。

1. 通过出让方式取得建设用地使用权。建设用地使用权出让,是指通过订立建设用地使用权出让合同,国家以土地所有权人的身份将建设用地使用权在一定年限内让与建设用地使用权人,并由建设用地使用权人向国家支付建设用地使用权出让金的行为。建设用地使用权出让具有如下特点。

(1)建设用地使用权出让由市、县人民政府土地管理部门代表国家进行。《民法典》第246条第2款规定:“国有财产由国务院代表国家行使所有权……”可见,在建设用地使用权出让中,国家是实质的出让人,而市、县人民政府土地管理部门是名义上的出让人。

(2)建设用地使用权出让是经批准才能实施的行为。《土地管理法》第53条规定:“经批准的建设项目需要使用国有建设用地的,建设单位应当持法律、行政法规规定的有关文件,向有批准权的县级以上人民政府自然资源主管部门提出建设用地申请,经自然资源主管部门审查,报本级人民政府批准。”同时,根据《城市房地产管理法》的相关规定,建设用地使用权出让必须符合土地利用总体规划、城市规划和年度建设用地规划;县级以上地方人民政府出让土地使用权用于房地产开发的,须根据省级以上人民政府下达的控制指标拟订年度出让土地使用权总面积方案,按照国务院规定,报国务院或者省级人民政府批准。出让的每幅地块、用途、年限和其他条件,由市、县人民政府土地管理部门会同城市规划、建设、房产管理部门共同拟订方案,按照国务院规定,报经有批准权的人民政府批准后,由市、县人民政府土地管理部门实施。

(3)建设用地使用权出让是一种有偿、有期、要式行为。我国实行国有土地有偿使用制度,建设用地使用权人以出让方式取得国有土地的使用权,必须向国家支付建设用地使用权出让金。建设用地使用权人通过出让方式取得的建设用地使用权是有期限限制的,具体期限以合同为准。建设用地使用权人通过出让方式取得建设用地使用权时出让人与受让人应当签订书面合同。

(4)建设用地使用权自登记时设立。根据《民法典》的规定,建设用地使用权出让可以采取招标、拍卖、协议等方式进行。建设用地使用权出让,应当向登记机构申请建设用地使用权登记,建设用地使用权自登记时设立。登记机构应当向建设用地使用权人发放建设用地使用权证书。可见,建设用地使用权的设定,我国采严格的登记成立主义,即建设用地使用权出让合同的生效,并不直接发生创设建设用地使用权这一用益物权的效力,只发生债权的效力,而完成建设用地使用权登记,方可发生建设用地使用权创设的效果。

2. 通过划拨方式取得建设用地使用权。根据《城市房地产管理法》第23条第1款的规定,建设用地使用权的划拨是指县级以上人民政府依法批准,在建设用地使用权人缴纳补偿、安置等费用后将该幅土地交付其使用,或者将建设用地使用权无偿交付给建设用地使用权人使用的行为。划拨也是建设用地使用权原始取得的方式之一。建设用地使用权划拨具有如下特点。

(1)划拨建设用地使用权通过行政行为取得,具有公益性、无偿性。建设用地使用权划拨只适用于公益事业或国家重点工程项目,是国家为实现公益目的而授予建设用地使用权的行为,如国家机关或军事用地、城市基础设施用地和公益事业用地以及国家重点扶持的能源、交通、水利等基础设施用地等,均可以通过划拨取得建设用地使用权。基于其公益性,划拨并非市场化手段,因此,建设用地使用权划拨是一种无偿行为,建设用地使用权人无须支付土地出让金。需要指出的是,建设用地使用权人在取得划拨建设用地使用权时,有的还需缴纳补偿、安置费用,但补偿、安置费用并非建设用地使用权的对价——土地出让金,而只是对被征收土地原使用权人的损失和重新安置的补偿。

(2)划拨建设用地使用权原则上没有期限的限制。《城市房地产管理法》第23条第2款规定:"依照本法规定以划拨方式取得土地使用权的,除法律、行政法规另有规定外,没有使用期限的限制。"可见,除法律、行政法规另有规定外,建设用地使用权划拨并没有期限的限制。应当指出的是,建设用地使用权划拨没有期限的限制,并不等于建设用地使用权可以永续存在,只是说明建设用地使用权划拨属于未定期限的行为。

(3)划拨建设用地使用权的取得条件和转让严格受限。《城市房地产管理法》第24条以及《土地管理法》第54条对划拨建设用地使用权的条件、范围作出了明确规定。同时由于划拨建设用地使用权的公益目的和无偿性,划拨取得建设用地使用权的用益物权人在转让其权利时,也应受到严格限制,否则必然造成国家公益目的的落空,而且导致用益物权人取得不当利益。划拨取得建设用地使用权的用益物权人必须在足额缴纳出让金后,才能转让其权利。

(二)建设用地使用权的转让

建设用地使用权转让,是指权利人将建设用地使用权以合同方式再行转移的行为。建设用地使用权转让的结果,会导致建设用地使用权主体的变更。

1. 建设用地使用权的转让条件

建设用地使用权转让的条件,分为积极条件和消极条件两个部分。

(1)建设用地使用权转让的积极条件

建设用地使用权转让的积极条件是指允许建设用地使用权转让的条件。根据我国现行法的规定,出让建设用地使用权原则上允许自由转让,而划拨建设用地使用权原则上禁止转让。因此,这两种建设用地使用权转让的积极条件是不同的。

根据《城市房地产管理法》第39条的规定,出让建设用地使用权转让须符合下列条件:按照出让合同约定已经支付全部土地使用权出让金,并取得土地使用权证书;按照出让合同约定进行投资开发,属于房屋建设工程的,完成开发投资总额的25%以上,属于成片开发土地的,形成工业用地或者其他建设用地条件;转让房地产时房屋已经建成的,还应当持有房屋所有权证书。

划拨建设用地使用权原则上不得转让,只能在符合法律规定的条件下,才能进行转让。法律严格限制划拨建设土地使用权转让的主要理由在于保障国家获取土地收益的所有人权益。因此,如果转让人与受让人在满足支付出让金等法定条件后,划拨建设用地使用权应允许转让。转让方应当按照国务院规定将转让房地产所获收益中的土地收益上缴国家或者作其他处理。

(2)建设用地使用权转让的消极条件

建设用地使用权转让的消极条件,是指法律所规定的禁止建设用地使用权转让的条件。根据我国现行法律的规定,建设用地使用权转让的消极条件主要有:以出让方式取得建设用地使用权但不符合法律所规定的允许建设用地使用权转让条件的;司法机关和行政机关依法裁定,决定查封或者以其他形式限制房地产权利的;依法收回土地使用权的;共有房地产,未经其他共有人书面同意的;权属有争议的;未依法登记领取权属证书的;法律、行政法规规定禁止转让的其他情形。

2. 建设用地使用权转让的效力

(1)建设用地使用权转让时,建设用地使用权出让合同所载明的权利义务随之转移。《城市房地产管理法》第42条规定:"房地产转让时,土地使用权出让合同载明的权利、义务随之转移。"可见,在建设用地使用权转让后,建设用地使用权出让合同对受让人仍有约束力。质言之,建设用地使用权转让并非单纯的权利转让,而是将建设用地使用权出让合同规定的全部权利、义务一并转让给受让人。

(2)建设用地使用权转让时,地上建筑物、构筑物与附属设施一并转让。

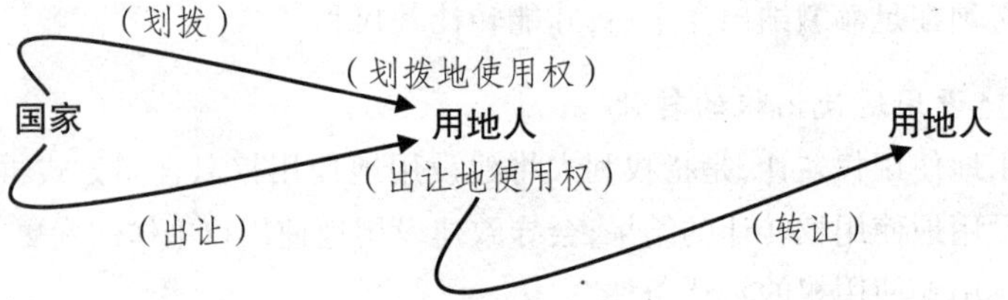

图15-1 建设用地使用权的划拨、出让和转让的关系

(三)建设用地使用权的消灭

1. 建设用地使用权消灭的原因

一定法律事实的出现导致权利的消灭。概言之,引起建设用地使用权消灭的原因主要有期限届满未续期、提前收回、土地灭失和权利人抛弃等原因。

(1)期限届满未续期。《民法典》第359条规定:“住宅建设用地使用权期限届满的,自动续期。”据此规定:

第一,住宅建设用地使用权期间届满的,自动续期,从而住宅建设用地使用并不消灭。在自动续期后,土地使用权人是否需要再行交付土地出让金,根据《民法典》第359条之规定,续期费用的缴纳或者减免,依照法律、行政法规的规定办理。

第二,非住宅建设用地使用权期间届满,后如不以法律规定办理续期手续,则即发生消灭。

第三,以划拨方式取得的建设用地使用权是未定期限的,也不存在期限的问题。所以,建设用地使用权期满未续期,实际上只是出让建设用地使用权消灭的原因。

(2)提前收回。《民法典》第358条规定:“建设用地使用权期限届满前,因公共利益需要提前收回该土地的,应当依据本法第二百四十三条的规定对该土地上的房屋以及其他不动产给予补偿,并退还相应的出让金。”依此规定,建设用地使用权可以因为公共利益的需要被提前收回而消灭。

(3)土地灭失。因地震、火山爆发等自然灾害所致正在使用的土地消灭或不能再作为土地使用的,建设用地使用权灭失。

(4)权利人抛弃。建设用地使用权属于一种财产权,权利人有权抛弃建设用地使用权。在建设用地使用权人抛弃建设用地使用权而不取回地上建筑物时,该地上建筑物亦应视为抛弃。其原因在于,如果允许抛弃建设用地使用权而保留地上建筑物的所有权,则等于有条件抛弃,有害于土地所有权人的利益。当然,建设用地使用权的抛弃不得损害社会公共利益和他人利益。

2. 建设用地使用权消灭的后果

(1)返还土地、办理注销登记。在建设用地使用权消灭后,应将土地返还给所有权人。同时,建设用地使用权消灭后,应当及时办理注销登记。

(2)使用期限届满后地上建筑物的处理。从比较法上看,地上权消灭后,地上建筑物的处理方式主要有两种:一是由土地所有权人取得地上建筑物的所有权,并给予地上权人一定的补偿,由此产生地上权人的补偿请求权。二是地上权人有权取回地上建筑物,由此产生地上权人的取回权;土地所有人也有权以时价购买,由此产生土地所有权人的购买权。当然,在取回权与购买权发生冲突时,土地所有人的购买权优先。[4] 对于这一问题,我国《民法典》第359条的规定是,非住宅建设用地使用权因期限届满而消灭后,地上建筑物的归属首先由当事人约定;当事人没有约定或约定不明确的情况下,依照法律、行政法规的规定办理。

---

〔4〕 谢在全:《民法物权论》(上册),中国政法大学出版社1999年版,第384~387页。

(3)有益费用偿还请求权。建设用地使用权人可以请求土地所有人偿还其增加土地的价值而支出的有益费用。有益费用主要指建设用地使用权人在土地上安装排水设备、改良工事而使土地的客观价值得以实际增加所支出的费用。

第四节 宅基地使用权

一、宅基地使用权概述

(一)宅基地使用权的概念

所谓宅基地使用权,是指农村集体经济组织成员依法对集体所有的土地进行占有和使用,在该土地上建造房屋、其他附着物及附属设施,并排除他人干涉的权利。

宅基地使用权制度是在我国农村土地集体所有的情况下,解决集体经济组织成员居住问题的基本制度设计,是传统民法用益物权中地上权制度在新时期、新情况下,针对我国农村集体经济组织成员在“他人”所有的土地上建造房屋、其他附着物以及附属设施的制度的创新,也是我国特有的一种用益物权。我国《民法典》第362条规定:“宅基地使用权人依法对集体所有的土地享有占有和使用的权利,有权依法利用该土地建造住宅及其附属设施。”

(二)宅基地使用权的特征

作为一种新型的、相对独立的用益物权,宅基地使用权的特征主要表现在以下几个方面。

1. 宅基地使用权的主体是农村集体经济组织的成员,并且往往表现为“户”的集体形式。由于宅基地使用权制度设立的目的在于解决农村集体经济组织成员的居住问题,因此,立法上对该权利的行使主体作出了明确的界定,即仅限于农村集体经济组织的成员,并且农村集体经济组织的成员只能以“户”为单位申请宅基地使用权。农村集体经济组织成员以外的城镇居民和其他经济组织的成员,均不能对本集体经济组织的土地享有宅基地使用权。

2. 宅基地使用权的客体仅限于农村集体经济组织所有的土地。这也是宅基地使用权与建设用地使用权的一大区别。宅基地使用权的客体是作为住宅用地的土地。依照我国物权法律和土地管理法规的限定,其只能是属于农村集体经济组织所有的土地。农村集体经济组织以外的其他性质的被作为住宅用地的土地,均不能视为宅基地使用权的客体。对城镇因历史原因而形成的私房所有者及经批准在城镇建房的城镇居民所享有的类似于宅基地使用权的权利,应该依照建设用地使用权的性质进行规制。因为,如今城镇居民建设住宅只能用城镇的国有土地,明显有别于作为宅基地使用权客体的农村集体所有的土地。所以,客体的严格限定性是宅基地使用权的又一明显特征。

3. 宅基地使用权的内容是集体经济组织的成员以“户”为单位,对集体所有的土地享有的以建造居住性建筑物、附属设施及其他附着物为核心的一系列权利。作为一种独特的用益物权,权利人对宅基地除了享有占有、收益等一般用益物权的内容外,还对作为此权利客体的集体经济组织的土地享有在其上建造住房、附属设施及其他附着物并依法取得其所有权的权利。这是宅基地使用权发挥其解决农村集体经济组织成员居住问题的功能之要点所在。

4. 宅基地使用权的取得具有行政审批性和无偿性的特点。由于宅基地使用权的主体严格限定于农村集体经济组织成员内部,其在一定程度上具有社会保障和福利的性质,而这种保障和福利性又主要体现在该集体经济组织的成员可以无偿取得宅基地以获得最基本的生活居住条件,该经济组织以外的任何人则不能享有此种便利。因此,法律对宅基地使用权的取得明确规定了行政审批程序。

5. 宅基地使用权具有无期限性和不可分性。宅基地使用权的期限不存在限制,只要房屋或建筑物存在,该房屋或建筑物所占用土地范围内的宅基地使用权就一直存续着;若房屋或建筑物毁损或灭失,只要所有权人或使用权人愿意修复或进行重建(必要时经过批准),那么其对土地的使用权便可以长久地存续下去。宅基地使用权不得和其上的建筑物、构筑物或附随设施相分离而单独转让或处分,只能遵循“地随房走”的原则进行转让或流转。

二、宅基地使用权的内容

(一)宅基地使用权人的权利

1. 宅基地使用权人对宅基地享有占有的权利。用益物权得以发挥效用的前提条件就是权利人要对标的物进行占有和支配。宅基地使用权人的权利首先表现在其对依法获取的宅基地的占有上。这种占有是一种事实层面的占有,具有排他性,并且这种占有不仅限于地表层面,还包括对宅基地地上和地下一定的空间范围的占有。

2. 宅基地使用权人享有依照法律在宅基地上建造房屋及其附属物并取得其所有权的权利。宅基地的主要用途是国家为保障农村居民的居住条件而无偿审批给其一定的住宅基地供其建造房屋或附属物居住,并由权利人依法取得对房屋或附属物的所有权。除此之外,权利人还可以在其取得的宅基地使用权范围之内,在房前屋后或四周种植林木等。使用权人对于其在宅基地上建造的房屋、其他附属物以及林木等享有所有权。

3. 宅基地使用权人在转让其宅基地上的房屋或其他附属设施时可以将其占用

范围内的土地使用权一并转让,并且可以将其宅基地使用权与房屋或附属设施一并出租、抵押或继承。

4. 宅基地上的建筑物或其他附属设施灭失时,权利人有权依照其合法用途在宅基地上重新修建建筑物或附属设施,重新取得所有权和居住权。

5. 宅基地使用权人享有排除他人干涉的权利。宅基地使用权人对宅基地享有完全的独占性权利,任何人、任何组织非经法定程序和有合法理由,不得对他人的宅基地使用权进行干涉、剥夺和擅自使用。当权利人的宅基地使用权被侵害时,权利人享有物权请求权等予以救济。

(二)宅基地使用权人的义务

1. 按行政审批程序无偿取得的宅基地只能建筑生活用房,不能改变其用途建造生产、经营用房。城镇个体工商户或私营企业主建筑生产经营用房,应按城镇土地使用权出让程序取得使用权。将生活用房用于生产经营的虽然不受限制,但因此而影响居住条件的,则不能另外申请宅基地。

2. 宅基地使用权不得非法转让,也不得单独将宅基地使用权进行流转。依照土地管理法规和相关法律规定,宅基地使用权人不得将宅基地单独投资入股、抵押、出租、转让,要流转只能采用附随流转的形式进行。

3. 接受国家或政府统一规划的义务。当国家基本建设用地或村镇公益设施用地需征用或调整土地时,可以依照法定程序进行合理安排或重新调整乃至重新分配,原权利人有义务予以配合。

4. 行使宅基地使用权不得妨碍公共利益和他人的合法权益。民法的基本原则中有公序良俗原则,该原则要求民事权利的行使不得损害社会公共利益和社会的善良风俗。宅基地使用权作为用益物权下民事权利的一种,当然应该遵循这一民法的基本原则。唯有如此,每个民事主体的宅基地使用权才能真正落到实处。

三、宅基地使用权的取得与消灭

(一)宅基地使用权的取得

宅基地使用权的取得,是指宅基地使用权人通过法律规定的途径取得在农村集体所有的土地上建造住宅及其附属设施并享有其所有权的过程。依照我国目前的法律规定和实践中的做法,我国宅基地使用权的取得主要有行政审批取得和附随取得两种方式。

1. 宅基地使用权的行政审批取得

宅基地使用权的行政审批取得,是指农村集体经济组织成员依照法律的规定向宅基地审批部门申请取得宅基地,该部门经过审查核实,准许其取得一定的宅基地使用权,并发给其相关证书的法律程序。我国在宅基地使用权的行政审批过程中要遵循以下基本原则。

(1)“一户一宅”原则。该原则的主要内容是指每一农村住户只能占用一处宅基地,不能“一户多宅”。法律如此规定,根源于我国农村人口多而土地少的严峻社会现状,尤其是现阶段许多地方滥占耕地建为村民宅基地的现象屡禁不止。为了解决农村居民的基本住宅问题,同时也为了缓和土地利用的不科学、不合理局面,法律明确规定了此基本原则。需要说明的是,该处的“一户一宅”原则仅仅局限于宅基地的创设取得。实践中,一户创设取得一处宅基地后又通过其他方式(如购买私人住房)取得另外的宅基地的现象普遍存在。因此,法律中规定的“农村村民一户只能拥有一处宅基地”应该理解为“农村村民一户只能申请一处宅基地”。[5]

(2)珍惜利用土地原则。鉴于我国农村人口和土地数目的巨大差异,法律规定了宅基地行政审批取得时要珍惜利用土地,尽可能地节约每一处宅基地。这一原则主要体现在两方面:第一,宅基地的面积不能超过省、自治区、直辖市规定的标准,而且应当符合乡(镇)土地利用的总体规划;第二,尽量使用原有的宅基地和村内空闲地。这是防止占用耕地为宅基地的一项有力举措,也是比较可行的。

2. 宅基地使用权的附随取得

宅基地使用权的附随取得主要是继受取得宅基地使用权。虽然我国现行立法中严格禁止宅基地的抵押、出租和转让,但法律并未禁止农村私有房屋的转让,而私房转让要想实现,不可能出现只转让房屋而不转让其占用的宅基地使用权的情况。因此,宅基地使用权的附随取得是指宅基地使用权人在房屋转让中,根据“地随房走”的原则,在取得房屋所有权的同时,取得该房屋占用范围内的宅基地使用权的情况。同理,房屋所有权人死亡时,其继承人或受遗赠人通过继承或受遗赠而取得房屋所有权进而取得宅基地使用权的也属于此列。

(二)宅基地使用权的消灭

宅基地使用权的消灭,是指宅基地使用权因一定法律事实的出现或条件的成就而归于灭失的状态。引起宅基地使用权消灭的原因包括:(1)宅基地的收回。因乡村建设和公益事业的需要、宅基地使用权人的违法行为(如采用欺骗方式获得宅基地而改变土地的用途等)、宅基地的长期闲置、“一户多宅”等情况的出现,农村集体经济组织经上级人民政府许可,有权收回宅基地。(2)宅基地的征收。国家为了公共利益的需要,必要时可以对宅基地进行征收,从而导致宅基地使用权的消灭。宅基地被征收以后,经原来的宅基地使用权人申请,土地所有人应该为其另行审批新的宅基地。(3)宅基地使用权的抛弃。作为民事权利的一种,使用权

---

[5] 王利明:《物权法研究》,中国人民大学出版社2002年版,第475页。

人当然可以抛弃其对宅基地的使用权。但权利人因为抛弃而丧失宅基地使用权后,不得再申请重新分配宅基地。(4)宅基地的灭失。宅基地使用权的客体是土地。如果土地发生灭失,致使宅基地归于消灭或无法再使用,则原来的权利人可以申请分配新的宅基地。但如果仅发生宅基地上的建筑物或附属设施灭失,不影响宅基地使用权的,原来的权利人不得申请分配新的宅基地。

宅基地使用权消灭后可能会发生如下法律后果:(1)重新分配宅基地。此种后果主要发生在宅基地因为自然灾害等外界因素而致灭失、因为征收而致灭失、因为乡村建设或国家政策而被收回等非基于使用权人的意愿而致宅基地灭失且原权利人没有多余的宅基地时。此时,原来的宅基地使用权人可以向有关审批机关申请分配新的宅基地。(2)权利人丧失宅基地使用权且无权要求重新分配宅基地。此种后果主要发生在违法使用宅基地、抛弃宅基地使用权、长期闲置宅基地等基于使用权人的意愿而致使宅基地使用权灭失的情形下。(3)宅基地使用权人的获得补偿权。在土地所有权人收回宅基地或宅基地被国家征收的情况下,土地所有权人或征收人应对使用权人的地上附着物等给予适当的补偿。(4)办理注销登记。依据《民法典》的相关规定,经过登记的宅基地使用权消灭的,权利人应当办理注销登记。

第五节 居 住 权

一、居住权概述

居住权,是指一方对他人所有的住宅占有、使用,满足生活居住需要的用益物权。居住权属于大陆法系民法理论中的人役权,即为特定人的利益,对他人不动产予以支配的用益物权。

二、居住权的设立

居住权可依合同而设立,也可依遗嘱而设立。

1. 基于合同设立居住权,采取公示成立主义的物权变动模式。

(1)居住权合同具有债权效力,债权人有权请求债务人交付住宅,并办理居住权登记手续。但是,债权人凭居住权合同,并不享有居住权。根据《民法典》第367~369条之规定,关于居住权合同的内容,需要注意如下三个问题:

第一,居住权合同需采取书面形式。

第二,居住权合同原则上是无偿合同,但当事人另有约定的除外。

第三,可以合同约定的一定期间为居住权期间,也可以居住权人的终生为居住权期间。

(2)居住权登记具有物权变动效力,一旦登记完成,居住权成立。

2. 基于遗嘱设立居住权,本质为基于继承引起物权变动问题,故应适用《民法典》第230条"因继承取得物权的,自继承开始时发生效力"之规定。这意味着:

(1)立遗嘱人死亡,无须以居住权登记为条件,居住权成立。

(2)居住权人未登记的,其居住权不得对抗善意第三人。

三、居住权人的处分限制

因居住权以满足权利人的生活需要为目的,故根据《民法典》第369条之规定,居住权人对住宅的处分,受到如下限制:

1. 居住权不得转让、继承。

2. 原则上,设立居住权的住宅不得出租。但是当事人另有约定的除外。

四、居住权的消灭

根据《民法典》第370条之规定,居住权期限届满或者居住权人死亡的,居住权消灭。居住权消灭的,应当及时办理注销登记。

第六节　地　役　权

一、地役权概述

(一)地役权的概念和特征

所谓地役权,是指土地所有人或用益物权人为了自己土地利用的便利,与他人通过合同约定,利用他人的土地,以提高自己土地利用效益的一项用益物权。我国《民法典》第372条第1款规定:"地役权人有权按照合同约定,利用他人的不动产,以提高自己的不动产的效益。"在地役权关系之中,被利用的土地称为供役地,而供役地所服务的土地,则称为需役地。相应地,地役权就是需役地人在供役地上所享有的用益物权。地役权法律关系见图15-2。

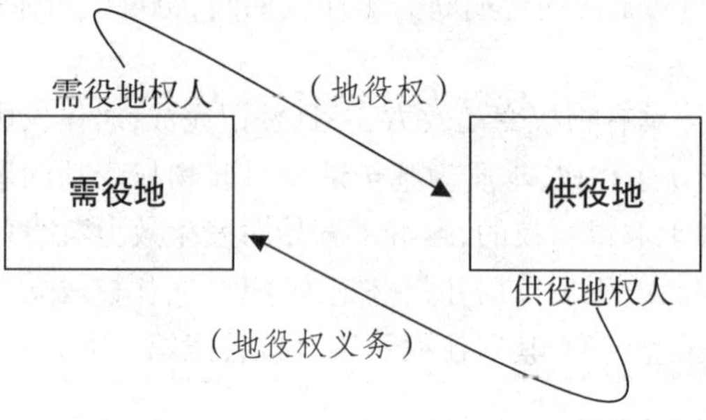

图 15－2　地役权法律关系

地役权作为一种用益物权,其法律特征主要体现在以下几个方面。

1. 地役权原则上是存在于他人土地之上的他物权,但基本上是一种非占有性的物权。在用益物权体系之中,除地役权之外的用益物权均是占有性的权利,其效用的发挥均以对物的占有为前提。而地役权设定的目的仅是提高需役地的使用效益,其不在于对供役地进行单纯的占有。从表面看来,地役权仅仅是对供役地非常有限的限制和利用,而非全面的占有性使用。

2. 地役权的客体是他人的土地,内容主要体现为对供役地的利用。地役权的主要目的在于更好地为需役地提供便利,所以,其内容多为对供役地的利用。这里的“利用”大都表现为供役地人的不作为,也不以对他人土地的实际占有为要件,而只是在他人的土地上设置一定的负担。这些负担也大多表现为供役地人对需役地人利用自己的土地,仅负容忍义务或不作为义务,而不负为一定行为的积极义务。若需供役地人承担一定的作为义务,则须有当事人之间的合同约定,但此项约定并不属于地役权的内容,而仅仅产生债的约束效力。

3. 地役权是为了需役地的便利而设定的用益物权。设定地役权是为了自己对土地即需役地的使用效能的增加,并不在于使用他人的土地,故地役权就是为了需役地的便利而设定的用益物权制度。要说明的是,此处的“便利”不以经济上的利益为限,精神利益也包括在其中。“便利”的内容只要不和公序良俗以及法律的禁止性规定相冲突,均可以由当事人在合同中约定。

4. 地役权具有不可分性和从属性。地役权的不可分性是指地役权存在于需役地和供役地的全部,不能分割为各个部分或者仅仅以一部分而存在。即使供役地或者需役地被分割,地役权在被实际分割后的供役地和需役地的各个部分上仍然存在。地役权的不可分性具体表现在:(1)无论需役地的所有权呈共有状态,还是供役地的所有权呈共有状态,地役权均不同于所有权的分割而被分割;(2)供役地的各个共有人均因地役权的限制而承担完整的不作为义务,同时,需役地的各个共有人均对供役地享有完整的地役权;(3)在需役地所有权共有的情况下,某一共有人自行抛弃地役权,其抛弃行为无效,某一共有人取得地役权,则其他共有人一同取得。

地役权作为一种用益物权本质上为一种独立的物权,其不像相邻关系作为所有权或使用权的扩张或限制。但是,因为地役权是为了需役地的使用利益而设定,所以其从属于需役地而存在。地役权的从属性体现在两个方面:(1)地役权不得与需役地分离而单独让与,具体而言有三种情形:第一,地役权人不得自己保留需役地的所有权或使用权,而单独把地役权让与他人;第二,反过来,地役权人也不得自己保留地役权,而仅把需役地的所有权或者使用权让与他人;第三,地役权人也不得把需役地的所有权或者使用权与地役权分别让与不同的人。(2)同样道理,地役权不得由需役地分离而成为其他权利的标的。在我国《民法典》上,地役权的从属性主要指地役权不得单独设立抵押,土地承包经营权、建设用地使用权等抵押的,实现抵押时地役权一并转让。

(二)地役权与相邻关系

相邻关系,是指两个或两个以上相互毗邻的不动产的所有人或使用人,在行使不动产的占有、使用、收益和处分权能时,因相互之间应该给予方便或接受限制而发生的权利义务关系。在相邻关系中,不动产一方为了自己不动产权利行使的必要,有权依照法律的规定请求不动产相毗邻的另一方提供便利或接受一定的限制;与之相对应,被请求的一方必须依照法律的规定配合对方权利的合法行使,从而使自己的不动产权利受到相应限制。地役权和相邻关系是两个有着密切联系的制度,二者均有满足土地支配之需要,缓和不同土地需要的刚性排他,协调土地支配中人与人关系的作用,但是二者之间也存在区别。

1. 两者产生的前提条件有所不同。相邻关系中相邻权利的产生以不动产事实上相毗邻为要件,如果不动产之间不存在事实上的相邻关系,则不能要求一方当事人为了他方当事人使用不动产便利而使自己的不动产权利受到限制;而在地役权法律关系中,无论不动产之间是否毗邻,只要存在双方之间的地役权设定合同,地役权法律关系就可以成立。

2. 权利的性质上存在差异。相邻关系中不动产权利人享有的相邻权在本质上是不动产所有权或使用权在毗邻的对方不动产上的扩展,是所有权或使用权法律效力的一种表现形式,故相邻权不是一种独立的物权种类;而地役权作为用益物权之一种,虽然其存在要依赖于需役地的存续,但是在概念上却独立于需役地的所有权或其他用益物权,是一种独立的物权种类。

3. 权利的取得方式不同。相邻关系中相邻不动产人取得对对方不动产权利的限制或利用是基于不动产相毗邻的事实由法律直接规定的,是一种法定的权利;而地役权主要是需役地人和供役地人通过地役权合同所设定的,除此之外,一定条件下也可以基于取得时效的完成等法定方式取得(虽然我国没有规定依时效取得,但是传统法中有这种取得方式),但是并不排斥地役权绝大多数情况下的意定性。

4. 对于涉邻不动产关系的调节程度不同。基于相邻关系的法定性,法律通过相邻关系对涉邻不动产间关系的调节,限定在最为必要的限度内,其并没有超越所有权的范围,至多是所有权的扩张。因此,相邻权在很大程度上反映涉邻关系最为基本的法律准则;由于地役权是当事人之间通过地役权合同设定的,所以是在这种最小限度的调节之外的一种更为广泛的调节。但是地役权的约定不得违背公序良俗和法定的涉邻关系的基本准则。

5. 二者在存续期限、是否有偿上存在不同。在相邻关系中,当事人之间所享有的相邻权是法律在调整相邻不动产的关系时赋予的,其存续期限由法律明确规定。并且,除非相邻权的行使给对方不动产权利人造成损失,相邻权人行使权利是无偿的;而地役权多是当事人之间通过地役权合同设定,其存续期限由地役权合同约定,是否有偿也基于当事人之间的意思表示而定。

6. 在权利和义务的配置方面,相邻不动产的当事人之间彼此依据法律享有相邻权;而地役权的享有是单向的,其是需役地人使用供役地的权利,供役地人并不在同一合同关系中和需役地人互享同一地役权。

二、地役权的内容

(一)地役权人的权利

1. 对供役地的使用权。地役权设定的目的就是方便需役地的利用,因此,需役地人有权对供役地加以利用。我国《民法典》第 376 条规定:“地役权人应当按照合同约定的利用目的和方法利用供役地,尽量减少对供役地权利人物权的限制。”地役权人行使其对供役地的使用权,主要表现在以下几方面。

(1)对供役地有权利用。基于地役权主要由当事人之间通过签订地役权合同而设定的事实,需役地人对供役地的利用范围、利用方式、利用程度等,应当依照当事人在地役权合同中的约定,不得随意超出。如果当事人之间关于供役地的使用范围和利用方式的约定并不明确,则对需役地人而言,只要是为了实现利用目的,而且需役地的需要又是自然增加的,地役权的利用范围和方式就可以随需役地的需要而变化。

(2)需役权人在行使地役权时,应当依照诚实信用原则,在方便自身土地利用的范围内,选择对供役地损害最小的方法行使权利。如果对供役地造成变动或损害的,应当在使用期限届满时对供役地恢复原状并给予供役地人相应的补偿。

(3)在供役地上并存着数个内容相同的地役权时,权利人之间在行使各自的权利时应当协商进行,协商未果时,应该按照物权的效力顺位,设定在先的地役权优先于设定在后的地役权,登记的地役权优先于没有登记的地役权行使。如果同一供役地上并存的是数个内容相同的消极的地役权,则不存在权利行使的先后顺序问题。

2. 为必要的附随行为与设施的权利。地役权人为了达到方便自己土地利用的目的,在必要的情况下可以在供役地上实施附随行为或设置必要的设施。此处的必要的附随行为,并非行使地役权的行为,而是指为达到地役权的目的或实现其权利内容而不得不实施的行为。如为达到通行的目的而不得不在他人土地上开挖公路、为达到排水目的而不得不在他人土地上开挖沟渠等。另外,地役权人为了行使地役权,在必要情况下可以在供役地上设置相应的设施,并取得该设施的所有权。比如,在他人土地下铺设管道取水、排水等。然而,无论是实施必要的附随行为,还是在供地上设置必要的设施,都要采取适当的方法,尽可能地避免给供役地人造成不必要的损失。

3. 基于地役权的物上请求权。地役权人依照其和供役地人的约定,有直接支配供役地的权利。在其行使地役权时,如果出现供役地人或第三人侵害其权利或有侵害其权利的可能时,其基于地役权享有停止侵害、恢复原状、排除妨碍、赔偿损失等物上请求权。当然,如果是供役地人所为时,权利人还可以选择让其承担违约或侵权责任。

(二)地役权人的义务

任何权利的取得和行使都要以一定的义务作为保障。同理,地役权人在使用供役地提高自己土地利用效率的同时也要履行一定的义务。地役权人的义务大体上说来有以下几种。

1. 合理利用供役地的义务。地役权人依照地役权设定合同使用他人的供役地,应该尽到合理利用,尽量避免损害的义务。合理利用,是指地役权人应该严格按照合同约定的用途、方式、范围和使用日期并基于诚实信用原则利用供役地,尽量避免给供役地造成不必要的损失。当地役权人因为自己土地利用的需要而扩大对供役地的适用范围时,应该与供役地人协商变更地役权合同或另行签订地役权合同。也就是说,地役权人应该以实现土地利用的目的为限,在对供役地损害最小的范围内进行一切必要的利用。

2. 维持附属设施的义务。地役权人对于其因为行使权利而在供役地上设置的必要的附属设施,负有维持的义务,以防止供役地因此而受到损害。因未尽保养维修义务而致供役地人遭受损害的,地役权人应当承担损害赔偿责任。如果地役权人与供役地人就附属设施的维修保养另有约定的,则依照约定。

3. 支付相关费用的义务。地役权的设定,可以是有偿的,也可以是无偿的,由当事人在地役权合同中约定。如果当事人设定地役权时约定为有偿,则地役权人负有向供役地人支付约定费用的义务。在地役权中,地役权人所支付的费用通常情况下称为地租。我国有学者认为,如果地役权设定时登记了地租,则在地役权让与时,受让人应该负担此种费用,并且要对原地役权人所欠付的费用负连带清偿责任。另外,如果地役权人违背合同中约定的用途、范围、方式等而致供役地人受损害的,要支付相应的赔偿或补偿费用。

4. 对供役地人的利益负有保全义务。地役权人在行使其权利时,应该尽可能地保全供役地人的利益。在合同未约定地役权的行使方式以及范围时,地役权人负有以对供役地损害最小的方法行使其地役权的义务。

(三)供役地人的权利和义务

1. 容忍土地上的负担或不作为的义务。地役权的设定意味着供役地人权利受到限制,供役地人从此要容忍地役权人在自己的土地上为或不为一定的行为。根据设定的地役权的性质不同,供役地人承担的义务也不同。如果当事人之间设定的是积极的地役权,供役地人要忍受地役权人在自己土地上实施一定的行为;如果当事人之间设定的是消极的地役权,则供役地人负有不得实施某种行为的义务,也即不得妨碍地役权的行使。

2. 对附属设施进行使用的权利和分担维持设施费用的义务。在地役权法律关系中,供役地人和地役权人有时会同时利用供役地。针对地役权人于供役地上所设置的附属设施,供役地人在不对地役权人造成妨碍的情况下有权对其加以利用。比如,地役权人于供役地上铺设的管道,在地役权人没有使用的情况下,或已经使用但是不妨害供役地人行使权利的情况下,供役地人有权进行使用,以节省重新修建设施的费用。在为此种使用时,应当按照其收益的比例,分担附属设施的维修保养费用。但当事人另有约定的除外。

3. 变更对供役地的使用场所和方法的权利。地役权设定以后,非经当事人商议,供役地人不得随意变更地役权合同所约定的供役地的使用场所和使用方法。在出现新情况或变更供役地的使用场所和方法对地役权人并无不利,而对于供役地人有利时,供役地人有权请求地役权人变更供役地的使用场所及方法,地役权人不得拒绝。当然,因此而支出的费用由供役地人承担。

4. 对价支付请求权及对价调整请求权。如果地役权的设定采取了有偿的形式,则供役地人有权请求地役权人支付对价即地租。在地役权设定以后,如果后来的形势发展导致原定的地租偏低,对供役地人而言显失公平,供役地人有权请求地役权人变更地租的数目。

三、地役权的发生和消灭

(一)地役权的产生

地役权的发生也即地役权的取得,是指需役地人基于一定的原因或条件成就而在供役地上取得地役权。地役权的发生方式,根据民法理论,既可以是基于当事人之间实施了法律行为,如订立地役权合同、地役权的让与;也可以是基于法律行为以外的事实,如地役权的继承取得。

1. 基于法律行为而取得地役权。当事人之间通过法律行为取得地役权主要有两种方式:通过订立地役权合同取得或通过地役权的转让而取得。(1)当事人之间通过合同取得地役权。合同取得是地役权发生的主要途径。需役地人和供役地人之间通过签订地役权合同而在供役地上设立起地役权。我国《民法典》第373条第1款规定:"设立地役权,当事人应当采用书面形式订立地役权合同。"这样的规定表明,地役权大多是通过当事人之间签订地役权合同而设定的。(2)因为设定用益物权或分割用益物权而取得地役权。根据我国《民法典》第379条之规定,如果土地上已经设立或者负担了地役权,那么土地所有人或使用权人在设立土地承包经营权、建设用地使用权或宅基地使用权时,设立用益物权的部分涉及已经设立了的地役权的,该用益物权人则享有或者负担已经设立了的地役权;另根据《民法典》第380条和第382条的规定,需役地以及需役地上的土地承包经营权、建设用地使用权部分转让时,转让部分涉及地役权的,受让人同时享有地役权。供役地以及供役地上的土地承包经营权、建设用地使用权部分转让时,转让部分涉及地役权的,地役权对受让人具有约束力。

2. 地役权的继承取得。地役权是一种财产性的用益物权,因此可以由地役权人的继承人继承取得。只不过这种继承取得是随着需役地的所有权或使用权而发生的,单独的地役权转让不是法律认可的。同时,如果继承人所取得的地役权在设定时没有经过地役权的设定登记,那么,其行使继承取得的地役权时对善意第三人不发生法律上的效力。

(二)地役权的消灭

地役权的消灭,是指已经存在的地役权因为某种条件的成就而使其效力归于终止。地役权消灭的主要原因有:地役权合同的解除、存续期限届满、标的物的灭失、权利人的抛弃、国家对供役地或需役地的征收、混同等。其中,地役权因为地役权合同的解除而消灭是我国《民法典》规定的内容。地役权消灭的事由包括以下几个。

1. 因地役权合同的解除而致消灭。地役权主要的设定方式就是当事人之间通过签订地役权合同而设定。因此,如果设定地役权的合同解除,地役权会自动归于消灭。《民法典》第384条规定了地役权消灭的法定事由:(1)地役权人违反法律规定或合同约定,滥用地役权;(2)地役权人有偿使用供役地,约定的付款期限届满后在合理期限内经两次催告仍未支付费用。

2. 因为存续期限届满而归于消灭。在地役权合同约定了地役权存续期限的情况下,期限的届满即意味着地役权的消灭。如果需役地人还想使用供役地来提高自己的不动产利用效率,其应该与供役地人另行协商签订新的地役权合同,从而延长使用时间。

3. 因为标的物灭失而致地役权消灭。地役权的建立有赖于需役地和供役地的存在。当供役地和需役地有任何一个灭失时,地役权都将不复存在。造成标的物灭失的原因既有自然原因造成,也有人为原因致使供役地或需役地不能再使用或灭失,无论哪一种均将造成地役权消灭的后果。

4. 权利人的抛弃致使地役权消灭。地役权作为一种民事权利,权利人可以行使,也可以放弃或抛弃。在权利人抛弃其对供役地所享有的地役权时,地役权归于消灭。如果地役权是无偿取得的,权利人可以随时抛弃;如果为有偿取得,权利人应该在支付了供役地人剩余期限的使用费后才能抛弃。如果地役权已经随同需役地设定了抵押,则权利人要抛弃地役权还需征求抵押权人的同意。

5. 因为国家对供役地或需役地的征收而消失。地役权的存在基础是供役地和需役地,在供役地或需役地因为国家意志而被征收,致使地役权成为不必要或行使不能时,地役权归于消灭。

6. 因为混同而致使地役权消灭。混同是指地役权人和供役地人归于统一的情形出现。地役权因混同而灭失主要有两种情形:(1)供役地和需役地上的使用权都归属于同一个土地使用人;(2)供役地和需役地的所有权归属于同一人。上述两种情形发生任何一种,地役权均归于消灭。

地役权消灭以后,其法律后果因为地役权的种类不同而有所差别:(1)如果当事人之间设立的是积极性质的地役权,地役权消灭后,地役权人应当对供役地负返还或恢复的义务。如果地役权人为了实现地役权而在供役地上设置了相关设施,地役权人在地役权灭失后有权取回该设施,如果该设施是不能取回的,地役权人则不能取回。(2)如果当事人之间设立的是消极性的地役权,则供役地人负有某种不作为义务。地役权消灭后,该不作为义务消失,供役地人可以对该土地自由支配,不再受该不作为义务的限制。(3)如果当事人之间的地役权曾经办理过登记,地役权消失后应该及时办理注销登记手续。

重点问题梳理

1. 用益物权,是指是非所有人对他人之物所享有的占有、使用、收益的排他性权利。

2. 土地承包经营权,是指土地承包经营权人依法对集体所有或国家所有由集体使用的农用土地占有、使用和收益的权利。农村土地,原则上采取农村集体经济组织内部的家庭承包方式,但对于那些不宜采取家庭承包方式的“四荒”(荒山、荒沟、荒丘、荒滩)土地,采取招标、拍卖、公开协商等方式承包。

3. 建设用地使用权,是指在他人土地上建造建筑物、构筑物及其附属设施的权利。我国建设用地使用权的取得包括两种方式:一是通过出让的方式取得;二是通过划拨的方式取得。

4. 住宅建设用地使用权期间届满的,自动续期。

5. 宅基地使用权,是指农村集体经济组织成员依法对集体所有的土地进行占有和使用,在该土地上建造房屋、其他附着物及附属设施,并排除他人干涉的权利。宅基地使用权的设立,采取"一户一宅"原则。

6. 地役权,是指土地所有人或用益物权人为了自己土地利用的便利,与他人通过合同约定,利用他人的土地,以提高自己土地利用效益的一项用益物权。地役权具有不可分性和从属性。

案例与分析

甲房地产公司购得市中心的一块土地的建设用地使用权,设计并建造了80层观景商品住宅楼。为防止住宅楼的观景受到限制,遂与前方相邻的乙单位约定,乙30年内不在其土地上建造高层建筑,甲每年向其支付15万元作为补偿。甲、乙双方签订地役权合同后并未到登记部门登记。5年后乙单位迁址,将土地使用权转让给丙房地产公司,没有向丙提及与甲之间的地役权设定问题。丙后来要在该土地上建60层高层建筑时遭到甲的拦阻。双方协商未果,甲将丙和乙诉至法院。

问题:请结合所学知识,谈谈如何处理该案件。

分析:(1)根据《民法典》第374条"地役权自地役权合同生效时设立。当事人要求登记的,可以向登记机构申请地役权登记;未经登记,不得对抗善意第三人"的规定,地役权合同成立,地役权产生。故此,甲单位的地役权已经成立。

(2)虽然根据《民法典》第378条"土地所有权人享有地役权或者负担地役权的,设立土地承包经营权、宅基地使用权等用益物权时,该用益物权人继续享有或者负担已经设立的地役权"的规定,乙单位作为供役地人,其将供役地使用权转让给丙单位后,丙单位承受地役权义务,但是,根据《民法典》第374条的规定,甲单位所享有的地役权并未登记,因此并不具有对抗第三人的效力。故此,《民法典》第378条关于土地承包经营权人、宅基地使用权人继续负担已设立的地役权的规定,应当作体系解释,即解释为应当以地役权登记为前提。

(3)由于甲单位的地役权没有登记,不能对抗作为第三人的丙单位。故此,甲单位无权阻拦丙单位的建房活动。

第十六章　担 保 物 权

第一节　担保物权概述

一、担保物权的概念和特征

（一）担保物权的概念

担保物权，是指以确保债务的清偿为目的，在债务人或第三人的特定财产上设定的、在债务人到期不履行债务时，债权人即担保物权人可以直接以担保物的交换价值优先受偿的一种他物权。我国《民法典》物权编第四分编对担保物权作了系统规定。其中第386条规定："担保物权人在债务人不履行到期债务或者发生当事人约定的实现担保物权的情形，依法享有就担保财产优先受偿的权利，但法律另有规定的除外。"依照我国《民法典》的上述规定，担保物权就是指以担保债务的履行为目的，对他人提供的担保财产的交换价值的直接排他的支配权。

担保物权是我国物权法重要内容之一，我国《民法典》在全面继承大陆法系既有立法的基础上广泛借鉴美国《统一商法典》、联合国关于动产担保交易的示范立法与立法指南的立法经验，在坚持原担保物权体系及其规则的立法下，对其他的动产担保物权也作了补充性规定，如《民法典》第641、745、768条关于所有权保留、融资租赁、保理的规定，初步形成了以原担保物权为原则、以其他动产担保为补充的担保物权体系。

（二）担保物权的特征

从担保物权的概念中可以看出，担保物权除具备物权的一般特征外，还具有自身独有的特征。

1. 担保物权是以确保债权的实现为目的的他物权。担保物权作为一种他物权，其设立、存在的目的就在于担保债务的履行或债权的实现，因此，在担保物权设定或实行之时，必须有被担保的债权的存在为前提，如果在设立担保物权时，被担保的债权不存在或者在实现担保物权时，该债权已为清偿，那么，担保物权则丧失了存在的前提，担保物权的这种特点，被学界称为担保物权的从属性。

2. 担保物权是在债务人或第三人特定的财产上设定的他物权。由于担保物权是以担保债务的清偿为目的的他物权，原则上，担保物权必须在债务人或第三人的特定财产上设立，在债权人的财产上一般没有设定担保物权的必要。[1] 这里所谓的特定财产，是指特定化了的财产，而不能是债务人或第三人的一般财产。财产不仅包括不动产、动产等有形财产，而且也包括某些不动产权利和可转让的债权等无形财产。

3. 担保物权是具有实现条件的他物权。这里的条件性，是指担保物权的实现是有条件的，即当债务履行期届满或者发生当事人约定的实现担保物权的情形时，债权人才能实现担保物权。

4. 担保物权是以担保物的交换价值优先受偿的他物权。担保物权作为直接支配担保物交换价值的物权，在被担保的债权期限届满债务人没有履行债务时，担保物权人有权就该担保物行使变价权，即依法拍卖、变卖该担保物，并就担保物所卖的价金，享有优先于其他顺序在后的物权或债权受偿的权利。

二、担保物权的属性

担保物权作为直接支配担保物交换价值的权利，其具有如下性质。

1. 从属性。从属性，是指担保物权是从属于其所担保的主债权的从权利，担保物权的变动应当以其所担保的主债权的变动为前提。[2] 我国《民法典》第 388 条第 1 款规定："设立担保物权，应当按照本法和其他法律的规定订立担保合同。担保合同包括抵押合同、质押合同和其他具有担保功能的合同。担保合同是主债权债务合同的从合同。主债权债务合同无效，担保合同无效，但法律另有规定的除外。"一般而言，担保物权的从属性表现在以下几个方面：成立上的从属性、转让上的从属性和消灭上的从属性。成立上的从属性，是指担保物权的成立应以其所担保的主债权的成立为前提条件，不能脱离债权而单独设立；转让上的从属性，是指担保物权应随同主债权的转让而转让，不能与主债权分离而单独转让；消灭上的从属性，是指担保物权随主债权的消灭而消灭，主债权不存在，担保物权因目的的不存在也随之消灭。

2. 不可分性。不可分性，是指担保物权人在被担保的全部债权受清偿前，可就担保物的全部行使其权利。[3] 详言之，在担保物权依法成立后，担保物权人有权支配担保物的全部价值，以保障自己全部债权的实现。不可分性的内容主要体现在两个方面：一是被担保的债权经分割、部分清偿或者消灭时，分割后的债权或者剩余的债权仍就担保物的全部行使其权利；二是在担保物经分割或者部分灭失时，

---

〔1〕 谢在全：《民法物权论》（下册），中国政法大学出版社 1999 年版，第 528 页。

〔2〕 谢在全：《民法物权论》（下册），中国政法大学出版社 1999 年版，第 551 ~ 552 页。

〔3〕 谢在全：《民法物权论》（下册），中国政法大学出版社 1999 年版，第 560 页。

分割后的担保物各部分或者剩余部分仍然担保全部债权的实现。

3. 物上代位性。物上代位性,是指担保物权存续期间,担保物因毁损、灭失或征收而获得的赔偿金或补偿金作为担保物的代替物,继续担保债务的履行。因为担保物权是对担保物交换价值的支配权,不以对担保物本身的使用为目的,担保物本身虽然已经毁损或者灭失,但是代替该担保物的交换价值如果仍然存在时,担保物权即转移到该代替物之上,担保物权人有权就该价值实现其债权。我国《民法典》第390条规定:"担保期间,担保财产毁损、灭失或者被征收等,担保物权人可以就获得的保险金、赔偿金或者补偿金等优先受偿。被担保债权的履行期未届满的,也可以提存该保险金、赔偿金或者补偿金等。"

三、担保物权的作用

担保物权的作用也就是担保物权的制度价值。担保物权的作用在于,行为人通过设立担保物权的方式,有效地实现融通资金、发展信用关系、维护交易秩序、最大限度地发挥财产的效用。具体而言,担保物权的作用包括如下几个方面。[4]

1. 担保物权是一种最充分、最有效的债权担保方式。担保物权与债权性担保即一般担保、保证担保相比,是一种最充分、最有效的债权担保方式。一般担保,是以债务人的全部财产作为履行债务责任财产的担保。在一般担保场合,由于债务人的一般责任财产的减少或债务的增加,债权人没有特殊手段可以预防,虽然为了防止债务人的一般财产的不当减少或者应当增加而没有增加,保全债权人债权的实现,法律赋予债权人以代位权和撤销权,但该权利的行使有一定条件的限制,施行起来十分不易,况且,债务人有多个债权人时,每个债权人都可平等地享受一般担保权,所以,一般担保对债权人债权的担保,是不充分的。就保证人的保证而言,虽然可以把担保债务履行的财产扩充到保证人的一般财产之上,使债务的履行多了一层保障,但保证属于债权性担保,在债务履行期届满债务人不履行债务时,债权人只能请求保证人代债务人履行债务或者承担连带责任,而无法直接支配保证人财产的交换价值实现优先受偿,况且债权人请求权的实现有赖于保证人的信用,如果保证人信用不佳,等于没有担保。相比之下,担保物权不仅使债权人具有债权人的地位,而且也使债权人具有担保物权人的地位,基于担保物权,担保物权人对作为担保物权客体的特定财产的交换价值享有直接排他的支配权。在债务人到期不能清偿债务时,担保物权人对担保物即有直接变价的权利,同时就所得的价金有优先于其他债权人受清偿的权利。因此,较之于其他债权性担保而言,担保物权确实是一种最充分、最有效的债权担保方式。

2. 担保物权是债务人融资的有效手段。担保物权作为一种最充分、最有效的

---

〔4〕 梁慧星主编:《中国物权法研究》,法律出版社1998年版,第806页。

债权担保方式，为债权人提供了可靠的信用保障。债务人往往可以利用这种信用融通资金，以满足自己的资金需要。特别是在市场经济条件下，市场主体在经营活动中所需要的资金通常从银行借贷而来，市场主体利用自己的财产去获取银行的信用，融通资金，是社会经济发展的必然要求。设定担保物权，以融通资金，已成为市场主体解决资金来源的重要措施。因此，在市场经济条件下，担保物权已经成为债务人融资的最为有效的手段之一。

四、担保物权的分类

传统民法理论依据不同的标准，对担保物权作出不同的分类，担保物权的分类主要有以下几种。

1. 法定担保物权与约定担保物权

根据产生根据的不同，可将担保物权分为法定担保物权与约定担保物权。法定担保物权，是指直接根据法律的规定而产生的担保物权，如留置权；约定担保物权，又称意定担保物权，是指根据当事人的合同约定而产生的担保物权，如约定抵押权、约定质权，其他诸如所有权保留、融资租赁等动产担保物权等。

区分法定担保物权和约定担保物权的意义在于，二者的成立条件和设立的目的不同。前者依法律规定而成立，后者依当事人的意思而设定，前者通常为担保一定的债权而设定，具有强烈的从属性；后者通常作为融资的手段，具有媒介融资的作用。按照《民法典》第 388 条的规定，担保合同包括抵押合同、质押合同以及所有权保留、融资租赁、保理等其他具有担保功能的合同。

2. 动产担保物权、不动产担保物权和权利担保物权

根据担保物权客体的不同，可将担保物权分为动产担保物权、不动产担保物权和权利担保物权。动产担保物权，是指以动产为客体而设定的担保物权，如动产抵押权、动产质权、留置权等；不动产担保物权，是指以不动产为客体而设定的担保物权，如不动产抵押权；权利担保物权，是指以依法可担保的权利为客体而设立的担保物权，如动产权利的质权，不动产权利（建设用地使用权）的抵押权等。

这种分类的意义在于，不同客体的担保物权，其公示方法不同。动产担保物权和动产权利担保物权原则上应采取交付的公示方法，不动产担保物权和不动产权利担保物权应采取登记的公示方法。

3. 占有担保物权和非占有担保物权

根据是否转移担保物的占有，可将担保物权分为占有担保物权和非占有担保物权。占有担保物权，是指以将标的物转移给担保物权人占有为设定或公示要件的担保物权，如质权、留置权；非占有担保物权，是指无须将标的物转移给担保物权人占有的担保物权，如抵押权就是典型的非占有担保物权。

区分二者的意义在于，是否转移标的物的占有是抵押权与质权、留置权区别的

重要标志。在现代物权法上,由于动产也可以抵押,对抵押权与质权的区分,已经无法再以客体是不动产还是动产为划分依据,而只能以是否转移标的物的占有为标准作出区分,所以,在约定的担保物权中,只要不移转标的物的占有,该担保物权,就是抵押权;只要是转移标的物占有的,即质权。不转移标的物占有的特点,成为抵押权区别于质权与留置权的重要标志。

4.登记的担保物权和不登记的担保物权

以担保物权的设定是否需要登记为标准,可将担保物权分为登记的担保物权和不登记的担保物权。登记的担保物权,是指依法办理登记才能设立的担保物权,如应当登记的抵押权;不登记的担保物权,是指无须登记即可设立的担保物权,如质权、留置权和动产抵押权。

这种分类的意义在于,二者生效的要件不同,登记的担保物权只有经过登记才能发生法律效力。

5.典型担保物权与非典型担保物权

以担保种类是否为《民法典》所明文规定为标准,可将担保物权划分为典型担保物权与非典型担保物权。典型担保物权,是指凡民法典明文规定的担保物权为典型担保物权。如我国《民法典》物权编所规定的抵押权、质权和留置权。非典型担保物权,又称不规则担保物权,是指在社会交易实践中自发产生的、而为判例、学说、立法所承认的或者专门规定的担保物权。如所有权保留、让与担保、附买回条件的买卖或者买回、租买、融资租赁、按揭、以房抵债或者“后让与担保”等为非典型担保。[5]

这种分类的意义在于,二者的根据不同以及由此发生的效力不同。

第二节 抵 押 权

一、抵押权的概念和特征

(一)抵押权的概念

所谓抵押权,是指债权人对于债务人或者第三人不转移占有的、作为履行债务担保的特定财产、在债务人到期不履行债务或者发生当事人约定的实现抵押权的情形时,有权就该财产卖得的价金优先受偿的担保物权。我国《民法典》第394条第1款规定:“为担保债务的履行,债务人或者第三人不转移财产的占有,将该财产

〔5〕 梁慧星、陈华彬:《物权法》(第4版),法律出版社2007年版,第304页。

抵押给债权人的,债务人不履行到期债务或者发生当事人约定的实现抵押权的情形,债权人有权就该财产优先受偿。”在抵押权法律关系中,提供担保财产的债务人或者第三人为抵押人,享有抵押权的债权人为抵押权人,抵押人提供的担保财产称为抵押物。

（二）抵押权的法律特征

抵押权作为一种担保物权,除具有担保物权的一般特征之外,还具有自身独有的特征。

1. 抵押权是不移转占有的担保物权。按照我国《民法典》第394条关于抵押权概念的规定,抵押权的设定与存续,不以移转抵押物的占有为前提,这是近现代以来大多数国家民法关于抵押权规定的通例。因此,不转移抵押物的占有,是抵押权区别于质权和留置权的重要标志,正是因为不转移标的物的占有,才使抵押权既发挥了抵押物的担保功能,又不影响抵押人对抵押物的占有或使用,同时又免除了抵押权人保管抵押物之累以及因此而支出的费用,所以,抵押权较之于其他担保物权种类而言,确实是一种优良的担保形式,被誉为“担保之王”。

2. 抵押权是在债务人或第三人提供的特定财产上设定的担保物权。抵押权是在债务人或者第三人提供的特定财产上设定的担保物权。首先,作为抵押的财产,必须依法由债务人或者第三人提供,尽管在德国法上,存在债权人在自己的土地上为自己设定的“所有人抵押”,[6]但是,在我国《民法典》中,用作抵押担保的财产必须由债务人或者第三人提供,债权人不得在自己的财产上为自己设定抵押。其次,作为抵押的财产,按照我国《民法典》的规定,既可以是不动产,也可以是动产或法律规定的可用于抵押的不动产权利。由此可见,我国《民法典》中规定的抵押权,不仅包括不动产抵押权,也同时包括动产抵押权和不动产权利抵押权。与之相比,质权和留置权的客体只能是动产或者动产权利,不动产依法不能作为质权和留置权的客体。

3. 抵押权是以特定财产为标的物的担保物权。抵押权的特定性,是指作为抵押权客体的财产必须为特定、独立的财产。抵押权是以抵押财产的价值担保债权的实现为目的,债务人或者第三人提供的抵押财产,虽然不要求转移占有,但却要求必须至少在实现时具体、特定,[7]这既是抵押权作为物权的要求,也是抵押权发挥担保作用的要求。对于抵押人的不特定的一般财产,抵押权人无法直接支配其价值,所以,当债务人到期不履行债务时,抵押权人则无法就该标的物卖得的价金优先受偿。

---

[6] 王利明主编:《物权法专题研究》(下),吉林人民出版社2002年版,第1242~1262页。

[7] 郑玉波:《民法物权》,台北,三民书局1995年版,第196页。

4. 抵押权是就标的物卖得的价金优先受偿的担保物权。所谓优先受偿,包括三层意思:其一,就债务人的其他普通债权人而言,抵押权人就抵押物卖得的价金,有优先于普通债权人受清偿的权利。其二,就债务人的其他抵押权人而言,先次序的抵押权人有优先于后次序的抵押权人就抵押物卖得的价金受清偿的权利。其三,债务人受破产宣告时,抵押权不受破产宣告的影响,抵押权人仍然有就抵押物卖得的价金优先受偿的权利。抵押权的优先受偿的特征,源于担保物权所具有的、对担保物价值的直接排他的支配性,而这一点,正是作为物权性担保的抵押权与债权性担保的根本区别。

二、抵押权的分类

(一)不动产抵押权、动产抵押权和权利抵押权

根据抵押权客体的不同可将抵押权分为不动产抵押权、动产抵押权和权利抵押权。不动产抵押权,是指以不动产为客体而设定的抵押权。例如,以城市房地产为客体设定的抵押。动产抵押权,是指以动产为客体而设定的抵押权。例如,以交通运输工具为客体设定的抵押、以普通货物为客体设定的抵押。权利抵押权,是指以不动产权利为客体所设立的抵押权。例如,以建设用地使用权为客体设定的抵押权。

这一分类的意义在于:认识和明确抵押物的种类和范围,以及针对不同的抵押客体,法律对抵押权的设定、登记所作的不同规定。

(二)一般抵押权和特殊抵押权

以法律对抵押权有无特别规定为标准,可将抵押权分为一般抵押权和特殊抵押权。一般抵押权,是指法律上只有关于抵押权的一般规定而无特别规定的抵押权。特殊抵押权,是指法律上有特别规定的抵押权。特殊抵押权通常包括共同抵押、财团抵押、浮动抵押和最高额抵押等。

这一分类的意义在于:二者所适用的规则的特殊性要求不同。

三、抵押权的设立

抵押权的设立,又称抵押权的设定,是指抵押权人与抵押人依照法律的规定,签订抵押合同、办理抵押权登记、进而形成抵押权的行为。以签订抵押合同的方式设定抵押权,为抵押权取得的最为通常的方式,因设立而取得的抵押权,学说上称为意定抵押权,以示与法定抵押权的区别。按照我国《民法典》的相关规定,当事人设立抵押权,必须签订抵押合同、有合法的抵押物和法定公示方式等要件。

(一)抵押合同

1. 抵押合同的含义

抵押合同,是指债权人与债务人或第三人以设立抵押权为目的而自愿协商达成的协议。在抵押合同关系中,抵押人是提供抵押财产并作为债权担保的一方当事人,抵押人可以是债务人,也可以是第三人。抵押权人必须是抵押权所担保的主债权的债权人,非主债权人不能成为抵押权人。

2. 抵押合同的内容和形式

关于抵押合同的内容,依《民法典》第400条第2款规定:"抵押合同一般包括下列条款:(一)被担保债权的种类和数额;(二)债务人履行债务的期限;(三)抵押财产的名称、数量等情况;(四)担保的范围。"上述法律规定的条款,只是一般的提示性条款,实践中,抵押合同不完全具备前述内容或者约定不明确的,当事人可以协商予以补充,抵押合同并不因此而无效。

抵押合同应当依法采用书面形式。《民法典》第400条第1款规定:"设立抵押权,当事人应当采用书面形式订立抵押合同。"这说明,抵押合同是一种要式合同。应当注意的是,这里所谓的要式,仅指抵押合同的书面形式,而非原担保法上的所谓登记形式。按照物权法的规定,抵押合同必须以书面形式订立,未按照书面形式订立的抵押合同,应当解释为无效。

3. 流抵押条款的排除

抵押合同在积极方面除应具备上述条款外,《民法典》第401条规定:"抵押权人在债务履行期届满前,与抵押人约定债务人不履行到期债务时抵押财产归债权人所有的,只能依法就抵押财产优先受偿。"从该条规定来看,法律并未否定流押条款的效力,只是规定在实行抵押权时,流押条款与抵押权实行规则冲突时,排除流押条款的适用,这就为所有权保留融资租赁等动产担保留下空间。

(二)抵押物

1. 抵押物的含义及条件

抵押物又称抵押财产,是指抵押人用以设定抵押权、进而担保主债权实现的财产。按照物权法理论,并非所有财产都可以作为抵押权的客体,作为抵押权客体的财产应当具备一定的条件:作为抵押的财产首先应当是流通物。禁止流通物,由于法律禁止其流通,如果以之作为抵押权的客体,就会导致抵押权无法实现、当事人设立抵押权的目的落空;另外,抵押的财产必须是抵押人所有或者有权处分的财产。抵押权的设定由于直接发生抵押权法律效果,本质上属于处分行为,因此,抵押人在设定抵押权时,原则上对抵押财产享有所有权或者处分权。[8] 具备上述条

---

〔8〕 梁慧星、陈华彬:《物权法》(第4版),法律出版社2007年版,第310页。

件的财产才可作为抵押权的客体。

2. 抵押物的范围

关于抵押物的范围,我国《民法典》从积极和消极两个方面分别对之作出了规定。

根据《民法典》第395条的规定,债务人或者第三人有权处分的下列财产可以抵押:(1)建筑物和其他土地附着物;(2)建设用地使用权;(3)海域使用权;(4)生产设备、原材料、半成品、产品;(5)正在建造的建筑物、船舶、航空器;(6)交通运输工具;(7)法律、行政法规未禁止抵押的其他财产。抵押人可以将前款所列财产一并抵押。

从我国《民法典》第395条的规定来看,债务人或第三人可以抵押的财产包括两类:一是债务人或第三人有权处分的不动产,即建筑物和其他土地附着物;正在建造的建筑物;建设用地使用权;海域使用权。二是债务人或第三人有权处分的动产,即交通运输工具;正在建造的交通运输工具(船舶、航空器);生产设备、原材料、半成品、产品;其他动产。按照《民法典》第397、398条的规定,当事人以建筑物抵押的,该建筑物占用范围内的建设用地使用权一并抵押。以建设用地使用权抵押的,该土地上的建筑物一并抵押。抵押人未依据法律的规定一并抵押的,未抵押的财产视为一并抵押。乡镇、村企业的建设用地使用权不得单独抵押。以乡镇、村企业的厂房等建筑物抵押的,其占用范围内的建设用地使用权一并抵押。

《民法典》第399条规定了下列财产不得抵押:(1)土地所有权;(2)宅基地、自留地、自留山等集体所有土地的使用权,但法律规定可以抵押的除外;(3)学校、幼儿园、医疗结构等为公益目的成立的非营利法人的教育设施、医疗卫生设施和其他公益设施;(4)所有权、使用权不明或者有争议的财产;(5)依法被查封、扣押、监管的财产;(6)法律、行政法规规定不得抵押的其他财产。

(三)抵押权的公示方式:登记

抵押权的登记,是指登记机关经当事人申请,依法定的条件和程序将抵押权权状记载于登记簿册的行为。按照我国《民法典》的相关规定,抵押权的登记是抵押权设定的公示方式,而非抵押合同的成立生效要件。

关于抵押权设立登记的效力,各国立法上大体有三种立法例:一是采取登记生效主义,将登记视为抵押权设定的生效要件,不经登记,抵押权不发生设定效力。二是登记对抗主义,将登记视为抵押权的对抗要件,不经登记,抵押权虽可依抵押合同设定,但不能对抗第三人。三是将登记视为要式抵押合同的生效要件或形式,不经登记抵押合同不得生效,进而不能发生设定抵押权的效力。按照我国《民法典》第402条的规定:“以本法第三百九十五条第一款第一项至第三项规定的财产或者第五项规定的正在建造的建筑物抵押的,应当办理抵押登记。抵押权自登记时设立。”第403条规定:“以动产抵押的,抵押权自抵押合同生效时设立;未经登记,不得对抗善意第三人。”第404条规定:“以动产抵押的,不得对抗正常经营活动中已经支付合理价款并取得抵押财产的买受人。”据此,可以认为,我国对抵押权登记的效力是依抵押物的不同,而分别采取了两种不同的立法:一方面,对于以建筑物和其他土地附着物、建设用地使用权、海域使用权和正在建造的建筑物抵押的,除双方当事人签订书面抵押合同之外,还必须依法办理抵押权设立登记,抵押权自登记时设立;另一方面,对于以生产设备、原材料、半成品、产品、交通运输工具、正在建造的船舶、航空器等动产抵押的,双方当事人须签订书面抵押合同,抵押权自抵押合同生效时设立,未经登记不得对抗善意第三人。

简言之,按照我国《民法典》的规定,凡是以不动产或不动产权利为客体设定的抵押,奉行登记生效主义的立法,当事人不登记,不动产或不动产权利抵押权的设定不生效力;凡是以动产为客体设定的抵押权,奉行登记对抗主义的立法,抵押权自抵押合同生效时设立,不登记,不得对抗善意第三人。

四、抵押权的效力

(一)抵押权效力的含义

抵押权的效力,是指抵押权有效成立后依法发生的法律效果。抵押权的效力,属于抵押权特有的具体效力。按照传统民法理论,抵押权效力的内容,主要体现在如下几个方面:抵押权所担保的债权范围;抵押权的效力所及的标的物的范围;抵押权人的权利与抵押人的权利。

(二)抵押权所担保的债权范围

抵押权所担保的债权范围,是指抵押权人有权从抵押物的变价中优先受偿的范围,具体是指当履行期届满债务人不履行债务时,抵押权人拍卖、变卖抵押物所获得的价金用以清偿哪些债权的范围。在现代各国物权法上,抵押权所担保的债权范围一般由当事人自行约定,当事人没有约定时,则按照法律的规定。我国《民法典》第389条规定:“担保物权的担保范围包括主债权及其利息、违约金、损害赔偿金、保管担保财产和实现担保物权的费用。当事人另有约定的,按照约定。”这是《民法典》关于所有担保物权所担保的债权范围的一般规定,具体到抵押权所担保的债权范围,鉴于抵押权不转移抵押物占有的特点,抵押权担保的债权范围,应依抵押人与抵押权人双方的约定而定。当事人双方在抵押合同中未约定或者约定不明确的,抵押权所担保的债权包括主债权及其利息、违约金、损害赔偿金和实现抵押权的费用。

以拍卖、变卖抵押物所得的价金抵充债权的顺序,按照《民法典》第561条的规定:“债务人在履行主债务外还应当支付利息和实现债权的有关费用,其给付不足以清偿全部债务的,除当事人另有约定外,应当按照下列顺序履行:(一)实现债权的有关费用;(二)利息;(三)主债务。”据此,以拍卖、变卖抵押物所得的价金抵充债权的顺序为:实现抵押权的费用、违约金或者违约损害赔偿金、利息、主债权。如果拍卖、变卖抵押物所得的价金不足以清偿上述全部债权时,尚未清偿的主债权视为没有抵押担保的一般债权,债务人应承担继续清偿的义务。

(三)抵押权的效力所及的标的物的范围

抵押权的效力所及的标的物的范围,是指抵押权人在实现抵押权时,有权依法予以变价处分的标的物的范围,具体是指当履行期届满债务人不履行债务时,抵押权人有权申请法院拍卖、变卖哪些抵押物的范围。抵押权效力所及的标的物的范围与抵押权设定时抵押人用于抵押的财产范围不尽相同,按照《民法典》的相关规定,抵押权效力所及的标的物范围除抵押物本身外,还包括抵押物的从物、孳息物、附合物和代位物等。

(四)抵押权人的权利

抵押权人的权利,表现为抵押权成立后,抵押权人作为他物权人所依法享有的权利。抵押权人的权利,实际上是抵押权人对抵押物的价值支配权的表现形式。抵押权人的权利主要包括如下几个方面。

1. 保全抵押权的权利

保全抵押权的权利,是指在抵押权存续期间,抵押物的价值受到侵害或者有侵害可能时,抵押权人依法所享有的、保全其抵押权益的权利。在抵押权存续期间,由于抵押权人不占有抵押物,如果抵押物受到侵害导致其价值减少,在实现抵押权时,抵押权人就不能受清偿或者完全受清偿。因此,在抵押期间对抵押物的侵害,也是对抵押权的一种侵害,为保护抵押权人的权利,法律赋予抵押权人保全抵押权的权利。《民法典》第408条规定:“抵押人的行为足以使抵押财产价值减少的,抵押权人有权请求抵押人停止其行为。抵押财产价值减少的,抵押权人有权请求恢复抵押财产的价值,或者提供与减少的价值相应的担保。抵押人不恢复抵押财产的价值,也不提供担保的,抵押权人有权请求债务人提前清偿债务。”依该规定,在抵押权存续期间,抵押物受到非法侵害或者侵害可能时,抵押权人的保全权主要包括以下内容。

(1)停止侵害请求权。抵押权人的停止侵害请求权或者消除危险请求权,是指在抵押权存续期间,抵押人的行为足以使抵押物价值减少时,抵押权人享有请求抵押人停止其侵害、消除可能造成的侵害危险的权利。抵押权人的停止侵害请求权或者消除危险请求权是防止抵押物价值减少的有效救济措施。如在抵押权存续期间,抵押人可能砍伐用于抵押的林木、拆除用于抵押的房屋,其行为足以导致抵押物价值的减少,进而导致侵害抵押权,对此抵押权人有权依法要求抵押人停止该行为、消除可能造成的侵害危险。按照我国《民法典》第408条的规定，抵押权人的停止侵害请求权必须具备如下条件：一是必须是抵押人的行为，如果是第三人的行为、抵押权人自己的行为或者自然灾害可能造成抵押物价值减少的，则不发生抵押权人的停止侵害请求权或者消除危险请求权；二是必须抵押人的行为足以造成抵押物价值的减少，至于减少后果是否实际发生，则在所不问；三是抵押权人原则上只能向抵押人请求其停止侵害行为或者消除侵害危险。

(2)恢复原状请求权或者另行提供相当担保请求权。抵押权人恢复原状请求权，是指在抵押权存续期间，因抵押人的行为导致抵押物价值减少时，抵押权人享有请求抵押人恢复抵押物价值的权利。所谓恢复抵押物的价值，是指恢复抵押物原来的状态，以维系抵押物的原价值，如将损毁的房屋修复。抵押权人恢复原状请求权的行使应当具备如下条件：第一，必须是在抵押权存续期间，发生抵押财产价值减少的事实；第二，抵押权人的恢复原状请求权依照法律规定，原则上只能向抵押人提出，但在第三人侵害抵押物使其价值减少时，若抵押人不主张权利，抵押权人有权依照《民法典》第535条的规定，代位行使抵押人向该第三人请求恢复原状的权利。[9]

提供相当担保请求权，是指抵押物价值减少时，抵押权人享有请求抵押人另行提供相当担保的权利。一般而言，在抵押物价值减少时，在能够恢复原状时，抵押权人应当依法请求抵押人恢复原状，只有在不能恢复原状时，如林木已被砍伐、房屋已被拆除，抵押权人才可以依法请求抵押人另行提供与减少价值相当的担保，一般而言，抵押人另行提供的担保原则上应为物的担保，至于其类型是抵押权抑或质权，则在所不问。

(3)提前要求清偿债务的请求权。在因抵押人的行为导致抵押物价值减少时，抵押权人依法享有请求抵押人恢复原状或者另行提供相当担保的权利，但是抵押人既不恢复抵押财产的价值，又不另行提供相应的担保时，法律赋予抵押权人享有提前要求债务人清偿债务的权利，如果债务人拒绝履行时，抵押权人可以申请法院强制履行。

2. 处分抵押权的权利

处分抵押权的权利，具体是指抵押权人依法对其享有的抵押权作出处置的权利。抵押权作为一种财产权，抵押权人自然可以依法对其作出处分。抵押权人对抵押权的处分一般包括抵押权的转让、担保与抵押权及其顺位的抛弃、变更等。抵押权的转让，是指抵押权人将其抵押权连同主债权一并转让给他人的行为。抵押权的担保，是指抵押权人将其抵押权连同主债权一并作为其他债权质押担保的行为。抵押权具有从属性的性质，原则上不得与其所担保的主债权分离而单独转让

〔9〕 谢在全：《民法物权论》(下册)，中国政法大学出版社1999年版，第633页。

或者提供担保,抵押权转让或者作为其他债权担保时,应与其所担保的主债权一并进行。《民法典》第 407 条规定:“抵押权不得与债权分离而单独转让或者作为其他债权的担保。债权转让的,担保该债权的抵押权一并转让,但法律另有规定或者当事人另有约定的除外。”抵押权的顺位,是指抵押权在不动产登记簿上所处的顺序或者位置。抵押权及其顺位的抛弃,是指抵押权人基于自己的意思,放弃抵押权及其顺位、进而使抵押权及其顺位归于消灭的行为。按照我国《民法典》第 409 条的规定:抵押权人可以放弃抵押权或者抵押权的顺位。债务人以自己的财产设定抵押,抵押权人放弃抵押权、抵押权顺位的,其他担保人在抵押权人丧失优先受偿权益的范围内免除担保责任,但是其他担保人承诺仍然提供担保的除外。抵押权的抛弃,应由抵押权人向抵押人作出抛弃的意思表示,抛弃登记的抵押权及其顺位时,抵押权人除了作出抛弃的意思表示之外,还应当办理注销抵押权登记及其顺位的手续,才能依法发生抛弃的效力。抵押权人与抵押人可以协议变更抵押权顺位以及被担保的债权数额等内容。但是,抵押权的变更未经其他抵押权人书面同意的,不得对其他抵押权人产生不利影响。

3. 优先受偿的权利

抵押权人的优先受偿权,是指在抵押权实现时,抵押权人以抵押物的变价优先受清偿的权利。优先受偿性不仅是抵押权价值支配权的直接体现,而且也是抵押权区别于以请求权为内容的债权性担保的重要标志。

抵押权人的优先受偿权主要表现在以下几方面:首先,在一般情况下,抵押权人优先于一般债权人受清偿。其次,在抵押人宣告破产时,抵押权人优先于破产债权人受清偿。因为抵押权人基于其对抵押物价值的直接支配权而享有别除权,所以,抵押财产不列入破产财产,抵押权人有权就抵押财产的变价优先于破产人的其他债权人而受清偿。最后,顺序在先的抵押权优先于顺序在后的抵押权。先顺序抵押权人有权就抵押物的变价优先于后顺序抵押权人受清偿,后顺序抵押权人只能就先顺序抵押权人受偿后的余额受偿。根据《民法典》第 414 条的规定,同一财产向两个以上债权人抵押的,拍卖、变卖抵押财产所得的价款依照下列规定清偿:其一,抵押权已登记的,按照登记的时间先后顺序清偿;顺序相同的,按照债权比例清偿。其二,抵押权已登记的先于未登记的受偿。其三,抵押权未登记的,按照债权比例清偿。其他可以登记的担保物权(如依法登记公示的权利质权),清偿顺序参照适用前款的规定。

(五)抵押人的权利

抵押人的权利实际上是指在抵押权存续期间,抵押人对自己所有的物依法享有的权利。抵押人以其特定的财产为抵押权人设定抵押权后,仍对抵押物享有所有权,因此,作为抵押人仍可行使如下权利。

1. 对抵押物占有、使用、收益的权利

按照《民法典》物权编的规定，抵押权作为非占有担保物权，以不以移转抵押物的占有为前提，在抵押权设立后，抵押人仍然依法有权占有抵押物，依法按照抵押物的性能与用途，在不损害抵押物价值的条件下对抵押物加以利用，并获取抵押物在依法扣押前的收益。

2. 处分抵押物的权利

抵押权作为价值支配权，只是所有权的物上负担，在抵押权设定后，抵押人对抵押物的所有权并不因抵押权的设定而消灭，抵押人对抵押物仍然享有所有权，按照近现代民法的规定，抵押人在抵押期间对抵押物依法享有处分权。

所谓抵押物的处分，包括法律上的处分和事实上的处分。法律上的处分，是指抵押人在抵押权存续期间，将抵押物的所有权转让给他人的行为；事实上的处分，是指抵押人在抵押权存续期间对抵押物进行实质性的变形、改造或毁损等物理上的事实行为。〔10〕 按照我国《民法典》的规定，抵押人对抵押物的处分，主要限于法律上的处分，事实上的处分，由于通常会导致抵押物价值的减少或消灭，因此，抵押人对抵押物在事实上的处分，只有在不影响抵押物价值的范围内才可以进行。

关于在抵押权存续期间，抵押人能否自由转让抵押物，在我国民法理论上，向来存在肯定说与否定说两种不同的观点，我国《民法典》第406条规定："抵押期间，抵押人可以转让抵押财产。当事人另有约定的，按照其约定。抵押财产转让的，抵押权不受影响。抵押人转让抵押财产的，应当及时通知抵押权人。抵押权人能够证明抵押财产转让可能损害抵押权的，可以请求抵押人将转让所得的价款向抵押权人提前清偿债务或者提存。转让的价款超过债权数额的部分归抵押人所有，不足部分由债务人清偿。"《民法典》第406条的规定包含如下几层意思：首先，我国现行法律，采取了与原物权法不同的做法，承认抵押人在抵押权存续期间，除另有约定外，有自由转让抵押物的权利。抵押财产转让的、无论登记还是未经登记，抵押权的效力不受影响。其次，抵押期间，抵押人转让抵押财产的，负有及时通知抵押权人的义务。再次，在抵押人转让抵押财产并及时通知抵押权人后，抵押权人能够证明抵押财产转让可能损害抵押权的，可以请求抵押人将转让所得的价款向抵押权人提前清偿债务或者提存。这里所谓"抵押财产转让可能损害抵押权的"情形，具体是指，未经登记的抵押权，因该抵押权不能对抗善意受让人而可能给抵押权人造成的损害。抵押权人能够证明抵押财产转让可能损害抵押权，是抵押权人请求抵押人将转让所得的价款提前清偿债务或者提存的前提条件，如果抵押权人不能证明抵押财产转让可能损害抵押权的，抵押权人不能请求抵押人将转让所得的价款提前清偿债务或者提存。最后，转让的价款超过债权数额的部分归

---

〔10〕 梁慧星、陈华彬：《物权法》（第4版），法律出版社2007年版，第129页。

抵押人所有,不足部分由债务人清偿。但问题是,抵押期间,抵押人转让抵押财产时,未经登记的抵押权,其效力受不受“不得对抗善意当事人”规定的影响?登记的抵押权在抵押人转让抵押财产时,是否有必要履行通知抵押权人的义务?根据是什么?抵押人违反该通知义务的法律后果是什么?未经登记的抵押权,在抵押人转让抵押财产并通知抵押权人,而抵押权人因不能证明抵押财产转让可能损害抵押权,进而不能请求抵押人将转让所得的价款提前清偿债务或者提存,是否意味着抵押权的落空?对此,笔者认为,抵押人对抵押物的转让,应当按照抵押权是否登记为标准而分别对待,对于登记设立的抵押权,由于登记抵押权具有对世性与追及效力,对抵押物的转让,不会影响抵押权人的利益,因此,法律应当允许抵押人在抵押权存续期间,不须经抵押权人同意或者通知抵押权人而自由转让抵押物。只要履行期限届满,债务人没有履行债务时,抵押权人均可追及该物的所在,实现登记的抵押权。对于没有登记的抵押权,由于该抵押权依法不能对抗善意第三人且无追及效力,善意受让人依法取得没有抵押权负担的受让物之所有权,会直接影响抵押权人的利益,因此,对于没有登记的抵押权,在抵押权存续期间,抵押人虽然可以转让抵押物,但抵押人应当及时通知抵押权人。抵押权人能够证明抵押财产转让可能损害抵押权的,可以请求抵押人将转让所得的价款向抵押权人提前清偿债务或者提存。

3. 重复设定抵押权的权利

重复设定抵押权的权利,又称重复抵押权,是指抵押人在抵押物上设定抵押权后,为了担保其他债权的实现,而在抵押物上再次设定抵押权的权利。重复抵押是传统民法物权法上的一项重要制度。从我国原担保法的规定来看,我国原《担保法》规定,抵押人所担保的债权不得超出其抵押物的价值。财产抵押后,该财产的价值大于所担保债权的余额部分,可以再次抵押,但不得超出其余额部分。可见,我国原《担保法》所规定的抵押,实际上是“余额抵押”,与传统民法上规定的重复抵押存在明显的不同。[11] 我国《民法典》适应经济发展的要求,删除了原《担保法》中关于余额抵押的陈旧规定,尽管立法没有明确规定重复抵押,但从《民法典》第409、414条关于抵押权顺位、抵押权清偿顺序的规定解释,应当承认,我国《民法典》实际上对重复抵押持肯定态度。

4. 出租抵押物的权利

出租抵押物的权利,是指抵押人在抵押权存续期间,将抵押物出租给他人的权利。由于抵押权不以转移抵押物的占有为前提,在抵押权存续期间,抵押人将抵押物出租时,在同一抵押物上即存在抵押权与承租权并存的情形。此时,由于抵押权的设定在先,租赁权的设定在后,按照物权优先于债权的效力,抵押权优先于承租

〔11〕 王利明:《物权法研究》,中国人民大学出版社2002年版,第537~546页。

权,在抵押权实现时,租赁权不得给抵押权造成妨害,否则应当终止。因抵押权的实现给承租人造成损害的,在租赁合同订立前,出租人告知承租人该财产已经抵押的,出租人不承担赔偿责任;出租人未告知该财产已经抵押,因抵押权的实现给承租人造成损害的,出租人应当承担赔偿责任。

但抵押人在已出租的财产上设定抵押权,在抵押权实现时,二者的效力如何?我国《民法典》第 405 条规定:"抵押权设立前,抵押财产已经出租并转移占有的,原租赁关系不受该抵押权的影响。"换言之,抵押人在已出租的财产上设定抵押权的,由于租赁权在先,抵押权在后,抵押权人在实现抵押权并依法拍卖或变卖抵押物时,原租赁合同对新的受让人继续有效。此即租赁权物权化倾向或者买卖不破租赁规则的体现。

应当注意的是,抵押人出租抵押物与抵押人在抵押物上设定用益物权是两个性质完全不同的问题,不能将二者混同。因为前者是在抵押物上设定租赁权(债权),而后者则是在抵押物上设定用益物权(物权)。关于抵押人在抵押权存续期间,能否在抵押物所有权上再行设立用益物权的问题,在传统民法上是允许的,但在我国民法的规定中,所有权人在同一所有物之上,无论是先设立抵押权后设立用益物权,还是先设立用益物权后设立抵押权的情形,都不会发生,这是由我国土地的公有制性质以及禁止土地所有权抵押的规定决定的。

五、抵押权的实现

(一)抵押权实现的含义

抵押权的实现,又称为抵押权的实行,是指抵押权人在债务履行期届满、债务人不履行债务时,依法行使抵押权、实现抵押物的价值,并从中优先受偿的行为。

(二)抵押权实现的条件

根据《民法典》第 410 条的规定,抵押权的实现必须具备以下条件。

1. 以抵押权的有效存在为前提。抵押权的实现首先以抵押权的有效存在为前提,如果抵押权无效、被撤销,则因抵押权不发生法律效力,当然不能得到实现。抵押权虽有效存在,但已经与主债权一并转移给第三人时,也不得实现抵押权。

2. 债务人的债务已届清偿期。债务清偿期未到,债务人并无清偿债务的义务,债权人不能要求债务人提前清偿;只有在债务人的债务已届清偿期,债务人不清偿债务时,担保物权人才有权请求法院实行抵押权,以使自己的债权获得实现。因此,债务人的债务是否已届清偿期,是决定债务人是否清偿义务、债权人是否实现抵押权的前提条件。

3. 债务人未清偿债务或者发生当事人约定的实现抵押权的情形。债务人未清偿债务,进而使债权人的债权得不到实现,为了实现其债权,抵押权人有权依法实现抵押权以受偿其债权。如果债务人清偿了债务,债权人的主债权因清偿而消灭,作为从权利的抵押权随着主债权的消灭而消灭,债权人不得实现抵押权。除此之外,如果当事人对实现抵押权的情形事先作了约定,发生了当事人约定的情形时,抵押权人则可以按照约定实现抵押权。例如,专款抵押贷款中,当事人约定,如借款人擅自改变借款的用途时,出借人有权提前收回贷款,无法收回贷款时,抵押权人可以按照约定实现抵押权。

4. 债务未清偿不是由于债权人方面的原因。也就是说,只有因债务人方面的原因未清偿债务时,抵押权人才能实现抵押权。如不是债务人方面的原因,而是由于债权人方面的原因造成未履行债务,如债权人迟延受领,则抵押权人不得实现抵押权。

(三)抵押权的实现方式

《民法典》第410条规定:“债务人不履行到期债务或者发生当事人约定的实现抵押权的情形,抵押权人可以与抵押人协议以抵押财产折价或者以拍卖、变卖该抵押财产所得的价款优先受偿。协议损害其他债权人利益的,其他债权人可以请求人民法院撤销该协议。抵押权人与抵押人未就抵押权实现方式达成协议的,抵押权人可以请求人民法院拍卖、变卖抵押财产。抵押财产折价或者变卖的应当参照市场价格。”按照该条规定,抵押权的实现可以通过两种程序进行:首先,通过非诉讼程序实现抵押权,即抵押权人与抵押人协商以抵押物折价或拍卖、变卖抵押物的方式实现抵押权,但当事人以协议方式实现抵押权不得损害其他抵押权人或者债权人的利益,否则,其他抵押权人、债权人可以依《民法典》第538、539条的规定请求人民法院撤销该协议。其次,抵押权人可以通过诉讼程序实现抵押权,即在双方协商不成时,抵押权人可以直接请求法院拍卖、变卖抵押物。

抵押权的实现方式有抵押物的拍卖、变卖和折价三种。

拍卖作为一种特殊的买卖,是指以竞争的方式,将物品卖给竞价最高的人的一种买卖,以拍卖方式实现抵押权,能最充分地实现抵押物的价值。为保护抵押权人、抵押人以及第三人的利益,拍卖的方式是实现抵押权的最佳的方式。

变卖,是指以拍卖以外的方式出卖抵押物的行为。按照《民法典》的规定,变卖抵押物时,应当参照市场价格。如果以低于市场价格变卖抵押物,给当事人造成损失的,当事人有权依照法律规定撤销该行为,造成损害的,应当承担损害赔偿责任。

折价,是指抵押人与抵押权人协议,将抵押物折合一定价格转归抵押权人所有的行为。折价与流抵押条款不同,折价实际上是将抵押物折价归属于抵押权人,然后由抵押权人向抵押人支付超出其债权部分价款的行为,折价属于一种特殊的买卖方式。按照《民法典》第410条第3款的规定,以抵押财产折价的,应当参照市场价格进行。

六、抵押权的消灭

抵押权的消灭,是指因一定的法律事实的出现使抵押权归于终止的现象。抵押权可因下列法律事实而消灭。

1. 主债权消灭。主债权消灭是抵押权消灭的最常见、最重要的原因。由于抵押权是为担保主债权的实现而存在的从权利,因此,抵押权随主债权的消灭而消灭,在主债权因履行、抵销、免除或其他原因消灭时,抵押权也随之消灭。

2. 抵押物灭失。按照《民法典》的规定,物权随着客体的消灭而消灭。抵押权作为物权的一种法定类型,依法以抵押物为客体,在抵押物灭失时,抵押权原则上也归于消灭。但因抵押权为价值支配权,在抵押物灭失但其存有代位物时,抵押权并不因抵押物的消灭而消灭,而是继续存在于代位物之上,以担保债权的实现。

3. 抵押权的实现。当债务人没有履行到期债务时,抵押权人依法可以实现抵押权。抵押权实现后,无论其所担保的债权是否全部受偿,抵押权均因实现而归于消灭。

4. 抵押权的期间届满。抵押权的期间,即抵押权的法定的存续期间。按照传统民法规定,抵押权是担保物权,属于支配权的范畴,依民法法理不受诉讼时效期间的限制,因此,抵押权不宜适用与抵押担保的债权相同的诉讼时效制度。如果被担保债权已过诉讼时效,按照我国民法的规定,仅发生抗辩权产生的后果,实体权利并不消灭,因此,在此情况下,被担保的实体债权没有消灭,为该债权提供担保的抵押权当然依旧存在。[12] 但是,抵押权的行使又不能没有期间的限制,否则,将会助长抵押权人滥用其优势地位怠于行使抵押权的情况发生,也不利于抵押担保交易关系的稳定。所以,抵押权人自抵押担保的债权诉讼时效完成后一定期间内不行使抵押权的,抵押权消灭。抵押权消灭的法定期间,在性质上为除斥期间。[13]

我国《民法典》第 419 条规定:“抵押权人应当在主债权诉讼时效期间行使抵押权;未行使的,人民法院不予保护。”由此可见,我国《民法典》的规定与大陆法系各国民法的规定不同,将抵押担保的主债权的诉讼时效适用于抵押权,不仅违背了抵押权的物权属性,将物权与债权这两种不同性质的权利相混同,而且也造成了诉讼时效适用范围的混乱。这种做法,殊值研究。

5. 其他原因。可以依法引起抵押权消灭的其他原因,主要有抵押权的抛弃、混同等。

---

〔12〕 谢在全:《民法物权论》(下),中国政法大学出版社 1999 年版,第 682 页。
〔13〕 梁慧星、陈华彬:《物权法》(第 4 版),法律出版社 2007 年版,第 330 页。

七、特殊抵押权

(一)共同抵押权

共同抵押权又称总括抵押、聚合抵押,是指为担保同一债权,而在几个不动产、不动产用益物权或动产上设定的几个抵押权。共同抵押的特殊性主要在于,其一,用以抵押的财产不是一个而是几个,并且几个财产是独立的,而不是集合在一起被视为一物的财产。同时,该几个财产也不要求必须属于同一人所有,即共同抵押可以就不同人的数个独立财产而设立。其二,在几个不同的财产上,分别设立几个抵押权,如果在几个不同的财产上设立一个抵押权时,则不能称为共同抵押,而只能是以几个不同的财产的集合为客体而设立的一个财团抵押权。这是共同抵押与财团抵押的重要区别。其三,在几个不同的财产上分别设立的几个抵押权共同担保同一项债权。因此,共同抵押是物的共同担保,而非人的共同担保,这是共同抵押与共同保证的重要区别。

共同抵押因标的物为数个独立的财产,而且作为抵押物的所有人也并非须为同一人。因此,共同抵押的抵押权人如何就各个抵押财产受偿其债权,就成为共同抵押权效力上的特殊问题。对此,应区分共同抵押的数个财产上所负担的担保金额当事人有特别约定和没有特别约定两种情况。

当事人以特约限定各个财产的负担金额时,抵押权人在实现抵押权时应就各个财产所负担的金额优先受偿。亦即各个财产分别以其价值按照其应负担的金额担保债权人的债权受清偿。这种共同抵押的各个财产对于同一债权的担保,为分别负责,相互间并无连带关系。

当事人未约定各个抵押财产所负担的金额时,抵押权人可依《民法典》第 392 条的规定,先就债务人提供的抵押财产实现其债权,债务人未提供财产抵押的,抵押权人可任意就第三人提供的某一财产或某几个财产行使抵押权,但抵押权人在就某抵押财产的价值完全受偿时,共同抵押权消灭,抵押权人不得再就未执行的财产实现抵押权。当共同抵押的抵押权人就某一个抵押财产实现了抵押权时,如果该抵押财产为债务人以外的第三人所有,被实现了抵押权的抵押物所有人有权向债务人追偿。

(二)最高额抵押权

最高额抵押权,是指抵押人与抵押权人协议,在最高债权额限度内,以抵押物对一定期间内连续发生的债权所作的抵押。我国《民法典》物权编第十七章第二节以 5 个条款对最高额抵押权作了明确规定。

最高额抵押权作为特别抵押权,不同于一般抵押权的特殊性主要表现在以下方面:(1)最高额抵押权是为将来发生的债权设定的担保。一般抵押权具有典型的从属性,一般先有债权存在才设定抵押权,主债权消灭,抵押权也消灭。而最高额抵押权却是为担保将来发生的债权而设定,具有典型的相对独立性,其设定不以主债权的存在为前提,也不随某一债权的消灭而消灭。(2)最高额抵押权所担保的债权具有不确定性。在一般抵押权中,不仅抵押物须特定,而且抵押担保的债权也要特定。但最高额抵押权是担保未来债权的,其所担保的债权将来是否发生、发生额为多少都不确定。(3)最高额抵押权所担保的债权有最高限额。一般抵押权在设定时,抵押权所担保的债权已经特定。但在最高额抵押中,由于所担保的债权不特定,而抵押物是特定的,因此,为使抵押物的价值得到充分利用和确保债权,最高额抵押权担保的债权有最高限额。(4)最高额抵押权适用于对一定期限内连续发生的债权的担保。一般抵押权的适用,原则上并无限制,对于任何债权都可以设定。但最高额抵押权的适用范围受限制,它是对一定期间内连续发生的债权的担保,仅适用于有连续发生债权的法律关系,如连续交易关系、连续借贷关系等。(5)最高额抵押权原则上不得转让。一般抵押权可以随主债权一并转让或者为他债权提供担保。但《民法典》第421条明确规定:"最高额抵押担保的债权确定前,部分债权转让的,最高额抵押权不得转让,但当事人另有约定的除外。"因此,最高额抵押权不能与一般抵押权一样具有转让性。

最高额抵押权由当事人双方自愿依抵押权设定的一般程序设定。与一般抵押权设定不同的是,当事人在设定最高额抵押权时,须在抵押合同中特别注明下列两项内容:(1)抵押权所担保的债权范围和最高限额,并在登记时注明。若当事人在抵押合同中未约定最高限额,则不能成立最高额抵押权。(2)确定抵押权所担保的债权实际数额的日期。因为最高额抵押合同中约定担保的债权最高限额,并非为抵押权实际担保的数额。同时,最高额抵押权实际担保的数额须于决算期日确定,所以最高额抵押合同中应有债权确定(决算)期的约定。如当事人未在合同中约定债权确定(决算)期,则应依《民法典》第423条的规定确定债权。

由于最高额抵押权于其设定时,只是确定抵押权所担保的债权的范围和限额,抵押权所担保的实际债权数额须到决算期方能确定。因此,在决算期前,债权数额得随时增减。在抵押权成立后至决算期到来时,债权处于不断变动中,有的债权发生,有的债权消灭。抵押权实际担保的债权额于决算期依两方面确定:一是决算期日实际存在的债权额;二是当事人约定的债权最高限额。也就是说,至决算期,若实际存在的债权额超过所约定的最高限额,抵押权所担保的债权以最高限额为限;若实际存在的债权额不足所约定的最高限额,则抵押权所担保的债权额为实际存在的债权额。

(三)浮动抵押

浮动抵押,是指当事人以现有的和将有的财产作为履行债务的担保,当债务人不履行到期债务时,债权人有权就抵押财产确定时的动产优先受偿的担保物权。浮动抵押是英美法系上的一项担保制度,我国在制定物权法时对之作了确认。我国《民法典》第396条规定:“企业、个体工商户、农村生产经营者可以将现有的以及将有的生产设备、原材料、半成品、产品抵押,债务人不履行到期债务或者发生当事人约定的实现抵押权的情形,债权人有权就抵押财产确定时的动产优先受偿。”浮动抵押作为一种特殊抵押,与一般抵押权相比,具有如下几个特点:其一,抵押人的特殊性,在英美法上,设定浮动抵押的主体仅限于企业,而我国《民法典》则将设定浮动抵押的主体限于企业、个体工商户和农村生产经营者。其二,客体的特殊性,在英美法系上,对浮动抵押的客体并无特殊的要求,而我国《民法典》将设定浮动抵押的财产限于生产设备、原材料、半成品和产品,对除此之外的动产和不动产,不能成为浮动抵押的客体。其三,浮动抵押的最大特点在于,抵押期间,抵押财产处于浮动的或者不确定的状态,抵押人可以自由处分抵押财产,只有约定的或者法定的实现抵押权的条件成就时,抵押财产才最终确定。

浮动抵押与大陆法系的财团抵押不同,财团抵押是指以企业的不动产、动产以及其他财产权利作为一个整体所作的抵押。与财团抵押相比,浮动抵押的优点是,抵押权的设立不影响企业的自主经营,企业可以继续自由地处分财产,从事经营活动。缺点是由于抵押财产处于浮动的不确定状态,进而导致担保的可靠性不高,尤其是在企业因经营不善造成财产大量减少时,对债权人的利益将造成严重损害。而财团抵押以企业现有的特定财产为客体而设立,设立后抵押人对抵押财产的处分将受到严格的限制,从而使担保的财产处于一种固定状态,所以,财团抵押的优点是担保的可靠性高,使债权人的利益有充分的保障。缺点是对企业的经营限制较大,不利于企业的生产经营活动。

第三节 质 权

一、质权概述

(一)质权的概念

质权又称质押权,是指债权人对于债务人或第三人转移占有的、作为履行债务担保的特定财产,在债务人到期不履行债务时,有权就该财产卖得的价值优先受偿的一种担保物权。结合我国《民法典》第425条的规定,在质权法律关系中,占有质物并享有质权的债权人为质权人;转移财产并设定质权的债务人或第三人为出质人;出质人转移给债权人占有以担保债权实现的财产称为质物。

(二)质权的特征

质权作为担保物权,除具有担保物权的一般特征外,还具有如下特征。

1. 质权是以动产或动产权利为客体的担保物权。按照我国《民法典》的规定,质权的标的物可以是动产和动产权利,而不能是不动产和不动产权利,故在不动产或不动产权利之上不能设立质权。这是质权与留置权、抵押权的一个重要区别。留置权的标的物只能是动产,而抵押权的标的物可以是不动产、不动产权利,如建设用地使用权,也可以是动产。

2. 质权是以出质人转移质物的占有为成立生效要件的担保物权。债务人或第三人为了担保债务的履行,而在其特定的财产上为债权人设定质权时,必须将出质的标的物转移给债权人占有,质权才能成立并生效,因此,转移质物的占有是质权成立和生效的要件,也是质权与抵押权的根本区别。

3. 质权是约定的担保物权。质权作为担保物权的一种,是基于当事人双方的约定而产生,所以,质权是一种约定的担保物权,质权的这一特点,是质权与基于法律的直接规定而产生的留置权的重要区别。

(三)质权的种类

我国民法在物权立法上,按照质权客体的不同,将质权进一步区分为动产质权和权利质权两类。所谓动产质权,是指以动产为客体的质权;所谓权利质权,是指以动产权利为客体的质权。鉴于动产质权和权利质权客体的不同以及由之决定的设立、效力等方面的差异,我国《民法典》物权编在立法上,将二者区分开来加以规定。对于动产质权的含义、设立、效力及其实现等内容,我国《民法典》物权编第十八章第一节以15个条款作了全面的规定。我国《民法典》第十八章第二节以7个条款对可以出质的权利类型、权利质权的设定、效力和实现等内容作了详细规定。

二、动产质权

(一)动产质权的概念

动产质权,是指债权人对于债务人或第三人转移占有的、作为履行债务担保的动产,在债务人到期不履行债务时,有权就该动产卖得的价值优先受偿的一种担保物权。我国《民法典》第425条第1款规定:“为担保债务的履行,债务人或者第三人将其动产出质给债权人占有的,债务人不履行到期债务或者发生当事人约定的实现质权的情形,债权人有权就该动产优先受偿。”在动产质权法律关系中,转移质物占有的债务人或第三人为出质人,享有质权的债权人为质权人,转移占有的动产为质物。

(二)动产质权的设定

按照传统民法规定,动产质权既可以基于法律行为而取得,包括动产质权的设定、受让方式的取得;也可以基于法律行为以外的其他原因如继承而取得。其中,动产质权的设定是动产质权取得的最普遍、最常见的取得方式。动产质权的设定必须有质押合同、符合法律规定的质物和质权的公示等要件。

1. 质权合同

所谓质押合同,是指质权人和出质人之间以设立质权为目的而自愿协商所达成的协议。质押合同是质权设定的首要条件和前提。动产质押合同的订立,应当符合物权法或合同法规定的成立条件。

关于质押合同的形式,我国《民法典》第 427 条第 1 款规定:“设立质权,当事人应当采取书面形式订立质押合同。”可见,动产质权作为一种意定担保物权,其设立必须有当事人双方签订的质押合同,而且该质押合同依法应当采取书面形式,没有书面质押合同,动产质权无从设立。所以,质押合同为要式合同。

关于质押合同的内容,依据《民法典》第 427 条第 2 款的规定,质押合同一般包括下列条款:(1)被担保债权的种类和数额;(2)债务人履行债务的期限;(3)质押财产的名称、数量等情况;(4)担保的范围;(5)质押财产交付的时间、方式。《民法典》物权编上述列举的条款,并非质押合同的必备条款,而仅仅是质押合同订立时的提示性条款,质押合同中不完全具有上述合同条款的,并不因此影响质押合同的效力,当事人可以予以补充、修正。

流质条款的排除。质押合同除具备上述一般条款外,《民法典》物权编还对流质条款的排除作了明确的规定,《民法典》第 428 条规定:“质权人在债务履行期限届满前,与出质人约定债务人不履行到期债务时质押财产归债权人所有的,只能依法就质押财产优先受偿。”换言之,当事人在质押合同中约定的流质条款并非无效,只是在流质条款与实行质权的规则冲突时,只能适用质权的实现规则,这样就避免质权与所有权保留等动产担保在体系上的冲突。

2. 作为动产质权客体的条件

动产质权的标的物简称质物,是指出质人转移给质权人占有的标的物。按照传统民法以及我国《民法典》的相关规定,并非一切物都可以作为质权的客体,作为质权客体的物,必须具备如下条件:(1)必须是动产,根据我国《民法典》的规定,不动产不能作为质权的客体。(2)必须是特定的动产,不特定的动产或者抽象的、一般的动产,不能作为质权的客体。对于金钱等种类物,只要能以一定的方式使之特定化,也可以作为质权的客体,如以特户、封金等方式特定化了的金钱质权。(3)必须是流通的动产,法律禁止流通的动产,不能作为质权的客体,《民法典》第 426 条规定:“法律、行政法规禁止转让的动产不得出质。”因为以禁止流通物出质,无法通过拍卖、变卖等方式实现质物的价值。(4)必须是出质人原则上有权处分的动产。当然,出质人无处分权而为出质时,如果质权人善意,质权人可以依《民法典》第 311 条的规定善意取得该质权。

3. 动产质权的公示方式:转移质物的占有

质权作为一种担保物权,依物权的公示原则应当履行公示手续,否则,不发生质权设定的效力。但是,鉴于动产质权以动产为客体,而动产物权变动的公示方式为交付,所以,质物的交付是动产质权设定的公示方式,也是质权设定的成立和生效要件。当事人在设定动产质权时,除了签订质押合同之外,还须履行交付质物的公示手续,动产质权从当事人交付质物时设立。《民法典》第 429 条规定:"质权自出质人交付质押财产时设立。"此即我国物权法关于动产质权公示方式的规定。但应当明确的是,交付质物只是动产质权设立的公示方法,而非质押合同的要式或成立、生效要件,没有交付质物,只是动产质权没有设立,但不影响质押合同的效力,质押合同仍然有效。

(三)动产质权的效力

动产质权的效力,是指动产质权成立、生效后所依法发生的法律效果。动产质权的效力主要包括:动产质权所担保的质权范围;动产质权的效力所及的标的物的范围;质权人和出质人的权利、义务。

1. 动产质权所担保的债权范围

动产质权所担保的债权范围,是指出质人以质物的价值担保哪些债权。根据《民法典》第 389 条的规定,动产质权所担保的债权范围,应以出质人与质权人在质押合同中的约定为准。如当事人未在质押合同中约定或者约定不明确时,质权所担保的债权范围包括主债权、利息、违约金、损害赔偿金、保管质物的费用和实现质权的费用。

2. 动产质权效力所及的标的物的范围

按照传统民法理论并结合我国《民法典》的规定,动产质权效力所及的标的物范围,包括质物以及质物的从物、孳息物、添附物和代位物等。质权及于从物的效力因从物的交付而发生,从物未交付的,质权的效力不能及于从物。除质押合同另有约定外,质权的效力及于质物的孳息。这里的孳息既包括天然孳息,也包括法定孳息。《民法典》第 430 条规定:"质权人有权收取质押财产的孳息,但是合同另有约定的除外。前款规定的孳息应当先冲抵收取孳息的费用。"在质权存期间续,质权的效力按照《民法典》第 322 条依法及于质物的添附物。在质物因毁损灭失而获得赔偿金、补偿金时,质权的效力依法及于该代位物之上。

3. 质权人的权利与义务

(1)质权人的权利

第一,占有质物的权利。质权以转移质物的占有为成立、公示要件,质权人当然有权占有质物。质权人在占有质物期间,除当事人另有约定外,质权人不得使用、处分质物。《民法典》第 431 条规定:"质权人在质权存续期间,未经出质人同意,擅自使用、处分质押财产,造成出质人损害的,应当承担赔偿责任。”

第二,收取质物孳息的权利。根据《民法典》第430条的规定,除质押合同另有约定者外,质权人有权收取质物所生的孳息。但是质权人收取的孳息应当先冲抵收取孳息的费用,剩余的应当冲抵质押所担保的债权。

第三,转质的权利。所谓转质,是指质权人为担保自己或他人债务的履行,将质物的占有转移给自己或他人的债权人以设定新的质权的行为。质权虽然可以发挥担保的功能,但质权的设定以转移质押财产的占有为要件,使出质人丧失了对质物的使用和收益,同时质权人也不能对质物加以有效地利用,这样就使对质物的使用价值的发挥受阻,如果质权人能通过转质充分利用质物的交换价值,既可以弥补质押担保的这一缺陷,又有助于物尽其用。所以,转质权是在克服质权本身固有缺陷的基础上形成的。

转质包括承诺转质和责任转质两种。承诺转质,是指质权人征得出质人的同意,而将质物转质给第三人的行为。在承诺转质的情形,质权人仅对因转质权人的过错而造成的损失承担责任,对质押财产转质后非因转质权人的过错而发生的损失,质权人不承担责任。承诺转质实质上是以出质人转让质物部分处分权为基础而发生的意思自治行为,在以契约自由为本的财产流转社会里,应当承认承诺转质的效力。责任转质,是指质权人在质权存续期间未经出质人同意,以自己的责任将质押财产转质给第三人的行为。在责任转质的情形下,质权人对质押财产转质后所发生的任何损失均应承担责任。[14]

对于是否允许转质,各国的立法规定不一。我国《担保法解释》第94条对承诺转质作了相应的规定,我国《民法典》第434条规定:“质权人在质权存续期间,未经出质人同意转质,造成质押财产毁损、灭失的,应当承担赔偿责任。”这表明,我国《民法典》物权编对责任转质采取了认可的态度。

第四,保全质权的权利。保全质权的权利,是指在质物有损坏或价值明显减少、足以危害质权人的权利时,质权人依法要求出质人另行提供相应的担保、提前清偿债权或者提存价金的权利。《民法典》第433条规定:“因不可归责于质权人的事由可能使质押财产毁损或者价值明显减少,足以危害质权人权利的,质权人有权请求出质人提供相应的担保;出质人不提供的,质权人可以拍卖、变卖质押财产,并与出质人协议将拍卖、变卖所得的价款提前清偿债权或者提存。”

第五,处分质权的权利。质权作为财产权,质权人依法可以对之作出处分。质权人对质权的处分包括质权的抛弃、质权的转让。质权人抛弃质权时,不仅应当向出质人作出抛弃质权的意思表示,而且还要向出质人返还质物的占有,否则,不能

---

〔14〕 梁慧星:《中国物权法草案建议稿——条文、说明、理由与参考立法例》,社会科学文献出版社2000年版,第711～712页。

发生抛弃质权的效力。按照《民法典》第435条的规定:“质权人可以放弃质权。债务人以自己的财产出质,质权人放弃该质权的,其他担保人在质权人丧失优先受偿权益的范围内免除担保责任,但是其他担保人承诺仍然提供担保的除外。”质权人有权将质权连同主债权一并转让给第三人。由于质权是从属性权利,所以,法律规定,质权不得与其所担保的主债权相分离而单独转让给第三人,债权转让时,质权应随同主债权一并让与。

第六,优先受偿的权利。优先受偿权,是质权人就质物的变价优先受偿的权利。《民法典》第436条第2款规定:“债务人不履行到期债务或者发生当事人约定的现实质权的情形,质权人可以与出质人协议以质押财产折价,也可以就拍卖、变卖质押财产所得的价款优先受偿。质押财产折价或者变卖的,应当参照市场价格。”

(2)质权人的义务

第一,保管质物、不得擅自使用、处分质物的义务。《民法典》第432条第1款明确规定:“质权人负有妥善保管质押财产的义务;因保管不善致使质押财产毁损、灭失的,应当承担赔偿责任。”在质权存续期间,未经出质人同意,质权人不得擅自使用、处分质押财产,造成损害的,应当承担赔偿责任。

第二,返回质物的义务。《民法典》第436条第1款规定:“债务人履行债务或者出质人提前清偿所担保的债权的,质权人应当返还质押财产。”

4. 出质人的权利

(1)质物的所有权或处分权。质权作为一种他物权,只是质物所有权的物上负担,在质权设立后,出质人并不因此丧失其对质物的所有权,因此,出质人有权对质物为法律上的处分,如出质人可以依简易交付、指示交付的方式将质物出卖或赠与他人,或者等到质权消灭并取回质物后再为交付。

(2)返还质物请求权。在质权人不能妥善保管质物有致使质物毁损灭失可能时,出质人有权请求质权人将质物提存,以排除对质物的侵害;或者请求提前清偿债务而返还质物。《民法典》第432条第2款规定:“质权人的行为可能使质押财产毁损、灭失的,出质人可以要求质权人将质押财产提存,或者请求提前清偿债务并返还质押财产。”债务人清偿债务后,出质人有权要求质权人返还质押的财产。

(3)质物毁损、灭失的赔偿请求权。根据《民法典》第431、432、434条的规定,质权人未经出质人的同意,擅自使用、处分质押财产;因保管不善致使质押财产毁损、灭失的,或者未经出质人同意转质、致使质押财产毁损灭失的,出质人有权要求质权人承担赔偿责任。

(4)请求质权人及时行使质权的权利。《民法典》第437条规定:“出质人可以请求质权人在债务履行期届满后及时行使质权;质权人不行使的,出质人可以请求人民法院拍卖、变卖质押财产。出质人请求质权人及时行使质权,因质权人怠于行使权利造成出质人损害的,由质权人承担赔偿责任。”

(四)动产质权的实现

动产质权的实现,是指质权人在债权履行期届满而未获清偿时,以质物的变价优先受偿其债权的事实。

根据我国《民法典》第436条第2款、第438条的规定,债务人不履行到期债务或者发生当事人约定的实现质权的情形,质权人可以与出质人协议以质押财产折价,也可以就拍卖、变卖质押财产所得的价款优先受偿。依此规定,在我国质权的实现方式包括质物折价或拍卖、变卖质物。质物在折价或拍卖、变卖后,如果所得价款高于质权人所担保的债权额,质权人须将余额返还质物所有人;所得价款低于质权所担保的债权额的,其差额为无担保债权,质权人仍得就此差额请求债务人以其一般财产清偿。

(五)动产质权的消灭

动产质权的消灭,是指基于一定的原因使动产质权法律关系归于终止的事实。动产质权消灭的原因主要有以下几个。

1. 主债权消灭。质权作为以担保主债权的实现为目的的从权利,以其所担保的主债权的存在为前提,主债权因清偿、抛弃等原因而消灭的,作为从权利的质权同时消灭。

2. 质权的实现。债务人到期不履行债务时,质权人有权以质押财产的变价优先受偿其债权,此时,无论质权所担保的主债权是否全部受清偿,质权随着质权的实现而消灭。

3. 质权的抛弃。质权作为质权人的财产权,质权人有权任意处分,在质权人抛弃质权时,质权当然因抛弃而消灭。

4. 丧失对质物的占有。动产质权以质权人占有质物为前提条件,在质权存续期间,只要质权人自愿将质物返还于出质人,无论其返还目的如何,质权均消灭。但是,在质权人因质物遗失、被盗、被侵夺等原因而丧失对质物的占有时,质权人有权基于质权请求无权占有质物的人返还质物,所以,在质权人因质物遗失、被盗、被侵夺等原因而丧失对质物的占有时,质权并不因此而消灭。

5. 质物的灭失。按照民法理论,物权作为对标的物直接支配和排他的权利,通常因客体的灭失而消灭,质权作为物权的一种,也不例外,但动产质权是一种价值权,在质物灭失后有代位物时,质权就代位物仍然存在。

三、权利质权

(一)权利质权的概念和特点

1. 权利质权的含义

权利质权,是指以依法可以转让的财产权利为客体而设定的质权。

2. 权利质权的特点

较之动产质权，权利质权具有如下特点：首先，权利质权虽然也属于占有担保物权，但权利质权的客体不是动产，而是可转让的财产权利。其次，权利质权的设定及公示，除了以交付的方式公示外，还存在登记的公示方式。再次，与动产质权的保全以质权人占有质物为方法不同，权利质权的保全以出质人对出质权利处分的限制为主要方法。最后，与动产质权不同，权利质权不仅涉及质权人、出质人之间的质权法律关系、债权人与债务人之间的债权债务关系，同时也涉及作为质权客体的财产权利的权利人和义务人。该义务人虽不是质权关系的当事人，但属于有利害关系的第三人。权利质权上的这种利害关系人又称为第三债务人。[15]

(二) 权利质权客体的条件及范围

依传统民法理论和我国《民法典》物权编的规定，并非任何权利都可以作为质权的客体，可以作为质权客体的权利，必须具备如下条件：其一，必须为财产权利，人身权不能作为质权的客体。其二，必须是可以转让的权利。依照法律的规定、当事人的约定或者按照权利的性质不能转让的财产权利，不能作为质权的客体。关于权利质权客体的范围，我国《民法典》第 440 条作了明确的规定：债务人或者第三人有权处分的下列权利可以出质：(1) 汇票、支票、本票；(2) 债券、存款单；(3) 仓单、提单；(4) 可以转让的基金份额、股权；(5) 可以转让的注册商标专用权、专利权、著作权等知识产权中的财产权；(6) 现有的以及将有的应收账款；(7) 法律、行政法规规定可以出质的其他财产权利。据此，按照我国法律规定，上述财产权利均依法可以作为权利质权的客体。

按照我国《民法典》物权编规定的权利质权的客体，权利质权一般可以分为证券债权质权、股权质权、知识产权质权、应收账款债权质权和一般债权质权五种类型。

(三) 权利质权的设定及效力

权利质权的设定，依出质权利的不同而有所不同。权利质权的效力既有质权的一般效力，又有其特殊的效力，并且因出质权利性质的不同，各种权利质权的效力也各有其特点。《民法典》第 446 条规定："权利质权除适用本节规定外，适用本章第一节的有关规定。"即权利质权的设定和效力，除适用《民法典》第十七章第二节关于权利质权的特殊规定外，还适用《民法典》第十七章第一节有关动产质权的一般规定。

1. 有价证券债权质权的设定及效力

有价证券债权质权，又称证券债权的质权，是指以有价证券债权作为质权客体

---

〔15〕 郭明瑞：《民法学》，北京大学出版社 2001 年版，第 274 页。

的质权。关于证券债权质权的设定,《民法典》第441条规定:“以汇票、本票、支票、债券、存款单、仓单、提单出质的,质权自权利凭证交付质权人时设立,没有权利凭证的,质权自办理出质登记时设立。法律另有规定的,依照其规定。”由此可见,证券质权的设定,以出质人是否持有权利凭证,可将其区分为两种情形,其一,出质人持有权利凭证的,其权利质权的设定与动产质权的设定基本相同,即除当事人双方签订书面质押合同之外,还须出质人向质权人交付权利证书,权利质权自权利证书交付质权人时设立。其二,出质人没有持有权利凭证的,其证券质权的设定,还须依法办理出质登记手续,权利质权自办理出质登记时设立。如在我国,由于部分债券如记账式国库券和在证券交易所上市交易的公司债券等都已经实现了无纸化,这些债券没有权利凭证,如果要出质,应当办理出质登记手续,质权自登记时设立。其三,对于记名证券或者指示证券出质的,按照《票据法》等法律的规定,当事人还应当在证券上签名和背书,否则,不发生出质的效力。从我国《民法典》物权编第十八章第二节关于权利质权设立的规定看,《民法典》的规定一是删除了原《物权法》中的书面质押合同的要求,二是删除权利质权登记的具体机构,这为我国将来建立统一的动产担保物权登记平台留下空间。《民法典》不规定书面质押合同,是否为权利的其他担保留下空间,值得进一步探究。

《民法典》第442条规定:“汇票、本票、支票、债券、存款单、仓单、提单的兑现日期或者提货日期先于主债权到期的,质权人可以兑现或者提货,并与出质人协议将兑现的价款或者提取的货物提前清偿债务或者提存。”

2. 基金份额、股权质权的设定及效力

股权质权,又称股份质权、股票质权,是指以基金份额、股权为质押客体而设定的质权。关于股权质权的设定,《民法典》第443条第1款规定:“以基金份额、股权出质的,质权自办理出质登记时设立。”依此规定并结合我国的现实,股权质权的设定可以分为两种情形:其一,以基金份额和在证券登记结算机构登记的股权出质的,须办理出质登记,股权质权自登记时设立。简言之,凡是以基金份额和上市公司、公开发行股份的公司的股票出质的,须办理出质登记手续,权利质权自登记时设立。其二,以其他股权出质的,亦即以基金份额和上市公司股票以外的股权,包括不公开发行股份的股份公司和有限责任公司的股权出质的,须依法办理出质登记手续,股权质权自登记时设立。

需要注意的是,以有限责任公司的股权出质的,应当适用公司法有关股份转让的规定。

《民法典》第443条第2款规定:“基金份额、股权出质后,不得转让,但是出质人与质权人协商同意的除外。出质人转让基金份额、股权所得的价款,应当向质权人提前清偿债务或者提存。”依此规定,基金份额、股权质权存续期间,非经质权人同意,出质人不得转让基金份额和股权。经质权人同意,出质人转让基金份额、股权的，质权存在于转让所得的价款上，出质人应以所得的价款提前清偿债务；出质人不愿以所得的价款提前清偿债务的，则应依法将所得的价款提存。

3. 知识产权质权的设定及效力

知识产权质权，是指以知识产权中的财产权为客体的质权。知识产权质权的设定，《民法典》第 444 条第 1 款规定："以注册商标专用权、专利权、著作权等知识产权中的财产权出质的，质权自办理出质登记时设立。"这说明，以知识产权中的财产权出质的，应当办理登记手续，质押权从登记时设立。这是因为知识产权中的财产权为一种无形财产权，以之为客体设立的质权，无法以占有的方式来公示，只能以登记的方式为之。

我国《民法典》第 444 条第 2 款规定："知识产权中的财产权出质后，出质人不得转让或者许可他人使用，但经出质人与质权人协商同意的除外。出质人转让或者许可他人使用出质的知识产权中的财产权所得的价款，应当向质权人提前清偿债务或者提存。"

4. 应收账款质权的设定及效力

应收账款的质权，是指以债权人应当收取的债权为客体而设立的质权。这里所谓的应收账款，是指债权人因提供一定的货物、服务或者设施而依法享有的请求债务人支付一定款项的权利。应收账款不包括因票据或者其他有价证券而产生的付款请求权。从本质上来看，应收账款属于民法上一般金钱债权的范畴。应收账款作为一般金钱债权，不仅包括已经形成的既得的金钱债权，也应当包括将来发生的期待的金钱债权，如公路、桥梁、电网等收费权。

关于应收账款质权的设定，我国《民法典》第 445 条第 1 款规定："以应收账款出质的，质权自办理出质登记时设立。"根据上述法律规定并结合我国的实际，应收账款质权的设定，必须办理出质登记手续，应收账款质权自登记时设立。

关于应收账款质权的效力，《民法典》第 445 条第 2 款规定："应收账款出质后，不得转让，但是出质人与质权人协商同意的除外。出质人转让应收账款所得的价款，应当向质权人提前清偿债务或者提存。"

5. 其他一般债权质权的设定

以一般债权为客体的质权为一般债权质权。按照传统民法的规定，一般债权质权的设定，除双方当事人签订书面质押合同之外，出质人还应当按照债权转让的方式转让债权，并将债权出质的事实通知债务人（原债务人），没有依《民法典》第 546 条的规定通知债务人的，该质权的设定对债务人不发生法律效力。

第四节　留　置　权

一、留置权的概念和特征

(一)留置权的概念

留置权,具体是指债权人按照合同约定占有债务人的动产,在债务人不按照合同约定的期限履行债务时,债权人有权依照法律的规定留置该动产,并以该动产的变价优先受偿的担保物权。我国《民法典》第447条第1款规定:"债务人不履行到期债务,债权人可以留置已经合法占有的债务人的动产,并有权就该动产优先受偿。"在留置权关系中,占有留置财产的债权人为留置权人,债权人占有的动产为留置财产。

(二)留置权的特征

留置权作为一种担保物权,除具有担保物权的一般特征外,还具有如下特征。

1. 留置权是法定担保物权。留置权是债权人根据法律的规定取得的担保物权。其适用条件、根据和担保范围直接依照法律的规定产生。在我国,债权人取得留置权的法律依据就是《民法典》物权编的有关规定,这些规定是留置权法定性的体现。与约定担保物权如抵押权、质权不同,留置权不能由当事人自行约定,而只能依法律规定的条件直接发生。只要具备了法律规定的条件,留置权当然发生,因而,留置权是一种法定担保物权。

2. 留置权是以债权人合法占有债务人动产为前提的担保物权。留置权的成立,必须以债权人基于先前的合同、合法占有债务人的动产为前提。首先,必须债权人占有债务人的动产,如果债权人不占有债务人的动产,则不能成立留置权,这是留置权与抵押权的重要区别。其次,必须债权人合法占有债务人的动产,债权人虽然占有债务人的动产,但因违法行为占有时,仍然无法成立留置权,这是留置权与非法扣押的区别。因此,债权人合法占有债务人的动产既是发生留置权的前提,也是维系留置权的条件,占有丧失,则留置权不复存在。这里的动产,通常指债务人的动产,但在特殊情况下也包括债务人以外其他人的动产。

3. 留置权是以动产为客体的担保物权。留置权作为法定担保物权,依照法律规定,其客体仅限于动产,不动产和权利不能作为留置权的客体。留置权的这一特征使留置权与以不动产和权利为客体的不动产抵押权和权利质权区别开来。

4. 留置权是在一定条件下留置债务人动产的担保物权。债权人占有债务人的动产,并不意味着均可留置,相反,只有具备一定的条件,债权人才可以留置所占有的债务人的动产。这里所谓的一定条件,是指债权清偿期届满,债务人不履行债务时,债权人才可依法行使留置权。

5. 留置权是具有双重效力的担保物权。按照《民法典》的规定,留置权的主要效力表现为留置和担保的双重效力。留置是留置权的第一位效力,基于留置效力,留置权人有权对抗债务人的请求,扣留标的物以继续占有,债务人如果希望留置权人返回标的物,则除非清偿所负担的债务,在此,留置效力具有同时履行抗辩权的性质。留置权对与留置物有牵连关系的债权也具有担保效力,这是留置权的第二位效力,基于担保效力,当债务人不履行债务超过一定期限(两个月以上)时,留置权人有权拍卖、变卖留置物并就其卖得的价金优先清偿其债权。

二、留置权的成立

留置权作为法定担保物权,按照其性质,不需要当事人订立设定合同,而是直接根据法律规定成立,在通常情况下,只要具备法律规定的要件,债权人依法当然地取得留置权。留置权的要件,包括积极要件和消极要件,积极要件即留置权成立的要件;而消极要件即不能取得留置权的条件。

(一)留置权成立的积极要件

按照我国《民法典》第447、448条的规定,留置权的成立须具备以下条件。

1. 债权人合法占有债务人的财产。占有留置物是留置权的成立和存续要件,所以,留置权的存在必须以债权人占有债务人的财产为前提,如果债权人不占有债务人的财产,则依法不能成立留置权。但并非任何占有都可产生留置权。只有债权人以合同等合法形式占有债务人的财产时,才可能在该财产上成立留置权,根据我国《民法典》物权编、合同编的规定,通常情况下在保管合同、运输合同、加工承揽合同、行纪合同以及法律规定可以留置的其他合同中的债权人,已经合法占有债务人动产时,才可依法成立留置权。

2. 债权人占有的财产为债务人交付的动产。按照《民法典》的相关规定,首先,留置权的客体仅以动产为限,不是动产不能成立留置权。其次,作为留置权客体的财产必须是债务人的动产,这里所谓债务人的动产,并非专指债务人所有的动产,而是指债务人基于合同约定交付债权人占有的动产。因此,尽管是第三人所有的财产,但只要为债务人合法占有并交付给债权人占有的,债权人即可依法取得留置权。最后,必须是债权人占有的并为债务人交付的动产,虽然是债务人的动产,但如果没有交付给债权人占有,仍然不能成立留置权。

3. 债权人留置的动产应当与债权属于同一法律关系。留置的动产与债权必须属于同一法律关系,才能成立留置权,这是大陆法系各国立法的共同要求,但是对于什么是同一法律关系,学界有争议,通说认为,同一法律关系是指债权人的债权与返还该动产的义务基于同一法律关系而发生。按照《民法典》第 448 条的规定:"债权人留置的动产,应当与债权属于同一法律关系,但企业之间留置的除外。"换言之,原则上,只有债权人的债权与债权人对于标的物的占有,基于同一法律关系而发生,才可以成立留置权。相反,如果债权人对债务人动产的占有与债权人的债权基于不同的合同关系而发生,则不能成立留置权。例如,承揽人甲不得因定作人乙前一承揽合同欠交加工费,而留置甲乙之间后来订立的买卖合同中的标的物。但是,法律规定企业之间留置的除外,所谓"企业之间留置的除外",是指债权人和债务人均为企业的情形下,债权人留置的动产,不必与债权属于同一法律关系,只要留置的动产与被担保的债权有一般关联性即可。这类企业之间留置的情形,理论上称为"商事留置权"。法律之所以作此例外规定,是因为在商事实践中,企业之间相互交易频繁,追求交易效率,讲究商业信用,如果严格要求留置动产必须与债权属于同一法律关系,则有悖于交易迅捷和交易安全原则。

4. 债权清偿期届满。债权清偿期届满,是留置权的发生要件,如果债务人履行义务尚未到期,而债权人返还其占有的标的物的义务已经到期,则不成立债权人的留置权。因为债务人义务未到期,不发生债务人不履行义务的问题。而债权人只能在债务人不履行义务的情况下,才可以留置与此有关的标的物,以确保自己的债权。在债务人未发生不履行债务的情形时,债权人没有留置标的物的理由,而应当履行其返还标的物的义务。但是作为例外,在债务人无支付能力时,债权人的债权,即使未届清偿期,债权人也可以依法留置。

(二)留置权成立的消极要件

按照传统民法理论,有下列情形,债权人不能取得留置权。

1. 当事人双方在合同中明确约定不得留置的财产,不得留置。留置权虽然为法定担保物权,但是,法律允许当事人以约定排除留置权的适用。在当事人有不得留置的约定时,当事人则应遵守双方的约定,债权人不得留置所约定的不得留置的动产。《民法典》第 449 条规定:"法律规定或者当事人约定不得留置的动产,不得留置。"

2. 违反公共秩序或善良风俗的,不得留置。例如,对于债务人生活上的必需品,对于作为债务人的残疾人的拐杖、假肢,对于债务人定作的身份证等,债权人如留置,就会使债务人的生活难以维持,或违反社会公共秩序和善良风俗。于此情形,不得成立留置权。

3. 行使留置权与债权人所承担的义务相抵触的,不得留置。如果债权人留置财产与其承担的义务相抵触,而仍允许债权人留置财产,则无异于许可债权人不履行其承担的义务,有违诚实信用原则。因此,在留置财产与债权人所承担的义务相抵触时,不成立留置权。如承运人负有将承运的物品运送到约定地点的义务,其不得以债务人未支付运费,而留置货物不予运送,因为这与其承担的运送义务相抵触。但承运人将货物运送到目的地后,尽管其负有应给付货物的义务,却有权为运费等债权的受偿而留置货物。

三、留置权的效力

留置权的效力,是指留置权成立后所依法发生的法律效果。留置权的效力,依法包括以下内容:留置权所担保的债权范围;留置权效力所及的标的物的范围;留置权人的权利和义务与留置物所有人的权利和义务。

(一)留置权所担保的债权范围

留置权所担保的债权范围,是指当履行期限届满,债务人不履行债务时,留置权人就留置物的变价优先受偿的债权范围。留置权作为法定担保物权,其效力所及的债权范围应当由法律明文作出规定。按照《民法典》第389条的规定,留置权担保的债权范围包括主债权及利息、违约金、损害赔偿金、留置物保管费用和实现留置权等费用。

(二)留置权效力所及的标的物的范围

留置权效力所及的标的物范围,是指当履行期限届满,债务人不履行债务时,留置权人有权拍卖、变卖的留置物的范围。按照传统民法理论,属于留置权效力所及的标的物范围的财产,除了留置物本身以外,作为留置物的从物、孳息物、添附物以及代位物同样属于留置权效力所及的标的物范围。但是,根据我国《民法典》第450条的规定,"留置的财产为可分物的,留置财产的价值应当相当于债务的金额"。可见,我国物权法以留置财产能否可分为标准,将留置权效力所及的标的物的范围划分为两种不同的类型:如果留置的财产是可分物时,留置权的效力仅及于债权人留置的、价值相当于债务金额的财产,而不是留置的全部动产;如果留置的财产是不可分物,如一台锅炉,由于锅炉为不可分物,一旦分割就会影响其经济价值,所以,在留置的财产是不可分物时,留置权的效力及于债权人留置的全部动产。

(三)留置权对留置权人的效力

留置权对留置权人的效力,表现为留置权人的权利和义务。

1. 留置权人的权利

(1)占有留置动产的权利。留置权是债权人占有债务人的动产,在债权未受清偿前,依法可以留置债务人动产的权利。留置权人在其债权未受清偿前,有权扣留留置物,拒绝债务人的一切返还请求,这是留置权的基本效力。因为留置权以占有为成立条件,如果债权人放弃对债务人动产的占有的,留置权则无法成立和存续。

(2)收取留置财产孳息的权利。留置权作为以占有留置物为成立和存续要件的担保物权,在留置权人占有留置物期间,留置权人对于留置物的孳息有依法收取的权利。《民法典》第452条规定:"留置权人有权收取留置财产的孳息。前款规定的孳息应当先充抵收取孳息的费用。"因此,留置权人收取留置财产的孳息,并不能直接取得孳息的所有权,而只能以收取的孳息优先清偿债权。一般而言,留置权人收取的孳息,如果为天然孳息,则应当经协议估价或变价充抵债权;如果属于法定孳息,在符合抵销要件时,可以直接与原债权抵销。

(3)请求返还必要费用的权利。留置权以留置权人占有留置物为前提,在留置权人占有留置物期间,留置权人为保管留置物所支出的必要费用,是为物的所有人的利益而支出的,自应向物的所有人请求返还。所谓保管的必要费用,是指为留置物的保存及管理上所不可缺的费用,如养护费、维修费等。所支出的费用是否为必要,应依支出当时的客观标准而定,而不能以留置权人的主观认识为标准。

(4)优先受偿的权利。按照我国《民法典》第453条的规定,留置权人与债务人应当约定留置财产后的债务履行期限;没有约定或者约定不明确的,留置权人应当给债务人60日以上履行债务的期限,但鲜活易腐等不易保管的动产除外。债务人逾期未履行的,留置权人可以与债务人协议以留置财产的变价优先受偿。留置权人的优先受偿权是除留置外的又一项基本权利,是留置权发生的第二次效力。

2. 留置权人的义务

(1)保管留置物的义务。《民法典》第451条规定:"留置权人负有妥善保管留置财产的义务;因保管不善致使留置财产毁损、灭失的,应当承担赔偿责任。"留置权人占有留置物期间,除因不可抗力造成留置物毁损、灭失外,留置权人对留置物的毁损灭失均应负保管不善的赔偿责任。

(2)不得擅自使用、出租留置物的义务。留置权人负有不得擅自使用、出租留置物的义务。除为保管上的必要而为使用外,未经债务人同意的,留置权人不仅不得自己使用留置物,也不得将留置物出租或供作担保。留置权人未经留置物所有人同意而使用留置物或将留置物出租或者提供担保的,留置权人应对由此而造成的损害负赔偿责任。

(3)返还留置物的义务。在留置权所担保的债权消灭时,留置权人有义务将留置物返还于债务人。在债权虽未消灭,但债务人另行提供担保而使留置权消灭时,留置权人也有返还留置物的义务。

(四)留置权对留置物所有人的效力

留置物所有人又称为被留置人。留置物的所有人,既可能是债务人,也可能是第三人。留置权对留置物所有人的效力,主要表现在以下几个方面:其一,留置物被债权人留置后,留置物所有人并不因此而丧失留置物的所有权。留置物所有人可以对留置物为法律上的处分,但其处分不能影响留置权的存在。其二,留置物返还请求权,当债务履行期届满债务人履行债务后,留置物的所有权人有权请求留置权人返还留置财产。其三,损害赔偿请求权,在留置权存续期间,因留置权人保管不善致使留置财产毁损灭失的,留置物的所有人有权要求留置权人赔偿损失。其四,请求及时实现留置权的权利。《民法典》第 454 条规定:"债务人可以请求留置权人在债务履行期届满后行使留置权;留置权人不行使的,债务人可以请求人民法院拍卖、变卖留置财产。"

四、留置权的消灭

留置权可因下列法律事实而消灭。

1. 债务人对债务的清偿。留置权以担保债务的履行为目的,债务人清偿了债务后,留置权自应依法消灭。

2. 留置权的实现。按照《民法典》的规定,在留置权人留置债务人动产后一定期限内债务人仍不履行债务时,留置权人有权以留置物的变价优先受偿,此时,留置权因实现而消灭。

3. 留置物的灭失或留置物占有的丧失。留置权以留置权人对留置物的占有为条件,留置物灭失的,留置权消灭。所谓留置物占有的丧失,是指留置权人不再占有留置物。这里的丧失占有,既包括直接占有的丧失,也包括间接占有的丧失。也就是说,只有留置权人对留置物不仅丧失直接占有,而且也不存在间接占有时,才为占有的丧失。留置物占有的丧失,留置权消灭。《民法典》第 457 条规定,留置权人对留置财产丧失占有的,留置权消灭。

4. 另行提供担保。债务人另行提供担保,债权人接受的,债权的实现有了保障,此时,留置权消灭。《民法典》第 457 条规定,留置权人接受债务人另行提供担保的,留置权消灭。债务人另行提供的担保,可以是人的担保(如保证),也可以是物的担保(如抵押、质押)。但无论何种形式的担保,只有为留置权人接受的,才能使留置权消灭。

5. 其他原因。除了上述原因使留置权可以依法消灭之外,还有其他事实如债权清偿期延缓、债权的抛弃等也可以使留置权消灭。

重点问题梳理

1. 担保物权,是指以确保债务的清偿为目的,在债务人或第三人的特定财产上设定的、在债务人到期不履行债务或者发生约定的情形时,债权人即担保物权人可以直接以担保物的交换价值优先受偿的一种他物权。担保物权具有从属性、不可分性和物上代位性的属性。

2. 抵押权,是指在债务人或第三人的不转移占有的特定财产上设定的、在债务人到期不履行债务或者发生当事人约定的情形时,抵押权人有权就担保物的价值优先受偿的一种担保物权。抵押权区别于其他担保物权的最大的特点是不转移抵押物的占有。

3. 以不动产、不动产权利抵押的,除了双方订立书面抵押合同外,还必须依法办理抵押权登记手续,抵押权自登记时设立;以动产抵押的,抵押权自书面抵押合同生效时设立,但不登记不得对抗善意第三人。

4. 抵押权的效力,包括抵押权所担保的债权范围、抵押权的效力所及的标的物范围、抵押权人的权利和抵押人的权利四个方面。

5. 抵押权所担保的债权范围包括主债权、利息、违约金、损害赔偿金和实现抵押权的费用,当事人另有约定的除外。抵押权的效力所及的标的物范围包括抵押物、从物、孳息物、添附物和代位物。抵押权人的权利包括抵押权人保全抵押权的权利、处分抵押权的权利和优先受偿的权利。抵押人的权利包括抵押人占有、使用,出租、转让抵押物和在抵押物上重复设定抵押权的权利。

6. 抵押权实现的条件:债务人到期不清偿债务或者发生当事人约定的实现抵押权的情形。抵押权实现的方法:拍卖、变卖、折价。

7. 质权,是指在债务人或第三人转移占有的动产或者权利上设定的、在债务人到期不履行债务或者发生当事人约定的情形时,质权人有权就质物的价值优先受偿的一种担保物权。质权包括动产质权与权利质权。动产质权区别于抵押权的最大的特点是转移质物的占有。

8. 以动产出质的,除了双方订立书面质押合同外,还必须依法交付质物,质权自交付质物时设立;动产质权的效力,包括质权所担保的债权范围、质权效力所及的标的物范围、质权人的权利和出质人的权利四个方面。

9. 动产质权所担保的债权范围包括主债权、利息、违约金、损害赔偿金、保管质物的费用和实现质权的费用,当事人另有约定的除外。质权的效力所及的标的物范围包括质物、从物、孳息物、添附物和代位物。质权人的权利包括质权人占有质物、收取质物孳息的权利;保全质权的权利、处分质权的权利、转质的权利以及优先受偿的权利。出质人的权利包括出质人享有质物所有权的权利;质物毁损灭失的损害赔偿的权利;请求返还质物的权利;请求质权人及时行使质权的权利。

10. 动产质权实现的条件:债务人到期不清偿债务或者发生当事人约定的实现质权的情形。动产质权实现的方法:拍卖、变卖、折价。

11. 权利质权,是指以依法可以转让的财产权利为客体设定的质权。可以出质的财产权利包括:汇票、支票、本票;债券、存款单;仓单、提单;可以转让的基金份额、股权;可以转让的注册商标专用权、专利权、著作权等知识产权中的财产权;应收账款;法律、行政法规规定可以出质的其他财产权利。

12. 留置权,具体是指债权人按照合同约定占有债务人的动产,在债务人不按照合同约定的期限履行债务时，债权人有权依照法律的规定留置该动产，并以该动产的变价优先受偿的担保物权。留置权区别于抵押权、质权的最大的特点是留置权是法定担保物权。

13. 留置权的成立须具备以下条件：债权人合法占有债务人的财产；债权人占有的财产为债务人交付的动产；债权人留置的动产应当与债权属于同一法律关系；债权清偿期届满。留置权成立的消极要件：(1)当事人双方在合同中明确约定不得留置的财产，不得留置；(2)留置债务人的财产违反公共秩序或善良风俗的，不得留置；(3)行使留置权与债权人所承担的义务相抵触的，不得留置。

14. 留置权的效力，包括留置权所担保的债权范围、留置权效力所及的标的物范围、留置权人的权利和留置物所有人的权利四个方面。

案例与分析

1996年6月23日，某甲向当地工商银行申请贷款，工商银行要求提供担保，某甲即同意以其所有的一套住房作为抵押，双方签订了书面借款合同和抵押合同。由于银行工作人员的疏忽双方并没有到有关登记部门办理登记手续。

问题：(1)房屋抵押权是否已经生效？为什么？

(2)如果房屋抵押权尚未生效，工商银行应采取什么补救措施？

分析：(1)房屋抵押权尚未生效。根据《民法典》第402条的规定，以房屋进行抵押的，除双方当事人签订书面抵押合同外，还必须履行登记手续，抵押权才能设立。未经登记，抵押权设立不能生效。从本案来看，双方当事人虽就抵押权的设立签订了抵押合同，但并没有办理抵押权登记手续，所以，抵押权尚未生效。

(2)工商银行可以要求某甲补办抵押登记手续。因为按照我国《民法典》第215条的规定，双方当事人未办理抵押登记手续，抵押权尚未产生，但工商银行与某甲之间的抵押合同却是成立和有效的，工商银行可以基于有效的抵押合同要求某甲继续履行合同、补办抵押登记手续。

第十七章　占　　有

第一节　占有概述

一、占有的概念与特征

所谓占有，是指人对物的管领与支配。而所谓管领与支配，即人将某一特定之物纳入自己的控制范围之内，形成对该物客观上的控制。占有，是一种人对物进行支配的客观上的描述，与此同时，占有又构成了社会财产秩序的基础，因此《民法典》在物权编中专设占有一章，对占有及其效力作出保护与规范。占有具有如下特征。

1. 占有具有事实性。即占有的成立与否仅仅以人对于特定物客观上是否构成管领与支配为判断依据，而不论这种对物的管领与支配是否具有法律上的正当性，即法律上，无论特定物的占有人是否有占有该物的权利，只要其形成对物的管领、支配，即可构成占有。因此，不仅质权人、承租人对质物、租赁物的管领与支配可以构成占有，而且拾得人、盗窃人对遗失物、盗窃物的管领与支配也可构成占有。相应地，遗失物、盗窃物的物主，虽然仍然保留着对于该物的所有权，但由于其已经丧失对该物的事实上的管领和支配，故而在该物上已无占有可言。占有作为一种事实，意味着占有与本权、占有与所有权的占有权能具有本质上的区别。

(1)占有不同于本权。所谓本权，是指占有人可得占有标的物的权利，如所有权、质权、用益物权、租赁权、借用权等。占有既为一种事实，其成立可以基于本权，也可以不基于本权。本权之于占有的意义，在于为占有事实提供法律上的正当性依据，而不在于决定占有是否成立。因而，在占有人享有本权的情况下，占有人对于标的物的占有，具有合法性。相应地，其在该物之上的占有，受到相应的本权效力与占有效力的双重调整与保护。例如，在他人侵害所有权人的占有的情况下，所有权人既可依照所有权的排他效力，请求返还原物、排除妨害，同时所有权人也可以基于占有的效力，提出上述请求。在占有人不享有本权的情况下，占有人对标的物的占有，没有权利基础，不具有法律上的正当性。但是，此时权利基础的欠缺，并不妨碍占有的成立——占有人对于标的物的占有，仍然受到《民法典》占有制度的调整与保护。只是,当本权人基于物权请求权向占有人请求返还原物时,后者不得仅依占有的法律保护而对抗本权人。

(2)占有不同于所有权的占有权能。占有权能作为所有权权能的一种,属于"本权"的范畴,标志着基于所有权而派生的占有标的物的法律正当性。因此,基于所有权占用权能的可分离性,占有权能既可以保留于所有权人,这意味着所有权人"有权"占有标的物;也可以与所有权相分离,即意味着他物权人或者其他物之用益权"有权"占有标的物。但无论是所有权人还是非所有权人享有占有权能,占有权能仅仅意味着该项权能的享有者"有权"占有标的物,即对物的占有具有法律上的正当性,而与占有这一事实是否存在本身无关。换言之,一方面,享有占有权能的权利人并不必然在事实上占有标的物,如遗失动产的所有权人或质权人,其仍然保有占有权能,但是却已经丧失了物之占有;另一方面,对事实上的标的物占有的人,亦未必是占有权能的享有者,如对遗失物、盗窃物的占有人,其在占有物上并不享有任何权利,但这并不妨碍其占有的成立。当然,无可否认,在绝大多数情况下,标的物的占有者,是所有权人,或者其他享有占有权能的人,但是这种情形不过是占有权能(本权)与占有事实两个问题的发生重叠罢了。换言之,这种情况,并不能掩盖占有权能(本权)与占有事实本质上的区别。

2. 占有具有外观性。占有不仅仅是一种事实,而且是一种具有外观性的事实。所谓外观性,是指占有人对于标的物的占有,具有使外部的第三人可得察知的客观表现。换言之,从外部的第三人的角度以观,占有人对于标的物上的占有,根据一般社会观念,是可以识别的。占有的外观性,具有如下两个方面的含义。

(1)就空间方面而言,基于占有物空间上的存在位置,可以使第三人基于一般社会观念,察知该物已被占有的事实。具体而言,这种占有的空间上的外观性,可以表现为两个方面:其一,物与人之间的空间联系,即根据一般社会观念,正为人所支配之物,必是已为人所占有之物,如穿在身上的衣服、正在使用的钢笔;其二,物与物之间的空间联系,即根据一般社会观念,置于占有物中的他物,也必然也是已为人所占有之物,如房屋中的家具、耕地中的耕牛。由此观之,占有并不以人对物直接的身体把握为必要条件,根据一般社会观念,能够理解为某物已经为人所控制、管领,即可构成占有的事实。

(2)就时间方面而言,人对于标的物的占有,具有稳定性。即占有要在时间上具有外观性,则前述物的空间存在状态,应当稳定地持续相当的时间。否则,如果仅仅是人对于物短暂的、临时性的接触、使用和控制,则不能构成占有,进而不能适用《民法典》中关于占有的制度规则。例如,临时经过耕地的他人耕牛,纵具有可被认为是占有的空间理由,但因缺乏横向时间的稳定性,故无从成立占有。

3. 占有具有主观性。即人对物要构成占有,不仅要形成外部可见的人对于物管领的客观事实,而且占有人必须具有"占有标的物"的意思。所谓"占有标的物"

的意思，就是指将标的物据为己有、为我所用的主观意志。由此出发，买衣时试穿的衣服、寄信时所使用的邮电局的圆珠笔等，均由于顾客没有占有的意思，因而尽管存在人对物可见的、客观的管领，但是并不构成占有。

二、占有制度的社会意义

1.稳定静态的社会财产秩序。所谓静态的社会财产秩序，是指在以实现财产的使用价值为目的，不涉及财产流转的支配活动中所形成的社会秩序。静态的社会财产秩序的基本内容，就是任何人不得抢夺、侵占处于他人支配、管领下的财产，这是静态的社会财产秩序的基石。显然，由于人对于财产的静态支配，即支配财产的使用价值，系以财产的占有为基本条件，因此，稳定静态的社会财产秩序的着眼点，就在于对占有的维持与保护。

不能否认，民法作为一种权利法，其是以权利之保护为出发点和落脚点的，因而财产的静态支配活动也应在权利的框架内进行。但是，同样不能否认，在社会生活中，总是存在无权利人占有财产的事实。对此，如果法律不从占有的层面作出保护性的规定，而是将其置于法律的保护范围之外，那么这些由无权利人占有的财产，必然陷入任人抢夺的混乱局面，社会静态财产秩序也将因而丧失殆尽。因此，由人占有之物，无论占有人是否享有本权，因占有之成立，其均构成了现实的财产秩序的组成部分。即便是在法律权利的框架之外，无权利人占有之财产也不等同于无主财产，因而绝对不得任何人肆意地抢夺、侵占。

正因如此，占有制度超越民法权利的框架，直接以占有的事实作为保护的对象。进言之，占有制度在此蕴含着这样一个法律逻辑：物上占有事实的存在本身即是对该物是无主物的判断的否定。只要第三人知道该物并非无主物，且自己于该物之上并无权利存在，那么他就不得对该物加以抢夺和侵占。

2.弥补本权对于占有事实保护的不足。在本权人占有标的物的情况下，由于这种占有具有法律上的正当性，因而会受到权利之保护。在第三人侵害权利人的占有，如对占有物实施抢夺、侵占的情况下，占有人要通过本权来主张占有之保护，需要具备如下两个方面的条件。

（1）本权可以证明。权利人要以其权利来保护自己的占有，必须证明自己权利的存在。然而，权利的证明，是十分困难的。从民法法律逻辑的角度以观，“权利”仅仅是一种抽象的法律观念。证明权利的存在，其实是对当初引起这种权利产生的法律事实的证明。显然，引起权利产生的法律事实，显然已成过去。将过去发生的事实用作现在权利的证明，其时间上的障碍是可想而知的。倘若占有受到侵害的权利人无法证明自己权利的存在，那么其基于权利而主张占有之保护，将丧失请求权上的基础。

（2）权利具有对世性。即便是在权利人能够证明自己享有占有标的物的权利的情况下,该项权利也必须具有可得向第三人主张的效力,即必须具有对世性效力。我们知道,在构成占有本权的权利中,具有对世性效力的,其实只以物权为限。即当作为物权的本权经证明存在后,其可得作为占有保护的请求权基础,自不待言。然而,占有之本权的范围其实并不以物权为限,债权也可以充当为占有提供法律正当性基础的本权。倘若债权人的占有受到第三人的侵害,由于债权的相对性,该权利不具有对世性效力,不得向第三人主张,则作为债权的本权将不足以独立发挥保护占有事实的作用。以租赁权为例,在租赁物受到他人侵害时,由于租赁权作为一种债权,不具有对世效力,因而承租人依其租赁权,无法对他人的侵害进行排除,而只能通过所有权人的协助方可能恢复对承租物的圆满占有。那么当承租人无法及时获得所有权人的协助时,作为本权的租赁权对于占有的维持便出现了漏洞。这种作为债权的本权对于占有之保护的局限性,不仅表现在租赁权上,在借用人、货物承运人、仓储保管人那里,同样存在。

由此可见,通过权利对占有进行保护,既不是万能的,也不是轻而易举的。倘若占有之保护必须拘泥于本权才能实现,那么在出现上述本权保护之局限的情况下,法律对于占有的保护不利,就意味着对于占有侵夺者的纵容。反之,在占有制度下,上述权利人无须证明自己权利的存在,也无须其权利具有对世性效力,其只要证明自己占有的存在,即可获得法律的保护。如此一来,上述本权之占有保护的局限可因占有的排他效力得以弥补,以物之占有为前提的本权上的利益也可因占有制度的保护而得以实现。

3. 占有可以作为取得本权的基础。占有作为一种事实,其不同于本权:占有代表着财产静态支配秩序的实然性,而本权则代表着这种秩序的应然性。这就意味着,在一些特定的场合,本来不享有本权的占有人,其占有的事实无损于他人的利益,或者与法律的更高价值相吻合时,法律可以确认这种占有的实然的财产秩序具有应然的意义,赋予事实上的占有人以本权。例如,先占制度、善意取得制度,均是如此:先占人、善意第三人原本并非标的物的所有权人。但是一旦其占有标的物之后,由于先占者的占有,无害于任何人的利益,而善意第三人的占有,则事关交易安全,因此法律断无理由将这种占有事实,排斥于应然的财产秩序之外,因而直接确认先占者、善意第三人以相应的本权。

第二节　占有的分类

一、占有的分类

(一)直接占有与间接占有

根据是否需经占有媒介人而成立,占有可分为直接占有与间接占有。所谓直接占有,是指不以他人的占有为媒介,而对物直接实施管领与支配的占有,如所有权人对于所有物的占有,即直接占有。所谓间接占有,是指通过他人的直接占有为媒介而间接控制占有物的占有,如所有权人在将所有物出租给承租人时,所有权人对于该物的占有,即间接占有。此时,充当间接占有之媒介的对物实施直接占有的他人,如承租人,即占有媒介人。

较之于直接占有,间接占有是占有的一种较为特殊的表现形式。其具有如下特征:(1)占有媒介人与间接占有人之间必然存在特定的民事法律关系,如租赁、保管、出质、设立用益物权等关系。基于此,占有媒介人对物的直接占有,是基于间接占有人的意思而取得,即继受取得。(2)间接占有人依然保持着对于标的物的间接控制。尽管间接占有人不能够直接支配标的物,但是其仍然通过占有媒介人,保留着对标的物的间接控制。具体来讲:其一,占有媒介人对于标的物的占有,受到间接占有人的限制。尽管占有媒介人对于标的物的占有,也是一种直接占有,但是其对物的直接支配,范围不可能等同于一般的无间接占有存在的直接占有,而须受到间接占有人的意思及其与间接占有人之间法律关系内容的制约。这是间接占有人间接控制占有物的表现之一。其二,占有媒介人对物的直接支配不是永久性的,即其与间接占有人之间的法律关系,必然伴随期限的限制。因此,在约定的期限届满,间接占有人有权请求占有媒介人须返还标的物,以恢复自己对于标的物直接占有的圆满状态。此种物之返还请求权,为间接占有人间接控制标的物的另外一种表现形式。(3)正是由于间接占有人虽不直接占有标的物,但却基于其与占有媒介人的法律关系,保持着对物的控制,因而其仍被称作占有人。进而,间接占有人对物的控制,完全有赖于占有媒介人物之占有的维持。一旦占有媒介人丧失了物之占有,则间接占有必将随之丧失。

区别直接占有与间接占有的法律意义在于:(1)在占有的事实层面上,确认财产流转法律关系。一方面,对于间接占有人而言,间接占有制度意味着,对物的"直接"管领并不是占有人地位的取得或维持的必要条件。占有人在维持其占有地位的同时,仍然可将占有物用于出租、出借、出质、托运以及寄存,从而发挥最大化的物之占有效益。另一方面,对占有媒介人而言,间接占有制度则意味着其对标的物的直接占有和支配的正当性,可不必以前手的本权为依据,而纯粹依赖于前手受到法律保护的占有地位。(2)为动产交付形式的多样化奠定了法律基础。所谓交付,无非是占有的转移。间接占有制度意味着占有的转移不必再依动产的现实交付为条件,因为使他人获得间接占有同样不失为一种"移转占有"的方式。在这一观念之下,动产的指示交付、占有改定等交付方式,遂应运而生。(3)间接占有受到占有制度的保护。占有制度的占有维持功能,适用于间接占有。换言之,直接占有人通过对物直接管领、支配的事实,证明自己的占有人身份,以得到占有制度的保护,而间接占有人同样可以基于自己对占有媒介人的返还请求权以证明自己的占有人身份,从而受到占有制度的保护。

(二)自己占有与辅助占有

这是在"直接占有"之下的进一步分类,即依占有人是否亲自实施物之管领与支配,直接占有可进一步划分为自己占有与辅助占有。所谓自己占有,是指占有人不使用辅助人,而亲自为物之直接占有。所谓辅助占有,是指占有人在使用辅助人的情况下,通过命令指挥辅助人对物进行的直接占有。其中,辅助占有中的辅助人,是指基于其与占有人之间的特定民事法律关系,如雇用、劳动关系,依照占有人的直接命令与指示,为占有人的利益,对物进行直接管领、支配的人。需要注意的是,辅助占有不同于间接占有。两者的区别在于,在间接占有之下,如在租赁关系中,直接占有人(承租人)与间接占有人(出租人)均为占有人,均享有独立的占有利益,并通过相关的法律关系彼此牵制;而在辅助占有之下,如雇佣关系中,只有直接占有人(雇主)是占有人,而辅助人(雇员)则不具有独立的占有人的地位。具体表现在以下方面。

1. 辅助占有中的辅助人对物的直接管领和支配,是在占有人的命令与指挥下进行的,因此,辅助人对于标的物的直接管领和支配,丝毫不构成对直接占有人的管领与支配的限制。例如,在雇佣关系中,雇员对于雇主之物的管领、支配,并不会对雇主形成任何的限制。比较而言,在间接占有中,占有媒介人对物的直接管领和支配,虽然也受到其与间接占有人之间的民事法律关系的制约,但这种制约并不能够否认占有媒介人独立的物之管领与支配的地位。换言之,间接占有人与占有媒介人之间的这种法律关系的制约是双向的,后者独立的占有地位,恰恰是对前者物上直接管领与支配的限制。例如,租赁关系中,出租人与承租人之间彼此制约的关系,便是如此。

2. 辅助人在占有人的命令、指示下实施物的管领与支配,故其在物上并无自己的利益,而是为占有人的利益为物之管领、支配。就此以观,辅助人之于标的物,仅有占有之形,而无占有之实。其对物的管领和支配,本质上不过是占有人之管领、支配的延伸。比较而言,在间接占有情况下,占有媒介人却是为了自己的利益而实施直接占有,其独立的占有人地位正是其实现物上利益的法律前提。

区分自己占有与辅助占有的法律意义在于,一方面,由于辅助人不是占有人,因此法律对于占有人的保护原则上不得及于辅助人,比如,辅助人不得以其对于标的物的直接支配的事实,对抗直接占有人;另一方面,由于辅助人物之直接管领、支配具有占有的外观,因此在对第三人的外部关系中,可以推定辅助人为占有人,进而准用占有的效力,如自力救济、本权推定等。

直接占有、间接占有、自己占有、辅助占有的关系如图 17－1 所示。

直接占有之一：自己占有	占有人——→物
直接占有之二：辅助占有	占有人—(命令)—→占有辅助人——→物 （非占有人）
间接占有	间接占有人—(媒介关系)—→媒介占有人——→物 （直接占有人）

图 17－1　直接占有、间接占有、自己占有、辅助占有的关系

(三)自主占有与他主占有

依占有人是否以所有人的意思实施占有,占有可分为自主占有与他主占有。所谓自主占有,是指以所有人的意思而为的占有;所谓他主占有,是指以非所有人的意思而为的占有。自主占有与他主占有之区分,立足点在于占有人的主观心态,而与占有事实的所有权基础无关。如无所有权人误信其有所有权而为之占有,或者所有权人误以为其已丧失所有权而为之占有,均不妨成立自主占有或他主占有。

占有人是否以所有人的意思实施占有,通常可由以下事实确定。

1. 依法律行为而占有标的物的,可通过法律行为的意思表示内容及所引起的法律关系的性质而定。例如,依租赁行为而取得占有者,为他主占有;依买卖行为而取得占有者,则自主占有。需要注意的是,由于自主、他主占有之判断,是一个纯粹的占有人的心态判断,因此在依买卖行为而取得占有的情况下,纵然所有权尚未发生转移,买受人对于标的物的占有,仍然不失为自主占有。

2. 依事实行为而占有标的物的,可以一般社会观念而定。如打猎捕鱼而形成的占有,应视为自主占有,偷窃者对于盗窃之物之占有,也为自主占有。在拾得遗失物的情况下,倘若拾得人积极寻找、通知失主,或者及时将遗失物送交有关机关,其性质为他主占有,反之,不及时通知失主或送交有关机关,甚至在失主索要时拒不返还,其则为自主占有。

区分自主占有与他主占有的法律意义,一是取得时效之适用,即在民法理论上,自主占有是构成时效取得的条件之一;二是先占之适用,即无主物的占有者要构成先占,必须以自主占有为前提。

(四)单独占有与共同占有

依同一物上同一时间占有人的数量,占有可分为单独占有与共同占有。所谓单独占有,是指同一物上在同一时间只有一个占有人的占有;所谓共同占有,是指同一物上在同一时间有多个占有人的占有。在共同占有的情况下,由于物上有多人占有的存在,因此占有人之间存在事实上的相互制约。在此,需要注意共同占有与相关概念的区别。

1. 共同占有不同于共有。共有,是权利的共同享有,是多人分享一个所有权。共有可以通过共同占有来实现,也可以通过部分共有人或者非共有人单独占有共有物来实现。虽然在共有情况下,也存在共有人的彼此制约,但是这种制约来自权利。比较而言,共同占有人之间的这种相互制约,是事实层面上的支配行为上的限制,而与权利之限制无关。

2. 共同占有也不同于间接占有。在间接占有的情况下,只有占有媒介人可得对占有物实施直接的管领支配,而间接占有人并不直接支配标的物。因此,间接占有情况下的占有媒介人与间接占有人之间,并不存在物之支配的事实冲突。这意味着,多人于一物之上的直接占有或间接占有均可构成共同占有,而间接占有人与占有媒介人并存于一物的占有,则不是共同占有。

根据共同占有的不同形式,其可分为单纯的共同占有与共同的共同占有。所谓单纯的共同占有,是指每个占有人都可以单独地对物进行支配和管领,但是,因他人占有的存在,其支配与管领受到事实上的限制的共同占有形态,如一个房间的门锁,甲乙各一把,或一个浴室,为甲乙共同使用等。所谓共同的共同占有,是指每个占有人均不能对物进行独立的支配、管领。只有多个共同占有人结合起来,才能支配其物的形态。例如,一个房间两个门锁,甲乙各持一锁之钥匙。

法律上区分单独占有与共同占有的意义在于,既然各个共同占有人之物之事实支配均受法律保护,那么共同占有人之间不存在就各自占有物的支配范围单独请求占有之保护的问题。例如,我国台湾地区“民法”第965条规定:“数人共占有一物时,各占有人就其占有物使用之范围,不得互相请求占有之保护。”

(五)有权占有与无权占有

依占有事实是否具有本权依据,占有可分为有权占有与无权占有。在这里,所谓本权,是指构成占有的法律正当性基础的权利,如所有权、质权、用益物权、租赁权等。因此,有权占有,是指具有本权基础的占有;而无权占有,则是指没有本权基础之占有。有权占有与无权占有的区分,出发点在于占有人是否享有本权,这是一个客观的判断标准,因而与占有人的主观心态无关。区分有权占有与无权占有的法律意义在于:其一,有权占有情况下,占有之状态受到权利制度与占有制度的双重保护。其中,辅之以占有事实的非物权本权,如租赁权,更因占有事实而得到强化,从而具有对抗第三人的效力。其二,无权占有这一概念本身即意味着,不具本权基础的占有事实作为占有类型之一种,依然受到占有制度的保护。但是,由于无权占有毕竟没有本权上的依据,故而当面对本权人的物之返还请求时,无权占有人不得以占有事实对抗本权人。

(六)善意占有与恶意占有

这是对无权占有的进一步的分类,即依无权占有人是否知道其占有不具有本权基础,无权占有可进一步划分为善意占有与恶意占有。所谓善意占有,是指无权占有人误以为自己有占有之权,而为物之占有的状态;所谓恶意占有,是指无权占有人明知自己无占有本权或者不能肯定自己有占有本权,而为物之占有的状态。区分善意占有与恶意占有的法律意义,在于善意占有具有使无权占有人取得本权的效力,如可得适用占有时效、善意取得等制度。另外,在无权占有人向权利人进行返还时,其彼此的关系也因占有人的善意或是恶意,而有所不同。

(七)有瑕疵占有与无瑕疵占有

这也是对无权占有的进一步分类,即依占有的取得及其维持方式,无权占有可进一步分为有瑕疵占有与无瑕疵占有。所谓有瑕疵占有,是指依暴力手段取得或以隐秘的方法维持的占有;所谓无瑕疵占有,是指依和平手段取得并以公开的方法维持的占有。法律上区分有瑕疵占有与无瑕疵占有的意义主要表现为,取得时效的占有状态,以无瑕疵占有为限。

二、占有类型的推定

所谓占有的类型推定,是指当占有人的占有类型不明确时,依照法律的规定,推定其占有属于某一确定的类型。如前文所述,不同的占有类型具有不同的法律意义,因而占有类型的确定,对于占有制度调整下的法律秩序的稳定,至关重要。但是由于从证据角度来证明占有属于何种类型,甚为困难,因此,为了便于占有之保护,在没有相反证据的情况下,法律作出了推定性的规定。由于占有制度的本旨既在于占有之保护,因此在占有类型上的法律推定,自然是朝着肯定既有的占有事实并最大限度地实现占有事实积极的法律意义的方向。具体而言,占有的推定规则如下:(1)当占有为自主占有或为他主占有难以确定时,推定为自主占有;(2)当占有为善意占有或为恶意占有难以确定时,推定为善意占有;(3)当占有为无瑕疵占有或为有瑕疵占有难以确定时,推定为无瑕疵占有;(4)当占有为继续状态或为非继续状态难以确定时,若前后两个时点占有之存在得以证明时,在这两个时点之间的时段内,推定为继续占有。以上占有的推定,使主张与推定一致的当事人一方,免予举证,而使主张反对的当事人一方证明相反的事实,以推翻推定。

第三节 占有的效力与保护

一、占有的效力

(一)权利推定效力

所谓权利推定效力,又称权利正确性推定,是指在无相反证据的情况下,占有人在占有物上行使的权利,依法推定其享有此项权利。占有的权利推定不同于占有的推定:后者所推定的,是占有事实本身的状态、类型;而前者所推定的,则是占有事实背后的本权。占有上权利推定的依据,在于法律的"有物之管领支配力之人,一般均是有管领支配权利之人"的预设判断。因此上,只要有占有事实存在,无论是直接占有、善意占有、自主占有及无瑕疵占有,还是间接占有、恶意占有、他主占有及有瑕疵占有,因在物上均具管领支配之力,故均具有占有的权利推定效力。

基于占有事实,可得推定的权利,只能是以占有为内容的权利,即此类权利均应具有占有权能。至于其是具有占有权能的物权,如所有权、质权,还是具有占有权能的债权,如租赁权,则不受限制。基于占有事实所推定的权利,凡占有人主张有此本权者,可免予举证。凡反对占有人有此本权者,须举出反证以推翻推定。

占有的权利推定效力的一个重要的逻辑结果,就是法律必须对于信服该项效力的第三人予以保护。即第三人与占有人从事交易时,基于占有事实所表彰的本权行事,即可受到法律的保护,而不必调查占有人本权的真实状态。可见,只有当占有的权利推定效力确立之后,作为物权公示方法的占有的公信力方得以产生。换言之,该项效力构成占有公示之公信力的基础。进而可见,随着不动产登记制度的普及与完善,占有的权利推定效力,在不动产上已受到相当限制。

(二)无权占有人对回复请求权人的权利和义务

在无权占有的情况下,占有人对于标的物的占有不享有任何的本权基础。尽管此时占有人之占有已经形成,应当受到法律对于占有之保护,但是为了保障该标的物上的权利人的利益,维持法律对于物之支配的权利秩序,"无权占有之事实,不得对抗本权",就构成了无权占有人与标的物上的权利人的关系的基本准则。例如,某甲遗失之自行车,为某乙拾得,某乙在该物上构成无权占有。这意味着,一方面,某乙的占有,受到法律的保护,即禁止任何人抢夺、侵占;另一方面,某乙的占有,不得对抗本权,即如果某甲向某乙提出返还请求,某乙应当予以返还。由此,在无权占有人与返还请求权人之间,便会产生因标的物的返还所产生的权利和义务的关系问题。

1. 孳息的返还问题

在无权占有人占有标的物的过程中,倘若取得了标的物上的收益,该收益相对于标的物而言,即孳息。该项孳息,既可以是由原物所产生的天然孳息,也可以是无权占有人对标的物实施主动的用益,所得的孳息。根据《民法典》第460条“不动产或者动产被占有人占有的,权利人可以请求返还原物及其孳息”的规定,占有人应当将原物连同孳息一并返还予权利人。在这里,由于没有对善意占有与恶意占有作出区分,所以应当解释为无论是善意占有人,还是恶意占有人,均应当就原物与孳息,负全部的偿还义务。

2. 占有物毁损灭失的赔偿问题

在无占有人占有标的物的过程中,倘若标的物毁损、灭失,占有人是否应当承担损害赔偿责任?对此,《民法典》第459条规定:“占有人因使用占有的不动产或者动产,致使该不动产或者动产受到损害的,恶意占有人应当承担赔偿责任。”可见,对于占有物发生毁损、灭失,无权占有人是否应当承担赔偿责任的问题上,《民法典》是区分善意占有与恶意占有而作出不同的处理的:对于恶意占有人而言,在其返还标的物时,不仅要返还现存的部分或者价值,而且要对于毁损、灭失的部分,承担损害赔偿责任;对于善意占有人而言,在标的物返还时,其将现存之部分或者价值返还予权利人之后,对于毁损灭失部分,是否应当承担损害赔偿责任,《民法典》第459条并没有直接作出规定。但是,根据《民法典》第238条“侵害物权,造成权利人损害的,权利人可以依法请求损害赔偿,也可以依法请求承担其他民事责任”的规定以及侵权法的理论,倘若因可归责于占有人的事由致标的物毁损、灭失的,占有人应负赔偿责任,只不过,此时善意占有人的过错认定,应当考虑在其占有的实际情况下所应负的注意义务:对于自主的善意占有人而言,其于物上应负较低的管理自己事务之注意义务,故其赔偿范围以其所受利益为限;对于他主的善意占有人而言,其于物上应负较高的善良管理人之注意义务,故其赔偿范围以回复请求权人所受全部损害为限。

上述善意占有人与恶意占有人在标的物的毁损、灭失情况下的返还义务及其赔偿责任,在《民法典》第461条中,得到了具体的表现。《民法典》第461条规定:“占有的不动产或者动产毁损、灭失,该不动产或者动产的权利人请求赔偿的,占有人应当将因毁损、灭失取得的保险金、赔偿金或者补偿金等返还给权利人;权利人的损害未得到足够弥补的,恶意占有人还应当赔偿损失。”在该条规定中,标的物毁损、灭失时所得的“保险金、赔偿金或者补偿金”,可以解读为标的物原物价值的再现。对此部分,无论是善意占有人,还是恶意占有人,均应当承担返还义务。

而"保险金、赔偿金或者补偿金"之外的权利人未得到弥补的损失,即为标的物毁损、灭失的价值部分。对此,恶意占有人应当继续承担赔偿责任,而善意占有人在其没有过错的情况下,则可免予赔偿。这一点,与前述《民法典》第459条的规定应作相同解释。

3. 占有人的费用返还问题

无权占有人在返还标的物与权利人时,对于其占有标的物期间所花费的费用,可否有权请求权利人予以偿付?从理论上来讲,占有人就占有物支出的费用,可分为两类:一是必要费用,是指为占有物的维持、保存所必须支出的费用,如修缮费、饲养费等;二是有益费用,是指为改良占有物、增加物之价值所支出的费用。《民法典》第460条规定:"不动产或者动产被占有人占有的,权利人可以请求返还原物及其孳息;但是,应当支付善意占有人因维护该不动产或者动产支出的必要费用。"据此,对于恶意占有人而言,其所支出的一切费用,均无权要求权利人予以偿付;对于善意占有人而言,其所支出的必要费用,有权要求权利人偿付,而所支出的有益费用,依然不能要求偿付。(见表17-1)

表17-1　无权占有人的权利和义务关系

种类	善意占有	恶意占有
返还义务	返还原物、返还孳息	
占有物毁损灭失的赔偿责任	无赔偿责任	有赔偿责任
必要费用返还请求权	有权请求返还	无权请求返还

二、占有的保护

所谓占有的保护,是指基于物之占有的事实,物权法对于占有事实状态所给予的维持。占有的保护不同于所有权占有权能的保护,法律对于占有的保护并非基于占有人的权利,而是基于客观上的占有事实。换言之,占有事实存在,法律对此占有事实的保护就存在。至于该占有为有权占有或无权占有,则在所不问。

占有的保护制度的意义在于,通过使占有这种物之支配的最为基本的形态,可以超越本权而独立受到法律的保护,从而维护静态的财产秩序和安全。

(一)占有保护支配权

所谓占有保护支配权,是指在占有遭受侵夺、妨害时,占有人得依自力,直接对侵害予以排除,以维持占有的权利。这种权利,具有自力救济的性质,旨在使占有人于侵夺、妨害正在发生之时,及时采取措施以保护占有。因此可享有这种自力救济权者,仅以直接占有人为限。由于辅助占有人具备直接占有人之外观,法律亦准其享有自力救济权。至于间接占有人,因其无法于侵害发生时及时加以排除,赋予其自力救济权非但不能实现制度作用,而且可导致自力泛滥,有损于静态的财产秩序,故间接占有人不得依自力救济权寻求占有的保护。占有保护支配权,包括以下方面的内容。

1. 占有防御权。所谓占有防御权,是指对于正在发生的占有物的侵夺、妨害,占有人得以自力方式防御之。例如,甲所占有之物,遭他人抢夺,甲自可以自力手段,排除该侵夺。需要注意的是,占有防御权的行使必须以侵夺、妨害的正在进行为前提。倘若侵害尚未发生或已经完成,则不得再为占有防御,而只能采取占有取回或公力救济的方式以回复占有。

2. 占有取回权。所谓占有取回权,是指针对业已被他人侵夺之物,占有人得立即追踪至侵夺人之所在,将占有物取回的权利。因占有取回权针对已经完成之占有物的侵夺,故这种权利的行使在法律上应有较为严格的时间限制:占有人知道占有物被侵夺后,须立即行使占有取回权;否则,该权利不得再行使,而只能通过公力救济以寻求保护。其原因在于,法律对于占有的保护系基于物之管领、控制的事实,而不考虑占有的取得有无瑕疵。故侵夺人于侵夺物上若形成占有,则将同样受到法律的保护,而享有占有防御权。故占有取回权的行使时间,须界定为侵夺刚刚完成,侵夺人的物之占有尚未完全稳定之际。

(二)占有保护请求权

所谓占有保护请求权,是指在占有被侵夺或妨害时,占有人对于侵害人返还占有物、除去妨害及防止妨害发生的请求权。占有保护请求权不同于占有保护支配权,后者依占有人及于标的物的占有实力而直接对侵害加以排斥,无须侵害人的协助,因而表现出自力救济的特性;前者则不是通过占有人的实力而直接排斥侵害的实施,而是通过请求侵害人为或不为特定行为的方式来回复对占有物的圆满支配或者利益。因这种请求可向侵害人主张,遭拒后只能向法院请求强制执行,故表现出公力救济的特性。基于此,占有保护支配权,只能于侵害正在进行之时或刚刚完成之后,由直接占有人行使;而占有保护请求权,既可于侵害进行之时主张,又可于侵害完成之后主张。权利主体既包括直接占有人,也包括间接占有人。《民法典》第 462 条规定:“占有的不动产或者动产被侵占的,占有人有权请求返还原物;对妨害占有的行为,占有人有权请求排除妨害或者消除危险;因侵占或者妨害造成损害的,占有人有权依法请求损害赔偿。占有人返还原物的请求权,自侵占发生之日起一年内未行使的,该请求权消灭。”据此,占有保护请求权具有如下几个方面的内容。

1. 占有保护请求权。占有保护请求权,包含返还原物请求权、排斥妨害请求权、消除危险请求权等物权保护中物上请求权的所有类型。然而,需要指出的是,占有保护请求权的基础,与物上请求权不同:后者以物权的享有为依据,而前者以占有事实为依据。即只要占有保护请求权人证明自己是(或曾经是)物之占有人,且他人的物之侵夺、妨害没有适法依据,该请求权即得行使。基于此,在占有人基于占有事实而主张返还物时,根据前述《民法典》第462条的规定,占有人应当自侵占发生之日起1年内行使该项权利,否则,该占有之返还请求权将归于消灭。

2. 损害赔偿请求权。在占有物已被破坏,物上请求权之准用无法回复原来的占有状态时,占有人得依占有之事实,向侵权人主张损害赔偿,以回复其受损的利益。

(三)占有保护请求权与本权请求权的关系

通常,一物之上既存在占有事实,也存在本权,两者是彼此独立的。物之占有人,有权以占有事实,提起占有保护请求权;而物之本权人,基于权利之享有,也可提起本权请求权。因而,其两者是相互独立、互不妨碍的。由此出发,占有保护请求权与本权请求权之间的关系,可以从如下三个方面加以认识。

1. 占有保护请求权与本权请求权归于一人,即本权人就是占有人。此时在占有物遭受侵害时,占有保护请求权与本权请求权同时为一人享有。此时,应适用权利竞合法理:本权请求权不能主张时,如本权无法证明时,不影响占有保护请求权和行使,反之亦然。两种权利均为主张时,只能择其一而行使。

2. 占有保护请求权与本权请求权发生分立,且一致对外时,如所有权人甲遗失所有物,为乙拾得。此时,倘若某丙对该物实施侵害,则甲基于所有权,可得对丙之侵害,予以排除;而乙亦可基于占有,对丙之侵害,予以排除。

3. 占有保护请求权与本权请求权发生分立,且相互对立时,如甲遗失之物为乙拾得,并已构成稳定的占有。甲得知此事后,遂欲强行从乙处取回该物,乙则予以抵制。此时,乙可基于占有之事实,向甲主张排除妨害,甲则可基于权利之享有,向乙主张物之返还。这两种请求权并行不悖,均可向法院以诉讼方式提起。在这种情况下,法院处理的方式如下:(1)占有构成静态财产秩序的基础,因此“不得肆意剥夺他人之占有”,是法律维持财产秩序的基本规则。由此出发,任何人对占有物的侵害,均为法律所禁止。即便是本权人,其物上占有的回复,也只有在他人正在侵夺其直接占有或者刚刚侵夺完毕时,才能基于占有支配保护,以私力进行救济。反之,不存在他人侵夺的事实,或者他人的占有已经稳定,则本权人只能通过物上请求的方式回复物之占有,而不得依自力救济的方式达此目的。(2)在本权人能够证明自己本权之存在的情况下,根据占有不得对抗本权原则,占有人不得再主张占有保护请求权。换言之,一旦本权得以证明,在权利之保护与占有事实之保护两者之间,法律仍坚持权利本位,奉行事实不能与权利抗衡的准则。

重点问题梳理

1. 占有,是指人对物的管领与支配,占有的权利依据为本权。

2. 辅助占有不同于间接占有。在间接占有之下,直接占有人与间接占有人均为占有人,均享有独立的占有利益,并通过相关的法律关系彼此牵制;而在辅助占有之下,只有直接占有人是占有人,而辅助人则不具有独立的占有人的地位。

3. 占有的类型推定,是指当占有人的占有类型不明确时,依照法律的规定,推定其占有属于某一确定的类型。占有的权利推定,则是指在无相反证据的情况下,占有人在占有物上行使的权利,依法推定其享有此项权利。

4. 善意占有与恶意占有的区分意义有二:一是在无权占有物毁损灭失的情况下,自主的善意占有人不承担赔偿责任,而恶意占有人则需承担赔偿责任;二是在无权占有期间所支出的必要费用,善意占有人有权请求返还,恶意占有人则无权请求返还。

5. 占有的保护分为占有保护支配权和占有保护请求权。占有保护支配权,是指在占有遭受侵夺、妨害时,占有人得依自力直接对侵害予以排除,以维持占有的权利,包括占有防御权和占有取回权。占有保护请求权,是指在占有被侵夺或妨害时,占有人对于侵害人返还占有物、除去妨害及防止妨害发生的请求权外,包括返还原物请求权、排除妨害请求权和消除危险请求权。

6. 占有保护请求权与本权请求权之间的关系是:第一,占有保护请求权与本权请求权归于一人,即本权人就是占有人。此时在占有物遭受侵害时,两种权利均为主张时,只能择其一而行使。第二,占有保护请求权与本权请求权发生分立,且一致对外时,占有人和本权人可各自行使其占有保护请求权和本权请求权。第三,占有保护请求权与本权请求权发生分立,且相互对立时,本权人有权以本权请求权请求占有人返还占有物。但是,本权人侵害占有的,占有人可主张占有保护请求权。

案例与分析

甲有一头牛走失,为乙拾得。乙将牛以1000元的价格出卖给不知情的丙。丙在占有该牛的过程中,该牛产下小牛一头。而丙花费母牛及小牛的饲养费用300元。后来,甲了解到母牛及小牛之所在,在证明了自己是母牛的所有权人之后,要求丙返还母牛与小牛。丙表示拒绝,指出:首先,母牛是自己从乙处购得的,且自己在购买母牛时,并不知道乙是无权处分,因此对甲不负母牛的返还义务;其次,小牛是在自己占有母牛的时候出生的,因而本来就属于自己,甲同样无权要求小牛之返还。

问题:本案争议,孰是孰非?

分析:根据《民法典》第312条的规定,所有权人或者其他权利人有权追回遗失物。该遗失物通过转让被他人占有的,权利人有权向无处分权人请求损害赔偿,或者自知道或者应当知道受让人之日起二年内向受让人请求返还原物;但是受让人通过拍卖或者向具有经营资格的经营者购得该遗失物的,权利人请求返还原物时应当支付受让人所付的费用。权利人向受让人支付所付费用后,有权向无处分权人追偿。据此,甲有权要求丙返还拾得物,丙此时不能构成善意取得。

根据《民法典》第460条的规定,不动产或者动产被占有人占有的,权利人可以请求返还原物及其孳息,但应当支付善意占有人因维护该不动产或者动产支出的必要费用。据此,丙应当返还的范围包括该牛及其所生的小牛。与此同时,丙不知乙为无权处分,是善意占有人。因此丙支出的饲养费用,有权要求甲返还。

第四编　债　　权

第十八章 债 权 总 论

第一节 债与债权

一、债

(一)债的概念

债是指按照合同的约定或者法律的规定,在特定的当事人之间形成的、以特定的给付为内容的权利义务关系。其中享有债权的当事人称为债权人,负有债务的当事人称为债务人。

债的本质是债权人实现其特定利益的一种手段。债的关系的成立,在于达到一定的法律目的,即将债权转变为物权或其他权利。债的存在,表明债权人的利益尚未实现;当债权人的利益实现时,债权即告消灭。

(二)债的特征

债与所有权关系、知识产权关系等其他法律关系相比较,主要具有以下特征:

1. 债反映财产流转关系。财产关系依其形态分为财产的归属利用关系和财产流转关系。前者为静态的财产关系,后者为动态的财产关系。物权关系、知识产权关系反映财产的归属和利用关系,其目的是保护财产的静态的安全;而债的关系反映的是财产利益从一个主体转移给另一主体的财产流转关系,其目的是保护财产的动态的安全。

2. 债的主体双方是特定的。债是特定当事人间的民事法律关系,因此,债的主体无论是权利主体还是义务主体都是特定的。债权人只能向特定的债务人主张权利。而物权关系、知识产权关系中只有权利主体是特定的,义务主体则为不特定的人;也就是说,权利主体得向一切人主张权利。

3. 债以债务人的特定行为为客体。债的客体是给付,亦即债务人应为的特定行为。债的客体的这一特征与物权关系、知识产权关系相区别。因为物权的客体原则上为物,知识产权的客体则为智力成果。

4. 债须通过债务人的特定行为才能实现其目的。债的目的的实现,只有通过债务人的给付才能达到,没有债务人为其应为的特定行为也就不能实现债权人的权利。而物权关系、知识产权关系的权利人可以通过自己的行为实现其权利,无须借助于义务人的行为。

5. 债的发生具有任意性、多样性。债既可以因合法行为发生,也可以因不法行为而发生。对于合法行为设定的债权,法律并不特别规定其种类,当事人可依法自行任意设定债。而物权关系、知识产权关系都只能依合法行为取得,并且其类型具有法定性,当事人不能任意自行设定法律上没有规定的物权、知识产权。

6. 债具有平等性、相容性。物权具有优先性和排他性,在同一物上不能成立内容不相容的数个物权关系,同一物上有数个物权关系时,其效力有先后之分。而债的关系却具有相容性和平等性,在同一标的物上不仅可成立内容相同的数个债,并且债的关系相互间是平等的,不存在优先性和排他性。

(三)债的要素

债的要素是指构成债的要件或成分。与其他民事法律关系一样,债包括主体、内容和客体三个要素。[1]

债的主体,是指参与债的关系的当事人。其中,享有债权的主体称为债权人,负有债务的主体称为债务人。在某些债中,债权人仅享有债权而不负有债务,债务人仅负担债务而不享有债权。而在多数情况下,双方当事人既享有债权又负有债务。债权人和债务人是相互对立、相互依存的,缺少任何一方,债的关系就不能成立和存续。

债的内容,是指债的主体之间的权利义务,即债权和债务。债权,是指为特定的债权人所享有的,请求特定的债务人为特定给付的权利。债务,是指依据当事人的约定或者法律的规定,特定债务人应为特定给付的义务。债权与债务是债的关系中相互依存的两个方面,不可能独立存在。有债权必有债务,有债务必有债权。

债的客体,是指债权债务所指向的对象,即债务人的给付。从债权人方面而言,债权是一种能够请求债务人为一定给付的权利;从债务人方面而言,债务是应债权人请求而为一定给付的义务。

二、债权

(一)债权的概念与特征

债权是请求权人为特定行为的权利,即债权人享有的请求债务人为一定行为的权利。债权具有以下特征:

1. 债权是请求权。债权为债权人请求他人为一定行为的权利,债权人欲实现债权上的利益,须借助于他人的行为。但债权并不等于请求权,请求权不仅包括债

[1] 张民安、邓鹤主编:《民法债权》,中山大学出版社2002年版,第2页。

权请求权,还包括物权请求权等其他请求权;请求权只是债权权能的一种,并非全部。

2. 债权是相对权。相对权是指义务人为特定人,权利人必须通过义务人实施一定行为才能实现的权利。由于相对权的权利人只能向特定的义务人主张权利,他对抗的是特定的义务人,因此相对权又被称为对人权。在债权关系中,债权人只能请求特定人为一定行为,所以,债权是相对权。

3. 债权具有平等性。不仅在同一标的物上可以同时并存数个债权,而且数个债权人对同一个债务人先后发生数个普通债权时,其效力一律平等,不因其成立先后而有效力上的优劣,债权人之间不能以债务关系发生的先后主张优先受偿的权利。

4. 债权的创设具有任意性。在法律上不予禁止的条件下,经当事人自由协商,可任意设立债权。这主要是针对合同之债而言。合同的当事人之间的权利义务关系,只要不违反公序良俗和法律规定,可由当事人自行约定。

5. 债权不具有排他性。权利的排他性是指同一权利客体上不允许有两个相同内容的权利同时存在。债权不具有排他性,对同一客体可以成立两个内容相同的债权。

（二）债权与物权的区别

债权和物权,是我国民法体系中民事权利的两大支柱。它们共同构成了我国社会中财产关系的基本内容。但是,物权与债权有着明显的区别,主要包括:

1. 物权为支配权,债权为请求权。债权并未赋予权利人以对物的直接支配权,仅具备权利人以针对特定人的请求权。债务人对债权人负有给付的义务,但债务人的财产并非债权人的支配客体,债权人不能直接支配债务人的财产。

2. 物权具有排他性、优先性,债权具有相容性、平等性。在同一标的物之上不能有两个或两个以上互不相容的物权存在;而按照债权的相容性,在同一标的物上,允许同时或先后设立数个内容相同的债权,不发生排他效力。依物权的优先性,当同一标的物上并存数个相容的物权时,先成立的物权一般优先于后成立的物权;而按照债权的平等性,各个债权不论成立先后,均平等受偿。

3. 物权为对世权,债权为对人权。某人对某物享有物权时,其他任何人都负有不得非法妨碍其行使物权的义务,其义务人是不特定的。而债是特定人之间的法律关系,债权只对某个或某些义务人有拘束力,债权人得向其请求给付,其他人则不受债权的约束,即债权的义务人是特定的。

4. 物权的客体是物,债权的客体是行为。物权的客体是物,该物必须是在事实上、法律上能供民事主体占有、使用、收益、处分的物,一般而言,该物必须是有形物、特定物、独立物。债权的客体则是给付,即债务人的某种特定行为。

5. 物权是静态财产权,债权是动态财产权。物权的社会机能是明确对财产的归属和支配,侧重于财产的静态安全。而债权的社会机能是实现财产的流转,保障在不同地域、不同时间发生的商品交换得以实现,侧重于财产的动态安全。

(三)债权的权能

债权的权能,是指债权人依其债权可为的行为。一般认为,债权包含以下三项权能:

1. 给付请求权。债的关系成立后,债权人享有请求依照债权的内容实行给付的权利。债权人利益的实现,并非基于其直接支配债务人的人身或财产,而需要借助债务人自主实施的给付行为才能达到目的。债权人欲实现其利益,必先向债务人请求给付。因此,给付请求权是债权的第一权能。

2. 给付受领权。债务人履行债务时,债权人有权予以接受,并永久保持因债务人的履行所得的利益。接受债务人的履行并永久保持因债务人的履行所得利益,是债权的本质所在,也是债权人所追求的最终结果。

3. 保护请求权。债务人不履行其债务时,债权人可请求有关国家机关予以保护,强制债务人履行债务。

在上述债权的三项权能中,给付请求权具有形式上的意义,给付受领权具有最终的实质性意义,保护请求权则是债权人于债务人不履行债务时借助于国家强制力实现债权的法律手段。

第二节　债的分类

债可根据不同的分类方法而划分为不同的种类。大陆法系国家通常以债的发生根据作为分类标准而将债分为合同之债、侵权行为之债、不当得利之债、无因管理之债和其他发生根据之债五类。由于这一分类方法将在下一节债的发生中予以介绍,故本节不予说明。本节仅仅对其他类型债的分类作出说明,包括意定之债与法定之债、主债与从债、特定之债与种类之债、简单之债与选择之债、单一之债与多数人之债、按份之债与连带之债。

一、意定之债与法定之债

按照债的设定及其内容是否允许当事人以自由意思决定,债可以分为意定之债与法定之债。

意定之债,是指特定的当事人之间的特定的权利义务关系的发生、内容等都是根据当事人自己的自由意思来决定的债。最典型的意定之债是合同。法律承认意定之债的效力体现了法律对私法自治精神的尊重和保护。基于理性人的假设,当事人在社会生活中最为关注自己的利益,因此根据当事人的自由意思而设定的债权债务关系,最能满足当事人各自的需求,实现各自的利益。只有在自由设定的债权债务关系违反了社会公共利益或造成利益的严重失衡时,法律才介入这种债权债务关系之中。

法定之债,是指债的发生、内容都是由法律予以规定的债。法定之债的法定有两方面含义:一是债的发生由法律直接规定,不问当事人有无发生债权债务关系的意思。二是债的内容由法律加以明确规定。如侵权行为之债、不当得利之债、无因管理之债。当然,在债的关系发生后,债权人在解决纠纷时,可以依法自由处分自己的债权,但这些属于债形成后的履行、变更及法律救济等问题,并不会改变债的内容的法定性。

区分意定之债与法定之债的意义在于:意定之债贯彻意思自治原则,而法定之债的发生及效力均由法律规定。由于意定之债与法定之债的法律特征不同,法律调整也各不相同。意定之债适用合同法;法定之债中的侵权行为之债适用侵权行为法,不当得利、无因管理之债则适用各自相关的法律。

二、主债与从债

在存在从属关系的两个债中,根据其不同地位,可分为主债和从债。主债是指能够独立存在,不以其他债的存在为前提的债。从债是指不能独立存在,必须以主债的存在为存在前提的债。主债和从债是相互对应的,没有主债无所谓从债,没有从债也无所谓主债。主债与从债之分常见于设有担保的债中,被担保的债(如买卖合同、借贷合同之债)为主债,为担保该债而设之债(如保证合同、抵押合同之债)为从债。但是,从债虽然在效力上居于从属地位,但在性质上仍然为单一的债,有一定的独立性。

区分主债与从债的法律意义在于:主债是与从债互相对应的,主债是从债的发生根据,主债的效力和存续决定从债的效力和存续。同时,主债是相对于从债而言的,没有从债,也就无所谓主债。

三、特定之债与种类之债

根据债的标的物的性质,可将债分为特定之债与种类之债。

特定之债是指债务人应给付特定的物的债,即以特定物为标的物的债。特定之债的特征在于:第一,特定之债的标的物被约定或指定后,债权人或债务人原则上不得变更。第二,当标的物灭失时,当然发生履行不能,如标的物因发生不可抗力而灭失,则债务人的给付义务消灭;如标的物因可归责于债务人的原因而灭失,则债务人交付特定物的义务转化为损害赔偿义务。

种类之债是指以种类物为标的物的债。种类之债的根本特征在于其标的物为种类物,于债成立之时当事人仅以一定的数量和质量确定标的物。种类之债必须经特定后才能实际履行。现实生活中的大额交易,多数是以种类物为标的的,如买卖合同中约定某种款式的服装,该批服装在合同成立时其实并不特定。

区分特定之债与种类之债的意义在于:首先,在特定之债中,除非债务履行前标的物已灭失,债务人不得以其他标的物代为履行,而种类之债不存在这一问题。其次,在法律规定或当事人约定的情况下,特定之债标的物的所有权可自债成立时发生转移,标的物意外灭失的风险随之转移,而种类之债标的物的所有权及其意外灭失风险则自交付时起转移。

四、简单之债与选择之债

根据债的履行是否可以选择,债可分为简单之债与选择之债。简单之债,又称单纯之债,是指债的履行标的只有一种,当事人只能按照该种标的履行的债。当事人不仅不能选择其他的标的履行,而且在履行时间、方式、地点等方面都无选择的余地。因为简单之债的当事人在债的履行上并无选择性,所以简单之债又称为不可选择之债。选择之债,是指债的履行标的有数种,当事人须从中选择一种来履行的债。选择之债中,选择权属于债权人的,为选择债权;选择权属于债务人的,为选择债务。在我国,除法律有特别规定外,选择之债的选择权原则上归属于债务人;当事人约定选择权归属于第三人的,而该第三人不能或不为选择时,选择权转移至债务人。

由于选择之债有数个给付标的,因而必须由选择权人行使选择权使给付特定,这称为选择之债的特定化。选择之债的特定化通常有三种方法:第一,因合意选择而特定,即在履行时由当事人合意选定一种给付作为履行的标的;第二,因行使选择权而特定,即由选择权人通过行使选择权来确定;第三,因给付不能而特定,即当数个给付中有一个给付不能时,选择权仍存在于剩余的数个给付之上。

区分简单之债与选择之债的法律意义在于:第一,简单之债的标的是单一的,比较简单、明确,当事人对此不容易产生歧义;而选择之债的标的有数个,只有在标的特定化后才能得以履行。相对简单之债而言,选择之债比较复杂,也容易产生纠纷。第二,简单之债的标的一旦无法履行,也就是履行不能,即发生履行不能的法律后果;而选择之债就某一标的履行不能时,当事人还可能在其他标的中择一履行,只有在所有标的均履行不能时,才能发生履行不能的法律后果。

五、单一之债和多数人之债

根据债的主体双方是单一的还是多数的,债可分为单一之债和多数人之债。

单一之债，是指债的主体双方即债权人和债务人均为一人的债；多数人之债，是指债权人和债务人至少有一方为二人以上的债。

区分单一之债和多数人之债，有助于准确地确定债的当事人之间的权利义务关系。在单一之债中，当事人之间的权利义务关系较为简单；多数人之债则既涉及债权人与债务人之间的外部权利义务关系，又涉及多数债权人之间或多数债务人之间的内部权利义务关系，其法律关系较为复杂。

六、按份之债与连带之债

对于多数人之债，根据多数一方当事人之间权利义务关系的不同状态，可分为按份之债和连带之债。

按份之债，是指债的多数人一方当事人各自按照确定的份额享有权利或者承担义务的债。其中，债权人为两人以上，各自按照确定的份额分享权利的，称为按份债权；债务人为两人以上，各自按照确定的份额分担义务的，称为按份债务。在按份债权中，各个债权人只能就自己享有的债权份额请求债务人给付和接受给付，无权请求和接受债务人的全部给付；在按份债务中，各债务人只对自己分担的债务额负责清偿，无须向债权人清偿全部债务。按份之债主要是由法律行为引起的，其成立应具备以下要件：(1)债权人与债务人一方或双方为两人以上；(2)债的标的是可分的；(3)该份额具有确定性。

连带之债，是指债的多数人一方当事人之间有连带关系的债。所谓连带关系，是指对于当事人中一人发生效力的事项对于其他当事人同样发生效力。连带之债有连带债权和连带债务之分。在连带之债中，享有连带权利的每个债权人都有权要求债务人履行义务，负有连带义务的每个债务人都负有清偿全部债务的义务；履行了债务的连带债务人，有权要求其他连带债务人偿付其应当承担的份额。

连带债务发生的原因：(1)法律行为，即连带之债可因当事人的法律行为而产生。(2)法律规定，常见的有以下几种：①个人合伙及联营中的债务；②共同侵权行为人的责任；③代理中的连带债务；④保证责任中的连带债务。

区分按份之债和连带之债的主要意义在于二者的效力不同。在按份之债中，任一债权人接受了其应受份额义务的履行或任一债务人履行了其应负担份额的义务后，与其他债权人或债务人均不发生任何权利义务关系。在连带之债中，连带债权人的任何一人接受了全部债务的履行，或者连带债务人的任何一人清偿了全部债务时，虽然原债归于消灭，但在连带债权人或连带债务人之间则会产生新的按份之债。

第三节　债的发生

一、债的发生根据概述

债的发生根据,又称债的发生原因,是指引起民事主体之间原始发生债权债务关系的法律事实。与其他民事法律关系一样,债的发生必须以一定的法律事实为根据。

二、我国债的发生根据

在我国,债的发生根据大体可以分为合同的约定与法律的规定两大类。但具体来说,债的发生根据有以下几种情形。

(一)合同

合同,又称契约,是指民事主体之间关于设立、变更或终止民事关系的协议。任何一种民事合同的成立,都意味着在当事人之间发生债的关系。因此,合同行为是引起债务关系发生的最主要、最普遍的根据。合同之债必须以有效的合同为依据,无效的合同或者被撤销的合同,虽也可能发生财产返还以及损害赔偿等效果,但是这并不是合同之债的法律效力的体现,而是依缔约过失责任引发的另一类债的效果。

因合同而产生的债具有以下特点:第一,它是由当事人的法律行为产生的。只有合法的依意思表示为核心的行为才能引起因合同而产生的债。第二,它是双方当事人意思表示一致的结果。第三,它具有任意性。只要不违反法律和社会公共利益,当事人可以自由选择合同当事人,可以自行商定合同的内容,也可以自行约定违约责任。

关于合同的其他内容,本书的其他章节将予以重点阐述,这里仅作概括性的说明。

(二)侵权行为

侵权行为,是指行为人不法侵害他人的财产权利或人身权利的行为。根据我国《民法典》第1165~1167条的规定,侵权行为一经发生,也能在加害人和受害人之间产生权利义务关系。即受害人有要求加害人赔偿其财产损失或身心损害所带来的经济损失的权利,加害人则负有赔偿这种损失的义务。因此,侵权行为也是我国较为普遍的债的发生根据。

因侵权行为而产生的债的特点:第一,它是由不法行为引起的。这一点与合同不同。侵权行为人一旦实施了侵犯合法权益的行为,该行为就会受到法律的否定评价,从而对不法行为者科以赔偿损害的义务。第二,侵权行为不是法律行为,不存在双方意思表示一致的问题。在一般情况下,它是由侵权人的单方行为造成的,受害人只是被动地承担不利的后果。第三,侵权行为产生的债的强制性较强。侵权行为是法定之债,它的产生是基于法律的规定,当事人不能以事先的约定来排除侵权责任的承担。

(三)不当得利

不当得利,是指没有法律或契约上的根据,有损于他人而取得的利益。不当得利可能表现为得利人的财产增加,致使他人不应减少的财产减少了;也可能表现为得利人应支付的费用没有支付,致使他人应当增加的财产没有增加。

不当得利在性质上属于法律事实,由于一方利益取得没有合法依据,且另一方因此受到损害,故法律基于平衡当事人之间利益所需,规定遭受损失的一方享有请求不当得利人返还不应得利益的权利,不当得利的人负有返还不应得利益的义务,这样就在当事人之间产生了债权债务关系。

不当得利的理论基础是法律的公平观念。如果某项利益变动有违社会的公平正义,则法律赋予该项利益变动中的受损人以不当得利请求权,并对其中的受益人科以返还不当利益的义务,从而实现当事人之间的利益平衡,这体现了现代法的实质精神。〔2〕

(四)无因管理

无因管理,是指既未受人之托,也不负有法律规定的义务,自觉为他人管理事务。无因管理的管理人既无法定义务,也未受他人之托,然而一经管理他人事务,就会在管理人与其事务被管理者之间产生一定的权利义务关系,即管理人应像管理自己事务那样尽心管理,并应及时通知或寻找其事务被管理者,如有下落,应将所管理的事务及时返还;而其事务被管理者则负有赔付管理者在管理过程中所支付的合理的费用及直接损失的义务。

根据现代民法对无因管理的认识,通说认为是一种事实行为。虽然法律要求管理人有为他人管理事物的意思,但此意思仅指管理人的主观意图是使无因管理产生的利益归属于本人,并不是发生某种后果的意思。无因管理之债是法定之债,其内容是由法律直接规定的,无论管理人或本人是否追求这种法律规定的后果,这种法律后果都会发生。因此,无因管理无须管理人有追求某种法律后果的意思,也不要求管理人具备完全民事行为能力,无民事行为能力人、限制民事行为能力人都可以成为管理人。

---

〔2〕　林旭霞主编:《债权法》,厦门大学出版社2007年版,第12页。

(五)债的其他发生根据

前述几种,是我国债的发生根据中较为普遍或比较典型的几种。此外,遗赠、抢救公物、抚养、拾遗、发现埋藏物等也是债的发生根据。[3] 其中以遗赠和抢救公物较具代表性。

我国法律所确认的遗赠是指公民用遗嘱的方式将其遗产的一部分或全部赠给国家、集体组织、社会团体和公民个人,而于遗嘱人死后生效的单方法律行为。作为一种较为特殊的债,主要表现为受赠人在债的关系中一直是以债权人的身份出现,遗赠人也并不是受赠人的债务人。

抢救公物则指我国公民出于对社会义务的责任感,为抢救社会公共财产作出自我牺牲的行为。此种债往往没有加害人,唯有受损失人即公务抢救者,这是其与侵权之债不同之处;抢救公物遭受损害的公民,其与被抢救财产的所有者或管理者事先不存在协议,这是其与合同之债的不同之处。

第四节 债的履行

一、债的履行概述

(一)债的履行的概念和特征

债的履行,是指债务人以满足债权为目的,依照合同的约定或者法律的规定,全面、适当地完成自己所负债务的行为。债的履行必须以消灭债务(满足债权)为目的,否则不构成债的履行。债的履行是债的效力的集中体现,也是债的消灭的最主要原因。

债的履行主要有以下法律特征:

1. 履行是当事人的履行债务的行为。这是债权得以实现的一般条件,也是债权与所有权在实现方式上的基本区别。

2. 履行是当事人全面、正确完成债务的行为。债的履行,就其本质而言,是指债的全部履行。只有当事人双方按照合同的约定或者法律的规定全面、正确地完成各自承担的义务,才能使债权得以实现,也使债权债务关系归于消灭。

3. 履行是当事人全面完成债务的行为过程。履行行为不仅包括当事人依约交付等的行为,还包括当事人为完成最终交付行为所实施的一系列准备行为。

---

〔3〕 王家福主编:《中国民法学——民法债权》,法律出版社 1995 年版,第 55 页。

（二）债的履行的原则

债的履行原则，是法律规定的、债的当事人在履行债务的整个过程中所必须遵循的基本原则。在我国，债的履行应遵守以下原则：[4]

1. 适当履行原则，指当事人按照债规定的标的及其质量、数量，由适当的主体在适当的履行期限、履行地点，以适当的方式全面完成债务的履行原则。由此可见，适当履行原则的基本要求包括五个方面：一是履行主体适当，即除非当事人另有约定或者法律另有规定，当事人应亲自履行债务或接受他方债务的履行，不能任意由第三人代为履行或代为接受履行。二是履行标的适当，即当事人的给付应符合法律的规定或者当事人的约定。三是履行期限适当，即当事人应当按照法律的规定或者当事人约定的期限行使债权，履行债务。四是履行地点适当，即当事人应当在规定的地点履行债务。五是履行方式适当，即当事人应当按照债的目的或者债的性质所要求的方式履行债务。

适当履行与实际履行既有区别又有联系。实际履行强调债务人按照合同约定或法律规定履行债务、完成给付行为；而适当履行既要求债务人实际履行，又要求其实施的给付符合合同的约定或法律的规定。由此可见，适当履行必然是实际履行，而实际履行未必是适当履行。适当履行的后果是债的清偿，而实际履行不适当时则产生债的不适当履行的责任。

2. 协作履行原则，指不仅要求当事人适当履行自己的债务，而且要求对方当事人基于诚实信用原则协助其履行债务的履行原则。

协作履行是诚实信用原则在债的履行方面的具体体现，其主要内容有：(1)债务人履行债务，债权人应适当受领给付；(2)债务人履行债务，时常要求债权人创造必要的条件，提供方便；(3)因故不能履行或不能完全履行时，应积极采取措施，避免或减少损失，否则应就扩大的损失自负其责；(4)发生合同纠纷时，各自应主动承担责任。

3. 诚实信用原则，指人们在进行民事活动时诚实不欺诈、信守诺言，不损害他人的利益或社会的整体利益；从整体上来说，它要求人们在不损害他人或社会利益的前提下，追求自身的利益。诚实信用原则原本是一种道德原则，上升到法律层面后，体现为一种对实质上利益平衡和公平正义的追求。诚实信用原则在债法中发挥着十分重要的作用，根据诚实信用原则，债务人在履行债务时应当维护债权人的利益，债权人在行使债权时，也不得损害债务人的合法权益。诚实信用原则是债法上的强行性规范，当事人不得以约定排除其适用。

---

〔4〕 马俊驹、余延满：《民法原论》（第2版），法律出版社2005年版，第584页。

二、债的适当履行

本书将从履行主体、履行标的、履行期限、履行地点、履行方式和履行费用六个方面对债的适当履行的具体要求予以说明。

(一)履行主体适当

债的履行主体,首先为债务人,包括单独债务人、连带债务人、不可分债务人、保证债务人等。债务人履行时是否必须有行为能力,由履行行为的性质决定。当履行行为是事实行为时,不要求债务人有行为能力;是法律行为时,需要债务人有行为能力。此外,如果债务人通过移转财产权利来履行,还需要有对财产的处分权。

除法律规定、当事人约定或性质上必须由债务人本人履行的债务以外,履行可由债务人的代理人进行。但代理只有在履行行为为法律行为时方可适用。同时,合同双方当事人可以约定由第三人履行债务。

债务人应向债权人提出给付,债权人有权受领给付,但以下情况除外:(1)债权人的债权经强制执行,禁止向债权人为履行的;(2)债权人被宣告破产的;(3)债权人无行为能力或限制行为能力,履行行为系法律行为的。

债权人的代理人可以代为受领履行,收据的持有人也可以代为受领履行。债权的准占有人有足以使人认其为真实债权人的表征时,也可以受领履行。约定由第三人受领履行的,依其约定。

根据合同自由原则,当事人可以约定由债务人向第三人履行,但这种约定不得违反法律、行政法规的强行规定。第三人在表示接受后,有权向债务人请求履行。债务人未向第三人履行或者履行不符合约定的,应当向债权人承担违约责任。债务人对债权人得以行使的一切抗辩权,对该第三人均可行使。因向第三人履行债务增加的费用,除当事人另有约定外,由债权人承担。

同样,当事人也可以约定由第三人向债务人履行,但此种约定不得违反法律、行政法规的强行规定。依此约定,债权人有权向第三人请求履行。第三人未履行或者履行不符合约定的,债务人应当向债权人承担违约责任。债务人对债权人得行使的一切抗辩权,该第三人均可行使。由于第三人履行债务增加的费用,除当事人另有约定外,由债务人承担。

(二)履行标的适当

债的履行标的,是指债务人应为履行的内容。它因债的关系的不同而呈现差异,如交付财物、移转权利、提供劳务、完成工作等。

履行必须依债务的本旨进行。因而在仅为一部分履行,或不以原定给付为履行,不发生债务清偿的效力。对于债务人的分期履行或延缓履行,以诚实信用原则衡量，综合周围环境，对债权人并无不利或不便时，债权人不得拒绝受领。法院也应考虑当事人的经济状况，衡量债权人的利害影响，酌定相当期限，允许债务人分期履行或延缓履行。

在某些情况下，当事人也可以代物清偿。所谓代物清偿，是指债权人受领他种给付以代原定给付而使债消灭的制度。如约定交付汽车而以交付摩托车使债消灭。代物清偿须具备以下要件：(1)必须有原债务存在；(2)必须以他种给付代替原定给付，两种给付在价值上可以有差额，但须双方当事人约定；(3)双方当事人必须有代物清偿的合意；(4)必须债权人等有受领权的人，现实地受领给付。

代物清偿具有消灭债的关系的效力。连带债务人、不可分债务人一人所为的代物清偿，使其他债务人的债务消灭。给付的标的物的质量要求不明确的，依次按照国家标准、行业标准、通常标准或者符合合同目的的特定标准履行。价款或者报酬不明确的，按照订立合同时履行地的市场价格履行，依法执行政府定价或政府指导价的，按照规定履行。

(三)履行期限适当

关于债的履行期限，有约定时，从其约定。当事人可以约定一宗债务划分为各个部分，每个部分各有一履行期限；也可以约定数个履行期限，届时可以选择确定；还可以在双务合同中分别约定两个对立债务的履行期限。无此约定的，事后可以由双方当事人协议补充。履行期限，法律、法规有规定时，依其规定。履行期限还可由债务的性质确定。

依上述规则不能确定履行期限的，应按照我国《民法典》第 511 条第 4 项关于履行期限不明确的，债务人可以随时履行，债权人也可以随时要求履行，但应当给对方必要的准备时间的规定处理。

履行期限有为债务人利益的，有为债权人利益的，也有为双方当事人利益的。对于第一种情况，债权人不得在履行期前请求履行，但债务人可以抛弃其期限利益，在履行期前为履行。对于第二种情况，债权人可以在履行期限前请求债务人为履行，但债务人无权强行要求债权人于期前受领给付。对于第三种情况，债务人无权强行要求债权人于期前受领，同时债权人无权请求债务人于期前履行。依《民法典》第 530 条第 1 款规定，债权人可以拒绝债务人提前履行债务，除非提前履行不损害债权人的利益。

(四)履行地点适当

债的履行地点，是指债务人应为履行行为的地点。在履行地点为履行，只要适当，即发生债的消灭的效力，在其他地点为履行则否。

当事人为多数人时，可以各自约定不同的履行地点。同一个债的数个给付不必约定相同的履行地点，尤其是双务合同中的两个债务，可以在两个履行地点履行。即使是一个债务,也可以约定数个履行地点,供当事人选择。履行地点在法律上有特别规定时,依其规定。履行地点可由习惯确定。如果有关于履行地点的交易习惯时,应遵从习惯,除非当事人之间另有约定。履行地点也可以依债的性质确定。例如,不作为债务的履行地点应在债权人所在地。

依上述规则仍不能确定履行地点时,应按照《民法典》第 511 条第 3 项"履行地点不明确,给付货币的,在接受货币一方所在地履行;交付不动产的,在不动产所在地履行;其他标的,在履行义务一方所在地履行"来解决。

(五)履行方式适当

债的履行方式,是完成债务的方法。如标的物的交付方法、工作成果的完成方法、运输方法、价款或酬金的支付方法等。履行方式与当事人的权益有密切关系,履行方式不符合要求,有可能造成标的物缺陷、费用增加、迟延履行等后果。当事人有关于履行方式的约定时,依其约定;无此约定时,按照有利于实现合同目的的方式履行,债权人可以拒绝债务人部分履行债务,除非部分履行不损害债权人的利益。

(六)履行费用适当

在债务履行过程中所发生的费用,当事人有约定时按约定负担。如果履行费用负担不明确的,由债务人负担。

三、债的不履行和不适当履行

债的不履行和不适当履行,都会导致债的目的无法完全实现,从而产生一系列法律后果。债的不履行和不适当履行主要有履行不能、拒绝履行、迟延履行和瑕疵履行四种情况。

(一)履行不能

履行不能,又称给付不能,是指债务人由于某种原因,事实上已不可能履行债务。履行不能使债的目的客观上无法实现,因而导致债务消灭或转化为损害赔偿之债,债权人无法请求继续履行。

履行不能的原因很多,如特定标的物灭失、债务人失去劳动能力等。一般认为,是否履行不能,应依社会观念判定。凡社会观念认为债务事实上已无法强制执行,即属于履行不能。即使尚有履行的可能,但如果履行将必须付出不适当的代价,或需冒生命危险,或因此而违反更重大的义务,依照诚实信用原则,也应认为属于履行不能。但履行不能不包括下列情形:(1)履行困难;(2)债务人缺乏资历;(3)选择之债中尚有可选择的给付;(4)货币之债和利息之债。

关于履行不能的法律后果,因其是否可归责于债务人而有所不同,可分为两种情况。

1. 在因可归责于债务人的事由导致履行不能时，不免除债务人履行债务的义务，债务人承担不履行债务的法律责任。在合同之债中，债权人可因债务人的履行不能而解除合同，并要求损害赔偿。如征得债权人同意，债务人也可以其他标的物代替原标的物履行，即代物清偿。

2. 在不可归责于债务人的事由导致履行不能时，债务人免除履行原债务的义务，且不承担债务违反的法律责任。在双务合同中，债权人免除对待给付的义务。对待给付已经完成的，可依不当得利的规定请求返还。在这种情况下，债务人应及时向债权人告知履行不能或者需要延期履行或部分履行的理由，并取得有关的证明。债务人不及时通知使债权人因此受到损失或者使债权人损失扩大的，债务人应负赔偿责任。

（二）拒绝履行

拒绝履行是指债务人能够履行债务而故意不履行。拒绝履行在债务违反的形态中属于比较严重的形态。债务人拒绝履行债务可能发生在债务履行期限到来之前，也可能发生在债务履行期限到来之时；其表达方式可以是明示的，如向债权人明确表示其将不履行合同，也可以是以行为表明不履行合同，如将届期应当交付的特定物另卖于他人。

构成拒绝履行须同时具备以下要件：(1)须有合法有效的债务存在。这是拒绝履行的前提条件。如果没有合法有效的债务关系存在，就无所谓拒绝履行的问题。(2)须履行仍为可能。如果履行已陷入不能，则为履行不能。只有在可能履行债务的情况下，债务人拒不履行债务的，才构成拒绝履行。(3)须债务人有拒绝履行债务的表示。债务人的拒绝履行的表示，或者是明示的，或者是以行为的方式为之。无论以何种方式，债务人向债权人所表达的不履行债务的意思都是明确、肯定的。(4)须债务人主观上出于故意。即债务人明知存在债务并且能够履行债务而不履行。债务人的故意由法官依具体情势作出判断，无须债权人举证。债权人只须证明债务人不履行债务即可。(5)债务人拒绝履行债务无正当理由。债务人没有正当理由不履行债务的，才能构成拒绝履行。如果债务人不履行债务是因为行使同时履行抗辩权、不安抗辩权，或者是因为所附条件未成就，或是因为债务履行期限未到，则为正当行使权利或有正当理由，不构成拒绝履行。

债务人在债务履行期届至时，明确表示将不履行债务的，产生以下法律后果：(1)债权人可解除合同，并请求支付违约金或赔偿损失；或债权人得诉请法院强制执行，并请求支付违约金或赔偿损失。(2)在双务合同中，债务人丧失同时履行抗辩权；债权人有先为履行义务的，得拒绝自己的履行。(3)在有担保的债务中，债权人得请求保证人履行保证义务；在物的担保中，债权人可依法行使担保物权。

(三)迟延履行

迟延履行是实践中最为常见的违反履行义务的一种表现。它分为给付迟延和受领迟延两种情况。

1. 给付迟延

给付迟延,是指债务人在履行期限到来时,能够履行而没有按期履行债务。[5] 在许多情况下,债务人在迟延一段时间后仍会履行债务,与拒绝履行不同。且给付迟延仍有履行可能,这与履行不能有别。但若债务人迟延给付后拒绝履行,则迟延给付转化为拒绝履行。

给付迟延的构成要件为:(1)须有合法债务存在;(2)履行须为可能;(3)须债务履行期已届满;(4)须因可归责于债务人的事由而未履行;(5)须无法律上的正当理由。

给付迟延的法律后果为:(1)债权人可诉请强制执行。(2)债务人赔偿因迟延而给债权人造成的损失。(3)在给付迟延后,如遇有不可抗力致使合同标的物毁损,债务人须承担履行不能的责任,不得以不可抗力为由主张免责。但如债务人能证明纵然没有给付迟延,损失仍将发生的,则可免责。(4)当事人一方迟延履行其主要债务,经催告后在合理期限内仍未履行,或当事人一方迟延履行债务致使不能实现合同目的的,当事人可以解除合同并请求赔偿损失。

2. 受领迟延

受领迟延,又称债权人迟延,是指债权人对于债务人的履行应当受领而不为受领。其构成要件为:(1)须有债权存在;(2)须债务人的履行需要债权人的协助;(3)须债务已届履行期且债务人已履行或提出履行;(4)须债权人未受领给付,且迟延受领无正当理由。

在迟延受领的情况下,债权人应依法支付违约金,如因此给债务人造成损害,则应负损害赔偿责任。债务人得依法自行消灭其债务,如以提存的方式消灭债务。

(四)瑕疵履行

瑕疵履行,又称不当履行,不完全给付或积极侵害债权,是指债务人虽然履行,但其履行存在瑕疵,即履行不符合规定或约定的条件,致履行的价值或效用减少或丧失的情形。瑕疵履行是债务人有积极的履行行为,只是由于债务人履行有瑕疵,使债权人的利益遭受损害。其法律后果为:(1)瑕疵能补正的,债权人有权拒绝受领,要求补正,并不负受领迟延责任。因标的物的补正而构成债务人迟延的,债务人应当承担迟延给付的责任。标的物虽能补正但对债权人已无利益的,债权人得解除合同。经债权人催告而债务人不为补正的,债权人得诉请法院强制执行。

---

[5] 孔祥俊:《合同法教程》,中国人民公安大学出版社 1999 年版,第 314 页。

(2)瑕疵不能补正的,债权人得拒绝受领,请求全部不履行的损害赔偿,并可解除合同。债权人如仍愿受领,则可请求部分不履行的损害赔偿。

当债务人的瑕疵履行使债权人的其他人身利益或财产利益受到损害时,便构成加害给付。在德国,加害给付称为积极侵害债权,该理论最早由德国律师史韬伯(Hermann Staub)于1902年提出,以弥补传统的违约形态划分的缺陷。该理论自从问世以来,受到广泛的重视,德国学者多勒(Dolle)认为该理论乃是"法学上的伟大发现"。[6] 所谓加害给付,是指债务人的瑕疵履行行为,不仅使债权人的债权无法实现或无法完全实现,而且造成了债权人履行利益以外的财产权益损失或人身伤害。因加害给付而致债权人的其他利益遭受损害的,无论是人身伤害还是财产损失,无论是既得利益的损失还是可得利益的丧失,债务人均应赔偿,当然,此时实际上已构成了侵权责任与违约责任的竞合,债权人可选择行使请求权。

第五节　债的担保

一、债的担保概述

(一)债的担保的概念与法律特征

债的担保,是指促使债务人履行其债务,保障债权人的债权得以实现的法律措施。

债的担保有一般担保与特别担保之分。[7] 债的一般担保,是指债务人必须以其全部财产作为履行债务的总担保。它不是特别针对某一项债务,而是面向债务人成立的全部债务。此种担保在保障债权实现方面有明显缺陷,即在债务人没有责任财产或责任财产不足的情况下,债权人的债权便全部不能或不能全部实现。债的特别担保,即通常所言之担保是指以特定人的一般财产或者一般人的特定财产所设立的确保债权实现和债务履行为目的的担保。

债的担保是为保障债权的实现而设立的,它具有以下不同于其他民事权利制度的属性:

1. 债的担保的从属性,又称担保的附随性,是指债权担保的成立和存在必须以一定的债权关系的存在为前提。担保是为既存的债权债务关系而设定的,或者在债权债务关系成立时同时设定,因此,法律在原则上不允许为不存在的债的关系设

〔6〕 王泽鉴:《民法学说与判例研究》(第4册),中国政法大学出版社2009年版,第1页。

〔7〕 王利明:《合同法研究》(第1卷),中国人民大学出版社2002年版,第301页。

定担保。债的担保不能离开一定的债权而独立存在。因而从债权方面来说,担保是一种从权利;从债务方面来看,担保是一种从义务。

2. 债的担保的补充性,指债权人所享有的担保权或者担保利益,对于其债权的实现具有补充意义。如依照我国《民法典》第687条第2款的规定,一般保证的保证人在主合同纠纷未经审判或者仲裁,并就债务人财产依法强制执行仍不能履行债务前,对债权人可以拒绝承担保证责任。在连带责任保证、抵押、质押、定金的担保人在债务履行期届满,债权人没有得到清偿时,担保人才承担担保责任。

3. 债的担保的相对独立性,指因担保的成立而与其担保的债的关系发生有别的法律关系。担保的相对独立性主要体现在担保合同的独立性,这表现在:(1)当事人就债的担保须另外达成合意;(2)担保的范围,须当事人另行约定,不必和所担保的债务范围完全相同;(3)由第三人提供担保的,须债权人与第三人另以合同约定;(4)担保可有自己的发生原因、成立要件和消灭原因;(5)担保不成立、无效或者被撤销的,对其所担保的债权债务关系不产生影响。[8]

(二)债的担保的分类

根据不同的分类标准,债的担保可分为不同的种类。在本书中,我们仅根据债的担保的财产形式的不同,将债的担保分为人的担保、物的担保和金钱担保三类。

1. 人的担保

人的担保,是指在债务人的全部财产之外,又附加其他有关人的一般财产作债权实现的总担保。其形式主要有保证人、连带债务人、并存的债务承担。保证人是指基于他和债权人的约定,当债务人不履行其债务时,按照约定代债务人履行债务或承担民事责任之人。在我国现行法上分为一般保证人和连带责任保证人。连带债务人是在多数债务人场合下负有向债权人清偿全部债务的义务之人。并存的债务承担,是指第三人加入债的关系,与原债务人共同承担同一责任。

2. 物的担保

物的担保,是以债务人或其他人的特定财产作为抵偿债权的标的,在债务人不履行其债务时,债权人可以将财产换价,并从中优先受清偿。其方式主要有抵押权、质权、留置权。广义的物的担保,还包括所有权保留。所有权保留,是在分期付款买卖中,标的物的所有权不因交付而转移,而是随着买受人付清全部价款而转移,从而促使买受人积极支付价款,保障出卖人获得全部价款的制度。

3. 金钱担保

金钱担保,是在约定给付以外又交付一定数额的金钱,该金钱的取得与丧失与债务履行与否联系在一起,使当事人双方产生心理压力,从而促其积极履行债务,

---

〔8〕 张广兴:《债法总论》,法律出版社1997年版,第213~215页。

保障债权实现的制度。其主要方式有定金、押金。

关于债的担保的内容，由于物的担保部分在物权法章节中已有阐述，本节仅介绍保证和定金两种债的担保形式。

二、保证

（一）保证的概念和性质

保证，是指第三人和债权人约定，当债务人不履行其债务时，该第三人按照约定履行债务或者承担责任的担保方式。这里的第三人被称为保证人；这里的债权人既是主合同的债权人，又是保证合同中的债权人；这里的“按照约定履行债务或者承担责任”被称为保证债务，也被称为保证责任。

一般认为，保证具有以下法律性质：

1. 附从性。保证的附从性，具体体现在以下几个方面：第一，成立上的附从性。保证以主合同的成立为前提，于其存续中附从于主合同。保证虽对于将来或附条件的合同也可成立，但这并非附从性原则的例外。第二，范围和强度上的附从性。因保证债务具有附从性，故不得超过主合同债务的范围和强度。第三，变更和消灭上的附从性。主合同债务消灭时，保证债务也随之消灭。主合同债务变更时，保证债务一般随之变更，但不得增加其范围和强度。

2. 独立性。保证债务虽附从于主合同债务，但并非成为主合同债务的一部分，而是另一个独立的债务，在附从主合同债务的范围内有独立性。因此，保证合同可以约定保证债务仅担保主合同债务的一部分，保证债务的范围和强度可以不同于主合同债务，可以有自己独立的变更或消灭原因。此外，保证合同还可以单就保证债务约定违约金，保证人可以单就部分债务提供担保。关于保证合同所发生的抗辩权，保证人可以单独行使。

3. 补充性。保证分为一般保证和连带责任保证。在一般保证中，先由主债务人履行其债务，只有在对其财产强制执行而无效果时才由保证人承担保证责任。在主合同纠纷未经审判或者仲裁，并就主债务人的财产依法强制执行无效果时，保证人对债权人可拒绝承担保证责任。这种性质就是保证的补充性。在连带责任保证中，不存在上述履行的前后限制，主债务人不履行主合同债务时，债权人可以请求主债务人履行债务，也可以请求保证人在其保证范围内承担保证责任。

（二）保证的分类

依据不同标准，保证可作以下分类：

1. 一般保证和连带责任保证

这是以保证人承担保证责任的性质的不同为标准所作的分类。一般保证，是指当事人在保证合同中约定，债务人不能履行债务时，由保证人承担保证责任的保证。连带责任保证,是指当事人在保证合同中约定保证人与债务人对债务承担连带责任的保证。这两种保证最大的区别在于保证人是否享有先诉抗辩权。所谓先诉抗辩权,是指保证人在主债权人向其请求履行保证责任时,有权要求主债权人先就主债务人的财产诉请强制执行,在主债权债务纠纷未经审判或仲裁,并就主债务人财产依法强制执行仍不能履行债务前,保证人可以对主债权人拒绝承担保证责任。在一般保证情况下,保证人享有先诉抗辩权,保证人承担的保证责任仅为补充责任。而在连带责任保证的情况下,保证人不享有先诉抗辩权,保证人承担的保证责任为连带责任。

应当特别指出的是,同一债权既有物权保证,又有保证的,依据《民法典》第392条之规定:债务人到期不履行到期债务或者发生当事人约定的实现担保物权的情形,债权人应当按照约定实现债权;没有约定或约定不明确的,债务人自己提供物的担保的,债权人应当先就该物的担保实现债权;第三人提供物的担保的,债权人可以就物的担保实现债权,也可以请求保证人承担保证责任。提供担保的第三人承担担保责任后,有权向债务人追偿。

2. 一人保证和共同保证

以保证的人数为标准,保证可分为一人保证和共同保证。一人保证,又称单独保证,是指只有一个保证人担保同一债权的保证。[9] 共同保证,是指数个保证人担保同一债权的保证。具体而言,一是保证人必须二人以上,至于是公民还是法人抑或法律认可的其他组织,在所不问;二是数个保证人担保同一债务,如果数个保证人分别保证各自的债务,彼此之间并无关联,仍为单独保证,而非共同保证。在共同保证中,保证人一般应当按照保证合同约定的保证份额承担保证责任。没有约定的,对全部债务承担共同保证责任。

3. 定期保证和无期保证

以保证是否有期限为标准,保证可划分为定期保证和无期保证。定期保证是指保证合同规定有保证人承担保证责任的期限,保证人仅于此期限内负其责任,债权人未在此期限内对保证人主张权利的,保证人即免负其责。无期保证是指保证合同未约定保证期限,债权人有权自主债务履行期届满之日起6个月内请求保证人承担保证责任的保证。可见,无期保证中的无期,只是保证合同未约定期限,并非严格意义上的无限期保证。

4. 有限保证和无限保证

以当事人是否约定保证担保的范围为标准,保证可划分为有限保证和无限保证。所谓有限保证,是指当事人自由约定担保范围的保证。当然,该约定的范围不得超出主债务的范围。所谓无限保证,是指当事人未特别约定保证担保的范围,而

---

〔9〕 韩松主编:《民法分论》(第2版),中国政法大学出版社2013年版,第333页。

是依据法律的规定确定该范围的保证。

5. 既存债务的保证和将来债务的保证

以被担保的债务是否为既存债务为标准，保证可分为既存债务的保证和将来债务的保证。既存债务的保证是指为已经存在的债权债务设定的保证，是保证的常态；将来债务的保证是指为将来存在的债权债务设定的保证，如最高额保证。[10]

最高额保证，是指在最高债权额的限度内就一定期间连续发生的债权所设立的保证。我国《民法典》第690条对最高额保证进行了规定。

最高额保证与普通保证相比，主要有以下特点：(1)最高额保证所担保的债务在保证设立时可能已经发生，也可能没有发生，最高额保证的生效与被保证的债务是否实际发生无关。(2)最高额保证所担保的债务为一定期间内连续发生的债务。(3)最高额保证约定有保证人承担保证责任的最高限额。(4)最高额保证所担保的不是多笔债务的简单累加，而是债务整体，各笔债务的清偿期仅对债务人有意义，并不影响保证人承担保证责任。

《担保法解释》第23、37条分别就最高额保证的保证额和保证期间作了规定：(1)最高额保证合同的不特定债权确定后，保证人应当对在最高债权额限度内就一定期间连续发生的债权余额承担保证责任。(2)最高额保证合同对保证期间没有约定或者约定不明的，如最高额保证合同约定有保证人清偿债务期限的，保证期间为清偿债务期限届满之日起6个月；没有约定债务清偿期限的，保证期间自最高额保证终止之日或自债权人收到保证人终止保证合同的书面通知到达之日起6个月。

(三)保证的设立

1. 保证人的条件

(1)保证人应具有清偿能力。一般而言，保证人为债务人向债权人提供保证，目的在于保证债权能够得到实现，或者说债务能够得到清偿，因此，具有清偿能力是保证人的基本条件。

保证人承担保证责任的形式包括代为履行债务和承担债务不履行责任两种，二者在一定条件下可以互相转化。《担保法解释》第13条规定："保证合同中约定保证人代为履行非金钱债务的，如果保证人不能实际代为履行，对债权人因此造成的损失，保证人应当承担赔偿责任。"

(2)提供保证的合格主体。《担保法解释》第15条规定了五种类型：依法登记领取营业执照的独资企业、合伙企业；依法登记领取营业执照的联营企业；依法登记领取营业执照的中外合作经营企业；经民政部门核准登记的社会团体；经核准登

[10] 王利明、崔建远：《合同法新论·总则》，中国政法大学出版社1996年版，第512页。

记领取营业执照的乡镇、街道、村办企业。

(3)禁止提供保证的主体。根据《民法典》第683条的规定,下列主体不得作为保证人:

第一,未经国务院批准的国家机关。我国《民法典》第683条第1款规定:“机关法人不得为保证人,但经国务院批准为使用外国政府或者国际经济组织贷款进行转贷的除外。”外国政府贷款和国际经济组织贷款一般由国家有关主管机关负责借入,然后按有关规定转贷给国内有关单位。在转贷时,一般要求国内借款单位提供还款担保,这种担保得由国家机关提供。如外国政府贷款的转贷,就要求借款单位提交省、直辖市、自治区或计划单列市计委的还款担保。

第二,学校、幼儿园、医院等以公益为目的的事业单位、社会团体。依据《民法典》第683条第2款之规定,公益是不特定多数人的利益,一般是非经济利益。如果允许以公益为目的的事业单位、社会团体为债权人提供担保,极有可能减损其用于公益目的的财产,无疑有违公益法人的宗旨。因此,法律不允许它们作保证人。但在实践中,有许多事业单位和社会团体并非从事公益事业,对这些从事非公益事业的事业单位和社会团体,依据国家政策允许其从事经营活动的,应当认为其有从事保证活动的民事权利能力,可以担任保证人。因此,原《担保法解释》第16条规定:“从事经营活动的事业单位、社会团体为保证人的,如无其他导致保证合同无效的情况,其所签订的保证合同应当认定为有效。”

第三,企业法人的分支机构、职能部门。企业法人的分支机构、职能部门因其主体资格、清偿能力等方面的原因,不宜充任保证人。

2. 保证合同的内容

保证合同,是指保证人与债权人订立的在主债务人不履行其债务时,由保证人承担保证债务的协议。保证合同是单务合同、无偿合同、诺成合同、要式合同、附从合同。

根据《民法典》第684条的规定,保证合同应当包括以下内容:(1)被保证的主债权种类、数额。被保证的主债权种类,如借款合同中的还本付息债权、买卖合同中的请求交付标的物或支付价款的债权等均属此类。被担保的债权,也可以是将来可能发生的债权。(2)债务人履行债务的期限。债务人履行债务的期限是衡量债务人是否违约的标准之一,也是保证人是否实际承担保证责任的因素之一,因而应该明确规定。它可以有期日和期间两种情形。(3)保证的方式。保证方式包括一般保证方式和连带责任保证方式。不同的保证方式对当事人的利益有较大影响,应予明确规定。未约定时按连带责任保证论。(4)保证担保的范围。保证担保的范围依当事人在保证合同中的约定,无约定时一般认为包括主债权及利息、违约金、损害赔偿金和实现债权的费用。(5)保证的期间。保证期间为保证责任的存续期间,事关保证人与债权人之间的债权债务能否行使或履行,也是确定保证债务与诉讼时效关系的依据,因而保证合同应予以明确规定。无此规定的,在一般保证场合,保证期间为主债务履行期届满之日起6个月;在连带责任保证的情况下,债权人有权自主债务履行期届满之日起6个月内要求保证人承担保证责任。(6)双方认为需要约定的其他事项。主要是指赔偿损失的范围及计算方法、是否设立反担保等。

3. 保证合同的形式

我国《民法典》第685条第1款规定:"保证合同可以是单独订立的书面合同,也可以是主债权债务合同中的保证条款。"即保证合同的形式是书面形式。然而,从我国的司法实践来看,书面形式也是多种多样的,概括起来,保证合同的形式主要有以下几种:(1)主从合同的形式,即保证人与债权人单独订立书面保证合同;(2)主从条款形式,即债权人、债务人与保证人共同订立一个合同,作为从合同的保证合同仅作为保证条款出现在主合同中;(3)以保证人身份在主合同上承保的形式,即保证人以书面形式向债权人表示,当被保证人不履行债务时,由其代为履行或者承担连带责任并为债权人接受,保证合同成立;(4)保证人单方面出具保证承诺书的形式,即保证人单方以书面形式向债权人出具担保书,债权人接受且未提出异议。

(四)保证的效力

1. 保证的范围

保证的范围,指保证债务的范围。根据我国《民法典》第691条的规定,保证担保的范围,首先依保证合同当事人的约定。当事人约定的保证担保的范围,如可以单就本金债权为保证,不保证利息;也可以仅就债权的一部分设定保证;还可以只保证缔结保证合同时已存在的债权,而不及后扩张的部分。在当事人未约定保证担保的范围时,担保的范围一般包括主债权及利息、违约金、损害赔偿金和实现债权的费用。当事人对保证担保的范围没有约定或者约定不明确的,保证人应当对全部债务承担责任。

2. 保证对保证人与债权人的效力

(1)债权人的权利。债权人对保证人享有请求承担保证责任的权利。该权利的行使以主债务不履行为前提,以保证责任已届承担期为必要。在一般保证中,保证人有权主张先诉抗辩权,拒绝承担保证责任。在连带责任保证中,保证责任已届承担期,债权人请求保证人实际承担保证责任时,保证人无先诉抗辩权,但有主债务已适当履行或相应责任已经承担的抗辩权。债权人请求保证人承担保证责任的期间,依《民法典》第692条第2、3款之规定,有约定时依约定;无约定时应自主债务履行期届至或届满之日始,至6个月届满时止。但在保证人有权行使先诉抗辩权的情况下,保证人不负迟延责任。

(2)保证人的权利。保证合同是单务合同,保证人对债权人不享有请求给付的权利,所享有的只是抗辩权或其他防御性的权利。具体包括:

第一,享有主债权人的抗辩权。保证具有附从性,因而主债务人对于债权人所有的抗辩权,保证人亦可主张。该抗辩权主要有三类:其一,权利未发生的抗辩权。例如,主合同未成立,保证人对此也不知情,于此场合,保证人可对债权人主张主债权未成立的抗辩。其二,权利已消灭的抗辩权。例如,主债权因适当履行而消灭。保证人可对债权人主张权利已消灭,拒绝债权人的履行请求。其三,拒绝履行的抗辩权。例如,时效完成的抗辩权、同时履行抗辩权、不安抗辩权、先诉抗辩权等。即使债务人放弃上述抗辩权,保证人也有权主张,因为保证人主张主债务人的抗辩权并非代为主张,而是基于保证人的地位而独立行使。

第二,基于保证人的地位特有的抗辩权——先诉抗辩权。[11] 先诉抗辩权,又称检索抗辩权,是指保证人在债权人未就主债务人的财产依法强制执行而无效果时,对于债权人可拒绝清偿的权利。我国《民法典》第687条第2款规定:"一般保证的保证人在主合同纠纷未经审判或者仲裁,并就债务人财产依法强制执行仍不能履行债务前,有权拒绝向债权人承担保证责任。"一般认为,此处的"就债务人财产依法强制执行仍不能履行债务前"应解释为"就债务人财产依法强制执行无效果前"。所谓依法强制执行无效果,包括执行结果不能清偿债务,或者不足清偿债务等情形。

先诉抗辩权既可通过诉讼行使,也可以在诉讼外行使。但在下列情况下不得行使:其一,债务人住所变更,致使债权人要求其履行债务发生重大困难。根据《担保法解释》第25条,此处所谓重大困难情形,包括债务人下落不明、移居境外,且无财产可供执行。住所变更的时间,必须是在保证合同成立之后,而不能是成立之前或当时。其二,人民法院受理债务人破产案件,中止执行程序。债权人于此期间不能从主债务人处获得满足,甚至将来也是如此,只有保证人实际承担保证责任才会实现债权,于是法律不允许保证人行使先诉抗辩权。其三,保证人以书面形式放弃先诉抗辩权。既然保证人放弃此权,法律就无必要对其特别保护,故而不允许其再主张先诉抗辩权。

第三,基于一般债务人的地位应有的权利。在保证合同中,保证人是债务人,因而一般债务人应有的权利,保证人也应享有。例如,保证债务已经单独消灭时,保证人有权主张;保证债务未届清偿日期,保证人有权抗辩;保证合同不成立、无效或被撤销致使保证债务不存在时,保证人有权主张不负保证责任;保证债务超过诉讼时效时,保证人亦可拒绝负责。

---

〔11〕 马俊驹、余延满:《民法原论》(第2版),法律出版社2005年版,第566页。

3. 保证对保证人与债务人之间的效力

保证人与主债务人的关系，主要表现为保证人的求偿权。保证人的求偿权，又称保证人的追偿权，是指保证人承担保证责任后，可以向主债务人请求偿还的权利。我国《民法典》第700条对保证人的求偿权作了规定。

保证人求偿权的产生必须具备以下要件：(1)必须是保证人已经对债权人承担了保证责任。(2)必须是主债务人对债权人因保证而免责，如果主债务人的免责不是由保证人承担保证责任的行为引起的，那么保证人就没有求偿权。(3)必须是保证人没有赠与的意思。

保证人的求偿权为一新成立的权利，应适用《民法典》第188条规定的3年时效，并从保证人承担保证责任完毕时起算。

(五)无效保证及其法律后果

根据我国《民法典》第682、683条之规定和《担保法解释》的规定，保证合同无效的主要事由及其法律后果可归纳如下：

1. 企业法人的分支机构未经法人书面授权或者超出授权范围与债权人订立保证合同的，保证合同无效或者超出授权范围的部分无效。因此给债权人造成损失的，应按《民法典》第682条第2款处理，即“债务人、保证人、债权人有过错的，应当根据其过错各自承担相应的民事责任”。企业法人的分支机构提供的保证无效后应当承担民事责任的，由分支机构经营管理的财产承担，不足以承担的，由法人承担。见《民法典》第74条第2款之规定。

2. 企业法人的职能部门提供保证的，保证合同无效。

3. 国家机关和以公益为目的的事业单位、社会团体违反法律规定提供保证的，保证合同无效。

4. 董事、经理违反《公司法》第148条第3款的规定，违反公司章程的规定，未经股东会、股东大会或者董事会同意，将公司资金借贷给他人或者以公司财产为他人提供担保，保证合同无效。

5. 违反有关法规对外提供保证担保的，保证合同无效。具体包括以下情形：未经国家有关主管部门批准或者登记对外担保的；未经国家有关主管部门批准或者登记，为境外机构向境内债权人提供担保的；为外商投资企业注册资本、外商投资企业中的外方投资部分的对外债务提供担保的；无权经营外汇担保业务的金融机构、无外汇收入的非金融性质的企业法人提供外汇担保的；主合同变更或者债权人将对外担保合同项下的权利转让，未经担保人同意和国家有关主管部门批准的，担保人不再承担担保责任。但法律、法规另有规定的除外。

6. 保证合同因主合同无效而无效。保证合同为从合同，主合同无效，保证合同也归于无效。由上可见，保证合同的无效可区分为两种情形：一是保证合同自身无效而主合同仍属有效;二是保证合同因主合同无效而无效。对于保证合同自身无效而主合同仍属有效情况下保证人的民事责任,《担保法解释》第7条作了如下规定:债权人无过错的,担保人与债务人对主合同债权人的经济损失承担连带赔偿责任;债权人、担保人有过错的,担保人承担民事责任的部分,不应超过债务人不能清偿部分的1/2。对于保证合同因主合同无效而无效情况下保证人的民事责任,该解释第8条规定:担保人无过错的,不承担民事责任;担保人有过错的,承担民事责任的部分不应超过债务人不能清偿部分的1/3。保证人因无效保证合同向债权人承担赔偿责任后,可以向债务人追偿,或者在承担赔偿责任的范围内要求有过错的反担保人承担赔偿责任。

(六)保证责任的免除

保证责任的免除,是指对已经存在的保证责任基于法律的规定或当事人的约定加以去除,保证人不承担保证责任的法律制度。根据我国《民法典》的相关规定,保证责任的免除事由主要有:

1. 主合同当事人双方恶意串通,骗取保证人提供保证的,保证人不承担保证责任。

2. 主合同债权人采取欺诈、胁迫等手段,使保证人违背真实意思的情况下提供保证的,保证人不承担保证责任。主合同债务人采取欺诈、胁迫等手段,使保证人违背真实意思的情况下提供保证,债权人知道或者应当知道欺诈、胁迫事实的,保证人也不承担保证责任。

3. 在保证期间内,债权人许可债务人转让债务,但未经保证人同意的,保证人对未经其同意转让部分的债务不再承担保证责任。见《民法典》第697条之规定。

4. 在保证期间内,债权人依法将主债权转让给第三人,而保证人与债权人事先约定仅对特定的债权人承担保证责任或者禁止债权转让的,保证人不再承担保证责任。见《民法典》第696条之规定。

5. 在一般保证的情况下,保证期间届满,债权人未对债务人提起诉讼或者申请仲裁的,保证人免除保证责任。在连带责任保证的情况下,保证期间届满,债权人未要求保证人承担保证责任的,保证人免除保证责任。见《民法典》第693条之规定。

6. 债权人与债务人协议变更主合同,但未经保证人同意,如果加重债务人债务的,保证人对加重的部分不承担保证责任。见《民法典》第695条第1款之规定。

7. 一般保证的保证人在主债权履行期间届满后,向债权人提供了债务人可供执行财产的真实情况,债权人放弃或者怠于行使权利致使该财产不能被执行的,保证人可以请求人民法院在其可供执行财产的实际价值范围内免负保证责任。见《民法典》第698条之规定。

8. 在同一债权既有保证又有物的担保的情况下,债权人放弃物的担保时,保证人在债权人放弃权利的范围内免除保证责任。债权人在主合同履行期届满后怠于行使担保物权,致使担保物的价值减少或者毁损、灭失的,视为债权人放弃部分或全部物的担保,保证人在债权人放弃权利的范围内减轻或者免除保证责任。见《民法典》第 409 条、《担保法解释》第 38 条之规定。

9. 主合同双方当事人协议以新贷偿还旧贷,除保证人知道或者应当知道的外,保证人不承担民事责任。

三、定金

(一)定金概述

定金,是指债的当事人为了确保债的履行,依照法律的规定或者当事人的约定,由一方当事人在履行债务之前,按照一定的比例,预先付给对方当事人的金钱。

定金的目的是确保债权的实现,且在履行前一方当事人按法定或约定给付,因而其为一种担保形式。与其他担保形式相比,定金主要有以下特征:

1. 定金的权利义务关系产生于定金合同。定金合同对于所担保的主合同而言,既具有从属性,又具有相对独立性。前者是指定金合同依附于主合同而存在,后者是指定金合同本身是合同。没有定金合同的成立,当事人之间不产生关于定金的权利义务关系。

2. 定金是由法律规定的债权担保形式。定金担保属于物保,形式是给付金钱。定金的给付,不是一般的给付;是为担保债务的履行和债权的实现,不是作为合同的对价。其担保的作用,在于定金的丧失或双倍返还。

3. 定金担保是双方当事人的相互担保。首先,定金与保证、抵押、质押不同,这三种担保应由或可以由当事人以外的第三人为之担保,而定金只由合同当事人自己来担保。其次,定金担保虽然由一方当事人给付对方当事人定金,但是对方一旦收受定金,也负有债权担保的义务,双方当事人均负有担保义务,享有担保的权利,互负担保义务。由此可见,定金的担保效力较为优越。

4. 定金的支付须在合同履行前进行。定金与保证不同。保证合同成立,保证人并不立即履行保证义务,不立即代债务人清偿债务,而是在债务人不履行债务之后,才由保证人负责。定金的支付,须在合同订立之时,或者在合同订立之后至合同履行之前。即使是立约定金,也是在订立合同之前支付。总之,定金决不能在合同不履行或履行之后才支付。

此外,在现实生活中,定金也起着其他的作用,如作为合同成立要件、合同成立证明、解约条件等。因此,根据定金的目的和作用的不同,可以将其分为以下几类:(1)成约定金,即以定金的交付作为合同的成立要件。(2)证约定金,即以定金的交付作为合同成立的证明。这种定金对双方都有一定的约束力,尤其在有关合同成立的文件、手续等灭失的情况下,定金的存在对合同的成立就有证明力。(3)违约定金,即以定金作为债之不履行的赔偿。这种定金有一定赔偿的性质,对弥补债权人损失有积极的作用。(4)解约定金,即以定金作为自由解除债的关系的条件,交付定金的当事人可以牺牲定金,从而解除债的约束。

(二)定金的成立

1. 定金合同

定金合同,是指主债的双方当事人就交付一定的定金而达成的协议。

定金合同的当事人是主合同中的债权人与债务人。非为主合同的当事人不能成为定金合同的当事人。因此,定金实际上是主债权债务的当事人双方以其金钱提供的担保,而不能是由第三人提供的。但若当事人约定定金担保,由第三人代为交付定金的一方交付定金的,可成立定金担保。

定金合同并不以书面形式为必要,当事人未以书面形式订立定金合同的,定金合同仍然成立。当事人双方仅有口头约定而未交付定金时,自不能认定双方口头定金约定的效力。但是,若当事人虽为口头约定,又实际交付了定金,则定金合同仍应当视为成立。《民法典》第 586 条第 1 款规定:"当事人可以约定一方向对方给付定金作为债权的担保。定金合同自实际交付定金时成立。"

定金合同既可以是独立于主合同之外的另一合同,也可以是在主合同中附加的条款,还可以是当事人以函电等方式约定的。但无论其是当事人以何种方式订立的,定金合同均是主合同之外的从合同。

一般说来,定金合同中应当包括以下三项主要内容:(1)定金的交付期限。定金的交付期限可以是主合同履行期限前的任一时间,但不能迟于主合同的履行期限。(2)定金的数额。定金的数额由当事人自由约定。但我国《民法典》第 586 条规定,定金不得超过主合同标的额的 20%。当事人约定的定金数额超过主合同标的额 20% 的,其超过部分不产生定金效力。(3)适用定金罚则。当事人在合同中应当明确约定定金罚则的适用。如当事人在合同中未写明定金罚则的,也必须注明一方当事人所预交的款项为定金。如未写明"定金"字样的,不适用定金罚则。《担保法解释》第 118 条也规定:"当事人交付留置金、担保金、保证金、订约金、押金或者订金等,但没有约定定金性质的,当事人主张定金权利的,人民法院不予支持。"定金罚则见《民法典》第 587 条之规定。

2. 定金的交付

根据我国《民法典》第 586 条规定,定金合同从实际交付之日起成立。定金合同为要物合同,仅有双方的意思表示一致,合同并不能成立;只有在应交付定金的一方将定金交付给对方时,合同才能成立。因此,定金的交付只能是定金担保成立的要件,没有定金的实际交付不能成立定金担保,在当事人一方不履行债务时,也就不能适用定金罚则。

(三)定金的效力

定金的效力因定金的种类不同而不同。当事人对定金的效力有约定的,从其约定。当事人没有约定或者约定不明时,其定金应具有违约定金的效力。具体而言,体现在以下两个方面:

1. 预先给付的效力。所谓预先给付,是指当事人一方在规定的给付时间之前向对方给付。依我国法律的规定,债务人履行债务后,定金应当抵作价款或者收回。因此,定金具有预先给付的效力。

2. 担保的效力——违约制裁。定金的担保效力是定金的基本效力,也是定金目的的根本体现。定金的担保作用是通过适用定金罚则来实现的。定金罚则的适用,应当具备以下条件:(1)须有定金担保的存在。只有当事人之间存在定金担保时,才会发生定金罚则的适用。(2)须主合同有效。由于定金是担保合同债权的,只有主合同有效,合同债权才成立,定金也才能有效。例如,主合同不成立或者无效,定金当然也就无效,因而不能适用定金罚则。在主合同被撤销时,合同自始无效,双方应按无效合同的法律后果处理,也不能适用定金罚则。(3)须有当事人一方不履行债务的事实。[12]《担保法解释》第120条规定:"因当事人一方迟延履行或者其他违约行为,致使合同目的不能实现,可以适用定金罚则。但法律另有规定或者当事人另有约定的除外。当事人一方不完全履行合同的,应当按照未履行部分所占合同约定内容的比例,适用定金罚则。"(4)须不履行债务的债务人不具有法定或约定的免责事由。《担保法解释》第122条规定:"因不可抗力、意外事件致使主合同不能履行的,不适用定金罚则。因合同关系以外第三人的过错,致使主合同不能履行的,适用定金罚则。受定金处罚的一方当事人,可以依法向第三人追偿。"

第六节　债的保全

一、债的保全概述

债的保全,是指法律为防止债务人的财产不当减少而给债权人债权的实现带来危害,允许债权人代债务人之位向第三人行使债务人的权利,或者请求法院撤销债务人与第三人的法律行为的法律制度。其中前者为代位权制度,后者为撤销权

---

〔12〕　崔建远:《合同法》,法律出版社1998年版,第161页。

制度。

债的保全涉及第三人,所以又称为债的对外效力。根据债的一般原理,债权为相对权,债权人不得直接支配债务人的财产,更无权涉及第三人的利益。而债的保全则使债权人的权利涉及第三人的行为或者财产,是对传统债权相对性的突破。

二、债权人的代位权

(一)代位权的概念与性质

代位权,是指当债务人怠于行使其对第三人享有的权利而危及于债权人的债权时,债权人为保全自己的债权,以自己的名义行使属于债务人权利的权利。

代位权的性质主要表现在以下几个方面:(1)代位权是债权人所享有的旨在保全债权的一种实体权利,而不是诉讼法上的权利。债权人的代位权,是为债权的保全,代债务人行使权利,而非扣押债务人的权利或就收取的财产有优先清偿的权利,因此其为实体法上的权利,而非诉讼法上的权利。(2)代位权是由法律直接赋予债权的一种法定债权的权能,即保全权能。无论当事人是否约定代位权,债权人都享有这种权能。债权一旦产生就当然包含了代位权,它随着债权的转移而转移,随债权的消灭而消灭。(3)债权人的债权的效力不仅及于债务人本人,而且及于与债务人发生关系的第三人,即债务人的债务人。代位权旨在促使债务人以其所有的全部财产担保债的履行,以保障债权的实现。法律规定代位权的目的,在于针对债务人不行使债权的消极行为,赋予债权人的一种权利,保障债务人的财产不因其怠于行使债权而减少,从而达到保全债权,保障债权最终得以实现。

(二)代位权的成立要件

我国《民法典》第535条规定:"因债务人怠于行使其债权或者与该债权有关的从权利,影响债权人的到期债权实现的,债权人可以向人民法院请求以自己的名义代位行使债务人对相对人的债权,但该权为专属于债务人自身的除外。代位权的行使范围以债权人的债权为限。债权人行使代位权的必要费用,由债务人负担。"根据这一条文,债权人代位权的成立有如下四个要件:

1. 债务人对于第三人享有的到期债权。债务人对于第三人的债权,为债权人代位权的标的。[13] 代位权的行使,以债务人对第三人享有的到期债权合法有效为前提,如债务人对第三人的债权根本不存在,或虽已存在但未依法成立并生效,都不可由债权人主张代位权。而债务人对第三人的到期债权发生于债权人与债务人之间的债权债务关系之前或者之后,对债权人代位权的行使没有影响。关于该到期债权的内容,从司法实践来看,必须是以金钱给付为内容的;以非金钱给付为内

〔13〕 黄立:《民法债编总论》,中国政法大学出版社2002年版,第475页。

容的,原则上债权人除因债务人的违约而请求损害赔偿外不得行使代位权。债权人代位行使的权利,必须是债务人的现有权利,对于非现实的权利,如将来债权,债权人不得请求代位行使。

2. 债务人怠于行使权利。怠于行使债权,是指债务人应行使而且能行使但却不行使权利的状况。所谓应行使,是指债务人消极的不行使权利,就可能使债权因时效的完成而丧失胜诉权,不申请破产债权而无法清偿等不利后果。所谓能行使,是指不存在行使的任何障碍,债务人有客观上行使权利的能力。所谓不行使,是指债务人消极的不作为。

3. 债务人已陷入迟延。只有在债务人已陷入迟延但仍怠于行使其对第三人的到期债权,自身又无力清偿债务,债权人的债权存在现实的无法实现的危险时,债权人的代位权才有行使的必要。债务定有履行期的,债务人届期不履行即构成迟延;债务未定履行期的,经债权人催告后,债务人仍不履行的,才构成迟延。然而债权人专为保存债务人权利的行为,如中断时效、申请登记、申报破产债权等,可以不必等债务人履行迟延时即可行使。

4. 债权人有保全其债权的必要。其是指只有在债务人怠于行使其到期债权的行为给债权人造成损害,即如果债权人不行使代位权,债权人享有的债权有无法获得满足的危险时,债权人才有行使代位权以实现自己债权实现的必要。如果债务人的财产足以清偿其债务,债权人的债权就不存在无法实现的危险,债权人在债务人不履行债务时,只需请求法院依法强制执行即可使其债权得以实现或满足,当然就不存在行使代位权的必要。

(三)代位权的行使

1. 代位权行使的主体

代位权行使的主体是债权人。一切债权,除不能代位保全外,其所有债权人均有代位权,各债权人可独立或单独行使债务人的权利。在行使代位权时,应以债权人自己的名义行使。债权人行使代位权,必须尽到善良管理人的义务;否则因违反该项义务而给债务人造成损害的,由债权人予以赔偿。

2. 代位权行使的程序

在我国,债权人代位权的行使,必须通过法院以裁判的方式进行,禁止债权人以诉讼外的方式进行。这主要是基于以下两点:第一,只有通过裁判的方式才能保证某个债权人行使代位权所获得的利益能够在各个债权人之间合理分配;第二,只有通过裁判方式才能有效地防止债权人滥用代位权,如防止随意处分债务人的权利或将债务人的权利用以充抵自己的债权,同时也能够有效地防止债权人与其他未行使代位权的债权人、债务人以及第三人之间因代位权的行使而发生的纠纷。

3. 代位权行使的范围

代位权的行使,以保全债权的必要为限度,即代位权的行使范围以债权人的债权为限。在必要范围内,债权人可以同时或顺位代位行使债务人的数个债权,对一项债权行使代位权已足以保全债权的,债权人不得再代位行使债务人的其他权利。

另外,债权人行使代位权,只限于保存行为与实行行为,原则上不包括处分行为。债权人擅自处分债务人债权的,其行为无效。但其处分的行为可以使债务人的责任财产增加的,不在所限之列。

(四)代位权的效力

1. 对于债务人的效力

债权人向次债务人提起的代位权诉讼经法院裁判后认定代位权成立的,由第三人向债权人履行清偿义务,债权人与债务人、债务人与第三人之间相应的债权债务关系即予消灭。债务人对其债权的处分权因代位权的行使而受到限制,即不得再为妨害代位权行使的处分权。在债权人已着手行使代位权且通知债务人后,债务人即不得为抛弃、免除、让与或其他足以使代位权的行使受到妨害的行为,债务人违反此限制而擅自处分的,债权人有权主张其处分无效。

2. 对于第三人的效力

第三人可以向债权人主张自己对债务人的一切抗辩。但是,第三人对债权人的抗辩不得以债权人行使代位权为由对抗债权人。经法院裁判后认定代位权成立的,由第三人向债权人履行清偿义务。第三人向债权人履行清偿义务后,债务人与第三人之间的债权债务关系归于消灭。

3. 对于债权人的效力

债权人在债务人怠于受领时虽可代为受领,但受领的财产利益不得专供清偿自己的债权,也不得抵销自己与债务人的债务。债权人行使代位权的必要费用,由债务人承担。

三、债权人的撤销权

(一)撤销权的概念与性质

撤销权,又称废罢诉权,是指债权人请求法院对债务人所实施的危害债权实现的行为予以撤销的权利。

关于撤销权的性质,我国多数学者认为撤销权是兼有形成权和请求权性质的权利。行使撤销权,一方面使债务人与第三人的法律行为无效;另一方面又使债务人的责任财产恢复到行为前的状态。

(二)撤销权的成立要件

我国《民法典》第 538、539 条规定,债务人放弃其到期债权或者无偿转让财产,对债权人造成损害的,债权人可以请求人民法院撤销债务人的行为。债务人以明显不合理的低价转让财产,对债权人造成损害,并且受让人知道该情形的,债权人也可以请求人民法院撤销债务人的行为。现代民法撤销权的成立要件,依通说,可分为客观要件和主观要件:[14]

1. 客观要件

(1)须有债务人的行为。这里所说的行为,不仅指法律行为,也包括其他减少财产或者增加负担的事实行为。我国《民法典》第538、539条规定,债务人的行为包括放弃其到期债权,无偿转让财产和以明显不合理的低价转让财产的行为。根据《合同法解释(一)》,债务人有下列情形之一的,债权人可以向人民法院提起撤销权诉讼:债务人放弃或者延展其到期债权,以致不能清偿其债务,对债权人造成损害的;债务人无偿转让财产,对债权人造成损害的;债务人放弃其到期债权,又无其他财产清偿到期债务,可能影响债权人实现其债权的;债务人以自己的财产设定担保,对债权人造成损害的;债务人以明显不合理的低价转让财产或者以明显不合理的高价收购他人财产,且受让人或者出让人明知或者应当知道该行为已经或者可能损害债权人的利益。对于债务人毁损、抛弃财产的行为,债权人没有撤销权行为的可能,当然无法行使其撤销权。

(2)债务人的行为有害于债权。有害于债权人的债权,是指债务人减少其清偿能力,不能使债权人依债权本旨得到满足,从而对债权人造成损害。债务人有害于债权人债权的行为包括两种情况:一是债务人积极减少财产,如让与所有权,在自己财产上设定他物权,让与债权,免除他人债务等;二是债务人消极地增加债务,如债务承担,为他人提供保证,为一个债权人增设抵押权、提前清偿未到期债务等。

(3)债务人的行为须以财产为标的。以财产为标的的行为,是指财产上受其直接影响的行为。不以财产为标的的行为,如结婚、收养、继承的抛弃或承认等,因与债务人的责任财产无关,故债权人不得撤销。

2. 主观要件

债权人行使撤销权是否以主观过错为要件,因其行为性质为无偿与有偿而不同。债务人为无偿行为而有害于债权时,只需具备客观要件,债权人即可请求法院予以撤销,因为对无偿行为的撤销,仅使受益人丧失无偿所得的利益,并未损害其固有利益,法律因而侧重于保护受损的债权人的利益。

对于债务人的有偿行为,除需具备客观要件外,还需具备债务人及受益人恶意的主观要件。其中,债务人行为时的恶意为撤销权成立要件,而受益人受益时的恶意为撤销权行使要件。如仅有债务人行为时的恶意,而受益人受益时为善意时,债权人不得行使撤销权。

---

〔14〕　彭万林主编:《民法学》(第6版),中国政法大学出版社2007年版,第469页。

(1)债务人的恶意。债务人明知有损害债权人的权利,并知其所为可能引起或增加自身的无资力的状态而故意为之,即债务人的故意。债务人的恶意以行为时为判断标准,行为后产生恶意的,不成立债权人撤销权。行为时不知债务人是否出于过失,并不影响过错的成立。债务人由他人代理实施行为的,应就其代理人的主观状态予以认定。债务人虽有恶意,但未发生有害于债权人债权的结果时,撤销权不成立。

(2)受益人的恶意。指受益人在取得利益时,知道或者应当知道债务人的行为将有害于债权人的债权而故意为之。[15]

(三)撤销权的行使

1. 撤销权行使的主体

撤销权行使的主体,为因债务人的行为而使债权受到损害的债权人。如果债权人为数人,可以共同享有并行使撤销权,也可由单个债权人独立行使。

2. 撤销权行使的程序

撤销权的行使,对于第三人的利害关系十分重大,因此撤销权应由债权人以自己的名义以诉讼的形式行使。对于撤销之诉的被告,一般认为,当债务人的行为为单方行为时,以债务人为被告;当债务人的行为是双方行为时,应以债务人及其相对人为被告;兼为财产返还请求的,应以债务人、相对人及受益人为被告。

3. 撤销权行使的范围

在行使范围上,以债权人的债权为限。在行使期限上,撤销权应自债权人知道或者应当知道撤销事由之日起1年内行使;自债务人的行为发生之日起5年内没有行使撤销权的,该撤销权消灭。

(四)撤销权的效力

债权人行使撤销权,对债权人、债务人、相对人均有效,其效力依判决而确立。具体而言,应包括以下几个方面:

1. 对债务人的效力

被撤销债务人的行为归于消灭,该行为视为自始无效。债权人行使撤销权的必要费用由债务人承担,但第三人有过错的,应当适当分配。

2. 对受益人的效力

已受领债务人财产的,受益人应负返还不当得利的义务;应撤销权人的请求,受益人应向撤销权人给付其所得利益。原物不能返还的,应当折价赔偿。已向债务人支付对价的,可向债务人主张返还不当得利。

---

〔15〕 张民安、邓鹤主编:《民法债权》,中山大学出版社2002年版,第65页。

3. 对债权人的效力

撤销权人有权请求受益人向自己返还所受利益，并有义务将收取的利益加入债务人的一般财产，作为全体一般债权人的共同担保，而无优先受偿权。

4. 对于其他债务人的效力

撤销权人取得的财产或代替原来利益的损害赔偿，归属于全体一般债权人的共同担保，得按债权数额比例平等受偿。

第七节　债的移转

一、债的移转的概念和特征

债的移转是指在不改变债的内容的前提下，债权或者债务由第三人予以承受。债的移转属债的变更范畴。广义债的变更，包括债的主体、客体和内容的变更。狭义债的变更，仅指债的内容或客体的变更。现代民法所称的债的变更多指狭义，而将债的主体的变更分立出来，称为债的移转，法律对此设计专门的制度。债的移转的实质是债权或债务在不同的民事主体之间的转移，亦即由新的债权人或债务人代替原债权人或债务人，使债的主体移位。

依债的移转发生的原因，可将债的移转分为约定移转和法定移转。前者如因合同产生的移转、因单方行为产生的移转，后者如因法定继承而发生的移转、法人合并发生的移转。本书仅介绍因法律行为产生的债的移转。因法律行为发生的债的移转包括债权让与、债务承担、债权债务概括承受三类方式。

二、债权让与

（一）债权让与的概念和种类

债权让与，是指不改变债的关系的内容，债权人将其债权移转于第三人享有的法律事实。其中的债权人称为转让人，第三人称作受让人。

债权让与可分为全部让与和部分让与。在全部让与时，受让人取代原债权人成为债权关系的新债权人，原债权人脱离债权关系；在部分让与时，受让人作为第三人将加入债权关系之中，与原债权人共同享有债权。此时，债权人一方已由一人变为数人，成了多数人之债。根据债权让与合同，原债权人与受让一部分债权的第三人或按约定份额分享债权，或共同享有连带债权。如原债权人与受让一部分债权的第三人对此没有约定，则视为其享有连带债权。

（二）债权让与的有效要件

债权让与必须具备以下条件方能有效：

1. 债权是在合同中明确的、确实有效的债权。有效债权的存在,是债权让与的根本前提。以不存在或者无效的债权让与他人,或者以已经消灭的债权让与他人,都将因标的不存在或者标的不能而导致债权让与合同无效,让与人对受让人因此而产生的损失,应负赔偿责任。

2. 债权的让与人与债权的受让人应达成协议。当事人关于债权转让的意思表示,应在自愿的基础上达成一致。因一方当事人欺诈、胁迫等行为致使对方当事人陷于意思表示不自由而为债权让与或受让行为时,债权让与合同的效力将会受到影响。债权让与合同为可撤销合同的,撤销权人可以行使撤销权。转让合同被撤销后,受让人已经受领的利益,应该向让与人返还。转让合同存在法律规定的合同无效的原因时,该转让合同不发生法律效力。

由于债权让与为处分行为,这就首先要求让与人与受让人一般均应具有完全民事行为能力。限制行为能力人经其法定代理人允许或追认,也可以订立转让合同。纯获利益的受让,则无须其法定代理人的同意。其次,让与人应有让与的权限。对让与的债权没有处分权之人所进行的债权转让,不发生转让的法律效果,受让人即使为善意,也不能准用关于善意取得的规定取得该债权。

当事人就债权转让达成合意,不得违反法律的有关规定。这里包含两层含义:一是指转让合同的内容不得违法,即当事人订立转让合同,不得恶意串通损害国家、集体或者第三人利益,不得以合法形式掩盖非法目的,不得损害社会公共利益,以及不得违反法律、行政法规的强制性规定等;二是指转让合同的形式应合法,转让合同原则上为不要式合同,无须采取特别的方式。但法律对债权让与有特别规定或者当事人有特别约定的,应依法律的规定或者当事人的约定。

3. 债权应具有可让性。由于债权转让本质上是一种交易行为,从鼓励交易、增加社会财富的角度出发,应当允许绝大多数债权能够转让。依据我国《民法典》第545条的规定,以下三类债权不得转让:

(1)根据合同性质不得转让的合同债权。包括:基于个人信任关系而发生的债权,如雇佣、委托、租赁等合同所生债权;专为特定债权人利益而存在的债权,如专向特定人讲授外语的合同债权;不作为债权,如竞业禁止约定;属于从权利的债权,如保证债权不得单独让与。

(2)根据当事人的约定不得转让的债权。当事人在合同中可以特别约定禁止相对方转让债权的内容,该约定同其他条款一样,作为合同的内容,当然具有法律效力,因而此种债权不具有可让与性。

(3)根据法律规定不得转让的债权。如《民法典》第421条规定:"最高额抵押担保的债权确定前,部分债权转让的,最高额抵押权不得转让,但当事人另有约定的除外。"

4. 债权让与的通知到达债务人。债权让与,转让人应尽通知义务,未尽通知义务,债权让与对债务人不发生效力。我国《民法典》第546条第1款规定:债权人转让权利的,应当通知债务人。未经通知,该转让对债务人不发生效力。关于通知的形式,我国并未作出限制,因此,口头形式和书面形式都应当允许;但原则上书面合同的债权让与通知应采取书面形式,法律法规有特别规定的,应当遵照其规定。

(三)债权让与的效力

1. 债权让与的内部效力

债权让与的内部效力,是指债权让与在让与人与受让人之间产生的法律效力。此种效力主要表现在:[16]

(1)法律地位的取代。债权让与生效后,在债权全部让与时,该债权即由原债权人(让与人)移转于受让人,让与人脱离原合同关系,受让人取代让与人而成为合同关系的新债权人。但在债权部分让与时,让与人和受让人共同享有债权。

(2)从权利随之移转。债权人让与权利的,受让人取得与债权有关的从权利,但该从权利专属于债权人自身的除外。随同债权移转而一并移转的从权利包括:担保物权、保证债权、定金债权、优先权(如职工工资的优先受偿权等)、形成权(如选择权、催告权等)、利息债权、违约金债权和损害赔偿请求权。从权利随之移转是一般原则,但专属于让与人自身的从权利并不随之移转。

(3)让与人应将债权证明文件全部交付受让人,并告知受让人行使合同权利所必要的一切情况。对此,《民法典》虽然未作规定,但根据诚实信用原则,该义务构成让与人的从给付义务,其中有关的债权证明文件包括债务人出具的借据、票据、合同书、来往电报书信等。应告知受让人主张债权的必要情况,一般指债务的履行期、履行地、履行方式、债务人的住所、债权担保的方式以及债务人可能会主张的抗辩等。此外,让与人占有的债权担保物,也应全部移交受让人占有。

(4)让与人对其让与的债权应负瑕疵担保责任。由于债权让与给一人之后,又就同一债权重复让与给其他人,由此引起债权让与合同的效力和债权的归属问题。对此,一般认为应按照以下规则处理:有偿让与的受让人应当优先于无偿让与的受让人取得权利;全部让与中的受让人优先于部分让与中的受让人取得权利;已通知债务人的债权让与优先于未通知的债权让与。

2. 债权让与的外部效力

债权让与的外部效力,是指债权让与在让与人、受让人与债权人之间产生的法律效力。此种效力主要表现在:

(1)让与人将债权全面让与时已脱离原合同关系,让与人不得再向债务人请求给付,债务人亦不得再向债权人履行债务。否则,前者构成不当得利,后者不构

[16] 张广兴:《债法总论》,法律出版社1997年版,第234页。

成合同的履行。部分让与债权的,让与人与受让人约定按份享有债权时,他们只能依其份额请求债务人给付,债务人也只能依其份额履行债务。构成连带债权时,应按连带之债处理。

(2)债权让与的受让人成为新债权人或共同债权人,得请求债务人向自己履行债务。

(3)债务人接到债权转让通知后,对让与人主张的抗辩,可对受让人主张,法律另有规定的除外。债务人在接到债权让与通知时,对让与人享有债权的,并且债务人的债权先于转让的债权到期或者同时到期的,债务人可对受让人主张抵销。

三、债务承担

(一)债务承担的概念和种类

债务承担,是指债务人将债务全部或部分转移给第三人承担。分为免责的债务承担与并存的债务承担两种。

免责的债务承担,是指债务人经债权人同意,将其债务部分或全部移转给第三人负担。《民法典》第 551 条第 1 款规定:债务人将合同的义务全部或者部分转移给第三人的,应当经债权人同意。

免责的债务承担的效力表现在:原债务人脱离债的关系,不再对所移转的债务承担责任;第三人成为新的债务人,对所承受的债务负责。与主债务有关的从债务,除专属于原债务人自身的以外,也随主债务移转给新债务人承担。同时,原债务人对债权人享有的抗辩权,新债务人亦可以之对抗债权人。

并存的债务承担,是指债务人不脱离债的关系,第三人加入债的关系,与债务人共同承担债务。严格说来,这并非债的主体变更,而是增加债务人的人数,由于第三人的加入,债务人增加,成为多数债务人之债。第三人加入后,与债务人之间成立连带关系,对同一债务负连带责任。债权人既可以请求债务人履行义务,也可以径直向第三人请求履行义务。

在并存的债务承担中,由于原债务人没有脱离债的关系,对债权人的利益不会产生影响,因而原则上无须债权人的同意,只要债务人或第三人通知债权人即可发生效力。

(二)债务承担的要件

债务承担具备以下条件方为有效:

1. 须存在有效债务。债务有效存在是债务承担的前提。债务自始无效或者承担时已经消灭的,即使当事人就此订有债务承担合同,也不发生效力。但就不完全债务,仍然可以成立债务承担。例如,债务虽然存在可撤销或者解除的事由,但在被撤销或者解除之前,仍可成立有效的承担。但若债务其后被撤销或者解除,则债务承担合同自始无效。对于撤销权或者解除权的行使,在免责的债务承担中,承担债务的第三人有权行使;而在并存的债务承担中,由于债务人承担的债务与原债务人的债务是相互独立的债务,因而,承担人无权行使,只有原债务人才可以行使撤销权或者解除权。将来发生的债务也可以设立债务承担,只不过只有在该债务成立时,才能发生转移的效果。诉讼中的债务也可以由第三人承担,原债务人在诉讼中的判决对免责的债务承担人有效,对并存的债务人则没有效力。

2. 被移转的债务具有可移转性。不具有可移转性的债务,不能成为债务承担合同的标的。以下债务不具有可移转性:(1)性质上不可移转的债务。这种债务一般是以特定债务人的特殊技能或者特别的人身信任关系为基础而产生的。前者如以某著名演员的表演为标的的合同义务,以某画家绘画为标的的合同义务等;后者如以对某人的特别信任为基础而成立的委托合同等。这种债务一般不能发生移转,否则会使债权人的预期目的落空。(2)当事人特别约定不能移转的债务。(3)不作为义务。

3. 第三人须与债务人就债务的移转达成合意。债务承担要求第三人须就债务的移转与债的当事人意思表示一致,双方就债务的移转意思表示一致就是一个合同,称为债务承担合同。第三人设立债务承担合同的方式常见的有以下两种:

(1)第三人与债权人订立债务承担合同。《民法典》第 551 条第 1 款规定:债务人将合同的义务全部或者部分转移给第三人的,应当经债权人同意。从该法条的字面理解,似乎只有债务人才有移转的权利。但由于债权人拥有比债务人更为优越的地位,应当认为既然债务人可以移转债务,债权人当然也可以移转债务。所以,第三人完全可以通过与债权人订立债务承担合同进行债务的移转。第三人与债权人订立债务承担合同,是否需要取得债务人的同意?一般认为,第三人代债务人履行债务,对债务人并无不利,债务人一般不会反对,即使债务人反对,而第三人自愿代其履行,债权人又愿意接受第三人履行的,自无使债务承担合同归于无效的必要,所以,第三人与债权人订立的债务承担合同,不必经债务人同意即可生效。但这一原则有以下例外:其一,有偿债务承担须经债务人同意;其二,债务人与债权人事先订有禁止债务移转条款的,须经债务人同意。虽然第三人与债权人订立债务承担合同一般不必经债务人同意即可成立,但应通知债务人,否则对债务人不生效力,在通知之前债务人向债权人所为的履行有效。

(2)第三人与债务人订立债务承担合同。第三人与债务人订立的债务承担合同,自债务人与第三人达成合意时成立。债务承担合同存在无效、可撤销、效力未定的原因,被确认为无效后,债务人不脱离债的关系,仍负有原债务。

4. 债务承担须经债权人同意。第三人与债权人订立债务承担合同本身即表明债权人同意,不需另外的表示。在第三人与债务人订立债务承担合同时,则必须经债权人同意。我国《民法典》第 551 条也作此规定,即债务人在移转合同义务于第三人时,应当征得债权人的同意。但这仅适用于免责的债务承担。对于并存的债务承担,由于第三人加入债的关系,并未导致原债务人脱离债的关系,并且第三人加入债的关系,有利于加强对债权人利益的保护,增加了债权实现的可能性,所以,第三人与债务人订立并存的债务承担合同,不必征得债权人的同意,但应通知债权人,自通知之时起并存的债务承担对债权人生效。债权人拒绝债务承担的,可以明示亦可默示。在债权人同意之前,第三人与债务人的债务承担合同属于效力待定的民事行为,债务人或第三人为了避免债务承担合同的效力久悬不决,可以约定相当期限催告债权人于此期限内对同意与否进行答复,债权人逾期不答复的,即可推定为拒绝同意。

(三)债务承担的效力

1. 第三人取得债务人的法律地位。免责的债务承担有效成立后,第三人取代原债务人,成为新债务人;原债务人脱离债的关系,由第三人直接向债权人承担债务。嗣后第三人不履行债的义务,债权人不得再请求原债务人承担债务,只能请求第三人承担债务不履行之损害赔偿责任或者诉请人民法院强制执行,原债务人对第三人的偿还能力并不负担保责任。并存的债务承担有效成立后,第三人加入债的关系中,成为新债务人,同原债务人一起对债权人连带承担债务,但当事人约定按份承担债务时,依其约定。第三人不履行债务的,债权人可以请求人民法院强制执行,也可以请求原债务人履行债务。

2. 抗辩权随之移转。根据《民法典》第 553 条的规定,债务人转移义务的,新债务人可以主张原债务人对债权人的抗辩。这一点无论对于免责的债务承担,还是并存的债务承担都适用。债务存在无效原因的,第三人作为新债务人,可以向债权人主张无效;履行期尚未届满的,新债务人对债权人的履行请求也可以抗辩。此外,在双务合同中,也可以主张同时履行抗辩权。但应注意的是,由于债务承担的无因性,没有特别约定,第三人不能基于原因行为的事由对债权人进行抗辩,只能基于所承担的债务本身所具有的抗辩事由向债权人行使抗辩权。

四、债权债务的概括承受

债权债务的概括承受,又称债权债务承受,是指债的一方主体将其债权债务一并移转于第三人。

债权债务的概括承受,可为全部债权债务移转,也可为部分债权债务的移转。部分债权债务移转的,可因对方当事人的同意而确定原当事人和承受人的份额;如无明确约定,在原当事人和承受人之间发生连带关系。

债权债务的概括承受,既可以是基于当事人之间的合同而产生的,称为意定概括承受;也可以是基于法律的直接规定而产生的,称作法定概括承受。我国《民法典》第555、556条对上述两种情形分别作了规定，即合同承受和企业合并。

（一）合同承受

合同承受，是指合同当事人一方与第三人订立合同，将其合同权利义务全部或者部分地移转给该第三人，经对方当事人同意后，由该第三人承受合同地位，全部或部分地享受合同权利，承担合同义务。合同承受必须经对方当事人的同意才能生效。因为合同承受不仅包括合同权利的移转，还包括合同义务的移转，所以，合同一方当事人通过合同将权利和义务进行概括移转时，必须取得对方的同意。在取得对方当事人同意后，合同承受生效，从而使承受人完全取代出让人的法律地位，成为合同关系的当事人，出让人脱离合同关系。其后，如果承受人不履行合同义务，也不能再诉请原当事人承担责任。另外，合同承受是一种无因行为，因而承受人可以对抗出让人的事由，不得用以对抗对方当事人。

（二）企业合并

企业合并，是指一个企业为获得对另一个或多个企业的控制权、吸收一个或多个企业净资产以及将两个或多个企业合并成立新企业的一种法律行为。企业合并可导致债权债务的概括承受，根据我国《民法典》第67条的规定，当事人订立合同后合并的，由合并后的法人或组织行使合同权利、履行合同义务。企业的合并有两种方式，一种是新设合并，即由两个以上的企业合并成为一个新的民事主体；另一种是吸收合并，即由两个以上的企业中的一个合并了其他企业而成为一个民事主体。无论是哪种方式的合并，当事人订立合同后合并的，均由合并后的民事主体承担义务和享受权利。

第八节　债的消灭

一、债的消灭概述

债的消灭又称债的终止，是指债在客观上不复存在。债的关系是一种动态的财产关系，有其发生至消灭的过程。债的消灭不同于债的移转。债的移转对于原债权人或债务人而言，虽然也是债的消灭，但仅系主观的不存在，债权债务关系依然存在。而债的消灭则是消灭原来存在的债权债务关系，使债的关系在客观上丧失其存在。

债的消灭原因，是指引起债权债务关系消灭的法律事实。债的消灭原因大致有四类：(1)基于当事人的意思而消灭，如免除、解除。(2)基于债的目的达到而消灭，如清偿、混同。(3)基于债的目的不能达到而消灭，如给付不能。(4)基于法律规定。

债消灭后,当事人仍应遵循诚实信用原则,根据交易习惯,履行通知、协助、保密等义务。例如,离职的受雇人仍应为雇主保守营业秘密,房屋的出租人在租赁合同终止后仍应允许承租人在适当位置张贴移居启事等。当事人违反上述债终止的义务的,应承担损害赔偿责任。

二、清偿

(一)清偿的概念

清偿,是指债务人向债权人履行债的内容的行为,也即债权人依据合同的约定或者法律的规定实现债权目的的行为。清偿与履行的意义相同。当事人利益的实现为债的消灭的本来目的。债务一经履行,债权即因其达到目的而消灭。因此,清偿为债的消灭原因。

(二)清偿的主体

债的清偿主体一般情况下是债务人或者其代理人。但是,法律一般允许由债务人以外的第三人向债权人清偿债务,即代为清偿。

1. 代为清偿的适用条件

代为清偿满足其适用条件方可进行,具体来说,有以下适用条件:

(1)依债的性质,可以由第三人代为清偿。一般认为,基于债务性质不得代为清偿的情况有:不作为债务;以债务人自身的特别技能、技术为内容的债务;因债权人与债务人之间的特别信任关系所生的债务等。

(2)债权人与债务人之间无不得由第三人代为清偿的约定。但该约定必须在代为清偿前为之,否则无效。

(3)债权人没有拒绝代为清偿的正当理由,债务人也无提出异议的正当理由。如果代为清偿违背社会公共利益或社会公德或诚实信用原则,对债权人、债务人或社会有不利的影响;或代为清偿违背其他强行性规范时,债权人就有权拒绝受领代为清偿,债务人也有权提出异议,不发生清偿的效力。

(4)代为清偿的第三人必须有为债务人清偿的意思。在这点上,代为清偿与债务承担不同:第一,若为清偿人之错误,误信为自己债务而为清偿时,不成立代为清偿;第二,连带债务人、不可分债务人,不构成代为清偿。

2. 代为清偿的效力

(1)对债权人与债务人之间的效力。由于代为清偿是因第三人为债务人履行债务的意思而为清偿,所以在债权人与债务人之间,债的关系归于消灭,债务人免除义务。但在双务合同中,须双方的债务均获清偿,合同关系才消灭。如果债权人无正当理由而拒绝受领代为清偿时,应负受领迟延责任。

(2)对债权人与第三人之间的效力。代为清偿的第三人如系就债务履行有利害关系的第三人,则依清偿代位制度,在其可得求偿的范围内,债权人所享有的权利当然移转于第三人;如果为其他第三人,也可依约定而在其求偿权的范围内代位债权人。

(3)对第三人与债务人之间的效力。若第三人与债务人之间有委托合同,则适用委托合同的规范,第三人有求偿权。若第三人与债务人之间既无委托合同又无其他履行上的利害关系,第三人可依无因管理或不当得利的规定求偿。于此场合,第三人负有及时通知债务人其清偿事实的义务。若怠于通知,导致债务人为二重清偿时,应负损害赔偿责任。不过,该赔偿债务不妨与第三人(清偿人)的求偿权相抵销。第三人以赠与的意思为清偿的,不发生求偿权。

第三人因代为清偿而有代位权。第三人在其求偿权的范围内,得对债务人行使债权人的一切权利。债务人对于债权人有可得抗辩的事由,有可供抵销的债权的,对于代位后的第三人也可主张。第三人因代为清偿而享有求偿权与代位权,为请求权的并存,因其中一权利的行使而得到满足时,其他权利即归于消灭。

(三)清偿的标的、清偿的费用、清偿的地点

清偿的标的,又称给付的内容。清偿的标的,应视债的类别及债务的具体性质而定。债的标的一般是作为,但在特殊情况下,不作为也能作为清偿的标的。

清偿的费用,法律无明文规定、当事人又无约定时,由债务人负担。但因债权人变更住所或其他行为而致清偿费用增加时,增加的费用由债权人负担。

清偿的地点,可依给付的性质确定,如不动产给付应以不动产所在地为清偿地,建设工程合同以债权人所在地为清偿地。依给付的性质,清偿地可由当事人选择时,首先应以双方合意确定清偿地;在双方无约定或者约定不明时,以法律或者交易习惯来填补当事人的意思,并据此确定清偿地。

三、抵销

(一)抵销的概念

抵销,是指两人互负债务而其给付的种类相同,得以其债务与他方债务,按对等的数额使其互相消灭。

抵销依其产生的根据不同,可分为法定抵销与合意抵销两种。法定抵销由法律规定其构成要件,当要件具备时,依当事人一方的意思表示即可发生抵销的效力。依当事人一方的意思表示即可发生抵销效力的权利,称为抵销权,属于形成权。合意抵销是指当事人双方的合意所为的抵销。民法所规定的抵销通常为法定抵销,我国《民法典》第568条规定了法定抵销,第569条规定了合意抵销。

(二)抵销的要件

法定抵销的要件,以法律规定为准。合意抵销的要件,以当事人的约定为依据。但无论是法定抵销,还是合意抵销,都应具备以下要件:

1. 双方当事人互享债权、互负债务。抵销系以在对等额内使双方债权消灭为目的,故以双方债权的存在为必要前提。抵销权的产生,在于当事人对对方既负有债务,同时又享有债权。只有债务而无债权或者只有债权而无债务,均不发生抵销的问题。

2. 抵销债务的种类同一。抵销的功能之一就是能省却清偿的费用,节约交易成本,方便快捷。如果双方给付的种类相同,经济目的同一,用此债权抵销彼债权,相互之间仍可获得满足;如果双方互负债务的标的物种类不同,双方又各有经济目的,抵销的话,不免使一方或双方当事人的交易难以实现。

3. 债权已届清偿期。因债权人通常仅在清偿期届至时,才可以现实地请求清偿。若债权未届清偿期也允许抵销的话,就等于在清偿期前强制债务人清偿,牺牲其期限利益,显属不合理。所以,债权已届清偿期才允许抵销。不过,债权未定清偿期的,只要债权人给债务人以宽限期,宽限期满即可抵销。虽然我国《民法典》规定双方债权均应届履行期,但因债务人有权抛弃期限利益,在无相反的规定或约定时,债务人可以在清偿期前清偿。

4. 双方债务均不属于不能抵销的债务。法律规定不得抵销的债务不得抵销。例如,法院决定扣留、提取劳动收入时,应保留被执行人及其所供养家属的生活必需品。查封、扣押、拍卖、变卖被执行人的财产,应当保留被执行人本人及其所供养家属的生活必需品。再如,故意实施侵权行为的债务人,不得主张抵销侵权损害赔偿之债。违约金债务不得自行以扣款等方式作为冲抵。

(三)抵销的方法

抵销为单独行为,应适用法律关于民事法律行为及意思表示的规定。抵销为处分债权的行为,故抵销人应有行为能力,并需要对债权有处分权。抵销应由抵销权人以意思表示向对方为之,自对方了解或通知到达对方时发生效力。对方为无行为能力人或限制行为能力人时,自通知到达其法定代理人时发生效力。

抵销的意思表示,不得附有条件或期限,因为附有条件或期限,使其效力不确定,与抵销的本旨相悖,并且有害于他人的利益。

(四)抵销的效力

抵销使双方债权按照抵销数额消灭。抵销使双方债权溯及最初得为抵销时消灭。所谓得为抵销时,是指抵销权发生之时,如果双方债权的抵销权发生之时不同,则应以抵销人的抵销权发生时为标准。被抵销人嗣后纵为抵销的意思表示,也不得溯及其抵销权发生时产生抵销效力。因为其抵销权已依对方的抵销意思表示归于消灭。至于溯及力的内容,包括双方债权的担保及其他权利,均从得为抵销时消灭;双方债权的利息债权,均从得为抵销时消灭;给付迟延、受领迟延、违约金、损害赔偿金等,均从得为抵销时消灭。

四、提存

(一)提存的概念

提存是指由于债权人的原因而难以向其交付债的标的物时,债务人将该标的物交给提存机关保存而消灭债的关系的制度。我国《民法典》第570~574条对提存这一债的消灭原因进行了制度上的规定。

(二)提存的原因

按照我国《民法典》及《提存公证规则》的规定,构成提存的原因有以下几种:

1. 债权人无正当理由而拒绝受领。《民法典》第570条第1款第1项规定,债权人无正当理由拒绝受领的,债务人可以提存。构成该提存原因,必须是债务人现实地提出了给付。

2. 债权人下落不明。债权人下落不明包括债权人不清、地址不详、债权人失踪又无代管人等情况。

3. 债权人死亡或者丧失行为能力,又未确定继承人或者监护人。

4. 法律规定的其他可以提存的情形。例如,当事人可依契约自由原则约定以提存的方式消灭债。

(三)提存的方法

提存人应在交付提存标的物的同时,提交提存书。提存书上应载明提存人姓名(名称),提存物的名称、种类、数量以及债权人的姓名、住址等基本内容。此外,提存人应提交债务证据,以证明其所提存之物确系所负债务的标的物;提存人还应提交债权人受领迟延或不能确定以致自己无法向债权人清偿的证据。如有法院或仲裁机关的裁决书,也应一并提出。其目的在于证明其债务已符合提存要件,以便提存机关确定是否应予提存。如果提存人的提存系对于债权人的对待给付而为,提存人应当在提存书中特别注明。

对提存人的提存请求进行审查,符合提存条件的,提存机关应接受提存标的物并妥善保管。因提存并非向债权人清偿,因此,标的物提存后,除债权人下落不明以外,债务人应及时通知债权人或债权人的继承人、监护人。债权人下落不明的,债务人不负通知义务,提存人可申请法院依有关规定公告送达。[17]

---

〔17〕 张俊浩主编:《民法学原理》(修订版),中国政法大学出版社1997年版,第433页。

(四)提存的效力

根据我国《民法典》第573条和第574条的规定,提存的效力主要有:

1. 提存在提存人与债权人之间的效力主要表现在:自提存之日起,债务人的债务归于消灭。《提存公证规则》规定,提存之债从提存之日即告清偿。提存物在提存期间所产生的孳息归提存受领人所有。提存的收益,除用于维护费用外,剩余部分应当存入提存账户。标的物提存使债权得到清偿,标的物所有权转移归于债权人,标的物毁损灭失的风险也转移归于债权人负担。但因提存部门过错造成毁损、灭失的,提存部门负有赔偿责任。

2. 提存在提存人与提存机关之间的效力主要表现在:提存机关依照法律规定,负有保管提存物的义务。提存人向提存机关为提存后,除能证明系出于错误或提存原因已消灭者外,不得取回提存物。提存人依法取回提存物的,应负担提存机关保管提存物的费用。

五、免除

(一)免除的概念

免除,是指债权人以消灭债务为目的而抛弃自己债权的单方意思表示。我国《民法典》第575条规定,债权人免除债务人部分或者全部债务的,债权债务部分或者全部终止。

免除仅依债权人表示免除债务的意思而发生效力,其原因如何,在所不问。所以,免除为无因行为。免除为债权人处分债权的行为,因而需要债权人具有处分该债权的能力,无行为能力人或限制行为能力人不得为免除行为。

(二)免除的要件

免除的要件主要有:(1)免除应由债权人向债务人以意思表示为之。向第三人为免除的意思表示的,不发生免除的法律效力。(2)免除作为法律行为,适用有关法律行为的规定,如可以附条件或者附期限等。(3)债权人必须有处分能力,但债务人因单纯获得利益,所以即使能力有欠缺,免除仍可成立。(4)免除不得损害第三人的合法权益。例如,已就债权设定质权的债权人不得免除债务人的债务而损害质权人合法利益。

(三)免除的效力

免除发生债务绝对消灭的效力。因免除使债权消灭,故债权的从权利,如利息债权、担保权等,也同时归于消灭。仅免除部分债务的,债的关系仅部分终止。仅免除从债务的,主债务依旧存在;免除为处分行为,仅就各个债务成立免除。因合同所生的全部债务,如两个对立的债务,只有将它们一一免除时,才发生全部免除的效力,即合同关系消灭的结果。

六、混同

(一)混同的概念

混同,是指债权与债务同归于一人,而使债的关系消灭的事实。法律上的混同,有广义与狭义之分。广义的混同,包括权利与权利的混同,义务与义务的混同,权利与义务的混同。这里所说的混同仅为狭义上的混同,即权利与义务的混同。

(二)混同的成立

混同以债权与债务归于一人而成立,与人的意志无关,因而属于事件。发生混同的原因可分为两种:一是概括承受,即债的关系的一方当事人概括承受他人权利与义务。例如,因债务人继承被继承人对其享有的债权或者债权人继承被继承人对其负担的债务,债权人与债务人合二为一。概括承受是发生混同的最主要原因。二是特定承受,指因债权让与或债务承担而承受权利义务。例如,债务人自债权人处受让债权,债权人承担债务人的债务,此时也发生混同。

我国《民法典》第576条规定,"债权和债务同归于一人的,债权债务终止,但是损害第三人利益的除外。"因此,混同的效力是导致债的关系绝对消灭,并且主债消灭,从债也随之消灭。但在涉及第三人利益的情形下,虽发生混同,债也不消灭。例如,在债权出质时,债权不因混同而消灭;票据的债权人与债务人混同时,债也不当然消灭。

(三)混同的效力

混同的效力为绝对地消灭债权债务及由债权关系所产生的从债权和从债务。但是,被混同的债权涉及第三人利益或者法律另有规定的除外。

重点问题梳理

1. 债是指按照合同的约定或者法律的规定,在特定的当事人之间形成的、以特定的给付为内容的权利义务关系,债的特征表现为:债反映财产流转关系,它的主体双方是特定的,债以债务人的特定行为为客体,通过债务人的特定行为才能实现其目的。债的发生具有任意性、多样性,债具有平等性、相容性。

2. 债的要素包括债的主体、客体和内容三个要素,债的主体是指参与债的关系的当事人,债的客体是指债权债务所指向的对象,债的内容是指债的主体之间的权利义务。

3. 债权是债权人享有的请求债务人为一定行为或不为一定行为的权利,其特征是:(1)债权是请求权;(2)债权是相对权;(3)债权具有平等性;(4)债权的创设具有任意性;(5)债权不具有排他性。

4. 债权与物权的区别在于:债权和物权是民法体系中民事财产权利的两大支柱,它们共同构筑了民事财产关系的基本内容。具体而言:(1)物权为支配权,债权为请求权;(2)物权具有排他性、优先性,债权具有相容性、平等性;(3)物权为对世权,债权为对人权;(4)物权的客体是物,债权的客体是行为;(5)物权是静态财产权,债权是动态财产权。

5. 债的分类,债可根据不同的分类方法而划分为不同的种类:(1)意定之债和法定之债(以债的设定及其内容是否允许行为人自由意思决定而分);(2)主债与从债(在存在从属关系的两个债中,依据其不同的地位而划分);(3)特定物之债和种类物之债(依据标的物的性质不同而划分);(4)简单之债和选择之债(依据债的履行是否可以选择而划分);(5)单一之债和多数人之债(根据债的主体双方的人数而划分);(6)按份之债与连带之债(对于多数人之债,根据多数一方当事人之间权利义务关系的不同状态而划分)。

6. 债的发生,又称债的发生原因,是指引起民事主体之间原始发生债权债务关系的法律事实,具体来说,债的发生原因有以下几种情形:(1)合同(因民事主体之间的协议而在行为人之间产生的债的关系);(2)侵权行为(因行为人不法侵害他人的财产权利或人身权利而产生的债的关系);(3)不当得利(因没有法律上或契约上的依据,有损于他人取得的利益而产生的债的关系);(4)无因管理(因管理人既无法定义务又无约定义务而管理他人事务后产生的债的关系);(5)其他(如抢救公物、拾遗、发现埋藏物也是债发生的原因)。

7. 债的履行,是指债务人以满足债权为目的,依照合同的约定或者法律的规定,全面、适当地完成自己所负债务的行为。

8. 债的履行原则包括:(1)适当履行原则(指行为人按照债规定的标的及其数量、质量,由适当的主体在适当的履行期限、履行地点,以适当的方式全面完成债务的履行原则);(2)协作履行原则(指不仅要求行为人适当履行自己的债务,而且基于诚实信用原则要求对方行为人协助其履行债务的履行原则);(3)诚实信用原则(指人们在进行民事活动时诚实不欺诈、信守诺言,不损害他人的利益或社会的整体利益)。

9. 债的适当履行内容包括:(1)履行主体适当;(2)履行标的适当;(3)履行期限适当;(4)履行地点适当;(5)履行方式适当;(6)履行费用适当。

10. 债的不履行情形包括:(1)履行不能;(2)履行拒绝;(3)履行迟延;(4)履行瑕疵。

11. 债的担保,是指促使债务人履行其债务,保障债权人的债权得以实现的法律措施,债的担保具有从属性、补充性、相对独立性的特点。债的担保分为人的担保、物的担保和金钱担保三类。

12. 债的担保的内容,由于物的担保部分在物权法章节中已有阐述,本章只介绍保证和定金两种债的担保方式。保证是指第三人和债权人约定,当债务人不履行债务时,该第三人按照约定履行债务或者承担责任的担保方式。定金是指债的当事人为了确保债的履行,按照法律的规定或者当事人的约定,由一方当事人在履行债务之前,按照一定的比例,预先付给对方当事人的金钱。

13. 债的保全,是指法律为防止债务人的财产不当减少而给债权人债权的实现带来危害,允许债权人代债务人之位向第三人行使债务人的权利,或者请求人民法院撤销债务人与第三人的法律行为的法律制度。其中前者为代位权制度,后者为撤销权制度。

14. 债的移转是指在不改变债的内容的前提下,债权或者债务由第三人予以承受;债的移转的实质是债权或者债务在不同的民事主体之间的转移,因法律行为发生的债的移转包括债权让与、债务承担和债权债务概括承受三类方式。

15. 债的消灭,又称债的终止,是指债在客观上不复存在。债的消灭原因主要包括:(1)清偿(债务人向债权人履行债的内容);(2)抵销(两人互负债务而其给付的种类相同,双方的债务在对等的数额内相互消灭);(3)提存(是指由于债权人的原因而难以向其交付债的标的物时,债务人将该标的物交给提存机关保存而消灭债的关系的制度);(4)免除(债权人以消灭债务为目的而抛弃自己债权的单方意思表示);(5)混同(是指债权债务同归于一人而使债的关系消灭的事实)。

案例与分析

1. 甲公司与乙公司签订了一份买卖合同。合同约定:乙公司供给甲公司限量生产的某种型号的服装1000件,每件单价100元;甲公司应交付定金3万元。合同签订后,甲公司立即将3万元定金交付乙公司,并很快与丙公司就同一批货物签订了一份买卖合同,每件服装单价120元。后乙公司没有按期履行合同,由此导致甲公司无法履行与丙公司之间的合同。为此甲公司要求乙公司双倍返还定金6万元,乙公司则主张定金条款无效。

问题:本案中定金条款是否无效?

分析:我国《民法典》第586条规定,定金不得超过主合同标的额的20%。当事人约定的定金数额超过主合同标的额20%的,其超过部分为无效。本案的合同标的额为10万元,而本案当事人定金的金额为3万元,超过主合同标的额的20%,因此本案的定金条款中超过合同标的额20%的部分无效,但在标的额20%以内的部分仍然有效。故本案的定金条款为部分无效。

2. 甲公司向乙商业银行借款10万元,借款期限为一年。借款合同期满后,由于甲公司经营不善,无力偿还借款本息。但是丙公司欠甲公司到期货款20万元,甲公司不积极向丙公司主张支付货款。为此,乙商业银行以自己的名义请求法院执行丙公司的财产,以偿还甲公司的借款。

问题:(1)法院是否应支持乙商业银行的请求?

(2)若乙商业银行行使代位权花费3000元必要费用,此费用应由谁承担?

分析:(1)法院应当支持乙商业银行的请求。我国《民法典》第535条第1款规定:"因债务人怠于行使其债权,或者与该债权有关的从权利,影响债权人到期债权实现的,债权人可以向人民法院请求以自己的名义代位行使债务人对相对人的权利,但是该权利专属于债务人自身的除外。"本案中,甲公司怠于行使对丙公司的债权,损害了债权人乙商业银行的利益,因此,乙商业银行有权行使代位权,请求人民法院执行丙公司的财产以偿还甲公司的借款。

(2)花费的3000元费用应由甲公司承担。我国《民法典》第535条第2款规定:"代位权的行使范围以债权人的到期债权为限。债权人行使代位权的必要费用,由债务人负担。"本案的债务人为甲公司,其应当承担债权人乙商业银行行使代位权花费3000元必要费用。

第十九章 合同之债总论

第一节 合同与合同法

一、合同的概念与特征

(一)合同的概念

在讨论合同的这一概念以前,我们首先来看"合同"与"契约"这两个词。"合同"与"契约"两个名词无论是在语义还是用法上都有所区别。今天汉语中普遍使用的"合同",在中国古代原本称为"契约",而且在中国古代曾经存在过比较发达的契约制度。"合同仅仅是契约形式的一种,严格地说,它是验证契约的一种标记,犹如今天的押缝标记,它本身不是当事人之间的协议。"〔1〕从民法学理的角度来探析,合同指数个当事人之间平行并列意向同一的意思表示一致的合意,如合伙合同。契约,是指双方当事人之间意向交叉利益对应的意思表示一致的合意,如买卖契约、租赁契约。〔2〕在合同行为中行为人具有共同的目的,在契约行为中行为人不具有同一目的,一方之所得为另一方之所失。民法学说史上的合同行为之观念源于德国学者孔策(Kuntze)的力倡,为基尔克(Gierke)所赞同。当事人为多数人这点,使合同行为显著不同于一方行为;当事人的意思非对立而并列平行这一点,使合同与契约特异。契约为个人法上法律行为之典型,而合同为团体法上法律行为之典型。〔3〕契约与合同的区分具有一定的理论价值,也曾经为我国20世纪初期的民法所继受。在现实生活中,契约类合意通常要多于合同类合意,理应以"契约"代替"合同",但约定俗成,我国立法最终以"合同"一语替代了"契约",并为我国的原《合同法》及《民法典》合同编所继承。

民法上的合同概念有广义与狭义之分。广义的合同泛指一切以发生私法上效果为目的的合意,包括以发生债权、债务为目的的债权合同,以物权设立、变动为目

---

〔1〕 贺卫方:《"契约"与"合同"的辨析》,载《法学研究》1992年第2期。

〔2〕 寇志新等:《民法学》,陕西人民出版社1998年版,第670页。

〔3〕 史尚宽:《民法总论》,中国政法大学出版社2000年版,第310~311页。

的的物权合同(如设定抵押权的合同、移转房屋所有权的合同)和以身份关系的成立或变动为目的的身份合同(结婚协议、收养协议等)。狭义的合同,即债权合同,专指以发生债权、债务关系为目的的合意。

对于合同的概念,我国《民法典》合同编第464条规定:“合同是民事主体之间设立、变更、终止民事法律关系的协议。婚姻、收养、监护等有关身份关系的协议,适用有关该身份关系的法律规定;没有规定的,可以根据其性质参照适用本编规定。”该规定说明我国《民法典》合同编的适用范围主要限于狭义的合同,即《民法典》合同编虽不否认婚姻、收养等身份协议属于广义上的合同,但是规定身份合同不属于《民法典》合同编的通常调整对象。同时,该条第2款也允许婚姻、收养、监护等有关身份关系的协议在法律没有规定的情况下,参照适用合同编的相关规定。此外,由于我国《民法典》没有设置债法总则编,因此,传统的属于债编总则内容分布在《民法典》总则编第五章民事权利和合同编第一分编通则部分,合同编第一分编通则起到了一定的债法总则的作用。

(二)合同的特征

一般认为,合同具有如下特征:

1. 合同行为是一种民事法律行为。合同以意思表示为核心要素,法律最终按照当事人意思表示之内容赋予其相应的效果,所以合同行为是一种民事法律行为,而不是事实行为。合同以外的一些行为如侵权行为也能在当事人之间产生权利义务关系,但是由于这些行为不具有意思表示要素,法律后果也不是当事人所期望的后果,因此,不是合同行为。

2. 合同是两方或多方当事人意思表示一致的民事法律行为。民事法律行为,按照当事人意思表示的多少可以分为单方法律行为、双方法律行为和多方法律行为。只有单方的意思即可以成立的法律行为为单方法律行为,必须有两方甚至多方的意思表示才能成立的法律行为为双方或者多方的法律行为,由于合同的成立必须有两方或者多方的当事人,他们应当互为意思表示并达成一致,因此,合同行为明显区别于单方的民事法律行为,为双方或者多方的法律行为。

3. 合同是以设立、变更、终止民事权利义务关系为目的的民事法律行为。作为一种民事法律行为,合同的目的在于设立、变更、终止民事权利义务关系。所谓设立是指合同使当事人之间形成民事权利义务关系,即产生债权债务的效果;所谓变更是指合同使已经形成的民事权利义务关系发生变化;所谓终止是指合同使当事人之间已经有效成立的民事权利义务关系归于消灭。合同,旨在设立民事权利义务的最多,旨在变更者次之,旨在终止者较少。从狭义的合同角度来看,合同是以成立、变更、终止请求权为目的的民事法律行为。合同的目的为产生一定权利义务关系,使合同明显不同于社交中的约定行为,因为一般社交活动中的约定行为并不产生法律上的权利义务关系。

4. 合同通常是当事人在平等互利基础上的行为。所谓平等,是指当事人在合同关系中法律地位是平等的,不存在谁服从谁的问题,不允许任何一方将自己的意志强加给对方。所谓互利,是指双方当事人的经济往来,要按公平、等价、有偿的原则进行,即除极少数无偿合同外,当事人取得一定的经济利益,就必须付出对等的代价。平等互利,是合同关系与以命令、服从为特征的行政关系的根本区别。[4]

二、合同法的概念与属性

(一)合同法的概念

合同法,即有关合同的法律规范的总称,是调整平等主体之间的交易关系的法律。它包括界定合同的法律规范,订立合同的法律规范,合同成立条件的法律规范,合同内容的法律规范,合同效力的法律规范,合同无效、被撤销、效力未定的法律规范,合同履行的法律规范,合同保全的法律规范,合同担保的法律规范,合同变更和转让的法律规范,合同解除的法律规范,合同解释和适用的法律规范,各类具体合同的法律规范等。[5] 由于狭义的合同是产生债的最重要的一种法律行为,因此,在大陆法系合同法主要是债法的一个重要组成部分,是传统民法典债编的重要组成部分。在英美法系,因其没有如大陆法系的法典化体系,合同法自成一个体系,是与财产法、侵权行为法、信托法、家庭法等并列的独立法部门。

从合同法发展的历史脉络来看,可以将合同法区分为古代合同法、近代合同法与现代合同法。人类社会之初,曾经历过一个漫长的原始社会时期,这一时期没有社会分工,也没有剩余产品得以交换,因而没有所谓的合同制度。古代合同法一般指前资本主义时期(奴隶社会—封建社会)的合同法。古代合同法大体经历了从原始部落的交易习惯到罗马法,再从日耳曼封建法到罗马法复兴的历史过程。[6] 古代的合同与合同法,具有如下法律特征:第一,法律对合同主体进行严格限制,只赋予极少数人订立合同的资格;第二,法律特别重视订立合同的形式,订立合同必须履行一定的仪式;第三,国家对合同关系严格干涉和限制;第四,对违约者处罚极严,往往以行政制裁和刑罚手段处罚违约人。[7] 古代合同法的最高成就当属罗马法中的合同制度。罗马法中的合同制度重视商品经济的内在要求,较早确立了合同的概念,对合同进行了详尽的分类并形成了诸多的具体合同制度,对后世合同法产生了深远的影响。近现代合同法主要是指自由资本主义时期的合同法,它随着

---

〔4〕 彭万林主编:《民法学》(第3版),中国政法大学出版社2002年版,第478页。

〔5〕 崔建远主编:《合同法》(第4版),法律出版社2007年版,第2页。

〔6〕 邱鹭风、叶金强、龚鹏程编写:《合同法学》,南京大学出版社2000年版,第57~62页。

〔7〕 寇志新等:《民法学》,陕西人民出版社1998年版,第672页。

梅因所称的“从身份到契约”的社会进步进程而登上历史舞台,而以《法国民法典》中的合同法规范为典型。近代合同法,完全摆脱了身份关系的束缚,在启蒙思想与自由经济思想的浸渍下,摒弃了合同形式主义的规定,高高扬起了契约自由旗帜与权利本位精神。进入20世纪以后,随着社会化大生产的发展、垄断取代自由竞争,社会连带主义思想的兴起与新的立法趋向的转变,具体人格的登场,合同自由原则最终受到限制,诚实信用原则日益在合同法中确立自己的地位,合同法进入现代合同法时期。

由于传统的中国社会是一个超稳定结构的农业社会,封建专制主义思想盛行,长期推行“重农抑商”的政策和“重义轻利”的观念,商品经济不十分发达,形成了重刑轻民、民刑不分的法制传统。因此,中国古代虽存在契约的实践,但不存在完备的契约制度,中国古代的合同关系不是主要由法律,而是由礼制来调整,历代律令中合同规范均是零散,并多附着于刑律的。[8] 清末民初,中国开始引进西方的民事法律制度,1930年颁布的《中华民国民法·债编》参酌德国、瑞士等国立法例,设定了较为完备的合同法律制度。中华人民共和国成立后,宣布废除旧法统,我国合同法律制度进入了一个重新开始建设的历史时期。新中国成立初期我国曾经颁布一些合同方面的法律法规与部门规章,如政务院财政经济委员曾颁布《机关、国营企业、合作社签订合同契约暂行办法》。20世纪50年代后期至70年代,由于我国实行计划经济体制、“文化大革命”的进行等原因,合同法律制度的建设进程一度放缓甚至中断。改革开放以后,合同法的立法进程随着我国商品经济发展与市场经济体制的建立与完善而不断推进,最终于1999年制定了统一的《合同法》。统一《合同法》的颁布,标志着中国合同法的发展进入一个新的历史时期。2020年颁布的《民法典》正式将合同编作为法典的第三编。

在我国,合同法不是一个独立的法律部门,而是民法的一个组成部分。在《合同法》于1999年颁布以前,我国关于合同的法律规范格局是,在《民法通则》的统领之下,并存三个合同法:《经济合同法》(1981年12月13日颁布,1982年7月1日生效,1993年修订并重新颁布);《涉外经济合同法》(1985年3月21日公布,同年7月1日生效);《技术合同法》(1987年6月23日公布,同年11月1日生效)。另外,在保险法、海商法等单行法中,均有关于合同的规定。《民法典》颁布以后,《民法典》合同编与其他民商事法律、法规及立法、司法解释中的合同规范,如《著作权法》中的合同规范,最高人民法院司法解释中的合同规范等,共同构成了我国合同法律规范的整体。

从合同法律的表现形式来看,我国合同法的渊源主要有:(1)全国人大及其常委会制定的法律,即《民法典》以及《保险法》《海商法》《消费者权益保护法》《著作

---

[8] 王家福主编:《中国民法——民法债权》,法律出版社1991年版,第15~17页。

权法》等单行民事立法中调整合同的法律规范。(2)国务院制定的行政法规与国务院各部委发布的行政规章中的合同法律规范。在以前我国合同法律不健全的情况下,国务院曾经颁布《工矿产品赊销合同条例》《农副产品购销合同条例》等直接涉及合同内容的行政法规,现在如国务院于2007年颁行的《商业特许经营管理条例》也涉及一些合同法律方面的规定。在行政规章方面,如商务部、国家工商总局、环保总局发布的《洗染业管理办法》(商务部、国家工商总局、环保总局令2007年第5号)、商务部发布的《商业特许经营信息披露管理办法》等都存在涉及合同法律方面的内容。(3)立法解释与司法解释,即由全国人大常委会所颁布的有关合同法律方面的解释与由最高人民法院颁布的涉及具体法律法规适用的解释、对具体案件的处理意见以及其他相当于司法解释效力的文件。涉及合同问题的立法解释,到目前为止,仍实属罕见,因此,目前最重要的有权解释为最高人民法院颁布的司法解释。最高人民法院所颁布的涉及合同法的司法解释包括《合同法解释(一)》《合同法解释(二)》《合同法解释(三)》《合同法解释(四)》等。(4)地方性法规、自治条例和地方政府规章。地方性法规是地方立法机关制定或认可的,其效力不能及于全国,而只能在地方区域内发生法律效力的规范性法律文件;自治条例是指民族自治地方的人民代表大会及其常委会制定的规范性文件。地方性法规和自治条例中有关合同的内容构成合同法的渊源,如《北京市城市基础设施特许经营条例》(2005年北京市第十二届人民代表大会常委会第二十次会议通过)与《广西壮族自治区旅游管理条例》(1998年广西壮族自治区第九届人民代表大会常委会第二次会议通过)等。省级人民政府或者较大的市制定的规范性文件,为地方政府规章,如北京市政府颁布的《北京市劳动合同规定》,其中包含的涉及合同方面的规定也为合同法的渊源。(5)习惯。习惯是一种事实上的惯行,是指多数人对同一事项,长时间反复而为的同一行为。习惯通行于一地方的为地方习惯,通行于全国的为一般习惯。习惯为一般人所信行的为普通习惯,适用于特定身份与职业的为特别习惯。现代各国均承认习惯为法源之一,认为习惯有补充法律规定不足之效力。[9] 我国地域广泛,不能无视交易习惯的存在,《民法典》合同编条文中多次出现"交易习惯"一词,事实上承认了交易习惯对合同法律的补充功效。(6)国际合同公约与合同惯例。我国已经参加的有关合同的国际公约,以及为世界各国普遍承认和接受的有关合同的国际惯例,也是合同法的渊源。前者如《联合国国际货物销售合同公约》,后者如国际统一私法协会制定的《国际商事合同通则》。

(二)合同法的属性

在我国,合同法具有如下属性:

---

〔9〕 梁慧星:《民法总论》,法律出版社1996年版,第22页。

1. 合同法为私法。在法律发展史上,罗马法学家乌尔比安最早提出了公法与私法的划分,他认为公法"有关国家的稳定",私法"涉及个人的福利"。[10] 在人类社会进入近现代社会以后,公私法划分的观念普遍为大陆法系各国所采纳,成为对法律领域进行划分的最基本观念与技术。合同法以权利为本位,主要采取确立与维护主体的平等地位,实行意思自治的方法调整私人之间为实现自己利益所进行的交易关系等特征,都说明了合同法为典型的私法。

2. 合同法为自治法中的任意法。合同法的私法属性决定了合同法必须奉行合同自由原则,允许当事人自己做主,自由决定自己的事情,因此,合同法为自治法。从合同法规范的表现形式来看,合同法规范多为任意性规范,这些规范或为指引当事人的行为,或为补充当事人的意思不备。合同法很少设强制性规范,合同法在适用上也更多地取决于当事人的援引,合同法为具有高度任意性的自治法。

3. 合同法为财产法中的财产交易法。在私法中,有涉及财产关系的法律,如物权法;有涉及人身关系的,如亲属法。合同法通常并不涉及人身关系而主要涉及当事人之间的财产关系,故为财产法。在财产法中,有规范财产归属与变动关系的法律,如物权法;有规范因财产流转而产生的负担性权利义务关系的法律,如债权法。由于财产交易过程中产生的负担性权利义务关系为财产流转过程中产生的权利义务关系的绝大多数,这些权利与义务在法律层面上表现为合同,因此,合同法具有交易法的属性。

4. 合同法具有统一的趋势。合同法是表达商品经济基本要求的法律,是市场经济运行中最为重要的法律之一。市场经济在世界各国的表现形式与发达程度虽有差别,但是其基本的规律与法律要求却基本一致,这使合同法随着世界经济一体化趋势的加强日益呈现统一的趋势。两大法系合同概念的趋同性也从理论侧面印证了合同法统一趋势的存在。随着《关于国际货物销售合同成立的统一公约》《旅游合同国际公约》《关于国际陆路货物运输合同的公约》《联合国国际货物销售合同公约》等公约的制定,以及国际统一私法协会《国际商事合同通则》的制定,合同法的统一趋势在日益加强。

三、合同法的基本原则

合同法的基本原则是合同法律关系本质和规律的集中反映,是合同法的基本理念与价值集中体现,是适用于合同法全部领域的基本准则,是制定、解释、执行和研究合同法的基础。合同法的基本原则可以起到解释与补充合同法的规则,弥补法律漏洞,确立抽象行为准则,指导司法审判与具体解释、评价与补充相关合同的功能。

---

〔10〕 [意]彼德罗·彭梵得:《罗马法教科书》,黄风译,中国政法大学出版社 1992 年版,第 9 页。

(一)平等原则

《民法典》第4条规定:民事主体在民事活动中的法律地位一律平等。合同法中的平等原则正是民法平等原则的基本规定在合同法领域的具体表现。平等原则基本含义是,参与合同关系的当事人,无论其是自然人、法人或其他民事主体,无论其经济实力强弱,亦无论其所有制性质为何,它们在法律上的地位一律平等,任何一方不能把自己的意志强加给对方,同时法律也给双方提供平等的法律保护。平等原则反映了合同法所调整社会关系的本质特征,是民法平等原则在合同法中的具体贯彻与体现。

合同法中所讲的平等特指合同当事人之间的"法律地位的平等",合同当事人之间的法律地位平等并不意味着合同当事人之间的经济地位或经济实力的相同,也不意味着合同主体在具体的民事法律关系中享有的民事权利和承担的民事义务的均等,而是指它们相互独立,彼此互不隶属。平等原则首先意味着在订立合同时,无论当事人经济实力的强弱,无论当事人是法人还是自然人,无论企业的所有制性质有何差别,合同法都将其视为地位完全平等的主体,不允许一方以其权力或实力强迫另一方在违背自己真实意愿的情况下订立合同。只有在平等协商,双方当事人表达一致时,双方的合同关系才符合法律的要求。平等原则还意味着合同当事人在履行合同、承担合同责任与受法律保护时地位平等。合同依法成立后就对当事人产生了约束力,双方当事人必须按照合同约定全面履行合同的义务,任何一方不得擅自变更或解除合同;在履行合同的过程中,任何一方在没有法定与约定的免责事由情形下未按照合同的约定履行自己的义务,均应承担合同责任。不同主体在参加到具体的合同关系时,不仅同样受法律之约束,也同样受法律的保护,无论是国家的合同利益、集体的合同利益还是个人的合同利益在受法律保护方面都是没有任何差别的,平等原则要求民事主体受法律平等保护。

应当注意,合同法所讲的法律地位平等仅仅为形式上的平等,它是法律对每一个参加合同关系当事人的人格进行抽象的结果,现实生活中诸多的因素对实际缔约过程与履行过程的影响并没有被考虑进去。合同法确立平等原则主要用意在于为合同自由原则的贯彻构筑平等的人格前提,确保合同当事人可以依照自己的意志自由建立并变更合同关系,最终实现合同的公平与正义。现代社会中人与人之间的事实人格的巨大差异日益对法律地位平等原则提出了挑战,如拥有巨额资金的跨国公司与普通的劳动者、消费者难以真正平等,于是立法者不得不借助于其他手段或者具体规则,来弥补法律地位平等原则之不足,实现合同的实质公平与正义。

(二)合同自由原则

《民法典》第5条规定:民事主体从事民事活动,应当遵循自愿原则,按照自己的意思设立、变更、终止民事法律关系。也即在民事活动中,民事主体的活动不受任何机关、他人的干涉,得依其意愿自由行使其合法权利,实现其目的。合同自由原则是民法自愿原则在合同法领域的贯彻与体现,具体是指合同当事人在法律允许的范围内享有完全的自由,可以按照自己的自由意志决定缔结合同关系,为自己设定权利或对他人承担义务,任何机关、组织和个人不得非法干预。[11]

合同自由原则的内容相当广泛,通说一般认为合同自由包括如下几个方面:

1. 缔结合同的自由。缔结合同的自由是指当事人可以自由决定是否与他人订立合同,包括企业管理部门在内的任何单位和个人都不得违背当事人的意愿强迫当事人签订或者不签订合同。现代社会中合同是满足人们各种社会需要的重要法律手段。只有允许当事人自由决定是否与他人订立合同,才能满足当事人的不同的利益需求。缔结合同的自由在合同自由原则中占有十分重要的地位,是合同内容等方面自由的前提。

2. 选择相对人的自由。选择相对人的自由指当事人可以自由决定与何人订立合同,任何人都不能强迫当事人与自己或者他人订立合同,即使是垄断行业也是如此。在市场经济条件下,选择不同的交易相对人进行交易,所得到的交易利益会明显不同,因此,为了维护当事人的自主与利益,法律允许当事人自由选择交易相对人。

3. 决定合同内容的自由。当事人在法律允许的范围内,可以自由决定合同的具体内容,设定当事人之间的权利义务关系,合同的成立、履行、违约责任等,都可依当事人的自由意志来办理。对此,我国澳门特别行政区《民法典》第399条明确规定:"一、当事人得在法律限制范围内自由设立合同内容,订立不同于本法典所规定之合同或在本法典规定之合同内加入当事人均接受之条款。二、当事人亦得将涉及的项或多项全部或部分受法律规范之法律行为之规则,纳入同一合同内。"[12]

4. 决定合同形式的自由。当事人依法享有选择合同形式的自由,当事人在订立合同时,以不要式为原则,除法律另有强行规定外,可以自由选择自己认为合适的合同形式,可以采取书面、口头或其他形式订立合同。

5. 变更和解除合同的自由。在合同成立以后,当事人可以自由协商变更合同的条款,或者解除合同。法律既然允许当事人借助合同来安排自己的生活,也自然允许当事人在合同成立以后根据形势的变化对合同的内容进行相应的调整,实现当事人的目的与利益。

6. 选择争议解决方式的自由。合同当事人有权选择是通过诉讼方式还是仲裁方式解决争议。在涉外的合同中,当事人还可以选择合同纠纷所适用的法律。

---

〔11〕 施天涛:《合同法释论》,中国人民公安大学出版社1999年版,第11页。

〔12〕 载http://bo.io.gov.mo/bo/i/99/31/codcivcn/codciv0001.asp,最后访问日期:2020年9月6日。

随着社会生活中出现了一些新的现象无法用传统的原则去说明,贯彻传统的合同自由原则发生许多始料不及的后果,合同自由原则在合同法中的贯彻日益受到限制。对此,阿蒂亚指出:“我们应当看到,契约自由这个概念,在任何一种意义上来说,都已由于社会经济诸条件的变化和法律本身的变化而发生了深刻的变化。”〔13〕关于“普通合同条款”的立法,关于反垄断的立法与关于保护消费者的立法成为限制合同自由原则的三个主要方面。由于反垄断的立法与保护消费者的立法已经在一定程度上超出了传统合同法的探讨范围,因此,普通合同条款就成为合同法对合同自由原则进行限制的一个主要方面。各国大都采取立法、司法、行政各种方式对普通合同条款加以限制,如在立法方面联邦德国《普通合同条款法》(1976 年)、英国《货物供应默示条款法》(1973 年);在司法方面各国都有不同的判例,运用各种原则(权利滥用、违反公序良俗、违反诚实信用等)限制不公平条款的效力,特别是普通合同条款中的免责条款;在行政方面各国都由行政官厅对重要事项的条款作出规定,甚至实行批准制度,以事先防止不适当条款。〔14〕除此之外,其他对合同自由的限制主要表现在如下方面:

(1)对订立合同自由的限制。按照合同自由原则,当事人一方提出订约要求后,对方有是否承诺的自由。但是对于某些特定的人或者企业,特别是一些公用服务的企业,国家规定在其业务范围内有承诺订约的义务。此外,某些国家的法律规定特定的物资生产者必须将其产品卖给国家,《日本农地法》规定农地的买卖须经官厅批准都是对订约自由进行限制的实例。

(2)对选择合同相对方自由的限制。现在很多国家的法律都规定特定的当事人必须与特定的人订立合同,事实上限制了当事人选择合同相对方的自由。例如,有的国家法律规定企业不得雇用非工会会员的工人或者规定企业必须雇用工会会员。

(3)对合同内容的限制。各国禁止垄断的法律中都有禁止订立垄断合同、禁止订立不正当限制竞争的合同、禁止企业合并或转让的合同。这些禁止性规定对合同的内容形成了明显的限制。

(4)对合同方式自由的限制。现在很多国家的法律要求特定合同的订立必须采取书面形式,甚至还要经过主管官厅登记或批准,形成被一些学者所说的形式主义复兴的趋势。〔15〕

对合同自由的限制,已经成为存在于各主要市场经济国家的一个普遍事实。但是,对合同自由的限制并不意味着消灭了合同自由,其只是使合同自由采取了另

---

〔13〕［英］阿蒂亚:《合同法概论》,程正康等译,法律出版社 1982 年版,第 24 页。
〔14〕谢怀栻:《谢怀栻法学文选》,中国法制出版社 2002 年版,第 30 ~ 31 页。
〔15〕谢怀栻:《谢怀栻法学文选》,中国法制出版社 2002 年版,第 31 ~ 33 页。

外一种形式。

(三)公平原则

所谓公平原则,就是在合同的订立和履行过程中,要以公平理念来调整合同当事人之间的权利义务关系。《民法典》第6条规定:民事主体从事民事活动,应当遵循公平原则,合理确定各方权利和义务。民法公平原则体现在合同法中就是公平的确定双方当事人的权利义务。所谓公平的理念,主要是指以利益是否均衡作为价值判断标准来确定当事人之间的利益关系,追求公平与合理的目标。现在合同法乃至民法将公平原则设立为基本原则的目的,在于要求市场交易中的合同关系兼顾双方的利益,并为诚实信用原则、情势变更原则、显失公平规则树立判断基准。[16]

由于合同的履行主要受诚实信用原则的支配,公平原则的内容则主要体现在合同内容的确定方面。具体地讲,公平原则在我国《民法典》合同编中的贯彻主要体现在如下几个方面:

公平原则在我国《民法典》合同编得到贯彻的一个重要方面是强调双务合同中当事人之间的给付与对待给付具有一定的等值性。判断是否等值的标准,有客观说与主观说之分。一般而言,在当事人意思表示真实的情况下,以主观说为基础进行判断便为得当;只有在存在欺诈、胁迫等原因而导致意思表示不真实的情况下,才援用客观说来判断是否等值。给付与对待给付是否相当,如特定的商品应当支付多少价金,特定的房屋应当支付多少租金,特定的贷款应当支付多少利息,才能称为公平,涉及许多因素的考量,欠缺明确的判定标准。[17] 因此,现代民法基本上采取所谓的主观等值原则来判断,即当事人主观上愿以此给付换取对待给付,即为已足,客观上是否相当,在所不问,法院不能扮演"监护"者的角色,以自己的价值判断,变更合同的内容。[18] 此外,对于一些例外的情形法律作出了一些特别的处理,如合同一方利用对方处于危困状态、缺乏判断能力等情形,致使合同成立时显失公平的,则以客观等值原则进行判断,受损害方有权请求人民法院或者仲裁机构予以撤销(《民法典》第151条)。

合同公平原则在《民法典》合同编得到贯彻的另一个重要方面表现为《民法典》合同编为合同当事人设定了较为合理的风险分配规则。首先,对于买卖合同中买卖物的毁损灭失风险,过去我国实务与理论上多倾向于采取所有人主义,1999年《合同法》改采了更为合理的交付主义,《民法典》继续坚持了这一立场。其次,《民法典》合同编对于承揽、保管、仓储、运输等合同中的风险负担问题都给予了更

---

〔16〕 梁慧星:《民法总论》,法律出版社1996年版,第43页。

〔17〕 韩世远:《合同法总论》(第2版),法律出版社2008年版,第32页。

〔18〕 王泽鉴:《债法原理》(第1册),中国政法大学出版社2001年版,第75页。

多的关注。

公平原则在我国《民法典》合同编得到贯彻的第三个重要方面主要表现在其他类型合同负担的合理分配、附随义务的合理配置、损害赔偿的合理归责、免责条款的法律规则等方面。

另外，对于现实生活中普遍存在的由当事人一方或者第三方确定合同内容的情形，如依一方预先制定的格式合同条款签约，该合同的内容也要符合公平原则才能发生效力。这是公平原则在合同法中贯彻的当然结果。

（四）诚实信用原则

诚实信用原则，简称诚信原则，是指合同当事人在行使权利，履行义务时，都应本着诚实、善良的态度，恪守信用，不得滥用权利及规避法律或合同规定的义务。[19] 诚实信用原则是在合同履行的过程与诉讼过程中逐渐成长起来的合同法基本原则。该原则被有些学者谓为合同法的“帝王原则”。《民法典》第7条规定：民事主体从事民事活动，应当遵循诚信原则，秉持诚实，恪守承诺。《民法典》第509条第2款规定：“当事人应当遵循诚信原则，根据合同的性质、目的和交易习惯履行通知、协助、保密等义务。”该原则的确立对于保持与弘扬传统的诚信伦理和童叟无欺的商业道德，保障合同的顺利履行与维护市场经济秩序均具有重大意义。

诚实信用原则为市场经济运行中的基本道德准则。诚实信用原则的法律化的实质为道德原则的法律化，其作为一般条款的意义在于：当出现立法未预见的新情况、新问题时，法院可以以诚实信用原则行使公平裁量权，直接调整当事人之间的权利义务关系。[20] 诚实信用原则在《民法典》合同编中的贯彻可以起到指导当事人以善意方式行使权利和履行义务，平衡当事人之间的各种利益冲突和矛盾，解释、补充法律和合同的功能。[21] 一般说来，合同是建立在当事人相互信赖的基础之上的，相互信赖为合同的基础，按照具体情况衡量双方的利益被社会上认为是不公平的，就是不符合诚实信用。具体地讲，诚实信用原则在实践中的发展表现出如下几种情况：(1)在订立合同时，无论合同是否有效成立，一方有过失而使他方受损害时，应负损害赔偿义务。(2)在合同存续过程中，如果发生当事人一方不可预见的情势变化，当事人可以请求修订合同或解除合同，即从诚实信用原则出发，形成了情势变更原则。我国《民法典》第533条对情势变更原则作出了明确规定，该条规定：“合同成立后，合同的基础条件发生了当事人在订立合同时无法预见的、不属于商业风险的重大变化，继续履行合同对于当事人一方明显不公平的，受不利影响的当事人可以与对方重新协商；在合理期限内协商不成的，当事人可以请求人

---

〔19〕 施天涛：《合同法释论》，中国人民公安大学出版社1999年版，第13页。

〔20〕 梁慧星：《民法总论》，法律出版社1996年版，第44页。

〔21〕 徐德敏主编：《合同法论》，陕西人民出版社1999年版，第25页。

民法院或者仲裁机构变更或者解除合同。人民法院或者仲裁机构应当结合案件的实际情况,根据公平原则变更或者解除合同。”(3)当事人在解除合同方面应当诚实信用。例如,在长期的房屋租赁关系中,承租人偶然一次欠交房租,出租人立即解除合同,即违反诚实信用。[22]

在我国《民法典》合同编中,诚实信用原则体现并贯彻始终。首先,我国《民法典》合同编依据诚实信用原则确立了进入磋商阶段当事人之间的先合同义务,包括向对方提供必要的信息(《民法典》第500条),为对方保守秘密(《民法典》第501条),为了保护对方的合理信赖而限制要约的撤销(《民法典》第476条),等等。当事人一旦违反先合同义务,给对方造成损失,应当承担相应的损害赔偿责任。其次,合同一旦订立,当事人应当按照诚实信用原则来履行合同,承担各种附随义务,并依据诚实信用原则进行解释。在合同订立以后,尚未履行以前,当事人双方都应当依据诚实信用原则,认真做好各种履行准备,在已经出现或者可能出现履行障碍时应当及时通知对方。在合同进入现实履行阶段后,当事人除了应履行法律和合同规定的义务外,还应履行依诚实信用原则所产生的各种附随义务,如相互照顾和协作义务、重要事情告知义务、忠实义务等。《民法典》第509条第2款规定,“当事人应当遵循诚信原则,根据合同的性质、目的和交易习惯履行通知、协助、保密等义务”。据此,当事人一方因不可抗力不能履行合同或者不能按期履行合同时,应当及时向对方通知有关情况,以避免给对方造成更大的损失。文字的多义性往往会引发合同当事人对具体合同条款内涵的争议,在争议条款解释上,应首先探求当事人的真意,但也应顾及交易习惯及依诚实信用原则解释之。[23] 对合同条款的解释,《民法典》第466条第2款第2句规定:“各文本使用的词句不一致的,应当根据合同的相关条款、性质、目的以及诚信原则等予以解释。”在法律和合同规定的义务内容不明确或欠缺规定的情况下,如当事人之间的合同在履行标的、履行时间、履行地点、履行数量与履行方法等方面欠缺明确的规定,当事人应依据诚实信用原则履行义务。最后,在合同解除时与合同终止后也应遵循诚实信用原则。如在长期的继续性合同中,任何一方根据法定或者约定的原因解除合同,都应当提前通知对方,使对方有充足的时间做好准备。在合同的债权债务终止后,当事人应当遵循诚信等原则,根据交易习惯履行通知、协助、保密、旧物回收等义务(《民法典》第558条)。

(五)遵守法律与公序良俗原则

《民法典》第8条规定:民事主体从事民事活动,不得违反法律,不得违背公序

---

〔22〕 谢怀栻:《谢怀栻法学文选》,中国法制出版社2002年版,第34~35页。

〔23〕 史尚宽:《民法总论》,中国政法大学出版社2000年版,第460页。

良俗。《民法典》遵守法律与公序良俗的原则在合同法领域的贯彻形成合同法领域中的遵守法律与公序良俗原则。

根据该原则的要求，当事人订立、履行合同应当遵守法律、行政法规。这里的“法律”是指由全国人大及其常委会制定的规范性文件；“行政法规”指由国务院制定并发布的规范性文件，国务院所属各部门制定发布的部门规章不属于行政法规的范畴。当事人在订立、履行合同时应当遵守法律、行政法规是指应当遵守法律、行政法规的强制性规定，而不包括任意性规定。因为法律、行政法规的任意性规定仅具有补充当事人意思的作用，允许当事人在合同中进行变更。因此，即使合同的内容与法律、行政法规中的任意性规范不符，也不存在违法的问题。

公序良俗是公共秩序与善良风俗的合称，它是现代民法的一项重要的基本原则。公序良俗原则在很多国家与地区的法律中都有明文规定，如《法国民法典》第6条规定：“任何人不得以特别约定违反有关公共秩序和善良风俗之法律。”〔24〕《德国民法典》第138条规定：“违反善良风俗的法律行为无效。”〔25〕我国台湾地区“民法”第72条规定：“法律行为，有悖于公共秩序或善良风俗者，无效。”〔26〕在市场经济条件下，该原则具有维护国家利益、社会公共利益及一般道德观念的功能。因为立法者在立法时不可能预见一切损害国家利益、社会公益和社会道德秩序的行为而作出详尽的禁止性规定，故设公序良俗原则，以弥补禁止性规定之不足。公序良俗原则为授权性规定。目的在于，遇有损害国家利益、社会公共利益和社会道德秩序的行为，而又缺乏相应的禁止性规定时，法院可直接适用该原则判决该行为无效。〔27〕

公序良俗原则主要是针对法律行为是否发生后果确定的原则，它的作用之发挥涉及婚姻行为、合同行为与财产处分行为等。违背公序良俗原则的行为，基本效力是无效的。这一规定的法律效果十分强硬，反映了民法对道德价值予以维护的精神。〔28〕因此，在合同法领域公序良俗原则贯彻主要体现在对合同行为效力的判断方面，违背公序良俗的合同行为基本为无效。

（六）合同法律约束力原则

《民法典》第119条规定：“依法成立的合同，对当事人具有法律约束力。”《民法典》第465条继续规定：“依法成立的合同，受法律保护。依法成立的合同，仅对

〔24〕《法国民法典》，罗结珍译，中国法制出版社2002年版，第2页。

〔25〕《德国民法典》（第4版），陈卫佐译注，法律出版社2015年版，第49页。

〔26〕参见 http://www. sinosure. com. cn/sinocredit/zyzl/ggfg/zg/79872. jsp，最后访问日期：2020年9月4日。

〔27〕梁慧星：《民法总论》，法律出版社1996年版，第45页。

〔28〕孙宪忠主编：《民法总论》，社会科学文献出版社2004年版，第50～51页。

当事人具有法律约束力,但是法律另有规定的除外。"《民法典》第465条在表述合同法律约束力原则的同时,也表述了合同具有相对性原则。

合同法律约束力原则,又称合同严守原则,是指依法成立的合同在当事人之间具有相当于法律的效力,当事人必须严格遵守,不得擅自变更或者解除,更不得随意违约。[29] 当事人原则上应受所订立合同的约束,这是古老、无可争议的有约必守法律信念的要求。对于合同法律约束力原则进行经典表述的是《法国民法典》第1134条,该条第1款规定,"依法成立的契约,对于缔结该契约的人有相当于法律的效力"。[30] 合同具有法律约束力的前提是合同必须依法成立,即在合同主体、合同内容、合同形式等方面符合法律的要求。不过,合同具有法律约束力并不是说合同等同于法律,而是说合同具有法律所赋予的对当事人的约束力。[31]

合同对当事人的法律约束力来自某种权威,这种权威因时因地而有所不同。在古代合同法中,往往认为这种权威来自宗教仪式或者共同体的联系纽带(血缘关系与地缘关系),而近现代社会中这种权威直接源于国家的法律。[32] 既然合同是当事人自由协商的产物,是当事人意思自治的结果,是当事人自愿接受的一种约束,则该合同就应当在当事人之间产生相当于法律的效力。当事人应当信守自己的承诺,按照约定履行自己的义务,否则就会受到法律的制裁。言而有信,言出必行的道德原则,为合同的法律约束力原则提供了坚实的道德基础。

合同的法律约束力表现在:(1)自合同依法成立时起,合同当事人都需接受合同的约束;(2)如果情况发生变化需要变更或者解除合同,应当按照合同的约定或者法律的规定协商解决,任何一方当事人都不得随意变更或者解除合同;(3)除不可抗力等法律规定的免责事由外,当事人不履行合同义务或者履行合同义务不符合约定时,要承担违约责任。[33]

第二节 合同的分类

一、合同的分类概述

合同的分类是指基于一定的标准将合同区分为不同的类型。大陆法系与英美

---

〔29〕 苏号朋主编:《企业经营陷阱与法律防范丛书——合同篇》,中国经济出版社2001年版,第37页。

〔30〕 《法国民法典》,罗结珍译,中国法制出版社2002年版,第287页。

〔31〕 苏号朋主编:《企业经营陷阱与法律防范丛书——合同篇》,中国经济出版社2001年版,第37页。

〔32〕 韩世远:《合同法总论》(第2版),法律出版社2008年版,第33页。

〔33〕 苏号朋主编:《企业经营陷阱与法律防范丛书——合同篇》,中国经济出版社2001年版,第37页。

法系的合同法由于历史传统与基本理论不同，在合同分类方面存在显著差异。在此，本书主要以传统大陆法系理论为依据，结合我国的法律对一些具有实际意义的合同分类进行探讨。

二、合同的各种分类

（一）有名合同与无名合同

有名合同，又称典型合同，是指因其在社会生活中频繁出现而又具有典型意义，法律赋予其特定名称并对其作出详细规定的合同。我国《民法典》合同编中规定了 19 类有名合同，即买卖合同，供用电、水、气、热力合同，赠与合同，借款合同，保证合同，租赁合同，融资租赁合同，保理合同，承揽合同，建设工程合同，运输合同，技术合同，保管合同，仓储合同，委托合同，物业服务合同，行纪合同，中介合同，合伙合同。除《民法典》合同编规定的这 19 种有名合同外，其他的一些民事法律也规定了一些有名合同，如《保险法》中规定了保险合同。合同法是贯彻民事主体意思自治的一个重要领域，合同法中的大多数规范都为任意性规范而非强制性规范，当事人完全可以以特约的形式来排除它们的适用，因此，合同法规定有名合同的目的不是限制当事人的意思自治，而是指导当事人订立合同、补充当事人之间的相关约定，最终达到节约交易成本、明确当事人之间的权利义务的目的。有名合同在现实生活中应用广泛，其规则也相对比较成熟，法律对其作出规定可以起到降低交易成本、促进交易完成的实践效果。

无名合同，又称非典型合同，是指法律尚未赋予其一定的名称而未对其作出详细规定的合同。无名合同在实践中同样也大量存在，广告中使用他人肖像的合同、加盟店合同、信用卡使用合同等均为无名合同。关于无名合同的具体类型，学者一般将其归纳为三类：[34]（1）纯粹无名合同。纯粹无名合同是指以法律全无规定的事项为内容，即其内容不符合任何有名合同要件的合同。广告使用他人肖像或姓名的合同，属于此类。（2）合同联立。合同联立，是指数个合同因具有相互结合的关系而共同存在于一个合同中。合同联立的一种情况是单纯的外观结合，即数个独立的合同仅因缔约行为而结合，相互之间不存在依存关系；合同联立的另一种情况是依当事人的意思，一个合同的效力或存在依存于另一个合同的效力或存在。（3）混合合同。混合合同在实务中较为常见，是指数个有名合同或无名合同的部分内容相互结合成为一个独立的合同。

区分有名合同与无名合同的意义主要在于法律的适用。对于有名合同，如果当事人无特约排除相关规定的适用，则该有名合同的相关规定将会自动成为合同的一部分。对于无名合同而言，其成立、生效及其纠纷解决，除适用民法关于法律

---

〔34〕 魏振瀛主编：《民法》，北京大学出版社、高等教育出版社 2000 年版，第 385～386 页。

行为和合同一般规定外,还可以就合同的目的及当事人的意思,类推适用与之类似的或相近之有名合同的法律规定,如果无相类似或相近类型者,则须依契约之目的,并斟酌交易习惯定之。[35] 对此,《民法典》第 646 条规定:“法律对其他有偿合同有规定的,依照其规定;没有规定的,参照适用买卖合同的有关规定。”《民法典》合同编第 467 条规定:“本法或者其他法律没有明文规定的合同,适用本编通则的规定,并可以参照适用本编或者其他法律最相类似合同的规定。”

由于法律在特定的时期所规定的合同种类总是有限而明确的,所以在特定的时期有名合同与无名合同的区分也是明确的,但是却不能因此而将有名合同与无名合同完全对立起来。随着人类社会的发展,各种新的合同形式会随着经济与社会的发展而不断涌现,这些新的合同开始时不为法律所规范,以无名合同的形式存在。但当一些无名合同日益发展达到相对定型化与成熟化之后,这些合同就会为法律所规定,成为有名合同。因此,有名合同总是从无名合同发展而来,有名合同与无名合同的区分是相对的,而不是绝对的。

(二)双务合同与单务合同

根据合同当事人双方权利义务的分担方式不同,可以将合同区分为双务合同与单务合同。双务合同是指当事人双方相互承担对待给付义务的合同,即一方当事人愿意负担履行义务,旨在使他方当事人因此负有对待给付的义务。或者说,一方当事人所享有的权利,即为他方当事人所负有的义务。在双务合同中,合同每一方当事人都既是债权人又是债务人,既享有债权也负担债务,且享有债权是以同时负担债务为对价。我国《民法典》合同编中规定的绝大多数合同,如双务合同,买卖合同、租赁合同、承揽合同、运输合同等均为双务合同。

单务合同是只有一方当事人承担给付义务的合同,即合同当事人之间并不存在相互享有权利和承担义务的状况,而是一方享有权利而另一方承担义务。赠与合同、借用合同、无偿保管等合同均为单务合同。在实践中单务合同存在典型的单务合同与非典型的单务合同之区分。在典型的单务合同中,只存在一方负担义务的状况;在非典型的单务合同中,合同一方承担合同的主要义务,另一方不承担对待给付义务,但却要承担一定的附属义务。在附义务的赠与中,受赠人在接受赠与时还要承担一定的义务,但是这并不能影响并改变该合同的单务合同性质。例如,甲将归其所有的拖拉机赠送给乙,但约定一切过户费用都要由乙来承担。在此合同中,虽然乙也要承担一定的义务,但是这种义务与甲履行转移拖拉机所有权之间并不存在对待给付的关系,因而此赠与合同依然为单务合同。

区分双务合同与单务合同的主要意义在于合同的履行与风险负担方面。双务

---

〔35〕 邱聪智:《新订民法债编通则》(上),中国人民大学出版社 2003 年版,第 24 页。

合同中存在对待给付及同时履行抗辩权等特殊规则,而单务合同不发生上述问题。除当事人有特别约定或者法律有特别规定外,双务合同以同时履行为原则,即双务合同的当事人享有同时履行抗辩权,在一方未履行或未提供履行担保时,对方有权拒绝自己的给付。同时履行抗辩权的行使以当事人之间存在对待给付义务为前提,单务合同的当事人不能行使该项权利。区分双务合同与单务合同的另一重要意义在风险负担方面。对于特定物,单务合同的风险由所有人负担,但对方有过失的除外;双务合同的风险负担存在三种情况:(1)在发生不可抗力而使双方不能同时履行时,任何一方均不得要求对方履行,债务人即免除义务;如一方已经履行的,对方应予返还,否则就构成不当得利。(2)由于可归责于债务人的原因而致使不能同时履行的,债务人无权要求对方履行,对方有权要求解除合同并请求赔偿损失。(3)由于可归责于债权人的原因而使合同不能履行时,债务人有权要求对方履行并赔偿因此而遭受的损失。另外,双务合同的债权人因过失致合同不能履行的,可解除合同;单务合同的债权人则为撤回,而不发生解除的问题。[36] 最后,合同被解除、确认无效或被撤销时,双务合同中会存在双方互为返还给付的问题,单务合同不存在互为返还给付的问题。

(三)要式合同与不要式合同

根据法律对合同形式是否有特别要求,可以将合同分为要式合同和不要式合同。要式合同是指法律规定必须具备一定的形式和手续的合同。不要式合同是指法律不要求必须具备一定的形式和手续的合同。对于要式合同与不要式合同的区分,美国著名合同法专家柯宾指出:要式合同是法律效果依赖于它的作成形式或者表达方式,而不依赖于交换中给付的充分对价,也不依赖于信赖于它的受要约人的任何地位变化之合同;不要式合同为法律效果不依赖于其作成的形式或者表示方式,而大都依赖于为换取允诺的充分对价之合同。[37] 柯宾虽然是从英美合同法理论的角度来分析要式与不要式合同的,但是其基本精神与大陆法系的观念有相似之处。在合同法发展的初期,法律对合同成立的形式有较严格的要求,合同以要式为原则,甚至可以说是合同的形式创造了合同的效力。近现代合同法适应市场经济的关于交易便捷和交易安全的双重需要,合同以不要式为原则,只是对某些特殊合同仍然采取方式强制,以达到警告目的、证据或者内容明确的目的、确保合同关系的公开性和促进一定债权的流通性等法律政策的保护目的。警告目的,能使当事人了解合同的意义与利害关系,避免仓促、轻率地签订合同。证据或者内容明确的目的,有助于确定合同是否成立与合同内容。[38] 现在很多国家为了保护交易安

---

〔36〕 周枏:《罗马法原论》(下册),商务印书馆1994年版,第710页。

〔37〕 [美]A. L. 柯宾:《柯宾论合同》,王卫国译,中国大百科全书出版社1998年版,第13页。

〔38〕 王泽鉴:《民法总则》,台北,三民书局2000年版,第328页。

全,均规定买卖不动产的合同为要式合同,应采取书面或者公证的形式。

区分要式合同和不要式合同的法律意义在于:二者的成立要件不同。一般情况下,要式合同非采用法律规定的形式不能成立有效,不要式合同的形式可由当事人自由决定,无论采取何种形式,均不影响合同的效力。我国《民法典》第 490 条第 1 款规定:"当事人采用合同书形式订立合同的,自当事人均签字、盖章或者按指印时合同成立。在签字、盖章或者按指印之前,当事人一方已经履行主要义务,对方接受时,该合同成立。法律、行政法规规定或者当事人约定合同应当采用书面形式订立,当事人未采用书面形式但是一方已经履行主要义务,对方接受时,该合同成立。"该规定表明我国《民法典》在要式合同与不要式合同的区分方面采取了更加开放而务实的态度。

(四)诺成合同与实践合同

诺成合同与实践合同,是以合同成立在当事人的意思表示一致以外,是否还以物的交付为必要之标准进行的分类。不需要标的物的交付,在双方当事人意思表示一致时即可成立的合同为诺成合同(又称不要物合同);双方当事人在达成合意之外,还须交付标的物才能成立的合同为实践合同,又称为要物合同。[39] 罗马法上有名称的要物合同主要有消费借贷、使用借贷、寄存(寄托)、质权和信托等,要物合同在交付标的物前,当事人可以任意撤销其约定,该合同用书面订立可得例外。[40] 根据梅因对早期契约史的考察,诺成合同是在罗马法后期作为一种契约成立方式而产生的。[41] 在传统民法中,买卖合同、租赁合同、雇佣合同、承揽合同、委托合同等属于诺成合同,借用合同、借贷合同、保管合同等属于实践合同。[42] 近代以来的民法因推崇意思自治原则,合同意思表示只要一致,即尽量使其成立,故近代以来,实践合同日渐式微。在现代合同法中,只有少数合同属于实践合同,而且一些以前被认为是实践合同的情形,也随着现代生活的发展逐渐演变成诺成合同。因此,实践合同一般要由法律作出规定,法律若没有作出特别规定,则均为诺成合同。

区分诺成合同与实践合同,对于确定合同成立具有重大意义。对于实践性合同,在判断合同是否成立时,除需按照合同法律的一般规定进行考察外,还需要注

---

〔39〕 要物行为究竟以物的交付为法律行为成立要件,还是生效要件,存在争议。传统观点认为要物行为中物的交付为该要物行为的成立要件。首先,要物行为为罗马法的遗物,从罗马法来看,要物行为以物的交付为法律行为成立之要件,而非生效之要件。其次,要物行为唯以物之交付为法律行为成立要件,方可展现其特色,否则将与一般附停止条件之法律行为无异。参见曾世雄:《民法总则之现在与未来》,中国政法大学出版社 2001 年版,第 173 ~ 174 页。

〔40〕 周枏:《罗马法原论》(下册),商务印书馆 1994 年版,第 710 ~ 711 页。

〔41〕 [英]梅因:《古代法》(中译本),沈景一译,商务印书馆 1996 年版,第 188 页。

〔42〕 王家福主编:《中国民法学——民法债权》,法律出版社 1991 年版,第 274 页。

意合同当事人是否已经交付了合同的标的物，即诺成合同在合意达成时成立，而实践合同在交付标的物时成立。在实践合同中，在实物交付前当事人可撤回其同意，而诺成合同，则当事人一经合意，合同即正式成立。

（五）有偿合同与无偿合同

以合同方当事人履行给付义务是否以对方当事人支付对价为标准，可以将合同划分为有偿合同与无偿合同。双方当事人互为对价给付的合同，为有偿合同，如买卖、租赁、保险合同等；双方当事人之给付不成对价关系的合同，为无偿合同，如赠与合同。在立法例上，《法国民法典》上有有偿契约与恩惠契约的规定，分别对应有偿合同与无偿合同。《法国民法典》第1106条规定，“契约规定当事人每一方均负担给付或作为债务时，该种契约为有偿契约”；第1105条规定，“契约之一方当事人纯属无代价给予另一方利益时，此种契约为恩惠契约”。[43] 在实践中，大多数合同为有偿合同，无偿合同极少，康德认为无偿合同主要有（无偿）保管、借用和捐赠这三种。[44]

有偿合同与无偿合同的划分，与前面提到的双务合同与单务合同的划分并不完全等同。一般来说，双务合同都是有偿合同，但单务合同并非都是无偿合同。例如，赠与合同等单务合同是无偿的，但是自然人之间的有息借款合同等单务合同则为有偿合同。因为在此种借款合同的双方当事人之间存在对价支付关系，但是只有借款人负有还本付息的义务，出借人并不承担义务。因为依习惯，在此类合同中，出借人向借款人交付借款不是合同义务，而是借款合同的成立要件。

区分有偿合同与无偿合同具有如下意义：（1）主体要求不同。有偿合同订约主体原则上应为完全行为能力，限制民事行为能力人非经其法定代理人同意而订立的重大有偿合同将会因当事人欠缺必要的行为能力而成为效力待定合同。对于纯属获得利益的无偿合同，如接受赠与等，限制行为能力人和无行为能力人也可订立并发生相应法律效力。（2）区分有偿合同与无偿合同的最重大意义在于决定当事人履行合同时的注意义务的大小与责任大小。一般情况下，义务人在履行有偿合同时所负的注意义务要高于无偿合同。在有偿合同中，义务人应当对故意和一切过失负责；在无偿合同中，义务人一般仅对故意及重大过失负责。例如，在赠与合同中，赠与人仅在故意、重大过失致使应当交付的赠与财产毁损、灭失时，承担赔偿责任（《民法典》第660条第2款），而一般有偿合同以严格责任为原则。又如，保管人因一般过失致保管物毁损灭失，若为有偿保管，就应全部赔偿；若为无偿保管，保管人证明自己没有故意或重大过失的，不承担损害赔偿责任（《民法典》第

〔43〕《法国民法典》，罗结珍译，中国法制出版社2002年版，第282页。

〔44〕［德］康德：《法的形而上学原理——权利的科学》，沈叔平译，商务印书馆1997年版，第106页。

897 条)。再如,无偿委托合同的受托人仅在故意、重大过失致委托人损失时才承担责任,有偿委托合同的受托人承担过错责任(《民法典》第 929 条)。(3)有偿合同与无偿合同的区分对法律适用与合同解释均具有一定的意义。在法律适用时,对于有偿合同,如果法律没有特别规定,则可适用买卖合同的规定以及其他相关规定;若为无偿合同则其债务人通常不负权利瑕疵担保与品质瑕疵担保责任(特殊情况例外)。在合同解释时,对于无偿合同应当按义务较轻的含义解释,而对于有偿合同应就双方的义务作出较公平的解释。(4)不当得利者转让财产时,第三人的返还责任不同。当不当得利者有偿转让财产给第三人时,第三人对财产的取得是善意的,取得人原则上不对原物所有人负返还责任;当不当得利者无偿转让财产给第三人时,原则上第三人应对原物所有人负返还财产的责任。[45]

(六)为自己利益订立的合同与为第三人利益订立的合同

根据合同订立是为了谁的利益可以将合同分为为了自己利益订立的合同与为第三人利益订立的合同。为自己利益订立的合同,又可称为束己合同、利己合同,指订约当事人订立合同是为了自己的利益,是为自己设定权利和义务,最终使自己直接取得、享受某种利益或承担某种负担的合同。为第三人利益订立的合同,又可称为利他合同,是指为第三人设定了合同权利,由第三人取得合同利益的合同。通常当事人订立合同都是为了实现自己的特定利益,属于为自己利益订立的合同;但是在特殊情况下当事人也会为第三人利益而订立合同。在我国《民法典》中,为第三人利益订立的合同具有如下特征:(1)第三人不是订约人,不需要自己或者通过其代理人参与合同的订立;(2)合同只能为第三人设定权利,而不能为其设定义务;(3)合同成立后,第三人可以接受该合同权利,也可以拒绝接受该权利。法律规定或者当事人约定第三人可以直接请求债务人向其履行债务,第三人未在合理期限内明确拒绝,债务人未向第三人履行债务或者履行债务不符合约定的,第三人可以请求债务人承担违约责任;债务人对债权人的抗辩,可以向第三人主张(《民法典》第 522 条)。

区分为自己利益订立的合同与为他人利益订立的合同,一方面直接反映了两类合同的订立目的不同;另一方面是两者在合同效力方面存在差异。为自己利益订立的合同完全符合合同相对性原则,为合同中的常态;为第三人利益订立的合同在一定程度上突破了合同的相对性,因此,须适用特殊的规则,即只能为第三人设定权利而不能设定义务。另外,为第三人利益订立的合同虽然对合同相对性原则有所突破,但不能认为其已经完全背离这一原则。因为在为第三人利益订立的合同中,第三人仍然没有成为合同的一方当事人,在发生违约的场合,仍须贯彻合同

---

〔45〕 邱鹭风、叶金强、龚鹏程编写:《合同法学》,南京大学出版社 2000 年版,第 32~33 页。

相对性原则，由债务人向债权人承担违约责任。

（七）主合同与从合同

根据合同相互之间的主从关系，可以将合同区分为主合同与从合同。对于有相互关联的合同，凡不以其他合同的存在为前提而能独立存在的合同，为主合同；必须以其他合同的存在为前提，自己不能独立存在的合同，为从合同。抵押合同、质押合同、保证合同、定金合同与被担保的合同之间的关系，为主从合同关系。例如，在互相关联的借款合同与保证合同中，借款合同能够独立存在，而不以保证合同的存在为条件，借款合同是主合同；但是，保证合同是为了担保借款合同的正常履行而存在的，没有借款合同，保证合同就没有存在的意义，因此，保证合同为从合同。

合同这种分类的法律意义在于：从合同以主合同存在为前提，主合同履行完毕，从合同消灭，主合同不履行，从合同发挥效力；主合同发生变更，从合同也会相应地发生变化。例如，《民法典》第 682 条规定："保证合同是主债权债务合同的从合同。主债权债务合同无效，保证合同无效，但是法律另有规定的除外。保证合同被确认无效后，债务人、保证人、债权人有过错的，应当根据其过错各自承担相应的民事责任。"

（八）实定合同与射幸合同

以合同的效果在合同订立时是否确定为标准，可以将合同分为实定合同与射幸合同。实定合同是指在合同订立时，合同的法律效果已经确定的合同，即对于实定合同，在合同订立时，合同的权利义务即已确定地由双方当事人负担。射幸合同，又称机会合同，是指合同的法律效果在订约时不能确定，需依赖于某一偶然事件的是否发生才能最终确定当事人之间的权利义务的合同。对于射幸合同，《法国民法典》设有明确的规定，其第 1104 条第 2 款规定："契约等价是指各方当事人根据某种不确定的事件，均有获取利益或遭受损失之可能时，此种契约为射幸契约。"[46]现实生活中绝大多数合同都为实定合同，只有保险合同、彩票合同、押赌合同、有奖抽奖或有奖销售等合同才为射幸合同。保险合同是典型的射幸合同，因为在保险合同中，投保人支付保险费的义务在合同成立时已经确定，但是保险人支付保险金的义务却不确定，其需依赖于特定的危险事故的发生与否来最终确定；彩票合同也是射幸合同，因为彩票的购买人在购买彩票时，不能确定自己能否中奖，中奖与否取决于摇奖或者抽奖等当事人无法控制的因素，当事人购买彩票的结果可能是一无所获，也可能是获得巨额回报。

区分实定合同与射幸合同法律意义主要在于，实定合同一般要求等价有偿，若

---

〔46〕《法国民法典》，罗结珍译，中国法制出版社 2002 年版，第 282 页。

不等价,一方当事人可以提出撤销的请求。射幸合同一般不能从等价与否来衡量合同是否公平。另外,由于射幸合同具有一定的风险性,涉及公序良俗、公平竞争等重大问题,法律为了避免特定的风险通常会对射幸合同作出特殊的规定。例如,按照我国《反不正当竞争法》第 10 条的规定,最高奖的金额超过 5000 元的有奖抽奖或有奖销售合同被禁止。

(九)预约与本约

以合同的目的是否为了将来签订一项合同为标准,可以将合同区分为预约与本约。预约是约定将来订立一项合同的合同,本约则为履行该项预约而订立的合同。在预约中,双方当事人互负订约义务的预约为双务预约或双方预约;仅一方当事人负有订约义务的预约,为单务预约或一方预约。《民法典》第 495 条对预约合同进行了规定。该条规定:“当事人约定在将来一定期限内订立合同的认购书、订购书、预订书等,构成预约合同。当事人一方不履行预约合同约定的订立合同义务的,对方可以请求其承担预约合同的违约责任。”当事人的约定,究竟是预约还是本约,理论上虽然容易区分,但在实践中并不容易判断,应探寻当事人的真实意思并斟酌具体情形来认定。

预约的目的在于成立本约,当事人之所以不直接订立本约,主要系因法律或事实上的理由,致使订立本约未臻成熟,于是先订立预约,使对方受其约束,以确保本约的订立。例如,甲拟向乙借钱,乙表示在一个月后才有资金,甲乃与乙订立借款合同的预约,约定一个月后再订立借款合同这一本约。再如,甲拟向乙承租某屋,因乙一年后始能收回该屋,于是乙先与甲订立房屋租赁的预约。[47] 预约的成立,须遵循合同法关于合同订立的一般规则,预约的生效将使当事人产生将来订立本约的义务。预约生效以后,当事人负有履行预约所规定的订立本约的义务,只要本约未订立,就是预约没有履行。

区分预约与本约具有理论与实践意义。首先,预约与本约为当事人设定了不同的义务。预约为合同当事人设定的是将来订立本约的义务,而本约为当事人设定的是一般合同义务。预约具有一定程度的担保功能,即预约可以担保当事人在将来订立并履行本约,从而实现自己的利益。其次,当事人违约的法律责任与救济方式不同。依法成立的预约对当事人具有法律约束力,当事人不履行预约要承担相应的法律责任,此种责任主要为订立本约的责任与其他责任;而当事人违反本约,一般要承担继续履行、赔偿损失等违约责任。在我国台湾地区,权利人得诉请预约的债务人履行订立本约的义务,法院应命债务人为订立本约的意思表示,债务人不为意思表示者,视为自判决确定时已为意思表示。本约成立后,债权人即有请

〔47〕 王泽鉴:《债法原理》(第 1 册),中国政法大学出版社 2001 年版,第 147 ~ 148 页。

求给付的权利,基于诉讼经济原则,债权人得合并请求订立本约及履行本约。[48]此种做法值得我国司法实践借鉴。

(十)一时性合同与继续性合同

根据时间因素是否对合同给付义务的内容及其范围发生影响,可将合同区分为一时性合同与继续性合同。一时性合同,又被称为一次给付合同或单发合同,指合同的内容因一次给付即可实现的合同;继续性合同,指合同的内容并非一次给付就可以完结,而是需当事人长期继续为给付才可以得到实现的合同。一时性合同的特色在于给付的内容自始确定,一时性合同中的一次给付在形态上既包括一次履行完毕,也包括分期履行。买卖、赠与、互易、承揽等合同为一时性合同。分期付款的买卖与分批交付标的物的买卖都不改变买卖合同的一时性特征。分期交付的合同仍不失为单一的合同,因为合同的总给付是自始确定的,虽采取分期给付的方式,但时间因素对给付内容及范围并没有影响。[49] 继续性合同的特色是,时间因素在债的履行上居于重要地位,总给付的内容取决于应给付时间的长度。[50] 合伙、租赁、雇佣、消费借贷、使用借贷、保管、委托等合同为继续性合同。买卖原则上为一时性合同,但继续性供给契约,如水电、瓦斯、订阅报刊等,虽为买卖,但在性质上为继续性契约。[51]

一时性合同与继续性合同区分的主要意义在于,履行以及发生履行障碍场合的处理不完全一样。对于一时性合同,原则上债务人一经履行,债权关系即归于消灭;对于继续性合同,在合同约束的期间内,其履行呈持续状态,债权关系并不立即消灭,被称为继续的给付。对于一时性合同,合同的无效或者被撤销将使合同自始没有法律效力;而对于继续性合同需限制无效或者撤销的溯及力,尽量使合同的无效或者撤销向将来发生效力。在合同解除时,一时性合同的消灭具有恢复原状的可能性,可发生恢复原状的义务;继续性合同被解除的,或无恢复原状的可能性,或不宜恢复原状,故通常不生恢复原状义务。[52] 另外,违反继续性合同原则上应区分个别给付与整个合同予以处理:对于个别给付,可直接适用合同法有关违约责任的规定;对整个合同而言,因违约被解除时,应无溯及力。违反一时性合同则未必如此。此外,继续性合同注重信赖关系,信任关系被破坏常构成合同终止的理由。除法律另有规定,当事人另有约定,或另有习惯外,继续性合同一般采取报酬后付

---

〔48〕 王泽鉴:《债法原理》(第1册),中国政法大学出版社2001年版,第150页。

〔49〕 王泽鉴:《债法原理》(第1册),中国政法大学出版社2001年版,第132页。

〔50〕 Christodoulou, Vom Zeitelement im Schuldrecht, Vorstudien aus Sicht des Dauersschuldverhaeltnisses, Diss. Hamburg, (1986). 转引自王泽鉴:《债法原理》(第1册),中国政法大学出版社2001年版,第132页。

〔51〕 林诚二:《民法债编总论——体系化解说》,中国人民大学出版社2003年版,第49页。

〔52〕 韩世远:《合同法总论》(第2版),法律出版社2008年版,第56页。

原则。[53] 我国《民法典》第563条第2款规定:“以持续履行的债务为内容的不定期合同,当事人可以随时解除合同,但是应当在合理期限之前通知对方。”继续合同因人格信赖因素浓厚,其债权债务原则上不得任意移转;一时性合同则相反。[54] 最后,继续合同的继续性使继续性合同与情势变更原则有着密切的联系,在继续性合同的期限届满时,当事人可采取默示的方式延长合同期限,如《民法典》第734条第1款规定:租赁期限届满,承租人继续使用租赁物,出租人没有提出异议的,原租赁合同继续有效,但租赁期限为不定期。

(十一)普通合同与定式合同

根据合同的主要条款是否根据当事人自主的意思协商拟定,可将合同条款分为普通合同与定式合同。普通合同是指合同的重要条款均由当事人根据自主意思参与协商而拟定的合同。定式合同是指当事人采用格式合同条款,一方依附于他方意思而缔结的合同。格式合同条款是指当事人一方为重复使用而预先拟定的,并在订立合同时未与对方协商的条款。由于各国立法与学说对定式合同认识各异,定式合同在法国、日本被称为附合合同,在德国被称为一般条款合同(allgemine geschaftsbedingung),在英美被称为标准合同(standard form contract)。

区分普通合同与定式合同的意义在于,法律一般对定式合同适用特殊的规则,对其进行规制以期达到保护特定相对人的目的。针对定式合同实践中涉及的格式合同条款,《民法典》第496条规定:“格式条款是当事人为了重复使用而预先拟定,并在订立合同时未与对方协商的条款。采用格式条款订立合同的,提供格式条款的一方应当遵循公平原则确定当事人之间的权利和义务,并采取合理的方式提示对方注意免除或者减轻其责任等与对方有重大利害关系的条款,按照对方的要求,对该条款予以说明。提供格式条款的一方未履行提示或者说明义务,致使对方没有注意或者理解与其有重大利害关系的条款的,对方可以主张该条款不成为合同的内容。”《民法典》第497条对格式合同的无效问题进行了规定,其规定:“有下列情形之一的,该格式条款无效:(一)具有本法第一编第六章第三节和本法第五百零六条规定的无效情形;(二)提供格式条款一方不合理地免除或者减轻其责任、加重对方责任、限制对方主要权利;(三)提供格式条款一方排除对方主要权利。”《民法典》第498条继续规定了格式合同的解释规则,即“对格式条款的理解发生争议的,应当按照通常理解予以解释。对格式条款有两种以上解释的,应当作出不利于提供格式条款一方的解释。格式条款和非格式条款不一致的,应当采用非格式条款。”

---

〔53〕 林诚二:《民法债编总论——体系化解说》,中国人民大学出版社2003年版,第49页。

〔54〕 邱聪智:《新订民法债编通则》(上),中国人民大学出版社2003年版,第28页。

（十二）强制合同与非强制合同

根据合同的订立是否具有强制性，可以将合同区分为强制合同与非强制合同。凡是当事人对合同的订立没有选择自由的合同为强制合同，凡当事人可以根据自己的自由意志而订立的合同为非强制合同。强制合同大都是法律为达到社会政策贯彻的目的，而作出的强制规定。

在我国，强制合同有劳动保险合同、机动车强制保险合同等。强制合同为合同自由原则限制的产物，具有保护特定社会群体，防止经济强者欺凌经济弱者的功效。强制合同可以分为强制要约性之合同与强制承诺之合同，前者如公车之行驶，后者如医生之允诺。[55] 对于合同的强制订立，我国《民法典》第494条规定："国家根据抢险救灾、疫情防控或者其他需要下达国家订货任务、指令性任务的，有关民事主体之间应当依照有关法律、行政法规规定的权利和义务订立合同。依照法律、行政法规的规定负有发出要约义务的当事人，应当及时发出合理的要约。依照法律、行政法规的规定负有作出承诺义务的当事人，不得拒绝对方合理的订立合同要求。"

（十三）要因合同与非要因合同

以合同的成立是否必须具备一定的原因，可以将合同区分为要因合同与非要因合同。法律行为的成立，往往有其所欲取得财产上利益的目的，此种目的在学理上被称为原因。[56] 合同之成立必须具备一定原因者，为要因合同；合同的成立不需要具备一定原因，仅当事人意思表示一致即可成立者，为不要因合同。债权契约，原则上为要因契约，但图交易上之进步，法律上有时特将原因分离，使之成立债务，如债权转让及票据的发票。[57] 在德意志法系的民法上，典型的不要因行为有物权合同与票据行为等，债权让与与债务承担也被认为是不要因行为。不要因合同（行为），原因不存在，合同仍然有效；要因合同（行为），若原因不存在，则合同无效。

（十四）签字蜡封合同（Signed and Sealed Contract）与简式合同（Simple Contract）

英美法系一般将合同的类型区分为签字蜡封合同与简式合同两种类型。签字蜡封的合同是由当事人签字与加盖印鉴并把它交给对方而作成的合同。签字蜡封合同的有效性在于它所采取的形式，而不在于要求任何对价。简式合同包括口头合同与并非以签字蜡封方式作成的一般的书面合同，这类合同必须有对价，否则就

〔55〕 林诚二：《民法债编总论——体系化解说》，中国人民大学出版社2003年版，第50页。

〔56〕 邱聪智：《新订民法债编通则》（上），中国人民大学出版社2003年版，第27页。

〔57〕 史尚宽：《债法总论》，中国政法大学出版社2000年版，第9页。

没有约束力。简式合同的效力依据即对价是英美法系中的一个晦涩难懂的概念。根据1875年英国高等法庭在"卡利埃诉米萨案"[58]的判决中所下的定义,所谓对价,是指"合同一方得到的某种权利、利益、利润或好处,或者是他方当事人克制自己不行使某项权利或遭受某项损失或承担某项义务"。

(十五)债权合同、物权合同与身份合同

对于广义的合同,根据合同的目的与法律效果之不同,可以将合同区分为债权合同、物权合同与身份合同。债权合同是指以产生、变更和消灭债之关系为目的的合同,我国《民法典》合同编所规定的具体合同都是债权合同;物权合同是指包含物权变动的意思并直接产生物权变动效果的合同,包括直接设定土地承包经营权、抵押权的合同等;身份合同是以形成与变动身份关系为目的的合同,结婚、收养、离婚均为身份合同。债权合同其基础为意思自治,法律规定仅为补充性规定,虽然为保护交易安全等原因受到一定限制,但其法律限制远远少于物权合同与身份合同。物权合同因涉及物权变动关系与第三人之保护问题,身份合同因涉及基本社会人伦生活关系,强行规定色彩较浓,合同自由原则限制较多。另外,属于财产性合同的债权合同多为有因合同,而属于财产性合同的物权合同为无因合同。

第三节 合同的订立

一、合同订立的概念

合同的订立,又称为缔约,是指缔约人为意思表示并达成合意的过程。合同订立描述的是各方当事人从接触、洽商,直至达成协议的过程,它包括从要约邀请、要约、反要约到承诺的一系列过程,明显不同于合同的成立。合同的成立是合同订立过程的结果,是合同订立过程的最终阶段。没有合同的订立,就没有合同的成立;而合同的成立,则是合同订立过程所产生的最终合乎当事人缔约目的的结果。合同的成立一般需符合以下三个要件:定约的主体为一方或者多方当事人;定约当事人对合同的主要条款达成合意;经历要约和承诺的过程。

合同的订立,在合同法上具有重要意义:[59]

1. 合同的订立是缔约双方当事人建立合同关系的过程。合同是交易的法律形式,没有合同的订立,就没有合同的成立,更无从有合同的生效。

---

〔58〕 Currie v. Misa(1875)L. R. 10 Ex 153.

〔59〕 韩松主编:《民法学》,中国政法大学出版社2004年版,第485页。

2. 合同订立是当事人双方实现权利,履行义务的前提。合同订立的最终结果是合同的成立,合同成立了,才有可能生效,进而有合同的履行问题;只有合同履行了,当事人预期的经济目的才能得以实现。

3. 合同的订立,对判断合同责任而言意义重大。合同无效、加害给付责任、违约责任和后合同责任等,均是在合同订立后发生的。

二、合同订立的一般程序

合同的订立必须基于当事人的合意,即意思表示一致。合同订立的过程就是当事人双方意思表示最终达成一致的过程。《民法典》第 471 条规定:"当事人订立合同,可以采取要约、承诺方式或者其他方式。"合同订立的一般要经过要约与承诺两个阶段。

(一)要约

1. 要约的概念

要约,在现实生活中被称为发盘、发价、报价、出价等,它是一方当事人以缔结合同为目的,向对方提出合同条件,希望对方接受的意思表示。提出要约的一方称为要约人,受领要约的一方为受要约人。要约可以采取书面的形式作出,也可以以口头或行为作出。

2. 要约的构成要件

根据《民法典》第 472 条及其相关规定,要约应当符合下列要件:

(1)要约必须是特定人作出的意思表示。要约是向他人发出并希望他人作出承诺的意思表示,只有要约人特定,受要约人才能对之作出承诺。这里的"特定人",是指从外界能客观确定的人,既可以是本人也可以是本人的代理人;该特定的要约人既可以是自然人、法人,也可以是其他组织。

(2)要约应向要约人希望与之订立合同的相对人发出。合同是特定人之间设立、变更、终止民事法律关系的协议,要约人有选择订立合同相对人的自由,要约人向希望与之订立合同的特定相对人发出要约,才能实现订立合同的目的。要约是向要约人希望与之订立合同的相对人发出的,要约的这一特点决定了要约相对人通常是特定的,该特定的人既可以是一人,也可以是数个人。要约原则上应向特定的相对人发出,并不是说要约不能向不特定人发出。在某些特定的情况下法律允许向不特定的人发出要约,而且只要要约人愿意向不特定人发出要约并自愿承担相应后果,法律也会承认其效果。

(3)要约的内容必须具体确定。要约的内容应当具体、确定,是指要约必须具备合同的基本条款,通过这些条款,能够在当事人之间形成较明确的债权债务关系。也就是说,要约的内容需达到一旦被受要约人全盘接受承诺就告合同成立的程度,要约的内容必须使受要约人足以了解将来可能成立合同的主要内容,以供受要约人考虑是否承诺。如果要约人发出的意思表示只包含订立合同的意向,而未提出合同内容的主要条款,则不能成立要约。

(4)要约必须具有订立合同的目的。要约人向相对人发出的意思表示必须具有订立合同的主观目的才能构成要约。不是以缔结合同为目的的行为,尽管表达了当事人的真实意愿,也不是要约。是否以缔结合同为目的,是要约与要约邀请的主要区别。那些意思表示不具体、不确定且不期望自己马上受该种意思表示约束的就不是要约,而是要约邀请。要约邀请,又称为要约引诱,其目的虽然也是订立合同,但它本身并不是一项要约,而是希望他人向自己发出要约的意思表示。

根据《民法典》第 473 条的规定,寄送的价目表、拍卖公告、招标公告、招股说明书、债券募集办法、基金招募说明书、商业广告和宣传等均为要约邀请。作为例外,《民法典》第 473 条第 2 款规定:“商业广告和宣传的内容符合要约条件的,构成要约。”《商品房买卖合同解释》第 3 条曾规定:商品房的销售广告和宣传资料为要约邀请,但是出卖人就商品房开发规划范围内的房屋及相关设施所作的说明和允诺具体确定,并对商品房买卖合同的订立以及房屋价格的确定具有重大影响的,应当视为要约。《电子商务法》第 49 条规定:“电子商务经营者发布的商品或者服务信息符合要约条件的,用户选择该商品或者服务并提交订单成功,合同成立。当事人另有约定的,从其约定。电子商务经营者不得以格式条款等方式约定消费者支付价款后合同不成立;格式条款等含有该内容的,其内容无效。”《民法典》第 491 条第 2 款规定:“当事人一方通过互联网等信息网络发布的商品或者服务信息符合要约条件的,对方选择该商品或者服务并提交订单成功时合同成立,但是当事人另有约定的除外。”据此,在电子商务实践中,当事人一方通过互联网等信息网络发布的商品或者服务信息符合要约条件的,构成要约。

区分要约与要约邀请,一般可以考虑如下几个方面:第一,根据当事人的意愿。要约中包含当事人受要约拘束的意思,而要约邀请只是希望对方主动向自己提出订立合同的意思表示。如果当事人在订约的建议中标注了“须以我方的最后确认为准”或“仅供参考”,则该提议为要约邀请。第二,根据法律的规定。法律如果明确规定某些行为要约,应当参照法律的规定作出区分。例如,我国法律已经规定寄送的价目表、拍卖公告、招标公告、招股说明书、债券募集办法、基金招募说明书、商业广告和宣传等一般均为要约邀请。第三,根据订约的提议是否包含合同的主要条款。如果订约的提议包含了合同的主要条款则为要约;如果不包含主要条款,则为要约邀请。第四,根据提议的相对人是否特定。向不特定人发出的大多是要约邀请,向特定人发出则更有可能为要约。第五,根据交易习惯与当事人的历来交易做法。

要约的这种意思是以追求合同的成立为直接目的的,邀约的目的就是引发当事人的承诺，要约在获得对方的承诺后，合同即可成立，要约人就要受到此意思表示的约束，不得擅自变更、撤销。

3. 要约的法律效力

行为人发出的订立合同的意思表示符合要约构成要件时，就会产生相应的法律效力。要约的效力为要约对要约人和受要约人的法律拘束力，涉及要约的生效时间、对受要约人与要约人的效力等问题。

（1）要约的生效。关于要约的生效时间，须区分以对话形式发出的要约和以非对话形式发出的要约两种情况。以对话形式发出的要约，一经要约人作出意思表示，受要约人即能知悉，要约就产生效力；对于非对话要约的生效时间，在各国立法中有发信主义与到达主义两种确定原则。

发信主义，是指要约人发出的要约不问受要约人是否收到，只要处于要约人控制范围之外时都发生法律效力，如要约信件的付邮，要约电报、电传、传真等发出。英美法系国家采用该原则。

到达主义，又称为收信主义，即要约必须送达受要约人、其代理人或者受要约人所能控制的地方才能生效的原则。

到达主义比发信主义更为合理一些。因为只有受要约人收到要约后，才能知悉要约的内容，此时要约发生法律效力，更合乎常理。基于此种原因，我国《民法典》第 474 条规定，要约的生效适用《民法典》第 137 条的规定，对于非对话方式的要约采取了到达主义的原则。《民法典》第 137 条规定："以对话方式作出的意思表示，相对人知道其内容时生效。以非对话方式作出的意思表示，到达相对人时生效。以非对话方式作出的采用数据电文形式的意思表示，相对人指定特定系统接收数据电文的，该数据电文进入该特定系统时生效；未指定特定系统的，相对人知道或者应当知道该数据电文进入其系统时生效。当事人对采用数据电文形式的意思表示的生效时间另有约定的，按照其约定。"

（2）对要约人的效力。要约对要约人的效力，又称为要约的形式效力，指要约一经生效，要约人即受该要约的拘束，不得随意撤回、撤销或对要约加以限制、变更或者扩张。但根据《民法典》合同编的规定，在要约到达受要约人之前可以撤回要约，在符合法律规定的条件下，可以撤销要约。

（3）对受要约人的效力。要约对受要约人的拘束力，又称要约的实质拘束力，是指受要约人在要约生效时取得承诺的资格或地位。

（4）要约的存续期间。要约的存续期间是指要约在多长时间内持续其法律效力。要约的存续期间一般由要约人在要约中规定，如要约规定该要约的有效期间为 20 天或规定该要约在某年某月某日前回复方有效。如果要约人没有规定要约的存续期间，则应区分如下两种情况：一是以口头形式发出的要约。如果要约中没有固定承诺期限，那么受要约人只有即时作出承诺，才能对要约人产生约束力。反之,如果受要约人没有即时作出承诺,则要约就失去了效力。[60] 二是以书面形式发出的要约,如果要约中没有规定存续期限,则应当确定一段合理时间作为要约存续的期限。合理的期限通常包括三项内容,即要约到达受要约人的时间;作出承诺所必需的时间;承诺到达要约人所必需的时间。当然该合理的时间在实践中要根据具体情况来确定。

4. 要约的撤回与撤销

要约的撤回,是指要约人在发出要约后,要约生效之前,宣布收回发出的要约,阻止要约效力的行为。由于市场情况瞬息万变,要约人发出要约的时候,难免会考虑不周,如果硬性规定要约人对要约的内容没有丝毫变动的权利,不仅对要约人不利,而且也会使受要约人遭受不应有的损失,[61] 因此,原则上要约可以撤回。由于要约尚未生效,要约人当然有权把要约撤回或者更改要约的内容,对此各国法律的规定与《联合国国际货物销售合同公约》的规定都基本一致。我国《民法典》第475条也规定,要约的撤回适用《民法典》第141条关于意思表示撤回的规定,即撤回要约的通知在要约到达受要约人前到达或者与要约同时到达受要约人会产生要约撤回的效力。据此,以平邮寄出的要约,在其寄达受要约人之前,要约人可以用电报或空邮等更为快捷的通讯方式把要约撤回或更改其内容。同时,要约毕竟是一种产生法律后果的意思表示,如果允许要约人毫无限制地撤回要约,则会弱化要约的效力,并可能使受要约人遭受不必要的损失,所以要约的撤回也应受到一定的限制。一旦要约到达受要约人,要约生效,要取消要约则属于要约撤销而不是要约撤回的问题。

要约的撤销,是指要约人在要约生效后,将该项要约取消,从而使要约的效力归于消灭。我国《民法典》第477条对要约的撤销制度进行了规定。根据我国《民法典》第477条的规定,原则上要约人有权撤销其要约,但"撤销要约的意思表示以对话方式作出的,该意思表示的内容应当在受要约人作出承诺之前为受要约人所知道;撤销要约的意思表示以非对话方式作出的,应当在受要约人作出承诺之前到达受要约人"。

尽管原则上要约人可以撤销其要约,但为保护受要约人的信赖利益,法律对要约人的撤销要约权利的行使进行了一定的限制。我国《民法典》第476条规定:"要约可以撤销,但是有下列情形之一的除外:(一)要约人以确定承诺期限或者其他形式明示要约不可撤销;(二)受要约人有理由认为要约是不可撤销的,并已经为履行合同做了合理准备工作。"要约人撤销要约的后果是使要约归于消灭。

---

[60] 王家福主编:《中国民法学——民法债权》,法律出版社1991年版,第292页。
[61] 王家福主编:《中国民法学——民法债权》,法律出版社1991年版,第292~293页。

两大法系在要约撤销问题上存在较大的差别，但也表现出一定的调和趋势。[62] 英美法系将要约视为要约人作出的一项允诺，除非要约人采用签字蜡封的要约或者该要约有对价，否则要约人就受要约的约束。因此，英美法系认为要约原则上没有约束力，要约人在受要约人作出承诺之前随时可以撤销要约或者更改其内容。即使要约人在要约中规定了有效期限，他在法律上仍可以在期限届满以前随时将要约撤销。大陆法系则原则上认为要约对要约人具有约束力，如德国认为除非要约人在要约中注明了不受约束的词句，否则要约人必须受其要约的约束；如果在要约中规定了有效期，则在有效期内不得撤回或修改其要约。现在为了适应国际贸易发展的要求，《美国统一商法典》也明确规定，在货物买卖中，在一定条件下可以承认无"对价"的"确定的要约"，即要约人在要约确定的期限内不得撤销要约。《联合国国际货物销售合同公约》试图调和两大法系的差异，适应国际贸易的需要，该公约规定要约在其被要约人承诺之前，原则上可以撤销，但是有下列情况之一不得撤销：(1)要约写明承诺期限，或以其他方式表示要约是不可撤销的；(2)受要约人有理由信赖该项要约是不可撤销的，并已本着对该项要约的信赖行事。

要约的撤回与要约的撤销都是使要约无法律效力，且都是在受要约人作出承诺之前作出。但两者还是存在一定的区别：(1)要约的撤回与撤销针对的对象不同。撤回的对象是还未生效的要约，撤销的对象是已经生效的要约。(2)撤回与撤销的时间要求不同。撤回要约的通知只能在要约到达受要约人之前到达或者与要约同时到达受要约人，才能发生撤回的效力；撤销要约的通知只需要在受要约人作出承诺之前到达受要约人即可。(3)实施撤回或者撤销的条件不同。由于撤回的要约并未生效，因此法律一般对撤回要约没有限制；而撤销要约则是已经生效的要约，对要约人和受要约人已经发生法律效力，因此要约的撤销受到法律限制。

5. 要约的失效

要约的失效，亦称要约的消灭，指已经发生法律效力的要约丧失法律效力，不再对要约人和受要约人发生拘束力。根据我国《民法典》第478条的规定，要约失效的原因主要有以下几种：(1)要约被拒绝，即受要约人以明示的方法拒绝要约。(2)要约被依法撤销。(3)承诺期限届满，受要约人未作出承诺。要约中明确规定了承诺期限的，受要约人未在此期限内作出承诺的，要约人不再受要约的拘束，要约失效。(4)受要约人对要约的内容作出实质性变更。受要约人对要约的内容作出实质性变更的，实质上是不同意原要约的内容，其发出的承诺应被视为一个新的要约。

〔62〕 张学森：《国际商法》，上海财经大学出版社2007年版，第112页。

(二)承诺

1. 承诺的概念

承诺是指受要约人根据要约规定的方式,对要约的内容加以同意的一种意思表示。对此,我国《民法典》第479条规定,承诺是受要约人同意要约的意思表示。承诺的意思表示可以采取向要约人发出声明的方式,也可以用其他行为来表示同意。要约一经承诺,合同即告成立。对于当事人作出承诺的具体方式,我国《民法典》第480条规定:"承诺应当以通知的方式作出;但是,根据交易习惯或者要约表明可以通过行为作出承诺的除外。"按照德国民法学者的通说,将自动售货机陈列在公共场所,意味着向每一个投入了所要求的钱币的人发出以自动售货机现有存货为限的订立买卖合同的要约。而按规定程序在自动售货机里投钱币并按了相应的确认键的人,即以可推断的行为承诺了该要约,从而使他与自动售货机陈列者之间的合同成立。[63]

2. 承诺的要件

承诺必须具备以下要件:

(1)承诺必须由受要约人或者其代理人作出。要约是由要约人向受要约人作出的订立合同的意思表示,因此,承诺只能由取得承诺资格的受要约人或者其代理人作出。任何第三人对要约作出同意都不能构成有效的承诺。

(2)承诺必须向要约人或其代理人作出。承诺是受要约人同意要约的意思表示,因此承诺只有向要约人作出才会发生订立合同的法律效果。承诺既可以向发出要约的本人作出,也可以向其代理人作出。

(3)承诺的内容应当与要约的内容一致。承诺是受要约人根据要约的内容与要约人订立合同的一种意思表示,承诺的内容应当与要约的内容相一致。如果受要约人在承诺中将要约的内容加以扩充、限制或变更,从原则上讲就不是承诺,而是一项反要约。我国《民法典》第488条第1句规定:"承诺的内容应当与要约的内容一致。"承诺的内容与要约相一致的要求,在英美合同法中被称为镜像规则(Mirror Image Rule)。镜像规则要求承诺就像对着镜子反射一样与要约一致。随着社会的发展,交易获得扩展,为促进交易,提高效率,现在各国合同的立法与实践采取了更为灵活的态度。我国《民法典》将要约的内容分为实质性内容和非实质性内容。承诺对要约实质性内容进行变更的,为新的要约;承诺对要约的非实质性内容进行变更的,除非要约人及时反对,原则上该承诺仍为合格的承诺,发生承诺的法律效力。根据《民法典》第488条第2、3句的规定:"受要约人对要约的内容作出实质性变更的,为新要约。有关合同标的、数量、质量、价款或者报酬、履行期

〔63〕 陈卫佐:《德国民法总论》,法律出版社2007年版,第207页。

限、履行地点和方式、违约责任和解决争议方法等的变更,是对要约内容的实质性变更。”

(4)承诺必须在要约的存续期间作出。我国《民法典》第481条第1款规定:“承诺应当在要约确定的期限内到达要约人。”受要约人所作的承诺只有在要约确定的承诺期限内到达要约人才能发生订立合同的法律效果。逾期作出的同意要约的意思表示不是承诺,如果符合要约条件,可视为新要约。

要约人明确确定承诺期限的,承诺应当在确定的期限内到达要约人。如果要约没有明确承诺期限的,我国《民法典》第481条第2款规定,“要约没有确定承诺期限的,承诺应当依照下列规定到达:(一)要约以对话方式作出的,应当即时作出承诺;(二)要约以非对话方式作出的,承诺应当在合理期限内到达”。

对于承诺期限的起算,我国《民法典》第482条规定:“要约以信件或者电报作出的,承诺期限自信件载明的日期或者电报交发之日开始计算。信件未载明日期的,自投寄该信件的邮戳日期开始计算。要约以电话、传真、电子邮件等快速通讯方式作出的,承诺期限自要约到达受要约人时开始计算。”

(5)承诺的方式必须符合要约的要求。根据我国《民法典》第480条规定:“承诺应当以通知的方式作出;但是,根据交易习惯或者要约表明可以通过行为作出承诺的除外。”如果要约人在要约中对承诺的作出方式作出了具体的规定,则受要约人只有按照要约中规定的方式作出承诺才能发生承诺的效力。例如,要约中指定必须以电报或电传的作出承诺,受要约人在承诺时就不能采取平信或空邮的方式作出承诺。

3. 承诺生效的原则

在历史上曾经有过宣告主义、发信主义、到达主义与知悉主义这四种关于承诺生效的原则。宣告主义认为,一旦受要约人作出承诺的意思表示,即一旦脱离主观领域表示即告完成。例如,拟好电报或写好信后,即使没有发出,承诺就已经生效。宣告主义虽然揭示了当事人意思表示一致的时间点,极具逻辑性,但是它并不具有相应的可操作性,在实际生活中人们难以证明信函写好的具体时间,而且当事人在发出信函前改变承诺事项情形也广泛存在。发信主义认为只要承诺脱离承诺人的控制,如将信件或电报发出,承诺即告完成,契约即成立。发信主义易于证明契约成立时间点的特点使该种主义被英美法系所采纳。到达主义认为只有承诺到达要约人并为其实际控制,契约才告成立,如收到电报或信件时。到达主义能达到使要约人从客观上了解承诺内容的目的,又可避免其恶意拖延合同成立时间的不足,为大陆法系国家所广泛采用。知悉主义下,只有相对人收到承诺,并对其有了实际的了解之后,契约才告成立。知悉主义虽符合生活的逻辑,有利于保护要约人,但实践中具有较大的副作用,如果要约人采取不拆阅信件等方式无限期地拖延合同的成立时间,则承诺人将面临巨大的缔约风险。[64] 对于承诺的生效,我国《民法典》第484条规定:"以通知方式作出的承诺,生效的时间适用本法第一百三十七条的规定。承诺不需要通知的,根据交易习惯或者要约的要求作出承诺的行为时生效。"

4. 承诺的撤回

承诺的撤回,是承诺人阻止承诺发生法律效力的行为。关于承诺可否撤回,两大法系的规定是不同的。大陆法系在承诺生效方面采取了到达主义,即承诺的意思表示到达要约人支配的范围内后(不管要约人是否已知悉承诺的内容)才发生效力,合同才告成立。在承诺到达要约人支配范围之前,承诺人可以撤回承诺,但要求撤回的通知先于或者与承诺同时到达要约人才能有效。英美法系采取发信主义,即承诺的意思表示如果以信件表示,除非当事人之间另有约定,则承诺人将信件投入邮箱或电报交付电信局即生效。因为英美法系认为要约人要求采取书信或电报方式进行承诺时,已经默示地指定由邮局作为他接受承诺的代理人,所以,一旦受要约人把承诺交到邮局,就等于交给了要约人,承诺即发生效力,即使由于邮局的疏忽把表示承诺的信件丢失了,也应当由要约人负责,与受要约人无关,不影响合同的成立。因此,在英美法系,合同在承诺通知发出时就已经生效,不存在承诺的撤回问题。

对于承诺的撤回,按照我国《民法典》第485条规定,承诺可以撤回。承诺的撤回适用《民法典》第141条关于意思表示撤回的规定。《民法典》第141条规定:"行为人可以撤回意思表示。撤回意思表示的通知应当在意思表示到达相对人前或者与意思表示同时到达相对人。"承诺生效之前,合同尚未成立,承诺人可以撤回承诺。撤回承诺的通知迟于承诺到达要约人的,承诺已经生效,合同已经成立,将不存在承诺撤回的问题。

5. 逾期的承诺和迟到的承诺

逾期的承诺,是指受要约人在要约人限定的承诺期限之后,向要约人发出的承诺。承诺本应在承诺期限内作出,如果承诺人逾期承诺,则除要约人及时通知受要约人该承诺有效的以外,为新要约。

迟到的承诺,是指承诺人在承诺期限内发出承诺,但是承诺到达要约人时,已经超过了承诺期限。对于未迟发而迟到的承诺,大陆法系的基本原则是:受要约人在要约有效期限内发出承诺通知,以通常情形可于有效期内到达要约人而迟到,对该承诺,如果要约人不愿意接受,即负有对承诺人发出迟到通知的义务。要约人及时发出迟到通知后,该迟到的承诺不生效力、合同不成立。如果要约人怠于发出迟到通知,则迟到的承诺视为未迟到的承诺,具有承诺的效力,合同成立。我国《民

---

[64] 李永军:《合同法》,法律出版社2004年版,第129页。

法典》第 487 条规定：受要约人在承诺期限内发出承诺，按照通常情形能够及时到达要约人，但是因其他原因致使承诺到达要约人时超过承诺期限的，除要约人及时通知受要约人因承诺超过期限不接受该承诺外，该承诺有效。

《联合国国际货物销售合同公约》对逾期的承诺与迟到的承诺所作出的规定与我国《民法典》合同编的规定基本一致，其规定：逾期的承诺如果得到要约人的认可并及时通知承诺人，则该项承诺仍然有效；如果载有逾期承诺的信件或其他书面文件表明，它是在传递正常就能及时到达受要约人的情况下寄发的，则该项承诺仍然有效，除非要约人毫不迟延地将相反意见通知受要约人。

6. 承诺的效力

我国《民法典》第 483 条规定，承诺生效时合同成立，但是法律另有规定或者当事人另有约定的除外。因此，承诺生效，意味着受要约人完全接受要约的意思表示，订立合同的过程结束，要约人与受要约人之间形成合同法律关系，任何一方都要受到该合同法律关系的拘束。由于通常承诺的生效标志着合同的成立，因此承诺生效的时间点决定了合同成立的时间点；承诺生效时的地点也是合同成立的地点，对法律管辖权的确定与选择法律的适用均意义重大。对于承诺生效的时间点，我国《民法典》第 484 条规定："以通知方式作出的承诺，生效的时间适用本法第一百三十七条的规定。承诺不需要通知的，根据交易习惯或者要约的要求作出承诺的行为时生效。"

三、合同订立的特殊方式

（一）招标投标方式

招标投标方式是指招标人先向数个相对人或者不特定的相对人发出招标通知或者招标公告，并在诸多投标者中选择最符合其招标要约的投标者并与之订立合同的方式。招标投标这种合同订立的方式一般包括招标、投标、开标与评标及定标阶段。

1. 招标。招标的法律性质为要约邀请，是招标人采取一定的公开方式邀请特定或者非特定的人向自己投标的行为。根据招标的方式不同，可以将招标区分为邀请招标（定向招标）与公开招标（不定向招标）。邀请招标，是指招标人以投标邀请书的方式邀请特定的法人或者组织投标的行为，邀请招标的被邀请人通常在三人以上。公开招标，是指招标人以招标公报的方式邀请不特定的法人或者组织投标的行为。

2. 投标。投标指投标人按照招标人的要求，向招标人提出自己的报价及相应书面答复的行为。投标在性质上为一种要约。

3. 开标与评标阶段。开标是指招标人在招标文件中确定的时间、地点启封标书，公开标书内容的行为。评标即根据招标文件的要求，评标委员会对标书进行评议和审查。

4. 定标。定标是指在投标期限届满之后,招标人从众多的投标人中评选出中标人。中标人确定后,招标人应当向中标人发出中标通知书,并同时将中标结果通知所有未中标的投标人。中标通知具有承诺的法律效力,对招标人和中标人均具有法律效力。招标人和中标人应当自中标通知书发出之日起30日内,按照招标文件和中标人的投标文件订立书面合同。

(二)拍卖

拍卖,是指以公开竞价的形式,将特定物品或者财产权利转让给竞买者的买卖方式。拍卖当事人包括拍卖人、委托人、竞买人和买受人。拍卖人是指依照拍卖法、公司法设立的从事拍卖活动的企业法人。委托人为委托拍卖人拍卖特定物品或者权利的人。竞买人为参加竞购出价购买标的物的人,买受人是以最高应价购得拍卖标的物的竞买人。

根据起价方式不同,拍卖一般分为一般式和荷兰式。一般式拍卖先由拍卖人出底价,并规定两次应价之差,然后由竞买人竞相加价到无人再加价为止。荷兰式拍卖先由拍卖人以最高价作为起价,若约定期间内无人应叫,即依次逐渐降低价格,直到成交为止。

在拍卖过程中,拍卖人的广告或宣传、每次叫价均为要约邀请,竞买人出价属于要约。竞买人的最高价经拍卖师落槌或者以其他公开表示买定的方式确定后,拍卖成交。其后,买受人和拍卖人应当签订成交确认书。

(三)交叉要约

交叉要约又称为交错要约或者要约之吻合,通常是指当事人采取非对话式的方式,几乎同时相互向对方提出两个独立且内容相同要约的现象。例如,甲向乙发出一项要约,希望以1万元将一部汽车卖给对方,而乙在收到上述要约以前,主动去信表示愿意以1万元购买甲之汽车。交叉要约是否可以成立契约,大陆法系在学理上与英美法系的实务中均有不同的观点。该问题在《德国民法典》制定之际就存在实质说与形式说的争论。实质说认为两个意思表示的内容既属一致,自应成立合同;形式说主张合同仅能依要约和承诺形式方能成立,在交叉要约的场合,必须其中之一系对要约为承诺,合同才能成立。上述两种对立的见解势均力敌,导致《德国民法典》最终对交叉要约未设规定,其后此种观点的对立依然存在,但实质合致说略占优势。[65] 我国台湾地区民法学说多持实质合致说,认为双方当事人皆有缔约的意思且内容一致,没有阻止合同成立的正当理由,否则只会徒增当事人

---

〔65〕 Flume, Rechtsgeschaft, S. 650f. 转引自王泽鉴:《债法原理》(第1册),中国政法大学出版社2001年版,第185~186页。

的不便与需费。[66] 在英美法系中存在许多不承认交叉要约成立合同的判例，但也有判例持相反观点。美国的《合同法重述》（第2版）对交叉要约采取了较宽容的态度，认为交叉要约亦可推论成立合同，因为虽然其中无承诺的形式，但在主观上当事人双方对同一事物已表合意，客观上有证据存在（第23条）。

（四）事实（上）契约及其成立

事实（上）契约，指依利用契约效果内容之事实过程，契约即告成立，并不问其有无承诺意思，乃至有无缔约意思而言。例如，搭乘霸王车、偷偷驻车于他人之停车场，其相对人对搭车者得主张事实契约成立。[67] 事实契约理论由德国学者普豪特（Haupt 氏）所提出，其在批判传统民法仅能依当事人意思合致而缔约的理论基础上提出了事实契约关系理论，其主张在若干情形，契约关系得因一定的事实过程而成立，至于当事人的意思如何则在所不问。他强调这种事实上契约关系不是类似契约的法律关系，而是确具契约内容的实质；其与传统契约观念的不同，仅在于成立方式不同，契约法的规定完全可以适用于其相关的内容。[68]《德国联邦最高法院民事裁判》第21卷第319页刊载的著名案例是事实合同理论应用的典型。在该案例中，一名汽车司机在汉堡市府市场将自己的汽车停放到了标有"应付停车费并被看护"字样的位置。但该司机拒绝订立看护合同，理由是在那里停放的车辆尚属无偿公共使用的范畴。尽管如此，联邦最高法院仍然判处该司机支付停车费，认为在此情况下成立无合意的合同给付义务。[69] 至于事实契约的理论基础，赞同这一理论的学者有不同的主张。有学者认为，之所以将其归于契约关系，是因为契约关系的方式为对这种现实利益状态的最适合的评价手段；也有学者认为着眼于契约所担当的机能，将人类相互生活关系上自然形成之秩序，以广泛的契约来看待。这种秩序不仅存在于有当事人合意的场合，在事实行为的场合也存在。[70] 虽很多学者主张在公共服务的给付、事实上劳动或事实上合伙等现代生活领域可适用事实契约理论，但是由于事实契约理论违背意思表示的基本原理，所以该理论最终未被广泛接受。我国台湾地区立法的有关规定对事实契约理论采取了肯定态度，"大众捷运法"不问当事人之真意，均认为运送契约成立之规定，是事实上契约理论的例证。[71] 事实上契约理论对传统民法法律行为的价值体系带来了巨大的

---

〔66〕 邱聪智：《新订民法债编通则》（上），中国人民大学出版社2003年版，第31页；郑玉波：《民法债编总论》，陈荣隆修订，中国政法大学出版社2004年版，第50页；孙森焱：《民法债编总论》（上册），法律出版社2006年版，第30页。

〔67〕 邱聪智：《新订民法债编通则》（上），中国人民大学出版社2003年版，第32页。

〔68〕 王泽鉴：《债法原理》（第1册），中国政法大学出版社2001年版，第205页。

〔69〕 [德]迪特尔·梅迪库斯：《德国债法总论》，邵建东译，法律出版社2004年版，第192～193页。

〔70〕 刘得宽：《民法诸问题与新展望》，中国政法大学出版社2002年版，第478～479页。

〔71〕 邱聪智：《新订民法债编通则》（上），中国人民大学出版社2003年版，第32页。

冲击,但在很多重要观点上,都使现代民法法律行为的理论更为充实,更为丰富,更能作合理客观的解释,以适应社会的发展与需要。[72]

第四节　合同履行中的抗辩权

一、合同履行中的抗辩权概述

合同履行中的抗辩权,是当事人一方在符合法定条件时,对抗、延缓另一方当事人的履行请求权,暂时拒绝履行其债务的权利。按照我国《民法典》合同编的规定,合同履行中的抗辩权主要有同时履行抗辩权、不安抗辩权和先履行抗辩权三种。由于这些抗辩权均发生在双务合同中,且均是对抗履行请求权的权利,理论又多将上述抗辩权称为双务合同履行中的抗辩权。

双务合同履行中抗辩权是双务合同效力的体现。双务合同履行中抗辩权是抗辩权人对自己进行保护的一项有效手段,抗辩权人可以通过行使抗辩权避免自己履行合同后得不到相对人履行的风险;双务合同履行中抗辩权的行使可以起到促进相对人及时履行或者被迫提供担保的效果,具有较违约责任更加积极的保障债权实现的效果。

双务合同履行中抗辩权具有临时性,它们不产生消灭合同履行的效力,权利人只能在一定期限内以行使抗辩权的手段临时中止履行合同。一旦发生抗辩权的事由消灭,债务人仍应履行其债务,所以双务合同的抗辩权为一时的抗辩权、延缓的抗辩权。

当事人行使同时履行抗辩权、先履行抗辩权和不安抗辩权的行为都是正当行使权利的行为,应受法律的保护。司法实务中必须避免把当事人行使同时履行抗辩权、先履行抗辩权和不安抗辩权的行为当作“违约”行为处理,而不当追究行为人“违约”责任的倾向。

二、同时履行抗辩权

(一)同时履行抗辩权的概念

根据我国《民法典》第525条的规定,同时履行抗辩权是指双务合同的当事人在无先后履行顺序时,一方在对方未为对待给付之前,可以拒绝履行自己债务或者一方在对方履行债务不符合约定时,有权拒绝相应履行请求的权利。同时履行抗

---

〔72〕 王泽鉴:《债法原理》(第1册),中国政法大学出版社2001年版,第206页。

辩权,是大陆法系国家民法所确认的一项重要权利。《德国民法典》第320条规定:“因双务契约而负有债务者,在他方当事人为对待给付前,得拒绝自己的给付,但自己有先给付的义务者,不在此限。”《日本民法典》第533条规定:“双务契约当事人的一方,于相对人履行其债务前,可以拒绝履行自己的债务。但是,相对人的债务不在清偿期时,不在此限。”

同时履行抗辩权存在的基础在于双务合同的牵连性。双务合同的牵连性是指双务合同的给付与对待给付之间具有不可分离的关系,这种牵连性可分为发生上的牵连性、存续上的牵连性和功能上的牵连性。所谓发生上的牵连性,是指一方的给付与相对人的对待给付在发生上互相牵连,即一方的给付义务不发生时,相对人的对待给付义务也不发生。所谓存续上的牵连性,是指双务合同的一方当事人的债务因不可归责于双方当事人的事由,致不能履行时,债务人免除给付义务,债权人亦免除对待给付义务。所谓功能上的牵连性,又称履行上的牵连性,是指双方合同的当事人一方所负给付与相对人所付的对待给付互为前提,一方不履行其义务,相对人原则上亦可不履行。[73]

法律设立同时履行抗辩权,其目的在于维持双方当事人在利益关系上的平衡。双务合同中双方当事人的权利义务是对等的,如果一方不履行自己的义务却要求对方履行义务,将致使双方当事人之间的权利义务极为不公平。赋予双方当事人同时履行抗辩权,可以保护当事人不因自己的先履行而蒙受损失,同时也避免、减少合同纠纷的发生。但需要注意的是,行使同时履行抗辩权的结果并不是免除权利人一方的义务,而是以督促对方履行促成自己履行的条件。

(二)同时履行抗辩权的适用条件

根据我国《民法典》第525条的规定,同时履行抗辩权的适用须符合如下四项条件:

1. 必须是在同一双务合同中双方互负债务。“所谓同时履行之抗辩,乃系是基于双务契约而发生,倘双方之债务,非本于同一之双务契约而发生,纵令双方债务在事实上有密切之关系,或双方之债务虽因同一之双务契约而发生,然一方之给付,与他方之给付,并非立于互为对待给付之关系者,均不能发生同时履行之抗辩。”[74]非双务合同如无偿借用合同,由于不存在牵连性,不产生同时履行抗辩权。

2. 必须是双方互负的债务无履行顺序且已届履行期。双方债务无履行顺序,是指合同当事人在合同中没有约定,法律对此也没有明确确定哪一方应先履行义务。如果双方当事人的债务有履行顺序的先后之分,则可能会适用不安抗辩权与

---

〔73〕 崔建远主编:《合同法》(第4版),法律出版社2007年版,第131页。
〔74〕 刘春堂:《判解民法总则》,台北,三民书局1987年版,第168页。

先履行抗辩权,而不会适用同时履行抗辩权。若双方所负的债务均未届履行期,任何一方均无权主张同时履行,同时履行抗辩权问题也将无从发生。

3. 必须是相对方未履行债务或未提出履行债务。同时履行抗辩权制度的功能在于平衡当事人之间的利益关系,促进双方平等协作,维护市场交易秩序稳定。因此,当事人一方行使同时履行抗辩权,必须以对方未履行债务或未提出履行债务为前提。如果对方已经履行债务,则同时抗辩权将无从产生。但值得注意的是,未履行债务应理解为未履行合同之债的主给付义务。若未履行合同附随义务或者无对价关系的从属义务,不发生同时履行抗辩权。如甲雇用乙为其修剪园林之林木,并清理垃圾,甲支付报酬。如仅因墙角一隅的垃圾未为清理,或一处树木援墙生长高处不易修剪,而以同时履行抗辩权为由,拒绝给付全部的报酬,即属不可。[75] 通常未履行债务主要包括诸如拒绝履行、履行迟延、履行不适当。

4. 必须是相对方在客观上有履行的可能。同时履行抗辩权属延缓抗辩权,其目的在于促使双方当事人同时履行债务。若对方所负的债务已经丧失履行的可能性,则同时履行的目的也已经不能实现,不适用同时履行抗辩权。

(三)同时履行抗辩权的法律后果

同时履行抗辩权可以在诉讼中以及诉讼外主张,由于同时履行抗辩权属于事实上的主张,因此,权利人应当在第二审辩论终结前提出。[76] 同时履行抗辩权的行使,只发生债务延期履行的后果,相对方并不因此丧失其合同上的请求权。换言之,同时履行抗辩权仅仅暂时阻止对方请求权的行使,即在相对方对待给付前,权利人可以拒绝自己债务的履行,并不因此产生否定对方请求权的效力。

三、不安抗辩权

(一)不安抗辩权的概念

不安抗辩权是指双务合同当事人一方根据合同约定应向对方先为履行义务,在合同成立之后,发现后履行义务当事人的财产显著恶化或履行债务的能力明显减弱,以致可能难以履行其对待给付义务时,可暂时中止自己的履行,并有权要求后履行方提供必要的担保,否则该当事人可以拒绝履行自己的义务。当事人所享有的此项权利又称为保证履行抗辩权。不安抗辩权具有一时抗辩的性质,属于间接保障债权的一种手段。

不安抗辩权是大陆法系的制度,《德国民法典》(第 321 条)、《瑞士债务法》(第 83 条)、我国台湾地区“民法”第 265 条均有明文规定。我国现行《民法典》合

---

〔75〕 崔建远主编:《合同法》(第 4 版),法律出版社 2007 年版,第 133 页。

〔76〕 韩世远:《合同法总论》(第 2 版),法律出版社 2008 年版,第 258 页。

同编在吸收英美法系预期违约制度合理成分的基础上，对大陆法系的不安抗辩权制度进行了部分改造，设立了第527、528条，以保护当事人的合法权益，维护社会经济秩序。双务合同中一方当事人负有先履行义务时，该当事人原则上不享有同时履行抗辩权。但在合同成立后，出现负有后履行义务的一方当事人财产状况恶化，可能不能履行其对待给付义务，危及先履行一方当事人债权的实现情况时，仍然强迫负有先履行义务一方为先行给付，则明显有悖于公平原则。法律为贯彻公平原则，谋求双方当事人利益关系的平衡，避免先履行义务方蒙受不必要的损失，特设不安抗辩权制度。

（二）不安抗辩权的适用条件

根据我国《民法典》第527条和第528条的规定，不安抗辩权的适用条件有以下几项：

1. 须双方当事人因同一双务合同而互负债务。在单务合同中，不可能存在不安抗辩权。不安抗辩权与同时履行抗辩权一样，只能产生于双务合同，且当事人之间的给付义务互为对价，具有牵连性，一方的履行是为了换取对方的对待履行。双方合同当事人虽互付债务，但若该债务不是基于同一双务合同而发生，不发生不安抗辩权。不安抗辩权适用的范围主要为金钱债务丧失给付能力的情形，但不以此为限，债务人出现其他丧失或可能丧失履行能力的情形也可适用不安抗辩权。例如，甲剧院邀请乙歌手演出，约定预付报酬若干，后因乙生病难以演出，甲可以以此为由中止支付报酬。[77]

2. 须当事人一方应向他方先为给付。行使不安抗辩权的前提是依照合同的约定或法律的规定，一方负有先履行合同债务的义务。只有在双方履行义务有先后顺序之分的情况下，先履行合同的一方才有可能适用不安抗辩权来保护自己的权利。

3. 须是先履行义务的该方当事人有确切证据证明对方当事人履行能力明显降低，有不能对待给付的现实危险。这是行使不安抗辩权的实质要件。法律设有不安抗辩权的目的在于保证先履行的一方当事人在履行其合同义务后，不因对方不能履行合同债务而受到损失。先履行方只有在获得确切证据能够证明后履行义务方履行能力明显降低、有不能对待给付的现实危险时，才可以行使不安抗辩权。《民法典》第527条规定，后履行方出现以下情形时，先履行方才可以行使不安抗辩权：一是经营状况严重恶化；二是转移财产、抽逃资金，以逃避债务；三是严重丧失商业信誉；四是有丧失或者可能丧失履行能力的其他情况。此外，上述不安事由必须使对方的债权实现受到威胁，如果对方已经提供担保，使债权的实现有相当的

〔77〕　韩世远：《合同法总论》（第2版），法律出版社2008年版，第258页。

保障,则不能发生不安抗辩权。

4. 须先履行一方的债务已届履行期。后履行方的情形发生变化,可能导致其将来不履行债务或不能履行债务,有必要对先履行合同的当事人利益进行保护,暂时中止合同履行就是最好的保护。若先履行的债务尚未届至,后履行方无要求履行的请求权,则不会产生不安抗辩权。

(三)不安抗辩权的法律效果与消灭

根据《民法典》第527、528条之规定,当事人行使不安抗辩权后,会产生以下法律效力:

1. 中止履行。传统民法一般将不安抗辩权称为拒绝权,是可以拒绝他人要求自己履行的权利。我国《民法典》第528条规定,权利人可以通过中止履行的方式行使不安抗辩权,既可以拒绝对方的履行请求,也可以中止自己的履行行为。当事人行使不安抗辩权中止履行不需要通过诉讼的方式进行,但应当及时通知对方当事人,在通知到达对方当事人时发生法律效力。

2. 要求对方提供适当的担保。主张不安抗辩权并不意味着就消灭了先履行义务方的义务,只是因特定的情况,先履行义务人可以暂时延缓向对方履行而已。先履行方要求对方提供担保只是为了消除其履行合同可能带来的风险,先履行方要求对方提供适当担保,应给予对方一定的期限。一旦后履行义务方提供了适当担保,先履行方即应恢复履行。[78]

3. 恢复履行或者解除合同。中止履行只是暂时性保护措施,不足以彻底保护先履行义务方的合法利益。如果后履行义务方履行能力不能恢复或者提供担保过于延缓,势必损害主张不安抗辩权之当事人的利益,影响交易秩序。因此,《民法典》第528条规定:"中止履行后,对方在合理期限内未恢复履行能力且未提供适当担保的,视为以自己的行为表明不履行主要债务,中止履行的一方可以解除合同并可以请求对方承担违约责任。"《民法典》第528条的规定衔接了不安抗辩权制度与预期违约制度,具有重要实践意义。相反,如果后履行义务方已经恢复了履行能力或者提供了充分担保足以使先履行方的权益得以保障,则主张不安抗辩权而中止履行的一方应当恢复履行,因为此时适用不安抗辩权的原因已不复存在。

不安抗辩权为一时的抗辩权,其消灭的原因主要有:(1)他方当事人已为对待给付。不安抗辩权系为他方当事人有难为对待给付之虞而设,亦即对于他方将来能否给付深感不安,始有此权利,若他方已为对待给付,则无不安可言,此一时抗辩权应归于消灭。(2)他方当事人已提供担保。他方当事人提供与对待给付相当的人保与物保之后,不安抗辩权归于消灭。(3)他方当事人的对待给付债务已届清

---

〔78〕 韩松主编:《民法学》,中国政法大学出版社2004年版,第506页。

偿期。不安抗辩权乃为除去将来之不安而设,以他方当事人的债务尚未到期为必要,若因事件经过,他方将来之债务亦届清偿时,则与此方之债务已处于得同时履行之状态,此时需适用同时履行抗辩权而不应适用不安抗辩权。[79]

四、先履行抗辩权

(一)先履行抗辩权的概念

先履行抗辩权,是指在双务合同中依合同约定或者法律规定负有先履行义务的一方当事人,届期未履行义务或履行义务不符合合同约定,相对方为保护自己的顺序利益而拒绝其对应履行请求的权利。在传统民法上,有同时履行抗辩权和不安抗辩权,而无先履行抗辩权的概念。相当于先履行抗辩权的概念被认为包含在同时履行抗辩权之中,作为一种特殊的情形处理。我国《民法典》合同编则明确独立地规定了这一抗辩权。我国《民法典》第526条规定:"当事人互负债务,有先后履行顺序,应当先履行债务一方未履行的,后履行一方有权拒绝其履行请求。先履行一方履行债务不符合约定的,后履行一方有权拒绝其相应的履行请求。"先履行抗辩权是后履行义务方享有的权利,又被称为后履行抗辩权,其本质是对违约的抗辩,因此,先履行抗辩权是一种违约救济权。

(二)先履行抗辩权的适用条件

根据《民法典》第526条的规定,发生先履行抗辩权必须符合以下条件:

1. 须是双方当事人基于同一双务合同互负债务。双方当事人因同一合同互负债务,并且在履行上存在牵连性与对价关系,单务合同不发生先履行抗辩权。

2. 须是双方债务的履行有先后顺序。至于履行顺序是约定的,是法定的,还是依合同性质或者交易习惯确定则在所不问。如果双方债务的履行无先后顺序,则适用同时履行抗辩权。先履行抗辩权与不安抗辩权均是适用于合同法中有明确约定履行顺序的情形,只是二者的权利主体不同,主张先履行抗辩权的只能是依据约定或法律规定负有后履行义务的一方当事人,而主张不安抗辩权的只能是依据约定或者法律规定负有先履行义务的一方当事人。

3. 须是先履行义务方未履行义务或履行义务不符合合同约定。先履行抗辩权的行使,实质上是对先履行合同义务一方当事人的抗辩,反映了后履行义务人的后履行利益。这种后履行利益包括顺序利益与合同履行条件(以对方先行给付为条件)。当事人行使先履行抗辩权可以在不终止合同效力的前提下,保护自己的利益。一般说来,先履行的一方履行义务不符合合同约定,是指先履行一方虽然履行了债务,但其履行不符合当事人约定或法定要求,如迟延履行、不完全履行、部分

---

〔79〕 郑玉波:《民商法问题研究》(四),台北,三民书局1985年版,第64~65页。

履行。

4. 须是先履行一方当事人应当先履行的债务客观上是可能的，即是可以履行的。如果先履行一方的债务已经不能履行了，即发生履行不能，后履行义务方也无须行使先履行抗辩权了。

(三)先履行抗辩权的行使与法律效果

先履行抗辩权的行使表现为当事人在履行期届至时，拒绝履行自己的合同债务。问题在于此时，先履行权人是否需要向对方作出明确的意思表示。一般情况下，在先履行一方未构成违约的情况下，先履行一方未请求对方履行的，先履行抗辩权的行使不需要明示(于此场合，后履行一方可行使债务履行期尚未届至的抗辩权)；在先履行一方构成不能履行、拒绝履行、迟延履行、不完全履行但未请求后履行一方履行时，先履行抗辩权的行使不需要明示。先履行一方请求后履行一方履行的，后履行一方拒绝履行需要明示。在先履行一方构成违约并请求后履行一方履行时，先履行抗辩权的行使需要明示。[80]

先履行抗辩权的行使可使对方的履行请求发生延缓效力，后履行一方可以根据自己的先履行抗辩权合法中止自己债务的履行，保护自己的期限利益、顺位利益；当先履行义务方采取了补救措施，使合同的履行趋于正常，能够满足另一方的履行利益时，先履行抗辩权即消灭，行使先履行抗辩权的一方应当及时恢复履行，否则构成违约。先履行抗辩权属于一时抗辩权，一旦先履行方履行了自己的合同义务，则先履行抗辩权消失，后履行一方仍需履行自己的义务。先履行抗辩权的行使不影响后履行一方主张违约责任。

第五节 合同的变更和解除

一、合同的变更

(一)合同变更的概念

合同的变更有广义上的合同变更与狭义上的合同变更之分。广义上的合同变更，即合同的变化，既包括合同内容的变更也包括合同主体的变更。合同主体的变更又称为合同权利义务的移转(或合同的转让)，是以新的合同主体取代原合同关系的主体，合同内容并不发生变化。合同主体的变更实际上是将合同的权利义务关系转移给新的合同当事人，是合同债权、债务变动的结果。其中合同债权人的变

〔80〕 崔建远主编：《合同法》(第4版)，法律出版社2007年版，第138页。

更,称为债权让与或债权转移;合同债务人变更的,称为债务承担或债务移转;合同债权债务一并转让的,称为债权债务的概括移转。

狭义的合同变更,即合同内容的变更,指在不改变合同主体的前提下仅仅改变合同的内容。通常意义上的合同变更就是狭义的合同变更,我国《民法典》合同编第六章的标题为"合同的变更和转让",将"变更"与"转让"并列,其变更就是狭义上的合同变更。

(二)合同变更的要件

1. 合同关系已经存在。合同变更是对原有合同关系的改变,它以合同关系的存在为基础,缺少已经存在的合同关系,合同变更也将无从谈起。如果已经成立的合同关系被确认无效,可撤销合同被撤销,效力待定合同被追认权人拒绝追认,合同关系没有最终建立起来,合同的变更问题也将无从产生。

2. 合同内容发生变化。我国《民法典》合同编采变更狭义说,即我国《民法典》合同编上的合同变更不包括合同主体的变更,仅指合同内容的变更,合同内容的变化是合同的变更不可或缺的条件。传统民法将债的变更区分为要素变更和非要素变更。前者指债的标的变更,后者指标的以外的有关数量、履行期限、地点、价格以及所附条件、担保、违约金、利息等的变更。由于要素的变更,是给付发生重要部分的变更,往往导致原合同关系的消灭和新合同关系的产生,因此合同变更以不导致原合同消灭和新合同产生为条件,通常仅指非要素的变更。因此,合同变更中的合同内容变更一般包括:标的物数量的增减,标的物品质规格的改变,价款或酬金的增减,履行期限的变更,履行地点、方式的改变,结算方式的改变,所附条件的增加或除去,单纯债权变为选择债权,担保的设定或消失,违约金的变更,利息的变化等。另外,依据《民法典》第 544 条的规定当事人对合同变更内容的约定必须明确,"当事人对合同变更的内容约定不明确的,推定为未变更"。

3. 合同变更须依当事人协商一致、法律的直接规定或者裁判机关的裁判等方式进行。合同变更主要依据当事人协商一致实现,在合同当事人就合同内容的变更达成合意并符合民事法律行为生效要件时,就产生合同变更的效力。除此之外,合同的变更还可依法律的规定而产生,在债务人违约致使合同不能履行的情形下,履行合同的债务将按照法律规定直接变为损害赔偿的债务。最后,形成权人的单方意思也可以使合同发生变更,如选择权人可以行使选择权,使合同发生变更。

4. 合同变更须遵守法定方式。对于合同的变更,如果法律、行政法规要求必须采取一定的方式,如办理批准、登记手续等,当事人应当遵守此规定,否则即使当事人就合同变更达成了协议,也不能产生合同变更的效力。

(三)合同变更的效力

合同变更原则上仅向将来发生效力,不对已履行的部分发生效力,但法律另有规定或者当事人另有约定的除外。这样,通常原合同中已履行部分不因合同变更而失去法律依据,合同中未变更的部分也将仍然有效。因此,在合同变更以后,除当事人另有明确约定外,任何一方不能因合同内容的变更而要求对方返还已为的给付。

由于合同变更以原已存在合同关系为前提,是对原合同已有内容的变更,合同变更实际上是以变更后的合同代替了原来的合同,因此合同变更以后当事人应按变更后的合同内容履行,任何一方不履行变更后的合同内容都将构成违约。合同变更后,"原合同债权所有的利益或瑕疵仍然存在,但合同的变更增加了债务人负担时,非经保证人书面同意,保证人不再承担保证责任;如果未经物上保证人的同意,物的担保原则上不及于扩张的债权价值额"。[81]

合同变更不影响当事人要求赔偿损失的权利,因此在通常情况下如因合同变更给对方当事人造成损失或在合同变更前由于一方当事人过错给对方造成损失,则责任方应负赔偿责任。

(四)合同的协议变更

合同变更有依当事人的协议而变更,有依法律规定而变更,也可因裁判机构的裁判或者形成权人的单方意思而变更。其中协议变更是现实生活中最为广泛使用的合同变更形式,因此,本书在此对合同的协议变更略作一些说明。

《民法典》第543条规定,"当事人协商一致,可以变更合同"。据此,当事人若想通过协议方式实现对合同的变更,首先必须对合同变更的内容协商一致。合同是当事人意思表示一致的产物,合同的变更也需要当事人就合同内容的变更达成一致的意思表示,如果当事人未能对合同变更内容形成一致的意思表示,则合同就不能变更。现实中,当事人协商一致的过程,类似于重新订立一个新合同的过程,也需要经过要约、承诺的程序。其次,当事人应当对合同变更的内容作出明确的约定。合同当事人应就合同变更的内容在协商一致的基础上约定明确,诸如标的物的数量,品质规格,价款或酬金,履行期限、地点、方式,违约金等的变更均应有明确规定。在约定明确的情况下合同变更才是有效的,否则依我国《民法典》第544条的规定,当事人对合同变更的内容约定不明确的,推定为未变更。

二、合同的解除

(一)合同解除的概念与特征

合同的解除,是指在合同成立后,当事人通过协议的方式或者当约定或法定的解除条件具备时,一方当事人根据其意思表示,使合同关系自始或仅向未来消灭的

---

[81] 韩世远:《合同法总论》(第2版),法律出版社2008年版,第404页。

法律制度。在合同解除中,当事人享有的仅依据单方意思表示就能使合同消灭的权利,为解除权。“解除权谓得解除契约之权利。其行使以意思表示为之,因无须得他方之同意,即发生解除之效果,是为单方行为。解除权的行使足以使契约自始归于消灭,其性质为形成权。”〔82〕解除权发生的原因有两种:一为约定解除权,即由合同当事人于订约的同时或其后,约定保留当事人一方或双方有解除合同的权利;二为法定解除权,其发生原因为债务不履行、给付迟延、给付不能及瑕疵担保责任。〔83〕

合同的解除具有如下特征:〔84〕

1. 合同的解除以已经成立的合同为对象。解除合同是为了消灭合同的效力,所以解除合同适用的对象只能是已经成立且已经或者可能发生法律效力的合同。无效合同与(未被追认的)效力待定的合同,被撤销的可撤销合同,由于都没有产生实际的效力,不能成为合同解除的对象。附条件或期限的合同,在条件成就或期限到来之前,虽未生效,但也可解除,因为这种合同仍可能对当事人发生法律拘束力。要式合同与要物合同,在成立和生效的过渡期限内(等待批准或者等待交付标的物),当事人也可在出现法定事由时解除合同。

2. 合同的解除必须符合一定的条件。合同必须严守是合同法的重要规则,也是合同法律约束力原则的重要内容,任何人无法定事由或者约定事由均不得解除合同。如果不对合同解除条件加以限制,极易形成合同解除权滥用的局面,破坏合同关系的稳定,危及交易安全。

3. 合同解除必须有解除行为。按照我国《民法典》合同编的规定,解除条件具备,合同并不必然解除,欲使合同解除,当事人必须作出解除行为。合同当事人解除合同的行为主要有两种:一是由当事人双方协商同意解除合同;二是由享有法定的或约定的解除权的一方作出解除合同的意思表示而解除合同。

在合同解除的方式上,各国的规定并不相同。日本等国家采用当然解除主义,即只要符合合同解除条件,合同当然解除。合同当然解除的立法例的优点是可以使合同关系迅速解除,其缺陷是没有充分考虑享有解除权一方当事人的自由意志。如果有解除权一方不希望解除合同,而希望继续履行合同,若采用当然解除方式,会给享有解除权一方当事人造成必要的损失。法国法则与之完全不同,其原则上要求主张解除合同的一方向法院提起诉讼,由法院作出解除合同的判决。《法国民法典》第1184条规定,债权人解除合同,必须向法院提起。但是,如果双方当事

〔82〕 孙森焱:《民法债编总论》(下册),法律出版社2006年版,第615页。

〔83〕 王泽鉴:《法律思维与民法实例——请求权基础理论体系》,中国政法大学出版社2001年版,第98页。

〔84〕 韩松主编:《民法学》,中国政法大学出版社2004年版,第514页。

人在合同中订有明示的解除条款,则无须向法院提出。此外,《德国民法典》第349条规定,“解除合同应向对方当事人以意思表示为之”。据此,按照德国法,主张解决合同的一方当事人只须把解除合同的意思通知对方即为可以。[85]

4.合同解除的目的和结果是使合同消灭。合同解除的目的是使合同关系消灭,终止合同中的权利义务关系。合同的解除对于一般性合同通常具有溯及力;对于继续性合同,合同的解除不具有溯及力,合同仅向将来消灭。

(二)合同的解除及其条件

合同的解除有约定解除与法定解除之分。约定解除包括协议解除和约定解除权两种情况,法定解除有一般法定解除与特殊法定解除之分。在此,我们分别对约定解除、法定解除及相应的解除条件进行讨论。

1.约定解除及其解除条件

我国《民法典》第562条第1款规定,“当事人协商一致,可以解除合同”,即指合同的协议解除。协议解除指合同成立后,在未履行或未完全履行之前,当事人双方通过协商解除合同,从而使合同的效力消灭的行为。由于协议解除不是当事人在合同订立时约定解除权,而是在合同成立以后,通过双方协商解除合同,因而又称为事后协商解除、合意解除。

协议解除的特征:(1)协议解除是通过一个新的合同解除原来的合同,当事人协商的目的是达成一个解除合同的协议。(2)协议解除不以法律规定的解除权为存在必要,在可以适用法定解除的情况下,不需要采用协商解除的方法。(3)协议解除的成立以当事人协商一致为前提,是在合同尚未履行或尚未全部履行的情况下作出的。

大部分合同都是通过双方当事人的协商而解除的,协议解除不仅符合合同自由原则,而且可以充分发挥当事人双方相互配合和协力作用,妥善解决其各种分歧,减少各种不必要的损失。协议解除应符合以下条件:(1)协议解除需当事人双方协商一致,协议解除是合同双方当事人在平等、自愿和互利的基础上,通过协商一致解除合同。也就是双方之间又重新成立了一个合同,其内容主要是把原来的合同废弃,使基于原合同发生的债权债务归于消灭。(2)协议解除采取的是合同形式,因此,它还应具备合同的有效要件,即当事人有相应的行为能力,意思表示真实,内容不违反强制性规范,不损害社会公共利益,采取的形式合法。

约定解除权是指当事人双方在合同中约定,在合同成立以后,没有履行或没有完全履行之前,由当事人一方或双方在某种情况出现后享有解除权,并可通过行使合同解除权,使合同关系消灭。我国《民法典》第562条第2款规定:“当事人可以

〔85〕　冯大同主编:《国际商法》,对外经济贸易大学出版社1991年版,第142页。

约定一方解除合同的事由。解除合同的事由发生时,解除权人可以解除合同。”约定解除权的实质是当事人以合同形式,约定为一方或双方保留解除权的解除。约定的解除权可以保留给当事人一方,也可以保留给当事人双方,这样约定既可以在订立合同时作出,也可以在订立合同后另行约定。因此,解除权的约定也是一种合同,该合同是产生和行使约定解除权的依据。

约定解除的条件,是由当事人双方在合同中约定的,或在其后另订的合同约定的解除权产生的条件。只要不违反法律的强制性规定,当事人可以约定任何会产生解除权的条件。

在此我们必须注意,协议解除与约定解除不同。协议解除,当事人一经合意即发生解除的效力;约定解除权,仅当事人于订立合同时,或其后另以其他合同保留解除合同的权利,并不当然发生解除合同的效力,必须有解除权人依约行使解除权时,始能解除合同。

2. 法定解除及其条件

法定解除是指合同依法成立后,尚未履行或者尚未完全履行以前,由于出现了合同能够解除的法定事由,一方当事人行使解除权而使合同效力消灭的行为。法定解除的特点在于:由法律直接规定解除条件,当此种条件具备时,当事人就可以解除合同。我国《民法典》第 563 条第 1 款规定:“有下列情形之一的,当事人可以解除合同:(一)因不可抗力致使不能实现合同目的;(二)在履行期限届满前,当事人一方明确表示或者以自己的行为表明不履行主要债务;(三)当事人一方迟延履行主要债务,经催告后在合理期限内仍未履行;(四)当事人一方迟延履行债务或者有其他违约行为致使不能实现合同目的;(五)法律规定的其他情形。”在法定解除条件中,适用于所有合同的解除条件为一般法定解除条件;仅适用于特定合同的解除条件为特别法定解除条件。《民法典》第 563 条规定的前四种当事人可以解除合同的条件为合同的一般法定解除条件,第五种情形“法律规定的其他情形”就是对特别解除条件的说明。首先,《民法典》第 563 条第 2 款规定:“以持续履行的债务为内容的不定期合同,当事人可以随时解除合同,但是应当在合理期限之前通知对方。”此外,特别解除条件,需要由合同法及其他相关法律作出规定,如《民法典》第 716 条第 2 款规定:“承租人未经出租人同意转租的,出租人可以解除合同。”《民法典》第 778 条规定:“承揽工作需要定作人协助的,定作人有协助的义务。定作人不履行协助义务致使承揽工作不能完成的,承揽人可以催告定作人在合理期限内履行义务,并可以顺延履行期限;定作人逾期不履行的,承揽人可以解除合同。”

由于合同的特别法定解除条件因合同的种类和性质而千差万别,而合同的法定一般解除条件对于一般的合同具有普遍的适用性,因此我们在此对合同法定一般解除的四项条件进行简单说明:

(1)因不可抗力致使不能实现合同目的。因不可抗力致使不能实现合同目的,指不可抗力客观上造成合同履行不能,或在不可抗力消除后,合同的履行对当事人已经无利益,合同订立的目的最终落空。在不可抗力致使合同目的不能实现的情形下,当事人须采取何种途径实现合同的解除,有两种不同的立法例。德国法系采取合同当然且自动消灭的原则,认为不需要再采取特殊的形式,风险基本上由债务人承担。英美法系用合同落空原则解除不可抗力及其意外事故致使合同不履行的问题,合同的解除需由法官裁决。我国《民法典》合同编允许当事人通过行使解除权的方式解除合同。

(2)在履行期限届满前,当事人一方明确表示或者以自己的行为表明不履行主要债务。该项法定解除条件实际设定了一方当事人在另一方当事人预期违约情况下的解除权。预期违约通常包括明示毁约和默示毁约两种情形。明示毁约是指一方当事人无正当理由,而明确向另一方表示他将不履行合同。默示毁约是指在合同履行期限到来之前,一方当事人有确凿证据证明另一方当事人在履行期限到来之时不履行或不能履行合同,而另一方又不愿提供必要的履行担保。行使该项解除权必须符合下列条件:其一,有合法有效的债务存在而且有履行的可能;其二,当事人一方明确表示或以自己的行为表明不履行债务,且是在合同履行期限届满前;其三,当事人在履行合同期间表明不履行债务必须是主要债务而非次要债务或附随义务。[86] 对于明示毁约的情形,非违约方可以直接解除合同;对于默示毁约,非违约方可以中止自己一方的履行并要求对方提供担保,对方未在合理期限内提供担保,非违约方才可以解除合同。

(3)当事人一方迟延履行主要债务,经催告后在合理期限内仍未履行。迟延履行是合同履行期限到来时没有履行的现象。迟延履行的出现并不意味着债权人立刻就享有解除合同的权利;只有在当事人一方迟延履行主要债务,经催告后在合理的期限内仍未履行的情况下,守约的当事人才可以解除合同。

(4)当事人一方迟延履行债务或者有其他违约行为致使不能实现合同目的。其他违约行为致使不能实现目的主要是指因当事人一方拒绝履行、不完全履行或者因债务人的过错造成合同履行不能而致使合同的目的无法实现的情形。

(三)合同解除的程序与法律后果

1. 合同解除的程序

由于当事人可以通过协议的方式与行使解除权的方式解除合同,因此,合同解除的程序也可以相应地区分为协议解除的程序与行使解除权解除的程序。

协议解除不以解除权的存在为依据,协议解除的过程是双方当事人协商一致

---

〔86〕 徐德敏主编:《合同法论》,陕西人民出版社1999年版,第241页。

而解除合同的过程。由于协议解除本质是一个新合同的订立,因此协议解除必须采取要约与承诺的方式进行。一般而言,只要一方当事人提出解除合同的建议为对方所接受,即双方达成解除协议,解除合同的行为就发生法律效力,原订合同就失去法律效力。在合同解除需要经过有关部门批准时,解除合同的协议只有在经过有关部门批准后才能发生解除合同的效力。

在当事人享有解除权的情况下,当事人可以通过行使解除权的方式解除合同。解除权为合同当事人以单方意思表示就可以将合同解除的权利,解除权为一种形成权。解除权按照其性质来讲不需要经对方同意,只需要解除权人单方的意思表示就可以将合同解除。解除权人主张解除合同,依《民法典》第 565 条规定:"当事人一方依法主张解除合同的,应当通知对方。合同自通知到达对方时解除;通知载明债务人在一定期限内不履行债务则合同自动解除,债务人在该期限内未履行债务的,合同自通知载明的期限届满时解除。对方对解除合同有异议的,任何一方当事人均可以请求人民法院或者仲裁机构确认解除行为的效力。当事人一方未通知对方,直接以提起诉讼或者申请仲裁的方式依法主张解除合同,人民法院或者仲裁机构确认该主张的,合同自起诉状副本或者仲裁申请书副本送达对方时解除。"另外,《民法典》第 564 条规定了解除权行使的期限,该条规定:"法律规定或者当事人约定解除权行使期限,期限届满当事人不行使的,该权利消灭。法律没有规定或者当事人没有约定解除权行使期限,自解除权人知道或者应当知道解除事由之日起一年内不行使,或者经对方催告后在合理期限内不行使的,该权利消灭。"

2. 合同解除的法律后果

合同解除的一般效果是使合同关系消灭。合同解除是否影响以前的债权债务关系涉及合同解除有无溯及力的问题。合同解除有溯及力,是指合同解除使合同关系溯及既往地消灭,合同如同自始未成立。合同解除无溯及力,是指合同解除仅仅使合同解除向将来消灭,解除之前的合同关系仍然有效。对于合同解除的效力及溯及力问题,我国《民法典》第 566 条规定,"合同解除后,尚未履行的,终止履行;已经履行的,根据履行情况和合同性质,当事人可以请求恢复原状或者采取其他补救措施,并有权请求赔偿损失。合同因违约解除的,解除权人可以请求违约方承担违约责任,但是当事人另有约定的除外。主合同解除后,担保人对债务人应当承担的民事责任仍应当承担担保责任,但是担保合同另有约定的除外"。据此,可以认为我国在我国合同解除之效力问题上采取了一种相对灵活的态度。

需要注意的是,合同的解除在效力上不及于法律规定或双方当事人有特别约定的条款:其一,合同的解除,不影响合同中结算和清算条款的效力。对此,《民法典》第 567 条规定,"合同的权利义务关系终止,不影响合同中结算和清理条款的效力"。其二,除当事人另有约定外,合同因违约而解除,合同的解除不影响当事人损害赔偿请求权。《民法典》第 566 条第 2 款规定:"合同因违约解除的,解除权人可以请求违约方承担违约责任,但是当事人另有约定的除外。”其三,合同解除不影响合同中独立存在的有关解决争议条款的效力。我国《民法典》第 507 条规定:“合同不生效、无效、被撤销或者终止的,不影响合同中有关解决争议方法的条款的效力。”其四,合同解除不影响当事人依据诚实信用原则,承担通知、协助、保密等后合同义务。其五,合同部分解除,如果不影响合同目的的实现,则不导致其余部分失效。如《民法典》第 631 条规定,因标的物的从物不符合约定被解除的,解除的效力不及于主物。第 633 条第 1 款规定:“出卖人分批交付标的物的,出卖人对其中一批标的物不交付或者交付不符合约定,致使该批标的物不能实现合同目的的,买受人可以就该批标的物解除。”[87]

在合同解除是否发生损害赔偿问题上,存在选择主义与两立主义两种立法例。选择主义认为合同的解除使合同关系恢复到了合同定约前的状态,最终使合同不履行产生的损害赔偿失去了基础,因此,合同解除与损害赔偿不能同时并存。《德国民法典》第 325、326 条规定,债务人不履行合同时,债权人只能在解除合同或损害赔偿之间选择其一,采取了选择主义立法例。两立主义认为合同解除与损害赔偿可以并存,因为债务不履行而发生的损害赔偿在合同解除前就已经存在,不因合同的解除而丧失。两立主义又可分为解除与合同消灭损害赔偿两立者(如《瑞士债务法》第 109 条第 2 项)与解除与债务不履行的损害赔偿两立者(如《日本民法典》第 545 条第 3 项)。[88]

合同解除后,发生何种效果,在理论上存在三种不同的学说:(1)直接效果说。该说认为合同的效力因解除而溯及既往的消灭。故未履行的债务,因解除而不存在;已履行的债务则因给付欠缺法律上的原因,得依不当得利之规定,请求返还。唯其得请求返还之范围,不以现存利益为限,而以恢复原状为原则。(2)间接效果说。该说认为契约之解除,仅有阻止契约所生债之关系发生效力,对于未履行的债务,发生拒绝履行的抗辩;对于已履行的债务,则发生新返还请求权。(3)折中说。此说认为未履行之债务因契约解除而消灭,已履行之债务则发生新返还请求权。[89] 在合同解除的效力及是否具有溯及力问题上,各国立法例不尽相同。大陆法系各国的法律大都接受了直接效果说,规定合同的解除应具有溯及力。如《德国民法典》第 346 条规定:“各当事人互负返还其所受领给付之义务。”《日本民法典》规定:“各当事人对其相对人负原状回复义务。”我国台湾地区“民法”第 259 条规定:“当事人双方负回复原状的义务。”英美法系在合同的解除是否具有溯及力

---

[87] 韩松主编:《民法学》,中国政法大学出版社 2004 年版,第 522 页。

[88] 刘春堂:《判解民法债编通则》,台北,三民书局 1987 年版,第 164 页。

[89] 孙森焱:《民法债编总论》(下册),法律出版社 2006 年版,第 631 页;郑玉波:《民法债编总论》,陈荣隆修订,中国政法大学出版社 2004 年版,第 334～335 页。

问题上存在分歧。美国的法律在合同解除后果上的规定与大陆法系基本相似,认为合同的解除将导致恢复原状的效果,双方当事人均应把从对方处取得的东西尽可能复原并返还给对方。英国法则认为合同的解除不使合同自始无效,只意味着在解除合同时,双方不再履行尚未履行的合同义务,至于已经履行的义务原则上不涉及返还问题。[90]

第六节　合同责任

一、缔约过失责任

(一)缔约过失责任的概念与提出

缔约过失责任,是指在合同缔结前的准备阶段,当事人从事接触、磋商,或于缔结合同之际,因一方未尽相当的注意,为必要的作为或不作为,致他方信赖可顺利缔结合同之目的不能达成,或发生未曾预期的损害,其未尽相当注意一方应负之责任。[91]

缔约过失责任是由德国法学家耶林首先提出来的。耶林于1861年在其主编的《耶林法学说年报》第4卷发表了题为《缔约上的过失、契约无效与未完成的损害赔偿》的著名论文。耶林在该论文中明确指出:"从事契约缔结的人,是从契约交易外的消极义务范畴,进入契约上的积极义务范畴,其因此而承担的首要义务,系于缔约时需善尽必要的注意。法律所保护的,并非仅是一个业已存在的契约关系,正在发生中的契约关系亦包括在内;否则,契约交易将暴露于外,不受保护,缔约一方当事人不免成为他方疏忽或不注意的牺牲品!契约的缔结产生了一种履行义务,若此种效力因法律上的障碍而被排除时,则会产生一种损害赔偿义务,因此,所谓契约无效者,仅指不发生履行效力,非谓不发生任何效力。简言之,当事人因自己过失致使契约不成立者,对信赖其契约有效成立的相对人,应赔偿基于此项信赖而生的损害。"[92]耶林创立的缔约过失责任理论弥补了民事责任理论的一大空白,被多勒(Dolle)教授特誉为法学上的发现,对大陆法系各国的民事立法和判例都产生了深远影响。在缔约过失责任的规范模式上,大部分国家都由判例或者学

---

〔90〕　张学森主编:《国际商法》,上海财经大学出版社2007年版,第146页。

〔91〕　孙森焱:《民法债编总论》(下册),法律出版社2006年版,第566页。

〔92〕　V. Jhering, Culpa in contrahendo order Schadensersatz bei nichtigen oder nicht zur Perfektion gelangten Vertragen, Jhering Jahrbubucher 4. 1861, SS. 1 – 113. 转引自王泽鉴:《债法原理》(第1册),中国政法大学出版社2001年版,第230页。

说承担造法的任务,少数国家采取立法途径。综观各国的规定与判例学说,其规范内容可分为三类:(1)德国法系国家(如德国、瑞士、土耳其、希腊等),皆接受耶林缔约上的过失理论,在法律上加以规定;(2)法国法系国家因其侵权行为法采概括原则,学说上未接受耶林的理论,实务上多以侵权行为法规范先契约责任问题;(3)在英美法系国家,关于先契约责任的规范,系由普通法、衡平法及制定法构成,适用虚伪意思表示、允诺禁止反言及违反信赖范围等制度处理相关问题,并未产生缔约过失一般性的原则。[93]

(二)缔约责任的特征

缔约过失责任与违约责任不同,具有如下特征:(1)缔约过失责任存在于合同缔结过程中,其与违约责任发生的时间不同。只有合同尚未成立,或者虽然已经成立,但是因为不符合法定的生效要件而未能生效的情况下,缔约人才应当承担缔约过失责任。如果合同已经依法生效,那么一方当事人因过失而致使他方损害的,应当承担违约责任。(2)缔约过失责任的前提是一方当事人违反了先合同义务。所谓先合同义务,是当事人为订立合同而相互接触磋商时,基于诚实信用原则而发生的各种说明、告知、保密与保护的义务。先合同义务产生的基础是诚实信用原则,当事人违反先合同义务要承担缔约过失责任。(3)缔约过失责任的承担是为了弥补受害方信赖利益的损失。所谓信赖利益,是指对合同或要约赋予了信赖的一方当事人所固有的,因信赖可能或已经受到损失的利益。[94] 信赖利益的损害赔偿,旨在使受损害一方当事人的利益恢复到合同订立或者合同成立前的状态。

(三)缔约过失责任的构成要件

根据我国《民法典》第500条和第501条的规定,缔约过失责任的构成一般要具备如下的要件:

1. 缔约一方在订立合同的过程中违反了先合同义务。法定的先合同义务虽随着实践的发展而发展,不能非常准确的确定,但通常包括履行通知、如实告知、说明、保密、协助、忠实、保护以及照顾等义务。缔约一方只有违反了先合同义务才须承担缔约过失责任。

2. 给对方造成了损失。缔约人违反先合同义务的行为须直接破坏了当事人之间的缔约关系,给对方当事人的信赖利益造成损失。信赖利益的损失为当事人基于合理信赖而导致的损失,包括当事人直接财产的减少,如定约费用、履约准备费用,也包括当事人丧失与第三人订立合同的机会等潜在的财产损失。

3. 缔约人违反先合同义务的行为与对方所受损失之间有因果关系。只有受害

---

〔93〕 王泽鉴:《债法原理》(第1册),中国政法大学出版社2001年版,第231~232页。

〔94〕 马新彦:《信赖与信赖利益考》,载《法律科学》2000年第3期。

人所遭受的信赖利益损失，是由缔约人违反先合同义务的行为造成的，受害人才能要求缔约人赔偿其信赖利益的损失。缔约过失责任的因果关系应适用民法关于一般因果关系的认定。

4. 违反先合同的义务方具有过错。缔约过失责任采用过错责任原则，不同于违约责任。过错是违法行为人对自己行为及其后果的心理状态，分为故意与过失两种形式。故意是指缔约人预见到自己的行为会产生合同无效、不成立或被撤销，能给相对人造成损失的后果，而仍然进行这种民事行为，希望或放纵违法后果的发生。过失是指缔约人应当预见自己行为可能产生无效、不成立或被撤销造成相对人信赖利益损失，而疏忽大意没有尽到协助、通知、保护等义务，虽然预见到了但轻信其不会发生的主观心理状态。[95]

（四）缔约过失责任的适用情形

根据《民法典》第500条和第501条的规定，缔约过失责任主要适用于以下几种情形：

1. 假借订立合同，恶意进行磋商。假借订立合同，恶意进行磋商，是指当事人一方并无订立合同的目的，而与他方进行订立合同的协商。恶意进行磋商，既包括当事人从一开始就没有订立合同的目的而开始与他方进行磋商，也包括自始并非恶意磋商，而是随着磋商的发展，后来决意不与对方订立合同而继续与对方磋商，还包括恶意终止磋商。[96] 现实中，故意与对方进行谈判使对方丧失与他人交易的机会，或假借与对方谈判而取得非法利益等，都属于此类缔约过失责任类型。

2. 故意隐瞒与订立合同有关的重要事实或者提供虚假情况。在合同的订立过程中，当事人负有如实告知与订立合同有关情况的义务。一方当事人在订立合同的过程中，有意识地未将与订立合同有关的重要事实向对方当事人通报，为故意隐瞒；当事人一方在订立合同的过程中，故意将客观上不存在或者与不符合客观事实的资料、信息告知对方当事人为提供虚假情况。现实中，机器设备的出售人未告知卖方该机器设备的使用、维护方法而使买方遭受损失，或者故意告知错误的使用、维护方法等，都属于该类缔约过失责任。

3. 泄露或者不正当使用商业秘密。所谓商业秘密，指不为公共所知悉、能为权利人带来经济利益、具有实用性并经权利人采取保密措施的技术信息和经营信息。在订立合同的过程中，缔约人依据诚实信用原则对于其在该过程中了解到的对方商业秘密负有保密的义务。如果当事人违反保密义务或者不正当使用该商业秘密，则应负缔约过失责任。对此，《民法典》第501条规定："当事人在订立合同过

---

〔95〕 马永双主编：《合同法》，中国社会出版社2007年版，第169页。

〔96〕 韩世远：《合同法总论》，法律出版社2004年版，第141页。

程中知悉的商业秘密或者其他应当保密的信息,无论合同是否成立,不得泄露或者不正当地使用;泄露、不正当地使用该商业秘密或者信息,造成对方损失的,应当承担赔偿责任。”

4. 其他违背诚实信用原则的行为。除上述行为外,当事人在订立合同中,有其他违背诚实信用原则行为,造成对方损害的,也产生缔约过失责任。例如,要约人在要约生效后,擅自撤销或变更要约,造成对方损失的,要约人应当承担缔约过失责任;因胁迫、显失公平或重大误解而导致合同被撤销的,也会产生缔约过失责任。

(五)缔约过失责任的赔偿范围

缔约过失责任的赔偿范围限于有过失的一方当事人给对方造成的信赖利益损失。信赖利益损失是当事人信赖合同有效和对方履行合同而支付的费用和代价,包括直接损失和间接损失。直接损失包括缔约费用,准备履行所支出的费用以及支出上述费用所失去的利息等;间接损失为丧失与第三人订立合同的机会所产生的损失。信赖利益的损失不应包括合同生效后另一方所获得的各种利益损失,承担缔约过失责任的目的在于使受损一方当事人的利益恢复到未曾参与合同订立或合同成立之前的状态。

二、违约责任

(一)违约责任的概念与特征

违约责任是违反合同的民事责任,是指当事人违反合同义务时依法应当承担的法律责任。违约责任作为民事责任的一种,具有民事责任的一般特征,如因违反民事义务而产生,主要以弥补对方的损失为目的等。但违约责任作为合同责任的一种,又具有区别于其他民事责任的特点:

1. 违约责任是不履行或者不适当履行合同义务所引起的法律后果。违约责任的这一特征包括两层含义:(1)违约责任的成立以有效合同关系的存在为基础。如果没有有效的合同,谈不上合同债务,也就谈不上产生债务不履行或者不适当履行的违约责任。(2)违约责任的成立是以当事人违反合同义务为前提的。此处的合同义务包括基于合同关系可以想象到的义务,它不仅包括给付义务,还包括保护义务;不仅包括主给付义务,还包括附随义务(从给付义务和保护义务)。

2. 违约责任具有相对性。违约责任仅仅发生在特定的当事人之间,对于合同关系之外的第三人不发生违约责任。换言之,违约责任是合同当事人的一方对另一方应承担的责任,它不涉及合同当事人之外的第三人。具体而言,违约责任包括以下几层含义:(1)违反合同义务的当事人应当对自己的违约行为负责,不能将违约责任推卸给第三人。即使第三人代债务人履行的行为导致了履行不适当,违约责任也应当由债务人承担。对此,我国《民法典》第523条规定:“当事人约定由第三人向债权人履行债务,第三人不履行债务或者履行债务不符合约定的,债务人应当向债权人承担违约责任。”(2)因第三人的原因造成的违约,仍应由债务人向债权人负违约责任,而不是由第三人向债权人负违约责任。按照《民法典》第593条的规定:“当事人一方因第三人的原因造成违约的,应当依法向对方承担违约责任。当事人一方和第三人之间的纠纷,依照法律规定或者按照约定处理。”(3)债务人应当向债权人承担违约责任,而不是向国家或者第三人承担违约责任,因为国家或者第三人不是合同关系的主体。

3.违约责任的承担允许当事人进行意思自治和协商。合同责任的私法性决定了合同责任的确定和承担可以由当事人进行意思自治。《民法典》第585条第1款规定:“当事人可以约定一方违约时应当根据违约情况向对方支付一定数额的违约金,也可以约定因违约产生的损害赔偿额的计算方法。”违约责任的这种特性并没有否定违约责任的强制性,法律对当事人在违约责任方面的自治具有一定的限制。如《民法典》第585条第2款规定:“约定的违约金低于造成的损失的,人民法院或者仲裁机构可以根据当事人的请求予以增加;约定的违约金过分高于造成的损失的,人民法院或者仲裁机构可以根据当事人的请求予以适当减少。”

4.违约责任主要是一种财产责任。合同的财产法特性和违约责任与合同债务在经济利益方面的同一性,共同决定了违约责任主要为财产责任。《民法典》合同编第八章规定的各种违约责任形式,比如实际履行、赔偿损失、支付违约金、执行定金罚则等,大都可以由财产金钱来计算,属于财产责任的范畴。虽然国外立法例与《国际商事合同原则》(第7.4.2条)、《欧洲合同法原则》(第9:501条)等国际性立法文件都在一定情形下允许赔偿违约引起的非财产上的损害,我国也出现了一些实际上承认违约情形的非财产赔偿的案例,[97]但这些仅仅是特例,不能否定违约责任主要为一种财产责任的特性。

(二)违约责任的归责原则

归责原则是指确定行为人承担民事责任的依据和标准。在现行各国民法典和合同法中,违约责任的归责原则有过错责任原则、过错推定原则和无过错原则。

1.过错责任

过错责任原则是指一方违反合同义务、不履行或者不适当履行合同时,应当以过错作为责任成立的要件。过错责任原则最早起源于罗马法,具有淳化道德风尚、鼓励正当交易与教育违约行为人的功效。学者们一般认为1804年制定的《法国民

---

[97] 例如,“艾新民诉殡仪馆丢失寄存的骨灰损害赔偿纠纷”“马立涛诉鞍山市铁东区服务公司梦真美容院损害赔偿纠纷案”“肖青、刘华伟诉国营旭光彩色扩印服务部丢失交付冲印的结婚活动胶卷赔偿纠纷案”等。上述案例可分别参见最高人民法院中国应用法学研究编:《人民法院案例选》总第5辑、总第7辑与总第11辑。

法典》在违约责任的归责上带有明显的过错责任的色彩。

2. 过错推定责任

所谓过错推定责任是指发生违约行为之后,法律直接推定违约行为人具有过错,从而要求其承担违约责任。行为人想免除责任,必须证明自己无过错。从本质上讲,过错推定责任仍属于过错责任的范畴,过错仍为责任的成立要件,只不过该过错的存在是由法律规定的,无须债权人举出证据加以证明。《德国民法典》在违约责任上采用了过错推定原则,2002 年修订之前的《德国民法典》第 282 条,修订后的第 280 条第 1 款表明了这一点。

3. 无过错责任

无过错责任是指当事人一方不履行或者不适当履行合同义务,无论其主观上是否有过失,均应承担违约责任。根据无过错责任原则,违约责任的成立无须当事人有过错,只要违约行为与损害结果之间具有因果关系,违约方就应对其违约行为负责。

我国《民法典》第 577 条规定:"当事人一方不履行合同义务或者履行合同义务不符合约定的,应当承担继续履行、采取补救措施或者赔偿损失等违约责任。"这一规定说明我国《民法典》合同编将无过错责任归责原则作为确定行为人承担违约责任的一般标准。但是《民法典》合同编还在有些条文中规定了过错责任。如《民法典》第 660 条第 2 款规定:"依据前款规定应当交付的赠与财产因赠与人故意或者重大过失致使毁损、灭失的,赠与人应当承担赔偿责任。"另外,我国《民法典》第 714 条规定的承租人的善管责任,第 784 条规定的承揽人的善管责任,第 824 条规定的承运人对旅客随身携带物品毁损的损害赔偿责任,第 897 条规定的保管人因保管不善造成保管物毁损、灭失的赔偿责任,第 929 条规定受托人的赔偿责任,都是对无过错责任的补充。因此,我国合同法中规定的违约责任归责原则,是以无过错责任原则为主,以过错责任原则为辅的一种归责体系。

(三)违约责任的构成要件

违约责任的构成要件是指违约人承担违约责任所必须具备的条件。违约责任的构成要件虽因违约责任的具体承担形式的不同而不同,但基本可以区分为一般构成要件与特殊构成要件。传统的理论将违约责任的一般构成要件概括为违约行为、损害事实、违约行为与损害事实之间的因果关系、行为人主观上的过错四个要素。这四个要素并不是所有的违约责任形态必须具备的要素,而仅仅是过错责任原则下的赔偿损失这一责任形式的构成要件。违约责任的特殊构成要件是赔偿损失之外的违约责任承担形式所具备的要件。例如,违约金责任的构成要件通常只有违约行为一个;在过错责任原则下,还需要有过错。承担实际履行责任要求具备违约方不履行合同义务或不适当履行合同义务,违约方能够履行合同义务以及对方当事人要求履行等条件。

在我国《民法典》合同编将无过错责任原则作为确定当事人承担违约责任的一般标准，过错责任只适用于法律规定的特定情形后，可以认为我国违约责任的一般构成要件为违约行为、损害事实、违约行为与损害事实之间的因果关系三个要素。在特殊情况下，仅需要有违约行为即可。

(四)违约行为及其具体形态

违约行为是指合同当事人违反合同义务的行为。学理上一般将违约行为分为履行不能、履行迟延、积极侵害债权和债权人迟延等类型。从我国法律的规定以及司法实践的具体情况来看，违约责任的形态有预期违约、不履行、不完全履行、迟延履行等。

1. 预期违约

预期违约，也称先期违约，是指当事人一方在合同规定的履行期到来之前，明示或默示其将不能履行合同。预期违约是英美法合同法中的制度，其可分为明示的预期违约和默示的预期违约。明示的预期违约是指违约方在履行期限到来之前以明确的、不附条件的语言声明自己将不履行合同义务。默示的预期违约是指一方当事人虽未向对方当事人明确表示将不履行合同，但其行为已经表明其届期将不履行合同义务或者出现其他客观情况表明其有履行能力的瑕疵而不能履行合同。在明示的预期违约中权利人可直接向法院诉请追究预期违约人的违约责任；而在默示的预期违约，权利人可要求预期违约人提供适当的保证或担保，在拒绝提供担保时，权利人有权解除合同主张违约救济。《民法典》第578条规定："当事人一方明确表示或者以自己的行为表明不履行合同义务的，对方可以在履行期限届满之前要求其承担违约责任。"该条表明我国《民法典》仅规定了明示的预期违约与行为表明的预期违约。对于英美默示预期违约中的履行能力瑕疵等部分内容则适用不安抗辩权来代替。不安抗辩权是大陆法系合同法中的制度，是双务合同效力的体现。不安抗辩权在提前给予受害方法律救济，防止受害人蒙受不必要损失等方面具有与默示预期违约相同的功效。

2. 不履行

不履行，是指合同履行期限届至，当事人没有履行合同义务。不履行可分为拒绝履行与履行不能。

(1)拒绝履行是指债务人能够实际履行，无正当理由而拒绝履行合同义务。拒绝履行是一种主观的违约行为。客观债务不存在，而以债务不存在为由表示不为债务履行行为，不属于拒绝履行；债务未到履行期限，债务人以此为由拒绝提前履行的，不属于拒绝履行。义务人拒绝履行如有正当理由，如义务人享有同时履行抗辩权、不安抗辩权、先诉抗辩权、时效届满抗辩权，则拒绝履行不构成违约。有学者认为在清偿期到来之后,债务人拒绝履行与迟延履行无异,债权人可依履行迟延诉请法院追究债务人的责任。也有学者认为,拒绝履行应独立为一种违反履行义务的形态。首先,拒绝履行较迟延履行而言,更加降低了债权所具有的独立经济价值。其次,在迟延履行中,仅仅是债务履行时间上的迟延,债务仍存在履行的可能性;而在拒绝履行中,债务人已经明确表示拒绝履行,一般不再具有履行的可能性。[98]

(2)履行不能,又称给付不能,是指债务人在客观上已经没有履行能力,或者法律禁止债务的履行。在以提供劳务为标的的合同中,债务人丧失工作能力,为履行不能。在以特定物为标的的合同中,该特定物毁损灭失,构成履行不能。[99] 在学理上,履行不能可进一步区分为真正的履行不能、事实履行不能与人身履行不能。真正的履行不能主要是指物质不能和法律不能的情形。物质不能是指给付依自然规律而不能履行,如承诺制造永动机;法律不能主要是指约定实施的给付刚好是法律禁止的,如实施犯罪行为。[100] 一般在真正履行不能的情况下,无论履行不能之情形是发生在合同缔结之后,还是在合同缔结时就已经存在,无论是全部不能还是部分不能,以及无论不能是否可归责于债务人,都使债务人免除第一次给付义务。事实履行不能是指即便债务人在技术上有可能提出给付,然其所必须支出之费用,却与债权人应该给付所取得的利益不成比例,任何理性的债权人都无法期待此种给付的情形。例如,应交付的钻戒沉入海底。人身履行不能,是指如给付提出须由债务人本人亲自为之,然其因为特殊的事由,且考虑到债权人的利益后,无法期待债务人提出该给付的情形。例如,一位女歌星的小孩生命危在旦夕,实在无法登台演出。[101]

3. 不完全履行

不完全履行也叫不适当履行或不正确履行,是指债务人虽然履行了债务,但其履行不符合合同的约定。不完全履行分为给付有瑕疵和加害给付两种。给付有瑕疵,又称为瑕疵给付,其具体情形包括给付在数量上不完全、给付不符合质量要求、履行的时间和地点不当、履行方式不符合约定等。加害给付是指给付人不仅违反了合同的约定,而且还因其给付行为有瑕疵而造成了债权人的人身或者财产的损失。例如,卖方在买方不知情的情况下将一匹患有传染病的马卖给后者,并导致买方所豢养的其他马也受到感染死亡。又如,出售不符合保障人身及财产安全的产品而导致了买受人的损害。加害给付会导致违约责任与侵权责任的竞合。

---

〔98〕 王家福主编:《中国民法学——民法债权》,法律出版社1991年版,第158页。

〔99〕 崔建远主编:《合同法》(第4版),法律出版社2007年版,第277页。

〔100〕 [德]迪特尔・梅迪库斯:《德国债法总论》,杜景林、卢谌译,法律出版社2004年版,第283页。

〔101〕 李昊、刘阅春主编:《合同法教程》,对外经济贸易大学出版社2008年版,第199~200页。

4. 迟延履行

迟延履行是指合同已届履行期,当事人能够履行而不按法定或约定的时间履行。迟延履行包括债务人迟延和债权人迟延两种情况。债务人迟延是指债务人在履行期限到来时,能够履行而未按期履行债务,如迟延交货,不按时完成并交付工作成果等。履行期限到来后,债务人在符合上述条件后未按期履行构成迟延履行;在当事人没有约定明确的履行期限的情况下,经债权人催告或在债权人指定的履行期限到来后,债务人仍不履行债务的,也构成迟延履行。债权人迟延,又称受领迟延,是指债权人于债务人届期履行时,应当受领而不为或者不能受领。受领迟延应具备如下构成要件:须有债权存在;债务人的履行需要债权人的协助;债务已届履行期;债务人已提出履行或实际履行;债务提出履行或实际履行符合债的要求;债权人不为或不能受领。〔102〕 债权人受领给债务人造成损害的,债权人也要负损害赔偿责任。在因不可抗力等不可归责于双方当事人的原因而导致迟延履行的情况下,迟延不构成违约。

(五)违约责任的类型

按照我国《民法典》合同编的规定,违约责任的形式主要有:继续履行、赔偿损失、支付违约金、定金罚则及其他方式。

1. 继续履行

继续履行又称实际履行,指在一方当事人违反合同义务时,另一方当事人请求法院强制违约方继续履行合同债务的违约责任形式。继续履行虽履行的仍是原合同中的义务,并未增加债务人的债务,但实际上已经是对违约行为的否定性评价,带有了国家强制性质。一般情况下,承担继续履行的责任需要具备以下条件:(1)必须有违约行为;(2)非违约方要求违约方继续履行;(3)违约方能够继续履行合同债务。对于金钱债务的实际履行,《民法典》第 579 条规定:“当事人一方未支付价款、报酬、租金、利息,或者不履行其他金钱债务的,对方可以请求其支付。”同时,根据我国《民法典》第 580 条第 1 款的规定,下列情形不能适用继续履行:(1)法律上或事实上不能履行;(2)债务的标的不适于强制履行或者履行费用过高;(3)债权人在合理期限内未请求履行。

一般来说,继续履行有如下的表现形式:(1)限期履行。债务人不履行合同债务,或履行合同债务不符合合同约定的,债权人可以要求对方当事人在一定期限内履行。(2)修理、重作、更换。《民法典》第 582 条规定:“履行不符合约定的,应当按照当事人的约定承担违约责任。对违约责任没有约定或者约定不明确,依据本法第五百一十条的规定仍不能确定的,受损害方根据标的的性质以及损失的大小,

〔102〕 张民安、邓鹤主编:《民法债权》,中山大学出版社 2002 年版,第 60 页。

可以合理选择请求对方承担修理、重作、更换、退货、减少价款或者报酬等违约责任。”修理、更换、重作不是一种独立的违约责任承担方式,而是继续履行的表现形式。

对于实际履行这一违约救济方式,两大法系所持的态度并不相同。大陆法系原则上以实际履行作为不履行的主要救济办法。凡债务人不履行合同时,债权人都有权要求债务人实际履行。法院在债权人有此请求且履行合同尚属可能的情况下,原则上也应作出实际履行的判决。对此,《德国民法典》第 241 条规定:“债权人根据债务关系,有向债务人请求履行债务的权利。”《法国民法典》第 1184 条规定,契约双方当事人不履行债务时,债权人有选择权,即或者在合同的履行尚属可能时,请求他方当事人履行合同,或者解除合同并请求损害赔偿。英美法系对待实际履行的态度与大陆法有所不同。英美法系中各国普通法中没有实际履行这一救济方法。按照英美普通法的规定,如果一方当事人不履行合同义务,对方的唯一权利是提起违约之诉,要求损害赔偿。英美衡平法中虽有实际履行这一救济方法,但也是作为一种例外的救济方法,并且赋予法院较大的自由裁量权。在英美各国的衡平法中,支配实际履行这一救济方法的两个主要原则是:第一,只有在损害赔偿不足救济时;第二,只有在法院认为实际履行完全可以执行时。[103]

2. 赔偿损失

赔偿损失,是指合同一方当事人因未履行合同义务或者履行合同义务不符合合同约定,导致对方损失时,依法向受害人承担的赔偿其所受损失的一种责任形式。赔偿损失是各国立法普遍规定的违约责任承担方式,具有突出的补偿性。

我国《民法典》第 584 条前半段规定,“当事人一方不履行合同义务或者履行合同义务不符合约定,造成对方损失的,损失赔偿额应当相当于因违约所造成的损失,包括合同履行后可以获得的利益”。该条说明我国在赔偿范围的确定上采取完全赔偿主义,不但要赔偿积极损失,还要赔偿消极损失。积极损失,为守约方因违约行为而遭受的积极损失;消极损失,为守约方因违约行为而遭受的履行期待利益的损失。另外,我国《民法典》第 584 条后半段规定,“但是,不得超过违约一方订立合同时预见到或者应当预见到的因违约可能造成的损失”这实际上采取了可预见性规则对完全赔偿原则进行了一定的限缩。另外,在损害赔偿的实际范围确定上还受到减轻损失规则与损益相抵规则的限制。减轻损失规则指非违约方不得就其本来可以采取合理措施予以避免的损失要求赔偿。[104] 对此,《民法典》第 591 条规定:“当事人一方违约后,对方应当采取适当措施防止损失的扩大;没有采取适当措施致使损失扩大的,不得就扩大的损失请求赔偿。当事人因防止损失扩大

---

〔103〕 张学森主编:《国际商法》,上海财经大学出版社 2007 年版,第 142 页。

〔104〕 邱鹭风、叶金强、龚鹏程主编:《合同法学》,南京大学出版社 2000 年版,第 415 页。

而支出的合理费用,由违约方负担。”所谓损益相抵原则,又称损益同销原则,是指当受害方基于损失发生的同一原因而获得某种利益时,在其应得的损害赔偿额中,应扣除其所获得的利益部分。例如,甲乙之间存在一个委托合同,甲委托乙出售股票。乙未能按照甲的要求及时售出,后遇股票升值,甲因此获得了利益。根据损益相抵规则,乙应承担的赔偿范围为甲所受损失与甲因此获得利益之间的差额。[105]

违约赔偿的具体方式上,我国采取了以金钱赔偿为主的赔偿方式。就世界各国的具体规定来看,在赔偿方式上主要有三种不同的立法例:[106](1)以实物赔偿为主、金钱赔偿为辅的赔偿方式,这种立法例以德国为代表。(2)以金钱赔偿为主的赔偿方式,这种赔偿方式以法国为代表。《法国民法典》第417条规定:“无另外意思表示时,损害赔偿以金钱定其数额。”(3)金钱赔偿与实物赔偿二者择其一,究竟采取哪一种方式,由法院根据违约方的过错程度以及其他具体情况决定。这种立法例以瑞士为代表。

3. 支付违约金

支付违约金是指一方当事人违反合同时,根据合同约定或者法律规定向对方当事人支付一定数额的金钱的责任。以违约金产生的根据为标准,可将其分为法定违约金与约定违约金。法定违约金又称强制性违约金,是指根据法律规定的一方当事人在违约时,应按一定的数额或者一定的比例向对方支付的违约金。如我国《电信条例》第32条规定:“电信用户申请安装、移装电信终端设备的,电信业务经营者应当在其公布的时限内保证装机开通;由于电信业务经营者的原因逾期未能装机开通的,应当每日按照收取的安装费、移装费或者其他费用数额的1%的比例,向电信用户支付违约金。”约定违约金为当事人在合同中具体约定的当事人一方在违约时应当支付的违约金。

从性质上,违约金可以分为赔偿性违约金与惩罚性违约金。赔偿性违约金在功能上主要为了弥补一方违约给另一方所造成的损失。赔偿性违约金免除了当事人事后计算损害赔偿及举证的困难。这种违约金的赔偿性决定了受害人只能在请求强制履行与主张支付违约金之间进行选择,而不能双重请求。惩罚性违约金又称固有意义上的违约金,是当事人对债务不履行所约定的一种私的制裁,又可称作违约罚。这种违约金的性质决定了债务人不履行债务时,除须支付违约金外,其他因债之关系所应负的一切责任,均不因之而受影响,即债务人除得请求违约金外,仍得请求债务履行或不履行所生之损害赔偿及迟延利息。[107] 大陆法系以赔偿性违约金为原则,惩罚性违约金为辅。英美法系一般对惩罚性违约金持否定态度。

---

〔105〕 李昊、刘阅春主编:《合同法教程》,对外经济贸易大学出版社2008年版,第220~221页。

〔106〕 李昊、刘阅春主编:《合同法教程》,对外经济贸易大学出版社2008年版,第217页。

〔107〕 郑玉波:《民法债编总论》,陈荣隆修订,中国政法大学出版社2004年版,第312~313页。

我国《民法典》第585条第1款规定:“当事人可以约定一方违约时应当根据违约情况向对方支付一定数额的违约金,也可以约定因违约产生的损失赔偿额的计算方法。”第2款规定:“约定的违约金低于造成的损失的,人民法院或者仲裁机构可以根据当事人的请求予以增加;约定的违约金过分高于造成的损失的,人民法院或者仲裁机构可以根据当事人的请求予以适当减少。”我国《民法典》第585条第2款说明当事人可以主动申请法院或者仲裁机构对过低或者过高的违约金进行适当调整。《民法典》合同编的规定以赔偿性违约金为原则,但也允许当事人约定惩罚性违约金,只要这一约定不违反法律的强制性规定,不违反民法的基本原则即为有效。我国《民法典》第585条第3款规定,“当事人就迟延履行约定违约金的,违约方支付违约金后,还应当履行债务”,明确了违约金与继续履行两种违约责任的并存适用。

4. 定金责任

定金既可以作为担保方式,也可以作为民事责任方式。定金,是指合同一方当事人根据合同的约定预先付给另一方当事人一定数量的金钱,以保证合同的订立、合同的成立、担保合同的履行、保留合同的解除权等。[108] 对于定金的数额及其担保设定,我国《民法典》第586条规定:“当事人可以约定一方向对方给付定金作为债权的担保。定金合同自实际交付定金时成立。定金的数额由当事人约定;但是,不得超过主合同标的额的百分之二十,超过部分不产生定金的效力。实际交付的定金数额多于或者少于约定数额的,视为变更约定的定金数额。”我国《民法典》第587条对定金罚则的适用问题进行了规定:“债务人履行债务的,定金应当抵作价款或者收回。给付定金的一方不履行债务或者履行债务不符合约定,致使不能实现合同目的的,无权请求返还定金;收受定金的一方不履行债务或者履行债务不符合约定,致使不能实现合同目的的,应当双倍返还定金。”

定金合同是实践性合同,该合同以定金的交付为合同生效要件,在定金交付后,定金对主债的担保发生效力。定金作为债的担保与定金作为违约责任的形式并不矛盾。定金的设立虽然是为了担保债务的履行,但是当事人违约后,就会产生定金责任,定金责任则是违约责任承担的一种典型方式。对于定金与违约金之间的关系问题,我国《民法典》第588条规定:“当事人既约定违约金,又约定定金的,一方违约时,对方可以选择适用违约金或者定金条款。定金不足以弥补一方违约造成的损失的,对方可以请求赔偿超过定金数额的损失。”该条说明定金与违约金作为违约责任的形式,当事人最终只能选择其一,不能同时适用;同时,定金不足以弥补一方违约造成的损失的,另一方当事人可以请求赔偿超过定金数额的损失。

定金因其作用不同可以分为不同的种类:(1)以定金的交付为合同成立要件

---

[108] 唐德华主编:《合同法条文释义》(上),人民法院出版社2000年版,第479页。

者,谓之为成约定金。(2)以定金的交付证明合同成立者,为证约定金。罗马法上的定金多为此种定金,此种定金为合同成立之证据。(3)以定金作为不履行合同之损害赔偿者谓之为违约定金。此种定金交付一方不履行合同时,对方得没收其定金;若对方不履行合同时,须加倍返还其定金。(4)解约定金。以定金为自由解除合同之代价者为解约定金。此种定金,交付一方得抛弃定金,而解除契约对方亦得加倍偿还定金,以解除契约。[109] (5)立约定金。又名犹豫定金,即在成立契约之前交付的定金,用以担保契约的成立。[110]

5. 采取补救措施

采取其他补救措施作为违约责任的一种形式,主要是指当事人一方履行合同义务不符合合同约定时,对方依照法律规定或者合同约定,请求违约方采取减少价款或报酬、补充数量、物质处置等措施,以防止损失发生或扩大。

重点问题梳理

1. 合同的特征包括:(1)合同行为是一种民事法律行为。(2)合同是两方或多方当事人意思表示一致的民事法律行为。(3)合同是以设立、变更、终止民事权利义务关系为目的的民事法律行为。(4)合同通常是当事人在平等互利基础上的行为。

2. 合同法的属性包括:(1)合同法为私法。(2)合同法为自治法中的任意法。(3)合同法为财产法中的财产交易法。(4)合同法具有统一的趋势。

3. 合同法的基本原则包括:平等原则;合同自由原则;公平原则;诚实信用原则;遵守法律与公序良俗原则;合同法律约束力。

4. 要约的构成要件包括:(1)要约必须是特定人作出的意思表示。(2)要约应向要约人希望与之订立合同的相对人发出。(3)要约的内容必须具体确定。(4)要约必须具有订立合同的目的。(5)要约必须表明经受要约人承诺,要约人即受该意思表示的约束。

5. 要约的撤回与撤销。(见表 19－1)

---

[109] 郑玉波:《民法债编总论》,陈荣隆修订,中国政法大学出版社 2004 年版,第 312～313 页。

[110] 孙森焱:《民法债编总论》(下册),法律出版社 2006 年版,第 593 页。

表 19－1　要约的撤回与撤销

<table>
<tr><td>撤回</td><td colspan="2">要约生效之前。要约人可以反悔,方法是撤回要约。我国《民法典》第 475 条也规定,要约的撤回适用《民法典》第 141 条关于意思表示撤回的规定</td></tr>
<tr><td rowspan="2">撤销</td><td>撤销规则</td><td>要约生效后,相对人作出承诺之前,要约人可以反悔,方法是撤销要约。根据我国《民法典》第 477 条的规定,原则上要约人有权撤销其要约,但“撤销要约的意思表示以对话方式作出的,该意思表示的内容应当在受要约人作出承诺之前为受要约人所知道;撤销要约的意思表示以非对话方式作出的,应当在受要约人作出承诺之前到达受要约人”</td></tr>
<tr><td>撤销的例外</td><td>《民法典》第 476 条规定,下面两种要约属于不可撤销的要约:(1)要约人以确定承诺期限或者其他形式明示要约不可撤销;(2)受要约人有理由认为要约是不可撤销的,并已经为履行合同做了合理准备工作</td></tr>
</table>

6. 要约的失效包括:(1)要约人依法撤销要约。(2)承诺期限届满,受要约人未作出承诺。(3)受要约人对要约的内容作出实质性变更。(4)拒绝要约的通知到达要约人(仅适用于对特定人的要约)。

7. 承诺的构成要件包括:(1)承诺必须由受要约人或者其代理人作出。(2)承诺必须向要约人或其代理人作出。(3)承诺的内容应当与要约的内容一致。(4)承诺必须在要约的存续期间内作出。(5)承诺的方式必须符合要约的要求。

8. 同时履行抗辩权的适用条件包括:(1)必须是在同一双务合同中双方互负债务。(2)必须是双方互负的债务无履行顺序且已届履行期。(3)必须是相对方未履行债务或未提出履行债务。(4)必须是相对方在客观上有履行的可能。

9. 不安抗辩权的适用条件包括:(1)须双方当事人因同一双务合同而互负债务。(2)须当事人一方应向他方先为给付。(3)须是先履行义务的该方当事人有确切证据证明对方当事人履行能力明显降低,有不能对待给付的现实危险。(4)须先履行一方的债务已届履行期。

10. 先履行抗辩权的适用条件包括:(1)须是双方当事人基于同一双务合同互负债务。(2)须是双方债务的履行有先后顺序。(3)须是先履行义务方未履行义务或履行义务不符合合同约定。(4)须是先履行一方当事人应当先履行的债务客观上是可能的,即是可以履行的。

11. 合同解除的类型。(见表 19－2)

表 19－2　合同解除的类型

协议解除	是指合同成立后，在未履行或未完全履行之前，当事人双方通过协商解除合同，从而使合同的效力消灭的行为
约定解除	是指合同成立时或成立后，当事人约定解除权成立的条件，约定条件成就的，享有约定解除权的一方行使约定解除权后，解除合同
法定解除	是指合同依法成立后，尚未履行或者尚未完全履行以前，由于出现了合同能够解除的法定事由，一方当事人行使解除权而使合同效力消灭的行为

12. 一般法定解除事项包括：(1)因不可抗力致使不能实现合同目的；(2)在履行期限届满前，当事人一方明确表示或者以自己的行为表明不履行主要债务；(3)当事人一方迟延履行主要债务，经催告后在合理期限内仍未履行；(4)当事人一方迟延履行债务或者有其他违约行为致使不能实现合同目的；(5)法律规定的其他情形。

13. 合同被解除的，合同权利义务终止（不是合同无效）。(1)非继续性合同，合同解除具有溯及力，权利义务终止溯及合同成立时。(2)继续性合同，合同解除不具有溯及力，权利义务自合同解除时向未来终止。但下列两类合同条款，不因合同解除而终止：一是清理结算条款（如违约金条款、定金条款）；二是纠纷解决条款（如仲裁协议、管辖协议）。合同因违约被解除的，非违约方有权请求违约方支付违约金或者承担损害赔偿责任。

14. 缔约过失责任是指在合同缔结前的准备阶段，当事人从事接触、磋商，或于缔结合同之际，因一方未尽相当的注意，为必要的作为或不作为，致他方信赖可顺利缔结合同之目的不能达成，或发生未曾预期的损害，其未尽相当注意一方应负之责任。其构成要件包括：(1)缔约一方在订立合同的过程中违反了先合同义务。(2)给对方造成了损失。(3)缔约人违反先合同义务的行为与对方所受损失之间有因果关系。(4)违反先合同的义务方具有过错。

15. 违约责任的具体形态包括：预期违约；不履行；不完全履行；迟延履行。

16. 违约责任的类型包括：继续履行；赔偿损失；支付违约金；定金责任；采取补救措施。

案例与分析

1. 甲建筑工程公司向乙、丙两水泥厂各发一函，均称："急需 150 型号水泥 100 吨，价格 400 元/吨，货到付款。"乙水泥厂收到函后即传真给甲："函收到，按你方条件销售，即日发出。"丙水泥厂收到函后未回函，但当即组织车队将 150 型号水泥 100 吨运至甲公司所在地。

问题:甲与乙、丙之间的合同是否成立? 为什么?

分析:甲与乙、丙之间的合同均已成立。因为甲的发函构成一项要约,乙已经以通知的方式作出承诺,而丙则以行为的方式作出了有效的承诺。

2. 海滨假日酒店与富豪家具厂于1999年4月签订了一份豪华床具购销合同。合同规定:由富豪家具厂于1999年8月1日、9月1日,分两批以每批250套的方式将床具交付酒店。合同订立后,富豪家具厂如期交付第一批床具。此后,家具厂因资金困难,未能按时交付第二批床具。1999年9月11日,海滨假日酒店以家具厂违约为由,将其起诉到法院,要求该厂在1999年10月20日前交货,并承担营业损失1万元。法院查明,海滨假日酒店所需的豪华床具,本地有六家大型家具店有存货。[111]

问题:该案应当如何处理?

分析:本案涉及当事人违约后的责任承担问题。在本案中,富豪家具厂未能按时将床具交付给海滨假日酒店,已构成违约。在本案中,继续履行这一违约责任的适用条件已完全具备,法院可以采取判令富豪家具厂实际履行并赔偿海滨假日酒店损失的方式来解决这一纠纷。

3. 甲公司因转产致使一台价值1000万元的精密机床闲置。该公司董事长王某与乙公司签订了一份机床转让合同。合同规定,精密机床作价950万元,甲公司于10月31日之前交货,乙公司在交货后10天内付清款项。在交货日前,甲公司发现乙公司的经营状况恶化,通知乙公司中止交货并要求乙公司提供担保,乙公司予以拒绝。又过了1个月,甲公司发现乙公司的经营状况进一步恶化,于是提出解除合同。乙公司遂向法院起诉。另外,法院已查明:甲公司股东会决议规定,对精密机床的处置应经股东会特别决议。

问题:(1)甲公司与乙公司之间转让机床的合同是否有效? 为什么?

(2)甲公司中止履行的理由能否成立? 为什么?

(3)甲公司能否解除合同? 为什么?

分析:(1)甲公司与乙公司之间转让机床的合同有效。根据《民法典》第504条的规定,法人的法定代表人或者非法人组织的负责人超越权限订立的合同,除相对人知道或者应当知道其超越权限外,该合同对法人或者非法人组织发生效力。虽然甲公司董事长王某转让机床的行为不符合该公司股东会的决议规定,属于超越权限的行为,但由于相对人乙公司并不知道也不应当知道其合同的签订超越了王某的权限,所以该合同是有效的。

(2)甲公司中止履行合同的理由成立。因为根据《民法典》第527条的规定,应当先履行债务的当事人有确切证据证明对方经营状况恶化的,可以中止履行。

---

[111] 郭明瑞、张平华编著:《合同法学案例教程》,知识产权出版社2003年版,第119页。

(3)甲公司可以解除合同。因为根据《民法典》第528条的规定，当事人依据前条规定中止履行的，应当及时通知对方。对方提供适当担保的，应当恢复履行。中止履行后，对方在合理期限内未恢复履行能力并且未提供适当担保的，视为以自己的行为表明不履行合同主要义务，中止履行的一方可以解除合同并可以请求对方承担违约责任。

第二十章　各种合同

第一节　买卖合同

一、买卖合同的概念与特征

买卖合同,是出卖人移转标的物的所有权于买受人,买受人支付价款的合同。其中,依约定应交付标的物并移转标的物所有权的一方称为出卖人,应支付价款的一方称为买受人。

买卖合同是商品交换的典型法律形式。买卖合同具有以下特征:

1. 买卖合同是诺成合同。除法律另有规定或当事人另有约定外,买卖合同在双方当事人意思表示一致时成立,因此,买卖合同是诺成合同。

2. 买卖合同是不要式合同。除非法律或行政法规另有规定,买卖合同不需要采取特定的形式,因此,买卖合同为不要式合同。

3. 买卖合同是有偿合同。在买卖合同中,出卖人所负担的交付标的物并移转其所有权于买受人的义务,与买受人所负担的支付价款的义务,互为对价,因此,买卖合同是有偿合同。买卖合同是最典型的有偿合同,《民法典》第646条规定:"法律对其他有偿合同有规定的,依照其规定;没有规定的,参照适用买卖合同的有关规定。"

4. 买卖合同是双务合同。买卖合同的双方当事人在享有合同权利的同时,都负担相应的合同义务。其中出卖人负有交付标的物并移转其所有权于买受人的义务,买受人有向出卖人支付价款的义务,且当事人之间的义务互为对价。因此,买卖合同是典型的双务合同。

5. 买卖合同是所有权与金钱进行交换的合同。出卖人移转所有权给买受人,是买卖合同的要素之一。这使买卖合同与使用借贷、租赁等合同相区分。同时,在买卖合同中,与所有权相交换的是金钱而不是其他物的所有权,这使买卖合同与互易(易货)合同相区别。因而对买卖合同而言,出卖人移转标的物与买受人支付价金是不可或缺的两个因素。

6. 买卖合同是负担行为。除即时清结的买卖合同外,买卖合同的成立生效,并不当然在当事人之间发生权利义务变动的效果。买卖合同的成立,使买受人取得请求移转标的物所有权的权利,同时负有支付价金的义务;相应地,出卖人取得要求支付价金的权利,同时负有移转标的物所有权的义务。因此,买卖合同是一种使当事人负有义务的行为,并产生财产权利直接变动的结果,是一种负担行为。[1]“故买卖属于负担行为,而非处分行为,因之出卖人对于标的物不以有处分权为必要,影响所及买卖只有无权代理之问题,而无无权处分之问题。”[2]

7. 买卖合同为债权合同。“买卖契约成立后,出卖人仅生移转财产权的债务,并非现实移转财产权,而买受人亦仅生支付价金之债务,亦非现实支付。易言之,买卖的双方只发生债的关系而已,并不发生物权变动的结果,故日后尚须有履行之行为,以实行移转或交付,斯即物权契约。”[3]

二、买卖合同的效力

买卖合同的效力主要是指生效的买卖合同对双方当事人所具有的法律约束力。买卖合同的效力主要体现为:出卖人交付标的物并移转标的物所有权及瑕疵担保责任,买受人支付价金和受领标的物的义务等。此外,当事人对标的物的利益承受和风险负担,也属于买卖合同效力的范畴。

(一)出卖人的义务

1. 交付标的物并移转标的物的所有权于买受人,是出卖人的主要合同义务,它由标的物的交付与标的物所有权的移转两个方面组成。对此,《民法典》第 598 条规定:“出卖人应当履行向买受人交付标的物或者交付提取标的物的单证,并转移标的物所有权的义务。”

(1)交付标的物的义务。所谓交付是指对标的物占有的移转,可分为现实的交付与观念交付。标的物的现实的交付,即出卖人将标的物的现实管领力移转给买受人,使买受人对标的物直接占有。标的物的观念交付,是指出卖人将以所有人身份对标的物进行占有的权利移转给买受人,以代替实物交付。观念交付可进一步分为简易交付、指示交付和占有改定。简易交付是指买受人在合同订立前已经实际占有标的物时,自合同生效时交付即视为完成。指示交付是指标的物由当事人以外的第三人间接占有时,出卖人将对第三人的原物返还请求权转让给买受人,以代替标的物的现实交付。例如,出卖人将交由他人保管的物出卖给买受人,便可以约定由买受人直接向保管人主张返还原物;或者将提单或仓单交给买受人以替

---

[1] 关于负担行为与处分行为的区分,参见孙宪忠:《中国物权法原理》,法律出版社 2004 年版,第 156 页以下。

[2] 郑玉波:《民法债编各论》(上册),台北,三民书局 1986 年版,第 14 页。

[3] 郑玉波:《民法债编各论》(上册),台北,三民书局 1986 年版,第 13 页。

代现实交付等均属之。占有改定是指当事人约定,标的物所有权移转给买受人,但标的物仍由出卖人直接占有,买受人取得标的物的间接占有的情形。例如,出卖人将标的物卖给买受人,但同时又签订租赁合同,由出卖人租用标的物,此时,没有必要移转标的物的直接占有,但法律仍然承认当事人之间的交付效果。

出卖人应当按照合同规定的数量、质量、期限、方式和时间交付标的物。具体而言,出卖人交付标的物有如下的要求:

第一,按照约定的质量交付标的物。标的物的质量包括两个方面:一是标的物的品种和规格,包括标的物的型号、级别等;二是标的物的内在品质,指标的物应当达到的内在品质,即标的物应当达到的功效其无隐蔽的瑕疵、缺陷。依《民法典》第 615 条规定,出卖人应当按照约定的质量要求交付标的物。出卖人提供有关标的物质量说明的,交付的标的物应当符合该说明的质量要求。依《民法典》第 616 条规定,当事人对标的物的质量要求没有约定或者约定不明确,依据《民法典》第 510 条的规定仍不能确定的,适用《民法典》第 511 条第 1 项的规定,即质量要求不明确的,按照强制性国家标准履行;没有强制性国家标准的,按照推荐性国家标准履行;没有推荐性国家标准的,按照行业标准履行;没有国家标准、行业标准的,按照通常标准或者符合合同目的的特定标准履行。

第二,按照约定的数量交付标的物。出卖人应当按照约定的数量交付标的物,出卖人多交标的物的,《民法典》第 629 条规定,买受人可以接收或者拒绝接收多交的部分。买受人接收多交部分的,按照约定的价格支付价款;买受人拒绝接收多交部分的,应当及时通知出卖人。

第三,按照约定的期限交付标的物。《民法典》第 601 条规定,出卖人应当按照约定的期限交付标的物。约定交付期间的,出卖人可以在该交付期间内的任何时间交付。《民法典》第 602 条规定,当事人没有约定标的物的交付期限或者约定不明确的,适用《民法典》第 510 条、第 511 条第 4 项的规定。

第四,按照约定的地点交付标的物。根据《民法典》第 603 条的规定,“出卖人应当按照约定的地点交付标的物。当事人没有约定交付地点或者约定不明确,依据本法第五百一十条的规定仍不能确定的,适用下列规定:(一)标的物需要运输的,出卖人应当将标的物交付给第一承运人以运交给买受人;(二)标的物不需要运输,出卖人和买受人订立合同时知道标的物在某一地点的,出卖人应当在该地点交付标的物;不知道标的物在某一地点的,应当在出卖人订立合同时的营业地交付标的物”。

第五,按照约定的包装交付标的物。根据《民法典》第 619 条规定,出卖人应当按照约定的包装方式交付标的物。对包装方式没有约定或者约定不明确,依据《民法典》第 510 条的规定仍不能确定的,应当按照通用的方式包装;没有通用方式的,应当采取足以保护标的物且有利于节约资源、保护生态环境的包装方式。

(2)转移标的物的所有权于买受人。取得标的物的所有权是买受人的主要交易目的,因此,将标的物所有权转移给买受人,是出卖人的一项主要义务。移转标的物的所有权,是在移转标的物占有的基础上,实现标的物所有权的移转,使买受人获得标的物的所有权。《民法典》第600条规定:“出卖具有知识产权的标的物的,除法律另有规定或者当事人另有约定外,该标的物的知识产权不属于买受人。”因此,在买卖的标的物为知识产权的载体时,除法律另有规定或者当事人另有约定的以外,出卖人仅负有移转标的物所有权的义务,而不负有移转知识产权的义务,买受人也不取得该标的物的知识产权。根据《民法典》第209条第1款的规定:“不动产物权的设立、变更、转让和消灭,经依法登记,发生效力;未经登记,不发生效力,但是法律另有规定的除外。”因此,出卖人必须协助买受人完成不动产登记等过户手续或者向出卖人交付动产,并交付相关的产权证明给买受人,最终实现标的物所有权的移转。

2. 出卖人的瑕疵担保责任。瑕疵担保责任,是出卖人就标的物本身或标的物上的权利所存在的、影响买卖合同本旨的缺陷所应承担的法律责任。关于瑕疵担保责任的性质,国外民法上有法定责任说与债务不履行责任说两种学说。依法定责任说,瑕疵担保责任是由法律规定,不同于债务不履行责任的特别规定;依照债务不履行责任说,瑕疵担保责任并非法定责任,而属于债务不履行责任说的特则,不问特定物或不特定物买卖,均应适用瑕疵担保责任。[4] 瑕疵担保责任属于无过失责任,其产生的依据存在默示的担保契约说、权利供与义务之不履行说、瑕疵告知义务之不履行说、维持有偿契约之交易安全说、保护买受人期待之特殊责任说这五种学说,其中维持有偿契约之交易安全说为日本学者的通说,较为可采。[5] 按照一般的分类,瑕疵担保责任可以分为权利瑕疵担保责任和物的瑕疵担保责任。

(1)权利瑕疵担保责任。权利瑕疵担保责任中的所谓权利瑕疵,是指“所给付之权利,带有依契约之约定,不应带有之负担”。[6] 权利瑕疵担保责任,指出卖人应保证其交付的标的物不负担第三人的合法权利或者其他法律障碍,保证买受人能够对标的物拥有完全的所有权。权利瑕疵担保责任,起源于罗马法上的追夺担保制度,指出卖人交付标的物于买受人后,第三人基于其所有权、用益物权、抵押权将标的物从买受人手中夺回时,出卖人应当承担的责任。对出卖人的权利瑕疵担保责任进行规定的是《民法典》第612条,其规定:“出卖人就交付的标的物,负有保证第三人对该标的物不享有任何权利的义务,但是法律另有规定的除外。”

---

〔4〕 梁慧星:《论出卖人的瑕疵担保责任》,载梁慧星:《梁慧星文选》,法律出版社2003年版,第302~304页。

〔5〕 郑玉波:《民法债编各论》(上册),台北,三民书局1986年版,第30~31页。

〔6〕 黄茂荣:《买卖法》,中国政法大学出版社2002年版,第172页。

就权利瑕疵担保的样态而言,权利瑕疵担保责任中的权利瑕疵可能是私法上的权利瑕疵也可能是公法的权利瑕疵。私法上的权利瑕疵主要形态有权利根本不存在、权利为他人所有、权利有他项物权负担、权利有债权负担等。公法的权利瑕疵主要是公法的捐税负担与公法上对标的物使用上的限制等。[7]

权利瑕疵担保责任的构成须具备以下的条件:第一,须权利瑕疵于买卖合同成立时存在。所谓存在权利瑕疵,是指第三人对标的物有合法的权利主张。若权利瑕疵发生于合同成立之后,则不成立瑕疵担保责任,而仅发生出卖人债务不履行的违约责任。第二,须买受人不知有权利瑕疵的存在。如果买受人订立合同时知道或者应当知道存在权利瑕疵的,就不能追究出卖人的权利瑕疵担保责任。《民法典》第 613 条规定,买受人订立合同时知道或者应当知道第三人对买卖的标的物享有权利的,出卖人不承担前条规定的义务。第三,须于标的物交付时权利瑕疵仍未消除。若于标的物交付时权利瑕疵已经消除,买受人可以取得标的物的完全所有权,则不成立出卖人的瑕疵担保责任。

除法律另有规定外,出卖人交付标的物上有权利瑕疵而不能完全移转标的物所有权于买受人的,买受人有中止支付相应价款的权利。依《民法典》第 614 条的规定,买受人有证据证明第三人对标的物享有权利的,可以中止支付相应的价款,但是出卖人提供适当担保的除外。

(2)物的瑕疵担保责任。物的瑕疵担保责任,是指出卖人就出卖的标的物本身所存在的瑕疵对于买受人所负担的担保责任。这种担保包括价值瑕疵担保,即出卖人应担保其出卖的标的物不存在灭失或者减损其价值的瑕疵;效用瑕疵担保,即出卖人应担保标的物具有使用价值;品质瑕疵担保,即出卖人应担保标的物具有其所保证的品质。[8]

物的瑕疵担保责任的构成须具备以下条件:第一,须标的物的瑕疵于交付时存在。出卖人交付的标的物不符合质量标准的,标的物即为有瑕疵。若于合同成立时标的物存在瑕疵,但于交付时瑕疵已消除,则不发生瑕疵担保责任。第二,须买受人于合同订立时不知标的物有瑕疵。如果在买卖合同成立时,标的物的瑕疵已经为买受人所知,则出卖人不负物的瑕疵担保责任。如果出卖人在出卖标的物时保证其无瑕疵,或者出卖人故意隐瞒标的物的瑕疵的,即使买受人在订立合同时因重大过失而不知标的物有瑕疵,出卖人也应负瑕疵担保责任。第三,买受人须于法律规定或者合同约定的合理期间内就标的物的瑕疵通知出卖人。依据《民法典》第 621 条的规定,当事人约定检验期间的,买受人应当在检验期间内将标的物的数量或者质量不符合约定的情形通知出卖人。买受人怠于通知的,视为标的物的数

---

[7] 黄茂荣:《买卖法》,中国政法大学出版社 2002 年版,第 174 ~ 175 页。

[8] 石静遐:《买卖合同》,中国法制出版社 1999 年版,第 99 页。

量或者质量符合约定。当事人没有约定检验期间的,买受人应当在发现或者应当发现标的物的数量或者质量不符合约定的合理期间内通知出卖人。买受人在合理期间内未通知或者自收到标的物之日起二年内未通知出卖人的,视为标的物的数量或者质量符合约定;但是,对标的物有质量保证期的,适用质量保证期,不适用该二年的规定。出卖人知道或者应当知道提供的标的物不符合约定的,买受人不受前两款规定的通知时间的限制。

如果标的物的瑕疵担保责任成立,出卖人应当承担违约责任。出卖人承担的违约责任主要有如下几种情形:〔9〕

其一,因标的物不符合质量要求,致使不能实现合同目的的,买受人可以拒绝接受标的物或者解除合同(《民法典》第610条)。

其二,出卖人交付的标的物不符合质量要求的,买受人可以依据《民法典》第582~584条的规定请求承担违约责任(《民法典》第617条)。履行不符合约定的,应当按照当事人的约定承担违约责任。对违约责任没有约定或者约定不明确,依据《民法典》第510条的规定仍不能确定的,受损害方根据标的的性质以及损失的大小,可以合理选择请求对方承担修理、重作、更换、退货、减少价款或者报酬等违约责任(《民法典》第582条)。

其三,因标的物的主物不符合约定而解除合同的,解除合同的效力及于从物。因标的物的从物不符合约定被解除的,解除的效力不及于主物(《民法典》第631条)。

其四,标的物为数物,其中一物不符合约定的,买受人可以就该物解除。但是,该物与他物分离使标的物的价值显受损害的,当事人可以就数物解除合同(《民法典》第632条)。

其五,出卖人分批交付标的物的,出卖人对其中一批标的物不交付或者交付不符合约定,致使该批标的物不能实现合同目的的,买受人可以就该批标的物解除。出卖人不交付其中一批标的物或者交付不符合约定,致使之后其他各批标的物的交付不能实现合同目的的,买受人可以就该批以及之后其他各批标的物解除。买受人如果就其中一批标的物解除,该批标的物与其他各批标的物相互依存的,可以就已经交付和未交付的各批标的物解除(《民法典》第633条)。

关于物的瑕疵担保责任的法律性质,学说上有三种说法:一是不可抗力的责任说,该说认为物的瑕疵担保责任为不可抗力责任。二是契约基础丧失说。买卖合同的当事人缔约时,以买卖合同的标的物没有瑕疵等事实情况为基础,一旦存在物的瑕疵则契约缔结的基础将丧失。三是对价均衡说。该说将物的瑕疵担保责任直接归结于"契约之给付与对待给付之调整"问题。其理由是:当一个双物契约缔结

〔9〕 韩松主编:《民法学》,中国政法大学出版社2004年版,第543页。

时,当事人之间对给付与对待给付之间的对价性作过权衡,而且当事人在经过权衡后认为经合意决定下来的给付、对待给付之间的对价关系对当事人最为公平。契约的标的存在瑕疵会影响买卖价金的决定与给付、对待给付之间的对价均衡。[10]

3. 出卖人的其他义务。出卖人的其他义务主要为出卖人按照约定或者交付习惯向买受人交付提取标的物以外的相关单证和资料的从给付义务、依据诚实信用原则或者根据合同的性质和目的所负有的通知、协商、保密的义务以及相应的不真正义务等。

(二)买受人的义务

1. 按照合同的约定支付价款。这是买受人应负担的一项主要义务。具体来讲,包括以下几个方面:

(1)按照约定的数额和方式支付价款。根据《民法典》第626条,买受人应当按照约定的数额和支付方式支付价款。对价款的数额和支付方式没有约定或者约定不明确的,适用《民法典》第510条、第511条第2项和第5项的规定。首先,按照《民法典》第510条的规定,合同生效后,当事人就质量、价款或者报酬、履行地点等内容没有约定或者约定不明确的,可以协议补充;不能达成补充协议的,按照合同有关条款、合同性质、合同目的或者交易习惯确定。其次,按照《民法典》第511条第2项的规定,价款或者报酬不明确的,按照订立合同时履行地的市场价格履行;依法应当执行政府定价或者政府指导价的,依照规定履行。按照《民法典》第511条第5项的规定,履行方式不明确的,按照有利于实现合同目的的方式履行。

(2)按照约定的时间支付价款。根据《民法典》第628条的规定,买受人应当按照约定的时间支付价款。对支付时间没有约定或者约定不明确,依据《民法典》第510条的规定仍不能确定的,买受人应当在收到标的物或者提取标的物单证的同时支付。

(3)按照约定的地点支付标的物。对此,《民法典》第627条规定:"买受人应当按照约定的地点支付价款。对支付地点没有约定或者约定不明确,依据本法第五百一十条的规定仍不能确定的,买受人应当在出卖人的营业地支付;但是,约定支付价款以交付标的物或者交付提取标的物单证为条件的,在交付标的物或者交付提取标的物单证的所在地支付。"

2. 及时接受标的物。受领标的物本是买受人的一项主要权利,本可放弃;但因为标的物的受领,关系到出卖人债务的清偿,因此,有必要将受领标的物同时作为买受人的义务来看待。买受人无故拒绝受领标的物的,应当承担受领迟延的违约

---

〔10〕 郑玉波:《民法债编各论》(上册),台北,三民书局1986年版,第105页。

责任。

3. 及时检验标的物。对出卖人交付的标的物进行检验,首先是买受人的一项权利,但是检验应当及时进行,否则将使出卖人长期处于债务是否适当履行的不确定的状态中,《民法典》第620条规定:"买受人收到标的物时应当在约定的检验期间内检验。没有约定检验期间的,应当及时检验。"

三、标的物意外毁损灭失的风险负担和利益承受

(一)风险负担

买卖合同的风险负担是指在买卖合同的标的物因不可归责于合同双方当事人的事由而发生毁损、灭失的损失由谁来承担。对于标的物的风险负担,可由当事人约定,没有约定的依照下列原则确定:(1)标的物毁损、灭失的风险,在标的物交付之前由出卖人承担,交付之后由买受人承担,但是法律另有规定或者当事人另有约定的除外。出卖人按照约定将标的物运送至买受人指定地点并交付给承运人后,标的物毁损、灭失的风险由买受人承担,但是当事人另有约定的除外(《民法典》第604条)。(2)因买受人的原因致使标的物未按照约定的期限交付的,买受人应当自违反约定时起承担标的物毁损、灭失的风险(《民法典》第605条)。(3)出卖人出卖交由承运人运输的在途标的物,除当事人另有约定外,毁损、灭失的风险自合同成立时起由买受人承担(《民法典》第606条)。(4)当事人没有约定交付地点或者约定不明确,依据《民法典》第603条第2款第1项的规定标的物需要运输的,出卖人将标的物交付给第一承运人后,标的物毁损、灭失的风险由买受人承担(《民法典》第607条)。(5)出卖人按照约定或者依据《民法典》第603条第2款第2项的规定将标的物置于交付地点,买受人违反约定没有收取的,标的物毁损、灭失的风险自违反约定时起由买受人承担(《民法典》第608条)。(6)因标的物不符合质量要求,致使不能实现合同目的的,买受人可以拒绝接受标的物或者解除合同。买受人拒绝接受标的物或者解除合同的,标的物毁损、灭失的风险由出卖人承担(《民法典》第610条)。

标的物毁损、灭失的风险移转给买受人承担的,并不意味着出卖人的给付符合法律的规定或合同的约定。标的物毁损、灭失的风险由买受人承担的,不影响因出卖人履行债务不符合约定,买受人请求其承担违约责任的权利(《民法典》第611条)。同时,依《民法典》第609条的规定,出卖人按照约定未交付有关标的物的单证和资料的,不影响标的物毁损、灭失风险的转移。若出卖人交付了标的物而未交付有关标的物的单证和资料,则标的物毁损、灭失的风险虽移转由买受人承担,但出卖人仍应当负债务不履行的违约责任。

(二)买卖合同中的利益承受

利益承受是指标的物于买卖合同订立后所生的孳息的归属,此处的孳息包括

自然孳息与法定孳息。《民法典》第630条规定:“标的物在交付之前产生的孳息,归出卖人所有;交付之后产生的孳息,归买受人所有。但是当事人另有约定的除外。”我国《民法典》合同编在标的物孳息的归属基本上采取了与风险负担同一的原则,即交付主义。

四、特种买卖合同

(一)分期付款合同

1. 概说

分期付款买卖是一种特殊的买卖形式,是买受人按约定将其应付的总价款按照一定期限分批向出卖人支付的买卖。其特点突出表现在买受人按照约定受领标的物,然后分批将价款支付给出卖人。分期付款买卖最早在古罗马时就已经存在,但直到19世纪以后才被广泛应用。分期付款买卖一般用于不动产和高档消费品等价值较高物品的买卖。出卖人须先交付标的物,买受人于受领后分若干次付款,这种买卖形式虽有可以使买受人仅支付部分款项就可及时占有标的物并为使用收益,但却会使出卖人有收不到价款的风险。所以《民法典》第634条赋予了出卖人在特定情况下的解除合同权利。《民法典》第634条规定:“分期付款的买受人未支付到期价款的数额达到全部价款的五分之一,经催告后在合理期限内仍未支付到期价款的,出卖人可以请求买受人支付全部价款或者解除合同。出卖人解除合同的,可以向买受人请求支付该标的物的使用费。”

2. 所有权保留的分期付款买卖

所有权保留买卖,指当事人在合同中约定,出卖人先行交付标的物于买受人占有、使用,在买受人未履行支付价款或者其他义务之前,标的物的所有权仍归出卖人所有,以担保买受人合同义务的履行,待条件成就后,再将所有权转移给买受人的买卖。所有权保留的法律依据是《民法典》第641条,该条规定:“当事人可以在买卖合同中约定买受人未履行支付价款或者其他义务的,标的物的所有权属于出卖人。出卖人对标的物保留的所有权,未经登记,不得对抗善意第三人。”所有权保留的主要功能为担保功能,作为一种新型的担保制度,在交易实践中,其经常与分期付款买卖结合在一起。在保留所有权的分期付款买卖中,出卖人当然享有《民法典》第634条第1款规定的请求全部支付价款或解除合同的权利。此外,买受人在取得所有权之前破产的,出卖人享有取回出卖物的权利。所有权保留的分期付款买卖“与让与的担保之情形类似,但其基础不同,即让与担保,系物之所有人,向人借款时,以其物之所有权移转于对方,以为担保;而此之所有权保留,乃物之出卖人,本应移转该物之所有权于买受人,但为担保其价金之受偿,而暂时保留其所有权,故两者虽类似实不相同也”。[11]

(二)凭样品买卖

凭样品买卖,又称货样买卖,是指以当事人双方约定的样品确定标的物属性和品质的买卖。样品又称货样,是指当事人选定、用来作为将来交付之标的物的款式、颜色、大小、轻重、成色等属性和品质标准的实物。凭样品买卖与一般买卖并无区别,只是在合同订立时,当事人双方约定以特定样品作为将来交付标的物的标准。在此情况下,意味着出卖人已经作出保证,保证将来交付的标的物与样品具有同一的品质。若出卖人将来交付的标的物与样品不符的,应负不完全履行的责任。

根据我国《民法典》第636条的规定:凭样品买卖的买受人不知道样品有隐蔽瑕疵的,即使交付的标的物与样品相同,出卖人交付的标的物的质量仍然应当符合同种物的通常标准。

(三)试用买卖

试用买卖,又称试验买卖,是指当事人双方约定,于合同成立时,出卖人将标的物交付给买受人试用,并以买受人在约定期限内对标的物的认可为生效要件的买卖。由于试用买卖以买受人的认可为生效条件,因而一般认为试用买卖为附生效条件买卖。由于这里的“认可”完全取决于买受人的主观任意,其与认可条件一般要求不取决于当事人主观意志的要求不符,因而称其为任意条件非为条件原则的特例。[12]

依《民法典》第637条规定,试用买卖的当事人可以约定标的物的试用期间。对试用期间没有约定或者约定不明确,依据《民法典》第510条的规定仍不能确定的,由出卖人确定。依《民法典》第638条规定,试用买卖的买受人在试用期内可以购买标的物,也可以拒绝购买。试用期间届满,买受人对是否购买标的物未作表示的,视为购买。试用买卖的买受人在试用期内已经支付部分价款或者对标的物实施出卖、出租、设立担保物权等行为的,视为同意购买。依《民法典》第639条,试用买卖的当事人对标的物使用费没有约定或者约定不明确的,出卖人无权请求买受人支付。《民法典》第640条规定,标的物在试用期内毁损、灭失的风险由出卖人承担。

(四)买回

买回,是指当事人在买卖合同成立时达成协议,出卖人保留其于将来买回出卖的标的物权利的合同。买回约款在买卖合同中的存在使出卖人得于特定期间内行使买回权将已出卖给买受人的标的物买回。当事人约定的买回期限不应当太长,

---

[11] 郑玉波:《民法债编各论》(上册),台北,三民书局1986年版,第105页。

[12] 邱聪智:《新订债法各论》(上),中国人民大学出版社2006年版,第136页。

出卖人应当在约定的期限内行使买回权。出卖人行使买回权时,须向买受人为买回的意思表示,并须向买受人支付买回标的物所需支付的价款。当事人对买回的价款约定不明确的,买回标的物的价款等同于出卖该标的物时的价款。如果买受人对标的物进行了改良并提高了价值,出卖人一般应向原买受人偿还改良的费用及其他费用。在约定的买回期间内,原买受人不得处分标的物,买受人在原出卖人行使买回权时,应向原出卖人交付标的物及其从物。如果买受人因可归责于自己的原因致使标的物灭失或毁损而不能交付标的物时,应负债务不履行的违约责任。

第二节　供用电、水、气、热力合同

一、供用电、水、气、热力合同的概念与特征

供用电、水、气、热力合同,是指一方提供电、水、气、热力供另一方利用,另一方支付报酬的合同。《民法典》第 648 条第 1 款规定针对供电合同规定,"供用电合同是供电人向用电人供电,用电人支付电费的合同"。供用电、水、气、热力合同的标的物为电、水、气、热力。其中,水通常是指自来水,气通常指作为能源的天然气、煤气等,热力通常指供暖。在当代民法中,电、水、气、热力均属于民法中"物"的范畴,因而供用电、水、气、热力合同是为一方当事人设立义务而最终移转财产所有权的合同,与买卖合同在性质上最为接近,供用电、水、气、热力合同一节没有作出规定的,参照买卖合同的相关规定。

供用电、水、气、热力合同的特征为:

1. 供用电、水、气、热力合同属于继续性供给合同。继续性供给合同,指合同的总给付于合同成立时并不确定,而须在确定或不确定的时间内多次为给付,且给付的总量取决于给付时间长度的合同。继续性供给合同可分为固有的继续性供给合同和继续性供给合同。[13] 固有的继续性供给合同,是依合同的性质,合同关系需要持续一定的时间,其给付一般不可能在单一时间点完成的继续性合同,如雇佣合同、租赁合同、使用借贷合同等。继续性供给合同则是依当事人的意思,卖主于一定期间内(如一个月间或一年间)或不定期间,将一定种类(如瓦斯、自来水等)、品质之物,以一定的价金或以一定的标准所定价金,继续性供给买主的合同。此种合同的个别给付与其价金,虽有相当程度的对价关系,并须于一定期间清偿价金,但就合同整体而言,仍属于单一的买卖合同,而非数个独立买卖合同的结合。[14] 供

---

〔13〕 王泽鉴:《债法原理》(第 1 册),中国政法大学出版社 2001 年版,第 131 页。

〔14〕 曾兴隆:《现代非典型契约论》,台北,三民书局 1988 年版,第 215 页。

用电、水、气、热力合同即属于继续性供给合同。

2. 供用电、水、气、热力合同是适用强制缔约规则的合同。强制缔约，指在某些情况下，个人或企业有应相对人的要求而订立合同的义务，该个人或企业不得拒绝相对人通常、合理的定约要求。供用电、水、气、热力合同的公用性特点与该类合同标的物提供者通常为自然垄断性企业的特性，决定了供用电、水、气、热力合同必然适用强制缔约规则。供用电、水、气、热力合同的标的物为电、水、气、热力。这些特殊的标的物是一般居民日常生活与大部分企业正常生产不可或缺的要素。供用电、水、气、热力合同涉及面甚广，涉及居民、企事业单位、国家机关等社会的构成单位，而这些社会单位对这些标的物具有事实上的依赖关系。由于供用电、水、气、热力的生产经营涉及通常须由政府进行投入与运营的特殊企业，这些企业一般处于自然垄断地位，而一般民众由于需依赖这些物质为基本生活需要，所以必须限制这些企业的缔约自由。《民法典》第 648 条第 2 款规定："向社会公众供电的供电人，不得拒绝用电人合理的订立合同要求。"我国《电力法》第 26 条第 1 款规定："供电营业区内的供电营业机构，对本营业区内的用户，有按照国家规定供电的义务；不得违反国家规定对其营业区内申请用电的单位和个人拒绝供电。"对于其他公用事业经营者，如煤气、天然气、自来水等企事业单位，也负有强制缔约的义务。

3. 供用电、水、气、热力合同为附合合同。供用电、水、气、热力合同的订立无须供应方与每个消费者协商合同的条款，供应方所使用的是事先制定好的格式合同，消费者对合同内容仅有同意与否的自由，而不得要求变更合同的内容，因此，供用电、水、气、热力合同为附合合同，需要法律对其进行特别规制，以防止供用人利用其优势获取不公平的利益。

4. 供用电、水、气、热力合同标的物的价格受到较多的限制。供用电、水、气、热力合同标的物特殊性和其企业的自然垄断地位决定了该类合同标的物的价格应当受到较多的限制。如《电力法》第 35 条第 2 款规定："电价实行统一政策，统一定价原则，分级管理。"

二、供电合同

《民法典》第 648 条规定："供用电合同是供电人向用电人供电，用电人支付电费的合同。向社会公众供电的供电人，不得拒绝用电人合理的订立合同要求。"供电人即提供电力的一方当事人，用电人即使用电力的一方当事人。供电合同的标的物为电，由于其具有客观物质性又能够为人们所利用，所以是民法上的一种特殊的"物"。供电合同是典型的供用电、水、气、热力合同。按照《民法典》第 649 条规定，供用电合同的内容一般包括供电的方式、质量、时间，用电容量、地址、性质，计量方式，电价、电费的结算方式，供用电设施的维护责任等条款。供电合同的效力主要体现为合同双方当事人之间所享有的合同权利和所负担的合同义务。

(一)供电人的义务

1. 及时、合格、安全供电的义务。《民法典》第 651 条规定:“供电人应当按照国家规定的供电质量标准和约定安全供电。供电人未按照国家规定的供电质量标准和约定安全供电,造成用电人损失的,应当承担赔偿责任。”供电合同是移转标的物所有权的合同,供电人负有交付标的物和移转标的物所有权的义务,即及时、合格、安全供电的义务。但由于标的物的特殊性,供电人必须使供电线路时刻处于有电可用的状态。在供电合同中,供电人将电输送到用电人的线路中,使用电人处于能够按约定用电的状态,即为交付的完成。而电之所有权的移转,则须用电人的受领,最终通过流量计算。

至于供电合同的履行地点,可由当事人约定。当事人之间没有约定或者约定不明的,根据《民法典》第 650 条的规定,以供电设施的产权分界点为履行地点。这一履行地点的确定,在实体法上决定着财产的归属和责任的承担。例如,若有人偷电,要以分界点确定谁的电被偷;如果线路漏电伤人,以分界点确定责任主体。[15]

2. 因故中断供电的通知义务。一般情况下,电力供应与使用是连续的,处于持续状态,供电人不应中断供电,否则属于违约行为。但出于安全和其他因素的考虑,法律允许供电人在特殊情况下临时中断供电,但必须事先通知用电人。《民法典》第 652 条规定:“供电人因供电设施计划检修、临时检修、依法限电或者用电人违法用电等原因,需要中断供电时,应当按照国家有关规定事先通知用电人;未事先通知用电人中断供电,造成用电人损失的,应当承担赔偿责任。”

3. 断电抢修义务。《民法典》第 653 条规定:“因自然灾害等原因断电,供电人应当按照国家有关规定及时抢修;未及时抢修,造成用电人损失的,应当承担赔偿责任。”供电人负有使用电人不间断地获得电力的义务,若因供电人的原因断电,其应承担违约责任,此为供电合同的应有之义。非因供电人的原因断电的,供电人负有及时抢修的义务,违反该义务给用电人造成损失的,应当赔偿。

(二)用电人的义务

1. 支付电费的义务。供用电合同是双务、有偿合同,用电人应对其使用供电人供应的电力支付费用。根据《民法典》第 654 条的规定,用电人应当按照国家有关规定和当事人的约定及时支付电费。用电人逾期不支付电费的,应当按照约定支付违约金。经催告用电人在合理期限内仍不支付电费和违约金的,供电人可以按照国家规定的程序中止供电。供电人依照前款规定中止供电的,应当事先通知用电人。需要注意的是,中止供电是合同的中止履行,在此法律并未赋予供电人解除

---

〔15〕 隋彭生:《合同法要义》,中国政法大学出版社 2003 年版,第 497 页。

合同的权利,在用电人交清电费和违约金后,供电人应及时恢复供电。

2.安全用电的义务。由于用电人违规用电可能给供电人、第三人甚至用电人自己造成巨大的损失,所以《民法典》第655条规定:“用电人应当按照国家有关规定和当事人的约定安全、节约和计划用电。用电人未按照国家有关规定和当事人的约定用电,造成供电人损失的,应当承担赔偿责任。”用电人应当尽量使用电设施处于安全状态,对于已经安全装设的用电线路和保险装置,用电人不得随意拆换;用电设施出现故障需要修理的,一般也需要请专业人员进行处理,以保证用电的安全。

3.用电人的容忍、协助义务。用电人应当容忍供电人依《民法典》第652条的规定中断供电、进行检修行为;特定时期供电总量有限,需要限制用电人的用电量的,用电人也应负必要的容忍义务;供电人检修供电设施时需要用电人提供必要协助的,用电人应予协助。

第三节　赠与合同

一、赠与合同的概念与特征

按照《民法典》第657条的规定,赠与合同是指赠与人将自己的财产无偿给予受赠人,受赠人表示接受赠与的合同。其中,将自己的财产无偿移转与他方的人是赠与人,接受财产的一方是受赠人。赠与合同中赠与的财产不限于物权法上的物,债权、准物权、有价证券、知识产权等均可成为赠与合同的标的性权利。赠与财产本身应当是可流通的,限制流通的仅可在法律允许的范围内进行赠与。

赠与合同具有以下特征:

1.赠与合同不同于遗赠,为双方法律行为。赠与合同为合同,是当事人意思表示一致的双方法律行为。赠与人须有意思能力,对受赠人而言,则为纯获利益的合同,无须具备相应的民事行为能力;若赠与附义务,则受赠人须具有相应的履行义务的能力。关于免除债务是否为赠与,学说认为,免除债务为单方法律行为,而赠与为双方法律行为,故不属于赠与;若债务人同意免除债务的,可视为赠与。[16]

2.赠与合同是以移转标的物的所有权为核心义务的合同。赠与合同以赠与人将其财产给予受赠人,受赠人接受赠与的财产为内容,所以赠与人须将财产权移转给受赠人。这一特征是赠与合同与买卖合同的相同之处,也是赠与合同与无偿租

---

〔16〕　林诚二:《民法债编各论》(上册),中国人民大学出版社2007年版,第205页。

赁和借用等合同的区别之处。

3. 赠与合同为诺成合同。赠与合同为诺成合同还是实践合同,历来存在争议。在立法例上《德国民法典》(第516条)、《日本民法典》(第549条)规定赠与合同为诺成合同,苏联、东欧一些国家的民法典将赠与合同规定为实践合同。受苏联与东欧国家立法的影响,我国以往的司法解释曾将赠与合同作为实践合同加以规定。〔17〕按照我国现行《民法典》的规定,只要双方当事人意思表示一致,赠与合同即成立,依法成立的赠与合同,自成立时生效,不以赠与物的交付作为合同的生效要件,因此,赠与合同在我国为诺成合同。

4. 赠与合同为无偿、单务合同。在赠与合同中,受赠人并无对待给付义务,仅赠与人负有给付赠与财产的义务,因此,赠与合同为单务合同。在赠与合同中,赠与人将其财产给予受赠人所有,受赠人取得赠与物无须偿付任何代价,故赠与合同为无偿合同。由于赠与合同是单务与无偿合同,所以赠与合同与买卖、互易等合同有根本区别,赠与人不享有双务合同中的当事人所享有的抗辩权,也不要求受赠人有民事行为能力。

5. 赠与合同为不要式合同。赠与合同成立无须法定的必要形式,只要当事人意思表示一致即可。《民法典》第659条规定:"赠与的财产依法需要办理登记或者其他手续的,应当办理有关手续。"这一规定并不是对赠与合同成立的要求,而是对赠与财产的权利变动的要求,因而赠与合同还是不要式合同。

二、赠与合同的效力

赠与合同是单务合同,因此赠与合同的效力集中表现为赠与人因赠与合同所承担的义务。可以从赠与合同的任意撤销权与法定撤销权两方面来理解其效力。

(一)赠与人的义务

1. 给付赠与标的物的义务。赠与合同以转移财产归属于受赠人为最终目的,赠与人的主要义务是依照合同约定的期限、地点、方式、标准将标的物移转给受赠人。对此,赠与合同成立并生效后,除赠与人依法撤销赠与外,赠与人应当按照约定的期限、地点、方式、标准将标的物移转给受赠人。赠与财产依法需要办理登记等手续的,应当办理有关手续。考虑赠与合同的单务性与无偿性,当赠与人不履行移转财产的义务时,其责任也应当有所限制,不应当像一般双务合同那样,在履行给付义务的同时还要承担支付迟延利息或者赔偿其他损失的责任。赠与的财产依

---

〔17〕《民法通则意见》第128条规定:"公民之间赠与关系的成立,以赠与财产的交付为准。赠与房屋,如根据书面赠与合同办理了过户手续的,应当认定赠与关系成立;未办理过户手续,但赠与人根据书面赠与合同已将产权证书交与受赠人,受赠人根据赠与合同占有、使用该房屋的,可以认定赠与有效,但应令其补办过户手续。"该意见明显将赠与合同规定为实践合同。

法需要办理登记等手续的,应当办理相关手续,未办理相关手续,赠与财产的权利在办理登记等手续前不发生移转。

赠与合同为无偿合同,因此,应当交付的赠与财产因赠与人故意或者重大过失致使毁损、灭失的,赠与人应当承担赔偿责任(《民法典》第660条第2款)。

2. 特定情况下的瑕疵担保义务。在赠与合同中,赠与人对赠与物以不承担瑕疵担保责任为原则,以承担为例外。即在赠与合同中,赠与人对赠与物的瑕疵一般不负担保责任,但在以下两种情况下,赠与人应付瑕疵担保义务:(1)在附义务的赠与中,赠与的财产有瑕疵的,赠与人在附义务的限度内承担与出卖人相同的责任(《民法典》第662条第1款);(2)赠与人故意不告知瑕疵或者保证无瑕疵,造成受赠人损失的,应当承担赔偿责任(《民法典》第662条第2款)。

(二)赠与人的撤销权

赠与人的撤销权是指在赠与合同生效后,赠与人可以依法撤销赠与合同,使之归于终止的权利。赠与合同在受赠人表示接受赠与时成立,依法成立的赠与合同生效后对双方当事人具有约束力。但由于赠与合同是单务、无偿合同,仅赠与人负有义务,受赠人享有权利而不负担义务。为了平衡当事人的利益,法律特别设定赠与人撤销赠与的权利。根据《民法典》第658、663、664条的规定,赠与人的撤销分为任意撤销和法定撤销。

1. 赠与人的任意撤销权

赠与人的任意撤销权是指赠与人基于自己的意思表示而撤销合同的权利。《民法典》第658条第1款规定,赠与合同成立后,赠与财产移转前,赠与人无须说明理由即可撤销赠与。具体而言,以动产为标的物的赠与合同,在赠与物交付之前,赠与人可以任意撤销;必须经过登记才能移转权利的标的物,在办理权利移转登记之前,赠与人可任意撤销。但是按照《民法典》第658条第2款规定,经过公证的赠与合同或者依法不得撤销的具有救灾、扶贫、助残等公益、道德义务性质的赠与合同,不适用前款任意撤销的规定。

2. 赠与人的法定撤销权

赠与人的法定撤销权是指赠与人基于法律规定的事由,撤销赠与合同的权利。

(1)撤销权行使的法定事由

按照《民法典》第663条第1款的规定,赠与人可以行使撤销权的法定事由有:①严重侵害赠与人或者赠与人近亲属的合法权益;②对赠与人有扶养义务而不履行;③不履行赠与合同约定的义务。对于该条所规定的赠与合同的法定撤销事由,学界通常将受赠人做出的严重侵害赠与人或者受赠人的近亲属的行为称为忘恩行为;将受赠人不履行对赠与人的抚养义务或者不履行合同约定义务的行为概括为负义行为。忘恩行为的构成须符合如下要件:一是主观方面,受赠人须有故意或过失。二是侵害对象,须为赠与人或其近亲属。根据《民法典》第1045条的规定,亲属包括配偶、血亲和姻亲。配偶、父母、子女、兄弟姐妹、祖父母、外祖父母、孙子女、外孙子女为近亲属。三是须侵害行为达到严重程度。所谓严重侵害是强调侵害应在轻微侵害程度以上,至于是否达到犯罪的程度,各国和各地区的立法不同。我国台湾地区"民法"规定,受赠人对赠与人或者其近亲属,有故意侵害行为,依刑法有处罚之明文者,赠与人得撤销赠与。

另外,赠与人的继承人或法定代理人可以行使撤销权的法定事由是,因受赠人的违法行为致使赠与人死亡或者丧失民事行为能力。

(2)撤销权的行使

有学者认为,法定撤销仅适用于权利已移转或者不得任意撤销的情形,因为权利未移转或可任意撤销的情况下,赠与人可行使任意撤销权,没有必要行使法定撤销权。[18] 虽然这一说法在理论上是成立的,在实践中赠与人也多在权利已移转或者不得任意撤销的情形下行使法定撤销权,但是这并不能排除赠与人在可主张任意撤销也可主张法定撤销情况下,主张法定撤销的可能性。在很多情况下,赠与人虽可行使任意撤销权,但是其行使任意撤销权在道义上会受到消极影响,因此,其仍有可能在此情形下选择行使法定撤销权。

撤销权的行使期限,因撤销人的不同而有所不同。赠与人的撤销权,自知道或者应当知道撤销事由之日起1年内行使(《民法典》第663条第2款)。赠与人的继承人或者法定代理人的撤销权,自知道或者应当知道撤销事由之日起6个月内行使(《民法典》第664条第2款)。需注意这里的1年或者6个月为除斥期间。赠与人在知道或者应当知道撤销原因之日起1年内不行使其撤销权,则其不再享有撤销权;赠与人的继承人或者法定代理人在自知道或者应当知道撤销原因之日起6个月不行使撤销权,则其不再享有撤销权。

(3)撤销权行使的效力

撤销权人行使赠与合同的撤销权,应当向受赠人作出撤销的意思通知,自撤销的意思通知到达受赠人时产生撤销赠与的效力。赠与合同经撤销权行使后,赠与物未交付的,赠与人可拒绝履行。赠与物已经交付或者已经办理过户登记手续的,赠与合同的撤销使受赠人取得赠与财产已无法律依据,赠与人可以请求受赠人返还赠与的财产。

(三)赠与人的法定解除权

《民法典》第666条规定:"赠与人的经济状况显著恶化,严重影响其生产经营或者家庭生活的,可以不再履行赠与义务。"这一条规定了赠与人的法定解除权。

---

〔18〕 林诚二:《民法债编各论》(上册),中国人民大学出版社2007年版,第216页。

赠与合同的法定解除与法定撤销存在以下区别：(1)赠与合同的法定撤销有溯及力，即使赠与人已经移转赠与标的物的权利，也可以请求返还；赠与合同的法定解除则不具有溯及力，即赠与人仅有不再履行的权利，就已履行的赠与，无权要求受赠人返还。(2)赠与合同的法定撤销，主要目的是对受赠人的忘恩行为或者不履行义务行为的一种惩罚；而赠与合同的法定解除，目的在于照顾确实已经处于困窘中的赠与人，平衡双方利益。〔19〕

第四节　借款合同

一、借款合同的概念与特征

借款合同，是指借款人向贷款人借款，到期返还借款并支付利息或到期仅返还借款本金的合同。其中，向对方借款的一方为借款人，出借钱款的一方为贷款人。借款合同依据贷款人的不同，可以区分为金融机构借款合同和自然人间的借款合同。自然人间借款合同以无偿为原则，一般不存在返还利益的问题；金融机构的贷款也可以是无息贷款，如为助学而发放的无息贷款等。

借款合同的特征如下：

1. 借款合同是借贷合同的一种。借贷合同，即借用他人之物的合同。依到期后是否返还原物，借贷合同可分为使用借贷和消费借贷。使用借贷即不移转标的物的所有权，到期后须返还原物的借贷；消费借贷即到期后无须返还原物，而以种类、品质、数量相同之物返还的借贷，所以消费借贷的标的物通常为种类物，且移转标的物的所有权。消费借贷依其标的物为货币还是其他种类物，可分为借款合同与一般消费借贷合同，《民法典》所规定的借款合同正是以货币为标的物的特殊的借贷合同。

2. 借款合同的标的物为货币，借款合同是移转货币所有权的合同。借款合同不同于一般的消费借贷合同，借款合同的标的物仅限于货币，借款合同的目的在于使借款人获得对该借款的消费。借款合同标的物的特殊性，决定了其具有资金融通作用。借款合同以货币为标的物的，货币属于代替物、消耗物，因此，在借款合同中，借款人在取得了贷款人交付的钱款后，可以对借款进行占有、使用、收益和处分，货币的交付将发生所有权的转移。

3. 借款合同原则上为要式合同，但自然人间借款合同为不要式合同。《民法

〔19〕　李昊、刘阅春主编：《合同法教程》，对外经济贸易大学出版社2008年版，第259页。

典》第668条规定:“借款合同应当采用书面形式,但是自然人之间借款另有约定的除外。借款合同的内容一般包括借款种类、币种、用途、数额、利率、期限和还款方式等条款。”金融机构以贷款为重要营业,其发放贷款的数额较大,周期较长,采取书面形式有助于明确金融机构与借款人之间的权利义务,有助于减少纠纷。因此,《民法典》要求以金融机构为贷款人的借款合同采用书面形式,自然人间借款合同,可经当事人自由约定选择合同的形式。

4. 金融机构借款合同为诺成性合同,自然人间借款合同为实践性合同。金融机构借款合同在双方当事人意思表示一致时成立,因此,金融机构之间的借款合同为诺成性合同。根据《民法典》第679条的规定,自然人之间的借款合同,自贷款人提供借款时生效。因此,自然人间借款合同为实践性合同。

5. 金融机构借款合同为双务合同,自然人间借款合同为单务合同。金融机构借款合同成立后,贷款人负有按约定支付借款的义务,借款人负有按约归还借款、支付利息的义务,因此,金融机构借款合同为双务合同。自然人间借款合同为实践合同,贷款人交付借款时合同成立,而于合同成立生效后贷款人不再负担义务,仅借款人负有偿还借款或者借款及利息的义务。因此,自然人间借款合同原则上为单务合同。

二、金融机构借款合同的效力

金融机构的借款合同,又称信贷合同或贷款合同,是银行等金融机构作为贷款人,将金钱出借给借款人使用,在合同期满后借款人返还借款并支付利息的合同。鉴于金融机构借款合同的典型性、诺成性、双务性与原则上的有偿性,《民法典》对金融机构的借款合同进行了重点规制。《民法典》第668条第1款规定:“借款合同应当采用书面形式,但是自然人之间借款另有约定的除外。”因此,金融机构借款合同为要式合同,当事人应当采取书面形式明确当事人之间的权利义务关系。

(一)贷款人的义务与权利

1. 依约足额、按期提供借款的义务。贷款人应当依照约定的日期和数额提供贷款,这是贷款人的主要合同义务。《民法典》第671条规定:“贷款人未按照约定的日期、数额提供借款,造成借款人损失的,应当赔偿损失。借款人未按照约定的日期、数额收取借款的,应当按照约定的日期、数额支付利息。”在实践中,有些贷款人要求预先从本金中扣除利息,仅给付扣除利息后的款项给借款人。这对借款人是相当不公平的,因为提前从本金中扣除利息,借款人得到的可支配款项低于约定数额,却要按照约定数额支付利息。针对这种情况,《民法典》第670条规定:“借款的利息不得预先在本金中扣除。利息预先在本金中扣除的,应当按照实际借款数额返还借款并计算利息。”

2. 保密义务。贷款人对于因借款合同所掌握的借款人的各项商业秘密,应负有保密义务,不得泄露或进行不正当使用,否则应承担侵权责任或者违约责任。

3. 按约定要求借款人提供担保的权利。我国《民法典》规定的担保方式有保证、抵押、质押、留置和定金,其中留置和定金不适用于借款合同。

4. 按照约定监督检查借款人的使用情况的权利。借款合同通常要约定所借款项的用途,按照用途使用所借款项是借款人的一项重要义务。《民法典》第 672 条规定:"贷款人按照约定可以检查、监督借款的使用情况。借款人应当按照约定向贷款人定期提供有关财务会计报表或者其他资料。"

(二)借款人的义务和权利

1. 依约接受借款的义务。请求贷款人给付约定款项是借款人的权利,但对贷款人的给付,借款人有依约受领的义务。《民法典》第 671 条第 2 款规定:"借款人未按照约定的日期、数额收取借款的,应当按照约定的日期、数额支付利息。"

2. 按照约定的用途使用借款。借款人未按照约定的借款用途使用借款的,依照《民法典》第 673 条的规定,贷款人可以停止发放借款、提前收回借款或者解除合同。

3. 如实告知与借款有关的业务活动和财务状况的真实情况,接受贷款人检查、监督的义务。《民法典》第 669 条规定:"订立借款合同,借款人应当按照贷款人的要求提供与借款有关的业务活动和财务状况的真实情况。"借款人违反如实告知义务造成贷款人损失的,应当向贷款人承担缔约过失责任或违约责任。另外,根据《民法典》第 672 条的规定,贷款人按照约定可以检查、监督借款的使用情况。借款人应当按照约定向贷款人定期提供有关财务会计报表或者其他资料。

4. 按期返还借款的义务。根据《民法典》第 675 条的规定,借款人应当按照约定的期限返还借款,这是借款人的主合同义务。对借款期限没有约定或者约定不明确,依据《民法典》第 510 条的规定仍不能确定的,借款人可以随时返还;贷款人可以催告借款人在合理期限内返还。

5. 按照约定的期限支付利息。借款人应当按照约定的期限支付利息。对支付利息的期限没有约定或者约定不明确,依据《民法典》第 510 条的规定仍不能确定,借款期间不满一年的,应当在返还借款时一并支付;借款期间一年以上的,应当在每届满一年时支付,剩余期间不满一年的,应当在返还借款时一并支付(《民法典》第 674 条)。借款的利息不得预先在本金中扣除。利息预先在本金中扣除的,应当按照实际借款数额返还借款并计算利息(《民法典》第 670 条)。另外,根据《民法典》第 676 条的规定,借款人未按照约定的期限返还借款的,应当按照约定或者依照国家有关规定支付逾期利息。最后,《民法典》第 680 条规定:"禁止高利放贷,借款的利率不得违反国家有关规定。借款合同对支付利息没有约定的,视为没有利息。借款合同对支付利息约定不明确,当事人不能达成补充协议的,按照当地或者当事人的交易方式、交易习惯、市场利率等因素确定利息;自然人之间借款的,视为没有利息。”

6. 提前还款与申请展期的权利。《民法典》第 677 条明确规定:“借款人提前偿还借款的,除当事人另有约定外,应当按照实际借款的期间计算利息。”该条实际上赋予了借款人提前还款与要求按照实际使用借款的时间计算利息的权利。依据《民法典》第 678 条的规定,借款人可以在还款期限届满之前向贷款人申请展期。贷款人同意的,可以展期。

三、自然人间借款合同

自然人间借款合同是指合同双方当事人都为自然人的借款合同。虽然我国目前禁止非金融机构之间的借贷,但是却允许自然人相互间的借贷行为。自然人间借款合同为实践性合同与单务合同。另外,自然人间借款合同原则上为无偿合同,因为根据《民法典》第 680 条第 2 款的规定,自然人间借款合同对支付利息没有约定或者约定不明确的,视为不支付利息。自然人间借款合同在《民法典》未作出相应规定的情况下,可以比照金融机构合同的相关规定处理。另外,最高人民法院 1991 年 8 月 31 日发布的《关于人民法院审理借贷案件的若干意见》第 6 条规定,民间贷款的利率可以适当高于银行利率,各地法院可以根据情况具体掌握,但不得超过银行同期贷款利率的 4 倍,即如果银行同期贷款利息是 5%,则自然人间借款利息不得高于 20%,超过部分的利息不予保护。此外,《民法通则意见》第 125 条规定,公民之间的借贷,出借人将利息计入本金计算复利的,不予保护;在借款时将利息扣除的,应当按实际出借款数计息。《民法典》第 670 条规定:“借款的利息不得预先在本金中扣除。利息预先在本金中扣除的,应当按照实际借款数额返还借款并计算利息。”

第五节　租 赁 合 同

一、租赁合同的概念和特征

(一)租赁合同的概念

《民法典》第 703 条规定:租赁合同是出租人将租赁物交付承租人使用、收益,承租人支付租金的合同。在租赁合同中,当事人一方交付他人使用之物为租赁物,当事人一方为使用他人之物而支付的报酬为租金,当事人中将租赁物交付他人使用的人为出租人,使用租赁物并支付租金的人为承租人。出租人与承租人为租赁合同的基本当事人。

由于租赁合同的标的物可以为漫画、杂志、录影带、VCD、DVD、溜冰鞋等小型动产,也可以是飞机、船舶、机器设备等大型动产,还可以是店面、厂房、仓库、住家房屋、建设用地与农业用地等不动产,租赁合同标的物范围极为广泛,租赁合同广泛存在于社会生活的各个角落。租赁合同可以使出租人在保留对标的物的所有权或者其他相关权利的前提下,获得相应的经济利益;可以使承租人以较小的对价,在无须购买租赁物的情况下获得几乎如所有人一般占有、使用、收益的权利,满足生活与营业的需要。因此,租赁合同是非所有权人利用他人之物的一个有效而便捷的手段,它在实现对物的合理、充分利用方面发挥着重要的作用。租赁合同虽然不涉及财产权的转让,但是其在一般人经济生活中的地位,与买卖、赠与等让与性合同相比,丝毫也不逊色;租赁的法律规范,特别是土地与房屋租赁的规范,因涉及众多人民的生活或营业基础,对于社会整体与经济运行均具有重大意义。[20]

(二)租赁合同的法律特征

租赁合同具有如下的法律特征:

1. 租赁合同为债权合同。租赁合同的主要效力为导致当事人负有提供用益或支付租金的义务,它并不直接导致财产权的创设、变更和消灭,因此租赁契约为典型的债法上的负担行为,而非处分行为。租赁契约为债权契约,而非物权契约,当事人仅因取得债权而负担债务,债权人固得请求债务人履行其义务,但尚需债务人的履行行为,债权之内容始能获得实现。[21]

2. 租赁合同是以移转物的使用权、收益权为目的的合同。承租人与出租人缔结租赁合同的通常目的是使用租赁物,获得一定的使用利益。租赁合同的这一特征使租赁合同的履行中通常会出现租赁物占有转移的现象,而在租赁合同终止后,承租人也须将租赁物返还给出租人。租赁合同只转移对租赁物的使用权、收益权,这使租赁合同明显地不同于转移财产所有权的买卖合同。

3. 租赁合同为有偿、双务合同。在租赁合同中,承租人租入租赁物的目的是使用、收益租赁物,而出租人出租租赁物的目的是取得租金。因此,在租赁合同中当事人的任何一方从对方取得利益,均须支付一定的代价,租赁合同总是有偿的,而不是免费的、无偿的。由于在租赁合同中,出租人与承租人都负有一定的给付义务,而且双方的给付义务具有对应性与对价性,所以租赁合同为双务合同。

4. 租赁合同是诺成合同。依合同的成立是否必须以交付标的物为标准,合同

---

〔20〕 黄立主编:《民法债编各论》(上),中国政法大学出版社 2003 年版,第 194 页。

〔21〕 黄立主编:《民法债编各论》(上),中国政法大学出版社 2003 年版,第 193 页。

可以分为诺成合同与实践合同。诺成合同也称为不要物合同,即合同的成立不以交付标的物为必要;实践合同又称要物合同,即合同成立生效须以交付标的物为必要。由于租赁合同在双方当事人意思表示一致时成立,其成立不以交付租赁物为必要,因此租赁合同为诺成合同。

5. 租赁合同的标的物为有体物、非消耗物。租赁合同的标的物,即可供出租的财产,以有体物为限,包括动产与不动产;无形物即权利不能作为租赁合同的标的物,有偿利用他人的权利可以采取其他种类的合同。[22] 由于租赁合同不转移财产所有权,在租赁关系终结时承租人必须返还租赁物,只有在租赁物为有体物、非消耗物的情况下,租赁物才能在经过一番使用后重新返还给出租人,因此,租赁合同的标的物为有体物、非消耗物。如果供使用收益的物为金钱或者其他代替物,则合同的类型将变为借款合同或者消费借贷合同。因此,租赁合同与借款合同、消费借贷合同的主要区别是标的物为有体物、非消耗物。

6. 租赁合同为继续性合同。“租赁契约之内容在一段期间内,乃是继续地被实现,双方之给付义务是继续地被履行,故租赁契约属于所谓‘继续性债之关系’,或称为‘继续性契约’。租赁契约既为继续性契约,则基于继续性契约之共通特色,当事人之间的信赖关系是为契约之重要基础。一旦具有重大事由,造成此一信赖基础之丧失,而无法期待当事人继续维持其债之关系时,法律多会允许当事人终止契约,使契约关系(向未来地)消灭。”[23]

7. 租赁合同具有非永久性特征。在租赁合同中,承租人通常以对出租人享有的债权为基础而占有、使用、收益租赁物,租赁合同的期限长短显著影响出租人对租赁物所享有的相关权利。因此,各国立法一般都明确限定租赁合同的最长期限,使租赁合同具有了非永久性。例如,《日本民法典》第 604 条规定:“租赁的存续期间不能超过 20 年。以契约约定更长期间的也为 20 年。租赁的存续期间可以更新。但更新的期间自更新时起,不能超过 20 年。”[24] 又如我国台湾地区“民法”第 449 条第 1 项也规定:“租赁契约之期限,不得逾二十年。逾二十年者缩短为二十年。”[25] 对此,我国《民法典》第 705 条规定:“租赁期限不得超过二十年。超过二十年的,超过部分无效。租赁期限届满,当事人可以续订租赁合同;但是,约定的租赁期限自续订之日起不得超过二十年。”

8. 租赁合同为不要式合同。租赁合同原则上为不要式合同,无须书面或者其

〔22〕 王家福:《合同法》,中国社会科学出版社 1986 年版,第 227 ~ 228 页。

〔23〕 黄立主编:《民法债编各论》(上),中国政法大学出版社 2003 年版,第 194 页。

〔24〕 渠涛编译:《最新日本民法》,法律出版社 2006 年版,第 132 页。

〔25〕 考虑到现代建筑技术的发达,房屋使用期限一般超过 20 年,并为周全保护承租人促进社会资源之利用,我国台湾地区“民法”在 1999 年修订时,增加了第 449 条第 3 项,使租用基地建筑房屋者不适用 20 年最长租赁期限的限制。

他方式作为契约成立的要件。我国《民法典》第 707 条规定:"租赁期限六个月以上的,应当采用书面形式。当事人未采用书面形式,无法确定租赁期限的,视为不定期租赁。"该条为租赁合同不要式原则的例外。违反本条规定的租赁合同也并非无效,而是被视为"不定期租赁",各当事人得随时终止合同。

二、租赁合同的主要条款与分类

(一)租赁合同的主要条款

租赁合同的主要条款,是租赁合同内容的具体体现。《民法典》第 704 条规定:"租赁合同的内容一般包括租赁物的名称、数量、用途、租赁期限、租金及其支付期限和方式、租赁物维修等条款。"据此,租赁合同通常具备如下的条款:(1)租赁物的名称。租赁物对租赁合同的签订和履行均具有重要的意义,因此,租赁合同必须清楚写明租赁物的名称,从而使出租人与承租人的权利与义务关系指向明确的标的物。(2)租赁物的数量与质量。明确租赁物的数量与质量,既有助于出租人准确地履行交付租赁物的义务,也有助于承租人准确地接受租赁物。(3)租赁物的用途。租赁物用途条款是对承租人利用租赁物的方式进行限定与说明的重要条款。出租人必须保证租赁物符合合同约定的用途,而承租人必须按照约定的用途使用收益租赁物,而不能将租赁物用于合同约定外的用途,否则责任人要承担相应的违约责任。(4)租赁期限。租赁期限是承租人使用、收益租赁物的期间。租赁合同的非永续性,决定了租赁期限存在的必然性。当事人可以在租赁合同中约定明确的租赁期限,也可以不约定明确的租赁期限。明确约定租赁期限的租赁合同,为定期租赁,该种租赁合同在租赁期限到期后自然终止;未明确约定租赁期限的租赁合同为不定期租赁合同,出租人与承租人均可随时解除合同。对于最长租赁期限,各国立法一般要求不得超过 20 年;另外为了促进土地的开垦与利用、房屋的改良与建设,有些国家和地区还规定了最短租赁期限,如我国台湾地区"耕地三七五减租条例"第 5 条规定,耕地租赁期间最少不得少于 6 年。(5)租金与租金的支付期限。获取租金是出租人出租租赁物的主要意图,而支付租金是承租人的主要义务,因此,租金条款是租赁合同的重要条款。租金可以当事人认可的金钱或者实物等形式支付。租金的支付方式与期限,可以由当事人自由约定,可以按照年度、季节、月度等支付。(6)租赁物的维修。租赁物的维修义务一般由出租人承担,当事人也可以在合同中另行约定。另外,当事人可以在租赁合同中对押金、违约责任、争议解决方式以及其他问题作出约定,形成押金条款、违约责任条款、争议解决方式条款以及其他的议定条款。实践中有些租赁合同约定了押金条款,如出租人出租自行车、照相机时,一般都会要求承租人支付一定的押金。押金是出租人要求承租人预付的担保出租财产的安全以及租金支付的财产。如果承租人不按时交还出租物或者支付租金,出租人就从押金中扣除。

(二)租赁合同的分类

1. 动产租赁合同与不动产租赁合同

以租赁合同的标的物为动产还是不动产为依据,可以将租赁合同区分为动产租赁合同与不动产租赁合同。租赁合同的标的物为动产的,为动产租赁合同;租赁合同的标的物为不动产,为不动产租赁合同。溜冰鞋租赁、电脑租赁、汽车租赁、机械设备租赁、船舶租赁、航空器租赁、动物租赁等为动产租赁;店面租赁、厂房租赁、仓库租赁、住家房屋租赁等为不动产租赁。区分动产租赁与不动产租赁的意义在于:对于动产租赁,除以汽车、船舶、航空器等为租赁标的物的租赁外,法律一般不对之作出特殊规定;而对于不动产租赁,由于土地、房屋等不动产通常价值较大,对社会经济运转与人民的居家生活意义重大,因此,法律往往会对不动产租赁作出特殊的要求,如要求进行登记。针对房屋租赁这种特殊的不动产租赁,我国《民法典》第734条第2款规定,租赁期间届满,房屋承租人享有以同等条件优先承租的权利。

2. 定期租赁合同与不定期租赁合同

以租赁合同是否有明确约定的租赁期限为标准,可以将租赁合同区分为定期租赁合同与不定期租赁合同。明确约定租赁期限的租赁合同,为定期租赁合同;未明确约定租赁期限的租赁合同为不定期租赁合同。在我国,不定期租赁合同通常包括以下几种情形:(1)当事人未在合同中明确约定租赁期间,该租赁合同因缺少约定的租赁期间,从成立时起就是不定期租赁合同;(2)当事人在租赁合同中将租赁期间约定为6个月以上,但是未采取书面形式,在当事人之间发生争议后,依《合同法》第215条的规定,该租赁合同被视为不定期租赁合同;(3)租赁期间届满,承租人继续使用租赁物,出租人没有提出异议,依《民法典》第734条第1款的规定,原租赁合同成为继续有效的不定期租赁合同。区分定期租赁合同与不定期租赁合同的意义在于,在不定期租赁合同中,除非法律另有规定,双方当事人均可随时终止合同。

3. 一般租赁合同与特殊租赁合同

以法律对租赁有无特殊规定为标准,可以将租赁合同分为一般租赁合同和特殊租赁合同。法律没有作出特殊要求的租赁合同为一般租赁合同,法律有特殊要求的租赁合同为特殊租赁合同。由于租赁合同的标的物包括土地、房屋、生产设备等营业与一般居家的基本要素,而上述要素对一国的经济与社会又有相当之影响,因此,各国立法者往往会根据社会、经济发展状况,并在考量租赁的种类、承租人的经济地位、租赁市场的供求状况的基础上,对于一些租赁加以特别规范,使其成为特殊租赁。由于我国《海商法》对船舶租赁、《城市房地产管理法》对城镇房屋租赁作出了特殊的规定,因此,在我国,船舶租赁合同与城镇房屋租赁合同均为特殊租赁合同。例如针对房屋租赁合同,《民法典》第734条第2款规定,租赁期限届满,房屋承租人享有以同等条件优先承租的权利。

三、租赁合同的效力

租赁合同的效力为租赁合同所表现出来的对承租人与出租人的拘束力,即租赁合同中各种权利义务的内容及其法律效果。在此我们从义务(而非权利)的角度切入,对出租人的义务与承租人的义务进行说明。

(一)出租人的义务

1. 交付租赁物并使租赁物处于适于使用、收益状态的义务。交付租赁物并使租赁物处于适于使用、收益状态的义务为出租人在租赁合同中负有的固有、不可或缺的义务,其为出租人的主给付义务。这一义务的目的在于使承租人在租赁期间内能够对于租赁物为合于合同目的的使用与收益。在学理上,该主给付义务又可区分为用益状态之提供义务与用益状态之维持义务。[26]

(1)用益状态提供义务,即依合同的约定交付租赁物并使租赁物处于适于使用、收益状态的义务。为使承租人能使用、收益租赁物,出租人通常必须将租赁物交付给承租人。因此,所谓依合同约定交付租赁物,一般是指出租人按照合同约定将租赁物转移给承租人占有。如果在租赁合同成立之时,租赁物已由承租人占有,则承租人在合同约定的交付时起即可对租赁物进行直接的使用、收益。如果在租赁合同成立之时,承租人未占有租赁物,则出租人应将租赁物的占有转移给承租人。租赁物有从物的,出租人在交付租赁物时,也应同时交付从物。另外必须注意,出租人并非随意交付租赁物就算完成其义务,出租人交付租赁物的目的在于使租赁物处于适于使用、收益的状态。出租人交付的租赁物应当适合于合同约定的使用、收益目的,如果不适合合同约定的使用、收益目的,则为未能恰当履行"用益状态之提供义务",出租人应当承担违约责任或瑕疵担保责任。如果交付并不是承租人使用租赁物的必备状态,即纵使出租人未完全将租赁物占有转移,承租人仍可使用、收益租赁,则租赁合同仍可成立。例如,出租人同意承租人可以每周使用放置于出租人住所处的钢琴两次,每次三小时,则该租赁契约可以在不转移钢琴占有的情况下成立。对于一房数租的房屋租赁合同履行及相关问题,《城镇房屋租赁合同解释》第6条规定:"出租人就同一房屋订立数份租赁合同,在合同均有效的情况下,承租人均主张履行合同的,人民法院按照下列顺序确定履行合同的承租人:(一)已经合法占有租赁房屋的;(二)已经办理登记备案手续的;(三)合同成立在先的。不能取得租赁房屋的承租人请求解除合同、赔偿损失的,依照合同法的

---

〔26〕 黄立主编:《民法债编各论》(上),中国政法大学出版社2003年版,第202页。

有关规定处理。”

(2)保持租赁物处于适于使用、收益的状态。出租人除应以合于所约定使用、收益之租赁物交付与承租人外,并应于租赁关系存续期间,保持租赁物始终合于约定的使用、收益之状态。故出租人除负有“用益状态之提供义务外”,还负有“用益状态维持义务”,该项义务要求承租人在租赁期间,持续拥有一合于所约定使用、收益状态之租赁物,并能够顺利为合于契约目的使用收益。〔27〕所谓维持合于约定使用、收益状态,指该租赁物在客观上合于约定用益状态,至于承租人能否达到预定使用收益的效果,则非所问。具体而言,承租人用益状态维持义务包括以下内容:〔28〕其一,出租人本人不得无故剥夺承租人对租赁物的占有、使用和收益。在租赁期间,居于所有权人地位的出租人不得行使所有物的返还请求权,收回租赁物。其二,出租人负有容忍承租人以合于合同目的之方法,使用、收益租赁物的义务,如出租人需容忍为营业需要而承租店面的承租人所进行的安装电话、冷气、悬挂招牌等行为。其三,出租人不得无故干扰承租人对租赁进行合于合同目的的使用、收益,如出租人除检视与修缮出租物之外,不能以不合理之频率或在不合理之时间,经常无故擅入承租人租赁之住宅,打扰承租人的正常生活。其四,第三人对于承租人之使用、收益加以干扰、妨碍或侵夺者,出租人应设法为承租人除去。例如,在第三人侵夺租赁物时,居于所有权地位的出租人应积极行使所有物返还请求权,使承租人能继续使用与收益租赁物。其五,出租人有对租赁物进行必要修缮的义务。该项义务指租赁物的用益状态在租赁期间如果渐趋降低甚至完全丧失,出租人有予以修理、维护、复原,使租赁物能合于约定的使用、收益状态。

出租人的修缮义务是承租人用益状态维持义务中最为重要者,对此我国《民法典》第712条明确规定:“出租人应当履行租赁物的维修义务,但是当事人另有约定的除外。”出租人对租赁物进行修缮时,承租人应当积极配合,不得妨碍出租人进行修缮。出租人承担修缮义务须具备以下条件:其一,租赁物有修缮的必要。修缮的必要性要依据租赁合同的目的与社会通行的观念来进行判断,通常所谓租赁物有修缮的必要是指如果不进行修缮,租赁物将无法达到约定的使用、收益状态。如出租之房屋遇雨渗漏,承租人难以继续居住,承租之汽车引擎发生故障,出租人无法正常使用。其二,租赁物有修缮的可能。出租人的修缮义务,以租赁物仍有修缮的可能为前提。如果租赁物虽有修缮的必要,但其已经无修缮的可能,则出租人通常不负有“重新建造”义务。无修缮的可能包括事实上的不能与经济上的不能两个方面,前者如租赁之房屋被大火烧塌,已经无法进行事实上的修缮不能,只能重建;后者为租赁物的修缮在技术上虽属可能,但在经济上耗资甚巨,几乎与

〔27〕黄立主编:《民法债编各论》(上),中国政法大学出版社2003年版,第202页。

〔28〕黄立主编:《民法债编各论》(上),中国政法大学出版社2003年版,第202~211页。

重建无异。对于租赁物因不可归责于承租人的事由而导致部分或者全部毁损灭失又无修缮可能的情况,我国《民法典》第 729 条规定:“因不可归责于承租人的事由,致使租赁物部分或者全部毁损、灭失的,承租人可以请求减少租金或者不支付租金;因租赁物部分或者全部毁损、灭失,致使不能实现合同目的的,承租人可以解除合同。”其三,在租赁期间承租人应及时通知出租人。在租赁关系存续期间,租赁物发生损坏需要维修的,承租人应当及时通知出租人。因为通常在出租人将租赁物交付给承租人使用后,出租人并不占有租赁物,并不能及时了解租赁物的状况,而承租人因为现实占有租赁物并进行使用、收益,对租赁物的状态最为了解。其四,当事人无另外的约定。当事人对租赁物的修缮问题如另有约定,则应当按照约定办理。由于承租人实际上占有租赁物,由其直接负责对租赁物进行修缮既可以及时使租赁物恢复适于使用的状态,也可以免去通知手续与相互推诿的麻烦,往往更加符合双方当事人的意愿。

在出租人负有修缮义务的情况下,出租人不履行该项义务,则构成债务不履行。对此,《民法典》第 713 条第 1 款规定:“承租人在租赁物需要维修时可以请求出租人在合理期限内维修。出租人未履行维修义务的,承租人可以自行维修,维修费用由出租人负担。因维修租赁物影响承租人使用的,应当相应减少租金或者延长租期。”

(3)对出租人的瑕疵担保责任的简单说明。对于出租人的用益状态维持义务,很多学者将其分解为出租人的瑕疵担保责任与出租人的修缮义务而分别说明之,[29]本书认为出租人的瑕疵担保责任为出租人违反用益状态维持义务之当然含义。出租人的瑕疵担保责任包括物的瑕疵担保责任与权利瑕疵担保责任两类。物的瑕疵担保责任,是指出租人应担保所交付的租赁物符合约定的用途,能够为承租人依约定正常使用、收益。如果租赁物有品质瑕疵而不能被正常使用、收益时,出租人应当更换同类财产或进行修缮,因此致使承租人有损害的,出租人应当承担损害赔偿责任,承租人得解除合同或者请求减少租金。[30] 需要注意的是,《民法典》第 731 条规定:“租赁物危及承租人的安全或者健康的,即使承租人订立合同时明知该租赁物质量不合格,承租人仍然可以随时解除合同。”例如,李三将其刚装修过的甲醇严重超标之房屋租赁给李四居住,李四可以以该房屋甲醇严重超标、危及其身体健康为由而请求解除该房屋租赁合同。出租人的权利瑕疵担保责任是指出租人应当担保承租人不因第三人主张权利而不能使用、收益,否则出租人将因违反用益状态之维持义务而被追究责任。对此,《民法典》第 723 条规定,因第三人主

---

〔29〕 崔建远主编:《合同法》(第 4 版),法律出版社 2007 年版,第 410 ~ 412 页;韩松主编:《民法学》,中国政法大学出版社 2004 年版,第 557 ~ 558 页。

〔30〕 魏振瀛主编:《民法》,北京大学出版社、高等教育出版社 2000 年版,第 470 页。

张权利,致使承租人不能对租赁物使用、收益的,承租人可以请求减少租金或者不支付租金。第三人主张权利的,承租人应当及时通知出租人。

2. 费用偿还义务与工作物取回容忍义务。所谓费用是指承租人为租赁物所支付的金钱、实物等。费用可以区分为必要费用、有益费用和奢侈费用三种,除奢侈费用以外,其余两种费用都由出租人偿还。承租人支付各种费用有时是为了达到使用、收益租赁物的目的,有时是为了对租赁物尽到善良管理人的保管义务,有时是为了对租赁物进行改善,以充分发挥租赁物使用收益之功能。

(1)必要费用的偿还义务。必要费用是指为了保存租赁物,使租赁物能维持合于约定之使用收益状态而必须支出的费用。如租车以后,汽车引擎发生故障无法行驶,承租人为排除故障所支出的费用;房屋因年久失修而漏雨,承租人为维修房屋而支出的费用。承租人使用收益租赁物本身所支出的费用不属于必要费用的范畴,如使用租赁的电视机所支出的电费、使用租赁的汽车而支出的油费等。关于必要费用的偿还义务,《德国民法典》第547条规定出租人对承租人就租赁物支出的必要费用负有偿还义务,但动物的承租人应负担其饲养费用;[31]《日本民法典》第608条规定,承租人在租赁物上已支出的本属于出租人应负担的必要费用,得直接请求出租人返还。[32] 我国《民法典》未明文规定出租人一般必要费用的偿还义务,其第713条仅规定了出租人修缮费用的偿还义务。本书认为只要当事人未明确约定排除出租人的必要费用偿还义务,出租人就负有必要费用偿还义务,出租人不履行此项义务,承租人可以相应地减少租金数额或者从租金中扣除。

(2)有益费用偿还义务。有益费用是指未达到奢侈之程度的能增加租赁物的价值又并非为保存租赁物或为维持租赁物合于约定用益状态所不可或缺的费用。如承租人对所租的房屋进行油漆、安装窗帘、铺设地板、进行装潢等工作所支出的费用,只要上述费用未达到奢侈浪费程度的,均属有益费用。有益费用的偿还义务须具有以下条件:一是承租人就租赁物支出的有益费用,增加了租赁物的价值。二是出租人须知道有益费用的支出而并没有表示反对。三是租赁物所增加之价值须于租赁关系结束时仍然存在。四是须当事人无特约。另外,承租人只有在租赁关系终止时才能请求偿还有益费用,有益费用的偿还范围限于租赁物的"现存增加值"。[33]

(3)工作物取回之容忍义务。承租人对于租赁物增设工作物而支出的有益费用,承租人如不欲请求偿还有益费用,或出租人对于租赁物的改良不知情,或出租人虽知情而自始表示反对时,承租人皆可以取回所增设之工作物,出租人不能主张

[31] 《德国民法典》,郑冲、贾红梅译,法律出版社1999年版,第106页。

[32] 渠涛编译:《最新日本民法》,法律出版社2006年版,第132页。

[33] 黄立主编:《民法债编各论》(上),中国政法大学出版社2003年版,第213~214页。

无偿留用。[34]

3. 告知必要信息、协助、接受租赁物义务。根据诚实信用的原则，出租人负有一定的告知、说明与协助的必要义务。如出租刹车闸略有瑕疵的自行车的出租人，必须将此情形告知承租人，以免承租人在毫无准备的情况下，因刹车失灵而遭遇交通意外；出租其他有危险性设备者，亦应充分说明、示范。在租赁关系终止后，承租人向出租人交还租赁物时，出租人无正当理由不得拒收。

4. 其他义务。在出租人收取了押金或者占有了担保物的场合，在租赁关系终止时，出租人还可能负有返还租金与担保物的义务。如出租人收取了承租人的押金，在租赁期间未抵冲租金，则在租赁合同终止后，出租人应当返还。另外，如有担保物的，出租人应当在租赁关系终止后返还给担保人。

（二）承租人的义务

1. 支付租金的义务。《民法典》第 703 条规定，租赁合同是出租人将租赁物交付承租人使用、收益，承租人支付租金的合同，因此，支付租金是承租人最重要的义务，即为承租人的主给付义务。由于支付租金义务为承租人的主给付义务，它的存在与否对租赁合同的认定起到决定性作用，如果承租人是无偿使用标的物，则当事人所缔结的合同，将成为使用借贷合同。承租人应当按照租赁合同的约定及时、足额地支付租金，否则应负债务不履行或者迟延履行的违约责任。对此，我国《民法典》第 722 条规定："承租人无正当理由未支付或者迟延支付租金的，出租人可以请求承租人在合理期限内支付；承租人逾期不支付的，出租人可以解除合同。"关于租金的支付问题，作以下几点说明：

（1）租金的形态与支付方式。租金通常应以金钱的形式支付，但不以金钱为限，租赁物的孳息可以充抵租金；当事人同意的其他物品，只要不违反法律或者公序良俗均可充抵租金。租金可以一次性支付，也可以分期支付。对于较长期的租赁，如土地、房屋的租赁，多采取分期支付的方式；对于短期的租赁，如书籍、汽车、录影带的租赁，多采取一次性支付的方式。《民法典》第 721 条规定："承租人应当按照约定的期限支付租金。对支付租金的期限没有约定或者约定不明确，依据本法第五百一十条的规定仍不能确定，租赁期间不满一年的，应当在租赁期间届满时支付；租赁期间一年以上的，应当在每届满一年时支付，剩余期间不满一年的，应当在租赁期间届满时支付。"

（2）租金的数额。当事人可以对租金的数额自由约定，法律对此没有作出特别规定。但是如果租金的数额明显过高或者过低显失公平的，当事人可以请求适当减少或者增加。如果因急迫、草率或缺乏经验而导致租金过高，承租人可以以显

---

〔34〕 黄立主编：《民法债编各论》（上），中国政法大学出版社 2003 年版，第 215 页。

失公平或乘人之危的规定请求变更。

(3)租金的变动。如果有下列情形,合同约定的租金会随之发生变动:其一,租赁物部分灭失。因不可归责于承租人的事由,致使租赁物部分或者全部毁损、灭失的,承租人可以请求减少租金或者不支付租金;因租赁物部分或者全部毁损、灭失,致使不能实现合同目的的,承租人可以解除合同(《民法典》第729条)。其二,因情势变更而引起的租金变更。在期限较长的不动产租赁关系存续期间,会出现社会生活状况与不动产价值发生巨大变化的情形,如果该种情形造成了当事人之间的权利和义务严重失衡,当事人可以根据公平原则对租金进行适当调整和变更。

2. 按照合同约定的方法或者租赁物的性质使用租赁物的义务。《民法典》第709条规定,承租人应当按照约定的方法使用租赁物。对租赁物的使用方法没有约定或者约定不明确,依据《民法典》第510条的规定仍不能确定的,应当根据租赁物的性质使用。承租人按照约定的方法或者根据租赁物的性质使用租赁物,致使租赁物受到损耗的,不承担赔偿责任(《民法典》第710条)。承租人未按照约定的方法或者根据租赁物的性质使用租赁物,致使租赁物受到损失的,出租人可以解除合同并请求赔偿损失(《民法典》第711条)。

3. 保管租赁物的义务。《民法典》第714条规定了承租人妥善保管租赁物的义务,即承租人应当妥善保管租赁物,保管不善造成租赁物毁损、灭失的,应当承担损害赔偿责任。

4. 租赁物的返还义务。租赁关系终止后,承租人应当将租赁物返还给出租人。对于动产而言,返还就是将动产交还给出租人;对于不动产而言,返还就是放弃对租赁物的占有,而由出租人占有。承租人在租赁关系终止后应返还原物,这里的原物不是指始终保持了租赁合同开始时状态的原物,而是指使用、收益后保持有正常的自然状态的原物。即使正常的使用导致了租赁物的磨损、损耗,导致了租赁物在外形与性能状态上有所改变,只要租赁物没有因非正常的使用而发生根本性的毁损、灭失,仍属于法律上的原物。

(三)租赁合同的特别效力与风险负担

1. 租赁合同的特别效力

在租赁合同中,承租人拥有对租赁物的优先购买权,这是租赁合同具有的特别效力。承租人的优先购买权是指在租赁合同存续期间,出租人出卖租赁物时,承租人在同等条件下享有优先购买的权利。由于租赁物,特别是房屋对于承租人而言具有特别的意义,即租赁物通常处在承租人的占有、使用与控制之下,承租人对租赁物具有特殊的使用利益,承租人与租赁物之间的事实关系与法律关系的变动都会对承租人的生活与营业造成显著影响,因此,法律将优先购买权赋予了承租人。

我国《民法典》第 726 条认可了承租人的优先购买权，规定出租人出卖租赁房屋的，应当在出卖之前的合理期限内通知承租人，承租人享有以同等条件优先购买的权利；但是，房屋共有人行使优先购买权或者出租人将房屋出卖给近亲属的除外。出租人履行通知义务后，承租人在十五日内未明确表示购买的，视为承租人放弃优先购买权。《民法典》第 727 条对房屋拍卖时的承租人优先购买权行使问题进行了规定，该条规定："出租人委托拍卖人拍卖租赁房屋的，应当在拍卖五日前通知承租人。承租人未参加拍卖的，视为放弃优先购买权。"《民法典》第 728 条继续规定："出租人未通知承租人或者有其他妨害承租人行使优先购买权情形的，承租人可以请求出租人承担损害赔偿责任。但是，出租人与第三人订立的房屋买卖合同的效力不受影响。"《民法典》第 726、727 条的规定表明，为了保证承租人优先购买权的实现，《民法典》要求出租人承担事前通知的附随义务。

2. 租赁合同中的风险负担〔35〕

租赁合同的风险负担，是指由于不可归责于出租人的事由，致使租赁物部分或全部毁损、灭失时，风险应如何分担的问题，具体可以分解为租赁物的风险负担与租金的风险负担两个方面。

（1）租赁物的风险负担问题。租赁物的风险负担是指由于不可归责于双方当事人的事由，致使租赁物部分或者全部灭失时，租赁物的部分或者全部损失应由谁负担的问题。根据罗马法以来形成的标的物的风险一般由所有权人承担的原则，除法律有特别规定或者当事人之间有特殊约定以外，该种风险一般都应当由出租人承担。

（2）租金的风险负担问题。在租赁物因不可归责于当事人的事由而部分或者全部毁损、灭失致使租赁合同部分或者全部履行不能时，承租人应如何对待给付租金的问题为租金的风险负担问题。我国《民法典》第 729 条规定："因不可归责于承租人的事由，致使租赁物部分或者全部毁损、灭失的，承租人可以请求减少租金或者不支付租金；因租赁物部分或者全部毁损、灭失，致使不能实现合同目的的，承租人可以解除合同。"据此可知，因不可归责于双方当事人的事由致使合同部分或者全部不能履行时，承租人可以减少或者全部免除对待给付义务，因此，租金风险也一般由出租人来负担。

四、租赁合同的变动与终止

（一）租赁合同的变动

租赁合同的变动，包括租赁合同主体的变动、租赁合同内容的变更与转租等形式，而租赁合同主体的变动包括出租人的变动、承租人的变动。

---

〔35〕 王利明等：《合同法》，中国人民大学出版社 2002 年版，第 388 页。

1. 出租人的变动

在租赁关系存续期间,如果出租人死亡,其出租人地位一般由其继承人继承,原租赁关系发生相应变更。出租人让与租赁物的,根据《民法典》第 725 条规定"租赁物在承租人依据租赁合同占有期限内发生所有权变动的,不影响租赁合同的效力",即买卖不破租赁的原则,在买卖不破租赁原则约束下,租赁关系对受让人也发生约束力,受让人取得原出租人的地位,租赁合同的出租人发生变化。

租赁本质上是一种债的关系,不具有对抗第三人的效力,但是现代各国民法为了保护承租人的利益,稳固社会生活关系,大多赋予了租赁权一种近似物权的效力,形成了买卖不破租赁的原则。根据这一原则,承租人取得租赁权后,出租人将租赁物的所有权让与第三人,原租赁合同,对于新的所有人将继续有效。买卖不破租赁的原则最早为《德国民法典》所采用,但是在各国民法典中该规定仅仅适用于土地,苏联民法将其适用范围扩展到了一切租赁物。〔36〕 我国早在《经济合同法》立法之时就已经采纳了这一原则,其第 23 条第 2 款第 2 句规定:"如果出租方将财产所有权转移给第三方时,租赁合同对新的所有方继续有效。"我国《合同法》第 229 条的规定,"租赁物在租赁期间发生所有权变动的,不影响租赁合同的效力",继承了《经济合同法》的立法精神。我国《民法典》第 725 条更加明确规定,"租赁物在承租人按照租赁合同占有期限内发生所有权变动的,不影响租赁合同的效力"。我国《民法典》第 405 条也针对抵押权与租赁的关系规定,"抵押权设立前,抵押财产已经出租并转移占有的,原租赁关系不受该抵押权的影响"。租赁权这种特殊的针对某个人的"相对权"在这种特殊的情况表现出来的或多或少地针对第三者的效力被学者称为"债权物权化"的问题。债权物权化并不意味着租赁权已经具有了绝对性而成为物权,而仅仅是说基于社会政策的考虑,租赁权被法律赋予了特殊的对抗第三人的效力。由于"在微观上,某些债权出现了物权的部分特征,具备了片面的对抗效力,但其性质仍然是债权而没有转化为真正的物权;在宏观上,个别的权利会呈现物权债权化、债权物权化特征,但不代表债权作为一个权利类型而整体性的物权化运动",因此,不存在一个债权物权化的潮流趋势。〔37〕 在此必须指出,在买卖不破租赁原则使承租人权利物权化而具有某种物权效力后,"不能因此而谓物权债权已无区分之必要"。〔38〕

2. 承租人的变动

承租人的变动包括承租人的法定变动与承租人因转让而进行的变动。对租赁

---

〔36〕 王家福:《合同法》,中国社会科学出版社 1986 年版,第 233 页。

〔37〕 王玉花:《物权的绝对性及其相关问题研究——与从"支配性"相对立的角度》,中国社会科学院研究生院法学系 2007 年博士学位论文,第 222 页。

〔38〕 谢在全:《民法物权论》(上册),中国政法大学出版社 1999 年版,第 29 页。

权的法定让与作出规定的是《民法典》第732条,该条规定:“承租人在房屋租赁期间死亡的,与其生前共同居住的人或者共同经营人可以按照原租赁合同租赁该房屋。”此外,承租人可以通过债权债务转让的方式来实现承租人的变动。除非租赁合同对此另有约定,承租人将其在租赁合同关系中权利义务关系转让给新的承租人应取得出租人的同意。

3. 租赁合同内容的变更

租赁合同内容的变更,是指租赁合同双方当事人在约定的租赁期间协议变更租赁合同的内容。当事人协议变更租赁合同的内容是合同自由原则在合同变更领域贯彻的结果。现实中出现较多的租赁合同内容的变更为当事人变更租赁合同的期限。租赁合同的期限的变更不同于租赁合同的更新。租赁合同的更新是指租赁合同双方当事人在租赁合同规定的期间届满时延长租赁期间,续订租赁合同。

4. 转租

转租,是指在承租人不脱离原租赁关系的情况下,将租赁物又出租给次承租人的情形。在承租人将房屋等租赁物转租后,承租人与次承租人之间形成了新的租赁关系,而承租人与原出租人之间的租赁关系依然保持。如果出租人允许承租人转租,而且他们之间没有特别的约定,则承租人可以通过转租形式赚取租金的差价。在转租的情形下,如果次承租人对租赁物造成了损失,则首先由次承租人向承租人承担责任,再由承租人向出租人承担责任,即合同的相对性决定出租人不能直接向次承租人主张违约损害赔偿。转租与租赁权转让的区别是:在租赁权的转让后,承租人脱离了原租赁关系;而在转租中,承租人仍然留在原租赁关系中。转租关系中原出租人仍为出租人,承租人则成为转租人。转租之标的物,既可为原租赁物的全部,也可为原租赁物的一部分。由于租赁合同当事人之间存在信任关系,承租人对租赁物的使用、收益状态之改变,会对出租人的利益造成一定的影响,所以,许多国家立法对转租都有限制。对此,我国《民法典》第716条规定:“承租人经出租人同意,可以将租赁物转租给第三人。承租人转租的,承租人与出租人之间的租赁合同继续有效;第三人造成租赁物损失的,承租人应当赔偿损失。承租人未经出租人同意转租的,出租人可以解除合同。”我国《民法典》第717条对转租的期限问题进行了规定,该条规定:“承租人经出租人同意将租赁物转租给第三人,转租期限超过承租人剩余租赁期限的,超过部分的约定对出租人不具有法律约束力,但是出租人与承租人另有约定的除外。”《民法典》第718条规定,出租人知道或者应当知道承租人转租,但是在六个月内未提出异议的,视为出租人同意转租。《民法典》第719条对租金和违约金的支付问题进行了规定,该条规定:“承租人拖欠租金的,次承租人可以代承租人支付其欠付的租金和违约金,但是转租合同对出租人不具有法律约束力的除外。次承租人代为支付的租金和违约金,可以充抵次承租人应当向承租人支付的租金;超出其应付的租金数额的,可以向承租人追偿。”

(二)租赁合同的终止与效力

1. 租赁合同终止的事由

租赁合同通常会因租赁期限届满而终止或者因当事人解除而终止。

(1)租赁合同因期限届满而终止。当事人在租赁合同中约定有租赁期限的,租赁期限届满通常将会导致租赁合同的终止。但是,租赁期限的届满并不必然导致租赁合同的终止。《民法典》第 734 条第 1 款规定:"租赁期限届满,承租人继续使用租赁物,出租人没有提出异议的,原租赁合同继续有效,但是租赁期限为不定期。"

(2)租赁合同因当事人的解除而消灭。租赁合同期限虽未届满,但是却出现了法律规定的解除事由或者当事人约定的解除事由,这时享有解除权的一方当事人可以通过行使解除权的方式使租赁关系消灭。另外,双方当事人也可以采取协商一致的方式解除租赁合同。

我国《民法典》及《城镇房屋租赁合同解释》针对租赁合同规定了较多的法定解除权,除不定期租赁合同当事人双方均享有任意解除权外,出租人或承租人还会在以下情形中享有法定解除权:

(1)出租人享有法定解除权的情形。第一,承租人未按照约定的方法或者根据租赁物的性质使用租赁物,致使租赁物受到损失的,出租人可以解除合同并请求赔偿损失(《民法典》第 711 条)。第二,承租人擅自变动房屋建筑主体和承重结构或者扩建,在出租人要求的合理期限内仍不予恢复原状的(《城镇房屋租赁合同解释》第 7 条)。第三,承租人未经出租人同意转租的,出租人可以解除合同(《民法典》第 716 条第 2 款);出租人知道或者应当知道承租人转租,但是在六个月内未提出异议的,视为出租人同意转租(《民法典》第 718 条)。第四,承租人无正当理由未支付或者迟延支付租金的,出租人可以请求承租人在合理期限内支付;承租人逾期不支付的,出租人可以解除合同(《民法典》第 722 条)。

(2)承租人享有法定解除权的情形。第一,因租赁物部分或者全部毁损、灭失,致使不能实现合同目的的,承租人可以解除合同(《民法典》第 729 条后半段);第二,租赁物危及承租人的安全或者健康的,即使承租人订立合同时明知该租赁物质量不合格,承租人仍然可以随时解除合同(《民法典》第 731 条);第三,出租人就同一房屋订立数份租赁合同,不能取得租赁房屋的承租人请求解除合同(原《城镇房屋租赁合同解释》第 6 条);第四,有下列情形之一,因出租人原因致使租赁物无法使用的,承租人可以解除合同:一是租赁物被司法机关或者行政机关依法查封;二是租赁物权属有争议;三是租赁物具有违反法律、行政法规关于使用条件强制性规定情形(《民法典》第 724 条)。

2. 租赁合同消灭的效力

无论当事人一方解除合同或者双方当事人协商一致解除合同,都会导致租赁合同的终止，使租赁合同对双方当事人失去约束力。租赁合同为继续性合同，在合同存续期间，承租人以支付租金为对价而对租赁物进行使用、收益。合同消灭后，租金虽有返还可能，承租人之使用、收益却不可能返还。因此，租赁合同的消灭只能向将来发生，而不能溯及既往；其消灭的效果只能自产生终止原因之时起，向将来发生效力。[39]

第六节 融资租赁合同

一、融资租赁合同概述

（一）融资租赁合同的概念与主要条款

融资租赁合同是出租人根据承租人对出卖人、租赁物的选择，向出卖人购买租赁物，提供给承租人使用，承租人支付租金的合同（《民法典》第735条）。融资租赁合同是融资租赁业务所通常采用的一种合同形式，是适应商品经济发展的客观需要而产生并逐步发展起来的一种新型合同形式。除我国《民法典》合同编对融资租赁合同的法律问题进行了规定外，2013年11月25日最高人民法院审判委员会第1597次会议通过的《融资租赁合同解释》对融资租赁合同的认定、融资租赁合同的履行和租赁物的公示、融资租赁合同的解除等问题作出了规定。从全球来看，融资租赁合同随着20世纪50年代及其以后融资性租赁业务的发展而产生与完善起来，并在20世纪70年代以后获得充分发展。融资性租赁作为我国利用外资的一种形式在20世纪70年代末80年代初产生、发展并成熟起来。从1981年中日合资企业——中国东方租赁公司成立开始，我国融资租赁业务发展迅速，已经成为我国利用与引进外资的重要途径。[40]

我国《民法典》第736条第1款规定："融资租赁合同的内容一般包括租赁物名称、数量、规格、技术性能、检验方法，租赁期限，租金构成及其支付期限和方式、币种，租赁期间届满租赁物的归属等条款。"由此可见，融资租赁合同通常包括以下条款：

1. 当事人，即出租人和承租人，融资租赁合同的出租人为专营租赁业务的租赁公司或者其他可以兼营租赁业务的机构。

2. 租赁物的名称、数量、规格、技术性能与检验方法。租赁物的名称、数量、规

〔39〕 崔建远主编：《合同法》（第4版），法律出版社2007年版，第417页。

〔40〕 梁慧星：《融资租赁法律问题研究》，载梁慧星：《梁慧星文集》，法律出版社2003年版，第319～321页。

格、技术性能是对租赁物的必要说明,检验方法是对承租人如何验收租赁物作出的具体规定。

3. 租赁期限。出租人与承租人可以协商确定租赁合同的期限,该期限一般通过约定租赁合同的起止日、终止日的方式确定,在时间上该期限一般短于或者相当于租赁物的法定折旧年限。

4. 租金构成及其支付期限和方式。融资租赁合同的承租人应当交付租金,该租金以承租人使用租赁物的对价形式出现,但实质上是出租人向承租人提供融资的对价,因此该租金不同于租赁合同中承租人应当支付的租金。按照《民法典》第746条的规定,融资租赁合同的租金,除当事人另有约定外,应当根据购买租赁物的大部分或者全部成本以及出租人的合理利润确定。通常,融资租赁合同的承租人所支付的租金包括物件买价及利息、保险费、手续费、利润等在内。[41] 租金的支付可以采取按月、季、年等不同周期进行支付,也可以采取预付方式。

5. 币种。在存在涉外因素的融资租赁合同中,当事人必须约定用于支付和结算的币种,防止汇率变化等因素给当事人带来不必要的损失或者不必要的纠纷。

6. 租赁物的归属。对于租赁物的归属,我国《民法典》第745条规定:"出租人对租赁物享有的所有权,未经登记,不得对抗善意第三人。"对于租赁期限届满后租赁物的归属,《民法典》第757条规定:"出租人和承租人可以约定租赁期间届满租赁物的归属;对租赁物的归属没有约定或者约定不明确,依据本法第五百一十条的规定仍不能确定的,租赁物的所有权归出租人。"另外,当事人可以在融资租赁合同中约定涉及租赁设备的使用、保养与保险,租赁设备的保险、合同的担保、违约责任以及合同争议的解决办法等条款。

(二)融资租赁合同的特征

1. 融资租赁合同的一方当事人具有特定性。根据中国人民银行颁布的《金融租赁公司管理办法》的规定,只有经过金融管理机构许可的公司才可以从事融资租赁业务,因此,融资租赁合同的出租人,不是一般的自然人、法人或其他组织,而是从事融资租赁业务的租赁公司或者其他经过批准兼营租赁业务的公司。这是融资租赁合同在主体上的一个特征。

2. 融资租赁合同是实现承租人融资目的的融物合同。以融资为目的,以融物为手段是融资租赁合同不同于传统的租赁合同的重要特征,也是融资租赁合同与借款合同区别之所在。租赁合同中的出租人通常不会按照承租人的要求购买租赁物,而是将自己的闲置物品出租,其目的在于实现对于闲置资产的利用;而融资租赁合同的重要目的在于融通资金,在该种合同中出租人不但要按承租人的要求购

---

[41] 崔建远主编:《合同法》(第4版),法律出版社2007年版,第420页。

买标的物,而且还要按照承租人的选择购买,出租人购买租赁物的目的就是满足承租人租赁的需要,承租人通过对租赁物的租赁来实现融通资金的目的。从融资租赁合同最终运行的效果来看,承租人通过融资租赁合同方式所达到的最终利用出租人的资金购买自己需要物品的效果与承租人从出租人处借入资金并利用它们购买自己所需要之效果基本相同。但是,在融资租赁合同中,承租人并不是从出租人那里取得租赁物或货币的所有权,而仅是通过租赁的形式取得标的物的使用权,以租金的形式偿还出租人为购买租赁物所付出的对价和费用。

3. 融资租赁合同的履行涉及另一个买卖合同的签订与履行。融资租赁合同是融资租赁交易的产物,融资租赁交易的特殊性使得融资租赁合同也具有了特殊性。融资租赁合同的履行过程中需要融资租赁公司与供应商签订一个买卖合同,以购买承租人需要的租赁标的物。在现实中,融资租赁合同在履行过程中必须签订的买卖合同与融资租赁合同在效力上呈现一种相互交错、互相影响的状态:买卖合同的一方当事人出卖人,不是向买卖合同的另一方当事人买受人履行现实交付标的物的义务,而是向租赁合同的一方当事人承租人交付标的物,承租人享有与受领标的物有关的买受人的权利和义务;如果出卖人不履行买卖合同中的义务,则承租人可以在一定的条件下,向出卖人主张赔偿损失;同时,由于买卖合同的目的在于帮助融资租赁合同目的的实现,所以,买卖合同一旦签订,买卖合同的双方当事人都不得随意变更买卖合同中涉及融资租赁合同之承租人的合同内容等。

4. 融资租赁合同为诺成性合同、要式合同、双务合同、有偿合同。融资租赁合同在双方当事人意思表示一致时成立,因此,融资租赁合同为诺成性合同。按照我国《民法典》第736条第2款的规定,融资租赁合同应当采取书面形式,因此融资租赁合同为要式合同。融资租赁合同的当事人在融资租赁合同中负有相互对应的对待给付义务,因此,融资租赁合同为双务合同。承租人获取租赁物的使用权是以租金的支付为代价,因此融资租赁合同为有偿合同。

5. 出租人对租赁物不负瑕疵担保和维修义务。在一般的租赁合同中,出租人负有提供租赁物并使租赁处于适于使用状态的义务,对租赁物负有物的瑕疵担保与权利的瑕疵担保责任。但是在融资租赁合同中,由于出租人按照承租人的要求和选择去融资购买租赁物,所以出租人对于租赁物的性能、质量、瑕疵、维修与保养均不负责任,即租赁物不符合约定或者不符合使用目的的,出租人不承担责任。但是,承租人依赖出租人的技能确定租赁物或者出租人干预选择租赁物的除外(《民法典》第747条)。

6. 融资租赁合同一般不因租赁物的灭失而终止。一般而言,融资租赁合同和租赁合同一样,可以基于租赁期限的届满、合同的解除等原因而终止。但是,融资租赁合同与租赁合同有一个重大的区别,即在融资租赁合同中,如果没有特别约定,即使租赁物因不可归责于双方当事人的事由归于消灭,承租人仍要负担交付租金的义务,合同并不终止,这是由融资租赁合同的融资属性所决定的;而在租赁合同中,如果当事人没有特殊约定,一旦租赁物因不可归责于双方当事人的事由归于消灭,租赁合同即可终止。[42]《民法典》第751条规定,承租人占有租赁物期间,租赁物毁损、灭失的,出租人有权请求承租人继续支付租金,但是法律另有规定或者当事人另有约定的除外。

在此需要探讨一下融资租赁合同与保留所有权的分期付款买卖合同的异同。保留所有权的分期付款买卖是指双方当事人约定买受人先占有、使用标的物,但在双方当事人约定的特定条件(通常表现为价金的一部分或全部清偿)成就之前,出卖人仍保留标的物所有权;待条件成就后,所有权才由出卖人转移给买受人的分期付款买卖。[43] 融资租赁合同与保留所有权的分期付款买卖合同明显不同,主要表现在如下几个方面:(1)两个合同的主给付义务明显不同。在保留所有权的分期付款买卖中,一方合同当事人的主给付义务为转移标的物的所有权,而另一方当事人的主给付义务则是支付价金;在融资租赁合同中,出租人主给付义务为购买提供租赁物并使租赁物处于适合于承租人使用的状态,承租人主给付义务为支付租金。(2)在保留所有权的分期付款买卖中,买受人享有与出卖人的所有权处于相对状态的期待权;而在融资租赁合同中,除非当事人之间有特别约定,一般承租人无取得租赁物所有权的期待权。(3)期间届满后,标的物所有权的归属不同。在保留所有权的分期付款买卖中,买受人一旦支付全部价金,标的物的所有权便借助简易交付的方式转移于买受人;在融资租赁合同中,承租人只有在特别约定的情况下,才能取得租赁物的所有权。[44] (4)融资租赁的租金与分期付款买卖合同的价金不论在性质上,还是在构成上或量上均明显不同。前者在性质上为承租人为使用租赁物而支付的对价,后者则为买受人取得标的物所有权的代价;前者由双方当事人根据购买租赁物的大部分或者全部成本以及出租人的合理利润确定,而且在量上也通常要大于后者。

二、融资租赁合同的效力

融资租赁合同的效力,是指已经生效的融资租赁合同对合同当事人的法律拘束力,它突出表现为融资租赁合同的各方当事人所享有的权利与义务。融资租赁合同从本质上讲是一种特殊的租赁合同,因而若我国《民法典》未对融资租赁合同作出特别规定,或者该合同未有特殊的交易惯例,应遵循《民法典》对租赁合同所作的一般规定。由于融资租赁合同的履行必然涉及融资租赁合同的出租人与租赁

---

〔42〕 王利明主编:《民法》,中国人民大学出版社2000年版,第425页。

〔43〕 崔建远主编:《合同法》(第4版),法律出版社2007年版,第420页。

〔44〕 崔建远主编:《合同法》(第4版),法律出版社2007年版,第420页。

标的物出卖商之间订立的买卖合同，因此，本书也对融资租赁所涉及的买卖合同的效力进行简单讨论。

（一）出租人在融资租赁合同中的主要权利义务

1. 出租人的主要权利

（1）收取租金的权利。与出租人支付租金的义务相对应，承租人享有按照合同约定收取租金的权利。出租人进行融资租赁活动的主要目的是取得租金，因此，收取租金的权利是出租人在融资租赁合同中享有的一项重要权利。如果承租人不交纳租金或不按时交纳租金，经出租人催告在合理期限内仍不支付租金的，出租人可以要求其支付全部租金，也可以解除合同，收回租赁物。

（2）特殊情况下，解除融资租赁合同的权利。我国《民法典》第752条规定："承租人应当按照约定支付租金。承租人经催告后在合理期限内仍不支付租金的，出租人可以请求支付全部租金；也可以解除合同，收回租赁物。"如果承租人未按时支付租金，出租人应催告承租人支付租金，并给承租人一个合理期限期支付租金；若承租人仍不支付租金，出租人可再决定解除合同，这样，有利于承租人的生产、经营。

（3）取得并保持租赁物的所有权的权利。出租人与出卖人签订买卖合同，出卖人将租赁物交付给承租人以后，出租人即获得了出租物的所有权。从此以后，在整个租赁期限内出租人便一直享有租赁物的所有权，而承租人只能依据融资租赁合同对租赁物进行使用与收益。如果承租人因经营不善、资不抵债，达到破产边界，而在租赁期限内申请破产或依法被宣告破产时，租赁财产将因归属于出租人所有而被排除于破产财产外。我国《民法典》第745条规定："出租人对租赁物享有的所有权，未经登记，不得对抗善意第三人。"

（4）在租赁期限届满后收回租赁物并对租赁物残值进行处分的权利。租赁期限届满后，出租人可以根据租赁合同中关于合同期限届满对租赁物利用的条款，或另行商定条件将租赁物继续租赁给承租人使用。如果租赁期限届满后，承租人未续订租赁合同，融资租赁合同也未约定出租人可留购租赁物，则出租人有权收回租赁物，并按公平的市场价格将该租赁物出售给他人以收回残值或者重新将租赁物出租给其他人使用。当然，如果出租人在租赁期届满时已经完全收回了购买租赁物的全部投资，并取得了丰厚利润，也可以按约定的价格或名义价格将租赁物出售给承租人。

2. 出租人的主要义务

（1）按照承租人的要求订立买卖合同购买租赁物，并通过买卖合同最终将租赁物提供给承租人使用。在履行融资租赁合同的过程中，承租人购买租赁物的目的并非为获得租赁物的所有权，而是为了以融资租赁方式满足承租人的需要以获取相应的营业利润。由于出租人只有按照承租人对出卖人、租赁物的选择购买租赁物,才能实现承租人融资的目的,因此,《民法典》第739条规定出租人根据承租人对出卖人、租赁物的选择订立的买卖合同,出卖人应当按照约定向承租人交付标的物,承租人享有与受领标的物有关的买受人的权利。出租人应当根据承租人对出卖人、租赁物的选择订立买卖合同,出卖人应当按照约定向承租人交付标的物,承租人享有与受领标的物有关的买受人的权利。另外,为了保证融资租赁目的的充分实现,《民法典》第744条规定,"出租人根据承租人对出卖人、租赁物的选择订立的买卖合同,未经承租人同意,出租人不得变更与承租人有关的合同内容"。融资租赁合同涉及的买卖合同签订后,出租人应当按买卖合同约定的期限、方式支付价款,买受标的物。出租人未按合同约定向出卖人支付价款,致使承租人不能按照约定使用租赁物时,应向承租人承担违约责任,承租人可以解除合同或者请求减少租金或者相应地延长租期。

(2)保证承租人对租赁物的占有和使用。在融资租赁合同中,出租人应当保证出卖人将标的物交付给承租人占有,并保证承租人在租赁期间对租赁物的占有使用。出租人作为买受人购买标的物后,虽不直接受领出卖人交付的标的物,但是在租赁物交付后,出租人仍然会成为租赁物的所有权人。出租人必须保证承租人对租赁物的占有使用,排除第三人对租赁物的权利主张,而不能剥夺承租人对租赁物的占有使用或者非法干涉承租人对租赁物的正常使用,否则应承担赔偿责任。

(3)特殊情况下的瑕疵担保责任。在融资租赁合同中,出租人通常免于承担瑕疵担保责任,但如果承租人是依赖出租人的技能确定租赁物或者出租人干预选择租赁物的,应由出租人承担瑕疵担保责任(《民法典》第747条),在这两种情况下,出租人必须保证交付的标的物符合国家规定的质量标准或者合同约定的标准。

(4)特殊情况下协助承租人向出卖人索赔的义务。在融资租赁合同中,出租人通常按照承租人的选择购买租赁物,出卖人也通常将租赁物直接交付给承租人,由承租人对标的物进行验收。基于融资租赁合同中租赁物购买与交付的特殊性,《民法典》第741条规定,出租人、出卖人、承租人可以约定,出卖人不履行买卖合同义务的,由承租人行使索赔的权利。承租人行使索赔权利的,出租人应当协助。《民法典》第743条规定:"出租人有下列情形之一,致使承租人对出卖人行使索赔权利失败的,承租人有权请求出租人承担相应的责任:(一)明知租赁物有质量瑕疵而不告知承租人;(二)承租人行使索赔权利时,未及时提供必要协助。出租人怠于行使只能由其对出卖人行使的索赔权利,造成承租人损失的,承租人有权请求出租人承担赔偿责任。"

(二)承租人在融资租赁合同中的主要权利义务

1. 承租人的权利

(1)选择租赁物的出卖人并决定租赁物的条件。融资租赁的标的物与出卖人是承租人根据自己的实际需要、专业知识、经验和技能选择确定的。承租人不仅有权选定租赁标的物及其租赁物的出卖人,而且有权直接跟出卖人商定标的物的条件。有时为了满足自身的特殊需要,甚至可以请求出卖人按照其要求为其制造特定的机器设备。在实务中,承租人行使租赁物和出卖人的选择权是出租人与出卖人订立买卖合同的前提,即承租人先选定出卖人和租赁物,然后再由出租人去购买。承租人的该项权利不仅是融资租赁区别一般租赁的一个显著特征,也为承租人满足其生产经营实际需要提供了可能性。〔45〕 出租人选择租赁物出卖人并决定租赁物的条件决定了出租人一般不应对租赁物不符合约定或者不符合使用目的负责,但是承租人依赖出租人的技能确定租赁物或者出租人干预选择租赁物的除外(《民法典》第747条)。

(2)请求出卖人直接交付标的物并就标的物的瑕疵要求出卖人承担瑕疵担保责任。融资租赁合同的履行与买卖合同的履行具有高度的依存性,出租人与出卖人通常会在买卖合同中约定由出卖人将标的物直接交付给承租人,承租人享有请求交付标的物的权利。在出卖人将标的物交付给承租人后,承租人可以对标的物进行验收,可以就标的物的瑕疵要求出卖人承担瑕疵担保责任。

(3)占有、使用租赁物的权利。承租人订立融资租赁合同的目的在于通过融通资金的方式最终获得对租赁物的占有与使用权,因此,占有、使用租赁物的权利为承租人的一项重要权利。

(4)承租人可以按照约定,在租赁期限届满后享有购买租赁物的选择权。依据《民法典》第757条的规定,租赁合同届满后,租赁物一般会归出租人所有。但是,当事人可以在合同中约定或者在事后通过补充协议明确租赁物的归属。在融资租赁中,由于出租人的目的往往并不在于取得租赁物的所有权,而是为了收回对租赁物的投资并获得相应的利润,而租赁物通常对出租人具有特殊的价值与意义,因此,出租人与承租人往往会达成租赁期限届满承租人留用租赁物的协议,从而使承租人享有留用租赁物选择权。

2. 承租人的义务

(1)按照约定支付租金。这是承租人的主要义务。《民法典》第752条规定:"承租人应当按照约定支付租金。承租人经催告后在合理期限内仍不支付租金的,出租人可以请求支付全部租金;也可以解除合同,收回租赁物。"按照原《融资

---

〔45〕 徐德敏主编:《合同法论》,陕西人民出版社1999年版,第435页。

租赁合同解释》第 12 条第 2 项和第 3 项规定承租人未按照合同约定的期限和数额支付租金,符合合同约定的解除条件,经出租人催告后在合理期限内仍不支付的;合同对于欠付租金解除合同的情形没有明确约定,但承租人欠付租金达到两期以上,或者数额达到全部租金 15% 以上,经出租人催告后在合理期限内仍不支付的,出租人请求解除融资租赁合同的,人民法院应予支持。《民法典》第 751 条规定:"承租人占有租赁物期间,租赁物毁损、灭失的,出租人有权请求承租人继续支付租金,但是法律另有规定或者当事人另有约定的除外。"

(2)在占有租赁物期间保管、维修租赁物。在融资租赁合同中,承租人为自己使用收益的需要,有权占有租赁物,对租赁物进行使用收益。为保护出租人利益,承租人在租赁期间只得自用而不得擅自将租赁物转租、抵押,更不得出租租赁物。融资租赁合同具有较强的融资性与租赁人对租赁物的占用与使用决定了在融资租赁合同中应由承租人履行占有租赁物期间的维修义务。因此,承租人应当尽善良管理人职责,按照符合要求的安全标准和技术性能妥善保管、使用、维护租赁物,如果承租人占有租赁物期间,因租赁物出现事故等造成第三人财产或者人身伤害,承租人应负责赔偿损失,而不应由出租人承担责任。对此,《民法典》第 749 条规定:"承租人占有租赁物期间,租赁物造成第三人的人身损害或者财产损失的,出租人不承担责任。"

(3)在合同终止时返还标的物。《民法典》第 757 条规定:"出租人和承租人可以约定租赁期间届满租赁物的归属;对租赁物的归属没有约定或者约定不明确,依据本法第五百一十条的规定仍不能确定的,租赁物的所有权归出租人。"如果符合该条规定的情况,在租赁期间届满时,租赁物归出租人所有,承租人有义务将租赁物返还给出租人。

(三)买卖合同中出卖人的义务

融资租赁合同的履行需要出租人与出卖人签订一个租赁物买卖合同,该买卖合同与一般的标的物买卖合同并无太大不同,在该买卖合同中出卖人一般承担如下义务:(1)向承租人交付标的物。出卖人应当按照合同规定的期限、方式、地点直接向承租人交付租赁物。如果迟延履行,变更运输方式或者交付地点不符合约定致使费用增加,出卖人应当按照合同约定支付违约金或承担赔偿责任。(2)对租赁物的瑕疵担保责任。在通常情况下,融资租赁合同中的出卖人应对其交付的标的物负有瑕疵担保责任。因为出卖人是向承租人交付的标的物,并由承租人验收,出卖人和标的物也是承租人选择确定的,所以通常由出卖人向承租人负瑕疵担保责任。

第七节 保理合同

一、保理合同的概念和特征

（一）保理合同的概念

保理（factoring）发源于18世纪的英国，并逐渐在欧美等国家发展成型。保理合同，是指应收账款债权人将现有的或者将有的应收账款转让给保理人，保理人提供资金融通、应收账款管理或者催收、应收账款债务人付款担保等服务的合同。关于保理合同的性质，主要存在委托代理说、债权质押说、债权让与说以及混合合同说四种学说。目前，混合合同说占主流。

（二）保理合同的法律特征

保理合同的特征如下：

1. 保理合同主体的特定性。保理合同的一方主体为保理人，另一方主体为应收账款的债权人。应收账款债权人要想将现有的或者将有的应收账款转让给保理人，就必须与保理人签订一份保理合同，确定双方的权利和义务关系。其实，保理合同的签订还涉及应收账款债权人和应收账款债务人的基础合同关系。在基础合同关系不存在的情形下，也无保理合同存在的可能。

2. 保理合同内容的复杂性。依据《民法典》第761条的规定，在保理合同当中，应收账款债权人将现有的或者将有的应收账款转让给保理人，保理人提供资金融通、应收账款管理或者催收、应收账款债务人付款担保等服务。可以看出，保理人提供的服务内容较为多样，包括资金融通、应收账款管理或者催收、应收账款债务人付款担保等服务。

3. 保理合同属于要式合同。《民法典》第762条第2款规定，保理合同应当采用书面形式。合同的形式有口头形式、书面形式和其他形式，书面形式是合同书、信件、电报、电传、传真等可以有形地表现所载内容的形式。在法律规定必须采用书面形式的情形下，当事人应当采取书面形式。

二、保理合同的分类和构造

（一）保理合同的分类

按照不同的标准，保理可分为国际保理和国内保理、有追索权保理和无追索权保理、公开型保理和隐蔽型保理等不同类型。在各种分类当中，有追索权保理和无追索权保理属于最为基础的分类。

1. 国际保理和国内保理。依据基础交易当事人及基础交易行为是否涉及国际贸易,将保理分为国内保理和国际保理。[46] 由此国际保理和国内保理的划分是以基础交易当事人以及基础交易行为两个方面来作为标准进行的。

2. 商业保理和银行保理。按照保理主体的不同,保理可分为商业保理和银行保理。在商业保理当中,保理人为非银行金融机构;而在银行保理当中,保理的主体则为银行。对于商业保理而言,其核心业务在于提供资金融通。与商业保理有所不同,银行保理业务则属于综合性金融服务。

3. 有追索权保理和无追索权保理。按照保理人有无追索权,保理合同可分为有追索权保理和无追索权保理。在有追索权保理中,保理可以向应收账款债权人主张返还保理融资款本息或者回购应收账款债权,也可以向应收账款债务人主张应收账款债权。我国《民法典》第 766 条即为对有追索权保理的规定。[47] 与有追索权保理不同,在无追索权保理当中,保理人无权向应收账款债权人主张返还保理融资款本息或者回购应收账款债权,而只能向应收账款债务人主张应收账款债权。我国《民法典》第 767 条为对无追索权保理的规定。[48]

4. 公开型保理和隐蔽型保理。按照是否将应收账款转让事实通知债务人,可以分为公开型保理和隐蔽型保理。所谓公开型保理,也称为明保理。对于公开型保理而言,保理人应当向应收账款债务人发出应收账款转让通知。相反,对于隐蔽型保理而言,保理人则无须通知应收债款债务人。在实务当中,公开型保理业务较为普遍。这是因为,相对于隐蔽型保理业务,在公开型保理业务当中保理人承担的风险较低。依据我国《民法典》第 764 条规定,保理人向应收账款债务人发出应收账款转让通知的,应当表明保理人身份并附有必要凭证。

(二)保理合同的法律构造

依据《民法典》第 761 条规定可以看出,保理至少包括三方主体,即保理商、应收账款债权人以及应收账款债务人。应收账款债权人以及应收账款债务人两者之间的法律关系为基础合同关系,基础合同关系包括买卖合同、服务合同、施工合同等。保理商和应收账款债权人之间为保理合同关系。在保理合同法律关系当中,应收账款债权人将现有的或者将有的应收账款转让给保理人,保理人则提供资金融通、应收账款管理或者催收、应收账款债务人付款担保等服务。

---

[46] 黄斌:《国际保理——金融创新及法律事务》,法律出版社 2006 年版,第 56 页。

[47] 《民法典》第 766 条规定:"当事人约定有追索权保理的,保理人可以向应收账款债权人主张返还保理融资款本息或者回购应收账款债权,也可以向应收账款债务人主张应收账款债权。保理人向应收账款债务人主张应收账款债权,在扣除保理融资款本息和相关费用后有剩余的,剩余部分应当返还给应收账款债权人。"

[48] 《民法典》第 767 条规定:"当事人约定无追索权保理的,保理人应当向应收账款债务人主张应收账款债权,保理人取得超过保理融资款本息和相关费用的部分,无需向应收账款债权人返还。"

当然，在具体保理业务中，保理商可能仅提供其中的部分服务而非全部服务。中国银行业协会制定的《中国银行业保理业务规范》（银协发〔2016〕127号）规定，银行保理是综合性金融服务，债权人将其应收账款转让给商业银行，银行至少应当提供上述四项服务中的一项。国际统一私法协会《国际保理公约》则规定保理商受让供应商的应收债权后，至少应当提供上述服务中的两项才能称为保理。[49]

三、保理合同的相对独立性

保理合同具有相对独立性。我国《民法典》第763条的规定体现了保理合同的相对独立性。[50] 依据此规定，应收账款债权人与债务人虚构应收账款作为转让标的，应收账款债务人不得以应收账款不存在为由对抗保理人。从上述规定可以看出，保理合同相对独立于基础合同。应收账款债务人必须依照基础合同的约定履行付款义务，即使基础合同是虚构的，应收账款债务人也无权拒绝付款。同时，该规定还体现了诚实信用原则。在司法实践当中，如果保理人明知基础合同虚假，则保理人对债权人的融资将被认定为借贷，保理人也只能要求债权人还本付息，而无权向债权人主张权利。我国《民法典》第765条的规定也在一定程度上体现了保理合同的相对独立性。[51] 无论应收账款的债权人和债务人终止基础合同，还是对基础合同进行变更，只要构成对保理人产生不利影响的，对保理人均不发生效力。因此，基础合同的变更和终止对保理人产生不利影响的，对保理人不发生效力。

四、多份保理合同的受偿

在实践中，存在同一应收账款订立多份保理合同的情形。对此，《民法典》第768条规定，应收账款债权人就同一应收账款订立多个保理合同，致使多个保理人主张权利的，已经登记的优先于未登记的受偿；先登记的优先于后登记的受偿；均未登记的以转让通知到达债务人的时间先后受偿；既未登记也未通知的，按照保理融资款或者服务报酬的比例受偿。依照该条规定，从保理商利益出发，保理商应当尽量办理应收账款转让登记。

---

〔49〕《国际保理公约》第1条。

〔50〕《民法典》第763条规定："应收账款债权人与债务人虚构应收账款作为转让标的，与保理人订立保理合同的，应收账款债务人不得以应收账款不存在为由对抗保理人，但是保理人明知虚构的除外。"

〔51〕《民法典》第765条规定："应收账款债务人接到应收账款转让通知后，应收账款债权人与债务人无正当理由协商变更或者终止基础交易合同，对保理人产生不利影响的，对保理人不发生效力。"

第八节 承揽合同

一、承揽合同概述

(一)承揽合同的概念与特征

所谓承揽合同,是指由承揽人按照定作人的要求完成工作,交付工作成果,定作人给付报酬的合同。按约定完成工作的称为承揽人,按约定给付报酬的称为定作人。

承揽合同的主要特征包括:

1. 承揽具体包括加工、定作、修理、复制、测试、检验等工作。以这些为内容的合同均可能是承揽合同,如定作西装、去理发店理发等。当然,以上仅为部分列举,其他如翻译合同、鉴定合同、设计合同等均属于承揽合同。

2. 承揽合同的标的物必定是特定物,而非种类物。因为承揽合同的标的物要么是定作人指定的,要么是按照定作人要求来完成的。

3. 承揽人的工作具有独立性,不受定作人的指挥或管理。定作人的关注重点在于特定品质的工作成果,而非承揽人的具体工作过程,因而,定作人对承揽人的工作全程控制力相当有限。

4. 承揽合同是诺成、双务、有偿合同。即承揽合同一方当事人给付报酬,一方完成特定的工作成果,并且合同自双方合意达成时成立。

5. 承揽合同具有一定的人身属性。从本质上说,承揽合同具有委托合同的一些属性;也就是说,定作人很看重承揽人的能力、信誉等个人性因素。这就决定了,在未经定作人同意的情况下,承揽人不得将其主要工作转交给其他人来完成。

6. 承揽合同既可能涉及原材料(如订做铝合金门窗),也可能不涉及原材料(如翻译);原材料既可以是定作人提供(提供布料定做西装),也可以是承揽人自备(如指定材料定做书柜)。这些均不影响承揽合同的性质。

7. 承揽合同一般包括如下内容:承揽的标的、数量、质量、承揽方式、材料的提供、履行期限、验收标准和方法、费用与报酬、结算方式以及违约责任等。

(二)承揽合同与雇佣合同的区分

在实务中,承揽合同与雇佣合同往往难以区分。二者的共同点在于均提供一定的劳务。例如,某人让街边的一个维修工为其安装窗户,结果后者失足摔伤。这里的基础法律关系究竟属于承揽还是雇佣,并非一目了然。那么,承揽合同与雇佣合同的区别在于:

1. 重视结果还是重视过程。承揽合同的重心在于结果，即定作人关注的特定品质的工作成果，尽管承揽人也会提供一定的劳务或劳动；因此，承揽合同中往往有“报酬以一定的工作成果为前提或依据”之类的约定。而在雇佣合同中，虽然雇用人往往也是为了某项任务或目的才雇用劳务人员，但对于受雇人而言，他出卖的是劳动或劳务本身，他获取报酬的根据也在于劳动或劳务本身，而非一定的工作成果。简言之，相对于承揽合同重视结果而言，雇佣合同重视劳动或劳务过程。

2. 是否有指挥、管理的内容。承揽合同，定作人关注的是特定的工程成果，只要定作人按照约定提供符合要求的工作成果，至于承揽人采取何种步骤和工序，在无约定的情况下，定作人既不必也无权加以干涉。但在雇佣合同中，从选任、监督、指挥、管理等各方面，雇用人均有较大的支配权。这也是二者的重要区别。

二、承揽合同的效力

承揽合同是诺成合同，合同自成立时生效。合同生效后，双方均享有一定的权利和义务。基本上，一方的主要义务即为另一方的主要权利，反之亦然。

（一）定作人的主要义务

1. 协助义务。我国《民法典》第 778 条规定：“承揽工作需要定作人协助的，定作人有协助的义务。定作人不履行协助义务致使承揽工作不能完成的，承揽人可以催告定作人在合理期限内履行义务，并可以顺延履行期限；定作人逾期不履行的，承揽人可以解除合同。”举例说明，比如定作人请裁缝订做一套西装，则丈量尺寸的工作必须要有定作人的配合协助才能完成；尺寸不丈量准确，西服显然没办法完成制作。类似的协助义务还包括提供技术图纸、资料等。

2. 受领并验收工作成果。我国《民法典》第 780 条规定，当承揽人向定作人交付工作成果和有关资料时，“定作人应当验收该工作成果”。受领和验收是承揽合同履行的重要组成部分，也是检验工作成果是否符合定作人要求的基本环节。经验收，如发现质量有问题，定作人可以及时提出异议。从我国司法实践来看，工作成果明显不符合约定质量的，应当在工作成果交付之日起 15 日内提出；需要检验或者安装运转才能检验的，应当在工作成果交付之日起 6 个月内提出。[52]

3. 按约定给付报酬、材料费和其他费用。按照我国《民法典》第 782 条规定，定作人应当按照约定的期限支付报酬。对支付报酬的期限没有约定或者约定不明确，依据《民法典》第 510 条的规定仍不能确定的，定作人应当在承揽人交付工作成果时支付；工作成果部分交付的，定作人应当相应支付。另外，定作人没有按约定支付报酬或者材料费等价款的，若无相反约定，承揽人对完成的工作成果享有留

---

〔52〕 余延满：《合同法原论》，武汉大学出版社 1999 年版，第 631 页。

置权或者有权拒绝交付。

4. 变更或解除合同时承担损害赔偿义务。首先,就变更合同而言,我国《民法典》第777条规定:"定作人中途变更承揽工作的要求,造成承揽人损失的,应当赔偿损失。"以订制窗帘为例,定作人原来指定亚麻布料,在承揽人准备好材料后,定作人要求改为高级遮光布。这种中途变更承揽工作要求而造成承揽人材料上的损失,理当由定作人承担。其次,就解除合同来说,我国《民法典》第787条规定,定作人在承揽人完成工作前可以随时解除合同,造成承揽人损失的,应当赔偿损失。之所以定作人可以随时解约,是因为承揽合同是以定作人一定品质的工作成果为前提的,同时也是以对承揽人的信赖为基础的,当这二者任何一个因素发生变化,承揽合同即无继续存在的意义。从定作人可以随时解约这一点来看,承揽合同与委托合同也是相同的,二者均有较强的人身属性。

(二)承揽人的主要义务

1. 依靠自力完成主要工作。根据我国《民法典》第772条的规定,承揽人应当以自己的设备、技术和劳力,完成主要工作。在双方无约定的情况下,承揽人不得擅自将其承揽的主要工作交由第三人完成,否则定作人可以解除合同,相应的损失由承揽人承担;同时,承揽人对于第三人完成的工作成果要向定作人负责。由定作人负责的理由很简单,因为完成工作的第三人不是承揽合同的当事人。

2. 按照约定选用材料并接受检验。我国《民法典》第774条规定:"承揽人提供材料的,应当按照约定选用材料,并接受定作人检验。"材料好坏直接影响工作成果的质量,在定作人提供材料的场合自然没有什么担心,但在承揽人提供材料的场合,材料质量的优劣就容易成为争执的问题,因而法律规定承揽人要按要求选用材料,同时赋予定作人对材料的检验权。

3. 对定作人提供的材料或图纸等资料诚信对待、处置。根据我国《民法典》第775条的规定,承揽人对定作人提供的材料应及时检验,发现不符合约定时应及时通知定作人更换、补齐或采取其他补救措施;同时,承揽人不得擅自更换定作人提供的材料,不得更换不需要修理的零部件。对于定作人提供的图纸或者技术要求,承揽人发现不合理的,也应及时指出。这些均是承揽人对定作人提供的材料或资料应当有的诚信态度。

(三)承揽合同中的风险负担

承揽合同的风险负担,分为物(原材料和工作成果)的风险负担和报酬的风险负担,前者是指原材料或定作物因不可归责于双方当事人的事由而发生毁损、灭失的风险由谁负担的问题;后者是指工作成果完成后交付前发生不可归责于双方当事人原因的毁损、灭失,定作人是否仍然应当支付报酬的问题。从定义可以看出,报酬的风险负担事实上建立在工作成果发生意外风险的前提上,因此可以说,在讨论报酬风险负担问题时，必然也会讨论工作成果风险负担的问题；反之亦然。

1. 原材料的风险负担问题。当原材料因不可归责于双方当事人的事由毁损、灭失时，其风险应当由原材料的所有人来负担。例如，当原材料是由定作人提供给承揽人进行加工的，则其意外灭失的风险由定作人承揽；当原材料是由承揽人提供的，则其意外风险应当由承揽人来负担。这意味着，定作人或承揽人应当重新提供原材料，并不得因此而增加对方的费用成本。

2. 工作成果的风险负担问题。(1)工作成果须实际交付的，在交付给定作人之前发生意外风险的，其风险应当由承揽人来负担；交付后发生风险的，由定作人负担。但定作人迟延受领的，依据合同法原理，风险应当由定作人承担。(2)工作成果无须实际交付的，在工作成果完成前发生的风险由承揽人负担，工作成果完成之后发生的风险由定作人负担。

3. 报酬的风险负担问题。在定作人提供原材料给承揽人加工，且自始享有工作成果所有权的情形下，承揽人完成工作成果但尚未交付的，工作成果由于不可归责于双方当事人事由发生毁损、灭失的，报酬的风险应当由承揽人负担。因为此时工作成果的意外风险已经由定作人承担，再令定作人支付报酬，不符合公平的法理。

在承揽人提供原材料并自始享有工作成果所有权的情形下，工作成果交付前发生意外风险的，报酬的风险应当由承揽人负责。(见图 20－1)

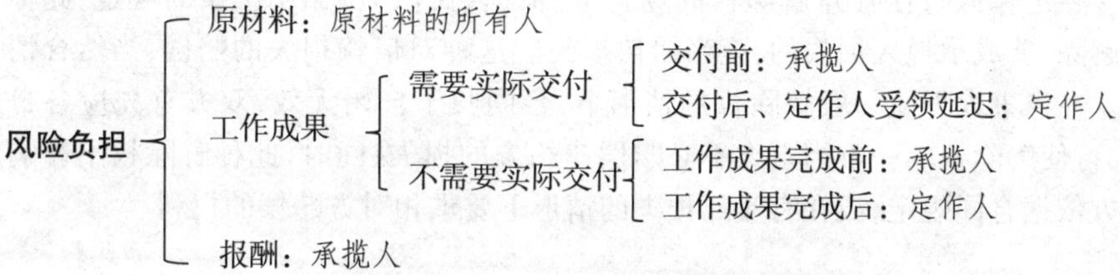

图 20－1　风险负担分配

三、承揽合同的终止

(一)承揽合同权利义务终止的事由

依据《民法典》合同编通则的规定，承揽合同权利义务终止，有多种事由。此处最主要的是合同履行、协议解除和当事人行使解除权而使合同权利义务归于消灭。

根据我国合同法的相关规定，承揽合同中当事人(主要是定作人)行使解除权，包括两种情况：

1. 定作人行使随时解除合同的权利。《民法典》第 787 条规定："定作人在承揽人完成工作前可以随时解除合同……”这意味着,承揽合同成立生效后,承揽人享有不问原因地解除合同的权利。之所以如此规定,主要是因为:首先,承揽合同具有人身依附性,定作人(类似于委托人)当然可以随时终结这种信任关系。其次,从法经济学的效率方面考虑,定作人解除合同肯定是选择了对其更有效益的行事方法——赔偿承揽人的信赖损失比依照原约定取回一个不合心意的工作成果更理想;同时,在定作人赔偿信赖损失的前提下,这种解除对承揽人也不会造成什么损失。基于上述原因,法律赋予了定作人随时解除合同的权利。

2. 承揽合同的任何一方当事人因另一方当事人重大违约而解除合同。这种解除权不是承揽合同特有的,而是《民法典》合同编通则中规定的一般解除权。在承揽合同的背景下,就定作人而言,承揽人的下列违约行为均构成重大违约,定作人可以行使一般解除权:(1)承揽人未按约履行合同交付工作成果,以致继续维持合同效力对于定作人而言已无意义的;(2)承揽人未经定作人同意,将承揽合同的主要工作转由第三人完成的(《民法典》第772条[53]);(3)定作人在对承揽人工作进行检验监督过程中发现问题提出修正意见被承揽人无合理理由拒绝的;(4)其他重大违约行为。

就承揽人而言,其行使解除权的情形主要是:定作人没有按照约定或根据合同性质提供必要的协作,经催告仍未履行协作义务的。

(二)当事人行使解除权后的责任承担

在定作人行使任意解除权的场合下,根据《民法典》第787条的规定,此种合同解除,造成承揽人损失的,应当赔偿损失。这种对信赖损失的赔偿,当然合情合理。在当事人行使一般解除权的情形下,合同归于自始无效,双方首先应各自返还,行使解除权的一方当事人不必赔偿违约方的损失;同时,此种解除权不影响解约方依据合同规定,或在有实际损失的情形下要求相对方赔偿的权利。

第九节　建设工程合同

一、建设工程合同概述

(一)建设工程合同的概念与特征

建设工程合同,是指承包人进行工程建设,发包人支付价款的合同。按照约定

---

[53] 《民法典》第772条规定:“承揽人应当以自己的设备、技术和劳力,完成主要工作,但是当事人另有约定的除外。承揽人将其承揽的主要工作交由第三人完成的,应当就该第三人完成的工作成果向定作人负责;未经定作人同意的,定作人也可以解除合同。”

接受他人委托进行工程建设的人,被称为承包人;委托他人施工并按约定给付工程价款的人被称为发包人。从这个定义可以看出,建设工程合同也是以一定的工作成果为基本内容的合同,因此,它本质上属于承揽合同,更具体而言,它属于承揽完成不动产工程建设项目的合同。我国《民法典》合同编将它单独列出作为一项有名合同,[54]是考虑到它自身拥有的一些独特性。

建设工程合同独有的特征包括:

1. 建设工程合同是要式合同。按照我国《民法典》第789条的规定,建设工程合同应当采用书面形式。这意味着此类合同的成立有法定的形式要求,口头约定显然不能满足要求。这与一般承揽合同为非要式合同显有差异。

2. 建设工程合同的缔结,往往受到特别法的规制。我国关于公共工程和政府工程建设有一系列法律法规,其中主要是《政府采购法》《招标投标法》,这些法律对此类工程建设合同的缔结程序、方式,有着严格的规定。根据我国《民法典》第790条的规定,建设工程的招标投标活动,应当依照这些规定公开、公平、公正地进行。同时,按照我国《民法典》第792条的规定,"国家重大建设工程合同,应当按照国家规定的程序和国家批准的投资计划、可行性研究报告等文件订立"。这同样也是对建设工程合同缔结的特别规制。

3. 建设工程合同的承包人必须具备一定资质。由于建设工程投资巨大,对安全性、技术性要求较高,因此,我国《建筑法》对承包人的资质有明确的规定。不具备相应等级的承包人不得承包有相关要求的工程。

4. 建设工程合同中,分包人的法律地位与承揽合同中的分揽人不同。在承揽合同中,分揽人不具有当事人的地位,其工作成果仍由承揽人向定作人负责;但在建设工程合同中,对于分包人的工作成果,由分包人和总承包人共同向发包人承担连带责任。

（二）建设工程合同的种类

依据不同的标准,建设工程合同有不同的分类。

1. 按合同内容和工程建设环节为标准,可将建设工程合同分为建设工程勘察合同、建设工程设计合同和建设工程建筑施工合同。所谓建设工程勘察合同,是指委托人(发包人)与承包人(勘察单位)就完成建设工程的地理、地质状况的调研工作而缔结的合同。所谓建设工程设计合同,是指委托人(发包人)与承包人(设计单位)就建设工程的总体设计和具体施工设计等工作而缔结的合同。建设工程建筑施工合同,是指发包人(委托人)和承包人(施工单位)就承包人为发包人完成建筑施工工程等工作而缔结的合同。

---

[54] 德国民法和我国台湾地区的"民法"都是将其放在"承揽合同"这一部分中,未单列出来。

2. 按合同的标的为标准,可将建设工程合同分为总承包合同和分别承包合同。所谓总承包合同,是指发包人与承包人就某项建设工程的全部勘察、设计、施工签订的合同,其中的承包人又被称为总承包人,他要对建设工程从勘察到验收竣工的全部过程向发包人负责。所谓分别承包合同,是指发包人将工程项目的勘察、设计、施工等工作分别与勘察单位、设计单位、施工单位签订各自独立的合同,勘察人、设计人与施工人只对自身负责的那一部分工作向发包人负责。根据我国《民法典》第791条[55]的规定,发包人不得将应当由一个承包人完成的建设工程支解为若干部分发包给几个承包人。

应当注意分别承包合同与分包合同、转包合同的区别。所谓分包合同,是指总承包人或承包人在承接下工程任务后,将该任务的一部分交给第三人完成而签订的合同。如果承包人把自己承接的全部工程任务都转给第三人来完成,并签订合同,那么此合同被称为转包合同。根据我国《民法典》第791条,承包人不得将其全部工程任务转包给第三人完成,无论是直接转包,还是"将其全部的建设工程支解以后以分包的名义分别转包给第三人"。同样依据该条,承包人进行工程分包要符合以下规定:(1)获得发包人的准许或认可;(2)分包出去的工作不得是建设工程的主体结构的施工;(3)接受分包的人必须具备相应的资质条件;(4)禁止分包人再行分包,即整个建设过程中只能分包一次;(5)总承包人或承包人与分包人对分包的工作成果对发包人承担连带责任。

二、勘察设计合同的效力

(一)勘察设计合同的概念和内容

勘察设计合同是勘察合同和设计合同的统称,指的是工程的发包人与勘察人、设计人之间订立的,由勘察人、设计人完成一定的勘察设计工作,发包人支付相应价款的合同。之所以将勘察、设计合同合并对待,并与施工合同并立,是因为考虑到此二者除了工作内容不同外,具有很大的相似性,这种相似性尤其体现在工作成果上。相对于施工合同的工作成果是已经验收竣工的某项实体的建设工程,勘察合同与设计合同中的工作成果均为书面文件,其差别在于一个是勘察文件,另一个

---

[55] 《民法典》第791条规定:"发包人可以与总承包人订立建设工程合同,也可以分别与勘察人、设计人、施工人订立勘察、设计、施工承包合同。发包人不得将应当由一个承包人完成的建设工程支解成若干部分发包给数个承包人。总承包人或者勘察、设计、施工承包人经发包人同意,可以将自己承包的部分工作交由第三人完成。第三人就其完成的工作成果与总承包人或者勘察、设计、施工承包人向发包人承担连带责任。承包人不得将其承包的全部建设工程转包给第三人或者将其承包的全部建设工程支解以后以分包的名义分别转包给第三人。禁止承包人将工程分包给不具备相应资质条件的单位。禁止分包单位将其承包的工程再分包。建设工程主体结构的施工必须由承包人自行完成。"

是设计文件。

根据我国《民法典》第794条的规定,勘察设计合同的主要内容包括:(1)提交勘察或者设计基础资料、设计文件(包括概预算)的期限;(2)勘察、设计的质量要求;(3)勘察、设计费用;(4)其他协作条件。

(二)勘察设计合同当事人的主要义务

1. 发包人的主要义务

(1)按照约定提供勘察、设计工作所需的基础资料和协作条件。与承揽合同中定作人的义务一样,这里发包人也应当为勘察、设计人提供后者完成工作成果所必需的素材和必要的工作协助。根据我国《民法典》第803条的规定,发包人未按照约定的时间和要求提供原材料、设备、场地、资金、技术资料的,承包人(在这里当然也包括勘察人、设计人)可以顺延工程日期,并有权要求赔偿停工、窝工等损失。

(2)按照约定接收、及时检验勘察、设计成果,且不得非法处分。对于完成的勘察、设计成果,发包人有义务按照约定予以接收,并及时予以质量检验,以确定勘察人、设计人所交付的工作成果是否符合合同的约定。另外,建设工程的勘察、设计是一项极其严格的工作,未经勘察人、设计人同意,发包人不得将勘察、设计成果或其复印件用于合同以外的建设工程。特别是合同中含有保密条款时,则发包人应当承担勘察、设计文件的保密责任。

(3)按照约定支付勘察设计费用。这是发包人最主要的义务。发包人如果未按照约定支付价款,则根据《民法典》第807条,[56]勘察人、设计人对合同所指向的建设工程享有一种法定优先权。这种法定优先权将在下节予以详细介绍。

2. 勘察人、设计人的主要义务

(1)在约定期限内交付勘察、设计文件。根据我国《民法典》第800条的规定,勘察人、设计人若迟延交付勘察、设计文件造成工期拖延,造成发包人损失的,勘察人、设计人应继续完善勘察、设计,减收或免收勘察、设计费并赔偿损失。

(2)交付的勘察、设计文件的质量应当达到合同的要求,并符合法律、法规的强行性标准。勘察人、设计人的责任同样根据《民法典》第800条来确定,即造成发包人损失的,勘察人、设计人应一方面继续履行,另一方面减收、免收勘察、设计费并赔偿损失。

---

〔56〕《民法典》第807条规定:“发包人未按照约定支付价款的,承包人可以催告发包人在合理期限内支付价款。发包人逾期不支付的,除根据建设工程的性质不宜折价、拍卖外,承包人可以与发包人协议将该工程折价,也可以请求人民法院将该工程依法拍卖。建设工程的价款就该工程折价或者拍卖的价款优先受偿。”

三、施工合同的效力

(一)施工合同的概念和内容

施工合同是指发包方(建设单位)与承包方(施工单位)就施工单位完成约定的施工工程,建设单位给付价款为主要内容而签订的合同。在建设工程合同的诸种类型中,施工合同是内容最多,持续时间最长,法律关系最复杂,也最容易出现法律纠纷的一类合同。

根据我国《民法典》第795条,施工合同的主要内容包括工程范围、建设工期、中间交工工程的开工和竣工时间、工程质量、工程造价、技术资料交付时间、材料和设备供应责任、拨款和结算、竣工验收、质量保修范围和质量保证期、双方相互协作等条款。

(二)施工合同当事人的主要义务

1.承包人的主要义务

(1)接受发包人检查、监督的义务。我国《民法典》第797条规定:"发包人在不妨碍承包人正常作业的情况下,可以随时对作业进度、质量进行检查。"这也意味着,承包人有接受检查监督的义务。此乃保证工程顺利进行所必需的内容。

(2)隐蔽工程的通知义务。我国《民法典》第798条规定:"隐蔽工程在隐蔽以前,承包人应当通知发包人检查。发包人没有及时检查的,承包人可以顺延工程日期,并有权要求赔偿停工、窝工等损失。"其实,不仅在隐蔽工程的验收上承包人有通知义务,在施工过程中发现的其他一些突发的重大情况足以导致双方义务发生变化时,如隧道施工出现透水事故,承包人都要及时通知发包人。这也是诚实信用原则所要求的。

(3)保证工程质量和安全的义务。根据我国《民法典》第801条,因施工人原因致使建设工程质量不符合约定的,发包人有权请求施工人在合理期限内无偿修理或者返工、改建。经过修理或者返工、改建后,造成逾期交付的,施工人应当承担违约责任。同时依据《民法典》第802条,因承包人原因致使建设工程在合理使用期限内造成人身和财产损害的,承包人应当承担损害赔偿责任。

(4)按照合同约定时间竣工并交付发包人验收。这是施工合同中承包人的最主要义务之一。承包人逾期交付将构成违约,要承担相应的违约责任。

2.发包人的主要义务

(1)及时提供必要原材料或资料及其他便利条件的义务。我国《民法典》第803条规定:"发包人未按照约定的时间和要求提供原材料、设备、场地、资金、技术资料的,承包人可以顺延工期,并有权要求赔偿停工、窝工等损失。"

(2)对隐蔽工程检查的义务。发包人及时检查隐蔽工程是为了确保施工能够及时衔接,不耽误总工期;如果发包人违反此义务,承包人可以顺延工期,并有权要求赔偿停工、窝工等损失。

(3)对因自身原因造成工程停建、缓建的,要承担相应的补偿或赔偿义务。《民法典》第804条规定,因发包人原因造成工程中途停建或缓建的,发包人应当采取措施弥补或减少损失,赔偿承包人因此造成的停工、窝工、倒运、机械设备调迁、材料和构件积压等损失和实际费用。

(4)受领工程并及时组织验收。我国《民法典》第799条第1款规定:"建设工程竣工后,发包人应当根据施工图纸及说明书、国家颁发的施工验收规范和质量检验标准及时进行验收。"迟延受领,将会影响承包人及时取得决算工程款,损害承包人利益。

(5)及时支付工程款的义务。发包人在工程验收合格后,应及时付清剩余的工程款;否则将构成违约,要承担相应的违约责任。

(6)未经验收程序不得擅自使用工程成果。我国《民法典》第799条第2款规定:"建设工程竣工经验收合格后,方可交付使用;未经验收或者验收不合格的,不得交付使用。"这是为了保证使用人的安全,同时也是为了明确可能发生的事故的责任原因。未经验收而使用,在当下的商品楼开发出售中并不鲜见。在这里发包人负有验收后再交付使用的义务;不过,由于工程质量存在问题且未经验收或验收不合格即由发包人交付第三人投入使用,从而造成第三人损害的,承包人也当然不能免责。

(三)关于《民法典》第807条规定的"建设工程价款优先受偿权"

我国《民法典》第807条规定:"发包人未按照约定支付价款的,承包人可以催告发包人在合理期限内支付价款。发包人逾期不支付的,除根据建设工程的性质不宜折价、拍卖外,承包人可以与发包人协议将该工程折价,也可以请求人民法院将该工程依法拍卖。建设工程的价款就该工程折价或者拍卖的价款优先受偿。"这条规定就是引人注目,并激起许多争论的"建设工程价款优先受偿权"。规定此条款的时代背景是:"拖欠工程款"在现实中屡见不鲜,并成为建设工程承包合同发生纠纷的主要原因;同时,承包人拿不到工程款直接影响一线施工工人的生计,不可避免地造成诸多社会问题。

关于此项权利,须注意以下要点:

1. 该权利的性质是一种法定优先受偿的权利。对此项权利争论最多的正是性质问题。各观点中支持者最多的是法定抵押权说和特别优先权说。

2. 权利人不仅包括施工人,也包括勘察人、设计人。这从合同法对建设工程合同与承包人的界定即可推知。承包人不仅仅是施工人,还可能是勘察人或设计人。

3. 优先权的债权内容是特定的。优先权的债权内容仅限于承包人为建设工程应当支付的工作人员报酬、材料款等实际支出的费用,不包括承包人因发包人违约造成的损失,更不包括侵权、无因管理等原因产生的债权。

4. 优先权实现的前置程序。这种前置程序包括承包人对发包人付款的催告,给予后者合理的应变时间。只有在合理期限内仍未付款的,承包人才可实行此种优先权。

5. 优先权的实现方式包括折价和拍卖。前者是承包人与发包人在友好协商的基础上达成的协议,其结果是承包人以一定价格购买建设工程,工程款冲抵一部分购买价金;后者是在法院主持下,将建设工程拍卖,优先权人就拍卖价款优先受偿。

6. 消费者商品房所有权的优先性。当建设工程是商品房时,消费者在支付购买商品房的全部或大部分款项后,承包人的优先受偿权不得对抗买受人。

7. 建设工程承包人行使优先权的期限为 6 个月,自建设工程竣工之日或约定的竣工之日起计算。根据《建设工程施工合同解释》第 14 条的规定,当事人对建设工程实际竣工日期有争议的,按照以下情形分别处理:建设工程经竣工验收合格的,以竣工验收合格之日为竣工日期;承包人已经提交竣工验收报告,发报人拖延验收的,以承包人提交验收报告之日为竣工日期;建设工程未经竣工验收,发包人擅自使用的,以转移占有建设工程之日为竣工日期。

四、监理合同

(一)监理合同的概念和内容

所谓监理合同,是指建设单位与拥有监理资质证书的监理公司、监理事务所等监理单位签订的,由监理单位为委托监理单位承担监理业务并收取价款的合同。建设工程实行监理,对控制建筑工程的投资、保证建设工期、确保建筑工程质量以及和国际标准接轨都有重要意义。

根据建设监理的实践,监理合同的主要内容主要包括:工程名称、工程地点、监理职责、费用及其支付方式。另外,根据我国《民法典》第 796 条,发包人与监理人的权利和义务以及法律责任,“应当依照本编委托合同以及其他有关法律、行政法规的规定”。如此规定的根本原因在于,监理合同实质上具有委托合同的性质;[57]同时,工程监理往往涉及《建筑法》等强行性法律、法规,因此监理合同的内容必须与之相符。

---

〔57〕 监理合同实质上是监理单位受发包人(建设单位)的委托,对承包人(最主要是施工单位)的工程建设全过程予以监督,从而确保工程质量,实现法律范围内发包人的利益最大化。另前文叙及,建设工程合同本质上为特别的承揽合同,此处又说监理合同具有委托合同的性质,其实二者并不矛盾;因为委托与承揽概念区分似乎很容易,前者为“代为处理本人事务”,后者为“完成一定工作成果”,但实际上往往存在处于中间地带的合同情形,如监理合同即是。

(二)监理合同的效力

监理合同中监理单位的主要义务包括:(1)对建设工程质量进行监督。监理人依照法律、行政法规和有关标准、承包合同,代表建设单位对建筑工程质量实施监督。对不符合建筑工程质量要求的工程设计和施工,有权要求建筑施工企业改正,并向建设单位报告。值得注意的是,这种监督并要求改正的权利,从监理合同的角度看,也是监理人的义务。如果监理人敷衍塞责,马虎渎职,则显然有负建设单位所托。根据我国《建筑法》的规定,监理单位不按照监理合同约定履行监理职责,或者不正确履行职责的,由此对建设单位造成损失的应当承担相应的赔偿责任。如果监理单位与施工单位串通为承包单位谋取非法利益,对建设单位造成损失的,与承包单位承担连带责任。(2)工程监理单位不得转让工程监理业务。由于监理合同具有委托合同的性质,因此其中也有相当的人身依附性,这就要求监理人不得转让工程监理业务。

发包人(建设单位)的主要义务是按照合同约定提供必要的协作,支付约定的监理费用或报酬。

第十节 运输合同

一、运输合同概述

(一)运输合同的概念、分类和特征

所谓运输合同,是指承运人将旅客或者货物从起运地点运输到约定地点,旅客、承运人或者收货人支付票款或者运输费用的合同。其中,收取票款或运输费用、承担输送任务的为承运人;支付票款让承运人输送自身到达目的地的,为旅客;委托他人运送自身或他人货物并支付运输费用的,为托运人;从承运人处领受货物的,为收货人。至于输送方式,不限于有动力的工具(如货车、牛马等),人力(如徒手)也包括在内。

运输合同依据不同标准有不同分类。以输送的对象为标准,运输合同可分为旅客运输合同和货物运输合同;以运输工具为标准,可分为公路运输合同、铁路运输合同、水路运输合同、航空运输合同及管道运输合同;以运输方式为标准,可分为单一运输合同和多式联运合同。

运输合同有以下基本特征:(1)运输合同为诺成合同,非要物合同。即运输合同自双方意思表示一致时即告成立,无须交付标的物。以铁路运输合同为例,旅客购买车票后,运输合同即成立。(2)运输合同是非要式合同,即运输合同的订立无

须任何特别方式,口头明示或默示均可达成订约目的。(3)运输合同一般为格式合同。即运输合同的条款通常都是由运送人或国家的相关机构事先拟定,而非由当事人协商拟定。这主要是效率和公共管理的需要。(4)运输合同是有偿合同。即票款或运输费用通常是合同的必备内容。(5)运输合同为双务合同。一方输送人或物,另一方支付金钱,互为给付。

(二)运输合同各当事人的主要义务

承运人的主要义务包括:(1)承运人应当在约定期限或合理期限内将旅客、货物安全运输到约定地点。(2)承运人应当按照约定或者通常的运输线路来完成运输。例如,出租车司机不得故意绕远,否则即构成对合同义务的违反。(3)对旅客或货物的安全保障、妥善照管的义务。例如,快递业务的经营者不仅要保障物品不丢失,而且要确保物品不损毁。(4)从事公共运输的承运人不得拒绝旅客、托运人通常、合理的运输要求。例如,出租车司机通常没有拒载的权利。

旅客或托运人的义务主要是按照合同约定及时支付票款或运输费用。

二、客运合同

(一)客运合同的概念与特征

客运合同,系旅客运输合同的简称,是指由承运人将旅客及其行李按约定运送到目的地,而由旅客支付票款的合同。

客运合同具有以下特征:(1)客运合同通常采用票证形式,未经许可的无票乘车者不被视为旅客;(2)客票是客运合同的证明文件,无记名客票如火车票可自由转让,而记名客票如机票不得擅自转让;(3)客运合同中一般允许乘客携带一定种类、数量及体积的行李;(4)客运合同一般包含第三者责任强制险条款。

(二)客运合同的成立与生效

客运合同是诺成合同,因而自承运人对旅客的要约为承诺时合同成立。现实生活中,承运人的承诺通常采取书面形式,而其载体通常就是相应的票证。承运人将票证交付给旅客,即视为承诺到达旅客。我国《民法典》第814条规定,“客运合同自承运人向旅客出具客票时成立,但当事人另有约定或另有交易习惯的除外”。该条款前一分句即表达了通常情形下客运合同的成立时间;后一分句则指明例外情形下以约定或交易习惯为准,典型者如在先上车后买票(如乘坐公交或出租车)的交易习惯下,承诺不是自承运人交付票证,而是承运人允许旅客上车,即客运合同自旅客上车时成立。

如前所述,客运合同系非要式合同,因而其成立时间通常也就是生效时间。不过在需要检票的情形下,客运合同自检票后生效。

(三)客运合同当事人的主要义务

1. 客运合同中承运人的主要义务

客运合同中承运人的主要义务包括:(1)确保旅客及其行李安全与完好地抵达目的地。(2)按照客运合同(票证)载明的时间、班次、运输工具以及服务标准等运输旅客;若有迟延,应当根据旅客的要求安排改乘其他班次或者退票;若擅自变更工具或降低服务标准,则应根据旅客的要求退款或减收票款,提高服务标准的,不应当加收票款。(3)救助义务。承运人在运输过程中,应当尽力救助患有急病、分娩、遇险的旅客。(4)对旅客伤亡或其行李的损坏丢失承担损害赔偿的义务。根据我国《民法典》第823条的规定,除非旅客故意或重大过失造成自身伤亡,否则承运人无论有无过错均要对旅客伤亡承担损害赔偿责任。此规定也适用于按照规定免票、持优待票或者经承运人许可达成的无票旅客。至于旅客行李的损坏或丢失,承运人不承担无过错责任,而是适用货运的有关规定。(5)告知义务。承运人应当向旅客及时告知有关不能正常运输的重要事由和安全运输应当注意的事项。

2. 客运合同中旅客的主要义务

客运合同中旅客的主要义务包括:(1)应当持有效票证乘运。旅客无票乘运、超程乘运、越级乘运或持失效客票乘运的,应当补交票款,承运人可以按照规定加收票款。旅客不交付票款的,承运人可以拒绝运输。(2)不能按时搭乘的应及时办理退票或变更手续。(3)携带行李应当遵守合同的约定。(4)不得携带易燃易爆等违禁品搭乘公共交通工具。旅客违反此义务,承运人可以将违禁品卸下、销毁或者送交有关部门。旅客坚持携带或者夹带违禁品的,承运人应当拒绝运输。

三、货运合同

(一)货运合同的概念与特征

货运合同,系货物运输合同的简称,是指托运人支付运输费用,委托承运人将其货物运至约定地点的合同。

货运合同的特征包括:(1)货运合同中,除托运人和承运人外,通常还有另外一个关系人,即收货人。收货人可能与托运人系同一个自然人或法人,也可能不是同一人。收货人不是合同的当事人,不过他享有合同规定的权利并承担相应的义务。(2)货运合同中往往存在托运单或提单。[58] 如果说客票是客运合同的书面证明文件,那么托运单或提单就是货运合同的书面证明文件,表明各当事人的权利

〔58〕 实务中,提单往往用于水路运输;而在陆上货物运输方面,托运单的运用相对而言要普遍得多。参见黄立主编:《民法债编各论》,中国政法大学出版社2003年版,第665页。

义务。

(二)货运合同当事人的主要义务和权利

货运合同中托运人的主要义务包括:(1)如实准确地提供托运货物的信息及其他必要资料。此类讯息包括托运货物的名称、性质、数量、收货人姓名、收货地点等。因托运人申报不实或者遗漏重要情况,造成承运人损失的,托运人应当承担损害赔偿责任。(2)提交相关手续的文件。货物运输需要办理审批、检验等手续的,托运人应当将办理完有关手续的文件提交承运人。(3)妥善包装好需运输的货物。关于包装方式,有约定的按照约定,由双方当事人协商;协商不成的,按照通用方式包装;无通用方式的,按照足以保护货物的方式包装。包装不符合约定或规定的,承运人可拒绝运输。(4)运输危险物品时应妥善包装、明确标示并提交相关书面材料。此类材料包括危险物品的名称、性质和防范措施等。托运人违反此项义务的,承运人可拒绝运输,也可采取相应措施以避免损失的发生,因此产生的费用由托运人承担。(5)变更或解除合同时应赔偿承运人的损失。在承运人将货物交付收货人之前,托运人可以要求承运人中止运输、返还货物、变更到达地或者将货物交给其他收货人,但应当赔偿因此而给承运人带来的损失。

承运人的主要义务包括:(1)及时通知收货人提货的义务。当然,承运人履行该义务的前提是托运人提供了收货人的联系方式。(2)确保货物的安全与完好。根据我国《民法典》第832条的规定,承运人对货物的毁损、灭失承担的是一种特殊的过错推定责任,即在货物发生毁损、灭失的情况下,托运人无须证明承运人有过错,而承运人只有在证明"货物的毁损、灭失是因不可抗力、货物本身的自然性质或者合理损耗以及托运人、收货人的过错造成的"情况下,才能免责。不可抗力致使货物灭失的,承运人虽不承担损害赔偿责任,但也不得收取运费;已经收取的,应当返还。一旦承运人要承担损害赔偿责任,其具体的损失额计算方法是,有约定的按约定,无约定或约定不明确的,按照当事人的补充协议或者合同条款、交易习惯确定;若还不能确定,则按照交付或者应当交付时货物到达地的市场价格计算。

承运人的主要权利包括:(1)按约定收取运费。如果由于托运人的原因导致费用增加,承运人有权收取增加的费用。(2)对托运货物依法留置的权利。托运人或收货人不支付运费、保管费或其他费用的,承运人对相应的运输货物享有留置权,但当事人另有约定的除外。(3)对托运货物依法提存的权利。收货人不明或者收货人无正当理由拒绝受领货物的,承运人可以依法将货物或其变卖所得价款提存。

收货人的权利主要是按照当事人的约定受领货物,其主要义务是及时提货,并在提货时按照约定的期限检验货物。若约定期限不明,收货人与承运人可通过补充协议来确定;如果达不成补充协议,则按照合同的有关条款或交易习惯确定;仍不能确定的,则收货人应当在合理的期限内检验货物。

(三)相继运输中承运人的责任分担

所谓相继运输是指两个以上承运人以同一运输方式接力运输,将托运人的货物运至目的地,而托运人只与其中某一个承运人签订运输合同的运输方式。相继运输与多式联运的区别在于,前者是以同一运送方式进行的分段运输,后者是以不同运送方式进行的分段运输。

相继运输中承运人的责任按照以下方式分担:与托运人订立合同的承运人应当对全程运输承担责任。损失发生在某一运输区段的,与托运人订立合同的承运人和该区段的承运人承担连带责任。若各承运人不能证明损失发生于某一区域,则由全体承运人承担连带责任。若能明确最终责任区段,则先行赔付的其他承运人可向最终责任区段的承运人行使追偿权。

四、多式联运合同

(一)多式联运合同的概念与特征

所谓多式联运合同,是指托运人或旅客与多式联运的承运人达成的、由托运人或旅客一次性给付运输费用,使用同一运输凭证,而承运人使用两种以上不同的运输工具将货物或旅客运至目的地的协议。

多式联运合同的特征包括:(1)多式联运合同必定包含两种以上的运输方式。这是其最基本的特征。(2)多式联运合同的当事人只有两方,一方是旅客或托运人,另一方是与前者签订合同的多式联运承运人(多式联运经营人);后者可能实际参与部分区段的运输(实际承运人),也可能只负责组织实施运输,而不实际承担运输任务。但无论如何,只有签订合同的承运人才是合同的当事人,享有多式联运合同的权利义务;未参与缔约的实际承运人不具有合同当事人的地位。(3)旅客或托运人一次性给付运费,并且使用同一运输凭证。即整个运输虽然分段进行,但仍然是一个合同,旅客或托运人给付运费应一次完成,同时,运输凭证也保持不变。

(二)多式联运合同当事人的主要义务

托运人的主要义务是:(1)按约定一次性给付运输费用。(2)过错时的损害赔偿义务。对于因托运人托运货物时有过错而造成多式联运经营人损失的,即使托运人已经转让多式联运单据,托运人仍然承担损害赔偿责任。

多式联运经营人亦即缔约承运人的主要义务是:(1)在收到待运输货物时签发多式联运单据。并且,依照托运人的意愿,签发可转让单据或不可转让单据。(2)确保运输货物的安全完好,并对货物的毁损、灭失承担损害赔偿责任。其免责事由与一般货运合同相同。不过需注意,当货物的毁损、灭失发生于多式联运合同的某一运输区段时,多式联运经营人往往受到责任限额的保护;至于具体的责任赔偿及其限额,应适用调整该区段运输方式的有关法律规定。如果不能确定毁损、灭失发生于哪一区段时,则依照一般货运合同的规定处理。

(三)多式联运中各承运人之间的内部关系

由于多式联运是分区段运输,因而必定存在两个以上的实际承运人。他们之间的关系如何调整?我国《民法典》第839条规定:"多式联运经营人可以与参加多式联运的各区段承运人就多式联运合同的各区段运输约定相互之间的责任;但是,该约定不影响多式联运经营人对全程运输承担的义务。"此规定表明,多式联运中各承运人之间的内部关系可以由他们另订协议来调整;但由于就外部关系而言,已经存在多式联运经营人与托运人签订的多式联运合同,因而内部协议不对外部的权利义务关系产生影响,即多式联运经营人仍然要根据多式联运合同对全程运输承担约定的义务。

第十一节　技术合同

一、技术合同概述

《民法典》第843条规定,技术合同是当事人就技术开发、转让、许可、咨询或者服务订立的确立相互之间权利和义务的合同。技术合同中所指的技术,通常是指根据生产实践经验和科学原理而形成的,可作用于自然界的物质资料并可取得一定的实践效果的操作方法和技能。由于技术成果是一种特殊的无形资产,其研究、开发与转让等都具有高风险、高附加值、周期性长等特点,因此,技术合同较之其他合同更为复杂,更需要明确规定双方的权利和义务关系。技术作为商品参与社会交换,是市场经济有序运行必然要求。1981年颁行的《经济合同法》初步改变了我国在计划经济时代建立的以行政手段无偿推广技术成果的做法。1985年3月《中共中央关于科学技术体制改革的决定》加速了科技成果商品化进程,推动了我国技术市场的形成和发展。在此基础上,我国于1987年6月颁布了《技术合同法》。该法共7章55条,对技术开发合同、技术转让合同、技术咨询合同和技术服务合同都作出了明确的规定。1999年3月颁行的新《合同法》单设一章对原由《技术合同法》所单独规制的技术合同进行了规范。2004年11月30日最高人民法院审判委员会第1335次会议通过了《技术合同解释》,该司法解释内容包括一般规定、技术开发合同、技术转让合同、技术咨询合同和技术服务合同、与审理技术合同纠纷有关的程序问题、其他六部分。《民法典》合同编第二十章设专章对技术合同进行了全面规定。

从种类上来看，我国《民法典》中的技术合同主要包括技术开发合同、技术转让合同、技术咨询合同、技术服务合同，其中技术开发合同主要包括委托开发合同与合作开发合同，技术转让合同主要包括专利申请权转让合同、专利权转让合同、专利实施许可合同与技术秘密转让合同。另外，实践中也广泛存在科技成果实施与转化合同，该类合同可参照技术开发合同的相关规定订立。

一般来说，技术合同具有如下特征：

1. 技术合同的标的为具有特殊性的技术成果。技术合同的标的不是一般的有形商品与具体劳务，而是特定的技术成果以及利用技术知识所提供的咨询服务等。何谓技术成果，原《技术合同解释》第 1 条指出，“技术成果，是指利用科学技术知识、信息和经验作出的涉及产品、工艺、材料及其改进等的技术方案，包括专利、专利申请、技术秘密、计算机软件、集成电路布图设计、植物新品种等”。

2. 技术合同是双务合同、有偿合同。在技术合同中，当事人双方都要承担互为给付的义务，所以技术合同为双务合同；技术合同当事人一方从对方取得利益，须向对方支付一定的代价，因此，技术合同为有偿合同。

3. 技术合同受多种法律的调整。技术合同首先是一种合同，合同是债产生的最重要的原因，因此，技术合同要受债法制度的调整；技术合同的标的为技术成果，而技术成果是知识产权制度的重要客体，因此，技术合同受到知识产权制度规范的显著制约。另外，法律、行政法规对技术进出口合同或者专利、专利申请合同作出的特殊规定，也会直接影响技术合同的内容。

二、技术合同的内容及相关问题

（一）技术合同内容概述

技术合同的内容主要通过技术合同的条款反映出来，技术合同的特殊性决定了技术合同的内容一般包括项目的名称，内容、范围和要求，履行的计划、地点和方式，技术信息和资料的保密，技术成果的归属和收益的分配办法，验收标准和方法，名词和术语的解释等条款（《民法典》第 845 条第 1 款）。需要强调的是技术合同一般条款中的技术信息和资料的保密条款对于技术秘密的拥有者极为重要，因为技术秘密一旦向第三方或社会泄露，就会给技术拥有者造成巨大损失；技术成果的归属和收益的分享办法在技术合同诸多条款中居于重要位置。除此之外，与履行合同有关的技术背景资料、可行性论证和技术评价报告、项目任务书和计划书、技术标准、技术规范、原始设计和工艺文件，以及其他技术文档，按照当事人的约定可以作为合同的组成部分（《民法典》第 845 条第 2 款）。另外，技术合同涉及专利的，应当注明发明创造的名称、专利申请人和专利权人、申请日期、申请号、专利号以及专利权的有效期限（《民法典》第 845 条第 3 款）。

(二)技术合同的价款、报酬或者使用费的支付

技术合同价款、报酬或者使用费的支付方式由当事人约定,可以采取一次总算、一次总付或者一次总算、分期支付,也可以采取提成支付或者提成支付附加预付入门费的方式(《民法典》第 846 条第 1 款)。一次总算并不意味着当事人要进行一次总付的方式来履行价款、报酬或者使用费用支付义务。在实践中当事人在一次总算后,可以一次总付,也可以分期支付。一次总算、一次支付方式的付款时间通常在技术合同订立之时或者在技术转让方的技术资料交付完毕,经受让方验收后。一次总算、分期支付是受让方把技术合同的价款总额按照约定的先后顺序分期分批地转移给转让方。提成支付是受让方按照约定提取技术实施以后所产生的经济利益的一定比例支付给转让方,作为转让方出让技术的价款、报酬或者使用费的支付方式。提成支付的总额最终要根据受让方在实施技术中最终获得的实际经济效益来决定,该种按照技术转让的实际效果进行分成的办法,被国内外普遍采用。入门费加提成支付方式要求受让方在订立合同后先一次性支付一定数额的价款,然后再按照产值和利润的一定比例支付一定的价款和费用。在实践中入门费通常包括:复制图纸和准备资料的工本费;针对受让方的具体需要改进设计、改进描图、改进资料的工本费;转让方人员前往受让方进行考察的差旅费;转让方提供的产品样本费;技术培训费;技术交易中,转让方指出的咨询费、谈判费、律师费和行政管理费等。[59]《民法典》第 846 条第 2、3 款规定:"约定提成支付的,可以按照产品价格、实施专利和使用技术秘密后新增的产值、利润或者产品销售额的一定比例提成,也可以按照约定的其他方式计算。提成支付的比例可以采取固定比例、逐年递增比例或者逐年递减比例。约定提成支付的,当事人可以约定查阅有关会计账目的办法。"

(三)技术成果及其相关权利的归属

1. 职务技术成果与非职务技术成果的区分

我国《民法典》将技术成果区分为职务技术成果与非职务技术成果,并分别对相关权利的归属作出了规定。其中,职务技术成果是执行法人或者非法人组织的工作任务,或者主要是利用法人或者非法人组织的物质技术条件所完成的技术成果(《民法典》第 847 条第 2 款)。据此,职务技术成果主要包括两类:(1)执行法人或者其他组织的工作任务所完成的技术成果。由于科技人员大都在所属的单位中有特定的岗位和职责,单位给研究开发者提供了必要的条件,完成法人或其他组织的任务是其应尽的义务,执行本单位的任务所完成的职务技术成果是职务技术成果中最主要的一种。对此,原《技术合同解释》第 2 条指出,执行法人或者其他组

---

〔59〕 崔建远主编:《合同法》(第 4 版),法律出版社 2007 年版,第 464 页。

织的工作任务包括:履行法人或者其他组织的岗位职责或者承担其交付的其他技术开发任务;离职后一年内继续从事与其所在法人或者其他组织的岗位职责或者交付的任务有关的技术开发工作,但法律、行政法规另有规定的除外。(2)主要是利用法人或者其他组织的物质技术条件完成的技术成果,即主要利用法人或者其他组织的资金、设备、零部件、原材料或者不对外公开的技术资料等完成的技术成果。虽然不是在执行法人或者其他组织的任务过程中完成的技术成果,但是该技术成果主要利用了法人或者其他组织的物质技术条件,该技术成果也被认为是职务技术成果。《技术合同解释》第 4 条指出,该类技术成果包括:一是职工在技术成果的研究开发过程中,全部或者大部分利用了法人或者其他组织的资金、设备、器材或者原材料等物质条件,并且这些物质条件对该技术成果的形成具有实质性影响。二是技术成果实质性内容是在法人或者其他组织尚未公开的技术成果、阶段性技术成果基础上完成,但下列情况除外:对利用法人或者其他组织提供的物质技术条件,约定返还资金或者交纳使用费的;在技术成果完成后利用法人或者其他组织的物质技术条件对技术方案进行验证、测试的。

非职务性技术成果,是指一项技术成果的完成与完成者的岗位职责无关,没有利用成果开发人所属单位的物质技术条件;或虽利用了开发人所属单位的物质技术条件,但是该条件对该项技术成果的取得并没有起到决定性作用的技术成果。通常,职务技术成果以外的其他技术成果为非职务技术成果。

2. 相关权利的归属

为了调动各方的积极性,合理照顾职务技术成果所涉及的法人或者其他组织以及完成成果人的利益,促进科技发明和技术创新,《民法典》第 847 条第 1 款规定,职务技术成果的使用权、转让权属于法人或者非法人组织的,法人或者非法人组织可以就该项职务技术成果订立技术合同。法人或者非法人组织订立技术合同转让职务技术成果时,职务技术成果的完成人享有以同等条件优先受让的权利。该条规定了职务技术成果完成人的同等条件下的优先购买权,该项优先购买权自完成人完成秩序技术成果之时起产生,仅在有偿转让时可以行使,并不具有对抗第三人的效力。

对于个人完成的技术成果,既属于执行原所在法人或者其他组织的工作任务,又主要利用了现所在法人或者其他组织达成的物质技术条件的,《技术合同解释》第 5 条指出,应当按照该自然人原所在单位和现所在法人或者其他组织达成的协议确认权益。不能达成协议的,根据对完成该项技术成果贡献大小由双方合理分享。

对于非职务技术成果,《民法典》第 848 条规定,该成果的使用权、转让权属于完成技术成果的个人,完成技术成果的个人可以就该项非职务技术成果订立技术合同。

《民法典》第849条明确规定,不管是职务性技术成果还是非职务技术成果,完成技术成果的个人享有在有关技术成果文件上写明自己是技术成果完成者的权利和取得荣誉证书、奖励的权利。

(四)技术合同无效的特别规定

《民法典》第850条对技术合同无效问题作出了特殊规定,即非法垄断,妨碍技术进步或者侵害他人技术成果的技术合同无效。《技术合同解释》第10条指出,“非法垄断技术、妨碍技术进步”包括以下几种情形:(1)限制当事人一方在合同标的技术基础上进行新的研究开发或者限制其使用所改进的技术,或者双方交换改进技术的条件不对等,包括要求一方将其自行改进的技术无偿提供给对方、非互惠性转让给对方、无偿独占或者共享该改进技术的知识产权;(2)限制当事人一方从其他来源获得与技术提供方类似技术或者与其竞争的技术;(3)阻碍当事人一方根据市场需求,按照合理方式充分实施合同标的技术,包括明显不合理地限制技术接受方实施合同标的技术生产产品或者提供服务的数量、品种、价格、销售渠道和出口市场;(4)要求技术接受方接受并非实施技术必不可少的附带条件,包括购买非必需的技术、原材料、产品、设备、服务以及接收非必需的人员等;(5)不合理地限制技术接受方购买原材料、零部件、产品或者设备等的渠道或者来源;(6)禁止技术接受方对合同标的技术知识产权的有效性提出异议或者对提出异议附加条件。另外,我国《中外合资经营企业法实施条例》第43条规定要求合营企业订立的技术转让协议,应当报审批机构批准,并应符合该条第2款[60]的相关规定。因此,中外合资企业经营企业订立的技术转让合同未报审批机构批准或者不符合《中外合资经营企业法实施条例》第43条第2款的相关规定,也会出现技术转让合同无效的后果。

三、技术开发合同

(一)技术开发合同的概念和特征

1. 技术开发合同的概念

《民法典》第851条第1款规定,技术开发合同是当事人之间就新技术、新产品、新工艺、新品种或者新材料及其系统的研究开发所订立的合同。《技术合同解

[60] 《中外合资经营企业法实施条例》第43条第2款规定:“技术转让协议必须符合下列规定:(一)技术使用费应当公平合理;(二)除双方另有协议外,技术输出方不得限制技术输入方出口其产品的地区、数量和价格;(三)技术转让协议的期限一般不超过10年;(四)技术转让协议期满后,技术输入方有权继续使用该项技术;(五)订立技术转让协议双方,相互交换改进技术的条件应当对等;(六)技术输入方有权按自己认为合适的来源购买需要的机器设备、零部件和原材料;(七)不得含有为中国的法律、法规所禁止的不合理的限制性条款。”

释》第17条指出，所谓的新技术、新产品、新工艺、新材料及其系统，为当事人在订立技术合同时尚未掌握的产品、工艺、材料及其系统等技术方案，在技术上没有创新的现有产品的改型、工艺变更、材料配方调整以及对技术成果的验证、测试和使用不包括在内。

技术开发合同包括委托开发合同和合作开发合同（《民法典》第851条第2款）。委托开发合同是当事人一方委托另一方（研究开发人）开发新技术成果的合同。根据《技术合同解释》第19条第2款的规定，技术合同当事人一方仅提供资金、设备、材料等物质条件或者承担辅助性协作事项，另一方进行研究开发的，属于委托开发合同。合作开发合同是当事人各方共同进行技术成果研究开发的合同。具体地说，合作开发合同就是当事人各方共同投资、共同参与研究开发活动、共同承担研究开发风险、共同分享研究开发成果的协议。[61]《民法典》第851条第3款对技术开发合同的形式进行了规定，该条规定技术开发合同应当采用书面形式。为了鼓励、规范具有应用价值的科技成果的转化，我国《民法典》第851条第4款明确规定，当事人之间就具有实用价值的科技成果实施转化订立的合同，参照适用技术开发合同的有关规定。根据《技术合同解释》第18条的规定，所谓的技术转化合同，是当事人之间就具有实用价值但尚未实现工业化应用的科技成果，包括阶段性成果，以实现该科技成果工业化应用为目标，约定后续试验、开发和应用等内容的合同。

2. 技术开发合同的特征

(1)技术开发合同的目的是研究开发具有创造性的新技术成果，包括研究开发新技术、新产品、新工艺、新材料及其系统。这些技术成果在当事人订立合同时并不存在，只有经过研究人员的创造性科技活动才能取得。

(2)技术开发合同为诺成合同、双务合同与有偿合同。技术开发合同并不以标的物的交付为要件，其自当事人意思表示一致时成立，因此，技术开发合同为诺成合同。技术开发合同的当事人各方均负有相应的义务，而且每一方从另一方取得利益都须支付相应对价，因此，技术开发合同是双务合同、有偿合同。

(3)技术开发合同是风险性合同。因为技术开发合同的目的是开发具有创造性的新成果，这种新成果的取得本身具有相当的难度，蕴藏着开发不出的危险。在技术开发合同的履行过程中，开发方可能会遭遇人类目前尚未克服的技术难关，导致技术开发工作全部或者部分失败。因此，技术开发合同是一种风险性的合同，当事人须承担相应的开发风险，当事人一般应当在合同中约定风险责任的承担问题。按照《民法典》的相关规定，在技术开发合同履行过程中，因出现无法克服的技术困难，致使研究开发失败或者部分失败的，该风险由当事人约定；没有约定或者约

---

〔61〕 施天涛主编：《合同法释论》，中国人民公安大学出版社1999年版，第380页。

定不明确,依据《民法典》第 510 条的规定仍不能确定的,风险由当事人合理分担(《民法典》第 858 条第 1 款)。当事人一方发现前款规定的可能致使研究开发失败或者部分失败的情形时,应当及时通知另一方并采取适当措施减少损失;没有及时通知并采取适当措施,致使损失扩大的,应当就扩大的损失承担责任(《民法典》第 858 条第 2 款)。

(二)委托开发合同的效力

1. 委托开发合同中委托人的义务

根据我国《民法典》第 852 条的规定,委托开发合同中委托方主要承担如下的义务与责任:

(1)在委托开发合同中,委托方的主给付义务为按照合同约定支付研究开发费用和报酬。除委托开发合同另有约定外,委托方应当提供全部研究开发费用。因此,委托开发合同中的委托人需要有足够的经费保障,需有能力按合同约定支付研究开发费用和报酬。研究开发费用是完成研究工作所必需的成本。研究开发费用一般是在合同订立后,研究开发工作进行前支付,也可以根据情况分期支付。当事人在合同中约定研究开发费用按照实际需要支付的,委托方支付的研究费用不足时,应当补充支付;研究开发费用剩余时,研究开发方应当如数返还。研究开发报酬是研究开发方应得的收入,包括研究开发成果的使用费和研究开发人员的科研补贴等。委托方应当按照约定按时支付报酬。委托方迟延支付研究开发经费,造成研究工作停滞、延误的,研究开发方不承担迟延责任。委托方逾期经催告于合理期限内仍不支付研究开发费用或者报酬的,研究开发方有权解除合同,请求委托方返还技术资料、补交应付的报酬、赔偿由此所造成的损失。

(2)按照约定提供技术资料、原始数据。研究开发人进行技术开发必须以一定的技术资料与原始数据为依据,这些资料和数据一般为委托人所掌握。因此,委托人应当按照合同的约定,向研究开发人提供研究开发所需的数据资料、原始数据,除当事人另有约定外,委托人履行该义务的范围应以研究开发人为履行合同所必需的范围为准。[62] 委托方不依合同的约定及时提供技术资料、原始数据和完成协作事项或者所提供的技术资料、原始数据,导致研究开发工作停滞、延误、失败的,委托方应当承担相应的责任。

(3)提出研究开发要求。委托方应当向受托人提出并阐明研究开发的具体要求,以便受托方顺利展开研究及最终实现研究目标。

(4)完成协作事项。由于技术开发工作是一项周期长、问题复杂的工作,其需要及时掌握委托人的要求,排除一些问题,因此,委托人应当自始至终予以协作

[62] 魏振瀛主编:《民法》,北京大学出版社、高等教育出版社 2000 年版,第 565 页。

配合。

(5)接受开发研究成果。技术成果具有很强的时效性,很容易因为时间的经过而丧失其新颖性,因此,委托方应当按照合同的约定及时接受研究开发人完成的开发成果。委托方不及时接受研究开发方已完成的成果时,应承担违约责任并支付保管费用。

2. 委托开发合同中研究开发方的义务

从我国《民法典》第853条的规定来看,委托开发合同中的研究开发方主要负担如下合同义务:(1)按照合同的约定,制订和实施研究开发计划。由于技术成果的研究开发周期长,面临问题复杂,因此,研究开发方应当在接受委托后积极与委托方进行沟通,按照约定制订可行的研究开发计划,并组织实施。未经委托方的同意,研究开发方不得将研究开发的主要工作交给第三人完成,研究开发人不亲自履行研究开发人的主要义务的,委托方有权解除合同,并请求返还研究开发经费和赔偿损失。(2)合理使用委托方提供的研究经费。研究开发人必须按照合同的约定使用研究开发经费,不得擅自改变研究开发经费的用途,不能不合理地使用研究开发经费。研究开发方将研究开发经费用于履行合同以外的目的的,委托方有权制止并要求改正。(3)按期完成研究开发工作并交付研究成果。研究开发人在研究开发工作中不得擅自变更标的的内容、形式和要求,研究开发人应当按照合同约定按时完成研究开发工作,并将工作成果交付给委托人,否则研究开发人就应当承担违约责任。(4)承担相应的后续任务。研究开发人依照合同的约定完成研究开发工作并交付工作成果时,还应当提供相关的技术资料,并给予必要的技术指导,对委托人进行必要的技术培训,帮助委托人掌握该项技术成果,同时应当按照约定保守相关技术秘密。

(三)合作开发合同的效力

从《民法典》第855条的规定来看,合作开发合同的各方当事人负担如下义务:(1)按照合同约定进行投资。各方当事人可以按照合同约定,以资金、设备、材料、场地、试验条件等进行投资,也可以以技术信息资料、专利权、非专利技术成果等方式进行投资。当事人以资金以外的形式进行投资的,应当折算成相应的金额,明确当事人在投资中所占的比例。(2)按照约定分工、参与研究开发工作并相互配合。合作开发各方须按照合同约定以自己的技术力量(或技术劳务)参与开发工作,并在开发工作中相互协作、相互配合,共同完成开发工作。若一方当事人仅是提供资金、设备、材料等物质条件,或者承担辅助协作事项或是按照约定的计划和分工进行或者承担设计、工艺、试验、试制等工作,则其不应被视为合作开发合同的当事人。(3)合作开发当事人各方均应保守技术信息、技术资料和技术成果的秘密。

(四)技术开发合同中技术成果的归属与收益分享

1. 委托开发合同中的成果归属与收益分享

就可以申请专利的技术成果而言,如果委托开发合同的当事人已经在合同中对发明创造归属和收益分配办法作出了约定,则按照该约定处理即可。如果当事人没有作出约定,则(1)可以申请专利的技术成果之专利申请权归研究开发方。专利申请权,是指就特定的发明创造申请专利的权利,由于专利权中不仅包括财产权利,而且包括精神性权利,因此,在没有约定技术成果归属的情况下,由具体实施研究开发工作的开发方享有申请专利的权利有助于其最终享有专利权中的精神性权利(如署名权)。(2)研究开发方取得专利权的,委托人可以免费实施该专利。委托方委托开发技术成果的目的,就在于使用技术成果并取得经济利益,如果开发方获得的具有专有与排他性特征的专利权也排斥委托方利用该专利,则将使委托方的利益最终难以实现,使委托方合同目的最终落空。因此,为了保障委托开发方的利益并保证委托开发合同目的的实现,研究开发方取得专利权后,委托人应当有免费实施该专利的权利。(3)研究开发人转让专利申请权的,委托人享有以同等条件优先受让的权利。委托人曾经为研究开发方开发该技术成果进行了必要投资,并提供了必要的技术资料与原始数据,委托方开发技术成果的目的在于使用技术成果并取得经济利益,委托开发合同关系的长期存在与委托开发合同的目的共同决定了委托人应当有优先受让专利申请权的权利。

委托开发完成的技术成果,如属于不可申请专利或可申请专利,但当事人不愿申请专利的技术秘密成果,其归属与利用按照委托开发合同的约定处理;如果没有约定或者约定不明确,依照《民法典》第510条的规定仍不能确定,在没有相同技术方案被授予专利前,则当事人各方均有使用和转让的权利,但委托开发的研究人不得在向委托人交付研究开发成果之前,将研究开发成果转让给第三人(《民法典》第861条)。

2. 合作开发合同的成果归属与收益分享

就可以申请专利的技术成果而言,如果合作开发合同的当事人在合同中约定发明创造专利技术成果的归属和收益分享办法的,依照合同约定执行。如果没有约定,则(1)申请专利的权利属于合作开发方共有。研究开发成果是由合作者共同完成的,合作当事人之间的关系类似于合伙,因此,在没有特殊约定的情况下,专利申请权当然共有。(2)当事人一方转让其共有的专利申请权的,其他各方在同等的条件下可以优先受让其专利申请权。这是民法中共有理论在专利申请权领域应用的当然结论,也是保护合作方利益的必要措施。此外,明示放弃专利申请权的合作当事人可以免费实施所取得的专利(《民法典》第860条第2款)。申明放弃专利申请权,不等于放弃实施专利的权利,有的合作人只是看重应用技术成果带来的经济利益,而对于该技术是否申请专利并不在意。另外,合作开发的当事人一方不同意申请专利的,另一方或其他各方不得申请专利(《民法典》第 860 条第 3 款)。权利的共同共有是不可分割,如果一方当事人不同意申请专利,另一方或他方执意申请,就会损害该当事人的合法利益,因此,为了更好地保护合作各方当事人的合法利益,法律禁止另一方或者其他各方在合作开发的一方不同意申请专利的情况下,申请专利。

合作开发完成的技术成果,如属于不可申请专利或可申请专利,但当事人不愿申请专利的技术秘密,则当事人可以约定该成果的使用权、转让权及分配办法。如果当事人没有约定或者约定不明,依照《民法典》第 510 条的规定仍不能确定,在没有相同技术方案被授予专利前,则当事人各方均有使用和转让的权利(《民法典》第 861 条)。

四、技术转让合同

(一)技术转让合同的概念、特征与种类

1. 技术转让合同的概念与特征

技术转让合同是指当事人将一定的技术成果或以技术成果为载体的权利转让给另一方当事人,而另一方当事人接受该项技术成果或权利,并支付约定的价款或使用费的协议。广义的技术转让合同包括当事人就专利权转让、专利申请权转让、技术秘密转让、专利实施许可等订立合同。狭义的技术转让合同为专利实施许可合同以外的专利转让、专利申请转让、技术秘密转让合同。我国民法典中所指的技术转让合同为广义上的技术转让合同。依据我国《民法典》第 862 条规定,技术转让合同是合法拥有技术的权利人,将现有特定的专利、专利申请、技术秘密的相关权利让与他人所订立的合同。另外,根据原《技术合同解释》第 22 条第 2、3 款的规定,技术转让合同中关于让与人向受让人提供实施技术的专有设备、原材料或者提供有关的技术咨询、技术服务的约定,属于技术转让合同的组成部分。当事人以技术入股方式订立联营合同,但技术入股人不参与联营体的经营管理,并且以保底条款形式约定联营体或者联营对方支付其技术价款或者使用费的,视为技术转让合同。

技术转让合同具有以下特征:(1)技术转让合同的标的是现有的技术成果。作为技术转让合同标的的技术成果必须为现有的,能够为某人独占的或者不具有公开性,能够在生产经营中使用并产生经济效益的技术。技术转让合同标的为现有的特殊智力成果,使技术转让合同明显不同于转移有形财产权的合同,也明显不同于技术开发合同。技术转让合同标的的特殊性使得技术转让合同当事人有必要在技术转让合同中对实施专利或者使用技术秘密的范围作出相应约定,但是不得限制技术竞争和技术发展(《民法典》第 864 条)。(2)技术转让合同为有偿合同、双务合同、诺成合同与要式合同。在技术转让合同中,任何一方要取得利益均须支

付代价,因此,技术转让合同为有偿合同。技术转让合同中的转让方须转让技术成果的所有权、使用权或专利权,受让方须向对方支付价金或使用费,双方当事人之间互负对待给付义务,因此,技术转让合同为双务合同。技术转让合同在当事人意思表示一致时成立,而不以技术成果的实际交付为生效要件,因此技术转让合同为诺成合同。按照我国《民法典》第 863 条第 3 款规定,技术转让合同应当采取书面形式,因此,技术转让合同为要式合同。

2. 技术转让合同的分类

依据《民法典》第 863 条第 1 款的规定,技术转让合同包括专利权转让、专利申请权转让、技术秘密转让等合同。按照技术转让合同的标的是否涉及专利技术,可以将技术转让合同区分为专利技术转让合同与技术秘密转让合同。专利技术转让合同是涉及专利的技术转让合同,具体包括专利权转让合同、专利申请权转让合同等。具体地讲,专利权转让合同,是指让与人将其发明创造的专利的所有权或持有权转让给受让人,受让人按照约定支付价款的合同。专利权转让合同履行的结果是使受让人取得专利权,成为专利权人。专利申请权转让合同,是指让与人将其发明创造的专利申请权转让给受让人,受让人支付约定价款的合同。专利申请权转让合同履行的结果是使让与人丧失专利申请人资格并使受让人成为适格的专利申请人。技术秘密转让合同,是指让与人将自己拥有的技术秘密转让给受让人,受让人支付使用费用的合同。技术许可合同包括专利实施许可、技术秘密使用许可等合同(《民法典》第 863 条第 2 款)。专利实施许可合同,是指专利权人许可受让人在约定的范围内实施其拥有或者持有的专利技术,受让人按照约定支付使用费用的合同。专利实施许可合同以转让专利技术的使用权为目的,让与人因该合同的履行而丧失其已经享有的专利权。由于专利技术与技术秘密在权利享有方面明显不同,因此,法律需要对它们的转让作出不同规定。

(二)技术转让合同的效力

1. 技术转让合同中让与人的义务

在技术转让合同中,技术转让方的主要义务为按照约定转让或者许可受让人使用相应的技术,按约定规范自己实施专利或者使用技术秘密的范围,并提供相应的技术资料与技术指导。《民法典》第 867、868 条规定,在专利实施许可合同中,技术转让方的主要义务表现为:按照约定许可受让人实施专利,交付实施专利有关的技术资料,并提供必要的技术指导;在技术秘密让与合同中,让与人的主要义务表现为,按照约定提供技术资料,进行技术指导。让与人未按约定转让技术的,按《民法典》第 872 条规定,应当返还部分或者全部使用费,并应当承担违约责任;实施专利或者使用技术秘密超越约定的范围的,违反约定擅自许可第三人实施该项专利或者使用该项技术秘密的,应当停止违约行为,承担违约责任;违反约定的保密义务的,应当承担违约责任。除此之外,转让方承担着权利瑕疵担保与技术的瑕疵担保义务,即在技术转让合同中,让与人应当保证自己是所提供技术的合法拥有者,并且保证所提供技术的技术完整、无误、有效,能够达到约定的目标(《民法典》第870条)。就该权利瑕疵担保责任违反而言,《民法典》第874条规定技术转让合同的履行过程中,技术受让方按照约定实施专利、使用技术秘密侵害他人合法权益的,由让与人承担责任,但当事人另有约定的除外。就技术瑕疵担保责任而言,《民法典》第868条第1款明确要求技术秘密转让合同中的让与人应当保证技术的实用性与可靠性。为了保证专利实施许可合同中的受让人能够切实履行权利瑕疵担保责任与技术瑕疵担保责任,《民法典》第865条对专利实施许可合同作出了特别规定,即专利实施许可合同只有在该专利权的存续期内有效。专利权有效期届满或者专利权被宣告无效的,专利人不得就该项专利与他人订立专利实施许可合同。另外,技术转让方还应当能够按照约定承担相应的保密义务,违反约定的保密义务,应当承担违约责任。鉴于技术秘密的保守对于技术秘密转让合同的重要价值,《民法典》第868条明确要求技术秘密转让合同的让与人应当按照约定承担保密义务。

2. 技术转让合同中受让人的义务

技术转让合同中受让人的主要义务为按照约定支付使用费用,并按照约定实施专利或使用技术秘密。对于专利实施许可合同中受让人的义务,《民法典》第867条明确规定,专利实施许可合同的被许可人应当按照约定实施专利,不得许可约定以外的第三人实施该专利,并按照约定支付使用费。对于技术秘密转让合同中受让人的该项义务,《民法典》第869条规定技术转让合同的受让人应当按照约定使用技术,支付使用费用。首先,受让人未按照约定支付使用费的,应当补交使用费并按照约定支付违约金;不补交使用费或者支付违约金的,应当停止实施专利或者使用技术秘密,交还技术资料,承担违约责任;实施专利或者使用技术秘密超越约定的范围的,未经让与人同意擅自许可第三人实施专利或者使用技术秘密的,应当停止违约行为,承担违约责任。其次,受让人应当按照约定承担保密义务,受让人违反约定的保密义务的,应当承担违约责任。在技术转让合同(特别是技术秘密转让合同)中,让与人提供的技术通常会包括一些未公开的、需要保密的、极具价值的技术秘密与技术信息,因此,转让方为了保护自身的利益,往往要在合同中对上述技术信息的保密问题作出约定,要求受让承担保密的义务。为此,《民法典》第869条特别强调技术转让合同的受让人应当按照约定承担保密义务。最后,受让方应当按时接受转让方提供的技术资料、技术信息,接受其技术指导,配合转让方履行技术转让合同的行为。

3. 后续改进技术成果的分享

所谓后续改进,是指在技术转让合同的有效期内,一方或者双方对作为合同标的的专利或技术秘密所做的革新和改良。[63] 在进入知识经济时代的今天,技术转让合同的双方当事人都有可能对技术转让合同中所包含的技术成果进行改进和发展,这种改进和发展可能是具有重大突破性的技术革新成就,也可能是技术细节上的轻微改进。对此,《民法典》第875条规定,当事人可以按照互利的原则,在合同中约定实施专利、使用技术秘密后续改进的技术成果的分享办法;没有约定或者约定不明确,依据《民法典》第510条的规定仍不能确定的,一方后续改进的技术成果,其他各方无权分享。

五、技术咨询合同与技术服务合同

(一)技术咨询合同

1. 技术咨询合同的概念与特征

技术咨询,是指咨询方运用自己所拥有的技术、知识、经验和信息为委托方解答技术疑问,提供决策方案的活动。[64] 技术咨询合同指当事人一方为另一方就特定技术项目提供可行性论证、技术预测、专题技术调查、分析评价报告等,另一方支付报酬的合同。[65] 在技术咨询合同中,有义务提供咨询服务的一方为受托人,接受技术咨询的一方为委托人。技术咨询合同的主给付义务为咨询服务行为,这是技术咨询合同区别于技术开发合同与技术转让合同的主要特征。

技术咨询合同通常具有如下特征:(1)技术咨询合同的目的在于为对方决策参考提供咨询服务,技术咨询合同不涉及技术成果的转让问题。在技术咨询合同中,受托方应委托方的要求为委托方的技术目的进行可行性论证、技术预测、专题技术调查、分析评价,为委托方的决策提供参考。(2)技术咨询合同履行的结果不是立竿见影的科技成果,而是供委托方选择采用的咨询报告,委托方对该咨询报告的采用与否有最终的决定权。(3)技术咨询合同有特殊的风险负担原则。由于委托人提供的建议或者意见仅仅起到参考作用,因此,除当事人另有约定外,按《民法典》第881条第3款规定,技术咨询合同的委托人按照受托人符合约定要求的咨询报告和意见作出决策所造成的损失,由委托人承担,但是当事人另有约定的除外。(4)技术咨询合同是诺成性合同、双务合同、有偿合同。技术咨询合同自双方当事人协商一致时成立,为诺成性合同;受托人须为委托人提供技术服务,委托人须支付报酬,任何一方取得利益都须向对方支付相应的对价或报酬,因此,技术咨询合同为双务、有偿合同。

---

[63] 崔建远主编:《合同法》(第4版),法律出版社2007年版,第474页。

[64] 施天涛主编:《合同法释论》,中国人民公安大学出版社1999年版,第399页。

[65] 魏振瀛主编:《民法》,北京大学出版社、高等教育出版社2000年版,第570页。

2. 技术咨询合同的主要条款[66]

技术咨询合同一般包括以下主要条款：项目的名称、咨询的内容、形式和要求；履行的期限、地点和方式；委托人的协作事项；技术情报和资料的保密；验收、评价方法；报酬及其支付方式；违约金或者损失额的计算办法；争议的解决办法。

3. 当事人双方的义务与责任

在技术咨询合同中，委托人的主要义务为：(1)按照约定阐明咨询的问题，并提供技术背景材料及技术资料、数据。委托人应当向受托人说明具体咨询的问题，如是进行技术预测，还是进行可行性论证。除此之外，委托方还应提供技术背景资料及有关技术资料。委托方提供技术背景资料及有关技术资料目的在于让受托人尽可能多地了解咨询问题的实际情况，有针对性地开展工作，最终保质、保量完成咨询服务。(2)按期接受受托人的工作成果，支付报酬。委托人应当按时接受咨询工作的成果，协助受托人完成其主给付义务；技术咨询合同是有偿合同，以合同约定支付报酬是委托人的主给付义务，因此委托人应当按时支付报酬。《民法典》第 881 条第 1 款规定，技术咨询合同的委托人未按照约定提供必要的资料和数据，影响工作进度和质量，不接受或者逾期接受工作成果的，支付的报酬不得追回，未支付的报酬应当支付。在实践中，委托方支付报酬的方法主要有以下几种：一是计时收费，即按照工作天数或小时计算咨询费；二是工资加一定比例计算收费；三是总开支加固定费，总开支为实际支出和咨询酬金，固定费指实施过程中的收益及有关津贴费用；四是投资总额百分率；五是限制性收费；六是承包性计算，即在项目开始之前由咨询方提出固定的报酬数额；七是一次性收费；八是聘期定金。[67]

在技术咨询合同中，受托让的主要义务为：(1)受托人的主要义务是按约定的期限完成咨询报告或解答问题，并使提供的咨询报告和问题解答达到约定的要求。技术咨询合同的受托人未按期提供咨询报告或者提出的咨询报告不符合约定，应当承担减收或者免收报酬的违约责任。委托人按照受托人符合合同要求的咨询报告与问题解答作出决策造成的损失，一般不应由受托人承担，而是由委托人自己承担，但是双方当事人可以对此作出特殊约定。因为咨询报告或者问题解答符合合同约定，表明了受托人已经按照合同要求履行了自己的义务，至于委托人据此作出的决策正确与否，已非受托人的义务，所以由此造成的损失应由委托人自己承担。(2)受托人应当亲自完成咨询工作。由于委托人向受托人进行技术咨询多是基于对受托人能力的信赖，因此，受托人应当亲自去完成咨询工作，而不能私自将咨询任务交由他人来完成。(3)保密义务以及其他义务。受托人对于在技术咨询过程中获得涉及委托人的技术秘密、背景资料、技术资料以及完成的咨询报告都负有保

---

[66] 徐德敏主编：《合同法论》，陕西人民出版社 1999 年版，第 535 页。

[67] 余延满：《合同法原论》，武汉大学出版社 1999 年版，第 739 页。

密义务,不能擅自向他人泄露。在合同有效期内,受托方就同类技术项目与委托方的竞争单位订立技术咨询服务合同的,应当征得委托方的同意。

4. 技术咨询合同中新技术成果的归属

对于技术咨询合同履行过程中产生的新技术成果的归属问题,《民法典》第885条规定,在技术合同履行过程中,"受托人利用委托人提供的技术资料和工作条件完成的新的技术成果,属于受托人。委托人利用受托人的工作成果完成的新的技术成果,属于委托人。当事人另有约定的,按照其约定"。由于合同法贯彻意思自治原则,允许当事人就新技术成果的归属作出约定,因此,当事人完全可以约定的方式确定新技术成果的归属;如果没有作出约定,则通常要按照该条确立的谁完成的技术成果归谁所有原则处理。

(二)技术服务合同

1. 技术服务合同的概念、分类与特征

《民法典》第878条规定,技术服务合同是当事人一方以技术知识为对方解决特定技术问题所订立的合同,不包括承揽合同和建设工程合同。技术服务合同的标的是受托方对委托人提供的解决特定技术问题的技术服务行为。技术服务行为,是指当事人一方为另一方解决特定的技术难题,然后由接受技术的一方支付价款的行为。[68] 实践中的技术服务合同一般可以分为辅助技术服务合同与传授、传递科技知识和信息的合同两大类,前一类包括产品设计合同、工艺编制合同、测试分析合同、计算机程序编制合同等,后者包括技术培训合同、传递科技信息合同与技术中介合同等。[69]

传授、传递科技知识和信息的合同中的技术培训合同和技术中介合同在现实生活中应用比较广泛。技术培训合同是指当事人双方就受托人指定的专业技术人员,进行特定项目的技术指导和专业训练所订立的技术服务合同。技术中介合同是指当事人双方就受托人以知识、技术、经验和信息为委托人与第三方订立技术合同进行联系、介绍、组织工业化开发并对履行合同提供服务所订立的技术服务合同。[70] 我国《民法典》第887条规定:"法律、行政法规对技术中介合同、技术培训合同另有规定的,依照其规定。"

技术服务合同一般具有如下特征:(1)技术服务合同比一般服务合同具有更为显著的智力密集型特点,技术服务合同中的服务方通常为具有一定专业技术知识的科学技术人员,技术服务工作与提供简单劳动的服务有显著的区别。(2)技术服务合同中的知识一般为公知的知识或技术,即专业人员在日常专业技术工作

---

〔68〕 施天涛主编:《合同法释论》,中国人民公安大学出版社1999年版,第399页。

〔69〕 周大伟:《技术合同法导论》,中国人民大学出版社1988年版,第370页。

〔70〕 吴合振主编:《合同法理论与实践应用》(第2版),人民法院出版社2002年版,第561页。

中反复运用的现有技术或知识，专利技术、技术秘密通常并不是技术服务合同中所应用的知识。(3)技术服务合同的目的在于解决特定的技术问题，技术服务合同与为取得特定工作成果而订立的建设工程合同、承揽合同明显不同。技术服务合同的受托人在完成技术服务的同时，还要向委托方传授有关的技术问题的知识、经验。

2. 技术服务合同的条款〔71〕

技术服务合同一般应具备如下条款：项目名称；服务内容、方式和要求；履行期限、地点和方式；工作条件和协作事项；验收标准和方式；报酬及其支付方式；违约金或者赔偿损失额的计算办法；争议解决办法。

3. 技术服务合同双方当事人的主要义务

我国《民法典》第882条规定，"技术服务合同的委托人应当按照约定提供工作条件，完成配合事项，接受工作成果并支付报酬"。据此可知，技术服务合同中委托人主要义务有两项：(1)按照约定提供工作条件，完成配合事项；(2)按期接受技术成果，并支付报酬。根据《民法典》第884条第1款的规定，技术服务合同的委托人不履行合同义务或者履行合同义务不符合约定，影响工作进度和质量，不接受或者逾期接受工作成果的行为，都是违约行为，要承担违约责任；未支付的报酬应当补交，已经支付的报酬不得追回。

我国《民法典》第883条规定："技术服务合同的受托人应当按照约定完成服务项目，解决技术问题，保证工作质量，并传授解决技术问题的知识。"第884条第2款规定："技术服务合同的受托人未按照约定完成服务工作的，应当承担免收报酬等违约责任。"根据上述规定，技术服务合同受托人的主要义务有：(1)按照合同约定完成服务项目，解决技术问题，保证工作质量。如果因为受托方提供的技术服务存在缺陷而导致委托人损失的，应当承担违约责任，赔偿损失。(2)传授解决技术问题的知识。受托方在技术服务过程中，应当向对方传授有关的技术知识、经验，使对方能够掌握该技术并能够解决相关的技术问题。在实践中常见的农业技术服务合同中，农业科技人员一般会教授农民使用该新技术的方法。(3)妥善保管委托方交付的样品、技术资料。受托人对于委托人提供的技术资料、样品等应予妥善保管，如果保管不善造成灭失、缺少、变质、污染或者毁损的，应当承担支付违约金或者赔偿损失的责任。(4)受托人还要承担发现问题及时通知等方面的附随义务。受托人如果发现委托人提供的资料、数据有错误或者有缺陷，应及时通知委托人并要求改正。委托人如果发现自己的技术服务存在质量缺陷，应当及时通知受托人并采取必要的措施，以防止给受托人造成不必要的损失。

---

〔71〕 徐德敏主编：《合同法论》，陕西人民出版社1999年版，第536页。

第十二节 保管合同

一、保管合同的概念和特征

《民法典》第888条第1款规定,保管合同是保管人保管寄存人交付的保管物,并返还该物的合同。在保管合同中,有偿或无偿地为他方保管物品的一方是保管人,将物品交付给保管人保管的一方是寄存人或寄托人。《民法典》第888条第2款规定,寄存人到保管人处从事购物、就餐、住宿等活动,将物品存放在指定场所的,视为保管,但是当事人另有约定或者另有交易习惯的除外。

保管合同是一种较为古老的合同形式。在传统民法中,保管合同通常被称为寄托契约,双方当事人分别称为寄托人和受寄人。我国《民法典》不称"寄托"而采取了更易于被理解的"保管"。保管合同包括一般保管合同与具有商事合同特性的仓储合同。《民法典》将保管合同和仓储合同分别作为单独的合同形式加以规定。

保管合同的特征包括:

1. 保管合同只适用于有体物,且一般为动产。《民法典》并未以强制性规定排除保管合同适用于不动产,但是依照房屋、土地的自然属性来看,不适用于保管合同。如果出现不动产的看守人或管理人,一般适用雇佣合同或委托合同。此外,保管物也不能是盗赃物,如果保管物是盗赃物,保管合同因违反公序良俗原则归于无效。[72]

2. 保管合同为实践合同。一般保管合同的成立,不仅须有当事人双方的意思表示一致,而且须有寄存人将保管物交付给保管人的行为。寄存人交付保管物是保管合同的成立要件。须注意这里的"交付"与《民法典》物权编第二章第二节动产中的"交付"不同,仅指保管物占有的移转,不含有所有权移转的意思。就交付的四种形式而言,只有现实交付或简易交付可适用于保管合同。

3. 保管合同可以是有偿合同,也可以是无偿合同。保管合同是有偿合同还是无偿合同,由当事人自由约定。依《民法典》第889条规定,寄存人应当按照约定向保管人支付保管费。当事人对保管费没有约定或者约定不明确,依据《民法典》第510条的规定仍不能确定的,视为无偿保管。

4. 保管合同是不要式合同。《民法典》并未要求保管合同必须采取特定的形

〔72〕 邱聪智:《新订债法各论》(中册),中国人民大学出版社2006年版,第270页。

式订立,所以保管合同为不要式合同,当事人可以采取口头、书面等形式订立。

5. 保管合同是不是双务合同,视保管合同是否有偿确定。在有偿的保管合同中,寄存人支付保管费用的义务与保管人保管保管物的义务互为对应,因此,有偿保管合同为双务合同。在无偿保管合同中,尽管寄存人也应当负担支付保管人为所支出的必要费用的义务,但不形成保管的对待给付,所以无偿保管合同是单务合同。

6. 保管合同是以标的物的保管为目的的劳务合同。保管合同的直接目的是保管保管物,未经约定或未经寄存人的同意,保管人对保管物不享有使用权和处分权。

二、保管合同的效力

(一)保管人的义务

1. 验收、受领保管物并给付保管凭证的义务。在寄存人向保管人交付保管物时,保管人应当对保管物进行验收,以确定保管物的状态。同时,除另有交易习惯外,保管人应当向寄存人交付保管凭证(《民法典》第 891 条)。保管凭证是保管合同存在的证据,也是寄存人领取保管物时的有效单据。

2. 妥善保管保管物。在保管合同中,妥善保管保管物是保管人依照保管合同应负的主要义务,妥善保管是指保管人在保管条件许可的范围内,对保管物已尽了相当的注意义务。"相当注意义务"在无偿保管与有偿保管中的意思不同:在无偿保管中,保管人只有在因自己故意或重大过失给保管物造成毁损、灭失的情况下,才承担赔偿责任;而在有偿的保管中,保管人因过失造成保管物毁损、灭失的,就要承担赔偿责任(《民法典》第 897 条)。当事人对保管场所和保管方法有特别约定的,除非遇有紧急情况或者为了寄托人的利益,保管人不得擅自更改;无特别约定,保管应当根据保管物的性质,保管目的,按照诚实信用的原则确定保管方法和保管场所。

3. 自己保管义务。在实践中,寄存人往往是基于对保管人的信赖而与其订立保管合同的。因此,除非经寄存人的同意,或因紧急状况不得已由第三人代为保管外,保管人应当自行管理保管物(《民法典》第 894 条第 1 款)。保管人违反义务将保管物交第三人保管,致使保管物遭受损害的,应当承担赔偿责任。这里的第三人不包括保管人的雇佣人或履行辅助人,他们被视为保管人的履行辅助人。

4. 不得使用保管物。保管合同的目的在于保管保管物,避免保管物的价值有所减损。所以,保管人有权占有保管物,但不得使用保管物,也不能让第三人使用保管物,除非经寄存人同意或者基于保管物的性质必须使用(保管物的使用属于保管方法的一部分)。

5. 保管人危险通知义务。保管物因自身的不可归责于保管人的原因毁损、灭失的,保管人应当毫不迟延地通知寄存人。除此之外,保管人还负有不真正义务去防止损失的扩大,造成损失扩大的,应当就扩大部分承担不完全履行的赔偿责任。

另外,根据《民法典》第 896 条的规定,第三人对保管物主张权利的,除依法对保管物采取保全或者执行措施外,保管人应当履行向寄存人返还保管物的义务。第三人对保管人提起诉讼或者对保管物申请扣押的,保管人应当及时通知寄存人。

6. 返还保管物。当保管合同期限届满或寄存人提前领取保管物时,保管人应当及时返还保管物。对保管期限没有约定或约定不明确的,保管人可以随时要求领取保管物(《民法典》第 899 条)。例如,已约定保管期限,但寄存人要提前领取保管物的,寄存人应当给保管人留出一定返还保管物的准备时间,因提前领取给保管人增加的费用由寄存人承担。相应地,如果约定了保管期限,那么寄存人往往对于保管期限有期限利益,该期限利益应当得到保障。原则上,保管人返还时保管物应当具备交付保管时所验收的状态。保管人返还保管物时,应当将保管物的孳息一并返还。保管人保管货币的,可以返还相同种类、数量的货币;保管其他可替代物的,可以按照约定返还相同种类、品质、数量的物品(《民法典》第 901 条)。

(二)寄存人的义务

1. 支付保管费和偿还必要费用。保管合同当事人约定为有偿时,寄存人应当按照约定的期限向保管人支付保管费;就保管人所支出的必要费用,寄存人应予以偿还。所谓必要费用,以能维持保管物的原状为准,包括重新包装、防腐、防火等项费用。当事人另有约定的,依其约定。无偿保管的寄存人,虽不向保管人支付保管费,但也向保管人偿付保管人为保管物所支出的必要费用。当事人对支付期限没有约定或者约定不明确,依据《民法典》第 510 条的规定仍不能确定的,应当在领取保管物的同时支付(《民法典》第 902 条)。寄存人未按照约定支付保管费以及其他费用的,保管人对保管物享有留置权,但是当事人另有约定的除外(《民法典》第 903 条)。

2. 相关情况的告知义务与损害赔偿的义务。《民法典》第 893 条的规定:"寄存人交付的保管物有瑕疵或者根据保管物的性质需要采取特殊保管措施的,寄存人应当将有关情况告知保管人。寄存人未告知,致使保管物受损失的,保管人不承担赔偿责任;保管人因此受损失的,除保管人知道或者应当知道并且未采取补救措施外,寄存人应当承担赔偿责任。"

3. 特定情况下的申明义务。根据《民法典》第 898 条的规定,寄存人寄存货币、有价证券或者其他贵重物品的,应当向保管人声明,由保管人验收或者封存;寄存人未声明的,该物品毁损、灭失后,保管人可以按照一般物品予以赔偿。

4. 及时提取保管物的义务。《民法典》第 899 条规定,寄存人可以随时领取保管物。当事人对保管期间没有约定或者约定不明确的,保管人可以随时请求寄存人领取保管物;约定保管期间的,保管人无特别事由,不得请求寄存人提前领取保管物。

第十三节　仓储合同

一、仓储合同的概念与特征

《民法典》第904条规定，仓储合同是保管人储存存货人交付的仓储物，存货人支付仓储费的合同。其中，从事仓储业务的一方称为保管人或仓储人，寄存货物的一方称为存货人。

仓储营业是一种专为他人储藏、保管货物的商业营业活动。它发端于中世纪的一些沿海城市。随着地区与国际贸易的不断发展，仓储营业的作用日渐重要。在现代，仓储营业已经成为社会化大生产和国内、国际商品流转中一个不可或缺的必要环节。仓储营业采取的一种重要形式即为仓储合同，仓储合同在性质上属于商事合同。仓储合同系由一般的保管合同发展、演变而来，在法律对仓储合同有特别规定时，应适用法律的特别规定；在法律未对其设特别规定时，应适用法律关于一般保管合同的规定。法律关于一般保管合同的规定与法律关于仓储合同的规定，系一般法与特别法的关系。

关于仓库营业和仓储合同的立法例，大致有以下三种：(1)将仓储合同规定在商法典中。大陆法系中采民商分立立法体例的国家，如德国、日本等一般采取此种立法例。(2)将仓储合同规定在民法典中，大陆法系中采民商合一立法体例的国家，如瑞士、我国台湾地区采取此种立法例。(3)制定有关单行法规，英美法系国家多采取此种立法例。一般认为，我国民事立法采取民商合一的立法例，我国在《民法典》中规定仓储合同。

仓储合同具有以下特征：

1. 保管人必须是专门从事仓储业务并具有仓储设备的主体。仓储合同的保管人必须具备一定的资格，具有仓储设备，能够从事仓储保管业务。仓储设备是指能够满足仓储和保管物品需要的设施。仓储合同的保管人是以仓储为主要业务的商事主体，并且以提供仓储服务为营业，这是仓储合同与保管合同的主要区别。在我国从事仓储营业的主体必须经国家工商行政机关核准登记，即保管人应当办理仓储营业登记，并取得营业许可。

2. 仓储合同的标的物应当是适于仓储的有体物。仓储合同中的标的物一般应当符合下列要求：(1)应是适合于堆放于仓库的动产，不动产不能成为仓储合同的标的物；(2)通常不能是活物，而应是没有自然生命的物品；(3)应当是特定物或是特定化了的种类物。

3. 仓储合同是诺成合同。仓储合同不同于保管合同,为诺成合同。仓储合同自双方意思表示一致时成立,依法成立的仓储合同自成立时生效。仓储合同的商事性质决定了仓储合同应当为诺成合同。仓储合同的保管人以仓储保管为营业,合同一经成立,保管人必然要为合同的履行进行准备,从事安排仓储事宜、清理仓储场地等活动。在此情况下,如果存货人不履行合同交付仓储物,会造成仓储场地的空置以及保管人的其他经济损失。如果以交付仓储物为合同成立要件,那么存货人不交付标的物仅承担缔约过失责任,这显然对保管人不利。与此同时,认定仓储合同为诺成合同也有利于保护存货人利益。通常仓储合同中的存货人为营利法人,若认为仓储合同为实践合同,该合同在存货人交货前不成立,则在其交货时若保管人拒绝储存,存货人不能依违约责任请求损害赔偿,这对存货人同样不利。因此,从维护双方当事人利益出发,仓储合同应为诺成合同。

4. 仓储合同为双务合同、有偿合同、不要式合同。在仓储合同中,双方当事人互负给付义务,即一方提供仓储服务,另一方给付报酬,两者互为对价,所以仓储合同是双务合同、有偿合同。同时,现行法并未要求仓储合同必须采取特定的形式,所以仓储合同为不要式合同。虽然仓储合同的保管人在接受储存的货物时应当给付仓单或其他凭证,但仓单不是合同的书面形式,也不是合同的成立要件,所以给付仓单或其他凭证并不说明仓储合同为要式合同。

5. 存货方主张货物已经交付或行使返还请求权须以仓单为凭证。仓单是保管人在收到仓储物时,向存货人出具的表明收到了一定数量的仓储物的法律文书。[73] 保管人应当根据存货人的要求,向存货人开具其签名的仓单。仓单作为一种有价证券,记载着当事人享有的权利,存货人持有仓单表明仓储物已经交付,并有权凭仓单提取储存的货物,同时也可以以背书的方式并经仓储营业人签名将仓单上所载明的物品所有权移转给他人或设立质权来担保债权,从而实现仓单权利的融资功能。

二、仓储合同的效力

(一)保管人的义务

1. 接受、验收仓储物的义务。保管人应按合同的约定,接受存货人交付储存的仓储物。保管人不按照合同约定的时间、品名、数量接受仓储物入库的,应当承担违约责任。《民法典》第 907 条规定:“保管人应当按照约定对入库仓储物进行验收。保管人验收时发现入库仓储物与约定不符合的,应当及时通知存货人。保管人验收后,发生仓储物的品种、数量、质量不符合约定的,保管人应当承担赔偿责任。”保管物有包装的,验收时应以外包装或仓储标记为准;无标记的,应以存货人

〔73〕 杨立新:《合同法专论》,高等教育出版社 2006 年版,第 459 页。

提供的验收资料为准。保管人未按规定的项目、方法、期限验收或者验收不准确的,应当承担由此造成的实际损失。

2. 填发和交付仓单的义务。仓单是保管人向存货人填发的表明仓储关系存在,以及保管人愿意向仓单持有人履行交付义务与仓储义务的证券。依《民法典》第909条规定,保管人应当在仓单上签字或者盖章。仓单包括下列事项:(1)存货人的姓名或者名称和住所;(2)仓储物的品种、数量、质量、包装及其件数和标记;(3)仓储物的损耗标准;(4)储存场所;(5)储存期限;(6)仓储费;(7)仓储物已经办理保险的,其保险金额、期间以及保险人的名称;(8)填发人、填发地和填发日期。仓单的持有人,为了便于处分保管物,可以请求保管人将保管的货物分割为数部分,分别填发仓单,同时持有人须交还原仓单。在仓单被遗失、被盗的情况下,存货人或原仓单持有人,得依我国《民事诉讼法》的规定,通过公示催告程序确认其权利。

仓单具有以下性质:(1)仓单为有价证券。仓单为表明一定财产权的证券,仓单权利的行使或处分必须借助于证券的占有或移转。持有仓单即表明仓单持有人享有仓单上所记载之物品的权利,持有人通过行使寄存物返还请求权实现仓单上所记载的权利,同时请求交付寄存物也必须交还仓单。(2)仓单是物权证券。仓单本身即代表着物品本身,仓单的交付与寄存物的交付具有同一效力,因此仓单为物权证券。(3)仓单是要式证券,即仓单上记载的事项必须符合法律的规定,如仓单必须经保管人署名,必须具备一定的必要记载事项等。(4)仓单是文义证券。文义证券是指证券上权利义务的范围,以证券的文义记载为准。仓单记载的事项即为当事人主张权利义务的凭证,若仓单记载的内容不实,保管人仍要依据仓单的记载承担交付物品的义务;若仓单记载物品与实际保管物品不符时,仓单持有人有权拒绝受领,并有权请求保管人承担责任。(5)仓单为自付证券。仓单是自付证券,是因为仓单要由保管人自己填发并负担给付义务。

3. 妥善保管仓储物的义务。保管人应当按照合同约定的储存条件和保管要件,妥善保管仓储物。一般情况下,保管人不得改变储存的场所和保管方法。保管人储存易燃、易爆、有毒、有腐蚀性、有放射性等危险物品的,应当具备相应的保管条件,应当按照国家或者合同规定的要求操作和储存;保管人在储存保管过程中不得损坏货物的包装,如因保管或操作不当使包装发生毁损的,保管人应当负责修复或按价赔偿。[74] 因仓储物的性质、包装不符合约定或者超出有效仓储期造成仓储物变质、损坏的,保管人不承担损害赔偿责任。

4. 容忍并协助仓单持有人检查仓储物或提取样品的义务。《民法典》第911条规定:"保管人根据存货人或者仓单持有人的要求,应当同意其检查仓储物或者

---

〔74〕 崔建远主编:《合同法》(第3版),法律出版社2003年版,第451页。

提取样品。"检查以及提取样品是存货人或者仓单持有人就仓储物进行交易时的必要行为。所谓检查仓储物,实际上就是仓储物的点检,存货人或仓单持有人可以进行何种程度的检查,应当根据仓库的状况及习惯决定。存货人或仓单持有人请求样品的提取时,保管人可以请求其交付证明书或请求相当的担保。根据诚实信用原则,保管人除负有容忍义务外,还负有帮助义务,即协助存货人或仓单持有人检查仓储物或提取样品,但由此所生的费用由存货人或者仓单持有人承担。

5. 危险通知义务。在储存的仓储物出现危险时,保管人有义务及时通知存货人或者仓单持有人。所谓仓储物出现危险,主要包括仓储物变质或有其他损坏,例如,发现仓储物出现异状,仓储物发生减少或价值减少的变化。保管人发现入库仓储物有变质或其他损坏的,应当及时通知存货人或者仓单持有人。遇有第三人就仓储物对保管人提起诉讼或者对仓储物申请扣押时,保管人应当及时通知存货人或仓单持有人。对于外包装或货物标记上表明或者合同中申明了有效期的货物,保管人应当提前通知失效期。因情况紧急,保管人可以作出必要的处置,但事后应当将该情况及时通知存货人或仓单持有人。

6. 返还仓储物的义务。在合同约定的仓储期限届满或因其他事由终止合同时,保管人应当及时向存货人返还仓储物。返还时,应当按照合同约定的时间、地点,以及仓储物的数量返还,否则应当承担违约责任。当事人对储存期间没有约定或者约定不明确的,保管人可以请求存货人取回仓储物,但是必须设定一个合理的提取时间;存货人或者仓单持有人也可以随时提取仓储物,其要求提取的,保管人不得拒绝。

(二)存货人或仓单持有人的义务

1. 按合同约定交付仓储物的义务。存货人应当按照合同约定的时间、种类、数额,将约定的仓储物交付给保管人,并提交详细的清单和资料。存货人未按照约定的时间将仓储物存入仓库,构成给付迟延,也应当支付仓储费。另外,存货人应当按照合同的约定负责货物的包装,因包装不合要求而造成货损的,由存货人自己承担。

2. 支付仓储费及其他必要费用。仓储费是仓储行为在仓储合同法律关系中的约定对待给付。除当事人明确约定无偿提供仓储服务外,原则上,仓储合同属于有偿合同。仓储费的数额、支付方式、支付时间和地点,均由双方当事人约定,存货人应依约支付。此外,保管人保管仓储物所产生的必要费用由保管人承担,它应当在原则上被理解为包括在仓储费用之中,但是当事人另有特殊约定的除外。其他必要费用主要是指保管人因储存、保管货物所支出的必要费用,包括运费、修缮费、保险费、转仓费等。

3. 说明义务。根据《民法典》第906条的规定,储存易燃、易爆、有毒、有腐蚀性、有放射性等危险物品或者易变质物品的,存货人应当说明该物品的性质,提供有关资料。存货人违反前款规定的,保管人可以拒收仓储物,也可以采取相应措施以避免损失的发生,因此产生的费用由存货人负担。保管人储存易燃、易爆、有毒、有腐蚀性、有放射性等危险物品的,应当具备相应的保管条件。

4. 及时提取仓储物的义务。仓储合同约定有仓储期间的,在储存期届满时,存货人或者仓单持有人应当及时提供货物。存货人或者仓单持有人提取货物时须向保管人出示仓单并在提取货物后向保管人交还仓单。存货人或仓单持有人逾期提取的,应当加收仓储费。当事人对于仓储期间没有约定或者约定不明确的,保管人也可以随时要存货人提取仓储物但应当给予必要的准备时间。在这种情况下,存货人应当依照保管人的要求在合理的期限内提取仓储物。

第十四节　委托合同

一、委托合同的概念和特征

委托合同,又称委任合同,是指依双方约定,由受托人处理委托事务的合同。在委托合同中,委托他人处理自己事务的人称为委托人,接受委托的人称为受托人。受托人可以是一人也可以是数人,受托人为数人时对委托人承担连带责任。委托合同的双方当事人可以是自然人也可以是法人。如果双方当事人都是自然人,受托人应当是具有完全民事行为能力的人,委托人可以是无行为能力或者限制行为能力,其委托权由法定代理人行使。

委托制度的发达,得益于商品经济的产生与发展。商品社会追求的是交易迅速与便捷,通过委托合同,人们在经济活动中不必事必躬亲,特别是对涉及某些专业技术知识和特殊能力要求的经济活动,通过委托专业人士处置,可以避免自己承受不必要的商业风险。

委托合同是一种比较古老的合同类型,早在《汉谟拉比法典》中就有关于委托合同的专门规定。罗马帝政时期也出现了委任、代理等方面的法律规定。当时的委任制度有单纯委任、互惠委任、利他委任、为第三人利益的委任、为受任人及第三人利益的委任五种,并认为委任契约中已经含有代理权的授予,从而将委托合同与代理混为一体,不加区分。法国民法沿袭了罗马法的这一体例,德国民法则将委托契约与代理明确区分,后世大陆法系国家与地区民法亦随德国体例,一般将代理规定在总则中,而将委托合同规定在债编中。我国民事立法中亦明确区分委托合同与代理,在《民法典》总则编第七章规定代理,而在《民法典》合同编中具体规定委托合同。

委托合同具有以下法律特征:

1. 委托合同一般建立在委托人和受托人相互信赖的基础之上。委托人选择受托人时一般都对受托人的能力以及信誉有较充分的了解;而受托人之所以接受委托,也是基于对委托人的了解与认识。所以,信赖关系是委托合同的基础。如果当事人中的任何一方对另一方不再信赖,就可以随时终止合同。根据《民法典》第933条的规定,当事人可不问事由地解除合同。

2. 委托合同是以为他人处理事务为目的的合同。委托合同是一种典型的提供劳务的合同。合同订立后,受托人在委托的权限内所实施的行为,等于委托人自己的行为。受托人为委托人处理的事务可以是事实行为,也可以是民事法律行为,前者如看管庭院,后者如订立合同。在受托人代委托人作出事实行为时,委托人和受托人之间不产生代理关系;如果受托人代委托人作出法律行为且以委托人的名义时,委托人和受托人之间成立代理关系,其处理除适用《民法典》合同编中委托合同的相关规定外,还要适用《民法典》总则编中关于代理的相关规定。既然委托事项不一定都是法律行为,那么受托人就不是必须具备完全民事行为能力的民事主体,如未成年人看管庭院。尽管受托人不必是完全民事行为能力,但是订立委托合同必须具备有相应的民事行为能力,否则合同必须由其法定代理人代为订立。委托人既可以特别委托受托人处理一项事务,也可以概括委托受托人处理多项事务。除了违背社会公德、违法行为以及须由委托人亲自处理的事务外,委托人都可经由委托合同委托他人处理。

3. 委托合同是诺成合同、不要式合同。委托合同的成立,不以标的物或者当事人的实际履行为成立要件,只要当事人的意思表示一致,委托合同即成立,所以委托合同是诺成合同,并且原则上沉默不构成意思表示。此外,委托合同是不要式合同,除了法律有特殊规定外,当事人可以根据自己的实际情况选择适当形式。

4. 委托合同可以是有偿合同,也可以是无偿合同。委托合同有偿还是无偿取决于受托人处理委托人的事务是否收取报酬。如果当事人约定,委托人应当向受托人支付报酬,则委托为有偿;否则,委托就是无偿。在委托合同中没有对给付报酬加以约定的,一般都推定委托合同为无偿合同。将委托合同区分为有偿合同与无偿合同对于确定受托人的责任意义重大。根据《民法典》第929条,在有偿的委托合同中,受托人的过错给委托人造成损失的,委托人可以要求赔偿损失;无偿的委托合同,因受托人的故意或者重大过失造成损失的,委托人可以要求赔偿损失。虽然《民法典》第921条规定处理委托事务的费用,委托人应当预付或事后予以补偿,但委托人所负担的此项义务,并不构成委托合同关系中委托人处理委托事务的对价或报酬。因此,委托合同是否有偿,视受托人是否因处理委托事务而获得报酬而定,而与委托费用的补偿无关。通常如果委托合同是有偿合同,则为双务合同;

否则,委托合同是单务合同。

二、委托合同的效力

(一)受托人的义务

1. 依委托人的指示处理委托事务的义务。依照《民法典》第 922 条的规定,受托人应当按照委托人的指示处理委托事务。依委托人的指示处理委托事务是受托人的主给付义务。受托人以委托人指示处理的事务是委托人的事务,委托人最终承担法律上和事实上的结果。另外,《民法典》第 922 条规定,需要变更委托人指示的,应当经委托人同意;因情况紧急,难以和委托人取得联系的,受托人应当妥善处理委托事务,但是事后应当将该情况及时报告委托人。据此,除紧急情况外,受托人擅自变更委托人指示的,应当对委托人因此所受的损失负赔偿责任。

2. 亲自处理受托事务的义务。委托合同是以委托人与受托人之间的信赖关系为基础的,因此,受托人负有亲自处理委托事务的义务。但是,在委托合同履行过程中,难免会有受托人不能或不能及时完成委托事务的特殊情况。为了保障委托人的利益,促成委托事项的圆满完成,《民法典》第 923 条规定了亲自履行义务的两个例外,即在委托人同意,或者情况紧急且难以和委托人取得联系的情况下,允许受托人委托第三人代为处理委托事务,即进行转委托。因此,所谓转委托,又称复委托,是指受托人经委托人的同意,或者在情况紧急又难以和委托人取得联系的情况下,将委托人委托的部分或者全部事务转由第三人处理,在委托人和第三人之间直接发生委托合同关系。

3. 妥善处理委托事务的义务。受托人应当在委托权限内妥善处理委托事务,未妥善处理委托事务而造成委托人损害的,受托人承担损害赔偿的违约责任。判断此项义务是否履行的标准是看受托人是否尽到妥善处理的注意义务,根据委托合同是否有偿,该义务也有很大不同。根据《民法典》第 929 条的规定,在有偿的委托合同,因受托人的过错给委托人造成损失的,委托人可以赔偿损失。如果是无偿委托合同,受托人仅就故意或重大过失给委托人造成损失向委托人承担损害赔偿责任。如果受托人超越委托权限给委托人造成损失,那么无论受托人有无过错,均应向委托人承担损害赔偿责任。

4. 委托事务的告知义务。《民法典》第 924 条规定:"受托人应当按照委托人的要求,报告委托事务的处理情况。委托合同终止时,受托人应当报告委托事务的结果。"据此,受托人的报告义务实际包括两个方面,即就处理受托事项的经过按照委托人要求进行报告的义务;以及在委托合同终止时,就受托事务的处理经过与结果进行报告的义务。当委托事务可能或已经给委托人造成损害时,受托人应负及时警告或报告委托人的义务。已经造成损害的,受托人除了告知委托人之外,还应当采取措施避免损害的扩大,否则应就损失扩大部分承担损害赔偿责任。

5. 财产转交义务。根据《民法典》第927条的规定,受托人处理委托事务取得的财产,应当转交给委托人。受托人为法律行为与第三人订立合同并取得财产时,受托人、委托人与第三人之间产生代理关系,受托人处理事务的法律效果直接及于委托人,因而委托人直接因委托事务的处理而获得所有权;受托人为事实行为而获得财产时,其为委托人的占有辅助人,委托人也因受托人对财产的占有而取得财产所有权。因此,委托人取得财产所有权并不因受托人处理委托事务行为的法律性质而有所不同,受托人应当把处理委托事务所取得的财产转交给委托人。

(二)委托人的义务

1. 偿付费用以及支付报酬的义务。无论委托合同是否为有偿,委托人都有支付处理委托事务费用的义务,委托人可以采取的支付方式为预付费用和偿还费用。根据《民法典》第921条的规定,为了委托事务能顺利进行处理,委托人应当预付处理委托事务的费用。委托人预付以及受托人垫付的费用通常只能是必要费用,一般指处理委托事务必须支出的费用,如交通费、住宿费、通讯费等。当事人就必要费用的范围发生争议时,应当结合委托事务的具体情况客观地加以认定。对于受托人在处理委托事务时支出的非必要但有益费用,应当依据当事人的约定确定是否返还;未约定的,受托人可依照无因管理的相关规定请求委托人偿还。[75]

当事人约定支付报酬的,委托人应当向受委托人支付报酬。如果当事人之间没有约定报酬,但是依照交易习惯或者委托的性质应当由委托人支付报酬的,委托人亦应支付报酬。当事人对于报酬的支付时间和数额有约定的,应依其约定;当事人未明确约定支付时间的,委托人应当在受托人完成委托事务后向其支付报酬。对于因不可归责于受托人的事由,致使委托合同解除或者委托事务不能完成时,是否要支付报酬的问题,依《民法典》第928条的规定,除当事人另有约定应依其约定外,委托人应当向受托人支付报酬。

2. 委托人赔偿损失的义务。(1)受托人处理委托事务时,因不可归责于自身的事由受到损失的,可以向委托人要求赔偿(《民法典》第930条)。受托人因第三人原因受损失时,可以向该第三人请求赔偿。若第三人无过错、下落不明或无资历,受托人可以要求委托人赔偿。受托人因不可抗力受损的,可以要求委托人赔偿。(2)委托人再委托时的赔偿责任。委托人经受托人同意,可以在受托人之外委托第三人处理委托事务。因此给受托人造成损害的,受托人可以向委托人要求赔偿损失(《民法典》第931条)。

3. 清偿债务的义务。对于受托人处理委托事务所产生的债务,委托人有清偿的义务。这主要有两种情况:一是受托人以代理方式在授权范围内以委托人的名

---

〔75〕 邱聪智:《新订债法各论》(中册),中国人民大学出版社2006年版,第177页。

义处理的委托事务,后果直接由委托人承担;二是受托人在授权范围内以自己的名义处理委托事务,在后一种情况下,既可以通过债务移转的方式由委托人负责清偿该债务,受托人也可以要求委托人作为有利害关系的第三人代为清偿。

根据《民法典》第926条第1款的规定,受托人以自己的名义与第三人订立合同时,第三人不知道受托人与委托人之间的代理关系的,受托人因第三人的原因对委托人不履行义务,受托人应当向委托人披露第三人,委托人因此可以行使受托人对第三人的权利。但是,第三人与受托人订立合同时如果知道该委托人就不会订立合同的除外。

根据《民法典》第926条第2、3款的规定,受托人因委托人的原因对第三人不履行义务,受托人应当向第三人披露委托人,第三人因此可以选择受托人或者委托人作为相对人主张其权利,但是第三人不得变更选定的相对人。委托人行使受托人对第三人的权利的,第三人可以向委托人主张其对受托人的抗辩。第三人选定委托人作为其相对人的,委托人可以向第三人主张其对受托人的抗辩以及受托人对第三人的抗辩。

三、委托合同的终止

委托合同的终止原因包括一般原因和特殊原因。委托合同终止的一般原因是一般合同共同适用的终止原因,包括委托合同的履行已不可能,委托合同中约定的合同存续期间届满,合同约定解除条件成就等。委托合同终止的特殊原因主要包括当事人一方任意解除合同与当事人一方死亡、丧失民事行为能力或破产(依委托事务的性质发生上述情况时,不宜终止委托合同的除外)这两种情况。

在委托合同中,委托人或者受托人可以随时解除委托合同,即委托合同可任意解除。由于委托合同是以当事人之间的信任为基础的,如果信赖关系不复存在,当事人自然可以解除合同。按照《民法典》第933条的规定,当事人解除委托合同可不问事由,但是给对方造成损失的,除不可归责于该当事人的事由外,应当赔偿损失。

当事人的死亡、丧失民事行为能力或者破产会导致委托合同的基础即当事人之间的人身信赖关系不复存在,委托合同通常会因此而终止。委托合同是受托人为了委托人的利益处理受托事项,所以,在委托人死亡、丧失民事行为能力或者破产的情况下,委托合同并不当然终止。因委托人死亡、丧失民事行为能力或者破产,致使委托合同终止将损害委托人利益的,在委托人的继承人、遗产管理人、法定代理人或者清算人承受委托事务之前,受托人应当继续处理委托事务(《民法典》第935条)。与此相对应,因受托人死亡、丧失民事行为能力或者终止,致使委托合同终止的,受托人的继承人、遗产管理人、法定代理人或者清算人应当及时通知委托人。因委托合同终止将损害委托人利益的,在委托人作出善后处理之前,受托人的继承人、遗产管理人、法定代理人或者清算人应当采取必要措施(《民法典》第936条)。

须特别注意,委托合同与代理是两种相互关联而又不同的制度。代理是指代理人代被代理人与第三人为法律行为,由被代理人直接承担法律后果的一项法律制度。在通常情况下,代理权是在委任合同、雇佣合同或者委托合同等法律关系中伴随合同的成立而被授予的,即委托合同关系可以成为代理关系产生的重要原因。受托人处理委托事务需要对外为法律行为时,委托人基于合同的约定会授予受托人代理权。代理与委托合同之间的区别也是显而易见的:(1)授予代理权是被代理人单方法律行为,代理关系只需委托人的单方授权行为即可成立,无须代理人的同意;委托合同是双方法律行为,委托合同的成立须双方合意,即委托人发出要约后,只有在受托人完全同意的情况下,委托合同才能成立。(2)代理行为只限于法律行为,不包括事实行为;委托事务可以是法律行为,也可以是事实行为。如果委托事务是法律行为,则通常会伴随有代理权的授予。在委托合同中如果伴有代理权的授予,那么代理行为所产生的法律后果适用代理制度的相关规定。(3)代理制度涉及被代理人、代理人和第三人之间的法律关系,这种法律关系在代理制度下通过法律的强制性规定被固定,即代理人代被代理人与第三人为法律行为,由被代理人承担法律后果;委托合同的权利义务一般只存在于委托人和受托人之间,不涉及第三人,委托人与受托人之间的法律关系通常由合同当事人自由确定。

第十五节　物业服务合同

一、物业服务合同的概念和特征

(一)物业服务合同的概念

物业服务合同是物业服务人在物业服务区域内,为业主提供建筑物及其附属设施的维修养护、环境卫生和相关秩序的管理维护等物业服务,业主支付物业费的合同。签订物业服务合同的主体,不仅限于物业服务企业,还包括其他管理人。

(二)物业服务合同的特征

物业服务合同具有以下几种法律特征:

1. 物业服务合同为有名合同。我国《民法典》合同编列举了19类有名合同,物业服务合同属于其中之一,这也是在立法上第一次将物业服务合同列为有名合同。随着房地产市场发展以及业主的服务需要,物业服务合同的作用也越来越突出。因此,《民法典》合同编将物业服务合同作为一种有名合同具有重要的现实意义。

2. 物业服务合同为双务、有偿合同。物业服务合同为双务合同，且为有偿合同。在物业服务合同当中，物业服务人的主要义务为提供物业服务，其主要权利为收取相应的物业管理费用；业主的主要权利为享受相应的物业服务，其主要义务为支付相应的物业管理费用。因此，物业服务合同为双务、有偿合同。

3. 物业服务合同为要式合同。依据《民法典》第938条第3款的规定，物业服务合同应当采用书面形式。因此，物业服务合同为要式合同。物业服务人和业主只有在签订合同时采用书面形式，合同成立并生效。

二、物业服务合同的效力

依据《民法典》第939条的规定，建设单位依法与物业服务人订立的前期物业服务合同，以及业主委员会与业主大会依法选聘的物业服务人订立的物业服务合同，对业主具有法律约束力。

（一）物业服务人的主要义务

1. 一般义务。我国《民法典》第942条是关于物业服务人的一般义务的规定。[76] 依据该规定，物业服务人应当按照约定和物业的使用性质，妥善维修、养护、清洁、绿化和经营管理物业服务区域内的业主共有部分，维护物业服务区域内的基本秩序，采取合理措施保护业主的人身、财产安全。同时，对物业服务区域内违反有关治安、环保、消防等法律法规的行为，物业服务人应当及时采取合理措施制止、向有关行政主管部门报告并协助处理。

2. 定期向业主公开报告的义务。物业服务人负有定期向业主公开报告的义务。依据《民法典》第943条规定，物业服务人应当定期将服务的事项、负责人员、质量要求、收费项目、收费标准、履行情况，以及维修资金使用情况、业主共有部分的经营与收益情况等以合理方式向业主公开并向业主大会、业主委员会报告。

3. 移交义务。依据《民法典》第949条第1款的规定，物业服务合同终止的，原物业服务人应当在约定期限或者合理期限内退出物业服务区域，将物业服务用房、相关设施、物业服务所必需的相关资料等交还给业主委员会、决定自行管理的业主或者其指定的人，配合新物业服务人做好交接工作，并如实告知物业的使用和管理状况。

4. 后合同义务。在选聘新物业服务人或者决定自行管理的业主接管之前，物

---

〔76〕《民法典》第942条规定：“物业服务人应当按照约定和物业的使用性质，妥善维修、养护、清洁、绿化和经营管理物业服务区域内的业主共有部分，维护物业服务区域内的基本秩序，采取合理措施保护业主的人身、财产安全。对物业服务区域内违反有关治安、环保、消防等法律法规的行为，物业服务人应当及时采取合理措施制止、向有关行政主管部门报告并协助处理。”

业服务人负有继续处理物业服务事项的义务。依据《民法典》第950条规定,物业服务合同终止后,在业主或者业主大会选聘的新物业服务人或者决定自行管理的业主接管之前,原物业服务人应当继续处理物业服务事项。同时,原物业服务人可以请求业主支付该期间的物业费。

(二)业主的主要义务

1. 按期支付物业费的义务。依据《民法典》第944条的规定,业主应当按照约定向物业服务人支付物业费。物业服务人已经按照约定和有关规定提供服务的,业主不得以未接受或者无须接受相关物业服务为由拒绝支付物业费。业主违反约定逾期不支付物业费的,物业服务人可以催告其在合理期限内支付;合理期限届满仍不支付的,物业服务人可以提起诉讼或者申请仲裁。但是,物业服务人不得采取停止供电、供水、供热、供燃气等方式催交物业费。

2. 告知、协助义务。业主负有告知、协助义务。依据《民法典》第945条的规定,业主装饰装修房屋的,应当事先告知物业服务人,遵守物业服务人提示的合理注意事项,并配合其进行必要的现场检查。业主转让、出租物业专有部分、设立居住权或者依法改变共有部分用途的,应当及时将相关情况告知物业服务人。

3. 赔偿损失的义务。依据《民法典》第946条第2款的规定,依据前款规定解除合同造成物业服务人损失的,除不可归责于业主的事由外,业主应当赔偿损失。

三、物业服务合同的续订和解除

(一)物业服务合同的续订

依据《民法典》第947条规定,物业服务期限届满前,业主依法共同决定续聘的,应当与原物业服务人在合同期限届满前续订物业服务合同。物业服务期限届满前,物业服务人不同意续聘的,应当在合同期限届满前90日书面通知业主或者业主委员会,但是合同对通知期限另有约定的除外。可以看出,提前90日通知是物业服务人不同意续聘的法定义务。

(二)物业服务合同的解除

1. 业主的任意解除权。依据《民法典》第946条第1款规定,业主依照法定程序共同决定解聘物业服务人的,可以解除物业服务合同。决定解聘的,应当提前60日书面通知物业服务人,但是合同对通知期限另有约定的除外。依据此规定,业主对物业服务合同享有任意解除权。但该任意解除权的行使必须同时满足两个条件:其一,依照法定程序;其二,提前60日书面通知物业服务人。此外,对于任意解除权而言,只有业主方享有,物业服务人不享有物业服务合同的任意解除权。

2. 不定期物业服务合同的任意解除权。《民法典》第948条第2款规定,当事人可以随时解除不定期物业服务合同,但是应当提前60日书面通知对方。在物业服务期限届满后,业主没有依法作出续聘或者另聘物业服务人的决定,物业服务人继续提供物业服务的,原物业服务合同继续有效,但是服务期限为不定期。因此,对于不定期物业服务合同,当事人可以随时解除物业服务合同。

第十六节　行纪合同

一、行纪合同的概念与特征

行纪合同,又称信托合同。依《民法典》第 951 条规定,行纪合同,是指合同一方以自己的名义为委托人从事贸易活动,委托人支付报酬的合同。其中,以自己名义为另一方从事贸易活动的,为行纪人;由行纪人为其从事贸易活动,并支付报酬的一方为委托人。

行纪制度是商品经济发展的产物。在罗马法时代行纪制度并未真正产生,罗马法中的行纪契约,只是委任的一种,而非真正意义上的行纪。随着信托业务的发展,行纪合同在出现了独立从事行纪业务的行纪组织后而真正产生。适应欧洲中世纪国际贸易发展的需要,行纪业务一度呈现较为发达的状态。现代各国大都有关于行纪合同的规定。行纪合同是典型的商事合同,它与委托合同一同出现在《民法典》合同编中,是我国法律民商合一的体现。通过行纪合同,一方面委托人不用直接承担交易所产生的法律后果;另一方面委托人也可借助专业的行纪人不必顾及时间、成本及专业技能等因素阻挠而轻松地涉足陌生的交易领域,从事实上增强自己实际的交易能力。因此,行纪合同在现在的经济生活中普遍存在。

行纪合同的法律特征有:

1. 行纪合同是商事合同,行纪人须具备一定的法定资质。行纪合同的行纪人必须是经过批准经营行纪业务的自然人、法人或其他组织,未经法定手续批准或者核准经营行纪业务的自然人、法人和其他组织不得经营行纪业务。

2. 行纪是行纪人在委托人指示的范围内,以自己的名义从事的贸易活动。行纪人在为委托人办理业务时,须以自己的名义;他在与第三人实施法律行为时,自己即为权利义务的主体,由该法律行为而产生的权利义务均由行纪人自己享有或者承担。这一点与委托合同不同,在委托合同中,委托人处理委托人事务可以以自己的名义,也可以以委托人的名义。行纪人以自己的名义处理行纪事务的时候,并无向交易相对人表明委托人身份的义务。行纪合同约定行纪人不得泄露委托人身份的,行纪人不得泄露,违反约定造成委托人损害的,行纪人承担赔偿责任。[77]

3. 行纪合同的标的是行纪人为委托人进行一定的民事行为。行纪合同是一种提供服务的合同,但是行纪人所提供的服务不是一般的劳务,而是须与第三人为民事行为。该民事行为的实施才是委托人与行纪人订立行纪合同的目的所在,该民事行为是行纪合同的标的。

4. 行纪人进行行纪合同的后果最终由委托人承受。行纪合同的行纪人虽与第三人直接发生法律关系,但因该法律关系所生的权利、义务最终归于委托人承受。行纪人为委托人所购、售的物品或委托人交给行纪人的价款或行纪人出卖所得价金,虽在行纪人的支配下,但其所有权归委托人。这些财产若非因行纪人原因发生毁损、灭失,风险也由委托人承担。

5. 现实中,行纪业务一般只涉及动产。由于不动产交易涉及金额巨大,当事人一般会亲自进行,又由于不动产交易要履行不动产变更登记等一系列的复杂手续,行纪人不可能仅以自己的名义完成交易,因此,行纪人一般不会成为不动产交易的当事人。由于在实践中,不动产交易中出现的合同一般为居间合同,因此,大陆法系各国的立法一般将行纪业务仅限于动产。

6. 行纪合同是诺成、不要式、双务、有偿合同。行纪合同自双方当事人意思表示一致时成立,其成立不以实物的交付为必要,故行纪合同为诺成合同。当事人可以采取口头、书面或者其他形式订立行纪合同,故行纪合同为不要式合同。行纪合同生效以后,行纪人应按约为委托人买入或卖出商品,委托人应向行纪人支付报酬,双方互负义务;报酬是行纪人完成委托交易活动的对价,故行纪合同为双务、有偿合同。

二、行纪合同的效力

(一)行纪人的义务与行纪人的介入权

1. 按照委托人的指示办理委托事务。行纪人是为了委托人的利益从事贸易活动的,因此,行纪人必须按照委托人的指示,选择对委托人最有利的条件进行交易,除为了保障委托人的利益外,不得变更委托人的指示。对此,我国《民法典》第955条规定,对于委托人所制定的卖出价格或买入价格,行纪人有遵从指示的义务。

行纪人低于委托人指定的价格卖出或者高于委托人指定的价格买入的,应当经委托人同意;未经委托人同意,行纪人补偿其差额的,该买卖对委托人发生效力(《民法典》第955条第1款)。

行纪人高于委托人指定的价格卖出或者低于委托人指定的价格买入的,可以按照约定增加报酬。没有约定或者约定不明确,依据《民法典》第510条的规定仍不能确定的,该利益属于委托人(《民法典》第955条第2款)。

---

〔77〕 邱聪智:《新订债法各论》(中册),中国人民大学出版社2006年版,第244页。

委托人对价格有特别指示的,行纪人不得违背该指示卖出或者买入(《民法典》第955条第3款)。

2. 妥善保管委托物的义务。行纪人占有委托物的,应当妥善保管委托物(《民法典》第953条)。委托物包括委托人委托卖出的物或者委托买入的物。委托物虽为行纪人占有,但仍归委托人所有。行纪人未尽妥善保管义务造成委托物损害的,委托人可以侵权或违约向行纪人主张赔偿责任。当然,除非委托人另有指示,行纪人并无为保管物品办理保险的义务,因此,对于物的意外灭失,只要行纪人已尽到善良管理人的注意,可不负责任。

3. 负担行纪费用的义务。行纪费用,是指行纪人在处理委托事务时所支出的费用。由于在行纪实践中,行纪人可以通过获得报酬的方式来补偿其支出的行纪费用,因此,《民法典》规定行纪费用以行纪人负担为原则,当事人另有约定除外。对此,《民法典》第952条明确规定:"行纪人处理委托事务支出的费用,由行纪人负担,但是当事人另有约定的除外。"

4. 合理处分委托物的义务。《民法典》第954条规定,委托物交付给行纪人时有瑕疵或者容易腐烂、变质的,经委托人同意,行纪人可以处分该物;不能与委托人及时取得联系的,行纪人可以合理处分。该条虽使用了"可以"二字,但行纪人对委托物的处置仍然是一种义务,而非权利。行纪人的处分是否合理,应视行纪人处分该委托物时的具体情况而定,行纪人应尽可能地选择最有利于委托人的方式处分委托物。行纪人违反对委托物的合理处分义务的,应当承担违约责任,并赔偿给委托人造成的损失。

5. 说明交易风险、报告交易进展和移交交易所得义务。一般情况下,行纪人都是专业从事某项交易的专业人员,如证券业,为了避免委托人遭受不必要的交易损失,行纪人有义务在订立合同以及合同履行中将交易所存在的风险如实告知委托人,未告知而给委托人造成损害的,行纪人承担损害赔偿义务。此外,在行纪合同的履行过程中,行纪人应当按照约定或者交易习惯及时向委托人报告委托事务的处理情况。在行纪事务处理完毕后,行纪人应当报告事务处理的结果并将委托事务所得移交给委托人。

6. 行纪人的介入权。《民法典》第956条规定:"行纪人卖出或者买入具有市场定价的商品,除委托人有相反的意思表示外,行纪人自己可以作为买受人或者出卖人。行纪人有前款规定情形的,仍然可以请求委托人支付报酬。"该条明确规定了行纪人的介入权。根据该条规定,行纪人行使介入权应当具备以下条件:(1)必须是买卖由市场定价的证券或者其他商品。(2)委托人未反对行纪人的介入。如果委托人有反对行纪人介入的意思表示,则无论是明示还是默示,行纪人都不能行使介入权。(3)行纪人尚未对第三人进行卖出或者买入。行纪人只有在尚未对委托事务作出处理的情况下,才有介入权。

行纪人行使介入权后产生两方面效果:一方面,在行纪人与委托人之间直接成立买卖合同关系;另一方面,行纪人行使介入权在与委托人成立买卖合同关系的同时也完成了对行纪合同的履行。因此,行纪人的介入并不影响其报酬请求权,行纪人仍然可以要求委托人支付报酬。

关于介入权的性质,通说认为,介入权的行使在行纪人与委托人之间直接成立买卖合同,它无须委托人的承诺,仅依行纪人的意思表示即可,故其为形成权。

(二)委托人的义务

1. 及时接受行纪人所办理的事务或成果的义务。委托人对于行纪人按照约定买入的委托物,应当及时受领,并对已购进的货物及时验收。委托人委托行纪人出卖物品的,委托物不能卖出或者委托人撤回出卖的,委托人应当及时取回或者处分。

2. 支付报酬的义务。支付报酬是委托人的基本义务。报酬是完成委托事务的代价。依《民法典》第 959 条的规定,行纪人完成或者部分完成委托事务的,委托人应当向其支付相应的报酬。委托人逾期不支付报酬的,行纪人对委托物享有留置权,但是当事人另有约定的除外。

三、行纪合同与委托合同的异同

行纪合同与委托合同都是接受委托人的委托代其处理有关事项的合同,两者有许多相似之处。基于行纪合同与委托合同的相似性,《民法典》第 960 条规定,行纪合同没有规定,参照适用委托合同的有关规定。但是行纪合同与委托合同作为两种不同的有名合同,其差别也是明显的:(1)行纪合同中的委托事务是特定的,仅限购销、寄售等贸易活动,应为法律行为。而委托合同中的委托事务是非特定化的事务,法律行为、事实行为均可以成为委托事务。(2)行纪人只能以自己的名义进行活动,且行纪人与第三人所为的法律行为不直接对委托人发生效力。而委托合同的受托人处理委托事务,可以自己或委托人的名义。受托人以委托人的名义所为的行为直接对委托人发生效力,受托人以自己的名义对外进行活动时,如委托人行使介入权或第三人选择委托人为相对人时,合同也直接对委托人发生效力。(3)行纪合同是有偿合同,而委托合同可以是有偿的,也可以是无偿的。

第十七节　中 介 合 同

一、中介合同的概念与特征

《民法典》第 961 条规定,中介合同是中介人向委托人报告订立合同的机会或者提供订立合同的媒介服务,委托人支付报酬的合同。在中介合同中,报告订约机会或提供交易媒介的一方为中介人,给付报酬的一方为委托人。

中介是一种古老的商业活动,其社会功能在于中介人能将相互不知对方缔约意愿者结合在一起,促成交易的完成。中介在古希腊时期即已出现。在古希腊时代,无论何人都可以自由从事中介活动,但到了中世纪,则只有中介团体的成员才可以进行中介活动,中介带有了公职性质。德国旧商法认为中介人是一种官吏,其他为私居间人,但其新商法则采自由营业主义。[78] 中介在我国并非舶来品,其在古代即已经存在,有悠久的历史。在我国古代,中介人被称为“互朗”,是指促进双方成交而从中取酬的中介人,后“互”讹传为“牙”,民间遂将中介人称为“牙行”或“牙纪”。在现今的商业活动中,通过中介人或经纪人牵线搭桥促成交易的情况已经普遍存在,因此,1999年的《合同法》将其称为居间合同并在合同类型中设专章予以规定。2020年通过的《民法典》选择采取了更为民众化的“中介合同”这一名称,并专设第二十六章对这一类合同进行了规定。

从合同类型来看,中介合同是一种典型的提供劳务合同,以中介人提供的一定劳务或服务为合同标的。依据中介人所受委托的内容不同,中介可以被分为报告中介与媒介中介。报告中介指中介人仅为委托人报告订约机会的中介;媒介中介是指中介人除向委托人报告订约机会外,还需提供媒介服务促成合同成立的中介。在媒介中介中,委托人与他人订立的合同,如果系因中介人之介绍斡旋所致者,中介人始得请求报酬。此外,报告中介通常仅受一方委托,为其寻觅可与委托人定约的相对人;媒介中介则受定约双方当事人的委托,斡旋于双方当事人之间。[79] 在民商分立的国家,报告中介一般由民法调整,而媒介中介则一般由商法调整。根据中介合同适用的法律依据不同可以将中介区分为一般中介与特殊中介。特殊中介的典型为婚姻中介。婚姻中介是为男女一方或者双方,报告订婚或结婚机会或媒介订婚或结婚之中介。由于在早期社会做媒之人多为年长的女性,所以此种居间的中介人多被称为媒婆。婚姻中介的特色一般为纵有约定,也不得请求报酬请求权。[80]

中介合同具有如下法律特征:

1. 中介合同是指一方为他方报告订约机会或者为订约媒介的合同。中介人不是委托人的代理人,不具体参与委托人与他人的交易,仅是在交易中起到介绍、协助作用的中间人。中介合同中的中介人虽也为委托人提供服务,但是其服务的内容仅限于报告订约机会与订约媒介,中介人的中介行为并不直接产生法律后果。

---

〔78〕 史尚宽:《债法各论》,中国政法大学出版社2000年版,第461页。

〔79〕 邱聪智:《新订债法各论》(中),中国人民大学出版社2006年版,第228页。

〔80〕 邱聪智:《新订债法各论》(中),中国人民大学出版社2006年版,第230页。

所谓报告订约机会是指中介人受委托人之委托,收集相关订约信息并将之报告给委托人;所谓订约媒介是指介绍双方当事人订立合同,而且斡旋于双方当事人之间,促进双方交易的达成。

2. 中介合同通常为双务、有偿合同。中介人通常负有报告订约机会或提供订约媒介服务的义务,委托人在合同订立后负有给付报酬的义务,两者互为对价,因此,中介合同通常为双务、有偿合同。

3. 中介合同为诺成合同和不要式合同。中介只要当事人的意思表示一致即可成立,为诺成合同;法律未规定中介合同必须采取特定的形式,当事人采取口头形式或书面形式均可,中介合同为不要式合同。

4. 中介合同的主体具有一定的特殊性。中介合同的一方为中介人。中介商业活动,一方面具有促进交易,繁荣市场的功效;另一方面一旦中介人进行不正当的中介活动,会干扰正常的经济秩序,破坏社会风气。因此,法律一般要求中介人必须是取得中介资格并经核准具备从事中介活动条件的法人、公民。中介人通常只能在核准、登记的范围内从事中介活动。

二、中介合同的效力

(一)中介人的义务

1. 如实报告订约机会和提供订约媒介的义务。此项义务是中介人的主要义务,中介人应当就订立合同的事项向委托人如实报告。对此,《民法典》第962条规定:"中介人应当就有关订立合同的事项向委托人如实报告。中介人故意隐瞒与订立合同有关的重要事实或者提供虚假情况,损害委托人利益的,不得请求支付报酬并应当承担赔偿责任。"具体而言,在报告中介中,中介人应如实地向委托人报告其所知的订约事项;在媒介中介中,中介人应当如实向委托方和第三方提供相互间的要求和信息,努力促使双方达成协议。

2. 忠实和尽力的义务。这种包括:(1)中介人就自己所为的中介活动,有忠实义务。中介人的忠实义务除表现在中介人应将所知道的有关订约信息如实告知给委托人外,还表现在:中介人不得对订立合同施加不良影响,影响合同的订立或者损害委托人的利益;中介人对于所提供的信息、成交机会以及后来的订约情况,负有向其他人保密的义务。在判断中介人享有的忠实义务时,应当对营业性中介与一般性中介加以区分。营业性中介人以中介为业,一般中介人仅仅是业余偶尔从事中介活动,营业性中介人的忠实义务应当高于后者,以形成差别。(2)中介人在负有忠实义务的同时还负有尽力义务。判断中介人是否有尽力义务及其范围如何,应依照诚实信用原则来解释。报告中介人的任务在于报告订约机会给委托人,媒介中介人的任务除向委托人报告订约信息外,还应尽力排除双方所持的不同意

见,促使将来可能订约的双方当事人达成合意。〔81〕

3. 负担中介活动费用的义务。我国《民法典》第963条第2款规定:“中介人促成合同成立的,中介活动的费用,由中介人负担。”据此,中介人促成合同成立后,中介人应当负担中介活动的费用。中介人作为中介合同的一方主体,为委托方收集并提供包括相关人的资信状况、信誉度、订约愿望等相关的订约信息,必定为此支付一定的费用。对于此费用的支出,若委托方和中介人事先没有明确约定由哪一方负担,则应当由中介人承担。这是因为在一般情况下,中介人支出的中介活动的费用都已计算在中介报酬之中了,中介人可以从报酬中获得中介费用的补偿。

(二)委托人的义务

1. 支付中介报酬的义务。根据《民法典》第963条第1款第1句规定,中介人促成合同成立的,委托人应当按照约定支付报酬。由此规定可知,中介人的报酬请求权完全取决于委托人和相对人之间的合同是否成立,是以合同成立为条件,中介人承担了报酬取得方面的一定风险。通常,中介人向委托人报告订立合同的机会或提供订立合同的媒介服务而促成合同成立时,中介人始得要求委托人支付报酬;另有约定的,从其约定。对于中介报酬的支付,《民法典》第963条首先规定当事人可以采取约定的方式确定;对中介人的报酬没有约定或者约定不明确,依据《民法典》第510条的规定仍不能确定的,根据中介人的劳务合理确定。因中介人提供订立合同的媒介服务而促成合同成立的,由该合同的当事人平均负担中介人的报酬。

实践中,存在委托人利用中介机构提供的信息获取缔约利益但不通过中介缔约而逃避支付中介费用的“跳中介”行为。由于《合同法》对此并无明确规定,往往造成实践中被跳单中介维权困难,《民法典》弥补了这一漏洞。《民法典》第965条规定:“委托人在接受中介人的服务后,利用中介人提供的交易机会或者媒介服务,绕开中介人直接订立合同的,应当向中介人支付报酬。”

2. 支出必要中介费用的义务。中介费用,是指中介人进行中介活动所支出的费用。中介费用通常包含于报酬之中。在中介人促成委托人与第三人之间的交易时,未有特殊约定,中介费用由中介人负担,中介人不能向委托人请求偿还。依《民法典》第964条规定,中介人未促成合同成立的,不得请求支付报酬;但是,可以按照约定请求委托人支付从事中介活动支出的必要费用。

三、中介合同与委托合同、行纪合同的异同

中介合同与委托合同、行纪合同都属于提供服务的合同,都是一方受他方委托

〔81〕　崔建远主编:《合同法》(第4版),法律出版社2007年版,第508页。

为其办理一定事务的合同。但是它们之间有显著的区别,表现在:(1)中介人仅为委托人报告订约机会,或为其提供订约媒介服务,并不参与委托人与第三人之间的关系。在委托合同中,受托人可以代委托人与第三人订立合同,参与并可决定委托人与第三人之间的关系内容;在行纪合同中,行纪人以自己的名义为委托人与第三人完成交易事务,与第三人发生直接的权利义务关系。(2)中介合同通常为有偿合同,但中介人只有在有中介结果时才得请求报酬,并且在为订约媒介中介时可从委托人和相对人双方取得报酬;而委托合同可以是无偿合同,也可以是有偿合同;行纪合同虽为有偿合同,行纪人却仅从委托人一方取得报酬。(3)中介人没有将处理事务的后果移交给委托人的义务,而在委托合同和行纪合同中都有委托人取得事务处理结果的问题。

第十八节　合 伙 合 同

一、合伙合同的概述

(一)合伙合同的概念

合伙合同是两个以上合伙人为了共同的事业目的,订立的共享利益、共担风险的协议。

(二)合伙合同的特征

合伙合同主要有以下几种法律特征:

1. 合伙合同是一种共同的法律行为。共同法律行为,也称共同行为,是由同一方向平行的两个以上意思表示一致而成立的行为。[82] 共同法律行为具有意思表示的同向性和身份的同一性的重要特点。在共同法律行为当中,各行为人的意思表示方向是一致的,并且他们的身份是一样的。比如,在公司股东会决议当中,行为人均为公司股东。合伙合同也具备这种特征,因此,合伙合同是一种共同的法律行为。

2. 合伙合同确立了合伙人的基本权利义务关系。合伙人具有共同的事业目的,为了实现这一目的,就需要对合伙事务的执行、利润分配以及亏损弥补等事项作出相应的约定。通过合伙合同,合伙人之间的权利义务得以明确。因此,合伙合同为合伙人行使权利和承担义务的基本依据。正如有观点指出,合伙协议之于合

〔82〕 韩长印:《共同法律行为理论的初步构建——以公司设立为分析对象》,载《中国法学》2009 年第 3 期。

伙,如同章程之于公司,是合伙组织最重要的内部法律文件,是确定合伙人之间权利义务关系的基本依据。[83]

3. 合伙合同是合伙人承担责任的依据。合伙合同不仅是合伙人权利和义务关系的基本依据,而且还是合伙人承担责任的依据。对于合伙而言,其外部关系主要由法律的强制性规定进行调整,内部关系则主要依据合伙合同来进行调整。如果合伙人的行为违反了合伙合同的规定,需要承担相应的违约责任。因此,合伙合同是合伙人承担责任的依据。

(三)民事合伙与商事合伙之间的区别

民事合伙和商事合伙具有一定的相似性,但也存在很大的差别:

1. 民事合伙虽具有持续性,但期间较短。民事合伙的各合伙人之间是一种合同关系,通常而言,在目的达到之后,各合伙人之间的权利义务关系也随之终止。而商事合伙则不同,其一般具有很强的持续性。商事合伙这一组织体为了实现合伙事业,往往需要长期相互配合,共同经营。

2. 民事合伙不属于独立的民事主体。因此,各合伙人无法以合伙组织的名义对外开展民事活动。而商事合伙则属于独立的民事主体,其合伙人可以以合伙组织的名义对外实施民事法律行为。

二、合伙财产

(一)合伙财产

依据《民法典》第 968 条规定,合伙人应当按照约定的出资方式、数额和缴付期限,履行出资义务。所谓按照约定,也即依据合伙合同的约定。因此,合伙人必须依据合伙合同的约定履行出资义务。同时,我国《民法典》第 969 条对合伙财产也进行了规定。[84] 依据该规定,合伙财产主要分为三类:其一,合伙人的出资;其二,因合伙事务依法取得的收益;其三,其他财产。对于合伙财产,在合伙终止前,合伙人不得请求分割,这也是基于合伙组织的稳定性所作出的合理限制。

(二)合伙财产份额的转让

对于合伙财产份额的转让,《民法典》也作出了相关的规定。依据《民法典》第 974 条规定,除合伙合同另有约定外,合伙人向合伙人以外的人转让其全部或者部分财产份额的,须经其他合伙人一致同意。可以看出,合伙合同对合伙财产转让的约定优先。在没有约定的情形下,合伙人向合伙人以外的人转让其全部或者部分

---

〔83〕 王利明:《论合伙协议与合伙组织体的相互关系》,载《当代法学》2013 年第 4 期。

〔84〕 《民法典》第 969 条第 1 款规定:"合伙人的出资、因合伙事务依法取得的收益和其他财产,属于合伙财产。"

财产份额的,须经其他合伙人一致同意。

三、合伙事务的执行

(一)合伙事务的执行人

1. 合伙事务的执行人。依据《民法典》第970条第2款的规定,[85]合伙事务的执行存在两种方式。其一,由全体合伙人共同执行;其二,委托一个或者数个合伙人执行。对于不执行合伙事务的其他合伙人而言,其有权对合伙事务的执行进行监督。

2. 异议权。依据《民法典》第970条第3款规定,合伙人分别执行合伙事务的,执行事务合伙人可以对其他合伙人执行的事务提出异议;提出异议后,其他合伙人应当暂停该项事务的执行。依据该规定,对于合伙人分别执行合伙事务而言,合伙人之间有权提出异议。在合伙人提出异议之后,其他合伙人应当暂停该项事务的执行。

(二)合伙的利润分配和亏损分担

合伙企业的利润分配和亏损分担是合伙合同的重要事项。一般而言,合伙人在订立合伙合同时会对利润分配和亏损分担等事项进行约定。在合伙合同对这些事项进行约定的情形下,依据约定办理即可。在合伙合同尚未进行约定的情形下,又该如何进行处理呢?对此,我国《民法典》第972条作出了规定。[86] 依据此规定,合伙的利润分配和亏损分担,按照合伙合同的约定办理;合伙合同没有约定或者约定不明确的,由合伙人协商决定;协商不成的,由合伙人按照实缴出资比例分配、分担;无法确定出资比例的,由合伙人平均分配、分担。由此,可以看出,对于合伙的利润分配和亏损分担存在这样的一种顺序:约定—协商决定—按照实缴出资比例分配、分担—平均分配、分担。

(三)合伙债务承担

合伙债务是合伙人在经营的过程中对外所负的负担。对于合伙债务,合伙人之间应当负有连带责任,这也是合伙的性质所决定的。依据《民法典》第973条的规定,合伙人对合伙债务承担连带责任。清偿合伙债务超过自己应当承担份额的合伙人,有权向其他合伙人追偿。

---

〔85〕《民法典》第970条第2款规定:"合伙事务由全体合伙人共同执行。按照合伙合同的约定或者全体合伙人的决定,可以委托一个或者数个合伙人执行合伙事务;其他合伙人不再执行合伙事务,但是有权监督执行情况。"

〔86〕《民法典》第972条规定:"合伙的利润分配和亏损分担,按照合伙合同的约定办理;合伙合同没有约定或者约定不明确的,由合伙人协商决定;协商不成的,由合伙人按照实缴出资比例分配、分担;无法确定出资比例的,由合伙人平均分配、分担。"

四、合伙人权利、义务关系的终止

(一)不定期合伙合同被解除

依据我国《民法典》第976条第1款的规定,合伙人对合伙期限没有约定或者约定不明确,依据《民法典》第510条的规定仍不能确定的,视为不定期合伙。合伙人可以在合伙合同当中约定合伙的期限,在没有约定或者约定不明确且无法确定的情形下,视为不定期合伙。该规定为不定期合伙的一般规定。对于合伙期限届满,合伙人继续执行合伙事务且其他合伙人没有提出异议的,合伙期限为不定期。对于不定期合伙合同而言,合伙人在履行通知义务之后可以解除合同。在合伙合同解除之后,合伙人之间的权利义务关系也随之终止。

(二)合伙人死亡、丧失民事行为能力或者终止

依据《民法典》第977条的规定,合伙人死亡、丧失民事行为能力或者终止的,合伙合同终止;但是,合伙合同另有约定或者根据合伙事务的性质不宜终止的除外。在合伙合同终止后,合伙人之间的权利与义务关系也随之终止。

重点问题梳理

1. 买卖合同的风险负担及移转的原则规定包括:(1)风险负担的移转采用交付主义。(2)风险负担的移转与标的物所有权的移转并不挂钩。(3)风险负担的移转与出卖人是否应当承担违约责任一般也不挂钩。(4)出卖人按照约定未交付有关标的物的单证和资料的,只要已经完成了标的物的交付,风险也发生移转。

2. 赠与人的撤销权是指在赠与合同生效后,赠与人可以依法撤销赠与合同,使之归于终止的权利。撤销权分为任意撤销权和法定撤销权。赠与人的任意撤销权是指赠与人基于自己的意思表示而撤销合同的权利。即赠与合同成立后,赠与财产移转前,赠与人无须说明理由即可撤销赠与。赠与人的法定撤销权是指赠与人基于法律规定的事由,撤销赠与合同的权利。

3. 自然人之间的借款合同属于实践合同。

4. 买卖不破租赁。(见表20-1)

表20-1 买卖不破租赁的构成要件和效果

构成要件	租赁合同有效
	出租人已经将租赁物交付给承租人,承租人占有中
	租赁期间内,因买卖、互易、赠与、投资等原因,租赁物的所有权发生变动
法律效果	新的所有权人"法定承受"该租赁合同

注:例外情形包括租赁物被征收、没收的;先抵押后出租,抵押权已经登记的;房屋在出租前已经被人民法院依法查封的。

5. 房屋承租人不享有优先购买权的情形包括:(1)房屋的共有人行使优先购买权的。(2)出租人将房屋出卖给自己的近亲属的。(3)出租人履行通知义务后,承租人在15日内未明确表示购买的。(4)出租人将房屋出卖给善意第三人,并办理完过户登记手续的。

6. 保管合同为实践合同,而仓储合同是诺成合同。

案例与分析

1. 甲卖一母牛与乙,价3600元,约定乙于6月1日至12月1日每月付600元,12月1日前付完,母牛即归乙。随后,甲于5月31日将牛交至乙家中。此后,每月乙依约付款。但在9月15日,母牛遭雷击身亡。

问题:谁承担风险?

分析:该案中标的物灭失的风险应当由乙来承担。因为按照我国《民法典》第604条第1款的规定:"标的物毁损、灭失的风险,在标的物交付之前由出卖人承担,交付之后由买受人承担,但是法律另有规定或者当事人另有约定的除外。"在所有权保留合同中,常会出现所有权享有与风险负担的主体差异。

2. 甲计划对住房进行重新装修,为了施工方便,准备暂时将大件家具和家用电器寄放到亲戚和朋友家。经与朋友乙商量并征得其同意后,甲将电冰箱、电视机、电脑、音响等拉到了乙家存放。说好等甲家装修好以后就拉走。不久乙某夫妇二人利用休假回老家探亲,半个月以后回来,发现家中被盗,除了自家的现款和首饰被盗外,甲寄放的电脑和高级音响也不知去向。乙一面报警一面将情况告知了甲。甲听说以后很不高兴,埋怨说早知道对方要回老家就会把东西转存到别的地方,就不会有今日的损失。乙觉得甲太过分,遂不经商量就叫车将电冰箱和电视机送回甲家。甲一气之下到法院起诉:请求法院认定被告乙没有保管好原告的物品,造成了原告的损失,应当予以赔偿。[87]

问题:该案应当如何处理?

分析:甲乙之间的保管合同为无偿保管合同,保管人乙只对由于自身的故意、重大过失造成的寄存人物品的毁损或灭失负赔偿责任。由于自然灾害、第三人过错或保管人的轻微过失造成的保管物的毁损,保管人不承担责任。

3. 甲公司需要乙公司生产的一套精密成套设备,双方找丙公司商议,由丙公司购买并直接租给甲公司。甲、乙、丙三方签订了合同主要内容如下:(1)由丙公司付给乙公司货款500万元;(2)乙公司将精密成套设备代办托运给甲公司;(3)甲公司承租该设备,期限为10年,每年租金为80万元。后为筹借资金欲向丁银行借

---

〔87〕 鲁叔媛主编:《民法案例教程》,法律出版社2006年版,第380页。

款300万元，丁银行要求提供担保，丙公司请求戊公司作保，戊公司允诺。丙、丁、戊签订了合同主要内容如下：(1)丁银行借给丙公司300万元，预扣1年的利息30万元，实际交付丙公司270万元；(2)戊公司承担保证责任，但丙公司应付给戊公司担保费30万元。合同由三方签字并加盖了各自的合同专用章。甲公司签订合同后，为顺利安装和操作该设备，又与辛公司签订了一份技术咨询合同，但合同未约定根据咨询意见作出决策的损失承担。

问题：(1)甲、乙、丙之间的合同属于合同法上的哪种合同？

(2)丙与丁银行的借款合同中的借款数额应为多少？为什么？

(3)假设乙公司交付的设备质量不符合要求，甲公司可否向乙公司追究违约责任？为什么？

(4)假设甲公司根据辛公司的符合要求的咨询报告进行操作发生事故，辛公司是否承担赔偿责任？为什么？

(5)假设乙公司向甲公司交付货物后，甲公司使用过程中部分部件正常磨损，需要维修，该维修费应由谁承担？为什么？

(6)假设辛公司在提供技术咨询过程中形成了一项新的技术成果，且未与甲公司约定该技术成果的归属。该术成果归谁享有？为什么？

分析：(1)根据《民法典》第735条的规定，该合同为融资租赁合同。融资租赁合同是出租人根据承租人对出卖人、租赁物的选择，向出卖人购买租赁物，提供给承租人使用，承租人支付租金的合同。

(2)借款数额应为270万元，因为根据《民法典》第670条的规定，借款的利息不得预先在本金中扣除。预先扣除的，应当按照实际借款数额返还借款并计算利息。

(3)甲公司可以向乙公司追究违约责任。因为根据《民法典》第739条的规定，出租人根据承租人对出卖人、租赁物的选择订立的买卖合同，出卖人应当按照约定向承租人交付标的物，承租人享有与受领标的物有关的买受人的权利。

(4)辛公司不承担责任。因为根据《民法典》第881条第3款的规定，技术咨询合同的委托人按照受托人符合约定要求的咨询报告和意见作出决策所造成的损失，由委托人承担，但是当事人另有约定的除外。

(5)该维修费由甲公司承担。根据《民法典》第750条的规定，承租人应当妥善保管、使用租赁物。承租人应当履行占有租赁物期间的维修义务。

(6)该技术成果归辛公司所有。根据《民法典》第885条的规定，在技术咨询合同、技术服务合同履行过程中，受托人利用委托人提供的技术资料和工作条件完成的新的技术成果，属于受托人。委托人利用受托人的工作成果完成的新的技术成果，属于委托人。当事人另有约定的，按照其约定。

第二十一章　侵权行为之债(侵权责任法)

所谓侵权行为之债,是指由于行为人对受害人实施侵权行为而产生的,受害人可以向行为人要求为损害赔偿、停止侵害,或者为或不为其他行为的一种债权债务关系。其中,受害人是债权人,行为人是债务人,内容是为或不为一定行为,其中最常见最主要的是损害赔偿。掌握侵权行为之债的关键是理解什么是侵权行为,怎样判断侵权行为是否成立,其责任范围如何。

第一节　侵权行为之债概述

一、侵权行为的概念与特征

侵权行为的概念分为法定概念和学理概念,前者是相关国家民法典或侵权法对侵权行为所作的立法界定,如《法国民法典》第 1382 条规定,“任何行为使他人受损害时,因自己过错而致损害发生之人,对该他人负赔偿的责任”;又如我国《民法典》第 1165 条第 1 款规定:“行为人因过错侵害他人民事权益造成损害的,应当承担侵权责任。”同法第 1236 条规定:“从事高度危险作业造成他人损害的,应当承担侵权责任。”学理定义是侵权法学者对侵权行为所下的定义。在这里,主要讨论侵权行为的学理概念。

所谓侵权行为,是指因其过错或其制造或控制的异常危险,或者其他法定事由导致他人遭受损害因而应承担侵权责任的行为。

依此定义,侵权行为具有以下法律特征:

1. 侵权行为必定有损害和因果关系。损害可能是绝对权遭受侵害,也可能是法律明确保护的利益受到侵犯。因果关系既包括科学意义上的事实因果关系,也包括法律上的因果关系。

2. 某项行为之所以为侵权行为,是因为它满足某种归责依据的要求。行为人为什么从事了一项侵权行为并要承担侵权责任,是因为他有过错——违反法定义务或注意义务,[1]或者他制造或控制了某项异常危险,或者是法律规定的其他事由,如监护人责任。

3.这里的"行为",包括作为和不作为;侵权行为中的行为大多数场合下都是作为。例如,某人饲养了一只凶猛的狼犬咬伤了路人,或者是某人超速驾车酿成交通事故,或者是医生不当医治病人致病人死亡;不作为主要存在于行为人负有作为义务的场合下,例如,施工队在道路上挖坑,忘记设置防护装置,导致行人掉入坑内受伤。

正是上述三项特征的综合令侵权行为不同于其他法律事实(契约、不当得利、无因管理)。另外,侵权行为当然是一种违法行为,但由于过错内涵的变化,侵权行为道德可责性的弱化,违法性已被过错所吸收,因而不必再另外强调侵权行为的违法性。

二、侵权行为的种类

根据不同的标准,可对侵权行为作不同的分类。

依归责依据来划分,侵权行为分为过错侵权行为(又分为故意侵权行为和过失侵权行为)、危险责任侵权行为。这两类通常又被分别称为一般侵权行为和特殊侵权行为。

依具体致害者是否为侵权责任人本人来划分,侵权行为分为为自己行为负责之侵权行为、为他人或他物致害负责之侵权行为。后者又通常被称为准侵权行为。

依行为方式来划分,侵权行为分为作为的侵权行为和不作为的侵权行为。

依侵权行为人的数量和行为结合形态,可以分为单独侵权行为和共同侵权行为。

三、侵权行为法的概念和特征

关于侵权行为法,有很多学者给它下了定义。[2] 本书认为,所谓侵权行为法,就是以判断侵权行为是否成立、侵权责任及其范围大小为内容,以补偿受害人、惩罚侵权人、预防侵权发生为主要目标的法律规范的总称。据此,侵权行为法有两项基本任务,即判断侵权行为是否成立,以及确定侵权责任的种类和范围。而之所以有这两项任务,乃是为了实现侵权行为法的上述功能。侵权行为法有时候也被称为侵权责任法,二者大体相同,只不过侧重点不同。因为侵权行为必然伴有侵权责

---

[1] 侵权行为法上的过错是指违反法定义务或注意义务的心理状态或客观状态。法定义务是法律明确保护他人免受损害的义务,注意义务是一般理性人对他人安全负担的应有谨慎的义务。从一定意义上说,这两种义务都是法定义务,而不是约定义务。正是这一特征,将侵权法上的过错侵权行为与合同法上的违约行为区分开来。

[2] 杨立新:《侵权法论》(第2版),人民法院出版社2004年版,第33页。

任的法律后果,侵权责任必然以侵权行为为前提。

侵权行为法的特征包括:

1. 侵权行为法是债法的一部分。在普通法上,既没有成文法、制定法的传统(以先例形式存在的判例法),也没有严格的物权债权区分(立法技术必然与法律呈现方式有关),侵权行为法、契约法、财产法等主要法律部门都是散落并立的。但在大陆法系,从罗马法时代开始,侵权和违约就各自成为债发生的原因之一。这种传统一直延续到今天。因此,在大陆法系(包括我国),侵权行为法一向属于债法的范畴。

2. 侵权行为法是强行法。法律依照其规范的效力属性可分为强行法和任意法。与契约法大多数为任意法不同,侵权行为法基本上属于强行法。这意味着,无论是受害人还是侵权人,只能选择遵守侵权行为法的规则,而不能有选择地遵守或者不遵守。之所以如此,是因为侵权行为属于违法行为,因而国家必须强制设定处理程序和法律效果。当然,在侵权案件中,就民法范围内来说,获得救济是受害人的权利,既然是私人权利,自然可以部分或全部放弃。

3. 侵权行为是权利保护法。法谚有云,无救济则无权利(Ubi jus, ibi remedium)。作为民事上最重要的权利救济法,侵权行为法扮演了一个相当重要的角色。侵权行为法基本上对所有的支配权和法律认为值得保护的相对权和纯粹经济利益都给予了保护。如果没有侵权行为法,则上述权利和利益将形同虚设,任人践踏。因此,相对于契约法是市场交易法,侵权行为法则是权利保护法。

四、侵权行为法的渊源

侵权行为法的渊源是指侵权行为法的具体存在形式。具体来说,它的渊源主要包括以下几个方面:

1. 宪法。宪法是关于国家基本架构和民众基本权的基本法。宪法规定了诸如生命、健康、自由、财产等基本权,这些基本权在民法上被进一步具体规定。宪法的这些有关法律主体所享有基本权的规定在一定情形下可以充当侵权诉讼的权利来源。从这个意义上说,宪法也能成为侵权行为法的辅助性渊源。

2.《民法典》。这是一国侵权行为法最重要、最主要的渊源。

3. 全国人大及其常委会颁布的其他法律。典型的如《道路交通安全法》《产品质量法》《环境保护法》《消费者权益保护法》等。这些法律中的某些规定都可以直接作为侵权法的渊源。

4. 国务院制定的行政法规。典型的如《医疗事故处理条例》。在现行法框架下,行政法规也是一种重要的侵权法渊源。

5. 地方性法规和行政规章。这些地方性法律或规章,在所属的行政区域内是侵权法重要的补充性渊源。

6. 最高人民法院司法解释。现行有效的主要侵权法司法解释有:《精神损害赔偿解释》《人身损害赔偿解释》《名誉权解释》等。

7. 当地习惯和行业惯例。在没有任何其他侵权法渊源的情形下,当地习惯可以作为补充性渊源。而行业惯例在判断行为人是否具有过失方面也有重要的参考意义。

五、侵权行为法的功能

所谓侵权行为法的功能,即侵权行为法所发挥的作用,与侵权行为法的目标或者说价值取向大体近义,只不过前者是偏重于从客观角度,后者是偏重于从主观角度所进行的考察和发掘。如今,很少有人还坚持侵权行为法仅具有单一功能——补偿,而是赞成它有多重功能:补偿、惩罚(制裁)、预防(遏制、威慑、吓阻),以及形塑民众良善的行为方式、承载社会文明价值,等等。

1. 补偿功能。所谓侵权行为法的补偿功能,是指对于受害人遭受到的损害,侵权法通过规定侵权人向受害人支付赔偿,以填补其损失,消除其损害,力求使受害人恢复到受侵害之前的状态。补偿无疑是侵权法最基本、最主要的功能。补偿的要义是全面填补损害,务必使受害人能够回复到侵权行为实施之前的状态。

2. 惩罚(制裁)功能。所谓侵权行为法的惩罚功能,是指对于某些主观心态具有严重可责性的侵权,侵权行为法通过课加侵权责任,尤其是惩罚性赔偿来对行为人进行惩罚,以实现各得其所的正义。我国民法学界很早就有认同侵权法制裁功能的观点。制裁不法行为人是法律对漠视社会利益和他人利益、违背义务和公共行为准则的行为的谴责和惩戒,它意味着法律依据社会公认的价值准则和行为准则对某种侵权行为所作的否定性评价。[3]

3. 威慑和预防(防范)功能。所谓侵权行为法的威慑功能,又称为吓阻功能、遏制功能,是指通过民事责任的必然性、与致害后果及主观心态相称的负担性,使加害人避免今后再次重蹈覆辙,使潜在的侵权人不再从事类似的侵权行为。威慑的最终结果还是为了预防。因此,侵权行为法的威慑功能和预防功能总是联系在一起的。

4. 激励有效率之行为的功能。所谓激励有效率之行为的功能,是指在某些领域,侵权法并不追求彻底预防侵权行为的发生,而是力图在侵权行为的发生与社会发展和进步之间达成一种平衡,也就是说,使行为人的行为处于效率最优状态。随着侵权行为法的不断发展,侵权行为很大程度上已经褪去了道德可责难性。侵权行为法甚至会容忍某些必定会导致侵权发生的行为或状态存在。在危险责任领域,侵权行为法的这一功能表现得尤为突出。比如,机动车事故致人伤亡,这个事

---

〔3〕 王家福主编:《中国民法学——民法债权》,法律出版社 1991 年版,第 441 ~443 页。

故比例是一定的,而且可以想见,这个事故比例绝不可能降低到零。但法律并没有干脆禁止机动车制造和上路。类似的还有高温高压、易燃易爆的生产作业,这些高度危险活动导致事故的比例也绝不会是零,换言之,再怎么提高注意程度,一定数量的事故还是会发生。侵权法对此不是片面追求预防损害而将其干脆禁止,而只是设立所谓危险责任来达到补偿受害人和认可危险作业存在发展二者之间的平衡。

按照侵权行为法对此领域行为人的要求,行为人只需要尽到效率上最优的注意,而不是尽最大限度地注意,更不是不再从事该危险行业的活动。从这个意义上说,侵权行为法具有激励有效率之行为的功能。

六、归责原则与归责体系

所谓归责,是指依据一定的准则,将发生的损害(或者说将损害赔偿责任)归结到某人名下,由其承担此不利后果。有的损失,受害人只能自己负担,例如下雨路滑,受害人摔了一跤而受伤;有的损失,则可由侵权行为人来承担,如夜晚步行掉入施工队挖掘的、未设防护装置的坑内;又如,邻近的天然气站发生爆炸导致房屋受损。后两种情形,受害人的损害可以转嫁到施工队或气站管理人身上。这个损害转移的过程就是归责。归责必须要遵循一定的标准或原则,必须建立在一定的基础上,或者说必须要有一定的理由或依据作支撑,指的都是将损害(赔偿责任)从受害人转移到责任人所依据的尺度。

归责原则被公认为是侵权行为法的核心问题。它具有以下重要意义:

1. 归责原则是法律价值或者说法律政策在侵权法领域的概括体现。法律价值依据不同的层次划分有许多种;最基本的是正义和效率,正义又可分为分配正义、矫正正义等;更为具体的法律政策还包括维护社会安宁和平、保障民众的行为自由、对社会弱势群体的保护等。归责原则正是这些法律价值或政策的概括体现。

2. 归责原则直接决定着侵权责任是否成立,如何成立。不同的归责原则决定着不同的成立要件、不同的抗辩事由、不同的证明责任、不同的责任类型、不同的责任范围,如一般过错责任,索赔诉讼的原告通常要证明损害、因果关系和过错,而危险责任则不需要证明过错。又如,有些国家对危险责任有最高赔偿额限制,而对于过错责任则没有这样的限制。总而言之,归责原则是决定侵权责任成立及其具体内容的最重要的因素。

所谓归责原则体系,是指一国或地区的法域内由数个归责原则组成的一个有逻辑联系的系统。关于归责原则的实然体系,即我国现行法上的归责原则体系是怎样的,存在许多争论。其中,主要的争点包括:过错推定是否为一项独立的归责原则?[4]公平责任是否为一项独立的归责原则?[5]以下分别予以讨论。

1. 过错推定不是一项独立的归责原则。理由很简单,所谓过错推定责任,其归责依据还是行为人的过错,只不过这种过错无须索赔诉讼的原告证明而已。过错推定责任实际上还是过错责任,变化的是诉讼双方的证明责任,没有变化的归责依据或者说责任基础。正因为此等浅显的道理,所以在我国侵权法学主流见解对此是持否定态度的。[6]

2. 公平责任也不是一项独立的归责原则。理由如下:(1)在公平责任之下,被告承担的并非都是侵权赔偿(damages)责任,更多的是一种损害补偿(compensation)责任;换言之,公平责任的场合下,根本就不存在侵权行为。(2)有的场合下,补偿义务人甚至不是实际致害人,而是受益人,这更加说明公平责任不是侵权归责原则,而仅仅是一项损失分摊的例外形式。(3)归责依据必须是法定的,必须是具有确定性的具体准则,必须是当事人通过证据可以证明的法律事实,而不是公平或者衡平这样的抽象理念,不能是法官自由裁量的范围——这样一个对侵权责任成立及责任类型、范围具有决定意义的要素倘若完全委诸法官判断,则风险实在过于巨大,定会伤害法律的安定性。

解决了这两个问题,我们可以正面总结一下我国现行法上的侵权归责原则体系:以过错责任为主,兼采危险责任。

第二节　一般侵权行为之债

一、一般侵权行为的含义

一般侵权行为即过错侵权行为,它与特殊侵权行为相对。所谓过错侵权行为,

---

[4] 认为过错推定责任是一项独立的归责原则的学者以杨立新教授为代表。参见杨立新:《侵权法论》(第2版),人民法院出版社2004年版,第117页。

[5] 认为公平责任是一项独立的归责原则的学者以王利明教授为代表。参见王利明:《侵权行为法研究》(上册),中国人民大学出版社2004年版,第208页。

[6] 在反对过错推定作为一项独立的归责原则的阵营中,有的学者虽论点正确,但论据不当。如程啸博士认为:"我国法上的过错推定与英美、德国以及日本法上的相应规则存在较大的差别,它属于一项实体法上的规则……与国外法上有关规则的差别在于:对于推定的适用,法院没有选择的余地……原告无须证明'导致损害发生的事件是在被告没有过失的情形下通常是不会发生的'……该推定发生的效果并非证明程度的降低或者其他,而就是举证责任的转移……"这样的表述值得商榷。因为:且不说英美法上的推定(广义)有很多种(如presumption, inference, reasoning——因此应分而论之),单就德国、日本法而言,它们的推定如何就不是实体法了,如何就不是证明责任的转移而仅仅是证明程度的降低?作者对此缺乏论证。

是指由于行为人具有过错,因而他要对因其过错行为而导致的损害承担赔偿责任的不法行为类型。对于过错侵权人课予侵权责任的归责原则,称为过错责任原则。过错责任原则既是历史悠久的一项归责原则,又是侵权法上最基本、最重要的一项归责原则。在大陆法系,几乎所有国家和地区的侵权法都将过错责任原则作为最一般的归责原则。在英美法系,从18世纪开始,过错侵权责任开始代替旧有的trespass和case两分的侵权诉讼形式,占据了侵权法的核心舞台。我国《民法典》第1165条第1款规定:"行为人因过错侵害他人民事权益造成损害的,应当承担侵权责任。"这是我国关于一般过错侵权行为的立法规定。

过错责任原则的具体内容包括:首先,在实行过错责任的场合下,行为人倘若没有过错,则不承担侵权责任。换言之,过错是侵权责任成立的必要条件。其次,过错包括故意、重大过失和过失。过错程度的差异或者说过错等级对于侵权行为的成立、责任类型和范围均可能有一定的影响。再次,过错的判断标准原则上是客观的,即一般理性人的注意标准。复次,在多人侵权的场合,过错还是各侵权人内部责任分摊的主要考量依据。最后,不仅行为人的过错要被考虑,受害人的"过错"也要被考虑,此即所谓的共同过失规则。

过错责任原则的功能包括:

1. 过错责任原则具有设定行为标准的功能。它一方面要求行为人不得有意侵害他人合法利益;另一方面要求行为人保持一个一般理性人的谨慎程度。

2. 过错责任原则同时也具有保障行为人行为自由的功能。行为人只有在其自身有过错的情况下才可能承担侵权责任,而在除此之外的情形中,行为人可以说是具有极大的行为自由。近代工业革命时期,过错责任能够受到众多法系的青睐,与过错责任的此项功能是分不开的。

3. 过错责任原则还是实现矫正正义、比例责任原则的最主要手段。这一点在"责任大小随过错程度大小不同而有所不同"这一命题上体现最为明显。举例而言,共同侵权中,侵权人内部责任比例分摊,主要就是依据各行为人的过错程度来确定的。

4. 过错责任原则具有一定的惩罚功能和威慑、预防功能。其惩罚功能可能体现在过失责任中,行为人必须为自己的过失付出代价;其惩罚功能更可能体现在故意侵权中,如典型的惩罚性赔偿的适用。〔7〕 其威慑功能很大程度上是通过其惩罚性来实现的。正因为行为人可能要承担不利的后果,从而实现对潜在侵权人的威慑,最终达到预防侵权事故的目的。

5. 过错责任原则具有形塑良好社会风尚的功能。故意侵权无疑具有明显的道

〔7〕 我国现行《消费者权益保护法》对于出卖人知假卖假的情形,设定了双倍罚的规则,这就是侵权法对故意侵权的惩罚性的集中体现。

德可谴责性,而过失侵权通常亦非理想的存在。过错责任原则的存在,宣示了法律的立场和态度,从而为民众起到了示范和教育作用,具有形塑良好社会风尚的功能。

二、一般侵权行为的构成要件及其体系概述

所谓侵权行为构成要件,是指侵权行为得以成立的、法定的各种必要条件。笼统地说,侵权行为构成要件也是侵权责任构成要件,即行为人承担侵权责任的要件。本书未加说明时,均在等同意义上使用二者。

根据上述定义,侵权行为构成要件具有下列特征:(1)侵权行为构成要件的存在目的是判断侵权行为是否成立。(2)侵权行为构成要件不是单数的,而是复数的,即有多个要件。(3)侵权行为各构成要件,是必要条件,非充分条件;换言之,必须全部要件均满足,才能成立侵权行为。(4)侵权行为各构成要件是法定的,即必须由法律明确规定,而非属于法官自由裁量的范畴。

侵权行为构成要件首要的法律意义在于:就实体法层面而言,它在行为人和受害人之间保持了一个较好的利益平衡。通俗地说,由于侵权行为构成要件的存在,法律基本上做到了不纵不枉——"不放过一个坏人,也不冤枉一个好人"。

侵权行为构成要件的第二个法律意义在于:它使得侵权纠纷的解决在程序上具有了重大的指引意义,使侵权诉讼程序具有显著的可操作性。诉讼无非是事实问题和法律问题,当事人提出一定主张,然后列出若干证据来证明一定的法律事实,之后再由法官对已确定的事实予以法律适用。侵权行为构成要件,无疑为当事人的诉讼行为提供了关键性的指引。当然,它也为法官的裁断提供了平台和对象。

一般侵权构成要件体系(过错侵权构成要件体系),究竟包括哪些构成要件,我国学者对此见解不一。有三要件说、四要件说、五要件说、六要件说、七要件说。[8]

本书认为,不法性不应当成为侵权法构成要件。主要理由是:德国侵权法上的不法性要素纯粹是一个同义反复的术语,缺乏独立的价值。通过判断违法性这个要素,它不能带给我们任何新的东西(与损害、过错、因果关系等要素判断之结果不同的)。如果省却了这一判断过程,对侵权成立的判断结果不会产生实质性影响。或许,换一种表达,可能更明确地表达本书的立场:同时满足了损害、因果关系、过错要件的行为,就构成侵权行为,亦即构成一个违法行为——至少是一个违反侵权法的行为。(见图 21-1)

---

〔8〕 各种学说详细介绍,参见王利明:《侵权行为法研究》(上册),中国人民大学出版社 2004 年版,第 345~346 页。

- 侵权行为构成要件
  - 一般侵权行为构成要件
    - 损害
    - 过错
    - 因果关系
  - 特殊侵权行为构成要件
    - 损害
    - 因果关系

图 21－1　侵权行为构成要件

三、损害

所谓损害,又称损害后果,是指民事主体的权利或受法律保护之利益因受他人侵害而发生的法律上的不利后果。依据该定义,损害具有如下特征:(1)不利益性。损害首先是一种不利后果。(2)法律性、规范性。损害不是一个生活概念,而是一个法律概念。(3)涉他性。损害不是自己一个人遭受天灾而受到的损失,它必定与他人的侵害行为相关。(4)可救济性。侵权法原则上保护权利,例外情形下也保护利益。这意味着,只有在权利和受保护利益遭受不利后果时,法律才提供救济;非属于法律保护的利益遭到不利时,法律不提供救济。要成立损害,必须是法律保护的,亦即可提供救济的权利和利益遭受到不利。

侵权法上的损害在侵权行为成立和侵权责任范围上具有重要意义。损害根据不同标准可以有不同的分类。

(一)财产性损害与非财产性损害

依据能否通过金钱加以直接衡量,损害可分为财产性损害和非财产性损害。所谓财产性损害,又称物质性损害,是指受害人财产上所发生的一切不利变动。所谓非财产性损害,又称非物质性损害,是指并不导致受害人财产发生减少的损害,主要包括生理上和心理上的不适与痛苦。

(二)直接损害与间接损害

依据损害是否直接存在于受损的对象上,可以将损害分为直接损害与间接损害。所谓直接损害,又称具体损害、有形损害,是指人身或财产本身受到侵害行为的直接作用所产生并存在的损害。所谓间接损害,是指作为直接损害的自然后果而进一步产生的后续损害,它是间接的,是概括的,是无形的。例如,某甲的工作用车被毁,另行租车所花的费用。此外,间接损害还可以进一步区分为“寄生损失、附带损失”和纯粹经济损失,前者总是与直接损害相伴而生,后者则是单独出现。

(三)本人损害(固有损害)与反射损害

依据受损害的主体是直接遭受行为人侵害行为作用的人还是间接遭受行为人

侵害行为作用的人,损害可以分为本人损害与反射损害。典型的例子如妻子亲眼看见丈夫遭受车祸重伤而深受刺激病倒。在这里,丈夫遭受的是本人损害(固有损害),妻子遭受的是反射损害。

(四)积极损害(所受损害)与消极损害(所失利益)

依据损害所导致财产减少的具体变动方式,可以将财产性损害分为积极损害和消极损害。前者指财产不该减少之处发生减少,如笔记本电脑被人为地摔坏;后者指该增加之处没有增加,如即将生产的母牛被机动车撞死,这里即将出生的小牛就属于所失利益。

(五)生理痛苦之损害与精神痛苦之损害

依据损害的具体表现形式,非财产性损害可分为生理痛苦之损害和精神痛苦之损害。前者主要指身体、健康或自由受到侵害而产生的一种肉体上的痛苦或不适,一般来说,有生理上的痛苦往往会伴随有精神上痛苦,反之则不然。

关于纯粹经济损失,需要单独予以说明。所谓纯粹经济损失,是指非作为权利或受到保护的利益侵害结果而存在的损失。

纯粹经济损失具有如下特征:(1)它是一种财产性损害。(2)它是间接损害的一种,即这里不存在直接承受侵害行为作用的有形物(或者说绝对权),而只是纯粹的、孤立的经济利益的损害,即受害人总财产价值的减少。(3)它可能是一种反射损害。即遭受的纯粹经济损失,可能是作为直接受害人的直接损害的当然结果而出现的。(4)由于间接损害在责任范围因果关系的认定处理上与直接损害不同,因而,它的赔偿受到严格限制。一般而言,纯粹经济损失只有在行为人故意造成的情形下,受害人才可以就这部分损失求偿。

四、因果关系

侵权法上的因果关系是指侵权法所规定的并构成侵权责任要件的、行为或危险状态与侵害或损害之间具有的原因、结果关系;换言之,行为或危险状态是原因,损害是后果。

据此,侵权法上的因果关系有如下特征:(1)它是一种原因——结果关系。这是其客观性、技术性的基本要求。(2)它是行为或危险状态与侵害或损害之间的一种因果关系。(3)它是侵权责任的构成要件之一。(4)它是侵权法上的因果关系,不是生活观念中的因果关系,也不是哲学上的因果关系。这是其规范性的本质特征。

因果关系的法律意义主要体现于两点,即侵权行为成立的判断与侵权责任范围的确定上。侵权法最主要的任务是判断侵权是否成立以及侵权责任的范围有多大。因果关系在这两个问题上都具有不可替代的重要作用。

侵权法上的因果关系推定,一般都属于可推翻的推定,即行为人可以通过证明其行为与损害之间不存在因果关系而获得免责。这种证明,既可能是一般性的证明不存在因果关系,也可能是具体性的证明,即只能证明存在法律规定的事项。如《民事诉讼证据规定》第 4 条规定:“下列侵权诉讼,按照以下规定承担举证责任:……(三)因环境污染引起的损害赔偿诉讼,由加害人就法律规定的免责事由及其行为与损害结果之间不存在因果关系承担举证责任……(七)因共同危险行为致人损害的侵权诉讼,由实施危险行为的人就其行为与损害结果之间不存在因果关系承担举证责任;(八)因医疗行为引起的侵权诉讼,由医疗机构就医疗行为与损害结果之间不存在因果关系及不存在医疗过错承担举证责任。”

五、过错

(一)过错的概念、特征、类型及划分意义

所谓过错,是指行为人可归责的主观心理状态或客观行为状态,它包含故意、重大过失和过失。根据此定义,过错包含以下特征:(1)过错是可归责的依据。过错责任原则是最基本的一种归责原则。此点是过错的功能所在。(2)过错包含故意、重大过失和过失。其中,故意是纯粹主观性的过错,其评价标准也是主观的;重大过失,是带有客观色彩的主观性过错;过失,即一般过失,是纯粹客观性的过错,其判断标准一般是客观的。

过错按其内容、性质以及过错程度可以分为故意、重大过失和过失。作上述区分的理论意义在于:内部构造不同、道德可责难性不同、可预见性、可避免性不同。作上述区分的实践意义在于:(1)有些侵权只能由故意构成,或者说某些损失只有在故意造成时该行为才能被称为侵权。例如,诱使违约等。(2)在损害赔偿方面,无论是财产性损害赔偿还是非财产性损害赔偿,过错程度会影响损害赔偿的具体数额。(3)惩罚性赔偿的必要条件之一是重大过错,其适用范围不包括一般过失侵权。

过错的法律意义主要在于它是一种最重要的归责依据。通过对行为人有无过错进行判定,我们可以在很大程度上断定行为人是否构成侵权。当然,过错仍然承载着一定的道德评判意义,对于社会民众而言,过错这个概念的存在也发挥着相当程度的警示和教育作用。

(二)故意和重大过失

所谓故意,是指行为人意图加害某人,或者虽不追求但明知其行为会导致他人损害,仍然接受此结果的心理状态。

所谓重大过失,是指不希望其行为导致他人损害的行为人,明知其行为很可能会给他人带来巨大危险或造成严重损害,仍然从事该行为的心理状态。“有意地

视而不见”(willful blindness)相关危险,也被认为是一种重大过失。典型的重大过失,一般有醉酒后驾车,在普通道路上赛车等。

故意和重大过失一般被合称为重大过错。绝大多数场合下,侵权法条文中以故意为要件的时候,重大过失都可以满足要求。不过,在极少数情况下,故意和重大过失还是有区别的,这是法律更加强调主观可责性的细微差别的体现。这些例外场合包括:故意侵权之债不得预先免除、不得抵销,以及作为危险责任抗辩之一的受害人故意等。这些场合下,重大过失不再满足条文的事实构成。

(三)过失以及一般理性人行为标准

所谓侵权法上的过失,是指行为人违反法定保护他人之义务或者应有注意义务的客观状态。作为一种客观性质的过错,过失的判定标准原则上当然也是客观的,即在判断行为人过错时,一般不考虑行为人的主观因素(除非在例外场合下),[9]而只考查行为人的外部行为是否达到了一定的标准。具体而言,判断过失时可以分为两个阶段,首先看行为人是否违反了保护性法律的强行性规定,其次看行为人是否违反了一般理性人应有的注意义务。

确立理性人的行为标准,是为了将行为人事实上的行为与理性人的行为标准对照,从而判定行为人究竟有无过失。一般理性人的行为标准是指合理谨慎的人在行为人所处情势下应遵守的标准。确定该行为标准时应考虑下列因素:

1. 受保护利益的位阶和价值。在确定理性人行为标准时,首先要考虑行为人的行为可能侵害他人利益的位阶和价值。受危及或威胁的利益的位阶和价值越高,行为人的注意程度就要越高;换言之,必须更加小心和谨慎,以避免给前者造成任何损害。

2. 行为的危险性。在一个理性行为人的立场,当他从事的活动危险程度越高时,他就越会小心谨慎。这里的危险当然不限于危险责任中的“异常危险”(abnormal risk);相反,它应当在宽泛意义上来理解。

3. 行为人应具有的专业知识或技能。同样的活动,对于普通人和专业人员的要求肯定是不同的。比如,同样是包扎伤口,在事态紧急之下一个普通人也可能会为伤者包扎伤口,由于他不具备专业知识和技能,对其要求肯定不如对专业医师的要求高。前者包扎错了或者方式不当造成伤口感染,或可原谅,但一个专业医师如果包扎的方式不当造成伤口感染,肯定要被认定为有过失。因为人们对他们的期待和要求不同。

4. 损害的可预见性。确定理性人行为标准时,必须考虑损害的可预见性。如

---

〔9〕 这种例外场合主要是行为人系未成年人时,判断过失需要考虑其个体的识别能力和控制能力。另外,当行为人具有高于一般人的知识、经验和技能时,当然也要考虑这种超出部分的个人因素。

果一个人纵使尽一切应有的注意,他也不能预见损害,那么他就不应对其行为结果负责。

这里的可预见性原则上是一个客观考量因素而非主观考量因素,即依据社会一般观念,一个具有正常知识、经验和技能的人在行为人那种场合下,在保持适当注意的条件下,究竟能否预见损害;而不是说,依据行为人的知识、经验和技能,他能否合理预见。

5. 当事人之间的关系远近或特殊性。当事人之间的关系不仅会影响损害可预见性的判断,而且其本身也是确定理性人行为标准时一项独立的考量因素。一般来说,行为人与潜在受害人之间的关系越密切,对行为人所要求的注意程度就越高。密切的关系往往产生于契约,也可能因为法律规定直接产生。

6. 预防措施或者其他替代方法的可获得性及成本。当某种利益可以通过行为人的不同手段和方法来追求,想要实现的结果可以通过不同手段和方法来达成时,一个知道或应当知道其行为必然会对第三人造成损害的人,应当在可能与合理的范围内,选择危险性较小的那种行事方式。

(四)不作为之过失

所谓不作为,系行为的一种形态,指行为人没有采取任何积极的、有针对性的措施或行动。当行为人存在作为义务,因不作为就可能构成过错。具体有如下两种:(1)违反法定作为义务而构成的不作为过错。这种法定义务,可能是刑事法上的,如玩忽职守导致重大生产事故中违反的义务;也可能是行政法上的,如歌厅的防火设施不符合建筑法规的规定,以至于失火酿成重大伤亡。(2)违反先前行为所衍生作为义务之不作为过错。这主要是指行为人先前的行为制造或控制了某种对他人而言的危险情势,行为人此时负有保护他人的作为义务。例如,一个成年男子带着邻居家八岁小男孩去水库游泳,如果小男孩在水中情况不妙,则这个成年男子同样有施救的法定义务。

(五)侵权行为能力与过错

所谓侵权行为能力,也称过错能力,是指行为人认识自己行为性质及其后果的认识能力和对行为本身的控制能力,以及独立承担侵权责任的能力。侵权行为能力是传统过错主观主义的产物。传统的过错说认为,过错是行为人能注意、应注意而未注意的主观心理状态。其中的"能注意"被认为是判断行为人有无过错的前提,倘若行为人根本就不能认识到危险,不能控制自己的行为,则根本谈不上有过失。因为行为人根本就"不能注意"。

相对于对待未成年人而言欧洲大多数法律制度,对于精神残疾的成年人侵权,要严格一些,[10]因为他们有财产的可能性更大,或是其制造的危害可能更大。并且,行为人要对自己缺乏侵权行为能力承担证明责任。

根据我国《民法典》侵权责任编的规定,我国侵权法上的侵权能力实际上是与行为能力挂钩的,即未成年人没有侵权行为能力;但实际上,由于父母承担的是严格责任,因此,对于受害人而言,其地位并不比那些承认未成年人有侵权能力之国家中类似受害人的地位低。

六、共同侵权

(一)共同侵权的含义与特征

所谓共同侵权行为,是指数人共同不法侵害他人权利或合法利益的行为。我国《民法典》第1168条规定,"二人以上共同实施侵权行为,造成他人损害的,应当承担连带责任"。与普通侵权行为相比,共同侵权行为有如下特征:(1)侵权人为两人或两人以上,并非一人。(2)普通侵权人仅仅单独负损害赔偿责任,而共同侵权行为人对受害人承担连带赔偿责任。(3)数个共同加害人的共同行为所造成的损害是同一的不可分割的,而不是加害人中每个人的独立行为所引起的后果简单地机械相加的总和。同时,共同加害人造成的损害必须是致他人损害,而不是使他们自己遭到损害或包括他们自己给自己造成的损失。(4)数个共同加害人的过错行为与所发生的损害结果必须有因果关系。

(二)共同侵权行为的类型及其构成和法律效果

广义的共同侵权行为可以分为三类:

1. 共同加害行为,即狭义的共同侵权行为,指数人协商一致共同侵害他人权利或合法利益的行为。其构成要件是:两个或两个以上的加害人;各加害人均具备一般侵权行为的要件;行为须有共同关系,即各行为人之间存在意思联络,至少有共同的认识。[11]值得注意的是,不仅是共同故意可以构成共同侵权行为,共同的过失也可以构成共同侵权行为。[12]甚至数个行为人虽无共同故意、共同过失,但其侵害行为直接结合发生同一损害后果的,也构成准共同侵权。我国《民法典》对准共同侵权也有规定,该法第1171条规定:"二人以上分别实施侵权行为造成同一损害,每个人的侵权行为都足以造成全部损害的,行为人承担连带责任。"

2. 共同危险行为,是指数人共同从事某一项危险行为,其中某个人的行为导致

---

[10] [德]克雷斯蒂安·冯·巴尔:《欧洲比较侵权行为法》(上卷),张新宝译,法律出版社2001年版,第123页。

[11] 郑玉波:《民法债编总论》,陈荣隆修订,中国政法大学出版社2004年版,第142页。

[12] 我国《民法典》第1168条规定:"二人以上共同实施侵权行为,造成他人损害的,应当承担连带责任。"本条规定的正是共同加害行为。

了他人损害,虽然每个人的行为都足以导致他人损害,但不清楚究竟是哪一个行为人的行为实际造成了损害。对于共同危险行为,每个行为人都要对受害人承担连带赔偿责任,除非某个行为人能够证明其不可能是致害人。我国《民法典》第1170条规定:“二人以上实施危及他人人身、财产安全的行为,其中一人或者数人的行为造成他人损害,能够确定具体侵权人的,由侵权人承担责任;不能确定具体侵权人的,行为人承担连带责任。”

3. 教唆、帮助他人实施侵权的人与实际行为人构成“视为共同侵权行为”。我国现行法规定:教唆、帮助他人实施侵权行为的人,为共同侵权人,应当承担连带民事责任。教唆、帮助限制民事行为能力人实施侵权行为的人,为共同侵权人,应当承担主要民事责任。教唆、帮助无民事行为能力人实施侵权行为的人,为侵权人,应当承担民事责任。二人以上没有共同故意或者共同过失,但其分别实施的数个行为间接结合发生同一损害后果的,应当根据过失大小或者原因力比例大小各自承担相应的赔偿责任。我国《民法典》第1169条规定:“教唆、帮助他人实施侵权行为的,应当与行为人承担连带责任。教唆、帮助无民事行为能力人、限制民事行为能力人实施侵权行为的,应当承担侵权责任;该无民事行为能力人、限制民事行为能力人的监护人未尽到监护职责的,应当承担相应的责任。”

七、损害赔偿与其他民事责任

所谓侵权民事责任,是指侵权人由于其侵权行为以及给他人造成的损害从而在法律上应当承受的不利后果。所谓侵权民事责任方式,是指侵权人根据实际给他人造成的损害情况而应当承担之不利后果的具体形式、方式或类别。

我国《民法典》第1167条规定了侵权责任的方式。该条规定:“侵权行为危及他人人身、财产安全的,被侵权人有权请求侵权人承担停止侵害、排除妨碍、消除危险等侵权责任。”

以上责任方式可分为两大类,狭义的侵权责任方式和侵权预防方式(停止侵害、排除妨碍、消除危险)。狭义的侵权责任方式又可以归结为两大类,恢复原状和金钱赔偿。返还财产、赔偿损失、赔礼道歉、消除影响、恢复名誉,都可以看作恢复原状的具体形式。(见图21-2)

- **侵权民事责任方式**
  - 狭义的侵权责任方式
    - 恢复原状
      - 返还财产
      - 赔偿损失
      - 赔礼道歉
      - 消除影响
      - 恢复名誉
    - 金钱赔偿
      - 惩罚性赔偿
      - 补偿性赔偿
        - 财产性赔偿
        - 非财产性赔偿
  - 预防性的侵权责任方式
    - 停止侵害
    - 排除妨碍
    - 消除危险

图 21－2　侵权民事责任方式

根据金钱赔偿的性质,可以将其分为补偿性赔偿和惩罚性赔偿。补偿性赔偿的意思是侵权人所支付的赔偿金仅仅并完全是补偿受害人的损失,其支付的赔偿额与受害人的损害在量值上被认为是等同的。由于补偿性赔偿包括财产性赔偿和非财产性赔偿,所以,在非财产性损害赔偿的场合下,这种所谓的等值,也只不过是法律上的一种拟制。毕竟,肉体上和精神上的痛苦,是根本没有办法和具体的金钱数额画上等号的。所谓惩罚性赔偿,是指侵权人给付的赔偿金超过受害人实际损害的金额。之所以如此,是因为有时候侵权人的主观心态极其恶劣,为了表示对其惩戒并威慑此类行为,有必要适用此等赔偿。

损害赔偿的基本原则是全部赔偿原则。换言之,只要法律上被认可的受害人损害,都要赔偿。也就是说,通过损害赔偿,尽量使得受害人如同没有遭受过他人侵害一样。

损害赔偿原则的两项基本规则是损益相抵和过失相抵。另外,它们的适用顺序在法律上也具有重要意义。所谓损益相抵,是指损害赔偿请求权人因为同一赔偿的原因事实受有利益时,赔偿义务人应当支付的损害赔偿额应当是受害人的实际损害减去该受益部分后的数额。所谓过失相抵,又称受害人过错、共同过失,是指受害人对于损害的发生或扩大也有过错的,则侵权人的赔偿责任要根据受害人的过错大小和促成损害的原因力大小而相应扣减。其法理基础在于自己过失自己负责,即本质上还是过错责任的法理。一般认为,损益相抵应当优先于过失相抵适用。

八、抗辩事由

所谓抗辩事由,是指行为人为获得免责或者减轻责任而可以主张的法定理由。

抗辩事由包含如下特征:(1)严格意义上的抗辩与否定不同,抗辩是积极地主张某项事实的存在,而非单纯地对对方主张的否定。(2)抗辩事由都是法律直接规定的,而不是司法自由拟定的。法律未予规定的,不得作为免除或减轻行为人责任的理由和依据;当然,公平责任除外。(3)抗辩是行为人一方可以主张的事实理由。行为人一方对此负有证明责任。行为人可以选择主张,也可以选择不主张。(4)行为人主张抗辩事由的目的是免责或减责。抗辩事由包括免除侵权责任的事由,即免责事由,也包括减轻侵权责任的理由,即减责事由。(5)抗辩事由所针对的对象,可能是侵权构成要件中的任何一个,即可能是损害、因果关系或过错;也可能是这三项要件之外的其他事实,即某项特权。[13] (6)抗辩事由分为一般抗辩事由和特殊抗辩事由,前者适用于各类侵权,而特殊抗辩只适用于某具体侵权。例如,真实性抗辩只适用于诽谤侵权。

1. 依法行使公权力。行为人依法履行公法上的职务而给他人造成损害的,不承担侵权责任。此抗辩的具体特征是:(1)只能限于公法上的职务履行行为,亦即公权力的行使行为。它主要包括行政职权和司法职权。前者如公安局对负隅顽抗的逃犯实施暴力拘捕。后者如法院的法警制服当庭咆哮的被告人。行使私法上的职务,如公司保安履行门卫的职务,不构成此项抗辩。(2)必须是依法行使职务。即严格按照法律权限和法定程序来履行职务、行使职权。否则,造成损害的话,仍然构成侵权。例如,城管执法必须严格依照法律规定的程序在法律授权范围内履行职务,不得肆意罚款、没收或毁坏他人财物。负责城市拆迁的工作人员不得滥用暴力手段进行野蛮拆迁;否则,造成损害的话,仍然构成侵权。(3)援引该抗辩的法律效果是免责,即行为人完全不用承担侵权责任。(4)此项抗辩在性质上,根据传统德国法系的理论,是违法阻却事由;根据普通法的见解,则是特权(privilege)。在坚持三要件学说的学者看来,它要么是针对过错的抗辩,要么就是法定的免责事由。

2. 自助。所谓自助,是指行为人在自身利益遭受不法侵害,且情况紧急来不及诉诸公力救济时,自身所采取的救济行动,该行动导致不法侵害人损害的,自助人不承担侵权责任。此项抗辩的特征是:(1)必须是行为人在自身利益遭受不法侵害的场合下。此项抗辩下的救济行动只能为自己而不能为他人的利益。(2)必须是情况紧急来不及诉诸公力救济。(3)自助行为不能超过一定限度。

---

〔13〕 传统德国法系将这些抗辩大致分为两类:正当理由(违法阻却事由)以及其他抗辩。这是将不法性纳入过错侵权构成要件之立法例的一种自然延伸。对此,有持三要件学说的学者认为,“所谓违法阻却事由实际上阻却的并非违法性而是过错,各种免责事由涉及的都是过错问题,是因为行为人没有过错而免责的,而非行为人不具备违法性而免责”。参见王利明:《侵权行为法归责原则研究》,中国政法大学出版社1992年版,第405页。应当说,这种观点基本正确,但还不够全面。有些抗辩同时或者主要是关系到因果关系方面的,例如第三人过错之类。

3. 正当防卫。刑法中,正当防卫是一项很重要的制度。在侵权法上,正当防卫同样也构成免责的抗辩。即行为人针对正在进行的不法侵害行为,进行正当防卫而给不法侵害人造成损害的,不承担侵权责任。我国《民法典》第 181 条对正当防卫作了规定。[14] 其特征是:(1)必须是针对正在进行中的不法侵害。例如,正在实施抢劫,正在破坏财产等。自助的要求则宽松一些。(2)不法侵害行为既可能是针对防卫人本人,也可能是针对第三人。这一点跟自助也有不同。(3)防卫不得超过必要限度。

4. 紧急避险。行为人为避免现实的急迫危险,采取必要措施造成他人损害的,避险人不承担侵权责任,由制造险情的人承担侵权责任。我国《民法典》第 182 条规定了紧急避险的抗辩。[15] 其特征是:(1)危险必须是现实的、紧迫的。如果是假想的或者并非紧迫的,则不可援用此项抗辩。比如,江堤决口、火灾等都属于现实而急迫的危险。(2)这种危险既可能针对人身,也可能针对财产。(3)这种危险既可能是他人行为产生的,也可能是自然力导致的。二者都可能构成紧急避险中险情的原因。只不过二者处理的结果不同,在自然力导致的险情中,采取的措施要适当,否则要承担责任;在他人制造险情的情况下,由制造险情的人承担责任,紧急避险人不承担责任。(4)避险人采取避险措施不当,或超过必要限度造成不应有损害的,应承担相应的民事责任。我国《民法典》第 182 条规定,紧急避险采取措施不当或者超过必要的限度,造成不应有的损害的,紧急避险人应当承担适当的民事责任。(5)在危险因自然力而引起时,紧急避险的受益人应在受益限度内对受害人的损害予以适当补偿。

5. 受害人同意与自甘冒险。受害人同意这个抗辩,意思是指受害人明确同意行为人对其施加某种行为,并且自愿承担该行为所造成的损害后果的,行为人不承担侵权责任。

关于受害人同意,需要注意以下几点:(1)受害人同意必须是真实意志的表达。如果是被迫的,或者是无意思表示能力人作出的,则不具有免责效果。(2)受害人同意的内容违反法律或者公序良俗的,不得免除行为人的侵权责任。例如,受害人预先同意他人故意侵权造成损害的,此同意无效。(3)行为人的行为超出受害人同意范围的,行为人应对超出其范围的行为所造成的损害,承担侵权责任。(4)同意既可以以明示方法作出,也可以以默示方法作出。

与受害人同意表面上看具有很大相似性的是所谓的风险自负(voluntary as-

---

[14] 《民法典》第 181 条规定:“因正当防卫造成损害的,不承担民事责任。正当防卫超过必要的限度,造成不应有的损害的,正当防卫人应当承担适当的民事责任。”

[15] 《民法典》第 182 条规定:“因紧急避险造成损害的,由引起险情发生的人承担民事责任。危险由自然原因引起的,紧急避险人不承担民事责任,可以给予适当补偿。紧急避险采取措施不当或者超过必要的限度,造成不应有的损害的,紧急避险人应当承担适当的民事责任。”

sumption of risk)原则,或者叫作自甘冒险规则。其意思是指原告事先知道或应当知道自己将可能因为被告的行为而承受一定的风险,则当危险现实化后,不能就此风险演化的损害主张赔偿。

风险自负与受害人同意的相似性在于二者都存在受害人的“自愿”。不过,它们还是有实质性区别的。以医生为病人做手术为例。病人同意医生用手术刀打开其身体,这是受害人同意,这种同意使医生利用手术刀侵入自己身体这一行为从法律上说是合法的,根本就不是侵权行为。而病人明知道手术存在风险仍然愿意接受,并且事实上后来真的因为发生了这种风险而受到损害,这里就是风险自负的范畴。可见,二者“自愿”的对象是不同的:前者是手术行为,后者是手术风险。

风险自负具有如下特征:(1)风险自负并非独立的法律范畴,不是独立的一般抗辩事由,而是一种法律思想,仅仅是损害赔偿领域需要考虑的因素。(2)风险自负一般是针对行为人的过失行为而言的。(3)风险自负虽然也有作为绝对免责事由的时候,但绝大部分情况下仅仅是减轻行为人侵权责任的一个因素。(4)风险自负主要发生在体育比赛中的意外伤害场合。

6. 受害人过错(共同过失)与第三人过错。受害人过错,通常被称为共同过失、共同过错、与有过错等;此抗辩的意思是,受害人或其辅助人对同一损害的发生或者扩大有过错的,赔偿义务人的赔偿责任应根据双方过错程度和原因力大小相应减轻或免除。我国《民法典》第1173、1174条规定了受害人过错之抗辩。[16]

关于此抗辩,存在以下要点:(1)所谓受害人的过错,实际上是违反了对本人的义务。(2)一般来说,受害人过错并不是一个免责抗辩,而是一个减轻责任的抗辩,除非受害人的过错远远大于被告的过错。(3)侵权人因故意或者重大过失致人损害的,不适用前款规定,除非受害人对该损害的发生或扩大存有故意。这也是故意侵权的重要独特性之一。(4)赔偿义务人根据危险责任承担责任时,也可能有共同过错的适用。尤其是当受害人系故意或重大过失[17]时,共同过错规则在危险责任中的运用更加普遍。(5)对未成年受害人过错进行认定时,要考虑其辨别能力。例如,显然不能认定4岁以下的儿童对自己遭受的损害存在共同过错。(6)受害人过错的表现形式可能是受害人对损害的发生有部分的促成作用,也可能是损害发生后受害人没有尽到防止损失扩大的义务。身体受他人伤害时,受害人去医院医治,但没有遵守医生嘱咐,这就是典型的对于损害扩大没有尽到应有的预防义务。(7)受害人过错,应当由行为人承担证明责任。

---

〔16〕 我国《民法典》第1173条规定:“被侵权人对同一损害的发生或者扩大有过错的,可以减轻侵权人的责任。”第1174条规定:“损害是因受害人故意造成的,行为人不承担责任。”

〔17〕 有的国家如荷兰也使用“明知的过失”,这也再次说明重大过失与明知的过失之间的亲近关系。参见[德]克雷斯蒂安·冯·巴尔:《欧洲比较侵权行为法》(下卷),焦美华译,法律出版社2004年版,第658页。

第三人对同一损害的发生或者扩大有过错的,行为人于此部分不对受害人承担侵权责任,但法律规定行为人与第三人承担连带责任的除外。我国《民法典》第1175条对此作了规定。[18] 此抗辩实际上是针对因果关系设定的。不能归责于行为人的损害当然不应该由行为人来承担,而应当由导致该部分损害的、有过错的第三人来承担。

7. 不可抗力与意外事件。因不能预见、不能避免且不能克服的自然力造成损害的,行为人不承担侵权责任,但法律另有规定的除外。

所谓不可抗力,是指不能预见、不能避免、不能克服的客观情况。不可抗力之所以能让行为人免责,是因为行为人的行为与受害人损害根本没有因果关系。换言之,导致受害人损害的真正原因是突发的、不可控制的自然力,而非行为人的行为。不可抗力是一个绝对抗辩,即行为人可以完全免责,如地震、洪水等。

所谓意外事件,是指不可归责于行为人的突发事件。即此突发事件并非由于行为人的过错导致的,因而行为人对此不可避免之意外事件所造成的损害,不承担责任。典型的意外事件,如驾驶员驾驶过程中突然失去意识。

第三节　特殊侵权行为之债

所谓特殊侵权行为之债,是指由于特殊侵权行为而产生的,受害人向侵害人要求为或不为一定行为的债权债务关系。债的最主要内容,也是损害赔偿。所谓特殊侵权行为,亦即通常说的无过错侵权行为(责任)。

一、无过错侵权责任(危险责任)的含义与理论基础

所谓无过错责任,是指无论行为人有无过错,法律规定应当承担民事责任的,行为人应当对其行为所造成的损害承担民事责任。[19] 我国也有学者在近似的意义上使用"严格责任"这样的表达,并认为这种表述比无过错责任的表述更恰当;该学者认为,所谓严格责任,是指依据法律的特别规定,通过加重行为人的举证责任的方式,而使行为人承担较一般过错责任更重的责任。[20] 本书倾向于使用"危险责任"这样的词来表达近似的内容。关于此种选择的理由,以及危险责任与无过错责任、严格责任的细微区分,将在下文论述。

---

〔18〕 第1175条规定:"损害是因第三人造成的,第三人应当承担侵权责任。"

〔19〕 张新宝:《侵权责任法原理》,中国人民大学出版社2005年版,第35页。

〔20〕 王利明:《侵权行为法研究》(上卷),中国人民大学出版社2004年版,第245页。

"危险责任"是德国学者创造的术语，在大陆法系国家获得普遍的接受。所谓危险责任，是指从事异常危险活动引起损害的人要对该损害承担赔偿责任。也就是说，制造或者控制异常危险的人，对于他人因该危险现实地受到损害时，应就所生损害负赔偿责任，至于制造或控制该危险的人对该事故的发生是否有无过错，则无关紧要。这种异常危险，可能是从事的特殊危险活动，比如高温高压作业；也可能是特殊的危险物品或装置，比如说原子能反应堆。

危险责任的类型，根据其产生的历史阶段不同，理论上通常被分为古典危险责任和现代危险责任两大类。古典危险责任主要是近代之前就出现并存在的危险责任类型，一般包括动物致人损害责任和建筑物致人损害（或者说土地致人损害）责任。我国《民法典》侵权责任编对这两种责任也有规定。不过，根据我国现行法，建筑物致人损害责任为过错（推定）责任，动物致人损害为危险责任。[21]

现代危险责任，主要是近代工业革命之后出现了一些新型危险责任。这些责任按照致害原因可分为危险物致害和危险活动致害；按照所属行业可分为：交通事故责任（机动车、火车、飞机事故致害）、环境责任（环境污染事故致人损害）、产品责任、工业事故责任（矿山事故、石油开采、瓦斯爆炸等事故致害）、医疗责任、核能事故责任、化学品等有毒物质泄漏事故责任等。

危险责任的基础理论主要是"危险控制＋经济上获益＋衡平理念"三者综合的思考。具体地说，危险活动的危险，乃损害发生的直接原因，其控制者即无异于危险之支配者或创造者，无论从其所应负担的防止损害义务，或就损害之合理分配或转嫁而言，控制者均应基于危险而负担赔偿责任。此学说实际上是"危险控制理论＋损失转化理论"的合成，具有较强的说服力，成为各国学说和判例上的通说。

危险责任的适用，其基本方法与一般过错责任最大的差别在于受害人省却了证明行为人过错的环节，并且，与特殊过错责任不同的是，行为人不得通过证明自己（抽象意义上的）无过错来免责。原告仍然要证明损害和因果关系。

行为人虽然不能通过证明自己抽象意义上的无过错来免责，但是行为人可以通过证明具有具体的法定免责事由来免责。实质上，这些法定免责事由有很多可以被视为"具体意义上的"无过错。例如，产品责任中生产者的三项免责条件："未将产品投入流通的""产品投入流通时，引起损害的缺陷尚不存在的""将产品投入流通时的科学技术水平尚不能发现缺陷存在的"，这三项无一不是在表明生产者无过错。所以它还是危险责任，而不是过错推定责任。

---

〔21〕 各国的危险责任类型不完全一致。例如，德国法对于动物致人损害责任，区别动物性质和责任人而作不同处理。对于非家养动物致人损害的，对动物饲养人科予危险责任；对于非家养动物或家养动物致人损害，科予动物看管人过错推定及因果关系推定责任。

有的免责条件(主要是一般性抗辩)无关于过错,而是关系到因果关系。例如,不可抗力、第三人过错等。这些抗辩并非危险责任独有的,因而不是危险责任的重点。

不同类型的危险责任,免责事由是不同的,这主要依法律的具体规定而定。

二、无过错责任侵权的具体类型

我国《民法典》侵权责任编第八章专门规定了高度危险责任,其中第1236条更是将危险责任予以一般化;该条规定:"从事高度危险作业造成他人损害的,应当承担侵权责任。"同法第1237~1240条规定了高度危险责任的典型类型。

以下分别介绍我国现行法上主要的无过错责任侵权类型。

(一)高度危险责任

我国《民法典》第1239条规定:"占有或者使用易燃、易爆、剧毒、高放射性、强腐蚀性、高致病性等高度危险物造成他人损害的,占有人或者使用人应当承担侵权责任;但是,能够证明损害是因受害人故意或者不可抗力造成的,不承担责任。被侵权人对损害的发生有重大过失的,可以减轻占有人或者使用人的责任。"第1240条规定:"从事高空、高压、地下挖掘活动或者使用高速轨道运输工具造成他人损害的,经营者应当承担侵权责任;但是,能够证明损害是因受害人故意或者不可抗力造成的,不承担责任。被侵权人对损害的发生有重大过失的,可以减轻经营者的责任。"

以上是我国现行法关于高度危险责任的立法规定。这是一种典型的无过错责任。根据上述规定,可知此种责任的构成要件包括:(1)加害人从事对周围环境有高度危险的作业。这里的高度危险作业既包括立法明文列举的十类典型的危险活动,[22]也包括其他具有同等危险程度的活动。(2)须有损害后果发生。任何侵权责任的成立,都必须要有损害后果。高度危险责任也不例外。(3)高度危险作业与损害后果之间具有因果关系。因果关系也是任何类型侵权的必要条件。

高度危险作业致害责任的免责事由包括受害人故意和不可抗力。

如果损害是由受害人故意引起的,则危险制造人也不承担侵权责任。推言之,任何侵权类型中,只要损害是受害人造成的,行为人都不承担侵权责任。当然,在行为人也是故意侵权的情况下,将根据双方当事人的过错程度大小以及对损害的

---

〔22〕除了易燃、易爆、剧毒、放射性、高空高压、地下挖掘、高速轨道运输工具作业外,我国原《侵权责任法》还将核设施与民用航空器致人损害纳入高度危险责任中。该法第70条规定,"民用核设施发生核事故造成他人损害的,民用核设施的经营者应当承担侵权责任,但能够证明损害是因战争等情形或者受害人故意造成的,不承担责任。"第71条规定:"民用航空器造成他人损害的,民用航空器的经营者应当承担侵权责任,但能够证明损害是因受害人故意造成的,不承担责任。"

原因力大小来分摊责任。

除核事故和民用航空器致害之外,由于不可抗力如发生地震而导致危险现实化,并给他人造成损害,高度危险活动的经营管理者也无须承担侵权责任。

(二)道路交通事故致人损害的侵权责任

我国《民法典》侵权责任编第五章专门规定了机动车交通事故责任。该法第1208条规定:"机动车发生交通事故造成损害的,依照道路交通安全法律和本法的有关规定承担赔偿责任。"

我国《道路交通安全法》第76条规定:"机动车发生交通事故造成人身伤亡、财产损失的,由保险公司在机动车第三者责任强制保险责任限额范围内予以赔偿;不足部分,按照下列规定承担赔偿责任:(一)机动车之间发生交通事故的,由有过错的一方承担赔偿责任;双方都有过错的,按照各自过错的比例分担责任。(二)机动车与非机动车驾驶人、行人之间发生交通事故,非机动车驾驶人、行人没有过错的,由机动车一方承担赔偿责任;有证据证明非机动车驾驶人、行人有过错的,根据过错程度适当减轻机动车一方的赔偿责任;机动车一方没有过错的,承担不超过百分之十的赔偿责任。交通事故的损失是由非机动车驾驶人、行人故意造成的,机动车一方不承担责任。"

机动车事故致人损害赔偿责任在限额内也是一种无过错侵权责任。根据该条规定,在机动车与行人之间发生交通事故并导致行人受到损害的情形下,无论机动车驾驶员有无过错,机动车一方都要承担一定限额的赔偿责任。

当然,对此等无过错责任的抗辩也包括受害人故意和不可抗力。当非机动车驾驶人、行人故意造成损害时,机动车一方不承担责任。因不可抗力而导致损害时,亦是如此。

根据我国《民法典》第1209条的规定,因租赁、借用等情形机动车所有人、管理人与使用人不是同一人时,发生交通事故造成损害,属于该机动车一方责任的,由机动车使用人承担赔偿责任;机动车所有人、管理人对损害的发生有过错的,承担相应的赔偿责任。这里说的机动车所有人有过错,典型的如机动车所有人明知借车者醉酒或无驾照等。

根据我国《民法典》第1210条的规定,当事人之间已经以买卖或者其他方式转让并交付机动车但是未办理登记,发生交通事故造成损害,属于该机动车一方责任的,由受让人承担赔偿责任。

根据我国《民法典》第1214条的规定,以买卖或者其他方式转让拼装或者已经达到报废标准的机动车,发生交通事故造成损害的,由转让人和受让人承担连带责任。这种情况下,转让人和受让人均有过错,属于一种共同侵权,因此,令他们承担连带责任,符合法理。

根据我国《民法典》第1215条第1款的规定,盗窃、抢劫或者抢夺的机动车发生交通事故造成损害的,由盗窃人、抢劫人或者抢夺人承担赔偿责任。盗窃人、抢劫人或者抢夺人与机动车使用人不是同一人,发生交通事故造成损害,属于该机动车一方责任的,由盗窃人、抢劫人或者抢夺人与机动车使用人承担连带责任。这种情况下,原机动车所有人属于受害人,而且事故与其没有任何因果关系,因此,其对事故损害不负任何责任。

根据我国《民法典》第1216条的规定,机动车驾驶人发生交通事故后逃逸,该机动车参加强制保险的,由保险人在机动车强制保险责任限额范围内予以赔偿。因为责任保险的主要功能在于保障受害人,虽然机动车驾驶人肇事逃逸属于侵权行为的加重情节,但不影响责任保险公司的保险赔付责任。

(三)为他人行为之责任

所谓为他人行为之责任,是指本人虽无不当行为,但受其支配或指挥或监督的附属者存在不当行为而构成侵权时,本人仍然必须基于他们之间的这种特殊关系而承担责任。这里没有使用替代责任或雇佣责任(虽然它们是其中最主要的一类),主要是出于这样的考虑,这种类型的责任不仅适用于商事领域,而且也适用于家事领域,即也适用于监护人与未成年子女、精神病患者之间。而在商事领域,这种责任不仅适用于雇员,也包括在他人指挥和监督下的帮忙者,甚至是偶尔的、不要求回报的帮忙者。

为他人行为责任的特征主要包括:

第一,为他人行为责任中,存在三方主体,这与通常的过错侵权和危险责任场合下只有侵害人和受害人两方主体不同。在为他人行为责任中,除了受害人之外,还有致害行为人和侵权责任人两方主体。

第二,这种责任有别于过错责任,呈现某种严格责任的意味。换言之,在为他人责任中,侵权责任人(赔偿义务人)本人是否有无过错,对于赔偿责任的成立与否,不具有法律意义。《人身损害赔偿解释》第9条规定:"雇员在从事雇佣活动中致人损害的,雇主应当承担赔偿责任……"这种表述显然是严格责任的规定。监护人对于未成年子女致害的侵权赔偿责任作同样处理。

第三,从另一个层面来看,这种责任与严格责任有质的区别。因为为他人行为责任是否成立,其前提条件是该他人的致害行为是否构成侵权行为。[23] 只有当该他人的行为系出于故意或过失,或者是制造或控制了某种危险而致人损害时,也就

---

〔23〕 虽然并非所有国家的立法都是如此。但欧洲绝大多数法院和学者的意见却是一致的:该他人的行为必须有过错。参见[德]克雷斯蒂安·冯·巴尔:《欧洲比较侵权行为法》(上卷),张新宝译,法律出版社2001年版,第252页。这里面的逻辑关系很明显,如果该他人行为没有过错或构成危险责任,则受害人根本无权转移损害。

是说,该他人的行为构成侵权时,“本人”才需要对这种侵权行为承担责任。[24] 正是由于为他人责任实际上(通常)并不是无过错责任,所以,菲廖斯甚至指出,雇佣人对其帮工的责任与严格责任“没有共性”。[25]

第四,为他人行为之责任的归责要点在于本人及其附属者之间的特殊关系,既不是过错,也不是异常危险。这种特殊关系是为他人行为之责任的关键点。它直接影响此类责任的构成。

第五,为他人行为之责任中,还可能存在本人向实际致害人追偿的情形。这个特点也是此类责任所独有的,也符合将他们视为共同侵权人的理论逻辑。他们内部责任分摊的关键考量因素,是实际致害人的过错程度。

为他人行为之责任,在我国现行法上均属于无过错责任。根据本人与该他人之间的关系不同,此等责任主要分为三类:雇主责任、监护人对未成年子女或精神病人的责任以及国家机关对其工作人员的责任。

1. 监护人对未成年子女或精神病人的责任

这类责任的基础在于父母在子女身上所附着或者说寄托的利益,同时也肩负着管教约束的职责。

我国《民法典》第 1188 条规定:“无民事行为能力人、限制民事行为能力人造成他人损害的,由监护人承担侵权责任。监护人尽到监护职责的,可以减轻其侵权责任。有财产的无民事行为能力人、限制民事行为能力人造成他人损害的,从本人财产中支付赔偿费用;不足部分,由监护人赔偿。”从监护人无过错(尽到监护责任)也要承担一定责任的表述来看,我国《民法典》规定的也是一种无过错责任。

这里面存在的一个问题是,根据传统侵权理论,未成年子女或者精神病人不具有识别能力和控制能力,因而他们本身的行为不构成侵权行为,但从纯粹过错客观化的角度来看,未成年人或精神病人的致害行为也可以看作有过错的。当然,监护人的责任也可以设定成过错推定责任。本书认为,最好的办法是效仿荷兰法、意大利法,将未成年子女划分为几个阶段:至少划分为有意思能力和无意思能力,从而课予父母不同程度的责任,子女越小,父母的责任越趋向严格。[26] 我国现行法并未对无行为能力和限制行为能力人侵权的法律效果作出区分。同时,规定损害赔偿责任优先从无行为能力或限制行为能力人的财产中支付。这种规定虽然合理,但必须指出,当损害赔偿完全从无行为能力或限制行为能力人的财产中支付时,这

[24] 从这个前提可以看出,为他人行为责任中,实际上有两个侵权行为人(侵权责任人)。也正因为此点,普通法传统上将这类责任中的“本人”和实际加害人视为共同侵权人。

[25] 菲廖斯,Enochiko Dikaio Ⅱ(2),第 3 版,第 137 页。转引自[德]克雷斯蒂安·冯·巴尔:《欧洲比较侵权行为法》(下卷),焦美华译,法律出版社 2004 年版,第 406 页注释[25]。

[26] [德]克雷斯蒂安·冯·巴尔:《欧洲比较侵权行为法》(上卷),张新宝译,法律出版社 2001 年版,第 182 页及以下。

种责任就不再属于为他人行为责任,而是完全意义上的自己责任。

2. 国家机关对其工作人员侵权之责任

这一类责任之所以单列,主要是因为他们二者之间的关系虽然本质上也是一种雇佣关系,但由于涉及公权力的行使而变得有特殊性,同时还涉及与国家赔偿法相关的问题。如前所述,关于国家机关对其工作人员侵权责任,我国学界对此有不同意见。有必要再次强调,它不是一种严格责任,而是一种为他人行为责任,其工作人员侵害行为必须要有过错(法律用语是"违法",实际上从违法可以推导出过错)。

3. 为他人行为之责任的重点和难点都是雇主责任〔27〕

我国《民法典》第 1191 条第 1 款规定:"用人单位的工作人员因执行工作任务造成他人损害的,由用人单位承担侵权责任。用人单位承担侵权责任后,可以向有故意或者重大过失的工作人员追偿。"第 1192 条第 1 款规定:"个人之间形成劳务关系,提供劳务一方因劳务造成他人损害的,由接受劳务一方承担侵权责任。接受劳务一方承担侵权责任后,可以向有故意或者重大过失的提供劳务一方追偿。提供劳务一方因劳务受到损害的,根据双方各自的过错承担相应的责任。"这是我国《民法典》对雇主责任的规定。

雇主责任的认定要注意以下要点:(1)原则上,受雇人的加害行为应当是在其执行职务的活动中。这也是雇主责任之所以存在的核心基础。(2)即使加害行为在职务范围外,但若该行为获得雇主的事先认可或事后追认,则也可能引发此等责任。换言之,雇主的同意是比职务行为更本质的关键要素。(3)受雇人对其地位的滥用本身并不能作为排除此等责任的理由。例如,法人公司之经理或者主管会计,他们的行为可能是滥用其代理人之地位,但这不能成为排除替代责任的抗辩。(4)这里的雇佣关系不限于有偿的、稳固的雇主—雇员关系,而应当扩大解释为任何为他人利益、在他人指示或监督下的服务关系,包括自愿的协助帮忙这样的关系(长期或临时、有偿或无偿的本人和帮助人)。不过,这里须强调,独立的承揽人(independent contractor)不属于这里的帮助人(雇员)。这里的关键点是行为人是否独立的劳动。(5)这里的指示或监督是二者择一的关系。在专业领域,如医生或律师,也可能成为他人的雇员,尽管该他人在业务上并不能提供任何专业性指示。例如,医院对于所属医生的责任。

---

〔27〕 雇主责任是为了称呼方便而使用的术语。精确地说,是为自己利益而使用他人的人对前者有责的加害行为所承担的责任。为他人行为之责任的重点和难点都是雇主责任。这里主要就雇主责任的认定和适用进行简要的论述。《人身损害赔偿解释》第 9 条规定:雇员在从事雇佣活动中致人损害的,雇主应当承担赔偿责任;雇员因故意或者重大过失致人损害的,应当与雇主承担连带赔偿责任。雇主承担连带赔偿责任的,可以向雇员追偿。

(四)动物致害的侵权责任

我国《民法典》侵权责任编第九章“饲养动物损害责任”对此作了明确规定。该法第1245条规定:“饲养的动物造成他人损害的,动物饲养人或者管理人应当承担侵权责任;但是,能够证明损害是因被侵权人故意或者重大过失造成的,可以不承担或者减轻责任。”据此,动物致害的侵权责任属于无过错责任。其责任构成要件是:(1)须有饲养的动物造成他人损害的事实;(2)损害须是基于动物的本能行为所致,这主要是指动物的自发行为,非经受害人挑逗或唆使而有的行为;(3)动物攻击与受害人损害之间有因果关系。

其免责事由包括:(1)受害人自身的过错,如主动挑逗动物。从一般侵权法法理上说,受害人的共同过错只能作为减轻责任人责任的一种依据,不能以此完全免除责任人的责任。当然,如果损害完全是由于受害人的故意而导致的,则动物饲养人可完全免责。(2)第三人的过错。例如,第三人挑逗动物,致使动物发狂而伤人,则受害人的损害赔偿责任应当由该第三人承担。

(五)产品责任

我国《产品质量法》第41条规定:“因产品存在缺陷造成人身、缺陷产品以外的其他财产(以下简称他人财产)损害的,生产者应当承担赔偿责任。生产者能够证明有下列情形之一的,不承担赔偿责任:(一)未将产品投入流通的;(二)产品投入流通时,引起损害的缺陷尚不存在的;(三)将产品投入流通时的科学技术水平尚不能发现缺陷的存在的。”我国《民法典》侵权责任编第四章专门规定了产品责任,该法第1202条规定:“因产品存在缺陷造成他人损害的,生产者应当承担侵权责任。”

根据这些规定,产品责任属于无过错责任。其责任构成要件是:(1)生产者生产了某种产品;(2)受害人使用了该种产品;(3)该产品存在缺陷;(4)受害人因为使用了该产品而遭受到人身或财产损害;(5)产品缺陷与损害后果之间存在因果关系。在实践中,这种因果关系往往由法官推定成立。

关于产品责任的承担,依据法律规定,因产品存在缺陷造成损害的,被侵权人可以向产品的生产者请求赔偿,也可以向产品的销售者请求赔偿。产品缺陷由生产者造成的,销售者赔偿后,有权向生产者追偿。因销售者的过错使产品存在缺陷的,生产者赔偿后,有权向销售者追偿。可见,销售者承担的是过错责任,生产者承担的是无过错责任。生产者和销售者之间对于侵权损害赔偿,是一种不真正连带债务关系。

另外,根据《民法典》第1205条的规定,因产品缺陷危及他人人身、财产安全的,被侵权人有权请求生产者、销售者承担停止侵害、排除妨碍、消除危险等侵权责任。这里规定的是侵权预防责任,是一种新增加的关于产品责任的责任方式。

产品责任的免责事由有三:未将产品投入流通;产品投入流通时,缺陷尚不存在;产品投入流通时,现有技术水平上不能发现缺陷的存在。除此三项理由外,缺陷产品的生产者不得以任何理由免除此等侵权赔偿责任。

(六)环境污染和生态破坏责任

我国《民法典》侵权责任编第七章规定了环境污染和生态破坏责任,其第1229条规定:"因污染环境、破坏生态造成他人损害的,侵权人应当承担侵权责任。"

据此,环境污染和生态破坏责任致人损害的侵权责任属于无过错责任。其责任构成要件包括:(1)须有污染环境和破坏生态的行为。(2)须有环境受到污染、生态受到破坏的事实。(3)环境污染、生态破坏与受害人的损害之间有因果关系。根据《民法典》的规定,这种因果关系已经由法律进行了推定,受害人可以免除证明责任。[28]

另外,当两个以上侵权人污染环境、破坏生态时,承担责任的大小,根据污染物的种类、排放量等因素确定。

其免责事由包括:(1)不可抗拒的自然灾害导致了污染的发生。(2)战争行为。由于战争而造成海洋污染,当事人已经采取合理措施仍不能避免对海洋环境造成污染损害的,无须承担侵权责任。(3)第三人的故意或过失。因第三人故意或过失行为导致环境污染,并造成他人损害的,受害人只能向该第三人请求损害赔偿。但是,如果第三人不明或者找不到第三人时,污染者仍应当承担补充责任;污染者承担了补充责任后,可以向实际致害的第三人行使追偿权。

重点问题梳理

1. 侵权行为之债,是指由于行为人对受害人实施侵权行为而产生的,受害人可以向行为人要求为损害赔偿、停止侵害,或者为或不为其他行为的一种债权债务关系。

2. 侵权行为,是指因其过错或其制造或控制的异常危险,或者其他法定事由导致他人遭受损害因而应承担侵权责任的行为。

3. 侵权行为法,就是以判断侵权行为是否成立、侵权责任及其范围大小为内容,以补偿受害人、惩罚侵权人、预防侵权发生为主要目标的法律规范的总称。

4. 归责,是指依据一定的准则,将发生的损害(或者说将损害赔偿责任)归结到某人名下,由其承担此不利后果。我国现行法上的侵权归责原则以过错责任为主,兼采危险责任。

---

[28] 我国《民法典》第1230条规定:"因污染环境、破坏生态发生纠纷,行为人应当就法律规定的不承担责任或者减轻责任的情形及其行为与损害之间不存在因果关系承担举证责任。"

5. 一般侵权行为即过错侵权行为，它与特殊侵权行为相对。所谓过错侵权行为，是指由于行为人具有过错，因而他要对因其过错行为而导致的损害承担赔偿责任的不法行为类型。

6. 侵权行为构成要件，是指侵权行为得以成立的、法定的各种必要条件。同时满足损害、因果关系、过错要件的行为，就构成侵权行为，亦即构成一个违法行为——至少是一个违反侵权法的行为。

7. 共同侵权行为，是指数人共同不法侵害他人权利或合法利益的行为。广义的共同侵权行为可以分为共同加害行为、共同危险行为和教唆、帮助他人实施侵权行为。

8. 共同加害行为，即狭义的共同侵权行为，指数人协商一致共同侵害他人权利或合法利益的行为。

9. 共同危险行为，是指数人共同从事某一项危险行为，其中某个人的行为导致了他人损害，虽然每个人的行为都足以导致他人损害，但不清楚究竟是哪一个行为人的行为实际造成了损害。

10. 侵权民事责任，是指侵权人由于其侵权行为以及给他人造成的损害从而在法律上应当承受的不利后果。

11. 损益相抵，是指损害赔偿请求权人因为同一赔偿的原因事实受有利益时，赔偿义务人支付的损害赔偿额应当是受害人的实际损害减去该受益部分后的数额。

12. 过失相抵，又称受害人过错、共同过失，是指受害人对于损害的发生或扩大也有过错的，则侵权人的赔偿责任要根据受害人的过错大小和促成损害的原因力大小而相应扣减。

13. 抗辩事由，是指行为人为获得免责或者减轻责任而可以主张的法定理由。主要包括：依法行使公权力、自助、正当防卫、紧急避险、受害人同意与自甘冒险。

14. 特殊侵权行为之债，是指由于特殊侵权行为而产生的，受害人向侵害人要求为或不为一定行为的债权债务关系。

15. 无过错责任，是指无论行为人有无过错，法律规定应当承担民事责任的，行为人应当对其行为所造成的损害承担民事责任。主要类型有高度危险责任、道路交通事故致人损害的侵权责任、为他人行为之责任、动物致害的侵权责任、产品责任和环境污染致人损害的侵权责任。

案例与分析

1. 2005 年 2 月 2 日 10 时 45 分许，河南某单位临时雇用的驾驶员李某驾驶该单位的汽车，沿郑州西环路由北向南行驶至老俩河村口时，与农民朱某某驾驶的农用三轮车相撞发生交通事故,致使坐在农用三轮车上的原告杜某某受伤,后住院治疗7天,共花费医疗费4115.5元。该次事故经省会交巡警支队受理后,通过勘验,不能确认是哪一方司机违章所致,所以,未能对本事故划分明显的责任。在原告不能得到及时赔偿的情况下,原告杜某某只好诉至辖区的郑州高新区人民法院,要求法院判令二被告赔偿自己已花费的医疗费、后续治疗费、误工费、护理费、营养费、住院伙食补助费、车损费、精神损失费等共计27310.5元。

问题:(1)本案适用哪一种侵权归责原则?

(2)本案中赔偿义务主体是谁?为什么?是否有连带责任的存在?

(3)根据我国现行法的规定,本案中原告请求精神损害赔偿是否有依据,为什么?

分析:(1)本案属于机动车之间发生的交通事故损害,应当适用过错侵权责任。

(2)赔偿义务人主体是河南某单位,因为该单位与李某之间是雇佣关系;同时,李某并非故意或重大过失导致事故损害,因此,只有该单位是赔偿义务人,并且没有连带责任的存在。

(3)原告可以请求精神损害赔偿,因为《精神损害赔偿解释》规定,人身受到严重伤害的,受害人可以请求精神损害赔偿。

2. 江苏省南京市一中学生李某从出生到1989年10月居住在金陵石化炼油厂西生活区。居住地南边是液化气罐装站,该站经常漏气;东边是制造压力容器的工程队,该队主要是就地进行射线探伤,对容器喷漆;北边是炼油厂的生产装置;西北边是炼油厂火炬,排放出的火炬气含有害物质。1989年11月至1997年7月,李某一家住在南京炼油厂东生活区。住处的东边是炼油厂排污未封闭地带,北边是焦化装置。

2004年除夕夜,李某被诊断出患了急性混合型白血病,其家人认为是周围环境污染造成的。但金陵石化炼油厂认为:该厂一直进行密闭生产,环保部门还对排污进行了非常严格的监控,排放完全达标;生活区居住了很多人,与李某同龄的人中只有她一人不幸患病,具体致病原因可能有多种。

在双方多次协商无果的情况下,李某将金陵石化炼油厂告上了法庭。李某在起诉状中表示:金陵石化炼油厂应对其人身损害承担赔偿责任;请求法院判令该单位赔偿已花费的医疗费用54万元,后续医疗费15万元,精神抚慰金26万元,交通费、住宿费、住院伙食补助费5万元,共计人民币100万元。

被告提出抗辩:“生活区居住了很多人,与李某同龄的人中只有她一人不幸患病,具体致病原因可能有多种。”而且,“该厂一直进行密闭生产,环保部门还对排污进行了非常严格的监控,排放完全达标”。这里的问题是,排污行为合法是否属于环境民事责任的免责事由。从法条看来并非如此。因此,原告主张不能成立,应驳回其诉讼请求。

问题:(1)环境污染侵权责任能否成立?

(2)被告(金陵石化炼油厂)的抗辩是否有道理?

(3)原告(李某)提出的赔偿请求可否被支持?

分析:(1)可以成立。因为环境侵权是无过错责任,原告只要证明排污者的确造成环境污染,并且自己在污染的环境里遭受到了损害。原告无须证明被告存在过错,也无须证明损害和排污行为之间存在必然因果关系或相当因果关系。

(2)抗辩不能成立,排污达标最多能证明被告无过错,但因为环境侵权本来就是无过错责任,有无过错对于责任成立没有意义,因此该抗辩对责任成立没有影响。另外,原告生病原因虽然可能有多种,但原告只需要主张被告的排污行为有可能是其损害的原因即可,原告无须证明二者存在法律上的因果关系。法律对因果关系实行推定,被告若想免责,必须证明原告损害与被告排污行为没有因果关系或者基本上不可能有因果关系(证明力至少达到优势证据标准);如若无法证明,则法律推定污染和损害之间的因果关系成立。

(3)由于侵权责任成立,原告的诉讼请求原则上可以支持。不过具体金额要依据国家法律和地方性法律(江苏省的具体赔偿标准)来确定。

第二十二章 不当得利与无因管理之债

第一节 不当得利之债

一、不当得利的意义、机能与类型

我国《民法典》第122条规定："因他人没有法律根据，取得不当利益，受损失的人有权请求其返还不当利益。"据此，所谓不当得利，是指没有任何法律根据使他人受到损失，而自己获得利益的行为引起的一种事实状态。因不当得利而产生的当事人之间的权利义务关系，就是不当得利之债，其中取得不当利益的人叫受益人，是不当得利之债的债务人，负有返还不当得利的债务；财产受损失的叫受害人，是不当得利之债的债权人，享有请求受益人返还不当利益的债权。

不当得利之债的机能，主要表现在：(1)矫正欠缺法律关系的财产移转。例如，售货时多收货款，多收的贷款即属于缺乏法律关系的财物交付，应当予以返还。(2)保护财产的归属。例如，将他人借给自己使用的笔记本出售获利，并导致原所有人利益受损，一得一失显非公平，为保护原所有人财产利益，必须将无权处分人所获得的利益返还给真正权利人。[1]

根据不当得利发生的原因行为，可以将其分为两大类：给付型不当得利与非给付型不当得利。

给付型不当得利，是因为一方向另一方为给付而产生的一方受益另一方受损且欠缺法律原因的不当得利。具体又分为三小类：(1)自始欠缺目的，如非债清偿(误以为存在债务而清偿)。(2)目的不达，如附条件法律行为，所附条件不成就。(3)目的消灭，如合同解除，双方各自返还已为的给付。

非给付型不当得利，是指因为给付之外的原因而导致一方受益另一方受损且欠缺法律上原因的不当得利。它可以分为三小类：(1)权益侵害型不当得利，这实际上是侵权型不当得利，一方因为侵权而获得利益，另一方因未被侵权而遭受损失。典型的例子为无权处分，摩托车借用人将摩托车私自变卖给第三人。(2)求

---

〔1〕 王泽鉴：《债法原理》(第2册)，中国政法大学出版社2002年版，第3页。

偿型不当得利,是指清偿他人债务,因不具备委任、无因管理或其他法定求偿要件而发生的不当得利请求权。例如,甲乙签订关于汽车的分期付款合同,约定甲在支付最后的尾款之前,由乙保留所有权。甲的债权人丙在对汽车申请强制执行时,能够清偿最后的尾款,由甲取得该车所有权。这种情形下,丙对甲享有求偿不当得利请求权。(3)支付费用的不当得利,指非以给付的意思,为他人之物支出费用。例如,把别人家的狗误以为是自己的,并进行饲养。受损人无给付的意思,受益人欠缺受益的权利。这实质上也是一种误信无因管理,即将他人的事务误认为是自己的事务而加以管理。(见图 22－1)

- 不当得利类型
  - 给付不当得利
    - 自始欠缺目的
    - 目的不达
    - 目的消灭
  - 非给付不当得利
    - 权益侵害型不当得利
    - 求偿型不当得利
    - 支付费用的不当得利

图 22－1　不当得利类型

二、不当得利的构成要件

不当得利的构成要件有四:一方获得财产上的利益;他方受到损失;获得利益和受到损失之间有因果关系;获得利益没有合法根据。

1. 一方获得财产上的利益。所谓获得财产上的利益,是指因为一定事实使财产总额增加,包括财产的积极增加和财产的消极增加。财产的积极增加,如财产权利的取得,占有的取得,财产权的扩张及效力的增强等。财产的消极增加,如本应支出费用而没有支出,本应负担债务而未负担或少负担等。

获得利益的方法,可以是民事行为,如因履行行为归于无效而导致的不当得利;也可以是事实行为,如拾得遗失物等;还可以是自然事实,如甲家的苹果树上的苹果落到乙家院子里。可以是受益人的行为,也可以是受害人的行为,还可以是第三人的行为。甚至基于自然事实,也可以满足此要件。如他人之鱼,游入自己池内。他人果树上的果实落入自己院内。

2. 他方受到损失。他方受到损失是不当得利成立的要件之一。如果一方获得利益,他方并没有因此受到任何损失,不构成不当得利。

损失,与取得利益对应,也包括现有财产利益的减少(积极损失)和财产利益应当增加而没有增加(消极损失)。

3. 获得利益和受到损失之间有因果关系。所谓获得利益和受到损失之间有因果关系,是指他方的损失是因一方获得利益造成。因果关系有多种含义,不当得利的因果关系采取非直接因果关系说的观点,即获得利益的原因事实不必与受到损失的原因事实相同,只要社会观念认为获得利益和受到损失有牵连关系,就可认定两者之间有因果关系。

取得利益与所受损失不一致时,利益小于损失的,以利益为准;利益大于损失的,以损失为准。

4. 获得利益没有合法根据。如果有法律上的根据,即使获得利益,使他方受到损失,也不发生不当得利之债。无法律上的根据,包括自始没有根据、取得利益时有根据但嗣后根据消灭两种类型。

三、特殊不当得利

所谓特殊不当得利,是指尽管符合不当得利的各项要件,但基于某种特殊情形,受益人可不必向受害人返还所得利益的一种不当得利。一般来说,特殊不当得利包括如下几种情形:

1. 履行道德上义务的给付。所谓道德上的义务,是指在法律上虽然没有义务,但在道德或伦理上有义务。例如,结婚礼金送出后即不能请求返还;侄子女对叔伯父在法律上虽无扶养义务,但在道德上有,若已经给付一定的扶养费,则不能请求返还。

2. 明知无债务而为清偿,不成立不当得利。无债务而为清偿,称为非债清偿,这是一种典型的不当得利。但其前提为:非债清偿人不知道原本无债务而为清偿,即误以为有债务而清偿。倘若清偿人明明知道没有债务还是予以"清偿",这就构成特殊的不当得利。清偿人在明知其没有债务仍然予以给付,这样一种自由自愿的法律行为,法律自然没有必要对其加以特别保护;受给付者也没有义务予以返还。从证明责任的法理上说,给付人的明知与否应当由受给付人来承担。

3. 因不法原因而为给付,不成立不当得利。如清偿赌债。此等规定的立法理由是任何人不得以自己的不法行为为理由,主张自己损失的回复。

四、不当得利的效力

不当得利发生后,受害人有权请求受益人返还不当得利,受益人负有返还不当得利的义务。换言之,在受害人与受益人之间产生一种债权债务关系,这也是不当得利的效力。

(一)不当得利的主体

不当得利的权利人,为受损害的人。其权利为不当得利返还请求权。不当得利的义务人,原则上为利益受领人。在受益人死亡的情况下,可依《民法典》的规定,由其继承人负返还不当得利的义务。

(二)不当得利的客体

不当得利的客体包括所受的利益,以及基于该利益的所得。其返还方法以原物返还为原则,以价额偿还为例外。(1)原物返还。例如,张某的羊入邻村为贾某所得,贾某即应归还该羊。此即所受的利益。倘若该羊在贾某处期间产下羊羔,则应一并返还羊羔,此即所谓基于该利益的所得(在本案中属于天然孳息)。(2)价额偿还。当依据所受利益的性质,返还原物不可能时,则应折算为相应的价额返还。例如,所受利益为劳务;或者所得的财物已经转手他人,并且该他人已经根据善意取得制度获得所有权,此时,受害人的不当得利请求权只能就变卖后的价款行使向无权处分人行使请求权。

(三)不当得利返还义务

不当得利返还义务的范围大小,应着眼于受益与受损之间的因果关系。利用不当得利所取得的其他利益,扣除劳务管理费用后,应当予以收缴。

关于不当得利返还的范围,一般的原则是:损害大于利益,应以利益为准;利益大于损害,则以损害为准。换言之,以损害与利益之数额小者为范围。不过,在具体的适用上,返还的范围将因为受益人是善意还是恶意而有所不同。

1.受益人为善意,即在受益人取得利益时不知道没有合法根据,其返还利益的范围以利益存在的部分(现存利益)为限;如利益已不存在,则不负返还义务。所谓现存利益不限于原物的固有形态,如果形态改变,其财产价值仍然存在或者可以代偿,仍然属于现存利益。现存利益的"现存"时点,按通说,是受害人提起不当得利返还请求权之时。

另外,受领人在受领或控制该受益物期间为该物所支出的必要费用和有益费用,受益人在返还时可以扣除。同时,按照传统理论,不当得利返还的费用原则上由不当得利受领人(返还义务人)承担,即不得扣除。[2]

2.受益人为恶意,即在取得利益时明知没有合法根据,其返还利益的范围应是受益人取得利益时的数额,即使该利益在返还之时已经减少甚至不复存在,也不免除返还义务。倘若受益人属于嗣后恶意或中途恶意,则返还范围应以恶意开始之时存在的利益为准。

3.第三人的返还义务。如果善意受益人将所受利益无偿让与第三人,从而使利益不存在而减免返还义务时,获得利益的第三人负返还义务。这里有几个要件:受益人无偿让与,如赠与、遗赠;让与物为原受领人所应返还的;原受领人因无偿让与而免返还义务,如果原受领人仍负有返还义务,则第三人没有返还义务。

---

〔2〕 郑玉波:《民法债编总论》,陈荣隆修订,中国政法大学出版社2004年版,第110页。

第二节　无因管理之债

在宽泛意义上，无因管理之债是指一方没有法定或约定的义务，为避免他人利益遭受损失，自愿管理他人或为他人提供服务，从而在管理人与被管理人即本人之间产生的一种债权债务关系。其中管理人是债权人，本人是债务人，债务内容主要是管理人支出的必要费用。把握无因管理之债的关键是理解无因管理的成立与效力。

《民法典》第121条规定，“没有法定的或者约定的义务，为避免他人利益受损失而进行管理的人，有权请求受益人偿还由此支出的必要费用”。该条在草案一审稿中的表述是（第106条）：“没有法定的或者约定的义务，为避免他人利益受损失进行管理或者服务的，有权请求受益人偿还由此而支付的必要费用。”两相对照可知，《民法典》删除了服务型无因管理，仅仅保留了管理型无因管理。

一、无因管理的意义、性质与立法例

所谓无因管理，是指没有法定或约定的义务，为避免他人利益遭受损失，自愿管理他人或为他人提供服务的行为。无因管理制度起源于古罗马法，属于准契约之一。无因管理在罗马法上系专为保护本人之利益而设，而近代法却认为图谋他人之利益，符合社会连带、相互扶助的理想，因此，另外也是适应社会利益的需要。[3]

无因管理的法律效果不以管理人的主观意思为转移，因此，其法律性质属于事实行为，而非法律行为。当然，就具体的管理方式而言，管理人可以为法律行为，如代签合同；亦可为事实行为，如暴雨前帮邻居收取晾晒的衣服。

管理人的管理意思并不需要对他人表示，因此，《民法典》关于意思表示的规定，不能适用。另外，依据通说，无因管理人或本人均不以具有行为能力为必要，因而属于行为能力的规定，也不能适用。

从罗马法开始，大陆法系国家基本上都有无因管理的规定。《法国民法典》第1375条规定：“其事务受善良管理之本人，对于事务管理人以其名义所为之约束，应予履行；对于管理人为管理事务所负担的全部个人债务，应予赔偿；对其支付之一切必要或有益费用，均须偿还。”《德国民法典》第677条规定：“未受他人之委任，并对他人无权利，而为他人处理事务，负有依本人之明示或可得推知之意思，以

---

〔3〕　郑玉波：《民法债编总论》，陈荣隆修订，中国政法大学出版社2004年版，第72页。

适合于本人利益之方法而为管理之义务。"《瑞士债务法》第 419 条规定:"未受委任而为他人管理事务者,负有适于他人之利益及得推知之目的,而管理其事务之义务。"《日本民法典》第 697 条规定:"无义务,而为他人管理事务,应依事务的性质,以最适合于本人利益的方法而管理。管理人知悉本人的意思,或可得推知的,应依其意思管理。"我国《民法典》第 121 条规定,没有法定的或者约定的义务,为避免他人利益受损失进行管理的人,有权请求受益人偿付由此支付的必要费用。

二、无因管理的成立

无因管理的成立要件包括主观要件和客观要件两方面。

(一)主观要件

无因管理的构成在主观上须管理人有为他人管理的意思。管理人为他人管理事务的意思即管理意思,是指以其管理行为所生的事实上的利益,归属于他人的意思。即管理行为的目的是被管理人的利益,而非为了自己的利益。如果管理人没有为他人管理的意思,管理人的管理行为则可能构成侵权行为。"为他人"的判断标准,是社会通常客观标准,就是以本人事实上受益为准。同时,为他人管理的意思与为自己管理的意思可以并存。例如,修理邻居快要倒塌的房屋,既为邻居,也可以使自己免除危险,也可成立无因管理。至于本人的确切身份,管理人在实施管理行为时无须知晓,只要管理人存在为他人而管理的内心意思即可。

(二)客观要件

1. 管理他人事务。所谓管理,就是处理事务的行为。这种行为因为是为本人谋取利益,因此管理行为不仅包括保存、利用、改良等处分行为,而且包括为本人新取得权利或负担义务的行为。我国《民法典》第 121 条规定"为避免他人利益受损失而进行管理的人"一语,概括了管理行为的范围。管理行为仅仅是为避免他人的利益遭受损失,而不包括为本人新取得权利或负担义务。将管理行为范围扩大到为本人取得新权利,无限扩大了管理人的行为范围,干涉了本人的私人事务。

此处所谓的事务,含义很广,既可能是日常事务、经济事务,也可能是非经济事务。我国台湾地区"民法"第 175 条规定"管理人为免除本人之生命、身体或财产上之急迫危险而为事务管理者",从中可知管理的范围之广。管理可以是法律行为,也可以是事实行为;可以是持续的行为,也可以是一时的行为。当然,管理行为必须是合法的行为,违法行为如帮助他人寄存赃物,自然不构成无因管理。

所谓他人的事务,是指依事务的性质,当然属于他人的事务,如对他人所有的房屋予以修缮,对落水的人进行救助,对失火的房屋的抢救等。这里是否为他人事务而管理,关键看客观上的判断。如果从客观上不能当然地认定该事务系他人的事务,则应视管理人的主观意思而定。内心意思无从判断时,则以实际管理的受益人为判断依据。

2. 无法律上的义务。法律上的义务包括法定的义务和约定的义务。前者为法律直接规定的义务，如父亲帮助未成年子女管理财务；后者是当事人合同约定的义务，如管理人与他人签有代理、雇佣、承揽合同时，管理人与他人之间的法律关系，应依合同关系确定。管理人依约对于本人负有义务时，不能成立无因管理。管理人是否有法律上的义务，属于客观层面的判断。（见图 22－2）

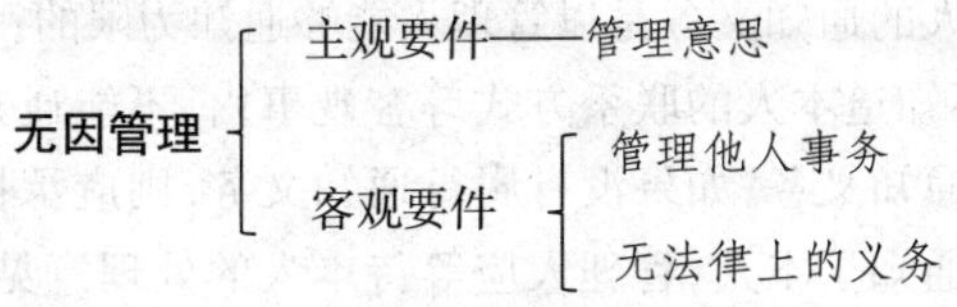

图 22－2　无因管理成立要件

三、无因管理的效力

无因管理系介入他人事务的一种事实行为，其中很可能会侵害他人权利，例如雨天帮人收衣服，必定要侵占衣服的所有权。侵害他人权益，即构成侵权行为，但是，合法的无因管理将使侵权不成立。侵权之债虽不成立，但无因管理之债却成立，因为管理他人事务难免常常会发生一些费用，管理人对于支出的费用可以向本人（受益人）请求偿付。

具体而言，无因管理之债中，管理人对于本人负有以下义务。

（一）管理人的义务

无因管理是管理人本来没有法定的义务或约定的义务，而管理他人事务；但是管理人不管理则作罢，既然管理人已经着手管理，其就有适当的义务。国外和我国台湾地区的法律均有相关的规定。主要有三方面的义务。

1. 适当管理的义务。具体又包括两层内容。首先，管理人应依本人明示或可得推知的意思以有利于本人的方法为事务管理。所谓依本人明示的意思管理，是本人曾向非管理人明确表示其管理意思。如果向管理人表明管理意思，则不是无因管理，而是委任管理，双方构成合同关系。所谓依可得推知的意思管理，是指本人虽然没有明确表示，但依客观情况，可以推出本人有某种意思。如果管理违反本人明示或可推知的意思而进行管理本人事务，对本人造成损害的，应承担损害赔偿责任。其次，管理人应以有利于本人的方法进行管理。管理应履行善良管理人的注意义务，否则就应承担民事责任。但因情形紧急，管理人为免除本人的生命、身体或财产上的急迫危险进行管理，对本人造成损害，除有恶意或重大过失外，不负损害赔偿责任或减轻责任。所谓恶意，是指怀有的恶劣动机，即为了损害他人利益的目的而为破坏。例如，火中救人，切断窗户钢筋，系为了救人，因而切断钢筋的行为虽出于故意,但不是恶意;倘若邻居发生火灾,明知火灾并不大,屋内也没有人,为了破坏邻居财物,以救火为名义故意将邻居的整个屋顶拆毁,此行为就是典型的恶意行为。

2. 通知义务。事务管理开始时,如能通知本人,应通知本人;如无急迫情事,应待本人指示。例如,我国台湾地区"民法"第 173 条第 1 项规定:"管理人开始管理时,以能通知为限,应即通知本人。如无急迫之情事,应俟本人之指示。"管理人有通知义务。但管理人的通知义务是以管理人能够通知为限的;如果不能通知,如不知道本人是谁,或不知道本人的联系方式等客观事由,不能通知的,则可免除通知义务。管理人负有通知义务,如果没有履行通知义务,则应承担相应的民事责任。管理人将管理事项通知了本人,管理人应等待本人的处理意见。本人可能对管理人有指示,也可能没有指示。本人有指示时,管理人与本人之间的法律关系发生变化,双方不再是无因管理关系。本人指示管理人继续管理的,管理人与本人构成委托关系;本人指示管理人停止管理的,管理人应按本人的意思终止管理。本人如果获悉了通知,但对于事务是否由管理人继续管理没有明确指示的,管理人可以继续履行好管理义务,也可以停止管理事务。因为本人在可以表达其自身意思的情况下,不予明确表达,显然对自己的相关事务并不关心。此时,管理人自然也没有义务继续管理。当然,本人没有明确指示时,管理人继续管理也不违反本人的意思,因此,如果管理人继续管理,则本人对于管理人因管理支出的费用对管理人有偿付的义务。

3. 计算义务。我国台湾地区"民法"第 173 条第 2 项规定:"第 540 条至第 542 条关于委任之规定,于无因管理准用之。"第 540 ~ 542 条规定的内容,是确定受任人的计算义务,适用于无因管理中管理人的计算义务。根据相关规定,管理人的计算义务包括三项:(1)报告义务。管理人应将管理事务进行状况报告本人,管理关系终止时,应详细报告其管理情况。(2)交付收取物及移转取得权之义务。管理人因管理事务所收取的金钱、物品及利息应交付本人,管理人以自己名义为本人取得的权利,应移转于本人。(3)利息支付及损害赔偿义务。管理人为自己利益,使用应交付于本人的金钱或使用应为本人利益而使用的金钱,应自使用之日起,支付利息;如有损害,应负损害赔偿义务。管理人的计算义务是管理人的核心义务,只有管理人完全履行了其计算义务,才能达到无因管理的实际法律效果,才能体现管理人为他人管理的目的,让本人利益得到现实的保护。

(二)本人的义务

管理人管理事务对本人有利,且不违反本人明示的或可得推知的意思;或者管理人管理事务虽然违反本人的意思,但是管理人的管理行为是为本人尽公益上的义务,或者是为其履行法定的抚养义务,或者本人的意思违反社会公序良俗,管理人与本人之间产生法定之债。管理人对本人享有请求权,本人有履行给付的义务。这里所说管理事务对本人有利,不是针对管理的结果而言,而是指管理事务承担本身。管理人不担保管理的结果,本人应承担其危险性。本人对管理人的义务有三项:

1. 支付必要的和有益的费用。管理人为本人支出必要或有益的费用的,管理人有权请求偿还。所谓必要费用,是指管理事务时必不可少的费用。所谓有益费用,是指为本人增加利益的费用。是否必要或有益,应依支付时的客观标准加以认定。

2. 清偿必要和有益的债务。管理人因管理事务而负担的债务,本人必须为之清偿。例如,管理人管理事务,是以本人的名义订立法律行为时,本人得承认该无权代理行为,使其法律效果归属本人,从而免除管理人的债务。本人清偿的债务,也以必要或有益者为限。

3. 损害赔偿义务。管理人在为本人管理事务时受到损害,包括人身损害和财产损害,可以向本人请求赔偿。管理人的损害与管理事务之间必须有相当的因果关系。例如,管理人为他人救火而受伤,住院治疗花费的医疗费,本人应为其进行赔偿。管理人因管理事务而死亡时,本人应承担丧葬费用和法定扶养费用,管理人的继承人可以向本人请求。本人的赔偿范围应为管理人的直接损害,不应为管理人的管理报酬。除非管理人所管理的事务属于管理人的职业范畴,管理人可以向本人请求报酬。

如果管理人的事务管理行为虽然有利于本人,但违反本人的意思,且此类管理行为不属于为本人尽公益上的义务或为履行法定扶养义务,本人的意思也不违反社会公序良俗,则本人仅在其所得利益范围内负返还义务。换言之,此时的返还范围不再是以管理人支出的必要或有益费用为准,而是以本人的实际所得利益为准。

如果既违反本人意思,也不利于本人,则此种管理行为属于侵权行为,管理人应负损害赔偿义务。如果不违反本人意思,但不利于本人,则管理人只有在有过错时才对本人承担损害赔偿的义务。

四、准无因管理

准无因管理,也称不真正无因管理,即具备无因管理的客观要件,但不具备无因管理的主观要件。准无因管理包括三类情形:明知他人事务,仍当作自己事务来管理,此即所谓的不法管理;误信他人的事务为自己的事务而进行管理,这被称为误信管理;误信自己的事务为他人的事务而进行管理,是为幻想管理。

真正无因管理是管理人具有为本人管理意思,无法律义务而为本人管理事务。这种无因管理产生两方面的法律效果,一是阻却违法性。使无因管理成为合法行为,以排除对他人事务干涉的侵权性。二是在管理人与本人之间产生法定的债权债务关系。不真正无因管理,是指在管理人明知系他人事务,却故意当成自己事务或误信他人的事务为自己的事务或误信自己的事务为他人的事务而加以管理的情形下,本人主张为无因管理的。不真正无因管理的法律效果,一是不能阻却违法性,即不真正无因管理仍属违法行为;二是往往加重管理人的责任。

(一)不法管理

不法管理,是指管理人明知为他人之事务,仍作为自己之事务而管理。在不法管理中,管理人是以自行取得管理效果为目的,主观上是为自己而管理,客观上将管理利益归属于自己,对本人造成损害,构成侵权行为,管理人应承担侵权损害赔偿责任。关于管理人所赔偿损失额的计算,当管理人所得利益低于本人实际损失时,以本人的实际损失计算;当管理人所得利益高于本人实际损失时,以管理人的所得计算。至于管理人为管理而支付的费用,应当类推恶意占有人占有他人之物过程中所支付费用的偿还规则,即管理人可主张的费用请求权仅以必要费用为限。

(二)误信管理

误信管理是指管理人误信他人之事务为自己之事务管理。产生误信的原因有几种,不同的原因会产生不同的法律关系,管理人所承担的责任亦不同。因本人的过失,或因管理人与本人双方均有过失或均无过失,使管理人产生误信而加以管理的,本人与管理人之间产生不当得利的法律关系,本人可以请求管理人在现存利益限度内返还不当得利。因管理人的过失产生误信而加以管理的,本人可以请求管理人返还其利益,并不以请求返还时现存利益为限,管理人与本人亦可产生侵权之债的法律关系,管理人承担侵权损害赔偿责任。

(三)幻想管理

幻想管理是指管理人误信自己之事务为他人之事务而管理。在幻想管理中,因管理人的误信,将自己的事务当作他人的事务进行管理,所管理的事务为管理人自己所控制,尚不会与他人产生法律关系。但管理人将所管理的事务进行处分时,亦可能产生不当得利或侵权之债的法律关系。例如,管理人张某将自己所有的土地,误认为为李某所有,指使李某的雇工进行耕作。又如,管理人王某将自己的车,误认为是谭某的,将车归还给谭某。前者张某与李某产生侵权之债的法律关系,后者王某与谭某产生不当得利的法律关系。幻想管理不能成立无因管理,只能依不当得利,或侵权行为,或错误等规定解决有关事项。另外,因法律关系溯及的消灭致他人之物成为自己之物的,也可能发生中途一段时间的幻想管理。不过,此种关系因买卖契约的解除,当然地随之消灭,自然也没有准用无因管理规定的必要。

重点问题梳理

1. 不当得利,是指没有合法根据使他人受到损失,而自己获得利益的行为引起的一种事实状态。

2. 根据不当得利发生的原因行为,可以将其分为两大类:给付型不当得利与非给付型不当得利。

3. 给付型不当得利,是因为一方向另一方为给付而产生的一方受益另一方受损且欠缺法律原因的不当得利。

4. 非给付型不当得利,是指因为给付之外的原因而导致一方受益另一方受损且欠缺法律上原因的不当得利。

5. 不当得利的构成要件有四:一方获得财产上的利益;他方受到损失;获得利益和受到损失之间有因果关系;获得利益没有合法根据。

6. 特殊不当得利,是指尽管符合不当得利的各项要件,但基于某种特殊情形,受益人可不必向受害人返还所得利益的一种不当得利。特殊不当得利主要包括履行道德上义务的给付、明知无债务而为清偿以及因不法原因而为给付三种情形。

7. 无因管理之债,是指一方没有法定或约定的义务,为避免他人利益遭受损失,自愿管理他人或为他人提供服务,从而在管理人与被管理人即本人之间产生的一种债权债务关系。

8. 无因管理,没有法定或约定的义务,为避免他人利益遭受损失,自愿管理他人或为他人提供服务的行为。

9. 无因管理的成立要件包括主观要件和客观要件两方面。主观要件是指无因管理的构成须管理人有为他人管理的意思。客观要件是指没有法律上的义务而管理他人事务。

10. 准无因管理,也称不真正无因管理,即具备无因管理的客观要件,但不具备无因管理的主观要件。准无因管理包括三类情形:明知他人事务,仍当作自己事务来管理,此即所谓的不法管理;误信他人的事务为自己的事务而进行管理,这被称为误信管理;误信自己的事务为他人的事务而进行管理,是为幻想管理。

案例与分析

1. 农民某甲与某肉联厂约定:由肉联厂将其所有的两头黄牛宰杀后,净得的牛肉按每千克7元的价格进行结算;牛头、牛皮、牛下水归肉联厂,再由某甲付宰杀费40元。在宰杀过程中,肉联厂屠宰工人在其中一头牛的下水中发现牛黄70克。肉联厂将这些牛黄出售,每克40元,共得2800元。某甲得知此事后,认为牛黄应当归其所有,遂向肉联厂索取卖牛黄所得的2800元价款。肉联厂认为牛黄在牛下水中,而牛下水按约定是归肉联厂的,因此拒绝给某甲该款。双方发生纠纷。

问题:(1)两头牛的所有权是否已经转移给了肉联厂?

(2)牛黄应归谁所有?

(3)某甲能否要回此2800元?法律上的依据是什么?

分析:(1)牛的所有权并没有转移给肉联厂,因为肉联厂与某甲之间成立一份承揽合同关系,肉联厂仅仅取得加工的权利和义务,标的物所有权仍然由甲享有。

(2)牛黄应当归甲所有,因为这是牛的自然孳息,孳息所有权与标的物所有权归属相同。不过本案中,牛黄已经被无权处分,购买人善意取得牛黄的所有权。

(3)某甲可以要回此2800元,法律上的依据即不当得利制度。肉联厂既无法定原因又无约定原因而享有牛黄的对价,这是一种不当得利,应当返还给原权利人。

2. 某甲在村集体所有的土地上挖了一个大坑。两个男孩在村边的水坑边玩,一个男孩落水,另一个男孩见义勇为将他拉起,自己却不幸落水身亡。(案例参见《今日说法》2009年1月16日节目"大坑坑了谁")

问题:牺牲的男孩对于被救的男孩是否构成无因管理?受害人近亲属能否依据我国民法的规定向后者主张赔偿请求权?

分析:根据大陆法系传统理论,见义勇为行为也属于无因管理。但我国法律对见义勇为导致自己损害专门进行了规定,根据《民法典》第183条以及《人身损害赔偿解释》第15条,见义勇为之债是指,为维护国家、集体或者他人的合法权利(见义勇为)而使自己受到损害的,因受益人给予见义勇为者适当补偿,而在见义勇为者与受益人之间发生的债权债务关系。因此,这里只能是见义勇为下的适当补偿,而不是无因管理下的全额补偿。我国各地大多建立见义勇为基金,用于弥补对见义勇为者补偿不足的问题。

第五编　继　承　权

第二十三章　继承权概述

第一节　继承权的概念和法律特征

一、继承权的概念

现代民法中的继承是指将自然人生前所有于死亡时遗留的个人合法财产依法转移给他人的法律制度。这里的财产包括金钱、房屋、债权等。广义的继承包括法定继承、遗嘱继承、遗赠、遗赠抚养协议四种，狭义的继承仅包括法定继承和遗嘱继承。继承权是指继承人依照法律的直接规定或者被继承人所立的合法有效的遗嘱而享有的继受被继承人个人合法财产的权利。我国《民法典》第1120条规定："国家保护自然人的继承权。"

在继承法律关系中，生前所享有的财产因死亡（包括自然死亡、依法被宣告死亡）而转移给其他自然人的死者为被继承人，被继承人死亡时遗留的合法的个人财产称为遗产，依照法律规定或者被继承人所立的合法有效的遗嘱承接被继承人遗产的自然人为继承人。

在不同的法律语境中，继承权通常有两种相互联系的不同意义，即客观意义上的继承权与主观意义上的继承权。客观意义上的继承权，是指继承人在继承开始前（被继承人死亡前）依法所享有的继承人的法律地位及依照法律的直接规定或者被继承人所立的合法有效的遗嘱所享有的继受被继承人个人合法财产的法律资格，即继承遗产的权利能力；主观意义上的继承权是指继承人于继承开始后（被继承人死亡后）基于所享有的客观意义上的继承权而可以现实取得被继承人遗产的权利，即继承遗产的行为能力。

二、继承权的法律特征

狭义的继承权具有如下法律特征：

1. 继承权是以自然人之间存在一定的身份关系为基础所享有的权利。（1）继承权只能由自然人享有。我国《民法典》第1120条明确规定第六编"继承"编的适用对象是自然人；法人及非法人组织，甚至是国家均不能享有民事领域的继承权。

(2)继承权是以继承人与被继承人存在一定的身份关系为前提的权利。按照我国《民法典》的规定,继承权是近亲属之间才能享有的相互继承遗产的权利,近亲属关系的形成可以基于婚姻、血缘、收养等。尽管继承权以一定的身份关系为基础,但权利本身不以身份利益为内容,不属于身份权。

2. 继承权产生的依据是法律的直接规定或者合法有效的遗嘱。依照法律的直接规定而享有的继承权为法定继承权,依照被继承人所立的合法有效的遗嘱而享有的继承权为遗嘱继承权。法定继承权是法定继承中继承人享有的继承权,只有法律规定的法定继承人才享有法定继承权,我国法律规定配偶、子女、父母、兄弟姐妹、祖父母、外祖父母、尽了主要赡养义务的丧偶儿媳和丧偶女婿享有法定继承权。遗嘱继承权是遗嘱继承中继承人享有的继承权,只有合法有效的遗嘱中指定的继承人才享有遗嘱继承权,未在遗嘱中被指定为继承人的人尽管可能享有法定继承权却不能享有遗嘱继承权。在我国,遗嘱中指定的继承人只能是法定继承人。

3. 继承权的标的是以财产利益为内容的各种遗产。以财产利益为内容的各种遗产包括死者生前拥有的各种财产、债权以及法律规定可继承的其他财产(如知识产权中的财产权),即积极财产;同时也包括消极财产,《民法典》规定在分割遗产时,应清偿被继承人的税款和债务。仅由死者在生前所占有的财产,不属于遗产的范畴,不能继承。继承权是继承人继承被继承人以财产利益为内容的遗产的权利,不能继承继承人生前所享有的各种身份利益。从这一点来看,继承权具有财产权的特性。

4. 继承权以被继承人的死亡为实现条件。继承自被继承人死亡时开始。在被继承人死亡前,继承权表现为客观意义上的继承权,是一种期待权,并不发生实际的继承问题;当出现被继承人死亡的法律事实时,客观意义上的继承权转化为主观意义上的继承权,继承权得以实际实现。被继承人死亡在法律上包括自然死亡及依法定特别程序被宣告死亡两种,均会发生继承的法律后果。

第二节　继承权的取得、接受、放弃和丧失

一、继承权的取得

(一)继承权取得的概念

继承权的取得,是指继承人基于法律的直接规定、被继承人所立的合法有效的遗嘱而取得继承权。由此产生了两项制度,即法定继承和遗嘱继承。

继承权的取得不同于继承权的接受,继承权的接受是指继承人作出同意继承

被继承人遗产的意思表示。[1] 继承权的取得是继承权接受的前提,继承人获得继承权后,可根据自己的意愿自主决定接受继承还是放弃继承。

(二)取得继承权的原因

继承权取得的根据为法律规定或合法有效的遗嘱。根据法律的规定产生法定继承,继承人为法定继承人;根据遗嘱,产生遗嘱继承,继承人为遗嘱继承人。在我国,由于遗嘱继承人只能在法定继承人的范围内选定,因而法定继承人与遗嘱继承人的产生原因是相同的,都可因婚姻、血缘、收养关系等而产生继承权。配偶间基于合法有效的婚姻关系而相互取得继承权;子女、父母、兄弟姐妹、祖父母、外祖父母等一般基于血缘关系而相互取得继承权;养子女与养父母基于收养关系而相互取得继承权;继子女与继父母基于因婚姻而产生的事实上的抚养关系而相互取得继承权。

二、继承权的接受

(一)继承权接受的概念

继承权的接受是指继承开始后,享有继承权的继承人作出同意参加继承、继承被继承人遗产的意思表示。继承权的接受是继承人实际获得遗产的前提。

(二)继承权接受的特点

1. 继承权的接受以继承开始后继承人享有继承权为前提条件。继承开始前,继承人享有的是一种客观意义上的继承权,即继承遗产的资格,因而不能放弃;继承开始后,客观意义上的继承权转变为主观意义上的继承权,继承人可依自己的意思决定是否现实地取得遗产。

2. 继承权的接受既可明示,也可默示。一方面,法定继承人和遗嘱继承人可以明确表示接受继承;另一方面,我国《民法典》第 1124 条第 1 款还规定:"继承开始后,继承人放弃继承的,应当在遗产处理前,以书面形式作出放弃继承的表示;没有表示的,视为接受继承。"即以默示的方式表示接受继承。就与遗嘱继承类似的遗赠而言,受遗赠人接受继承的方式是唯一的,只能是明示,受遗赠人应当在知道受遗赠后 60 日内,明确作出接受或者放弃受遗赠的表示;到期没有表示的,视为放弃受遗赠,即在遗赠中不认可默示接受。

3. 继承权的接受是一种单方法律行为,即依继承人一方作出的接受继承的意思表示即可发生相应的法律效力,不需要征得包括其他继承人在内的任何人的同意。

4. 无民事行为能力人对继承权的接受,需由他们的法定代理人代为作出;限制

---

〔1〕 郭明瑞主编:《民法》(第 3 版),高等教育出版社 2007 年版,第 537 页。

行为能力人继承权的接受,要么由法定代理人作出,要么在征得法定代理人同意后由其本人作出。为了维护无民事行为能力人和限制行为能力人的利益,法定代理人一般不能作出放弃继承权的意思表示。

5. 继承权的接受不得附条件。继承权的接受,意味着全面接受继承,既接受继承积极财产(财产权利),也接受继承消极财产(财产义务)。

三、继承权的放弃

(一)继承权放弃的概念

继承权的放弃,是指继承人在继承开始后的法定期间内以书面形式作出的不接受继承被继承人遗产的意思表示。

(二)继承权放弃的特点

1. 继承权的放弃以继承开始后继承人享有继承权为前提条件,且放弃继承权的意思表示应在法定期间内作出。根据《民法典》第1124条第1款的规定,继承人放弃继承权的法定期间是在继承开始后至遗产处理前。《继承法意见》第49条也规定:"继承人放弃继承的意思表示,应当在继承开始后、遗产分割前作出。遗产分割后表示放弃的不再是继承权,而是所有权。"

2. 继承权的放弃是一种单方法律行为,且放弃的效力溯及继承开始之时。继承权的放弃是继承人对自己权利的处分,只要其依据自主意愿作出放弃继承权的意思表示,无须他人同意,即发生相应的法律效力。且一旦继承人作出放弃继承权的意思表示,就视为从继承开始之时继承人就退出了继承法律关系,不参与权利义务的继承。

3. 继承权的放弃只能由继承人本人作出。放弃继承权意味着继承人的财产可以增加而未增加,从一定意义上讲是有损于继承人的财产利益的,因此,即便继承人是无民事行为能力人或限制民事行为能力人,其法定代理人也不能代理他们作出放弃继承权的意思表示。

4. 在法定继承和遗嘱继承中,继承权的放弃只能以书面形式作出。对此,《民法典》第1124条作出了明确的规定,凡是未以书面形式表示放弃继承权的,不发生放弃的效力。但《民法典》对放弃受遗赠的形式未作出规定。

5. 继承权的放弃不得附带任何条件,如继承人不得以不履行法定义务为条件而放弃继承权,一般也不能对放弃继承翻悔。根据《继承法意见》第50条的规定:"遗产处理前或在诉讼进行中,继承人对放弃继承翻悔的,由人民法院根据其提出的具体理由,决定是否承认。遗产处理后,继承人对放弃继承翻悔的,不予承认。"即一般不允许对放弃继承翻悔,只有在提出具体理由的情况下,由人民法院裁量其理由的充分性,决定是否允许其翻悔。

四、继承权的丧失

（一）继承权丧失的概念

继承权的丧失又称继承权的剥夺，是指继承人实施了违反法律规定的行为而被依法剥夺继受被继承人个人合法财产的法律资格。继承人丧失继承权，常常是由于他实施了针对被继承人或其他继承人的违法犯罪行为，因而被取消继承资格。可见，继承权的丧失并非基于继承人的主观意愿，带有被动性。

（二）继承权丧失的法定事由

根据我国《民法典》第1125条的规定，继承权的丧失可基于以下法定事由：

1. 继承人故意杀害被继承人。《继承法意见》第11条规定："继承人故意杀害被继承人的，不论是既遂还是未遂，均应确认其丧失继承权。"继承人故意杀害被继承人是一种严重的犯罪行为，无论故意杀人行为是既遂还是未遂，也无论其最终是否承担刑事责任，都丧失继承权。这种行为必须出于故意，若因过失行为导致被继承人死亡，不丧失继承权。继承人因实施正当防卫而致被继承人死亡的，因其行为不具有不法性，亦不丧失继承权。

2. 为争夺遗产而杀害其他继承人。被杀害的其他继承人应是《民法典》上规定的实施杀害行为的继承人以外的其他法定继承人范围以内的人。实施杀害其他继承人的行为动机是争夺遗产，该杀害行为主观方面只能是故意，不能是过失。杀害其他继承人的行为，无论是既遂还是未遂，均丧失继承权，同时还要受到刑罚处罚。

3. 遗弃被继承人，或者虐待被继承人情节严重。遗弃被继承人，是指继承人有扶养能力但却对被继承人故意不尽扶养义务，使被继承人处于生存危难或者生活困境中的行为。构成这一行为，需要具备以下几个方面的条件：(1)继承人对被继承人有扶养义务；(2)继承人对被继承人有扶养能力，若继承人本身没有扶养、赡养能力和条件而无法尽扶养、赡养义务的，不构成遗弃；(3)被继承人需要他人的经济支持、生活照料等；(4)继承人不尽扶养义务的行为与被继承人陷于生存危难或者生活困境有因果关系。

虐待被继承人，是指继承人在被继承人生前以各种行为对被继承人进行身体上或者精神上的伤害、折磨。虐待行为只有在达到情节严重的程度时，继承人才因此丧失继承权。《继承法意见》第10条规定："继承人虐待被继承人情节是否严重，可以从实施虐待行为的时间、手段、后果和社会影响等方面认定。虐待被继承人情节严重的，不论是否追究刑事责任，均可确认其丧失继承权。"《继承法意见》第13条则规定了这种丧失继承权情形的例外："继承人虐待被继承人情节严重的，或者遗弃被继承人的，如以后确有悔改表现，而且被虐待人、被遗弃人生前又表示宽恕,可不确认其丧失继承权。”

4. 伪造、篡改、隐匿或者销毁遗嘱,情节严重。伪造遗嘱是指继承人故意以被继承人的名义制作假遗嘱;篡改遗嘱,是指继承人故意非法改变被继承人所立遗嘱的内容;隐匿遗嘱是指故意藏匿被继承人所立遗嘱;销毁遗嘱是指继承人故意将被继承人所立的遗嘱予以非法毁灭。这四种行为达到情节严重的程度时,继承人即丧失继承权。对于何为“情节严重”,《继承法意见》第14条规定:“继承人伪造、篡改或者销毁遗嘱,侵害了缺乏劳动能力又没有生活来源的继承人的利益,并造成其生活困难的,可认定其行为情节严重。”

5. 以欺诈、胁迫手段迫使或者妨碍被继承人设立、变更或者撤回遗嘱,情节严重。该行为侵犯了被继承人的意思自治,使被继承人所立遗嘱无法反映行为人的内心真意。从行为方式讲,有欺诈与胁迫两种。从行为后果讲,一种是在欺诈或胁迫下使本身没有设立、变更或撤回遗嘱意思的被继承人做出了此种行为;另一种是使正在从事设立、变更或撤回遗嘱行为的被继承人最终所立的遗嘱不能完全体现其真实意思或导致其遗嘱无法撤回等。

(三)继承权丧失的效力

继承权的丧失需由人民法院以判决的形式加以确认。丧失继承权的法定事由既可发生于继承开始前,也可发生在继承开始后。继承权丧失的直接法律效力是继承人的继承资格被依法剥夺。继承人之间因是否丧失继承权发生争议的,应由人民法院确认继承人是否丧失继承权。人民法院在遗产继承中确认继承人丧失继承权的,继承权的丧失自继承开始之时发生效力。

《民法典》第1125条第2款针对继承权的丧失还设置了被继承人宽恕制度:继承人虽然有丧失继承权的法定情形第3~5项的行为,但事后确有悔改表现,被继承人对其也表示宽恕或者事后在遗嘱中将其列为继承人的,该继承人不丧失继承权。宽恕制度的设置,一方面,因为这三类行为与剥夺他人生命权的第1、2项行为相比,行为的恶性要轻许多,社会危害性要小很多;另一方面,在家庭矛盾的处理中,还是应充分尊重当事人的意思。因此,若被继承人表示宽恕,法律应予以认可。

此外,《继承法意见》第28条还规定:“继承人丧失继承权的,其晚辈直系血亲不得代位继承。如该代位继承人缺乏劳动能力又没有生活来源,或对被继承人尽赡养义务较多的,可适当分给遗产。”即继承权的丧失对继承人的晚辈直系血亲也发生法律效力,使其不得代位继承。

继承权的丧失是继承人对特定的被继承人的继承权的丧失,仅对特定的被继承人发生效力。继承人因法定事由丧失对某一被继承人的继承权的,并不影响其对其他被继承人的继承权。

第三节　我国继承制度的基本原则

根据我国《民法典》继承编的相关规定,继承制度的基本原则主要包括:依法保护自然人合法财产继承权原则、继承权平等原则、养老育幼原则、权利义务一致原则。

一、依法保护自然人合法财产继承权原则

这一原则的确立有明确的宪法依据,我国《宪法》第13条第2款规定:"国家依照法律规定保护公民的私有财产权和继承权。"《民法典》第1120条规定:"国家保护自然人的继承权。"从而将该原则作为继承制度的首要原则确立下来。

保护自然人合法财产的继承权主要体现在以下几个方面:

1. 凡属于自然人死亡时遗留的个人合法财产均可作为遗产,由继承人依法继承。但依照法律规定或者根据其性质不得继承的遗产,不得继承。无人继承又无人受遗赠的遗产,依法归国家或集体组织所有。可继承的个人合法财产既包括有形财产,也包括无形财产。

2. 自然人的继承权不得非法剥夺。《民法典》第1125条明确规定了继承人丧失继承权的法定事由,除此之外,任何单位或个人不得非法剥夺继承人的继承权。继承开始后,法定继承人和遗嘱继承人没有明确表示放弃继承的,视为接受继承。

3. 自然人的继承权受到非法侵害时,有权请求人民法院依法给予救济。继承法是民法的重要组成部分,民法中关于保护财产权、制裁侵害财产权的侵权行为的相关规定当然适用于继承权。当事人可依此寻求救济,请求人民法院裁判侵权人承担相应的法律责任。

二、继承权平等原则

该原则主要体现为:继承权男女平等,非婚生子女、养子女、继子女与婚生子女继承权平等,儿媳与女婿在继承权上平等,同一顺位继承人的遗产继承权平等。

1. 继承权男女平等。继承权男女平等是指自然人作为继承权的主体,不因性别的差异而影响其继承权的享有与行使。我国《宪法》第48条第1款规定:"中华人民共和国妇女在政治的、经济的、文化的、社会的和家庭的生活等方面享有同男子平等的权利。"《民法典》第1055、1061条分别规定了夫妻在家庭中地位平等、夫妻有互相继承遗产的权利等内容。《妇女权益保障法》第34条第1款第1句规定:"妇女享有的与男子平等的财产继承权受法律保护。"继承权男女平等原则在《民

法典》继承编中主要体现在以下几个方面:

(1)女子与男子享有平等的继承权。我国《民法典》第1126条明文规定:“继承权男女平等。”继承权人不因男女性别不同而在权利上受到歧视与差异。

(2)夫妻享有平等的相互继承遗产的权利。我国《民法典》第1127条规定,遗产按照下列顺序继承:第一顺序:配偶、子女、父母。夫妻对夫妻共有财产享有平等的权利,丈夫可以继承妻子的遗产,妻子也可以继承丈夫的遗产。《民法典》第1157条规定:“夫妻一方死亡后另一方再婚的,有权处分所继承的财产,任何组织或者个人不得干涉。”

(3)在继承范围和继承顺序上,男女亲等相同。继承人不分男女,平等地处于其应在的继承顺序上。而且在代位继承中,代位继承人可以是男性,也可以是女性;可以是代其母,也可以是代其父。

2. 非婚生子女、养子女、继子女与婚生子女继承权平等。我国《民法典》第1127条明文规定:“遗产按照下列顺序继承:(一)第一顺序:配偶、子女、父母……本编所称子女,包括婚生子女、非婚生子女、养子女和有扶养关系的继子女……”该条规定对于实现子女地位平等、杜绝歧视具有积极的意义。

3. 儿媳与女婿在继承权上平等。我国《民法典》第1129条规定:“丧偶儿媳对公婆,丧偶女婿对岳父母,尽了主要赡养义务的,作为第一顺序继承人。”该规定一方面充分体现了权利义务相一致原则,另一方面也体现了男女平等。

4. 同一顺序继承人的遗产继承权平等。凡属同一顺序的遗产继承人,不分男女老幼尊卑,均有平等的继承权。

三、养老育幼原则

养老育幼即赡养老人,抚养子女,这种责任在现阶段主要由家庭承担。该原则在继承中主要体现在如下几个方面:

1. 将继承人的范围确定为有扶养义务的近亲属。根据我国法律规定,第一顺序的法定继承人均为对被继承人有扶养义务的近亲属;第二顺序的继承人为在一定条件下对被继承人负有扶养义务的其他近亲属。法定继承人范围的确定即充分体现了法律鼓励养老育幼的精神。

2. 对被继承人生前履行扶养义务较多的人,可以获得继承权或适当多分得遗产。《民法典》第1129条规定:“丧偶儿媳对公婆,丧偶女婿对岳父母,尽了主要赡养义务的,作为第一顺序继承人。”第1130条规定:“同一顺序继承人继承遗产的份额,一般应当均等……对被继承人尽了主要扶养义务或者与被继承人共同生活的继承人,分配遗产时,可以多分……”《继承法意见》第27条规定:“代位继承人缺乏劳动能力又没有生活来源,或者对被继承人尽过主要赡养义务的,分配遗产时,可以多分。”第28条规定:“继承人丧失继承权的,其晚辈直系血亲不得代位继承。如该代位继承人缺乏劳动能力又没有生活来源,或对被继承人尽赡养义务较多的,可适当分给遗产。”第29条规定:“丧偶儿媳对公婆、丧偶女婿对岳父、岳母,无论其是否再婚,依继承法第十二条规定作为第一顺序继承人时,不影响其子女代位继承。”第30条规定:“对被继承人生活提供了主要经济来源,或在劳务等方面给予了主要扶助的,应当认定其尽了主要赡养义务或主要扶养义务。”

3. 我国《民法典》继承编严厉制裁拒绝履行养老育幼义务的行为。《民法典》第1125条规定:“继承人有下列行为之一的,丧失继承权:(一)故意杀害被继承人……(三)遗弃被继承人的,或者虐待被继承人情节严重……”《民法典》第1130条规定:“同一顺序继承人继承遗产的份额,一般应当均等……有扶养能力和有扶养条件的继承人,不尽扶养义务的,分配遗产时,应当不分或者少分……”

4. 为保障育幼功能的实现,在分配遗产时,须保留未出生的胎儿应继承的财产份额。我国《民法典》第1155条明文规定:“遗产分割时,应当保留胎儿的继承份额。胎儿娩出时是死体的,保留的份额按照法定继承办理。”《继承法意见》第45条规定:“应当为胎儿保留的遗产份额没有保留的应从继承人所继承的遗产中扣回。为胎儿保留的遗产份额,如胎儿出生后死亡的,由其继承人继承;如胎儿出生时就是死体的,由被继承人的继承人继承。”

5. 法律允许自然人与扶养人订立遗赠扶养协议,以保障其病有所医、老有所养、死有所葬。《民法典》第1158条规定:“自然人可以与继承人以外的组织或者个人签订遗赠扶养协议。按照协议,该组织或者个人承担该自然人生养死葬的义务,享有受遗赠的权利。”

6. 在法定继承中,应当对生活有特殊困难又缺乏劳动能力的继承人予以照顾;在遗嘱继承中,被继承人应当为缺乏劳动能力又没有生活来源的继承人保留必要的遗产份额。

四、权利义务一致原则

继承法中的权利、义务一致,是指继承人是否享有继承权,以及继承人如何行使继承权,必须将继承人对被继承人生前所尽义务的情况,以及继承人对被继承人所遗留的债务的清偿等问题,综合考虑。[2] 该原则主要体现在以下几个方面:

1. 丧偶儿媳对公婆、丧偶女婿对岳父母尽主要赡养义务的,则获得法定继承人的资格,并被作为第一顺序继承人对待。

2. 遗产分配时,对被继承人尽了主要赡养义务或者与被继承人共同生活的继承人,可适当多分遗产;有扶养能力和扶养条件而对需要扶养的被继承人不尽扶养义务的,应当不分或少分遗产;法定继承人之外的,在被继承人生前对其扶养较多

〔2〕 江平主编:《民法》,中国政法大学出版社2000年版,第795页。

的人,可适当分得遗产。

3. 继承人对被继承人所负债务和税款的清偿只以可继承财产的实际价值为限,继承人对于超过可继承遗产实际价值的债务无法定清偿责任,即所谓限定继承原则。它使继承人对遗产债务仅负有限清偿责任。但继承人放弃继承的,对被继承人依法应当缴纳的税款和债务可以不负偿还责任。

4. 遗嘱继承或遗赠附有义务的,遗嘱继承人或受遗赠人应履行义务,否则在无正当理由的情况下,法院有权取消其继承权或受遗赠的权利。

5. 继承人与被继承人签订遗赠扶养协议的,扶养人应按协议内容履行扶养义务才可享有接受遗赠的权利,否则丧失受遗赠的权利。

重点问题梳理

1. 继承权,是指继承人依照法律的直接规定或者被继承人所立的合法有效的遗嘱而享有的继受被继承人合法的个人财产的权利。

2. 继承权的取得,是指继承人基于法律的直接规定或被继承人所立的合法有效的遗嘱而取得继承权。

3. 继承权的接受,是指继承开始后,享有继承权的继承人作出同意参加继承、继承被继承人遗产的意思表示。

4. 继承权的放弃,是指继承人在继承开始后的法定期间内以书面形式作出的不接受继承被继承人遗产的意思表示。

5. 继承权的丧失又称继承权的剥夺,是指继承人实施了违反法律规定的行为而被依法剥夺继受被继承人个人合法财产的法律资格。

6. 我国继承制度的基本原则主要包括:依法保护自然人合法财产继承权原则、继承权平等原则、养老育幼原则、权利义务一致原则。

案例与分析

1. 张某是我国著名的雕塑家,死时留有作品五十余件。张某的妻子与子女对如何处理张某所遗留的作品发生争执,张某的妻子认为,张某的作品具有很高的艺术价值,应捐献给国家,而且张某生前也曾表示过这一愿望。但张某的子女却认为,父亲生前虽对人表示过这一意愿,但并未留下遗嘱,他们有权继承父亲的遗产。

问题:(1)张某的子女能否继承其父亲的遗产?有何法律依据?

(2)张某的子女如何保护自己的继承权?

分析:(1)张某的子女可以继承张某的遗产。法律依据是:第一,《宪法》第13条第2款规定:"国家依照法律规定保护公民的……继承权。"第二,《民法典》第

1120 条规定:“国家保护自然人的继承权。”第三,依照《民法典》第 1127 条的规定,被继承人的子女和配偶都是第一顺序的法定继承人。因而张某的子女依法享有继承权。

(2)张某的子女可以起诉至人民法院,请求人民法院保护其合法继承权。公民的继承权受法律保护,任何人不得加以限制和干涉;若继承权受到不法侵害,继承人可请求司法机关予以保护。

2. 顾某、张某系夫妇,顾甲是他们的独生女儿。后夫妇二人又收养了一子顾乙。两个孩子成年后,顾甲外嫁,顾乙与其妻及儿顾丙同养父母居住在一起。2009 年顾某遇车祸死亡,但遗产没有分配。张某因受刺激,心脏病加重,卧床不起。张某自觉活不了多久,在 2012 年 5 月的一天,对养子顾乙说:“西屋北墙角地下有个秘密小洞,藏着咱家的积蓄,等我死后,你拿出来和姐姐两人平分。”顾乙得知母亲埋藏着财物后,当晚撬开小洞,从其中取出多件金银首饰,价值数万元,并有 20 万元的现金存折。为达到独吞这些财产的目的,顾乙决定杀死养母。2012 年 8 月 15 日,顾乙将毒药放入母亲的药碗内,致使其养母张某中毒死亡。后事情败露,顾乙依法被判处死刑,立即执行。

问题:(1)顾乙被追究刑事责任后,是否享有继承权?

(2)若顾乙不享有继承权,顾丙是否可代位继承?

分析:(1)顾乙实施了故意杀害被继承人的行为,即便其为此而承担了刑事责任,仍丧失继承权。对此,我国现行《民法典》第 1125 条也有相关规定:“继承人有下列行为之一的,丧失继承权:(一)故意杀害被继承人……”

(2)根据《继承法意见》第 28 条的规定:“继承人丧失继承权的,其晚辈直系血亲不得代位继承。如该代位继承人缺乏劳动能力又没有生活来源,或对被继承人尽赡养义务较多的,可适当分给遗产。”因此,本案中顾丙不能够代位继承。当然,若其是缺乏劳动能力又没有生活来源的人,或对顾某尽了较多的赡养义务,可适当分给遗产。

第二十四章　法定继承

第一节　法定继承概述

一、法定继承的概念与特征

（一）法定继承的概念

法定继承，是指继承人根据法律直接规定的继承人的范围、继承的顺序、遗产分配原则、继承的份额及继承的程序继承被继承人遗产的继承方式。这种继承方式是相对于遗嘱继承而言的，因而又称无遗嘱继承。法定继承在世界各国的继承制度中都占有重要地位。

（二）法定继承的特征

法定继承有以下特征：

1. 遗产继承方式的法定性。被继承人死亡，法定继承开始后的继承人的范围、继承顺序、遗产分配原则、继承的份额及继承的程序均由法律明文规定，继承人继承被继承人的遗产完全根据法律的直接规定。

2. 法定继承是遗嘱继承的后位阶继承方式。被继承人死亡、继承开始后，应先适用遗嘱继承，在无法适用遗嘱继承时才能适用法定继承。因而，在继承方式的效力位阶上，遗嘱继承的效力优先于法定继承，法定继承是遗嘱继承的必要补充。

3. 法定继承中的有关制度具有强行性。法定继承中，法律明文规定继承人的范围、继承顺序、遗产分配原则、继承的份额及继承的程序等，除非法律另有规定或死者生前通过合法有效的遗嘱加以改变，其他任何人或组织不得对此加以变更。

4. 法定继承以继承人与被继承人间的亲属关系为前提而确立。法定继承只能发生在具有特定身份的人之间，继承人的范围、继承顺序、继承的份额等均以继承人与被继承人之间的血缘关系、婚姻关系或收养关系为前提。在我国，享有法定继承权的主体为配偶、子女、父母、兄弟姐妹、祖父母、外祖父母以及尽了主要赡养义务的丧偶儿媳与丧偶女婿，均为与被继承人具有亲属身份关系的人。

二、法定继承的适用范围

法定继承是现实生活中最主要的继承方式,我国《民法典》第 1123 条规定:“继承开始后,按照法定继承办理;有遗嘱的,按照遗嘱继承或者遗赠办理;有遗赠扶养协议的,按照协议办理。”

据此,法定继承主要适用于以下情形:(1)被继承人生前未立遗嘱,未订遗赠扶养协议的,适用法定继承;(2)被继承人订立的遗嘱或遗赠扶养协议只对部分财产作出了处理,对于遗嘱或遗赠扶养协议未处分的遗产则适用法定继承;(3)遗嘱或遗赠扶养协议无效部分所涉及的遗产,适用法定继承;(4)遗嘱继承人放弃继承或者受遗赠人放弃受遗赠的,适用法定继承;(5)遗嘱继承人丧失继承权或受遗赠人丧失受遗赠权的,适用法定继承;(6)遗嘱继承人、受遗赠人先于被继承人死亡或终止的,适用法定继承。

第二节 法定继承人的范围与继承顺序

一、法定继承人的范围

法定继承人是指由法律直接规定的可以依法继承被继承人遗产的自然人,法定继承人享有的继承权是法定继承权。法定继承人的范围,是指在法定继承的情形下法律直接规定的与被继承人具有一定身份关系的哪些亲属属于法定继承人。各国的继承制度中,通常都是以婚姻、血缘和扶养关系来作为确定法定继承人范围的依据。

依照我国《民法典》继承编的有关规定,法定继承人包括以下近亲属。

(一)配偶

配偶是合法有效的婚姻关系中夫妻相互间的称谓。配偶之间的法定继承人身份是基于合法有效的婚姻关系而产生的,因此作为继承人的配偶应是在继承开始时与被继承人仍然具有合法有效的婚姻关系的人。在认定配偶的法定继承人身份时,应特别注意以下几点:(1)与被继承人原有婚姻关系,但在被继承人死亡时已经解除婚姻关系的当事人,因不具有法定的配偶身份,此时不再是法定继承人。(2)以非法手段或者程序取得结婚证明,其婚姻无效或者被撤销的,不为配偶,不能成为法定继承人。(3)与被继承人非法同居或者姘居的人,不具有配偶身份,不属于法定继承人。(4)夫妻一方在离婚诉讼过程中或者在法院已作出离婚的判决但判决未发生效力前死亡的,另一方仍为配偶,为法定继承人。(5)与被继承人已办理结婚登记手续,虽未与被继承人同居的,也为配偶,属于法定继承人。(6)法律认定为存在事实婚姻关系的,双方互为配偶,享有法定继承权。(7)新中国成立前遗留下来的一夫多妻、一妻多夫属特定年代形成的历史遗留问题,在继承开始时若其婚姻关系未解除,则均为配偶,享有法定继承权。

(二)子女

子女是被继承人最近的直系卑亲属,包括婚生子女、非婚生子女、养子女和继子女四种。我国《民法典》第 1127 条第 3 款规定:"本编所称子女,包括婚生子女、非婚生子女、养子女和有扶养关系的继子女。"

婚生子女,是指有合法婚姻关系的男女双方所生育的子女。婚生子女无论其随父姓或者母姓,也无论其是否已经结婚,是否与父母共同生活,是否具有完全行为能力,是否具有中国国籍,均为我国《民法典》继承编规定的法定继承人。我国传统上剥夺出嫁女儿继承权的做法有违继承制度的规定。

非婚生子女是指没有合法婚姻关系的男女双方所生育的子女。在我国封建社会,非婚生子女的利益不受保护。现代继承制度中,非婚生子女与婚生子女的继承权平等,也是其父母的法定继承人,既有权继承生母的遗产,也有权继承生父的遗产。

养子女是指基于合法的收养行为而成立的合法有效的收养关系中的拟制血亲子女。收养关系依法成立后,收养人与被收养人间形成一种拟制血亲关系,收养人为养父母,被收养人为养子女,被收养人与其生父母间法律上的权利义务关系解除,养父母与养子女间发生父母子女间的权利义务关系。收养关系确立后,养子女在继承养父母的遗产时与养父母的亲生子女享有平等的继承权,同时对其亲生父母不再享有继承权。但若被收养后,养子女不但对养父母尽了赡养义务,同时又对亲生父母扶养较多,那么除了可继承养父母的遗产外,还可适当分得亲生父母的遗产。《继承法意见》第 22 条规定:"收养他人为养孙子女,视为养父母与养子女的关系,可互为第一顺序继承人。"

继子女,是指妻与前夫或者夫与前妻所生的子女。继子女与继父母间的关系也是一种拟制血亲关系,是基于其父或者母的婚姻关系而形成的。继承人与被继承人并非血亲关系,而是姻亲关系。我国《民法典》继承编规定,只有与被继承人间有扶养关系的继子女才为法定继承人,与被继承人间没有扶养关系的继子女,不属于法定继承人。此时双方形成事实上的抚养和赡养关系,因而被视为拟制血亲关系。此外,继子女与生父母的父母子女间的权利义务关系并不解除,因而继子女无论其是否有权继承继父母的遗产,均有权继承生父母的遗产,为生父母的法定继承人。同时,继子女继承生父母遗产的,也不影响其继承有抚养关系的继父母的遗产。

在新中国成立前形成的一夫多妻家庭中,子女与生母以外的父亲的其他配偶之间形成扶养关系的,也互有继承权。

(三)父母

父母是最近的直系尊亲属。父母子女间互为继承人。根据《民法典》第 1127 条第4 款的规定,继承法上作为法定继承人的父母包括生父母、养父母和有扶养关系的继父母。当子女被他人收养时,生父母对其丧失继承权;养父母与养子女解除收养关系后,对养子女也丧失继承权;继父母对继子女尽了扶养义务的,享有对继子女的继承权,但并不因此而丧失对生子女的继承权。

(四)兄弟姐妹

兄弟姐妹是最近的旁系血亲。作为继承人的兄弟姐妹包括全血缘的同父同母的兄弟姐妹、半血缘的同父异母或者同母异父的兄弟姐妹、拟制血亲的养兄弟姐妹和有扶养关系的继兄弟姐妹。养兄弟姐妹关系是因收养成立的养子女与生子女之间、养子女与养子女之间的亲属关系。《继承法意见》第 23 条规定:"养子女与生子女之间、养子女与养子女之间,系养兄弟姐妹,可互为第二顺序继承人。被收养人与其亲兄弟姐妹之间的权利义务关系,因收养关系的成立而消除,不能互为第二顺序继承人。"第 24 条规定:"继兄弟姐妹之间的继承权,因继兄弟姐妹之间的扶养关系而发生。没有扶养关系的,不能互为第二顺序继承人。继兄弟姐妹之间相互继承了遗产的,不影响其继承亲兄弟姐妹的遗产。"

(五)祖父母和外祖父母

祖父母与外祖父母是除父母外的最近的直系尊亲属。作为法定继承人的祖父母、外祖父母,包括亲祖父母、亲外祖父母、养祖父母、养外祖父母、有扶养关系的继祖父母和有扶养关系的继外祖父母,他们是孙子女、外孙子女的第二顺序法定继承人。

(六)丧偶儿媳和丧偶女婿

我国《民法典》第 1129 条规定:"丧偶儿媳对公婆,丧偶女婿对岳父母,尽了主要赡养义务的,作为第一顺序继承人。""尽了主要赡养义务",是指儿媳、女婿对被继承人(公婆、岳父母)给予经济上的供养、扶助,在生活上进行经常性照料,而且这种赡养是持久不断的。[1] 可见,尽主要赡养义务不在于是否与被继承人共同生活或继承人是否再婚。

---

〔1〕 寇志新等:《民法学》,陕西人民出版社 1998 年版,第 1183 页。

二、法定继承人的继承顺序

(一)法定继承人的继承顺序的概念

法定继承人的继承顺序,又称法定继承人的顺位,是指法律直接规定的各个不同亲等的法定继承人参加继承享有继承权的先后次序。在法定继承中,并非全体法定继承人同时参加继承而享有、行使继承权,而是按照法定的先后继承顺序先由前一顺序的继承人继承,在没有前一顺序继承人继承或前一顺序继承人放弃继承、前一顺序继承人全部丧失继承权时才由后一顺序的继承人继承。

我国《民法典》继承编以婚姻关系、血缘关系的亲疏以及继承人与被继承人生活上联系的程度和经济上的扶养关系确定了我国的法定继承人顺序。

(二)法定继承人的继承顺序的法律特征

法定继承人的继承顺序具有法定性、强行性、排他性和限定性的特点。[2] 法定性是指法定继承人的继承顺序是由法律根据继承人与被继承人的亲属关系的亲疏远近以及继承人与被继承人生活上联系的程度和经济上的扶养关系直接规定的;强行性是指法定继承中的继承顺序任何人不得改变,继承人可放弃继承权,但继承顺序没变,继承顺序不得放弃;排他性是指法定继承人只能依法定的继承顺序参加继承,前一顺序继承人的继承排斥后一顺序继承人的继承,只要有前一顺序的继承人继承,后一顺序的继承人就不能继承;限定性是指这种顺序仅适用于法定继承,而不适用于遗嘱继承,在遗嘱继承中遗嘱继承人不受法定继承人继承顺序的限制,尽管有第一顺序的法定继承人,遗嘱人凭个人的意愿也可以指定法定的第二顺序的继承人先于法定的第一顺序的继承人继承。

(三)我国《民法典》继承编关于法定继承人继承顺序的规定

依据我国《民法典》第1127、1129条的规定,法定继承人分为两个顺序:

第一顺序的法定继承人为配偶、子女、父母;丧偶儿媳对公婆、丧偶女婿对岳父母尽了主要赡养义务的,也作为第一顺序继承人。配偶、子女、父母是被继承人最近的亲属,在法律上有相互扶养、抚养、赡养的义务,因而为第一顺序的法定继承人。而将丧偶儿媳和丧偶女婿确立为第一顺序的继承人是出于继承法的权利义务一致原则。

第二顺序的法定继承人包括兄弟姐妹、祖父母和外祖父母。兄弟姐妹、祖父母、外祖父母是仅次于配偶、子女、父母的近亲属,依据我国《民法典》婚姻家庭编的规定在一定条件下有相互扶养的义务,因而为第二顺序的法定继承人。

此外,对于继承人以外依靠被继承人扶养的人,以及继承人以外对被继承人扶

---

〔2〕 魏振瀛:《民法》,北京大学出版社、高等教育出版社2007年版,第614页。

养较多的人,可酌情分给适当遗产。

继承开始后若有第一顺序的继承人,则第二顺序的继承人不能参加继承。同一顺序的法定继承人享有平等的继承权,所继承的遗产份额一般应当均等。

第三节　代 位 继 承

一、代位继承的概念与特征

(一)代位继承的概念

代位继承,是指当发生被继承人的子女或兄弟姐妹先于被继承人死亡的情形时,法律规定由被继承人的已死亡子女的直系晚辈血亲或兄弟姐妹的子女继承其本应继承的遗产份额的继承方式。先于被继承人死亡的子女或兄弟姐妹称为被代位人或者被代位继承人,先于被继承人死亡的子女的晚辈直系血亲或兄弟姐妹的子女称为代位人或者代位继承人。

这是一项起源于罗马法的继承制度,近代以后尽管各国对代位继承的范围和具体要求不同,但都对该制度作出了规定。我国《民法典》第 1128 条规定:“被继承人的子女先于被继承人死亡的,由被继承人的子女的直系晚辈血亲代位继承。被继承人的兄弟姐妹先于被继承人死亡的,由被继承人的兄弟姐妹的子女代位继承。代位继承人一般只能继承被代位继承人有权继承的遗产份额。”

(二)代位继承的特征

代位继承是法定继承中一种特殊的继承方式,具有以下特征:

1. 代位继承的发生要有享有继承权的被继承人的子女或兄弟姐妹先于被继承人死亡的法律事实。被继承人的子女或兄弟姐妹先于被继承人死亡,既可以是自然死亡,也可以是宣告死亡,它是代位继承发生的法定情形和必备条件。

2. 代位人是被继承人隔辈的直系晚辈血亲或兄弟姐妹的子女。若被代位人是被继承人的子女,则代位继承人只能是被代位人的子女及其他直系晚辈血亲。被继承人的孙子女、外孙子女、曾孙子女、外曾孙子女都可以代位继承,此时代位继承人不受辈数的限制。此外,根据《继承法意见》的规定,被继承人的养子女、已形成扶养关系的继子女的生子女可代位继承;被继承人的亲生子女的养子女可代位继承;被继承人养子女的养子女可代位继承;与被继承人已形成扶养关系的继子女的养子女也可以代位继承。但被代位人的旁系亲属不享有代位继承权。

若被代位人是被继承人的兄弟姐妹,则代位继承人只能是兄弟姐妹的子女,即被继承人的侄、甥。子女可为婚生子女、非婚生子女、养子女和有扶养关系的继子女。

3. 先于被继承人死亡的子女或其兄弟姐妹应未丧失继承权。代位继承人继承被继承人的遗产是代表被代位继承人参加继承的,被代位继承人被剥夺或者其放弃继承权的,将使被继承人先死亡子女的直系晚辈血亲或兄弟姐妹的子女丧失所代替的位置,无权利可代。

4. 代位继承人仅能继承被代位人本应继承的遗产份额。代位继承人作为继承人参加继承,但其并不是直接继承自己应继承的遗产份额,而是代位继承被代位人应继承的遗产份额,因而代位继承是间接继承。代位继承人为数人的,应由数个代位继承人平均分配被代位人应继承的份额,但不能由数个代位继承人与其他继承人按人数一同分配被继承人的遗产。

5. 代位继承是一种特殊的法定继承方式。代位继承仅能在法定继承中发生,不适用于遗嘱继承的情形。遗嘱继承人为被继承人的子女或兄弟姐妹并且先于遗嘱人死亡的,先死亡子女的直系晚辈血亲或兄弟姐妹的子女不能作为代位人继承该遗嘱继承人依遗嘱应继承的遗产,只能依法定继承处理。

二、代位继承与转继承的区别

转继承,是指继承人在被继承人死亡后、遗产分割前死亡,其应继承的遗产转由其法定继承人予以继承的继承方式。在被继承人死亡后、遗产分割前死亡的继承人称为被转继承人,有权承受被转继承人继承的被继承人遗产的人称为转继承人。

代位继承与转继承的区别表现在:

1. 法律关系的性质和效力不同。转继承法律关系的实质是就被继承人的遗产连续发生两次先后相继的继承法律关系,转继承人享有的实际上是分割被继承人遗产的权利,而不是继承被继承人遗产的遗产继承权;转继承人行使的只是其对被转继承人的遗产继承权,不是对被继承人的遗产继承权。代位继承是代位人基于代位继承权直接参加遗产继承,代位继承人参加继承所行使的是对被继承人遗产的继承权,不是对被代位人遗产的继承权。

2. 成立的时间不同。转继承成立的时间是被转继承人死亡发生在继承开始后、遗产分割前;代位继承成立的时间是被继承人的子女或兄弟姐妹先于被继承人死亡。

3. 继承人范围不同。转继承人是被转继承人死亡时生存的所有法定继承人,被转继承人可以是被继承人的任一继承人。被转继承人有第一顺序法定继承人的,由第一顺序法定继承人转继承;没有第一顺序法定继承人的,则可由第二顺序法定继承人转继承。而代位继承中的代位继承人只能是被继承人的子女的直系晚辈血亲或兄弟姐妹的子女,被代位人只能是先于被继承人死亡的子女或兄弟姐妹,被代位人的第二顺序法定继承人不能代位继承。

4. 适用范围不同。转继承可适用于法定继承的继承方式，也可适用于遗嘱继承的继承方式；遗嘱中指定的遗嘱继承人于继承开始后未表示放弃继承权，而在分配遗产前死亡，此时该遗嘱继承人依照遗嘱应得到的遗产由其法定继承人转继承；代位继承只适用于法定继承，不适用于遗嘱继承。

第四节　法定继承中的遗产分配

一、法定继承的遗产分配原则

法定继承的遗产分配原则是指在法定继承中，同一顺序的两个以上的继承人共同继承被继承人的遗产时，应如何确定每个继承人应继承的遗产份额的原则。

我国《民法典》第 1130 条对法定继承的遗产分配原则作出了规定：

1. 同一顺序继承人继承遗产的份额，一般应当均等。由于同一顺序的继承人与被继承人的亲疏关系、所尽义务大致相当，因此在经济状况、劳动能力等差别不大的情况下，应均等分配被继承人的遗产。

2. 特殊情况下，继承份额可不均等。包括：(1) 对生活有特殊困难又缺乏劳动能力的继承人，如未成年人等，分配遗产时，应当予以照顾，适当多分。(2) 对被继承人尽了主要扶养义务或者与被继承人共同生活的继承人，分配遗产时，可以多分。(3) 有扶养能力和有扶养条件的继承人，不尽扶养义务的，分配遗产时，应当不分或者少分。但未尽扶养义务若是出于被继承人明确表示不要求其扶养，则一般不应影响其继承份额。上述(2)(3)两种情况从正反两方面体现了继承制度中的权利义务一致原则。(4) 继承人协商同意的，也可以不均等。即继承人对不均等分配遗产达成了一致意见，也可按协商确定的方法不均等分配，这也是民法意思自治原则的体现。

二、非继承人的遗产取得权

在法定继承中，除符合条件的法定继承人可以参加继承外，具备法定条件的其他人也有权适当分得遗产。我国《民法典》第 1131 条规定："对继承人以外的依靠被继承人扶养的人，或者继承人以外的对被继承人扶养较多的人，可以分给适当的遗产。"这里继承人以外的人指实际参加继承的继承人之外的人，这些人可能也在法定继承人范畴内，如属于第二顺序的法定继承人，但由于有第一顺序的法定继承人，并不实际参加继承。根据该条规定，可以分得适当遗产的人包括以下两类：

1. 继承人以外的依靠被继承人扶养的人。即在被继承人生前依靠被继承人的经济资助和照料维持生活的人。当被继承人死亡后,被扶养人丧失了经济扶助,因此尽管其不属继承人之列,也可适当分得遗产。

2. 继承人以外的对被继承人扶养较多的人。若继承人以外的人对被继承人给予了很多经济上、劳务上、精神上的扶助,则可获得遗产取得权。赋予这类主体遗产取得权是出于继承法的权利义务一致原则,同时也是公平理念的体现。

对上述两类人,可分给他们适当的遗产,即根据他们对被继承人所尽的义务、自身生活状况等综合决定分给他们多于或少于其他法定继承人应继承的遗产份额。

重点问题梳理

1. 法定继承,是指继承人根据法律直接规定的继承人的范围、继承的顺序、遗产分配原则、继承的份额及继承的程序继承被继承人遗产的继承方式。

2. 法定继承人分为两个顺序:第一顺序的法定继承人为配偶、子女、父母;丧偶儿媳对公婆,丧偶女婿对岳父母,尽了主要赡养义务的,也作为第一顺序继承人。第二顺序的法定继承人包括兄弟姐妹、祖父母和外祖父母。继承开始后若有第一顺序的继承人,则第二顺序的继承人不能参加继承。

3. 代位继承,是指当发生被继承人的子女或兄弟姐妹先于被继承人死亡的情形时,法律规定由被继承人的已死亡子女的直系晚辈血亲或兄弟姐妹的子女继承其本应继承的遗产份额的继承方式。

4. 转继承,是指继承人在被继承人死亡后、遗产分割前死亡,其应继承的遗产转由其法定继承人予以继承的继承方式。

5. 法定继承的遗产分配原则为:同一顺序继承人继承遗产的份额,一般应当均等;特殊情况下,继承份额可不均等。

6. 对继承人以外的依靠被继承人扶养的人,或者继承人以外的对被继承人扶养较多的人,可以分给他们适当的遗产。

案例与分析

1. 王某与张某有一子一女:王甲与王乙,夫妻二人共有房屋6间,存款40000元。王甲娶妻苏某,生有一女王丙,夫妻双方共有存款80000元。2016年5月王甲外出时因车祸去世,死后未分割财产。2016年12月,张某死于煤气中毒。

问题:(1)王甲死后,其遗产是什么?应由谁继承?如何分割?

(2)张某死后,其遗产是什么?应由谁继承?如何分割?

分析:(1)王甲与苏某共有的80000元存款中,王甲的遗产为夫妻共有财产80000元的一半,即40000元。这40000元由第一顺序的法定继承人配偶、子女、父母继承。故王甲的遗产应由苏某、王丙、王某、张某四人继承,各继承10000元。

(2)张某的遗产共分两部分,第一部分为与王某夫妻共有财产的一半,即3间房,20000元存款;第二部分为王甲死后张某所继承的王甲的遗产10000元。即张某的遗产为3间房及30000元。该遗产应由其配偶王某、女儿王乙以及儿子王甲的代位继承人王丙共同继承,三人各继承房屋1间、人民币10000元。

2. 郑某有三子一女,均已成年。2011年,郑某的大儿子因病医治无效死亡,留有两个儿子(郑某的两个孙子)。2013年,郑某去世,遗有两个儿子,一个女儿。当时因故没有对遗产进行分割。2015年,郑某的两个儿子又在一次车祸中不幸全部死亡,各自遗有一个女儿(郑某的两个孙女)。2016年准备处理郑某的财产时,郑某的女儿、两个孙子、两个孙女为继承遗产发生纠纷。

问题:(1)郑某的两个孙子有无继承权?

(2)郑某的两个孙女有无继承权?

(3)郑某的女儿如果有子女,他们有无继承权?

分析:(1)郑某的两个孙子是代位继承人,因而享有继承权。代位继承,是指当发生被继承人的子女先于被继承人死亡的情形时,法律规定由被继承人的已死亡子女的直系晚辈血亲继承其本应继承的遗产份额的继承方式。

(2)郑某的两个孙女是转继承人,因而享有继承权。转继承,是指继承人在被继承人死亡后、遗产分割前死亡,其应继承的遗产转由其法定继承人予以继承的继承方式。

(3)郑某的女儿在遗产分割时并没有死亡,其应作为第一顺序继承人参加继承,不能发生代位继承或转继承的情况,因此,郑某女儿的子女不享有继承权。

第二十五章　遗嘱继承和遗赠

第一节　遗嘱继承概述

一、遗嘱继承的概念

遗嘱继承又称为意定继承或指定继承，是指被继承人死亡后，按照被继承人所立的合法有效遗嘱由继承人继承被继承人遗产的继承方式。它是根据被继承人生前真实自主的意思，由继承人继承其财产，以实现被继承人生前处分其财产的意思表示。这是与法定继承相对应的一种继承方式，该法律制度也是民法意思自治原则的体现。遗嘱继承中，生前立遗嘱的被继承人称为遗嘱人，依遗嘱的指定享有继承遗产权利的继承人称为遗嘱继承人。

我国《民法典》第1133条第1款规定："自然人可以依照本法规定立遗嘱处分个人财产，并可以指定遗嘱执行人。"

二、遗嘱继承的法律特征

1. 发生遗嘱继承的法律事实须有被继承人所立的遗嘱合法有效。发生遗嘱继承的法律事实包括两个方面：一是被继承人的死亡，二是被继承人所立的遗嘱合法有效，两个法律事实都具备，才能发生遗嘱继承的法律效果。其中第一点为法定继承与遗嘱继承都需具备的法律事实，第二点为遗嘱继承需具备的特有的法律事实。遗嘱合法有效要求遗嘱人有相应的行为能力、遗嘱的内容不违反法律和社会公共利益等。

2. 遗嘱继承直接体现被继承人处分其财产的单方意志。遗嘱继承是在继承开始后按照遗嘱的内容进行继承，是被继承人生前对其个人财产作出的死后处分，是直接按照被继承人的内心意思进行的继承。依据我国《民法典》第1133条第2款的规定，遗嘱继承人为法定继承人范围内的自然人，不是法定继承人范围内的人不能成为遗嘱继承人。但是遗嘱中指定的继承人不受法定继承顺序的限制，遗嘱继承人继承的份额也不受法定继承中遗产分配原则的限制。遗嘱人可指定第一顺序的法定继承人为继承人，也可以指定第二顺序的法定继承人为继承人，并且可指定继承人应继承的财产份额。即遗嘱的内容完全取决于被继承人个人的单方意思，直接体现被继承人的单方意志。

3. 遗嘱继承是优先于法定继承的一种继承方式。我国《民法典》第 1123 条规定："继承开始后，按照法定继承办理；有遗嘱的，按照遗嘱继承或者遗赠办理……"被继承人立有合法有效的遗嘱的，应先适用遗嘱继承；被继承人没有立合法有效遗嘱时，才能依法定继承的方式继承。遗嘱继承人对遗产的继承，不受法定继承顺序、继承人应继份额等的限制。完全遵循遗嘱的内容，这是遗嘱继承优先性的又一体现。

三、遗嘱继承的适用条件

我国《民法典》第 1123 条规定："继承开始后，按照法定继承办理；有遗嘱的，按照遗嘱继承或者遗赠办理；有遗赠扶养协议的，按照协议办理。"根据该规定，被继承人死亡后，在下列情形下，遗产按遗嘱继承办理：

1. 被继承人立有遗嘱，并且遗嘱合法有效。被继承人未立遗嘱或者所立遗嘱无效，或者遗嘱中未指定继承人继承的遗产部分，不适用遗嘱继承。

2. 无遗赠扶养协议。遗嘱继承的效力优于法定继承的效力，但不能对抗遗赠扶养协议中约定的条件。被继承人与扶养人订立遗赠扶养协议的，即便被继承人同时立有遗嘱，对于遗赠扶养协议中约定遗赠的遗产，也不能按遗嘱继承处理。但遗赠扶养协议未作处分的遗产部分，仍可按遗嘱继承处理。

3. 遗嘱中指定的继承人未丧失继承权，也未放弃继承权。遗嘱中指定的继承人因具备丧失继承权的法定事由而丧失继承权的，不得参加遗嘱继承。遗嘱继承人虽未丧失继承权，但于继承开始后、遗产分割前以书面形式表示放弃继承权的，对其放弃继承的遗产也不适用遗嘱继承。允许放弃继承是由于继承遗产是一种权利，可以接受，也可以拒绝，但放弃必须以书面的方式作出。继承开始后，继承人未表示放弃继承权的，视为接受。

第二节　遗嘱的设立

一、遗嘱的概念与特征

（一）遗嘱的概念

遗嘱是指自然人生前在不违反法律规定的情形下处分自己的财产及安排与此有关的事务，并于死亡后发生法律效力的单方民事法律行为。遗嘱有广义和狭义之分,我国继承制度中的遗嘱是狭义的遗嘱,广义的遗嘱除了涉及财产的处分外,还包括死者生前对其他各项事务的安排和处理。

(二)遗嘱的法律特征

作为遗嘱继承的前提或依据的遗嘱具有以下法律特征:

1. 遗嘱是处分财产的单方法律行为。遗嘱是遗嘱人自己的意思表示,遗嘱根据立遗嘱人一方的意思表示就可以成立,遗嘱继承人是否同意、是否接受继承,不影响遗嘱的成立和效力。基于遗嘱是单方民事法律行为,遗嘱人可自主变更或者撤销遗嘱。从内容来看,遗嘱是遗嘱人自由处理自己财产的法律行为,凡不属于处分财产及与此有关的意思表示,不属于继承法上的遗嘱。

2. 遗嘱是遗嘱人生前独立自主的行为。[1] 即遗嘱必须体现遗嘱人的真实意思,不允许由代理人代立遗嘱。但具有生理缺陷的人,如盲、聋哑人,基于其身体的特殊性,可由他人代书遗嘱,即从技术上帮助遗嘱人抄录、复写遗嘱等。为了保证代书遗嘱意思的真实性,代书遗嘱上必须要有遗嘱人本人的签名,并应具有两个以上的见证人在场见证,代书人和其他见证人也要在遗嘱上签名。

3. 遗嘱是死后法律行为。遗嘱虽由遗嘱人生前设立,但却在遗嘱人死亡时才能发生效力。在遗嘱人死亡前,遗嘱不发生继承的私法效力,遗嘱人可随时变更或撤销遗嘱,即遗嘱具有撤回性。

4. 遗嘱是要式法律行为。法律对遗嘱的形式有明确的规定,遗嘱人应当按照法律规定的形式书写遗嘱,未按照法律规定的形式及有效条件设立的遗嘱,不能发生相应的法律效力。

二、遗嘱的形式

(一)遗嘱的形式的概念

遗嘱的形式,是指立遗嘱人处分自己死后个人合法财产及有关事务的意思表示的方式。为了保证遗嘱的真实、合法、有效,避免和减少遗嘱纠纷,各国法律均对遗嘱的形式作出了规定,但各国对遗嘱形式类别的规定有一定的差异。

(二)遗嘱的形式

根据我国《民法典》第1134~1139条的规定,我国遗嘱的形式包括以下六种:

1. 自书遗嘱

自书遗嘱是指由遗嘱人亲笔书写而设立的遗嘱。依据我国《民法典》第1134条的规定:"自书遗嘱由遗嘱人亲笔书写,签名,注明年、月、日。"《继承法意见》第40条规定:"公民在遗书中涉及死后个人财产处分的内容,确为死者真实意思的表

---

[1] 寇志新等:《民法学》,陕西人民出版社1998年版,第1195页。

示,有本人签名并注明了年、月、日,又无相反证据的,可按自书遗嘱对待。”

2. 代书遗嘱

代书遗嘱是指由他人代遗嘱人执笔书写而设立的遗嘱。这是为亲自书写困难的遗嘱人而设立的制度。为了减少因代书遗嘱而出现纠纷,我国《民法典》第1135条规定:“代书遗嘱应当有两个以上见证人在场见证,由其中一人代书,并由遗嘱人、代书人和其他见证人签名,注明年、月、日。”

3. 打印遗嘱

打印遗嘱是指以电脑打印方式记录遗嘱内容的遗嘱。它是随着计算机技术的广泛应用而出现的新的遗嘱形式,在我国《民法典》中得到认可。打印遗嘱的弊端在于其不具备手写文字的个性化特征,内容容易被篡改。为了避免这一缺陷,遗嘱人和该种遗嘱形式所需的两名见证人应当在每页遗嘱上签名,以表明对所打印的本页遗嘱内容的认可。《民法典》第1136条规定:“打印遗嘱应当有两个以上见证人在场见证。遗嘱人和见证人应当在遗嘱每一页签名,注明年、月、日。”

4. 录音录像遗嘱

录音录像遗嘱是指以对遗嘱人录音、录像的方式记载所设立遗嘱内容的遗嘱。为了证明遗嘱的真实性,我国《民法典》第1137条规定:“以录音录像形式立的遗嘱,应当有两个以上见证人在场见证。遗嘱人和见证人应当在录音录像中记录其姓名或者肖像,以及年、月、日。”这种遗嘱形式比口头遗嘱可靠性要强。

5. 口头遗嘱

口头遗嘱是指遗嘱人在法定的特定情形下以口头语言表述而不以其他方式记载其意思的遗嘱。口头遗嘱完全依靠见证人证明其真实性,很容易发生纠纷,因而我国《民法典》第1138条对其适用情形作出了限制,规定遗嘱人只有在危急情况下(如遗嘱人生命垂危、遭遇严重的自然灾害等),才可以立口头遗嘱。同时应当有两个以上见证人在场见证。危急情况消除后,遗嘱人能够用书面或者录音录像形式立遗嘱的,所立的口头遗嘱无效。

6. 公证遗嘱

公证遗嘱是指立遗嘱人以公证机关公证的方式处分自己死后个人合法财产,以证明其真实性、合法性的遗嘱。公证遗嘱应具备以下条件:(1)须采用书面形式。(2)遗嘱人应亲自到公证机关办理或由公证人员到遗嘱人处办理,不得委托代理。(3)公证遗嘱一般由遗嘱人亲笔书写遗嘱,并在遗嘱上签名或者盖章,注明立遗嘱的年、月、日;也可由遗嘱人口授遗嘱,由公证人员记录,作成笔录,经公证人员向遗嘱人宣读确认无误后,由公证人员和遗嘱人签名盖章,并注明立遗嘱的地点和年、月、日。(4)公证人员对遗嘱经审查认为意思表示真实、内容不违反法律的强制性规定的,确认其遗嘱行为的真实性及合法有效性,予以公证,出具《遗嘱公证证明书》。(5)公证书应一式两份,由公证机关和遗嘱人分别保存。《民法典》规定,公证遗嘱的效力与其他遗嘱相同,不再具有优先性,遗嘱人立有数份内容相抵触的遗嘱的,以最后的遗嘱为准。

(三)遗嘱见证人的回避

上述六种遗嘱形式中,由于代书遗嘱、打印遗嘱、录音录像遗嘱和口头遗嘱易被伪造,为了减少遗嘱纠纷,均要求有两名以上见证人在场见证。《民法典》通过遗嘱见证人的回避制度对见证人的资格作出了规定。遗嘱见证人的回避,是指为充分保障遗嘱的意思表示真实与自由,依据法律的规定,与遗嘱内容有利害关系的人不得担任遗嘱见证人。我国《民法典》第1140条规定:"下列人员不能作为遗嘱见证人:(一)无民事行为能力人、限制民事行为能力人和其他不具有见证能力的人;(二)继承人、受遗赠人;(三)与继承人、受遗赠人有利害关系的人。""与继承人、受遗赠人有利害关系的人"主要指继承人、受遗赠人的近亲属,包括配偶、父母、子女、兄弟姐妹、祖父母、外祖父母、孙子女、外孙子女,同时《继承法意见》第36条还规定:"继承人、受遗赠人的债权人、债务人,共同经营的合伙人,也应当视为与继承人、受遗赠人有利害关系,不能作为遗嘱的见证人。"

三、遗嘱的内容

遗嘱的内容,是指遗嘱人处分自己死后个人合法财产的意思表示,是遗嘱人对遗产及相关事项的处置和安排。为充分实现遗嘱人处分自己死后个人合法财产的遗愿,遗嘱的内容应当明确、具体,通常包括:

1. 被指定的继承人、受遗赠人。遗嘱中应记明继承人的姓名,遗嘱中指定的继承人应为法定继承人,可不受法定继承人继承顺序的限制,但不能是法定继承人以外的人。遗嘱人遗赠财产的,应指明受遗赠人的姓名或者名称,受遗赠人可以是法人、非法人组织、国家,也可以是自然人,但不能是法定继承人范围以内的人。

2. 遗产的分配办法或者份额及债务的处理。遗嘱应详尽列明遗嘱人的财产种类、数量、质量、所处地点、财产的保管占有人等财产状况,明确各指定继承人、各受遗赠人所得的具体财产种类、数量,说明对遗产的分配办法。并对生前所负债务的种类、数量、债权人、清偿的方式等相关债务状况进行说明,提出处理意见。若遗嘱指定数人为继承人但未说明财产分配办法或继承份额的,推定为各个继承人均分遗产。

3. 对遗嘱继承人、受遗赠人附加的义务。我国《民法典》第1144条第1句规定:"遗嘱继承或者遗赠附有义务的,继承人或者受遗赠人应当履行义务。"例如,遗嘱中规定继承人只能将遗产用于某种特定的用途。如无正当理由不履行义务的经利害关系人或者有关组织请求,人民法院可以取消其接受附义务部分财产的权利。

4. 再指定继承人。再指定继承人指遗嘱中所指定的继承人不能继承时继承遗产的继承人。再指定继承人又称为候补继承人或者补充继承人。[2]

5. 指定遗嘱执行人。遗嘱执行人是在继承开始后负责执行遗嘱的人。我国《民法典》第1133条第1款规定:“自然人可以依照本法规定立遗嘱处分个人财产,并可以指定遗嘱执行人。”被指定的遗嘱执行人必须具有完全行为能力,可以是一人,也可以是数人;可以是继承人中的一人或数人,也可以是继承人之外的一人或数人;继承人生前所在单位或继承开始地点的基层组织,也可以担任遗嘱执行人。

6. 其他事项。除上述内容外,遗嘱人还可根据具体情况在遗嘱中写明丧事的安排、立遗嘱的地点等,并注明立遗嘱的时间。

四、遗嘱的有效要件

遗嘱的有效要件是指遗嘱发生法律效力应具备的条件。遗嘱的有效要件包括形式要件和实质要件。

(一)遗嘱有效的形式要件

遗嘱有效的形式要件,是指法律规定的使遗嘱人设立的遗嘱有效的意思表示的表达方式。遗嘱的形式若不符合法律的要求,将会相应地产生遗嘱效力的瑕疵。不同形式的遗嘱,其条件和要求各不相同,当事人应遵守其要求。

(二)遗嘱有效的实质要件

遗嘱有效的实质要件是指法律规定的遗嘱得以合法有效必须具备的实体性要求。

我国《民法典》继承编规定的遗嘱有效的实质要件主要有:

1. 遗嘱人应具有完全行为能力。我国《民法典》第1143条第1款规定:“无民事行为能力人或者限制民事行为能力人所立的遗嘱无效。”《继承法意见》第41条规定:“遗嘱人立遗嘱时必须有行为能力。无行为能力人所立的遗嘱,即使其本人后来有了行为能力,仍属无效遗嘱。遗嘱人立遗嘱时有行为能力,后来丧失了行为能力,不影响遗嘱的效力。”可见,完全民事行为能力人才具有遗嘱能力,是否具有遗嘱能力以遗嘱人设立遗嘱时的情形为准。

2. 遗嘱人设立遗嘱的意思表示真实。这是意思自治原则在遗嘱继承中的体现。我国《民法典》第1143条第2~4款规定:“遗嘱必须表示遗嘱人的真实意思,受胁迫、欺骗所立的遗嘱无效。伪造的遗嘱无效。遗嘱被篡改的,篡改的内容无效。”

---

〔2〕 魏振瀛:《民法》,北京大学出版社、高等教育出版社2007年版,第623页。

3. 遗嘱的内容合法。即遗嘱的内容符合法律规定,不违反法律的强行性、禁止性规定和社会公共利益。这主要体现在三个方面:

(1)遗嘱中所处分的财产应为遗嘱人的个人合法财产。《民法典》第1122条第1款规定:“遗产是自然人死亡时遗留的个人合法财产。”遗嘱人有权处分的只能是这部分财产。《继承法意见》第38条规定:“遗嘱人以遗嘱处分了属于国家、集体或他人所有的财产,遗嘱的这部分,应认定无效。”遗嘱处分财产只能是遗嘱人有权处分的个人的合法财产。遗嘱人以遗嘱处分了属于第三人财产的,遗嘱的该部分内容无效。

(2)遗嘱应确保缺乏劳动能力又没有生活来源的继承人的继承权,为他们保留必要的财产份额。我国《民法典》第1141条规定:“遗嘱应当为缺乏劳动能力又没有生活来源的继承人保留必要的遗产份额。”《继承法意见》第37条第1款规定:“遗嘱人未保留缺乏劳动能力又没有生活来源的继承人的遗产份额,遗产处理时,应当为该继承人留下必要的遗产,所剩余的部分,才可参照遗嘱确定的分配原则处理。”需明确的是,法定继承人必须在被继承人死亡时同时满足缺乏劳动能力和没有生活来源双重标准才符合该条规定。

(3)遗嘱应符合社会公共利益和公序良俗。这是民法的基本原则的要求。遗嘱作为一种处分财产的民事法律行为应当符合我国《民法典》关于民事法律行为不得违反社会公共利益和公序良俗的原则性规定;否则,所立遗嘱无效,不产生受我国法律保护的私法效果。

五、遗嘱信托

遗嘱信托是指委托人预先订立遗嘱,将财产的规划内容,包括交付信托后遗产的管理、分配、运用及给付等,在遗嘱中作出说明,待委托人死亡、遗嘱生效时,将信托财产转移给受托人,由受托人依据信托的内容,即委托人在遗嘱中所交办的事项,管理、处分信托财产。遗嘱信托中的委托人即为被继承人;受托人可以是专业的信托公司,也可以是委托人信赖的自然人或其他法人、非法人组织;受益人是遗嘱信托产生利益后的利益享有者,有无民事行为能力不影响其受益权,同时还可为胎儿保留继承份额,使其成为受益人。我国《民法典》第1133条第4款规定:“自然人可以依法设立遗嘱信托。”

遗嘱信托不同于一般的信托,它在被继承人死后才生效的契约。主要适用于受益人为未成年人或尚未出生、防止受益人挥霍遗产、受益人不具备管理财产的能力等情形。

第三节　遗嘱的撤回、变更和执行

一、遗嘱的撤回、变更

（一）遗嘱撤回、变更的概念

遗嘱的撤回，是指遗嘱人在遗嘱设立后对原所立遗嘱的全部内容予以取消；遗嘱的变更，是指遗嘱人在遗嘱设立后又对原所立遗嘱的部分内容加以修改。遗嘱作为一种单方意思表示，在遗嘱发生法律效力前，遗嘱人可随时撤回、变更遗嘱。我国《民法典》第1142条第1款规定："遗嘱人可以撤回、变更自己所立的遗嘱。"

一般民事法律行为的撤回、变更应有法定的事由，并且有时间限制，但遗嘱的撤回、变更不受原因、时间的限制，遗嘱人可根据自己的意思在任何时间、不问理由地撤回、变更原所立遗嘱。

（二）遗嘱撤回、变更的要件

1. 遗嘱人在撤回、变更遗嘱时应有遗嘱能力。即撤回、变更遗嘱时遗嘱人应有完全民事行为能力，此前或此后即使遗嘱人没有遗嘱能力，依然能产生变更、撤回的法律效果。

2. 遗嘱的撤回、变更应是遗嘱人的真实意思表示。即遗嘱人并非因受到欺诈、胁迫等而是出于内心的真意而变更、撤回遗嘱。

3. 遗嘱的撤回、变更应由遗嘱人亲自作出意思表示。遗嘱应由遗嘱人亲自作出，与此相适应，遗嘱的变更、撤回也应由遗嘱人本人作出意思表示，而不能由他人代理。

4. 遗嘱的撤回、变更应采用明示方式或推定方式。明示方式是指遗嘱人以公开表示的方式，明确表示出变更或撤回原所立遗嘱的意思。此时，遗嘱人必须根据遗嘱的法定形式采取要式的方式作出变更或撤回。

推定方式是指根据遗嘱人的行为，在法律上推定遗嘱人撤回、变更遗嘱。根据《民法典》第1142条的相关规定，可推定遗嘱人撤回、变更遗嘱的情形主要有：(1)遗嘱人生前以不同形式立有数份内容相抵触的遗嘱，以最后所立的遗嘱为准，相当于变更了遗嘱的内容。(2)立遗嘱后，遗嘱人实施的民事法律行为与遗嘱的内容相反，如使遗嘱中处分的财产在继承开始前即灭失、部分灭失或所有权转移、部分转移的，推定为对遗嘱相关内容的撤回。(3)遗嘱人故意销毁遗嘱，推定遗嘱人撤回该遗嘱。

遗嘱被撤回、变更的，遗嘱人死亡后，按照撤回、变更后的情况发生法律效力，即撤回后原遗嘱不再生效,变更后依新遗嘱发生效力。

二、遗嘱的执行

(一)遗嘱执行的概念

遗嘱的执行,是指于遗嘱人死亡后由遗嘱执行人将遗嘱的内容予以实现。遗嘱的执行是为了实现遗嘱人在遗嘱中的意思表示,它是对财产进行分割,从而实现遗产转移的行为及程序。遗嘱生效的直接表现就是将遗嘱的内容予以执行。

(二)遗嘱执行人的确定

我国《民法典》第1133条第1款规定:"自然人可以依照本法规定立遗嘱处分个人财产,并可以指定遗嘱执行人。"执行遗嘱的人必须是完全民事行为能力人,根据我国《民法典》继承编的规定,遗嘱执行人的确定方式有三种:

1. 遗嘱人在遗嘱中指定遗嘱执行人。首先,法定继承人可以被指定为遗嘱执行人,且法定继承人一旦被指定为遗嘱执行人,不得拒绝担任;其次,法定继承人之外的人也可以被指定为遗嘱执行人,且其有权自行决定是否担任遗嘱执行人。

2. 遗嘱中没有指定遗嘱执行人或者被指定的执行人拒绝或不能执行遗嘱的,应由遗嘱人的法定继承人担任遗嘱执行人。

3. 上述方式都无法确定遗嘱执行人的,如遗嘱中指定的人已不存在,也没有法定继承人来执行遗嘱,则由遗嘱人生前所在的单位或继承开始地的居民委员会、村民委员会担任遗嘱执行人。

(三)遗嘱执行人的职责

遗嘱执行人应本着保护继承人和其他遗嘱受益人的合法权益的原则诚实信用地执行遗嘱的各项内容。遗嘱执行人的职责主要包括:(1)查明遗嘱的真实性与合法性;(2)对内容不明确的遗嘱,作出符合遗嘱人意思的解释;(3)确定遗产的范围;(4)遗产转移前,妥善保管遗产;(5)向继承人和受遗赠人公开遗嘱的内容;(6)依照合法有效的遗嘱的内容完成遗产的转移。

遗嘱执行人执行遗嘱的权利受法律保护,任何人不得非法干涉或者妨碍。遗嘱执行的费用可以从遗产中扣除。遗嘱执行人因过错而给继承人或者受遗赠人造成损害的,应负赔偿责任。遗嘱执行人不能忠实履行职责的,有关权利人可以请求人民法院撤换遗嘱执行人。

第四节　遗　　赠

一、遗赠的概念

遗赠，是指遗嘱人以遗嘱的方式将其个人合法的财产赠与法定继承人以外的第三人，而于其死亡后发生效力的法律行为。遗赠需要以遗嘱的方式进行，立遗嘱的人称为遗赠人；被指定接受遗产的第三人为受遗赠人，包括国家、集体或法定继承人之外的其他自然人；指定赠与的财产为遗赠财产或者遗赠物。

我国《民法典》第 1133 条第 3 款规定："自然人可以立遗嘱将个人财产赠与国家、集体或者法定继承人以外的组织、个人。"

二、遗赠的特征

遗赠具有以下法律特征：

1. 遗赠是遗嘱人实施的单方、要式法律行为。遗赠是仅凭借遗赠人一方的意思表示即可成立的法律行为，遗赠的成立不以受遗赠人的知悉或同意为成立要件，遗赠人并可随时改变自己赠与的意思。同时，遗赠必须以法定的遗嘱方式进行，否则不发生遗赠的效力。

2. 遗赠是遗赠人死亡后发生效力的法律行为。遗赠是遗赠人生前作出的意思表示，但于遗赠人死亡后才能发生效力。只有在遗赠人死亡后，受遗赠人才可接受遗赠人的财产。在遗赠生效前，即遗赠人死亡前，遗赠人可根据自己的意思依照法定程序随时变更或撤销遗赠。

3. 受遗赠人是法定继承人以外的第三人。受遗赠人为法定继承人以外的自然人、法人、非法人组织、国家。法定继承人只能成为遗嘱继承人，而非受遗赠人。

4. 遗赠是无偿给他人以财产利益的行为。遗赠一般给他人的只是财产利益，而不需要对方履行相应的义务。所有的遗赠都是无偿的，不存在对价。

三、遗赠与遗嘱继承的异同

遗赠与遗嘱继承的相同点为：都是被继承人或遗赠人生前处分财产的方式；都需要通过合法有效的遗嘱为之；均为单方、要式法律行为；都是在被继承人或遗赠人死后发生法律效力的行为。

两者的区别主要表现在：

1. 受遗赠人和遗嘱继承人的主体范围不同。受遗赠人是法定继承人以外的第三人,包括国家、集体或法定继承人之外的组织、个人;遗嘱继承人只能是法定继承人范围内的人。

2. 受遗赠权与遗嘱继承权的标的不同。受遗赠人一般只获得财产利益,而不承担债务清偿义务,遗赠人生前所欠债务,先用遗产清偿,剩余部分再执行遗赠;遗嘱继承人不但享有继承指定遗产的权利,也负有清偿被继承人债务的义务。

3. 接受、放弃遗赠或遗嘱继承的时间和方式不同。受遗赠人应在知道受遗赠后的60日内,作出接受或者放弃受遗赠的表示,到期未作表示的,视为放弃接受遗赠,即默示代表放弃受遗赠;遗嘱继承人在继承开始后、遗产处理前,未以书面形式表示放弃的,视为接受继承,即默示代表接受继承。

4. 受遗赠人和遗嘱继承人参与遗产分配的方式不同。受遗赠人不直接参与遗产的分配,仅从遗嘱执行人处获得受遗赠的财产;遗嘱继承人可直接参与遗产的分配。

第五节　遗赠扶养协议

一、遗赠扶养协议的概念

遗赠扶养协议,是指遗赠人与扶养人之间达成的关于由扶养人扶养遗赠人,承担遗赠人生养死葬的义务,遗赠人死亡后将其财产部分或全部遗赠给扶养人的协议。该制度是我国继承立法的一个创举,有利于实现孤寡老人的老有所依。

我国《民法典》第1158条规定:"自然人可以与继承人以外的组织或者个人签订遗赠扶养协议。按照协议,该组织或者个人承担该自然人生养死葬的义务,享有受遗赠的权利。"

二、遗赠扶养协议的特征

遗赠扶养协议制度是我国继承法中特有的法律制度,具有以下法律特征:

1. 遗赠扶养协议是双方法律行为。遗赠扶养协议是扶养人与遗赠人之间的双方法律行为,需要双方的合意才得以成立,同时,协议的变更和解除也需要双方协商一致。遗赠扶养协议作为双方法律行为,其本质是设立一种合同法律关系,该法律行为从协议双方的协议合法成立之日起开始发生法律效力,双方都应遵守协议的约定。

2. 遗赠扶养协议是诺成、要式法律行为。遗赠扶养协议自双方意思表示一致起即成立,故为诺成性法律行为。同时,遗赠扶养协议不能采用口头的形式,只能以书面方式为之。

3. 遗赠扶养协议是双务、有偿行为。对遗赠扶养协议的履行，扶养人与遗赠人双方负有互为对待给付的义务，任何一方享有权利都需履行相应的义务。扶养人承担遗赠人生养死葬的义务，享有受遗赠的权利；遗赠人承担遗赠财产的义务，享有被生养死葬的权利。扶养人接受遗赠的财产，以对遗赠人进行扶养为对价。

4. 遗赠扶养协议中的扶养人与遗赠人之间无法定扶养义务。遗赠扶养协议中的遗赠人只能是自然人；扶养人可以是对遗赠人无法定扶养义务的自然人，也可以是组织。

5. 遗赠抚养协议的效力优先于遗嘱。若被继承人生前订有遗赠扶养协议，又立有遗嘱，且两者在内容上相互抵触，则与遗赠扶养协议相抵触的遗嘱无效，遗赠扶养协议的效力优先。

三、遗赠扶养协议的效力

遗赠扶养协议签订后即发生合同的法律效力，其效力包括及于扶养人与遗赠人的内部效力和对其他第三人的外部效力。

（一）遗赠扶养协议的内部效力

1. 扶养人（受遗赠人）的生养死葬义务

扶养人在受扶养人（遗赠人）生前应对其进行必要的照料、关怀，在其死后负责安葬受扶养人。《民法典》第1144条规定："遗嘱继承或者遗赠附有义务的，继承人或者受遗赠人应当履行义务。没有正当理由不履行义务的，经利害关系人或者有关组织请求，人民法院可以取消其接受附义务部分遗产的权利。"《继承法意见》第56条前半段规定，"扶养人或集体组织与公民订有遗赠扶养协议，扶养人或集体组织无正当理由不履行，致协议解除的，不能享有受遗赠的权利，其支付的供养费用一般不予补偿"。

2. 受扶养人（遗赠人）的财产遗赠义务

受扶养人的义务是将其财产遗赠给扶养人。受扶养人对在遗赠扶养协议中指定的遗赠给扶养人的财产，在其生前可以占有、使用、收益，但不得处分，以保证其死后遗赠的实现。《继承法意见》第56条后半段规定："遗赠人无正当理由不履行，致协议解除的，则应偿还扶养人或集体组织已支付的供养费用。"

（二）遗赠扶养协议的外部效力

遗赠扶养协议的对外效力，表现为遗赠扶养协议中的遗产优先实现性，在遗产处理时遗赠抚养协议的效力优先于遗嘱继承、遗赠和法定继承。我国《民法典》第1123条规定："继承开始后，按照法定继承办理；有遗嘱的，按照遗嘱继承或者遗赠办理；有遗赠扶养协议的，按照协议办理。"《继承法意见》第5条规定："被继承人生前与他人订有遗赠扶养协议,同时又立有遗嘱的,继承开始后,如果遗赠扶养协议与遗嘱没有抵触,遗产分别按协议和遗嘱处理;如果有抵触,按协议处理,与协议抵触的遗嘱全部或部分无效。”第 55 条规定:“集体组织对‘五保户’实行‘五保’时,双方有扶养协议的,按协议处理;没有扶养协议,死者有遗嘱继承人或法定继承人要求继承的,按遗嘱继承或法定继承处理,但集体组织有权要求扣回‘五保’费用。”

四、遗赠扶养协议与遗赠的区别

1. 遗赠扶养协议是双方法律行为,本质上是合同,需要扶养人和被扶养人的意思表示一致;而遗赠是单方法律行为,只需遗赠人的单方意思表示,无须受遗赠人的同意。

2. 遗赠扶养协议是有偿法律行为,双方权利的获得均需要向对方支付对价;而遗赠是无偿法律行为,受遗赠人一般只享有接受遗赠财产的权利,而无相应义务。

3. 遗赠扶养协议是生前有效的法律行为,协议自订立起即开始发生法律效力,扶养人即开始履行对被扶养人的生养死葬义务;遗赠是死后生效的法律行为,受遗赠人在遗赠人死后才能享有接受遗赠的权利,此前遗赠人可随时变更或撤销其所立遗嘱。

4. 遗赠扶养协议应以合同的形式订立,遗赠则应以遗嘱的方式订立。(见表 25－1)

表 25－1 遗赠扶养协议与遗赠的区别

项目	遗赠扶养协议	遗赠
行为性质	双方法律行为	单方法律行为
有偿性	有偿	无偿
生效时间	生前有效,协议自订立即生效	死后生效
订立方式	合同	遗嘱

重点问题梳理

1. 遗嘱继承是指被继承人死亡后,按照被继承人所立的合法有效遗嘱由继承人继承被继承人遗产的继承方式。这种继承方式优先于法定继承。

2. 遗嘱是指自然人生前在不违反法律规定的情形下处分自己的财产及安排与此有关的事务,并于自然人死亡后发生法律效力的单方民事法律行为。包括自书遗嘱、代书遗嘱、打印遗嘱、录音录像遗嘱、口头遗嘱、公证遗嘱六种形式。

3. 遗嘱的撤回,是指遗嘱人在遗嘱设立后对原所立遗嘱的全部内容予以取消;

遗嘱的变更,是指遗嘱人在遗嘱设立后又对原所立遗嘱的部分内容加以修改。

4. 遗嘱的执行,是指于遗嘱人死亡后由遗嘱执行人将遗嘱的内容予以实现。遗嘱生效的直接表现就是将遗嘱的内容予以执行。

5. 遗赠,是指遗嘱人以遗嘱的方式将其个人合法的财产赠与法定继承人以外的第三人,而于其死亡后发生效力的法律行为。

6. 遗赠扶养协议,是指遗赠人与扶养人之间达成的关于由扶养人扶养遗赠人,承担遗赠人生养死葬的义务,遗赠人死亡后将其财产部分或全部遗赠给扶养人的协议。遗赠扶养协议的本质是一种双务、有偿的合同法律关系,其效力优先于遗嘱。

案例与分析

1. 韩某、刘某夫妇共生育子女三人,长子韩甲、长女韩乙、次女韩丙。1986 年韩某夫妇在某乡 A 村购买房屋 2 间,建筑面积 45 平方米。1990 年 1 月,韩甲结婚,并于同年 7 月搬出分家另过。同年 9 月,韩某病故,其遗产未作处理。韩某去世后,刘某与女儿韩乙、韩丙共同生活。2005 年,韩乙结婚,搬到 B 村另过。2008 年韩丙亦出嫁,刘某独立生活。2012 年 6 月,刘某病故。病故前,刘某于 2012 年 5 月 10 日经某市公证处立下公证遗嘱,全文如下:"将韩某、刘某所有的房屋在我死后都留给我的大女儿韩乙。"并将房屋产权证交给了韩乙。刘某去世后,次女韩丙看到姐姐家境不好,声明将自己应有份额的房屋产权赠给韩乙。韩甲认为,自己也是家庭成员,理应分得遗产,遂将韩乙起诉到某人民法院。

问题:(1)刘某所立遗嘱的效力如何?

(2)作为遗产的房屋产权应当如何分割?

分析:(1)刘某所立公证遗嘱部分有效,部分无效。本案中,存在两个继承关系,即因韩某死亡而产生的继承关系和因刘某死亡而产生的继承关系。韩某死后,因未留下遗嘱,所以产生法定继承关系。讼争房屋系韩某夫妇于 1986 年购买,应认定为夫妻共有财产,其中一半应作为韩某的遗产,另一半为刘某的财产。韩某的遗产应当由其法定继承人其妻刘某、其子女韩甲、韩乙、韩丙继承,但由于遗产未作分割,各继承人亦未以明示方式放弃继承权,因而刘某去世前,讼争房屋中属韩某遗产的部分,为刘某及其子女共同共有。刘某在其公证遗嘱中将讼争房屋指定由韩乙一人继承的行为处分了共有房屋中属于他人所有的部分,该部分内容无效,而处分刘某自己享有产权部分的行为和内容当属有效。

(2)原《继承法》第 13 条第 1 款及现行《民法典》第 1130 条第 1 款都规定:"同一顺序继承人继承遗产的份额,一般应当均等。"因此,韩某死亡后,刘某、韩甲、韩乙、韩丙各继承韩某 1/4 的遗产,即讼争房屋的 1/8 产权。刘某去世后,其个人遗产中的房屋产权部分,即讼争房屋产权的5/8(1/2 的刘某个人所有房屋产权加上其继承所得的1/8 房屋产权),指定由韩乙继承。韩丙将继承自其父的应有房屋产权份额赠给韩乙亦为有效,加上韩乙自身继承自韩某的1/8 房屋产权,其结果是韩乙得到房屋产权的7/8,韩甲对讼争房屋享有1/8 的产权。

2. 刘某早年丧妻,有长子甲、次女乙和三子丙。甲、乙已结婚,乙在外地居住,丙只有14 周岁。刘某、丙和甲夫妻共同生活。刘某因偏爱儿子,于2013 年5 月立下亲笔遗嘱,决定其死后,全部遗产存款2 万元和房屋1 套由甲与丙继承。但甲在其妻挑唆下,对刘某的生活和身体状况不闻不问,刘某被迫搬到外地女儿乙家居住,受到乙夫妇的周到照顾,遂又立下亲笔书写的遗嘱,决定将其1 万元存款给乙,房屋1 套给未成年的丙。2013 年11 月刘某病重住院,正值此时,丙和同学打架致残。甲对刘某的病情毫不关心。恼怒之下,刘某在弥留之际,当着3 个医生的面立下口头遗嘱,将其所有遗产由乙1 人继承。刘某去世后,甲持其父自书遗嘱,乙根据刘某的口头遗嘱均要求继承其父遗产,双方发生争议。

问题:(1)刘某的口头遗嘱是否有效?

(2)刘某的遗产应依哪份遗嘱继承?

分析:(1)原《继承法》第17 条第5 款规定:“遗嘱人在危急情况下,可以立口头遗嘱。口头遗嘱应当有两个以上见证人在场见证。危急情况解除后,遗嘱人能够用书面或者录音形式立遗嘱的,所立的口头遗嘱无效。”对此,我国现行《民法典》第1138 条也有相应规定。本案中,刘某在3 个见证人的见证下立下口头遗嘱后死亡,其口头遗嘱形式上合法。但法律同时还规定,遗嘱应当为缺乏劳动能力又没有生活来源的继承人保留必要的遗产份额。刘某的口头遗嘱剥夺了未成年又有残疾的丙的遗产份额,违反了法律规定,其口头遗嘱在内容上部分无效。

(2)原《继承法》第20 条第2 款和现行《民法典》第1142 条第3 款均规定:“立有数份遗嘱,内容相抵触的,以最后的遗嘱为准。”因此,本案刘某的遗产应依口头遗嘱继承。但由于口头遗嘱仅部分有效,所以在分割遗产时,应当为丙保留必要份额,其余由乙继承。

第二十六章　继承的开始和遗产处理

第一节　继承的开始

一、继承开始的时间

（一）继承开始的概念

继承的开始是指基于一定的法律事实而使继承法律关系现实发生与开始运转。引起继承开始的法律事实是被继承人的死亡。依据我国《民法典》的规定，自然人的死亡包括生理死亡（自然死亡）与依法被宣告死亡。生理死亡（自然死亡）是指自然人的生命因衰老、疾病等原因导致的不可逆转的终结与消亡，宣告死亡是指依照法定程序推定自然人的法律主体资格终结与消亡。

（二）继承开始的时间确定

我国《民法典》第1121条第1款规定："继承从被继承人死亡时开始。"《继承法意见》第1条规定："继承从被继承人生理死亡或被宣告死亡时开始。失踪人被宣告死亡，以法院判决中确定的失踪人的死亡日期，为继承开始的时间。"《民法典》第1121条第2款规定："相互有继承关系的数人在同一事件中死亡，难以确定死亡时间的，推定没有其他继承人的人先死亡。都有其他继承人，辈分不同的，推定长辈先死亡；辈分相同的，推定同时死亡，相互不发生继承。"即由他们各自的继承人分别继承。

被继承人生理死亡及其时间是医学及生理学上的事实认定问题。被宣告死亡及其时间是属于依照法定程序宣告自然人法律主体资格的终结与消亡的法律推定问题。

二、继承开始的法律效果

确定继承开始的时间对于被继承人的债权人与债务人、继承人等相关权利人与义务人具有非常重大的法律效果与法律意义。

继承开始的时间确定具有如下法律效果：

1. 确定继承人的范围与资格的时间点。是否属于继承人的范围，是否具备继承人的资格,以继承开始的时间为准加以确定。例如,夫妻关系是否存续至夫妻一方死亡时间(继承开始的时间)是确定该男女间是否互为法定继承人、享有继承资格的前提,该男女在另一方死亡时间(继承开始的时间)前已离婚(解除夫妻关系)的,该男女间不互为法定继承人,不享有法定继承资格。

无论是在法定继承还是遗嘱继承中,都是依继承开始的时间点来确定此前享有主观继承权的人是否享有客观继承权,因为只有在继承开始时生存的法定继承人或者遗嘱继承人并未被剥夺继承权时,才有权取得遗产。继承开始前继承人死亡的,代位继承;继承开始后遗产分割前继承人死亡的,转继承。

2. 确定遗产的范围的时间点。遗产是被继承人死亡时遗留的个人合法财产,只有在继承开始时存在的属于被继承人的合法财产,才为遗产。继承开始前,被继承人已经在事实上或法律上处分的财产不属于遗产。继承开始前,被继承人的财产可因经营与生活消费需要在事实上或法律上被处分,其财产范围处于不断地变动中。被继承人死亡时尚存的财产成为其遗留的个人合法财产。

3. 确定继承人的应继份额的时间点。法定继承中同一顺序的继承人的继承份额一般应当均等,但在继承开始时生活有特殊困难又缺乏劳动能力的继承人,应予以适当照顾使其继承份额相对较大,而其他继承人因此继承份额相对较小。继承开始的时间点就是确定是否属于生活有特殊困难的、缺乏劳动能力的人的时间点。

4. 确定放弃继承权的效力及遗产分割的溯及力的时间点。继承人在继承开始后、遗产处理前放弃继承的法律行为的效力,追溯到继承开始时。尽管遗产分割的时间是在继承开始后的一段时间,但遗产分割法律行为的效力溯及至继承开始时。

5. 确定遗嘱的效力运转的时间点。被继承人死亡、继承开始后,才发生遗嘱法律效力的运转,遗嘱内容开始被执行。

6. 确定保护继承权的最长期限的时间起始点。依据民事权利诉讼时效的规定,继承权纠纷提起诉讼的时效期间为 3 年,自继承人知道或者应当知道其权利被侵犯之日起计算。但是,自继承开始之日起超过 20 年的,不得再提起诉讼。

7. 确定遗产的权利归属的时间点。自被继承人死亡之时,其遗产转由继承人所有或全部继承人共有。因为继承开始即意味着被继承人已死亡,已不能成为财产所有权的主体,遗产的主体也就从被继承人变更为继承人。如继承人为一人,遗产直接转由继承人一人所有;如继承人为两人及两人以上,则由全体继承人共同或按份共有。自被继承人死亡之时起,由继承人一人或全体继承人对被继承人死亡时的遗产享有占有、使用、收益、处分的权利。

三、继承开始的通知

被继承人死亡后通知继承人和遗嘱执行人继承开始是一个重要的法律步骤。我国《民法典》第 1150 条规定:"继承开始后,知道被继承人死亡的继承人应当及时通知其他继承人和遗嘱执行人。继承人中无人知道被继承人死亡或者知道被继承人死亡而不能通知的,由被继承人生前所在单位或者住所地的居民委员会、村民委员会负责通知。"通知继承的开始是知道被继承人死亡的继承人、继承人生前所在单位或者住所地的居民委员会、村民委员会的法定义务。

第二节　遗　　产

一、遗产的概念与特征

(一)遗产的概念

我国《民法典》第 1122 条规定,遗产是指自然人死亡时遗留的个人合法财产,但是依照法律规定或者根据其性质不得继承的财产除外。如承包经营权、被继承人的人身保险合同中明确指定受益人的财产等即不得继承。

(二)遗产的特征

我国继承法中的遗产具有以下法律特征:

1. 遗产只能是自然人死亡时所遗留的财产,是在被继承人死亡时未在事实上、法律上被处分的财产。

2. 遗产的内容具有广泛性。作为遗产,既包括一般财产意义上的民法中的物,也包括具有财产内容的知识产权、债权、股权等无人身专属性的各种财产性权利。

3. 遗产是可转移的个人合法所有的财产。遗产只能是自然人死亡时遗留下的个人的合法财产。被继承人生前占有的他人的财产不能作为其遗产,该财产应由财产权利人行使物上取回权;被继承人生前与他人共有的财产,经析产分割后属于被继承人生前应有的部分为遗产;被继承人生前享有的财产权利如具有人身专属性而依法禁止转移的,不是遗产,如仅为被继承人设定的生前永久房屋居住权;被继承人违法取得或违法持有的财产,不能作为遗产,如被继承人生前建盖的违章建筑,抢劫、盗窃获取的各种财产,诈骗、贪污、受贿获取的各种财产及财产性权利。

对于具有人合性的有限公司的股权,可依据该公司章程规定依法作为可转移或可退股变现的遗产。

二、遗产的范围

作为公民死亡时遗留的个人合法财产的遗产,包括:(1)公民的收入;(2)公民的房屋、储蓄和生活用品;(3)公民的林木、牲畜和家禽;(4)公民的文物、图书资料;(5)法律允许公民所有的生产资料;(6)公民的著作权、专利权中的财产权利;(7)公民的其他合法财产。

公民的收入包括劳动、劳务的工资收入、出租财产的租赁收入、购买国库债券、企业债券、股票的营利收入等各种不为法律禁止的收入,公民的收入可以是人民币,也可以是美元、欧元、日元、港元等外币,还可以是其他财产性收入。

依据我国《民法典》物权编的相关规定,国有土地使用权、农村集体土地上的宅基地使用权等用益物权以及抵押权、质权、留置权等担保物权可以财产性权利作为遗产。

依据我国《民法典》的相关规定,合同关系所生之债权、侵权行为所生之债权、无因管理所生之债权、不当得利所生之债权、单方允诺所生之债权等具有财产给付内容的债权可以财产性权利作为遗产。

个人承包应得的个人收益,属于遗产范围,可以继承。《继承法意见》第4条规定:"承包人死亡时尚未取得承包收益的,可把死者生前对承包所投入的资金和所付出的劳动及其增值和孳息,由发包单位或者接续承包合同的人合理折价、补偿,其价额作为遗产。"但承包经营权一般不能作为遗产由继承人加以继承,因为承包经营权是基于发包人对承包人(被继承人)能力、专长的认可与信任而设立,具有强烈的人身属性。

三、遗产的保管

遗产的保管是指继承开始后遗产分割前,由遗产合法占有人或遗嘱执行人为使遗产保值增值对遗产进行的占有、保护与管理。

对遗产及时、合理的保管,首先是对遗产清点造册,其次要确保遗产在物理性状上处于完好状态,不被损毁灭失、不被盗窃侵占,在财产的效用价值上使得遗产保值、增值。

我国《民法典》第1151条规定:"存有遗产的人,应当妥善保管遗产,任何组织或者个人不得侵吞或者争抢。"《继承法意见》第44条规定:"人民法院在审理继承案件时,如果知道有继承人而无法通知的,分割遗产时,要保留其应继承的遗产,并确定该遗产的保管人或保管单位。"第59条规定:"人民法院对故意隐匿、侵吞或争抢遗产的继承人,可以酌情减少其应继承的遗产。"

四、遗产管理人

(一)遗产管理人的概念

遗产管理人是对逝者遗产负责保存和管理的人。我国《民法典》实行遗嘱执行人和遗产管理人并存的制度,原因在于二者在产生和职能上不尽相同,遗嘱执行人是由被继承人指定产生的,并非每一起继承中都有遗嘱执行人,是否设立其遗嘱执行人由被继承人决定,其主要任务是按照遗嘱分配遗产;而遗产管理人的产生方式是法定的,每一起继承中都有遗产管理人,其主要任务是对遗产进行保存和管理,避免遗产价值的降低。在有遗嘱执行人的情形下,继承开始后,由遗嘱执行人担任遗产管理人。

根据法律规定,继承从被继承人死亡时开始,但是从被继承人死亡到遗产被依法分配给各继承人、受遗赠人还有一个时间差,在此期间,遗产归属还不明朗,因此需要遗产管理人对遗产进行有效的管理。对于遗产管理人的履职行为,可以有偿,也可无偿。

(二)遗产管理人的产生

遗产管理人需为完全民事行为能力人,根据《民法典》第1145条的规定,遗产管理人的产生主要有四种方式:(1)有遗嘱执行人的情形下,继承开始后遗嘱执行人即担任遗产管理人;(2)没有遗嘱执行人时,各个继承人应当及时共同推选出遗产管理人;(3)继承人不推选或推选不出遗产管理人的,由所有继承人共同担任遗产管理人;(4)没有继承人或者继承人均放弃继承权时,由被继承人生前住所地的民政部门或者村民委员会担任遗产管理人。

相关利害关系人如果对遗产管理人的确定有争议,可以向人民法院提出申请,由人民法院指定遗产管理人。

(三)遗产管理人的职责

根据《民法典》第1147条的规定,遗产管理人应履行下列职责:(1)清理遗产并制作遗产清单;(2)向继承人报告遗产情况;(3)采取必要措施防止遗产毁损、灭失,如对他人实施的有损遗产价值的行为,遗产管理人请求人民法院排除妨害;(4)处理被继承人的债权债务;(5)按照遗嘱和依照法律规定分割遗产;(6)实施与管理遗产有关的其他必要行为。

在履行职责中,遗产管理人应尽善良管理人的义务,如因其故意或重大过失造成继承人、受遗赠人、债权人损害的,遗产管理人应承担民事责任,对给他人造成的损失进行赔偿。

第三节　遗产的分割和债务清偿

一、遗产的分割的概念

遗产的分割是指继承开始后,遗嘱执行人或遗产管理人依据合法有效的遗嘱或按照法律的规定,清偿被继承人生前债务后将剩余遗产分配给继承人或受遗赠人。

如继承人仅为一人时,不存在遗产的分割问题;如继承人为两人及两人以上,则会发生需将遗产加以分配以消灭全体继承人的遗产的共同共有关系的法律行为。遗产分割完成后,被继承人的遗产转归各个继承人所有。

二、遗产分割应遵循的基本原则

1. 遗赠扶养协议优先于遗嘱继承和遗赠,遗嘱继承和遗赠优先于法定继承原则。我国《民法典》第 1123 条规定:"继承开始后,按照法定继承办理;有遗嘱的,按照遗嘱继承或者遗赠办理;有遗赠扶养协议的,按照协议办理。"

遗赠扶养协议是被继承人与扶养人在生前达成的协议,属于双务、有偿合同,扶养人在被继承人生前履行扶养义务,被继承人负有在其死亡后将其财产所有权转移给扶养人的义务,因此遗赠扶养协议具有优先性。但在分割遗产前应当清偿被继承人负有的债务。

2. 互谅互让、和睦团结、协商分割原则。我国《民法典》第 1132 条规定:"继承人应当本着互谅互让、和睦团结的精神,协商处理继承问题。遗产分割的时间、办法和份额,由继承人协商确定;协商不成的,可以由人民调解委员会调解或者向人民法院提起诉讼。"第 1156 条规定:"遗产分割应当有利于生产和生活需要,不损害遗产的效用。不宜分割的遗产,可以采取折价、适当补偿或者共有等方法处理。"

遗产的分割尽管属于财产分配的法律行为,但各继承人存在亲属关系或熟人关系,道德及法律均极力倡导长幼间的慈爱与孝敬、同辈间的友爱和谐、相互扶助的亲情关系,因此各继承人应本着互谅互让、和睦团结的精神,协商分配遗产。

三、遗产分割的规则

1. 确定遗产范围的规则。在继承开始后,作为遗嘱执行人应首先查明、确定遗产的范围,将被继承人的财产从家庭财产、夫妻共有财产、与他人的合伙共有财产中析产。

我国《民法典》第1153条规定："夫妻共同所有的财产，除有约定的外，遗产分割时，应当先将共同所有的财产的一半分出为配偶所有，其余的为被继承人的遗产。遗产在家庭共有财产之中的，遗产分割时，应当先分出他人的财产。"

依据我国《民法典》婚姻家庭编的规定：如无特别约定，夫妻在婚姻关系存续期间，任何一方所得的财产原则上属于夫妻共同共有的财产。因此，在继承开始后，应先将被继承人的个人合法财产从夫妻共有财产中分割析产。夫妻双方可约定夫妻共有财产的归属，没有约定的，双方对共有财产各占50%；继承开始时，能够作为遗产的只能是归属于被继承人所有的那部分财产。

2. 税款、债务清偿的规则。分割遗产时，应当首先清偿被继承人依法应当缴纳的税款和债务。但是应当为缺乏劳动能力又没有生活来源的继承人保留必要的遗产，以保证其基本的生活。具体清偿规则方面，《民法典》第1163条规定："既有法定继承又有遗嘱继承、遗赠的，由法定继承人清偿被继承人依法应当缴纳的税款和债务；超过法定继承遗产实际价值部分，由遗嘱继承人和受遗赠人按比例以所得遗产清偿。"

依据我国《民法典》确立的公平原则，应当以被继承人所遗留的财产清偿应缴纳的税款和债务，即继承人以所继承的遗产为限进行清偿；超过部分，除非继承人自愿偿还，否则继承人不承担责任。

3. 保留胎儿继承份额规则。我国《民法典》第1155条规定："遗产分割时，应当保留胎儿的继承份额。胎儿娩出时是死体的，保留的份额按照法定继承办理。"《继承法意见》第45条规定："应当为胎儿保留的遗产份额没有保留的应从继承人所继承的遗产中扣回。为胎儿保留的遗产份额，如胎儿出生后死亡的，由其继承人继承；如胎儿出生时就是死体的，由被继承人的继承人继承。"遗产分割保留胎儿的继承份额是我国《民法典》继承编养老育幼原则的体现与贯彻。

4. 特留份继承的规则。特留份是基于我国《民法典》总则编确立的公序良俗原则及继承编的养老育幼原则，为需要特殊照顾的继承人、继承人以外的依靠被继承人扶养的人、继承人以外对被继承人扶养较多的人等，在分割遗产时适当分给的遗产。

我国《民法典》第1131条规定："对继承人以外的依靠被继承人扶养的人，或者继承人以外的对被继承人扶养较多的人，可以分给适当的遗产。"《继承法意见》第37条规定："遗嘱人未保留缺乏劳动能力又没有生活来源的继承人的遗产份额，遗产处理时，应当为该继承人留下必要的遗产，所剩余的部分，才可参照遗嘱确定的分配原则处理。"

5. 物尽其用规则。《民法典》第1156条第1款规定："遗产分割应当有利于生产和生活的需要，不损害遗产的效用。"对于无法分割的遗产，可由继承人共有，或归某一继承人所有,由该继承人给其他继承人补偿款,而不应强行分割,导致遗产价值降低或毁损。

第四节 无人继承又无人受遗赠的遗产的处理

一、无人继承又无人受遗赠的遗产的概念与范围

(一)无人继承又无人受遗赠的遗产的概念

无人继承又无人受遗赠的遗产,是指没有法定继承人、遗嘱继承人以及受遗赠人承受的遗产。

自然人死亡后,无法定及遗嘱继承人或全体法定及遗嘱继承人放弃继承,又无受遗赠人或受遗赠人放弃受遗赠,自然人死亡后的个人合法财产成为无主财产。

(二)无人继承又无人受遗赠的遗产的范围

无人继承又无人受遗赠的遗产包括以下情形:(1)被继承人无法定继承人,也未立遗嘱指定受遗赠人,生前也未与他人订立遗赠扶养协议;(2)被继承人的法定继承人、遗嘱继承人全部拒绝继承,受遗赠人全部拒绝受遗赠;(3)被继承人的法定继承人、遗嘱继承人全部丧失继承权,受遗赠人全部丧失受遗赠权。

二、无人继承又无人受遗赠的遗产的归属

我国《民法典》第1160条规定:"无人继承又无人受遗赠的遗产,归国家所有,用于公益事业;死者生前是集体所有制组织成员的,归所在集体所有制组织所有。"但根据我国《民法典》第1131条的规定:"对继承人以外的依靠被继承人扶养的人,或者继承人以外的对被继承人扶养较多的人,可以分给适当的遗产。"此时,被继承人的财产从性质上虽然属于无人继承又无人受遗赠的遗产,但基于这两类人对于被继承人的依附性或对被继承人的付出,若他们提出取得遗产的要求,也应适当分得遗产。对此,《继承法意见》第57条也有相应规定:"遗产因无人继承收归国家或集体组织所有时,按继承法第十四条规定可以分给遗产的人提出取得遗产的要求,人民法院应视情况适当分给遗产。"(现《民法典》第1131条)

重点问题梳理

1. 继承的开始是指基于一定的法律事实而使继承法律关系现实发生与开始运转。引起继承开始的法律事实是被继承人的死亡。

2. 遗产是指自然人死亡时遗留的个人合法财产，但是依照法律规定或者根据其性质不得继承的财产除外。

3. 遗产的分割是指继承开始后，遗嘱执行人或遗产管理人依据合法有效的遗嘱或按照法律的规定，清偿被继承人生前债务后将剩余遗产分配给继承人或受遗赠人。

4. 无人继承又无人受遗赠的遗产，是指没有法定继承人、遗嘱继承人以及受遗赠人承受的遗产。无人继承又无人受遗赠的遗产，归国家所有，用于公益事业；死者生前是集体所有制组织成员的，归所在集体所有制组织所有。

案例与分析

王某远在美国的姑姑在王某婚前表示她结婚时将给1万美元作为贺礼。刘某与王某于2009年结婚，2010年王某的姑姑回国，并实现诺言给王某夫妻1万美元。2015年刘某辞职去深圳做生意，不久与当地一女子张某同居，不再与家人联络。2018年，刘某因车祸去世。经查，刘某与张某有共有财产约4万元，个人财产20万元。另外，刘某的父母于2010年双双过世，刘某继承其父母的房屋一套。

问题：刘某有哪些遗产？

分析：(1)王某的姑姑在其婚后给予1万美元，由于该行为履行在双方婚后，因而属夫妻共有财产，刘某有5000美元，属遗产；(2)刘某与张某共有的4万元，若无法分清来源，则构成共同共有，刘某拥有2万元，属遗产；(3)刘某的个人财产20万元，当然属遗产；(4)刘某在婚后所继承的父母房屋一套，属与王某的共同财产，其中一半的权利构成刘某的遗产。综上所述，刘某遗产共有22万元人民币、5000美元以及房屋半套。

第六编　婚姻家庭

第二十七章　婚姻家庭编概论

第一节　亲　　属

一、亲属的概念与法律特征

（一）亲属的概念

亲属一般用来指称人与人之间的亲缘关系，是人类社会一种重要的社会关系。调整亲属关系的手段主要包括习俗、道德、宗教和法律。亲属法中所谓亲属关系，系指由法律调整的亲属关系，一经法律调整，具有亲属身份的主体之间会产生法定的权利和义务。

法律上的亲属概念有广义和狭义之分。广义的亲属是血亲、配偶及姻亲的总称。日本、韩国均采此种立法例。如日本民法规定，六亲等内之血亲、配偶者、三亲等内之姻亲为亲属；韩国民法以配偶者、血亲及姻亲为亲属。狭义上的亲属仅指血亲和姻亲，德国、瑞士和我国台湾地区即采此种立法例。如我国台湾地区民法即在亲属编通则中分别对血亲和姻亲进行了定义，而未定义配偶。除此之外，大部分国家和地区的立法例均超脱广义狭义的分类，不设对亲属的统一称谓，仅以血亲、姻亲、配偶分别指称对应的亲属关系。我国《民法典》将配偶视为亲属之一种，归入近亲属范畴。

（二）亲属的法律特征

1. 亲属是以婚姻和血缘为纽带的社会关系。与一般的社会关系不同，亲属关系是基于婚姻和血缘联系而产生的。首先，婚姻的缔结是亲属产生的基础。男女两性因结婚而形成配偶关系，并由此产生夫对妻的父母、兄弟姐妹以及妻对夫的父母、兄弟姐妹的姻亲关系。其次，人的出生是亲属关系产生的自然原因。父母子女关系、兄弟姐妹关系、祖父母外祖父母与孙子女外孙子女间的关系、叔侄关系、姑侄关系等亲属关系均由人的出生而产生。最后，法律拟制也是亲属产生的重要原因。通过法律行为或者法律事实，可以在没有血缘关系的自然人之间创设亲属关系，使其具有血亲间的权利义务关系。如通过收养行为，可以将他人子女作为自己的子女，从而形成父母子女关系。继父母与继子女之间形成抚养关系，则双方可产生父母子女法律关系。此类由法律所拟制的血亲关系,称为拟制血亲。

2. 亲属间有固定的身份和称谓。一般认为身份是人在社会上或法律上的地位。称谓是指人们由于亲属关系而得来的称呼,是身份的标志。亲属身份和称谓大部分系自然形成,即基于天然的血缘关系而形成,如父母子女、兄弟姐妹等,血缘关系固定不变,由此而来的身份和称谓也因之固定。还有一部分亲属身份和称谓是由法律设定的,如配偶、养父母和养子女。此类关系虽非永久不变,但由于关系的解除亦须履行法定的程序,因而也具有相对的固定性。

3. 亲属体现为一种权利义务关系。主体间具有权利义务关系是亲属最重要的法律特征。配偶间具有相互扶助、同居、忠实的权利义务,父母有抚养教育子女的义务,子女有赡养父母的义务。祖父母、外祖父母和孙子女、外孙子女之间以及兄弟姐妹之间在一定条件下也有扶养的权利和义务。恩格斯指出:"父亲、子女、兄弟姐妹等称谓,并不是简单的荣誉称号,而是一种负有完全确定的、异常郑重的相互义务的称呼,这些义务的总和便构成这些民族的社会制度的实质部分。"〔1〕

二、亲属的种类

(一)我国古代亲属的分类

我国古代将亲属分为宗亲、外亲、妻亲三类。

1. 宗亲

宗亲又称本亲或者内亲,包括同一祖先所出之男系血亲;同一祖先所出之男系血亲的配偶,即嫁入的妇女,古称"来归之妇";同一祖先的未出嫁的女性,如未出嫁的女儿、姐妹等亲属。

宗亲由同一宗族的成员组成,其法律地位高于外亲。

2. 外亲

外亲又称女亲、外族、外姻,指称女性血亲相联系的亲属,包括与母亲有关的亲属和与出嫁女儿相关的亲属。前者如外祖父母、舅、姨、表兄妹等,后者如女婿、外孙子女、姑父等。

我国古代封建礼法重男系血统而轻女性血统,因而在法律地位上,外亲地位低于宗亲地位。

3. 妻亲

妻亲是明、清时从外亲中分离出来的,用来指称与妻子相联系的亲属,包括妻子的父母、妻子的兄弟姐妹及其子女。

---

〔1〕《马克思恩格斯全集》(第21卷),中共中央马克思恩格斯列宁斯大林著作编译局译,人民出版社1965年版,第40页。

（二）现代亲属的分类

与古代亲属分类方法不同，现代各国大都根据亲属产生的原因，将亲属分为配偶、血亲、姻亲三类。

1. 配偶

配偶即夫妻，是指男女双方因缔结婚姻而形成的亲属关系。在婚姻关系存续期间，夫妻双方互为配偶。配偶是血亲和姻亲得以产生的基础。

2. 血亲

血亲是指有血缘关系的亲属。

（1）自然血亲和拟制血亲

根据血缘的来源不同，血亲可分为自然血亲和拟制血亲。

自然血亲是指因出生而自然形成的，源于同一祖先的有血缘联系的亲属。如父母和子女、祖父母外祖父母和孙子女外孙子女、兄弟姐妹等。自然血亲又分为全血缘自然血亲和半血缘自然血亲。前者主要指同胞兄弟姐妹，即同父同母的兄弟姐妹。后者指同父异母或者同母异父的兄弟姐妹。全血缘自然血亲和半血缘自然血亲具有相同的法律地位，我国《民法典》关于兄弟姐妹的权利义务的规定普遍适用于全血缘血亲和半血缘血亲。

拟制血亲，是指在无自然血缘关系的当事人间，由法律确认其具有与自然血缘血亲相同权利义务关系。如养父母和养子女、继父母和形成抚养教育关系的继子女。

（2）直系血亲与旁系血亲

根据血缘的联系不同，血亲又可分为直系血亲和旁系血亲。

直系血亲指那些有直接的血缘联系的亲属，具体包括生育己身和己身所生育的上下一代的亲属，如父母与子女、祖父母外祖父母与孙子女外孙子女等。

旁系血亲是指那些有间接血缘联系的亲属，即除直系亲属外，与己身同源的亲属。如己身与同源于父母的兄弟姐妹、与己身同源于祖父母的堂兄弟姐妹、与己身同源于外祖父母的表兄弟姐妹等。

3. 姻亲

姻亲是指以婚姻关系为中介而产生的亲属，但不包括配偶本身。男女双方缔结婚姻后，一方与另一方的亲属之间即产生姻亲关系。如妻子与丈夫的父母、兄弟姐妹即是姻亲关系，反之亦然。

姻亲分为三种，一是血亲的配偶，指自己直系、旁系血亲的配偶。如嫂、弟媳、姐妹夫、儿媳、女婿等，与自己均互为姻亲。二是配偶的血亲，即自己配偶的直系、旁系血亲。如自己妻子的父母、兄弟姐妹均是自己的姻亲。三是配偶的血亲的配偶，指自己配偶的血亲的丈夫或妻子。如自己丈夫的兄弟姐妹的妻子或丈夫，即俗称的妯娌关系。

三、亲属范围的限定及亲属关系的计算

亲属关系由己身上溯下延,上下各代连绵不绝,直旁内外联系无穷,是一张无穷的关系网。如果没有界限,不对其范围进行界定,那么,法律对于亲属关系的调整将十分困难。因此,世界各国均根据本国的风俗习惯,对亲属作出了规定,限定亲属的范围。

对亲属范围的限定,主要有两种立法例。一是总体概括性限定。即对先亲属范围从整体上作概括性规定,再根据亲属的种类和亲等的远近规定其法律效力。日本民法即采用此种立法例,规定六亲等以内的血亲和配偶,以及三亲等以内的姻亲为亲属。二是个别实用性限定。即根据不同法律关系的需要,在不同的亲属间规定不同的法律效力。

我国《民法典》第1045条规定,亲属包括配偶、血亲和姻亲。配偶、父母、子女、兄弟姐妹、祖父母、外祖父母、孙子女、外孙子女为近亲属。配偶、父母、子女和其他共同生活的近亲属为家庭成员。

对于亲属关系的远近,我国采用简便的世代计算法,即以血亲间的世代来计算亲属关系的远近,一辈即是一代。在计算直系血亲时,以己身为一代,上数至父母为二代,至祖父母为三代,至曾祖父母为四代,以此类推。以己身为一代,下数至子女为二代,至孙子女为三代,以此类推。

在计算旁系血亲时,首先要找到己身与所要计算的旁系血亲的同源人,然后从两边分别上数至同源人,一辈即为一代。若两边代数相同,则采该数;若两边代数不同,则采多者。

四、亲属关系的发生

亲属关系的发生是指因一定的法律事实的出现,而使当事人之间产生亲属间的权利义务关系。亲属关系可以基于一定的行为而发生,如缔结婚姻;也可以因事件而发生,如出生。不同种类的亲属关系,其发生的原因也各有不同。

1. 自然血亲关系的发生。出生是自然血亲关系发生的唯一原因。出生事实一经发生,即在当事人之间发生自然血亲关系,不以当事人认可或任何程序的履行为条件。无论婚生子女还是非婚生子女,其亲属关系的发生均以出生为唯一原因。

2. 拟制血亲关系的发生。根据我国《民法典》的规定,拟制血亲关系发生的原因主要有两类。一是基于一定的法律行为而发生。如通过收养行为,养父母与养子女间发生法律拟制的血亲关系。二是通过一定的事实行为而发生。如继父母与继子女因抚养教育事实而发生拟制血亲关系。

3. 配偶关系的发生。结婚是配偶关系发生的唯一原因。根据我国《民法典》

的规定,当事人双方必须履行法定的结婚登记程序,才产生合法的夫妻关系。因此,配偶关系的发生以结婚登记簿上记载的时间为准。

4.姻亲关系的发生。婚姻的成立是姻亲关系发生的原因。缔结婚姻后,配偶的一方与另一方的亲属形成姻亲关系。婚姻关系成立的时间即是姻亲关系发生的时间。

五、亲属关系的终止

(一)自然血亲关系的终止

自然血亲关系因主体的死亡而终止。死亡是自然血亲关系终止的唯一原因,自然血亲关系不能通过法律或其他手段人为解除。如父母子女关系不可通过脱离关系声明等任何人为手段而终止。死亡包括自然死亡和宣告死亡,自然死亡的时间和宣告死亡判决生效时间即是自然血亲关系终止的时间。

(二)拟制血亲关系的终止

拟制血亲关系可以因死亡而终止,也可以因法律行为而终止。如收养关系的解除。因死亡而终止的,死亡时间或宣告死亡判决生效的时间即为拟制血亲关系终止时间。因法律行为而终止的,以双方达成协议依法生效的时间或法院准予解除亲属关系的判决书、调解书生效的时间为拟制血亲关系的终止时间。

(三)配偶关系的终止

配偶关系基于婚姻的缔结而发生,因婚姻的终止而终止。婚姻可以因配偶一方死亡而终止,也可因离婚而终止。因此,配偶关系的终止原因有二,一是配偶一方的死亡,包括自然死亡和宣告死亡;二是夫妻双方离婚,包括诉讼离婚和登记离婚。因死亡而终止配偶关系的,死亡时间或宣告死亡判决生效的时间即为配偶关系的终止时间;因离婚而终止配偶关系的,双方离婚登记簿上记载的时间或法院的离婚判决书、调解书生效的时间,即为配偶关系终止的时间。

(四)姻亲关系的终止

关于姻亲关系,我国法律着墨甚少。一般认为,姻亲关系因结婚而发生,因离婚而终止,也可因一方死亡而终止。[2] 需要说明的是,夫妻双方离婚后,一方与他方亲属之间的姻亲关系自然消灭。夫妻一方死亡,其姻亲关系并不自然终止。如我国《民法典》及《继承法意见》就规定了丧偶儿媳对公婆、丧偶女婿对岳父母的有条件的继承权。

---

〔2〕 巫昌祯、夏吟兰主编:《婚姻家庭法学》,中国政法大学出版社2007年版,第51页。

第二节 婚姻与家庭

一、婚姻家庭的概念

婚姻家庭是人类社会发展到一定阶段的产物,担当着延续人类社会的重要功能;同时也是一种特定的社会关系,普遍存在于社会生活中,是人类社会的细胞和缩影。婚姻与家庭之间有着密不可分的联系,二者互相影响,共同作用。

(一)婚姻的概念

婚姻,是为当时社会所确认的男女两性的结合。婚姻是男女两性的结合,该男女的两性结合须为当时社会制度所确认,是男女双方具有夫妻身份的结合。

1.婚姻是男女两性的结合。婚姻关系最基本的功能便是繁衍后代、延续人类社会,男女两性之间的个体差异是婚姻关系的基础和重要的自然属性。婚姻双方须为异性是传统婚姻概念的基本解释要点。虽然西方近现代文化思潮观念日趋开放,一些西方国家相继通过家庭伴侣法甚至修法承认同性婚姻等,将“同性婚”纳入婚姻关系的保护体系之中,这使传统婚姻中将两性差异作为婚姻基础和前提的观点受到了挑战。但男女两性的结合是婚姻自然层面的要求,也是自然规律在人类社会中的体现。另外在多数东方国家,同性婚姻并不符合传统东方理念的文化内核,并不为社会所接受。因此,从我国现阶段的社会观念以及立法态度来看,婚姻主体为异性仍是婚姻关系最基本的要求。

2.男女两性的结合应为当时社会制度所确认。这是婚姻关系的社会层面要求。因为两性结合是人与动物的共同的自然属性,但用社会的手段对两性关系予以规范,形成统一的、制度化的婚姻形态是人类社会的特质。从习惯法的认可到成文法中的具体规定,婚姻关系的确认应始终符合当时社会制度中对婚姻关系形式和实质的要求,应是按照当时社会制度所规定的条件和目的建立的社会关系。

3.婚姻是男女双方具有夫妻身份的结合。这是婚姻在法律层面的要求。两性之间的关系存在很多种形式,以非夫妻身份的两性结合虽然也可以维持男女双方长期共同生活的关系,但这种身份关系并不能成为婚姻关系。婚姻是以夫妻间的权利义务为内容的结合,只有符合结婚的法定条件,才具有夫妻身份,从而享有法律所规定的婚姻中夫妻间的权利与义务。

(二)家庭的概念

家庭,是由一定范围的亲属所构成的社会生活单位,是以婚姻、血缘和共同经济为纽带而组成的亲属团体。

家庭具有以下特征:家庭是生活单位,须有共同经济基础,具有同居共财的特点。以家庭为单位组织生产和消费,是家庭经济职能在社会经济生活中的表现,而共同稳定的经济生活也是维系家庭稳定的基础因素之一。家庭是由特定范围内的亲属所构成的生活单位,家庭成员一般是由共同生活的近亲属组成的,是基于婚姻和血缘或收养形成的成员间互享法定权利、互负法定义务的亲属团体。根据我国《民法典》的规定,家庭成员包括配偶、父母、子女和其他共同生活的近亲属;家庭成员具有身份性,法律承认家庭成员的差序性。家庭关系包括财产关系和身份关系,这种身份关系或为血缘关系,或为婚姻关系,只是在不同国家和时期,对于此类身份关系所包含的亲属种类的多少和范围大小不尽相同。

二、婚姻家庭的法律概念

婚姻家庭的法律概念不同于其一般概念,后者多强调婚姻家庭这种社会关系所具备的伦理性、社会性,从人文哲学的角度对婚姻家庭关系进行阐释。而婚姻家庭的法律概念则专门针对婚姻家庭法律关系而言,强调婚姻家庭内部成员间的权利义务,以及婚姻家庭与外部社会的法律关系。但两种概念并非对立,其研究的婚姻家庭关系的本质是一致的。

婚姻家庭的法律概念,实际上就是婚姻家庭法律关系的概念。婚姻是男女双方以永久共同生活为目的,以夫妻间权利义务为内容的合法结合。家庭是共同生活的,其成员间互享法定权利、互负法定义务的亲属团体。婚姻和家庭二者有着密切的联系,在传统婚姻家庭理论中认为婚姻通常是产生家庭的前提,家庭是缔结婚姻的结果。婚姻家庭法律关系是基于法律对婚姻家庭关系的调整而形成的,因此,婚姻的缔结和家庭的组建并非单纯的只是一项传统的人文社会活动,而应符合法律的相关规定,合法性是婚姻的本质特征。婚姻家庭法律关系包括身份关系和财产关系,身份关系方面的权利义务关系是婚姻家庭中首要的法律关系,而财产方面的权利义务是基于特定的身份关系而发生的。身份关系与财产关系间相互重叠与交叉的特殊属性是婚姻家庭法律关系区别于其他法律关系的重要特征。

第三节 婚姻家庭编的基本原则

《民法典》第1041条第2、3款规定:“实行婚姻自由、一夫一妻、男女平等的婚姻制度。保护妇女、未成年人、老人、残疾人的合法权益。”第1042条规定:“禁止包办、买卖婚姻和其他干涉婚姻自由的行为。禁止借婚姻索取财物。禁止重婚。禁止有配偶者与他人同居。禁止家庭暴力。禁止家庭成员间的虐待和遗弃。”第

1044 条第 1 款规定:“收养应当遵循最有利于被收养人的原则,保障被收养人和收养人的合法权益。”上述条款构成了《民法典》婚姻家庭编的基本原则。

一、婚姻自由原则

婚姻自由是指婚姻当事人有权按照法律的规定自主自愿地决定自己的婚姻问题,不受其他任何人的非法强制和干涉。

(一)婚姻自由原则的内容

婚姻自由包括结婚自由、婚内自由、离婚自由三个方面。

结婚自由是指婚姻当事人有权按照法律的规定自主自愿地缔结婚姻关系,不受其他任何人的强制和干涉。婚内自由是指在进入婚姻关系后,当事人有权自主协商处理婚内事务,当事人自由处分自己事务的权利受法律认可和保护。如根据《民法典》第 1065 条的规定,夫妻双方可以对婚姻财产制作出约定,约定财产制的效力大于法定财产制的效力。离婚自由是夫妻双方有依法解除婚姻关系的自由,强调婚姻关系的解除应当基于当事人双方的合意,通过法定程序达成。

结婚自由、婚内自由、离婚自由是婚姻自由原则的三个维度,三者共同构成婚姻自由原则的完整含义。结婚自由是实现离婚自由的先决条件,婚内自由是婚姻自由原则的应有之义,是其在婚姻关系存续期间的体现。离婚自由是结婚自由的必要补充,是婚姻自由在婚姻关系退出机制中的体现。结婚自由、婚内自由、离婚自由从进入、维持、退出三个阶段和纬度全面体现了婚姻自由原则。

(二)婚姻自由原则的贯彻

1. 禁止包办买卖婚姻和其他干涉婚姻自由的行为。包办婚姻是指第三者(包括父母)违反婚姻自由原则,包办、强迫他人所促成的婚姻。买卖婚姻是指第三者(包括父母),以索取大量财物为目的,包办、强迫他人所促成的婚姻。包办婚姻与买卖婚姻既有联系又有区别。二者的共同之处在于:都违背了婚姻自由原则,对婚姻进行包办、强迫。二者的不同之处在于:买卖婚姻以索取大量钱财为目的,而包办婚姻没有这一特征。因此,买卖婚姻必然是包办婚姻,但包办婚姻不一定是买卖婚姻。

2. 禁止借婚姻索取财物。借婚姻索取财物,是指婚姻当事人一方借结婚的机会向他方索要一定财物的行为。其特点表现为:第一,索取财物的主体一般是婚姻当事人一方;第二,在婚姻决定权上,男女双方对结婚基本是自主自愿的;第三,婚姻缔结多数不是以感情为基础,对索要财物的一方来说,往往是建立在贪图金钱物质的基础上;第四,这种婚姻关系在性质上违背社会主义婚姻的基本要求,违反婚姻自由原则,属于违法行为,所以《民法典》予以禁止。

二、一夫一妻原则

一夫一妻制是人类婚姻文明高度发展的产物，一夫一妻制有利于建立稳定的婚姻关系，有利于对子女的抚养和教育，也有利于社会的安定。[3]一夫一妻原则是我国《民法典》婚姻家庭编又一项重要的基本原则，也是我国婚姻制度的一项重要内容。

（一）一夫一妻原则的内容和要求

一夫一妻制是指一男一女结合为夫妻关系的婚姻制度，亦称单偶制或双单式婚姻。以一夫一妻制为核心内容的一夫一妻原则应当从以下三个方面去理解：第一，任何人不得有两个或两个以上的配偶。第二，已婚者，在其配偶死亡或离婚之前不得再行结婚。第三，一切公开的、隐蔽的一夫多妻、一妻多夫的两性关系都是非法的。情节轻微的，要予以批评教育或行政处分；情节较重的，应给予民事制裁或行政处罚；情节严重构成犯罪的，要受到刑罚制裁。

（二）一夫一妻原则的贯彻

1. 禁止重婚。重婚是指有配偶者再行结婚的违法行为。重婚是对配偶婚姻权益的侵害，是严重破坏一夫一妻制的违法行为。如果重婚的当事人主观上是故意的，则会构成犯罪，要以刑法的有关规定处理。

构成重婚需具备两个条件：（1）当事人一方或者双方已存在有效的婚姻关系。这是构成重婚的前提条件。无效婚姻和可撤销婚姻必须经过法定的程序宣布无效或被撤销，未经宣告之前，仍然属于有配偶的人，若与他人结婚，就构成重婚。（2）有配偶者与他人结婚，包括两种形式：一种是有配偶者又与他人登记结婚，这属于法律上的重婚；另一种是虽未与他人登记结婚，但与他人以夫妻关系或名义同居生活，这为事实上的重婚。现实生活中基本上以事实上的重婚为重婚的主要表现形式。

按照我国法律的规定，重婚将导致一系列的法律后果。在民事上，重婚是结婚的禁止条件（婚姻的法定障碍），是婚姻无效的原因，是重婚的配偶诉请离婚的法定理由；因重婚而导致离婚的，其还是无过错方的损害赔偿请求权的发生根据。在刑事上，犯重婚罪须被依法追究刑事责任，即有配偶而重婚的，或明知他人有配偶而与之结婚的，处2年以下有期徒刑或者拘役。明知是现役军人的配偶而与之同居或者结婚的，处3年以下有期徒刑或者拘役。[4]

---

〔3〕邓丽：《婚姻法中的个人自由与社会正义——以婚姻契约论为中心》，知识产权出版社2008年版，第222页。

〔4〕《刑法》第258、259条。

2. 禁止有配偶者与他人同居。有配偶者与他人同居,是指有配偶者与婚外异性,不以夫妻名义,持续、稳定地共同居住。其要件有三:一是有配偶者;二是不以夫妻名义;三是持续、稳定的共同居住。需要注意的是,有配偶者与他人同居应与重婚和那些应由道德规范调整的未婚同居等行为相区别。有配偶者与他人同居是《民法典》婚姻家庭编明确禁止的违法行为,行为人要承担相应的法律责任。

三、男女平等原则

(一)男女平等原则的含义

男女平等指夫妻和性别不同的家庭成员以及其他近亲属,在婚姻家庭生活和亲属关系中处于平等的法律地位,享有平等的权利,承担平等的义务。这一原则的立法依据是《宪法》的第48条第1款:“中华人民共和国妇女在政治的、经济的、文化的、社会的和家庭的生活等各方面享有同男子平等的权利。”男女平等原则是婚姻法的基本原则之一,它彻底否定了男尊女卑、夫权统治的旧制度、旧传统、旧观念,突出地反映了我国婚姻家庭制度的社会主义本质,对解放妇女,维护和发展民主、和睦、文明的婚姻家庭关系具有很重要的意义。

(二)男女平等原则的内容

男女平等原则在我国《民法典》的各项制度、各项规定中都有所体现。具体来说,有如下内容:

1. 在结婚和离婚制度上,男女双方当事人的权利和义务是完全平等的。男女双方平等享有结婚自由和离婚自由;登记结婚后,女方可以成为男方的家庭成员,男方也可以成为女方的家庭成员。离婚时的财产清算,离婚后的子女抚养和教育问题,男女双方的权利和义务也是平等的。

2. 在家庭关系中,不同性别的家庭成员的权利义务是完全平等的。在夫妻关系上,男女结婚后,地位平等,人格平等,共享权利,共担义务。在父母子女关系上,父母有抚养和教育子女的义务,同时有受子女赡养的权利;同时子女有受父母抚养教育的权利,也有赡养父母的义务。父母子女之间可相互继承遗产。在其他家庭成员方面,祖父母和孙子女、外祖父母和外孙子女之间,兄弟姐妹之间的权利义务也是平等的。

3. 在收养关系上,男女平等亦是收养所坚持的基本原则。《民法典》婚姻家庭编中关于收养人、被收养人、送养人的条件规定,关于夫妻共同收养和父母共同送养的要求,关于养父母、养子女及其他亲属的权利义务的各项规定,无不贯彻着男女平等的原则。

四、保护妇女、未成年人、老年人、残疾人的合法权益的原则

1. 保护妇女合法权益。保护妇女合法权益是对男女平等原则的必要补充。我

国《民法典》婚姻家庭编对保护妇女合法权益的问题，在许多条款中作了有针对性的具体规定，尤其是在离婚方面规定的更为具体和完善。例如，女方在怀孕期间、分娩后1年内或终止妊娠6个月内，男方不得提出离婚；离婚时分割夫妻共同财产，应根据具体情况，对女方的权益予以照顾；离婚时如一方生活困难，另一方应给予适当的经济帮助。

2. 保护未成年人合法权益。在我国，法律意义上的儿童是指未满18周岁的自然人。我国亲属关系立法在制度设计上均有针对性地对儿童进行了特别保护，如在婚姻家庭编中规定了父母对未成年子女的抚养教育义务，在继承编中规定了在遗嘱继承中应当对缺乏劳动能力又没有生活来源的继承人保留必要的遗产份额。在当前的司法实务中，儿童本位的司法理念逐步确立，如在离婚案件中，确定未成年人的直接抚养方时，要考虑到双方当事人对未成年人有无家暴行为。

3. 保护老年人合法权益。婚姻家庭编规定了许多保护老年人合法权益的条款：子女应当尊重父母的婚姻权利；子女对父母有赡养扶助的义务；孙子女、外孙子女对于祖父母、外祖父母有附条件的赡养义务。可见，赡养老年人不仅是我们社会主义家庭的重要职能，也是社会主义尊老爱幼道德风尚的要求。

4. 保护残疾人合法权益。残疾人的合法权益在婚姻家庭关系中亦应得到保护，如在离婚财产分割过程中，应当考虑到残疾人具体的生活保障需求，对夫妻共同财产进行妥善分割。

五、最有利于被收养人原则

最有利于被收养人原则是收养制度部分的基本原则。是联合国《儿童权利公约》第21条所确立的儿童最大利益原则在婚姻家庭编的体现。

因行为能力、认知能力和自我保护能力所限，未成年人较之于成年人更容易受到不法侵害，尤其是在收养关系中。为保证未成年人能够健康成长，确保其合法权益不受侵害，《民法典》规定了最有利于被收养人原则，这一原则贯穿收养制度始终，如要求收养人必须具备收养能力，严禁以收养名义买卖儿童等。

重点问题梳理

1. 亲属包括配偶、血亲和姻亲。

2. 配偶、父母、子女和其他共同生活的近亲属为家庭成员。

3. 婚姻自由是指婚姻当事人有权按照法律的规定自主自愿地决定自己的婚姻问题，不受其他任何人的非法强制和干涉。婚姻自由包括结婚自由、婚内自由和离婚自由三个方面。

4. 有配偶者与他人同居，是指有配偶者与婚外异性，不以夫妻名义，持续、稳定地共同居住。其与重婚最大的区别在于是否以夫妻的名义共同生活。

第二十八章 结 婚 制 度

第一节 结婚制度概述

一、结婚的概念

结婚,又称婚姻的缔结,是男女双方依照法定的条件和程序建立配偶关系的法律行为。

结婚作为一种法律行为,具有如下特征:

1. 主体必须是男女两性。结婚行为必须发生在异性之间,这是由婚姻的自然属性所决定的。同性婚姻尚未得到我国法律的认可。

2. 结婚行为是法律行为,必须依照法定条件和程序进行。例如,在我国未经民政部门合法登记,婚姻不成立,当事人间不发生配偶法律关系。

3. 婚姻行为的结果是配偶关系。男女双方缔结婚姻,双方互为配偶,相互享有和负担法律规定的权利和义务。如夫妻间的忠实义务、扶养义务、继承权利等。

二、结婚制度的沿革

在人类发展史上,婚姻家庭形式经历了群婚制、对偶婚制和个体婚制三种基本形式,结婚制度始于个体婚制。原始社会末期,私有财产的出现为个体婚制的产生提供了社会基础和经济条件。随着社会的发展,在不同的阶段,不同的社会环境中,个体婚制主要表现为掠夺婚、有偿婚、聘娶婚、宗教婚、合意婚五种基本形式。

掠夺婚,指男子以暴力抢劫妇女为妻的婚姻缔结形式。掠夺婚是在偶婚制向个体婚制转变的过程中产生的。"当对偶婚制家族出现,普纳路亚集团开始消灭以后,妻子遂由购买和掠夺的方法取得。"〔1〕我国云南的景颇族、傈僳族和傣族还留有掠夺婚的习俗,只是现代社会中的抢婚已经演变成了一种单纯的民俗,由"真抢"转变为"假抢",不再具有暴力和违背妇女意愿的内容。

---

〔1〕 [德]马克思:《摩尔根〈古代社会〉一书摘要》,中国科学院历史研究翻译组译,人民出版社 1978 年版,第 25 页。

有偿婚,指男方家庭向女方家庭支付一定对价而成立婚姻的婚姻缔结形式。根据对价的不同形式,有偿婚有可作如下划分:以货币或其他财物为对价者,为买卖婚;以人易人,即双方父母互易其女为儿媳者,为互易婚,俗称换亲;以劳务形式为对价,即以男方为女方家庭提供劳役为对价而成立婚姻者,为劳役婚。

聘娶婚,指男方家庭向女方家庭支付一定的聘财,而后再根据礼制要求的程序成立婚姻的婚姻缔结方式。我国的聘娶婚始于西周,见于"六礼"。六礼是宗法制下婚姻成立的具体程序,包括:纳采、问名、纳吉、纳征、请期、亲迎六个步骤和程序。六礼备,谓之聘;六礼不备,谓之奔。

纳采系六礼之首,即男方向女方家预交一点信物,以示求亲诚意。一般用大雁,以示忠贞。问名,即在纳采之后,男方请媒人询问女方姓名及生辰八字,以备婚礼之需。"问名而卜之,知凶吉也。"[2]纳吉,即男方问名、合八字后,将卜婚的吉兆通知女方,并送礼表示要订婚。纳征,又称纳币,币是古人用作相互馈赠的李虎,亦为礼物的通称。[3] 纳吉完成后,男方将聘礼送往女方家,双方婚约正式订立。请期,指下定聘礼后,男方选择好结婚吉日,备礼到女方家告知日期。"请期用雁。主人辞,宾许告期,如纳征礼。"[4]亲迎,即婚礼之日,男方按照礼定的程序亲自往女家迎娶,是六礼中最为烦琐的一步。

宗教婚是盛行于中世纪欧洲的一种婚姻方式,其婚姻缔结的规范和程序由教会法进行规定。婚姻被认为是神作之合,结婚须经公告程序并在神职人员面前宣誓。中世纪末期,逐渐为法律婚所取代。

合意婚,又称自由婚、共诺婚,是指由男女双方合意而成立的婚姻。合意婚强调双方合意,以契约论为理论基础,认为"婚姻是夫妻双方以互相占有、共同生活为目的而自愿订立的契约"。[5] 合意婚始于欧洲宗教改革后的婚姻还俗运动,婚姻的决定权从父母或他人手中回到了当事人手中,实现了当事人对自己人身权利的自主支配,是人类历史上的重大进步。

我国原《婚姻法》早在1950年颁布之初就确定了婚姻自由原则,要求结婚的男女双方必须完全自愿,禁止封建包办婚姻和买卖婚姻,实行登记婚姻制度,保障当事人依法自由缔结婚姻的权利。

---

[2] 《仪礼义疏》。

[3] 汪玢玲:《中国婚姻史》,上海人民出版社2001年版,第82页。

[4] 《仪礼·士昏礼》。

[5] 巫昌祯、夏吟兰主编:《婚姻家庭法学》,中国政法大学出版社2007年版,第75页。

第二节 婚姻的成立与有效[6]

一、婚姻的成立

婚姻的成立是对男女双方依照法定条件缔结婚姻,配偶关系产生或存在的状态的描述。不同于婚姻的缔结,婚姻的成立是法律事实,是婚姻关系产生或存在的客观事实。婚姻依法成立后,是否能发生法律效力,在当事人之间产生配偶间的权利义务,还取决于其是否符合婚姻有效的要件。

婚姻的成立要件是指法律规定的构成婚姻所不可缺少的要素,分为一般成立要件和特别成立要件。

(一)一般成立要件

1. 婚姻由男女双方当事人缔结。结婚是双方法律行为,婚姻的成立是基于此种法律行为而产生的结果,因此,婚姻的成立亦应以存在双方当事人为要件。

双方当事人应为男女异性。根据我国《民法典》婚姻家庭编的规定,婚姻当事人双方应为异性,我国尚未承认同性婚姻的合法地位。

2. 双方当事人应达成缔结婚姻的合意。首先,双方当事人缔结婚姻的意思表示一致,达成合意。婚姻的成立是双方当事人合意的结果,亦是婚姻自由原则的要求。其次,该合意以缔结婚姻为目的,具有在双方当事人之间创建配偶身份关系的效果意思。最后,构成合意的意思表示须由当事人亲自作出。结婚是身份行为,不得代理。

(二)特别成立要件

仅有男女双方当事人达成缔结婚姻的合意还不足以成立法律意义上婚姻,还需履行相应的法定手续或程序。此类程序性规定构成了婚姻成立的特别要件。

现代各国对于婚姻成立的程序均有严格的要求,总体看来,可以分为三类,登记制、仪式制、登记与仪式结合制。登记制将依法办理结婚登记作为婚姻成立的程

---

〔6〕 我国现有教材中,对于结婚条件的介绍,多以实质要件和形式要件或必备要件和禁止要件进行划分,鲜见对结婚条件以结婚的成立要件和结婚的有效要件为表述者。笔者目力所及,唯余延满先生所著《亲属法原论》采此方案。笔者认为,从理论上看,结婚系法律行为中之双方法律行为,分析结婚行为自当依从其自成立到有效的法理逻辑;从实践角度讲,对结婚要件作成立要件和有效要件的划分,有利于更好地认识和理解结婚登记瑕疵纠纷、婚姻无效纠纷、可撤销婚姻纠纷、事实婚姻、婚约纠纷等结婚制度中所涉之法律纠纷(参见正文中所列举结婚登记瑕疵纠纷案例)。因此,在体例设置上,本书选择以婚姻的成立和有效为基础来分析阐释结婚制度。

序性要件。男女双方当事人须向专门的婚姻登记机关提出结婚申请,经审查履行登记手续后,婚姻始得成立。我国、日本等国均采登记制。仪式制以结婚仪式的举行为婚姻成立的程序性要件。仪式制包括了宗教仪式、世俗仪式、法律仪式三种,不同国家采不同的仪式。如西班牙、希腊等有着久远宗教传统的国家,多采宗教仪式制,即双方当事人在神职人员的主持下举行结婚仪式。世俗仪式则是按照民间的风俗,在主婚人、证婚人的主持下举行结婚仪式。法律仪式多由政府官员主持。登记与仪式综合制要求当事人不但要办理登记手续,还需举行法定的结婚仪式,婚姻始得成立。法国即采此例。

我国采登记制,《民法典》第 1049 条第 1 句规定:要求结婚的男女双方应当亲自到婚姻登记机关申请结婚登记。

1. 结婚登记的目的和意义

首先,结婚登记具有公示意义。缔结婚姻的合意须为外界所知,宣告当事人双方婚姻关系的成立,使婚姻具有对世效力。这是一夫一妻原则的要求。在对世公示意义的层面,登记程序与仪式具有相同的价值。

其次,婚姻登记是保障婚姻自由、一夫一妻、男女平等的婚姻制度的需要。登记制体现了国家与政府对结婚行为的监督,通过婚姻登记,登记机关对当事人的申请进行审查,当事人的婚姻状况被记录在案,可以有效地防止重婚、骗婚、包办和买卖婚姻的发生。截至 2012 年 6 月底,我国民政部已初步建立中央级婚姻登记数据中心,全国 31 个省(自治区、直辖市)均已建立省级婚姻登记工作网络平台和数据中心,实现了在线婚姻登记和婚姻登记信息全国联网审查。[7]

再次,结婚登记是保障婚姻当事人合法权益的需要。如上所述,通过专门机关的专业审查,尤其是在婚姻登记信息全国联网的情况下,能够有效避免当事人陷入重婚、骗婚等境地,维护当事人的合法权益。

最后,结婚登记制度还是国家掌握人口基本信息的重要途径。

2. 结婚登记的机关和程序

我国结婚登记的机关和法定程序被规定在《婚姻登记条例》中。当事人办理结婚登记,专门机关审查登记申请、为登记行为都应严格依照《婚姻登记条例》进行。

根据《婚姻登记条例》第 2 条第 1 款的规定,办理结婚登记的机关是县级人民政府民政部门或者乡(镇)人民政府。婚姻登记机关管辖的范围,原则上应与户籍管辖范围相适应。结婚当事人的户口在同一地区的,到共同的户口所在地婚姻登记机关办理结婚登记。结婚登记当事人的户口在不同地区的,可以到任何一方的

---

〔7〕 卫敏丽:《中国实现婚姻登记信息全国联网》,载新华网新华时政栏目:http://news.xinhuanet.com/politics/2012-07/24/c_112519684.htm,最后访问日期:2012 年 7 月 24 日。

户口所在地婚姻登记机关办理结婚登记。在当前简政放权、行政为民的大背景下,各地也在尝试放宽婚姻登记机关管辖范围,如北京市自2015年12月1日起,实施婚姻登记跨区办理,即一方或者双方为北京市居民的结婚登记、离婚登记或者补领婚姻登记证,可由北京市任一区民政局婚姻登记处办理。

需要说明的是,因为结婚登记是建立当事人配偶身份关系的行为,故而要求结婚的男女双方必须亲自到婚姻登记机关办理登记手续,不得由他人代理。

登记办理程序如下:

第一,申请。自愿结婚的男女双方亲自到相应的婚姻登记机关申请结婚登记。申请结婚登记应当出示以下证件和证明材料:户口簿;身份证;本人无配偶以及与对方当事人没有直系血亲和三代以内旁系血亲关系的声明。是否要进行婚前医学检查,由当事人双方自主决定。婚前医学检查证明不是必须提交的材料。

第二,审查。婚姻登记机关依法对当事人的结婚申请进行审查。审查主要针对结婚当事人提供的证件和证明材料。对于婚姻登记机关的依法审查和询问,当事人有如实告知的义务。

第三,登记。对当事人符合《民法典》第1046~1048条规定的,应当当场予以登记并发给结婚证书。

有以下情形之一者,不予登记:未达法定结婚年龄;非双方自愿;一方或者双方已有配偶;属于直系血亲或者三代以内旁系血亲的;患有医学上认为不应当结婚的疾病的。不予结婚登记,婚姻登记机关应当向当事人说明理由。当事人对婚姻登记机关不予登记的决定不服,可以依《行政复议条例》的规定申请复议;对复议决定不服的,可以依照《行政诉讼法》的规定提起行政诉讼。

结婚证是由婚姻登记机关颁发的宣告婚姻成立的证明文件,具有法律效力。一旦出现遗失、毁损等情况,当事人应当及时补领。当事人可以持户口簿、身份证向原办理婚姻登记的机关或者一方当事人常住户口所在地的婚姻登记机关申请补领。婚姻登记机关应核查当事人的婚姻登记档案,查证属实的应当为当事人补发结婚证。

3.结婚登记瑕疵的处理

结婚登记瑕疵是指在结婚登记过程中出现的不符合程序要求的瑕疵。

司法实践中的结婚登记瑕疵纠纷多见于以下三种情况:一是由他人代理或冒名顶替进行结婚登记;二是当事人使用了虚假证件骗取结婚登记;三是结婚登记程序未全部完成,如当事人双方申请结婚登记,婚姻登记机关经过审查认为符合结婚条件,在结婚登记申请表审查一栏签署"经审查情况属实,准予登记",并加盖了公章,但因故当时没有发放结婚证书。[8]

---

〔8〕 何志:《婚姻案件审理要点精释》,人民法院出版社2013年版,第98页。

结婚登记系婚姻成立要件，结婚登记瑕疵的发生将直接影响婚姻的成立。在我国现行法律框架下，结婚登记在性质上属于行政行为，即行政确认行为。登记瑕疵是否影响该行政行为的成立，应为行政法之判断。《婚姻法解释（三）》第1条第2款明确规定：当事人以结婚登记程序存在瑕疵为由提起民事诉讼，主张撤销结婚登记的，告知其可以依法申请行政复议或者提起行政诉讼。

由他人代办结婚登记系典型的结婚登记瑕疵。本书认为，结婚登记瑕疵直接影响结婚登记的成立与否，而结婚登记系婚姻成立的要件，因此，结婚登记瑕疵所产生的影响在于婚姻成立与否，而不在于婚姻的效力。上述案件的争点实非婚姻之效力，而是婚姻之成立。登记过程中的行为瑕疵，应由婚姻登记的管理部门先行解决该登记的效力问题，登记有效，则可进一步讨论婚姻之效力；登记无效，则婚姻不成立，遑论婚姻之效力。

二、婚姻的有效

婚姻的有效指已经成立的婚姻符合法律规定的要件而发生法律效力，在配偶间产生相应的权利义务关系。

（一）婚姻的成立和婚姻的有效

婚姻的缔结是一个动态的过程，先经过成立阶段，而后再至有效阶段。婚姻的成立是婚姻有效的前提，不成立，则婚姻不存在，也就无法谈及婚姻的效力问题。婚姻成立后，才可进行婚姻是否有效的判断。符合法定有效要件者，则为有效婚姻；不符合法定有效要件，则为无效婚姻或可撤销婚姻。

婚姻的成立和婚姻的有效存在质的差别。首先，婚姻的成立是一个事实判断问题，即婚姻成立只判断婚姻是否存在的事实。婚姻的有效是一个价值判断问题，是立法依据预设的价值标准对已成立婚姻的评价。其次，二者质的差别导致了在具体判断要件上设置的不同。婚姻成立的一般要件为男女双方当事人达成缔结婚姻的合意。特别要件为履行法定的结婚手续，如结婚登记。婚姻的有效要件则附加了更多的价值评判因素，如当事人的民事行为能力、双方意思表示真实以及不违反法律、法规的强制性或禁止性规定等。

（二）婚姻的有效要件

婚姻的有效要件是指已经成立的婚姻欲在当事人间产生配偶间法定权利义务关系所需具备的法定条件。理论上通常将婚姻的有效要件分为公益要件和私益要件。公益要件系与社会公共利益有关的要件，如禁止重婚、禁止近亲结婚等；私益要件主要指关乎当事人个人利益的要件，如缔结婚姻意思表示的真实。根据我国《民法典》及原《婚姻法》相关司法解释的规定，我国婚姻有效要件如下：

1. 双方当事人在缔结婚姻时应达到法定婚龄。法定婚龄是指法律规定的最低结婚年龄,是法律对当事人婚姻行为能力的要求。确定法定婚龄的依据有二:一是自然因素,即人的生理、心理发育状况,心智成熟状况,即是否有能力对婚姻大事作出理性、独立的判断;二是社会因素,一定时期的人口状况、人口政策,以及不同国家和地区的历史传统、民族习惯等都可能影响到法定婚龄的确定。

根据《民法典》第 1047 条的规定,我国的法定婚龄为男性 22 岁,女性 20 岁。

2. 不违反法律法规的禁止性规定。我国法律对于结婚的禁止性规定主要有两个:一是一定范围内的亲属禁止结婚,简称禁婚亲;二是禁止重婚。

(1)禁婚亲。禁止一定范围内的亲属结婚,是国际通行的惯例。一般来讲,禁婚亲主要是禁止一定范围内的血亲之间通婚,有的国家也对一定范围间姻亲的通婚予以禁止。根据我国《民法典》第 1048 条的规定,我国仅禁止一定范围的血亲间通婚。

禁止一定范围内的血亲通婚有两方面的原因:一是基于遗传学和优生学的考虑,血缘相近的男女结婚,容易将生理或者精神上的疾病遗传给后代,不利于人类种族的繁衍和民族人口素质的提高。我国自古就有“男女同姓,其生不蕃”的说法。[9] 二是伦理戒律。“系之以姓而弗别,缀之以食而弗殊,虽百世而昏姻不通者,周道然也。”[10]

“儿子和母亲结婚,就要搞乱事务的秩序。……如果母亲和儿子结婚的话,就将把双方的天然地位都推翻了。”[11] 根据我国《民法典》第 1048 条的规定,禁止结婚的亲属有两类,一类是直系血亲,即父母和子女之间;祖父母、外祖父母和孙子女、外孙子女之间;曾祖父母、曾外祖父母和曾孙子女、曾外孙子女之间;等等。由于养父母和养子女、继父母与形成抚养教育关系的继子女之间适用父母子女间的规定,所以我国法律禁止结婚的直系血亲也包括拟制直系血亲。另一类禁止结婚的亲属是三代以内的旁系血亲,其范围具体包括:兄弟姐妹之间,既包括同胞兄弟姐妹,也包括同父异母、同母异父的兄弟姐妹;堂兄弟姐妹和表兄弟姐妹之间;叔伯与侄女之间,姑姑与侄子之间,舅舅与外甥女之间,姨与外甥之间。

(2)禁止重婚。禁止重婚,当事人在其婚姻关系存续期间又与他人结婚的,构成重婚,后婚无效。这是婚姻法一夫一妻原则的具体体现。

3. 当事人缔结婚姻的意思表示真实。意思表示真实系法律行为的有效要件之一,结婚作为法律行为之一种,亦以此为有效要件。结婚应是双方当事人真实意思表示的结果,否则,即可构成婚姻无效或可撤销。

---

〔9〕《左传·昭公元年》。

〔10〕《礼记·大传》。

〔11〕[法]孟德斯鸠:《论法的精神》(下册),张雁深译,商务印书馆 1961 年版,第 185 页。

第三节　无效婚姻与可撤销婚姻

违反婚姻的有效要件,构成无效婚姻或者可撤销婚姻。我国《婚姻法》于2001年增设了无效婚姻制度,根据当事人所违反要件的不同(公益要件和私益要件),将无效婚姻分为无效和可撤销两类。《民法典》婚姻家庭编对无效婚姻与可撤销婚姻制度作了进一步的修订。

一、无效婚姻

(一)婚姻无效的情形

无效婚姻主要指违反了婚姻有效的公益要件的婚姻,根据我国《民法典》及原《婚姻法》司法解释的规定,主要包括以下几种情形:

1. 重婚的。有配偶者又与他人登记结婚或者以夫妻名义共同生活即构成重婚。无论是法律上之重婚,还是事实上的重婚,凡构成重婚者,后一婚姻关系无效。

2. 有禁止结婚的亲属关系的。即直系血亲和三代以内旁系血亲间的婚姻关系无效。

3. 未达法定婚龄的。为结婚登记时男女双方均应达到法定婚龄,即男22周岁,女20周岁。未达法定婚龄构成婚姻无效之理由。

需要说明的是,我国《民法典》婚姻家庭编对无效婚姻的事由采取的是穷尽式列举,排除了上述法定事由外的任何事由。同时,上述婚姻无效的法定事由,应在婚姻成立之时既已存在,在婚姻成立之前或者婚姻成立之后存在的,对本婚效力没有影响。同时,为了维护婚姻关系的稳定,保护未成年子女的合法权益,对于那些在婚姻成立时已存在,但在申请宣告婚姻无效时已经消失的情形,不构成婚姻无效的事由。当事人提出宣告婚姻无效申请的,人民法院不予支持。

(二)宣告婚姻无效的程序

宣告婚姻无效需按照法定的诉讼程序进行。

1. 宣告婚姻无效的请求权主体

宣告婚姻无效的请求权主体是指有权向人民法院申请宣告婚姻无效的自然人或单位。婚姻系公民私域之事,且一旦婚姻被宣告无效,婚姻当事人间已存在的关系将会发生质的变化,双方自始不发生夫妻间的权利义务关系,因此,对于婚姻无效之宣告,法律亦存警惕,并非任何人均可提起宣告婚姻无效的申请。

根据我国《婚姻法解释(一)》第7条的规定,有权申请宣告婚姻无效的,包括婚姻当事人及利害关系人。婚姻当事人即夫妻双方。利害关系人包括:(1)以重婚为由申请宣告婚姻无效的,为当事人的近亲属及基层组织。这里的基层组织是指婚姻当事人所在的居民委员会、村民委员会以及有关的国家机关。(2)以未达法定婚龄为由申请宣告婚姻无效的,为未达法定婚龄者的近亲属。(3)以有禁止结婚的亲属关系为由申请宣告婚姻无效的,为当事人的近亲属。

2. 宣告婚姻无效请求权的相对人

相对人的确定是诉讼实践中的基本问题。请求权人依法向人民法院提起宣告婚姻无效的申请,如果申请由婚姻一方当事人提出,则被申请人即相对人为另一方当事人。若申请由利害关系人提出,则相对人的情形较为复杂,需分类处理。我国《婚姻法解释(二)》第6条对此作出了明确规定,根据该项规定,主要分为以下三种情形:第一,一般情形下,利害关系人为申请人的,婚姻当事人双方为被申请人。第二,利害关系人申请宣告婚姻无效,但夫妻双方中有一方死亡的,仅列生存一方为被申请人。第三,利害关系人申请宣告婚姻无效,但夫妻双方均已死亡的,则不列被申请人。

需要说明的是,为促使请求权人及时行使权利,保护善意第三人和交易安全,对于后两种情况,即夫妻一方或者双方死亡的情形,无论是由生存一方当事人提起宣告婚姻无效的申请,还是由利害关系人提起宣告无效的申请,都应在其死亡后一年内向有管辖权的人民法院提出。该期间为除斥期间,不适用期间的中止、中断和延长。

3. 宣告婚姻无效的机关

有权宣告婚姻无效的是婚姻登记机关还是法院,宣告婚姻无效应依照行政程序还是诉讼程序,这一问题在学界认识不一。一种观点认为,宣告婚姻无效可采行政、诉讼双轨制模式,即当事人和利害关系人除了可以向人民法院申请宣告婚姻无效外,还可以向婚姻登记机关申请由该机关宣告婚姻无效。[12] 另一种观点认为,宣告婚姻无效仅可依诉讼程序,由人民法院进行判决宣告。[13]

婚姻无效制度首次在我国立法中得到确认,是在2001年颁布实施的原《婚姻法》(修正案)中。遗憾的是,婚姻法修正案并未对宣告婚姻无效的机关和程序进行明确的规定。2020年颁布的《民法典》也未在具体条文中明确这一问题。

---

〔12〕 夏吟兰等:《21世纪婚姻家庭关系新规制——新婚姻法解说与研究》,中国检察出版社2001年版,第230页;郑晶撰稿:《中华人民共和国婚姻法讲话》,中国政法大学出版社2001年版,第46~47页。

〔13〕 赵刚、刘学在:《婚姻无效之诉与撤销婚姻之诉研究》,载梁慧星主编:《民商法论丛》(23),金桥文化出版有限公司2002年版,第6~7页;余延满:《亲属法原论》,法律出版社2007年版,第197页。

4. 宣告婚姻无效程序中应注意的问题

(1)宣告婚姻无效案件一经受理,不得撤诉。人民法院受理申请宣告婚姻无效的案件后,经过审查确实属于无效婚姻的,应当依法作出宣告婚姻无效的判决。原告申请撤诉的,不予准许。

(2)宣告婚姻无效案件适用特别程序,实行一审终审。宣告婚姻无效的案件,不同于一般的民事权益争议案件,而是非讼案件,应适用《民事诉讼法》有关特别诉讼程序的规定予以裁决,实行一审终审,先行裁决,不适用调解。〔14〕婚姻无效的判决一经作出,即发生法律效力,当事人不得再就婚姻效力问题提出上诉。

对于案件中的财产分割和子女抚养问题,则应适用普通程序,实行二审终审,可以调解。

宣告无效婚姻案件中,人民法院应就婚姻效力的认定和其他纠纷的处理分别制作裁判文书。

(3)离婚案件和宣告婚姻无效案件并存的处理。若法院在离婚案件中,经过审查认为当事人双方的婚姻属于无效婚姻的,应当将婚姻无效的情形告知当事人,并依法作出宣告婚姻无效的判决。

若就同一婚姻关系,法院分别受理了离婚和申请宣告婚姻无效两个案件,对于离婚案件的审理,则应等申请宣告婚姻无效案件作出判决后进行。

(三)无效婚姻的法律后果

我国《民法典》对无效婚姻采取了溯及既往的立法原则,即婚姻被宣告无效的,男女双方自始不发生夫妻间的权利义务关系,简言之,无效婚姻自始无效。

人身关系上,婚姻被宣告无效,男女双方自始不具有夫妻间的权利义务关系。其同居期间所生子女虽为非婚生子女,但根据我国《民法典》婚姻家庭编的规定,非婚生子女与婚生子女具有同等的法律地位,因此其与父母的关系不受婚姻无效的影响。双方当事人均有抚养、教育子女的权利和义务。

财产关系上,由于当事人之间未发生夫妻间的权利义务关系,因此,对其财产关系应按照同居关系处理。对于双方在同居期间的财产,除有证据证明是当事人一方所有的以外,应按共同共有处理。

二、可撤销婚姻

(一)可撤销婚姻的情形

可撤销婚姻主要指违反了婚姻有效的私益要件的已成立的婚姻。撤销权人可

---

〔14〕 最高人民法院民事审判第一庭:《婚姻法司法解释的理解与适用》,中国法制出版社2002年版,第38~39页。

以申请有权机关依法撤销。

根据我国《民法典》第1052条和第1053条的规定,撤销婚姻的法定事由有二:一为"胁迫";二为患有重大疾病在结婚登记时未如实告知。

根据《民法典》第1052条的规定,因胁迫结婚的,受胁迫一方可以向人民法院请求撤销该婚姻。因胁迫结婚,则非当事人真实的意思表示,非当事人完全自愿缔结婚姻,因此得依受胁迫一方的请求而撤销。

关于胁迫的认定,在实践中应当严格掌握。根据我国《婚姻法解释(一)》第10条第1款的规定,胁迫是指行为人以给另一方当事人或者其近亲属的生命、身体健康、名誉、财产等方面造成损害为要挟,迫使另一方当事人违背意愿结婚的情况。对于此项规定,应作如下理解和把握:

1. 行为人须有胁迫行为。胁迫行为可以是以现实的强制力和危害为内容,如殴打、劫持等;也可以是以尚未发生的侵害为要挟,使对方陷入恐惧,如若不结婚,则公布其隐私信息。胁迫行为可以是直接针对相对人的,也可以是针对相对人的近亲属的,如其父母、兄弟姐妹等。

2. 行为人须有胁迫的故意,即行为人有以胁迫行为逼迫相对人缔结婚姻的故意。

3. 相对人因行为人的胁迫行为陷入恐惧,并因此而作出同意结婚的意思表示。即行为人的胁迫行为使相对人陷入恐惧,相对人处于相当的压力之下,并因之而作出同意结婚的意思表示。

4. 行为人不限于婚姻当事人,第三人满足上述条件的胁迫行为,亦可构成撤销婚姻的法定事由。如一方父母以暴力或其他方式胁迫相对人与己方子女缔结婚姻的情形。

根据《民法典》第1053条第1款的规定,一方患有重大疾病,应当在结婚登记前如实告知另一方。不如实告知的,另一方可以向人民法院请求撤销婚姻。一方患有重大疾病在原《婚姻法》中是被作为婚姻无效的法定事由,此次《民法典》编撰过程中,将其改为撤销婚姻的法定事由,主要是因为男女双方是否患病、是否愿意与患病配偶结婚,是双方意思自治范畴的问题,仅涉及私益,无涉公益。更为准确地讲,导致婚姻被撤销的并非疾病本身,而是患病一方隐瞒病情的行为。

(二)撤销婚姻的程序

可以提请撤销婚姻的权利人是婚姻关系当中受胁迫一方和被隐瞒病情的配偶另一方。这是因为可撤销婚姻所违反的是婚姻有效要件中的私益要件,违背当事人个人意愿,侵害当事人的知情权,关乎当事人个人利益,无涉公共利益,因此只有当事人本人可以提起撤销申请。

根据《民法典》第1052条和第1053条的规定,受理撤销婚姻申请的机关为人民法院，我国对于撤销婚姻采取的是诉讼撤销的单轨制模式。

人民法院受理当事人撤销婚姻的申请后，经过审查，符合法定可撤销要件的，依法宣告撤销，收缴双方的结婚证书，将生效判决寄送当地婚姻登记机关。

（三）婚姻被撤销的法律后果

根据我国《婚姻法》的规定，婚姻被撤销与婚姻无效所发生的法律效果相同，即自婚姻被撤销或者被宣告无效的法律文件生效时起，婚姻自始无效，当事人间不具有夫妻间的权利义务关系。当事人因之而发生的财产纠纷，依照同居期间财产纠纷处理，即除有证据证明为当事人一方所有的财产外，应为共同共有。当事人在婚姻被撤销前所生子女为非婚生子女，在我国，非婚生子女与婚生子女具有同等法律地位，因此，双方当事人仍负有抚养教育子女的义务。

第四节　与结婚制度有关的问题

一、婚约

（一）婚约的概念

婚约是男女双方以缔结法律婚为目的所作的事先约定。订立婚约的行为称为订婚或定婚，婚约当事人称为未婚夫妻。

古代社会，婚约往往被视为婚姻成立的必要条件，订婚被认为是婚姻成立的必经程序。我国古代"六礼"中纳采、纳吉、纳征便是对于婚约和订婚程序的规定，"六礼不备谓之奔"，订婚程序是不可或缺的。罗马法也将无婚约的男女两性结合视为姘合，不承认其法律上的效力。中世纪寺院法对于违反婚约者给予宗教上的处罚。随着时代的发展，个人独立意识的增强，人格意识的觉醒，婚约不再被视为婚姻的必备要件，一些国家和地区的法律中尽管还对婚约进行了明确的规定，如我国台湾地区"民法"就设专节对婚约进行了规定，但也认为婚约并非婚姻成立的必经程序。

新中国成立后颁布的两部《婚姻法》均未对婚约作出规定，《民法典》亦未对此作出明确的规定。婚约并非我国法律所规定的婚姻成立和有效的必要条件，订婚不是婚姻成立的必经程序。婚约没有法律约束力，不能强制执行。

（二）因婚约引发的财产纠纷的处理

尽管我国法律不承认婚约的法律效力，但是由于历史传统和风俗习惯的传承，民间还是有订立婚约的习俗。实践中，因婚约而引发的财产纠纷不在少数。由于《民法典》对此并未作出规定，因此，目前对婚姻引发的财产纠纷可以考虑借鉴原

《婚姻法》相关司法解释的规定,应视案件具体情况,有区别地妥善处理。

1. 对于订婚期间,一方按照习俗以给付彩礼为名向对方支付的财物,婚约解除时,给付方要求返还,原则上应以婚姻关系是否缔结为标准,具体应视不同情形区别对待。

第一,双方没有办理结婚登记的,由于婚姻尚未成立,则彩礼应予返还。实践中争议较大的是双方没有办理结婚登记,但确已共同生活的情形,此种情形下解除婚约,彩礼是否应当返还。对此,法律和司法解释均无明文规定,司法实践中一般"根据双方共同生活的时间、彩礼数额并结合当地农村的风俗习惯等因素,确定是否返还及返还数额"。[15]

第二,双方已经办理结婚登记,但尚未共同生活的。此种情况下,双方关系的破裂已由婚约的解除发展至离婚问题。尽管此时婚姻已经成立,但是,由于双方尚未共同生活,婚姻的真正目的并未达至,公平起见,一方要求解除婚姻关系的,婚前收受的彩礼应予返还。

第三,双方已办理结婚登记,也已共同生活,但婚前给付彩礼造成给付人生活困难的,婚姻关系解除时,彩礼应予返还。

2. 对属于包办买卖婚姻性质的订婚所收取的财物,应当依法没收或酌情返还。对于以订婚为名诈骗钱财的,原则上应当返还受害人。

3. 对于以结婚为目的赠送的价值较高的财物,应当酌情返还。

二、事实婚姻

(一)事实婚姻的概念

事实婚姻是法律婚的对称,指没有配偶的男女,未经结婚登记,便以夫妻名义共同生活,且群众均认为他们是夫妻的两性结合。

事实婚姻具有如下特征:(1)事实婚姻当事人双方均无配偶。双方或一方有配偶,则构成事实重婚。这是事实婚姻区别于重婚的重要特征。(2)事实婚姻双方当事人系以永久共同生活为目的的。这一特征将事实婚姻与通奸、姘居等不正当两性关系区别开来。(3)双方当事人是以夫妻名义公开共同生活,而非隐蔽的。(4)事实婚姻应具有公认性,即当事人居住、工作的一定范围的环境之内的群众认为他们是夫妻。(5)事实婚姻是没有经过登记的两性结合,从法律上来讲,事实婚姻既非无效婚姻,也非可撤销婚姻,而是没有成立的、不存在的婚姻。

(二)事实婚姻的司法认定及处理

对于事实婚姻的司法认定及处理,《民法典》未予明确,不过 2001 年的《婚姻

---

〔15〕《全国民事审判工作会议纪要》(法办〔2011〕442 号)。

法解释(一)》给予了较为明确的规定,没有配偶的男女,未办理结婚登记即以夫妻名义同居生活的,在 1994 年 2 月 1 日之前,同居的男女双方已经符合结婚实质要件的,按事实婚姻处理。在 1994 年 2 月 1 日以后,男女双方符合结婚实质要件的,法院应当告知其在离婚案件受理前补办结婚登记。男女双方补办结婚登记后,婚姻关系的效力从双方符合结婚的实质要件时起算。

1994 年 2 月 1 日是《婚姻登记管理条例》施行之日,该条例对事实婚姻进行了严格规定,根据第 24 条的规定,事实婚姻不受法律保护。即从 1994 年 2 月 1 日起,法律不认可事实婚姻的法律效力。该日期之后符合结婚实质要件的,应当补办结婚登记;否则,按同居关系处理。

1994 年 2 月 1 日《婚姻登记管理条例》施行之前,我国对事实婚姻的政策比较宽松,只要符合结婚实质要件的,均认可其法律效力,按照事实婚姻处理,同居期间共同所得财产视为夫妻共同财产。

重点问题梳理

1. 婚姻的成立要件是指法律规定的构成婚姻所不可缺少的要素,分为一般成立要件和特别成立要件。根据我国现行法律,一般成立要件是指婚姻的成立需要男女双方当事人的合意,特别成立要件是婚姻的成立要履行登记程序。

2. 婚姻的有效指已经成立的婚姻符合法律规定的要件而发生法律效力,在配偶间产生相应的权利义务关系。根据我国现行法律,婚姻的有效要件包括:双方在缔结婚姻时已达法定婚龄;双方缔结婚姻的意思表示真实;不违反法律法规的禁止性规定。

第二十九章　婚姻的效力

第一节　婚姻的效力概述

婚姻的效力，指合法成立的婚姻在法律上所生的效力。婚姻的效力是婚姻的有效状态，即婚姻既已生效的状态，体现为法律所规定的夫妻之间权利义务关系的总和，因此也被称为夫妻关系。

基于对夫妻关系认知的不同、对两性地位认识的差异，在不同的历史阶段和不同的国家地区，婚姻效力制度的立法理念各异，大致可以分为夫妻一体主义和夫妻别体主义两种。

夫妻一体主义，也称夫妻同体主义，是指男女结婚后人格互相吸收，合为一体。事实上，是妻子的人格被丈夫的人格吸收，成为无行为能力或限制行为能力的人。这种立法主义多为古代奴隶社会、封建社会和欧洲中世纪的婚姻家庭立法所采用。如罗马法的市民法实行“有夫权婚姻”，在这种婚姻关系中，妇女于婚后处于夫权的控制下，没有财产权利，丈夫可随意离婚。在我国封建社会中，妻子无独立姓名权，婚后必须冠以夫姓，所生子女也随父姓；妻子无财产权，其财产归丈夫或丈夫家族所有。

夫妻别体主义，也称夫妻异体主义，是指男女结婚后各自保持独立人格，法律地位平等，享有平等的人身权利和财产权利，承担平等的义务。这种立法主义以个人为本位，源于古罗马万民法的无夫权婚姻，在近现代各国立法中相继获得采纳。英国1923年《婚姻法》承认妇女在离婚方面具有与男子平等的权利。德国1957年《男女平等权利法》首次在家庭法领域贯彻男女平等原则，并在1976年《关于改革婚姻法和家庭法的第一号法律》进一步确立了该原则。

我国法律中婚姻效力制度亦采夫妻别体主义，尤其强调男女两性的平等。《民法典》第1041条第2款明确规定：“实行婚姻自由、一夫一妻、男女平等的婚姻制度。”据此，夫妻之间的权利义务关系即应建立在男女两性平等的基础之上，在家庭生活中夫妻双方平等的享有权利承担义务。从内容上看，婚姻的效力可以分为人身效力和财产效力两大类，在权利本位民事立法体中，体现为夫妻双方具体人的身权利和财产权利。

第二节　婚姻的人身效力

所谓婚姻的人身效力,是指夫妻双方在家庭中的地位以及没有直接财产内容的夫妻人格、身份方面的权利和义务关系。我国《民法典》婚姻家庭编规定了以下几项夫妻基本的人身权利。

一、夫妻姓名权

姓名权是一项具体的民事权利,每个自然人均享有,这种权利不因自然人结婚而丧失或被剥夺,因此,夫妻双方都有姓名权。《民法典》第 1056 条明确规定:"夫妻双方都有各自使用自己姓名的权利。"

二、人身自由权

人身自由同样是一项具体的民事权利,受宪法、刑法和民法及其他法律的保护。这种人身自由权也不因自然人结婚而丧失或遭剥夺。《民法典》第 1057 条规定:"夫妻双方都有参加生产、工作、学习和社会活动的自由,一方不得对另一方加以限制或者干涉。"这意味着,公民个人的基本人身自由不因婚姻关系的缔结而丧失或受到限制。作为单一主体的自然人应当享有的人身自由,在夫妻关系中依然应当得到保障。

当然,任何权利和自由都是有限度的,一方面,行使权利不得违反法律规定,不得违反公序良俗;另一方面,权利不得滥用。例如,夫妻互有忠实义务,因此,夫妻各自的人身自由活动不得违反此项义务。

三、婚姻居所决定权

婚姻居所决定权,是指夫妻双方享有的选择、确定婚后共同居住和生活的住所的权利。婚姻居所是夫妻婚后共同居住和生活的场所,是夫妻维持婚姻关系的基本条件。我国《民法典》第 1050 条规定:"登记结婚后,根据男女双方约定,女方可以成为男方家庭的成员,男方可以成为女方家庭的成员。"在传统婚姻中,男女双方缔结婚姻后,女方到男方家生活,从表象上看仅仅是生活场所的变化,而从实质上看,则是女方人格被男方家庭吸收的体现。因此,《民法典》第 1050 条对居所决定权的平等性规定,是夫妻别体主义的男女平等原则在我国立法上的落实。

四、夫妻相互扶养义务

扶养是指在一定范围内的亲属之间相互供养和扶助的行为。扶养是一个广义的概念,发生在血亲关系中,也发生在配偶关系中。换句话说,既包括长幼不同辈分之间的赡养和抚养,也包括同一辈分或夫妻间的狭义扶养关系。夫妻间的扶养义务要求夫妻在物质生活上相互帮助和照顾。

我国《民法典》第 1059 条规定:"夫妻有互相扶养的义务。需要扶养的一方,在另一方不履行扶养义务时,有要求其给付扶养费的权利。"根据该规定,夫妻间的相互扶养义务有如下特征:(1)夫妻间的扶养义务是夫妻人身关系的必然结果,夫妻关系确立即在配偶双方间产生扶养义务。(2)夫妻间的扶养义务具有强制性。(3)夫妻间的扶养义务具有对等性,双方均负有扶养对方的义务。

五、忠实义务

我国《民法典》第 1043 条规定,夫妻应当互相忠实。这一条款源于原《婚姻法》第 4 条的规定,被认为是我国法律上夫妻忠实义务的依据。

夫妻忠实义务,是指婚后夫妻双方在感情和性两个方面均保持专一。由于夫妻间的感情、性较之于一般的人身利益更为主观也更为私密,因此,法律在规制该项义务时亦保持了相当的克制。一般认为,原《婚姻法》第 4 条仅作为宣誓性条款出现,《民法典》第 1043 条也是如此。根据《婚姻法解释(一)》第 3 条的规定:"当事人仅以婚姻法第四条为依据提起诉讼的,人民法院不予受理;已经受理的,裁定驳回起诉。"因此,除非有特别的说明,依照法理,仅依据《民法典》第 1043 条起诉的,人民法院亦应不予受理。

六、日常家事代理权

日常家事代理权,是指夫妻一方因家庭事务与第三人为一定法律行为时互相代理的权利。夫妻在日常家庭事务范围内互为代理人,该代理行为的后果由夫妻双方共同承担,被代理方对代理方所为法律行为产生的债务承担连带责任。

所谓日常家庭事务,是指夫妻共同生活及家庭共同生活中,必须发生的各种事项,包括一般家庭日常所发生的事项,如购置食物、衣服、家居等生活用品、娱乐、保健、医疗以及子女教育、雇工、对亲友的馈赠、订购报刊等事项。某一事项是否属于日常家事,应当从夫妻共同生活的状态,如经济状况、收入、职业、兴趣、家庭人口数,并结合当地一般生活习惯加以确定。

家事代理权是一种法定代理权,无须对方授权。《民法典》第 1060 条规定:"夫妻一方因日常家事生活需要而实施的民事法律行为,对夫妻双方发生效力,但是夫妻一方与相对人另有约定的除外。夫妻之间对一方可以实施的民事法律行为范围的限制,不得对抗善意相对人。”这一规定标志着我国《民法典》婚姻家庭编已经确立了日常家事代理人制度。

第三节　婚姻的财产效力

所谓婚姻的财产效力,是指以夫妻人身关系为基础所形成的夫妻间的财产权利和义务,包括夫妻财产制和继承关系。婚姻的财产效力从属于婚姻的人身效力,是夫妻人身关系所引起的法律后果,也是婚姻关系的重要内容。二者共同构成婚姻效力的完整内容。

一、婚姻财产制

(一)婚姻财产制的概念和种类

婚姻财产制又称夫妻财产制,是有关夫妻婚前财产和婚后所得财产的归属、使用、管理、收益、处分以及债务清偿、离婚时的财产清算等方面的法律制度。

婚姻财产制与男女地位、夫妻地位紧密相关,因此,基于不同时空下的政治、经济、文化、习俗等因素的不同,夫妻财产制也呈现不同的样态。综观世界各国立法,婚姻财产制大致包括以下几种类型:

1. 吸收财产制。吸收财产制是指婚后妻子的人格被丈夫的人格吸收,没有独立人格,所以,在法律上不享有财产权,妻子婚前和婚后财产都归丈夫所有的制度。古巴比伦、古印度、古罗马前期以及中世纪国家多实行这一财产制,如我国古代就有“子妇无私货、无私畜、无私器”的要求。该财产制在现代已无踪迹可寻。

2. 统一财产制。统一财产制是指婚后妻子将其财产所有权转移给丈夫,保留婚姻解除时的财产返还请求权。在这一财产制下,妻子因为结婚而丧失对财产的所有权,仅享有婚姻解除时的财产返还请求的债权。该财产制具有浓厚的夫权主义色彩,现代国家极少采用。

3. 联合财产制。联合财产制又称管理共同制,它是指婚后妻子的财产仍然归妻子所有,但交由丈夫管理、使用和收益。作为对价,丈夫须负担婚姻生活费用,在婚姻关系结束时,妻子有权收回其财产或者由其继承人继承。历史上日本、德国曾采用此种财产制,但由于该种财产制下,夫妻双方处于人格不平等的地位,故两国均已弃用。

以上三种财产制的主要特征体现为,夫妻双方权利义务的不平等,这与古代社会夫妻一体主义的立法理念相一致,现已为大多数国家所摒弃。

4. 分别财产制。分别财产制是指夫妻双方婚前和婚后所得的财产归各自所有,夫妻双方对自己的财产独立地享有占有、使用、收益、处分的权利。分别财产制是在欧洲社会由封建社会向市民社会发展的过程中建立起来的,夫妻别体主义是其赖以存在的法理基础。需要说明的是,分别财产制并不意味着采用此种财产制的夫妻没有双方的共同财产,在分别财产制下,双方依然可以约定共有部分财产或者将自己财产的管理权让渡给对方。

5. 共同财产制。共同财产制是指除特有财产外,夫妻的全部财产或部分财产归双方共同共有,双方享有平等的占有、使用、收益和处分的权利,婚姻关系终止时才加以分割。这种财产制具有夫妻平等的先进理念,代表了历史发展方向,绝大多数当代国家采用这种财产制。共同财产制可以概括地分为一般共同制和婚后所得共同制。一般共同制,即在婚姻关系成立后,夫妻婚前和婚后所得财产均为夫妻共同财产,但法律另有规定的除外;婚后所得共同制,即婚姻关系成立后,一方或双方所得的财产为夫妻共同财产。

分别财产制和共同财产制均以夫妻别体主义为基本立法理念,分别财产制更为强调夫妻双方的个体独立性;共同财产制则更突出夫妻之间的身份联系和共同生活的事实,强调夫妻关系与其他个体关系之间的差异性。两种财产制各有侧重,当代各国根据本国传统和国情在此基础上进行改造,如法国立法就将婚后继承、受赠所得财产排除在共同财产之外。德国法采增益共有制,允许夫妻双方在婚内保留对各自财产的单独所有权。[1]

(二)我国现行法上的夫妻财产制

1. 夫妻共同财产制

(1)夫妻共同财产制的概念

《民法典》第1062条规定:“夫妻在婚姻关系存续期间所得的下列财产,为夫妻的共同财产,归夫妻共同所有:(一)工资、奖金、劳务报酬;(二)生产、经营、投资的收益;(三)知识产权的收益;(四)继承或赠与所得的财产,但是本法第一千零六十三条第三项规定的除外;(五)其他应当归共同所有的财产。夫妻对共同财产,有平等的处理权。”据此,我国的法定财产制是婚后所得共同制,即婚姻关系存续期间夫妻双方或一方所得的财产,除法律另有规定或夫妻另有约定外,均为夫妻共同所有的制度。

夫妻共同财产的范围如下:第一,工资、奖金、劳务报酬。此三者均为劳动所得报酬。第二,从事生产、经营、投资的收益。如开设公司从事生产经营获得的盈利。第三,知识产权的收益,特指知识产权中具有财产性的内容。第四,继承或受赠的财产。除非遗嘱或赠与合同中明确指明只赠与夫妻一方,否则这些方式获得的财

---

〔1〕[德]迪特尔·施瓦布:《德国家庭法》,王葆莳译,法律出版社2010年版,第116页。

产也属于夫妻共同财产。第五,其他应当归夫妻共同所有的财产。这是兜底性的规定。

夫妻双方对共同财产的共有样态为共同共有,具体体现为夫妻对共同所有的财产平等地享有占有、使用、收益和处分的权利。

由于夫妻双方对共同财产的共有样态为共同拥有,因此,在夫妻关系存续期间共同财产不得分割,即婚内析产原则上不被允许。但是,在存在重大理由的情形下,一方可以要求在婚姻关系存续期间分割夫妻共同财产。《民法典》第 1066 条规定:"婚姻关系存续期间,有下列情形之一的,夫妻一方可以向人民法院请求分割共同财产:(一)一方有转移、隐匿、变卖、毁损、挥霍夫妻共同财产或者伪造夫妻共同债务等严重损害夫妻共同财产利益的行为;(二)一方负有法定扶养义务的人患重大疾病需要医治,另一方不同意支付相关医疗费用。"

(2)夫妻个人特有财产

夫妻个人特有财产是指在共同财产制下,根据法律规定或者双方约定专属配偶一方所有并排斥夫妻共有的财产。个人特有财产的存在,是双方婚后保持独立人格的物质保障和财产方面的体现,是对夫妻婚后所得制的补充和限制。

根据《民法典》第 1063 条的规定,下列财产属于夫妻个人特有财产:第一,一方的婚前财产。它是指夫妻各方在婚前就已取得的财产。第二,一方因身体受到伤害获得的医疗费、因误工减少的收入、残疾人生活补助费等费用。这些财产具有人身专属性,因此即便在婚后取得,也是属于夫妻个人所有。第三,遗嘱或赠与合同中明确指出归夫妻一方的财产。第四,一方专用的生活用品。是指婚后以夫妻共同财产购置的,供夫妻一方日常生活需要的物品,如个人衣物、饰物等,残疾一方使用的轮椅及其他辅助器械等。第五,其他应当归一方的财产。如双方约定归个人的财产、军人的伤亡保险金、伤残补助金等。

2. 夫妻约定财产制

约定财产制,是夫妻双方通过协议商定其婚前财产、婚后财产的占有、使用、管理、收益、处分等事项,并排除法定夫妻财产制适用的制度。

根据《民法典》第 1065 条的规定,约定财产制应满足如下条件:(1)夫妻双方具有完全民事行为能力并自愿约定。(2)约定的内容必须合法且不违背公序良俗。夫妻可以约定婚姻关系存续期间所得的财产以及婚前财产归各自所有、共同所有或者部分各自所有、部分共同所有。(3)约定应采用书面形式。

夫妻财产约定的效力有对内效力和对外效力之分。对内效力,是指对夫妻双方产生的拘束力。婚前订立的夫妻财产约定,自婚姻关系成立时对夫妻双方产生拘束力;婚后订立的夫妻财产约定,自约定依法成立时起对双方具有约束力。对外效力是指夫妻财产约定对与夫妻一方发生债权债务关系的第三人的对抗效力。一般而言,只有第三人知道或应当知道夫妻财产约定内容的,该约定才对其产生法律效力;否则夫妻一方对该第三人所负担的债务,仍然要由夫妻双方连带清偿。

3. 夫妻共同债务

根据《民法典》第1064条的规定,夫妻共同债务分为以下三类:(1)共同意思表示形成的债务,即夫妻双方共同签名或者夫妻一方事后追认等共同意思表示所负的债务是夫妻共同债务。(2)婚姻关系存续期间以个人名义为家庭日常生活需要所负的债务是夫妻共同债务。(3)夫妻一方在婚姻关系存续期间以个人名义超出家庭日常生活需要所负的债务,不属于夫妻共同债务;但是,债权人能够证明该债务用于夫妻共同生活、共同生产经营或者基于夫妻双方共同意思表示的除外。

二、夫妻财产继承权

夫妻财产继承权,是指夫妻相互继承对方死亡时遗留的个人财产的权利。它是以配偶身份关系为前提的一种财产权,既是民法继承制度的组成部分,又是夫妻权利义务中不可或缺的内容。这种财产性权利只存在婚姻存续期间。

在男尊女卑时代,妻子对丈夫的财产继承权要么不存在,要么受到很大的限制。而在当代,绝大多数国家承认配偶双方具有平等的继承地位,互享财产继承权。

我国《民法典》对夫妻间财产继承权作了规定。夫妻和父母、子女一样,同为第一顺序继承人。须注意的是,夫或妻在继承对方遗产时,首先应当将夫妻共有财产进行分割,确定遗产的范围和数额后,再行财产继承程序。

重点问题梳理

1. 婚姻的效力,指合法成立的婚姻在法律上所生的效力。婚姻的效力是婚姻的有效状态,即婚姻既已生效的状态,体现为法律所规定的夫妻之间权利义务关系的总和。

2. 日常家事代理权,是指夫妻一方因家庭事务与第三人为一定法律行为时互相代理的权利。夫妻在日常家庭事务范围内互为代理人,该代理行为的后果由夫妻双方共同承担,被代理方对代理方所为法律行为产生的债务承担连带责任。

3. 我国的法定财产制是婚后所得共同制,即婚姻关系存续期间夫妻双方或一方所得的财产,除法律另有规定或夫妻另有约定外,均为夫妻共同所有的制度。

4. 约定财产制,是夫妻双方通过协议商定其婚前财产、婚后财产的占有、使用、管理、收益、处分等事项,并排除法定夫妻财产制适用的制度。

案例与分析

甲男与乙女系夫妻。甲男之父身患重病，急需20万元手术费用，遂向甲男求助，但遭到乙女的反对。乙女认为，两人的儿子还小，教育费用负担较重，无法负担甲男父亲的医疗费用。于是，甲男向法院起诉，要求分割夫妻共同财产，希望用分得的财产支付父亲的手术费用。

问题：甲男的诉讼请求能否得到法院的支持？法律依据是什么？

分析：甲男乙女系夫妻，在法定共同财产制下，其婚后所得的财产为夫妻共同财产，归夫妻双方共同共有，因此，任何处分夫妻共同财产的行为都应得到双方的一致同意。乙女不同意支付手术费用，甲男是不得擅自处分夫妻共同财产的。

但是，甲男作为乙女丈夫的同时，也是其父亲的儿子，负有法律上的赡养义务。根据《民法典》第1067条第2款的规定，成年子女对父母有赡养的义务。甲男的父亲身患重病，急需治疗，甲男应当履行赡养义务，协助负担相关费用。

根据《民法典》第1066条的规定，在婚姻关系存续期间，发生一方负有法定扶养义务的人患重大疾病需要医治，而另一方不同意支付相关费用的情形，夫妻一方可以向人民法院起诉，要求分割夫妻共同财产。据此，甲男的诉讼请求应当得到法院的支持。

第三十章　婚姻的终止

第一节　婚姻终止概述

一、婚姻终止的概念

婚姻终止,即婚姻关系的解除,是指合法有效的婚姻关系因一定法律事实的发生而消灭。

婚姻的终止以合法有效婚姻的存在为前提。无婚姻关系或者婚姻关系无效、被撤销均不属于婚姻的终止,其程序也不同于婚姻终止的程序。

二、婚姻终止的原因

引起婚姻终止的法律事实有二:其一,配偶一方死亡;其二,双方离婚。

配偶一方死亡,包括自然死亡和宣告死亡两种情形。自然死亡的情况下,婚姻关系当然终止。宣告死亡的情况下,根据《民法典》第51条的规定,被宣告死亡的人的婚姻关系,自死亡宣告之日起消灭,即死亡宣告之日即婚姻关系终止之日。但是,宣告死亡毕竟是对自然人死亡的推定,可能出现与实际不符的情况,当被宣告死亡人再次出现,死亡宣告被撤销时,婚姻关系自撤销死亡宣告之日起自行恢复,但是其配偶再婚或者向婚姻登记机关书面声明不愿意恢复的除外。

离婚,是婚姻关系当事人主动解除婚姻关系的法律行为。在我国,离婚有两种途径:一是协议离婚;二是诉讼离婚。

三、婚姻终止的法律效果

婚姻终止,夫妻之间的权利义务关系即告终止,双方之间不再发生因婚姻而生之人身效力和财产效力,如婚姻关系终止后,原夫妻双方不再互负扶养义务、不再作为对方的继承人享有继承权等。

四、离婚制度的历史沿革

离婚是引起婚姻终止的原因之一,离婚制度是亲属关系法律制度中的重要部分，是一定社会有关解除婚姻关系的原则、程序、条件以及后果的法律规范总和。离婚制度的历史发展经历了漫长的过程，呈现不同的历史发展形态。

从立法主义上看，人类社会的离婚制度基本上经历了从禁止离婚主义到许可离婚主义的发展历程。

禁止离婚主义以中世纪教会法为典型，认为婚姻是神作之合，人类不能违背神的意志而解除。16 世纪宗教改革之后，禁止离婚主义随教会法地位的动摇而衰落。

与禁止离婚主义截然不同，许可离婚主义在符合一定条件的前提下，允许解除婚姻关系。这一立法主义一直延续至今，经历了专权离婚主义、限制离婚主义和自由离婚主义三个阶段。专权离婚主义下，离婚是丈夫的特权，妻子没有主张离婚的权利。专权离婚是男女两性社会地位不平等的法律体现。限制离婚主义之下，离婚不再是男性的特权，但法律会对离婚的条件和程序作出限制，根据具体限制不同，又分为过错离婚主义和无过错离婚主义。过错离婚主义以夫妻一方存在过错行为，如通奸、虐待、重婚等为离婚的前提，认为离婚是对婚姻中过错方的惩罚和对无过错方的补偿。无过错离婚主义将一定客观事实的存在作为离婚的前提，如一方有生理缺陷或患有严重疾病，这些事实客观存在并会导致婚姻目的无法实现。自由离婚主义是指允许根据当事人的意愿离婚，法律不要求必须具备一定理由的立法主张。自由离婚主义尊重和保护公民的自由离婚权，尊重当事人离婚的合意。自由离婚主义尊重和保护个人的离婚权，在维护个人利益和社会利益中寻求了平衡。当今世界主要国家，大都实行自由离婚主义。

我国的奴隶社会和封建社会中，离婚制度主要采专权离婚主义，离婚是男性的特权。1930 年，国民党政府公布民法亲属编采许可离婚主义，将离婚分为两愿离婚和判决离婚。我国现代的离婚制度是新中国成立之后的离婚制度。从立法主义上看，我国立法采自由离婚主义。1950 年《婚姻法》作为新中国成立之后的第一部婚姻法即确立了离婚自由原则；1980 年《婚姻法》明确将“夫妻感情确已破裂”作为判决离婚的标准；2001 年修订后《婚姻法》进一步完善了离婚制度，对感情确已破裂情形的司法认定、离婚救济制度、探望权等内容进行了补充。2020 年颁布的《民法典》在原离婚制度的基础上进行了有时代特色的编订纂修，如在协议离婚程序中增加了离婚冷静期，修改了离婚救济制度中的家务劳动补偿和离婚损害赔偿条款等。

第二节 协议离婚

一、协议离婚概述

协议离婚又称为登记离婚或行政离婚,是指夫妻双方在协商一致的基础上,按照行政程序解除婚姻关系的离婚方式。《民法典》第 1076 条规定:"夫妻双方自愿离婚的,应当签订书面离婚协议,并亲自到婚姻登记机关申请离婚登记。离婚协议应当载明双方自愿离婚的意思表示和对子女抚养、财产以及债务处理等事项协商一致的意见。"

二、协议离婚的条件

根据《民法典》的相关规定,协议离婚的条件如下:

1. 配偶双方自愿离婚。配偶双方自愿离婚是协议离婚的实质性要件。对此要件应作三个方面的理解:第一,存在合法的配偶身份,即当事人必须是经过结婚登记的配偶,如果没有进行结婚登记,如事实婚姻,是不能通过协议离婚程序解除关系的。第二,配偶双方应为完全行为能力人,无民事行为能力或限制民事行为能力人不能采用协议离婚的方式,只能用诉讼离婚的方式解除婚姻关系。如精神病患者、痴呆症患者等。第三,配偶双方离婚的意思表示一致且真实。

2. 配偶双方对于子女抚养和财产分割问题达成协议。采协议离婚,需对子女抚养和财产分割这两类问题均达成协议。如果当事人不能就上述问题协商一致,则只能通过诉讼程序解除婚姻关系。

3. 应当签订书面的离婚协议。

三、协议离婚的程序

根据《民法典》第 1077 条的规定,自愿离婚的夫妻双方应当向婚姻登记机关提交离婚登记申请。自离婚登记申请提交之日起 30 日内,任何一方不愿意离婚的,可以向婚姻登记机关撤回离婚登记申请。学理上称这 30 日为离婚冷静期。

离婚冷静期届满后,双方应当在 30 日内亲自到婚姻登记机关申请发给离婚证。婚姻登记机关查明双方确实是自愿离婚,并且已经对子女抚养和财产分割以及债务处理等事项协商一致的,予以登记,发给离婚证。完成离婚登记即解除婚姻关系。

离婚冷静期届满后 30 日内,双方当事人没有提出发给离婚证的申请的,视为撤回离婚登记申请。

第三节　诉讼离婚

一、诉讼离婚制度概述

诉讼离婚又被称为判决离婚，是指夫妻基于法定的理由，向法院提出离婚诉讼，由法院判决或者调解而解除婚姻关系的法律制度。

诉讼离婚制度有以下三个特征：第一，获准离婚需具备法律规定的条件。协议离婚则无此要求。第二，离婚诉讼是民事诉讼。部分国家（地区）设置了专门的家事诉讼程序，但从实质上讲亦未超出民事诉讼范畴，是民事诉讼的重要组成部分。第三，离婚诉讼是合并之诉。在离婚诉讼中不仅要处理当事人的身份关系，还要处理财产、债务纠纷、子女的抚养等众多不同性质的问题。

二、我国诉讼离婚的程序

（一）诉讼离婚的程序

诉讼离婚的程序一般包括：管辖、诉讼内调解、审理与判决。

1. 管辖

起诉离婚首先要确定可以审理该离婚案件的人民法院，对案件有管辖权的法院才能够审理该离婚案件。离婚诉讼确定管辖法院的一般原则是原告就被告。根据《民事诉讼法》及其司法解释的规定，对公民提起的民事诉讼，由被告住所地人民法院管辖；被告住所地与经常居住地不一致的，由经常居住地人民法院管辖。夫妻一方离开住所地超过 1 年，另一方起诉离婚的案件，可以由原告住所地人民法院管辖。夫妻双方离开住所地超过 1 年，一方起诉离婚的案件，由被告经常居住地人民法院管辖；没有经常居住地的，由原告起诉时被告居住地人民法院管辖。双方当事人均为军人或者军队单位的民事案件由军事法院管辖。

2. 诉讼内调解

《民法典》第 1079 条第 2 款规定，人民法院审理离婚案件，应当进行调解。诉讼内调解是离婚诉讼的必经程序，未经诉讼内调解，不能直接作出离婚判决。

诉讼内调解的结果包括：第一，双方和好，原告撤诉。第二，双方达成自愿离婚协议，法院按照协议书制作调解书，调解书经双方签收后生效，双方夫妻关系解除。第三，调解无效，双方不能调解和好，也不能达成调解协议，由人民法院依法判决。

诉讼内调解后，法院制作的调解书与判决书具有同等法律效力；对调解书内容有异议的，不能上诉，只能通过申诉程序再审。

除诉讼内调解,《民法典》还规定了另外一类调解——诉讼外调解。《民法典》第 1079 条第 1 款规定:“夫妻一方要求离婚的,可以由有关组织进行调解或直接向人民法院提起离婚诉讼。”此种调解即是诉讼外调解,也称诉前调解。诉讼外调解不是诉讼离婚的必经程序。夫妻双方可以自行决定是否选择诉讼外调解。此种调解所形成的调解协议书不具有强制执行力。

3. 审理与判决

诉讼内调解无效的离婚案件,人民法院应当依法作出判决。审理离婚案件,当事人必须亲自出庭,不能表达意志的除外。离婚是关系当事人身份关系的法律行为,因而不能代理。离婚案件可以公开或不公开审理,当事人可以申请不公开审理。无论审理是否公开,判决均需公开作出。离婚案件适用两审终审。人民法院可以判决驳回原告的诉讼请求,不准离婚;也可以判决离婚。判决不准离婚和调解和好的离婚案件,没有新情况、新理由,原告在 6 个月内不得重新起诉。(见图 30－1)

图 30－1　诉讼离婚的程序

(二)诉讼离婚的特别规定

1. 军婚保护条款

《民法典》第 1081 条规定:“现役军人的配偶要求离婚,须征得军人同意,但是军人一方有重大过错的除外。”这是我国民法上的军婚保护条款。现役军人肩负着保卫祖国、巩固国防的神圣职责,对其婚姻予以特殊保护是国家和人民根本利益的需要。

军婚保护条款的适用需要明确以下三点:第一,现役军人是指在中国人民解放军或者武装警察部队服现役的军人。退役军人、转业军人、在军事单位工作没有取得军籍的职工不属于现役军人。第二,“现役军人的配偶要求离婚”是指非军人配偶向现役军人起诉离婚的情况,双方均为现役军人或现役军人一方向非军人一方提出离婚,则不适用本条规定。若现役军人与其配偶合意离婚,也不适用本条。第三,所谓重大过错,根据相关司法解释的规定,是指:重婚或有配偶与他人同居的;实施家庭暴力或虐待、遗弃家庭成员的;有赌博、吸毒恶习屡教不改的以及军人有其他重大过错导致夫妻感情破裂的情形。

2. 女性特殊时期保护条款

《民法典》第 1082 条规定:“女方在怀孕期间、分娩后 1 年内或终止妊娠后 6 个月内,男方不得提出离婚;但是,女方提出离婚或者人民法院认为确有必要受理男方离婚请求的除外。”这一条款即为婚姻法的女性特殊时期保护条款,是为了保护特殊时期内女性的身心健康以及有助于胎儿或婴幼儿的健康成长而设置,体现了对妇女、胎儿和儿童利益的保护。

女性特殊时期保护条款的适用需要明确以下三点:第一,该条限制的是男方的离婚诉权,女方提起离婚的不在此限。第二,男方并不因为该项限制而丧失起诉离婚的权利,男方可以在上诉期限届满后行使离婚诉权。第三,在法院认为“确有必要”时,可以受理男方的离婚诉讼。所谓确有必要一般是指男方有正当理由,女方有重大过错的情况或者有重大紧迫事由需要及时受理男方的离婚诉请。

三、我国判决离婚的法定事由

判决离婚的法定事由,亦称判决离婚的法定原因、理由、标准、条件,是法院作出准予离婚判决的根据。《民法典》第1079条第2款的规定:“人民法院审理离婚案件,应当进行调解;如夫妻感情确已破裂,调解无效的,应当准予离婚。”根据这一规定,“夫妻感情确已破裂,调解无效”是判决离婚的法定事由。

根据《民法典》第1079条的规定,“夫妻感情确已破裂”的具体判断标准可以综合为以下六项:

1. 重婚或有配偶者与他人同居的。重婚是指有配偶者与他人登记结婚,或者虽未登记结婚,但双方事实上以夫妻名义同居生活。有配偶与他人同居是指有配偶者与婚外异性,不以夫妻名义,持续、稳定地共同居住,双方对外不以夫妻名义同居生活。

2. 实施家庭暴力或虐待、遗弃家庭成员的。需要说明的是,此处被虐待、暴力、遗弃的对象不仅包括配偶一方,还包括其他家庭成员,如子女、共同生活的配偶双方的父母等。

3. 有赌博、吸毒等恶习屡教不改的。有赌博、吸毒等恶习,并且屡教不改才能构成重大过错。屡教不改是指赌博、吸毒等恶习反复多次,经劝说后仍然没有改正。

4. 因感情不和分居满2年的。此处的分居是指因为夫妻感情不和而分居,而不是因为学习、工作、住房等其他客观原因而分居。

5. 一方被宣告失踪,另一方提出离婚诉讼的。夫妻一方失踪,客观上已经不能履行家庭义务和责任,配偶双方的共同生活已丧失主体要件,因此,当发生此种情况,另一方提出离婚诉请时,应当准予离婚。

6. 经人民法院判决不准离婚后,双方又分居满一年,一方再次提起离婚诉讼的,应当准予离婚。

在上述六项具体判断标准之外,法律还明确赋予了法官自由裁量权,规定“其他导致夫妻感情确已破裂的情形”发生时,法官可以判决准予离婚。一般来讲,应当从未成年子女的成长、婚姻基础、婚后感情、离婚原因、有无和好可能这五个方面综合判断。

第四节 离婚的效力

一、离婚对夫妻身份关系的效力

离婚后,夫妻身份关系解除,依据夫妻身份关系而产生的一切权利义务关系随之消灭。离婚在夫妻身份关系上所产生的效力包括:

1. 当事人均享有再婚的权利。当事人以登记方式离婚的,取得《离婚证》后,始得再婚。当事人通过诉讼离婚途径离婚的,从离婚判决书、调解书生效之日起,始得再婚。

2. 夫妻间的扶养义务终止。

3. 夫妻间的同居义务、忠实义务终止。

4. 夫妻间家事代理权消灭。

二、离婚对父母子女关系的效力

(一)离婚后的父母子女关系

《民法典》第1084条第1、2款规定:"父母与子女间的关系,不因父母离婚而消除。离婚后,子女无论由父或母直接抚养,仍是父母双方的子女。离婚后,父母对于子女仍有抚养、教育、保护的权利和义务。"父母子女关系基于出生这一法律事实而发生,其存续不以夫妻关系的存续为前提。养父母子女关系同样不因养父母离婚而消灭。

生父(生母)与继母(继父)离婚时,已经形成抚养教育关系的继母(继父)不愿意继续抚养教育未成年继子女的,继子女由其生父母抚养,拟制血亲关系自然消灭。若继母(继父)愿意继续抚养未成年继子女,经生父母同意的,应当准许,拟制血亲关系依然存在。若离婚时形成抚养教育关系的继子女已经成年,拟制血亲关系不消灭,成年继子女有赡养继父母的义务。

(二)离婚后未成年子女抚养问题

1. 未成年子女直接抚养方的确定

离婚后与未成年子女共同生活的一方,称为直接抚养方,另一方称为间接抚养方。根据《民法典》第1084条第3款的规定,不满两周岁的子女,以由母亲直接抚养为原则。已满两周岁的子女,父母双方对抚养问题协议不成的,由人民法院根据双方的具体情况，按照最有利于未成年子女的原则判决。子女已满八周岁的，应当尊重其真实意愿。

2. 离婚后子女抚养关系的变更

子女抚养关系确定后，可因为父母抚养条件的变化或者子女的要求而变更。离婚后子女抚养关系的变更可以由双方协商变更抚养关系；协商不成的，可以由人民法院遵循儿童最大利益原则作出判决。

3. 离婚后子女抚养费的负担和变更

《民法典》第1085条第1款规定："离婚后，子女由一方直接抚养的，另一方应当负担部分或者全部的扶养费。负担费用的多少和期限的长短，由双方协议；协议不成的，由人民法院判决。"

根据该条的规定，离婚后子女的抚养费由未直接抚养子女的一方负担，直接抚养子女的一方已经承担了直接抚养子女的义务，因此另一方可以金钱的方式承担抚养费。

抚养费的数额方面，抚养费应当包括子女必要的生活费和教育费的一部或全部，具体的数额应当依据子女的实际需要、父母的负担能力和当地生活水平确定。给付抚养费的一方，有固定收入的，抚养费一般可以按其月总收入的20%～30%给付。两个以上子女抚养费的比例可以适当提高，但不超过月总收入的50%。无固定收入的，抚养费的数额可以参照当年总收入或同行业平均收入确定。有特殊情况的，可以适当提高或降低前述比例。

抚养费的给付期限一般至子女年满18周岁为止。16周岁以上的未成年人，以自己的劳动收入为主要生活来源，并能维持当地一般生活水平的，父母可以停止给付抚养费。尚未独立生活的成年子女在下列情形下，有给付能力的父母仍然应当负担抚养费：(1)尚在校接受高中及其以下学历教育的；(2)丧失劳动能力或未完全丧失劳动能力等非因主观原因而无法维持正常生活的成年子女。

抚养费原则上应当定期给付，有条件的也可以一次性给付。原则上以货币给付，特殊情形下也可以以实物给付。

离婚后，子女抚养费的数额并非一成不变。当父母或子女的客观情况发生变化时，父母双方及子女均可要求依法予以变更。抚养费的变更可以是增加、减少或者免除。下列情形下子女要求增加抚养费，且父母有负担能力的，应当支持增加：(1)原定抚育费数额不足以维持当地实际生活水平的；(2)因子女患病、上学，实际需要已超过原定数额的；(3)有其他正当理由应当增加的。

在下列情况下，负有给付义务的一方可以提出减少或免除其抚养费给付义务：(1)有给付义务的一方由于长期患病或丧失劳动能力，失去经济来源，确实无力按原协议或判决确定的数额给付，而抚养子女的一方有抚养能力；(2)有给付义务的一方因犯罪被收监改造，无力给付；(3)抚养子女方再婚，再婚配偶愿意承担继子女抚养费的一部或全部。

(三)离婚后探望权的规定

探望权是指离婚后,父母中不与子女共同生活的一方有探望子女的权利。父母子女关系不因离婚而消灭,父母对子女的抚养照管义务也不因离婚而终止。探望权是父母监护权的内容之一,是离婚后未成年子女的非直接抚养方履行监护职责的重要途径。《民法典》第 1086 条第 1、2 款规定:“离婚后,不直接抚养子女的父或者母,有探望子女的权利,另一方有协助的义务。行使探望权利的方式、时间由当事人协议;协议不成的,由人民法院判决。”

1. 探望权的行使

探望权的行使以最有利于未成年子女的原则为标准,即其行使方式、探望时间应当有利于被抚养的未成年人。行使探望权利的方式、时间由当事人协议;协议不成时,由人民法院判决。非直接抚养方在行使探望权时,直接抚养方有协助的义务。

2. 探望权的中止和恢复

探望权的行使需以最有利于未成年子女的原则为标准,因此,当其行使于子女不利时,即应中止。《民法典》第 1086 条第 3 款规定:“父或者母探望子女,不利于子女身心健康的,由人民法院依法中止探望的权利;中止的事由消失后,应当恢复探望。”

探望权中止的条件是,其行使不利于子女身心健康。探望权的中止应当依诉进行,通过诉讼程序由人民法院作决定。有权请求中止探望权的主体包括:未成年子女、未成年子女的直接抚养方、其他对未成年子女负担抚养教育义务的法定监护人。

探望权的中止并非探望权的消灭,在中止的事由消失后,探望权人可以向法院提出恢复探望权的请求,法院对权利人的申请经审查后认为情况属实的,可以裁定恢复探望权的行使。

三、离婚对夫妻财产关系的效力

因婚姻的缔结而生之夫妻间财产关系必因婚姻关系的解除而发生变化,此即离婚对夫妻财产关系的效力。

(一)继承权消灭

夫妻有相互继承遗产的权利,继承权的存在以婚姻关系的存续为前提。婚姻关系解除,继承权随即消灭。

(二)夫妻共同财产的分割

《民法典》第 1087 条规定:“离婚时,夫妻的共同财产由双方协议处理;协议不成的,由人民法院根据财产的具体情况,按照照顾子女、女方和无过错方权益的原则判决。对夫或妻在家庭土地承包经营中享有的权益等,应当依法予以保护。”本项规定是夫妻共同财产分割的原则性规定,具体的需作如下几个方面的理解:

1. 分割的原则与方法

夫妻共同财产分割由夫妻双方协商处理,协商不成的,由人民法院判决。人民法院在分割夫妻共同财产时应当秉持以下原则:

第一,男女平等原则。夫妻双方平等地享有共同财产的所有权,离婚时亦应平等分割。需要说明的是,平等分割不意味着份额的绝对平均,可以根据生产生活的实际需要和财产来源状况等具体情况进行分割。

第二,保护子女利益原则。这一原则要求在夫妻财产分割过程中不能损害未成年子女的利益,即要考虑到财产的分配对未成年子女的影响。

第三,照顾无过错方原则。对于因一方过错而导致的离婚,在分割夫妻共同财产时要照顾无过错方。对于过错的理解,应当以《民法典》第1091条规定的五种情形为限,即重婚、有配偶者与他人同居、实施家庭暴力、虐待遗弃家庭成员和其他重大过错。同时,仅无过错方享有该项权利,如果夫妻双方均有过错,则不适用此项原则。

第四,有利于当事人的生产、生活原则。分割夫妻共同财产,既要考虑到财产在双方当事人间的公平平等分割,也要考虑到财产使用价值、经济价值的发挥以及当事人及其未成年子女对财产的需求。例如,对共同承包经营的财产,应考虑分割给有经营能力的一方。

分割夫妻共同财产时,应在前述原则的指导下,综合运用实物分割、价金分割、价格补偿等方法。

2. 夫妻共同财产的认定

夫妻共同财产的认定是夫妻共同财产分割的前提。离婚时,仅能就夫妻的共同财产作出分割;夫妻的个人财产仍应归属于夫妻一方个人所有,不在分割之列。

约定财产制下,夫妻双方可以约定双方共有财产的范围,因此,最终的共同财产应以夫妻书面的约定财产制协议为依据认定。

法定财产制下,应当按照法律的规定认定夫妻共同财产。概括《民法典》关于夫妻财产关系的相关规定,有如下认定标准:

(1)基本认定标准

根据《民法典》第1062条的规定,在无例外规定的情况下,共同财产的认定依据为缔结婚姻的时间,婚姻关系成立生效,即在双方之间构建起夫妻间财产关系,婚后取得的财产即为夫妻共同财产。如婚后取得的工资、奖金、劳务报酬、生产经营投资收益、知识产权收益等。

(2)个人特有财产的排除

在共同财产认定过程中,须排除夫妻的个人特有财产。按照《民法典》第 1063 条的规定,以下财产为夫妻一方的个人特有财产,应当排除在夫妻共同财产之外。

第一,夫妻一方婚前财产。如婚前既已取得的工资、奖金,婚前全款购买的房产,都应属于夫妻一方的个人财产。

第二,婚后取得的夫妻一方的专属生活用品。如婚后购买的个人衣物、饰物等。需要说明的是,当该项生活用品价值较高,如高档珠宝虽然也是饰物,但是不能作为夫妻一方的特有财产,而应纳入夫妻共同财产范围。

第三,一方因身体受到伤害获得的医疗费、残疾人生活补助费等费用。此类费用属于人身性的补偿或者赔偿,具有较强的人身专属性,是个人特有的财产,不能作为共同财产分割。

第四,遗嘱或者赠与合同中明确给夫妻一方的。按照《民法典》第 1062 条的基本认定标准,婚后取得的财产即为夫妻共同财产,包括继承和受赠所得。但是,当遗嘱或赠与合同中明确只给夫妻一方的,则应作为夫妻一方的财产处理。

(3)特别认定规则

上述标准系《民法典》对夫妻共同财产范围的原则性划定,在司法实务中,由于财产形式多样、财产取得时间各异、财产构成复杂,所以还有许多需要特别认定的情形,归纳如下:

第一,个人财产转化规则。一方以个人财产投资在婚姻关系存续期间取得的收益是夫妻共同财产。这是因为,虽然本金为个人财产,但是婚后的投资行为从本质上讲属于夫妻双方共同经营,故其所得收益应为夫妻共同财产。需要说明的是,一方个人财产婚后所生的孳息和自然增值,仍属于一方个人财产。这是因为,一方面,孳息与自然增值的法律性质与本金或原物相同;另一方面,孳息和自然增值的产生并不基于夫妻双方的共同经营共同劳动,因而仍为个人财产。例如,婚姻存续期间,夫妻一方用婚前存款投资股票,所得收益应为夫妻共同财产。而夫妻一方婚前存款在婚姻关系存续期间的存款利息仍为夫妻一方个人财产。

第二,房产认定规则。生活中,房产取得方式主要有三种:租赁、继承或受赠、购买。其一,租赁情况下,一方婚前承租、婚后用共同财产购买的房屋,房屋权属证书登记在一方名下的,认定为夫妻共同财产。其二,继承和受赠的情形下,婚姻关系存续期间继承或受赠的房产均属夫妻共同财产,但遗嘱或赠与合同明确表示给一方的除外。其三,直接购买房产的情形下,产生分歧较多的是婚前贷款购房,婚后共同还贷的情况。夫妻一方婚前签订不动产买卖合同,以个人财产支付首付款并在银行贷款,婚后用夫妻共同财产还贷,不动产登记于首付款支付方名下的,离婚时该不动产由双方协议处理。双方不能达成协议的,人民法院可以判决该不动产归产权登记一方,尚未归还的贷款为产权登记一方的个人债务。双方婚后共同还贷支付的款项及其相对应财产增值部分，离婚时应当根据照顾子女和女方利益的原则，由产权登记一方对另一方进行补偿。离婚时双方对尚未取得所有权或者尚未取得完全所有权的房屋有争议且协商不成的，人民法院不宜判决房屋所有权的归属，应当根据实际情况判决由当事人使用。当事人就此房屋取得完全所有权后，有争议的，可以另行向人民法院提起诉讼。

第三，知识产权。婚姻关系存续期间，实际取得或者已经明确可以取得的知识产权的财产性收益为共同财产。离婚时，一方尚未取得财产性收益的知识产权，归一方所有。

第四，公司、企业股权。其一，夫妻共有财产中以一方名义在有限责任公司的出资额，另一方不是该公司股东，分不同的情形处理：夫妻双方协商一致将出资额部分或全部转让给该股东的配偶，过半数股东同意，其他股东明确表示放弃优先购买权的，该股东的配偶可以成为该公司的股东。夫妻双方就出资额转让份额和转让价格等事项协商一致后，过半数股东不同意转让，但愿意以同等价格购买该出资额的，人民法院可以对转让出资所得财产进行分割。过半数股东不同意转让，也不同意以同等价格购买该出资额的，视为其同意转让，该股东的配偶成为该公司股东。其二，夫妻共同财产中以一方名义在合伙企业中出资，另一方不是该企业合伙人，夫妻双方协商一致，将一方合伙企业中的财产份额全部或部分转让给对方的，按以下情形分别处理：其他合伙人一致同意的，该配偶依法取得合伙企业合伙人的地位。其他合伙人不同意其转让，但是同意在同等条件下优先受让的，可以对转让所得财产进行分割。其他合伙人不同意转让，也不同意行使优先受让权，但同意该合伙人退伙或退还部分财产份额的，可以对退还的财产进行分割。其他合伙人既不同意转让，也不同意优先受让的，又不同意该合伙人退伙或退还部分财产份额的，视为全体合伙人同意转让，该配偶依法取得合伙人地位。其三，夫妻以一方名义投资设立独资企业的，夫妻在该独资企业中的共同财产分割，应区别不同情形分别处理：一方主张经营该企业的，对企业资产评估后，由取得企业的一方给予另一方相应的补偿。双方均主张经营该企业的，在双方竞价的基础上，由取得企业的一方给予另一方相应的补偿。双方均不愿经营该企业的，按照《个人独资企业法》等有关规定办理。

3. 夫妻共同债务的清偿

根据《民法典》第1089条的规定，离婚时，夫妻共同债务应当共同偿还。共同财产不足以清偿或者财产归各自所有的，由双方协议清偿；协议不成的，由人民法院判决。

第五节 离婚救济制度

离婚救济,通常指对离婚当事人所实行的有关人身和财产的救济措施。具体包括离婚经济帮助、离婚损害赔偿和家务劳动补偿。[1]

一、离婚经济帮助

《民法典》第1090条规定:"离婚时,如果一方生活困难,有负担能力的另一方应当给予适当帮助。具体办法由双方协议;协议不成的,由人民法院判决。"这一规定是我国的离婚后经济帮助条款。该条款的适用需满足以下条件:

1. 离婚经济帮助以帮助经济上弱势一方为目的,故不以弱势一方无过错为适用条件。

2. 一方生活困难的情境应当在离婚时既已发生。若离婚后才发生生活困难,困难方无法依据《民法典》第1090条取得经济上的帮扶。

3. 提供帮助的一方需有负担能力,即帮助应为可能,不能超出提供帮助一方的能力范畴。离婚经济帮助需由提供帮助方的个人财产支出,不能与共同财产分割混淆。

4. 经济帮助可以是一次性的帮助,也可以是长期的帮助;既可以是货币实物形式的帮助,也可以是住房使用权等其他形式的帮助。

5. 困难一方再婚或者经济情况改善、生活困难情况消失的,经济帮助终止。

二、离婚损害赔偿

所谓离婚损害赔偿,是指配偶一方侵害另一方基于配偶身份享有的合法权利,其过错行为导致婚姻关系破裂的;离婚时,无过错方有权请求对方赔偿,有过错方则负有赔偿责任的民事法律制度。

《民法典》第1091条规定:"有下列情形之一,导致离婚的,无过错方有权请求损害赔偿:(一)重婚;(二)与他人同居;(三)实施家庭暴力;(四)虐待、遗弃家庭成员;(五)有其他重大过错。"该条款确定了我国的离婚损害赔偿制度。损害赔偿包括物质损害赔偿和精神损害赔偿。

离婚损害赔偿适用的条件如下:

1. 需发生《民法典》第1091条规定的五种过错,即重婚的、有配偶者与他人同

---

[1] 王歌雅:《离婚救济制度:实践与反思》,载《法学杂志》2011年第2期。

居的、实施家庭暴力的、虐待遗弃家庭成员或其他重大过错。

2. 请求方需无过错，即请求方没有实施《民法典》第1091条所规定的五种过错行为，方得适用该条款获得损害赔偿。

3. 离婚损害赔偿请求可以在诉讼离婚过程中提出，也可以在协议离婚办理离婚登记之日起1年内单独向人民法院提出。

三、家务劳动补偿

《民法典》第1088条规定："夫妻一方因抚育子女、照料老年人、协助另一方工作等负担较多义务的，离婚时有权向另一方请求补偿，另一方应当给予补偿。具体办法由双方协议；协议不成的，由人民法院判决。"本条款即为家务劳动补偿条款，是指对实行分别财产制的夫妻中从事家务劳动一方离婚时的补偿。在新中国婚姻法立法史上第一次明确认可家务劳动的价值。

家务劳动补偿条款适用的条件如下：

1. 取得家务劳动补偿的一方必须是付出了较多家庭劳作与义务的一方。

2. 家务劳动补偿请求权应在离婚时提出，婚姻关系存续期间和离婚后均不适用该条款。

3. 家务劳动补偿的数额应视具体家庭劳动的强度、婚姻关系存续的时间等因素综合确定。

重点问题梳理

1. 引起婚姻终止的法律事实有二，其一，配偶一方死亡；其二，双方离婚。婚姻终止，夫妻之间的权利义务关系即告终止，双方之间不再发生因婚姻而生之人身效力和财产效力，如婚姻关系终止后，原夫妻双方不再互负扶养义务、不再作为对方的继承人享有继承权等。

2. "夫妻感情确已破裂，调解无效"是我国《民法典》规定判决离婚的法定事由。其具体判断标准有五项：重婚或有配偶者与他人同居的；实施家庭暴力或虐待遗弃家庭成员的；有赌博吸毒恶习屡教不改的；因感情不和分居满两年的；一方被宣告失踪，另一方提起离婚的。除该五项具体标准外，经人民法院判决不准离婚后，双方分居满一年，一方再次提起离婚诉讼的，应当准予离婚。司法实践中，当"其他导致夫妻感情确已破裂的情形"发生时，亦可判决离婚。

3. 离婚时，夫妻的共同财产由双方协商处理；协商不成时，由人民法院根据财产的具体情况，依照顾子女、女方和无过错方权益的原则判决。夫或妻在家庭土地承包经营中享有的权益等，应当依法予以保护。离婚时，只可分割夫妻共同财产，夫妻一方的个人财产仍应归个人所有，不可纳入分割范围。

4. 我国《民法典》构建了较为完整的离婚救济制度,包括对离婚当事人所实行的有关人身和财产的救济措施,主要包含离婚损害赔偿、家务劳动补偿和离婚经济帮助三项主要内容。

案例与分析

甲男乙女系夫妻关系,现两人准备离婚,就一套房产的归属争执不下,该房产情况如下:房产总价值 200 万元,甲男在婚前与开发商签署购房协议,首付 40 万元由甲男父母在婚前给付,剩余贷款自甲男乙女结婚登记的次日开始共同偿还,现已还清。房产登记于婚姻存续期间完成,登记在甲男名下。

问题:该房产的权属应当如何判定?

分析:对于贷款购房的房产权属判定,应当主要从购房时间、购房资金构成、房产登记三个方面进行分析。

首先,该房产购于婚前,属婚前贷款购房。购房合同仅由甲男与开发商签署,故属于婚前一方购房的情形。

其次,首付 40 万元系甲男父母给付。当事人结婚前,父母为双方购置房屋出资的,根据意思表示的解释规则,应当认为是赠与资金给己方子女。据此,该 40 万元应当认定为甲男父母对甲男个人的赠与,属于甲男个人财产。因此,本案中情形进一步具体为婚前夫妻一方购房,以个人财产支付首付婚后共同还贷的情形。

对于该种情形,《民法典》并未作出明确的规定,但是,根据《婚姻法解释(三)》第 10 条的规定,夫妻一方婚前签订不动产买卖合同,以个人财产支付首付款并在银行贷款,婚后用夫妻共同财产还贷,不动产登记于首付款支付方名下的,离婚时该不动产由双方协议处理。依前款规定不能达成协议的,人民法院可以判决该不动产归产权登记一方,尚未归还的贷款为产权登记一方的个人债务。双方婚后共同还贷支付的款项及其相对应财产增值部分,离婚时应根据《婚姻法》第 39 条第 1 款(现《民法典》第 1087 条第 1 款)规定的原则,由产权登记一方对另一方进行补偿。

本案中,当事人对争议房产不能达成协议,因此,参照以上规定,法院可以判决房产归产权登记方甲男所有。婚后共同还贷的款项及其增值部分,应当由甲男依法补偿给乙女。

第三十一章 父母子女关系

第一节 父母子女关系概述

一、父母子女关系的概念和种类

父母子女关系，又称亲子关系，是父母子女之间的权利义务关系，是家庭关系的重要组成部分。

父母子女关系可分为自然血亲的父母子女关系和法律拟制的父母子女关系两种。前者基于子女出生的事实而发生，包括父母与婚生子女关系和父母与非婚生子女关系；后者基于收养法律行为和再婚发生，包括养父母子女关系和继父母与形成抚养教育关系的继子女关系。自然血亲的父母子女关系只能因依法送养子女或父母子女一方死亡的事实而终止。拟制血亲的父母子女关系除因主体一方死亡而终止外，还因依法解除收养关系或者继父母与生父母离婚及抚养关系的变化而终止。

二、父母子女之间的权利义务

父母子女之间的权利义务是父母子女关系的内容，体现了父母子女的法律地位。现代亲属立法中父母子女关系的立法本位经历了从父母本位到子女本位的转变，以最有利于未成年人为立法和司法的基本原则。一方面，子女有其独立的人格，享有独立的法律地位，不再是父母的附属物；另一方面，在现代法律制度中，未成年子女的利益优先于父母利益，父母由未成年人的管理人转变为未成年人的照护者。

根据我国《民法典》相关规定，父母子女之前的权利义务主要包含以下几项主要内容：

1. 父母对子女抚养的义务。《民法典》第 1058 条规定，父母对子女有抚养教育和保护的义务。

抚养指父母从物质上、经济上对子女的养育和照料，为其生活、学习及健康成长提供一定的物质条件。抚养义务因子女年龄和行为能力的不同而有所不同。对于未成年子女,抚养是父母的法定义务,不能免除;对于成年子女,父母的抚养义务则仅针对尚在校接受高中及其以下学历教育,或者丧失、未完全丧失劳动能力等非因主观原因而无法维持正常生活的成年子女。

未成年子女或者不能独立生活的成年子女有要求父母履行抚养义务的权利。一方面,子女可通过向法院提起给付抚养费之诉,请求父母给付抚养费;另一方面,对于拒不履行抚养义务,恶意遗弃未成年子女,情节恶劣,构成犯罪的,依法追究其刑事责任。

2. 父母对子女有保护和教育的权利和义务。《民法典》第 1068 条规定,父母有教育、保护未成年子女的权利和义务。

保护,是指父母应当保护其未成年子女的人身安全和合法权益,预防和排除来自外界的危害,使未成年子女的身心处于安全状态。父母对子女的保护体现在以下几个方面:首先,父母是未成年子女的法定监护人,当未成年子女的人身和财产受到伤害时,父母作为法定监护人和法定代理人,有权代替子女提起诉讼,主张赔偿。其次,父母作为未成年人的法定监护人,有权代理未成年人实施民事法律行为。再次,父母履行保护义务,不得侵犯子女的人身及财产权益。除为维护未成年子女利益外,不得处分其财产。最后,父母应当按照最有利于被监护人的原则履行监护职责。未成年子女的监护人履行监护职责,在作出与未成年子女利益有关的决定时,应当根据未成年人的年龄和智力状况,尊重未成年子女的真实意愿。

教育,指父母在道德品质、思想言行上对子女的教育、引导甚至约束。父母对子女的教育应当以科学方法进行,尊重和维护子女的基本人身权利,禁止体罚和变相体罚。

此外,作为未成年子女的监护人,当未成年子女对国家、集体或者他人造成损害时,父母有承担民事责任的义务。

3. 子女对父母有赡养扶助的义务。根据《民法典》第 1067 条的规定,子女对父母有赡养扶助的义务。其第 2 款规定:“成年子女不履行赡养义务的,缺乏劳动能力或者生活困难的父母,有要求成年子女付给赡养费的权利。”赡养父母是中华民族的传统美德,父母子女关系是平等主体之间的关系,权利义务亦成对等样态。

赡养是指子女在物质上和经济上为父母提供必要的生活条件。赡养义务的主体是有经济能力的成年子女。扶助是指子女对父母在精神上和生活上的关心、帮助和照料的义务。

子女对父母的赡养扶助义务是法定义务,无论子女是否与父母居住在一起,无论父母的婚姻关系是否变化,都应当履行赡养扶助父母的义务。子女不履行赡养义务的,无劳动能力的或者生活困难的父母有权要求子女给付赡养费,既可以通过诉讼的方式交由人民法院判决,也可以请求有关组织调解。子女有能力履行赡养义务而拒不履行,情节恶劣的,应当依法追究其遗弃的法律责任。

4. 父母子女之间有相互继承遗产的权利。《民法典》第 1070 条规定："父母和子女有相互继承遗产的权利。"根据我国《民法典》继承编的规定，父母和子女互为第一顺序的法定继承人。这里的子女，既包括婚生子女也包括非婚生子女，既包括自然血亲子女也包括拟制血亲子女。

第二节　婚生子女与非婚生子女

一、婚生子女与非婚生子女的概念

婚生子女，是指在婚姻关系存续期间受胎或出生的子女。其基本特征：一是其父母之间要有婚姻关系存在；二是须为生父之妻所分娩；三是须有生母之夫的血统；四是要在婚姻关系存续期间受胎。

非婚生子女指没有婚姻关系的男女所生的子女。非婚生子女包括：未婚男女所生的子女、已婚男女与第三人发生性行为所生子女、无效婚姻和可撤销婚姻当事人所生子女以及妇女被强奸后所生子女。

《民法典》第 1071 条规定："非婚生子女享有与婚生子女同等的权利，任何组织或者个人不得加以危害和歧视。不直接抚养非婚生子女的生父或者生母，应当负担未成年子女或者不能独立生活的成年子女的抚养费。"这一条款明确了非婚生子女与婚生子女相同的法律地位，非婚生子女与婚生子女享有同等的权利，受法律同等保护，任何人不得歧视和侵害非婚生子女。

二、亲子关系的确认和否认

《民法典》第 1073 条是对确认亲子关系和否认亲子关系的规范，根据该条的规定，对亲子关系有异议且有正当理由的，父或者母可以向人民法院提起诉讼，请求确认或否认亲子关系。对亲子关系有异议且有正当理由的，成年子女可以向人民法院提起诉讼请求确认亲子关系。

第三节　继父母子女关系

一、继父母子女关系概念

继父母子女关系是由于父或母再婚而形成的姻亲关系。继子女是配偶一方对另一方与前配偶所生的子女的称谓,继父母是子女对父亲或母亲的再婚配偶的称谓。继父母子女关系的发生以生父或生母再婚的婚姻关系为纽带。但是当继父母与继子女形成抚养关系或者继父母将继子女收养为养子女时,法律直接将其拟制为直系血亲关系。

二、继父母子女之间的权利义务关系

我国《民法典》第 1072 条规定:"继父母与继子女间,不得虐待或歧视。继父或继母和受其抚养教育的继子女间的权利义务关系,适用本法关于父母子女关系的规定。"本规定明确了继父母与继子女的法律地位:继父母继子女之间是否发生法律规定的父母间的权利义务关系,取决于他们之间是否有抚养教育这一客观事实。继子女未受继父母抚养教育的,属姻亲关系,他们之间不产生法律规定的父母子女间的权利义务关系。继子女受继父母抚养教育的,形成抚育关系,继父母子女间的权利义务,是完全等同于生父母子女之间的权利义务的。

形成抚养关系的继父母与继子女之间产生与亲生父母子女关系相同的权利和义务。即父母有抚养继子女的义务,继子女有赡养扶助继父母的义务,继父母与继子女之间有相互继承遗产的权利。

需要说明的是,继子女与没有同其共同生活的生父或生母的关系仍然存在,他们之间的自然血亲关系并不会因不在一起共同生活而消灭。生父母对该子女仍然负有抚养、教育的义务,该子女对生父母仍负有赡养扶助的义务,生父母与该子女有权相互继承遗产。此时,继子女和生父母以及与其形成抚养关系的继父母之间形成双重的权利义务关系。未形成抚养关系的继父母与继子女之间仅是一种名义上的父母子女关系。而继子女被继父母依法收养的,则形成收养关系,享有同生父母子女关系相同的权利义务。可见,继父母子女之间因具体情况不同,具有不同的权利义务关系。

三、继父母子女关系的终止

继父母和继子女间未形成抚养关系的,在生父(母)与继母(父)离婚时,原则上该继父母子女关系因离婚而终止;生父或生母死亡的,该继父母继子女关系是否终止,根据当事人的意愿确定。

继父母和继子女间形成抚养关系的,可分两种情形处理:

1. 若继父(母)的再婚关系仍在存续期间,则尚未成年的继子女与继父母的关系,原则上不能解除。但是经生父母、继父母协商一致,并经有识别能力的继子女同意,可以协议解除。不能达成协议的,可向人民法院起诉,由人民法院裁决是否解除。受继父母抚养成人并已独立生活的继子女,与继父母关系恶化的,可与继父母协议解除继父母子女关系,也可以向法院起诉。人民法院根据具体情况裁决是否解除继父母子女关系。但继父母有权要求继子女补偿在共同生活期间或在抚养期间所支出的费用。在继父母年老缺乏劳动能力又没有生活来源时,子女仍有义务承担其晚年的生活费用。

2. 若继父(母)的再婚关系已经终止,父母子女间的抚养关系作为一种独立的权利义务关系并不当然终止。一方起诉要求解除这种权利义务关系的,人民法院应视具体情况作出是否准许解除的判决或调解。

在继父(母)与生母(父)离婚的情形下,如果未成年继子女被生父母一方带走,或继父母不同意继续抚养的,仍由生父母抚养,继父母与未成年继子女间的拟制血亲关系终止。受继父母抚养成人并独自生活的继子女与继父母间的抚养关系并不能自然消灭,仍应承担赡养继父母的义务。在继子女与继父母关系恶化时,可由双方协商或由人民法院判决解除其权利义务关系。但是,成年继子女仍须承担丧失劳动能力生活困难的继父母的晚年生活费用。

在与继父或继母共同生活的生母或生父一方死亡的情形下,继父母应继续抚养未成年的继子女。如果生存的另一方生父或生母要求将子女领回抚养,但继父或继母不同意的,应由双方协商解决。协议不成的,由人民法院根据子女利益判决。如果继父或继母要求解除抚养关系,只有在该继子女生存的另一方生父或生母有抚养能力时,才允许解除。

第四节 养父母子女关系

一、收养的概念和特征

收养是指收养人与被收养人依法成立拟制父母子女关系的法律行为。收养他人子女的人为收养人,也称养父母;被他人收养的人为被收养人,也称养子女;将子女或未成年人交由他人抚养的主体是送养人,如父母、社会福利机构等。

收养关系,是基于收养行为的法律效力而发生的拟制血亲的亲子关系,即收养人与被收养人之间的父母子女关系。在收养关系中,其当事人仅为收养人和被收养人。

收养具有以下法律特征:

1. 收养是要式法律行为。收养是依据当事人意思表示而创设法律关系的行为。收养成立,就会在收养人与被收养人之间拟制父母子女关系。由于收养涉及未成年人的切身利益,关涉社会公共利益,所以收养关系的成立须以办理完成法定收养手续为前提,是要式法律行为。

2. 收养是产生法律拟制血亲关系的身份法律行为。收养行为在收养人和被收养人之间形成拟制血亲关系,养父母子女关系自此产生。同时,被收养人与其生父母之间的父母子女关系解除。

二、收养的成立

收养的成立,即收养关系的成立,是指收养当事人按照《民法典》规定的条件和程序设立收养关系。收养成立的要件可分为实质要件和形式要件。

(一)收养成立的实质要件

1. 被收养人的条件

根据《民法典》的相关规定,被收养人应当符合下列条件:

(1)被收养人应是丧失父母的孤儿,或者查找不到生父母的未成年人,或者是生父母有特殊困难无力抚养的子女。

(2)收养年满8周岁以上的未成年人的,应当征得被收养人的同意。8周岁以上的未成年人属于限制民事行为能力人,有一定的认知辨识能力,征求其本人意见,能够更好地保障未成年人的利益。

2. 送养人的条件

根据《民法典》的相关规定,下列公民、组织可以作为送养人:

(1)孤儿的监护人、儿童福利机构、有特殊困难无力抚养子女的生父母。孤儿的监护人由下列人员中有监护能力的人按顺序担任:祖父母、外祖父母;兄、姐;其他愿意担任监护人的个人或者组织,但是须经未成年人住所地的居民委员会、村民委员会或者民政部门同意。监护人送养未成年孤儿的,须征得有抚养义务的人同意。有抚养义务的人不同意送养、监护人不愿意继续履行监护职责的,应当按照《民法典》总则编的规定另行确定监护人。

(2)生父母送养子女,应当双方共同送养。生父母一方不明或者查找不到的,可以单方送养。

(3)送养人需自愿送养。送养完成,收养成立,将会导致父母子女关系的重大变化,送养人与被收养人之间的人身关系解除,因此,送养人需自愿。如果未成年人的生父母均不具备完全民事行为能力,无法表达同意送养的真实意愿,该未成年人的监护人不得将其送养。

3. 收养人的条件

根据《民法典》的规定,收养人应当同时具备下列条件:

(1)年满30周岁且无子女或者只有一名子女。收养制度旨在建立拟制的血亲关系,养父母和养子女之间应有合理的年龄差距。无子女者包括未婚者无子女、已婚者尚无子女或者双方欠缺生育能力无法生育子女的。

(2)有抚养教育被收养人的能力。收养人和被收养人之间形成拟制的父母子女关系,养父母即为养子女的法定监护人,依法履行监护职责即需具备抚养教育被收养人的能力,这同时也是有利于被收养的未成年人的抚养、成长原则的要求。

(3)未患有在医学上认为不应当收养子女的疾病。这里所说的"疾病",是指影响被收养人身体健康及人身安全的传染性疾病、精神性疾病或其他严重疾病。这是对收养人应具有的身体上能力的要求。

(4)有配偶者收养子女,需夫妻共同收养。这一规定有利于收养关系的稳定,使养子女能够在养父母双方的抚养教育下健康成长。我国法律不承认单方收养的效力。

(5)无不利于被收养人健康成长的违法犯罪记录。

(6)收养人需自愿收养。收养是法律行为,当事人的意思表示应当自愿、真实。在欺诈、胁迫或处于危困状态、缺乏判断能力等情形下作出意思表示并为收养行为的,可以依法宣告无效。

除上述实质性要件,《民法典》还对特殊情形下的收养分别提升或放宽收养的条件。如根据《民法典》第1099条的规定,为了照顾民间亲属间收养的实际需要,对收养三代以内旁系同辈血亲的子女,在收养条件上予以放宽。为了增进家庭的和谐与稳定,《民法典》第1103条规定继父或者继母经继子女的生父母同意,可以收养继子女,同时对收养的条件予以放宽。收养孤儿、残疾儿童或者弃婴的行为,具有社会公益性,应予鼓励,因此,《民法典》第1100条第2款规定,收养孤儿、残疾儿童或者社会福利机构抚养的查找不到生父母的未成年人,可以不受收养人无子女或只有一名子女的限制。为保护未成年人的利益,防止有害未成年人身心健康有悖社会公德的事件的发生,《民法典》对无配偶者收养异性子女作出了限制性的规定。《民法典》第1102条规定:"无配偶者收养异性子女的,收养人与被收养人的年龄应当相差四十周岁以上。"

(二)收养成立的形式要件

收养是要式法律行为,必须履行一定的收养程序,收养关系才合法成立。《民法典》规定的收养程序为收养登记,在民政部门办理收养登记是收养成立的必经程序。根据《民法典》第1105条的规定,收养应当向县级以上人民政府民政部门登记,收养关系自登记之日起成立。收养查找不到生父母的未成年人的,办理登机的民政部门应当在登记前予以公告。

此外,收养关系当事人愿意签订收养协议的,可以签订收养协议。收养关系当事人各方或者一方要求办理收养公证的,应当办理收养公证。

三、收养的效力

收养的效力,是指收养关系成立后所引起的法律后果。

1. 养父母与养子女之间产生拟制直系血亲关系。《民法典》第1111条第1款前半段规定,自收养关系成立之日起,养父母与养子女间的权利义务关系,适用本法关于父母子女关系的规定。

收养成立,即在养父母与养子女之间产生与父母子女之间相同的权利和义务。养子女取得与婚生子女完全相同的法律地位。

2. 养子女与生父母及其他近亲属之间的权利义务关系解除。收养关系成立后,养子女与养父母间形成拟制的直系血亲关系,其与生父母之间的父母子女关系解除。与此同时,养子女与生父母近亲属间的权利义务关系,亦因收养关系的成立而解除。养子女被收养后,与生父母的父母不再具有祖孙之间的权利义务关系;与生父母其他子女之间,亦不再具有兄弟姐妹之间的权利义务关系。

需要说明的是,收养解除的仅是养子女与生父母及其他近亲属之间法律上的权利义务关系,其自然血亲间的血缘关系作为一种客观事实并不因之消灭。

四、收养关系的解除

收养关系的解除,是指合法有效的收养关系因一定的法律事实的发生而无法继续亲子关系使收养关系归于消灭。收养关系的解除有两种形式:一是通过法律行为解除,即收养人与送养人协议解除或收养人与成年的被收养人协议解除;二是因法律事件的发生而解除。无论是协议解除还是因重大法律事件的发生而解除,均需满足《民法典》规定的条件。

(一)解除收养关系的条件

收养人、送养人双方协议解除收养关系的。收养关系成立后,在被收养人成年之前,收养人和送养人可通过协议解除收养关系。夫妻共同收养的,解除收养亦须夫妻共同解除。养子女年满8周岁的,应当征得本人同意。

收养人不履行抚养义务,有虐待、遗弃等侵害未成年子女合法权益行为的,送养人有权要求解除养父母与养子女间的收养关系,既可双方协议解除,也可以向人民法院起诉,通过诉讼途径解除。

养父母与成年子女关系恶化,无法共同生活的,可以协议解除收养关系,不能达成协议的,可以向人民法院起诉。

(二)收养关系解除的法律后果

收养关系依法解除发生以下法律后果:

1. 拟制血亲关系的解除。收养解除的直接后果是养父母与养子女之间的拟制血亲关系终止,双方不再具有父母子女之间的权利义务关系;同时,养子女与养父母近亲属之间的权利义务关系亦随之终止。

2. 自然血亲关系的恢复。收养关系解除后,未成年的养子女与生父母及其他近亲属间的权利义务关系自行恢复。成年养子女与生父母及其他近亲属间的权利义务关系是否恢复,可以协商确定。

3. 收养关系解除后,经养父母抚养的成年养子女,对缺乏劳动能力又缺乏生活来源的养父母,应当给付生活费。生活费的数额可由双方协议确定,协议不成的,由人民法院依法判决。

4. 因养子女成年后虐待、遗弃养父母而解除收养关系的,养父母可以要求养子女补偿收养期间支出的生活费和教育费。养父母行使这一权利,不受其是否存在"缺乏劳动能力又缺乏生活来源"情形的限制。

5. 生父母要求解除收养关系的,养父母可以要求生父母适当补偿收养期间支出的生活费和教育费,但因养父母虐待、遗弃养子女而解除收养关系的除外。

重点问题梳理

1. 父母子女关系可分为自然血亲的父母子女关系和法律拟制的父母子女关系两种,前者基于子女出生的事实而发生,包括父母与婚生子女关系和父母与非婚生子女关系;后者基于收养法律行为和再婚发生,包括养父母子女关系和继父母与形成抚养教育关系的继子女关系。

2. 父母子女之间的权利义务关系体现为:父母有抚养子女的义务,有保护和教育子女的权利义务;子女有赡养父母的义务;父母子女之间互为第一顺位继承人,有互相继承遗产的权利。

3. 非婚生子女享有与婚生子女同等的权利,享有平等的法律地位。

4. 收养是指收养人与被收养人依法成立拟制父母子女关系的法律行为。收养是要式法律行为,是产生法律拟制血亲关系的身份法律行为,收养只能发生在非直系血亲的自然人之间。

5. 收养人需同时具备下列条件:自愿收养;年满30周岁,无子女或只有一名子女;有抚养教育和保护被收养人的能力;未患有在医学上认为不应当收养子女的疾病;有配偶者收养子女,需夫妻共同收养;无配偶者收养异性子女,收养人与被收养人的年龄应当相差40周岁以上。

6. 被收养人应当符合下列条件:被收养人应是丧失父母的孤儿,或者查找不到生父母的未成年人,或者是生父母有特殊困难无力抚养的子女;收养年满8周岁以上的未成年人的,应当征得被收养人的同意。

案例与分析

甲女携3岁的儿子丙起诉与其没有婚姻关系的乙男,要求确认乙男与丙之间的亲子关系。甲女提供了如下证明材料:儿子丙与乙男的合影照片(与乙男长相相似);儿子丙与乙男聚餐的视频录像,录像中丙称乙男“爸爸”;乙男给甲女的汇款单6张,回款附言上标明“抚养费”。

问题:甲女是否有权提起亲子关系确认之诉。

分析:甲女有权提起。根据《民法典》第1073条第1款的规定,对亲子关系有异议且有正当理由的,父或者母可以向人民法院提起诉讼,请求确认或否认亲子关系。甲女与乙男没有婚姻关系,甲女所提供的证明材料,可以证明乙男和丙之间的关系亲密,亦高度提示乙男与丙之间可能具有超出普通亲密关系的亲属关系,属于有正当理由的情形,因此,有权提起亲子关系确认之诉。

第三十二章　其他家庭成员关系

第一节　祖 孙 关 系

祖孙关系是指祖父母、外祖父母和孙子女、外孙子女之间的关系，他们是二亲等直系血亲。祖孙关系包括自然血亲的祖孙关系和拟制血亲的养祖孙关系。祖孙间的抚养和赡养仅发生于特定的情形下，因为一般的抚养和赡养关系发生在父母子女之间。

《民法典》第1074条规定："有负担能力的祖父母、外祖父母，对于父母已经死亡或父母无力抚养的未成年的孙子女、外孙子女，有抚养的义务。有负担能力的孙子女、外孙子女，对于子女已经死亡或子女无力赡养的祖父母、外祖父母，有赡养的义务。"祖孙之间抚养义务和赡养义务的产生需要具备特定的条件，这是附条件的抚养义务和赡养义务。

一、祖父母、外祖父母抚养孙子女、外孙子女所需具备的条件

1. 抚养人有负担能力。祖父母、外祖父在经济上、生活上、身体上有抚养孙子女、外孙子女的能力，在满足自己生活和第一顺序法定扶养义务人（配偶、子女、父母）的合理生活需要之后，还有负担的能力。

2. 被抚养人的父母已经死亡[1]或一方死亡、另一方确无抚养能力，或者父母均丧失抚养能力。父母丧失抚养能力的情形如父母患有严重疾病、生活不能自理，父母的收入不足以维持其个人消费支出，父母为残疾人、缺乏劳动能力等。

3. 被抚养人为未成年人。被抚养人未成年且不能维持生活，如果孙子女、外孙子女虽然未成年，但是能够以自己财产维持生活的，不需要被抚养。已经成年的孙子女、外孙子女，无论其是否有独自生活能力，祖父母、外祖父母均无抚养义务。

在同时具备上述条件时，祖父母、外祖父母才承担孙子女、外孙子女的抚养义务。祖父母和外祖父母均有抚养能力，且均愿意承担抚养义务的，需要在他们之间

---

[1] 本章所说的死亡包括自然死亡和宣告死亡。

合理分配抚养责任,选择最有利于未成年人健康成长的抚养方式。适用上述条款时,不以是否同居一家、共同生活为限。

二、孙子女、外孙子女赡养祖父母、外祖父母所需具备的条件

1. 孙子女、外孙子女有赡养的能力,且为成年人。孙子女、外孙子女在经济、生活条件、工作、身体和精神状况等方面有能力承担赡养义务,即以自己的劳动收入或其他收入满足自己生活需要和第一顺序法定扶养义务人(配偶、父母、子女)生活需要后,还有承担赡养祖父母、外祖父母的能力。若孙子女、外孙子女中有多人均有负担能力的,应当根据经济状况共同负担。

2. 被赡养人的子女已经死亡或子女无力赡养。被赡养人的子女死亡,则承担赡养义务的主体消灭,或者被赡养人的子女无力赡养的,均需要有其他人承担赡养义务。

3. 被赡养人有赡养的需要。祖父母、外祖父母失去劳动能力、生活困难、没有经济来源,或经济来源不足以维持当地基本生活水平。

同时具备上述条件的,孙子女、外孙子女才需要承担赡养义务。祖孙之间的赡养和抚养关系不以双方共同居住、共同生活为条件。

第二节　兄弟姐妹关系

兄弟姐妹之间是同辈旁系血亲关系,兄弟姐妹包括全血缘兄弟姐妹、半血缘兄弟姐妹、有扶养关系的继兄弟姐妹和养兄弟姐妹。兄弟姐妹之间通常没有扶养义务,相互间没有权利义务关系。仅在特定条件下,兄弟姐妹之间才发生扶养关系,这是附条件的扶养义务。

《民法典》第1075条规定:“有负担能力的兄、姐,对于父母死亡或父母无力抚养的未成年的弟、妹,有扶养的义务。由兄、姐扶养长大的有负担能力的弟、妹,对于缺乏劳动能力又缺乏生活来源的兄、姐,有扶养的义务。”

一、兄、姐扶养弟、妹需要具备的条件

1. 兄、姐有负担能力,且成年。兄、姐需为有负担能力的成年人,在经济、生活和身体上均能够承担弟、妹的扶养,即在兄、姐以劳动收入和其他收入维持自己及其第一顺序的法定扶养义务人(配偶、子女、父母)的合理的生活需要后,还有扶养弟、妹的能力。

2. 被扶养人的父母已经死亡或父母确实无力抚养。父母死亡是扶养义务承担

主体的消灭,父母无力抚养是父母的经济、身体等状况确实不能抚养子女。

需要说明的是,兄、姐对弟、妹承担扶养义务不一定要同居一家、共同生活。当兄、姐、祖父母、外祖父母均有负担能力时,应当在他们之间合理分配扶养责任,从而有利于被扶养人的成长。

二、弟、妹扶养兄、姐需要具备的条件

1. 弟、妹有负担能力。弟、妹以自己的劳动收入和其他收入能够满足本人和第一顺序法定扶养义务人(配偶、子女、父母)的合理生活需要之后,有扶养兄、姐的能力。

2. 弟、妹由兄、姐扶养长大。弟、妹成年,且其曾长期依靠兄、姐提供全部或主要扶养费用,直到能够依靠自己的收入作为主要生活来源。

3. 兄、姐缺乏劳动能力和生活来源。缺乏劳动能力是指缺乏或丧失一般正常的劳动能力。缺乏生活来源是指缺乏生存必需的生活费用和用品。

同时具备上述条件,弟、妹才需要承担对兄、姐的扶养义务。同样,此义务不以同居一家、共同生活为限。

祖孙之间、兄弟姐妹之间的扶养义务是对父母子女间扶养义务的补充,是第二位的。当条件具备时,权利人可以因义务人不履行扶养义务的行为向人民法院起诉,要求法院强制义务人履行扶养义务。

重点问题梳理

1. 有负担能力的祖父母、外祖父母。对于父母已经死亡或父母无力抚养的未成年的孙子女、外孙子女,有抚养的义务。有负担能力的孙子女、外孙子女,对于子女已经死亡或子女无力赡养的祖父母、外祖父母,有赡养的义务。

2. 有负担能力的兄、姐,对于父母死亡或父母无力抚养的未成年的弟、妹,有扶养的义务。由兄、姐扶养长大的有负担能力的弟、妹,对于缺乏劳动能力又缺乏生活来源的兄、姐,有扶养的义务。

参考文献

1. 谢振民:《中华民国立法史》,中国政法大学出版社 2010 年版。
2. 周枏:《罗马法原论》,商务印书馆 1994 年版。
3. 张守文主编:《经济法》,科学出版社 2008 年版。
4. [德]马克思、恩格斯:《德意志意识形态》,载马克思、恩格斯《马克思恩格斯选集》(第 1 卷),人民出版社 1995 年版。
5. [英]梅因:《古代法》,沈景一译,商务印书馆 1959 年版。
6. [意]彼德罗·彭梵得:《罗马法教科书》,黄风译,中国政法大学出版社 1992 年版。
7. [德]黑格尔:《法哲学原理》,范扬等译,商务印书馆 1997 年版。
8. [德]哈贝马斯:《在事实与规范之间——关于法律和民主法治国的商谈理论》,董世骏译,三联书店 2003 年版。
9. [美]罗斯科·庞德:《普通法的精神》,唐前宏等译,法律出版社 2001 年版。
10. [德]康德:《法的形而上学原理——权利的科学》,沈叔平译,商务印书馆 1991 年版。
11. 郑冲、贾红梅译:《德国民法典》,法律出版社 1999 年版。
12. 渠涛编译:《最新日本民法》,法律出版社 2006 年版。
13. 王泽鉴:《法律思维与民法实例——请求权基础理论体系》,中国政法大学出版社 2001 年版。
14. 王泽鉴:《民法学说与判例研究》(第 1 册),中国政法大学出版社 1998 年版。
15. 王泽鉴:《民法学说与判例研究》(第 3 册),中国政法大学出版社 1998 年版。
16. 王泽鉴:《民法学说与判例研究》(第 4 册),中国政法大学出版社 1998 年版。
17. 陈卫佐:《德国民法总论》,法律出版社 2007 年版。
18. 谢怀栻:《谢怀栻法学文选》,中国法制出版社 2002 年版。
19. 梁慧星:《梁慧星文选》,法律出版社 2003 年版。
20. 郑玉波:《民商法问题研究》(四),台北,三民书局 1985 年版。
21. 刘春堂:《判解民法总则》,台北,三民书局 1993 年版。
22. 刘得宽:《民法诸问题与新展望》,中国政法大学出版社 2002 年版。
23. 徐国栋:《民法基本原则的解释——成文法局限性之克服》,中国政法大学出版社 1999 年版。
24. 徐国栋编:《中国民法起草思路论战——世界民法典编纂史上的第四大论战》,中国政法大学出版社 2001 年版。
25. 梅仲协:《民法要义》,中国政法大学出版社 1998 年版。

26. 江平主编:《民法学》,中国政法大学出版社 2000 年版。
27. 魏振瀛:《民法》,北京大学出版社 2000 年版。
28. 韩松主编:《民法学》,中国政法大学出版社 2004 年版。
29. 彭万林主编:《民法学》(第 3 版),中国政法大学出版社 2002 年版。
30. 龙卫球:《民法总论》,中国政法大学出版社 2002 年版。
31. 张俊浩主编:《民法学原理》,中国政法大学出版社 2000 年版。
32. 佟柔主编:《民法原理》,法律出版社 1983 年版。
33. 佟柔主编:《中国民法学——民法总则》,中国公安大学出版社 1995 年版。
34. 王利明等编著:《民法新论》,中国政法大学出版社 1988 年版。
35. 魏振瀛主编:《民法》(第 3 版),北京大学出版社 2007 年版。
36. 寇志新等:《民法学》,陕西人民出版社 1998 年版。
37. [德]卡尔・拉伦茨:《德国民法通论》,王晓晔等译,法律出版社 2002 年版。
38. [德]迪特尔・梅迪库斯:《德国民法总论》,邵建东译,法律出版社 2000 年版。
39. [德]迪特尔・施瓦布:《民法导论》,郑冲译,法律出版社 2006 年版。
40. [日]山本敬三:《民法讲义》,解亘译,北京大学出版社 2004 年版。
41. 梁慧星:《民法总论》,法律出版社 1996 年版。
42. 孙宪忠主编:《民法总论》,社会科学文献出版社 2004 年版。
43. 曾世雄:《民法总则之现在与未来》,中国政法大学出版社 2001 年版。
44. 韩松编著:《民法总论》,法律出版社 2006 年版。
45. 王伯琦编著:《民法总则》,"国立"编译馆 1977 年修订版。
46. 史尚宽:《民法总论》,中国政法大学出版社 2000 年版。
47. 龙卫球:《民法总论》,中国法制出版社 2002 年版。
48. 胡长清:《中国民法总论》,中国政法大学出版社 1997 年版。
49. 黄立:《民法总则》,中国政法大学出版社 2002 年版。
50. 王泽鉴:《民法总则》,中国政法大学出版社 2001 年版。
51. 葛承书:《民法时效——从实证的角度出发》,法律出版社 2007 年版。
52. 梁慧星主编:《中国物权法研究》(下册),法律出版社 1998 年版。
53. 谢在全:《民法物权论》,中国政法大学出版社 1999 年版。
54. 王利明:《物权法研究》,中国人民大学出版社 2002 年版。
55. 郑玉波:《民法债编总论》,陈荣隆修订,中国政法大学出版社 2004 年版。
56. 孙森焱:《民法债编总论》(下册),法律出版社 2006 年版。
57. 郑玉波:《民法债编各论》(下),台北,三民书局 1981 年版。
58. 郑玉波:《民法债编各论》(上),台北,三民书局 1986 年版。
59. 王泽鉴:《债法原理》(第 1 册),中国政法大学出版社 2001 年版。
60. 黄立主编:《民法债编各论》,中国政法大学出版社 2003 年版。
61. 史尚宽:《债法各论》,中国政法大学出版社 2000 年版。
62. 史尚宽:《债法总论》,中国政法大学出版社 2000 年版。

63. 王家福主编:《中国民法学——民法债权》,法律出版社 1991 年版。
64. 邱聪智:《新订债法各论》(上),中国人民大学出版社 2006 年版。
65. 邱聪智:《新订债法各论》(中),中国人民大学出版社 2006 年版。
66. 林诚二:《民法债编各论》(上册),中国人民大学出版社 2007 年版。
67. 林诚二:《民法债编总论——体系化解说》,中国人民大学出版社 2003 年版。
68. 刘春堂:《判解民法债编通则》,台北,三民书局 1987 年版。
69. 张民安、邓鹤主编:《民法债权》,中山大学出版社 2002 年版。
70. 张广兴:《债法总论》,法律出版社 1997 年版。
71. 林旭霞主编:《债权法》,厦门大学出版社 2007 年版。
72. [德]迪特尔·梅迪库斯:《德国债法总论》,杜景林、卢谌译,法律出版社 2004 年版。
73. 施天涛:《合同法释论》,中国人民公安大学出版社 1999 年版。
74. 崔建远主编:《合同法》(第 4 版),法律出版社 2007 年版。
75. 吴合振主编:《合同法理论与实践应用》(第 2 版),人民法院出版社 2002 年版。
76. 徐德敏主编:《合同法论》,陕西人民出版社 1999 年版。
77. 杨立新:《合同法专论》,高等教育出版社 2006 年版。
78. 余延满:《合同法原论》,武汉大学出版社 1999 年版。
79. 王利明等:《合同法》,中国人民大学出版社 2002 年版。
80. 李永军:《合同法》,法律出版社 2004 年版。
81. 孔祥俊:《合同法教程》,中国人民公安大学出版社 1999 年版。
82. 王利明:《合同法研究》(第 1 卷),中国人民大学出版社 2002 年版。
83. 王利明、崔建远:《合同法新论·总则》,中国政法大学出版社 1996 年版。
84. 苏号朋主编:《企业经营陷阱与法律防范丛书——合同篇》,中国经济出版社 2001 年版。
85. 胡康生:《〈中华人民共和国合同法〉释义》,法律出版社 1999 年版。
86. 王家福:《合同法》,中国社会科学出版社 1986 年版。
87. 李昊、刘阅春主编:《合同法教程》,对外经济贸易大学出版社 2008 年版。
88. 曾兴隆:《现代非典型契约论》,台北,三民书局 1988 年修订版。
89. 隋彭生:《合同法要义》,中国政法大学出版社 2003 年版。
90. 邱鹭风、叶金强、龚鹏程:《合同法学》,南京大学出版社 2000 年版。
91. 唐德华主编:《合同法条文释义》(上),人民法院出版社 2001 年版。
92. 马永双主编:《合同法》,中国社会出版社 2007 年版。
93. 韩世远:《合同法总论》,法律出版社 2004 年版。
94. 郭明瑞、王轶:《合同法新论——分则》,中国政法大学出版社 1997 年版。
95. 石静霞:《买卖合同》,中国法制出版社 1999 年版。
96. 黄茂荣:《买卖法》,中国政法大学出版社 2002 年版。
97. 周大伟:《技术合同法导论》,中国人民大学出版社 1988 年版。
98. [美]A. L. 柯宾:《柯宾论合同》,王卫国译,中国大百科全书出版社 1998 年版。
99. [德]海因·克茨:《欧洲合同法》(上卷),周忠海等译,法律出版社 2001 年版。

100. [英]阿蒂亚:《合同法概论》,程正康等译,法律出版社 1982 年版。
101. 王利明:《侵权行为法归责原则研究》,中国政法大学出版社 1992 年版。
102. 王利明:《侵权行为法研究》(上卷),中国人民大学出版社 2004 年版。
103. 张新宝:《侵权责任法原理》,中国人民大学出版社 2005 年版。
104. 杨立新:《侵权法论》(第 2 版),人民法院出版社 2004 年版。
105. [德]克雷斯蒂安 · 冯 · 巴尔:《欧洲比较侵权行为法》(上卷),张新宝译,法律出版社 2001 年版。
106. [德]克雷斯蒂安 · 冯 · 巴尔:《欧洲比较侵权行为法》(下卷),焦美华译,法律出版社 2004 年版。
107. 王泽鉴:《债法原理》(第 2 册),中国政法大学出版社 2002 年版。
108. 冯大同主编:《国际商法》,对外经济贸易大学出版社 1991 年版。
109. 张学森主编:《国际商法》,上海财经大学出版社 2007 年版。
110. 最高人民法院中国应用法学研究编:《人民法院案例选》总第 5 辑、总第 7 辑与总第 11 辑。
111. 郭明瑞、张平华编著:《合同法学案例教程》,知识产权出版社 2003 年版。
112. 鲁叔媛主编:《民法案例教程》,法律出版社 2006 年版。
113. 史尚宽:《亲属法论》,中国政法大学出版社 2000 年版。
114. 余延满:《亲属法原论》,法律出版社 2007 年版。
115. 张伟主编:《家事法学》,法律出版社 2016 年版。

图书在版编目(CIP)数据

民法学教程/李少伟主编. --4版. --北京:法律出版社,2021
ISBN 978-7-5197-5087-9

Ⅰ.①民… Ⅱ.①李… Ⅲ.①民法-法学-中国-教材 Ⅳ.①D923.01

中国版本图书馆CIP数据核字(2020)第210714号

民法学教程(第四版)
MINFAXUE JIAOCHENG(DI-SI BAN)

李少伟 主编

责任编辑 陈 慧
装帧设计 凌点工作室

出版 法律出版社
总发行 中国法律图书有限公司
经销 新华书店
印刷 永清县金鑫印刷有限公司
责任校对 晁明慧
责任印制 胡晓雅

编辑统筹 法律教育出版分社
开本 720毫米×960毫米 1/16
印张 51.5
字数 1009千
版本 2021年1月第4版
印次 2021年1月第1次印刷

法律出版社/北京市丰台区莲花池西里7号(100073)
网址/www.lawpress.com.cn
投稿邮箱/info@lawpress.com.cn
举报维权邮箱/jbwq@lawpress.com.cn
销售热线/400-660-8393
咨询电话/010-63939796

中国法律图书有限公司/北京市丰台区莲花池西里7号(100073)
全国各地中法图分、子公司销售电话:
统一销售客服/400-660-8393/6393
第一法律书店/010-83938432/8433 西安分公司/029-85330678 重庆分公司/023-67453036
上海分公司/021-62071639/1636 深圳分公司/0755-83072995

书号:ISBN 978-7-5197-5087-9 **定价**:92.00元